EUGEN SCHMALENBACH

Der Mann – Sein Werk – Die Wirkung

Eugen Schmalenbach

Der Mann – Sein Werk – Die Wirkung

Herausgegeben von

Walter Cordes

im Auftrag der Schmalenbach-Stiftung

Autoren

Max Kruk · Erich Potthoff · Günter Sieben

unter Mitarbeit von

Harald Lutz

1984

FACHVERLAG FÜR WIRTSCHAFTS- UND STEUERRECHT
SCHÄFFER GMBH & CO KG STUTTGART

ISBN 3-8202-0295-1

Vorwort

Der Name Eugen Schmalenbach hat in der breiten Bevölkerung nicht den Bekanntheitsgrad wie andere Größen der Wissenschaft erreicht. Aber für Menschen, die im Wirtschaftsleben Verantwortung tragen, ist Schmalenbach kein Unbekannter. Sein wissenschaftliches Werk ist bis heute lebendig geblieben. Es revolutionierte vor allem die Kostenrechnung und führte zu einer neuen „dynamischen" Bilanzauffassung, nach der die Bilanz in erster Linie den wirtschaftlich richtigen Gewinn zu ermitteln hat.

Viele schreiben Schmalenbach auch das Verdienst zu, Begründer der Betriebswirtschaftslehre zu sein, jener Wissenschaft, die sich mit dem Leben der Unternehmen befaßt. Doch das ist nur zum Teil richtig. Neben ihm waren auch andere an der Entwicklung des Faches beteiligt; namentlich Johann Friedrich Schär, Heinrich Nicklisch, Wilhelm Rieger und Fritz Schmidt sind als herausragende Köpfe zu nennen. Sie und manche weitere Gelehrte haben wie Schmalenbach in der ersten Hälfte unseres Jahrhunderts begonnen, das Wesen kaufmännischen Handelns zu erforschen und die Tatbestände wissenschaftlich zu durchdringen. Sie haben das Fach, in dem bis dahin lediglich ‚Handelstechniken', vor allem Buchhaltung und Kalkulation, gelehrt wurden, in den Rang einer wissenschaftlichen Disziplin erhoben.

Aber seltsam: Von all diesen Pionieren der neuen Wissenschaft ist außerhalb der engeren Fachwelt bis heute nur ein Name wirklich lebendig geblieben, der von Eugen Schmalenbach.

Worin liegt das begründet?

Schmalenbach war ein ungewöhnlicher, ein von seiner Aufgabe besessener Mensch. Geboren 1873 als ältester Sohn eines kleinen Türschloßfabrikanten aus dem märkischen Sauerland, war er von Hause aus dazu bestimmt, das väterliche Erbe anzutreten. Aber diese Aufgabe konnte einen geistig derart regsamen und vorwärtsdrängenden Geist wie Eugen Schmalenbach nicht ausfüllen. Die für ihn wichtigen Fragen nach den Gründen des kaufmännischen Tuns, sein Forschen nach dem Sinn dessen, was im Betrieb geschieht und was vielleicht anders besser gemacht werden könnte, trieb ihn schon als jungen Menschen hinaus auf die Hochschule.

Gegen den ausdrücklichen Willen des Vaters, der dem Sohn nach dessen Heirat mit einem jüdischen Mädchen auch keine finanzielle Unterstützung mehr gewährte, ließ er sich 1898 als Studierender an der ersten in Deutschland eröffneten Handelshochschule in Leipzig einschreiben. Durch seine wissenschaftliche Arbeit war Schmalenbach bereits 1906 so bekannt, daß er als 33jähriger von der damaligen Handelshochschule Köln – der späteren Universität Köln – zum Professor berufen wurde, ohne je das Abitur oder den Doktorgrad erlangt zu haben.

Und dann beginnt ein Aufstieg ohnegleichen. Für sein Wirken als Hochschullehrer rückte bald sein Seminar in den Mittelpunkt, das zum Inbegriff der „Kölner Schule" wurde. Bereits im Jahr seiner Berufung zum Professor gründete er eine eigene wissenschaftliche Zeitschrift – die Zeitschrift für handelswissenschaftliche Forschung (ZfhF) – in der viele mit seinen Schülern im Seminar erarbeitete Beiträge veröffentlicht wurden.

Die Zeitschrift wird später von der Schmalenbach-Gesellschaft übernommen und in – Zeitschrift für betriebswirtschaftliche Forschung (ZfbF) – umgetauft. Die ZfbF ist eines der wichtigsten Publikationsorgane für die Betriebswirtschaftslehre geblieben. Sie ist es auch heute noch, fast 80 Jahre nach ihrer Begründung.

1911 beteiligt sich Schmalenbach maßgeblich an einer Treuhand-Gesellschaft. Auf Grund seiner vielfältigen Aktivitäten im Treuhandwesen ist ihm der Ruf zuteil geworden „Vater der Wirtschaftsprüfer“ zu sein. Während des ersten Weltkriegs entstehen seine Hauptwerke, die Bücher „Finanzierungen“, „Dynamische Bilanz“ und „Selbstkostenrechnung“ (1928 kommt als vierter großer Wurf der „Kontenrahmen“ hinzu). Als Mitglied des 1920 gegründeten Reichswirtschaftsrates, der eine Gutachterfunktion in Wirtschaftsfragen hat, widmet er sich in der Inflationszeit den verheerenden Wirkungen des Währungsverfalls so eingehend, daß mancher Kenner in ihm den prädestinierten Präsidenten der Reichsbank zu sehen meint, der am ehesten in der Lage sei, die Wirtschaft aus dem Drangsal einer total zerrütteten Währung herauszuführen.

Weitere fünf Jahre später, 1928, im Taumel einer auf tönernen Füßen stehenden Hochkonjunktur, prognostiziert er in einem Vortrag vor Fachkollegen in Wien das unabwendbare Ende der freien Wirtschaft. Das beständige Anwachsen der fixen Kosten, so argumentiert er, und der Druck der dadurch entstehenden Überkapazitäten treibe die Wirtschaft unaufhaltsam in eine von Kartellen beherrschte Ordnung hinein und beraube sie damit der unternehmerischen Freiheit, die im 19. Jahrhundert den raschen Aufstieg in das Industrie-Zeitalter herbeigeführt hatte. Sein Kassandra-Ruf erregt in der von Sozialisierungs- und kapitalistischen Untergangs-Parolen ohnehin aufgewühlten Öffentlichkeit ein unerhörtes Aufsehen. Kein betriebswirtschaftlicher Professor, dessen Name in jener Zeit so oft genannt, dessen Thesen so heftig diskutiert werden, wie die von Eugen Schmalenbach. Über Nacht zählt er zu den bekanntesten Wirtschaftswissenschaftlern seiner Zeit, der auch vom Reichskanzler zu einer Aussprache empfangen wird.

Wahrscheinlich ist er von nun an der berühmteste von allen Männern dieser Zunft – bis er 1933 unter dem Nazi-Regime seine Lehrtätigkeit sowie alle öffentlichen Ämter aufgeben und gegen Ende des Hitler-Krieges sogar als ‚jüdisch versippter Mensch‘ die Schrecken einer Verfolgung erleiden muß, vor deren bitterem Ende in einem Konzentrationslager ihn lediglich der Mut und die Unerschrockenheit eines früheren Schülers und dessen Frau bewahren, die ihm und seiner jüdischen Frau ein Versteck in ihrem Hause bieten.

Der fortwirkende Nachruhm Schmalenbachs, der auch über den heutigen Tag hinausreicht, zehrt nicht alleine von seinen wirtschaftswissenschaftlichen und gesellschaftspolitischen Aktivitäten. Einer der entscheidenden Gründe für dieses Phänomen besteht vielmehr darin, daß Schmalenbachs betriebswirtschaftliches Forschen und Denken konsequent auf die Praxis des Betriebslebens gerichtet war und sich nicht der reinen Theorie zuwandte. So sehr ihm von Vertretern ‚reiner‘ Wissenschaften auch sein Bestreben, wissenschaftliche Forschung für das praktische Handeln von Kaufleuten zu betreiben, als unwissenschaftlich angekreidet wurde: Er hat stets unbeirrt an seinem Ziel festgehalten, als Wissenschaftler – und das hieß für ihn vor allem: durch Anwendung wissenschaftlicher Methoden – immer und nur der Praxis zu dienen.

Ein anderer, nicht minder wichtiger Faktor für das Weiterwirken seiner Ideen ergibt sich aus dem einzigartigen Verhältnis, das Schmalenbach zu seinen Schülern und diese zu ihm hatten. Sein pädagogisches Streben war nicht darauf gerichtet, den Studenten Wissen einzutrichtern. Er wollte sie vor allem zu selbständigem Denken erziehen, wollte ein ‚Störungsgefühl‘ in ihnen entwickeln, das ihnen die Fähigkeit vermittelte, Unwirtschaftlichkeiten in ihrem Wirkungsbereich aufzudecken und ihnen entgegenzutreten.

Die Wirtschaftlichkeit am Arbeitsplatz, im Betrieb wie in dem Gesamtgefüge der Volkswirtschaft zu heben, war das oberste Ziel seines wissenschaftlichen Strebens. Sie war Leitmotiv seiner wirtschaftspolitischen Forderungen wie auch seines Wirkens als Hochschullehrer in Vorlesungen und Seminaren.

Da von seiner Persönlichkeit, seiner Wesensart, nicht zuletzt von seiner eigenständigen Methode des Lehrens eine rational nicht erklärbare Faszination ausging, die die Studenten unwiderstehlich in seinen Bann zog, entwickelte sich zwischen ihnen vielfach ein auf Verehrung und Zuneigung beruhendes Vertrauensverhältnis, das oft ein ganzes Leben anhielt. Um Schmalenbach scharte sich auf diese Weise ein fester Kreis treu zu ihm stehender ehemaliger Schüler.

Schon früh haben diese ‚Ehemaligen' auch einen eigenen organisatorischen Rahmen geschaffen, indem sie sich zur Schmalenbach-Vereinigung zusammenschlossen. In diesem Kreise wurden während des Hitler-Krieges, den Anregungen des Lehrers folgend, Kommissionen gebildet, die im Zusammenwirken von Wissenschaftlern und Praktikern Forschungsarbeit auf wichtigen Gebieten leisteten, besonders zu Fragen der Betriebsorganisation. Nach dem Kriege öffnete sich die Vereinigung einem größeren Kreis von Betriebswirten, indem sie sich zur ‚Schmalenbach-Gesellschaft zur Förderung der betriebswirtschaftlichen Forschung und Praxis' erweiterte. Auch in diesem Rahmen wurde die Betriebswirtschaft in Gemeinschaft von Wissenschaft und Praxis zielstrebig weiterentwickelt.

Was lag da näher, als später eine Verbindung mit der zweiten großen betriebswirtschaftlichen Gesellschaft, der „Deutsche Gesellschaft für Betriebswirtschaft", ins Auge zu fassen, die übrigens auf den durch Schmalenbachs Initiative bereits 1905 gegründeten Verband der Diplom-Kaufleute zurückgeht. Aus der Verschmelzung, die 1978 vollzogen wurde, ist die ‚Schmalenbach-Gesellschaft – Deutsche Gesellschaft für Betriebswirtschaft' hervorgegangen. Sie ist heute die größte übergreifende betriebswirtschaftliche Gesellschaft in Deutschland, in der fast 1400 Mitglieder vereinigt sind. Mehr als 400 von ihnen arbeiten aktiv in fast 30 Arbeitskreisen an der Lösung aktueller betriebswirtschaftlicher Probleme. Wenn auch die Mitglieder kaum noch Schüler Schmalenbachs gewesen sind, so ist doch seine Grundidee, durch Kooperation von Wissenschaft und Praxis die Betriebswirtschaftslehre weiterzuentwickeln, hier lebendig geblieben. Mögen einzelne Aussagen Schmalenbachs heute auch teilweise überholt sein, seine elementaren Vorstellungen von der wirtschaftlichen Tätigkeit der Betriebe haben ihre Gültigkeit behalten.

Ebenfalls im Jahre 1978 wurde die Schmalenbach-Stiftung errichtet, die es sich zu ihrer Aufgabe gemacht hat, das Andenken des Mannes, dessen Namen sie trägt, aufrechtzuerhalten und zu pflegen. Es gibt bis heute keine Biographie Eugen Schmalenbachs; frühere Versuche, sein Leben und sein Lebenswerk zusammenfassend darzustellen, sind stets in den Anfängen steckengeblieben. (In englicher Sprache hat allerdings der Schotte David A. R. Forrester unter dem Titel ‚Schmalenbach and after' 1977 in Glasgow ein Buch vorgelegt, das aber nicht umfangreich und in den Fakten nicht immer zutreffend ist.)

Als Vorsitzender der Schmalenbach-Stiftung habe ich mich deshalb verpflichtet gefühlt, den Beschluß ihres Vorstandes, eine Schmalenbach-Biographie herauszugeben, so schnell wie möglich zu verwirklichen. Dieses Vorhaben war umso dringender geworden, als nur noch wenige Menschen leben, die den Altmeister der Betriebswirtschaftslehre persönlich gekannt und die Zeit miterlebt haben, in der er seine großen Erfolge in der Wissenschaft wie im Wirtschaftsleben erzielt hat. Dabei bestand von vornherein die Absicht, nicht nur das Leben und

Wirken dieses Mannes darzustellen, sondern gleichzeitig auch sein wissenschaftliches Werk und dessen Wirkung aus heutiger Sicht umfassend zu würdigen. Das Ergebnis dieser Bestrebungen ist das vorliegende Buch.

Der erste Teil, die Biographie im engeren Sinne, wurde von dem Journalisten Dr. Max Kruk geschrieben. Als einer der leitenden Wirtschaftsredakteure der Frankfurter Allgemeinen Zeitung, bei der er fast dreißig Jahre lang tätig war, hielten wir ihn besonders für diese Aufgabe geeignet. Daß Kruk kein Schüler von Schmalenbach war, schien uns kein Nachteil, sondern eher ein Vorzug zu sein: Eine Biographie, die den Menschen möglichst echt und umfassend abbilden soll, setzt eine gewisse Distanz des Betrachters voraus. Er hat den Menschen und den Gelehrten so unbefangen und nüchtern dargestellt, wie es einem gewissenhaften Biographen nur möglich ist. Auf der Suche nach der historischen Wahrheit hat der Verfasser auch bisher unbegangene Wege beschritten und dabei eine große Zahl nicht bekannter oder nicht genutzter Quellen erschlossen. Hierdurch ist uns der Mensch und Wissenschaftler Eugen Schmalenbach nähergerückt; er steht lebendiger denn je vor uns.

Mit der Erstellung des wissenschaftlichen Teils des Buches wurden zwei deutsche Wissenschaftler der Betriebswirtschaft beauftragt, die als Vorstandsmitglieder der Schmalenbach-Stiftung und der Schmalenbach-Gesellschaft – Deutsche Gesellschaft für Betriebswirtschaft – dem Gedankengut Eugen Schmalenbachs besonders nahestehen. Es sind Professor Dr. Erich Potthoff und Professor Dr. Günter Sieben.

Erich Potthoff war persönlicher Assistent und enger Mitarbeiter von Eugen Schmalenbach, als dieser nach 1933 aus politischen Gründen seine Lehrtätigkeit aufgeben mußte. Während seiner späteren beruflichen Laufbahn hat sich der Autor mit Fragen der Unternehmensorganisation, der Unternehmensführung und des Prüfungswesens in mehreren Büchern und zahlreichen Beiträgen in wissenschaftlichen Handbüchern und Zeitschriften befaßt.

Als Vorstandsvorsitzender einer größeren Wirtschaftsprüfungs-Gesellschaft und als Honorarprofessor an der Universität zu Köln vertrat Potthoff stets die wissenschaftliche Konzeption Eugen Schmalenbachs. Drei Jahrzehnte hat er dem Vorstand der Schmalenbach-Gesellschaft angehört, zeitweise als ihr Präsident und Vizepräsident. Für mehrere Jahre nahm er den Vorsitz im Institut der Wirtschaftsprüfer wahr. Im Reichskuratorium für Wirtschaftlichkeit, in dessen Rahmen auch Schmalenbach seinerzeit leitend tätig gewesen ist, war er Mitglied des Vorstandes und zeitweise sein Vorsitzender.

Günter Sieben ist Inhaber des Lehrstuhls für Allgemeine Betriebswirtschaftslehre und für Wirtschaftsprüfung sowie Direktor des Treuhandseminars an der Wirtschafts- und Sozialwissenschaftlichen Fakultät der Universität zu Köln. Daneben gehört er als Mitdirektor dem Wirtschaftsarchiv dieser Fakultät an. Sowohl das Treuhandseminar als auch das Wirtschaftsarchiv gehen auf entsprechende, von Eugen Schmalenbach gegründete Institutionen zurück. Dem Berufsstand der Wirtschaftsprüfer ist Sieben in vielfacher Weise verbunden. Wie Schmalenbach pflegt er die Verbindung von Theorie und Praxis. Seine Untersuchungen zum Themenbereich Geldentwicklung, Bilanz, Unternehmensbewertung waren auch bevorzugte Forschungsgebiete Eugen Schmalenbachs. Nach dessen Vorbild sucht Sieben durch seine Gutachtertätigkeit immer wieder die Verbindung zu kleinen, mittleren und großen Unternehmungen und ihren Problemstellungen.

Besonders zu danken ist Herrn Dr. Harald Lutz, Assistent am Treuhand-Seminar der Universität zu Köln. Er hat bei der Konzeption und der Erstellung des Manuskripts für den zweiten, wissenschaftlichen Teil der Biographie intensiv mitgearbeitet.

Von Anfang an war vorgesehen, diese Biographie anläßlich der Schmalenbach-Tagung im Mai 1984 der Öffentlichkeit zu übergeben. Der Termin wurde eingehalten. Auch im Hinblick auf die Vorbereitung der 600-Jahr-Feier der Universität Köln, die für 1988 ansteht, wird es sicher begrüßt werden, daß jetzt die Biographie eines bedeutenden Wissenschaftlers vorgelegt werden kann, der sich große Verdienste um diese Universität erworben hat und ihr bis zu seinem Tode (1955) treu geblieben ist, obwohl er von vielen Universitäten – auch aus dem Ausland – umworben wurde.

Die rasche und termingerechte Fertigstellung der Biographie wäre der Schmalenbach-Stiftung freilich nicht möglich gewesen, wenn nicht auch andere Stellen ihr finanziell geholfen hätten. Hierzu gehören vor allem die Friedrich-Flick-Förderungsstiftung, Düsseldorf, die Schmalenbach-Gesellschaft – Deutsche Gesellschaft für Betriebswirtschaft, Köln, sowie die Rudolf Siedersleben'sche Otto Wolff-Stiftung, Köln. Ihnen allen gebührt unser aufrichtiger Dank.

Dank gilt auch dem Schäffer Verlag, dem Fachbuchverlag der Handelsblatt-Gruppe, in der seit Januar 1984 Schmalenbachs Zeitschrift für betriebswirtschaftliche Forschung (ZfbF) erscheint. Von der Verlagsleitung erhielten wir bei der Vorbereitung und Drucklegung gute fachliche Hilfe.

Und noch ein persönliches Wort sei hier gestattet: Meine Bemühungen um die Veröffentlichung dieses Buches sollen auch ein Zeichen des Dankes an Eugen Schmalenbach sein, an eine überragende Persönlichkeit, die mich in jungen Jahren als Student an der Universität Köln fasziniert und die mir das Rüstzeug für meine berufliche Laufbahn gegeben hat. Ich habe die vielen Aufgaben, die mir gestellt wurden, nur mit den wissenschaftlichen Erkenntnissen Schmalenbachs erfüllen können.

Ich wünsche mir deshalb und habe die Hoffnung, daß viele junge Menschen, die sich der Wirtschaft verschreiben wollen, dieses Buch aufmerksam lesen und im Sinne Eugen Schmalenbachs durch Denkschulung ein ‚Störungsgefühl' gegenüber Unwirtschaftlichkeit entwikkeln. Dies ist heute nicht nur in der Wirtschaft, sondern auch in öffentlichen Betrieben und in der Verwaltung nötiger denn je.

Düsseldorf, im April 1984 — Walter Cordes

Inhaltsverzeichnis

Vierter Abschnitt

Blick in den Abgrund – Die Nazizeit (1933–1945)

Fünfter Abschnitt

Die Weisheit des Alters (1945–1955)

Zweiter Teil
Das wissenschaftliche Werk Schmalenbachs

Erster Abschnitt
Eugen Schmalenbachs Betriebswirtschaftslehre

Zweiter Abschnitt
Dynamische Bilanz

Bildquellen-Nachweis

Die Zahlen bedeuten die Seiten

Erich Potthoff, Meerbusch: 33, 115, 199 u., 384 u., 385 u., 386 u.
Irene Nickel, Halver-Schmalenbach: 34 u.
Verlag Hermann Köster, Halver (im Potthoff-Archiv): 35 o.
Max Kruk, Frankfurt/M.: 35 u.
Schmalenbach-Archiv, Köln: 36, 116.
Elsa Rentrop, Bonn 2 (Bad Godesberg): 117 o., 117 u., 198 u., 301 o.
Marion Herzog, Köln: 118 o. li., 118 o. re.
Universitäts-Bibliothek Basel (Nachlaß Hermann Schmalenbach): 196, 198 o.
„Der Alte". Unveröffentlichte Schrift des letzten Treuhand-Seminars zu Eugen Schmalenbachs 60. Geburtstag 1933 (Name des Zeichners dort nicht angegeben): 197.
Optische Anstalt G. A. Urmetzer, Mainz (aus dem Potthoff-Archiv): 199 o.
Universitäts-Archiv Köln: 200.
Herbert Hax, Köln: 299, 387 o. re.
Deutsches Patentamt, Dienststelle Berlin: 300.
Hugo Erfurth, Köln (im Potthoff-Archiv): 301 u. li.
Werner Susat, Hamburg: 301 u. re.
Rheinisches Bildarchiv: 302 o.
Deutsches Museum, München (im Potthoff-Archiv): 302 u.
W. Matthäus Photographische Anstalt, Köln (im Besitz von Elsa Rentrop): 384 o.
Barbara Spee-Perrins, Richmond (Virginia/USA): 385 o.
Jos. Josuweck, Köln (im Potthoff-Archiv): 386 o.
Ardey-Verlag, Dortmund (im Besitz von Elisabeth Beste, Neheim-Hüsten): 387 o. li.
Foto-Joppen, Frankfurt/M. (im Besitz von Günter Minz, Köln): 387 u. li.
Peter Metzger, Essen: 388.

Gestaltung (Schutzumschlag, Bucheinband, Bildseiten): Heinz-Wilhelm Trawny.
Zeichnung Schmalenbach-Portrait (auf Schutzumschlag): Bubec.

Erster Teil

Leben und Wirken Schmalenbachs

Von

Max Kruk

Erster Abschnitt

Auf der Suche nach der rechten Profession (1873–1906)

I. Der Vater: Ein Bauernsohn wird Fabrikant

1. Das Erbe der Ahnen: Bauernblut und Unternehmersinn

Ein schmales grün-gelbes Schild am Rande der Bundesstraße 229 kündet den Namen des Ortsteils: Schmalenbach. Hier, vor den Toren der westfälischen Stadt Halver, ist Eugen Schmalenbach geboren, hier hat er seine ersten Kindheitsjahre verbracht. Mit vollem Recht hätte er sich einen adligen Anstrich geben und „Eugen Schmalenbach von Schmalenbach“ nennen können. Doch Eitelkeit war ihm zuwider, Anmaßung seinem Wesen fremd.

Die Häuser bilden keine geschlossene Ortschaft. Unregelmäßig verstreut liegen sie am Rande eines weiten Wiesentals. Eine junge Frau ist damit beschäftigt, die Steinstufen vor dem Eingang ihres Häuschens zu putzen – die einzige lebende Seele weit und breit. Wir erkundigen uns nach dem Gebäude, in dem der alte Herr gelebt hat. Sie hat von dem berühmten Mann gehört. „Das ist doch der Professor aus Köln, von dem die Leute hier sagen, sein Zimmer sei stets bis zur Decke mit Büchern vollgestopft gewesen“. Ja, der ist‘s.

Ihr Mann, inzwischen hinzugekommen, hat als Kind den 1955 verstorbenen Professor der Betriebswirtschaftslehre noch gekannt. „Das war ein echter Sauerländer. Er snackte im Platt mit den Bauern, als ob er selbst einer wäre. Und dabei war er doch ein hochgelehrter Kopf. Er soll in dem vornehmsten Viertel von Köln eine Villa bewohnt haben. Aber immer zog‘s ihn hierher in unser kleines Nest. Er muß dieses Fleckchen Erde und das Haus seiner Eltern wohl sehr gern gehabt haben“.

Ja, der Professor liebte dieses Tal und die Menschen, die hier zu Hause waren. Wann immer die Pflichten es ihm erlaubten, zog er sich in sein geliebtes Häuschen zurück und verbrachte hier mit Frau und Kindern die Ferienwochen und freie Tage. In der freundlichen Umgebung dieser grünen Oase fühlte er sich wohl wie sonst nirgends. Hier sind viele seiner Schriften entstanden.

Schmalenbachs Haus ist fast das letzte Anwesen im Ort. Gleich dahinter führt rechts ein Weg sanft abwärts zum Bach. Wer ihn hinuntergeht, schreitet über Gelände, das einst zum Gut Schmalenbach gehörte. Es war ein stolzer Hof, einer der größten dieser Gegend. Das Gutshaus, links hinter Büschen und Bäumen versteckt, hat noch ein Schmalenbach gebaut, Sproß jener Familie, die seit Jahrhunderten auf dem Gute saß.

Auf der anderen Seite unseres Weges, rechter Hand, stehen zwei Wohnhäuser, kleiner als das Gutshaus, doch gleichfalls stattliche Bauten, die alles andere als ärmlich wirken. Das Anwesen oben an der Straße, das ein Bauer mit dem unbäuerlichen Namen Bürger bewirtschaftete, hat den Beginn der Lebensgeschichte des Eugen Schmalenbach gesehen. Hier lebte seine Großmutter (väterlicherseits), und hier fanden seine Eltern nach ihrer Heirat Anfang März 1873 eine vorläufige Bleibe. Am 20. August 1873 wurde in diesem Haus der erste Sohn des jungvermählten Paares geboren, den die Eltern auf die Namen Johann Wilhelm Eugen taufen ließen.

Eugen Schmalenbach war stolz darauf, daß seine Vorfahren Bauern gewesen sind. Die erste urkundliche Nachricht über einen Schmalenbach ist eine Strafandrohung wegen nicht gezahlter Kirchensteuer gewesen, hat er einmal schmunzelnd den Mitgliedern seines Treuhand-Seminars in Köln erzählt. Wenn die Natural-Abgaben der Bauern, die im Mittelalter und später an die Obrigkeit zu leisten waren, als „Steuern" bezeichnet werden, hatte der Professor mit seiner schalkhaften Bemerkung durchaus recht. Denn die „Obrigkeit" war für die Bauern in jener Zeit eine kirchliche Stelle: Die Ländereien um Halver gehörten der Kirche zu St. Gereon in Köln. Die Bauern waren Pächter von Kirchenland, nicht Eigentümer des Grund und Bodens, der ihnen Nahrung gab.

Noch etwas anderes aus der Geschichte des Schmalenbach-Geschlechts hat der Professor in frohgemuter Stimmung offenbart. Im Sommer 1933 hat er einem früheren Studenten anvertraut, daß der erste Schmalenbach für das Jahr 1410 nachzuweisen ist. Und tatsächlich, der Nachweis liegt vor. Mit der Urkunde, die dieses Datum trägt, verlieh Johannes van Erpell, seines Zeichens „Priester-Kanonikus der Kirchen zu St. Gereon binnen Köln, Inhaber des Groß Amtes in derselben Kirche" . . . . . „dem bescheidenen Manne Girlacus de Smalenbecke, Laie, das Schulzenamt des Hofes zu Eyckhoven mit all seinen Rechten und Zubehör . . . . . sein Lebenlang". Der bescheidene Mann („bescheiden" im ursprünglichen Sinn von „einen Bescheid erhalten" oder „beschieden"), hatte dafür „eine sichere jährliche Pension (von) dreiunddreißig Schillinge kölnische Währung . . . . . zu bezahlen".

Damals bestand das Gut Schmalenbach also schon, und die Menschen, die dort geboren waren, trugen seinen Namen. Wären die Schmalenbachs ein Adelsgeschlecht, so wäre mit diesem Schriftstück der Nachweis erbracht, daß die Familie dem „Uradel" angehört. Auch an einem Wappen fehlte es nicht. Es zeigt ein Schachbrett, über das – sehr beziehungsreich – ein schmaler Bach aus Silber fließt. Von dem alten, dem adelsähnlichen Glanz der Familie, die das Wappen führte, ist freilich nichts geblieben: Die Pracht ist dahin.

Eugen Schmalenbach stammt aus einer anderen Linie dieses Geschlechts. Beide Familien haben zwar den fernen Ahnherren von 1410 gemeinsam, und noch vierhundert Jahre später, um 1800, lebt ein Schmalenbach, den beide, der letzte Gutsherr wie auch Eugen Schmalenbach, als ihren Vorfahren bezeichnen können. Doch dann trennen sich die Familienstämme: Der älteste lebende Sohn jenes gemeinsamen Stammvaters bleibt auf dem Gut, der zweitälteste erhält (wahrscheinlich) etwas Land als Abfindung. Dieser Mann, der Urgroßvater unseres Professors in der väterlich-männlichen Linie, bezeichnet sich bei der Geburt seines einzigen Sohnes, Schmalenbachs Großvater, eindeutig als „Landmann". Von der einstigen Wohlhabenheit des Schmalenbach-Geschlechts ist bei ihm und den anderen direkten Vorfahren von Eugen nichts mehr zu spüren. (Siehe die Stammtafel auf S. 34.)

Anders sieht es bei den Vorfahren der Mutter aus, einer geborenen Halverscheid. Deren Vater stammte aus jenen gesellschaftlichen Kreisen, die man in Halver den „Fabrikanten-Adel" nannte. Es waren Landbesitzer, die neben Ackerbau und Viehzucht auch ein Gewerbe betrieben. Sie stellten Waren her, Waren aus Eisen und Stahl. In der landwirtschaftlich ruhigen Zeit zwischen Ernte und Aussaat fertigten sie Schippen, Spaten, Sensen, Hacken oder andere Feld- und Gartengeräte; manche fabrizierten auch Werkzeuge aller Art, vom Beil über Sägen bis zum Bohrer und zur Feile; wieder andere erzeugten Bau- und Möbelbeschläge, Scharniere, Schlösser und was es sonst an kleinen Eisenerzeugnissen gibt.

Die Verbindung zwischen landwirtschaftlicher und gewerblicher Tätigkeit ist eine Eigenheit des märkischen und des bergischen Landes, die eine jahrhundertealte Tradition hat. Besonders am Unterlauf der Ennepe und an der Volme, einem Nebenfluß der Ruhr, in den die Ennepe mündet, aber auch in vielen anderen Tälern dieses Landstrichs entstand im Laufe der Jahrhunderte ein auf Eisen und Eisenerzeugnisse konzentriertes Industriegebiet, sozusagen ein „Ruhrrevier" der vor- und frühkapitalistischen Epoche. Die Gegend ist für die heutige Kleineisenindustrie historischer Boden, und kein Geringerer als Eugen Schmalenbach hat diesen Boden in seiner Studentenzeit mit großem Eifer erforscht und seine Funde in vielen Aufsätzen dargelegt.

Schmalenbachs Mutter wurde in einem anderen zu Halver gehörigen Ortsteil geboren, der Carthausen heißt. Es ist ein weit auseinandergezogener Ort in einem langgestreckten Tal. Als allerletztes und höchstes Haus am Berge prangt ein stolzer Bau, der früher Aschey hieß, gleich nebenan eine Fabrik, in der Gabeln, Feuerzangen und andere Geräte für den Haushalt hergestellt wurden (noch 1982 war dort eine Werkzeugfabrik in Betrieb). Es war das Reich des Wilhelm Halverscheid. Die männlichen Vorfahren von Schmalenbachs Mutter, auch die durch Heirat hinzugekommenen Schwiegerväter, sind durchweg Fabrikanten gewesen. Bis 1800 zurück ist kein Bauer, kein anderer Beruf in dem Stammbaum der Halverscheids zu finden.

Die Fabrikation von Kleineisenerzeugnissen war in damaliger Zeit jedoch allgemein „sehr lohnend", wie Eugen Schmalenbach in einem seiner vielen Aufsätze aus der Studentenzeit bemerkt. Das bedeutet: Die Wohlhabenden in Halver, diejenigen, deren Einkommen die Ressourcen eines Bauern in der Regel weit übertrafen, waren die Fabrikanten. Zwischen den beiden gesellschaftlichen Schichten klaffte ein Abstand, der nur schwer zu überwinden war. Schmalenbachs Eltern haben das bei ihrer Heirat bitter erfahren müssen.

Es war also nicht allein Bauernblut, das in den Adern von Eugen Schmalenbach floß; von den mütterlichen Ahnen hat er auch Unternehmersinn geerbt. Der Betriebswirtschaftler Schmalenbach hat es später tausendfach bewiesen, wie scharf sein Verstand kaufmännisch-unternehmerische Fragen zu durchleuchten, zu analysieren, zu klären verstand. Er hat es nicht nur in seinen literarischen Werken gezeigt, sondern ebenso auch durch sein Wirken als Gutachter und Berater von Firmen aller Art – ganz abgesehen von seiner eigenen Tätigkeit als Unternehmer, die er allerdings nur nebenberuflich und in relativ kleinen Firmen ausüben konnte.

Freilich, in seiner äußeren Erscheinung wie auch in den ihm eigenen Gewohnheiten, an denen sein Herz hing (seinen „Freizeit-Hobbies", wie wir heute sagen würden), überwog unverkennbar das bäuerliche Element. Im Garten arbeiten, in der Werkstatt basteln, das waren zeit seines Lebens seine liebsten Beschäftigungen. Es machte ihm Freude, wenn seine Rosen schöner waren, seine Erdbeeren besser standen als die des Nachbarn, oder wenn ihm ein Werkstück, das er seiner Frau zur Erleichterung ihrer Hausarbeit anfertigte, besonders gut gelungen war. Gärtnerische oder handwerkliche Betätigung verschaffte ihm gleichzeitig die geistige Entspannung, die er nach ein paar Stunden intensiver Schreibtischarbeit immer wieder brauchte. Für diese Tätigkeit pflegte er sich in sein „Räuber-Zivil" zu werfen. Er war dann kaum von einem „richtigen" Bauern zu unterscheiden.

Sein Habitus wirkte ohnehin bäuerlich. Er war eher klein als groß, sein Kopf eher eckig als rund. Er sah kerngesund aus, hatte ein leicht gerötetes Gesicht mit hellen blauen Augen, die verschmitzt lächeln, aber auch zornig aufblitzen konnten. In der Sprache trat unverkennbar das Idiom seiner westfälischen Heimat zutage; seine eigentliche Muttersprache war das märkische Platt, das die Leute seiner Heimat sprachen. Ihnen fühlte er sich bis zuletzt innerlich verbunden.

Wenn er seine Ferien im Schmalenbacher Landhaus verlebte, ging er gern die paar hundert Meter auf der Chaussee zu dem Gasthaus unten an der Ennepe hinunter, um dort gemütlich seinen Schoppen Wein zu trinken und sein Pfeifchen zu rauchen. Der Wirt, ein Mann namens Clever, bei dem schon Schmalenbachs Vater häufig eingekehrt war, besaß eine kleine Landwirtschaft. Mit ihm konnte man über alles snacken, was das Herz eines Bauern beglückte oder bedrückte. Meist fanden sich auch andere Bauern ein. Das „Du" war selbstverständlich, und der „Bauern-Professor" war natürlich in ihren Kreis einbezogen. Er sprach ihre Sprache, kannte ihre Sorgen, er wetterte über die hohen Futtermittelpreise, schimpfte auf die Obrigkeit, stritt mit ihnen oder bekräftigte sie in ihren Ansichten – und fühlte sich bei alledem so recht zu Hause.

Es waren glückliche Stunden. Im Umgang mit den kleinen Leuten vom Lande, so scheint es, wurde in dem Professor aus der großen Stadt Köln eine Saite angerührt, die er als einen Klang aus tiefen Bereichen seiner Seele empfand.

2. Fabrikant aus trotzigem Stolz: Glücklos in Elberfeld, glücklich in Butzbach

Schmalenbachs Großvater war noch Bauer, dessen einziger Sohn – Eugen Schmalenbachs Vater – hat dagegen das Schlosserhandwerk erlernt. Nicht ohne Grund, wie man annehmen darf: Wahrscheinlich reichten Weideland und Acker nicht mehr aus, um eine Familie ohne Hunger durchs Leben zu bringen. Schmalenbachs Vater, geboren 1847, hat sein Schlosser-Handwerk allerdings niemals – oder nur für kurze Zeit in seinen Jugendjahren – ausgeübt. Mit 25 Jahren, 1872, finden wir ihn in dem Handelskontor eines Mannes namens Wilhelm Glörfeld: Friedrich Schmalenbach – dies der Name des Vaters – ist dessen „Compagnon", wie er stolz und etwas großspurig in Briefen an seine Braut – Eugens Mutter – schreibt. Das „Comptoir" befindet sich im Obergeschoß eines Hauses, das schräg gegenüber der Gaststätte des Wilhelm Clever liegt. Vielleicht war es der Gastwirt, dem Friedrich seine schöne Stelle verdankte.

Hier kann der junge Mann ziemlich frei schalten und walten. Er muß die Erzeugnisse, die von den Firmen angeliefert werden, in Empfang nehmen, sie kontrollieren, aufteilen, an die Besteller weiterleiten und vor allem auch die Rechnungen schreiben. Er nimmt diese Aufgaben sehr ernst, Arbeit geht ihm „vor das Vergnügen", belehrt er seine sehnsüchtig wartende Braut in einem Brief; es ist das Pflichtgefühl, das Eugen von seinem Vater geerbt hat. Und da es sich bei den angelieferten Waren nicht nur um Saatgut und Knochenmehl (das damals übliche Düngemittel) handelt, sondern auch um Spaten, Schippen und Hacken, um Schlösser und Türbeschläge, um Nägel, Beile und anderes Handwerkszeug, lernt er auf diese Weise die Kleineisen-Branche gründlich kennen. Es gibt im märkischen und bergischen Land bald keine Firma dieser Art, die ihm fremd wäre.

Schlosserlehre, kaufmännische Praxis und Branchenkenntnis erweisen sich alsdann als ein solides Fundament für Friedrichs Aufstieg vom Bauernsohn zum Fabrikanten. Er schlägt diesen Weg nicht um lockender Erfolgsaussichten willen ein, auch nicht etwa aus eigenem bohrendem Ehrgeiz. Der Ehrgeiz, der ihn trieb, wurde vielmehr durch äußere Umstände geweckt. Seine Braut, die ihm im Juli 1872 das Jawort gegeben hatte, entstammte, wie gesagt, der stolzen Fabrikanten-Familie Halverscheid. Ihre Wahl stieß auf den erbitterten Widerstand des Vaters. Ein armer Teufel, der nichts war und nichts hatte, als Schwiegersohn? Das war mit dem Standesbewußtsein des Fabrikbesitzers Halverscheid nicht vereinbar.

Als der Vater erkennen muß, daß die beiden nicht zu trennen sind, kommt ihm die Idee, aus dem Schwiegersohn rasch einen Fabrikanten zu machen. Aber das mißlingt. Seinen Plan, einen halbverfallenen Eisenhammer wieder flottmachen, weist Friedrich entrüstet zurück. Lieber will er dann auf einer Wiese unmittelbar neben dem Bürgerschen Haus, die seiner Mutter gehört, selbst eine Werkstatt einrichten und mit ein oder zwei Gehilfen Kleineisenwaren herstellen. Doch dann ergibt sich überraschend die Gelegenheit, ein schon bestehendes Fabrikgebäude in Breckerfeld, einem Ort 10 Kilometer nördlich von Halver, zu erwerben. Und nun läßt sich auch das Herz des Brautvaters erweichen: Er gibt dem Schwiegersohn ein Darlehen als Vorgriff auf das Erbe, das dermaleinst seiner Tochter Emma zufallen wird. Und so beginnt die Fabrikantentätigkeit des Bauernsohnes und Schlossers nicht in einer kümmerlichen Werkstatt in Schmalenbach, sondern in einem stolzen Gebäude in Breckerfeld, und wahrscheinlich nicht mit einem oder zwei Gehilfen, sondern gleich mit zehn oder zwanzig Arbeitern. Es war ein vielversprechender Beginn.

Das Darlehen des Schwiegervaters gibt Friedrich auch die Möglichkeit, bald nach der Trauung den Bau eines Wohnhauses für sich und seine Familie in Angriff zu nehmen. Es wird an der Stelle errichtet, wo kurz vorher noch der Bau einer Werkstatt geplant war (und dort steht es noch heute, mehr als hundert Jahre nach seiner Fertigstellung). Der Antrag auf Baugenehmigung trägt das Datum des 20. Juni 1873; wann es bezogen werden konnte, ist den Akten nicht zu entnehmen – gewiß nicht vor der Geburt des Eugen am 20. August.

Im Jahre 1882 vollzieht Friedrich Schmalenbach einen zweiten großen Schritt auf seinem beruflichen Lebensweg, und der ist vielleicht noch bedeutsamer als 1873 sein Sprung nach Breckerfeld. Er verläßt die ländlichen Gefilde und siedelt nach Elberfeld über, wo er eine Schlosser-Werkstatt in der dortigen Strafanstalt übernimmt: Er wird Strafanstalts-Unternehmer.

Im Gefängnis standen freilich nur wenige gelernte Schlosser-Handwerker zur Verfügung, die Häftlinge wechselten auch häufig, weil die meisten nur relativ kurze Strafen zu verbüßen hatten. Sohn Eugen hat später einmal gesagt, die Leistungen der Strafgefangenen seien „höchstens mit denen von Lehrlingen zu vergleichen". Allerdings habe ein Strafanstalts-Unternehmer an Lohn pro Arbeitskraft auch „nur etwa ein Drittel bis ein Fünftel dessen aufzuwenden, was der freie Handwerksmeister seinen Gesellen zahlt". Angesichts der minderen Qualität seiner Erzeugnisse konnte Schmalenbach seine Ware nur absetzen, wenn er niedrigere Preise als andere Hersteller verlangte. Damit forderte er jedoch den Unmut seiner in einer Preis-Konvention vereinten Konkurrenten heraus, die sich schließlich in heftigem Zorn zum geschlossenen Vorgehen gegen diese „ruinöse" Konkurrenz zusammenfanden.

Ihre Attacken hätten Schmalenbach um die Jahreswende 1891/92 gefährlich werden können, wenn die Konkurrenten gewußt hätten, in welcher Geldverlegenheit er sich damals befand. Nach einer längeren Zeit rückläufiger Konjunktur und stockenden Absatzes war Friedrich im Dezember 1891 praktisch am Ende. Sohn Eugen erinnert sich dieses Kollapses dreißig Jahre später (in einem Brief vom 15. Juli 1923): Damals „stand das väterliche Geschäft nicht weit vom Konkurs". Aber seine Gläubiger ließen ihn nicht über die Klinge springen. Man einigte sich auf einen aufschiebenden Vergleich, der eine Zahlung in vier Vierteljahresraten vorsah. Friedrich hat den Vergleich pünktlich und voll erfüllt.

Im Jahre 1893 machten seine Konkurrenten dann regelrecht mobil. Hauptgegenstand ihres Zorns war, daß Schmalenbach die Chancen eines Exports von Schlössern in die Donauländer erkannt hatte und dort in deren angestammte Absatzgebiete eingedrungen war. Seit dem

März 1893 lieferte er billige Schlösser einfachster Bauart in die Balkanländer, wobei er sich der Vermittlung des Kommissionshauses Nocken & Cie. in Velbert bediente; diese Firma nahm damals fast neun Zehntel seiner Produktion ab.

Die Düsseldorfer Regierung veranlaßte schließlich ihre Gewerbe-Inspektion, den Sachverhalt durch einen Prüfer objektiv klären zu lassen. Nach minutiösen Ermittlungen kam dieser Mann in einem Gutachten von 21 Seiten zu dem Schluß: „Den Behauptungen der Beschwerdeführer, daß der Elberfelder Pächter der Sträflingsarbeit Schlosserwaren herstellt, die den deutschen Export zu schädigen geeignet sind, ist . . . m. E. eine gewisse Berechtigung nicht abzusprechen". Dies sowie einige andere Feststellungen des Gutachtens bedeuteten das Todesurteil für Schmalenbachs Elberfelder Tätigkeit. Sein Vertrag, der bis zum 30. September 1894 lief, wurde nicht erneuert, die Dampfkraft erbarmungslos abgeschaltet.

Doch Friedrich hatte sich auf dieses Ende längst vorbereitet. Er besaß eine Trumpfkarte, von der niemand etwas wußte, und die hieß Butzbach. In diesem Ort, nördlich von Frankfurt am Main im Hessischen gelegen (und damit aus Elberfelder Sicht im „Ausland"), war Anfang Juli 1894 eine Strafanstalt eröffnet worden, die alle Errungenschaften der damaligen Zeit in sich vereinte. Natürlich umfaßte sie Werkstätten aller Art. Schmalenbach hatte sich rechtzeitig als Pächter um die Schlosserwerkstatt beworben und einen Vertrag über sechs Jahre erhalten. Da Dampfkraft im Butzbacher Gefängnis verpönt war, richtete er auch außerhalb des Gefängnisses einen Zweigbetrieb mit modernen Maschinen ein. Hier wurden die feineren Arbeiten erledigt, während die Gefangenen wohl nur die Zusammensetzung der Schloßteile besorgten.

Aber auch in Butzbach blies ihm bald der Wind ins Gesicht. Sein Widersacher war hier der evangelische Anstalts-Geistliche. Dieser Herr im Talar bemängelte, daß die Unternehmer und ihre Werkmeister durch ihren Verkehr mit den Gefangenen „die Disziplin und den Strafvollzug gefährden . . . . . und daß die Gefangenen zu Sklaven des Unternehmers herabgewürdigt werden". Außerdem meinte er, durch die Gemeinschaftsarbeit werde die Strafe ihres Sühne-Charakters entkleidet, manchem Gefangenen gehe es in der Anstalt besser als den ehrlichen Arbeitern draußen im freien Beruf.

Schmalenbachs Vertrag, der bis zum 30. September 1900 lief, wurde zwar noch um ein Jahr verlängert, danach sogar noch einmal um ein halbes Jahr, also bis zum Frühjahr 1902. Doch Gefängnis-Direktion und Darmstadt waren sich einig, daß dann endgültig Schluß sein soll. Aber siehe da, Schmalenbach erhält nochmals einen Aufschub um ein Jahr. Wie ist das möglich? Eine an den Rand gekritzelte Bemerkung auf einem Schriftstück gibt des Rätsels Lösung. Schmalenbach, so heißt es da, „ist Anhänger und politischer Gesinnungsgenosse des Herrn Joutz".

Wilhelm Joutz, selbständiger Kaufmann und von 1890 bis 1900 Bürgermeister von Butzbach, gehörte als Mitglied des Hessischen Bauernbundes dem Landtag an und stand dort in Opposition zur Regierung. Der Bauernbund war überdies eine der wichtigsten Gruppierungen innerhalb der antisemitischen Bewegung jener Tage. Offenbar war mit dieser Partei nicht zu spaßen. Vater Schmalenbach hatte sich damit eine politische Schutzhaut zugelegt, die ein kleiner Anstalts-Geistlicher nicht ohne weiteres durchdringen konnte. Erst im Frühjahr 1903 mußte der Strafanstalts-Unternehmer weichen.

Die neun Butzbacher Jahre waren ohne Zweifel die schönste Zeit im Leben von Eugen Schmalenbachs Eltern. Geschäftlich hatte der Vater hier keine ernsthaften Sorgen mehr. Er hatte sich völlig auf den Export in die Balkanländer, hauptsächlich nach Rumänien, spezialisiert, und er brauchte dafür keine Firma Nocken & Cie., kein Kommissionshaus mehr als Vermittler. Der Gewinn, der bisher an den Kommissionären hängenblieb, floß jetzt in die eigene Tasche. Als Sohn Eugen im Frühjahr 1898 die väterliche Firma verließ, war nach seinen Worten schon „ein nettes Vermögen" zusammen.

Nach der Aufgabe des Gefängnisbetriebes zieht Friedrich Schmalenbach nach Darmstadt und erwirbt dort alsbald eine Villa an der nach Süden führenden Hauptstraße, der Heidelberger Straße. Hier gedenkt er mit seiner Frau den Lebensabend in Ruhe zu verbringen. Aber es kommt anders. Schon drei Jahre später, am 7. April 1906, noch keine sechzig Jahre alt, ereilt ihn der Tod. Er hinterläßt seiner Frau als Vorerbin ein Vermögen, das im Testament nach Abzug der Schulden auf mehr als 60 000 Mark beziffert wird. Emma Schmalenbach ist bis an ihr Lebensende in dem Darmstädter Haus wohnen geblieben. Sie hat ihren Mann um 22 Jahre überlebt.

II. Der Sohn auf Vaters Spuren: Kein Geld für höhere Ziele

3. Stolze Eltern: Hochfliegende Pläne für Sohn Eugen

Bis zu seinem neunten Lebensjahr hat der kleine Eugen in Schmalenbach bei der Mutter gelebt, in dem Häuschen, das kurz nach seiner Geburt fertiggeworden war. Der Vater ist in dieser Zeit wohl nicht viel zu Hause gewesen. Er hatte sich um seine Fabrik in Breckerfeld zu kümmern und dort auch eine feste Bleibe gefunden. Jeden Tag die zehn Kilometer von und nach Schmalenbach zu fahren, war ihm sicher zu zeitraubend: „Im Geschäft darf ich nichts versäumen", ruft er in einem Brief aus. Als Friedrich im April 1882 nach Elberfeld wechselt, zieht seine Frau mit dem achteinhalbjährigen Eugen in die freiwerdende Wohnung ihres Mannes nach Breckerfeld. Dort mag es enger gewesen und lauter zugegangen sein als in dem schönen einsamen Tal des schmalen Bachs bei Halver. Aber das hat sie wahrscheinlich gern in Kauf genommen.

In dem Schmalenbacher Haus hatte sie zwei Kinder zur Welt gebracht, die beide früh gestorben sind: 1876 einen Jungen (Hermann Friedrich), der nur sieben Monate gelebt hat, 1878 wiederum einen Knaben (Herrmann Max), der fast genau zwei Jahre alt geworden ist. Als sie nach Breckerfeld zog, war erneut ein Kind unterwegs, und sicher war ihr der Gedanke schwer erträglich, daß sie dieses Kind wieder in dem Haus zur Welt bringen sollte, in dem ihr schon zwei Säuglinge in der Wiege gestorben waren. Aber das Schicksal war härter. Dem Mädchen, das im August 1882 in der Breckerfelder Wohnung geboren wurde (Eugenie), war die kürzeste Lebensdauer von allen beschieden, es lebte noch keine drei Monate.

Wie die Eltern, wie besonders die Mütter es seelisch ertragen haben, ihr Liebstes, dessen Geburt stets mit großen Hoffnungen begleitet war, immer wieder leiden und sterben zu sehen, ist aus heutiger Sicht kaum faßbar. Ohne den Glauben, daß die Kinder es droben im Himmel – als Engel – besser hätten als hienieden, wäre das Mit-Leiden für die Mütter wohl kaum zu ertragen gewesen. Auch Emma Schmalenbach fand im evangelischen Glauben Trost und Stütze. Sie war eine tief religiöse Natur, wenngleich sie dies nach außen niemals hervorkehrte und in dieser Frage auch ihren Kindern keinen Zwang antat.

In Breckerfeld gab sie noch zwei Knaben das Leben, die alle Kinder-Krankheiten überstanden und zu gesunden Menschen heranwuchsen. Die Beiden waren freilich von ganz anderer Art als Eugen. Der eine, 1885 geboren und auf den Namen Hermann getauft, wurde ein Philosophie-Professor, der zuletzt in Basel lehrte; in seinem Kopf hatte sich menschliche Intelligenz also gleichsam sublimiert. Der andere, zwei Jahre nach Hermann zur Welt gekommen und Edmund geheißen, war in seiner Jugend ein ausgesprochener Abenteurer-Typ, der es nicht lange im Elternhaus aushielt. Im Kriege achtete er keiner Gefahren: am liebsten hätte er Freiherr von Richthofen nachgeeifert und wäre Flieger geworden, wenn das nicht an den Folgen einer gleich zu Kriegsbeginn erlittenen Verwundung gescheitert wäre. Er mußte bis zum Schluß in der Etappe Dienst tun. Die Liebe einer Frau, die er 1918 kennenlernte und sozusagen „auf der Stelle" heiratete (Irene Ehrenstein), hat das Wesen dieses Mannes dann von Grund auf gewandelt: Aus dem Bruder Leichtfuß wurde über Nacht ein vortrefflicher Ehe- und Geschäftsmann.

Für Eugen waren Hermann und Edmund zu jung, als daß sie seine Spielgefährten oder die Partner bei Knabenstreichen hätten sein können. Er war schon zwölf Jahre alt, als Hermann zur Welt kam, und vierzehn bei der Geburt von Edmund. So ist er faktisch als Einzelkind aufgewachsen. Aber natürlich hatte er Freunde, mit denen er in Breckerfeld durch Wiesen und Felder streifte, die Scheunen und Ställe der Bauern unsicher machte und gewiß auch schon Interesse für die Werkstätten der Schmiede- und Schreinermeister bekundete. Bereits als Knabe übte er sich in handwerklichen Fähigkeiten, und als er einmal einen Kaninchenstall bauen wollte, hatte der 13- oder 14jährige Eugen keine Skrupel, sich das nötige Holz auf dem Fabrikhof des Vaters zu „besorgen“. Er selbst hat später seinen Studenten erzählt, mit welcher List ihm dieses Bubenstück – gemeinsam mit einem Freund – gelang, und er unterließ dabei auch nicht den verschmitzten Hinweis, daß er mehr solcher Jungenstreiche auf dem Gewissen habe.

Der Schulbesuch hat ihm bei alledem offenbar wenig Kummer bereitet. Er war schon in Halver drei Jahre lang in die Elementarschule gegangen und hatte in Breckerfeld weitere zwei Jahre in einer solchen Schule zuzubringen. Dann ist er, sicher auf Anraten der Lehrer, in die Breckerfelder Rektoratsschule gekommen. Es ist das erste Zeichen dafür, daß Eugen überdurchschnittlich begabt gewesen sein muß. Denn Rektoratsschulen waren evangelisch geführte Anstalten, die ihre Schüler, sofern diese später nicht „in das gewerbliche Leben übertreten“ wollten, auf die Obertertia einer höheren Lehranstalt vorbereiteten. Englisch und Französisch waren in Breckerfeld Pflichtfächer, Latein wurde auf Wunsch der Eltern gegen ein zusätzliches Entgelt gelehrt.

Auch die Rektoratsschule hat der Knabe Eugen ohne viel Mühe hinter sich gebracht. Er verfügte über eine rasche Auffassungsgabe und besaß ein hervorragendes Gedächtnis. Seine Leistungen werden sicher die anderer Schüler übertroffen haben. Natürlich gab es dabei Unterschiede zwischen den einzelnen Fächern, die der unterschiedlichen Begabung entsprachen: Fremde Sprachen werden ihm schwerer gefallen sein, die Mathematik leichter. Aber insgesamt konnte wohl nicht der geringste Zweifel daran bestehen, daß Eugen alle Voraussetzungen für einen erfolgreichen Besuch des Gymnasiums mit sich brachte. Der Entschluß lag nahe: Die Mutter mußte mit ihrem Eugen und den beiden Kleinen nach Elberfeld übersiedeln. Und sie tat es auch.

Ob der Vater diesem Entschluß frohen Herzens zugestimmt hat, ist nicht überliefert. Möglich, daß er seinen Ältesten insgeheim lieber auf einem Pfad gesehen hätte, der den Jungen als seinen Nachfolger in die Firma geführt hätte. Andererseits mag ihn Stolz erfüllt haben: Er, der Sohn eines kleinen Bauern und nun Strafanstalts-Unternehmer, hatte einen Sohn gezeugt, dessen Intelligenz zu den größten Hoffnungen berechtigte. Die Mutter, religiös erzogen und veranlagt, hätte gern einen Pfarrer aus ihm gemacht. Eugen selbst liebäugelte mit dem Gedanken, die Offiziers-Laufbahn einzuschlagen – der Offizier galt etwas im Kaiserreich. Aber das waren unausgegorene Träume, fern der Wirklichkeit. Eugen taugte weder zu dem einen noch zum andern: Er ist freiwillig niemals zur Kirche gegangen, und beim Militär hat er es mit Müh' und Not zum Unteroffizier gebracht. An höhere Chargen war nicht zu denken.

Das Dörpfeld-Gymnasium in Elberfeld, das Eugen vom Frühjahr 1888 an für zwei Jahre besuchte, bewahrt in einem großen Schrank dicke Folianten auf, in denen die Abgangs-Zeugnisse aller Schüler seit Bestehen der Lehranstalt zu finden sind, gleich wann und in welcher Klasse sie die Schule verlassen haben. Ausgerechnet das Buch für 1890, das Jahr, in dem Eugen das Gymnasium verließ, fehlt in der Sammlung und ist auch anderswo nicht aufzufinden. Wir besitzen daher keinen Hinweis, in welchen Fächern Schmalenbach unterrichtet wurde und wie gut oder schlecht seine Leistungen waren. Er selbst hat einmal gesagt, er habe als tüchtiger Mathematiker und Turner sowie als „leidlicher Lateiner“ gegolten; für die Streitereien der griechischen Stadtstaaten und für die Werte griechischer Kultur habe er wenig Verständnis aufgebracht. Alles in allem sei er „recht mittelmäßig" gewesen.

Nun ja, das hat der Sechzigjährige als Reminiszenz an alte Zeiten lächelnd dahingesprochen. In dem gleichen Gespräch bekannte er andererseits, es sei gegen den Rat seines Ordinarius geschehen, daß er das Gymnasium schon mit der Obersekundareife (dem „Einjährigen") verlassen habe. Dann können seine Leistungen aber wohl nicht ganz so „mittelmäßig" gewesen sein. Warum er wirklich gegangen ist, hat er sehr viel später, im Jahre 1923, dem schon erwähnten Brief an seinen Bruder Hermann anvertraut: „Als ich die Schule verließ, stand das väterliche Geschäft nicht weit vom Konkurs." Und weiter heißt es dort: „Als ich . . . bereits für das Geschäft mit zu sorgen anfing, brach denn auch die schon lange vorher sich meldende Zahlungsstockung herein" (Brief vom 15. Juli 1923). Der Vater lebte also in ernsten Geldschwierigkeiten, und das über Jahre hin.

Man muß dabei den Zeitablauf sehen: Das Gymnasium hat Eugen im Frühjahr 1890 verlassen, den Zahlungsaufschub hat der Vater im Dezember 1891 erwirkt. Fast zwei Jahre lang, wahrscheinlich länger, hatten die Eltern demnach drückende Geldsorgen, die ihre Existenz bedrohten. Jeder Tag hätte finanziell das Ende bringen können. Es ist das dunkelste Tal, das Friedrich Schmalenbach je zu durchschreiten hatte. Sicher hat dies auch das Familienleben belastet, zumal da das Kapital, das in dem Geschäft steckte, vornehmlich ein Erbteil der Frau – nicht des Mannes – war.
Für Eugen bedeuteten die väterlichen Schwierigkeiten das Ende aller hochfliegenden Pläne und Hoffnungen. Mit Abitur und Studium war es nun aus, die Träume von der großen Karriere waren dahin. Dem sechzehnjährigen Sohn blieb nichts anderes übrig, als sich dem Wunsch und Willen des Vaters zu fügen.

Der aber begann, ihn nach seinem Bilde zu formen.

4. Von Vaterhand geleitet: Ein Jahr am Schraubstock, drei Jahre im Kontor

Für Friedrich Schmalenbach, den Vater, hatte die Ausbildung mit einer Schlosserlehre begonnen. Was lag also näher, als den Sohn zunächst in eine Werkstatt zu stecken? Es war die erste Etappe eines Weges, an dessen Ende der Vater einen tüchtigen Fabrikanten von Kleineisenwaren zu sehen hoffte.

Eugen kam, als er das Gymnasium verließ, aus den geistigen Gefilden des Seneca und Tacitus, aus der klaren Luft der höheren Mathematik. Würde er jetzt in die ölverschmierte Welt einer Fabrik gestoßen werden? Er fürchtete es. Der junge Mann, auf dem Lande groß geworden, fühlte sich in der Industriestadt Elberfeld mit ihren vielen Fabrikschornsteinen ohnehin nicht wohl. Der Vater hatte sich in der Nähe seiner Arbeitsstätte eine Wohnung gesucht, wenige Schritte vom Königlichen Arresthaus entfernt. Dort standen graue Häuser, in denen vornehmlich Inspektoren, Aufseher, Werkmeister und andere Anstaltsbeamte zu finden waren. In Schmalenbachs Mietshaus wohnten 16 Parteien, hauptsächlich Schlosser, Fabrikarbeiter, Witwen. Die Räumlichkeiten der Wohnung werden für eine Familie mit drei Kindern eng genug gewesen sein.

Diese Lebensverhältnisse müssen Eugen hart angekommen sein. Er war jetzt mit seinen 16 Jahren in einem Alter, in dem junge Menschen oft zu Renitenz neigen. Seine permanente Unzufriedenheit wird sich in Aufsässigkeit, in Vorwürfen und Anschuldigungen geäußert haben. Vielleicht liegt in solchen Auseinandersetzungen ein Keim jener Entfremdung zwischen Sohn und Eltern, die das Verhältnis zunehmend belastet hat.

Die erste Station der Ausbildung zum Fabrikanten sollte nach dem Willen des Vaters die Königliche Fachschule für Kleineisenindustrie in Remscheid sein. Diese Anstalt unterwies ihre Schüler in allen Arbeiten, die in Schmiede, Schlosserei und Dreherei sowie bei der Oberflächenbehandlung von Eisen und Stahl anfallen. Für die Ausbildung waren drei Jahre vorgesehen, das letzte Jahr diente einer „in sich abgeschlossenen theoretischen Bildung mit beschränkten Zielen". Aber Eugen hielt es dort nur wenige Monate aus. Sein Aufenthalt in Remscheid endete abrupt „mit einer Art Revolte und dem Consilium abeundi", also dem Rat der Schulleitung an den Schüler, die Lehranstalt freiwillig zu verlassen, um ihm einen förmlichen Rausschmiß zu ersparen. Es ist nicht ausgeschlossen, daß Eugen sich absichtlich rebellisch verhalten hat, weil er keine Lust hatte, drei lange Jahre in dieser Anstalt zu verbringen. Was wirklich geschah, wissen wir freilich nicht.

Vater Friedrich erwählte nun ein Unternehmen des Maschinenbaus zur Ausbildungsstätte für den Sohn, die Firma Benjamin Evringhaus in Barmen, von der er wahrscheinlich die Einrichtung für seine Gefängnis-Werkstatt bezogen hatte. Hier brauchte Eugen nicht zwei Jahre lang an Amboß und Drehbank zu arbeiten – ein Jahr würde genügen, wohlgemerkt als „Volontär", nicht als Lehrling. Eugen hat die Zeit genutzt: Die Kenntnisse und Fähigkeiten, die er sich in diesem einen Jahr angeeignet hat, sind ihm ein Leben lang bei seiner geliebten Bastelei in der eigenen häuslichen Werkstatt zugutegekommen.

Auf die handwerkliche folgte die kaufmännische Ausbildung. Der Vater hatte sie bei Glörfeld genossen, den Sohn schickte er zu Nocken & Cie. nach Velbert. Wir kennen die Firma schon: Sie hat dem Strafanstalts-Unternehmer einige Jahre später das Tor zu Südosteuropa geöffnet und ihn damit den Weg zum Export gewiesen, der dann in Butzbach so reichen Segen getragen hat.

Nocken war ein bedeutendes Unternehmen, das ursprünglich Schlösser aller Art hergestellt hatte; später spezialisierte es sich mehr oder weniger auf Vorhängeschlösser. Mindestens ein Mitglied der Familie betätigte sich dabei stets auch als Export-Händler, dies mit Verbindungen in viele Länder der Welt. Da solche Handelshäuser als Kommissionäre „ihren Vorteil zu wahren wußten und durchweg zu Wohlstand kamen" – so die Meinung der damaligen Fabrikanten und anderer Leute –, schuf die Verbindung zwischen Fabrikation und Handel die besten Voraussetzungen für eine gute finanzielle Fundierung der Firma: Ihre Werkstätten gehörten allezeit zu den modernsten der Branche, und auch die Kontore, in denen sich Eugen Schmalenbach nun drei Jahre lang umsehen konnte, haben ihm sicher einen hervorragenden Anschauungsunterricht geboten.

Für Eugen war der Übergang aus der handwerklichen in die kaufmännische Lehre ein Schritt, der ihm wie eine Erlösung vorgekommen sein muß: Aus der Werkstatt in ein Kontor, aus der Großstadt in einen freundlichen Ort, und vor allem weg von den Eltern, aus der Angebundenheit in die Ungebundenheit, aus dem familiären Druck in die Freiheit eines unbeaufsichtigten Daseins, die sich jeder junge Mann dieses Alters sehnlichst herbeiwünscht. Einen solchen Zustand kannte er noch nicht, und zunächst wird der achtzehnjährige Lehrling der ungewohnten Freiheit recht hilflos gegenübergestanden haben. Aber er fand sich in die neue Situation rasch hinein und fühlte bald, daß sein Geist darauf mit wachsendem Selbstbewußtsein und einem steigenden Lebensgefühl reagierte. In Velbert hat Eugen Schmalenbach zum ersten Mal an sich selbst erlebt – und das Erlebnis ausgekostet –, daß ihm die Gabe eigen war, andere Menschen in seinen Bann zu ziehen. Ehe er sich's versah, hatte er einen Kreis von Freunden um sich versammelt, deren Mittelpunkt er war.

Gut fünfzig Jahre später, im August 1948, erhielt er das Schreiben eines Gleichaltrigen, worin dieser an die gemeinsame Velberter Zeit erinnert. „Als junger Lehrer kam ich nach Velbert", so schreibt der Jugendfreund, „und ganz bald schon gehörte ich jenem kleinen Kreis um Dich an, der sich täglich am Biertisch sah, ohne die üblichen Biertisch-Gespräche zu führen . . . Die geistige Enge des Lehrer-Seminars hatte mich zu selbständigem Denken nicht erzogen. Durch den Umgang mit Dir . . . wurde das Versäumte nachgeholt . . . Ich glaube nicht, daß ich ohne Dich und Deinen Einfluß den Mut aufgebracht hätte, mich aus den engen Fesseln der Volksschule zu lösen . . ."

Der Brief zeigt, welch starken Einfluß Schmalenbach schon damals auf andere Menschen auszuüben vermochte und wie groß seine geistige Überlegenheit gewesen sein muß. Noch keine zwanzig Jahre alt, besaß er bereits die Gabe, junge Menschen auf kaum erklärliche Weise zu faszinieren, sie zu leiten und an sich zu binden. Der künftige Professor kündigte sich an.

5. Im väterlichen Betrieb: Die Eltern vor den Kopf gestoßen

In dem Brief aus dem Jahre 1923, in dem Eugen Schmalenbach seinem Bruder Hermann die Kümmernisse seiner Jugendjahre schildert, steht der Satz: „Drei Jahre war ich dann zu Hause im Geschäft für freie Verpflegung und ein kleines Taschengeld." Die ersten anderthalb Jahre, so darf man annehmen, wird Eugen unter steter strenger Aufsicht des Vaters gearbeitet haben; davon war er „ein halbes Jahr in einer Abteilung des Hauptbetriebes (Pakkerei und Versand) beschäftigt", wie er in einem Lebenslauf sagt. Er mußte also auch in die Packerei, der Vater hat ihm nichts erspart. Es ist wahrhaft beklemmend, zu sehen, wie eng sich Vater Schmalenbach in der Führung des Sohnes an seinen eigenen Weg in der Jugend gehalten hat. Auch Friedrich war seinerzeit bei dem Handelsmann Glörfeld jahrelang mit nichts anderem als dem Aus- und Einpacken von Waren beschäftigt gewesen. Dabei hatte er allerdings auch die Verkaufspreise zu errechnen, sie zu „kalkulieren", wie er das in seinen Briefen bezeichnete, wahrscheinlich durch Addition eines prozentualen Aufschlags pro Stück für die sogenannten „Generalunkosten". Die Rechnerei scheint ihm nicht leichtgefallen zu sein, sonst hätte er über die damit verbundene Arbeit nicht so viele Worte verloren.

Eugen hatte das Gleiche zu tun, so wollte es der Vater. Aber bei dem Sohn wird es umgekehrt gewesen sein: Das Packen und Versenden muß ihm als eine geisttötende Tätigkeit viel Geduld und guten Willen abverlangt haben, dagegen wird ihm die Kalkulation leicht von der Hand – nein: aus dem Kopf gegangen sein. Freilich wird er sich hier wohl schon die ersten Gedanken um den Sinn des Tuns gemacht haben. Warum gerade 20 Prozent aufschlagen? Warum nicht 25 oder nur 17 Prozent? Wer kontrolliert denn, ob die 20 Prozent auch richtig sind? Wie kann man es überhaupt kontrollieren? Das große Fragen begann.

Im Frühjahr 1896 entfloh Eugen der stupiden Packerei, indem er „freiwillig" (das Wort ist im Lebenslauf unterstrichen, wahrscheinlich jedoch von fremder Hand) zum Militär ging, wo der Dienst nicht weniger stupide gewesen sein dürfte. Er genügte seiner einjährigen Dienstpflicht bei einem Infanterie-Regiment in Gießen, der benachbarten Garnisonstadt. Ende März 1897 war dieser Pflicht Genüge getan, und sein Weg führte ihn zurück in das väterliche Geschäft nach Butzbach, diesmal mit der Aufgabe, „den abgehenden Leiter des Hauptbetriebs zu ersetzen. Diese Funktion versah ich ein Jahr" (Lebenslauf).

Jetzt wurde er also tatsächlich Betriebsleiter, formell neben dem Vater, effektiv jedoch unter dessen stets präsenten Blicken. Eugen oblag die Fabrikbuchhaltung und die Betriebskalkulation, während der Vater dem kaufmännischen Teil des Geschäfts vorstand (in erster Linie wohl Einkauf und Verkauf). Die Tätigkeit hat Eugens Denken angeregt, befriedigt hat sie ihn indessen nicht. Sein forschendes Auge sah überall Probleme, sein wacher Geist wollte stets zum letzten Grund der Dinge und der Abläufe vordringen. Das Nachdenken begann mit der Frage, die ihn schon bei der Packerei beschäftigt hatte: Was sind eigentlich jene „Generalunkosten", die von den Fabrikanten als gleichbleibender Prozentsatz auf die Betriebskosten (Material plus Löhne) aufgeschlagen werden, um einen kostendeckenden und gewinnbringenden Verkaufspreis zu finden? Machen die wirklich stets 20 Prozent der Betriebskosten aus, in guten wie in schlechten Zeiten? Ändert sich das niemals, egal wie die Geschäfte gehen?

Vom Vater bekam er keine Antwort. Der wird die Fragerei des Sohnes als überflüssig und lästig empfunden haben. Was sollte das ewige Fragen: Er verdiente in Butzbach gut, seine Kalkulation war also richtig, und damit basta. Ja, und in Elberfeld? könnte Eugen zurückgefragt haben. Als Du mit der Firma fast am Ende warst? Haben Deine Jahresbilanzen Dir damals nicht Gewinne vorgetäuscht, wo Du in Wahrheit Verluste gemacht hast?

Über das Wesen dessen, was in der Fabrikbuchhaltung niedergelegt, in der Betriebskalkulation errechnet wurde, hatte sich bis dahin wahrscheinlich kein Fabrikant Gedanken gemacht. Aber müßte er das nicht tun?, fragte Eugen Schmalenbach weiter. Könnte es nicht sein, daß man in schlechten Zeiten Aufträge ablehnt, weil man sie für Verlustgeschäfte hält, während sie in Wahrheit – bei richtiger Kalkulation – gewinnbringend sind? Ist der Fabrikant nicht ein Narr, der solche Bestellungen den Konkurrenten überläßt und dabei noch glaubt, wie ein Weiser zu handeln?

Eugen biß sich an solchen Fragen fest und kam von ihnen nicht los. Wenn er glaubte, in einem Punkt klar zu sehen, tat sich dahinter ein neues Problem auf, das wiederum Fragen weckte. Was der junge Fabrikant hier durchmachte, ist das Erlebnis jedes forschenden Geistes, der den Urgrund der Dinge zu erkennen sucht. Tausend Fragen – und keine gültige Antwort.

Dann aber erreichte ihn die Kunde, daß in Leipzig eine Handelshochschule eröffnet werden soll. Eine wissenschaftliche Bildungsstätte für angehende Kaufleute, das gab es in Deutschland noch nicht. Die Wissenschaft, ja, die würde die Antworten parat haben. In Leipzig, davon war Eugen überzeugt, würde er endlich die Wahrheit erfahren. Sein inneres Gefühl sagte ihm: Du mußt nach Leipzig, und zwar sofort, jetzt gleich, damit du noch zum ersten Semester auf der neuen Hochschule zurechtkommst.

Der Vater war, wie sich denken läßt, entsetzt ob dieses impulsiven Entschlusses seines Sohnes. Er fühlte sich schnöde überrumpelt. Ist das möglich? Sein Ältester, auf dessen Ausbildung er soviel Mühe verwandt und in dessen Zukunft er soviel Hoffnungen gesetzt hatte, ist so pflichtvergessen, daß er mir nichts, dir nichts, seine Arbeit hinschmeißt und keinen Gedanken daran wendet, wie es denn im Betrieb nun weitergehen soll?

In den Disputen, die Eugens Entschluß auslöste, hat der Sohn seinen Eltern schließlich zugestanden, daß er sich nicht einfach aus dem Staube machen werde. In seinem Lebenslauf steht die Bemerkung, er habe sich im ersten Semester dem Studium nur „unvollkommen" widmen können, „da sich mein Nachfolger im väterlichen Geschäft erst einzuarbeiten hatte". Er kam also dem Wunsch des Vaters entgegen und sorgte für einen gleitenden Übergang.

Im übrigen war Eugen zu jenem Zeitpunkt ehrlich davon überzeugt, daß sein Studium Episode bleiben werde. Er wollte in Leipzig „über wichtige Fragen der Fabrikorganisation Auskunft erlangen“ (Lebenslauf) oder, wie er dies sehr viel später in einer berühmt gewordenen Formulierung gesagt hat, er wollte seine „Fabrikantenqualität verbessern“, nichts anderes. So gerüstet, gedachte er dann die Firma des Vaters zu übernehmen. Dazu ist es freilich nicht gekommen, und Vater wie Mutter mögen dies wohl intuitiv geahnt haben. Sie empfanden Eugens Fortgang wahrscheinlich von Anfang an als ein Ereignis von schicksalhafter Bedeutung. Es war der Auszug des Sohnes aus seines Vaters Hause.

Ihr Gefühl hat nicht getrogen. Im Leben des Eugen Schmalenbach hat sich der Sprung nach Leipzig als die entscheidende Tat auf seinem Berufsweg erwiesen. Er entfloh damit für immer der geistigen Enge des Elternhauses, über das er längst hinausgewachsen war. Und er trat in die Bezirke ein, die den Wissenschaften geweiht sind. Das geschah in der Erwartung, hier neue Erkenntnisse zu gewinnen. Aber er selbst hat dann der Wissenschaft, der er bis an das Ende seiner Tage verbunden blieb, neue Erkenntnisse erschlossen. Forschung und Lehre wurden zum Inhalt seines Lebens.

6. Auf nach Leipzig: Sieben auf einen Streich

Als Eugen Schmalenbach im Frühjahr 1898, 24 Jahre alt, nach Leipzig zog, war er voller Hoffnung. Der Jüngling erwartete, hier Aufschluß über die inneren Gesetzmäßigkeiten eines Betriebes zu gewinnen. Aber seine Erwartungen wurden arg enttäuscht. Auch die neue Hochschule konnte ihm das Wissen, das er suchte, nicht bieten. Eine Lehre vom Betrieb gab es damals noch nicht.

Die Gründung von Handels-Hochschulen entsprach einer Forderung der damaligen Zeit. Deutschland hatte sich binnen weniger Jahrzehnte aus einem Agrarland in einen Industriestaat verwandelt, es hatte nach dem Kriege von 1870/71 rasch an politischer und wirtschaftlicher Potenz gewonnen, seine Handelsschiffe und mit ihnen deutsche Kaufleute waren in allen Teilen der Welt zu finden. Aber nur selten waren diese Männer fachlich so vorgebildet wie Unternehmer aus anderen großen Industrie- und Handelsnationen. Es war vor allem der Deutsche Verband für das Kaufmännische Unterrichtswesen, der sich dieser Frage aktiv annahm. Seinen Bestrebungen ist es vornehmlich zuzuschreiben, daß im April 1898 erstmals auf deutschem Boden, in Leipzig, eine Handels-Hochschule ins Leben gerufen wurde.

Sie war als ein Versuch gedacht. Sollte er mißlingen, so würde man die Hochschule wieder schließen. Deshalb gingen die Behörden mit aller Sparsamkeit zu Werke, sie wollten nichts unnötig riskieren. Um Kosten zu vermeiden, wurde die neue Hochschule der Universität und der in Leipzig bestehenden Öffentlichen Handelslehranstalt angeschlossen. Die Vorlesungen fanden in deren Hörsälen und Schulräumen statt, als Lehrer wirkten dieselben Männer, die auch an der Universität oder der Fachschule am Pult standen. Erst ganz allmählich erhielt die Handels-Hochschule, nachdem ihre Bewährung außer Frage stand, mehr Selbständigkeit; im Jahre 1910 bekam sie ein eigenes Gebäude.

Zu den jungen Leuten, die wie Schmalenbach gleich bei der Eröffnung der Hochschule nach Leipzig gekommen sind, gehören mehrere, die sich später als Professoren der Betriebswirtschaftslehre eines hohen Ansehens erfreuen konnten, allen voran Heinrich Nicklisch und Fritz Schmidt, gleichsam wissenschaftliche „Antipoden“ von Schmalenbach, dann Willi Prion (der sich vornehmlich Fragen des Bankwesens gewidmet hat), Balduin Penndorf

(Geschichtsforschung), Ernst Pape (Rechnungswesen) und Hermann Grossmann (Steuerlehre). Zusammen mit Schmalenbach waren es sieben spätere Professoren, die zu den allerersten Jüngern der neuen Wissenschaft gehörten.

Alle sieben haben nach ihrem Studium in Leipzig die Diplomprüfung bestanden, sie sind allerdings nicht zur gleichen Zeit ins Examen gegangen. Schmalenbach schloß mit der Note I ab. Die Titel „Diplom-Kaufmann" und „Diplom-Handelslehrer" gab es noch nicht. Um die wissenschaftliche Vorbildung zu bekunden, fügten Diplomierte ihrem Namen die Buchstaben D.H.H.L. hinzu, was ein Kürzel für die Bezeichnung „Diplom der Handels-Hochschule Leipzig" war. Eugen Schmalenbach hat dieses Kürzel, über das er 1906 einen aufklärenden Artikel in der Zeitschrift „Plutus" veröffentlichte, bis in die dreißiger Jahre hinein gebraucht.

Die „Handelstechnik", wie das spezifisch kaufmännische Fach damals hieß, wurde an der neuen Hochschule von einem Mann gelehrt, der auch an der Öffentlichen Handelslehranstalt darüber unterrichtete: Richard Lambert. Er hatte Mathematik sowie Naturwissenschaften studiert und die kaufmännische Praxis als Leiter eines Geschäfts kennengelernt. Rogowsky schilderte ihn als einen „gebildeten und charaktervollen Menschen mit Rednergabe und Temperament". Und Schmalenbach meinte im Jahre 1919 rückblickend, Lambert sei „in allem eine eigenwillige Persönlichkeit" gewesen: „bei aller äußeren Schroffheit ein Aristokrat, auch in der Auswahl und Befruchtung seiner Schüler". Bei anderer Gelegenheit rühmte er Lambert als einen „verdienstvollen und geistig beweglichen" Professor, der für neue Ideen „in hohem Grade aufnahmebereit" war. Als die Zeitschrift für handelswissenschaftliche Forschung 25 Jahre alt wurde, hat Schmalenbach seinem Ende 1926 verstorbenen Lehrer besonders warmherzig-originelle Worte gewidmet. Es heißt dort (in der Januar-Ausgabe 1931 auf Seite 4): „Zwar hat Lambert nie eine Zeile für die Zeitschrift geschrieben, aber ich danke ihm trotzdem für seinen allzeit donnernden Rat und seine immer gesalzene Kritik, weil hinter Donner und Salz sich ein starkes Wohlwollen verbarg."

Die Erwartungen, mit denen Schmalenbach im Frühjahr 1898 nach Leipzig gekommen war, hat Lambert freilich nicht erfüllen können. Auch hier fand der geistig voranstürmende Student keine Antwort auf die Fragen, die ihn bedrängten. Der junge Mann, der sein Studium erst vor ein paar Monaten begonnen hatte, schrieb daraufhin einen Aufsatz, in dem er darlegte, wohin ihn sein eigenes Nachdenken über Buchführung und Kalkulation im Fabrikgeschäft bisher geführt hatte. Er fand auch einen Redakteur, der das druckte. Es war Karl Wilhelm Türck, Gründer und Herausgeber der Deutschen Metall-Industrie-Zeitung in Remscheid. Die theoretischen Ausführungen von Schmalenbach wollten zwar nicht recht in dieses Blatt passen, das vor allem von Praktikern der Kleineisenindustrie gelesen wurde. Aber Türck druckte den Aufsatz dennoch, vor allem weil er höchst lebendig geschrieben war. Nehmen wir nur den Anfang:

> *„Wenn man ein Lehrbuch über doppelte Buchführung liest, wird man in der Regel das Gefühl nicht los, irgendwo in der Ecke ein Spinnrad schnurren zu hören . . . Wer sich freilich mit diesen Dingen länger beschäftigt, gewöhnt sich daran, wie der Gefangene an die Kellermauern. Die doppelte Buchführung ist wie ein alter Rock, dem man zwar entwachsen sein mag, dessen Stoff man aber alles Lob spenden muß, weil er sich so lange gehalten. Wenn wir darum im folgenden einiges zu ihrem Nachteil sagen, so meinen wir den Schnitt und nicht den Stoff."*

Kann man einprägsamer schreiben, treffendere Bilder finden?

In ihrer wissenschaftlichen Qualität gehen die Ausführungen über alles hinaus, was damals im Fach „Handelstechnik“ gelehrt wurde. Schmalenbach beschränkt sich nicht auf eine Darstellung und bloße Erklärung dessen, was ist, sondern analysiert den Tatbestand, zergliedert, ja zerfasert ihn, zum Teil unter Zuhilfenahme der Mathematik. Er verharrt auch nicht beim Erkennen und Erfassen dessen, was in der Praxis geschieht, sondern deutet, beurteilt, kritisiert es und zieht Schlußfolgerungen aus dem als richtig oder unrichtig Erkannten. Zum ersten Mal hat hier ein scharf denkender Kopf an überkommene buchhalterische und kalkulatorische Methoden die Sonde der Logik angelegt. Er hat als Wissenschaftler gehandelt und damit den Keim für die moderne Kostentheorie gelegt, die bald einen wesentlichen Bestandteil der Wissenschaft namens „Betriebswirtschaftslehre“ bildete.

Natürlich weist diese Erstlingsarbeit Schmalenbachs in der Gedankenführung wie auch stilistisch nicht jene Reife auf, die späteren Schriften, namentlich seinen Alterswerken eigen ist. Das hat den Autor jedoch nicht daran gehindert, sie fast dreißig Jahre danach, 1928, erneut herauszubringen. Im Vorwort dieser Broschüre weist er zwar auf die „Spuren schriftstellerischer Unreife“ hin, die darin zu entdecken seien, und bittet dafür um Nachsicht. Aber andererseits nimmt er bei dieser Gelegenheit uneingeschränkt das Verdienst für sich in Anspruch, mit dem Aufsatz von 1899, der wegen seiner Länge in zehn Folgen erschienen war, das Problem der fixen Kosten in die betriebswirtschaftliche Literatur eingeführt zu haben. Es war in der Tat ein frühes Meisterstück, das erste Aufblitzen eines hochtalentierten Geistes.

Wer der Autor war, erfuhr die Öffentlichkeit damals noch nicht. Weder Schmalenbach noch Türck war daran gelegen, erkennen zu lassen, daß dies ein grünlicher Student von 25 Jahren geschrieben hatte. Der trat, als über die Hälfte des Artikels erschienen war, gerade in sein drittes Semester ein. Im nächsten Semester, 1899/1900, machte Lambert die Arbeit zum Seminarthema, und Schmalenbach war voll der schrecklichsten Ahnungen, als er den Seminarraum betrat. Der Professor wußte glücklicherweise nicht, daß der Übeltäter inmitten der Teilnehmer saß „und sich weislich still verhielt“, wie Schmalenbach später berichtete. „Lambert ging hierbei um das Wesentliche, die Ausgliederung der Fixkosten in Kalkulation und Preispolitik, einigermaßen befremdet und jedenfalls nicht aufnahmebereit . . . herum. Und nach vier bis fünf Sitzungen wurde der anonyme Schmalenbach durch (einen anderen Autor) ersetzt, der mit so problematischen Sachen nicht beunruhigte.“

Die Worte wurden 1934, also etwa 35 Jahre später niedergeschrieben, als Schmalenbach über diese denkwürdige Begebenheit, die in der Geschichte des Universitätswesens kaum ihresgleichen haben dürfte, längst weise lächeln konnte.

III. Der Weg zum Professor: Steinig und steil

7. Marianne Sachs, die Gefährtin fürs Leben: Heirat in bitterer Armut

Nur zwei Jahre Studium – aber die Welt hatte sich für Eugen Schmalenbach gründlich verändert. Er hatte ein glanzvolles Diplom in der Tasche, doch was konnte er damit schon beginnen? Er stand vor dem Nichts.

Denn im Jahre 1900, als er das Examen bestand, war deutlich geworden, daß der Vater früher oder später seine Firma würde aufgeben müssen. Strafanstalts-Unternehmer waren nicht mehr gefragt. Den Vater traf das nicht allzu hart. Er hatte so viel Geld beiseitegelegt, daß er mit seinen 53 Jahren der Zukunft ohne Sorge entgegensehen konnte. Aber Eugen? Nun, der muße selbst zusehen, wo er bleibt. An eine Rückkehr in die väterliche Firma, wie Eugen sich dies bei Beginn seines Studiums vorgestellt hatte, war nicht mehr zu denken. In Butzbach war kein Platz für ihn.

Eugen tat das Nächstliegende, das er in dieser Situation tun konnte: Er hielt sich den Weg für eine Fortsetzung des Studiums offen, indem er weiterhin an der Handels-Hochschule immatrikuliert blieb. Dort hat er sich in jenem Sommer 1900 freilich nicht viel blicken lassen. Vielmehr ging er nach Remscheid, wo er den Redakteur der Deutschen Metall-Industrie-Zeitung, Herrn Türck, für zwei Monate zu vertreten hatte (siehe Seite 20–21); wahrscheinlich war Türck zu einer militärischen Übung einberufen. Gleich nach dem Aufenthalt in Remscheid tat Schmalenbach das Gleiche: Auch er leistete eine Zwei-Monats-Übung ab.

So zog der Sommer ins Land, und Schmalenbach sah noch immer keinen Weg, der ihn auf festen Boden führen würde. Anfang Oktober versuchte er es mit einer Bewerbung, anscheinend aufs Geratewohl. Er schrieb an die Handels-Hochschule in Köln, die es noch gar nicht gab; sie wurde vorbereitet, aber erst sieben Monate später, am 1. Mai 1901, eröffnet. Vermutlich hatte er gehört, daß dort die Stelle eines Assistenten „vorgesehen“ war (daß ein Assistent „gesucht“ werde, hat er in dem Bewerbungsschreiben nicht gesagt). Auf Antwort brauchte er nicht lange zu warten. Kaum vierzehn Tage später hielt er den Bescheid in Händen: „Bereits besetzt.“

Er muß damals ziemlich verzweifelt gewesen sein. Denn noch etwas anderes hatte sich in den zwei Jahren seines Studiums geändert. Er hatte ein Mädchen kennengelernt, und die beiden waren entschlossen, so rasch wie möglich zu heiraten. Nach seinem Examen hatten sie sich verlobt, vermutlich schon im Frühjahr 1900. Vorher wird er in Butzbach gewesen sein, um den Eltern seine Zukünftige vorzustellen. Aber die reagierten abweisend, ja empört. Denn die Braut, Marianne Sachs, hatte in deren Augen einen schlimmen Makel: Sie war Jüdin. Das paßte den Eltern gar nicht, der Mutter nicht aus religiösen, dem Vater nicht aus politischen Gründen.

Als Strafanstalts-Unternehmer hatte Friedrich gerade Rückhalt an Herrn Joutz und dessen antisemitisch eingestelltem Bauernbund gefunden. Und nun sollte er ein jüdisches Mädchen als Schwiegertochter in seine Familie aufnehmen? Dies noch dazu in einem Moment, da sein Sechs-Jahres-Vertrag mit der Gefängnis-Verwaltung vor dem Ablauf stand und die angestrebte Verlängerung keineswegs gesichert war? Friedrich war außer sich. Nach allem, was sein Sohn den Eltern schon mit der Flucht nach Leipzig vor zwei Jahren angetan hatte, nun auch noch dieser Schritt, der die Existenz des Vaters und damit die Zukunft der beiden jüngeren Söhne in Frage stellen könnte. Er verstand die Welt nicht mehr.

Der Bruch war unausweichlich. Der Vater wollte von der Heirat nichts wissen, er verweigerte dem Sohn für die Zukunft auch jegliche Unterstützung. „Als ich dann heiratete und unter ungünstigen Umständen mich habilitierte, sah ich nicht die allergeringste Veranstaltung einer bescheidenen Hilfeleistung", schreibt Eugen in dem bewußten Brief vom 15. Juli 1923.

Bei der Hochzeitsfeier am 9. Februar 1901 scheint es geradezu spartanisch zugegangen zu sein. Das bezeugt ein Brief von Eugens Hand, der genau 25 Jahre später geschrieben wurde. Er lädt darin seine Verwandten zur Silberhochzeit nach Köln ein, will sogar die Reisekosten übernehmen, bittet aber darum, keine Geschenke mitzubringen. »Es ging bei der grünen Hochzeit sehr schmal und geschenklos zu, und das ist uns eine sehr angenehme Erinnerung geblieben; wir möchten dem sentimentalen Zug nachgeben, diese Erinnerung durch Wiederholung aufzufrischen." (Bewirtet hat er seine Gäste bei der Silberhochzeit dann allerdings großzügig; siehe Seite 130).

Daß sie jüdisch war, hat Eugen nicht gestört. Er war in Fragen der Religion indifferent, kannte weder religiöse Bindungen noch hatte er religiöse Vorurteile. Eine Vermählung zwischen Juden und Christen wurde damals zudem von offizieller Seite gern gesehen: als emanzipatorisches Gegengewicht gegen den anschwellenden Antisemitismus im Volk. Zur evangelischen Kirche ist Marianne nicht übergetreten, vermutlich hat Eugen das auch nie verlangt. Sie war im jüdischen Glauben erzogen und hielt innerlich daran fest, freilich ohne daß sie dies zu erkennen gab oder gar ihren Mann fühlen ließ. Während der Judenverfolgungen im Dritten Reich kamen ihr zwar manchmal Zweifel an der Gerechtigkeit ihres Gottes, doch soll sie in einem Moment höchster Bedrängnis geäußert haben: „Wenn wir jetzt durchkommen, werde ich wieder gläubig." Sie hat es wahrgemacht.

Die Mutter der Marianne Schmalenbach, Netty (Natalie) Schönfeld, war mit ihren Eltern als zehnjähriges Kind aus einer ostgalizischen Kleinstadt nach Deutschland gekommen. In Leipzig hat sie ihren Mann Ernst Sachs kennengelernt, der sich ursprünglich als Tuchhändler betätigt, dann aber mit Pelzen gehandelt haben soll. Als Schmalenbach mit seiner späteren Frau bekannt wurde, haben deren Eltern in kleinen Verhältnissen gelebt. Sie konnten ihren beiden Töchtern (Marianne hatte eine um sieben Jahre jüngere Schwester) keine Mitgift in die Ehen mitgeben. Anscheinend war der Vater damals schon durch eine schwere Krankheit behindert: Es heißt, daß er sich zuletzt nur im Rollstuhl habe bewegen können und früh gestorben sei. Immerhin hat er seiner Frau ein „Rentenhaus" in Leipzig sowie ein Sommerhäuschen in Bad Dürrenberg – unweit Leipzig, an der Saale – hinterlassen. Mit dem Leipziger Mietshaus ist es Netty Sachs allerdings ähnlich ergangen wie Eugens Mutter in Darmstadt: Beide haben mit den ererbten Häusern mehr Kummer als Freude gehabt.

Marianne war nur gut ein halbes Jahr jünger als Eugen Schmalenbach, sie wurde am 28. März 1874 geboren. Der Anfang ihres gemeinsamen Lebensweges war schwer, die materielle Basis ihrer Ehe denkbar schmal. Eugen war ein kleiner unbekannter Student, der nicht wußte, was er eigentlich anfangen sollte. Der Vater schickte ihm keinen Pfennig mehr, und die Honorare für seine Aufsätze in der Deutschen Metall-Industrie-Zeitung flossen wahrscheinlich auch nicht gerade üppig. Immerhin, ein Lichtblick hatte sich gezeigt, und das war vermutlich auch der Anlaß, nun die Eheschließung zu wagen: Der in Leipzig lehrende Nationalökonom Professor Karl Bücher hatte sich Anfang 1901 des begabten mittellosen Studenten angenommen und ihn als Assistenten, als „Famulus" zu sich geholt. Damit konnte Eugen zum ersten Mal in seinem Leben über ein festes Gehalt verfügen. Es wird allerdings bescheiden genug gewesen sein.

Das junge Ehepaar zog hinaus nach Böhlitz-Ehrenberg, einem Ort im Westen der Stadt, wo Miete und Lebenshaltung nicht so teuer waren wie in Leipzig. Um die Weihnachtszeit des Jahres 1902, am 23. Dezember, wurde ihnen hier das erste Kind geboren, eine Tochter, die den Namen der Mutter erhielt, Marianne. Das Heim in Böhlitz-Ehrenberg, so primitiv es gewesen sein mag, brachte Eugen die Erfüllung eines sehnlich gehegten Wunsches. Er konnte hier endlich in einem eigenen kleinen Garten werkeln, konnte Blumen pflanzen, Gemüse anbauen, Obst ernten und bei alledem die frische Landluft mit ihren vertrauten Düften atmen. Heimisch ist er dort freilich nicht geworden. Je länger Eugen hier lebte, um so deutlicher wurde ihm bewußt, daß er im Königreich Sachsen wohl keine Wurzeln werde schlagen können. Es zog ihn zurück in seine rheinische Heimat.

8. Journalistischer Starschreiber: Eruptiv wie ein Vulkan

Die Mitarbeit an der Deutschen Metall-Industrie-Zeitung, die für Eugen Schmalenbach in jenen schweren Anfangsjahren ein großer finanzieller Rückhalt war, bot ihm zugleich die Möglichkeit, die Ergebnisse seiner Arbeiten einem interessierten Publikum vorzutragen, wichtige wirtschaftliche Vorgänge zu kommentieren und Fehlentwicklungen zu attackieren. Schmalenbach brauchte ein solches Sprachrohr, nicht nur als junger Mensch. Auch in seinen reifen Jahren und im Alter war es ihm ein stetes Bedürfnis, seine Ansichten und Erkenntnisse zu publizieren und Zwiesprache mit dem Leser zu halten. Er hat dies später vor allem in seiner eigenen Zeitschrift getan, der Zeitschrift für handelswissenschaftliche Forschung (siehe Seite 48 ff.).

Der Name „Deutsche Metall-Industrie-Zeitung“ war insofern irreführend, als dieses Blatt keine Zeitung, sondern eine Zeitschrift mit wöchentlicher Erscheinungsweise war. Sie kam jeweils samstags heraus und enthielt Nachrichten und Kommentare in bunter Mischung. Karl Wilhelm Türck, der die Zeitschrift 1885 gegründet hatte und sie bis 1912 als Herausgeber und Chefredakteur leitete, hatte es verstanden, sie inhaltlich wie in ihrer Typographie höchst lebendig zu gestalten. Dabei wurde ihm von denen, die – außer Abonnenten und Inserenten – Geld für die Zeitung aufbrachten, in redaktionellen Fragen offenbar alle Freiheit gelassen.

Das ist um so erstaunlicher, als die Träger des Blattes Interessenten-Verbände waren: Die Deutsche Metall-Industrie-Zeitung war das „offizielle Organ“ des Bergischen Fabrikanten-Vereins zu Remscheid, des Vereins der Märkischen Kleineisenindustrie in Hagen sowie sämtlicher Sektionen der Rheinisch-Westfälischen Maschinenbau- und Kleineisenindustrie-Berufsgenossenschaft. Türck besaß bei den Verantwortlichen dieser Verbände anscheinend soviel Vertrauen, daß sie ihm redaktionell freie Hand ließen.

Der erste Beitrag Schmalenbachs erschien in der Ausgabe vom 12. November 1898. Es war ein mit E. S. gezeichneter Aufsatz auf der ersten Seite – also eine Art Leitartikel –, in dem die deutsche Industrie vor den Gefahren des amerikanischen Wettbewerbs gewarnt und dringlich ermahnt wurde, durch rationelle Arbeitsteilung und durch Massenfertigung die Produktivität zu steigern. Nachdem im Frühsommer 1899 die große Fortsetzungsserie über die Kalkulation im Fabrikbetrieb erschienen war (Seite 15–16), rückte der junge Student rasch zum Starschreiber des Blattes auf. Bald erscheint keine grundlegende Stellungnahme wirtschaftspolitischer Art mehr, kein herausragender Aufsatz zu Betriebs- oder Marktfragen, der nicht aus seiner Feder stammte. In den acht Jahren von 1899 bis 1906, in denen Schmalenbach regelmäßig für das Blatt tätig war, sind insgesamt 130 Aufsätze, Berichte und Glossen von ihm in der Zeitung zu finden, darunter 22, die so lang waren, daß sie in Fortsetzungen abgedruckt werden mußten. Zählt man jede Fortsetzung als gesonderten Beitrag, so war Schmalenbach in dieser Zeit 176mal im Blatt vertreten, das heißt durchschnittlich etwa zweimal im Monat – eine gewaltige Leistung allein vom Volumen her.

Nicht alle Aufsätze Schmalenbachs in Türcks Zeitschrift waren von gleicher Qualität und Aktualität. Manche, namentlich seine umfangreichen geschichtlichen Studien, scheinen aus Seminar-Arbeiten hervorgegangen zu sein, die der Autor auf diese Weise nutzbringend verwertete. Dennoch nahm Türck die Geistesprodukte des jungen Studenten gern entgegen. Sie waren durchweg lebendig geschrieben, fanden die Aufmerksamkeit vieler Leser und verliehen der Zeitung Glanz. Das Verhältnis der beiden Männer zueinander war, so scheint es, von dem gleichen liberalen Geist geprägt, der auch die Beziehungen der tragenden Verbände zu dem Chef-Redakteur auszeichnete. Schon im Sommer 1900 hatte Türck zu seinem jungen Mitarbeiter Schmalenbach so viel Vertrauen, daß er ihm, wie erwähnt, für zwei Monate seine Vertretung als Redakteur überließ.

In diesen acht Wochen erschien ein Aufsatz „Fehler bei Syndikats-Bildungen" (am 9. Juni 1900), in dem einige harte Seitenhiebe ausgeteilt wurden. Das war nichts Neues, die Zeitung hatte schon mehrfach deutliche Worte an die großen Syndikate gerichtet. So hatte man am 14. Oktober 1899 in einem Aufsatz über das Roheisenkartell lesen können: „Wir halten die Herren Syndikatsmitglieder natürlich nicht für Engel", und an anderer Stelle: „Wenn große Herren ärgerlich werden, hört man ihr Räuspern schnell und deutlich."

Der neue Aufsatz enthielt einen schneidend scharfen Passus, der freilich in seiner Zielrichtung so unbestimmt gehalten war, daß jeder und keiner sich angegriffen fühlen konnte. Diese Stelle lautete:

> *„Man weiß aber ganz genau, daß derjenige, welcher die Gewalt besitzt, auch immer recht hat. Wenn man mir die Gewalt gibt, will ich die Leute auf offener Straße anfallen, sie bis aufs Hemd ausziehen, und nachher will ich diese Heldentat so begründen, als müsse ich eigentlich für dieselbe einen Orden bekommen."*

Der Artikel erschien ohne Nennung des Autors, auch ohne das Signum eines Autors. Sein Inhalt konnte also als eine Äußerung „der" Zeitung und damit als Meinung der sie tragenden Fabrikanten-Verbände aufgefaßt werden. Konnte man es den Syndikaten verübeln, wenn sie sich in aller Form danach erkundigten, wer mit dieser harten Äußerung eigentlich gemeint sei und wie die Zeitung nun wirklich zu den Syndikaten stehe? Schließlich waren die Syndikate an der Ruhr die Haupt-Lieferanten der Kleineisenindustrie.

Zwei Wochen später (am 23. Juni 1900) erschien an der gleichen Stelle ein Aufsatz „Die Deutsche Metall-Industrie-Zeitung und die Syndikate", in dem bestritten wird, daß die Zeitung Gegner der großen Syndikate sei; diese Ansicht sei nur „zum Teil richtig". Dem Kohlen-Syndikat wird sogar bescheinigt, daß die Kartellbewegung „sehr gute Seiten hat . . . und daß die Vermeidung plötzlicher und häufiger Preisschwankungen von der Industrie angenehm empfunden wurde". Nur eines mache die Zeitung den Syndikaten zum Vorwurf: „daß sie die Exportfähigkeit der deutschen Industrie schwächen", indem sie ausländische Abnehmer zu niedrigeren Preisen beliefern als einheimische (eine Anschuldigung, die von der Zeitschrift vorher nicht erhoben worden war). Wenn die Syndikate solche (und ähnliche)

Benachteiligungen der deutschen Industrie vermieden, „können die Deutsche Metall-Industrie-Zeitung und die Syndikate noch recht gute Freunde werden". So lauten die Schlußworte der Klarstellung.

Nach dem Verfasser der beiden Beiträge brauchte man nicht lange zu suchen. Natürlich war es Eugen Schmalenbach, der dies geschrieben hatte. Aber der blieb nur noch kurze Zeit auf seinem Posten. Die Fama will wissen, warum er so bald wieder verschwand. C. F. Hermann schreibt:

> *„Der junge Redakteur war der naiven Ansicht, daß man seine Meinung sagen müsse. Aber die Mächtigen der Erde teilten diese Auffassung nicht. Man stellte ihm die Wahl zwischen Änderung des Kurses oder Entlassung. Er wählte die Entlassung . . ."*

Und Wilhelm Hasenack, der die Persönlichkeit Schmalenbachs 1953 umfassend gewürdigt hat, stützt sich auf die Darstellung Hermanns und interpretiert sie wie folgt:

> *„Vor die Wahl gestellt, seine eigene Meinung zu unterdrücken, wenn sie im Widerspruch zu den Interessen oder Auffassungen der Träger der Zeitschrift stand, oder als Wirtschaftsredakteur einem anderen Platz zu machen, der bereit war, das Schiff auf einen anderen Kurs zu legen, wählte er schon nach zwei Monaten die Freiheit."*

Nun, die Zeitung hat keinen „anderen" Redakteur bekommen: Der alte – Türck – kehrte nach zwei Monaten pünktlich zurück. Das Schiff wurde auch auf keinen anderen Kurs gelegt. Schon wenig später, am 11. August 1900, als Türck wieder auf dem Chefsessel saß, schoß die Zeitung einen neuen Pfeil in die alte Richtung ab: „Es ist falsch, daß die Kartelle Krisen abwenden. Sie begnügen sich lediglich damit, ihren eigenen Taschen nicht zu sehr dadurch zu schaden." Die Formulierung ist allerdings, wie man sieht, etwas vorsichtiger geworden, der Pfeil war nicht mehr ganz so spitz. Ein Jahr später erscheint ein von Schmalenbach mit „E. Sch." gezeichneter Artikel unter der bezeichnenden Überschrift: „Über den Fehler der Rohstoff-Syndikate". Und 1906 ist auch die Vorsicht in der Ausdrucksweise wieder vergessen: Ein Aufsatz über Möglichkeiten der Kartellierung enthält die brutale Feststellung: „Die zweifelhafte Rolle des Erpressers wird dem Kartell . . . stets anhaften." Härter geht's kaum.

Trotzdem wird Schmalenbach den Vorfall vom Sommer 1900 sicher so empfunden haben, wie dies von C. F. Hermann dargestellt worden ist: als ein Ducken vor den „Mächtigen der Erde" und als die „Unterdrückung einer Wahrheit". Schmalenbachs Wahrheitsliebe ging so weit, daß er es geradezu als sittliche Verpflichtung ansah, das als wahr Erkannte auch auszusprechen, ohne Rücksicht darauf, ob er damit einen anderen bloßstellte, ohne Rücksicht auch auf eigene Unannehmlichkeiten, die nicht ausbleiben konnten. Wenn es um die Wahrheit ging, war er kompromißlos (siehe Seite 132).

Seine Einstellung zu den Kartellen war freilich ambivalent. Er klagte sie ob ihrer rigorosen Preispolitik an, aber er empfahl sie schon damals auch als ein Instrument, um die Produktivität der Volkswirtschaft zu verbessern. Dieser Gedanke beherrscht das wirtschaftspolitische Denken Schmalenbachs sein ganzes Leben lang (siehe Seite 112 und 121–124). Neben der Arbeitsteilung im Betriebe, so sein Gedankengang, könnte es auch eine Arbeitsteilung innerhalb einer Branche geben, indem nicht jeder Betrieb alle Produkte erzeugt, sondern der eine dies, der andere jenes: beide jeweils mit entsprechend größeren Stückzahlen (Deutsche Metall-Industrie-Zeitung vom 14. 1. 1899). Wenn die Branchen-Kartelle ihre Aufgabe darin sähen, die Produktion entsprechend unter den Betrieben zu verteilen, würden sie wesentlich dazu beitragen, den volkswirtschaftlichen Nutzen zu steigern und die Wettbewerbsfähigkeit der deutschen Industrie zu stärken, nicht zuletzt auch gegenüber Amerika mit seinen Trusts. An dieser Auffassung hat Schmalenbach zeit seines Lebens festgehalten. Sie blieb bis zuletzt ein Fundament seiner wirtschaftspolitischen Forderungen.

Und noch ein anderes Element seiner Lehre stammt aus frühester Zeit: die Idee einer gemeinwirtschaftlichen Aufgabenstellung der Betriebe. Schon in seinem dritten Aufsatz (vom 14. Januar 1899) heißt es am Schluß: „Wir kommen glücklicherweise einer Zeit näher, in der nur derjenige zu leben hat, der der Gesamtheit etwas leistet." Leistung für die Gesamtheit – das ist das ethische Postulat, unter dem er die Betriebe in all ihren Lebensäußerungen sieht, an denen er ihre Ergiebigkeit, ihren Nutzen mißt. Der Kaufmann ist für ihn „das mit Wirtschaften betraute Organ der Gesamtwirtschaft", und das Interesse der Gesamtheit gebiete es, daß „alle Betriebe so wirtschaftlich wie möglich arbeiten". „Nicht daß der Fabrikant viel oder wenig verdient, besorgt uns, sondern lediglich das Ziel, daß nicht durch unwirtschaftliche Arbeit Güter verschwendet werden." Es ist seit frühester Jugend Urgrund und Leitmotiv seines wissenschaftlichen Strebens.

Aber Schmalenbach war nicht nur Wissenschaftler. Seine Jugend-Schriften in der Zeitung zeigen uns auch eine Seite seines Wesens, die bisher niemand kennt: Er tritt hier als literarischer Plauderer auf. Chef-Redakteur Türck, stets darauf bedacht, den trockenen Stoff seiner Fach-Zeitschrift tunlichst aufzulockern, hat mehrere feuilletonistische Beiträge von Schmalenbach veröffentlicht. Im Dezember 1901 erscheint eine Weihnachts-Plauderei (7. und 14. Dezember 1901). Gleich danach philosophiert er über den Nutzen von Geschäftsreisen (4. Januar und 19. April 1902). Am heitersten zeigt er sich jedoch – wen wundert es? – bei den Grübeleien eines Gartenbesitzers (26. Juli 1902). Er hat in seinem Garten dicke Bohnen angepflanzt, und eine solche Plantage ist „hier in Leipzig und Umgegend ungefähr das, was eine Kleineisenwarenfabrik in Ostpreußen ist, eine Rarität"; manche Nachbarn halten das unbekannte Gewächs für Blumen.

Aber dann kommt er auf das Wachstum der Städte und den Drang der Menschen aufs Land, in die Laubenkolonien mit ihren Schrebergärten zu sprechen. Und flugs ist er bei Wirtschaftsfragen: Müßte nicht jemand für „uns vorstädtische Gartendilettanten" einen Umpflanz-Spaten entwickeln? Sind nicht Geräte für die Gartenarbeit und Beschläge für kleine Lauben überhaupt ein Markt, der von den Kleineisenfabrikanten sträflich vernachlässigt wird? Schmalenbach schließt mit dem Appell: Auf, ihr Fabrikanten, hier entstehen für euch neue, wachsende Absatzmöglichkeiten: Einer von euch sollte eine Fabrik für den Bedarf der Vorstadt-Gärtner gründen.

Elf Jahre später hat er beides selbst getan: ein Umpflanzgerät erfunden, auf das ihm ein Patent erteilt wurde, und eine Fabrik für gärtnerische Kleingeräte gegründet.

9. Karl Bücher, der verständnisvolle Lehrer: Verwandte Seelen

Eine Zeitlang hat Eugen Schmalenbach offenbar mit dem Gedanken gespielt, Redakteur zu werden. Aber die acht Wochen in Remscheid auf dem Chefsessel von Türck haben ihn eines anderen belehrt. Nein, Redakteur, das wäre nichts für ihn. Die „Scherenarbeit", wie er das Zurechtmachen der Manuskripte für die Druckerei verächtlich nennt, kann nicht seine Lebensaufgabe werden. Außerdem hat er schmerzhaft erfahren, daß ein Redakteur Zwängen ausgesetzt sein kann, die Schmalenbachs Natur zuwiderlaufen. In Remscheid muß ihm auch klargeworden sein, wohin er in Wahrheit gehört, und insofern ist dieser kurze Ausflug in die redaktionelle Welt sicher ein wichtiger Abschnitt in seinem Leben. Nicht Fabrikant, nicht Strafanstalts-Unternehmer, auch nicht Redakteur: Seine Profession ist die Wissenschaft, sein Weg kann ihn nur zur Hochschule oder Universität führen. Von nun an würde er alles daransetzen, um Hochschullehrer zu werden.

Seine erste Tat folgte rasch: im Oktober 1900 die Bewerbung um eine Assistentenstelle in Köln, von der hier schon die Rede war (Seite 17). Eugen hat sie sicher mit großen Hoffnungen begleitet. Aber die Sache mit Köln ging schief. Und wahrscheinlich hätte er auf seinem Wege zum Hochschullehrer noch viele Enttäuschungen solcher Art hinnehmen müssen, wenn sich nicht ein Helfer gefunden hätte, der ihn auf dem mühevollen Pfad verständnisvoll an die Hand genommen und geleitet hätte. Es war Karl Bücher, der seit 1892 als Professor für Nationalökonomie und Statistik an der Universität Leipzig lehrte.

Schon während seines Studiums an der Handelshochschule hatte Schmalenbach zwei Semester Nationalökonomie bei Bücher gehört, vermutlich vom Frühjahr 1899 bis zum Examen Ostern 1900. Hier ist ihm eine neue Welt aufgegangen, eine Welt voller Faszination. Der „Kursus" des Professor Bücher, so schreibt er, habe in ihm „lebhaftes Interesse" erweckt, er begründet damit sogar seinen Entschluß, nach dem Diplom-Examen Anfang 1900 weiter auf der Hochschule zu bleiben. Sicher ist in jenem Kursus auch Bücher schon auf den eifrigen Studenten aufmerksam geworden, und ohne Zweifel folgt Schmalenbach dem Rat seines Lehrers, als er im Herbst 1900 ein regelrechtes Studium der Nationalökonomie aufnimmt. Er wird damit Student an der ehrwürdigen Leipziger Universität, die neun Jahre später, 1909, ihr fünfhundertjähriges Bestehen feiern kann und an der so berühmte Männer wie Ulrich von Hutten, Tycho Brahe, Leibniz, Klopstock, Lessing, Goethe, Ranke, Nietzsche studiert haben.

Karl Bücher stammte, wie Eugen Schmalenbach vom Lande. Sein Geburtshaus stand in einem kleinen Ort (Kirberg) unweit Limburg an der Lahn, wo sich sein Vater, ein gelernter Tischler, als Fabrikant betätigte: Er stellte Bürsten her. Der Sohn gehörte später – als Geheimrat – zu jenen Menschen, die ihr weiches Herz hinter einer harten Schale verbergen. Er galt als „schwieriger Kollege", knurrend, eigenwillig, zu keinen Kompromißlösungen bereit. In wissenschaftlichen Dingen ließ er sich von einer unbestechlichen Wahrheitsliebe leiten. Sich selbst und anderen nichts vormachen, war seine Maxime. Wer sähe nicht die Parallelen bei Eugen Schmalenbach? Kein Zweifel, zu Karl Bücher, der ihm in vielen Dingen so ähnlich war, fühlte sich der junge Student vom ersten Augenblick hingezogen. Es waren verwandte Seelen.

Bücher gehört zu den Haupt-Vertretern der jüngeren historischen Schule in der Nationalökonomie, die in bewußter Abkehr von der klassischen Lehre die Volkswirtschaft nicht als etwas zu allen Zeiten Gegebenes sah, sondern als etwas Gewordenes und historisch Bedingtes. Das Werk, das seinen Ruhm als Nationalökonom vornehmlich begründete, behandelt „Die Entstehung der Volkswirtschaft"; es enthält unter anderem die bekannte Wirtschaftsstufentheorie, wonach die Entwicklung in drei Stufen verlaufen ist: Hauswirtschaft – Stadtwirtschaft – Volkswirtschaft. Die historische Betrachtungsweise hat auf den jungen Schmalenbach großen Eindruck gemacht. Es ist bezeichnend, daß zu den Lehrern in Leipzig, an die Schmalenbach später mit Ehrfurcht zurückdenkt, neben Lambert und Bücher nicht zuletzt auch ein Historiker gehörte, der Geschichtsphilosoph Karl Lamprecht, bei dem Schmalenbachs Freund und späterer Professoren-Kollege (für Wirtschaftsgeschichte) in Köln, Bruno Kuske, studiert hat.

Für die Unterstützung, die er von seinem verständnisvollen Lehrer Karl Bücher erfuhr, war Schmalenbach von Herzen dankbar. „Ich hatte das Glück (!)", schreibt er 1902 in seinem Lebenslauf, „von Herrn Geheimrat Professor Dr. Bücher nachhaltig unterstützt zu werden. Derselbe machte mich auch Anfang 1901 zu seinem Assistenten und Bibliothekar in den Vereinigten Staatswissenschaftlichen Seminaren der Universität Leipzig." Hier gehörte es zu seinen Aufgaben, den Studenten bei der Materialsuche Hilfe zu leisten, weshalb er an allen Seminaren regelmäßig teilzunehmen hatte. Noch wichtiger für ihn war, daß die Tätigkeit in der Bibliothek „als Durchgangsstufe für künftige Privatdozenten" gedacht war und daß die Assistenten daher Anfänger-Kurse zu leiten hatten, gelegentlich, bei Abwesenheit des Professors, auch Seminar-Übungen.

Außerdem waren, um das Verständnis der künftigen Nationalökonomen für Fragen der „Privatökonomie" zu fördern, zum Wintersemester 1896/97 Buchhaltungs-Kurse eingerichtet worden, die eigens auf die Bedürfnisse von Nationalökonomen und Juristen berechnet waren. Diese Kurse hatte Richard Lambert geleitet, der jedoch 1901 nach Frankfurt berufen worden war. Seitdem waren sie verwaist. Bücher scheint zunächst gezögert zu haben, seinem jungen Famulus den Buchhaltungs-Kursus anzuvertrauen. Erst im Herbst 1902 war es soweit: Bücher beauftragte ihn mit der Leitung des Kursus. Es war die erste selbständige Dozenten-Aufgabe für Eugen Schmalenbach. Vierzehn hoffnungsvolle Studenten hatte er in die Geheimnisse der Buchführung einzuweihen, und er löste die Aufgabe nach Büchers Urteil „durchaus zufriedenstellend". Die Generalprobe war damit bestanden.

Das Urteil, das Karl Bücher auf Bitten der Kölner Handels-Hochschule über seinen Assistenten Schmalenbach abgab, konnte löblicher nicht sein.

> *„Ich habe noch nie Grund gehabt, die Wahl des Herrn Schmalenbach (zum Assistenten) zu bereuen . . . Mich leitete die Absicht, für unsere Handels-Hochschule unter meiner speziellen Leitung eine Lehrkraft zu erziehen, welche im Besitze einer gründlichen volkswirtschaftlichen Bildung imstande wäre, die technischen Fächer, speziell Buchhaltungslehre, in höherem Maße wissenschaftlich zu behandeln, als es die sonst dafür zur Verfügung stehenden Routiniers vermögen. . . . Ich habe sein gerades, bescheidenes und tüchtiges Wesen lieb gewonnen . . ."*

Man sieht, Bücher wußte, was er in seinem Schüler fachlich wie menschlich verlieren würde. Und man wird es dem Professor angesichts seiner unerschütterlichen Wahrheitsliebe auch glauben, daß ihn bei alledem doch eine Sorge erfüllte: Der Schritt zum Privatdozenten, den Schmalenbach anstrebte, könnte für ihn zu früh sein. Schmalenbach selbst, so schrieb er, wollte seinen Studien „durch Erwerbung der philosophischen Doktorwürde einen Abschluß geben. . . . Daß er sich vorher bei Ihnen habilitierte, ist in keiner Weise wünschenswert."

Seine Promotion wäre frühestens im Sommer 1904 möglich gewesen: Die Bestimmungen forderten dafür ein Studium der Nationalökonomie von acht Semestern, und Schmalenbach hatte bisher nur fünf Semester in diesem Fach absolviert. Wenn er sich als Dozent gleichzeitig auf Vorlesungen und Übungen vorzubereiten hätte – so Bücher –, bliebe ihm aber keine Zeit zur Vorbereitung auf die Doktorprüfung. Bei dieser Darstellung unterschätzte der Lehrer freilich die Leistungskraft und den Leistungswillen Schmalenbachs gründlich. Es ist der einzige Punkt, in dem er die Fähigkeiten Schmalenbachs nicht richtig eingeschätzt hat.

Dieser hat die Dissertation schon fertig im Schubfach. Sie behandelt den Eisenhandel, und wir kennen die Gedanken, die er darin ausbreitet, aus den Aufsätzen, die er schon vorher über die „volkswirtschaftliche Bedeutung des Großhandels" und über den „Eisenwarenhandel en detail – Eine volkswirtschaftliche Skizze“ in Türcks Zeitschrift veröffentlicht hat. Aber nicht nur das. Schmalenbach hatte auch seine Habilitationsschrift fix und fertig in der Tasche, was Bücher nicht wußte. Sie scheint zwar ziemlich rasch niedergeschrieben zu sein, war nicht bis zum letzten ausgefeilt. Aber immerhin, sie reichte den Kölnern, um diesen jungen Mann, der noch nicht einmal seinen Doktor gebaut hatte, zum Privatdozenten an die dortige Handelshochschule zu berufen.

Daß sein Schüler binnen drei Jahren, ohne Schaden zu nehmen, vom mittellosen Studenten zum Privatdozenten avancieren würde, hat der bedächtige Geheimrat Bücher nicht für möglich gehalten. Es ist in der Tat ein ungewöhnlich steiler Pfad, der Eugen Schmalenbach am Ende seiner Wanderung über steinige Wege nun rasch auf den Gipfel führte.

10. Sprung nach Köln: Professor ohne Doktor, ohne Abitur

Eugen Schmalenbach war nicht der einzige Anwärter auf die Kölner Dozentenstelle. Der dortige Studiendirektor – so die Amtsbezeichnung für den Rektor – hatte es sogar als ziemlich sicher angesehen, daß der andere Bewerber, ein Oberbuchhalter der Reichsbank aus Berlin, zusagen werde. Dieser Mann der Praxis schien den Kölnern wohl besser geeignet als der unbekannte Studiosus aus Leipzig. Aber der Reichsbank-Beamte lehnte schließlich die „äußerst ehrenvolle Berufung“ ohne Angabe konkreter Gründe ab. Welchen Dienst er damit der Wissenschaft erwiesen hat, konnten weder er noch andere ahnen.

Denn nun war die Bahn frei für Schmalenbach. Dessen Bewerbung lag seit Mitte Dezember 1902 auf dem Tisch des Studiendirektors, das Nein des Kandidaten aus Berlin traf erst Ende Januar 1903 ein. Der Vorsitzende des Kuratoriums drängte bereits, ihm nun endlich Vorschläge zur Besetzung der Stelle vorzulegen. Aber so rasch ging es auch jetzt noch nicht. Unter den Kölner Professoren war keiner, der ein Urteil über Schmalenbachs Befähigung hätte abgeben können. Also mußten Referenzen eingeholt werden. Richard Lambert und Karl Bücher wurden um ihre Meinung über die Persönlichkeit und die Fähigkeiten des Bewerbers gebeten; außerdem sollte der einzige Dozent für Handelstechnik, der damals in Köln lehrte, Max Harzmann, ein Urteil über Schmalenbachs Habilitationsschrift abgeben.

Lamberts Stellungnahme war kürzer als die von Bücher und nicht ganz so emphatisch (vergleiche das Zitat aus Büchers Schreiben auf Seite 24). Aber auch er äußerte sich eindeutig positiv:

> *„Mein Urteil über E. Schmalenbach ist günstig. Er ist durch scharfen Verstand, tüchtige Kenntnisse und wissenschaftliches Streben ausgezeichnet. Die . . . Handelswissenschaften verführen leicht zu einer oberflächlichen . . . Behandlung, die den Charakter einer Hochschule gefährdet. Schmalenbach gehört zu den Persönlichkeiten, die einer solchen mißbräuchlichen Behandlung nicht fähig sind; er sucht das Allgemeingültige herauszuholen, und ich erwarte von ihm, daß er als Dozent im kaufmännischen Rechnen und in Buchführung nur Tüchtiges leisten wird.“*

Max Harzmann gab ebenfalls ein günstiges Gesamturteil ab, wenngleich mit Einschränkungen. Er war hauptamtlich „beeidigter Sachverständiger für die Gerichte und die Handelskammer in Köln sowie Steuersachverständiger“, also der Typ des Buchrevisors jener Zeit. Schmalenbachs Habilitationsschrift behandelte das Thema „Die buchhaltungstechnische Darstellung der Betriebsgebarung“. Harzmann erklärt sie als gut und sorgfältig abgefaßt: „Sie zeigt, daß der Verfasser die Materie theoretisch – vielleicht auch zum Teil praktisch –

beherrscht und die einschlägige Literatur kennt.“ Aber dann kehrt der Gutachter seine bessere Kenntnis der Praxis heraus:

„Seine Ausführungen über die amerikanische Buchführung sind jedoch irrige, da diese Form von den meisten und größten Betrieben der Rheinländer und Wuppertaler (Industrie?) mit bestem Erfolg angewandt wird . . ., was dem Herrn unbekannt zu sein scheint. . . . Neues bietet der Verfasser den Praktikern, wenigstens solchen aus der Maschinen- und Eisenbranche, nicht . . .“

Schmalenbach scheint die Unzulänglichkeit des ersten Teils seiner Schrift im nachhinein erkannt zu haben. Sechs Jahre später, am 27. Januar 1909, zum Geburtstag des Kaisers, hält er in der Aula der Handelshochschule eine Rede, in der er hauptsächlich Erörterungen zusammenfaßt, die in seiner (unveröffentlichten) Habilitationsschrift enthalten waren. Dabei hat er jedoch „die einleitenden Kapitel über die privatwirtschaftlichen Anforderungen an die Fabrikbuchführungen und die zahlreichen . . . Beispiele . . . weggelassen“, wie er in einer Fußnote mitteilt. Genau dies sind die Abschnitte, auf die Harzmann mit seinen Einwendungen zielte. Über die anderen Teile der Schrift hatte Harzmann nichts gesagt, obwohl das für ein fundiertes Urteil über die wissenschaftlichen Qualitäten des Bewerbers wichtiger, ja unerläßlich gewesen wäre.

Denn hier hat Schmalenbach originäre und weiterführende Gedanken entwickelt, die theoretischer Natur sind (und deren Verständnis die Fähigkeit zu theoretischem Denken voraussetzt). Diese Teile, die auf Schmalenbachs früheren Erkenntnissen über die Fabrikbuchhaltung basieren, behandeln die Frage, welcher „Preis“ für (Zwischen-)Produkte zugrundegelegt werden soll, die innerhalb eines Betriebes von einem Betriebsteil an einen anderen „geliefert“ werden. Die Festrede, die diese Teile übernahm, hat Schmalenbach in der Zeitschrift für handelswissenschaftliche Forschung unter der Überschrift „Über Verrechnungspreise“ veröffentlicht. Seitdem gilt dieser Titel auch als Titel seiner Habilitationsschrift. Schmalenbach selbst hat dem Verschwinden des ursprünglichen Titels („Die buchhaltungstechnische Darstellung der Betriebsgebarung“) Vorschub geleistet: In seinem 1948 erschienenen Büchlein über die pretiale Lenkung des Betriebes steht zu lesen (auf Seite 56): „Meine eigene Habilitationsschrift vom Jahre 1903 (hieß) ‚Die Verrechnungspreise im Betriebe‘.“

Die Stellungnahmen der drei Gutachter lagen dem Studiendirektor Ende Februar 1903 vor. Und nun geht alles ganz rasch. Noch im Februar beschließt das Hochschul-Kollegium einstimmig, die Zulassung des Eugen Schmalenbach als Privatdozent zu befürworten; am 9. März erklärt sich das Kuratorium, dessen Vorsitz der Kölner Oberbürgermeister führt, mit seiner Habilitation einverstanden; am 12. März 1903 wird dies dem Bewerber in Böhlitz-Ehrenberg vom Oberbürgermeister offiziell mitgeteilt. Ein oder zwei Tage später hat Schmalenbach das Schreiben in den Händen. Es ist ein großer Augenblick. Nach drei Jahren der Ungewißheit über sein künftiges Schicksal, nach all dem Hangen und Bangen bis zum letzten Tag endlich dieses Ja, das ihm das Tor zu einer akademischen Laufbahn öffnet. Er hat sein Ziel erreicht.

Dennoch wird Schmalenbach bei dem Wechsel nach Köln von zwiespältigen Gefühlen erfüllt gewesen sein. Auf der einen Seite die Vorfreude auf Köln, auf das rheinische Ambiente und die Nähe der Heimat. Andererseits ließ er viel Wertvolles in Leipzig zurück, vor allem den Freund und Lehrer, dem er vielleicht gar eine bittere Enttäuschung bereitete, indem er die Assistentenstelle bei ihm preisgab und das Studium der Nationalökonomie kurzerhand abbrach. Finanziell ging Schmalenbach zudem einer recht ungewissen Zukunft entgegen. Privatdozenten waren auf Kolleggelder angewiesen, deren Höhe von der Zahl der Hörer abhing. Wer aber würde schon bei dem jungen unbekannten Dozenten studieren wollen? Schmalenbach hatte für Frau und Kind zu sorgen. Wenn er nicht einen gewissen Rückhalt an Redakteur Türck in Remscheid gehabt hätte, für den er auch weiterhin Aufsätze schreiben konnte, hätte ihn sicher der Gedanke gequält, ob er nicht gegenüber seiner Familie in unverantwortlicher Weise leichtsinnig handele. Auch so war das Risiko groß genug.

Aber der Privatdozent reüssierte schnell. Was er lehrte und vor allem: wie er es lehrte, machte seinen Namen in der Wirtschaft und an den Lehranstalten bald bekannt. Über einen Mangel an Studenten brauchte er sich nicht zu beklagen. (Ausführliche Angaben Seite 31–32.) Schon ein Jahr später beantragt die Hochschule beim Kuratorium, Schmalenbach zum (planmäßigen) Dozenten für Handelstechnik, insbesondere kaufmännisches Rechnen, zu ernennen. Die Begründung des Antrags ist voller Lobesworte: „In ungewöhnlichem Maße" habe er sich in sein Fach eingearbeitet, „mit Recht" könne erwartet werden, daß er auf seinem Arbeitsgebiet „noch Hervorragendes leisten wird".

Und dann kommt ein Passus, der aufhorchen läßt. Die Anstellung des Eugen Schmalenbach, so heißt es in dem Schreiben weiter, sei „bereits jetzt" geboten, „weil begründete Gefahr vorliegt, daß Herr Schmalenbach der Cölner Handels-Hochschule sonst verloren geht". Diese „Gefahr" ist in der Tat ernst, und sie ist auch „begründet". Vor der Berufung Schmalenbachs nach Köln hatte sich nämlich der damalige Studiendirektor (Rektor) der Hochschule, Herrmann Schumacher, bei dessen altem Lehrer Richard Lambert, der seit 1901 in Frankfurt lehrte, persönlich erkundigt, wie er den jungen Schmalenbach beurteile. Von diesem Besuch hat Lambert, als er Schmalenbach zur Geburt der Tochter gratulierte, seinem ehemaligen Schüler berichtet (Brief vom 2. Januar 1903). Er hat auch kein Geheimnis aus seiner Auskunft gemacht: „Ich habe ihm (Schumacher) meine Ihnen bekannte Wertschätzung ausgedrückt und ganz offen gesagt, daß es mein Wunsch sei, Sie für Frankfurt zu gewinnen." Frankfurt stand also, was Schmalenbach betrifft, in Konkurrenz zu Köln, und alle Beteiligten wußten das.

Natürlich bekam Schmalenbach in Köln seinen Anstellungsvertrag, die Hochschule behielt sich allerdings, wie üblich, eine „gegenseitige" halbjährige Kündigung vor. Aber ein Jahr später wird es ernst. Lambert meldet sich eines Sonntags bei Schmalenbach zu Besuch in seiner Kölner Wohnung an. Er möchte ihn nach Frankfurt holen und bietet ihm Bedingungen, die dem Jüngeren traumhaft erscheinen müssen: neben wesentlich höheren Bezügen sowie einer Pensionszusage für Frau und Kinder vor allem auch eine „befriedigende" Regelung der Professur-Frage. Dem Besucher eilt es damit sehr, am liebsten würde er die Sache an Ort und Stelle perfekt machen. Nur mit Mühe kann Schmalenbach einen kleinen Aufschub erreichen; er muß Lambert allerdings versprechen, sich bis zum Abend des nächsten Tages (Montag) definitiv zu entscheiden.

Noch am Sonntag teilt er die Angelegenheit dem Studiendirektor mit. Der sucht ihn am Montag sogleich in seiner Wohnung auf und beschwört ihn, Köln nicht den Rücken zu kehren. (Schmalenbach ist gesundheitlich nicht auf dem Posten, er kann in jenen dramatischen Tagen das Zimmer nicht verlassen.) Eigenmächtig und auf der Stelle, ohne den Kuratoriums-Vorsitzenden zu Rate zu ziehen, sagt der Studiendirektor dem Dozenten Schmalenbach eine Regelung seiner Dienstverhältnisse zu, die dem Angebot Lamberts etwa entspricht. Er erhält dafür nachträglich auch ohne Schwierigkeiten das Placet des Kuratoriums. Das Ergebnis: Schmalenbach wird zum 1. Oktober 1905 als Dozent fest angestellt, das Kündigungsrecht des Kuratoriums erlischt.

Kaum ist die Neuregelung in Kraft, da versucht es Lambert noch einmal. Im Herbst 1905 richtet er einen neuen Ruf an Schmalenbach. Und wieder wird darüber verhandelt, unter welchen Bedingungen Schmalenbach in Köln bleiben würde, wieder erhält er eine Verbesserung seiner Position zugestanden. Aber nun möchte man sich in Köln doch gegen weitere Aktionen dieser Art sichern. In seine Anstellungs-Urkunde wird jetzt eine Bestimmung aufgenommen, wonach die neuen, ab 1. März 1906 geltenden höheren Bezüge nur unter der Bedingung gezahlt werden, daß Schmalenbach sich verpflichtet, „mindestens noch drei Jahre im Dienste der Handelshochschule zu verbleiben". Damit ist aus dem beiderseitigen Kündigungsrecht binnen kurzem eine Art beiderseitiger Treue-Pflicht geworden, ein deutlicher Ausdruck der wachsenden Wertschätzung, die man dem Dozenten entgegenbringt. Schmalenbach geht die Verpflichtung ohne Zögern ein. Denn gleichzeitig sagt ihm das Kuratorium schriftlich zu, „die Verleihung des Professor-Titels zu beantragen".

Doch damit hat es gut' Weil. Ein Zeitpunkt für den Antrag auf die Professur war nicht bestimmt, Schmalenbach ist in solchen Dingen allerdings nicht gerade sehr geduldig. So nimmt er die Berufung eines Fachkollegen, der zu seiner Entlastung nach Köln kommen soll, zum (willkommenen) Anlaß, in dieser Frage zu drängen. Am 22. Mai 1906 schreibt der Studiendirektor an den Oberbürgermeister: „Es würde für den Dozenten Schmalenbach, den wir . . . nur mit Mühe für die Hochschule erhalten konnten, eine außerordentliche Erschwerung seiner . . . Lehrtätigkeit bedingen, wenn nunmehr ein Fachkollege mit dem Amtstitel Professor an der Hochschule wirken würde, während er selbst nur den Titel eines Dozenten führt." Der Studiendirektor verleiht seiner Bitte zusätzlichen Nachdruck mit dem Hinweis, daß „bei der Frankfurter Akademie für Sozial- und Handelswissenschaften, die jünger ist, das Kollegium der etatmäßigen Dozenten aus zwölf Herren sich zusammensetzt, die sämtlich Professoren-Titel und Bezeichnung führen".

Das zieht. Für Schmalenbach tut Köln jetzt ohnehin alles. Genau zwei Wochen später, am 5. Juni 1906, geht der Antrag auf den Professor-Titel an den Minister für Handel und Gewerbe in Berlin ab. Am 1. August unterschreibt der Minister höchstpersönlich die Berufungs-Urkunde, am 10. August wird sie Schmalenbach zugestellt, dies allerdings unter der Voraussetzung, daß er bereit ist, eine Gebühr von 1,50 Mark „behufs Stempelung der Berufungs-Urkunde" zu leisten. Natürlich ist Schmalenbach bereit: 1,50 Mark für den Professor, das ist nicht zuviel verlangt.

Vom 1. Oktober 1906 an kann Schmalenbach also den Titel Professor führen. Er ist gerade 33 Jahre alt. Achteinhalb Jahre sind vergangen, seitdem er in Leipzig zum ersten Mal die heiligen Hallen einer Universität betreten hatte. Er hat niemals das Abitur gemacht, kein Doktor-Examen abgelegt. Aber er ist Wissenschaftler mit Leib und Seele. Kein anderes Amt hätte zu seinem Wesen gepaßt, keines seinen Geist ausgefüllt. Als Professor zu forschen, zu lehren, zu urteilen – das war die rechte Profession für einen Eugen Schmalenbach.

Zweiter Abschnitt

Vorbereitung auf große Aufgaben (1906–1919)

IV. Zum Hochschullehrer geboren: Der junge Professor

11. Erste selbständige Handelshochschule: Aus dem Geist Mevissens erwachsen

Im Frühjahr 1903, als Schmalenbach in Köln zu lehren begann, ging die dortige Handelshochschule in ihr fünftes Semester. Sie war zwei Jahre vorher, am 1. Mai 1901, feierlich eingeweiht worden, „als erste selbständige Handelshochschule in Deutschland", wie stolz verkündet wurde. Der Studiendirektor der neuen Anstalt, Professor Herrmann Schumacher, unterstrich den besonderen Status der neuen Lehranstalt mit dem pathetischen Wort „Fest und selbständig steht sie da".

Das zielte auf Leipzig. Denn anders als in der sächsischen Universitäts-Stadt war die Hochschule in Köln ohne Anlehnung an eine Universität errichtet worden. Dank einer großzügigen Stiftung verfügte sie über ausreichende Mittel, um sogleich auf eigenen Beinen stehen zu können. Sie brauchte lediglich fachmännischen Rat in Fragen der Organisation, und sie brauchte Hilfe bei der Suche nach Lehrkräften. Beides leistete bereitwillig die nahegelegene Universität Bonn.

Nach kurzer Zeit konnte sich die Kölner Hochschule auch eines eigenen Hauses erfreuen. Das Gebäude lag höchst repräsentativ am linken Rheinufer, ein würdiger Bau, der so recht die Wohlhabenheit des rheinischen Kaufmanns-Standes, seine Solidität und sein stolzes Selbstbewußtsein zur Schau trug. Die Aula war ein mit aller großbürgerlichen Pracht ausgestatteter Raum, in dem von nun an alle akademischen Feiern und Festakte stattfanden. Angeregt und ermöglicht hatte dies ein Kölner Bürger, einer der großen Söhne dieser Stadt, der zeit seines Lebens hier gewirkt hatte, wenngleich er nicht in Köln geboren war (sondern 1815 in Dülken). Schon zwanzig Jahre vorher hatte dieser Mann Nutzen und Notwendigkeit einer speziellen Hochschule für angehende Kaufleute erkannt, aber die Verwirklichung seiner Ideen nicht mehr erleben können. Es war eine der großen Gründergestalten des 19. Jahrhunderts: der Bankier und Industrielle Gustav von Mevissen.

Schon 1879, etwa zwanzig Jahre bevor in Deutschland der Gedanke an einen akademischen Bildungsweg für Kaufleute Gestalt annahm, hat Mevissen die Errichtung einer „Handels-Akademie" angeregt und für diesen Zweck einen erheblichen Teil seines Vermögens gestiftet: Er stellte der Stadt Köln Wertpapiere im Nominalbetrag von rund 190 000 Mark zur Verfügung. Dieser „Grundfonds" sollte nach dem Willen des Stifters freilich erst dann für den vorgesehenen Zweck verwendet werden, wenn er durch Zuschreiben der Zinsen oder durch Spenden von anderer Seite eine Höhe von mindestens einer Million Mark erreicht hatte. Später verfügte er in seinem Testament, daß der Fonds aus seinem eigenen Nachlaß weitere namhafte Vermögenswerte – auch Grundstücke – erhalten solle. Nach seinem Tode (er ist 1899 im Alter von 84 Jahren gestorben und hat Frau und fünf Töchter hinterlassen, keinen Sohn) brauchte die Stadt nur noch 260 000 Mark zuzulegen, um die Bedingung des Stifters zu erfüllen. Sie hat es im Jahre 1900 getan.

Gleichzeitig mit der Stiftung, die das feste finanzielle Fundament abgab, hat Mevissen die ideellen Grundlagen für die Arbeit der neuen Hochschule geschaffen. In einer längeren

Denkschrift legte er dar, daß für Kaufleute und die Chefs großer „Etablissements" eine gründliche Fachausbildung nach wissenschaftlichen Methoden notwendig sei. Sie soll zugleich „die allgemeine menschliche Bildung" fördern und „den fest in sich ruhenden Charakter, den sittlichen selbstbewußten Menschen" erziehen.

Die Universitäten, davon war Mevissen überzeugt, könnten weder solchen moralischen Forderungen noch den fachlichen Ansprüchen genügen. Der dort herrschende „Geist ungebundener akademischer Freiheit", so sagt er in der Denkschrift, stehe nicht im Einklang, sondern in „vollster Dissonanz" mit den Grundsätzen und Anschauungen, „wie sie in den kaufmännischen Kreisen herrschen". Außerdem sei das Universitätsstudium „fast ausschließlich auf die Entwicklung des Erkennens" gerichtet, nicht „auf die praktische Anwendung der . . . Erkenntnis". Für die schaffende, die erwerbende Tätigkeit müsse dem Erkennen jedoch stets die Tat, dem Wissen das Schaffen zur Seite stehen: „Die Erkenntnis allein, die Theorie, . . . gleicht dem Tiere auf öder Weide."

Nicht von allen Seiten wurde damals die Notwendigkeit und Nützlichkeit einer akademischen Bildung für Kaufleute, wie sie Mevissen leidenschaftlich forderte (und förderte), sogleich anerkannt. Zwar brauchte sich die Kölner Handelshochschule, brauchte sich insbesondere auch Schmalenbach über einen Mangel an Studierenden nicht zu beklagen. Aber es gab andererseits harte Gegnerschaft. Das verächtliche Wort von den „wissenschaftlichen Gewerbetreibenden" machte die Runde. Vielen Kaufleuten schienen „Theorie" und „Praxis" zwei feindliche Brüder zu sein, die sich unvereinbar gegenüberstanden. Auch Schmalenbach griff in den Streit ein. Er zitierte gegnerische Stimmen, in denen hervorgehoben wird, daß Deutschland auch ohne Handelshochschulen in seiner wirtschaftlichen Entwicklung ganz außerordentliche Fortschritte gemacht habe. Oft werde auch gesagt, so Schmalenbach, man solle bessere Ausbildungsmöglichkeiten nicht in erster Linie für die „späteren Spitzen unseres Handelsstandes" schaffen, sondern eher für den „sogenannten 100-Mark-Kommis", der mit dem Einjährigen-Zeugnis von der Schule abgehe und dann eigentlich nichts anderes tue, als Briefe zu kopieren.

Für solche Einwände hatte Schmalenbach durchaus Verständnis; er meinte nur, man solle das eine tun, ohne das andere zu lassen. Genau dies ist der Weg, den die Kölner Handelshochschule gegangen ist und den alle anderen Handelshochschulen gegangen sind. Sie haben sich um die Zweifler wenig gekümmert, sondern sind unbeirrt ihrer Bestimmung gefolgt, mit bestem Erfolg, wie sich bald gezeigt hat.

Als Schmalenbach in Köln zu lehren begann, saß Herrmann Schumacher noch auf dem Stuhl des Studiendirektors. Als Staatswissenschaftler lehrte er vornehmlich Nationalökonomie. Schon 1904, drei Jahre nach der Eröffnung der Handelshochschule, ging dieser Gelehrte jedoch nach Bonn. Sein Nachfolger im Amt des Kölner Studiendirektors wurde Christian Eckert. Sproß einer hessischen Unternehmerfamilie und etwa sieben Monate nach Schmalenbach zur Welt gekommen (am 16. März 1874), war er von Hause aus Jurist, hatte aber in Berlin bei Gustav Schmoller auch für die Volkswirtschaftslehre Feuer gefangen. Nach der Promotion zum Dr. jur. promovierte er ein zweites Mal, diesmal für die Fächer Nationalökonomie, Kunstgeschichte und Philosophie zum Dr. phil.

Er muß ein außergewöhnlicher Mensch gewesen sein, ein Mann mit hohen Geistesgaben und großen menschlichen Qualitäten, dazu mit jener natürlichen Autorität begabt, die andere Menschen seiner Umgebung sogleich in ihren Bann zog. Nicht nur, daß er schon in jungen Jahren, mit 30, an die Spitze der Kölner Handelshochschule berufen wurde. Er hat es auch verstanden, bedeutende Köpfe für diese Hochschule zu gewinnen oder sie dort zu halten. Eckert war 1919 maßgebend an der Einbringung der Kölner Handelshochschule in die neu errichtete Universität beteiligt, ebenso 1946 an der Errichtung der Universität in Mainz. Während der Nazi-Zeit hat er als Unternehmer in der Lederindustrie gewirkt (bei der Cornelius Heyl AG), nach 1945 ist er für drei Jahre Oberbürgermeister von Worms gewesen. Man sieht, er war in allen Satteln gerecht.

Am 1. Oktober 1904 wurde Eckert das Amt des Studiendirektors in Köln übertragen, nur vier Monate später hatte er die erste große Herausforderung in diesem Amt zu bestehen: den ersten Versuch Richard Lamberts, seinen früheren Schüler Schmalenbach der Kölner Handelshochschule abspenstig zu machen. Es war ein Abwerbungs-Versuch, der Eckert aufs höchste alarmieren mußte. Schmalenbach hatte in den knapp zwei Jahren, die er in Köln lehrte, sich selbst und der Hochschule einen solchen Ruf verschafft, daß Köln einen Großteil seiner Geltung eingebüßt hätte, wenn der junge Dozent der Hochschule tatsächlich untreu geworden wäre.

Es war nicht das letzte Mal, daß die Versuchung an Schmalenbach herantrat, und Eckert hat in den dreißig Jahren, die beide Seite an Seite in Köln tätig gewesen sind, noch mehrmals hart um ihn ringen müssen. Bei dessen Temperament, bei der Hartnäckigkeit, mit der Schmalenbach als gerecht empfundene Forderungen zu vertreten wußte, sind die Verhandlungen niemals einfach gewesen. Um so höher ist das Verdienst Eckerts zu werten, dem es – nach seinen eigenen Worten – immer wieder „gelungen" ist, Schmalenbach „zum Ausharren auf Kölner Boden" zu bewegen. Er hat den großen Betriebswirtschaftler damit jener Universität erhalten, auf der sich Schmalenbach im Grunde seines Wesens als Forscher und Lehrer doch auch heimisch gefühlt hat.

12. Lernprozeß mit Denkschulung: Vom Effektenwesen bis zum Treuhand-Wissen

Nach einer mündlichen Überlieferung soll Schmalenbach in seinem ersten Semester an der Handelshochschule Köln eine herbe Enttäuschung erlebt haben. Die Zahl der Studenten, die seine Vorlesungen besuchten, soll von Woche zu Woche zusammengeschmolzen sein. Zu guter Letzt sei nur noch ein winziges Häuflein anzutreffen gewesen. Der Grund: Seine Hörer konnten den Ausführungen nicht folgen, die Materie war ihnen zu schwer. Als das nächste Semester begann, näherte sich der Meister klopfenden Herzens dem Hörsaal, und tatsächlich, die Bänke waren leer, kein einziger Student im Raum. Erst beim Hinausgehen bemerkte Schmalenbach einen an die Tür gehefteten Zettel, auf dem zu lesen war: „Wegen großer Beteiligung findet die Vorlesung im Auditorium maximum statt."

Eine hübsche Geschichte, nur scheint sie legendenhaft ausgeschmückt zu sein. Daß Studenten einer Vorlesung scharenweise entfliehen, weil der Stoff ihnen zu anspruchsvoll ist, im nächsten Semester eine Vorlesung des gleichen Dozenten jedoch geradezu stürmen, klingt nicht sehr plausibel. Aber die Anekdote, von einem schottischen Biographen Schmalenbachs, David A. R. Forrester, mitgeteilt, enthält einen wahren Kern, genauer gesagt: zwei wahre Kerne.

Zum einen: Es ist richtig, daß die Zahl der Hörer in den Vorlesungen Schmalenbachs von Semester zu Semester rapide zunahm. Der Studiendirektor hat in mehreren Schreiben an den Vorsitzenden des Kuratoriums Zahlen dafür angeführt. Danach wurde Schmalenbachs Hauptvorlesung im Winter-Semester 1903/04 von 54 Studierenden besucht, ein Jahr später von 90 und wieder ein Jahr darauf, 1905/06, von 146 Studierenden, fast dreimal soviel wie zwei Jahre vorher. Die Studenten drängten sich geradezu danach, Schmalenbach zu hören. Das wird noch deutlicher, wenn man sich die Quote der Schmalenbach-Hörer und ihre Entwicklung vergegenwärtigt: Von allen an der Handelshochschule Köln Immatrikulierten besuchte im Winter-Semester 1903/04 etwa jeder vierte diese Vorlesung (23 Prozent), ein Jahr danach tat es schon jeder dritte (36 Prozent) und 1905/06 praktisch jeder zweite (48 Prozent). Das heißt: Die Hälfte aller Studenten war im Winter 1905/06 in der Vorlesung eines jungen Dozenten vereint, der nicht einmal Professor war – gewiß ein seltenes Bild.

Aber auch die zweite Feststellung in der Anekdote hat sicher einen realen Hintergrund, wenngleich dies nicht belegt ist: Die Studenten werden das Auftreten dieses Hochschul-Lehrers im Hörsaal als ungewöhnlich empfunden haben. Seine Art, Vorlesung zu halten, wich von den alteingefahrenen Gewohnheiten anderer Professoren weit ab. Er stand zwar, wie damals alle Dozenten, vor einem schön gedrechselten und polierten Ständer mit schräger Auflege-Platte, ähnlich dem hölzernen Notenpult eines Dirigenten (das Möbelstück hat Schmalenbach zeit seines Lebens als Erinnerung an die ersten Jahre seiner Lehrtätigkeit in Ehren gehalten). Aber aus einem vorbereiteten Manuskript zu „lesen", entsprach seiner Natur ganz und gar nicht. Er pflegte ein paar Zettel oder Kärtchen vor sich hinzulegen, die ihm als Gedächtnisstütze dienten. Im übrigen sprach er frei, wobei er sich immer wieder von überraschenden Einfällen und intuitiven Ideen inspirieren ließ.

Dabei schenkte Schmalenbach seinen Schülern nichts. Im Gegenteil, er forderte ihr aktives Mitdenken bewußt heraus. Die Hörer wurden absichtlich „bis nahe an die Belastungsgrenze" beansprucht. Denn Schmalenbach vertrat nachdrücklich den Standpunkt, daß die Hauptaufgabe eines Lehrers der Betriebswirtschaft darin bestehen müsse, seine Schüler zu spezifisch wirtschaftlichem Denken zu erziehen. (Auf sein didaktisches Ziel der „Denkschulung" wird auf den Seiten 288–292 und 295 f. eingegangen.)

Als Schmalenbach nach Köln kam, waren mehr als zwei Drittel aller immatrikulierten Studenten (68 Prozent) Kaufleute mit „Einjährig-Freiwilligem-Zeugnis" und mehrjähriger praktischer Tätigkeit. Ihr Anteil ging zwar in der Folgezeit allmählich zurück, aber bis zum Sommer 1913 blieb die Zahl der Praktiker stets höher als die der Abiturienten. Erst danach überwogen die Abiturienten, und das ist dann nach dem ersten Weltkrieg so geblieben. Bis zum Krieg mußten sich die Hochschullehrer jedoch auf das Überwiegen der Praktiker unter den Hörern einstellen.

Schmalenbach legte daher das Schwergewicht seiner Vorlesungstätigkeit anfangs auf ein Gebiet, das den Hörern breiten Einblick in einen zentralen Bereich des Betriebslebens gab: die Finanzierung im weitesten Sinne. Jeweils im Winter-Semester las er zwei, später drei Stunden wöchentlich über das Effektenwesen, alternierend in den Sommer-Semestern sodann dreistündig über den Geld-, Scheck- und Wechselverkehr. Diese beiden Vorlesungen boten ihm Gelegenheit, wesentliche betriebswirtschaftliche Fragen zu behandeln; außerdem gab es auf diesem Gebiet mannigfache Möglichkeiten einer Denkschulung. Ihretwegen hat Schmalenbach in einigen Semestern seine „großen" Vorlesungen noch um einstündige Übungen ergänzt, in denen es um Kursrechnen, Arbitrage, Fragen des internationalen Zahlungsverkehrs oder andere komplizierte Zusammenhänge ging, deren rechnerische Bewältigung einige Anforderungen an die Gedankenschärfe der Hörer stellte.

Bilanzfragen behandelte Schmalenbach in dieser Frühzeit seines Wirkens vor allem unter praktischen Aspekten, in Form von Bilanzkritik anhand vorliegender Jahresabschlüsse und Geschäftsberichte. Als theoretisches Problem spielten Bilanzen in seinen Vorlesungen

Der junge Professor: *Beobachtet und analysiert das Leben der Betriebe.*

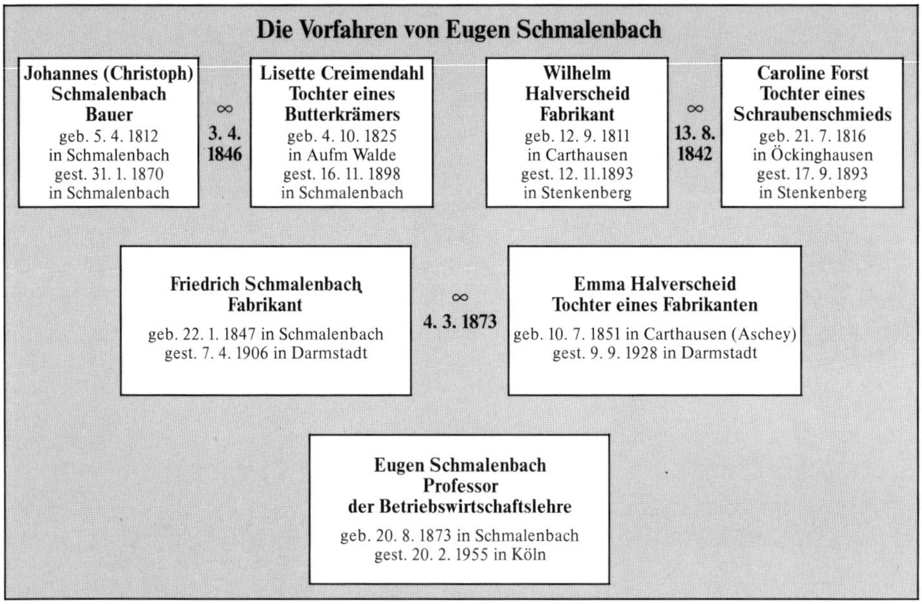

Die Ahnen: *Der Vater stammte von kleinen Bauern ab, die Mutter von kleinen Fabrikanten.*

Schmalenbachs Landhaus: *In der Stille dieses Häuschens sind die Werke entstanden, die Schmalenbachs Ruf als Wissenschaftler begründeten.*

Als die Gegend noch ländliche Ruhe ausstrahlte: *Heute streifen Autos auf der breit ausgebauten Bundesstraße fast das Landhaus.*

Sein Geburtshaus steht gleich neben dem Landhaus (im Hintergrund). Als Schmalenbach 1873 zur Welt kam, gab es den mächtigen Vorbau an der Gartenfront noch nicht.

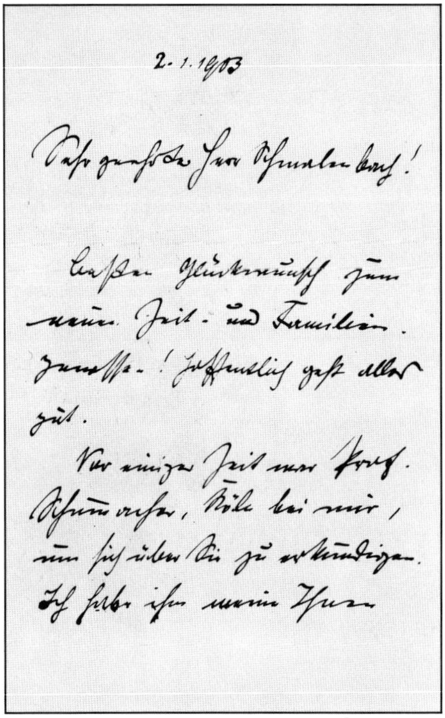
2. 1. 1903

Sehr geehrter Herr Schmalenbach!

Besten Glückwunsch zum neuen Zeit- und Familien-zuwachs! Hoffentlich geht alles gut.

Vor einiger Zeit war Prof. Schumacher, Köln bei mir, um sich über Sie zu erkundigen. Ich habe ihm meine Hoch-

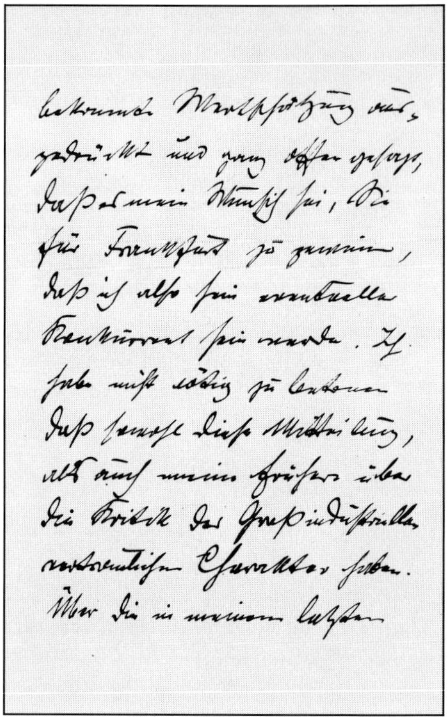
achtende Wertschätzung ausgedrückt und ganz offen gesagt, daß es mein Wunsch sei, Sie für Frankfurt zu gewinnen, daß ich also sein eventueller Konkurrent sein werde. Ich habe nicht nötig zu betonen daß sowohl diese Mitteilung, als auch meine früheren über die Kritik der Großindustriellen vertraulichen Charakter haben. Über die in meinem letzten

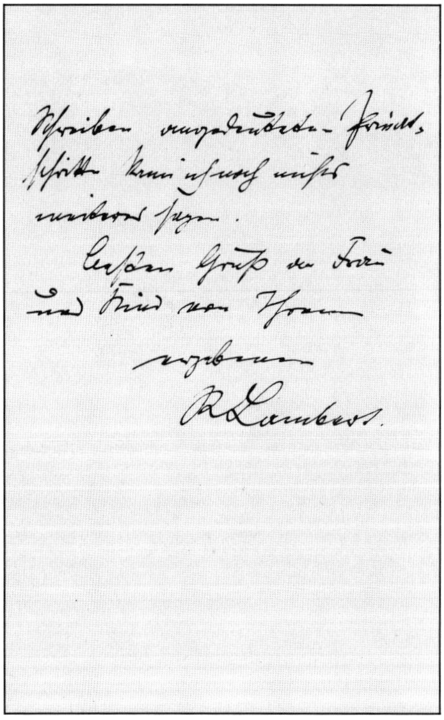
Schreiben angedeuteten Schritte kann ich noch nichts weiteres sagen.

Besten Gruß an Frau und Kind von Ihrem ergebenen

R. Lambert.

Höchstes Lob: *Kurz nachdem sich Schmalenbach um die Stelle eines Privatdozenten in Köln beworben hatte, erkundigte sich der Kölner Rektor bei Richard Lambert, der vordem in Leipzig Schmalenbachs Lehrer im Fach „Handelstechnik" gewesen war, höchstpersönlich nach dessen Fähigkeiten. Lambert, der jetzt in Frankfurt lehrte, unterrichtete den jungen Bewerber alsbald über diesen Besuch und schrieb ihm: „Ich habe ihm (dem Rektor) … ganz offen gesagt, daß es mein Wunsch sei, Sie für Frankfurt zu gewinnen, daß ich also sein eventueller Konkurrent sein werde". Dieses freimütige Bekenntnis umschließt das höchste Lob, das der Hochschullehrer seinem Schüler spenden konnte.*

damals noch keine erkennbare Rolle. Dagegen war eine weitere Hauptvorlesung ab 1906 der Betriebsrechnung der Fabriken gewidmet; in ihrem Rahmen sind zweifellos vor allem Fragen der Kostenrechnung behandelt worden. Als gesonderte Vorlesung tauchte das Gebiet der Kostenrechnung, das ihn im väterlichen Geschäft und als junger Student so lebhaft beschäftigt hatte, freilich erst im Winter-Semester 1910/11 auf, dann jedoch fortlaufend jedes zweite Semester.

Vor seiner Berufung zum Professor im Herbst 1906 hatte sich Schmalenbach bereits mit einer Art Kolloquium ein lockeres Forum geschaffen, das es ihm ermöglichte, zu Studenten der höheren Semester ein engeres Verhältnis zu finden (und sie zu ihm). Dieses schon 1903 eröffnete Kolloquium, das er „Handelstechnische Besprechungen" nannte, konnte in begrenzter Zahl auch von Nicht-Studierenden besucht werden. Schmalenbach wollte damit „einigen Kaufleuten aus der Umgegend Gelegenheit (geben), die Organisation ihres Geschäfts eingehend zu beschreiben", um dabei auftauchende Fragen sogleich in einem gegenseitigen Gedankenaustausch zu erörtern. Ob er mit dieser Idee Erfolg hatte, ist nicht überliefert. Im Winter-Semester 1906/07 stellte er die Handelstechnischen Besprechungen jedenfalls ein und begründete dafür, inzwischen zum Professor berufen, sein Seminar für Handelstechnik, das er später, ab 1911/12, Seminar für Handelstechnik der Fabrikbetriebe nannte.

Das Seminar war von nun an bis zum Ende seiner Lehrtätigkeit die zentrale Stätte seines Wirkens an Hochschule und Universität. Es ist seine höchstpersönliche, seine eigene und eigentliche Domäne geworden. Hier hatte er den engsten und unmittelbaren Kontakt mit seinen Studenten, hier herrschte er souverän, konnte seinen Gedanken freien Lauf lassen, brauchte grollenden Zorn ebensowenig zu unterdrücken wie funkelnd geistreichen Witz, auch wenn seine polternden Ausbrüche oder seine ironisierenden Scherze auf Kosten eines anwesenden Hörers oder einer bestimmten Gruppe von Hörern gingen.

Die Zahl der Seminar-Mitglieder hielt er in Grenzen (meist nicht mehr als 30), er selbst entschied, wer jeweils aufgenommen wurde und wer nicht. Er scheute sich auch keineswegs davor, einen Versager wieder an die frische Luft zu setzen. „Doch warn' ich dich, willst du hinein,/mußt fleißig du und tüchtig sein;/doch bist du faul in seinem Haus,/schmeißt dich der Alte selber raus": Launige Verse, die ihm seine Seminaristen zum 60. Geburtstag gewidmet haben. Gesungen wurden sie nach einer Schlagermelodie mit dem bezeichnenden Text: „Das muß ein Stück vom Himmel sein."

Von jüngeren Studenten wurde die Mitgliedschaft im Seminar Schmalenbach einerseits als Auszeichnung ersehnt, andererseits als Knochenmühle gefürchtet. C. F. Hermann, der schon vor dem ersten Weltkrieg bei Schmalenbach zu studieren begann, schreibt darüber:

> *„Die Erzählungen (eines älteren Semesters) aus dem Seminar Schmalenbach erfüllten uns jüngere Semester mit größter Hochachtung und den Bedenken, ob man es auch jemals zur Mitgliedschaft im Seminar Schmalenbach bringen werde. . . . Wir besuchten seine Standard-Vorlesungen im Auditorium maximum, die immer überfüllt waren. . . . Er selbst blieb für uns in unerreichbarer Ferne."*

Nachdem Hermann am ersten Weltkrieg teilgenommen hatte, setzte er sein Studium 1919 fort und wurde auch in das Seminar aufgenommen. Er berichtet darüber:

> *„Am Seminar Schmalenbach wurde hart gearbeitet. Er sagte kurz nach der Eröffnung des Seminars zu seinen Teilnehmern: „Wir wollen den Seminarbetrieb schulmäßig gestalten; ich werde also Fragen stellen!" Wir waren natürlich alle damit einverstanden, war doch*

dadurch die Garantie gegeben, daß alle Teilnehmer intensiv mitarbeiteten. Es blieb uns ja auch nichts anderes übrig (als zuzustimmen), denn wenn Schmalenbach bei seinen Fragestellungen feststellte, daß ein Teilnehmer nicht dem Niveau des Seminars entsprach, dann wurde kurzerhand das Ausscheiden des Betreffenden veranlaßt. . . . Schmalenbach hatte die Gewohnheit, den erarbeiteten Stoff einer Seminar-Doppelstunde zu Beginn der nächsten Stunde von einem (beliebigen) Teilnehmer referatsmäßig kurz wiederholen zu lassen. Auch dies war ein Agens für alle Teilnehmer, am Ball zu bleiben."

Im Herbst 1913 tat Schmalenbach in seiner Seminar-Tätigkeit einen weiteren Schritt, der sich als wegweisend erwies. Ihm war damals immer deutlicher bewußt geworden, wie wichtig eine spezielle akademische Ausbildung für den Beruf des Wirtschafts-Treuhänders und -Prüfers war und wie sehr die Nachfrage nach tüchtigen Männern dieses Berufs steigen wird. Deshalb entschloß er sich, das Seminar für Handelstechnik umzubilden: Er machte daraus das Treuhand-Seminar.

Dieses Seminar ist nach dem ersten Weltkrieg sein Glanzstück als Hochschullehrer geworden. Keine andere Institution an der Wirtschafts- und Sozialwissenschaftlichen Fakultät der Kölner Universität hat in den zwanziger Jahren eine solche Berühmtheit erlangt wie Schmalenbachs Treuhand-Seminar. Es wurde zum Inbegriff der „Kölner Schule", zu einem Gütesiegel für alle diejenigen, die damals die Schule dieses Seminars durchlaufen hatten. Hunderte von Treuhändern und Wirtschaftsprüfern sind daraus hervorgegangen. Mit Fug und Recht läßt sich sagen, daß 1913 das Jahr gewesen ist, in dem der Keim für die akademische Ausbildung und damit für die Prägung des Berufsstandes der deutschen Wirtschaftsprüfer gelegt worden ist: von Eugen Schmalenbach.

13. Lehrer mit pragmatischem Einschlag: „Auch Korporationen haben ihr Gutes"

Die aufgelockerte Vortragsweise des jungen Schmalenbach war es nicht allein, die Scharen von Studenten in seine Vorlesungen zog. Die Hörer, die zumeist aus der kaufmännischen Praxis kamen, spürten rasch, daß ein Mann am Vorlesungs-Pult stand, der den Kaufmannsberuf aus eigenem Erleben sehr genau kannte. Hier sprach kein weltfremder Theoretiker zu ihnen, der von dem wirklichen Leben draußen, jenseits der Hochschulmauern, keine Ahnung hatte. Er wußte genau, wovon er redete, und die Hörer aus der Praxis fühlten sich sogleich angesprochen. Schmalenbach kannte auch viele große Unternehmen, er hatte bei seinem Lehrer Bücher in Leipzig ihre Bilanzen studiert und wußte in ihrer Geschichte Bescheid. An Beispielen, mit denen er seine Ausführungen erläutern konnte, fehlte es ihm nie. Dabei überließ er sich völlig den „Eingebungen der Stunde", wie Theodor Beste, einer seiner treuesten Schüler aus späterer Zeit, einmal sagte; „denn es hat wohl keinen Betriebswirtschaftler gegeben, der auf dem Katheder aus einem so reichen Born des Wissens schöpfen konnte wie er. Dazu mischte er Witz, Humor und Ironie, aber auch Ernst". Mit alledem würzte er seine Vorlesungen und machte auf diese Weise auch den trockensten Stoff schmackhaft.

Natürlich konnte – und wollte – er den jungen Studenten Theorie nicht ersparen. Auch für das Fach der Handelswissenschaft galt der Rat Mephistos: „Zuerst Collegium Logicum." Aber Schmalenbach hat bei alledem die Praxis nie aus den Augen verloren. Er hat seinen Hörern immer wieder auch „die Kraft des lebendigen Lebens der Wirtschaft" sichtbar gemacht (Carl Hundhausen) und dabei in Christian Eckert, seinem Studiendirektor, stets Verständnis und Unterstützung gefunden. So war es in Köln schon vor der Berufung Schmalenbachs zur Übung geworden, daß die Dozenten gemeinsam mit ihren Hörern im Laufe des Semesters verschiedene Betriebe besichtigten. Eckert hat die Dozenten ermutigt, diese Übung aufrechtzuerhalten. In der Ära Schmalenbach wurden auf diese Weise allein bis 1906 schon 25 Firmen und Dienststellen aller Art im Rhein-Ruhr-Gebiet besucht.

Noch beliebter als Tagesfahrten waren Exkursionen, die in ferne Gegenden, zum Teil in fremde Länder führten. Die erste Fahrt dieser Art fand im Juni 1905 statt, ihr Ziel waren die großen Häfen an der Nord- und Ostseeküste. An dieser Fahrt, die acht Tage dauerte (12.–19. Juni), nahmen fünf Dozenten teil, darunter Eckert und Schmalenbach. Ein besonderes Ereignis, das alle bisherigen Vorstellungen übertraf, war eine von Eckert angeregte vierwöchige Studienreise, die im März 1906 – also in den Semesterferien – 4 Dozenten und 72 Studenten auf einem „Ozeandampfer" durch sechs Überseehäfen führte: Hamburg, Rotterdam, Lissabon, Tanger, Marseille und Genua. Eckert war mit von der Partie, nicht dagegen Schmalenbach, dem diese Fahrt vielleicht zu aufwendig war. Es blieb nicht die einzige von der Hochschule organisierte Fahrt mit einem Schiff in fremde Länder. Auch in den folgenden Jahren bis zum Kriege wurden Besichtigungen und Studienreisen veranstaltet, nach Belgien und Nordfrankreich, nach London, in andere Teile Englands, nach Südschweden, und auch wiederum in überseeische Länder.

Die Fahrten, bei denen es sicher recht fröhlich zugegangen ist, haben für einen kameradschaftlichen Geist unter den Studenten und für freundschaftliche Kontakte gesorgt, bei denen Heiterkeit und Frohsinn nicht zu kurz gekommen sind. Von den strengen Arbeitsvorstellungen Mevissens war bald nicht mehr viel zu spüren. Gewiß, die Studenten mußten, wenn sie nach vier Semestern die Diplom-Prüfung ablegen wollten, härter arbeiten als ihre Kommilitonen an den Universitäten. Die Zahl der durchschnittlich belegten Wochenstunden (im Winter-Semester 1904/05: 24,2) war deutlich höher, die Studenten waren im Schnitt auch älter (22½ Jahre). Aber wer erwartet hätte, hier nur emsig lernende, von ihrer hehren Aufgabe durchdrungene junge Menschen in den Hörsälen und Bibliotheken anzutreffen, wäre enttäuscht worden. Das Bild war nicht viel anders als auf einer Universität.

Gleich bei der Gründung der Handelshochschule haben sich hier auch die Korporationen eingefunden, in Mevissens Augen sicher die schlimmsten Inkarnationen des „Geistes ungebundener akademischer Freiheit". Die studentischen Verbindungen prägten damals überall, auch an der Kölner Handelshochschule, die Lebensgewohnheiten der Studenten in einem Maße, wie das heute unvorstellbar ist. Für junge Studenten, die frisch auf die Hochschule gekommen waren, war die Frage, ob man einer Korporation beitreten solle – und wenn ja, welcher – mindestens so wichtig und so schwierig, wie die Aufstellung des Stundenplans. Hier versagte oft auch der Rat älterer Studenten, weil die ihrerseits meist schon auf eine Verbindung festgelegt waren.

Neben den Korporationen, unter denen die „Allgemeine Studentische Vereinigung" und der „Cölner Akademische Sportclub" an erster Stelle standen (beide nicht schlagend und allen Studenten, auch denen ohne Abitur, zugänglich), entstand an der Kölner Handelshochschule bald nach deren Gründung eine Vereinigung besonderer Art, die sich „Akademischer Club Copierpresse" nannte. Diese Vereinigung ist im Sommer 1903 von 9 Studenten gegründet worden, ihr Hauptziel war die Pflege der Geselligkeit durch gemeinsame Veranstaltungen aller Art. Es war ein ausgesprochen vornehmer, ein exklusiver Club. Die Zahl der Mitglieder war klein, im Höchstfall (1911) gehörten dem Club 15 Studenten an, meist waren es weniger als 10. Aber das waren illustre Persönlichkeiten: Söhne von Unternehmern mit bekannten Namen, auch Vertreter des Hochadels wie Heinrich Prinz von Reuss oder Friedrich Christian Prinz zu Schaumburg-Lippe.

In der Zeit vor dem ersten Weltkrieg waren unter den aktiven Mitgliedern ferner Angehörige so bekannter Fabrikanten-Familien wie Thyssen, Röchling, Boehringer, Guilleaume, Monheim, Underberg zu finden. Ein Jahr lang, vom Herbst 1921 bis zum Herbst 1922, hat auch Hermann J. Abs, der spätere Chef der Deutschen Bank, der Aktivitas des Clubs angehört. Aktive waren in den zwanziger und dreißiger Jahren ferner ein Dyckerhoff, ein Zanders, ein Poensgen, ein Coutinho, ein von Stumm, ein Mittelsten Scheid, alles Männer, deren familiärer Hintergrund nicht erläutert zu werden braucht. Auch Hans Gerling ist in der Mitglieder-Liste verzeichnet, ebenso Karl Gustaf Ratjen, lange Jahre das Haupt der Metallgesellschaft und Aufsichtsratsvorsitzender des Volkswagenwerks.

Eugen Schmalenbach war dieser Vereinigung freundlich gesonnen. Er ließ sich zum Ehrenmitglied des Clubs küren, als ihm dies angetragen wurde; Christian Eckert war Ehrenvorsitzender. Auch an Veranstaltungen des Clubs hat Schmalenbach teilgenommen, umgekehrt lud er die Clubmitglieder gelegentlich zu seinen eigenen Festivitäten ein, die meist im Kölner Savoy-Hotel stattfanden.

Dagegen war Schmalenbach ganz und gar kein Freund korporierter Studenten, schon gar nicht, wenn sie in vollem Wichs daherkamen. Walter Krähe, einer der Treuesten in Schmalenbachs Altersjahren, hat die köstliche Geschichte erzählt, wie er im Winter 1924/25 mit Mütze und Band nichtsahnend bis in Schmalenbachs „Allerheiligstes", in sein Dekanats-Zimmer, vordrang, um Seine Spektabilität zu einem Fest der Fachschaft einzuladen. Der fuhr den Besucher sogleich barsch an, fragte ihn, ob er denn wirklich studieren wolle oder ob er nur dem Vater auf der Tasche liege. Krähe hatte – unbewußt – eine überaus wirksame Gegenwaffe: Er erklärte wahrheitsgetreu, sein Vater sei leider schon gestorben, er müsse sich sein Studium daher selbst verdienen und tue es, indem er als Redakteur bei der Deutschen Metall-Industrie-Zeitung arbeite.

Ein Werkstudent? Und noch dazu Redakteur in Remscheid? Das brachte im Nu alles Eis im Herzen von Schmalenbach zum Schmelzen. Natürlich ging er zu dem Fest. In einer kleinen Ansprache offenbarte er den etwa 500 anwesenden Studenten, sein eigener Vater habe ihm seinerzeit in Leipzig den Wechsel gesperrt, weil er, der Sohn, eine dem Vater nicht genehme Frau geheiratet habe. Als Ausweg habe er daraufhin Aufsätze in der Deutschen Metall-Industrie-Zeitung geschrieben. Nun sehe er seinen „Nachfolger" vor sich, und deshalb sei er frohen Herzens erschienen. Er nahm den Korps-Studenten Krähe am gleichen Abend sogar vorzeitig in sein Seminar auf, eine Auszeichnung, die Schmalenbach nur ganz selten gewährte.

Auch sonst war Schmalenbach gegenüber den Korporationen pragmatisch eingestellt, zumindest in der Zeit, da er selbst noch ein junger Dozent war. Im Juli 1905 – Schmalenbach war noch keine 32 Jahre alt und lehrte im fünften Semester – setzte er sich in einem Aufsatz ausführlich mit der Frage des Korporationswesens auseinander, wobei er bekannte, daß er nie ein Verbindungsstudent gewesen sei und dem Verbindungswesen ursprünglich nicht die geringste Sympathie entgegengebracht habe. Aber die Verbindungen, so meinte er, erfüllten doch gewisse Bedürfnisse, „deren Berechtigung sich nicht leugnen läßt". Denn erstens förderten sie Kontakte zu anderen Studenten, was gerade für Unternehmer-Söhne sehr wichtig sein könne. Zum anderen wirkten sie aber auch erzieherisch: „Mancher junge Mann, dem die Verbindung sein jugendlich-unbeholfenes Benehmen abgeschliffen hat, wird ihr dafür Dank wissen."

Gewiß müsse man zugeben, so Schmalenbach, daß die Verbindungen mit ihren Kommersen Anlaß zu regelrechten Kneipereien geben. Aber – und nun kommen aus seiner Feder geradezu bekenntnishafte Worte –: „Ich muß leider gestehen, daß ich sowohl in der kaufmännischen Praxis als auch während meines Studiums als nicht korporierter Student die Gelegenheit zu kommersieren in durchaus hinreichender Weise gefunden habe." Gefunden – und genutzt, wie man wohl hinzufügen darf.

14. Sorge um den akademischen Nachwuchs: Assistenten werden Freunde und Kollegen

Seit dem Herbst 1906 war Schmalenbach Professor, seit der gleichen Zeit leitete er das Seminar für Handelstechnik – aber einen Assistenten hatte er nicht. Erst gut vier Jahre später, im Januar 1911, bittet er Eckert, er möge doch beantragen, daß ihm ein Assistent bewilligt werde. In dem Schreiben äußert Schmalenbach die Hoffnung, daß die Stelle die Möglichkeit bieten werde, „tüchtige Studierende, die später gute Dozenten zu werden versprechen, an die Hochschule zu fesseln". Bisher habe es sich in allen Fällen gezeigt, „daß, wenn solche Leute in die Praxis gehen, sie für uns verloren sind".

Es ist eine Sorge, die Schmalenbach damals wohl sehr beschäftigt hat. Inzwischen waren Handelshochschulen außer in Leipzig, Köln und Frankfurt am Main auch in Berlin (1906), Mannheim (1908) und München (1910) gegründet worden (später kamen noch Königsberg 1915 und Nürnberg 1919 hinzu). Aber wo war ein Nachwuchs-Dozent, der zu Hoffnungen berechtigte? Wenn Schmalenbach in die Runde blickte, sah er auf den Dozentenstühlen die altvertrauten Gesichter aus den Leipziger Anfangsjahren, doch außer Ernst Walb (auf den wir sogleich zurückkommen) keine neue Kraft, die das Fach wesentlich hätte voranbringen können. Eine zweite Generation war noch nicht in Sicht.

Eckert hatte für Schmalenbachs Wunsch volles Verständnis und beantragte die Assistenten-Stelle unverzüglich. Ende März bewilligte die Stadtverordnetenversammlung die Etat-Stelle, jedoch „vorläufig auf die Dauer eines Jahres". Schmalenbach stellte den dafür vorgesehenen Studenten zum 1. Oktober 1911 ein, doch der wollte das Risiko, im Herbst 1912 wieder aufhören zu müssen, nicht für längere Zeit auf sich nehmen. Schon wenige Monate später übernahm er den Posten eines Handelslehrers in Sachsen.

Jetzt versuchte es Schmalenbach gegenüber den hohen Stadtverordneten mit sanftem Druck: „Wenn der Posten nach Ablauf des Genehmigungsjahres eingehen soll, schlage ich vor, einen neuen Assistenten nicht mehr zu gewinnen." Das half: Die Assistentenstelle wurde nun ohne zeitliche Befristung genehmigt, und Schmalenbach gewann für diesen Posten einen ehemaligen Schüler, der schon an anderer Stelle der Kölner Handelshochschule tätig war und sich ein Jahr später (1913) tatsächlich für das Fach Handelstechnik habilitierte. Er hieß Walter Mahlberg.

Es war so recht ein Mann nach Schmalenbachs Sinn. Mahlberg hatte sechs Jahre kaufmännische Praxis hinter sich, ehe er sich zum Studium entschloß. Erst mit 25 Jahren, 1909, stieg er ins Diplom-Examen. Dann wurde er Assistent an dem von Professor Wiedenfeld (dem Nachfolger Schumachers) geleiteten Museum für Handel und Industrie, das organisatorisch und räumlich eng mit der Handelshochschule verbunden war. 1912 ging er zu Schmalenbach, 1914 erhielt er einen Ruf nach München, wo er aber erst 1918 seine Lehrtätigkeit aufnehmen konnte. Über Mannheim (1921), Göteborg in Schweden (1923) kam er schließlich nach Freiburg im Breisgau: Er wurde 1926 Nachfolger von Ernst Walb und blieb hier bis zu seinem Tode im Jahre 1935 als ordentlicher Professor tätig.

Als Schmalenbach mit Mahlberg einig wurde, studierte an der Hochschule bereits ein anderer junger Mann, dessen Laufbahn zwar nicht über einen Assistenten-Posten führte, der aber dennoch das wurde, was Schmalenbach sich erhoffte: ein Professor der nächsten Generation. Die Rede ist von Erwin Geldmacher, der 1885 in Wetter an der Ruhr geboren war. Geldmacher steuerte nicht von vornherein eine akademische Laufbahn an. Mit dem Diplom in der Tasche (1912) ging er zunächst in die Praxis, erhielt dann 1920 einen Lehrauftrag in Köln, promovierte, habilitierte sich (1922) und wurde hier schon zwei Jahre später auf den neu errichteten Lehrstuhl für Betriebswirtschaftslehre der Industrie berufen.

Das alles geschah gewiß nicht ohne Schmalenbachs Mitwirkung. Aber Geldmacher sympathisierte später mit den Nationalsozialisten, und er war nach 1933 der einzige Dozent in Köln, der seine Mitgliedschaft in der NSDAP offen zur Schau trug. Er trat auch aus der Schmalenbach-Vereinigung aus. Dennoch hat Schmalenbach nicht vergessen, daß der jüngere Kollege ihm zu Beginn der Nazi-Herrschaft in einer wichtigen Partei-Angelegenheit geholfen hat. Auch während des Hitler-Krieges scheint Geldmacher seinem Lehrer unbemerkt behilflich gewesen zu sein (siehe Seite 152).

Von ganz anderer Gesinnung und in mancher Hinsicht geradezu ein Antipode war der um fünf Jahre ältere Ernst Walb (geboren 1880), der schon 1906 sein Diplom-Examen bestanden hatte. An eine akademische Laufbahn hatte Walb damals nicht gedacht. Er kam aus der Praxis, war schon vor dem Studium als Direktor in einer Lederfabrik beschäftigt, und er ging nach dem Examen wieder in die Praxis zurück. Aber Schmalenbach ließ den begabten Walb nicht aus den Augen. Als 1907 von der Universität Königsberg ein tüchtiger Betriebswirt zur Übernahme der dort geplanten „Handelstechnischen Kurse" gesucht wurde, empfahl Schmalenbach seinen besten Schüler dorthin, den 27jährigen Walb. Ebenso hatte er seine Hand im Spiel, als Walb zwei Jahre später (1909) an die neu gegründete Handelshochschule in Stockholm berufen wurde, dies unter Verleihung des Professor-Titels. Und wiederum nach zwei Jahren (1911) veranlaßte Schmalenbach seinen jungen Freund, nun an die Stätte seines Studiums, nach Köln, zurückzukehren. Hier holte Walb, bis dahin Professor ohne Doktortitel (wie Schmalenbach bis 1919 auch), die Promotion nach.

Von 1920 bis 1926 absolvierte Walb ein Zwischenspiel in Freiburg, wo er an der Universität wahrhafte Pionierdienste für das Fach der Betriebswirtschaftslehre leistete. Es war die erste Berufung eines Betriebswirtschaftlers an eine „alte" Universität (Gründungsjahr 1457). Der junge unbekannte Professor sah sich plötzlich mit ehrwürdigen Vertretern der Jurisprudenz und der Nationalökonomie an einem Tische sitzen, und die hohen Herren verhehlten ihm durchaus nicht, daß sie weder ihn noch seine „Lehre vom Profitstreben", die sich anmaßend als Wissenschaft gerierte, sonderlich ernst nahmen. Walb hat sich davon nicht beeindrucken lassen. Unbeirrt verfolgte er seine wissenschaftlichen und pädagogischen Ziele, dies mit einem Temperament und einer Zähigkeit, die ihm bald den Respekt der Professoren-Kollegen eintrug und dem Fach Anerkennung verschaffte.

1926 rief ihn Köln zurück, und von nun an wirkten Schmalenbach und Walb Schulter an Schulter. In ihrer Mentalität waren sie freilich sehr verschieden, und es hat manche Verstimmung, manchen Verdruß zwischen ihnen gegeben. Walb war bei aller Verehrung und Dankbarkeit, die ihn gegenüber Schmalenbach erfüllte, nicht der Mann, der sich von dem Älteren in seinem wissenschaftlichen Streben hätte beeinflussen oder gar leiten lassen. Als Forscher ist er seinen eigenen Weg gegangen, sein wissenschaftliches Ich hat er niemals aufgegeben. Andererseits stand er jedoch immer bereit, um Schmalenbachs Aufgaben als Hochschullehrer, als Herausgeber seiner Zeitschrift und aus anderen Verpflichtungen zu übernehmen, wenn der Meister an der Wahrnehmung dieser Pflichten gehindert war. Das hat sich schon im ersten Weltkrieg bewährt, dann aber vor allem bei dem Machtantritt der Nazis im Jahre 1933.

Bald nach dem Kriege, im November 1946, ist Ernst Walb seiner kurz zuvor verstorbenen Frau und seiner Tochter in den Tod gefolgt. Die Abschiedsrede auf dem akademischen Trauerakt würdigte ihn als einen erfolgreichen Kollegen und langjährigen Freund, als liebenswerten Menschen und guten Kameraden. Es waren Worte aus dem Munde von Eugen Schmalenbach.

Und noch ein Mann ist hier zu nennen, der in der Frühzeit der Dozenten-Tätigkeit Schmalenbachs aus seiner Schule hervorgegangen ist und ein Freund fürs Leben wurde. Er schlug nicht die Hochschullaufbahn ein, sondern steuerte, seinen Neigungen folgend, auf die Revisorentätigkeit zu. Walter Susat – dies sein Name – hat in Schmalenbachs Leben eine außergewöhnliche Rolle gespielt. Er ist einer der wenigen, vielleicht der einzige unter den Schülern, der zwar, wie viele andere begabte Schmalenbach-Schüler auch, in seiner Jugend vom Lehrer geleitet wurde, der jedoch später seinerseits wesentlichen Einfluß auf die berufliche Lebensbahn des Professors genommen hat: Er hat Schmalenbach nach dem ersten Weltkrieg auf seinem Wege in die Wirtschaftspolitik begleitet.

Susat, 1883 in Gumbinnen (Ostpreußen) geboren, hat nach seinem Abitur in Memel das Bankfach erlernt, bevor er 1903, gerade 20 Jahre alt, nach Köln zu Schmalenbach ging. Nach sechs Semestern – nicht schon nach vier, wie damals üblich – stieg er im Juli 1906 in das Diplom-Examen, das er mit der Gesamtnote „Gut“ bestand; in den von Schmalenbach geprüften Fächern schnitt er zum Teil mit Auszeichnung ab.

Schmalenbach behielt den jungen Mann gleich bei sich, angeblich als seinen „Assistenten“. Doch Assistent an der Hochschule kann er nicht gewesen sein, es sei denn, Schmalenbach hätte dessen Gehalt aus der eigenen Tasche bezahlt, wozu er damals kaum in der Lage gewesen sein dürfte. Vermutlich stellte Schmalenbach ihn als Assistenten in dem von ihm eingerichteten und geleiteten Bilanzarchiv an. Für dieses Archiv standen Schmalenbach vor allem Mittel aus Zuschüssen der Handelskammer zur Verfügung.

Schon 1907, ein Jahr danach, ging Susat als Direktionsassistent zu der 1905 in Berlin gegründeten „Treuhand-Vereinigung“, die unter dem gleichen Namen auch in Köln vertreten war. Von 1909 bis 1911 war er dann erster kaufmännischer Privatsekretär des Fürsten Henckel von Donnersmarck, der ein bedeutender Großindustrieller der schlesischen Zink- und Eisenhüttenindustrie und des Kohlenbergbaus war (als Susat zu ihm kam, war der Fürst 79 Jahre alt). Auch hier blieb Susat nur zwei Jahre. Ende 1911 rief Schmalenbach ihn nach Köln zurück und bewirkte seine Berufung in den Vorstand der Treuhand-AG, an deren Kapital sich Schmalenbach maßgeblich beteiligt hatte (siehe Seite 51).

Walter Susat war ein überragender Kopf, nicht nur im Wortsinne (er war sehr groß), sondern vor allem auch im Hinblick auf seine Geistesgaben. Mit einer hohen Intelligenz begabt, bereitete es ihm immer wieder Freude, mit ähnlich klugen, scharfsinnigen und rasch reagierenden Menschen die Klinge zu kreuzen. Solche Menschen fand Susat besonders häufig unter Juden, weshalb er zu einem ausgesprochenen Freund jüdischen Wesens, zum Philosemiten wurde. In seinem Urteil war er von einer kompromißlosen Wahrheitsliebe. Hans Staudinger, preußischer Staatssekretär, der – wie Susat – zu einer über Jahre bestehenden, regelmäßig sich treffenden Freundesgruppe von Beamten gehörte, schildert ihn als einen „unbestechlichen und auch oft nicht zu überzeugenden Charakter“.

Das hat ihn später als Vorstand der Treuarbeit, die den obersten Reichsbehörden nahestand, mehrmals in Konflikt mit hohen Herren gebracht. So hat er sich 1931 geweigert, der Bilanz einer Großbank das Testat zu erteilen. Auch nachdem der Präsident der Reichsbank, Schacht, dies im „Reichsinteresse" gefordert hatte, hat Susat unerschrocken an seinem Standpunkt festgehalten. Darauf Schacht: „Sie werden das noch mal zu spüren bekommen." Im Jahre 1933 mußte er aus dem Vorstand der Treuarbeit ausscheiden.

All dies entsprach so sehr Schmalenbachs eigenem Wesen, daß Susat rasch sein Lieblingsschüler und bald auch sein Vertrauter wurde. Das Freundschaftsverhältnis schloß wenig später die Familien ein. Schmalenbachs Frau äußert schon in einem Brief vom 1. April 1912 eitel Freude über einen Besuch des Ehepaars Susat in dem Landhaus bei Halver: „Heute haben wir lieben Besuch bekommen, Frau Susat aus Köln. Ihr Mann kommt in einigen Tagen nach, und sie bleiben über Ostern." Daß ein Schüler jedoch dreißig Jahre später, schon mit ergrauten Schläfen, seinem ehemaligen Lehrer sagt, er habe „wie eine Mutter" an ihm gehandelt, ist gewiß ein nicht alltägliches Bekenntnis. Soviel Zuneigung deutet auf Freundschaftsbande, die enger waren als sonst üblich. Susat muß geistig und seelisch sehr viel an Schmalenbach gehabt haben – wie umgekehrt Schmalenbach wohl auch an ihm.

15. Lockrufe von draußen: Was wäre Köln ohne Schmalenbach?

Am 16. November 1905 hatte sich Schmalenbach schriftlich verpflichtet, „innerhalb dreier Jahre einen Ruf an eine andere Hochschule nicht anzunehmen". Fast auf den Tag genau drei Jahre später erreicht ihn der nächste Ruf – eine auffallend exakte Terminierung. Zufall? Nun, man braucht keine böse Absicht dahinter zu vermuten. Dem Angebot an einen Dozenten, die Hochschule oder Universität zu wechseln, pflegen informelle Fühlungnahmen mit dem Erwählten vorauszugehen, in denen natürlich auch über den Termin gesprochen wird. Sicher ist das hier der Fall gewesen.

Der Lockruf kommt diesmal aus dem Ausland. Die schwedische Hauptstadt Stockholm ist es, die sich die wissenschaftliche Potenz eines Schmalenbach sichern und sich selbst mit dem Namen des schon sehr bekannten Gelehrten schmücken will. Dort soll eine Handelshochschule ins Leben gerufen werden, ihre Eröffnung ist zum nächsten Herbst, im Oktober 1909, vorgesehen. Für das Fach der Handelswissenschaft wäre den Schweden der 35jährige Eugen Schmalenbach gerade recht. Sie sind auch bereit, ihm den Ortswechsel mit dem Willkommensgruß eines ungewöhnlich attraktiven Gehalts zu vergolden.

Wie die Sache ausgegangen ist, wissen wir: Schmalenbach hat den schwedischen Instanzen seinen „besten Schüler", Ernst Walb, empfohlen, der sich in Königsberg bereits so hervorgetan hat, daß sein Name auch in Stockholm nicht unbekannt ist. Schmalenbach selbst bleibt in Köln. Ob er überhaupt ernstlich daran gedacht hat, nach Schweden zu gehen, ist nicht bekannt. Aber es ist schwer vorstellbar. Heimisch wäre er dort gewiß nicht geworden. Schmalenbach gehörte ohnehin nicht zu den Menschen, die es in ferne Länder zog. Er hat keine der großen, von Eckert veranstalteten Schiffsfahrten mitgemacht und niemals eine private Studienreise unternommen. Außer seiner Scheu vor den Unbequemlichkeiten einer solchen Reise fürchtete er wohl auch den Zwang, englisch sprechen zu müssen. Fremdsprachen sind schon auf der Schule nicht seine Stärke gewesen.

Als Christian Eckert von dem Ruf aus Stockholm erfuhr, war er natürlich aufs höchste alarmiert, und er hat abermals, schon zum dritten Mal, Feuerwehr gespielt. Ihm war klar, daß er alles tun mußte, um Schmalenbach in Köln zu halten. Was wäre die Handelshochschule ohne Schmalenbach? Der war längst zum Mittelpunkt dieser Hochschule geworden, ohne ihn würde die wichtigste Stütze fehlen. Dem Verhandlungsgeschick Eckerts gelang es denn auch, den Oberbürgermeister und die anderen Herren des Kuratoriums davon zu überzeugen, daß es nur eine Möglichkeit gebe: Man müsse in die von Stockholm gebotenen Bedingungen eintreten. Das geschah denn auch, die Stadtverordneten gaben ihr Placet, und ab 1. Oktober 1909 – dem Termin, zu dem Schmalenbach in Stockholm hätte anfangen können – bekam unser Professor eine kräftige Gehaltserhöhung. Wenn das Wohnungsgeld und andere Nebenvergütungen, die nicht verändert wurden, außer Betracht bleiben, war es fast eine Verdoppelung seiner Bezüge.

Einige Jahre lang herrscht nun Ruhe. Aber im Frühjahr 1912 kommt erneut ein Ruf. Zu diesem Zeitpunkt wurde Richard Lambert nach mehr als zehnjähriger Tätigkeit an der Frankfurter Akademie für Sozial- und Handelswissenschaften emeritiert, und Frankfurt versuchte es zum dritten Mal, Schmalenbach zu gewinnen. Es war wiederum vergebens. Doch diesmal hat offenbar die Familie Schmalenbach sehr darum gezittert, daß sie aus Köln werde wegziehen müssen. Mit spürbarer Erleichterung schreibt Ehefrau Marianne am 1. April 1912 aus dem Landhaus, genannt „die Schmalenbach“: „Wir lieben unsere Schmalenbach noch zärtlicher, seit uns eine Trennung von ihr nahe war. Eugen hat den Ruf nach Frankfurt nicht angenommen.“

Noch zweimal hat sie zittern müssen. Das war zum ersten Mal im Jahre 1922, als die Handelshochschule Berlin versuchte, Schmalenbach nach Berlin zu holen, wo er neben dem (1921 dorthin berufenen) Kollegen aus alten Leipziger Zeiten, Heinrich Nicklisch, hätte wirken sollen (siehe Seite 89). Ob das ein Vorteil für die junge Wissenschaft gewesen wäre, ist fraglich. Nicklisch hat seine „Betriebslehre“ stets als geschlossenes System aufgefaßt, und er hat betont, daß die Erkenntnisse der anderen Richtung, der „Betriebstechnik als Kunstlehre“, seiner Lehre gegenüberstünden. Umgekehrt hatte Schmalenbach Nicklischs Buch „Allgemeine kaufmännische Betriebslehre“ im Dezember 1912 derart verrissen, daß sich ein Berliner Dozent, Willi Prion, zwei Monate danach veranlaßt gesehen hatte, Nicklisch mit sehr verständnisvollen Worten – auch gegenüber Schmalenbach – in Schutz zu nehmen. Gut zehn Jahre später, 1924, hat Schmalenbach seinem Unmut über Nicklisch noch deutlicher Ausdruck gegeben mit den Worten: „Nicklisch liebt ein wenig die Pose und schwankt offenbar immer noch, ob nun Faust oder Mephisto oder Jesus Christus der richtige ist.“ Zu einer gedeihlichen Zusammenarbeit der beiden Männer, die damals zu den führenden Wissenschaftlern der Betriebswirtschaftslehre gehörten, wäre es in Berlin sicher nicht gekommen.

Ein Jahr nach dem Ruf aus Berlin, im April 1923, hat Schmalenbach erwogen, nach Jena zu gehen (siehe Seite 89). Zu einem offiziellen „Ruf“ ist es freilich in diesem Falle nicht gekommen. Aber er war in jener Zeit drauf und dran, mit der Flucht aus Köln, eventuell auch mit der Flucht aus dem Professorendasein, ernst zu machen (siehe Seite 85 ff.: „Des Universitätsbetriebs überdrüssig“). Tatsächlich hat Schmalenbach jedoch Köln und seine Heimat im Sauerland niemals verlassen, auch nach 1933 nicht, als noch drei ausländische Universitäten ihm durch ihre Berufungen aus politischer Bedrängnis helfen wollten: 1933 Dorpat, 1937 Istanbul, 1939 Bern (näheres Seite 150 ff.: „Urlaub und Emeritierung – Das Ausland ruft vergebens“).

Gewiß hat es in Schmalenbachs Leben Stunden gegeben, in denen Zweifel an ihm nagten, ob es für seine wissenschaftliche Entwicklung – vor 1933 – nicht besser gewesen wäre, auch einmal in anderen Gefilden zu wandeln. Er spricht es sogar einmal aus, im Sommer 1931, als sein Bruder Hermann, der Philosoph, nicht weiß, ob er eine Berufung annehmen soll oder nicht. „Ich bedaure es heute“, bekennt Eugen da, „daß ich von meinen zahlreichen Berufungen keine angenommen habe. Im Grunde sprach bei mir eine gewisse Bequemlichkeit mit.“ (Brief vom 13. Juli 1931).

Aber solche Töne waren selten, solche Gedanken flüchtig. Ernst Walb, der Schmalenbach als Kollegen besser kannte als irgendein anderer, hat einmal in einem Gespräch mit Eckert spontan die Meinung geäußert, Schmalenbach wäre auf jeder anderen Hochschule fehl am Platz gewesen, und er hätte sich auch an keiner anderen Hochschule in die dortige Ordnung noch einfügen können. Das war zweifellos richtig gesehen. Im Innersten seines Herzens hat es wohl auch Schmalenbach nicht anders empfunden.

V. Schmalenbachs Credo: Kontakt zur Praxis

16. Wege gegenseitiger Information: Bilanzarchiv und eigene Zeitschrift

Schmalenbachs erste organisatorische Tat in Köln bestand darin, ein Archiv zu gründen. Er nannte es „Bilanzarchiv“, weil die von großen Gesellschaften herausgegebenen Bilanzen ein Schatz waren, der offen zutage lag und von beträchtlichem Informationswert war. Aber es blieb nicht bei Bilanzen allein. Vom ersten Tage an wurden in dem Archiv auch andere Materialien gesammelt: Satzungen, Festschriften und Börsenprospekte der Unternehmen, Zeitungsberichte über Generalversammlungen, über Fusionen, Sanierungen, Liquidierungen, Konkurse sowie über den Geschäftsverlauf einzelner Firmen. Aufbewahrt wurden weiterhin Kursblätter der Börsen, die Reichsbank-Ausweise, die Notierungen der Geldmarktsätze, der Devisenkurse und was es an wichtigen und interessanten Unterlagen sonst noch gab. So entstand ein umfassendes, auf die Bedürfnisse eines studierenden Kaufmanns ausgerichtetes Wirtschaftsarchiv.

Das Bilanzarchiv, im Winter-Semester 1904/05 erstmals für Studenten zugängig, war Schmalenbachs ureigenste Schöpfung. Wie sehr er dieses Archiv als „sein“ Reich empfand, läßt eine – im Grunde unbedeutende – Äußerlichkeit erkennen: Er hat sich Briefbögen mit dem Kopf „Bilanzarchiv der Städt. Handels-Hochschule“ drucken lassen und sie auch für seinen allgemeinen Schriftverkehr verwendet. Was alles im Bilanzarchiv getan wurde, offenbart ein Bericht der Handelshochschule an die Oberste Dienstbehörde in Berlin, den Minister für Handel und Gewerbe, aus dem Sommer 1906. Darin heißt es:

> *„In dem Bilanzarchiv werden . . . Kartogramme gezeichnet und statistische Untersuchungen angestellt, die für handelstechnisch-privatwirtschaftliche Fragen näheren Aufschluß geben sollen. So wird z. B. untersucht, welche periodisch regelmäßigen Bewegungen die Devisenkursnotierungen zeigen. . . . Oder es wird untersucht, welcher Zinsfuß den Differenzen der Wechselkurse lang und kurz zu Grunde liegt, oder es werden Reichsbankausweis-Diagramme hergestellt, die der Erkenntnis der regelmäßigen periodischen Beanspruchungen der Reichsbank dienen, und derartige Arbeiten mehr.“*

Bilanzen und Börsenprospekte haben für Sammlungen einen unschätzbaren Vorteil: Sie kommen gratis auf den Tisch. Aber die Zeitungen und Zeitschriften, aus denen Kurse und Berichte entnommen wurden, gab es natürlich nicht umsonst, und auch andere Kosten fielen an. Woher die Mittel dafür kamen, hat Schmalenbach in der Deutschen Metall-Industrie-Zeitung offenbart: „Für Bilanzkritik ist ein besonderes Bilanz-Archiv eingerichtet worden, dem außer einer privaten Stiftung vor kurzem durch die Cölner Börse und Handelskammer eine jährliche Unterstützung bewilligt wurde.“

Die Stiftung ist vermutlich eine einmalige Zuwendung gewesen, aus der Schmalenbach vor allem die Anlaufkosten hat bestreiten können. Der entscheidende Rückhalt war von der Handelskammer geschaffen worden. Aber für die Bereitschaft der Kammer, das Archiv zu finanzieren, hat Schmalenbach einen Preis zahlen müssen: Es wurde eine Art „Aufsichtsrat“ für das Bilanzarchiv gebildet, eine Kommission, deren Vorsitz der Präsident der Handelskammer führte. Stellvertretender Vorsitzender war Christian Eckert, sechs weitere Personen gehörten dem Gremium als Mitglieder an (darunter Eugen Schmalenbach). Daß diese Herren in erster Linie über die Verwendung der von der Kammer zur Verfügung gestellten Gelder zu wachen hatten, versteht sich von selbst.

Und dann geschieht etwas Merkwürdiges. Das Bilanzarchiv, so erfährt der Leser aus einem offiziellen Jahresbericht der Hochschule,

> *„steckte seine Ziele immer weiter und versuchte schließlich, alles wirtschaftliche Material, das in der Literatur eine Verarbeitung noch nicht gefunden hat, also sozusagen den wirtschaftswissenschaftlichen Rohstoff, zusammenzubringen. Da es nun nicht mehr allein der Handelstechnik diente, erhielt es im Jahre 1908 die Bezeichnung Archiv für Volkswirtschaft und Handelstechnik, und die Leitung ging aus den Händen Professor Schmalenbachs in die des Bibliothekars Dr. Morgenroth über".*

Was mag hier geschehen sein? War diese Absetzung Schmalenbachs wirklich die Folge einer Ausdehnung des Bilanzarchivs auf fremde Wissensgebiete? Oder hat man Schmalenbach Unkorrektheiten in der Leitung, vielleicht gar Pflichtverletzung zum Vorwurf gemacht? Wir wissen es nicht, und es besteht wenig Aussicht, daß hier die Wahrheit, die aus heutiger Sicht ganz harmlos aussehen mag, noch ans Licht kommt.

Bis zum Kriege bleibt es bei dieser Regelung. Doch in den zwanziger Jahren hat Schmalenbach sein geliebtes Archiv wieder in eigene Regie übernommen. Es hat auch den zweiten Weltkrieg überdauert und lebt fort in dem Wirtschaftsarchiv der heutigen Wirtschafts- und Sozialwissenschaftlichen Fakultät der Universität Köln.

Als ebenso beständig hat sich die von ihm gegründete Zeitschrift erwiesen, die „Zeitschrift für handelswissenschaftliche Forschung" (heute heißt sie „Schmalenbachs Zeitschrift für betriebswirtschaftliche Forschung"). Dieses Blatt war bis in die dreißiger Jahre das wichtigste Sprachrohr Schmalenbachs als Wissenschaftler. Hier hat er die Ergebnisse seines Forschens und die Erkenntnisse seines Denkens der Öffentlichkeit bekanntgegeben, hier sind seine beiden grundlegenden Werke, die Dynamische Bilanz und die Kostenrechnung, erstmals erschienen (1919 und 1920, später jeweils als „erste Auflage" bezeichnet).

Schon das erste Heft der Zeitschrift, erschienen im Oktober 1906, begann mit einem Aufsatz von Schmalenbach. Das setzte sich über Jahre hinweg fort: In den ersten zwei Jahren sind nur zwei Hefte (von 24) herausgekommen, in denen Schmalenbach nicht als Autor des Spitzen-Artikels vertreten war (wohl aber durch andere Beiträge). Die Herausgabe dieser Zeitschrift muß in den Anfangsjahren einen sehr großen Teil seiner Arbeitskraft in Anspruch genommen haben.

Thematische Schwerpunkte der Zeitschrift sind einmal Fragen der Finanzierung, denen in jener Zeit auch Schmalenbachs Hauptvorlesungen an der Hochschule galten, dann vor allem die Buchführung. Sie lag ihm ganz besonders am Herzen, ihr sind die meisten Beiträge gewidmet, die er selbst damals geschrieben hat oder die er hat schreiben lassen. Ein Appell an die Leser, Praktiker mögen doch die Buchhaltungseinrichtungen ihrer eigenen Firmen beschreiben, findet ein erstaunlich starkes Echo: Innerhalb von 2¼ Jahren können nicht weniger als 22 Einzeldarstellungen dieser Art erscheinen, und die Veröffentlichungen hatten Ende Dezember 1908 (als diese Zahl nach einer Mitteilung Schmalenbachs erreicht war, siehe das Januarheft 1909, Seite 192) bei weitem noch nicht ihr Ende erreicht.

Ein drittes Thema, bei dem die Zeitschrift als „Zuträgerin handelswissenschaftlichen Materials" aus der Praxis diente, ist die Kostenrechnung. Bei diesem Themenkreis konnte sich Schmalenbach der Unterstützung von anderer Seite erfreuen: Die Gesellschaft für wirtschaftliche Ausbildung in Frankfurt am Main hatte im Mai 1907 durch ein Preisausschreiben „zur Abfassung monographischer Darstellungen der Selbstkostenrechnung industrieller Betriebe" aufgerufen. Und wieder war das Echo groß. Wieviel Arbeiten eingegangen sind, wissen wir nicht, aber in Schmalenbachs Zeitschrift veröffentlicht wurden 27 Aufsätze, wobei Firmen aller wichtigen Branchen vertreten sind.

Eine weitere Serie – die vierte – war der kritischen Analyse von Bilanzen gewidmet. Hier hat Walter Susat den Eröffnungsartikel mit einer Untersuchung von Aktiengesellschaften des Ruhrbergbaus geliefert (1. Jg., Seite 256). Doch der Gedanke, vergleichende Bilanzanalysen auch für andere Wirtschaftszweige zu erstellen, fand, soweit ersichtlich, keinen allzu großen Widerhall. Stärker war die Beteiligung an Untersuchungen über die Technik der Löhnung, die an mehreren Seminaren deutscher Handelshochschulen gleichzeitig in Angriff genommen wurden. Zu diesem Themenkreis – dem fünften – sind insgesamt 16 Arbeiten erschienen, fast alle aus dem Seminar Schmalenbachs. Seminararbeiten nahmen überhaupt einen erheblichen Raum in der Zeitschrift ein, bis zum ersten Weltkrieg stammten 106 Aufsätze aus den Seminaren der Kölner Hochschule, überwiegend aus dem Schmalenbach-Seminar.

Im April 1907 führte Schmalenbach eine neue Rubrik ein, die er schlicht „Mitteilungen" nannte. Es war der Platz, auf dem der Herausgeber Schmalenbach unmittelbar zu seinen Lesern sprach. Hier beantwortete er Anfragen, die von allgemeinem Interesse waren, und manchmal waren seine Antworten zu bestimmten Fachproblemen so ausführlich, daß sie regelrechten Gutachten glichen.

Zuweilen finden sich unter den „Mitteilungen" auch Beiträge Schmalenbachs, die seinen früheren Feuilletons in der Deutschen Metall-Industrie-Zeitung ähneln, etwa über die Frage, ob man den Termin für das Osterfest nicht, wie Weihnachten, auf einen bestimmten Kalendertag festlegen sollte (Schmalenbach ist trotz gewisser volkswirtschaftlicher Vorteile dagegen, letztlich aus emotionalen Gründen: „Ein solches Kleidungsstück zieht man nicht aus"; 2. Jg., Seite 897), oder was das Window Dressing der Banken eigentlich ist (7. Jg., Seite 92) und anderes. Aber es gibt in dieser Rubrik auch wirkliche Mitteilungen an die Leser, gelegentlich Berichtigungen, manchmal auch Stellungnahmen in der Art von Glossen: Nach dem Charakter der Beiträge ist es ein rechtes Sammelsurium, das sich hier zusammengefunden hat, sozusagen ein „Konto pro Diverse". Aber gerade deshalb ist diese Ecke oft der lebendigste Teil eines Heftes gewesen.

Und dann die Buchbesprechungen! Sie sind ein Kapitel für sich. An den Büchern von Fachkollegen entzündet sich Schmalenbachs Temperament, im positiven wie im negativen Sinne. In manchen Buchbesprechungen ergießt sich ein wahrer Funkenregen von Ironie, Sarkasmus, zuweilen auch Spott über den Autor. Selbst bei Büchern, die er insgesamt für wichtig und wertvoll hält, zögert er nicht, zu einzelnen Passagen deutlich seine abweichende Meinung zu sagen (wie etwa in seiner sechsseitigen Besprechung eines Buches von Alfred Isaac, wohl der längsten, die er je geschrieben hat; Jg. 1924, S. 133–138. – Die Besprechung des Nicklisch-Buches 1912 war „nur" 5½ Seiten lang). Diese Haltung entspringt seiner unbeirrbaren Wahrheitsliebe. Es ist seine innerste Überzeugung, daß Kritik sich nicht in nebelhaften Phrasen äußern darf, sondern mit kristallener Klarheit und unerbittlicher Härte ausgesprochen werden muß. „Zu große Milde in der Kritik ist, so wie die Dinge in unserer Zunft liegen, eine Versündigung an ihr", schreibt er 1912 am Schluß seiner Würdigung des Nicklisch-Buchs (Jg. 1912/13, S. 144).

So lebendig, so einfallsreich der Stil auch schon in seinen eigenen Büchern und Aufsätzen ist: Wenn er über das Buch eines anderen zu urteilen hat, überbietet er sich oft noch selbst. Zuweilen hat der Leser den Eindruck, daß Schmalenbach geradezu froh ist, bei solchen

Gelegenheiten seine Meinung frei heraus sagen und seinen überlegen-heiteren Formulierungs-Einfällen ungezügelt Lauf lassen zu können. Aus einer gehobenen, manchmal fast schon übermütig anmutenden Stimmung, die ihn beim Kritisieren offenbar überfällt, ist es wohl auch zu erklären, daß er in Buchbesprechungen manches über seine eigene Vergangenheit als Wissenschaftler preisgibt, was er sonst nie und nirgends ausgesprochen hat. Insofern lassen seine Buchbesprechungen auch viel über den Menschen Schmalenbach, über sein Wesen erkennen.

Theodor Beste hatte schon recht, als er sagte: „Schmalenbach als wissenschaftliche Persönlichkeit begegnet uns, wie ich meine, nirgendwo so echt wie in den Vorworten . . . und in seinen Buchbesprechungen."

17. Lieblingskind Treuhand-AG: „Was eine Klinik für den Arzt . . ."

Eine Treuhand-Gesellschaft selbst zu gründen, lag nicht in Schmalenbachs Absicht. Ein Bekannter, der als Teilhaber eines am Kölner Viehhof tätigen Kommissionsgeschäfts offenbar gut verdient hatte und sein Geld gewinnbringend anzulegen suchte, hatte den Professor eines Tages gefragt, ob er nicht Lust hätte, bei einer solchen Gründung mitzumachen. Nun, Schmalenbach hatte durchaus Lust. Er hatte sich hier und da schon als Bücherrevisor betätigt und liebäugelte seit längerer Zeit mit dem Gedanken, mit einer Treuhand-Gesellschaft in engeren Kontakt zu kommen, weil er sich davon „eine fortgesetzte Materialzufuhr" für seine Vorlesungen versprach. Die Mitwirkung in einer solchen Gesellschaft, so schrieb er Anfang 1912, sollte für seine akademische Tätigkeit das sein, „was etwa für einen medicinischen Akademiker eine Klinik ist". Also sagte er dem Vieh-Kommissionär ohne viel Überlegen ja.

Das muß sich im Sommer 1909 abgespielt haben. Am 5. August 1909 bittet er Studiendirektor Eckert um die Erlaubnis, „in den Aufsichtsrat der am 1. Oktober ins Leben tretenden Treuhand-Aktien-Gesellschaft eintreten zu dürfen". Eckert ist in Urlaub, aber das Gesuch wird ihm nachgeschickt, und noch in Sils-Maria sendet er das Schreiben befürwortend dem Kölner Oberbürgermeister: „Gerade bei einer Treuhandgesellschaft", vermerkt er handschriftlich auf dem Papier, „wird Schmalenbach in der Lage sein, viel Anregung für seine Vorlesungen und Übungen zu gewinnen."

Es ist Ferienzeit, und ein Städtisches Schulbureau arbeitet da nicht so rasch. Anfang Oktober liegt die Sache noch immer auf dem Schreibtisch des Referenten, der vielleicht meint, manchmal erledige sich so etwas ganz von selbst. Und siehe da, der Mann hat recht: Am 15. Oktober trifft überraschend die Mitteilung ein, Schmalenbach habe sein Gesuch zurückgezogen. „Z.d.A." lautet der letzte Vermerk auf dem Schriftstück: Zu den Akten.

Die Treuhand-AG wurde also ohne Schmalenbach ins Leben gerufen. Als Gründer fungierten (das Gesetz schrieb schon damals fünf Personen als Mindestzahl vor): einmal Richard Peters, der Vieh-Kommissionär und Initiator des Plans; dann der Rentner Peter Gandebien sen. mit seinem Sohn Peter Gandebien jun., einem freien Architekten; als vierter ein Bücherrevisor namens Robert Peus; und als fünfter schließlich ein Privatlehrer, der schwachen Schülern zum Abitur zu helfen versprach. Der Vieh-Kaufmann Peters und der Rentner Gandebien waren offenbar Freunde, sie hatten ein Jahr zuvor gemeinsam drei nebeneinanderliegende Grundstücke in der Kölner Innenstadt – je zur ideellen Hälfte – erworben, sicher gleichfalls, um verdientes Geld gut anzulegen. Der Privatlehrer war vermutlich ein Strohmann, sein Name taucht sonst nicht auf. Aber der Bücherrevisor spielte eine wichtige Rolle, manches spricht dafür, daß er sogar der Regisseur des ganzen Spiels war.

Dieser Robert Peus beriet nämlich den Kommissionär Peters in Buchhaltungs-, Bilanz- und Steuerfragen. Er wohnte im gleichen Hause wie Peters und war Liquidator einer Viehmarktbank AG, an der Peters möglicherweise ebenfalls beteiligt war. Vielleicht hat der Revisor seinen Mandanten Peters überhaupt auf den Gedanken gebracht, eine Treuhand-Gesellschaft zu gründen. Die Idee war nicht so ungewöhnlich, wie dies aus heutiger Sicht scheint: Überall in deutschen Landen entstanden damals Treuhand-Gesellschaften, das Revisionswesen war in starkem Aufschwung begriffen, es galt sozusagen als „Wachstumsbranche". Zwischen Peters und Peus war es unter diesen Umständen ausgemachte Sache, daß der Bücherrevisor selbstverständlich die Leitung der neuen Gesellschaft als Vorstand übernehmen werde. Peters wurde Vorsitzender des Aufsichtsrats, für Schmalenbach war kein Sitz vorgesehen.

Als Schmalenbach im Sommer 1909 seine Beteiligung an der Gründung zusagte, hatte er die Zusammenhänge offenbar nicht durchschaut. Ihm muß dann jedoch sehr bald klargeworden sein, daß sein Name hier nur als Aushängeschild benutzt werden sollte, ohne daß ihm der geringste Einfluß auf die Auswahl des Vorstands und auf dessen Arbeit möglich gewesen wäre. Aber es dauerte keine zwei Jahre, und Richard Peters kam zu der Erkenntnis, daß sein Herr Peus wohl doch nicht der richtige Mann für dieses Amt sei. Im Sommer 1911 wurde dessen Vorstands-Bestellung widerrufen. Peus schied aus und gründete daraufhin eine eigene Firma, die Westdeutsche Treuhandgesellschaft.

Und nun war die Situation umgekehrt: Peters bat seinerseits Schmalenbach, ihm doch einen geeigneten Vorstand zu benennen. Einen hervorragenden Mann wußte Schmalenbach: Walter Susat. Aber der hatte ein Jahr vorher bei Henckel von Donnersmarck angefangen und konnte dort nicht ohne weiteres fortgehen; er wurde erst ein halbes Jahr später, Ende 1911, Vorstandsmitglied der Treuhand-AG und blieb es bis zum Kriege. Als Sofortlösung stand ein Mann namens Wilhelm Kleinmann zur Verfügung, dessen Beruf im Kölner Adreßbuch für 1908 mit „Buchhalter" angegeben war, der aber inzwischen bei Schmalenbach studiert und das Diplom erworben hatte. Er wurde Vorstand der Treuhand-AG, schied jedoch, nachdem Susat sich eingearbeitet hatte, im Juli 1913 wieder aus und wurde Direktor der Preussischen Revisions- und Treuhand AG in Köln.

Das Rundschreiben, das den Kunden der Treuhand-AG am 10. August 1911 die Veränderung im Vorstand anzeigte, enthielt auch die Mitteilung, Eugen Schmalenbach werde Anfang September 1911 dem Aufsichtsrat „beitreten". Peters hatte Schmalenbach nämlich erneut angeboten, sich an der Treuhand-AG zu beteiligen. Die Gesellschaft war bei der Gründung mit einem Aktienkapital von 100 000 Mark ausgestattet worden, Peters hatte 80 Prozent dieses Betrages gezeichnet, die anderen vier Gründer je 5 Prozent. Das Kapital war jedoch nur zu 35 Prozent eingezahlt, 65 Prozent blieben als Forderung gegen die jeweiligen Aktionäre stehen. Im Sommer 1911 waren vermutlich alle Aktien in der Hand von Peters vereint.

Peters war jetzt bereit, die Hälfte des Aktienkapitals an Schmalenbach abzutreten, genauer gesagt „fast" die Hälfte. Um Unklarheiten zu vermeiden, behielt er etwas mehr als die Hälfte in seiner Hand. Zwischen ihm und Schmalenbach entwickelte sich in der Folgezeit jedoch ein engeres, wenn nicht freundschaftliches Verhältnis, das in gegenseitiger Achtung begründet lag. Als Peters starb, hat Schmalenbach 1926 die Vormundschaft über dessen zwei Kinder übernommen.

Das brachte in einer Zeit, da seine Arbeitskraft ohnedies hart beansprucht war, zusätzliche Anforderungen für ihn mit sich. So steht Schmalenbachs Unterschrift unter einem Vertrag, mit dem die Erben 1928 jene Grundstücke verkauften, die Richard Peters und Peter Gandebien genau zwanzig Jahre vorher (1908) erworben hatten. Der Käufer war Carl Peters, Gründer und Inhaber des in Köln damals stadtbekannten Kaufhauses Peters, das zu den größten Häusern dieser Art in der Domstadt gehörte. (Zwischen Carl Peters und dem verstorbenen Vieh-Kaufmann Richard Peters oder seinen Erben gab es keine verwandtschaftlichen oder sonstigen Beziehungen, die Namensgleichheit war reiner Zufall.) Carl Peters brauchte die drei Grundstücke, die seinem Kaufhaus benachbart waren, für einen Erweiterungsbau, der 1929 eröffnet wurde. 1960 hat die Karstadt AG das Kaufhaus Peters übernommen.

Ende 1911, bei seinem Eintritt in die Treuhand-AG, hatte Schmalenbach klare Grundsätze für die Geschäftsführung aufgestellt, die von Peters voll akzeptiert wurden. In einem Schreiben vom 12. Januar 1912 an den Studiendirektor, in dem er bat, die Wahl in den Aufsichtsrat der Treuhand-AG annehmen zu dürfen, teilte er gleichzeitig mit, eine seiner Bedingungen für die Annahme dieses Mandats sei gewesen, „daß die Gewinnfrage durchaus zurückgestellt wird hinter das Princip, die Gesellschaft zu einer der leistungsfähigsten und angesehensten zu machen". Und er fügt ausdrücklich hinzu: „Das ist angenommen worden." Außerdem sei der Beschluß gefaßt worden, „nur Diplominhaber der Cölnischen Handelshochschule . . . als Revisionsbeamte . . . anzustellen".

Bei den beiden Vorstandsmitgliedern – Kleinmann und Susat – sei dies bereits der Fall, und auch die acht Revisoren, die man neu gewonnen habe, seien im Besitz des Kölner Diploms. Im übrigen sei auf seinen Antrag eine „hohe Gehaltsstaffel" für die Revisoren beschlossen worden; das führe dazu, daß die Gesellschaft voraussichtlich keinen Gewinn abwerfen werde (was sich nicht bewahrheitet hat: die Treuhand-AG hat erstmals für das Jahr 1913 und dann fortlaufend jeweils 6 Prozent Dividende gezahlt). Eine Tantieme für die Mitglieder des Aufsichtsrats sei unter diesen Umständen in absehbarer Zeit nicht zu erwarten.

Man sieht, Schmalenbach hat hier sogleich mit fester Hand die Führung übernommen und die Treuhand-Gesellschaft ganz nach seinen Vorstellungen gestaltet. Von dem Tage an, als er in die Treuhand-AG eintrat, war sie von seinem Geist erfüllt, und das ist bis zuletzt so geblieben. Die dort tätigen Prüfer kamen stets aus seinem Treuhand-Seminar, er hat die Treuhand-Gesellschaft auf diese Weise geradezu in sein Ausbildungssystem integriert: Wer sich im Seminar besonders bewährt hatte, wurde nach dem Diplom Revisor bei der Treuhand-AG, wo er praktische Erfahrungen sammeln und sich auf seinen späteren Beruf vorbereiten konnte. Schmalenbach-Schüler sind in der Wirtschaft mehrfach bis in die höchsten Ränge, auf Vorstands- und Generaldirektorposten aufgestiegen.

Da die Besten seiner Schüler in aller Regel auch die Treuesten waren, die ihren Lehrer hoch verehrten und ihm bedingungslos Gefolgschaft leisteten, hatte er nicht viel Kummer mit der Treuhand-AG. Sie war von Kopf bis Fuß eine Schmalenbach-Gesellschaft, und daran änderte sich auch nichts, wenn der Meister keine einzige Treuhand-Aktie besaß oder nur Minderheits-Aktionär war, wie das in den zwanziger Jahren über lange Perioden hinweg der Fall war. Mochten andere dort ruhig das Regiment führen, die Treuhand-AG blieb, was sie seit 1912 immer gewesen ist: Sein Kind. Denn auch jene anderen an der Spitze der Gesellschaft stammten meist aus seiner eigenen Schule, und immer hatte sie der Lehrer seinem Lieblingskind selbst ausgesucht.

18. Der Helfer großer Unternehmer: Tietz, Krupp und Flick zu Freunden gewonnen

Bei seinem Eintritt in die Treuhand-AG hat Schmalenbach in einem Brief (vom 12. Januar 1912) erklärt, seine Tätigkeit als vereidigter Bücherrevisor gebe er nunmehr auf. Es ist das einzige uns bekannte Zeugnis dafür, daß der junge Dozent und Professor nebenamtlich als Buchprüfer bei verschiedenen Firmen tätig gewesen ist. Nur von einer Firma wissen wir, daß Schmalenbach sie betreut hat: Seit 1906 stand unter den Bilanzen der Leonhard Tietz AG das Testat des „Revisors" Eugen Schmalenbach, und auch in der Zeit nach 1912 kehrt seine Unterschrift unter diesem Abschluß bis 1920 Jahr für Jahr wieder, danach hat er das Mandat an die Treuhand-AG abgegeben. Schmalenbach ist diesem Unternehmen, der heutigen Kaufhof AG, sein ganzes Leben lang eng verbunden geblieben, leitende Persönlichkeiten des Hauses haben ihm mehrfach in freundschaftlichster Weise Hilfe geleistet, besonders in den Inflationsjahren bis 1923 (siehe Seite 93) und dann in der Zeit tiefster Erniedrigung, als er sich mit seiner jüdischen Frau monatelang versteckt halten mußte (Seite 184).

Am Anfang dieser Verbindung steht eine kaufmännische Glanzleistung Schmalenbachs. Der alte Tietz, der seinen Weg 1879 im Alter von dreißig Jahren mit einem winzigen Kurzwarengeschäft in Stralsund angetreten hatte, zehn Jahre später mit einem kleinen Kaufhaus in Elberfeld den Schritt in ein dichtbesiedeltes Industriegebiet mit rasch zunehmender Bevölkerung und wachsender Kaufkraft getan hatte und der dann in den Städten des niederrheinisch-westfälischen Wirtschaftsraumes in atemberaubendem Tempo immer neue Zweigstellen errichtet hatte, dieser Leonhard Tietz war zu Beginn des Jahrhunderts an jene Schwelle gestoßen, die sich einem stark expandierenden Familienunternehmen irgendwann immer in den Weg stellt: Er wurde sich dessen bewußt, daß die Kapitalkraft der Familie auf die Dauer nicht ausreichen würde, um ein weiteres schnelles Wachstum der Firma zu gewährleisten. Sein Entschluß war folgerichtig: Das Unternehmen mußte in eine Aktiengesellschaft eingebracht werden, damit es früher oder später durch Ausgabe von Aktien Kapital an der Börse werde aufnehmen können.

Wahrscheinlich war es Alfred Leonhard Tietz, der Sohn des Firmengründers, der seinem Vater und den anderen Gesellschaftern empfahl, für diese Transaktion Professor Schmalenbach zu Rate zu ziehen. Alfred hatte zu den ersten gehört, die nach der Gründung der Kölner Handelshochschule dort die Handelswissenschaften studiert hatten. Schon im Frühjahr 1902, ein Jahr vor Schmalenbachs Berufung nach Köln, hatte er sich immatrikulieren lassen. Als er nach vier Semestern, Ostern 1904, die Diplomprüfung bestand (mit der Gesamtnote „gut"), war er noch keine 21 Jahre alt. Seine Diplomarbeit über das damals hochaktuelle und äußerst brisante Thema „Die deutschen Warenhäuser und ihre Bekämpfung", geschrieben bei Christian Eckert, erhielt von diesem die Note „mit Auszeichnung".

Mit 27 Jahren (1910) trat Alfred Tietz in den Vorstand des väterlichen Unternehmens ein (der Vater starb 1914). Zwei Jahrzehnte später, Anfang 1930, beging die Firma mit einem Festakt, an dem auch Schmalenbach teilnahm, die 50. Wiederkehr des Gründungstages. Der ehemalige Student und jetzige Generaldirektor Alfred Tietz wurde aus diesem Anlaß zum Ehrendoktor der Wirtschaftlichen Staatswissenschaften promoviert. In der Verleihungs-Urkunde standen Worte, aus denen Eugen Schmalenbach zu sprechen schien (vermutlich hat er an der Formulierung mitgewirkt): Die Verleihung der Doktorwürde, so hieß es, gelte einem Kaufmann, „der wissenschaftlichen Betriebsgrundsätzen Geltung verschaffte und in vorbildlicher Weise mit den Einrichtungen seines Hauses wissenschaftlicher Forschung und Lehre zur Verfügung stand".

Die „wissenschaftlichen Betriebsgrundsätze", die hier hervorgehoben werden, waren von keinem anderen als Schmalenbach entwickelt worden. Der hatte 1905 die Umgründung in eine Aktiengesellschaft in die Wege geleitet, und zwar mit aller Umsicht und mit großem Weitblick, wie allseits anerkannt wurde. Er war seitdem laufend als Revisor für die Gesellschaft tätig, zuerst ad personam, dann über seine Treuhand-AG. Und vor allem: Er stand der Unternehmensleitung auch weiterhin als kundiger Berater für grundlegende betriebswirtschaftliche Fragen zur Seite. Solche Fragen ergaben sich in der ersten Zeit, wie bei jedem rasch wachsenden Unternehmen, vornehmlich auf dem Gebiet der Organisation. Schmalenbach war hier zum ersten Mal in einem Großbetrieb mit praktischen Organisationsproblemen konfrontiert und konnte seine Ideen, die hauptsächlich aus seinen kostentheoretischen Untersuchungen erwachsen waren, in die Praxis umsetzen.

Auf seinen Rat war eine weitgehend dezentrale Organisation eingeführt worden: Die einzelnen Betriebsabteilungen arbeiteten wie selbständige Betriebe, mit einer eigenen Erfolgsrechnung und mit voller Erfolgs-Verantwortlichkeit des Leiters, der durch eine „Betriebs-Tantieme" am Ergebnis beteiligt war. Vierzig Jahre später schildert Schmalenbach in seinem Buch „Die optimale Geltungszahl" (Hamburg-Horn 1947, Seite 68/69), wie eines Tages Leonhard Tietz höchst verärgert über die Forderung eines Abteilungsleiters war, der ein ganzes Schaufenster für seine Abteilung verlangte. Schmalenbach riet dem alten Tietz, die „Miete", die von den Abteilungen für die Benutzung von Schaufenster-Raum zu zahlen war, drastisch zu erhöhen. Der Erfolg war überraschend, die bisher übliche Drängelei hörte auf, und jeder Abteilungsleiter überlegte sich reiflich, ob er sich jetzt noch soviel Schau-Fläche „leisten" könne: „Angebot" und „Bedarf" an Schaufensterraum kamen ganz von selbst ins Gleichgewicht.

Besonders eng waren Schmalenbachs Kontakte im Hause Tietz zuerst mit Max Grünbaum, der in den zwanziger Jahen als Chef der zentralen Finanzverwaltung eine wichtige Position im Vorstand innehatte, später dann vor allem mit Christian Rensing sowie mit Werner Schulz, den man wohl mit seiner Frau, einer Jüdin, zum engeren Bekanntenkreis der Familie Schmalenbach in den zwanziger Jahren wird rechnen können. Rensing übersandte Schmalenbach zu seinem 70. Geburtstag mitten im letzten Krieg (1943) einen rührenden Brief – voller Erinnerungen an gemeinsam verlebte frühere Zeiten:

> *„Meine Gedanken gehen auf einen Zeitpunkt zurück, wo Sie vor nunmehr 38 Jahren . . . bei der Umwandlung der damaligen Kommandit-Gesellschaft . . . in eine Aktiengesellschaft . . . beratend mitgewirkt und auch die Prüfung der ersten Bilanz vorgenommen haben. Gern und oft denke ich an die Zeit zurück, wo Sie beim Aufbau der Organisation unserer Gesellschaft tätigen Anteil nahmen und mir die Gelegenheit geboten war, sehr viel von Ihrem Wissen und Können in mich aufzunehmen. . . ."*

In das Jahr 1905, in dem die Freundschaft mit dem Hause Tietz begann, fällt auch eine andere für Schmalenbachs Lebensweg bedeutungsvolle Begegnung: mit der Krupp-Witwe Margarethe Krupp. Zwischen Weihnachten und Neujahr wird er in die Villa Hügel gebeten, um die beiden noch minderjährigen Kinder, Bertha und Barbara, in die Geheimnisse der Buchhaltung und der Bilanzkunde einzuweihen. Die Mutter, eine geborene Freiin von Ende, in der Strenge eines altpreußischen Adelshauses aufgewachsen (geboren 1854), hatte drei Jahre vorher ihren Mann Friedrich Alfred Krupp verloren, der einem diffamierenden Trommelfeuer gewisser Presseorgane zum Opfer gefallen war, einem „intellektuellen Mord", wie Kaiser Wilhelm II. in der Grabrede sagte. Margarethe Krupp sah sich ohne kaufmännische Vorkenntnisse unversehens an die Spitze eines großen Unternehmens gestellt.

Ihre wichtigste Aufgabe sieht sie deshalb darin, ihren beiden Töchtern eine Ausbildung auf den Weg zu geben, mit der die Mädchen später auch gegen härteste Schicksalsschläge gewappnet sind. An einen gründlichen naturwissenschaftlich-mathematischen Unterricht und eine Haushaltungsschule soll sich ein Kursus über Bilanzkunde und Buchführung anschließen. Dafür hat Margarethe jenen Mann ausersehen, der als der beste auf diesem Gebiet gilt, Eugen Schmalenbach.

Im Historischen Archiv der Fried. Krupp GmbH wird ein großformatiges Buch aufbewahrt, in das der Empfangschef auf Villa Hügel in den Jahren 1904 bis 1906 mit sauberer Schrift jeden Besucher des Hauses eingetragen hat. Der „Herr Schmalenberg aus Köln", so lesen wir darin, hat zum ersten Mal am 27. Dezember 1905, einem Mittwoch, auf Villa Hügel geweilt. Als er diese Stätte zum letzten Mal besuchte, am Samstag, den 20. Januar 1906, weiß der Schließer des Hauses, wer der Besucher ist. Allerdings schreibt er „Herr *Professor* Schmalenbach, Cöln", obwohl der Besucher – noch – kein Professor ist. Insgesamt war der Hauslehrer der Krupp-Töchter viermal auf dem Hügel, immer an einem Samstag, vom Antrittsbesuch abgesehen. Ob das ausgereicht hat, die beiden Fräulein für das Leben zu rüsten? Man darf es bezweifeln, was das Wissen über Buchhaltung und Bilanz betrifft.

Für Schmalenbach hatte diese Episode jedoch eine unerwartete Nebenwirkung. Margarethe Krupp, die Mutter, faßte Vertrauen zu diesem Mann, der da so bescheiden in seinem ärmlichen Anzug daherkam und gar nichts Weltmännisches an sich hatte, aber im Gespräch viel Klugheit wie auch einen sehr praktischen Lebenssinn offenbarte. Und da sie jetzt als Herrin der Firma auch persönlich über viel Geld verfügen konnte (wovon sie das meiste als Stiftung für soziale Einrichtungen im Dienste der „Kruppianer" verwendete), ergab es sich wahrscheinlich ganz von selbst, daß sie Schmalenbach fragte, wie man diese Gelder wohl am besten anlegen könne. Mit solchen Fragen aus ihrem Privatbereich konnte – und wollte – sie die Mitglieder des Krupp-Direktoriums offenbar nicht in Anspruch nehmen. Der fachkundige Herr aus Köln kam ihr da gerade recht.

Es blieb nicht bei der einen Frage. Margarethe Krupp hat sich in den folgenden Jahren immer wieder an ihren Professor gewandt, dessen Urteilskraft sie schätzen gelernt hatte und dessen Verschwiegenheit sie vertraute. Schmalenbach war sich natürlich dessen bewußt, daß dieses „vertrauliche" Verhältnis zu der großen alten Dame auf dem Essener Hügel, die einer ihm weit entfernten – und wesensfremden – Gesellschaftsschicht angehörte, sofort zerbrechen würde, wenn die Welt davon erführe. Nur gegenüber einem fernen Verwandten hat er in den zwanziger Jahren „nebenbei und lächelnd" erwähnt, daß er „Vermögensverwalter – oder Berater nur? – bei der Krupp-Witwe sei". Sonst barg er seine Beratertätigkeit für Margarethe Krupp als Geheimnis tief in der Brust.

Die Bekanntschaft mit dieser hohen Frau hat zwar – anders als bei Tietz – sein wissenschaftliches Streben und Forschen nicht berührt und nicht bereichert. Aber das Bewußtsein, das Vertrauen einer so bedeutenden und einflußreichen Dame aus den höchsten Gesellschaftskreisen zu haben, wird ihm in den Turbulenzen nach dem ersten Weltkrieg inneren Rückhalt gegeben, vielleicht auch manche seiner Entschlüsse beeinflußt haben (siehe die Anmerkung zu Seite 88). – Die Schrecknisse der Nazizeit hat Margarethe Krupp nicht mehr erlebt. Sie ist 1931 gestorben.

Und noch eine dritte freundschaftliche Beziehung, deren sich Schmalenbach erfreuen konnte, reicht mit ihrer Wurzel in das Jahr 1905 zurück. In diesem für ihn so bedeutungsvollen Zeitabschnitt begann an der Kölner Handelshochschule ein junger Mann sein Studium, dessen Name damals in der Öffentlichkeit ebensowenig bekannt war wie der fast aller anderen Studenten. Er hieß Friedrich Flick. Dieser Studiosus kam aus einem kleinen Ort im Siegerland, wo sein Vater ein Holzhandelsgeschäft betrieb und zugleich einen Bauernhof bewirtschaftete. Er ging mit der Primareife vom Realgymnasium ab, absolvierte 2¾ Jahre lang eine kaufmännische Lehre auf der Bremer Hütte (die mit Bremen nichts zu tun hatte, sondern in Geisweid lag), kam in Kassel seiner einjährigen Dienstpflicht nach und begann im Herbst 1905 das Studium der Betriebswirtschaftslehre bei Schmalenbach.

Flick hat in späteren Jahren, auf dem Höhepunkt seiner Laufbahn, und im Alter öffentlich niemals über seine Vergangenheit gesprochen – mit einer Ausnahme: Als ihm 1960 von der Deutschen Gesellschaft für Betriebswirtschaft die Johann-Friedrich-Schär-Medaille verliehen wurde, hat er in seiner Dankrede erstmals ein wenig über seine Anfänge geplaudert. Was er sagte, war für die Zuhörer in mancher Hinsicht überraschend. Flick verdankte seinen Aufstieg letztlich unserem Eugen Schmalenbach. Und das kam so:

Als Student hatte Flick vier Arbeiten geschrieben, zwei als Pflichtarbeiten, die beiden anderen aus freien Stücken. Von diesen letzteren, den freiwillig verfaßten Aufsätzen, entstand einer für das Bilanzarchiv von Schmalenbach. Das Thema lautete: „Buchhaltung und Selbstkostenberechnung eines Hüttenwerks", und Flick hat dabei nichts anderes getan, als zu beschreiben, was er während seiner Lehrzeit in der Buchhaltung der Bremer Hütte gesehen und gelernt hatte – eine Arbeit direkt aus der Praxis und damit so recht nach Schmalenbachs Art.

Kurz danach fand Flick in der Kölnischen Zeitung ein Inserat, in dem ein mittleres Hüttenwerk einen Bürovorsteher suchte. „Aus reinem Instinkt", so Flick in seinem Vortrag, „sagte ich mir, daß diese etwas komische Annonce doch wohl passen könnte auf die Bremer Hütte. . . . Kurz entschlossen setzte ich mich eines sonntags auf die Bahn und fuhr zu dem Direktor (Vorstand) der Bremer Hütte, um mich um die Stellung zu bewerben."

Nun, es war die Stelle für einen Prokuristen, und Flick hatte nichts vorzuweisen außer 2¾ Jahren Lehrzeit. Dann hatte er allerdings noch die Examensarbeiten sowie seinen Aufsatz für das Schmalenbach-Archiv in der Tasche. Der Direktor war verdutzt, in diesem Aufsatz die Buchhaltung seines eigenen Werks dargestellt zu sehen. Doch am Ende der Unterhaltung hatte Flick ihn weitgehend überzeugt, daß er die Stelle würde ausfüllen können, und zwei Wochen später, nachdem der Aufsichtsrat sein Placet gegeben hatte, war er 1907 mit seinen knapp 24 Jahren tatsächlich Prokurist der Bremer Hütte. Obwohl bereits engagiert, legte er im Juli 1907 erst noch die Diplomprüfung ab: Gesamtnote „mit Auszeichnung".

Und nun kommt das Überraschende: Das Spiel mit den Seminar-Arbeiten hat sich mehrfach wiederholt. Der Aufsatz für Schmalenbachs Bilanzarchiv und das Diplom mit seinen glanzvollen Noten haben ihm immer wieder den Weg nach oben geebnet. Sie spielten eine Rolle bei seiner ersten Anstellung als Vorstandsmitglied einer anderen – größeren – Gesellschaft. „Dasselbe war der Fall, als ich mit 31 Jahren zur alleinigen kaufmännischen Leitung der Charlottenhütte berufen wurde. 1918 wurde ich hier zum Generaldirektor ernannt. Die Charlottenhütte ist die Grundlage meiner weiteren Entwicklung geworden" – einer Entwicklung, so muß man hinzufügen, die ihn in den zwanziger Jahren an die Spitze der größten Unternehmen der deutschen Industrie geführt hat.

Eugen Schmalenbach stand am Beginn dieses Weges, und Friedrich Flick hat ihm das nie vergessen. Das Interesse dieses Industriellen war zwar nicht in erster Linie auf spezielle betriebswirtschaftliche Fragen gerichtet, sein Denken bewegte sich vornehmlich in den Kategorien der Konzern-Strategie, wobei jedoch sein Urteil über einzelne Firmen stets „in der Dynamischen Bilanz, nicht im Substanzwert" begründet war. Hermann J. Abs hat in seiner Ansprache auf der Trauerfeier für Friedrich Flick (am 28. Juli 1972) diese Denkweise in Ertrags-, nicht in Vermögenswerten hervorgehoben und darauf hingewiesen, wie sehr Flick sich seinem Lehrer Schmalenbach verbunden fühlte. Wann immer sich für Flick eine Gelegenheit ergab, Schmalenbachs wissenschaftliche Arbeit zu unterstützen, hat er es großzügig getan: mit Spenden, die reichlicher waren, als die Öffentlichkeit dies jemals erfahren hat. (Siehe Seiten 147 und 148.)

19. Wissenschaft oder Kunstlehre: Schmalenbach gerät in Wallung

Im Jahre 1912 begann unter den Fachgelehrten schlagartig ein großes Fragen nach dem methodologischen Standpunkt der neuen Lehre, die noch nicht einmal einen richtigen Namen hatte. Ausgelöst hatte diese Diskussion ein Buch, das zu Beginn des Jahres erschienen war. Darin hatten zwei Nationalökonomen, Moritz Weyermann aus Freiburg und Hans Schönitz aus Berlin, gemeinsam die These aufgestellt, die Privatwirtschaftslehre, die sich mit der systematischen Erforschung der empirischen betrieblichen Probleme befasse, könne nur dann den Anspruch erheben, eine Wissenschaft zu sein, wenn sie keine Anleitungen und Rezepte für das praktische Handeln entwickele. Andernfalls sei sie eine bloße Kunstlehre. Eine solche Auffassung stieß natürlich mitten in das Herz des Denkers Eugen Schmalenbach, der aus seinem Fach eine Wissenschaft machen wollte. Sie zwang ihn zur Auseinandersetzung mit der Frage, was eine Wissenschaft überhaupt ist und was eine Kunstlehre.

Schmalenbach wandte sich mit dieser Frage zunächst an seinen Bruder Hermann, der seit 1909 Doktor der Philosophie war und sich nun auf seine Habilitation vorbereitete. „Was ist eine Wissenschaft?", fragt Eugen ihn (in einem Brief vom 22. Januar 1912) und fährt fort:

> *„Ein Fach, das Verfahrensregeln gibt, ist keine. Aber ist es nun eine, wenn wir durch wissenschaftliche Arbeit gewonnene Ergebnisse einfach der Verfahrensregeln entkleiden? Beispiel: Ich sage auf Grund wissenschaftlicher Untersuchung: Wer die Finger an glühendes Eisen hält, verbrennt sich die Finger. Das ist Wissenschaft? Oder ich sage noch dazu: Also halte, wenn Du Dir die Finger nicht verbrennen willst, sie nicht an glühendes Eisen. Das ist Kunstlehre? Das wäre doch ein bloßer Komment."*

Was der Jünger der Philosophie seinem Bruder geantwortet hat, wissen wir nicht. Er wird ihn wohl darauf hingewiesen haben, daß dies eine der schwierigen Fragen sei, über die sich schon viele große Denker den Kopf zerbrochen haben, ohne zu einem Ende zu kommen. Eugen Schmalenbach hat jedenfalls die Frage, was eine Wissenschaft sei, in seinen Schriften nicht erörtert. Er läßt diesen Punkt offen und löst den Knoten über einen semantischen Umweg: Die Begriffe „Wissenschaft" und „wissenschaftlich", so sagt er, seien nicht dekkungsgleich: Ein „wissenschaftlicher Arbeiter" sei zum Beispiel nach allgemeinem Sprachgebrauch nicht unbedingt ein „Wissenschaftler", und das wissenschaftliche Arbeiten sei nicht allein den Wissenschaften vorbehalten. Wenn die Privatwirtschaftslehre keine Wissenschaft sei, sondern eine Kunstlehre – nun gut, dann aber eine Kunstlehre, die ihre Erkenntnisse und die daraus abgeleiteten Verfahrensregeln durch wissenschaftliche Arbeit gewinne. In diesem Sinne akzeptiert Schmalenbach die Klassifizierung seines Fachs als Kunstlehre und bringt dies auch in dem Titel seines Aufsatzes über diese Fragen zum Ausdruck: „Die Privatwirtschaftslehre als Kunstlehre."

Im übrigen sieht er keinen Ruhmestitel darin, wenn ein Fach, das keine Verfahrensregeln gibt, als „Wissenschaft" gilt, ebensowenig wie ein anderes Fach geringzuachten sei, weil es den Menschen Verfahrensregeln liefere und damit „Kunstlehre" sei: „Das Geben oder Nicht-Geben von Verfahrensregeln kann für den wissenschaftlichen Gehalt eines Faches nichts ausmachen." Wenn die Privatwirtschaftslehre nicht als Wissenschaft gilt, so bekümmert ihn dies in der Folgezeit nicht mehr. Er fühlt und handelt weiterhin als Wissenschaftler, der sich wissenschaftlicher Methoden für die Erkenntnisse seiner „Kunstlehre" bedient.

Der Jahresbericht der Kölner Handelshochschule für 1911/12 enthält über diese Frage eine längere Abhandlung, die sicher von Schmalenbachs Hand stammt, mindestens von ihm inspiriert ist. Darin wird bündig erklärt:

„Die Cölner Privatwirtschaftslehrer (pflegen) ihr Fach als Kunstlehre. Sie stellen ihre Lehr- und Forschungstätigkeit in den Dienst der Praxis. . . . Der Praktiker (soll) in Zukunft im Stande sein, . . . auf Grund des Standes der Wissenschaft bestimmte Verfahren als . . . am geeignetsten anzugeben. Mit einer philosophischen Betrachtungsweise . . . (kann er) wenig anfangen, . . . sie (kann) dieses Problem nicht rationell lösen. Daß die Kunstlehre die Theorie nicht entbehren kann, ist selbstverständlich, aber ihre Theorie ist keine Spekulation, sondern abgeleitete Praxis."

Keine Spekulation, sondern abgeleitete Praxis – das ist die Formel, die zum Fundament seines Wirkens und seiner Lehre wird. „Mochte man das, was ich wollte, ruhig Kunstlehre heißen, diese Kunstlehre war gerade das, was mir Wissenschaft war", schreibt er 1931 aus der geistigen Distanz dessen, der jetzt über den Dingen steht. Und noch ein Vorwurf trifft ihn nicht mehr, den er früher hauptsächlich von Nationalökonomen zu hören bekam: Es sei nicht „wissenschaftlich", sich mit so subalternen Dingen wie zum Beispiel der Fehlerkontrolle in der Buchhaltung zu befassen. Weyermann-Schönitz hatten sogar einmal verächtlich von einer „Wissenschaft des Kopierpressenschwengels" gesprochen.

Aber da schleuderte Schmalenbach den Nationalökonomen seinen Zorn ins Gesicht:

„Ich kann von meinem Gaul nicht herunter und will auch nicht herunter. Ich werde es in diesem Leben nicht einsehen lernen, daß es für die Beurteilung wissenschaftlicher Arbeit nicht nur auf die Arbeitsweise, sondern auch auf das Objekt ankommen soll. . . . Wer über die höchsten Ziele der Menschheit spricht und im Seichten plätschert, ist in meinen Augen ein Stümper; und eine solide Arbeit über Fingerhüte ist mir eine wissenschaftlich achtenswerte Leistung. Wenn diese Meinung falsch ist, wenn es nach überlieferten Regeln wissenschaftlicher Kreise subaltern sein soll, sich statt mit großen Problemen der Menschheit mit den kleinen Sorgen der Buchhalter zu beschäftigen, so wollen wir in Gottes Namen subaltern heißen."

Der Berliner Maler Max Liebermann soll den gleichen Gedanken einmal in die Form gekleidet haben: „Lieber ein gut gemalter Kohlkopf, als eine schlecht gemalte Madonna." Diesem Wort hätte Schmalenbach voll zugestimmt.

Heute hat die Betriebswirtschaftslehre überall ihren Platz an den wissenschaftlichen Bildungsstätten des Landes gefunden. Sie ist allseits als eine dem Kreis der Wissenschaften zuzurechnende Disziplin anerkannt. Freilich geht das Nachdenken darüber, was eigentlich eine Wissenschaft ist, mit großer Intensität weiter. Aber auch die „Wissenschafts-Theorie" wird, soweit bisher erkennbar, kaum zu einer einheitlichen Definition des Wissenschaftsbegriffs gelangen, die Anspruch auf Allgemeingültigkeit erheben kann. Vielmehr zeichnen sich auch in dieser Disziplin verschiedene Richtungen mit divergierenden Theorien ab, und die Aussichten auf das Zustandekommen einer Übereinkunft scheinen gegenwärtig nicht besser zu sein als zu Schmalenbachs Zeiten.

VI. Baumeister seines eigenen Reichs: Hausherr und Geschäftsmann

20. Kauf des Landhauses in Schmalenbach: Mittelpunkt der Familie

Als Eugen Schmalenbach 1903 nach Köln kam, hatte er eine Wohnung im nördlichen Stadtteil Nippes gemietet, der nach damaligen Begriffen ziemlich weit draußen lag. Zur Handelshochschule waren es rund fünf Kilometer. Die Wohnung lag im zweiten Stock eines Eckhauses, vor den Fenstern nichts als Fassaden von Miethäusern. Es läßt sich denken, wie sehr Schmalenbach sich auch hier – wie schon in Leipzig – nach der gewohnten Landluft, nach dem Anblick von Wäldern und Wiesen sehnte. Das Häuschen in Schmalenbach hatten seine Eltern in Wohnungen aufgeteilt, die vermietet waren. Als er hörte, daß eine frei wurde, meldete er sich sofort als Anwärter. Er wollte sie mieten und bot den Eltern den bisherigen Mietpreis. Aber vergebens: Ihm wurden „Bedingungen gestellt, die weit über das hinausgingen, was man Fremden abverlangte" (Brief vom 15. 7. 1923).

Der Vater starb im April 1906 und hinterließ seiner Frau als Vorerbin außer der Villa in Darmstadt auch das Landhaus bei Halver. Aber dessen Verwaltung wird Eugens Mutter bald zur Last. Sie hat mit den Mietern des Darmstädter Hauses schon genug Ärger. Ein Mann namens Brückmann interessiert sich für das Anwesen. Nach einigem Überlegen findet er das Grundstück jedoch zu teuer, er sagt schließlich nein. Erst jetzt kommt Eugen zum Zuge. Voller Bitterkeit blickt er in seinem Brief vom 15. 7. 1923 auf diese Angelegenheit zurück: „Als ich das Haus kaufte, zahlte ich den Preis, den Brückmann für zu hoch hielt und der ihn veranlaßte, vom Kauf zurückzutreten." Man versteht den Groll: Aus seiner Sicht war das alles von den Eltern – nach des Vaters Tod von der Mutter – ausgesprochen unfreundlich.

Doch nun ist Eugen Schmalenbach glücklich. Der Kaufvertrag trägt das Datum des 3. Juni 1907. Am gleichen Tag kauft er von der langjährigen Nachbarin der Eltern, der auf dem Gutsgelände unten am Bach wohnenden Witwe Helene Frettlöh, ein östlich angrenzendes Grundstück und erweitert damit seinen Besitz um ein Stück mit 15 Metern Straßenfront; hier legt er später seinen Garten an. Keine sechs Wochen nach diesen Käufen, am 13. Juli, beantragt er bei der Gemeinde die Erweiterung des Hauses um eine Veranda. Sie soll nach Osten gerichtet sein, also dort hingesetzt werden, wo schon sein Vater 35 Jahre vorher, bald nach der Fertigstellung des Häuschens, das Gebäude zweimal durch Anbauten vergrößert hatte, weil er damals Lagerraum für seine Fabrik in Breckerfeld brauchte. Die Veranda ist also der Anbau an den Anbau eines Anbaus, architektonisch nicht gerade eine glückliche Lösung. Aber das kümmert Schmalenbach wenig. Ihm geht es darum, eine überdachte Veranda mit Blick auf seinen Garten zu haben, in der man sitzen kann, auch wenn es einmal regnet (was in jener Gegend recht häufig vorkommt).

Von nun an nutzt Eugen Schmalenbach jede Gelegenheit, um mit Frau und Kind „auf die Schmalenbach" zu fahren und die Natur zu genießen. Die Familie ist regelmäßig in den Oster- und Pfingstferien dort, und es gilt ihnen als selbstverständlich, nach Semesterschluß die sommerlichen Urlaubswochen in ihrem Häuschen zu verbringen. Selbst im Winter bleibt Ehefrau Marianne manchmal draußen (so 1911/12), fährt nur jeden Monat einmal nach Köln, um dort nach dem Rechten zu sehen. Am 1. April 1912 schreibt sie:

> *„Es ist herrlich im rauhen Sauerlande. Ich bedauere alle, die in der Stadt sein müssen und von dem Erwachen der Natur wenig oder nichts merken. . . . (Eugen) vor allem ist der Landaufenthalt Lebensbedingung. Augenblicklich streiken seine Nerven mal wieder, und*

wir begrüßen mit Freude das schöne Wetter, das ihn in den Garten lockt. (Anmerkung des Autors: Der Brief wurde kurz nach der intensiven Beschäftigung Eugens mit der Frage „Wissenschaft oder Kunstlehre?" geschrieben.)

Das Ehepaar Schmalenbach ist nicht allein im Hause. Oben wohnen noch Mieter; ob auch im Untergeschoß, wissen wir nicht (in den zwanziger Jahren ist es der Fall). Trotzdem ladet Eugen alljährlich seine Verwandten ein, im Sommer dorthin zu kommen. Schon im Mai 1908 fragt er Hermann, ob er nicht Lust hätte, den Monat August auf der Schmalenbach zu verleben. Hermann hatte wenige Tage nach Vaters Tod sein Studium in Berlin aufgenommen. Es ist ein elendes Brotstudium gewesen. Da er lediglich über das Geld verfügt, das die Mutter ihm schickt – sie hält ihn aus übertriebener Sparsamkeit ausgesprochen kurz –, wird er oft mit knurrendem Magen über seinen Büchern gesessen haben.

Er sucht sich einen Nebenerwerb, aber für einen Mann seiner Geistesrichtung kommt – anders als bei Eugen – nur die Betätigung als Hauslehrer in Betracht. Hermann lernt auf diese Weise das Ehepaar Reinhold und Sabine Lepsius kennen, in deren Haus Stefan George verkehrt. Obwohl Hermann von der Gestalt und dem Wesen des Dichters tief beeindruckt ist, findet er keinen rechten Zugang zu dieser starken Persönlichkeit und den ihm blind ergebenen Jüngern. Doch die Begegnung mit dem George-Kreis gewinnt in anderer Hinsicht eine schicksalhafte Bedeutung für seinen ferneren Lebensweg: Hier trifft er Edgar Salin, den in Basel lehrenden Professor der Nationalökonomie und Soziologie, und Salin ist es, der im Jahre 1931, als an seiner Universität der Lehrstuhl für Philosophie neu zu besetzen ist, Hermann Schmalenbach zur Berufung nach Basel vorschlägt.

Auch Edmund, der jüngste der drei Brüder, hat die Schmalenbach bald schätzen gelernt. Die Mutter hatte voller Verzweiflung über seinen unsteten Lebenswandel im April 1909 ihren Ältesten, Eugen, gebeten, doch den Bruder unter seine Fittiche zu nehmen. Eugen will auch helfen: Er ruft ihn nach Köln und teilt bald darauf mit, daß er für Edmund eine Arbeitsstätte in Schmalenbach einzurichten gedenke. Schon im Frühjahr 1909 geht ihm also der Gedanke durch den Kopf, ob man in Schmalenbach nicht eine Fabrik für Kleineisenwaren einrichten könne, ein Vorhaben, das er erst fast vier Jahre später verwirklicht. (Siehe Seite 61–63.) Doch der Schwerenöter Edmund entweicht bald wieder der strengen Zucht seines Bruders. Nach seiner Heirat Mitte 1918 weiß er das Landhaus freilich sehr zu schätzen: Gleich nach der Hochzeit verbringt er dort mit seiner Frau einige unbeschwerte Tage, und er ist auch in den Jahren darauf mehrmals in Schmalenbach anzutreffen.

Später sind es vor allem die heranwachsenden Kinder der Brüder – alle etwa um 1920 geboren –, um derentwillen die Eltern gern die Sommerwochen in Eugens Häuschen am schmalen Bach verleben. Das Haus wird damit mehr und mehr zu einer Stätte der Begegnung für alle Mitglieder der (Groß-)Familie Schmalenbach, und es bleibt dies auch bis in die ersten Jahre der Nazi-Herrschaft. „Ich denke doch, daß wir, wenn wir fest zusammenhalten, einen ordentlichen Sturm aushalten werden", meint Eugen in seinem Weihnachtsbrief 1920. Nun, die Schmalenbachs hielten zusammen, und ihr Oberhirte hat dafür gesorgt, daß solcher Familiensinn bis zuletzt erhalten blieb.

21. Die Schmalenbach GmbH: Auswertung eigener Erfindungen

Am 26. Juli 1902 veröffentlichte die Deutsche Metall-Industrie-Zeitung das bereits erwähnte Feuilleton von Eugen Schmalenbach, betitelt „Plaudereien eines Gartenbesitzers". Darin war zu lesen:

„Es scheint mir, als ob die Herren Fabrikanten mit der Anfertigung von Gartengeräten . . . für die Besitzer von Schrebergärten . . . sich noch ein wenig im Rückstand befinden. Man könnte hier offenbar noch manchen Gegenstand erfinden, der ganz gewiß willige Käufer finden würde. . . . Ein . . . Apparat, der dem vorstädtischen Gartenbauer oft fehlt, ist ein Umpflanzspaten. Wir vorstädtischen Gartendilettanten haben immerfort etwas umzupflanzen."

Zehn Jahre später, am 16. August 1912, wird Eugen Schmalenbach das Deutsche Reichspatent Nr. 264 974 erteilt für eine „Vorrichtung zum Umsetzen von jungen Pflanzen aller Art". In der Beschreibung heißt es:

„Die bekannten Vorrichtungen sind hülsenähnlich gestaltet, so daß es leicht vorkommen kann, daß die die Pflanzen umgebende Erde herausfällt, . . . Die vorliegende Erfindung bezweckt, diesen Übelstand zu beseitigen. Erreicht wird dies durch die Form der Seitenteile eines kastenähnlichen Behälters. . . ."

Und nun vergehen nur fünf Monate, bis in Schmalenbach bei Halver, Amtsgericht Lüdenscheid, eine Gesellschaft mit beschränkter Haftung gegründet wird, die auf einem Grundstück des Eugen Schmalenbach eine Fabrik zur Herstellung von Kleineisenwaren errichtet und alsbald mit der Produktion eines Umpflanzgeräts gemäß DRP 264 974 beginnt. Es ist Schmalenbachs Firma, die erste und einzige, die er in seinem Leben selbst gegründet hat und die seinen Namen trägt. Es ist zum größten Teil auch Schmalenbachs Geld, das den Kapitalstock der Firma bildet. Die Fabrik steht etwa 100 Meter östlich seines Landhauses, aber jenseits der von Halver kommenden Straße, auf ansteigendem Gelände und dadurch etwas erhöht. Schmalenbach fühlt sich bei seinen Aufenthalten im Landhaus durch sie nicht gestört.

Aber noch ist die Produktion nicht angelaufen, da findet sich schon ein Denunziant. Ein Bürger aus Schwenke bei Halver fragt bei der Behörde an, ob denn der Herr Professor die Erlaubnis zum Betreiben eines Gewerbes habe, die er gemäß § 19 der Preußischen Gewerbeordnung vom 17. 1. 1845 benötige. Schmalenbach setzt ein langes Schreiben auf: Erstens habe die Fabrik ihre Produktion noch gar nicht aufgenommen. Zweitens sei er nicht Gewerbetreibender, sondern besitze nur einen Anteil am Stammkapital der GmbH; dieses betrage 40 000 Mark, wovon seine Mutter und er je 10 000 Mark gezeichnet hätten, zwei weitere Personen gleichfalls je 10 000 Mark. Und drittens beschränke sich seine Mitwirkung lediglich „auf die verwandtschaftliche Übertragung einer Vollmacht betreffend die Überwachung der Einrichtung der Fabrik" – sonst nichts.

Schmalenbach weist ferner darauf hin, daß „Vorstand der Gesellschaft" Herr W. Susat sei. Es sei jedoch geplant, seinen Bruder Edmund Schmalenbach zum „Vorstand" zu ernennen. „Beiläufig teile ich mit, daß die Fabrik gegründet wurde, um diesem Edmund Schmalenbach eine Existenz zu gründen." Auf Grund dieses Schreibens (vom 20. Dezember 1913) kommt es am 4. Februar 1914 zu einer eingehenden Besprechung mit Studiendirektor Eckert. Ergebnis: Da Eugen Schmalenbach „weder Geschäftsführer noch alleiniger Gesellschafter der GmbH ist, scheint mir kein genehmigungspflichtiger Gewerbebetrieb . . . vorzuliegen". Der Oberbürgermeister erteilt dem Beschwerdeführer entsprechend Bescheid, der Fall ist erledigt.

Was Schmalenbach in seinem Schreiben angeführt hat, ist alles richtig. Aber es ist nur die halbe Wahrheit. Wer die „zwei Personen" sind, die gleichfalls je 10 000 Mark gezeichnet haben, wird von Schmalenbach nicht gesagt. Es handelt sich um Hermann und Edmund.

Er hat seine Brüder an der Gesellschaft beteiligt und ihnen das Geld dafür vorgestreckt. Nur die 10 000 Mark der Mutter (plus 500 Mark Aufgeld) sind „echt“ von ihr gezeichnet und bar eingebracht worden, allerdings hat sie ihren Anteil Sohn Eugen übertragen, „um ihre Vertretung zu erleichtern“. Realiter ist die Schmalenbach GmbH also eindeutig eine Gesellschaft des Eugen Schmalenbach, er allein ist die zentrale Figur dieses Unternehmens.

Der Professor hat mit der Firma Großes vor. Geradezu visionär sieht er auf der Schmalenbach schon „eine große Fabrik“ sich erheben, „mit Hunderten von Arbeiterwohnhäusern“, und er hört die Leute sagen: „Ja, der Professor, alles was er anfing, glückte ihm“ (Schreiben vom 4. Juni 1915). Der Anfang war dagegen nicht gerade ermutigend. Der Verkauf seines Umpflanzspatens wollte nicht so recht in Schwung kommen, und weder er noch Susat hatten genug Zeit, um sich intensiv um Kundschaft zu bemühen. Nach einem Jahr stellt Schmalenbach fest, daß sich „die Sache . . . nicht so gut (anläßt), wie ich hoffte und dachte“; seine Folgerung: „Wenn ich sehe, daß die Zuschüsse zu hoch werden, lege ich (die Fabrik) wieder still“ (Schreiben vom 12. Januar 1914).

Aber dann bricht der Krieg aus, und er enthebt Schmalenbach bald aller finanziellen Sorgen: Das Werk erhält ab 1915 Staatsaufträge, es wird auf die Produktion von Patronenhülsen umgestellt. An die Stelle der finanziellen Kümmernisse treten Schwierigkeiten bei der Beschaffung von Arbeitskräften: Seine Leute werden fast alle eingezogen, zeitweise arbeiten nur noch drei Mann im Werk. Auch er selbst sowie Susat tragen den Soldatenrock, von einer ordnungsmäßigen Führung kann keine Rede sein. Doch im weiteren Verlauf des Krieges scheint Schmalenbach mit seinen Reklamationen Erfolg zu haben, vor allem wird sein Meister vom Militärdienst freigestellt, den man ihm ebenfalls weggenommen hatte. Der Betrieb läuft jetzt einigermaßen, wirft anscheinend auch befriedigende Erträge ab. Ironisch meint die Mutter: „Wenn dies was werden soll, darf es so bald nicht Frieden geben. Wat dem einen sin Uhl is dem annern sin Nachtigall“ (Brief vom 30. 6. 1915).

Als der Krieg vorüber ist, hat Schmalenbach eine neue Erfindung parat. Er hat eine Methode erdacht, mit der auf einfachste Weise das Blatt von Hacken, Spaten, Schaufeln und Rechen an einer Tülle befestigt werden kann. Auch hierauf wird ihm ein Patent erteilt (DRP 324 608 vom 21. 9. 1919), und er beginnt Ende 1919 mit der Produktion. Obwohl noch keine Bestellungen vorliegen, erweitert er schon im Herbst 1919 die Werksanlagen und kauft gegen Jahresende zwei Waggon Eisen, das entspricht etwa dem Bedarf eines Jahres. „Bis dahin wird wohl der Hackenbedarf da sein, . . . es wäre mir sehr sympathisch, wenn die Angsthasen (dann) den doppelten Preis zahlen müßten“ (Schreiben vom 15. November 1919).

Aber Ende 1920 ist der Bedarf immer noch nicht da. Schmalenbach hat seit dem Frühjahr auf Lager arbeiten lassen und gerät nun in Kapitalnot (Schreiben vom 20. Dezember 1920). Wieder neun Monate später ist in den Briefen erstmals von einem Verkauf der Fabrik als Möglichkeit die Rede (26. September 1921). Ein Interessent ist da, zieht sich aber wieder zurück. Im Oktober besichtigt ein anderer Reflektant das Werk (4. Oktober 1921), und im Februar 1922 erfahren wir aus einem Brief von Schmalenbachs Tochter, daß die Fabrik tatsächlich verkauft worden ist (14. 2. 1922).

Verkäufer ist die Schmalenbach GmbH: Der Käufer erwirbt von ihr Grundstück und Fabrik, nicht etwa von Eugen Schmalenbach die Anteile an der GmbH. Die Gesellschaft bleibt also als Torso bestehen und wird nach Verwendung der verbliebenen Vermögensteile (vor allem Lagerbestände an Eisen) eine reine „Mantelfirma“. In diesem Stadium überträgt Schmalenbach seinem Bruder Edmund die Geschäftsführung, die jetzt jedoch eine Hülse ohne Inhalt ist. 1924 wird das Kapital auf 20 000 Mark umgestellt, die Geschäftsführung geht auf Schmalenbachs Tochter Marianne über, die fünf Monate vorher, am 23. 12. 1923, großjährig und damit voll geschäftsfähig geworden ist.

Was die neuen Eigentümer der Fabrik dort hergestellt haben, darüber ist nichts bekannt. Aber auch sie reussieren nicht, im Jahr 1927 sind sie am Ende. Wie Schmalenbachs Mutter zu wissen glaubt, sitzen zwei der Eigentümer im Zuchthaus, einer sei flüchtig; den dreien werden Betrug und Brandstiftung vorgeworfen (Brief vom 15. 9. 1927). Am 18. Oktober 1927 soll die Fabrik versteigert werden, und Schmalenbach zögert nicht einen Augenblick: Er beauftragt und ermächtigt den in Lüdenscheid ansässigen Rechtsanwalt Dr. Ernst Schmalenbach, die Fabrik zu ersteigern. Das geschieht auch, und der Professor – nicht wie vorher die Schmalenbach GmbH – wird Eigentümer dieser Anlage.

Aber er hat nicht die Absicht, sie wieder in Betrieb zu nehmen. Bei nächster Gelegenheit verkauft er die Fabrik, diesmal an seinen Nachbarn, den Eigentümer des Guts Schmalenbach. Dieser Mann, Adolf Spindler, ist der Erstgeborene unter vier Brüdern (und einer Schwester) gewesen; ihm war vor 1914 das bekannte Textilunternehmen Paul-Spindler-Werke in Hilden als Erbe zugefallen. Nach dem Kriege, an dem er als Offizier teilgenommen hatte, übertrug er die Firma jedoch auf seinen Bruder und ließ sich seinen Erbanteil auszahlen. Von diesem Geld erwarb er zu Beginn der zwanziger Jahre das Gut Schmalenbach, um sich dort ein Refugium für seinen Lebensabend zu schaffen. (Er ist 1965 gestorben, im 92. Lebensjahr.) Zu seinem Lieblings-Aufenthalt wurde hier das besonders schön am Bach gelegene Haus der inzwischen verstorbenen Frau Frettlöh, von wo aus der Blick freilich auf die oben an der Straße gelegene Fabrik fiel. Daher sein Interesse an Schmalenbachs Fabrikgrundstück. Er kaufte es ihm ab, ließ die Mauern kurzerhand niederreißen und das Gelände mit neuem Grün bepflanzen. Der Professor wird dieses traurige Ende seiner frühen industriellen Hoffnungen gewiß nicht ohne Wehmut mitangesehen haben.

Bei der Schmalenbach GmbH läßt Eugen im Mai 1933 nach einem entsprechenden Beschluß der Gesellschafter-Versammlung (die er allein repräsentiert) den Zweck der Gesellschaft ändern. Die Eintragung im Handelsregister lautet jetzt: „Ausführung von Revisions- und Treuhandgeschäften sowie von Geschäften, die diesem Zweck dienlich sind.“ Offenbar hatte Schmalenbach nach seiner Beurlaubung von den Pflichten eines Professors die Absicht (oder die Hoffnung), mit Hilfe dieser Firma, die seinen Namen trägt, wieder persönlich – nicht nur indirekt über die Treuhand-AG – als Prüfer und Gutachter tätig zu werden. Aber es zeigt sich bald, daß er dafür keine Firma nötig hat. Die Gutachter-Aufträge kommen ihm auch ad personam ins Haus, und dies in größerem Umfange, als er es erwartet hatte.

Die Schmalenbach-GmbH hatte ihre Aufgabe erfüllt. 1936 wurde der Sitz nach Köln verlegt, 1938 hat Tochter Marianne die Gesellschaft als Liquidatorin abgewickelt. Viel zu tun hatte sie dabei wahrscheinlich nicht. Der letzte Vermerk im Handelsregister, eingetragen am 29. September 1939, lautet: „Die Firma ist erloschen.“

22. Häusliche Harmonie: Ehefrau Marianne umgibt ihn „mit liebevoller Fürsorge“

Eugen Schmalenbach war nicht der einzige in der Familie, der ein jüdisches Mädchen zur Frau nahm. Seine Brüder heirateten ebenfalls Jüdinnen. Darin lag damals nichts Auffallendes. Die Regierung hoffte, durch solche Eheschließungen die Assimilation der Juden fördern und dem untergründig schwelenden Antisemitismus in der Bevölkerung entgegenwirken zu können. In keiner der drei Ehen spielte Religion eine Rolle. Die drei Brüder kümmerten sich nicht um Glaubensfragen, und ihre Frauen waren keineswegs strenggläubig im Judentum befangen. Die Kinder wurden, der väterlichen Tradition folgend, evangelisch getauft. Es gibt kein Anzeichen dafür, daß die Frage der Kindererziehung bei den Eltern Diskussionen ausgelöst oder gar zu Zwistigkeiten geführt hätte.

Alle drei haben auch von Trübungen und Zerwürfnissen freie Ehen geführt. Zwischen Eugen und Marianne bestand vom ersten Tage an unausgesprochen ein Einvernehmen darüber, daß der Mann seinem Beruf nachgeht und damit seiner inneren Berufung folgen kann, während es die Aufgabe der Frau ist, ihm Alltagssorgen zu ersparen, indem sie möglichst lautlos den Haushalt versorgt und die Kinder betreut. Eugen hat seine Ansicht über den Sinn einer Ehe in einem Brief (vom 8. 4. 1918) sehr klar beschrieben:

> *„Ich habe die Überzeugung, daß in unseren schließlich kleinbürgerlichen Verhältnissen eine Frau nötig ist, die das Ihrige an wirtschaftlicher Tätigkeit in der Ehe beisteuern muß, wenn nicht dem Manne seine beste Kraft genommen werden soll. Muß der Mann sich um Haussorgen kümmern, so verliert er Energie und Würde. . . .“*

Die Ehe der beiden war in der Tat durch „kleinbürgerliche Verhältnisse“ gekennzeichnet. Die Allüren der Großbürger und der Parvenus waren Schmalenbach zuwider. In den zwanziger Jahren, als er von der Sonne der Prominenz beschienen war, und auch später, bewohnte er zwar eine von der Universität errichtete Villa in einem der vornehmsten Viertel von Köln. Aber er feierte dort keine rauschenden Feste, sondern lebte bescheiden im Kreise der Familie, grub den Garten um, beschnitt die Sträucher und richtete sich eine Werkstatt für seine Basteleien ein. Nein, zum Großbürger taugte er nicht.

Auch seiner Frau wäre es schwergefallen, bei feierlichen Empfängen als „Dame des Hauses“ zu repräsentieren. Als Eugen Schmalenbach gefragt wurde, ob er bereit wäre, das Amt des Reichsbankpräsidenten zu übernehmen, soll er dies ausdrücklich mit Rücksicht auf seine Frau abgelehnt haben: Sie wäre den damit verbundenen Repräsentationspflichten nicht gewachsen, meinte er. Marianne war klein von Gestalt und hatte eine gedrungene Figur. Sie war zudem ihr Leben lang von Krankheiten geplagt (siehe Seite 212–213). Aber Eugen kam es bei der Eheschließung nicht vordergründig auf äußere Dinge an. Ihm waren Charakter, Gesinnung, Herzensbildung sowie vor allem die Übereinstimmung in den sittlichen Grundfragen des Lebens wichtiger als Schönheit und weiblicher Charme.

Geistige Anregungen konnte er von Marianne freilich nicht erwarten. Sie war, wie ihr Schwager Leopold Ehrenstein es ausdrückt, „eine einfache Seele“. Aber das hat Eugen nicht gestört. Wissenschaftliche Dispute gehörten nach seiner Lebensauffassung ohnehin nicht in den häuslichen Bereich; Beruf und Privatleben hielt er streng getrennt. Mariannes Reich war der Haushalt, über ihn herrschte sie gebieterisch. Ihr hausfrauliches Wirken und ihre Sparsamkeit durften nicht bekrittelt werden, sonst konnte sie empört aus der Haut fahren. Auf der anderen Seite war sie jedoch eine liebenswürdige Gastgeberin, die keine Arbeit scheute, wenn es darum ging, Freunden einen schönen Abend zu bereiten.

Waren keine Gäste im Haus, dann galt der Abend meist der familiären Geselligkeit, und die hieß vor allem Bridge. Marianne war eine leidenschaftliche Bridge-Spielerin und fand auch stets Partner oder Partnerinnen. Oft spielte Eugen mit. Als Frühaufsteher vermied er es, abends zu arbeiten, er hielt es sogar für gesundheitsschädlich. Beim Spiel machte er häufig scharfsinnige Bemerkungen. In übermütiger Laune ritt er humorvolle Attacken gegen seine „Urmutter“, wie er Marianne im Scherz gern nannte, und die blieb ihrem

„Maann“ (sein Vorname kam nie über ihre Lippen) die passende Antwort nicht schuldig – ein amüsantes Ball-Zu-Ball-Spiel für die Zuhörer, die an solcher Neckerei oft ihre helle Freude hatten.

Im Juli 1909, gut sechseinhalb Jahre nach der Geburt der Tochter, kam ein zweites Kind zur Welt, ein Sohn, dem die Eltern den Namen Fritz gaben. Zwei unmündige Kinder durch den Krieg zu bringen, wird die Eltern vor manche Probleme gestellt haben, und selbst Eugen scheute sich in den letzten Kriegsjahren nicht, auf Hamsterfahrt zu gehen, was einerseits gegen seine moralischen Grundsätze verstieß und andererseits bei den hartschädeligen westfälischen Bauern keine einfache Sache war.

Als die Juden in Deutschland schon der öffentlichen Verfemung preisgegeben waren, Ende 1933, hat Eugen Schmalenbach das stille Wirken seiner Frau vor aller Welt gepriesen durch die schönen Worte in seinem Buch „Kapital, Kredit und Zins“ (über die sich Marianne herzlich gefreut haben soll):

> *„Dieses Buch ist meiner Frau gewidmet. Es ist der bescheidene Versuch einer Abgeltung wichtiger Verdienste um meine wissenschaftliche Arbeit. Diese Arbeit kann nur gedeihen in einem Hause, in dem liebevolle Fürsorge den Verfasser und seine Arbeitsstätte umgibt.“*

Bei seinen Brüdern ruhten die Ehen auf anderen Fundamenten. Hermann hat in seiner Frau Sala, die er am 6. Dezember 1913 heiratete, ein Geschöpf gefunden, das wie er der Kunst und allem Musischen ergeben war. Diese Übereinstimmung – poetisch gesagt: der Gleichklang ihrer Seelen – führte sie zusammen und bildete das Band, das ihrer Ehe Inhalt und Bestand gab. Beide hielten die Philosophie, die Geisteswissenschaften, die sprachliche, die bildende Kunst für etwas Höheres im Dasein, das weit über den anderer Sphären menschlichen Denkens und Fühlens angesiedelt war.

Die schöngeistige Sala (geborene Müntz), die mehrere Sprachen beherrschte und französischer Kultur zugetan war, fühlte sich freilich überfordert, wenn sie vom Schicksal in die Pflicht genommen wurde. Als ihr Mann im Herbst 1915 zum ersten Mal eingezogen wurde, stand Sala vor der unangenehmen Situation, daß sie außer einer kleinen Unterstützung über keine Einkünfte verfügte. Von der Mutter ihres Mannes, der Emma Schmalenbach in Darmstadt, war keine Hilfe zu erwarten. Geholfen hat schließlich Salas Vater, der in Lodz ein Textilgeschäft betrieb und zu den wohlhabenden Juden dieser Stadt zählte.

Im Januar 1918 wurde ein Mädchen geboren (Cornelia), ihr folgte im September 1920 ein Sohn (Werner), dann im Juli 1923 wieder eine Tochter (Roswita). Die Kinder vor allem waren es, die in den zwanziger und dreißiger Jahren „die Schmalenbach“ als Stätte ungebundener Freiheit und Fröhlichkeit lieben lernten, und ihretwegen verbrachte die Familie mehrmals ihre Ferien in Eugens Landhaus. Dort sind sich Eugen und Sala wohl auch nähergekommen, der Ort bewies seine integrierende Kraft. Dennoch konnte Sala offenbar ein gewisses Gefühl der Bedrückung vor der überstarken Persönlichkeit des Schwagers nur schwer überwinden. Im März 1933 schreibt sie an ihre Schwägerin Irene in Mainz, es gehöre schon viel guter Wille dazu, mit den Kölnern in Verbindung zu bleiben, ohne sich abhängig zu machen. Irene stimmt ihr zu: „Du hast (damit) sicher recht“ (Brief vom 16. 3. 1933).

Wieder von anderer Art war die Ehe des jüngsten Schmalenbach-Bruders Edmund mit seiner heißgeliebten Irene, geschlossen am 1. Juli 1918. Irene Ehrenstein und ihr Bruder Leopold waren Inhaber eines ererbten optischen Geschäfts in Mainz, der Firma „Urmetzer“, und sie nahmen Irenes Mann sogleich nach der Hochzeit als Teilhaber in diese Firma auf. Der unstete Edmund mauserte sich hier rasch zu einem überaus umsichtigen, klug disponierenden, alle Chancen nützenden Geschäftsmann, und er fand in seiner Frau eine ungewöhnlich klarblickende und lebenskluge Gefährtin, deren Urteil über politische Entwicklungen zuweilen eine fast seherische Gabe ahnen ließ. Zwischen beiden bestand ein besonders starkes Gefühl gegenseitiger Zuneigung. Im April 1919 kam das erste Kind zur Welt, Rudolf, normal begabt, aber als Folge eines ärztlichen Kunstfehlers bei der Geburt nicht voll sehfähig und auf ständige Hilfe angewiesen; ihm folgten zwei Töchter, Eva im Juni 1921 und Stefanie im August 1922. Die Kinder wurden zum Lebensinhalt der Irene Schmalenbach.

Denn die Ehe war nur von kurzer Dauer. Im Juni 1923 verbrachte Edmund mit seiner Frau ein paar Ferientage in dem nahegelegenen Weinort Eltville. Das Hotel war ein ehemaliger Adelssitz, die Fenster reichten bis zur Erde. Edmund fand eines Nachts keinen Schlaf. Er trat ans Fenster, um Luft zu schöpfen, achtete nicht der Gefahr, stürzte hinaus – und blieb tot auf den Steinen liegen. Es war ein schreckliches Ende. Die glückliche Zeit seines Lebens, die er als Erfüllung seiner geheimsten Sehnsüchte empfunden haben mag, war ihm und seiner Frau nur für fünf Jahre beschieden. Schon mit 36 endete die Fahrt.

Als Geschäftsmann war Edmund ohne Zweifel besser begabt als sein großer Bruder Eugen. Vielleicht hätte er dem Bruder noch ein Lehrstück darüber liefern können, wie eine kleine Firma durch geschicktes Operieren, durch kluge Geschäftspolitik und durch das Zusammenwirken mit anderen gleichartigen Firmen zu Größe und Bedeutung gelangen kann. Ein Anfang in dieser Richtung war gemacht. Doch die Vollendung war diesem Mann, auf den die Normen des „Üblichen" und „Normalen" nicht passen wollten, nicht beschieden.

VII. Vom Schrecken verschont: Der Weltkrieg zieht vorüber

23. Das Militär nimmt Rücksicht: Soldat in der Heimat

Für Eugen Schmalenbach begann der Weltkrieg 1914 mit einer großen Autofahrt, der ersten seines Lebens. Als „Kriegsbummler", wie er sich nennt, machte er eine Fahrt an den Mittelabschnitt der Front in Frankreich. Einen Führerschein besaß er nicht, es kann sich also nur darum gehandelt haben, einen Offizier oder anderen Autofahrer zu begleiten (vielleicht in einem Konvoi). Das Ziel war der Ort Chauny, etwa 100 Kilometer nordöstlich Paris an der Oise gelegen, einem Nebenfluß der Seine (Luftlinie von Köln: rund 300 Kilometer). Zurück hat er vier Tage und vier Nächte in einem Güterwagen zubringen müssen. Welchem Zweck die Fahrt diente, erfahren wir nicht. Der Auftrag unterlag offenbar militärischer Geheimhaltung.

Etwas mehr über dieses Erlebnis verrät Edmund. Der Bauchschuß, den der Bruder gleich in seinem dritten Gefecht, kaum vier Wochen nach Kriegsausbruch, erlitten hatte, war ausgeheilt, und er verlebte gerade zehn Tage Genesungsurlaub in Köln. In einem Brief an die Mutter berichtet er, Eugen sei im Güterzug der einzige Zivilist unter lauter Soldaten gewesen, was überall aufgefallen sei, „eine drollige Rückfahrt". Und das Schönste: Einmal seien sie (wahrscheinlich beim Halt auf einem Bahnhof) Landsleuten aus Bayern begegnet, und diese harten Burschen „haben Eugen durchaus verhauen wollen"; sie hielten ihn für den gefangenen Bürgermeister eines nahegelegenen Ortes. Es muß für unseren Professor eine recht aufregende Fahrt gewesen sein. (Brief vom 25. Oktober 1914.)

Zu dieser Zeit wollte das Militär den einjährig gedienten Unteroffizier Eugen Schmalenbach als Soldaten noch nicht haben. „Sie wissen den Gewinn nicht zu schätzen", schreibt er vergnügt in seinem Brief vom 20. Oktober 1914. Aber das änderte sich rasch. Im November kam der Gestellungsbefehl, am 24. 11. 1914 meldete er sich zum Dienst bei der „Weiterleitungsstelle" (heute würde man wohl sagen: „Transportleitstelle") in Bendorf, einem Ort nördlich von Koblenz, doch rechtsrheinisch gelegen.

Die Dienststelle trug offenbar die Verantwortung für Nachschub-Transporte zur Westfront. Schmalenbach wundert sich, warum man zu einer solchen Aufgabe nicht Leute heranzieht, die schon über Erfahrungen im Speditionswesen verfügen. Es fällt ihm auf, daß die Namen der fünf Unteroffiziere, die gleichzeitig hierher kommandiert wurden, alle mit dem Buchstaben „S" beginnen. Anscheinend war es also das Alphabet, das als militärisches Auswahlprinzip gedient hatte. Der Professor konstatiert es kopfschüttelnd. Aber es ist nicht das letzte Mal, daß er sich in seiner Soldatenzeit über militärische Organisationsprinzipien hat wundern müssen. (Brief vom 11. Dezember 1915.)

Das Leben in Bendorf verläuft für Eugen fast zivil. In den vier Wochen bis Weihnachten darf er schon dreimal auf Urlaub fahren (zum Fest gleich fünf Tage); andererseits ist seine Frau viel in Bendorf, zu Ostern mietet sich das Ehepaar in einem nahegelegenen Hotel (in Sayn) ein – so läßt sich die Soldatenzeit ertragen. Aber Eugen setzt alle Hebel in Bewegung, um vom Dienst befreit zu werden. Er hat sich von der Treuhand-AG reklamieren lassen, was dazu führt, daß er am 15. April 1915 nach Köln versetzt wird (Brief vom 2. April 1915). Vermutlich hat er hier einem Infanterie-Ersatz-Regiment angehört, das ihn einer Kompanie zugewiesen hat, und hier scheint er nach kurzer Zeit beurlaubt worden zu sein, offenbar bis zum 20. September 1915. Anfang Juni (am 4. 6.) schreibt er jedenfalls seinem Bruder Hermann einen längeren Brief aus der Schmalenbach, der eine ausgesprochen heitere Seelenlage widerspiegelt. Im August 1915 finden wir ihn gar auf der Schwäbischen Alb, wo ihn romantische Stimmungen überkommen. Von Soldaten-Pflichten enthalten die Briefe in jenem Sommer kein Wort.

Der Herbst bringt jedoch das Ende der goldenen Freiheit. Im Oktober 1915 erfahren wir, daß er auf der Kölner Kommandantur Dienst leistet, im November beginnt seine Tätigkeit beim Proviantamt in Köln, das ihn zum „Proviantamt-Inspektor-Stellvertreter“ ernennt (Brief vom 16. Januar 1916). Auch das dauert freilich nicht lange. Mit Wirkung vom 1. März 1916 wird der Unteroffizier Eugen Schmalenbach, da unabkömmlich, bis auf weiteres von seiner Dienstpflicht für die Armee entbunden.

Der Grund für diese UK-Stellung ist wahrscheinlich darin zu suchen, daß die Regierung ihn beauftragen will (oder beauftragt hat), als Treuhänder die Verwaltung mehrerer in Deutschland ansässiger Unternehmen, deren Anteile im Besitz von Angehörigen der Feindstaaten sind, zu übernehmen. Daß die Regierung diese Absicht hatte, hat Schmalenbach schon ein Jahr vorher in einem Brief vom 8. 3. 1915 erwähnt (siehe Seite 72–73).

Seine Beobachtungen während der etwa elf Monate seines Soldaten-Daseins (die vier Urlaubsmonate im Sommer 1915 nicht mitgerechnet) hat Schmalenbach am 11. Dezember 1915 in einem fünfseitigen handgeschriebenen Brief sehr ausführlich geschildert. „Ich beschäftige mich ja viel mit der Organisation großer Betriebe“, heißt es da, „und sehe den Militärbetrieb als Großbetrieb an.“ Aus dieser Sicht sind ihm besonders zwei Mängel aufgefallen: einmal das Fehlen jeglicher (betriebswirtschaftlich vernünftigen) Organisation in der Arbeitsverteilung, im Rechnungswesen, im Zusammenarbeiten der Abteilungen und am allermeisten bei der Auswahl der Menschen: „An keiner einzigen Stelle habe ich beobachten können, daß die tüchtigsten Leute einer Abteilung zu sagen, die anderen zu gehorchen hatten.“

Dazu komme – zweitens – „eine ungeheure Arbeitsverschwendung, die angesichts des Männermangels in unserer Zeit geradezu an Vaterlandsverrat grenzt.“ Beim Proviantamt gebe es 50 Wachen von durchschnittlich je 20 Mann, die dasselbe tun, was im Frieden 1 Mann einer Wach- und Schließgesellschaft macht. Er selbst hatte in der Kommandantur einen Posten, der vorübergehend viel, nachher aber fast keine Arbeit machte (Ablieferung von Buntmetallen seitens der Bevölkerung). „Als ich fortging, war so gut wie nichts zu tun, ein Unteroffizier hätte die Sache nebenher besorgen können.“ Aber als Nachfolger wurden zwei Mann befohlen, ein Offizier und ein Unteroffizier. „Jetzt bummeln sie beide.“

Schmalenbach gibt jedoch auch der militärischen Wirklichkeit ihr Recht. Man müsse berücksichtigen, sagt er, daß es sich nicht um eine Organisation von längerer Dauer, sondern um „ein großes Gelegenheitsgeschäft“ handele. Und da müsse er sagen: Trotz der großen Mängel im einzelnen sei es im Ganzen doch recht leidlich gegangen. Und vor allem: es wurde besser. Das ist in seinen Augen hauptsächlich ein Verdienst der Unteroffiziere, die an dieser Stelle allerhand geleistet hätten, und zwar „ganz aus sich selbst“: Ihr wirtschaftliches Gewissen habe geschlagen, wenn sie den Schlendrian sahen, und sie seien aus der Haut gefahren, wenn man den Verkäufern (d. h. den Lieferanten des Heeres) einen zu hohen Zwischengewinn gelassen habe. Auf die Offiziere ist Schmalenbach weniger gut zu sprechen. Im Proviantamt hätten sie jedenfalls „zu viel . . . mit der Erhaltung ihres Prestiges“ zu tun gehabt.

In den Monaten nach seiner UK-Stellung ist sich Schmalenbach nie ganz sicher gewesen, daß er eines Tages nicht doch wieder einberufen werden könnte. Im Oktober 1916 steht sein Name auf der „Proskriptionsliste“ (einer Bekanntmachung), und er rechnet damit, daß er alsbald ärztlich untersucht und felddienstfähig geschrieben wird. Sein Brief (vom 3. Oktober 1916) dient letztlich dem Zweck, Hermann darauf vorzubereiten, daß er der Schmalenbach GmbH „für den schlimmsten Fall" seine Aufmerksamkeit werde widmen müssen. „Auch in der Angelegenheit der Treuhand muß ich Dir eine Funktion noch zumuten." Mit dem Brief regelt Eugen, wie man sieht, seine Hinterlassenschaft für den Fall, daß er auf dem Schlachtfeld bleiben sollte.

Doch bevor er ihn abschickt, kritzelt er noch zwei Sätze an den Rand: „Soeben erhalte ich die Mitteilung, daß ich bis Ende November frei bleibe. So wursteln wir also wieder mal 1¾ Monate weiter." Er hat nicht nur 1¾ Monate, er hat zwei Jahre auf diese Weise „weitergewurstelt", bis zum Ende des Krieges. Das Militär hatte ein Einsehen, es hat den Professor, obwohl keine 45 Jahre alt, nicht noch einmal geholt. Die Schrecken des Krieges ziehen vorüber, ohne daß Schmalenbach davon unmittelbar berührt wird. Er kann die Zeit seinen Studien widmen: Die ersten Bücher des Eugen Schmalenbach werden geboren.

24. Schriftsteller – und Poet dazu: Ein Gedicht und drei wissenschaftliche Werke

Das Leben an der Hochschule ging 1914 weiter, aber es war durch den Krieg natürlich gelähmt. Aus den Studenten waren größtenteils Soldaten geworden, auch von den Dozenten und vom Hochschul-Personal fehlten viele. Gleich nach Kriegsausbruch wurde überdies das gesamte Hochschulgebäude mit allen seinen Räumen, auch den Instituten und ihren Geschäftszimmern, für Lazarett-Zwecke in Anspruch genommen. In keiner anderen Hochschule Deutschlands ist damals der Lehrbetrieb in einem derartigen Ausmaß beiseitegedrängt worden wie hier. Schon am 10. August 1914 wurde mit der Einrichtung des Gebäudes als Militär-Hospital begonnen. Die Hochschule siedelte ins Nachbar-Gebäude über, wobei ihr zugutekam, daß sich in unmittelbarer Nähe ein Museum und eine Gewerbe-Anstalt befanden. So konnten die Vorlesungen und Übungen „in tunlichst großem Umfange" aufrechterhalten werden.

Als Eugen Schmalenbach im November 1914 einberufen wurde, hat Ernst Walb dessen Vorlesungen und vor allem das Treuhand-Seminar übernommen. Im Frühjahr 1916 mag es dann umgekehrt gewesen sein: Kurz nachdem Schmalenbach vom Militär entlassen wurde (im März 1916), erhielt Walb seinen Gestellungsbefehl (zum 3. Mai 1916). Der Raummangel in den Ausweichquartieren, die geringe Zahl der Hörer und Seminarteilnehmer, nicht zuletzt die kriegsbedingt nachlassenden Anforderungen an Wissen und Leistungen der Examenskandidaten legten es in jener Zeit freilich nahe, immer mehr Vorlesungen zu streichen und, soweit möglich, auch Seminare zusammenzulegen. Ohne Zweifel hat Schmalenbach von solchen Möglichkeiten Gebrauch gemacht. Seine Pflichten als Hochschullehrer haben ihn damals jedenfalls nicht erkennbar gedrückt.

Im übrigen ging es ihm wie jedem Soldaten: Er genoß das Gefühl, dem strengen Reglement des Befehlens und Gehorchens entronnen zu sein, als ein befreiendes seelisches Erlebnis. Als er im Sommer 1915 die Schwäbische Alb kennenlernte, geriet er in eine solche Hochstimmung, daß er etwas tat, dessen ihn die wenigsten für fähig gehalten hätten: Er setzte sich hin und schrieb ein lyrisches Gedicht. Die liebliche Landschaft des Neckartals bei Oberndorf, das strahlende Wetter in jenen August-Tagen, auch der Anlaß seines Besuchs, die Taufe eines Knäbleins, das einem seiner früheren Schüler geboren war – all das inspirierte Eugen Schmalenbach zu Versen, die mehr waren als bloße Gelegenheits-Reimerei. Er brachte seine Empfindungen und Gedanken in der gehobenen Sprache von Hexametern zum Ausdruck und gab dem Gedicht damit etwas Feierlich-Erhabenes.

Anfang und Schluß des Gedichts lauten (der Mittelteil ist persönlicher Art):

Hier, wo der Neckar, der holde, sein eilend Gewässer zum Rhein schickt,
Wo seine Ufer, die steilen, sich heben zum Schwäbischen Jura,
Wo auf Hängen und Bergen die Tannen, die schlanken, sich drängen,
Wachsend mit Macht zum Licht der alleserhaltenden Sonne,
Spiegelnd ihr ruhiges schwarzes Grün im Bache und Flusse,
Hier ist es schön, und hier kann Leib und Seele gesund sein!

. . .

. . .

Und das wünsche ich Dir: Genieße die Schönheit des Landes,
Freue Dich Gottes Natur. Doch niemals genießend alleine
Ist es den Menschen erlaubt, das Erdenglück zu umfassen.
Nur die Arbeit, die strenge, hält ihn straff und gesund.

„Nur die Arbeit, die strenge . . ." – das sind Worte, die Eugen Schmalenbach aus tiefster Seele kommen. Im Arbeiten liegt für ihn der Sinn des Lebens, ein Dasein ohne geistige, ohne schöpferische Tätigkeit ist ihm unvorstellbar. Auch der Urlaub vom Militär im Sommer 1915 ist mit Arbeit angefüllt, die Jahre nach seiner Entlassung (März 1916) sind es erst recht. In dem Urlaub 1915 schreibt er sein erstes Buch, betitelt „Finanzierungen", in den Jahren 1916 bis 1918 seine beiden grundlegenden Werke, die „Dynamische Bilanz" und die „Selbstkostenrechnung". Es sind die Werke, die seinen wissenschaftlichen Ruhm begründen; das erste, die „Finanzierungen", macht ihn vornehmlich unter Kaufleuten bekannt, die beiden anderen bei Wissenschaftlern.

Finanzierungsfragen der Betriebe waren das Hauptthema seiner Vorlesungstätigkeit in Köln seit 1903, über Einzelfragen der Finanzierung hatte er zahllose Aufsätze in der Zeitschrift für handelswissenschaftliche Forschung veröffentlicht. Es war nicht mehr allzuviel Gedankenarbeit nötig, um daraus das Buch zu entwickeln, und diese Arbeit hat Schmalenbach – damals ein Soldat in Urlaubsstimmung – offenbar viel Freude bereitet. „Hol es der Teufel, es (das Buch) scheint zu geraten", ruft er Anfang Juni 1915 übermütig aus.

Nun, es ist geraten. Das Buch hat so großen Widerhall gefunden, daß bald nach Kriegsschluß, Ende 1920, eine zweite Auflage erforderlich wurde, im Sommer 1922 eine dritte. Insgesamt sind neun Auflagen erschienen, die letzten – nach dem zweiten Weltkrieg – unter teilweise veränderter Aufteilung des Stoffs. (Vgl. Seite 335.)

Auch zur „Dynamischen Bilanz" hatte Schmalenbach schon viel Vorarbeit geleistet, ehe er im Herbst 1917 daranging, seine Konzeption systematisch und zusammenhängend darzustellen. Im Vorwort zur vierten Auflage des Buches (Oktober 1926) hat er das Entstehen und allmähliche Heranreifen seiner Ideen eingehend geschildert: „Wer meine einzelnen Aufsätze verfolgt, wird deutlich erkennen, wie langsam ich mich an die heute von mir vertretene Auffassung heranarbeitete; er wird auch erkennen, daß die Fundamente schon verhältnismäßig früh gewonnen wurden, daß aber die Auswertung noch recht lange auf sich warten ließ." Die Fundamente – das ist der Gedanke, daß die Bilanz dem Kaufmann als „Kompaß" zu dienen habe, daß sie diese Aufgabe aber nur dann erfüllen könne, wenn ihr Zweck in der Ermittlung des Erfolgs gesehen wird, nicht wie es damals – alter Tradition folgend – allgemeiner Brauch war, in der Darstellung des Vermögens.

Aber von der Idee bis zur theoretischen Klärung der Frage, wie ein solches Rechnungswerk, eine „dynamische Bilanz", denn beschaffen sein müsse, war ein weiter Weg. Schmalenbach hat sein 1917 erarbeitetes Exposée über ein Jahr ruhen lassen, bevor er es veröffentlichte; in der Zwischenzeit hat er sicher daran noch manches verändert. Erst zu Beginn des Jahres 1919 erscheint die Arbeit in der Zeitschrift für handelswissenschaftliche Forschung unter dem Titel „Grundlagen dynamischer Bilanzlehre".

Dieser Aufsatz, 96 Seiten lang, wird später als „Erste Auflage" gezählt, eine zweite Auflage kommt 1920 in Buchform heraus. Die Resonanz ist nicht groß. „Wenn es hoch kommt, ist dieser Aufsatz, abgesehen von examensfurchtsamen Studenten, von höchstens einem halben Dutzend Menschen gelesen worden", meint Eugen Schmalenbach in einem Brief am 19. 9. 1919. Erst mit der dritten Auflage, die 1925 herauskommt, geht die Erfolgskurve in die Höhe. Resignierend stellt Schmalenbach auch jetzt noch im Vorwort fest, daß seine Schrift die „in der Wirtschaft Verantwortlichen" wohl kaum in größerer Zahl werde bekehren können, womit er sicher recht hat. Um so größer ist das Echo bei den Wissenschaftlern des Fachs. Sie empfinden Schmalenbachs Ideen als Sensation. Eine lebhafte Diskussion setzt ein, Kritik wird geäußert, Widerspruch meldet sich (am schärfsten 1936 von Wilhelm Rieger), andere Bilanztheorien werden entwickelt. Bis heute gibt es in der Betriebswirtschaftslehre kein zweites Buch, von dem gesagt werden könnte, es habe soviel wissenschaftliche Dispute ausgelöst wie Schmalenbachs „Dynamische Bilanz". (Ausführlich wird die „Dynamische Bilanz" auf den Seiten 303 ff. behandelt.)

Insgesamt erlebt das Buch 13 Auflagen, mehr als irgendein anderes Werk Schmalenbachs; die letzte ist 1962 erschienen, sieben Jahre nach seinem Tod. Nach dem zweiten Weltkrieg wurde das Buch auch in andere Sprachen übersetzt, 1950 ins Japanische, 1953 ins Spanische, 1959 ins Englische (Erscheinungsort: London) und 1961 ins Französische. In diesen Ländern ist Schmalenbachs Buch gleichsam zu einem Botschafter der deutschen Betriebswirtschaftslehre geworden.

Genau ein Jahr nach der Arbeit an der „Dynamischen Bilanz" hat Schmalenbach während der Semesterferien im Herbst 1918 in seinem Landhaus das dritte Buch in Angriff genommen, die Selbstkostenrechnung. Seit frühesten Jugendjahren gehören Kostenfragen zu den Kernfragen seines Denkens und Forschens. Die Betriebswertrechnung (auch Grenzwertrechnung oder Mengenkostenrechnung genannt), auf die ihn seine Überlegungen hinführten, hat er nach einem Wort von Theodor Beste überhaupt als das „Herzstück" der Betriebswirtschaftslehre betrachtet.

Die Arbeit erscheint Mitte 1920 unter dem schlichten Titel „Selbstkostenrechnung" in zwei Teilen als Aufsatz in der Zeitschrift für handelswissenschaftliche Forschung; kurz danach wird ein Sonderdruck angefertigt. Aber die Nachfrage ist hier noch weniger drängend als bei der Dynamischen Bilanz. Erst fünf Jahre später, 1925, wird der Aufsatz ohne Veränderung neu herausgebracht, jetzt mit dem anspruchsvolleren Titel „Grundlagen der Selbstkostenrechnung und Preispolitik". Es ist ein schmales Bändchen von 58 Seiten, das als „zweite Auflage" gekennzeichnet ist. Und nun erwacht das Interesse in der Öffentlichkeit, begünstigt durch die wirtschaftlichen Schwierigkeiten vieler Firmen im Gefolge der Inflation. Die Jahre 1926 und 1927 sehen die dritte und die vierte Auflage, beide gleichfalls unverändert. Der Meister ist durch die verschiedensten Aufgaben, vor allem auf wirtschaftspolitischem Gebiet, derart in Anspruch genommen, daß ihm keine Zeit bleibt, sich einer Bearbeitung seiner Selbstkostenrechnung zu widmen.

Erst 1930, mit der fünften Auflage, erweitert und vertieft Schmalenbach die Darstellung und fügt einen Abschnitt über „Methoden der Selbstkostenrechnung" hinzu, der wegen der darin angeführten Beispiele recht umfangreich ist. Aus dem Büchlein wird dadurch ein Buch, das 173 Seiten umfaßt. Und 1934, in der Ruhe nach seiner Emeritierung, unterzieht Schmalenbach seine Selbstkostenrechnung einer gründlichen Revision und versieht sie mit einer längeren Einleitung, in der er das Entstehen und Heranreifen des Werks schildert und zu grundsätzlichen wie zu aktuellen Fragen dezidiert Stellung nimmt.

Mit dieser Auflage, der sechsten, hat das Buch, das nun 300 Seiten umfaßt, seine entscheidende Ausprägung erhalten. Nach dem Kriege und nach Schmalenbachs Tod erscheinen noch zwei Auflagen, bearbeitet und erweitert von Richard Bauer. Die Auflagenzahl der Dynamischen Bilanz (13) hat die Kostenrechnung (8) freilich nicht erreicht. Auch die Ehre, in fremde Sprachen übersetzt zu werden, ist ihr nicht widerfahren.

Eine kritische Darstellung der wesentlichen Elemente der beiden Hauptwerke Schmalenbachs folgt, wie erwähnt, im zweiten Teil des vorliegenden Buchs, der die wissenschaftliche Leistung Schmalenbachs würdigt. (Vgl. Seiten 303 ff. und Seiten 351 f.).

25. Treuhänder und Geschäftsführer: Feindfirmen betreut, Kriegsgesellschaften abgewickelt

Für Firmen, die zwar ihren Sitz in Deutschland hatten und hier arbeiteten, deren Eigentümer (oder Gesellschafter) aber Angehörige eines Staates waren, der kraft Kriegserklärung zum Feind geworden war, ernannte die Reichsregierung Vertreter, die treuhänderisch die Rechte und Pflichten der Eigentümer (Gesellschafter) wahrzunehmen hatten. Eugen Schmalenbach war für mehrere Unternehmen in Köln oder im Kölner Raum als ein solcher Treuhänder oder – wie Schmalenbach selbst es sah – als „staatlicher Zwangsverwalter" ausersehen. Das ist, wie schon erwähnt (Seite 68), sicher einer der Gründe dafür, daß er im März 1916 bis auf weiteres vom Heeresdienst freigestellt wurde.

Im Sommer 1917 war Schmalenbach Treuhänder für 14 Firmen, deren Eigentümer (Gesellschafter) Engländer oder Franzosen waren. Das ist eine recht große Zahl. Denn diese Unternehmen waren nicht nur zu beaufsichtigen, sondern in Angelegenheiten von grundlegender Bedeutung (wie Grundstückskäufen oder -verkäufen, Aufnahme neuer Produkte, Produktionseinstellungen u. dgl.) auch verantwortlich zu betreuen, was eine umfassende Einarbeitung in deren spezielle Probleme voraussetzte. Aber die Zahl 14 verliert ihre Schrecken, wenn man die näheren Umstände erfährt: 6 dieser Firmen waren Tochtergesellschaften von Unternehmen, die gleichfalls zum Kreis der 14 gehörten. „Echte" Verwaltungsarbeit fiel demnach nur bei 8 Firmen an. Von diesen 8 waren wiederum 2 bereits liquidiert und im Handelsregister gelöscht, bei weiteren 2 stand die Löschung unmittelbar bevor.

An „lebenden" Firmen hatte Schmalenbach demnach nur 4 zu verwalten. Auch unter diesen 4 gab es jedoch noch 2, bei denen die Produktion im Sommer 1917 ruhte: Lister Centrifugen und Liebig Fleischextract. Über die restlichen 2 sagt Schmalenbach: „Peters Haushan krankt an überzähligem Personal . . . Steinbach Papierfabrik ist nur unter Aufsicht, und das Verhältnis ist gespannt" (Brief vom 17. Juli 1917).

Mit diesem Brief beantwortet Eugen die Frage seines Bruders Hermann, ob er nicht etwas tun könne, um ihm eine neuerliche Einberufung zum Heeresdienst zu ersparen. Der Doktor der Philosophie, der nach Statur und Anlagen so gar nicht zum Soldaten taugte, hatte nach seiner Entlassung im Herbst 1916 jetzt zum zweiten Mal einen Gestellungsbefehl zu erwarten und sah dem mit Grausen entgegen. Aber durch seine Anfrage bringt er Eugen in arge Verlegenheit, und der Brief vom 17. Juli soll dem Bruder in schonender Weise klarmachen, daß der Weg über die Treuhand-Firmen nicht gangbar ist.

„Es ist . . . eine unerträgliche Stellung“, schreibt Eugen, „wenn ich als staatlicher Zwangsverwalter zu den Geschäftsführern komme und darum bitte, einen Bruder von mir bei sich aufzunehmen, während ich Versuche der Geschäftsleitung nach der gleichen Richtung hin energisch unterdrücke und schon mehrfach dem einen oder anderen auf die Finger geklopft habe.“ Auch eine Anstellung bei der Treuhand-AG lehnt Eugen ab: „Wollte ich Dich lediglich der Form halber anstellen, so würden sämtliche Revisoren mich sehr befremdet betrachten: Auch Du, mein Sohn Brutus? Eine solche Entgleisung heile ich in Jahren nicht wieder aus.“ Doch er bietet ihm auf andere Weise Hilfe an: bei der Schmalenbach GmbH. Dort könnte er ihn als Handlungsgehilfen anstellen, und er will das auch tun. Die Sache klappt dann letzten Endes doch nicht, aber aus Gründen, die auf anderen Gebieten liegen.

Was Eugen Schmalenbach für die ihm treuhänderisch anvertrauten Firmen zu tun hat und wie sehr ihn diese Aufgabe in Anspruch nimmt, darüber sagt er nichts. Wenn er nicht übertrieben hat, was wegen der zugrundeliegenden Absicht seiner Antwort an Hermann denkbar wäre, dann ist er gegenüber den Geschäftsleitungen „energisch“ aufgetreten, hat ihnen gar „auf die Finger geklopft“, und mit einer Firma hatte er ein „gespanntes Verhältnis“. Alles in allem scheint sich seine Inanspruchnahme durch das Treuhänder-Amt freilich in Grenzen gehalten zu haben. In den Briefen aus jener Zeit ist kein Wort der Klage darüber zu finden, daß ihm dies eine „Last“ gewesen sei.

Nach dem Kriege tritt an die Stelle der Betätigung bei „Feindfirmen“ für Schmalenbach die Beschäftigung mit „Kriegsgesellschaften“, die jetzt zu liquidieren sind. Sie waren ein Kind Walther Rathenaus. Diesem Industriellen, Generaldirektor der AEG, ließ schon in den allerersten Kriegstagen die Sorge keine Ruhe, daß Deutschland allein aus Mangel an kriegswichtigen Rohstoffen alsbald in die Knie gezwungen werden könnte. Am 9. August 1914, einem Sonntag, hatte er Gelegenheit, dem Preußischen Kriegsminister seine Sorgen vorzutragen. Er lief offene Türen ein. Der Minister billigte sofort Rathenaus Vorschlag, beim Kriegsministerium eine Rohstoff-Abteilung einzurichten und ihr die Bewirtschaftung aller kriegswichtigen Rohstoffe zu übertragen. Rathenau selbst sollte die hierfür erforderliche Organisation schaffen, was diesem auch in acht Monaten ehrenamtlicher Tätigkeit gelang.

Als Hauptträger des Bewirtschaftungs-Systems wurden ab September 1914 mehrere „Kriegs-Rohstoff-Gesellschaften“ gegründet, für jede kriegswichtige Branche eine. Sie hatten für Beschaffung und Verteilung der Rohstoffe und der daraus gefertigten Erzeugnisse zu sorgen, „soweit dies zur Sicherstellung des Bedarfs von Heer und Marine erforderlich“ war. Gründer waren die Firmen des jeweiligen Wirtschaftszweiges, als Rechtsform wurde für die größeren Branchen die Aktiengesellschaft gewählt, sonst die GmbH. In ihrer inneren Organisation waren diese Kriegsgesellschaften ureigene Schöpfungen Rathenaus. Sie hatten zwar – wie jede AG – einen Vorstand und einen Aufsichtsrat, sollten aber gemeinnützig arbeiten, d. h. keine Dividenden ausschütten und später bei der Auflösung keine Liquidationsgewinne verteilen. Zu ihren Organen gehörte – neben Vorstand und Aufsichtsrat – auch eine unabhängige Kommission, die von Mitgliedern der Handelskammern oder von Beamten geleitet wurde.

Soweit, so gut, Aber dann kommt der Pferdefuß dieser „privatwirtschaftlichen“ Fundierung des Bewirtschaftungs-Systems: Gegen Beschlüsse von Vorstand, Aufsichtsrat oder Kommission hatten Kommissare der Reichsbehörden und der Ministerien ein unbeschränktes Vetorecht. Bei Lichte besehen waren die Kriegsgesellschaften also Zwitter: auf der einen Seite zwar Selbstverwaltungs-Organe der Industrie, auf der anderen Seite jedoch Instrumente einer staatlichen Befehlswirtschaft. Rathenau sah seine Kriegsgesellschaften selbst

„als ein Mittelglied zwischen der Aktiengesellschaft, welche die freie wirtschaftlich-kapitalistische Form verkörpert, und einem behördlichen Organismus", und er meinte, dies sei „eine Wirtschaftsform, die vielleicht in kommende Zeiten hinüberdeutet".

Als Schmalenbach in die Kommission zum Abbau der insgesamt 10 Kriegs-Aktiengesellschaften berufen wurde (daneben gab es 19 Kriegsgesellschaften in GmbH-Form), hatte sich der Charakter dieser Gesellschaften allerdings so wesentlich verändert, daß sie mit den Anfängen kaum noch vergleichbar waren. In dem Maße, in dem der Heeresbedarf mit der langen Dauer des Krieges an Bedeutung gewonnen hatte, war auch die Selbständigkeit der privatwirtschaftlichen Organe innerhalb der Kriegsgesellschaften mehr und mehr von den Reichsstellen zurückgedrängt worden. Am Ende war von Rathenaus idealistischen Vorstellungen so gut wie nichts übrig geblieben. Die Gesellschaften arbeiteten wie Behörden, und Schmalenbach hat sie offenbar auch als solche gesehen – ungeachtet ihrer Rechtsform als AG oder GmbH.

So gewinnt Schmalenbach dank seiner Tätigkeit als „Abbau-Kommissar" einen hautnahen Kontakt mit der Staatsbürokratie. Diese Tätigkeit vermittelt ihm reiches Anschauungsmaterial dafür, wie ineffektiv und unwirtschaftlich ein bürokratisch organisierter Betrieb arbeitet, in dem kein Mitarbeiter eigene Initiative entfaltet. Größere Betriebe so zu organisieren, daß ein Höchstmaß an Wirtschaftlichkeit erreicht wird, ist indessen eine der fundamentalen Forderungen Schmalenbachs. In einem seiner letzten Bücher, der 1948 erschienenen „Pretialen Lenkung des Betriebes", steht der Satz: „Es handelt sich im Grunde darum, besonders in größeren Betrieben den Beamtensinn zu ersetzen durch Unternehmersinn."

Beamtensinn hat seine Idealvorstellung von wirtschaftlichem Handeln vermutlich niemals so arg verletzt wie in der Zeit, als er in der Kommission für Kriegsgesellschaften tätig war.

26. Die Hochschule wird zur Universität: Doktorgrad und eigenes Haus

Den Dombau, im Jahre 1248 begonnen, hat das große, das heilige Köln im 19. Jahrhundert vollenden können. Seine Universität, die auf Grund eines päpstlichen Stiftungsbriefs Urbans VI. am 22. Dezember 1388 von der Kölner Bürgerschaft errichtet worden war, lag noch immer darnieder. Sie hatte in den französischen Revolutionskriegen ihre Tore schließen müssen, weil ihre Professoren sich geweigert hatten, den Treue-Eid auf die französische Republik zu leisten.

Christian Eckert war es, dessen Initiative die Kölner Universität ihre Wiedererweckung in neuer, neuzeitlicher Form verdankt. Wie es dazu kam, hat Eugen Schmalenbach geschildert:

> *„Von Eckert ging die erste Anregung zur Neuerrichtung der Universität Köln aus, deren Vorbereitungsarbeiten er seit 1910 gefördert hatte. In zwei Denkschriften vom 2. Juni 1913 und 16. März 1915 hat er die Notwendigkeit des Ausbaus der Kölner Hochschulen zu einer neuzeitlichen Anforderungen entsprechenden Universität dargelegt. Nach langen überwiegend von Eckert in Berlin geführten Verhandlungen wurde die Universität Köln am 12. Juni 1919 feierlich eröffnet."*

Eckert selbst hat bekannt, daß er in Köln seit Anbeginn das Ziel verfolgt habe, der Stadt die Universität zurückzugeben:

> *„Alle unsere Kölner Hochschuleinrichtungen sind schon gegründet worden mit dem Hinblick auf die mögliche Ausgestaltung zu einer Universität. . . . Sie sind, soweit ich in mehr*

als 15 Jahren organisatorisch daran mitzuarbeiten hatte, von mir ausgedacht in dem ... Plane, ihre Zusammengliederung und volle Auswirkung in einer neuen Anforderungen entsprechenden ‚Universitas' dereinst zu finden."

Dieses Werk werde nunmehr „unter Oberbürgermeister Adenauers Führung" vollendet, fügte er hinzu. Konrad Adenauer, seit 1906 Beigeordneter in der Stadtverwaltung und seit 1917 Oberbürgermeister von Köln, war in Sachen Universität ein lebhaft engagierter Mitstreiter von Eckert. Sein Verhandlungsgeschick, seine persönliche Ausstrahlung haben sicher wesentlich dazu beigetragen, daß es schon wenige Monate nach dem Waffenstillstand und den darauf folgenden politischen Wirren zu einem so bedeutsamen Akt wie einer Universitäts-Gründung gekommen ist.

Schmalenbach war allerdings kein Freund dieser Umgründung, und er hat die dahingehenden Bestrebungen Eckerts niemals unterstützt. Wie W. P. Eckert, ein Sohn Christian Eckerts, mitgeteilt hat, war Schmalenbach sogar der Sprecher einer Minderheit von Professoren, „die der Universitätsgründung energisch widersprach, weil sie überzeugt war, daß zukunftweisend nur die Fachhochschule sei". Schmalenbach fürchtete vor allem, daß das „emsige wissenschaftliche Leben", das in der alten Handelshochschule geherrscht hatte, durch deren Einverleibung in eine Universität beeinträchtigt werden würde. Er erinnerte daran, wie sehr Mevissen, der Begründer der Handelshochschule, von einer Universität abgeraten hatte, und es dauerte lange, bis er sich mit der Universitätsgründung innerlich abgefunden hat (siehe Seiten 86 ff. und 99).

1919 konnte von einer Voll-Universität ohnehin noch keine Rede sein. Faktisch handelte es sich um die Zusammenfügung zweier in Köln schon bestehender Hochschulen, der Handelshochschule und der Akademie für praktische Medizin. Schmalenbach stellt es folgendermaßen dar (in einem Brief vom 18. 6. 1919):

„Hier ist inzwischen die Universität mit zwei Fakultäten gegründet worden, ... der Wirtschaftslehre und Medizin. Sie sind gut ausgebaut und lassen einen Vergleich mit anderen großen Universitäten gut zu; die medizinische allerdings nur mit Bezug auf die klinischen Semester. Die beiden noch fehlenden Fakultäten, Philosophie und Recht, dürften allerdings etwas ärmlich ausfallen, so daß sie nur einen Vergleich mit kleineren Universitäten aushalten. Sie werden voraussichtlich erst im nächsten Jahr entstehen."

Die Skepsis, die aus diesen Zeilen spricht, hat sich nicht bewahrheitet. Schmalenbach hat in diesem Punkt Eckerts Tatkraft unterschätzt. Dieser war bei der Einweihung der Universität einstimmig zum ersten Rektor gewählt worden und bestimmte ab Oktober 1920 als geschäftsführender Vorsitzender des Kuratoriums auch weiterhin maßgeblich die Geschicke dieser „seiner" Universität. Noch im Verlauf des Jahres 1919 gelang es ihm, Max Scheler nach Köln zu holen, der als der bedeutendste deutsche Philosoph jener Zeit galt. Außer ihm kam 1919 der Soziologe Leopold von Wiese und Kaiserswaldau hinzu. Ein Jahr später nahm der Rechtsgelehrte Heinrich Lehmann seine Lehrtätigkeit an der neuen Universität auf, ebenso der Biologe und Philosoph Hans Driesch, dieser allerdings nur für kurze Zeit (er ging 1921 nach Leipzig). Es sind nur wenige Beispiele, aber sie zeigen, daß sich Köln auch mit den beiden neuen Fakultäten durchaus nicht zu verstecken brauchte. Es hatte bald nach seiner Gründung den Rang einer „großen" Universität erreicht.

Sieben Monaten nach der Einweihung, am 10. Januar 1920, begann die Besetzung des Rheinlands durch die Alliierten. Auch in Köln zogen fremde Truppen ein. Der Lehrbetrieb wurde dadurch zwar nicht berührt; die Interalliierte Kommission in Koblenz versicherte der

Universität ausdrücklich, sie beabsichtige nicht, die Freiheit der akademischen Lehre und Forschung zu beschränken, und sie hielt sich auch an dieses Versprechen. Aber die Bestrebungen, Koryphäen der Wissenschaft für die Kölner Universität zu gewinnen, erhielten dadurch natürlich einen Dämpfer. Denn zum einen war nun der Personen- und Güterverkehr zwischen dem besetzten und dem „freien" Reichsgebiet durch lästige Paß- und Zollkontrollen erschwert. Aber was schwerer wog: Da die Truppen Wohnraum beanspruchten, wurde es in Köln fast unmöglich, für zuziehende Professoren noch angemessene Wohnungen zu beschaffen. Die Wohnfrage wurde zu einem „unerträglichen Problem". Wollte die Universität nicht auf ihren weiteren Ausbau verzichten, so blieb nur ein Weg: Sie mußte selbst für neue Häuser und Wohnungen sorgen.

Köln war die erste Universität, die in engem Zusammenwirken mit der Stadt das Wohnungsproblem aus eigener Initiative anging. Eine „Baugenossenschaft Kölner Universität" wurde gegründet. Eugen Schmalenbach wurde eines der drei Vorstandsmitglieder. Dieser Genossenschaft stellte die Stadt Köln zwei Baugrundstücke zur Verfügung, ein kleineres in Köln-Lindenthal, ein großes Areal in Köln-Marienburg („auf der Marienburg", wie dieser vornehm-stille Stadtteil von den Kölnern noch heute genannt wird). Das Gelände wurde in Erbpacht gegeben, der Erbbauzins war extrem niedrig. Jeder nach Köln hinzuziehende Professor von Rang erhielt die Möglichkeit, der Baugenossenschaft beizutreten. Er mußte ihr nur 20 000 Mark als Darlehen überlassen, wobei jedoch die Städtische Sparkasse bereit war, ihm diese Summe als Kredit zur Verfügung zu stellen. Die Sparkasse gewährte außerdem die erste und gegen Bürgschaft der Universität auch die zweite Hypothek. Das alles war, wie man sieht, höchst kulant geregelt: „ein Lockmittel bzw. ein wesentlicher Faktor für die Entschlüsse der in Betracht kommenden Professoren, nach Köln zu kommen."

Auf der Marienburg entstanden auf diese Weise 14 Häuser, davon zwölf in der Wolfgang-Müller-Straße, zwei in benachbarten Straßen, aber in unmittelbarem Zusammenhang mit diesem Komplex. Von diesen 14 Häusern waren im Winter-Semester 1922/23 sechs von neu berufenen Juristen bewohnt (darunter Heinrich Lehmann), zwei von Philosophie-Professoren (Max Scheler und Artur Schneider), je eines von einem Germanisten, einem Kunstgeschichtler, einem Mathematiker und einem ehemaligen Staatsminister, der jetzt als Direktor am Forschungsinstitut für Sozialwissenschaften tätig war (Hugo Lindemann). In den beiden restlichen Häusern wohnten Betriebswirtschaftler, nämlich Willi Prion, der 1920 aus Berlin nach Köln gekommen war, – und Eugen Schmalenbach. Er war der einzige vom alten Stamm zwischen all diesen Kölner „Neulingen".

Schmalenbach hatte acht Jahre in seiner ersten Kölner Wohnung in dem nördlichen Stadtteil Nippes gelebt, ehe er 1911 in die Nähe der Handelshochschule gezogen war. Mitten im Krieg, 1916, war er dann in eine komfortablere Behausung (mit Zentralheizung!) gewechselt, die der Familie jedoch auf die Dauer nicht behagte. Vor allem die Frau fühlte sich hier nicht wohl. Es war ihr alles zu eng.

Daß die Schmalenbachs in eine der schönen neuen Villen einziehen könnten, die 1920/21 auf der Marienburg für fremde Professoren gebaut wurden, daran wagte niemand in der Familie zu denken. Noch im Juni 1921 schreibt Eugen seinem Bruder: „Driesch scheint endlich (den Ruf nach) Leipzig angenommen zu haben, woran ich interessiert bin, weil wir seine Wohnung beziehen wollen." Die Wolfgang-Müller-Straße lag, wie man sieht, außerhalb seines Vorstellungsvermögens. Aber dann geht alles sehr rasch. In einem Brief vom 10. Oktober ist bereits von dem Geldbedarf für die „Einrichtung des Hauses" die Rede. Also muß zu diesem Zeitpunkt, vier Monate nach seinem Interesse an der Driesch-Wohnung, der

Umzug in die Wolfgang-Müller-Straße schon eine feststehende Tatsache gewesen sein. Und wieder knapp vier Monate später, am 30. Januar 1922, schreibt die neunzehnjährige Tochter Marianne einen Brief, in dem sie am Schluß, unter ihrer Unterschrift („Muz"), groß und deutlich die neue Adresse angibt: Köln-Marienburg, Wolfgang-Müller-Straße 16.

Daß Christian Eckert dem Professor Schmalenbach als einzigem „Einheimischen" eines der neuen Häuser anbot, hing sicher mit dessen Abneigung gegen die Universitäts-Gründung zusammen. Soviel Entgegenkommen, glaubte Eckert wohl, werde Schmalenbach schon zu würdigen wissen; es würde ihn obendrein gegen die Verlockungen derer feien, die ihn Köln abspenstig machen wollten. Etwas anderes kam hinzu, das vielleicht noch wichtiger war: Bei der Einweihung der Universität wurde dem Manne, der sich seit 16 Jahren große Verdienste um sein Fach und um die Handelshochschule erworben hatte, die Würde eines „doctor rerum politicarum" verliehen. Es war nicht ein Doktor „honoris causa" (h. c) oder „ehrenhalber" (e. h.), wie er bei solchen Gelegenheiten gern an verdiente Persönlichkeiten gegeben wird, sondern der normale Doktorgrad.

Der Professor hat die Verleihung des Dr. rer. pol. als ein nobles Geschenk empfunden. Seine Freude ob dieser unverhofften Auszeichnung war vermutlich noch größer als dreizehn Jahre vorher die – von ihm selbst angeregte – Berufung zum Professor. Beide Titel wurden ihm zu Zeiten verliehen, die für Schmalenbachs berufliche Entwicklung von erheblicher Bedeutung waren. Sie markieren Wendepunke seiner Laufbahn. Im Jahre 1906, als er Professor wurde, hatte er seine Lehr- und Studienjahre abgeschlossen und seine ersten Erfahrungen als – überaus erfolgreicher – Hochschullehrer gesammelt. Es begann die Zeit, in der er die Realität des betrieblichen Lebens zu erkennen und systematisch zu erfassen suchte. Das Ergebnis waren die drei Bücher, die am Ende des Krieges in ihrer ersten Form vorlagen.

Im Jahr 1919 eröffnete sich Schmalenbach jedoch ein neues weites Feld wirtschaftlicher Betätigung: die Anwendung seiner betriebswirtschaftlichen Erkenntnisse auf gesamtwirtschaftlich wichtige Tatbestände. Die zwanziger Jahre fügten seinem Wirken an der Universität ein neues großes Tätigkeitsgebiet hinzu: die Wirtschaftspolitik. Aus dem Lehrer und Forscher wird binnen kurzem eine Persönlichkeit des öffentlichen Lebens. Nur wenige Jahre vergehen, und seine Person steht im Mittelpunkt heftiger wirtschafts- und sozialpolitischer Auseinandersetzungen.

1928 gibt es keinen anderen Wirtschaftswissenschaftler, der in Deutschland so populär war wie der Vertreter jener jungen Disziplin, die sich seit 1919 Betriebswirtschaftslehre nennt: Eugen Schmalenbach.

Dritter Abschnitt

Auf dem Gipfel des Erfolgs und des Ruhms (1919–1932)

VIII. Die Inflation: Unbegreifliches Fatum (1919–1923)

27. Schmalenbach und die Politik: Mitglied der Deutschen Demokratischen Partei

Begonnen hatte der Lebensweg des Eugen Schmalenbach zwei Jahre nach der Reichsgründung, als der Preußen-König im Schloß von Versailles feierlich zum Deutschen Kaiser gekürt worden war. Den Höhepunkt erreichte seine berufliche Laufbahn in der Weimarer Republik. Dann führte der Weg hinab in das Dunkel einer unmenschlichen Tyrannei. Von der konstitutionellen Monarchie über den republikanischen Parteienstaat zum Polizei- und Spitzelsystem, vom Kaiser über zwei Reichspräsidenten zum Diktator. Dazu zwei Weltkriege, eine Revolution, mehrere Umsturzversuche, die Besetzung Kölns durch fremde Truppen, eine Wirtschaftskrise ohnegleichen: Es war eine Zeit heftigster Turbulenzen, die Schmalenbach miterlebt und zuletzt miterlitten hat.

In seinen Reden und Schriften hat sich von alledem nicht viel niedergeschlagen. Das Zeitgeschehen, so scheint es, hat sein Bewußtsein nur selten berührt. Die Folgen des Umsturzes von 1918 sind ein solches Ereignis, über das er sich ausnahmsweise mit ein paar Worten äußert (Brief vom 15. November 1918): „Die Revolution hier war mehr Karneval als Revolution", schreibt er. „. . . Dem Karneval ähnlich ist auch die Regierung des Arbeiter- und Soldatenrats. . . . Über den Versuch, den städtischen Etat zu modifizieren und zu balancieren, kann man nur in Witzblättern schreiben." Nun ja, der Professor hat gut spotten, ihn haben die Ereignisse persönlich nicht betroffen. In den Rektoratsräumen und in Hörsälen hat sich der „Bolschewisten-Plebs", wie er die Arbeiter- und Soldatenräte verächtlich nennt, nicht blicken lassen. Niemand hat gar den Versuch unternommen, die hier bestehende hierarchische Ordnung anzutasten: Vor den Toren der Hochschulen (und der Kirchen) machte die Revolution damals halt.

Ob Schmalenbach in seinen Vorlesungen und im Seminar auf politische Vorgänge eingegangen ist, wissen wir nicht. Überliefert ist davon nichts, auch nicht in der Studenten-Schrift „Der Alte". Daraus zu schließen, Schmalenbach sei ein unpolitischer Mensch gewesen, wäre indessen ganz und gar verfehlt. Er hat sich für politische Fragen lebhaft interessiert, ja auch persönlich engagiert: durch Mitgliedschaft und aktive Betätigung in einer Partei. Am 21. Januar 1912 berichtet er seinem Bruder Hermann, er habe in Hagen eine Wahlrede gehalten, und dabei sei ihm zugutegekommen, daß er in den Weihnachtstagen den Roman „Wie ich Sozialdemokratin wurde" von Lily Braun gelesen habe (bei deren Sohn – Otto – Hermann Schmalenbach als Hauslehrer engagiert war), ebenso den zweiten Teil der Memoiren von August Bebel. Für welche Partei Eugen Schmalenbach mit seiner Wahlrede geworben hat, wird in dem Brief nicht gesagt. Aber es läßt sich ohne Mühe rekonstruieren.

Denn im Juli 1919, fünf Wochen nach Gründung der Universität, bittet Schmalenbach den Dekan der WiSo-Fakultät um Urlaub für ein verlängertes Wochenende (von Freitag bis Dienstag), um in Berlin an einem Parteitag teilzunehmen. Es ist der erste Parteitag der im November 1918 ins Leben getretenen Deutschen Demokratischen Partei (DDP). In dieser Partei fanden vornehmlich jene Männer und Frauen eine neue Heimat, die vordem der „Fortschrittlichen Volkspartei" angehört hatten; diese war 1910 aus dem Zusammenschluß von drei liberalen Gruppierungen hervorgangen.

Ohne Zweifel war es jene „Fortschrittliche Volkspartei“, der Schmalenbachs Hagener Wahlrede von 1912 gegolten hatte. Von allen vor dem ersten Weltkrieg bestehenden Parteien entsprach sie am ehesten seinen politischen Vorstellungen: Unter dem Einfluß des aus der evangelischen Arbeiterbewegung hervorgegangenen Liberalen Friedrich Naumann, der zu den führenden Köpfen der „Fortschrittlichen“ gehörte, sah sie ein wichtiges politisches Ziel darin, eine Brücke zwischen Bürgertum und Arbeiterschaft zu schlagen. Naumanns Konzeption war auf eine Art „sozialen Volks-Kaisertums“ gerichtet.

Auch daß die „Fortschrittlichen“ nach 1914 in der Frage, welche Kriegsziele Deutschland anstreben solle, eine gemäßigte Richtung vertraten, entsprach durchaus Schmalenbachs Gesinnung. Es war eine Partei, die sich dem Gedanken einer Annexion fremder Gebiete mit Nachdruck widersetzte und konsequent für einen Verständigungsfrieden eintrat.

Am Sonnabend, dem 16. November 1918, genau eine Woche nach dem Zusammenbruch und noch mitten in den Revolutionswirren, erschien in der Zeitung „Berliner Tageblatt“ ein Aufruf zur Gründung einer großen demokratischen Partei. Unterschrieben hatten ihn etwa 60 Personen, darunter viele mit sehr bekannten Namen (als berühmtester wohl Albert Einstein). Zwei Tage danach erklärten führende Vertreter der Fortschrittlichen Volkspartei ihre Zustimmung zu einem Zusammenschluß mit den Unterzeichnern des Aufrufs, worauf am 20. November 1918 die Deutsche Demokratische Partei (DDP) ins Leben gerufen wurde. Dem „geschäftsführenden Ausschuß“ gehörten unter anderem Hjalmar Schacht, Otto Nuschke, später auch Friedrich Naumann an. Anfang Dezember war bereits je ein Flugblatt für Bauern, Beamte, Handwerker und Arbeiter konzipiert, das bei Rudolf Mosse, dem Verleger des „Berliner Tageblatts“, binnen vier Tagen in einer Auflage von 1 Million Exemplaren gedruckt wurde.

Dieses rasche Handeln, begleitet von einer Plakat-Aktion, hat sicher wesentlich zu dem guten Abschneiden der jungen Partei bei den Wahlen zur National-Versammlung Mitte Januar 1919 beigetragen: Sie errang auf Anhieb 75 Mandate, das waren 18 Prozent aller Sitze (423). Mit Fug und Recht läßt sich sagen, daß die von der National-Versammlung geschaffene Weimarer Verfassung weitestgehend das Werk von Männern der DDP gewesen ist (Hugo Preuss, Friedrich Naumann – der Ende August 1919 gestorben ist –, Conrad Haußmann und andere).

Der Parteitag im Juli 1919, zu dem Schmalenbach sich Urlaub hatte geben lassen, wählte ihn in den „Partei-Ausschuß“, der mit seinen rund 150 Mitgliedern das Beschluß-Gremium zwischen den Parteitagen war. Diesem Gremium gehörten Persönlichkeiten an, deren Namen damals weithin bekannt waren oder später sehr bekannt wurden, neben den schon erwähnten Hugo Preuss und Conrad Haußmann zum Beispiel auch der spätere Bundespräsident Theodor Heuss und seine Ehefrau Elly Heuss-Knapp, ebenso der Chef des Hauses Siemens, Carl Friedrich von Siemens, die Schriftstellerin Gertrud Bäumer und andere. Unter den DDP-Mitgliedern waren ferner sehr bedeutende, über die Partei hinaus wirkende Persönlichkeiten zu finden wie Walther Rathenau, Max Weber, Willy Hellpach, Marie Elisabeth Lüders.

Der Partei-Ausschuß tagte zum ersten Mal Ende September 1919 in Berlin. Ob Schmalenbach an der Sitzung teilgenommen hat, ist zweifelhaft. Es scheint Mißverständnisse um seine Mitgliedschaft im Partei-Ausschuß gegeben zu haben: In dem offiziellen Mitglieder-Verzeichnis ist sein Name zwar ausgedruckt, im zugehörigen alphabetischen Register dagegen von Hand gestrichen. Wahrscheinlich hat Schmalenbach das Mandat bald nach seiner Wahl niedergelegt, was damit zusammenhängen könnte, daß sich inzwischen seine Berufung in den Reichswirtschaftsrat als möglich abgezeichnet hatte. Aber er war für die Partei als Vorsitzender des Wahlkreisverbandes Köln tätig und hatte damit auch den Vorsitz bei den rheinischen Parteitagen zu führen (Brief vom 18. Juni 1919). Im Frühjahr 1921 wird er gedrängt, den Vorsitz der Demokraten nicht nur in Köln, sondern für das gesamte Rheinland zu übernehmen. Doch da weigert er sich strikt: „Ich habe schon genug zu tun."

Den grandiosen Wahlerfolg vom Januar 1919 hat die DDP niemals wiederholen können. Im Gegenteil, die Zahl ihrer Wähler ging laufend zurück, ihre Fraktion im Reichstag schmolz unablässig zusammen. Das lag vor allem wohl daran, daß die Partei dem Wählervolk keine zündenden politischen Ziele vorweisen konnte und in vielen Fragen auch eine recht zaudernde Haltung an den Tag legte. Schon früh hatte der scharfsichtige Schmalenbach die Mängel dieser Partei erkannt: „Die Fraktion ist . . . in sämtlichen . . . wirtschaftlichen Fragen nicht sonderlich zielbewußt und recht ideenarm", schrieb er am 18. Juni 1919. „Infolgedessen fehlt das einheitliche Programm und der Schwung in der Aktion." Genau dies hat – neben anderen Umständen – in den Jahren danach zu dem raschen Niedergang geführt. 1930 schloß sie sich mit dem Jungdeutschen Orden zur Deutschen Staatspartei zusammen, die in Hitlers Strudeln unterging.

Im Jahre 1926 hat Schmalenbach die DDP verlassen. Einer anderen Partei ist er nicht wieder beigetreten. Für ihn sei keine Partei da, sagte er nach dem letzten Krieg zu einem Bekannten, der ihn 1946 für die SPD werben wollte. Eine Begründung für diese resignierende Haltung hatte er schon 1930 geliefert, im Vorwort zur fünften Auflage seiner „Selbstkostenrechnung". Dort heißt es:

> *„Die Zahl derer, die sich auf Dogmen nicht festzulegen wünschen und weder an das Heil des Marxismus noch an die Vollkommenheit des Privatkapitalismus glauben, ist so gering, daß sie unter den zahlreichen politischen Parteien kein Heim gewinnen konnten."*

Für den mittleren Weg zwischen Sozialismus und Kapitalismus, den er suchte, haben sich nicht genügend Menschen erwärmen können. Aber wie stellte sich Schmalenbach diesen Weg vor?

Konkret hat er es niemals gesagt. Nur in den vertraulichen Unterhaltungen mit seinem „Eckermann", dem Assistenten seiner späten Jahre Erich Potthoff, ist es zuweilen angeklungen. Nach seiner Überzeugung gab es zwei unabänderliche Tatsachen, von denen die Politik auszugehen hatte. Die eine ist die Dummheit der Menschen. „Selbst in seinen besten Exemplaren ist der Mensch ein Schafskopf", stellt er schon in jungen Jahren fest (am 26. Dezember 1908), und diese Charakterisierung kehrt, leicht abgewandelt, später mehrmals wieder. Er verachtet die „Urteilslosigkeit der Masse" (2. August 1933), mehr noch ihre vulgären „Fehltheorien"; denn „Gevatter Schneider und Handschuhmacher . . . urteilen leicht über Dinge, die sie nicht kennen" (Vortrag vom 4. September 1931).

Deshalb hält er von der Demokratie, der „Herrschaft des Volkes", herzlich wenig. Er mag es nicht, daß man ihn einen Demokraten nennt. Ein alter Freund, Dr. Pohlschroeder, gratuliert ihm in einem Brief zu seinem 70. Geburtstag mit den Worten, er bedauere, nicht mit ihm auf das Wohl „des gelehrten Professors, des aufrechten Liberalen (des Demokraten darf ich ja nicht sagen)" trinken zu können. Und zu Potthoff erklärt Schmalenbach im Januar 1946 rundheraus: „Aber wissen Sie, ich bin ja eigentlich gar kein Demokrat."

Doch diese Herde von Schafen, als die der Professor das einfache Volk ansieht, bedarf natürlich eines Hirten, der sie den richtigen Weg führt. Und auch in dieser Frage – das ist für Schmalenbach ein zweites unabänderliches Faktum – versagt die Demokratie. Er ist davon überzeugt, daß die Männer, die als Exponenten einer Partei an die Macht gelangen, zu wirklicher Führung nicht fähig sind. Teils fehlen solchen Partei-Emporkömmlingen die menschlichen oder fachlichen Qualitäten für ein Führungsamt, teils können sie aus Rücksichtnahme auf persönliche oder sachliche Gegebenheiten das Vernünftige nicht tun; außerdem leben sie allesamt in der Furcht, ihr Amt vorzeitig an andere zu verlieren. Schmalenbach zu Potthoff (im Januar 1946): „Wissen Sie, so eine richtige Persönlichkeit an der Spitze ist doch was Gutes. In der Demokratie kommt doch nichts Vernünftiges zustande."

Bei diesen Worten denkt Schmalenbach, der sich ein Jahr zuvor mit seiner jüdischen Frau noch vor der Gestapo versteckt halten mußte, natürlich nicht an einen Despoten mit unbeschränkter Macht über Leib und Leben seiner Untertanen. Was ihm als ideale Staatsform vorschwebt, hat Potthoff in jenem Gespräch präzise formuliert (aber Schmalenbach hat es nicht wahrgenommen): eine „Verbindung von Demokratie mit autoritärer Führerschaft". Ein solches System hat er in seiner Jugendzeit erlebt (oder er glaubt jedenfalls, es erlebt zu haben): ein Parlament, das von einem starken und klugen Kanzler (wie Bismarck) mit lokkerem Zügel – manchmal freilich auch mit der Peitsche – stets die rechte Bahn geführt wird. Daß diese Staatsform letztlich durch die Vernachlässigung der sozialen Frage – deren politisches und wirtschaftliches Gewicht auch Schmalenbach nicht in seiner ganzen Bedeutung erkannt, mindestens nicht registriert hat – aus den Angeln gehoben wurde, hat ihm seine Vorliebe für eine parlamentarisch gefärbte, aber monarchisch geprägte Regierungsform nicht nehmen können.

Eugen Schmalenbach hat, wie gesagt, drei Epochen deutscher Geschichte durchlebt. Am Ende hat er die Zeit vor dem ersten Weltkrieg als die glücklichste, die vollkommenste empfunden. Die konstitutionelle Monarchie, so meinte er wohl, habe nicht nur uns Deutschen, sondern auch den Engländern und anderen Völkern rings um uns herum viel Segen gebracht. Für Deutschland konnte sie nicht wiederkehren, das wußte er. Aber wo war der Mann, der in diesem Lande nicht einer Ideologie nachjagte oder einem Dogma folgte, sondern der einen Weg ging, den der Professor als Weg zu einer „vernünftigen" politischen Ordnung hätte werten können? Es gab ihn nicht.

Schmalenbach, dessen Weltbild noch weitgehend vom 19. Jahrhundert geprägt war, hat im Deutschland des 20. Jahrhunderts eine politische Heimat nicht finden können.

28. Im Vorstand des Reichswirtschaftsrats: Viel Kummer mit der Goldmarkbilanz

Am 24. Oktober 1919 versammelten sich in Berlin gegen 10 Uhr vormittags 56 würdige Beamte im Kinosaal des Reichswirtschaftsministeriums am Kurfürstendamm zu einer wichtigen Besprechung. Die Herren kamen nicht nur aus diesem Hause. Fast alle Ministerien des Reichs und des Landes Preußen waren vertreten; auch die Gesandtschaften der anderen deutschen Länder sowie die Stadtstaaten Hamburg und Bremen hatten Vertreter entsandt. Es ging um die Frage, wie der vorläufige Reichswirtschaftsrat beschaffen sein solle, auf dessen baldige Errichtung die Regierung drängte. Geleitet wurde die Sitzung von Unterstaatssekretär Julius Hirsch.

Hirsch gehörte zu den Männern, deren wirtschaftliches Denken wesentlich von Eugen Schmalenbach geprägt worden war. Dessen „Schüler" im engeren Wortsinn ist er freilich nicht gewesen. Von Hause aus war Hirsch kein Betriebswirtschaftler, sondern Nationalökonom. Er hatte in Bonn bei Schumacher und Dietzel studiert und sich 1911 in Köln für Volkswirtschaftslehre habilitiert. Weil bei seinem Eintritt in die Handelshochschule gerade kein

Dozentenzimmer frei war, wurde er gebeten, sich vorläufig mit einem Schreibtisch in den Amtsräumen von Eugen Schmalenbach zu begnügen. Es war eine Fügung des Schicksals. Die Persönlichkeit Schmalenbachs und dessen Denkweise beeindruckten den um neun Jahre jüngeren Hirsch (geboren 1882) derart, daß der Nationalökonom mehr und mehr auch die Färbung eines Betriebswirts à la Schmalenbach annahm. 1913 wurde er in Köln Dozent für die Privatwirtschaftslehre des Handels, 1917 Professor für das gleiche Fach.

Nach zweimaligem Fronteinsatz im ersten Weltkrieg, zuletzt als Infanterie-Leutnant an der Ostfront, holte ihn sein Kölner Kollege, der Nationalökonom Karl Thiess, ins Kriegsernährungsamt nach Berlin, wo ihm die Leitung der Volkswirtschaftlichen Abteilung übertragen wurde. Diese Dienststelle, die 1915 ins Leben gerufen worden war, um den Reichskanzler zu beraten, nahm seit dem Herbst 1916 auch die Aufgaben der Reichspreisstelle wahr und war insoweit Spitzenbehörde für die in allen größeren Gemeinden errichteten Preisprüfungsstellen. Deren gesetzlicher Auftrag bestand darin, „angemessene Preise" zu ermitteln, und zwar nicht nur aus ihrer Kenntnis der Marktverhältnisse, sondern vor allem auch „auf der Grundlage der . . . Gestehungskosten". Das war für die ad hoc geschaffene Preisprüfungs-Organisation eine völlig neuartige Aufgabe, von der sich die Beamten in den örtlichen Dienststellen überfordert fühlen mußten.

Es war die Sternstunde für Schmalenbachs Kostenrechnungs-Grundsätze, für die Betriebswirtschaftslehre überhaupt. Nichts hat diese neue Wissenschaft und ihre Methoden in der Praxis so rasch bekanntgemacht wie der durch die Kriegsverhältnisse ausgelöste Zwang für die Betriebe, die Berechtigung ihrer eigenen Verkaufspreise nachweisen zu müssen. Neben Hirsch war daran vor allem Schmalenbachs alter Freund Walter Susat beteiligt, der für diese Aufgabe vom Heeresdienst freigestellt und in die Reichspreisstelle geholt worden war, gewiß auf Anraten von Schmalenbach. Mit aller Energie war Susat hier darangegangen, den lokalen Preisstellen anhand von branchenweise ermittelten Durchschnittszahlen Richtwerte an die Hand zu geben und ihnen Kalkulationsgrundsätze zu vermitteln, die den Beamten das Urteil über die Angemessenheit von Preisen erleichtern konnten.

An die Spitze des Reichsernährungsministeriums wurde nach dem Kriege, im Februar 1919, der Sozialdemokrat Robert Schmidt berufen, fünf Monate später übernahm er gleichzeitig das Wirtschaftsministerium. In dieser Behörde herrschte ein zunächst von Rathenaus Ideen angeregter, dann von seinem AEG-Vorstands-Kollegen Moellendorff planmässig geförderter Geist einer „Gemeinwirtschaftlichkeit", die auf eine systematische Neuorganisation der Wirtschaft sowie auf eine Zwangskartellierung der Grundstoffindustrien ausgerichtet war. Robert Schmidt, davon überzeugt, daß weder sozialistische Planwirtschaft noch Moellendorffsche Gemeinwirtschaft, sondern allein die schöpferische Initiative der deutschen Unternehmer einen raschen Wiederaufbau gewährleisten könnten, erwählte sich – nach einem mißlungenen Versuch – auf Empfehlung von Eugen Schmalenbach (und auf Anraten der Berliner Handelskammer) schließlich Julius Hirsch als Staatssekretär, den er vom Ernährungsministerium gut kannte und der als ein „überzeugter Anhänger einer gebundenen Marktwirtschaft" galt.

Zu den ersten größeren Aufgaben Hirschs in diesem Amt gehörte es, die gesetzliche Grundlage für einen vorläufigen Reichswirtschaftsrat zu schaffen. Ein Gesetzentwurf war im Ministerium bereits ausgearbeitet worden, er bildete, leicht verändert, die Grundlage für die eingangs erwähnte Besprechung aller beteiligten Behörden und Ämter. Mit dem in Artikel 165 der Weimarer Verfassung vorgesehenen Reichswirtschaftsrat sollte die in der November-Revolution geborene Forderung auf Beteiligung von „Arbeiterräten" an der politischen

Willensbildung des Staatswesens verwirklicht werden, und zwar auf allen Ebenen. Da jedoch die Schaffung von Bezirks-Arbeiterräten und eines Reichsarbeiterrats nicht so rasch möglich war, begnügte sich die Regierung zunächst mit der Errichtung eines als „vorläufig" gekennzeichneten Reichswirtschaftsrats. Seine Zusammensetzung entsprach der Weimarer Konzeption insofern, als ihm die gleiche Zahl von Arbeitgeber- wie von Arbeitnehmer-Vertretern angehörte: Er war „paritätisch" besetzt.

Dazu kam dann freilich – als Abteilung III – eine weitere Gruppe, in der Vertreter solcher Berufe oder Körperschaften vereinigt waren, die weder Arbeitgeber noch Arbeitnehmer waren (Verbraucherverbände, Gebiets-Körperschaften, Beamte, freie Berufe und andere). Zu dieser Gruppe gehören auch 12 vom Reichsrat und 12 von der Reichsregierung zu benennende Personen; letztere sollten Personen sein, die „durch besondere Leistungen die Wirtschaft des deutschen Volkes in hervorragendem Maße gefördert (hatten) oder zu fördern geeignet (waren)". Im Beamten-Jargon wurden sie intern „geistige Kapazitäten" genannt. Zu diesen Zwölf, die von Julius Hirsch aus insgesamt 44 Vorschlägen ausgewählt worden waren, gehörte von Anfang an Eugen Schmalenbach. Seine Anwartschaft wurde niemals und von keiner Seite in Zweifel gezogen. Wieviel Namen das Kabinett im Laufe der Beratungen auch noch auswechselte, der seine blieb bis zuletzt unangefochten auf der Liste stehen.

Die erste Plenarsitzung, vom Reichskanzler eröffnet, fand am 30. Juni 1920 statt. Auf der Tagesordnung stand lediglich die Wahl des Vorstands und der Ausschüsse. Da sich die Beteiligten über diese Fragen vorher geeinigt hatten, war der Wahlvorgang eine bloße Formsache. Alle Beschlüsse wurden einstimmig gefaßt. Eugen Schmalenbach wurde zu einem der Schriftführer gewählt und gehörte damit laut Geschäftsordnung dem Vorstand an.

Am 10. Dezember 1920 nahm Schmalenbach im Plenum zum ersten Mal als Diskussionsredner das Wort. Er hatte nichts dagegen, den Betriebsräten die Bilanz des Arbeitgebers zu offenbaren, weil sie ohnehin nur geringen Aussagewert hatte:

> *„Die Bilanzen, die jetzt herauskommen, sind nicht richtig. Sie sind auch nicht nur mit 90 v.H. falsch, nein, sie sind alle falsch. So ist die Situation. Die Bilanzen taugen alle nichts. Das liegt . . . an den Umständen. Wir wissen nicht, wie wir es machen sollen. . . . Die handelsrechtlichen Bestimmungen beruhen auf der Voraussetzung, um nur einen Punkt herauszugreifen, daß wir eine gleichbleibende Währung hätten. Die haben wir aber nicht".*

Damit war im Dezember 1920 erstmals jene Frage angesprochen, die Schmalenbach dann angesichts zunehmender Währungszerrüttung auf das lebhafteste beschäftigt hat. Ihr gilt in den Jahren bis 1923 seine Hauptsorge. Auf der Vollversammlung am 13. Dezember 1920 – also drei Tage später – stellt er zusammen mit dem Juristen Max Hachenburg (bekannt als Verfasser eines Kommentars zum Handelsgesetzbuch) den Antrag, einen Steuerausschuß zu bilden, dies in der unausgesprochenen Absicht, dort vor allem die Frage der Besteuerung von Scheingewinnen zu behandeln. Da ein ähnlicher Antrag auch von anderer Seite eingegangen ist, kommt aufgrund eines Vorschlags aus der Versammlung schließlich der Beschluß zustande, einen Finanzpolitischen Ausschuß zu bilden, der neben die beiden schon bestehenden Haupt-Ausschüsse (für Wirtschafts- und für Sozialpolitik) treten soll. Diesem neuen Ausschuß wird der Antrag Hachenburg/Schmalenbach überwiesen.

Doch dabei bleibt es zunächst. Erst im April 1921, nachdem zwei Handelskammern in Eingaben an den Reichswirtschaftsrat die Bedeutung der Frage von neuem unterstrichen haben, wird das Thema im Finanzpolitischen Ausschuß aufgegriffen. Es wird ein spezieller Arbeitsausschuß gebildet, der am 7. Mai 1921 zum ersten Mal tagt. Von den beiden Referenten – es sind Hachenburg und ein anderer Jurist, nicht Schmalenbach – kommt der erste zu dem Ergebnis, dies sei eine steuerrechtliche Frage, eine Bilanzreform sei nicht nötig; der andere meint zu der bilanziellen Seite der Angelegenheit, sie sei so schwierig, daß man erst Sachverständige hören müsse. Nachdem dies geschehen ist, vertagt sich der Ausschuß. Ein Beschluß wird nicht gefaßt.

Schmalenbach, enttäuscht darüber, daß seine warnenden Rufe nicht gehört werden, sucht sich jetzt ein anderes Forum. Er findet es in einer Institution, die ihm schon vor 14 Jahren bei der Beschaffung wichtigen Materials für seine Zeitschrift wertvolle Hilfe geleistet hatte (siehe Seite 48): Es ist die Gesellschaft für wirtschaftliche Ausbildung in Frankfurt am Main e.V. Diese Gesellschaft veranstaltet Ende November 1921 eine Tagung über die Behandlung der Scheingewinne, auf der Schmalenbach das Hauptreferat hält. Es ist, soweit bekannt, seine erste öffentliche Rede über ein aktuelles wirtschaftspolitisches Thema überhaupt. Auf seinen Antrag wird eine Kommission gebildet, die zweimal unter seinem Vorsitz tagt; die Beratungen können sich auf mehrere Gutachten stützen, unter anderem haben Walter Mahlberg und Fritz Schmidt wichtige Beiträge geleistet. Damit wird eine fundierte wissenschaftliche Diskussion auf breiter Basis eröffnet.

Da mit fortschreitender Inflation die Bedeutung der Scheingewinn- und Bilanzierungsfragen wächst, werden auch im Reichswirtschaftsrat Ende 1921 die Verhandlungen wieder aufgenommen. Jetzt wird Schmalenbach zum Referenten bestellt. Gestützt auf die für Frankfurt geleistete Vorarbeit kann er dem Ausschuß schon Mitte Februar 1922 den Entwurf eines Goldmarkbilanzgesetzes mit Begründung vorlegen. Und wieder werden Sachverständige bestellt, deren Anhörung sich über Monate hinzieht.

Noch ehe diese Vernehmungen abgeschlossen sind, beginnt die Gesellschaft für wirtschaftliche Ausbildung mit der Herausgabe einer Schriftenreihe unter dem Titel „Betriebswirtschaftliche Zeitfragen“ (verlegt von Julius Springer in Berlin), und hier erscheint 1922 als erste Veröffentlichung die „Goldmarkbilanz“ von Schmalenbach. In dem Buch ist sein Entwurf einer Verordnung „betreffend die Einführung einer Goldmarkbilanz“ abgedruckt. Der Autor gibt der Praxis dazu mehrere Beispiele für die Umrechnung von Bilanzen in Goldmark, setzt sich mit den Einwänden gegen die Goldmarkbilanz auseinander und behandelt schließlich die mit der Umstellung verbundenen Steuerfragen. Es ist ein umfassendes, auf praktische Bedürfnisse zugeschnittenes Kompendium.

Doch trotz Schmalenbachs Bemühungen sind im Reichswirtschaftsrat die Beratungen über die Goldmarkbilanz niemals zu einem Beschluß gediehen. Man nahm das unaufhörliche Steigen der Preise als ein schicksalhaftes Geschehen hin, als ein Fatum, dem die Menschen ausgeliefert sind, ohne das Übel wenden zu können. Draußen in den Unternehmen fand Schmalenbach eher Verständnis. Immer mehr Firmen – große wie Tietz und mittlere wie Boehringer – folgten intern seinen Empfehlungen. Aber ohne gesetzliche Grundlagen herrschte dabei natürlich viel Unsicherheit. An einen gesetzlich statuierten Übergang zum Rechnen in Gold oder in Dollar (oder an eine wie immer geartete Indexrechnung, etwa auf der Basis von Großhandelspreisen) nach Schmalenbachs Vorschlägen war ernsthaft nicht zu denken. Die Gegnerschaft war zu groß, die Scheu vor den Risiken eines solchen Schritts übermächtig.

Im Frühjahr 1923 war Schmalenbach so weit, daß er alle Hoffnungen auf einen Erfolg seiner Bemühungen aufgab. „Zum Reichswirtschaftsrat fahre ich nicht mehr“, schrieb er am

3. April 1923, „. . . wegen der geringen Ergiebigkeit der Beratungen." Er konnte diesem Vorsatz dann doch nicht ganz treu bleiben. Als im November 1923 mit der Schaffung der Rentenmark die Währungs-Stabilisierung zu gelingen schien, ersuchte die Regierung den Reichswirtschaftsrat um eine gutachtliche Äußerung über den (im Justizministerium eiligst erarbeiteten) Entwurf einer „Verordnung über Goldbilanzen", etwas später auch der dazugehörigen Durchführungsverordnungen. Natürlich war Schmalenbach zur Stelle. Der Ausschuß hat Anfang 1924 mehrmals getagt. Zur letzten Sitzung – es war die sechzehnte seit Begründung dieses Arbeitsausschusses am 7. Mai 1921 – traten die Mitglieder am 11. März 1924 zusammen. Vermutlich war es auch das letzte Auftreten Schmalenbachs im Reichswirtschaftsrat.

Die Goldmarkbilanz hat Schmalenbachs Arbeitskraft in jener Zeit stark in Anspruch genommen. Vom Frühjahr 1921 bis zum Herbst 1922 hat er sich als Wissenschaftler fast ausschließlich mit dieser Frage befaßt – und dies ohne durchgreifenden Erfolg. Schmalenbach blieb zwar die Genugtuung, daß die Regierung im Dezember 1923 ihre Verordnung über Goldbilanzen schwerlich in solcher Windeseile hätte herausbringen können, wenn sie sich nicht auf seine Vorarbeiten hätte stützen können. Aber das war ein schwacher Trost. Mit seinem Hauptanliegen, der Wirtschaft durch Bilanzierung auf einem stabilen Wert-Fundament große Substanzverluste zu ersparen, war er nicht durchgedrungen.

Wie bitter diese Erkenntnis für ihn war, hat er gut zwanzig Jahre später offenbart, als er die Siebzig schon überschritten hatte. In seiner Gedenkrede auf den kurz zuvor verstorbenen Kollegen Ernst Walb bekannte er 1946 freimütig:

> *„Als ich einen Gesetzentwurf (über) die Einführung von Goldmarkbilanzen . . . im Reichswirtschaftsrat zu beantragen und zu verteidigen hatte, bin ich dem Einfluß der mächtigen Gegnerschaft unterlegen. Damals hatte ich oft das Gefühl gehabt, daß nicht ich, sondern Walb an meiner Stelle hätte stehen sollen. Vermutlich wäre es seiner überlegenen Taktik, seinem besseren Einfühlungsvermögen und seiner Beredsamkeit gelungen, was mir mißlungen ist."*

Die Worte zeugen von einer kritischen Selbsteinschätzung, die wohl nur in einer solchen Weihestunde und nur bei einem so traurigen Anlaß über seine Lippen kommen konnte. Er kannte die Grenzen seiner Fähigkeiten und Talente, und er wußte: Zu einem Parlamentarier taugte er nicht. Was ihm für einen erfolgreich operierenden Politiker fehlte, waren in der Tat die von ihm genannten drei Dinge: die Fähigkeit zu hintergründig-diplomatischem Taktieren, das Einfühlungsvermögen in das Denken und die Seelenstimmung anderer Menschen, vor allem aber jene mitreißende Beredsamkeit, die durch die Kraft des Worts auch Zögernde und Zaudernde, selbst Andersdenkende zu überzeugen und für die eigene Sache zu gewinnen vermag. Schmalenbach war der geborene Wissenschaftler, mit einem scharf analysierenden Verstand und einer überragenden Fähigkeit zu schöpferischem Denken begabt, dazu ein Mensch mit viel Ausstrahlungskraft und mit hohen moralischen Ansprüchen an sich selbst und an andere – doch für ein aktives Wirken auf dem Felde der Politik fehlten ihm entscheidende Voraussetzungen. In weiser Selbsterkenntnis hat er nie wieder ein politisch gefärbtes Amt angestrebt oder angenommen, auch im hohen Alter – nach 1945 – nicht.

29. Des Universitätsbetriebs überdrüssig: Gesuch um Entlassung als Professor

Nie zuvor hat sich Eugen Schmalenbach für eine Sache so nachdrücklich eingesetzt wie während der Inflationszeit für die Goldmarkbilanz. Von der staatspolitischen Bedeutung der Frage überzeugt, hat er in jenen Jahren alles getan, um seinen Ideen zum Durchbruch zu verhelfen. Wer ihn damals in seiner geradezu kämpferischen Attitüde hätte erleben können, wäre kaum auf den Gedanken gekommen, daß dieser vielbeschäftigte Professor ein von selbstquälerischen Zweifeln geplagter Mann sein könnte. Und doch hat es in Schmalenbachs Leben keine Zeitspanne gegeben, in der er innerlich dermaßen unsicher, in seinem Fühlen derart hin- und hergerissen war, wie zu Beginn der zwanziger Jahre. Seine Gedanken kreisten um die Frage, ob er wirklich den richtigen Berufsweg eingeschlagen habe. Hätte er nicht, statt Professor zu werden, eine führende Position in der Wirtschaft ansteuern sollen? Sollte er nicht jetzt noch den Beruf wechseln? Solche Skrupel nagten an seinem Selbstgefühl und beschworen eine Identitätskrise herauf.

Am 1. März 1920, einem Montag, schrieb er an den Rektor Christian Eckert einen Brief, dessen Anfangssätze unmißverständlich sind:

> *„Euer Magnifizenz teilte ich schon neulich die Möglichkeit mit, daß ich aus dem Dienst der Universität und überhaupt aus der akademischen Tätigkeit ausscheide, um in die kaufmännische Praxis zurückzukehren. Nunmehr ist diese Möglichkeit zu einem Entschluß geworden, und ich bitte Sie ergebenst, meine Entlassung bis zum 30. September 1920 zu bewirken."*

Entlassung aus dem Staatsdienst? Und das keine neun Monate, nachdem ihm die Doktorwürde zum Geschenk gemacht worden war? Zu einer Zeit überdies, als er schon gewußt haben muß, daß die Reichsregierung ihn als herausragenden Vertreter der Betriebswirtschaftslehre in den vorläufigen Reichswirtschaftsrat zu entsenden beabsichtigte? Es erscheint unfaßbar. Zur Begründung dieses ungewöhnlichen Schritts führt Schmalenbach die bevorstehende Gehaltsreform und die darin zum Ausdruck kommende Nivellierungstendenz des „herrschenden Systems" an. Außerdem verweist er auf das Beispiel des Kollegen Albert Calmes in Frankfurt, der gleichfalls schon der Wissenschaft den Rücken gekehrt habe.

Es sind Gründe, die für einen so schwerwiegenden Entschluß – auf einem Gipfel seines Lebensweges – kaum ausreichend erscheinen können. Die Gehaltsreform war noch nicht beschlossen, sie befand sich im Stadium der Verhandlungen und sollte dem Kultusministerium keineswegs die Möglichkeit nehmen, besonders leistungsfähige Kräfte auch weiterhin gehaltlich zu bevorzugen.

Und der Fall Calmes war mit Schmalenbachs Situation in keiner Weise vergleichbar. Calmes war ein Mensch, dem die Wirtschaftswissenschaften als Lebensberuf allein nicht hätten genügen können. Seine Heimat war Luxemburg, und genau an dem Tage, an dem Schmalenbach sein Entlassungsgesuch zu Papier brachte, begann Calmes' Tätigkeit bei dem Luxemburger Stahlkonzern ARBED, wo er bald in den Vorstand aufrückte. Später war dieser vielseitige und sprachenkundige Mann für den Völkerbund tätig, hat politische Aufgaben wahrgenommen (unter anderem für die Benelux) und außerdem verschiedene rein historische Bücher geschrieben. Die Jacke eines beamteten Professors der Fabrikbetriebslehre in Frankfurt am Main wäre einem Mann wie Calmes früher oder später mit Sicherheit zu eng geworden.

Nein, der Unmut, der sich in Schmalenbachs dramatischem Schritt kundtat, hatte ohne Zweifel tiefere Ursachen. Zuvörderst muß sein Entschluß wohl als Ausfluß jener pessimistischen Grundstimmung gewertet werden, die nach dem Umbruch von 1918 weite Kreise des Bürgertums erfaßt hatte. Die Wirren der November-Revolution waren 1920 zwar vergessen, die Arbeiter- und Soldatenräte verschwunden. Dennoch war in der Bevölkerung nach dem Sturz der Monarchie viel Unsicherheit und Unbehagen lebendig geblieben. Niemand sah, wohin die Fahrt in der Republik letztlich gehen würde. Nur eines fühlte und wußte jeder: Die goldenen Zeiten der Vorkriegsjahre waren dahin, so wie ehedem würde es nie wieder werden.

Hinzu kam Schmalenbachs Unzufriedenheit über die Besoldungsfrage. Natürlich war ihm bewußt, daß sich preußische Beamte mit niedrigeren Einkünften zu begnügen hätten als die meisten Geschäftsleute oder Unternehmer. Aber die Spanne zwischen den Gehältern gehobener Staatsbeamter und gehobener Privatangestellter hatte, wie er zu wissen glaubte, eine „ungeheuerliche" Weite bekommen. In seinem Brief vom 1. April 1920 an den in Berlin zuständigen Referenten, Geheimrat Wende, schreibt er: „Vor dem Kriege war das Verhältnis etwa 1 : 1½ bis 1 : 2 und jetzt ist es . . . 1 : 5 bis 1 : 8. . . . (Dagegen hat man) den Eindruck, daß im praktischen Geschäftsleben tüchtige und leistungsfähige Personen heute mit einem Agio bewertet werden."

Wie gut manche Geschäftsleute in dieser turbulenten Zeit verdienten, sah Schmalenbach sozusagen „am grünen Holz", nämlich in der nächsten Verwandtschaft. Sein Bruder Edmund, der bei der Heirat im Sommer 1918 Teilhaber der Mainzer Firma Urmetzer geworden war und dieses optische Geschäft um eine Foto-Abteilung erweitert hatte, konnte gar nicht so viele Kameras herbeischaffen, wie die französischen Besatzungssoldaten gegen Francs (aus deutscher Sicht also inflationssicher) kaufen wollten. Edmund habe „durch die Besatzung einen ungemein großen geschäftlichen Erfolg", schreibt Eugen schon im Juni 1919, und der Bruder nennt sich selbst zwei Jahre später (am 10. Oktober 1921) einen „Mainzer Valutabegünstigten", bei dem „der Weizen blüht". Möglicherweise hatte der kleine Geschäftsmann Edmund 1920 ein höheres Einkommen als der große Professor Schmalenbach in Köln. Der wird seinem Mainzer Bruder solches Glück nicht mißgönnt haben; aber tief im Innern nagten sicher doch Zweifel, ob die Welt noch in Ordnung sei.

Der dritte und entscheidende Grund für Schmalenbachs Entlassungsgesuch lag jedoch auf einem anderen Feld. Er ist im psychologischen Bereich zu suchen, in den Veränderungen, die seine Stellung durch die Überführung der Handelshochschule in eine Universität erfahren hatte. Schmalenbach hat die Bestrebungen Eckerts, in Köln eine Universität ins Leben zu rufen, niemals unterstützt, im Gegenteil (siehe Seite 75). Aber nun war die Universität doch Wirklichkeit geworden, und Schmalenbach fand sich plötzlich in einem Rahmen wieder, den er nicht mehr mit einem Blick übersehen konnte. Es hat Jahre gedauert, bis er sich an diese neuen Größenverhältnisse gewöhnt hat.

Natürlich war Schmalenbachs Stellung in dem größeren Getriebe auch nicht mehr so dominierend wie vordem auf der Hochschule. Und was ihn wahrscheinlich besonders unangenehm berührte: Er bekam hier unversehens das aus Vorurteilen gespeiste Mißtrauen zu spüren, mit dem neu hinzutretende Kollegen anderer Fakultäten ihm und seiner Lehre begegneten. Das hat zweifellos sein Unbehagen an dem Universitäts-Betrieb vergrößert und seinen Entschluß bestärkt, dem Dasein eines Hochschullehrers Lebewohl zu sagen.

Andererseits kann der Kontakt mit Männern wie dem Philosophen Max Scheler, dem Rechtsgelehrten Heinrich Lehmann, dem „Vitalisten" Hans Driesch, dem Soziologen von Wiese nicht ohne Eindruck auf Schmalenbach geblieben sein. Es ist kein Zufall, daß er sich kaum zwei Wochen nach dem Entlassungsgesuch in einem Brief an seinen Bruder (vom 12. März 1920) über Max Scheler bei aller Distanzierung erstaunlich positiv äußert: Scheler sei

„der geistig bedeutendste", „ein kluger Bursche" und für Eugen Schmalenbach „ein interessantes Problem". Ähnlich wird er sicher über andere Kollegen gedacht haben, wenn er sie auf Sitzungen der Professorenschaft oder im persönlichen Gespräch unmittelbar erlebte. Auch unter diesen Wissenschaftlern, das muß ihm damals deutlich geworden sein, gab es bedeutende Persönlichkeiten, Männer von Format, die einen scharfen Verstand besaßen und kluge Ansichten vertraten.

Mußten ihn diese Erkenntnisse nicht irritieren? Sehr viel später, 1929, hat er in seinem Aufsatz „Über Abschreibungen" (ZfhF 1929, Seite 193) freimütig bekannt, er habe einmal die Absicht gehabt, sich „ganz der Wissenschaft hinzugeben" und es mit einem „völligen Abbau der Praxis" (gemeint war ein „völliger Abbau seiner wissenschaftlichen Beschäftigung mit Problemen der Praxis") zu versuchen. Wann dies gewesen ist, sagt er nicht. Aber es gibt nach unserer Kenntnis keinen anderen Zeitpunkt auf seinem Lebensweg, an dem er in der Hinwendung zur „reinen" – nicht praxisorientierten – Wissenschaft seine eigentliche Bestimmung hätte sehen können. Eine derart radikale Wendung seines Denkens kann sich nur nach der Gründung der Universität vollzogen haben, als er mit „reinen Wissenschaftlern" anderer Geistesrichtungen in direkte Berührung kam und nicht umhin konnte, vielen von ihnen seinen Respekt zu zollen. Aber daß der geborene Praktiker Schmalenbach in seiner wissenschaftlichen Zielsetzung eine Abkehr von den Fragen der Praxis auch nur erwogen hat, zeigt, in welche Krise ihn damals die Zweifel an seiner Berufung zu führen drohten.

Welche Firma es war, die Schmalenbach jene leitende Position angeboten hat, in die er sich flüchten wollte, hat er niemals preisgegeben, auch in Briefen an seinen Bruder nicht. In dem Schreiben vom 1. April 1920 an Eckert sagt er, „der bisherige geschäftsführende Gesellschafter" habe sein Amt mit dem heutigen Tage niedergelegt, und auch „der Dienstwohnung wegen, die ich am 1. 10. 1920 zu beziehen haben würde", werde bald „eine definitive Erklärung von mir verlangt werden". Ebenfalls am 1. April 1920 erklärt er in einem Brief an Geheimrat Wende in Berlin, wenn er in die Praxis zurückgehe, werde sein Gehalt einschließlich Tantieme etwa das Vierfache dessen betragen, was er als Professor fordere (er nennt konkrete Zahlen), „wobei allerdings dann für irgendwelche wissenschaftliche Tätigkeit kein Raum mehr bleiben würde". Andererseits heißt es fünf Wochen später in einem Brief an Eckert (vom 3. Mai 1920), der Wiedereintritt in die Praxis würde ihm „außer hinreichendem Einkommen voraussichtlich mehr Muße für fachwissenschaftliche Arbeiten (bieten), als die Universität sie gewähren konnte".

Solche divergierenden Äußerungen lassen nur die Vermutung zu, daß Schmalenbach sich vor seinem Entlassungsgesuch der Bereitschaft mehrerer verschiedenartiger Unternehmen versichert hat, ihn als Teilhaber aufzunehmen oder in einer leitenden Position anzustellen. Nach seinen Andeutungen in den Briefen vom 1. April 1920 könnte es sich um eine der vielen mittleren Firmen gehandelt haben, denen Schmalenbach damals als Berater zur Verfügung stand, vor allem in Fragen der Goldmarkrechnung. Doch „mehr Muße für wissenschaftliche Arbeiten"? Dieser Hinweis spricht dafür, daß ihm auch das Angebot einer größeren, offenbar sehr potenten Gesellschaft vorgelegen hat. Daran zeigt sich, welchen Ruf Schmalenbach als betriebswirtschaftlicher Experte allenthalben genoß. Er konnte sich die ihm genehm erscheinende Position offenbar aus den Offerten sehr unterschiedlich gearteter Firmen frei auswählen.

Nachdem Schmalenbach erklärt hatte, unter welchen Vorausetzungen er an der Universität bleiben würde (Brief an Eckert vom 1. April 1920), kam es nach langen und zeitweise sehr harten Verhandlungen, in deren Verlauf er zweimal ernsthaft mit Abbruch drohte, schließlich zu einer Einigung: Schmalenbach wurden höhere Zahlungen zugebilligt, zum Teil als Vergütung für eine „Sonderleistung außerhalb der professoralen Tätigkeit"; so wurde das Honorar für seine Tätigkeit als Leiter des Archivs (des früheren „Bilanzarchivs") umschrieben. Außerdem wurde ihm das Recht zugestanden, auf Antrag alle vier Semester von sämtlichen Vorlesungen und Übungen befreit zu werden. Die Gewährung dieses Rechts hatte er als conditio sine qua non betrachtet und besonders hartnäckig verfochten.

So schien die Krise überwunden und alles in schönster Ordnung. Aber kaum hatte Schmalenbach zum ersten Mal das ihm jetzt zustehende Freisemester bewilligt bekommen (es war das Sommer-Semester 1922, in dem er fast ausschließlich in Sachen Goldmarkbilanz unterwegs war), da überraschte er den Rektor erneut mit der Nachricht, er erwäge, Köln zu verlassen und einem Ruf nach Berlin zu folgen (Brief vom 20. Februar 1922; siehe Seite 45). Seine offizielle Begründung lautete wiederum, ihm würden dort wesentlich höhere Bezüge geboten. Was ihn mindestens ebenso lockte (wovon er jedoch nicht sprach), war sicher die Tatsache, daß die Betriebswirtschaftslehre in Berlin an einer Hochschule gelehrt wurde, nicht im Rahmen der Universität. Außerdem hätte ihm die Übersiedlung nach Berlin auch die vielen Reisen zu den Sitzungen des Reichswirtschaftsrats erspart, unter denen sein Magen fühlbar gelitten hatte.

Wieder kommt es zu langwierigen Verhandlungen über die Bedingungen des Bleibens, wieder schreibt der ungeduldige Schmalenbach unwirsche Briefe, und wiederum gelingt es dem geduldigen Eckert schließlich doch, ihn zufriedenzustellen: Der Professor erhält mit allen Orts-, Wohn-, Kinder-, Teuerungs- und sonstigen Zuschlägen summa summarum reichlich 80 Prozent dessen, was Berlin ihm geboten hatte. Schmalenbach ist's zufrieden. Er bedankt sich am Ende sogar ausdrücklich für die freundlichen Schlußworte Eckerts und versichert, auch ihm sei daran gelegen, „Hand in Hand mit Ihnen für das Wohl der Universität zu arbeiten".

Aber die Unruhe in seinem Gemüt weicht noch immer nicht von ihm. Es vergehen kaum zwölf Monate, da sind all die schönen Worte vom letzten Mal vergessen. Er liebäugelt plötzlich mit dem Gedanken, nach Jena zu gehen. Diesmal wendet er sich nicht an Eckert, sondern nimmt in Berlin eine Gelegenheit wahr, mit Geheimrat Wende vom Kultusministerium darüber zu sprechen. Der schreibt eiligst an Eckert (Brief vom 27. April 1923):

> *„Herr Schmalenbach teilt mir . . . . mit, daß er voraussichtlich nach Jena gehen würde, weil er in Jena Aussicht habe, ein Examen für gehobene Treuhänder einrichten zu können und weil die etwas zu großbetriebliche Art, die wir in Köln bekommen haben, ihm nicht liege". . . . .*

Aber nun reißt Eckert der Geduldsfaden. Er ist über das Verhalten Schmalenbachs verärgert, um nicht zu sagen: empört. In einem drei Seiten langen Brief (vom 1. Mai 1923) legt er Wende die Verhältnisse in Köln dar, und sein Schreiben erweckt keineswegs den Eindruck, als ob er geneigt wäre, sich nach so kurzer Zeit nochmals mit allem Nachdruck für Schmalenbach zu verwenden, nur um ihn in Köln zu halten. Er meint sogar, für die Universität Köln habe Schmalenbach gegenwärtig „zum Teil nur noch Prestigebedeutung". Ein solches Wort offenbart den jetzigen Grad der Verärgerung; einige Jahre zuvor wäre es ihm nicht aus der Feder geflossen. Es ist auch falsch: Die großen Zeiten standen Schmalenbach und der Kölner Universität 1923 erst noch bevor.

Wie innerhalb des Kuratoriums die Frage neuer Zugeständnisse an Schmalenbach behandelt würde, wagt Eckert, der jetzt als stellvertretender Vorsitzender des Kuratoriums (nicht mehr als Rektor) spricht, nicht vorauszusagen. Aber er zählt die Zugeständnisse, die Schmalenbach bisher schon gemacht worden sind, lückenlos auf, gewiß in naheliegender Absicht:

„(Schmalenbach) hat bereits das höchste Gehalt von allen Ordinarien, bekommt eine sehr hohe Zulage für die Leitung des Archivs, hat als einziger der hier schon früher wohnenden Professoren eins der neugebauten Häuser mit Garten (erhalten), was viel Mißstimmung unter den Kollegen erregte, hat das einzigartige Zugeständnis, etwa für jedes vierte Semester Urlaub nachsuchen zu können, hat einen ganzen Stab von Assistenten zu seiner Verfügung, so daß ihm bereits eine Sonderstellung gegeben ist, wie er sie wohl an keiner anderen Hochschule erhalten könnte. . . .“

Das ist deutlich. Aber die Befürchtung, Schmalenbach werde wieder mit einem Fortgang aus Köln drohen, bewahrheitet sich diesmal nicht. Sein Hinweis auf Jena bleibt ein Schreckschuß. Ob er selbst zu der Einsicht gekommen ist, daß er den Bogen nicht überspannen dürfe, ob Eckert ein offenes Wort mit ihm gesprochen hat, ob ihm ein Wechsel an die Jenaer Universität bei genauerem Hinsehen doch nicht so reizvoll erscheint wie im ersten Anblick, zumal er sich dort gegenüber den Juristen, in deren Fakultät die Betriebswirtschaftslehre angesiedelt war, erst Respekt und Autorität hätte verschaffen müssen – das alles wissen wir nicht. Jedenfalls hat kein Ruf aus dem grünen Thüringen die kaum gewonnene Ruhe in Köln gestört, und es gibt dort außer den unmittelbar Beteiligten niemanden, der von dieser neuerlichen Anfechtung Schmalenbachs jemals etwas erfahren hätte.

Es ist die letzte Anfechtung gewesen, die ihn heimgesucht hat. In den zehn Jahren von 1924 bis 1933 ist kein Ruf mehr an ihn ergangen. Darüber traurig zu sein, sah Schmalenbach keinen Anlaß mehr. Er hatte sein inneres Gleichgewicht wiedergefunden.

30. Verkauf des Sachvermögens: Gegen Geldentwertung anderweitig abgeschirmt

„In der Zeit rascher Papiergeldentwertung nimmt der Bauer keine (Bank-)Noten, sondern legt sich eine Naturalienkasse im Walde an.“ So belehrt Eugen Schmalenbach seinen Bruder gleich nach Kriegsende, am 15. November 1918, als die Mark erst etwa zwei Drittel ihres Friedenswerts eingebüßt hatte. Daß die Weigerung der deutschen Landwirtschaft, Ernteprodukte noch gegen Papiermark herzugeben, 1923 den Hauptanstoß für den entscheidenden Schritt zur Stabilisierung der Währung geben würde, konnte Schmalenbach nicht vorausahnen. Die ersten Rentenbank-Scheine wurden auf den Tag genau fünf Jahre nach seinem Brief ausgegeben, am 15. November 1923.

Wie diese beispiellose Geldentwertung den Menschen mitgespielt hat, wie sie einigen auch zugutegekommen ist und wie manch einer sich vor deren verheerenden Folgen hat abschirmen können, das zeigen die unterschiedlichen Schicksale der Schmalenbachs in jenen bösen Jahren geradezu exemplarisch. Am schlimmsten waren diejenigen dran, die allein von ihrem Lohn oder Gehalt zu leben hatten, besonders wenn die Zahlungen nicht wöchentlich oder monatlich, sondern in größeren Abständen eingingen, oder wenn sie aus Zinserträgen, Kolleggeldern für Professoren oder ähnlichen Leistungen bestanden. Das war bei Eugens Bruder Hermann der Fall, der sich im Frühjahr 1920 nach langen Mühen endlich in Göttingen hatte habilitieren können. Eugen hatte ihm schon früh vorausgesagt, daß „bei der gegenwärtigen und kommenden Notlage philosophische Privatdozenten bald werden hungern müssen, wenn sie nicht sonstige Ressourcen haben“ (Brief vom 20. Dezember 1920). Genauso ist es gekommen. Eugen und vor allem Edmund haben den Bruder zwar nach Kräften unterstützt. Dennoch hatte kein anderer in der Familie so lange und so schwer an den Inflations-Wirkungen zu tragen wie der Jünger der Philosophie.

Auf der anderen Seite gab es in der Familie auch einen ausgesprochenen Inflationsgewinnler, der Schulden gemacht hatte (die sich entwerteten) und über große Sachwerte verfügte (deren Wert erhalten blieb): Edmund. Nicht nur, daß ihm die Besatzungs-Soldaten, wie erwähnt (Seite 87), den Preis für seine hochbegehrten Kameras zumeist in (wertbeständigen) Devisen entrichteten. Er war auch so clever, verfügbare Mark-Beträge sogleich in Sachwerten anzulegen, wobei er nicht nur seine eigenen Vorräte im Geschäft wieder auffüllte, sondern auch andere Dinge erwarb, vor allem Automobile. In einem Brief (vom 29. August 1922), der fast zu einer „Kleinen Geschäfts-Philosophie des intelligenten Inflations-Kaufmanns" geraten ist, schreibt er darüber mit hintergründiger Ironie:

> *„Jeder von uns (Familienmitgliedern) hat zwar ein Auto, aber das sind doch nur Schein-Autos. Sie fahren zwar wirklich, aber gehören tun sie uns nicht. Die gehören eigentlich Herrn . . ., der uns im Jahre 1919 mal 100 000 Mark geliehen hat, Herrn . . ., dem das Haus gehörte, . . . dann Eugen . . . und zum ganz kleinen Teil Großmutter Schmalenbach. Davon ist der Teil zu streichen, um den man uns betrogen hat. Da es sich aber nicht mehr feststellen läßt, wieweit wir betrogen haben und wieweit wir betrogen worden sind, sind wir gesetzmäßig die Eigentümer der Autos. . . . Es ist nur gut, daß wir Luxuswaren haben. So haben wir am ehesten die Möglichkeit, mehr zu betrügen, als wir betrogen werden. Aus diesen Geschäften hält sich die Wuchergesetzgebung heraus. . . . Es wird auch mal wieder anders, und da müssen wir sehen, daß wir uns dann auch zurechtfinden, auch ohne Autos und so Spielereien mehr."*

Und dann gab es – Fall Nummer drei – jene Menschen, die zwar über Sachwerte verfügten, aber die „traumhaft hohen Preise" als eine nie wiederkehrende Gelegenheit zu einem besonders günstigen Verkauf ansahen. So ist es Eugens Mutter ergangen. Um den ewigen Ärger mit renitenten Hausbewohnern und der Suche nach neuen Mietern endlich loszuwerden, verkaufte sie die Darmstädter Villa (nach einigem Hin und Her mit ihren Söhnen, die als Nacherben zustimmen mußten) im März 1922 zu einem Preis von 221 000 Mark, von denen ihr 76 000 Mark bar auf den Tisch gelegt wurden. Dieses Geld gab sie als Darlehen zu 10 Prozent Zins an Edmund weiter. Doch einen solchen Batzen Geld konnte Edmund nicht in Sachwerten anlegen: Wo sollte er die vielen Autos oder Kameras so plötzlich herbekommen, wo sie hinstellen? Und so nimmt das Schicksal unaufhaltsam einen Lauf: Die Mutter, deren ganzes Sinnen und Trachten darauf gerichtet war, das ererbte Vermögen zu erhalten und tunlichst noch zu mehren, steht Ende 1923 ohne einen Pfennig da – ein unglückliches Opfer der Inflation.

Aber seltsam: Auch Eugen handelt nicht anders, er verkauft mitten in der Inflation einen großen Teil seines Sachvermögens. Das beginnt 1922 mit dem Abstoßen der Fabrik in Schmalenbach. Dieser Schritt wird in erster Linie wohl kaufmännische Gründe gehabt haben (siehe Seite 62). Aber ausgeschlossen ist es nicht, daß schon bei diesem Entschluß auch Überlegungen anderer Art eine Rolle gespielt haben. Denn es ist nicht der einzige Vorgang einer Veräußerung geblieben.

Gleichzeitig mit der Fabrik wollte Schmalenbach 1922 auch sein geliebtes Landhaus verkaufen, an das sich für ihn so viele schöne Erinnerungen knüpften. Er hatte diesen Gedanken bereits im Sommer davor (1921) geäußert, als er noch in einer Kölner Etagen-Wohnung lebte. Begründung: „Man kann heute nicht mehr zwei Wohnungen haben" (Brief vom 1. Juli 1921). Seit Anfang 1922 wohnte er nun in der von der Universität errichteten Villa in Köln-Marienburg, und zu diesem Haus gehörte ein Garten. Auch für seine Lieblings-Beschäftigung brauchte er das Landhaus also nicht mehr zu behalten.

Ganz so rasch, wie er sich das vorgestellt hatte, wollte der Verkauf freilich nicht gelingen. Erst ein ganzes Jahr später, in einem Brief vom 3. April 1923, teilt er mit, der jetzige Besitzer der Fabrik wolle das Haus übernehmen. Über den Preis sei man sich einig, „wir wissen nur noch nicht, wie wir es mit dem Mobiliar machen". Offenbar ist daran die Sache zu guter Letzt dann doch gescheitert. Jedenfalls ist Eugen Schmalenbach allezeit Eigentümer seines Ferienhauses geblieben.

Noch etwas anderes steht in diesem Brief, und das wirkt in höchstem Maße bestürzend: Schmalenbach hat die Treuhand verkauft! Die Treuhand-AG, sein Ein und Alles, sein größter Stolz – abgestoßen in einem Augenblick, als die Talfahrt der Mark ein rasantes Tempo anzunehmen begann und ihr Sturz in das Nichts bereits abzusehen war, jedenfalls für einen Mann wie Schmalenbach.

Zu dieser Zeit waren alle Treuhand-Aktien in seinem Besitz. Der frühere Mit-Aktionär Richard Peters, der ursprünglich über 51 Prozent verfügt hatte, war 1919 aus dem Aufsichtsrat ausgeschieden, wo er bis dahin als stellvertetender Vorsitzender fungiert hatte (Vorsitzender war Schmalenbach). Ohne Zweifel hatte Schmalenbach seine Aktien übernommen. Aber er ist nicht lange Allein-Aktionär geblieben. Das läßt sich aus den Personalveränderungen in den Führungsgremien schließen. Im Dezember 1920 wird Max Herberg in den Vorstand berufen; etwa zur gleichen Zeit tritt ein Dr. Herberg, Regierungsrat in Arolsen, in den Aufsichtsrat ein, sicher ein Verwandter des neuen Vorstandsmitglieds, vermutlich sein Vater. Der Vorgang wiederholt sich Anfang 1923: Jetzt wird Dr. Else Schnick, seit anderthalb Jahren als Prokuristin bei der Treuhand-AG tätig, zum Vorstandsmitglied bestellt (zunächst neben Max Herberg, der jedoch 1926 ausscheidet), und der Fabrikant Walter Schnick aus Elberfeld, wahrscheinlich ihr Vater, tritt in den Aufsichtsrat ein. Gleichzeitig kehrt Schmalenbach dem Aufsichtsrat und damit „seinem" Unternehmen den Rükken. Dies alles läßt nur einen Schluß zu: Schmalenbach hat offensichtlich die von Peters 1919 übernommenen Aktien bald darauf an Dr. Herberg weitergegeben und dann das seit langem in seinem Besitz befindliche Aktienpaket 1923 an Walter Schnick veräußert. „Die Treuhand ist verkauft", ruft er in seinem Brief vom 3. April 1923 aus, und das klingt fast triumphierend.

Warum aber der Verkauf dieser Vermögenswerte ausgerechnet zu einer Zeit, als die Inflation ihrem Höhepunkt entgegenstrebte? Schmalenbachs Kommentar (im Brief vom 3. April 1923) enthält darüber einige Andeutungen:

> *„Nun sind wir frei von allen Unternehmungen und von allen Sachwerten, was nicht jedermann als Ideal ansehen wird. Die Annehmlichkeit ist, daß man das Seinige gut abschätzen kann. Diese Schätzung hat das Ergebnis, daß wir der Entwertung zwar nicht ganz verfallen sind, ihr aber auch einen reichlichen Tribut gebracht haben."*

Frei von allen Unternehmungen und Sachwerten? Das könnte zu Schmalenbachs Absicht passen, Köln vielleicht den Rücken zu kehren und sich woanders niederzulassen, um in einer Firma oder auf einer Handelshochschule tätig zu werden. Und in der Formulierung, daß er nun „das Seinige gut abschätzen kann", wird der Bruder in Göttingen möglicherweise einen verschlüsselten Hinweis auf den wahren Sinn dieser Vermögens-Umschichtung erkannt haben. In aller Deutlichkeit geht dies erst aus einem späteren Brief hervor (vom 15. Juli 1923). Dort schreibt Eugen Schmalenbach über die Frage des Erbes:

> *„Daß der Kaufpreis für das Haus (der Mutter) nicht gleich wertbeständig angelegt wurde, war . . . ein Fehler. . . . Mir scheint, daß die nicht wertbeständige Anlage . . . auf die Abneigung der Mutter, mir die Anlage anzuvertrauen, . . . (zurückzuführen ist). Man*

konnte weder damals noch heute die Gulden- oder Dollaranlage fest versprechen, nach der Devisenordnung vom Herbst vorigen Jahres erst recht nicht.“

Die Gulden- oder Dollaranlage – das also ist des Pudels Kern. Eugen Schmalenbach hatte die Möglichkeit, seine Mark-Bestände in Gulden oder Dollar zu tauschen und damit dem fortschreitenden Zerfall des Geldwertes in Deutschland zu entfliehen. Die Besetzung rheinischer Gebiete durch Truppen der ehemaligen Feindmächte hatte für die dortige Bevölkerung neben all den Erschwernissen, die die Abtrennung von den anderen Teilen des Reichs mit sich brachte, auch einen Vorteil: Die Devisenvorschriften aus Berlin wurden hier nicht immer mit aller Strenge angewandt. Es gab sogar Verordnungen, die von den Banken im besetzten Gebiet schlankweg ignoriert wurden, dies zum Teil mit Kenntnis und Zustimmung des Befehlshabers der dortigen Truppen. Das „Schieberloch im Westen“, von verantwortlichen Währungspolitikern damals bitter beklagt, ließ sich von Berlin aus nicht stopfen, der Arm der Devisenkontrollen reichte nicht über den Rhein hinweg.

Aber Schmalenbach hatte es auch nicht nötig, sich selbst um den Umtausch seines Geldes zu kümmern. Das besorgten seine Freunde in den Firmen für ihn, mit denen er in enger Verbindung stand und denen er sicherlich auch manchen nützlichen Rat in Währungsfragen gegeben hatte. Zu den befreundeten Firmen gehörte vor allem die Leonhard Tietz AG, deren damaliger Finanzchef Max Grünbaum unseren Professor seit dessen ersten Anfängen als Revisor des Unternehmens (1905) kennen und schätzen gelernt hatte. Und es gehörte dazu die Firma Zanders in Bergisch-Gladbach (Herstellerin von Feinpapier), bei der sich aus Schmalenbachs Beratungstätigkeit ein betont vertrauensvolles Verhältnis entwickelt hatte. (Über Schmalenbachs Beziehungen zu Zanders wird noch ausführlich zu sprechen sein; siehe Seite 127–128).

Beide Gesellschaften standen in regem Geschäftsverkehr mit Firmen in den Niederlanden. Zanders leitete z. B. seine Im- und Exporte über eine holländische Tochtergesellschaft, in deren Verwaltungsrat sogar Schmalenbach selbst den Vorsitz führte. Für die Banken, über die der Zahlungsverkehr dieser Firmen lief, war die Verrechnung von Gulden oder Dollar zu Gunsten deutscher Stellen ein alltäglicher Geschäftsvorgang. Ein Verbot, Devisen zu erwerben oder zu besitzen, bestand für Deutsche generell ohnehin nicht.

Die Zusammenarbeit mit den beteiligten Firmen und Banken hatte sich so eingespielt und vollzog sich so glatt, daß Schmalenbach daran denken konnte, auch andere mit ihren relativ kleinen Beträgen an diesem System teilhaben zu lassen (womit er wohl gleichzeitig sein Gewissen beruhigte, allein Nutznießer dieses „Devisenlochs“ zu sein). So ließ er 1922 in seinem Bilanzarchiv von dem dort tätigen Assistenten eine Art Wechselstube als „wertbeständige Bank“ einrichten. Hier konnten Studenten, Gehaltsempfänger der Universität, städtische Beamte und andere Personen beliebige Beträge in Mark einzahlen, die ihnen – abzüglich einer kleinen Gebühr, aus der eine Reserve angesammelt wurde – auf ihrem Konto zum Tageskurs in Dollar gutgeschrieben wurden. Wollten sie Geld abheben, so wurden sie umgekehrt in Höhe des gewünschten (Mark-)Betrages nach dem dann gültigen Dollarkurs auf ihrem (Dollar-)Konto belastet.

Die Führung der Konten und die damit verbundene Arbeit des Umrechnens von Mark in Dollar und umgekehrt war von einem einzelnen Mann bald nicht mehr zu bewältigen, so daß zwei Hilfskräfte angestellt werden mußten. Aber auch sie hatten manchmal bis in die Nacht hinein zu tun, um die Konten bis zum nächsten Morgen jeweils à jour zu haben. Um dem abzuhelfen, ließ Schmalenbach schließlich Dollar-Zertifikate, genannt Anteilscheine, in den verschiedensten Stückelungen drucken, die den Kunden bei Einzahlungen ausgehändigt wurden und die sie bei Abhebungen zurückgeben mußten. Dadurch entfiel die umständliche Führung von Personal-Konten. Das System hatte den höchstmöglichen Organisationsgrad erreicht.

Es gab Menschen, die diese Anlagegemeinschaft der Kölner Universität, wie die Einrichtung offiziell hieß, zunächst als „fixe Idee des spinnerten Betriebswirtschafts-Professors" belächelten und ihren baldigen Zusammenbruch voraussagten. Aber es dauerte nicht lange, und die Spötter wurden still. Manch einer ist dann selbst Kunde dieser Einrichtung geworden, die es auf geheimnisvolle Weise fertigbrachte, die Menschen vor dem Wertverfall des deutschen Geldes abzuschirmen und so der Inflation ein Schnippchen zu schlagen. Wie war das möglich? Niemand begriff es, und Schmalenbach hütete sich, sein Geheimnis preiszugeben. Es machte ihm Freude, allseits als eine Art Zauberkünstler zu gelten, als ein moderner Cagliostro, der die Fähigkeit besaß, aus Papier Gold zu machen. Die Hochachtung, die ihm ob dieser Leistung von allen Seiten entgegenschlug, war Medizin für sein leicht verwundetes Selbstgefühl.

31. An die Spitze der Reichsbank?: Geheimnisvolle Anfrage im Urlaub

Während eines Urlaubs in Bad Dürrenberg muß es geschehen sein: Schmalenbach wurde überraschend gefragt, ob er bereit wäre, das Amt des Reichsbankpräsidenten zu übernehmen. Schmalenbach hat diese Angelegenheit zwar in keinem seiner Briefe erwähnt, und auch in den Schreiben seiner Angehörigen kommt das Wort „Reichsbankpräsident" nicht vor. Ebenso ist in den Akten der Reichskanzlei, die im Koblenzer Bundesarchiv lagern, der Name Schmalenbach in diesem Zusammenhang in keinem Protokoll, keinem Schriftstück zu finden.

Wir kennen jedoch einen Zeugen, dessen Wort über jeden Zweifel erhaben ist. Es ist der Wiener Theater-Intendant Ernst Haeusserman, Neffe von Schmalenbachs Frau (der einzige Sohn ihrer Schwester Melanie). Im Januar 1982 hatten wir ein längeres Gespräch mit ihm, bei dem es hauptsächlich um Familienfragen ging. Gegen Ende der Unterhaltung geschah etwas Unerwartetes: Haeusserman richtete von sich aus, ohne jede Beziehung mit dem vorher behandelten Thema, überraschend die Frage an seinen Gesprächspartner: „Was haben Sie eigentlich bei Ihren Nachforschungen über das Angebot an Schmalenbach, Reichsbankpräsident zu werden, in Erfahrung bringen können?" Haeusserman war 1923 gerade acht Jahre alt und hat mit den Eltern und seiner Großmutter ebenfalls in Bad Dürrenberg die Ferien verlebt. Die Sache war in der Familie natürlich Tagesgespräch.

Eugen Schmalenbach hatte sich von diesem Urlaub viel versprochen. Es war seine erste wirkliche Ferienreise, bis dahin hatte er die freie Zeit immer in dem Schmalenbach-Landhaus verbracht. „Wegen des Verkaufs der Schmalenbach" (der dann doch nicht zustandekam) „kommen wir nun in die Lage, die Sommerfrische nach Gutdünken auswählen zu können", meint er am 3. April 1923. In Dürrenberg, einer kleinen Stadt an der Saale unweit Leuna (die Sole wird heute nur noch für technische Zwecke verwendet, der Kurbetrieb ist seit 1965 eingestellt), hatte seine Schwiegermutter als „gerupfte Kleinrentnerin" eine Bleibe, und Schmalenbach möchte gern, daß auch seine beiden Brüder mit Frau und Kindern dorthin kommen. Warum er alle miteinander gern um sich sehen würde, spricht er nicht aus, aber jeder weiß es: In diesen Ferien, am 20. August 1923, wird er fünfzig Jahre alt.

Doch sein Wunsch geht nicht in Erfüllung. Voller Enttäuschung kehrt Eugen am 28. August von diesem ersten Urlaubsaufenthalt fern der Heimat nach Köln zurück. Seine Frau wurde in Dürrenberg von zwei Asthmaanfällen heimgesucht, er selbst litt wegen der ungewohnten Kost unter ständigen Magenbeschwerden. Das ganze Reisen ist ihm dermaßen verleidet, daß er sogar eine schon verabredete vierwöchentliche Vortragstour nach Schweden absagt. Das einzig Positive: Er hat in Dürrenberg an der dritten Auflage der „Dynamischen Bilanz" gearbeitet und meint, er habe allerlei fertig gebracht. „Immerhin verträgt das Manuskript noch einige Ablagerung. Der Rest der Ferien soll, abgesehen von einiger Garten- und Hausarbeit, diesem Zweck dienen" (Brief vom 29. August 1923).

Kein Wort also von der Frage einer Nominierung als Reichsbankpräsident. Ob er diese Angelegenheit wohl auch zu den unangenehmen Seiten des Dürrenberg-Urlaubs rechnete? In Berlin hatte damals ein wahres Trommelfeuer gegen den seit 1908 amtierenden Reichsbankpräsidenten Rudolf Havenstein eingesetzt. Der ganze Unmut der Bevölkerung über die galoppierende Inflation und deren verheerende Folgen für Lohn- und Gehaltsempfänger wie für die Geschäftswelt entlud sich über seinem Haupt. Die Öffentlichkeit gab ihm alle Schuld an dem Geschehen, die Zeitungen kritisierten seine „Passivität gegenüber dem Inflationismus" und warfen ihm vor, die Geldentwertung „als etwas Unabänderliches, wenigstens durch uns selbst nicht Abzuänderndes" hinzunehmen. Und hinter den schalldicht abgeschotteten Türen der Minister und hohen Politiker entbrannte ein heftiger Streit darüber, wer für diese beispiellose Zerrüttung des Geldwesens die Schuld trage: der Finanzminister oder der Notenbankpräsident.

Auf dem Sessel des Finanzministers saß seit dem 13. August 1923 – als nach dem Rücktritt des Kabinetts Cuno wieder eine Regierung der Großen Koalition, erstmals unter Gustav Stresemann, gebildet worden war – der Sozialdemokrat Rudolf Hilferding. Er ging sofort mit schweren Waffen gegen Havenstein vor. In der Kabinettssitzung vom 20. August – sie fand zufällig an dem Tag von Schmalenbachs Geburtstag statt – forderte er seine Minister-Kollegen auf, zu der Frage Stellung zu nehmen, „ob eine Änderung in der Leitung der Reichsbank eintreten müsse oder nicht". Nach eingehender Diskussion stimmte das Kabinett dem Vorschlag Hilferdings zu, „durch persönliche Einwirkung des Reichskanzlers, gegebenenfalls des Reichspräsidenten, eine Änderung der Reichsbankleitung zu erzielen". Gleichzeitig sollte „die Frage der Nachfolge von einigen Herren des Kabinetts vorbereitet und in einer späteren Sitzung besprochen werden".

Das bedeutete das Startsignal für die Suche nach dem Mann, der in dieser schwierigen Zeit fähig und bereit war, an die Spitze der Reichsbank zu treten. Es lag nahe, dabei auch an Eugen Schmalenbach zu denken, der sich in seinem Kampf um die Goldmarkbilanz intensiv mit Währungsfragen befaßt hatte. Wer auf die Idee gekommen ist, Schmalenbach zu fragen, wer ihn vielleicht gar in seiner letzten Urlaubswoche in Bad Dürrenberg aufgesucht hat, verraten die Akten nicht. Zum Kabinett Stresemann gehörten zwei Mitglieder der Deutschen Demokratischen Partei, darunter Verkehrsminister Rudolf Oeser, der spätere (erste) Generaldirektor der Deutschen Reichsbahn-Gesellschaft. Möglicherweise sind die Drähte also über die Partei gelaufen.

Näher liegt freilich die Annahme, daß der Gedanke an Schmalenbach im Wirtschaftsministerium aufgekommen ist. Hier hatten Schüler und Freunde des Professors bis vor kurzem hohe Ämter bekleidet, vor allem Hirsch als Staatssekretär und Susat als Ministerialrat; ihr Ausscheiden lag erst wenige Monate zurück. Susat leitete jetzt die Abteilung II im Statistischen Reichsamt, eine Tätigkeit, die ihn weiterhin in unmittelbarem Kontakt mit Referenten des Wirtschaftsministeriums hielt. Auch persönliche Beziehungen aus früheren Zeiten werden sich über den Wechsel hinweg erhalten haben.

Schmalenbach hat die Kandidatur, die ihm von seinen alten Freunden aus Berlin unversehens angetragen wurde, sicher ohne langes Überlegen abgelehnt. Er hatte im Reichswirtschaftsrat genug praktische Erfahrungen über die Politik sammeln können, um zu wissen, wieviel Geschicklichkeit dazu gehört, auf dem glatten politischen Parkett nicht auszurutschen. Außerdem war ihm natürlich bewußt, welche Last bei dem damaligen Stand der Währungsverhältnisse auf den Schultern des Reichsbankpräsidenten lag. So sehr dieses Angebot seinem Stolz geschmeichelt haben mag, so war er doch Realist genug, um zu erkennen, was eine Zusage für ihn bedeutet hätte.

Es gibt auch kein Anzeichen dafür, daß er seinen raschen Entschluß später etwa bereut hätte. Er war dazu geboren, durch wissenschaftliche Arbeit und Forschung den Betrieben zu dienen; auch die Beschäftigung mit den Bilanzproblemen im Zeitalter der Inflation hatte keinen anderen Sinn gehabt als diesen. Sie war ein durch besondere Umstände ausgelöster Ausflug in das Gebiet der Währungsfragen. Zu seiner Lebensaufgabe konnte die Währungspolitik nicht werden.

32. Ehrendoktor ohne Abitur: Das wertvollste Geschenk zum 50. Geburtstag

Der 20. August 1923, an dem sich die Jahre seines Lebens zum fünften Mal rundeten, lag in den Semesterferien. Konnte man ihm vorher gratulieren? Eugen Schmalenbach hatte nichts dagegen, ihn plagte kein Aberglaube. Er findet die Zahl 49, die ein Produkt aus zweifach 7 ist, ohnehin „heiliger“ als die 50, die „dem kalten Zehnerprinzip“ folgt. Über die Würdigungen, die ihm aus diesem Anlaß innerhalb und außerhalb des Fachs sowie an der Universität zuteil werden, äußert er sich zufrieden. „Die Kollegen gratulieren hier recht anständig. Wenn es auch nicht überall ganz ehrlich gemeint gewesen sein kann, so ist doch die Fassung zu bewundern“, schreibt er am 26. Juli 1923. Über Geschenke sagt er nichts. Er hat für Gaben dieser Art auch später nur selten besonderes Interesse bekundet.

Große Freude lösen jedoch die Ehrungen aus, die auswärtige Universitäten ihm darbringen. Die erste trifft schon im Mai ein, ein Vierteljahr vor dem Geburtstag. Die Handelshochschule Leipzig erinnert sich des Studenten, der gleich nach ihrer Eröffnung vor 25 Jahren als einer der ersten in ihre Hörsäle eilte und nun zu den führenden Gelehrten der Betriebswirtschaftslehre zählt: Sie verleiht ihm das Ehrenbürgerrecht. Bei aller Freude scheint Schmalenbach eine solche Ehrung seiner Person freilich für etwas verfrüht zu halten. Er reagiert darauf jedenfalls – gegenüber dem Bruder, nicht etwa offiziell – mit der Bemerkung, leider müsse man dies zum Teil wohl „als Alterserscheinung“ ansprechen, „und das ist das Üble bei der Sache“ (Brief vom 26. Juli 1923). Er gehört halt zu den Menschen, die Freude gern hinter einem gutmütigen Brummen verbergen.

Eine zweite Ehrung kommt aus Freiburg, und sie beglückt ihn ehrlich und tief. Die Rechts- und Staatswissenschaftliche Fakultät dieser Universität verleiht ihm „die Würde und Rechte des Doktors der Staatswissenschaften“. Daß gerade die Freiburger Universität es ist, die ihm diese Auszeichnung zuteil werden läßt, kennzeichnet die Wertschätzung, die sie Schmalenbach und dem von ihm vertretenen Fach entgegenbringt. Schon vor dem ersten Weltkrieg hatte der Jurist und Nationalökonom Moritz Weyermann in Freiburg Fragen der Privatwirtschaftslehre behandelt, die er freilich – ebenso wie Hans Schönitz in Berlin – nicht als „Kunstlehre“ verstanden wissen wollte, sondern als eine wertfreie Wissenschaft (siehe Seite 57).

Im Jahre 1920 schuf Freiburg dann als erste „alte“ Universität in Deutschland einen Lehrstuhl für Betriebswirtschaftslehre, auf den Schmalenbachs Schüler Ernst Walb berufen wurde. Dessen Nachfolge trat 1926, wie berichtet, Walter Mahlberg an, der gleichfalls aus Köln kam. Zwischen den beiden Universitäten bestand auf dem Gebiet der Betriebswirtschaftslehre also seit jeher eine Art Affinität, und der Dr. jur. h. c. zu Schmalenbachs 50. Geburtstag war vor allem auch als Ausdruck des Danks zu verstehen, den die Freiburger dem verehrten Wissenschaftler, ihrem Helfer, auf diese Art abstatteten.

Daß Schmalenbach sich über den Ehrendoktor aus Freiburg ganz besonders freut, hat einen tieferen Grund: Diese Auszeichnung hebt ihn weithin sichtbar über alle anderen Professoren in Köln hinaus. Nachdem Driesch fortgegangen ist, gibt es an dieser Universität keinen anderen Dozenten mit einem auswärtigen Ehrendoktor mehr. Er ist der einzige, der eine solche Auszeichnung erfahren hat.

Das hebt sein Selbstgefühl ungemein. Alle Fragen und Zweifel der letzten Jahre sind ausgelöscht. Welche große psychologische Bedeutung dieser Vorgang für ihn hat, unterstreicht der fast jubelnde Ausruf, den er – was sonst nie geschieht – mit einem dicken Ausrufungszeichen versieht: „Und das muß nun ein Immaturer sein!“ Es scheint, daß tief in seiner Brust noch ein Trauma auf ihm lastet, das Gefühl, von manchem der großen Geister im Professoren-Kollegium nur deshalb nicht ganz voll genommen zu werden, weil er das Gymnasium nicht bis zum Ende durchlaufen hat und kein Abitur vorweisen kann. Erst der Ehrendoktor hat in seinem Bewußtsein diesen vermeintlichen „Makel“ wohl endgültig getilgt.

Neben allen offiziellen Würdigungen, die sein Geburtstag auslöste, ist ihm in diesem Jahr auch eine große private Freude zuteil geworden, die viel zu seinem Hochgefühl – vor der Urlaubsreise nach Dürrenberg – beigetragen hat. Seine Tochter, 20 Jahre alt und sehr intelligent, hat sich nach einigen Irrungen und Wirrungen zu guter Letzt doch entschlossen, den Spuren des Vaters zu folgen und Betriebswirtschaftslehre zu studieren.

Diese Tochter ist Eugens ganzer Stolz. Äußerlich unscheinbar – nicht sehr groß und nicht sehr hübsch –, spürte jeder im Gespräch mit ihr rasch, was für ein kluges, geistig regsames, für Schönheit und Kunst aufgeschlossenes, dabei durchaus charmantes Menschenkind sie war. Ihre überdurchschnittlichen Geistesgaben sind zweifellos ein Erbteil des Vaters. Sie ist „seine“ Tochter, was im späteren Leben auch deutlich spürbar wird.

Als junger Mensch schwärmte sie allerdings mehr für ihren Onkel, den Philosophie-Professor in Göttingen, und mit 17 war es ihr erklärtes Ziel, nach dem Abitur Philosophie zu studieren. Ihr Vater ist da skeptisch: „Daß die Muz auf Philosophie . . . kommt, glaube ich nicht“ (Brief vom 12. März 1920). Er übersieht dabei, daß seine Tochter schon seit Kindesbeinen lebhaft an religiösen und philosophischen Fragen interessiert ist. Schließlich kommt es zu einem Kompromiß: Nicht Philosophie, sondern Germanistik heißt das Fach, mit dem sie gleich nach dem Abitur im Frühjahr 1922 ihr Studium beginnt.

Eugen registriert es mit Stirnrunzeln (am 27. März 1922): „Jetzt beginnt die Muz einen Beruf, an dem sie zwar selbst, nicht aber die deutsche Volkswirtschaft Freude hat, selbstverständlich mit der ganzen Überheblichkeit, die den sogenannten Geisteswissenschaften nun einmal eigentümlich ist.“ Nach dem ersten Semester, in dem sie der katholisch geprägte Philosoph Max Scheler in einen „Zustand vollendeten Wirrwarrs“, versetzt, besinnt sie sich dann doch eines anderen und ringt sich dazu durch, Betriebswirtschaftslehre zu studieren (Brief vom 30. Juli 1922).

Eugen Schmalenbach hat ihr dabei nicht das Wort geredet. Aber in Wahrheit ist es doch seine überstarke Persönlichkeit, die seine Tochter seelisch zu diesem Entschluß bringt (wenn nicht zwingt). „Ich konnte das einfach nicht mehr ertragen, daß Vater unzufrieden mit mir ist und dauernd mit einer gewissen Nichtachtung meinem Treiben zusieht. . . . Es war mir immer schon schrecklich, wie enttäuscht und traurig er war, aber auf die Dauer wurde es mir eben unerträglich, im Grunde von ihm nicht anerkannt zu werden.“ So zwingt sich die Tochter, die noch vor wenigen Monaten meinte, „die ganze Zahlenwirtschaft“ wäre ein Unglück für sie (Brief vom 14. Februar 1922), jetzt in das Joch, als das sie ihres Vaters Wissenschaft empfindet.

Nach einem Semester Betriebswirtschaft vermittelt ihr der Vater eine Volontärstelle in einem Kölner Nahrungsmittelgroßgeschäft. Er ist jetzt glücklich über ihren Weg. In seinen Augen „genießt“ sie die Praxis, und er ist überzeugt, daß sie bald „ein tüchtiger Kaufmann“ werden wird (Brief vom 3. April 1923). Es ist der seltene Fall, daß Schmalenbach sich durch Wunschdenken zu einem Irrtum hat verleiten lassen. Die geliebte Tochter hat sich ebensowenig nach seinem Bilde formen lassen, wie er selbst seinerzeit nach dem Bilde seines Vaters.

Doch für die Bilanz, die er im Sommer 1923 am Ende seines fünften Lebensjahrzehnts über sein eigenes Leben ziehen kann, gilt ihm die Tochter ohne Zweifel als ein „Aktivposten“. (Der Sohn ist erst 14 Jahre alt.) Und wie sieht die Erfolgsrechnung über diese fünfzig Jahre aus, rein materiell betrachtet? An ein Pensionärs-Dasein – wie einst sein Vater in diesem Alter – kann Eugen Schmalenbach noch nicht denken. So sehr er meint, er müßte „auch mal Anrecht auf ungestörte wissenschaftliche Arbeit“ haben, so sieht er sich immer wieder gezwungen, „praktische Tätigkeit (zu) übernehmen, bloß um Geld zu machen“ (Brief vom 27. März 1922). Diesen immerwährenden Zwang zur „Verdienertätigkeit“ hat er gründlich satt: „Nun stehe ich dicht vor 50, und nun will ich auch mal Ruhe haben.“

Doch die neue Zeit fordert Eugen Schmalenbach mehr heraus, als er es jemals hat voraussehen können. Nicht „Ruhe für ungestörtes wissenschaftliches Arbeiten“ steht ihm nach Vollendung seines fünften Lebensjahrzehnts bevor, sondern harte Anstrengung in der Bewältigung von betriebswirtschaftlichen wie wirtschaftspolitischen Aufgaben, die nun an ihn herantreten. Erst jetzt beginnt die große Zeit seines Wirkens, auf der Universität ebenso wie draußen in der Wirtschaft. Zwischen dem Ende der Inflation und der Machtergreifung Hitlers erreicht Eugen Schmalenbach den Gipfel seines Lebensweges.

IX. Die Zeit der Hochkonjunktur: Vielbeschäftigter Professor (1924–1928)

33. Der Professor und seine Studenten: Gefürchtet und geliebt zugleich

Mit der Universität hatte Eugen Schmalenbach nun seinen Frieden gemacht. Die inneren Zweifel waren Ende 1923 überwunden, die Traumbilder entschwunden. Schmalenbach wandte sich jetzt wieder voll seiner urtümlichen Aufgabe zu, und die hieß: forschen und lehren. Im Herbst 1924 wurde ihm allerdings das Amt des Dekans der Wirtschafts- und Sozialwissenschaftlichen Fakultät übertragen, und er wußte, wieviel unfruchtbare, bürokratische Arbeit damit auf ihn zukam. Vom Herbst 1920 bis zum Herbst 1921 (zwischen seinem Entlassungsgesuch vom März 1920 und dem Ruf aus Berlin im Februar 1922) hatte er dieses Amt schon einmal ausgeübt. Die Protokolle über die damaligen Dekanats-Sitzungen sind ausgefüllt mit studentisch zwar wichtigen, für die Professoren jedoch relativ nichtigen Dingen. Fragen von wesentlicher oder gar hochschulpolitischer Bedeutung sucht man in den Sitzungs-Protokollen vergebens.

In den beiden Semestern 1924/25 und 1925, als Schmalenbach zum zweiten (und letzten) Mal Dekan der WiSo-Fakultät war, hat er die Zeit dazu genutzt, über die ersten fünf Jahre des Bestehens der WiSo-Fakultät einen umfassenden Bericht zu erstatten (44 Seiten im Großformat). Dieser Rechenschaftsbericht, der sich würdig an die sieben von Christian Eckert in der Zeit von 1905 bis 1916 herausgegebenen Berichte über Tätigkeit und Entwicklung der Kölner Handels-Hochschule anreiht, ist für Schmalenbachs Wirken als Hochschul-Lehrer ein Dokument von besonderer Bedeutung.

Denn unser Professor, einst ein hartnäckiger Gegner der Eingliederung der Handels-Hochschule in eine Universität, bekennt hier freimütig, daß sich seine Bedenken als grundlos erwiesen haben. Er stellt sogar fest, „der Übergang (ist) nach dem Urteil aller, die das Vorher und Nachher vergleichen können, von Vorteil“ gewesen – ein höchst bemerkenswertes Eingeständnis. Das „Universitäts-Vorurteil“ jener Professoren, so sagt er, die von anderen Universitäten gekommen waren und meinten, „das, was praktisch brauchbar ist, (könne) nicht leicht wissenschaftlisch sein“, habe sich bei gemeinsamer Arbeit verflüchtigt. „An die Stelle der Voreingenommenheiten (trat) ein nützlicher Meinungsaustausch“, und das gelte in ähnlicher Weise auch für die Studenten. Solche Worte, von Schmalenbach mit Vorbedacht niedergeschrieben, bekunden – man darf wohl sagen: „offiziell“ – das Ende seiner Gegnerschaft gegen die „großbetriebliche“ Universität. Er hat sich seitdem getreulich an den hier besiegelten Friedensschluß gehalten.

In seinen Vorlesungen beschränkte sich Schmalenbach in den zwanziger Jahren mehr und mehr auf Grundsatzfragen des betrieblichen Rechnungswesens. Die Betrachtung der verschiedenen Wirtschaftsgruppen, seit 1919 „Besondere“ Betriebswirtschaftslehre genannt, überläßt er jetzt ehemaligen Assistenten oder Schülern, die zu Professoren oder Dozenten herangereift sind. Gleichzeitig beginnt Schmalenbach, sich von seinen redaktionellen Pflichten zu entlasten. Die Zeitschrift für handelswissenschaftliche Forschung (ZfhF) erscheint zwar weiterhin unter dem Herausgeber Eugen Schmalenbach, ab 1924 jedoch „unter Mitwirkung“ von Walb und Mahlberg. 1926 tritt als weiterer „Mitwirkender“ Erwin Geldmacher hinzu, 1930 ferner Theodor Beste sowie A. Heber aus Darmstadt. Schmalenbach hat sich damit aus der Tagesarbeit für die Zeitschrift zurückgezogen.

Als Hochschullehrer kann sich Schmalenbach nunmehr auf jene Tätigkeit konzentrieren, die er als die Hauptaufgabe seines beruflichen Wirkens ansieht: die Schaffung eines neuen

Typs von Betriebswirtschaftlern. Er will junge Leute zu tüchtigen Betriebswirten heranbilden, und das ist vornehmlich eine Frage der Auswahl und der Erziehung. Für die Auswahl, die Schmalenbach bis dahin im wesentlichen allein getroffen hatte, schafft er sich jetzt (ab 1927) einen Apparat in Gestalt eines „Vorseminars", das zwar formell von ihm geleitet, faktisch jedoch von zwei seiner tüchtigsten Assistenten abgehalten wird (es findet bis 1929 zur gleichen Stunde wie das Haupt- oder das Doktoranden-Seminar statt). Der eine, Heinrich Bork, ist als Assistent im Bilanzarchiv tätig und nebenbei mit Vorlesungen betraut, vornehmlich über kaufmännisches Rechnen; der andere Assistent, Arnold Weber, betreut in Vorlesungen hauptsächlich die Buchhaltungs-Lehre, geht Schmalenbach auch bei seinen Arbeiten am „Kontenrahmen" zur Hand, wird 1931 in einer Wirtschaftsprüfungs-Gesellschaft tätig und übernimmt 1934 die Leitung einer Papierfabrik. Seine Nachfolge tritt Willy Minz an, ein Mann, der uns in diesem Buch noch ausführlich beschäftigen wird.

Die eigentliche „Lehre" wird den angehenden Betriebswirten jedoch vom Meister persönlich erteilt, im Hauptseminar oder in einem zusätzlichen Doktoranden-Seminar (das 1930 mit dem Hauptseminar verschmolzen wird). Hier wird hart gearbeitet – „gebimst", wie es die Studenten nennen. Schmalenbach, der in seiner Jugend selbst durch eine bittere Schule gegangen ist, zeigt sich mitleidslos gegen jeden, der im Seminar nicht den erwarteten Arbeitseifer an den Tag legt, und er geißelt alle, die seinen Anforderungen an rasche Auffassungsgabe und scharfes Denkvermögen nicht zu folgen vermögen, mit Spott oder hintergründiger Ironie. Ein Teilnehmer hat die Atmosphäre, die in Schmalenbachs Seminar herrschte, der Nachwelt mit folgenden – recht holprigen – Versen überliefert:

„Berichtet sei von einer Stund',
Wo's Seminar sitzt in der Rund,
Vom Alten streng behütet.
Und Angst, wer heute wird erwischt,
Dumpf über allen brütet.

Des Alten zornige Kritik
Schon mancher hat vernommen.
Weh uns, die Luft ist heute dick.
Voll Trübsal denkt man ahnungsschwer:
Was mag heut' alles kommen!

Die Bänke schreitet auf und ab
Der Alte im gewohnten Trab.
Da plötzlich hemmt er seinen Tritt,
Es rutscht manch Herze in die Hos':
Lenkt er zu Dir jetzt seinen Schritt?"

Schmalenbach war ein Westfale, noch dazu einer aus dem Sauerland, und in seinen Adern floß das Blut bäuerlicher Vorfahren. Das mag manches über seine Erziehungs-Grundsätze und die barsche Lehrmethode erklären. Wilhelm Hasenack, der die Persönlichkeit Schmalenbachs wie kein anderer durchleuchtet hat, glaubt sogar, entscheidende Züge seines Wesens allein aus seiner Heimat und Herkunft deuten zu können. Das Kantige und Schroffe, die eigenwillige, hartschädelige, rauhbeinige Art, die polternde Erregbarkeit – dies und manches andere seien typische Eigenheiten eines sauerländischen Westfalen, meint er.

In dieser Aussage liegt viel Wahrheit. Aber es ist andererseits offensichtlich, daß Schmalenbach den derben Umgang mit seinen Schülern bewußt als Erziehungsmittel gebraucht hat.

Die Zucht, die er seinem Seminar angedeihen ließ und die in ihrer Härte fast an den Geist einer preußischen Kadettenanstalt erinnert, war ohne Zweifel gewollt. Er sah darin das wirksamste Mittel, eine Elite heranzubilden, eine Elite von Betriebswirten, die, mit Verstand und Gefühl ausgezeichnet, durch klares Denken und wachen Sinn für unwirtschaftliches Handeln einem Betrieb die richtigen Wege zu höchst erreichbarer Wirtschaftlichkeit würden weisen können.

Der Erfolg hat ihm recht gegeben. Absolventen aus Schmalenbachs „Kölner Schule" hatten es niemals schwer, nach dem Abschluß-Examen eine angemessene Tätigkeit zu finden. Oft hat ihnen auch Schmalenbach je nach ihrer Eignung Stellungen vermittelt: als Wirtschaftsprüfer, in der Verwaltung, im Verbandswesen oder – dies wohl am häufigsten – in einem größeren Unternehmen, wo die zur Führung Begabten später vielfach in hohe und höchste Positionen aufrückten.

Nichts hat den Professor im Alter so sehr erfreut wie anerkennende Briefe früherer Schüler. Ein „Ehemaliger", inzwischen selbst Hochschullehrer (in einem anderen Fach), schreibt ihm am 20. August 1943 zu seinem 70. Geburstag:

> *„Für absehbare Zeit wird es (auf Ihrem Arbeitsgebiet) niemanden geben, der gleich erfolgreich sein kann wie Sie. Das haben wir vor 30 Jahren als junge Menschen durchaus empfunden, wenn wir – häufig genug mit heißen Köpfen – aus Ihren Vorlesungen und Übungen kamen".*

Ein anderer äußert sich impulsiver:

> *„Fast täglich kommt mir zum Bewußtsein, wieviel ich Ihnen verdanke. Ohne die bei Ihnen genossene Geistesschulung könnte ich mir meine Tätigkeit gar nicht vorstellen. Und wie mir, so geht es auch vielen anderen".*

Schmalenbachs Schule war schon etwas Einzigartiges. Die Seminaristen empfanden sie zwar als eine Art Martyrium, als „Bad mit der Wurzelbürste", wie einer mal sagte. Aber sie unterwarfen sich der Qual und ertrugen die Mühsal mit Fassung, ja Hingabe. Sie ertrugen sie, weil sie der Faszination einer ungewöhnlichen Persönlichkeit erlegen waren. Schmalenbach strahlte eine Autorität aus, der eine besondere, fast möchte man sagen, eine geheimnisvolle Wirkungskraft innewohnte. (Hasenack spricht sogar von „irrationalen Kräften", die bei Schmalenbach am Werk waren.) Aber jeder im Seminar fühlte auch, daß die Härte, mit der er dort seine geistige Überlegenheit ausspielte, nicht den ganzen Menschen Schmalenbach ausmachte. Immer wieder gab es Momente, in denen seine Fähigkeit zu blitzschneller und überraschender Assoziation von Ideen, zu pfiffiger Schalkhaftigkeit, sein zuweilen recht bärbeißiger Humor zum Vorschein kamen. Und wenn das Seminar vor Lachen erdröhnte – auch das gab es, und gar nicht so selten –, empfanden die Studenten, daß der Mann, der vor ihnen stand, ein „ganzer Kerl" war, wie man in Westfalen zu sagen pflegt: ein kraftvollsaftvoller Mensch, dessen Charakter viele funkelnde Facetten aufwies, vom fröhlichen Mutterwitz über nachdenkliche Besinnlichkeit bis hin zu der gefürchteten Härte des gestrengen Erziehers.

Daß ein solcher Mensch seine Schüler tiefgründiger beeinflußt, als dies normalerweise durch Vorlesungen und Übungen an einer Universität geschieht, bedarf keiner Erklärung. Wer bei ihm im Seminar gesessen hatte, vergaß diese Schule und die Persönlichkeit des Lehrers nie. Oft entwickelte sich zwischen dem „Meister" und seinen „Gesellen" ein sehr persönliches Verhältnis, das auch in den familiären Bereich hineinragte. Schmalenbach fand gar nichts dabei, einen Assistenten oder Doktoranden, der ihn in seinem Kölner Haus aufsuchte, zu Hilfeleistungen beim Basteln in der Werkstatt, beim Bücher-Abstauben, beim Gemüse- oder Obst-Pflücken oder was auch immer zu beschäftigen, ohne daß davon das herbe Klima im Seminar tangiert wurde. Zwischen dem „Vergnügen" und der „Arbeit" lag für Schmalenbach ein breiter Graben, der das Reich des ernsten Strebens unüberschreitbar von der Welt eines unbeschwert heiteren Lebens trennte.

Aus alledem erklärt sich das Phänomen, daß Schmalenbach unter den Betriebswirtschaftlern der einzige ist, der, ohne dies willentlich angestrebt zu haben, allein kraft seiner Persönlichkeit zum Mittelpunkt einer großen Schar dankbarer Verehrer geworden ist, die sich ihm zeit ihres Lebens verbunden fühlten. Schmalenbachs großer Antipode Nicklisch hat einmal die Haltung der Schmalenbach-Apologeten als „Schülerüberschwang" persifliert und gemeint: „Viele Schüler Schmalenbachs . . . (halten) sich so nahe an ihren Meister, daß ihnen seine Schultern die ganze übrige Welt verdecken." Nun, ohne die Freundschaft und selbstlose Hingabe, die Schmalenbach von seinen engsten Mitarbeitern erfuhr – seinen „Jüngern", wie Fritz Möhle sie bezeichnet hat – hätte er die Zeit der Verfolgung während des Hitler-Regimes wahrscheinlich nicht überstanden.

Aber davon ganz abgesehen: Die spöttischen Beobachter der Schmalenbach-Szenerie übersahen auch, wie groß die Schar derer war, die sich nicht unmittelbar „hinter seinen Schultern" drängten, sondern draußen in der Wirtschaft ihren Mann standen. Diese Absolventen der Kölner Schule, deren Denken und deren geistige Wachsamkeit durch Schmalenbach geprägt worden war, haben seine Ideen in die kaufmännische Praxis getragen und dafür gesorgt, daß sie dort Früchte trugen. Kein anderer Betriebswirtschaftler hat derart in die Breite gewirkt, keiner eine solche Resonanz gefunden und in der Praxis einen derartigen Bekanntheitsgrad erlangt wie Eugen Schmalenbach. Das ist in erster Linie jenen zu danken, die – wenn religiöse Kategorien als Vergleich erlaubt sind – zwar nicht „Jünger" aus seiner Umgebung gewesen sind, wohl aber als moderne Apostel gewirkt haben.

34. Aktivitäten außerhalb der Universität: Überall dominierend

Im Winter-Semester 1913/14 war zum ersten Mal ein „Seminar für Treuhänder" im Vorlesungs-Verzeichnis der Kölner Handelshochschule angekündigt (siehe Seite 38). Gleich nach dem Kriege, im Winter 1918/19, hält Schmalenbach erneut ein „Treuhand-Seminar" ab, und von 1924 an gibt es für ihn nichts anderes mehr als das „Seminar für Treuhandwesen", wie es endgültig heißt. Er trägt sich seit geraumer Zeit mit dem Gedanken, ein Examen für Treuhänder einzuführen und die Berufsbezeichnung „Diplom-Treuhänder" zu schaffen. Heinrich Bork, sein Assistent, macht den Plan im Januar 1924 publik. Er wirbt für dieses „geistige Kind Schmalenbachs", das „Treuhänder bester Klasse" schaffen soll. Und er umreißt die dafür vorgesehenen Prüfungsbestimmungen. Aus alledem wird die Absicht deutlich: Schmalenbach will auf diese Weise die besten Köpfe des Fachs auszeichnen und ihnen ein Signum geben, das sie als die geistige Elite der Betriebswirtschaftslehre kenntlich machen soll.

Aber dazu kommt es nicht. Der Professor hat zu hoch gegriffen: Im Fach regt sich Widerstand, namentlich gegen den Plan, eine Art Ehrengericht einzurichten, das einem Diplom-Treuhänder späterhin die Fähigkeit zur ordnungsgemäßen Verwaltung seines Amtes wieder aberkennen kann. Schmalenbachs Ideen greifen der Entwicklung weit voraus. Erst sehr viel später kommt es im Rahmen rechtlicher Vorschriften für den Berufsstand der Wirtschaftsprüfer zu Regelungen, wie sie ihm 1924 vorgeschwebt haben.

Mit dem Begriff „Diplom-Treuhänder" greift Schmalenbach indirekt auch in die Debatte über die beste Berufsbezeichnung für die Jünger dieser neuen Wissenschaft ein. Der Meinungsstreit über diese Frage wurde vornehmlich in den Gremien und auf Tagungen des Verbandes deutscher Diplom-Kaufleute e. V. (VDDK) ausgetragen, der die beruflichen Interessen der Inhaber eines betriebswirtschaftlichen Diploms vertrat. Der Verband war auf Schmalenbachs Initiative schon 1905 ins Leben gerufen worden. Zu jener Zeit gab es noch keine Berufsbezeichnung, man nannte den Verband daher zunächst einfach „Verband der Inhaber deutscher Handelshochschul-Diplome". Erst im Jahre 1913 erhielt er den späteren Namen.

Ob es jedoch bei dem Begriff „Diplom-Kaufmann", der vor dem ersten Weltkrieg mehr oder minder ad hoc geschaffen worden war, auch nach dem Kriege würde bleiben können, war durchaus nicht sicher. Viele Professoren plädierten dafür, den Wandlungen in der Benennung der Lehre – von „Handelstechnik" über „Privatwirtschaftslehre" zu „Betriebswirtschaftslehre" – zu folgen und den diplomierten Betriebswirtschaftlern künftig „Diplom-Betriebswirt" zu nennen. Schmalenbach, den der VDDK 1924 zu seinem Ehrenmitglied ernannte, war dagegen und konnte sich durchsetzen. Es blieb bei dem eingeführten und in der Wirtschaft geläufigen Begriff „Diplom-Kaufmann".

Gleichzeitig lief im Verband jedoch eine Auseinandersetzung darüber, ob nicht für herausgehobene Berufsangehörige eine spezielle Bezeichnung eingeführt werden solle. Diese Erörterungen wurden durch die um 1925/26 einsetzende Diskussion über eine Reform des Aktienrechts genährt, in der den Aktiengesellschaften die gesetzliche Pflicht auferlegt werden sollte, ihre Jahresabschlüsse durch unabhängige Revisoren prüfen zu lassen. Mußten die Männer, die das Recht zur Vornahme solcher Pflichtprüfungen erhielten, nicht einen besonderen Befähigungsnachweis erbringen? Und sollten sie dann nicht eine spezielle Berufsbezeichnung erhalten? 1927 fand eine Verbandstagung in Eisenach statt, die vornehmlich dieser Frage gewidmet war. Die Hauptreferate hielten Else Schnick, Vorstandsmitglied von Schmalenbachs Treuhand-AG, sowie Werner Aprath, der aus dem Banktechnischen Seminar von Ernst Walb hervorgegangen war. Die Vorträge wie auch die anschließende Aussprache zeigten, daß die Mehrzahl der Verbandsmitglieder „Treuhänder" für die einzig adäquate Bezeichnung hielt. Um juristischen Bedenken Rechnung zu tragen, einigte man sich schließlich auf die Bezeichnung „Wirtschaftstreuhänder". Diesen Namen bei den Behörden durchzusetzen und in der Öffentlichkeit bekanntzumachen, betrachtete der VDDK als eine wichtige Aufgabe für die nächsten Jahre.

Seine Bestrebungen fanden jedoch nicht überall den erhofften Widerhall. Das 1930 gegründete „Institut für das Revisions- und Treuhandwesen", aus dem das spätere „Institut der Wirtschaftsprüfer" herging, zog die bescheidener klingende Bezeichnung „Wirtschaftsprüfer" vor. Und zur Enttäuschung des VDDK, der glaubte, bei mehreren Landesregierungen Rückhalt gefunden zu haben, sprachen sich im letzten Stadium der Verhandlungen über die Aktienrechtsreform auch die Reichsregierung und die Mehrheit der Landesregierungen für die nüchterne Bezeichnung „öffentlich bestellter Wirtschaftsprüfer" aus. Die Prüfungsordnung für diesen nunmehr gesetzlich sanktionierten Berufsstand entstand freilich in enger Anlehnung an die vom VDDK ausgearbeiteten Richtlinien.

Schmalenbach hatte durch seinen – sicher recht maßgeblichen – Einfluß auf die Arbeiten des VDDK einen erheblichen Anteil am Entstehen und an der Ausgestaltung des neuen Berufsstandes, ganz zu schweigen von seinem Wirken als Professor in Köln, speziell in dem schon früh eingerichteten Treuhand-Seminar. Ihn als einen „Vater der Wirtschaftsprüfer" zu bezeichnen, ist gewiß nicht zu hoch gegriffen. Seine Taufe erhielt der Wirtschaftsprüfer durch die Notverordnung vom 19. September 1931, die wegen der Wirtschaftskrise als „Teilreform" des Aktienrechts vorgezogen worden war. Aber Schmalenbach hat auch in anderer Hinsicht an der Aktienrechtsreform mitgewirkt: als Mitglied der im Dezember 1926 gebildeten Aktienrechtskommission des 34. Deutschen Juristentages. Er war in diesem Gremium der einzige Nicht-Jurist, was ihn die Herren Juristen manchmal hintergründig fühlen ließen. In solchen Fällen hat Schmalenbach ihnen die Frage entgegengehalten, warum sie ihn „eigentlich zum Dr. jur. h. c. gemacht hätten, wenn (er) so gar keine Ahnung von Juristerei hätte".

Er gehörte einer Unterkommission an, die sich mit Fragen der Bilanz, der Ertragsrechnung und der Gewinnverteilung zu befassen hatte. Aus dem Schlußbericht geht hervor, daß hier besonders über die stillen Reserven gestritten wurde; es heißt dort, ein Mitglied der Unterkommission (ohne Zweifel Schmalenbach) habe sich gegen deren Zulässigkeit ausgesprochen, dabei jedoch gleichzeitig Erschwernisse für die Generalversammlung bei ihrem Beschluß über die Ausschüttung von Gewinnen oder Reserven gefordert. Ein Erfolg war Schmalenbachs Eintreten für eine aussagekräftigere Gewinn- und Verlustrechnung freilich nicht beschieden.

Im VDDK waren nicht nur Berufsangehörige zusammengeschlossen, ihm gehörte auch die Mehrzahl aller Hochschullehrer der Betriebswirtschaftslehre an, und diese haben in wesentlichen Fragen ein gewichtiges Wort mitgesprochen. Einen zweiten Verband, speziell für die Belange der betriebswirtschaftlichen Hochschullehrer, scheint Schmalenbach ursprünglich – gleich nach dem ersten Weltkrieg – für überflüssig gehalten zu haben. Die Initiative hierzu ging von Männern aus, die ihm nicht gerade sehr nahestanden: Heinrich Nicklisch, Ernst Pape und Fritz Schmidt. Aber er konnte schließlich doch für diesen Gedanken „gewonnen" werden, wie im Handwörterbuch der Betriebswirtschaft gesagt wird. Die Formulierung läßt ahnen, daß wahrscheinlich einige Mühe nötig war, um ihn zum Mitmachen zu bewegen.

Schmalenbach hat sodann von der Gründung im November 1921 bis zum Schluß (1933) im Vorstand gesessen, zusammen mit Nicklisch und Fritz Schmidt. Die Verbandsmitglieder trafen sich alljährlich gleich nach Pfingsten zu einer Tagung, auf der stets wissenschaftliche Fachfragen behandelt wurden. Auf einer solchen Pfingsttagung hat Schmalenbach 1928 seine berühmte „Wiener Rede" gehalten (siehe Seite 113 ff.). Führende Mitglieder des Verbandes, dessen Arbeit zwischen 1933 und 1948 aus politischen Gründen ruhte, haben 1935 die Bestrebungen des VDDK tatkräftig unterstützt, Betriebswirtschafter-Tage zu veranstalten, um die Beziehungen zwischen Wissenschaft und Praxis zu intensivieren. Als Organisator dieser Veranstaltungen wurde 1936 die Deutsche Gesellschaft für Betriebswirtschaft gegründet, die sich 1978 mit der Schmalenbach-Gesellschaft zusammengeschlossen hat. (Näheres Seite 217.)

Ein großes und wichtiges Tätigkeitsgebiet außerhalb der Universität ergab sich für Schmalenbach ferner aus seiner Funktion im Ausschuß für wirtschaftliche Verwaltung (AWS), der im Rahmen des Reichskuratoriums für Wirtschaftlichkeit (RKW) arbeitete. Aufgabe des AWS war es, die Wirtschaftlichkeit in den Büros der Unternehmen und Dienststellen zu verbessern. Hebung der Wirtschaftlichkeit von Verwaltungen – das war eine Zielvorgabe, die ganz auf Schmalenbachs Linie lag. Er gehörte dem Vorstand des AWV an, in dem u. a. auch Julius Hirsch und Heinrich Nicklisch saßen; er war gleichzeitig „Obmann" einer der zehn

Kommissionen des AWV, und zwar einer der wichtigsten: des Fachausschusses für Rechnungswesen.

Dieser Ausschuß, so wird in einer Werbeschrift – vermutlich von Schmalenbachs Hand – ausgeführt, habe sich das Ziel gesetzt, „eine Art Normalbuchführung nebst Normalstatistik für die Betriebe zu schaffen“. Damit sollen „Selbstkostenziffern, Erfolgsziffern usw. der verschiedenen Betriebe . . . untereinander vergleichbar gemacht und Betriebsvergleiche ermöglicht werden“. Schmalenbach ist hier ganz in seinem Element; dies sind Fragen, die ihn seit Jahren beschäftigen (und vor denen Walter Susat schon im ersten Weltkrieg stand). In rascher Folge erscheinen Schriften über eine Einheitsbuchführung für den Braunkohlenbergbau, für mittlere Brauereien, für Buntwebereien, für bestimmte Maschinenfabriken und für zahlreiche andere Branchen. Alle diese Schriften sind in engem Zusammenwirken mit Betriebspraktikern und mit den zuständigen Verbänden entstanden.

Damit nicht genug, treibt Schmalenbach im Fachauschuß für Rechnungswesen nebenbei auch die Frage der monatlichen Erfolgsrechnung voran, die ihn damals sehr beschäftigte: Er hat über diese Frage, die er schon vor dem Krieg in einem Aufsatz untersucht hat, seit 1925 mehrere Vorträge gehalten, so in Nürnberg, in Dortmund, in Berlin. In seinen Augen ist eine monatliche Ermittlung des Gewinns – damals für Kaufleute eine kühne Forderung – vor allem deshalb notwendig, weil nur so sichere Maßstäbe für die Betriebsleistung der einzelnen Abteilungen wie auch der einzelnen (leitenden) Personen zu gewinnen sind, die als Grundlage für die Berechnung der „Betriebstantiemen“ (Gewinnbeteiligung) dienen können.

Die Schriften über die Einheitsbuchführung für die diversen Branchen betrachtet Schmalenbach als Material, aus dem er später einmal allgemeingültige Abrechnungs- und Bewertungsgrundsätze ableiten will. Dazu müssen die Branchen-Buchführungen jedoch einer einheitlichen Ordnung folgen. Schmalenbach hat ihnen eine solche Ordnung vorgegeben: Alle Arbeiten zur Vereinheitlichung des Rechnungswesens innerhalb gleichartiger Branchen folgen den Ideen, die in seiner Schrift „Der Kontenrahmen“ niedergelegt sind. Sie bauen auf der dort vorgeschlagenen Konten-Klassifizierung auf und bedienen sich seiner Konten-Symbolik.

Der „Kontenrahmen“ ist nach den Büchern „Finanzierungen“, „Dynamische Bilanz“ und „Selbstkostenrechnung“ das vierte Werk Schmalenbachs, das seinen Ruf gefestigt hat. Wie die beiden letztgenannten Vorgänger ist auch der „Kontenrahmen“ zunächst als (zweigeteilter) Aufsatz in Schmalenbachs Zeitschrift erschienen; in Buch-Form bringt ihn wenig später der Verleger Schmalenbachs, G. A. Gloeckner in Leipzig, heraus (1927). Bei den Fachkollegen an Hochschulen und Universität findet die Schrift nur „eine ziemlich laue Aufnahme“, wie Schmalenbach im Vorwort zur zweiten Auflage ernüchtert feststellt. Dagegen ist die Nachfrage aus der Wirtschaft über Erwarten groß. „Schmalenbachs Arbeit stellt wohl das Beste dar, was die Betriebswirtschaftslehre für den unmittelbaren Gebrauch der Praxis geschaffen hat“, urteilt eine Zeitschrift enthusiastisch. Das Werk erweist sich geradezu als ein Bestseller der betriebswirtschaftlichen Literatur: Die Auflage ist nach wenigen Monaten vergriffen.

Doch Schmalenbach ist während des Jahres 1928 durch andere Aufgaben derart in Anspruch genommen, daß er erst im folgenden Jahr dazu kommt, die Schrift zu bearbeiten und als zweite, erweiterte Auflage herauszubringen. Sie erscheint jetzt im Rahmen der Schriftenreihe Einheitsbuchführung des AWS, gleichfalls bei Gloeckner. Ein Jahr später, 1930, druckt der Verlag eine unveränderte dritte Auflage. Schon vorher hat die Sowjetunion, deren im Aufbau befindliches System der volkswirtschaftlichen Planung einheitliche Buchungs- und Abrechnungs-Grundlagen voraussetzt, Schmalenbachs „Kontenrahmen" begierig aufgegriffen und ins Russische übersetzen lassen. Es ist das einzige Buch Schmalenbachs, dem die seltene Ehre zuteil geworden ist, von den Sowjets derart estimiert zu werden.

Die Erarbeitung der Einheitsbuchführungen für die verschiedenen Wirtschaftszweige war nicht ohne enge Kontakte mit den jeweils beteiligten Verbänden und mit Firmen möglich. Diese Kontakte hat besonders sein Assistent Arnold Weber gepflegt, den Schmalenbach nicht nur an der Universität, sondern auch im Fachausschuß Rechnungswesen als Assistent beschäftigte. Erfahrungen, die Weber beim Aufbau von Einheitsbuchführungen gemacht hat, flossen denn auch in die Neubearbeitung des „Kontenrahmens" (für die zweite Auflage) ein, wofür Schmalenbach seinem Assistenten im Vorwort ausdrücklich dankt. Ebenso spricht er Willy Minz für „wirksame Hilfe" Dank aus, eine schöne Geste gegenüber seinen fleißigen Helfern.

Schmalenbachs angestrengte Bemühungen, die Betriebe möglichst vieler Branchen möglichst rasch mit Normal-Buchführungen und Normal-Kostenrechnungen zu versehen, finden bald ein unerwartetes Ende: Die Firmen bekunden immer weniger Interesse an der Vereinheitlichung ihrer Abrechnungs-Organisation. Der Grund: Sie fürchten, auf diese Weise den Steuerbehörden einen zu weitgehenden Einblick in ihre Betriebsverhältnisse zu ermöglichen. Der betriebswirtschaftliche Fortschritt unterbleibt also aus Angst vor dem Finanzamt. Schmalenbachs Kommentar zu solchem Verhalten ist trocken: „Man kann es verstehen, aber es ist schade drum."

In der Hitlerzeit kam es dann umgekehrt: Jetzt arbeiteten die Wirtschafts- und Fachgruppen für die jeweils angeschlossenen Firmen einer Branche Kontenpläne aus, die auf Schmalenbachs Kontenrahmen fußten. Schmalenbach zeigt sich darüber ganz und gar nicht erfreut, im Gegenteil, er ist entsetzt. Nicht darüber, daß die Herren das Ergebnis seiner Gedankenarbeit verwandt haben, ohne dabei seinen Namen zu nennen. Das hat er nicht anders erwartet. Nein, ihm bereitet vor allem die Tatsache Kummer, daß die Betriebe verpflichtet werden, sich streng an die Kontenpläne zu halten, ohne daß ihnen Spielraum für individuelle Anpassungen gelassen wird.

Sehr viel später, nachdem das Dritte Reich in den Trümmern des zweiten Weltkriegs untergegangen ist, spricht er klar aus, was ihn damals bedrückt hat: „Wenn man meine Kontenrahmenarbeiten flugs zu Pflichtkontenrahmen verarbeitet, dann soll man sich nicht wundern, daß nicht nur die Buchhalter, sondern auch die Buchhaltungs-Chefs gedankenlose Bürokraten werden."

35. Berater der Reichsbahn: Als Sachverständiger in den Führungsgremien

5000 Lokomotiven, 10 000 Personen- und Gepäckwagen, 150 000 Güterwagen hat die Reichsbahn nach dem ersten Weltkrieg als Reparationsleistung an die Siegermächte abgeliefert, 8000 Kilometer Strecke in den abgetretenen Gebieten hat sie hingeben müssen. Trotzdem war sie im Jahre 1924 noch immer „der größte wirtschaftliche und technische Betrieb" der Welt, wie Carl Friedrich von Siemens, der Chef des Hauses Siemens, damals sagte. In der Tat, wo gab es in jener Zeit wohl ein Unternehmen, dessen Anlagen auf einen Wert von 26 Milliarden Goldmark geschätzt wurden und durch dessen Kassen in jedem Jahr 4,5 Milliarden Goldmark flossen?

Auf den Gedanken, daß die Gewinne dieses Unternehmens eine ergiebige Quelle für die Abschöpfung von Reparationen sein könnten, sind die Alliierten nicht sogleich gekommen. Ein Deutscher war es, der diese Idee hatte und sie der Reichsregierung vortrug: der von 1920–1933 an der Berliner Handelshochschule lehrende Nationalökonom Moritz Julius Bonn. Sein Plan, den er im März 1923 der Reichsregierung vorlegte, sah die Umwandlung der Reichsbahn in eine Aktiengesellschaft vor, deren Aktien dem Reich verbleiben sollten. Dieses Unternehmen sollte alsdann an eine internationale Betriebsgesellschaft verpachtet werden, die aus dem jährlichen Betriebsgewinn Zahlungen für Reparationen abzweigen und den jeweils verbleibenden Gewinnrest auf das Pacht-Konsortium und das Deutsche Reich aufteilen sollte.

Nach einigem Zögern entschloß sich die Regierung Cuno, im Juni 1923 den Alliierten in einem Memorandum die Reichsbahn als Hauptgarant für eine umfassende Regelung der Reparationsfrage vorzuschlagen. Eine Antwort erhielt die Reichsregierung nicht. Aber zwischen den Alliierten setzte ein intensiver Gedankenaustausch ein, der sich in einem lebhaften Notenwechsel niederschlug.

Nachdem das Kabinett Cuno im August 1923 gestürzt war und Stresemann das Ruder übernommen hatte, der einen Monat später den passiven Widerstand gegen die Besetzung des Rheinlandes aufgab, kam es im November 1923 auf alliierter Seite zur Einsetzung eines Sachverständigen-Gremiums unter dem amerikanischen Finanz- und Währungs-Experten Charles G. Dawes. Dieser Ausschuß legte seinen Bericht im April 1924 vor. Von Mitte Juni bis Mitte August 1924 fanden in London Beratungen zwischen acht europäischen Siegermächten sowie den USA und Japan statt, ab Anfang August auch mit Deutschland. Am 16. August wurde den Deutschen das Schlußprotokoll übergeben mit der Auflage, der Deutsche Reichstag habe es bis zum 30. August zu ratifizieren. Erst danach waren die Vertragsländer ihrerseits zur Unterschrift bereit. Die Bedingung wurde erfüllt, kurze Zeit darauf trat der Dawes-Plan in Kraft.

Was die Reichsbahn angeht – die anderen Bestimmungen interessieren hier nicht –, so führte der Dawes-Plan zu seltsamen Konstruktionen. Eine Gesellschaft wurde gegründet, die zwar Stamm- und Vorzugsaktien ausgab, aber keine Aktiengesellschaft war; sie wurde auch nicht in das Handelsregister eingetragen. Zur Kapitalgrundlage dieses Unternehmens, der „Deutschen Reichsbahn-Gesellschaft", gehörten jedoch nicht nur die Aktien, sondern auch Schuldverschreibungen. Sie waren – politisch – sogar der Hauptposten der Bilanz. Während die Stammaktien (13 Milliarden RM) dem Reich überlassen wurden und von den Vorzugs-Aktien (2 Milliarden RM) 0,5 Milliarden dem Reich zustanden und 1,5 Milliarden zwecks Kapitalbeschaffung am Markt begeben werden konnten, gingen die Schuldverschreibungen (11 Milliarden RM) über einen Treuhänder ohne Gegenleistung in die Verfügungsgewalt der Reparationsgläubiger über. Ihre Bedienung (5% Zinsen und 1% Tilgung) war der Betrag, mit dem die Reichsbahn zur Aufbringung der Reparationen herangezogen wurde: jährlich 660 Millionen RM.

Doch das Merkwürdigste von allem: Die Gesellschaft hatte so gut wie kein Vermögen. Die Eisenbahn-Anlagen waren im Eigentum des Reichs verblieben. Die Deutsche Reichsbahn-Gesellschaft hatte lediglich das Recht, diese Anlagen zu betreiben; sie war eine reine Betriebsgesellschaft. Den insgesamt 26 Milliarden Aktienkapital und Reparations-Obligationen stand demnach als Aktivum lediglich das Recht auf den Betrieb der Bahnen gegenüber. War dies 26 Milliarden RM wert? Sicher nicht. Aber es mußte mit diesem Betrag angesetzt werden.

Die Gesellschaft war überdies verpflichtet, die Eisenbahnanlagen – die ihr gar nicht gehörten – nach dem jeweiligen Stande der Technik „gut zu unterhalten“, ja sogar „weiterzuentwickeln“. Sie hatte also nicht nur die laufenden Betriebsausgaben zu decken; auch für die „Betriebsentwicklung“ entstanden Ausgaben, und diese waren bei kaufmännischer – nicht kameralistischer – Buchführung in der Bilanz als Vermögen zu behandeln. So ergab sich neben dem Posten „Betriebsrecht“ auf der Aktivseite auch der Posten „Betriebsrecht am Anlagenzuwachs“. Wie stand es hier mit Abschreibungen? Konnte ein „Recht“, solange sich an der Gesetzes- oder Vertragsgrundlage nichts änderte, überhaupt abgeschrieben werden? Und war die Deutsche Reichsbahn-Gesellschaft als Nicht-Eigentümer, da die neuen Anlagen doch dem Vermögen des Reichs als Eigentümer zugewachsen waren, für Abschreibungen überhaupt zuständig? Verwirrende Fragen, so recht für den Kopf eines Professors der Betriebswirtschaftslehre geeignet.

Von wem die Anregung ausging, angesichts der besonders schwierigen Bilanzierungsfragen freie Sachverständige hinzuziehen, wissen wir nicht. Tatsache ist jedoch, daß schon an der Eröffnungsbilanz zum 1. Oktober 1924 zwei Sachverständige entscheidend mitgewirkt haben. Es waren Eugen Schmalenbach und sein ehemaliger Schüler und langjähriger Freund Walter Susat. Diese beiden Sachverständigen waren auch in den Folgejahren an der Aufstellung von Jahresabschlüssen beteiligt, nachweislich bei den Abschlüssen für 1927 und 1928. Vermutlich haben die beiden Gutachter jedoch sämtliche Jahresbilanzen seit 1925 geprüft, und wahrscheinlich haben sie dies auch weiterhin getan, mindestens bis zum Frühjahr 1930, als der Young-Plan in Kraft trat und die Vertreter der Reparationsgläubiger aus dem Verwaltungsrat ausschieden.

In ihrer Stellungnahme zu der Bilanz für 1928 vertraten Schmalenbach und Susat den Standpunkt, die Reichsbahn-Gesellschaft dürfe so lange keinen Anlagenzuwachs ausweisen, wie nicht mit dem Reich eine Vereinbarung über die Frage einer hypothekarischen Belastung des Eisenbahn-Vermögens zwecks Aufnahme von Krediten zustandegekommen sei. Falls trotzdem ein Anlagenzuwachs aktiviert werde, müsse er in solcher Höhe abgeschrieben werden, daß er mit Ablauf des Betriebsrechts (voraussichtlich 1964) voll getilgt sei. Daher forderten die Gutachter eine Erhöhung der Abschreibungen für das Berichtsjahr unter Verringerung des Gewinnvortrags um den gleichen Betrag. Der Gewinnausweis wäre damit niedriger als im Vorjahr gewesen, was die schwierige Finanzlage der Bahn deutlich gemacht hätte. Im Finanzausschuß sprachen sich die Mitglieder mehrheitlich für diesen Antrag aus, der Verwaltungsrat wies ihn dann jedoch ab.

Die Institution einer Generalversammlung gab es bei der Reichsbahn-Gesellschaft nicht, der Verwaltungsrat war das höchste Willensorgan. Er bestand, wie im Dawes-Plan vorgeschrieben, aus 9 von der Reichsregierung und 9 vom Treuhänder der Reparations-Schuldverschreibungen bestellten Mitgliedern; von den letztgenannten 9 „konnten“ laut Dawes-Plan 5 deutscher Staatsangehörigkeit sein (und waren es auch). An der Spitze des Verwaltungsrats stand von 1924 bis zuletzt Carl Friedrich von Siemens, an der Spitze des Direktoriums zunächst der frühere Reichsverkehrsminister Rudolf Oeser, nach dessen Tod (1926) Julius Dorpmüller. Siemens und Oeser waren Mitglieder der Deutschen Demokratischen Partei, der bis 1926 auch Schmalenbach angehörte.

Die Reichsregierung hatte bei der Entsendung der 9 von ihr zu bestellenden Mitgliedern Anrechte von Ländern zu berücksichtigen, deren Eisenbahnen das Reich 1920 übernommen hatte. Infolgedessen erhielten Preußen, Bayern, Sachsen und Württemberg je einen Sitz. Sie selbst entsandte einen Vertreter des Reichsfinanzministeriums in dieses Gremium (einen Vertreter des Verkehrsministeriums oder gar den Verkehrsminister selbst duldeten die Ausländer nicht). Die verbleibenden vier Sitze wurden je einem Vertreter der Landwirtschaft (Adolf von Batocki), der Schwerindustrie (Peter Klöckner), der verarbeitenden Industrie (Carl Friedrich von Siemens) und der Binnenschiffahrt (Franz Ott) zugeteilt. An die Mitgliedschaft von Männern aus den Reihen der „geistigen Kapazitäten" – wie vier Jahre vorher bei der Bildung des vorläufigen Reichswirtschaftsrats – war unter diesen Umständen nicht zu denken.

Schmalenbach und Susat wurden jedoch zu Sitzungen der Führungsgremien eingeladen, in denen Bilanzierungsfragen auf der Tagesordnung standen. Sie haben an solchen Sitzungen als Sachverständige teilgenommen, also als Gäste (nicht als Mitglieder). Eugen Schmalenbach ist indes noch in anderer Hinsicht für die Reichsbahn tätig geworden: Er war Mitglied einer Kommission, die unter der Leitung des Präsidenten des Rechnungshofs, Friedrich Ernst Saemisch, die Organisation des Beschaffungswesens untersuchen und Vorschläge zu seiner Verbesserung erarbeiten sollte.

Die Kommission wurde im Herbst 1927 eingesetzt, ein Jahr später wurden auf Grund ihrer Untersuchungsergebnisse bereits drei Einkaufs-Abteilungen im Reichsbahn-Zentralamt zusammengelegt; im Frühjahr 1929 hat das Zentralamt die Zusammenlegung weiterer Abteilungen vorbereitet. Was die Organisation des Reichsbahn-Zentralamts angeht, so erhielt die Kommission im September 1928 zusätzlich den Auftrag, „die Zusammenhänge zwischen Hauptverwaltung und Zentralamt zu untersuchen, um über die zweckmäßige Organisation der Zusammenarbeit beider Stellen Vorschläge zu machen". Eine Neuorganisation sollte zurückgestellt werden, bis diese Vorschläge vorlagen.

Und noch eine Angelegenheit hat Schmalenbach in diesem Zusammenhang beschäftigt: im Frühjahr 1928 wurden Unregelmäßigkeiten im Beschaffungswesen des Reichsbahn-Zentralamts entdeckt, die so gravierend waren, daß sich auch die Staatsanwaltschaft dafür interessierte. Worum es konkret ging, ist den Protokollen nicht zu entnehmen. Aber aus dem Hinweis, daß die Personalordnung „durch klare Bestimmungen über die Rechte und Pflichten des Reichsbahnpersonals bei eigenen Erfindungen beschleunigt ergänzt werden" solle, kann vermutet werden, daß ein Beamter auf Kosten der Bahn Materialien bezogen hat, die er privat für eine eigene Erfindung verwendete. Zur Klärung der Angelegenheit wurde ein besonderer Ausschuß von Fachbeamten (unter Paul Freiherr von und zu Eltz-Rübenach) gebildet, der „in engstem Zusammenhang mit der Kommission arbeiten (soll), die . . . unter dem Vorsitz des Präsidenten des Rechnungshofs und unter Beteiligung namhafter Wirtschaftler an der Prüfung der Organisation des Reichsbahn-Zentralamts arbeitet". Schmalenbach war demnach als Mitglied der Saemisch-Kommission auch mit dieser Untersuchung aufs engste vertraut.

Die Tätigkeit bei der Reichsbahn hat für Schmalenbachs Lehren und Forschen reiche Früchte getragen. Wie vor zwanzig Jahren bei der Leonhard Tietz AG konnte er hier einen tiefen Einblick in die innere Struktur eines Großunternehmes gewinnen, das zudem nicht rein privatwirtschaftlicher Natur, sondern mit staatshoheitlichen und das heißt bürokratischen Elementen durchsetzt war. In einem Brief offenbart er, worin er bei der Reichsbahn-Gesellschaft eines der Hauptprobleme gesehen hat: „Als wir in der Saemisch-Kommission 1929 bis 1933 die Zentralorganisation der Reichsbahn behandelten, trat immer diese Verwechslung (zwischen der Führungsfrage und der Zentralisierungsfrage, M. K.) auf, und man mußte fortgesetzt darauf hinweisen, daß Hauptverwaltung und Zentralamt grundsätzlich verschiedene Aufgaben hatten. . . . Die Hauptverwaltung sollte nur Oberleitungsaufgaben haben und nicht mehr. Das Zentralamt dagegen sollte alle Arbeiten aufnehmen, die der zentralen Bearbeitung bedürftig (sind) und daher den Reichsbahndirektionen abgenommen wurden . . . Das hat sich als glückliche Organisation bewährt."

Der Brief ist an den ehemaligen Schüler und späteren Vertrauten Walter Krähe gerichtet. Schmalenbach hat ihn am 13. Januar 1944 geschrieben, kurz bevor für ihn die schwerste Zeit der Verfolgung begann. Auch seine Schriften über „Dienststellengliederung im Großbetriebe" und über „Lagerverwaltung", in die manche Erfahrungen aus seiner Reichsbahn-Zeit eingegangen sind, hat er erst während des Hitler-Krieges zu Papier gebracht. Die Früchte dieser Zeit sind, wie man sieht, spät gereift. Das hat seinen Grund: Zunächst drängten andere Aufgaben, die ihm nicht viel Ruhe zur Besinnung und zum Schreiben über Probleme der Betriebspraxis ließen. Noch 1928 hatte er im Auftrage des Reichswirtschaftsministers als Kommissions-Vorsitzender zwei umfangreiche Gutachten über Fragen von erheblicher wirtschaftspolitischer Bedeutung zu erstellen.

36. Gutachter der Reichsregierung: Wirbel um Braunkohle und Steinkohle

Wieviel Gutachten Schmalenbach im Laufe seines Lebens verfaßt hat, kann heute niemand sagen. Sie haben sein Professoren-Dasein von den ersten Anfängen bis zum Schluß begleitet: Gutachten über Bilanzierungs- oder Bewertungsfragen eines Betriebes, über die Organisation des Rechnungswesens bestimmter Firmen, über die Pflichten eines Aufsichtsrats-Mitglieds, über Notwendigkeit und Zweckmäßigkeit einer Investition – manchmal von Hausbanken ausdrücklich von seiner Hand verlangt –, selbst zu hochschulpolitischen Fragen hat sich Schmalenbach gelegentlich als Gutachter geäußert. Das alles ist in den Aktenschränken der Unternehmen, der Gerichte, der Universitäten längst vergilbt oder im Bombenhagel des Krieges untergegangen.

Von zwei Gutachten kennen wir Teilstücke, die Schmalenbach 1929 in seiner Zeitschrift abgedruckt hat; eines gibt die einleitenden Ausführungen zu einem unveröffentlichten Gutachten über die Abschreibungen im ostelbischen und mitteldeutschen Braunkohlenbergbau wieder, das andere umfaßt drei Abschnitte aus einem Gutachten über die Bewertung eines Metallbergwerks. Über Auftraggeber, Anlaß und Inhalt dieser beiden Gutachten ist nichts bekannt. Dagegen wird über ein weiteres (drittes) Gutachten, das zwei Bände umfaßte und offenbar das umfangreichste aller Schmalenbach-Gutachten war, in den „Mitteilungen der Treuhand-AG" berichtet, die diese Gesellschaft damals regelmäßig an ihre Mandanten verschickte (Ausgabe vom Januar 1932).

Anlaß für dieses Gutachten war die Frage, welchen Entschädigungsanspruch die Dessauer Gas AG für die Enteignung ihres Gaswerks in Warschau auf Grund des Friedensvertrages gegen das Reich geltend machen kann. Sie verlangte 100 Millionen RM, das Reich hatte 40 Millionen RM geboten. Die Kontrahenten hatten sich nach längeren Auseinandersetzungen dahin verständigt, Schmalenbach als gemeinsamen Gutachter zu nominieren, der seinerseits die Treuhand-AG zur Unterstützung heranzog (hier war besonders Leo S. Rothe damit befaßt, der spätere Generaldirektor der Junkers-Werke in Dessau). Nach sieben Monaten war Mitte Dezember 1931 das Gutachten fertig: es empfahl eine Entschädigungssumme von 52,5 Millionen RM. Ende Dezember 1931 einigten sich die Parteien auf diesen Vorschlag, und beide Seiten bekundeten dem Gutachter auch ausdrücklich ihren „Dank für die mühevolle Arbeit".

Nur zwei Schmalenbach-Gutachten liegen vollständig und gedruckt vor, beide behandeln Fragen der Kohlenwirtschaft. Das eine, erstellt in der Zeit von November 1927 bis Januar 1928, sucht zu ergründen, ob es „Ersparnismöglichkeiten in der Produktion und im Absatz ostelbischer und mitteldeutscher Braunkohlenbriketts" gibt; das andere, an dem Schmalenbach vom Februar bis zum April 1928 gearbeitet hat, sollte generell „die gegenwärtige Lage des rheinisch-westfälischen Steinkohlenbergbaus" untersuchen, beschränkte sich jedoch auf eine Analyse der Rentabilität, während die Wettbewerbsverhältnisse nicht behandelt wurden.

Beide Gutachten wurden im Auftrage des Reichswirtschaftsministeriums erstattet, in beiden Fällen war Schmalenbach Vorsitzender einer Kommission, die für die Braunkohle aus drei, für die Steinkohle aus fünf Mitgliedern bestand. Wenige Monate vorher, im Juli 1927, hatte die Reichsregierung bereits ein Gutachten über die eisenschaffende Industrie anfertigen lassen, deren Autoren der Chef der Vereinigten Aluminiumwerke sowie Schmalenbachs Freund Walter Susat waren. Auf ein „sogenanntes Susat-Gutachten", diesmal über Fragen der Braunkohle, wird auch in einer Stellungnahme dieses Industriezweiges zum Schmalenbach-Gutachten Bezug genommen. Demnach hat Susat schon vor Schmalenbach über die Braunkohle sowie über die Eisenindustrie Gutachten erstellt, die wohl nur für die unmittelbar Beteiligten bestimmt waren und nicht veröffentlicht wurden. Wir begegnen ihm also auf der gleichen Fährte wie seinen Meister: als Gutachten-Autor. Der Zusammenhang ist unverkennbar.

„Seitdem mit Hilfe von Koks Eisen erzeugt werden kann und seit der Erfindung der Dampfmaschine ist alle industrielle Entwicklung . . . eng mit der Kohlenwirtschaft verbunden." Mit diesen Worten leitete der Enquête-Ausschuß der deutschen Wirtschaft 1929 seinen großen Bericht über diesen Wirtschaftszweig ein, und er fügte an anderer Stelle hinzu, die Kohle – damals für die Menschen die einzige Energiequelle von Bedeutung – sei „ein wichtiger Teil des nationalen Vermögens". In der Revolution von 1918 war man noch einen Schritt weitergegangen und hatte erklärt, die Kohle müsse „Eigentum des ganzen Volkes" sein. Aber die Ende 1918 eingesetzte „Sozialisierungs-Kommission", in der u. a. so vernünftige Männer wie der Sozialreformer Ernst Francke und der Nationalökonom Joseph Schumpeter (damals Graz, später Harvard-Universität) saßen, kam nach gründlichem Studium und Anhörung mehrerer Sachverständiger zu der Erkenntnis, daß die Zechen im Staatsbesitz allgemein schlechter arbeiteten als die privatwirtschaftlich geführten Bergwerke.

Statt einer Verstaatlichung sollten daher die Unternehmen des Kohlenbergbaus in „Gemeineigentum" überführt werden, außerdem sollte „die Ausnutzung von Steinkohle, Braunkohle . . . nach gemeinwirtschaftlichen Gesichtspunkten geregelt" werden. Zwei neue Organe wurden geschaffen: Der Reichskohlenrat, der als eine Art Parlament gedacht war (ähnlich wie 1920 der vorläufige Reichswirtschaftsrat) und bei dem die „Leitung" der Kohlenwirtschaft lag. Daneben gab es den Reichskohlenverband, zu dem die 7 Steinkohlen- und die 3 Braunkohlen-Syndikate (ferner das Gaskoks-Syndikat) zusammengeschlossen waren. Der Verband war gleichsam ein Syndikat der Syndikate: Er konnte die Preise bestimmen und Richtlinien für Preisnachlässe (Handels-Rabatte) geben.

Das Recht der Preisfestsetzung stand für den Verband freilich nur auf dem Papier. Denn die gemeinwirtschaftliche Organisation der deutschen Kohlenwirtschaft hatte einen Pferdefuß: Die „Oberaufsicht" führte der Reichswirtschaftsminister, und dessen „Aufsichtsbefugnisse" gingen sehr weit: Er konnte die vom Reichskohlenverband festgesetzten Verkaufspreise nach Anhörung des Verbandes und des Reichskohlenrats herabsetzen. Praktisch lag die Preisgestaltung damit beim Staat, und die gepriesene Gemeinwirtschaft erwies sich bei näherem Zusehen als eine Mischform zwischen staatlich gelenkter und privatwirtschaftlich organisierter Wirtschaft, wobei die Entscheidungsbefugnis in allen wichtigen Fragen allein beim Staat lag (ähnlich wie bei den Kriegsgesellschaften unseligen Angedenkens).

Die daraus resultierende Konflikt-Situation wurde bei jeder durch einen Schiedsspruch (nach Streiks) verbindlich angeordneten Lohnerhöhung virulent. Denn in diesen Fällen wurde eine von den Bergbau-Unternehmen zum Ausgleich beantragte Preiserhöhung vom Reichswirtschaftsminister wegen „ungünstiger Wirkungen auf die gesamte Volkswirtschaft" grundsätzlich abgelehnt. Das ist mehrfach geschehen, und es führte schließlich zu dem beiderseits begrüßten Entschluß, die Kostensituation der Betriebe von unabhängigen Wirtschafts-Sachverständigen unvoreingenommen begutachten zu lassen.

Im Falle der Braunkohle hat die Schmalenbach-Kommission der Auffassung des Ministers beigepflichtet. Im mitteldeutschen und im ostelbischen Revier, so lautete das Ergebnis, könnte mehr als die Hälfte der Belastung, die durch die damalige Lohnerhöhung verursacht worden war, allein durch eine Rationalisierung des Großhandels ausgeglichen werden. Die Kommission „vermutete" außerdem, ohne dies mit Zahlen belegen zu können, daß weitere wesentliche Ersparnisse im Kleinhandel – dem sogenannten „Kellerhandel" – möglich wären, ebenso durch Vermeiden unwirtschaftlicher Transporte, durch Ausschaltung unrationeller Betriebe und durch den Verzicht auf verlustbringenden Absatz in umstrittenen Gebieten.

Voraussetzung für eine wirtschaftliche Gestaltung der Verkaufstätigkeit sei jedoch im sächsischen („mitteldeutschen") wie im Lausitzer („ostelbischen") Bezirk eine Stärkung der beiden Syndikate unter Verzicht auf Werkshandelsgesellschaften. Dieses Votum beruhte auf der Überzeugung Schmalenbachs, daß Syndikate innerhalb ihrer Branchen eine Ordnungsfunktion übernehmen könnten, die zur Hebung der Wirtschaftlichkeit beitragen und damit volkswirtschaftlich von großer Bedeutung sein würde (siehe Seite 21). In dem Braunkohle-Gutachten klingen diese Ideen deutlich an.

Bei der Steinkohle mit ihren straff organisierten Syndikaten und dem überall bestehenden Verbund mit Eisenwerken und Maschinenfabriken – freie Zechen gab es kaum noch – war die Situation anders. Hier stand nicht die Absatz-Organisation und deren Rationalisierung im Vordergrund des Interesses, sondern die Kostenrechnung der Unternehmen. In dieser Frage kam die Schmalenbach-Kommission nicht zu einem einheitlichen Schluß. Die Mehrheit (vier von fünf Mitgliedern) stellte auf Grund einer eingehenden Analyse des Zahlenmaterials fest, daß die untersuchten Betriebe in dem Berichtszeitraum (November 1927) nicht mit Gewinn, sondern mit Verlust gearbeitet haben, ein Ergebnis, das die Kommission „mit schwerer Sorge" erfüllte, wie zum Schluß gesagt wurde. Ein Mitglied, Fritz Baade, glaubte jedoch, sich dieser sorgenvollen Schlußfolgerung nicht anschließen zu können. In einem Sondergutachten, das dem Bericht beigefügt ist, erklärte Baade vielmehr, im Ruhrkohlenbergbau seien „unter dem Zwang des sozialen Fortschritts" noch gewisse Möglichkeiten für eine „Politik der Selbstkostensenkung" vorhanden.

Eine eindeutige Bestätigung erhielt Schmalenbachs Mehrheits-Ergebnis knapp ein Jahr später durch den Bericht des Enquête-Ausschusses. Die Arbeitsgruppe, die mit kaum überbietbarer Gründlichkeit die Erzeugungs- und Absatzbedingungen der deutschen Kohlenwirtschaft studierte und dazu im Frühjahr 1928 nicht weniger als 91 Sachverständige hörte, schloß sich in vollem Umfange dem Votum Schmalenbachs an und unterstrich dessen Urteil, daß die Ergebnisse zu „schwerer Sorge" veranlaßten. Wichtige Teile des Kohlenbergbaus, so heißt es, hätten längere Zeit hindurch ohne oder mit geringem Erfolg gearbeitet. Mit Nachdruck betont der Bericht die „außerordentliche Wichtigkeit“, die dieser Feststellung namentlich wegen der hohen funktionellen Bedeutung der Kohle im deutschen Wirtschaftsleben zukommt.

Bewirkt haben alle diese Untersuchungen nichts. Wenige Monate nach der Vorlage des Braunkohle-Gutachtens lief der ostelbische Syndikatsvertrag ab. Über einen neuen Vertrag wird lange und qualvoll verhandelt. Als er unter dem Druck des Wirtschaftsministers endlich zustandekommt, wird es offenbar: Schmalenbachs Forderung, den Werkshandel zu Gunsten des Syndikatsvertriebs einzuschränken, bleibt unberücksichtigt; die Gegner haben sich durchgesetzt, und zu den Gegnern gehörte nicht nur der Großindustrielle Petschek, sondern auch ein Teil der Kleinen, deren Position Schmalenbach doch zu stärken beabsichtigt hatte. Nicht viel anders erging es dem Steinkohle-Gutachten, dessen Erkenntnisse bei dem nächsten Lohn-Schiedsspruch für die Ruhrkohle im Sommer 1928 gleichfalls unbeachtet blieben.

Anfang 1929 wird Schmalenbach von einem Enquête-Ausschuß in Sachen Kartellpolitik gefragt, wie er über den Vorschlag des Deutschen Juristentags denke, beim Kartellamt einen Sachverständigenausschuß zu schaffen. Und siehe da, der Sachverständige Schmalenbach ist gegen Sachverständige: „Auf Grund meiner Erfahrungen mit den beiden Kohlenkommissionen, deren Ermittlungen von allen Parteien nicht anerkannt worden sind, halte ich einen Sachverständigenausschuß nicht für zweckmäßig. Seine angeblich paritätische Zusammensetzung macht ihn eher zu einer Interessenvertretung“. Ähnlich hätte Schmalenbach auch auf die Frage nach dem Sinn von Gutachter-Kommissionen reagiert. Er hatte genug von Kommissionen für wirtschaftspolitische Zwecke.

37. Wiener Rede: Die Öffentlichkeit ist alarmiert

Am 1. Juni 1928 erschien in der „Vossischen Zeitung“ ein langer Aufsatz, dessen provokativer Titel „Der gefesselte Kapitalismus“ und dessen lebendiger Stil jeden wirtschaftlich interessierten Menschen zum Lesen reizen mußte. In Unternehmerkreisen sprach es sich rasch herum, daß dieser inhaltlich wie in seiner Formulierungskraft geradezu faszinierende Aufsatz sensationelle Feststellungen enthielt. Hier wurde mit überzeugenden Argumenten das Ende der freien Wirtschaft und das Heraufdämmern einer neuen Wirtschaftsverfassung konstatiert, die dem Staat einen großen und unablässig wachsenden Einfluß auf das Wirtschaftsgeschehen einräumen werde.

Der Autor hieß Eugen Schmalenbach, und der Aufsatz war in Wahrheit das Manuskript einer Rede, die unser Professor am Tage vorher gehalten hatte. Ob sein Vortrag soviel Aufmerksamkeit in der Öffentlichkeit geweckt hätte, wenn die Zeitungen seinen Inhalt nicht überall in Deutschland rasch bekanntgemacht hätten, ist zu bezweifeln. Denn es handelte sich um ein wissenschaftliches Referat zu einem Thema, dessen akademisch-nüchterne Formulierung die darin steckende Brisanz nicht ohne weiteres erkennen ließ: „Die Betriebswirtschaftslehre an der Schwelle der neuen Wirtschaftsverfassung.“ Das Referat wurde zudem vor einem wissenschaftlichen Auditorium gehalten, auf der Pfingsttagung des Verbandes der deutschen Hochschullehrer für Betriebswirtschaft. Und diese Tagung fand noch dazu gar nicht in Deutschland statt, sondern im fernen Wien.

Für Schmalenbachs Referat, das sich u. a. mit den Kartellen befaßte, war dies allerdings historischer Boden, und zwar in zweifacher Hinsicht. Hier war vor 34 Jahren, im September 1894, zum ersten Mal die Frage des Kartellwesens – einer damals noch recht neuartigen

Erscheinung des Wirtschaftslebens – von Wissenschaftlern systematisch behandelt worden: auf einer Generalversammlung des Vereins für Socialpolitik unter der Leitung von Gustav Schmoller. Und das Hauptreferat zu diesem Thema hatte kein anderer als Karl Bücher gehalten, der spätere Lehrer und Mentor Schmalenbachs auf der Leipziger Universität.

Mit den Kartellen hatte sich Schmalenbach schon in jungen Jahren beschäftigt. Wir kennen die Arbeiten, die er darüber um die Jahrhundertwende in der Deutschen Metall-Industrie-Zeitung veröffentlicht hat (siehe Seite 20–22), und wir wissen, wie oft und wie hart er schon damals die Preispolitik der deutschen Syndikate angeprangert hat. Daß auch die fixen Kosten seit Anbeginn im Mittelpunkt seines kostentheoretischen Denkens standen, erweist seine früh vollendete Studie über „Buchführung und Kalkulation im Fabrikgeschäft", die 1899 im gleichen Blatt erschien (Seite 15–16). Und die Idee, daß zwischen dem Anwachsen der fixen Kosten und der Ausbreitung des Kartellwesens ein innerer Zusammenhang bestehen müsse, ist sicher gleichfalls schon seit längerer Zeit in ihm gereift.

Den letzten Anstoß zur Darlegung dieser Zusammenhänge hat dann wohl seine Gutachter-Tätigkeit gegeben, die ihm einen lebendigen Anschauungs-Unterricht vom Verhalten der Unternehmen mit hohen fixen Kosten vermittelte und einen unmittelbaren Einblick in die Geschäftspolitik (und Geschäftsphilosophie) mehrerer Syndikate des Kohlenbergbaus sowie – durch Susats Gutachten – der eisenschaffenden Industrie gegeben hat. Hier haben seine Überlegungen offenbar ihre Bestätigung gefunden. Das hat Schmalenbach jene innere Sicherheit verliehen, die aus allen Feststellungen seines Referats spricht. Dieses Referat übertrifft in der historischen Weite seines Blickfeldes, in der Prägnanz der Gedankenführung ebenso wie durch die klare Diktion und die frische Sprache alle früheren und späteren Arbeiten Schmalenbachs. Es ist ein Geistesprodukt, das den Wissenschaftler und Schriftsteller auf der Höhe seines Könnens zeigt.

Auf die Hauptthesen reduziert und möglichst mit Schmalenbachs eigenen Worten wiedergegeben, kann das Gedankengebäude, das Schmalenbach vor seinen Zuhörern in Wien errichtet hat, folgendermaßen umrissen werden:

1. „Der Anteil der fixen Kosten ist für die Produktionsgestaltung bestimmend geworden. . . . Das Steigen der fixen Kosten (ist) noch nicht abgeschlossen, . . . ihr Wachstum (hält) immer noch an und (wird) voraussichtlich noch lange anhalten."
2. „So ist die moderne Wirtschaft . . . des Heilmittels beraubt, das selbsttätig Produktion und Konsumtion" (heute würden wir sagen: Angebot und Nachfrage, M. K.) „in Einklang bringt und so das wirtschaftliche Gleichgewicht herstellt. Weil die proportionalen Kosten in so großem Umfange fix geworden sind, fehlt der Wirtschaft die Fähigkeit zur Anpassung der Produktion an die Konsumtion. . . . Die Volkswirtschaft (hat) ihr selbständiges Steuer verloren."
3. „Die fixen Kosten . . . drängen (den Betrieb) zugleich, sich trotz mangelnder Nachfrage zu vergrößern. . . . Die Betriebsleiter werden durch . . . unbeschäftigte Anlagen (innerhalb des Gesamtbetriebes) dazu gedrängt, den Betrieb . . . zu vergrößern, um auch diese nicht ausgenutzten Anlagen besser zu beschäftigen."
4. „Da andere Betriebe der gleichen Branche das gleiche tun, rationalisieren sich die Industriezweige automatisch in eine übergroße Kapazität hinein."
5. „Ist ein Geschäftszweig so weit gekommen, so ist es zur Gründung eines Kartells . . . nicht mehr weit. Und so drängen die fixen Kosten einen Industriezweig aus der freien Wirtschaft in die gebundene Wirtschaft hinein."

Eugen Schmalenbach auf dem Gipfel der Lebensbahn.

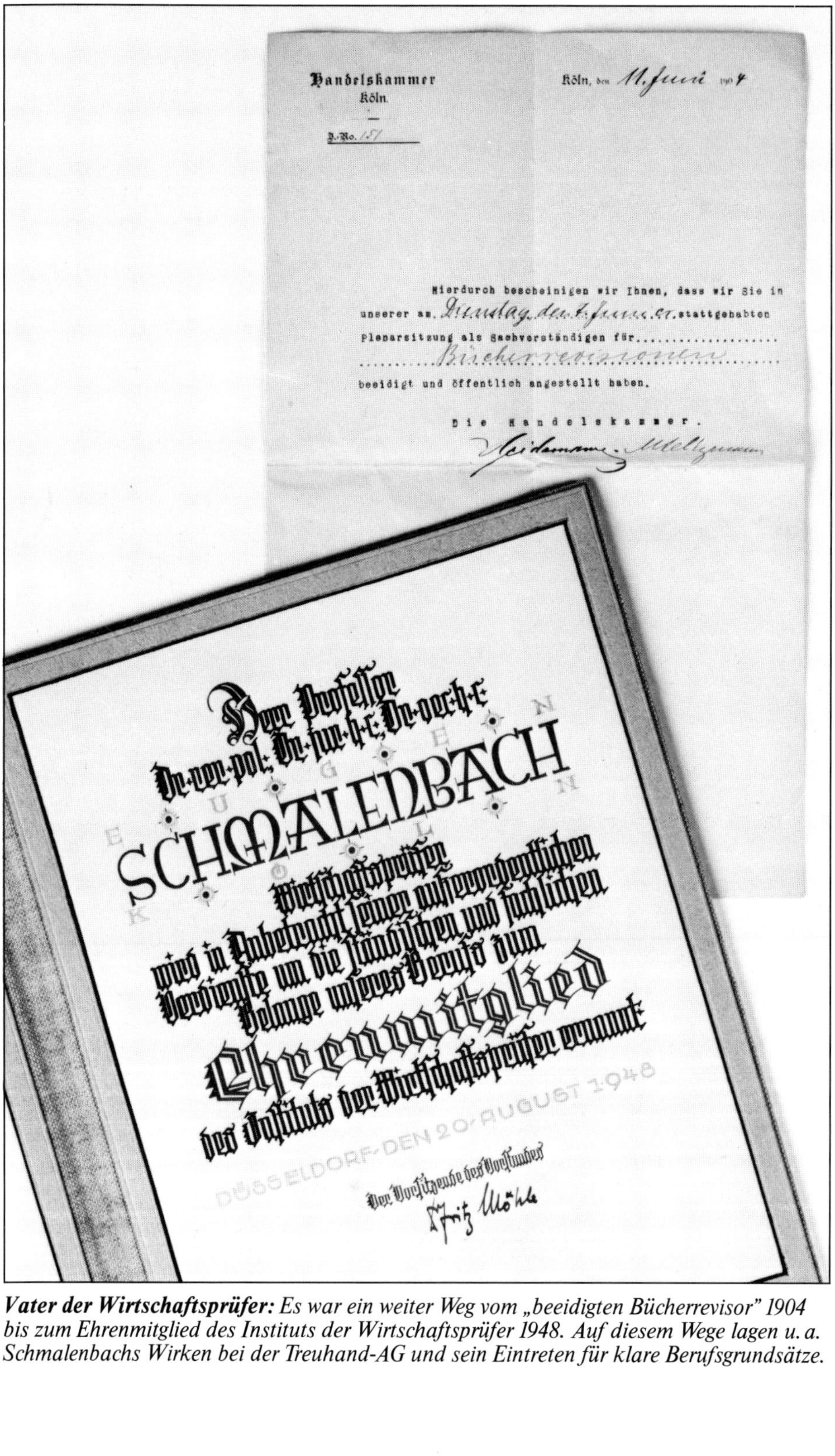

Vater der Wirtschaftsprüfer: *Es war ein weiter Weg vom „beeidigten Bücherrevisor" 1904 bis zum Ehrenmitglied des Instituts der Wirtschaftsprüfer 1948. Auf diesem Wege lagen u. a. Schmalenbachs Wirken bei der Treuhand-AG und sein Eintreten für klare Berufsgrundsätze.*

Im eigenen Haus: *Im Jahre 1931 hat die 1909 gegründete Treuhand-AG das Haus in Köln, Gereonskloster 22, erwerben können, das seit 1911 ihre Büros beherbergte. Das Gebäude wurde 1941 durch einen Luftangriff zerstört.*

Betriebsfest in Rhöndorf: *Feier des 25-jährigen Bestehens der Treuhand-AG. Eugen Schmalenbach in der Mitte sitzend, rechts daneben seine Frau, hinter ihr im dunklen Kleid Tochter Marianne, ganz rechts außen steht Schwiegersohn Antonius Graf Spee.*

Sie riskierten ihr Leben: *Gertrud und Ludwig Feist scheuten keine Gefahr, um Schmalenbach und seine Frau vor der Verschleppung ins Konzentrationslager zu bewahren. Als der zur Wehrmacht einberufene Feist – vor langen Jahren Schmalenbachs Schüler und Assistent – im September 1944 zufällig erfuhr, in welche Bedrängnis das Ehepaar geraten war, zögerte er keinen Augenblick und bot den beiden sein Haus in Bad Godesberg als Versteck vor der Gestapo an; betreut wurden sie dort von Frau Feist. Die mutige Tat des Ehepaares Feist, geboren aus christlicher Nächstenliebe, hat den Schmalenbachs nicht nur viele Qualen erspart, sondern wahrscheinlich das Leben gerettet.*

6. Vermehrt ein Kartellmitglied seine Kapazität, so bekommt es „früher oder später eine höhere Beteiligungsquote . . . und ist mit dieser höheren Beteiligungsquote ebenso wie mit der alten Beteiligung am Absatz zugelassen".

7. „Selbst bei schlechtester Konjunktur gibt es Werke, die zwecks Erhöhung ihrer Beteiligung ihre Anlagen erweitern." Infolgedessen bleibt die Kapazität „nicht etwa im Einklang mit den Verhältnissen des Marktes, sondern (ragt) fortgesetzt weit über diese hinaus".

Schmalenbachs Schlußfolgerung aus dieser Diagnose, sogleich in den Eingangsworten des Referats ausgesprochen, lautet: „(Wir) stehen heute am Ausgang einer alten und am Beginn einer neuen Wirtschaftsperiode. . . . Das 19. Jahrhundert mit seiner freien Wirtschaft wird . . . seine eigenen, keinem anderen Jahrhundert eigentümliche Berühmtheit bekommen, . . . weil die Wirtschaft dieses Jahrhunderts mehr als jede andere der Natur selbst verwandt war. . . . Nicht Menschen, sondern starke wirtschaftliche Kräfte sind es, die uns in die neue Epoche (der gebundenen Wirtschaft) hineintreiben. . . . Es (ist) fast ausschließlich eine einzige Erscheinung, . . . (die dies bewirkt): Die Verschiebung der Produktionskosten (hin zu den fixen Kosten)."

Die Wiener Rede Schmalenbachs erregte in der Öffentlichkeit großes Aufsehen. Die Frage, ob sich das kapitalistische Zeitalter seinem Ende nähere, beschäftigte die Geister damals ohnehin stark. Hier kam nun einer, ein Wissenschaftler gar, der den Menschen das Ende des herrschenden Wirtschaftssystems als unabweisbares Schicksal darstellte. Schmalenbach unternahm nichts anderes, als die Zwangsläufigkeit des Geschehens schlüssig zu beweisen, und das bewegte die Gemüter dermaßen, daß von allen Seiten ein Echo kam, meist gepaart mit Widerspruch. Unter Wissenschaftlern wie auch bei Unternehmern, in Zeitungen und Wirtschafts-Publikationen setzte eine lebhafte, ja erregte Diskussion ein. Über Nacht sah sich Schmalenbach in den Mittelpunkt öffentlicher Aufmerksamkeit gerückt. Sein Name erlangte plötzlich eine Popularität wie niemals zuvor.

Schmalenbach sah diesem Treiben gelassen zu. Er hatte auch seinen Grund, gelassen zu bleiben: Seine Ausführungen waren am richtigen Ort auf fruchtbaren Boden gefallen. Reichswirtschaftsminister Curtius hatte ihn kurz nach der Wiener Tagung zu sich gebeten und auch Herren vom Reichsverband der Industrie zu dem Gespräch geladen, um gemeinsam über die Kartellfrage zu sprechen, die beide Seiten – freilich in verschiedenem Sinne – interessierte. Und so glaubte sich Schmalenbach in der Gewißheit, daß „dadurch die neue Kartellgesetzgebung in Schwung (kommt)", wie er seinem Bruder schreibt (am 18. 6. 1928). Doch die Hoffnung war trügerisch, nichts kommt in Schwung. Es bleibt alles beim alten.

Von Kollegen der Betriebswirtschaftslehre bekam Schmalenbach damals, soweit erkennbar, keine Einwände zu hören. Von Seiten der Nationalökonomie ist die Reaktion heftiger. Der Münchener Staatswissenschaftler Adolf Weber setzt sich in einer eigens der Schmalenbach-Rede gewidmeten Broschüre „Ende des Kapitalismus?" unter anderm mit dessen Axiom auseinander, die fixen Kosten stiegen tendenziell stärker als die proportionalen. Weber meint, das mag für Betriebe gelten, aber es treffe ganz sicher nicht für die Volkswirtschaft in ihrer Gesamtheit zu. „Wir dürfen ohne Übertreibung sagen, daß für den Volkswirt eine der ernstesten Sorgen für das wirtschaftliche Deutschland der Gegenwart ist, daß die proportionalen Kosten, die Löhne im weitesten Sinne, (so) stark gestiegen sind, daß dadurch die so unendlich wichtige Kapitalbildung gelähmt wird."

Zwei Männer haben Schmalenbach besonders scharf attackiert, beide unter Hinweis auf Passagen der Rede, die nicht zum Kern seiner Ausführungen gehören, sondern mehr Nebenbemerkungen sind. Der eine war Jakob Goldschmidt von der Darmstädter und National-Bank (Danatbank). Er zitierte Schmalenbachs Feststellung, wonach sich im Schutze eines Kartells heute einzelne Personen, ja ganze Familien und Interessengruppen erhalten können. „Früher", so hatte Schmalenbach hinzugefügt, „unter dem System der freien Konkurrenz, (wären sie) rücksichtslos und unbarmherzig hinweggeräumt worden." Dies sei – so Schmalenbach – ein „Parasitentum", das sich durch seine „Erbkrankheit, die Überheblichkeit", tüchtig auszeichne. Goldschmidt genügte diese Bemerkung, um den sachlichen Gehalt der Rede weitgehend unbeachtet zu lassen. Er empfand das Ganze als eine „Schmähung und Beschimpfung" des geltenden Wirtschaftssystems und stellte lediglich fest, daß Schmalenbachs Worte „die Zusammenarbeit von Arbeitgebern und Arbeitnehmern nicht erleichtere".

Sehr scharf hat – zweitens – auch Robert Liefmann auf die Wiener Rede reagiert, dessen Buch „Kartelle, Konzerne und Trusts" als Standardwerk für diese Fragen galt. Er wirft Schmalenbach vor, mit seiner Rede der Sozialisierung und der Planwirtschaft Vorschub geleistet zu haben. Eine solche Reaktion lag nahe: Schmalenbach hatte in seinem Referat selbst – unnötigerweise – an Karl Marx erinnert und die Wirtschaftsführer in diesem Zusammenhang als ungewollte „Werkzeuge" bezeichnet. Temperamentvoll hatte Schmalenbach ausgerufen: „Wenn wir unseren Wirtschaftsführern von heute sagen würden, daß sie gewollt oder ungewollt Vollstrecker des Marxistischen Testaments seien, so würden sie . . . dagegen protestieren. Nein, man kann wirklich nicht sagen, daß unsere Wirtschaftsführer uns mit bewußter Absicht in die neue gebundene Wirtschaft hineintreiben. Sie sind Werkzeuge, nichts als Werkzeuge."

Bei zwei Gelegenheiten ist Schmalenbach auf die Einwände seiner Kritiker eingegangen, das erste Mal Ende November 1928 in einem Vortrag vor Unternehmern und Arbeitgebern im Saargebiet, sodann 1930 in der fünften Auflage seines Buchs über Selbstkostenrechnung und Preispolitik, in das er einen gesonderten Abschnitt über „Die Zerstörung der freien Wirtschaft durch die fixen Kosten" aufnahm. In beiden Fällen findet sich kein Wort zu dem Vorwurf, Sozialisierungs-Tendenzen gefördert zu haben. Schmalenbach hat jedoch seinem Kritiker Robert Liefmann, dessen Äußerungen die „Kölnische Zeitung" veröffentlicht hatte, einige Tage später in dem gleichen Blatt eine scharfe Abfuhr erteilt mit der Feststellung: „Daß Professor Liefmann . . . fixes Kapital und fixe Kosten verwechselt, . . . ist befremdlich". „Wer sich an der Diskussion beteiligen will, muß Dinge, die in einem betriebswirtschaftlichen Seminar im ersten Semester behandelt werden, einigermaßen beherrschen." Das veranlaßte die Redaktion in einem Nachwort zu der Bemerkung, auch von Schmalenbach habe niemand verlangt, sich zunächst als Leiter eines Syndikats zu bewähren, ehe er beachtenswerte Urteile über den Kohlenbergbau machte.

Schmalenbachs Empfindlichkeit bei dem Begriff der fixen Kosten wird verständlich, wenn man sich vergegenwärtigt, daß die Erforschung dieses Phänomens sein ureigenstes Werk gewesen ist – eine Leistung, auf die er wahrhaft stolz sein konnte. Die Volkswirte sprachen indessen seit jeher vom fixen Kapital, und der Inhalt dieses Begriffs war, wie auch aus einigen Ausführungen in der Wiener Rede hervorgeht, gar nicht allzu weit von den wichtigsten Urhebern der fixen Kosten entfernt. Im übrigen sind die Nationalökonomen mit ihrem anders gelagerten Begriffsapparat zur gleichen Zeit wie Schmalenbach etwa zu dem gleichen Ergebnis gelangt.

Auf einer Tagung des Vereins für Socialpolitik, die Mitte September 1928 in Zürich stattfand, hat Werner Sombart, der Erforscher des modernen Kapitalismus, Feststellungen getroffen, die Wort für Wort aus dem Munde von Schmalenbach hätten stammen können. Er sagte: „Der Unternehmer arbeitet in einem gebundenen System, einem System der Selbstbindung, das er sich geschaffen hat durch Bürokratisierung der Betriebe, durch die Kartelle u. ä." Und nach einer Diskussion, die sechs Stunden in Anspruch nahm, erklärte Sombart in seinem Schlußwort noch deutlicher: „Ich habe (von Ihnen . . .) keine Einwände gegen meine Darstellung gehört, daß wir einer gebundenen Wirtschaftsordnung entgegengehen. . . . Denken Sie, meine Herren, was das für einen grundlegenden Unterschied bedeutet: An Stelle der früheren ausbalancierten freien Marktbewegung jetzt eine von allen Seiten her festgesetzte, festgestellte Gestaltung der Dinge!"

So nahe waren sich Betriebs- und Volkswirtschaftslehre, waren sich damals auch führende Vertreter beider Fächer wie Schmalenbach und Sombart. Ob sie sich dessen wohl bewußt gewesen sind?

38. Kartelle als Ordnungsfaktor: Modell einer neuen Wirtschaftsverfassung

In Wien hat Schmalenbach zwei Sätze gesagt, die von Zeitgenossen vielfach als sibyllinisch empfunden wurden. Die Stelle lautet: „Die Monopolgebilde der neuen Wirtschaft müssen ihr Monopol vom Staate empfangen, und auf der anderen Seite überwacht der Staat die Erhaltung der aus dem Monopol entspringenden Pflichten. Ich glaube nicht, daß die gegen jegliche staatliche Überwachung eingestellten Ansprüche der Kartelle diese der Natur der Dinge entsprechende Gestaltung der Dinge auf die Dauer abweisen können." Das war in der Tat nicht ohne weiteres zu verstehen. Kartelle gehen aus einer vertraglichen Vereinbarung von Unternehmen einer Branche hervor. So war es in der Kartell-Verordnung von 1923 geregelt, und bisher hatte es von keiner Seite Bedenken gegen den rein privatwirtschaftlichen Charakter der Kartelle gegeben. Sollten diese Gebilde in Zukunft ihre Rechte „vom Staat empfangen", das heißt nur auf Grund einer staatlichen Konzession tätig werden dürfen?

Schmalenbachs Wiener Rede diente in erster Linie der Aufdeckung des inneren Zusammenhangs zwischen dem fortgesetzten Anschwellen der fixen Kosten im Industrie-Zeitalter auf der einen, der anhaltenden Ausbreitung des Kartell- und Syndikatswesens auf der anderen Seite. Aber natürlich hat er sich auch Gedanken darüber gemacht, wohin diese Entwicklung führen werde. Was in den beiden zitierten Sätzen anklingt, ist Schmalenbachs Konzeption einer künftigen Wirtschaftsverfassung, in der den Kartellen die Rolle von dienenden Gliedern einer „konstruktiven", d. h. die Wirtschaft des Landes zielbewußt fördernden Wirtschaft zugewiesen ist.

Der Betriebswirtschaftler Schmalenbach geht in seinem wirtschaftspolitischen Wollen von der visionären Vorstellung aus, das Staatsgebilde sei in wirtschaftlicher Hinsicht nichts anderes als ein einziger großer Betrieb. Und wie in einem Betrieb, der unter der einheitlichen Leitung eines Unternehmers steht, nach Schmalenbachs Organisations-Idee jedes einzelne Werk und jede einzelne Abteilung die Stellung haben soll, als seien diese Werke und Abteilungen ihrerseits selbständige Unternehmen (mit eigener Gewinn- und Verlustrechnung, eigenem Anteil am Gesamtgewinn usw.), so sollte nach seiner Vorstellung auch in dem Betrieb namens „Staat" jedes Glied soviel Selbständigkeit besitzen wie die Fabrik in einem einheitlich geleiteten Unternehmen.

Schmalenbach geriet in Wallung, wenn ihm jemand unterstellen wollte, im Grunde laufe sein Modell auf Staatswirtschaft und Sozialisierung hinaus. Davon konnte keine Rede sein. Nichts lag ihm so fern wie die Absicht, das individuelle Erwerbsstreben etwa durch eine verwaltungstechnisch-bürokratische Organisation ablösen zu wollen. In seinem System sollte das privatwirtschaftliche Gewinnstreben des einzelnen wie auch aller Betriebe und Betriebsteile durch Gewinnbeteiligungen, die sogenannte „Betriebstantieme", nachhaltig angeregt werden. Jeder Werks- und Abteilungsleiter sollte veranlaßt werden, so zu handeln, als sei er ein selbständiger Unternehmer. Auch die Kartelle sollten in seinem System unter der „Oberleitung" des Staates selbständig arbeiten, freilich vom Staat beaufsichtigt – wie die Gliedbetriebe in einem Konzern.

Das Modell, das ihm als Ideal vorschwebte, war demnach eine bis ins letzte durchkartellierte Volkswirtschaft. Die Verwirklichung setzte voraus, daß die Wirtschaftspolitik, die sich nach liberal-individualistischer Auffassung weitgehender Enthaltsamkeit vor Eingriffen in die privatwirtschaftliche Sphäre befleißigen sollte, aktiv in das Geschehen eingreifen und die Wirtschaft „konstruktiv" – wie man dies umschrieb – in eine bestimmte Richtung zu lenken habe. Das Ziel solcher Politik konnte nach Schmalenbachs Überzeugung nur eine höchstmögliche Steigerung der Produktivität sein, Produktivität verstanden als „industrielle" Produktivität, also Produktivität der Produktion (das weite Gebiet der Dienstleistungen, der „tertiäre Sektor", wurde in diesem Zusammenhang damals weniger beachtet). Diese Zielsetzung ist für ihn so unumstößlich, so selbstverständlich, daß es darüber keine Diskussion geben konnte. Sie hatte in seinem Denken gleichsam den Charakter einer Kantschen „Kategorie".

Außer dem Wandel in der wirtschaftspolitischen Haltung des Staates gegenüber der Privatwirtschaft fordert Schmalenbachs Konzept auch einen Wandel im Charakter der wirtschaftlichen Organisationen. Wenn die Kartelle ausführende Organe eines staatlich vorgegebenen Auftrags sein sollen, darf kein Betrieb außerhalb des kartellierten Bereichs bleiben. Außenseiter sind systemfremd. Wer sich nicht freiwillig in das System einordnet, muß demnach vom Staat dazu gezwungen werden. Das Zwangskartell, in der Wiener Rede noch nicht erwähnt, wird damit zu einem integrierenden Bestandteil der von Schmalenbach angestrebten Wirtschaftsordnung.

Dabei ist sich Schmalenbach dessen bewußt, daß er mit seinem Ruf nach staatlichem Zwang einsam in der Wüste steht. Ganz schüchtern und nur am Rande erwähnt er in der 1930 erschienenen Neuauflage seiner „Selbstkostenrechnung und Preispolitik" das Zwangskartell mit den Worten: „Ich habe an anderer Stelle kurz ausgeführt, daß ich ein Zwangskartell-Gesetz für geeignet halte, diesen größten unserer wirtschaftlichen Schäden (die Überkapazität) erfolgreich zu beseitigen." Und er fügt hinzu: „Ich weiß, daß ich mit dieser Ansicht ziemlich isoliert stehe und will, der Aussichtslosigkeit bewußt, langatmige Begründungen sparen."

Die „Aussichtslosigkeit" seiner Vorschläge ist ihm etwa ein Jahr vorher klargeworden, als er einer Kommission gegenübersaß, die in einer Anhörung (damals nannte man das eine „Vernehmung") die Meinung des Sachverständigen Schmalenbach zu bestimmten Grundfragen der Kartellpolitik erfahren wollte. Die Anhörung fand im Rahmen der damaligen großen Wirtschafts-Enquête statt. Zu den Mitgliedern des Ausschusses, der die Kartellfrage zu untersuchen hatte, gehörte unter anderem der frühere Reichswirtschaftsminister Robert Schmidt, derselbe, der sich fast ein Jahrzehnt vorher auf Schmalenbachs Empfehlung Julius Hirsch zu seinem Staatssekretär erwählt hatte.

Als Schmalenbach in diesem Ausschuß die Einrichtung eines von der Reichsregierung unabhängigen Kartellamts befürwortete, dessen Leiter autonom über die Anträge auf Bildung von Zwangskartellen zu entscheiden hätte, machte der vielerfahrene Wirtschaftsminister darauf aufmerksam, daß die von Schmalenbach geforderten Befugnisse des Kartellamts auf „ein Diktat in einem Wirtschaftsgebiet von enormer Ausdehnung" hinauslaufen. Eine derart „riesige Verantwortung (wäre) selbst für einen Minister schwer tragbar", fügte er hinzu.

Schmalenbach verweist demgegenüber auf die „Macht" des Präsidenten der Reichsbank, der die von ihm für den Kartellamtsleiter geforderte Unabhängigkeit längst unangefochten besitze, sowie auf die Tatsache, daß nach seinen Vorstellungen das Kartellamt erst dann in Funktion treten soll, „wenn die Industrie von sich aus ein Zwangskartell will". Im Prinzip hält er jedoch eine derartige Machtfülle für gerechtfertigt: „Die Überkapazität . . . und die mangelhafte Arbeitsteilung – jeder (Betrieb einer Branche) will alles machen – bestimmen die wirtschaftliche Zukunft in einem so ungeheuer hohen Grade, daß man nicht weiß, wie ohne Diktatur auf dem besonderen Gebiete der Wirtschaft etwas auszurichten ist."

In seinem abschließenden Bericht befaßt sich der Ausschuß ausdrücklich mit der Frage, „ob bei grundsätzlicher Aufrechterhaltung des privatwirtschaftlichen Systems eine konstruktive Kartellpolitik, die bis zu solchen Eingriffen geht, überhaupt möglich und erwünscht ist". Die Antwort war: Nein, die „Zusammenfassung von Wirtschaftszweigen zu Zwangskartellen (ist) höchstens als Ausnahme in Kauf (zu nehmen)" und bedarf dann in jedem einzelnen Fall eines besonderen Gesetzes.

Für Schmalenbach war dieser Ausgang der Wirtschafts-Enquête in Sachen Kartellpolitik eine klare Niederlage. Er reagierte darauf in einer Weise, die für ihn charakteristisch ist. Mit dem Anspruch dessen, der sich im Besitz der einzig wahren Lehre sieht, sucht er nunmehr Anhänger, indem er der Wirtschaft seine Ideen plausibel zu machen beginnt. Er tut dies zunächst für einen Sachverhalt, für den Zwangskartelle damals in der Tat sinnvoll erscheinen konnten. Anfang September 1931 hat er in Berlin vor Vertretern der deutschen Gießerei-Industrie über Maßnahmen zur Förderung der Kapitalbildung zu sprechen. Es wird eine lange Rede, wahrscheinlich die längste, die er je öffentlich gehalten hat. Aber fast die Hälfte des Referats ist allein den Zwangskartellen gewidmet, und zwar Zwangskartellen für den Absatz deutscher Industrieerzeugnisse im Ausland.

„Bei diesen Waren", so sagt er, „kommt es sehr häufig vor, daß (in fremden Ländern) der Deutsche gegen den Deutschen Konkurrenz macht. . . . Ich muß Ihnen gestehen, daß ich . . . hier der freien Wirtschaft sobald wie möglich ein Ende bereitet sehen möchte. . . . Ich möchte . . . eigens für die Zwecke der Exportpflege eine Einrichtung geschaffen sehen, die man als Zwangskartell bezeichnen kann." Er begründet dies so überzeugend, daß wohl kaum ein Zuhörer seinen Argumenten nicht hat Beifall spenden müssen. (Wir kommen auf die Rede in anderem Zusammenhang zurück; siehe Seite 134–138.)

Kurz vor der „Machtübernahme" durch die Nationalsozialisten, im Januar 1933, spricht Schmalenbach vor Mitgliedern seines Seminars und Angehörigen der Treuhand-AG über die wirtschaftliche Lage und befürwortet dabei, um die Produktivität zu heben, eine „optimale Produktionsweise": „Zur Ermöglichung der billigsten Produktion (darf) ökonomisch gesehen nur eine einzige Stelle produzieren." In diesem Zusammenhang fehlt natürlich auch der Gedanke an das „Mittel der Zwangsorganisation" nicht. Da anläßlich dieser Rede „viele falsche Anschauungen in der Presse . . . zutagegetreten sind", nimmt Schmalenbach ein Vierteljahr später noch einmal das Wort, um den Lesern die „Idee des Zwangskartells" zu erläutern. Der Aufsatz bildet die umfassendste Darstellung seiner Vorstellungen zu dieser Frage, wobei Schmalenbach auch sehr in die Einzelheiten geht. Als Grundlage für eine gesetzliche Regelung hätte dieser Artikel sicher gute Dienste leisten können.

Nun, die neuen Machthaber erlassen zwar im Juli 1933 ein Gesetz über die Errichtung von Zwangskartellen, aber dazu brauchen sie keine Ratschläge von einem gewissen Herrn Schmalenbach. Das können sie selbst in klarer Verfolgung ihres Ziels, dem Staate (sprich: dem Reichswirtschaftsminister) „in verstärktem Maße die Möglichkeit (zu geben), unter Voranstellung des Gemeinwohls ordnend (in die Wirtschaft) einzugreifen". Das Gesetz, so wird in der amtlichen Begründung versichert, solle unverzüglich wieder aufgehoben werden, sobald sich die Wirtschaftslage gebessert hat; während der Nazi-Zeit ist das freilich ein frommer Wunsch geblieben. Im August-Heft der Treuhand-Mitteilungen wird das Gesetz begrüßt und den Firmen empfohlen, daran zu denken, ob nicht mit Hilfe des Zwangskartells zusätzlicher Export erreicht werden kann. Außerdem sollte bei dem Antrag auf ein Zwangskartell der Nachweis nicht versäumt werden, daß dabei „auch eine Förderung des Gemeinnutzens" herauskommt. Man sieht, Schmalenbach ist noch voller Hoffnung über die neue Wirtschaftspolitik.

Die Mitteilungen der Treuhand-AG, die nur an Kunden versandt wurden, erscheinen im Februar 1934 zum letzten Mal – als Kartell-Sondernummer. Das Heft, zu dem auch Schmalenbach einen Aufsatz beigetragen hat (über Kalkulationskartelle), enthält ein Verzeichnis aller Maßnahmen, die nach dem Zwangskartellgesetz gegen Außenseiter angewandt werden können. Es ist eine Aufzählung, zu deren 13 schwergewichtigen Posten auch die „entschädigungslose Enteignung" gehört. Die Liste wird bei Eugen Schmalenbach, der sich über den politischen Charakter des Nazi-Regimes ohnehin keinen Illusionen hingegeben hat, alle wirtschaftspolitischen Hoffnungen endgültig zerstört haben.

39. Schmalenbach als Firmenarzt: Viel eigenes Geld investiert

Bei all seinen Aktivitäten für die Wirtschaftspolitik hat Schmalenbach seine Verpflichtungen als Hochschullehrer wie vor allem seine Verbindungen zur Praxis des Betriebslebens nicht vernachlässigt. Hier beschränkt sich seine Mitwirkung jetzt nicht allein auf eine mündliche Beratung oder auf die Erstellung von Gutachten. Mehr und mehr engagiert er sich auch unmittelbar, indem er eigene Ersparnisse bei vertrauenswürdigen Unternehmern anlegt: Er wird zum Gesellschafter oder – in den meisten Fällen – zum Darlehnsgeber solcher Firmen.

Zunächst glaubt er allerdings, die Fäden zur Praxis auf dem Wege über das Aufsichtsratsmandat einer weiteren Treuhandgesellschaft fester knüpfen zu können. Im März 1920 gründen mehrere Kölner Banken – darunter als bedeutendste der Schaaffhausen'sche Bankverein, der seit 1914 eine hundertprozentige Tochtergesellschaft der Disconto-Gesellschaft ist – die Rheinisch-Westfälische „Revision" Treuhand AG. Die neue Gesellschaft übernimmt das Geschäft, das bisher von der Revisions-Abteilung des Schaaffhausen'schen Bankvereins besorgt worden ist; sie kann damit vom ersten Tage an voll in Aktion treten. Der Gründungsakt findet am 18. März 1920 im Rahmen der ersten Aufsichtsratssitzung statt, daran schließt sich unmittelbar eine zweite Sitzung des Aufsichtsrats an. An beiden nimmt Schmalenbach als Mitglied teil. Einen Tag darauf reicht er beim Rektor ein Gesuch um Genehmigung dieser Nebentätigkeit ein, die im Juni 1920 vom Minister auch bewilligt wird.

Aber lange währt seine Mitgliedschaft nicht. In dem zweiten Geschäftsbericht, dem für das Jahr 1921, ist sein Name unter den Mitgliedern des Aufsichtsrats schon nicht mehr zu finden.

Der Leser erfährt, daß der Aufsichtsrat hier „in der durch die Generalversammlung vom 2. Juni 1922 beschlossenen Zusammensetzung“ aufgeführt ist, woraus sich schließen läßt, daß Schmalenbach dem Gremium wahrscheinlich wohl vor diesem Beschluß noch angehört hat. Warum er ausgeschieden ist, wird nicht gesagt. Selbst in den Akten des Aufsichtsratsvorsitzenden findet sich kein Schriftstück, das den Namen Schmalenbach auch nur erwähnen würde. Aber man ahnt die Zusammenhänge, wenn man in dem Akten-Material aus Brief-Durchschriften entnimmt, daß die Rheinisch-Westfälische „Revision“ im Januar 1921 an der Universität Nachwuchskräfte für ihre Revisions-Abteilung gesucht hat. Die Schreiben sind an den Rektor Christian Eckert sowie an zwei Professoren der juristischen Fakultät gerichtet, nicht an Schmalenbach. Der hat sich gewiß geweigert, seine guten Leute einer Konkurrentin der Treuhand-AG zu überlassen. Nein, den von ihm ausgebildeten Nachwuchs will er auch bei dieser Gesellschaft behalten, die er trotz Verkauf von Treuhand-Aktien nach wie vor als „seine“ Firma betrachtet (vgl. S. 92). Daß daraus Spannungen erwuchsen, war wohl unvermeidlich.

Einige Jahre später ist er dann doch Aufsichtsratsmitglied einer Treuhand-Gesellschaft geworden, und zwar der größten, die es in Deutschland gab, der Deutschen Revisions- und Treuhand-AG (heute: Treuarbeit AG). Deren Vorgängerin, die im August 1922 gegründete Deutsche Revisions- und Treuhand-GmbH, war nach dem Kriege aus einer Kontrollstelle des Reichsschatzministeriums für Kriegsgesellschaften hervorgegangen und Anfang 1925, bei der Gründung der Aktiengesellschaft gleichen Namens, in diese eingebracht worden. Das Grundkapital lag bei der Viag (Vereinigte Industrie-Untenehmungen AG), die alle industriellen und sonstigen Gesellschaften betreute, an denen das Reich beteiligt war. Diese Reichsgesellschaften waren laut Haushaltsordnung nicht vom Rechnungshof nach dessen bürokratischen Prüfungsgrundsätzen zu prüfen, sondern nach betriebswirtschaftlichen Prinzipien von einer Prüfungsgesellschaft, eben der Deutschen Revisions- und Treuhand-AG. Einzig die Viag, bei der die Aktien dieser Prüfgesellschaft lagen, konnte aus Gründen der Unabhängigkeit des Prüfers nicht von ihr geprüft werden. Diese Aufgabe wurde der guten alten Treuhand-AG des Eugen Schmalenbach übertragen.

Man geht kaum fehl, wenn man hinter all diesen Maßnahmen die klug planende Hand von Friedrich Saemisch vermutet. Er war seit 1922 Präsident des Reichsrechnungshofs, und er übernahm bei der Gründung der Deutschen Revisions- und Treuhand-AG 1925 den Vorsitz des Aufsichtsrats. Ohne Zweifel hat Saemisch, der damals bei der Reichsbahn mit Schmalenbach zusammenarbeitete, dafür gesorgt, daß dessen Treuhand-AG den Prüfungsauftrag für die Viag erhielt, und ebenso kann kein Zweifel daran bestehen, daß Saemisch es war, der Schmalenbach zur Wahl in den Aufsichtsrat (und später Walter Susat zur Berufung als Vorstandsmitglied) vorschlug. Schmalenbach wurde am 2. März 1927 in den Aufsichtsrat gewählt.

Gut ein Jahr später, am 1. Juli 1928, stieß Walter Susat – bis dahin im Statistischen Reichsamt tätig – zur Treuarbeit. Sein Wirken im Vorstand dieser Gesellschaft, wo er bald als primus inter pares galt, markiert den Höhepunkt seiner beruflichen Laufbahn. Seine Persönlichkeit, seine fachlichen Fähigkeiten wie vor allem seine hohen moralischen Ansprüche an die Integrität des Berufsstandes haben damals entscheidend dazu beigetragen, das Bild der Treuarbeit zu prägen. Susat hat auch wesentlichen Anteil an der Entwicklung der Grundsätze für die Prüftätigkeit der Wirtschaftsprüfer generell gehabt; auf diesen Grundsätzen beruht unverändert das Ansehen des 1931 geschaffenen Berufsstandes. Sein Amt bei der Treuarbeit hat Susat – ebenso wie Schmalenbach – 1933 aufgeben müssen, der eine Ende Dezember, der andere – Schmalenbach – schon am 8. September.

Als Berater und Geldgeber von Firmen hat Schmalenbach seine Pflicht zur Verschwiegenheit sehr ernst genommen. Lediglich durch mündliche Überlieferung ist die Kunde auf uns gekommen, daß Schmalenbach einmal an einer Fahrradfabrik beteiligt gewesen ist und daß er dabei Schiffbruch erlitten hat. So hat uns Heinrich Bork erzählt, nach einem Fahrradunfall, der ihn wochenlang ans Krankenbett gefesselt hatte, habe ihm Schmalenbach bei der Rückkehr ins Büro zur Begrüßung ein funkelnagelneues Rad in sein Arbeitszimmer gestellt – „aus seiner Fabrik in Bergisch-Gladbach". Und Ludwig Feist, der nach der Inflation eine Zeitlang Assistent bei Schmalenbach gewesen war, erinnert sich, daß im Treuhand-Seminar die Auflösung eines metallverarbeitenden Betriebes in Bergisch-Gladbach, den Schmalenbach liquidiert hat, in allen Einzelheiten besprochen worden ist.

Nach Lage der Dinge kann es sich nur um die im Frühjahr 1922 gegründete Deutsche Fahrzeugfabrik AG in Bergisch-Gladbach gehandelt haben. Offenbar gehörte Schmalenbach zum Kreis der Gründer, ohne daß er als solcher in Erscheinung trat. Aktien galten in jener Zeit als Wertpapiere mit Sachwert-Charakter, deren Erwerb vor den Folgen der Inflation schützte, und Fahrräder waren nach dem Kriege überaus stark gefragt, Produktion und Absatz gingen steil in die Höhe. Das Risiko schien also bei dieser Aktie, die nicht an der Börse eingeführt wurde, denkbar gering.

Aber nach der Wiederkehr normaler Verhältnisse zeigte sich bald, daß im Fieber der Inflation eine horrende Überkapazität geschaffen worden war. Nur wenige der neu gegründeten Firmen überlebten nach der Stabilisierung das Desaster eines gewaltigen Überangebots. Die Deutsche Fahrzeugfabrik versuchte 1926, mit einer Sanierung über die Runden zu kommen. Aber vergebens. Im Frühjahr 1928 war die Hälfte des Aktienkapitals verloren, ein Zwangsvergleich wurde erforderlich. Der 18. Juli 1929 brachte dann endgültig das Ende: An diesem Tage wurde die Liquidation beschlossen. Schmalenbach hatte durch dieses Abenteuer am eigenen Leibe schmerzhaft erfahren, was Überkapazität in einer Branche bedeuten kann.

Von zwei Firmen ist aus Unterlagen der Treuhand-AG zu ersehen, daß Schmalenbach sie beraten hat; beide bestehen noch heute. Die eine ist die heutige Pape & Olbertz GmbH & Co. KG. in Efferen, südlich von Köln, die elektrische Schaltgeräte herstellt. Die Gesellschaft hatte von der Treuhand-AG ein Darlehen erhalten, ist jedoch vor längerer Zeit in andere Hände übergegangen, und die heutigen Inhaber, die auch eine Maschinenfabrik in Efferen betreiben, wissen von diesen „alten Dingen" nichts. Hier ist also Näheres über Schmalenbachs Engagement nicht zu erfahren. Dagegen ist in dem zweiten Fall die Erinnerung an Schmalenbach durchaus lebendig. Es handelt sich um die Firma Arthur Richter in Köln-Rodenkirchen, heute gleichfalls eine GmbH & Co. KG., deren jetziger Chef Dieter Wolf seit 1956 in dem Unternehmen tätig ist und lange mit dem Firmengründer zusammengearbeitet hat.

Richter, ein Schüler von Schmalenbach, hat 1930 auf einem ihm gehörigen Grundstück in der Kölner Innenstadt mit der Herstellung von Steppdecken begonnen und die Firma zur größten ihrer Art im Kölner Raum entwickelt. Auf das Fabrikgrundstück in der Sternengasse 83–85 hat Schmalenbach eine Hypothek gegeben, die er von der Treuhand-AG verwalten ließ. Dieter Wolf glaubt, in alten Schriften gelesen zu haben, daß Schmalenbach in Wahrheit stiller Gesellschafter der Firma gewesen ist, und ein Brief der Treuhand-AG vom 27. Mai 1944 scheint dies zu bestätigen. Dort heißt es, die Treuhand schreibe aus dem ihr für die Hypothek zufließenden „Nettomieterlös" dem Konto Schmalenbach die fälligen Zinsen gut und bringe die verbleibenden Beträge (abzüglich ihres Honorars) dem Konto Sterngasse gut, über das Professor Schmalenbach verfügen konnte. Offenbar war die Bezeichnung „Mieterlös“ also ein Deckname für „Gewinnanteile“ (vermietet hatte Schmalenbach nichts).

Arthur Richter hat den Betrieb, der 1945 total zerbombt war, wieder in der Sternengasse aufgebaut, später jedoch nach Rodenkirchen verlegt und das Kölner Altstadt-Grundstück 1959 an die (benachbarte) Kaufhof AG verkauft, die bis 1982 an den alten Baulichkeiten nichts verändert hat: Das Grundstück lag noch „tot“ da. Der heutige Allein-Inhaber Dieter Wolf, ein Vollblut-Unternehmer, der den Betrieb vor kurzem mit elektronisch gesteuerten Stepp-Automaten auf das Modernste eingerichtet hat, erinnert sich, daß Richter oft bei Schmalenbach gewesen ist und dessen Rat sehr geschätzt hat. Wolf ist sich freilich nicht sicher, ob nicht damals in manchen Fragen, namentlich auf dem Gebiet der Absatzförderung (heute würde man Marketing sagen), eine etwas aktivere Geschäftspolitik möglich und angebracht gewesen wäre. Schmalenbach scheint jedenfalls zur Vorsicht geraten und vor allem vor der Gefahr gewarnt zu haben, in eine Überkapazität hineinzugeraten.

Mit keiner anderen Firma war Schmalenbach jedoch in den zwanziger Jahren so eng liiert, bei keiner anderen genoß er eine derart unbedingte Vertrauensstellung wie bei den Feinpapierwerken Zanders in Bergisch-Gladbach. Hier hatte sein Wort bei allen grundlegenden Fragen der Unternehmensführung und der Geschäftspolitik ein großes, oft entscheidendes Gewicht. Zanders ist ein altes Familienunternehmen, dessen Anfänge auf das Jahr 1829 zurückgehen und das zu Schmalenbachs Zeiten bereits in vierter Generation von der Familie Zanders geführt wurde. Dreimal in der Generationenfolge hat diese Familie dabei das Unglück getroffen, daß der Prinzipal gestorben ist, bevor ein männlicher Erbe die Nachfolge hat antreten können. Dreimal mußten daher die überlebenden Ehefrauen einspringen, und in jedem dieser Fälle sind die Frauen unter dem ihnen auferlegten Schicksal weit über ihre Aufgaben hinausgewachsen.

So auch Olga Zanders, deren Mann mitten im ersten Weltkrieg, 1915, im 54. Lebensjahr einer Lungenentzündung erlag, als der älteste Sohn erst 16 Jahre alt war. Sie zögerte keinen Moment, trat als einzige geschäftsführende Gesellschafterin in die Firma ein und sah sich nach vertrauenswürdigen Beratern um, die ihr bei der Aufgabe, ein solches Werk verantwortlich zu führen, zur Seite stehen könnten. Von Freunden wurde ihr Eugen Schmalenbach empfohlen. Aber der Professor kann ihr zunächst als ständiger Mitarbeiter nicht zur Verfügung stehen, hat vielleicht auch innere Vorbehalte gegen eine dauernde Bindung an das Unternehmen, wie sie hier von ihm erwartet wird. Erst im Mai 1921 sagt er seine ständige Beratung zu. Damals ist offenbar ein förmlicher Vertrag mit mehrjähriger Laufzeit geschlossen worden.

1922 schlug Schmalenbach vor, zur Erleichterung und Förderung des Exports eine Aktiengesellschaft in den Niederlanden zu gründen, bei der die Überschüsse in inflationssicherer Währung und zu den dort niedrigeren Steuersätzen angelegt werden konnten. Zum Verwaltungsrat dieser Gesellschaft, der N. V. Haag'schen Papier Company (abgekürzt „HAPACO“), wurden Schmalenbach und der damalige Justitiar von Zanders bestellt; letzterer schied jedoch wenig später aus. Daß der Nutznießer dieser Gründung nicht der holländische – und schon gar nicht der deutsche – Fiskus sein sollte, versteht sich von selbst. Hauptsächlich lag diesem Schritt die geschäftspolitische Absicht zugrunde, dem Unternehmen eine außerhalb Deutschlands liegende Reserve für äußerste Fälle zu schaffen. Aber auch persönlich war es für Olga Zanders und ihre Familie – wie für Schmalenbach selbst – gewiß eine Beruhigung, auf diese Weise über einen wirtschaftlichen Stützpunkt außerhalb des von den Alliierten besetzten Rhein-Ruhr-Gebiets und außerhalb des reparations- und inflationsgeschüttelten Deutschland zu verfügen. (Über die Bedeutung, die der HAPACO in Schmalenbachs persönlichen Vermögens-Dispositionen zukam, wurde schon berichtet; siehe Seite 93.)

Ohne Schmalenbach hätte Zanders im Jahre 1930 vermutlich auch eine Groß-Invesition, den Bau eines neuen Kraftwerks für die Fabrik, nicht so rasch in Angriff nehmen können, vielleicht sogar aufschieben müssen. Es war eine Zeit rückläufiger Konjunktur, die Banken zeigten sich bei der Bewilligung von Krediten äußerst zurückhaltend, erst ein Gutachten Schmalenbachs überzeugte sie von der Rentabilität der Anlage. Deren Bau hielt der Professor jedoch „trotz der schweren Bedenken, die die heutige Wirtschaftslage verursacht", für unbedingt erforderlich, damit sich das Werk „auf die Dauer im Konkurrenzkampf (werde) halten können". Der entscheidende Beschluß wurde in einer Besprechung gefaßt, die am 1. Juli 1930 in Schmalenbachs Haus in Köln-Marienburg stattfand. An ihr nahm außer Olga Zanders auch der älteste Sohn Dr. Johann Wilhem Zanders teil, der ein Jahr vorher, am 28. Juli 1929, dem Tage des hundertjährigen Bestehens der Firma, in die Leitung des Unternehmens eingetreten war.

Die Entscheidung über das Millionen-Projekt des Kraftwerksbaus fiel zur gleichen Zeit wie der Abschluß eines Vertrages mit der Stadt Bergisch-Gladbach, der dem Unternehmen eine ausreichende Wasserversorgung für die Zukunft sicherte. An diesem Vertrag war Schmalenbach gleichfalls sehr maßgeblich beteiligt. Seine Handschrift ist deutlich an den Vorschriften über den Bezugspreis für Wasser erkennbar: Sie wurden aus den Selbstkosten errechnet, wobei klar definiert war, was zu den „unveränderlichen" (fixen), was zu den „veränderlichen" (variablen) Förderkosten des Wasserwerks gehörte und wie der „Verdienstzuschlag" für die Stadt zu bemessen war.

Wichtiger noch war Schmalenbachs Beitrag zur Finanzierung einer Rohrleitung, die die Stadt von ihrer Pumpstation bis zum Werktor zu verlegen hatte. Diese Leitung mußte von Zanders durch ein Darlehen an die Stadt finanziert werden. Aber woher die Mittel nehmen für eine Investition, die keinen unmittelbaren Ertrag abwarf? Hier sprang Schmalenbach ein: Er gab der Firma Zanders ein von der Stadt Bergisch-Gladbach verbürgtes Darlehen, das Zanders der Stadt zur Verfügung stellte. Den größten Teil der Mittel brachte Schmalenbach persönlich auf, einen kleineren Teil steuerten auf seine Veranlassung die Treuhand-AG sowie ein kurz vorher aus Spenden gebildeter „Schmalenbach-Fonds" bei (siehe Seite 147).

Es war ein erheblicher, wahrscheinlich der überwiegende Teil seines Privatvermögens, den Schmalenbach damit bei Zanders anlegte. Das spricht für das Vertrauen, das er der Firma und ihren Inhabern entgegenbrachte, wie umgekehrt auch Olga Zanders ihrem persönlichen Berater ihr volles Vertrauen entgegengebracht hatte. Es gab kein zweites Unternehmen, bei dem Schmalenbach eine derartige Vertrauensstellung als Ratgeber (übrigens auch in höchst vertraulichen personellen Fragen) genoß, keines, das er so gut kannte und in dem er sich so „zu Hause" fühlen konnte wie bei Zanders.

Ende 1932 beendete er die Berater-Tätigkeit von sich aus. Der Juniorpartner stand nun fest auf eigenen Füßen, und Schmalenbach sah, daß seine weitere Mitwirkung weder nötig noch nützlich sein würde. An dem freundschaftlichen Verhältnis zu Frau Olga Zanders und ihren Angehörigen hat sich dadurch nichts geändert.

40. Familiäre Freuden: Die viele Arbeit zahlt sich aus

Ein umfangreiches Gutachten über Braunkohle, gleich darauf ein noch umfangreicheres, etwa doppelt so langes Gutachten über Steinkohle, daran anschließend die Vorbereitung einer Rede, die in geschliffenen Formulierungen aufregende Perspektiven offenbarte und entsprechend Furore machte, dies alles binnen eines halben Jahres und ohne Vernachlässigung der Pflichten an der Universität – es ist eine immense geistige Leistung, die sich hier offenbart. Das erste Halbjahr 1928 forderte von Schmalenbach eine Kraftanstrengung, wie sie in dieser Konzentration in seinem Leben selten war. In jenen Wochen zeigte sich, welcher Energie dieser Mann fähig war und wieviel er sich selbst abverlangen konnte, wenn er gefordert wurde.

Er muß auch unerhört konzentriert gearbeitet haben. Offenbar besaß Schmalenbach die Fähigkeit, druckreif zu formulieren. Im Sommer 1926 hatte er sich einen „Parlographen" zugelegt, ein unförmiges Gerät, embryonaler Vorläufer des heutigen Diktaphons. Da er ein Frühaufsteher war, geschah es häufig, daß er morgens, kaum dem Bett entronnen, ab 6 Uhr seine Wachswalzen besprach und erst gegen 8 Uhr, wenn die Mitarbeiterin kam, Toilette machte und frühstückte. Inzwischen hatte die Dame einen Großteil seiner Morgen- (oder Nacht-)Gedanken schon sauber in Maschinenschrift übertragen.

Besonders erstaunlich ist bei alledem, daß er dies alles zuwege brachte, ohne von persönlichen Sorgen frei zu sein. Seine Mutter litt zunehmend unter Altersbeschwerden. Im Februar 1928 mußte sie ins Krankenhaus gebracht werden, und der Arzt konnte das „Eintreten bedrohlicher Zufälle" nicht ausschließen. Die Nachricht erreichte Eugen Schmalenbach, als er mitten in den Vorbereitungen für das Steinkohle-Gutachten steckte. Er hoffte auf die Einsicht des Bruders, daß die Sorge um die Mutter nicht unbedingt ihm, Eugen, persönlich obliegen müsse. „Die alte Dame hat gegen mich immer eine ganz besondere Aversion gehabt, die nur auf kurze Zeit überwunden wurde."

Freilich hat Schmalenbach trotz aller Aversion, die uneingestanden wohl auch auf seiner Seite bestand, das vierte Gebot niemals mißachtet. Das Verhältnis zwischen Mutter und Sohn konnte zwar gewiß nicht herzlich genannt werden, aber die Sohnespflichten hat er in den Jahren seit dem Tod des Vaters ernst genommen. Ihr 75. Geburtstag am 10. Juli 1926 wurde auf seine Veranlassung mit der ganzen Familie in Bacharach gefeiert, ein Jahr später fand das feierliche Beisammensein zu ihrem 76. Geburtstag sogar in einem Nobel-Hotel statt, in der „Krone" zu Assmannshausen. Beide Male hat er die Mutter anschließend per Rheinschiff nach Köln mitgenommen, von wo aus sie einige Tage später nach Halver fahren konnte, um alte Freunde und Bekannte wiederzusehen. Allerdings gab es bei dem Zusammensein mit Eugen und seiner Frau in deren Haus regelmäßig auch häßliche Szenen, Vorwürfe gegenüber dem Sohn oder, in seiner Abwesenheit, schlechte Worte über ihn zur Schwiegertochter. Weder Eugen noch Marianne waren so veranlagt, daß sie solche Ausfälle etwa schweigend hätten überhören können.

Im März 1928 macht Eugen trotz aller Belastungen sein Versprechen wahr (das er Hermann gegeben hatte) und verbringt einen Tag bei der Mutter in ihrem Darmstädter Krankenhaus. Dann sieht er sie noch einmal Ende August, als sie schon ihr Ende nahen fühlte. Es ist die letzte Begegnung. Am 9. September 1928 stirbt sie, 77 Jahre alt, an Herzversagen. Beigesetzt wird sie auf dem Friedhof ihrer Heimat, in Halver, neben der Grabstätte ihres Mannes, der dort seit 22 Jahren ruht.

Aber nach den turbulenten Wochen des Frühjahrs 1928 fühlt er sich doch ruhebedürftig. Er sehnt sich nach den Alpen und nach dem schönen Bad Gastein, wo er schon vor einem Jahr seine Sommerferien verbracht hatte, übrigens zum ersten Mal außerhalb von Deutschland. Bereits Mitte Juli tritt er den Urlaub an, zwei Wochen vor Semesterschluß (Willy Minz vertritt ihn für den Rest des Semesters), und er „kurt" dort mit seiner Frau ausgiebig bis Mitte August.

Aus Gastein fahren die beiden sogleich zur Nachkur nach Bad Schwalbach in den Taunus, wo am 19. August, einem Sonntag, die Mainzer Angehörigen zu einem Besuch eintreffen. Man bleibt bis Mitternacht zusammen und stößt dann auf Eugens Wohl an, der am Montag 55 Jahre alt wird. Die Ehrensteins sind im Auto gekommen, Onkel „Lo" fährt sie noch in der Nacht zurück. Ob dies für Eugen ein Anlaß war, über die Vorteile eines Automobils nachzudenken? Gut einen Monat später, am 24. September 1928, überrascht Tochter Marianne ihren Onkel in Göttingen jedenfalls mit der Nachricht, daß ihr Vater einen Steyr gekauft hat und Fahrstunden nimmt. Für die Familie Schmalenbach hat über Nacht die Motorisierung begonnen.

An alledem ist deutlich die Kehrseite der Medaille zu erkennen: Eugens Übermaß an Arbeit hat natürlich auch einiges zusätzliches Geld ins Haus gebracht. Von einer finanziellen Beengung kann selbst angesichts Eugens Sparsamkeit (nicht zuletzt im Interesse der volkswirtschaftlichen Kapitalbildung) keine Rede mehr sein. In Berlin, wo Eugen und Hermann zufällig zur gleichen Zeit – im Mai 1928 – zu tun haben (Eugen für die Reichsbahn-Gesellschaft, Hermann wegen einer möglichen Berufung als Ordinarius für Psychologie nach Hannover), setzen sie sich abends gemütlich zusammen, und Eugen berichtet dem Bruder in aufgeräumter Stimmung – sicher auch mit einem Quentchen Stolz – über seine Vermögens- und Einkommens-Verhältnisse: Er habe jetzt für sich und seine beiden Kinder genug beisammen, mehr wolle er gar nicht sparen, und was er künftig noch erübrigen könne, wolle er Hermanns Kinder zukommen lassen. Hermann (der übrigens seinen Vornamen jetzt nur mit einem „n" schreibt – Herman –, darin seinem Schwager folgend, dem Mathematiker Herman Müntz) nimmt dieses Versprechen mit einiger Verwunderung, gewiß auch mit einer gehörigen Portion Skepsis auf – und er behält damit recht (Brief vom 12. Mai 1928 an die Mutter im Alice-Hospital, Darmstadt).

Daß Schmalenbach das Geld jetzt leichter durch die Finger fließt, ist an den verschiedensten Dingen zu spüren. Er nimmt seine Frau häufig auf seine Dienstreisen mit. Selbstverständlich hat sie ihn nach Wien begleitet, als er dort seine große Rede zu halten hatte, sie ist sogar länger geblieben, hat ihren Mann also allein nach Köln zurückfahren lassen. Im November 1925 haben Frau und Tochter Marianne ein paar Tage Paris genossen, im Februar 1930 erholen sie sich an der Riviera. Und das Geschwisterpaar Fritz und Muz finden wir im August 1928 in Riva am Gardasee, wo sie sich gewiß sehr schöne Tage machen.

Das Ehepaar nutzt auch jede Gelegenheit, an Festlichkeiten teilzunehmen oder selbst zu festlichen Veranstaltungen einzuladen. Ihre Silberhochzeit am 9. Februar 1926 wollen sie zwar ohne Geschenke begehen, wie Eugens Brief vom 19. Januar bezeugt (zitiert auf Seite 18). Aber er macht seinen Angehörigen aus diesem Anlaß – nach den Worten seiner Mutter – „schöne Tage", vermutlich auch mit einem guten Essen in festlicher Umgebung.

Zur Feier seiner 25jährigen Lehrtätigkeit chartert Schmalenbach am 28. Juni 1928 sogar ein Rheinschiff, auf dem nach seinen Worten „allerhand Allotria" getrieben wird. Er läßt hierzu eigens Fritz und Tochter Marianne, die in Berlin studieren, nach Köln kommen; seine Frau

„war selig“ (Brief vom 3. Juli 1928). Und nicht zuletzt scheint Frau Schmalenbach in dieser Zeit auch einen Brauch eingeführt zu haben, der sich bei den Damen der Schmalenbach nahestehenden Dozenten, Assistenten und anderer Freunde großer Beliebtheit erfreut: Regelmäßig am ersten Dienstag jeden Monats trifft man sich im Hause Schmalenbach zum „Jour fixe“, einem Kaffeekränzchen, in dem es meist sehr vergnügt zugeht.

Während der Fahrt auf dem Rhein wurde auch über das Studium des Sohnes gesprochen. Er hatte schon früh eine spezifische Begabung erkennen lassen, die nichts, gar nichts mit Wirtschaftswissenschaften oder anderer trockener Gelehrsamkeit zu tun hatte: Er entwikkelte Talent zum Zeichnen und Malen. Im Dezember 1922, als er 13 Jahre alt war, stand in seinem Zimmer bereits eine Staffelei, die ihm „Onkel Adolf“ (Adolf Schönnenbeck) geschenkt hatte und die sein ganzer Stolz war. „Ab und zu (sieht man darauf) einen recht guten Kopf auftauchen“, schreibt Tochter Marianne am 15. Dezember 1922.

Onkel Adolf ist ein Vetter von Eugen Schmalenbach, ein „eigenartig sympathischer Freund meiner Jugend“, wie Eugen am 8. April 1918 feststellt. Er ist Professor an der Düsseldorfer Kunstakademie und hat sich besonders als Porträtmaler einen Namen gemacht, ist aber auch mit Bildern anderen Genres erfolgreich hervorgetreten. Eugen, der seinen Vetter seit dreißig Jahren nicht gesehen hat, besucht ihn im November 1929 in Düsseldorf. Dieser Besuch leitet eine Zeit engerer Fühlungnahme der beiderseitigen Familien ein. So verbringen die Schönnenbecks die Sommerferien 1931 gemeinsam mit dem Ehepaar Schmalenbach in Eugens Landhaus, bei anderer Gelegenheit verewigt der Vetter Eugens Tochter in einem sehr lebensvollen Ölbild. Und im späteren Leben der Schmalenbachs spielen Frau Wilma Schönnenbeck sowie vor allem deren Tochter Ruth zeitweise eine bedeutende Rolle.

Daß Eugens Sohn keinerlei Neigung zeigt, den Spuren seines Vaters zu folgen, wird ihn bekümmert haben. Aber er trägt solches Los jetzt mit Fassung. Das Gespräch auf dem Rheinschiff gilt nicht der Frage, welches Fach Fritz studieren soll; das kann nur Kunstgeschichte sein. Aber Eugen, der während des eigenen Studiums viel von historischen Vorlesungen profitiert hat, möchte seinem Sohn klarmachen, daß er Kunstgeschichte nicht treiben könne, ohne die Grundlagen der allgemeinen Geschichte zu kennen. Nur in dieser Frage möchte er, daß der Sohn auf seinen Rat hört. Sonst will er ihn „laufen lassen, wie er laufen mag“. Und er bleibt diesem Vorsatz auch treu.

X. Die große Wirtschaftskrise: Schmalenbachs Ideal heißt Betriebswirtschaft (1929–1932)

41. Prophet mit Sendungsbewußtsein: Den Mächtigen die Wahrheit sagen

Mit 25 Jahren (1898/99) hat Schmalenbach den Artikel geschrieben, mit dem der junge Student auf eine früh vollendete Weise sein kostentheoretisches Gesamtwerk einleitet. Als Professor Lambert den Aufsatz, der anonym erschienen war, in seinem Seminar behandelte, war Schmalenbach – wie erwähnt – tief enttäuscht. Denn sein Lehrer war „um das Wesentliche einigermaßen befremdet (herumgegangen)" und hatte offensichtlich den Kern der Sache nicht erfaßt. Auf den Studenten übte dieser Vorgang eine so tiefe Wirkung aus, daß er sich noch fünfzig Jahre später genau daran erinnert und das Geschehen 1948 in seinem Buch „Pretiale Lenkung des Betriebes" nochmals schildert.

Es muß die Bedeutung eines Schlüssel-Erlebnisses für ihn gehabt haben. Der große, hochverehrte Lambert hat also – dies vermutlich Schmalenbachs Eindruck – dem Gedankengang des unbedeutenden Schülers nicht ohne weiteres folgen können. Der berühmte Gelehrte begriff nicht sogleich, worum es hier geht. Konnte Schmalenbach aus dem Vorgang nicht folgern, daß sein eigenes analytisches Denken einen Vergleich mit den Verstandeskräften des Lehrers nicht zu scheuen brauchte? Muß er sich nicht gesagt haben, der Student habe sich den Anforderungen schöpferischer Wissenschaft gewachsen gezeigt? Kein Zweifel, sein Selbstgefühl als Jünger dieser Lehre erhielt Auftrieb.

Von diesem Zeitpunkt an hat ihn die Überzeugung, daß er ein forschender und denkender Mensch sei, nicht mehr verlassen. Sie ist zu einem hervorstechenden Charakterzug der Persönlichkeit des Wissenschaftlers Schmalenbach geworden. Sein Selbstbewußtsein nährte sich vor allem aus drei Quellen. Es war einmal sein überragendes Denkvermögen, allem voran die ihm angeborene Fähigkeit, einen Tatbestand oder einen komplizierten Gedankengang rasch zu erfassen, ihn zu analysieren und durch logisches und kombinatorisches Denken sogleich Folgerungen daraus zu ziehen. Er hatte, wie man heute sagen würde, ein Elektronengehirn, das mit Blitzesschnelle arbeitete und zudem über eine hohe „Speicherkapazität" verfügte: Sein Gedächtnis war enorm.

Dazu kam zweitens seine dialektische Überlegenheit gegenüber Fachgenossen (nicht immer auch gegenüber Politikern oder Vertretern anderer Disziplinen). Sie beruhte vornehmlich auf seiner Schlagfertigkeit und seinem Einfallsreichtum, auf der Fülle von überraschenden Ideen und Ideen-Assoziationen, nicht zuletzt auch auf seiner unkomplizierten, manchmal simplen Art, die Welt und ihre Probleme zu sehen. Er konnte zudem witzig, ironisch, ja mit sarkastischem Einschlag diskutieren und argumentieren, besaß auch einen fröhlichen Humor, der oft die Lacher auf seine Seite zog (siehe Seite 101).

Das dritte Element, auf dem sein Selbstbewußtsein fußte, ergab sich aus ethischen Wertvorstellungen. Es war die Überzeugung, als Wissenschaftler die Wahrheit und nichts als die Wahrheit sagen und vertreten zu müssen. Sofern die Wahrheit in einer als richtig erkannten Zielvorstellung oder einem entsprechenden Normverhalten lag, schloß die Forderung auf Wahrhaftigkeit nach Schmalenbachs Auffassung die Verpflichtung ein, dafür auch einzutreten und darum zu kämpfen. (Auf andere sittliche Wertvorstellungen, die vornehmlich den Menschen Schmalenbach und sein persönliches Leben prägten, kommen wir auf den Seiten 141 ff. zurück.) Schmalenbach scheute keine Unannehmlichkeiten, keine Nachteile, er kannte auch keine Rücksichtnahme auf Empfindlichkeiten oder Interessen anderer, wenn es darum ging, von ihm erkannte Wahrheiten auszusprechen oder den zur Wahrheit führenden Weg zu gehen. In dem Ideal unbedingter Wahrhaftigkeit hatte er sich in der Jugend durch seinen Lehrer Karl Bücher bestätigt gesehen, der dem gleichen moralischen Imperativ folgte.

Aus dieser Dreifaltigkeit seiner Anlagen erwuchs schon in der ersten Zeit seiner Lehrtätigkeit in Köln eine vierte, für Schmalenbach höchst charakteristische Eigenheit. Gefördert durch seine Lehrerfolge bei den Studenten, bestärkt durch die Abwerbeversuche aus Frankfurt und Stockholm, nicht zuletzt bewiesen durch Eckerts zähen Kampf um seinen Verbleib in Köln, sah er sich immer mehr in der Überzeugung bestätigt, daß er wohl zu den besten seiner Zunft gehören müsse. Er fühlte sich zunehmend als ein Wissenschaftler, der nicht nur in seinem Fach, sondern auch im Vergleich mit Koryphäen anderer Disziplinen die höchste Stufe in der Wertungs-Hierarchie der Gelehrten erreicht hatte. Dieses frühe elitäre Bewußtsein – dem eine ausgeprägte Bescheidenheit in persönlichen Dingen zur Seite stand – fand allerdings bei anderen Gelehrten nicht immer sogleich die erhoffte Anerkennung. Davon war hier schon mehrfach die Rede.

Nimmt man all dies zusammen und mischt noch jene Prise Pfeffer hinzu, die er seiner sauerländischen Herkunft verdankt – das trotzige Aufbegehren, das hartnäckige Beharren auf einer Sache, die leichte Erregbarkeit und anderes –, so sind alle Wesenszüge vereint, die das Besondere des Wissenschaftlers Schmalenbach ausmachen. Aus diesem Charakterbild erklären sich die Eigenschaften, die als ein Abweichen von den als gültig angesehenen Normen für das Verhalten eines Professors angesehen wurden. Man sagt, er habe in den Buchbesprechungen, namentlich denen seiner frühen Jahre, manche Autoren zu scharf behandelt und sie rücksichtslos bloßgestellt (Seite 49). Nun ja, das entsprach seiner Auffassung von der Pflicht gegenüber der Wissenschaft, die Wahrheit zu sagen, und zwar in aller Deutlichkeit und ohne Rücksicht auf das Selbstwertgefühl der Buchautoren. Man warf ihm vor, er habe sich niemals mit der Kritik an seinen eigenen Werken auseinandergesetzt und nur selten von Forschungsergebnissen anderer Wissenschaftler Kenntnis genommen (außer in seinen Besprechungen von Büchern dieser Männer). Gewiß, sein Selbstbewußtsein widersetzte sich solchem Tun, es sagte ihm, daß er den richtigen Weg gehe. Schmalenbach sah es sogar als sein „wesentliches Verdienst" an, daß er seinen Weg ging, „ohne nach anderen zu fragen". Er folgte damit dem Beispiel, das in der Vergangenheit viele große Geister gegeben hatten (ohne daß er sich mit diesen Großen der Menschheit hätte vergleichen wollen). „Da ist etwas von dem abwehrenden Genieschutz im Spiel, wie Goethe ihn bis zur grausamen Perfektion entwickelt hat", sagt zum Beispiel Peter Wapnewski über Richard Wagner und dessen Verhalten gegenüber Kritikern.

Im Vorstand des VDDK und in anderen Gremien habe er stets den Ton angegeben, hieß es weiterhin; alles ging dort nach seinem Willen. O ja, aber das geschah nicht diktatorisch, sondern weil er durch die Überzeugungskraft seiner mit Temperament und Humor gewürzten Argumente fast immer die Mehrheit für seine Vorschläge hat gewinnen können. Und sicher ist, daß er keine Scheu hatte, selbst den Mächtigen dieser Erde die Wahrheit ins Gesicht zu sagen. Wie sollte er auch? Für ihn wog die Macht des Geistes nicht weniger als die Macht des Geldes oder die des politischen Einflusses. Schließlich war er als Mann der Wissenschaft ebenso unabhängig wie jene, die über politische oder wirtschaftliche Macht verfügten.

Solange sich dies alles auf dem Felde der Wissenschaft abspielte, gab es auch keinen „Mächtigen", den Schmalenbachs Wort sonderlich störte. Die Gedanken des Wissenschaftlers über Fragen der Kostenrechnung oder der Bilanzierung regten außerhalb der Wissenschaft und der betrieblichen Praxis niemanden auf. Das änderte sich jedoch schlagartig, als Schmalenbach mit seinen beiden Kohle-Gutachten in wirtschafts- und sozialpolitische Streitfragen von höchster Brisanz eingriff und mit der Wiener Rede gar die freiheitliche Wirtschaftsordnung in Zweifel zog. Über Nacht wurde er zu einem berühmten Mann. Kein wirtschaftlich interessierter Mensch, der seinen Namen nicht kannte; keine Zeitung von Rang, die sich nicht mit seinen Ideen befaßte.

Gleich nach seiner Wiener Rede hatte Schmalenbach noch die Absicht, auf die ihm entgegengehaltenen Einwände zu antworten. Während des Urlaubs in Gastein wollte er sich in aller Ruhe mit den verschiedenen Meinungen auseinandersetzen, wie er dem Bruder am 18. Juni 1928 schrieb. Getan hat er es nicht, zu einer öffentlichen Diskussion über die von ihm aufgeworfenen Fragen ist es unter seiner Beteiligung niemals gekommen. Daß die Zeitungen und Zeitschriften seinen Voraussagen wenig Glauben schenkten, hat sein Selbstbewußtsein indessen nicht beeinträchtigt. Seit dem frustrierenden Erlebnis in Lamberts Seminar war er es gewohnt, daß seine Aussagen zunächst unbeachtet blieben oder gar verlacht wurden, bis die Menschen schließlich doch erkannten, wie recht er letztlich hatte.

Auch der Mißerfolg in der Kartell-Kommission der Wirtschafts-Enquête, wo nur verschwindend wenige Sachverständige Schmalenbachs Weg zur zwangskartellierten Wirtschaft mitzugehen bereit waren, tat seiner Überzeugung keinen Abbruch. Wie schon so oft in seinem Leben fühlte er sich verkannt, und so wie früher würde er auch diesmal, dessen war er gewiß, am Ende recht behalten. Das Selbstbewußtsein unseres Professors gebar in dieser Frage – vor allem in dieser – eine Art Sendungsbewußtsein: Wie ein Prophet sagte Schmalenbach seherisch voraus, wohin die Wirtschaft getrieben werde und welches ihr unabwendbares Schicksal sein werde. In dieser Situation gelte es – so Schmalenbach –, den Strom, der nicht aufzuhalten sei, so zu leiten, daß er keinen Schaden anrichte, sondern der Gesamtheit des Volkes möglichst großen Nutzen bringe. Das Instrument für solcher Art Wirtschaftslenkung sah er, wie wir wissen, zunächst in den Kartellen; später, während des Hitler-Krieges, gedachte er den Wirtschaftsverbänden nach dem Kriege die Lenkungsfunktion zu übertragen.

Öffentlich hat Schmalenbach diese Gedanken in der Zeit vor der Hitler-Ära nur noch einmal vorgetragen, im September 1931 in der schon erwähnten Rede vor der Gießerei-Industrie, hier allerdings nicht als unabwendbares Schicksal, sondern als ultima ratio, als ein Gebot wirtschaftlicher Vernunft. (Sonst hat er diese Fragen nur vor dem engen Kreis seiner Schüler und Freunde noch behandelt.) Das Echo auf die Ausführungen zur Kartellfrage war jetzt nicht entfernt mit der Aufregung vergleichbar, die seine Rede 1928 ausgelöst hatte. Im Rückblick wird deutlich: Die Kohle-Gutachten und die Wiener Rede hatten Schmalenbach auf den Gipfel des Erfolgs und des Ruhms geführt. Sie hatten ihm auch den höchsten Bekanntheitsgrad in der Öffentlichkeit eingetragen. Aber das Erlebnis blieb Episode. Einen Höhenflug dieser Art hat Schmalenbach nicht ein zweites Mal erlebt.

42. Kapitalbildung – die wichtigste Aufgabe: Anzüge aus Gußeisen?

Kapitalbildung galt nach dem ersten Weltkrieg als eine der wichtigsten nationalen Aufgaben auf wirtschaftlichem Gebiet. Als Schmalenbach vor dem Verband Deutscher Eisengießereien über Maßnahmen zur Förderung der Kapitalbildung sprach, schrieb man freilich das Jahr 1931, und die Krise war hereingebrochen. Menschenleere Fabrikhallen allerorten zeugten von „totem“, von überschüssigem Kapital, das nicht genutzt werden konnte. Es herrschte nicht Mangel an (Sach-)Kapital, sondern Mangel an Beschäftigung für Millionen arbeitslose Menschen. In dieser Situation ein Auditorium für Fragen der Kapitalbildung und Rationalisierung zu interessieren, war nicht gerade eine dankbare Aufgabe, wenngleich diese Fragen von ihrer grundlegenden Bedeutung nichts eingebüßt hatten.

Schmalenbach entledigte sich seines Auftrags, indem er das Schwergewicht der Ausführungen auf zwei Gebiete verlagerte, auf denen normalerweise Probleme der Kapitalbildung nicht vermutet werden. Weil durch zusätzliche Exporte bisher unbeschäftigte Produktionsanlagen wieder beschäftigt werden können, weil dadurch also brachliegendes Kapital wieder in arbeitendes Kapital umgewandelt werden kann, sah er in der Exportförderung durchaus auch eine Maßnahme zur Förderung der Kapitalbildung. Womit er flugs bei der Frage der Exportkartelle war und schließlich bei den Zwangskartellen landete. Allein die Kartell-Fragen nahmen auf diese Weise etwa die Hälfte seines Referats in Anspruch, den ganzen zweiten Teil. (Über diese Fragen siehe Seiten 123 und 134.)

Und weil Produktiv-Kapital nur innerhalb von Betrieben gebildet werden kann, machte Schmalenbach seinen Zuhörern deutlich, daß eine der wirksamsten Maßnahmen zur Förderung der Kapitalbildung darin bestehen sollte, die Unternehmen finanziell zu entlasten, indem man sie weitestgehend von Steuern befreie. Im Interesse der Kapitalbildung forderte er, daß die Hauptlast der Besteuerung von der „Kapitalentstehungsseite" auf die „Kapitalverzehrsseite" verlagert werde. Das setzte freilich einen grundlegenden Umbau des deutschen Steuersystems voraus – eine gewaltige Aufgabe. Deren Erörterung nahm den größten Teil der anderen Hälfte seines Referats in Anspruch, das, wie erwähnt, insgesamt einen beträchtlichen Umfang hatte: Die Rede war nach überschlägiger Rechnung etwa zweieinhalb- bis dreimal so lang wie die Wiener Rede.

Sein Ratschlag an die staatlichen Instanzen lautete: Beseitigt alle Einkommen-, Ertrag-, Vermögensteuern und was sonst noch die Betriebe belastet. Reduziert diese Steuern zumindest kräftig. Deckt dafür euren Finanzbedarf durch eine Besteuerung des Verbrauchs. Bei den etwa 250 000 Steuerpflichtigen, die mehr als 10 000 RM verdienen (oder verbrauchen), kannst du dies, lieber Staat, dadurch tun, daß du statt des Einkommens deren Verbrauch direkt besteuerst; nur was diese Menschen nicht verbrauchen, also sparen, bleibt steuerfrei. Die Verbrauchsteuer könnte, wie die jetzige Einkommensteuer, progressiv gestaffelt sein und damit den Großverbraucher relativ stärker treffen als den Kleinverbraucher.

Was die breite Masse des Volkes angeht, so kann der Verbrauch allerdings nur indirekt besteuert werden: durch eine Steuer, die auf den Verbrauchsgegenständen liegt, die verbrauchende Person also „indirekt" trifft. Das würde bedeuten, daß die schon bestehende Umsatzsteuer kräftig erhöht und anders gestaltet werden müßte. Dinge, die für das Leben eines Menschen unentbehrlich sind („die zur Notdurft gehören", wie Schmalenbach sich ausdrückt), sollten gar nicht mit der Steuer belegt werden, andere dafür um so mehr. Ein Großverbraucher würde auf diese Weise doppelt besteuert werden, einmal durch die Verbrauchsteuer, zum andern durch die Umsatzsteuer. Diese besonders starke Belastung der Größt-Verbraucher entsprach seiner Absicht.

Der Gedanke als solcher hat manches für sich, nicht nur um einer stärkeren Kapitalbildung willen. Warum sollte es nicht angestrebt werden, den Bürger, der haushälterisch und sparsam lebt, durch eine niedrigere Besteuerung zu belohnen, und dafür einen Menschen mit aufwendigem Lebensstil stärker zur Finanzierung der staatlichen Gemeinschaftsaufgaben heranzuziehen? Das deutsche Steuerrecht hat sich seit Schmalenbachs Zeiten auch in diese

Richtung entwickelt, vor allem durch den Wechsel von der Bruttoumsatz- zur Mehrwertsteuer. Diese belastet wesensgemäß nicht die Produzenten, sondern die Konsumenten, und für sie gelten je nach dem Grad der „Entbehrlichkeit" zwei verschiedene Steuersätze.

Aber die von Schmalenbach vorgeschlagene Aufwandsteuer würde doch viele steuertechnische Fragen aufwerfen. Er denkt an eine „Aufwandsteuer-Erklärung", in der anzugeben wäre, „was man für Wohnung, Reisen, Autos, Dienstboten, gesellschaftliche Verpflichtungen und sonstige Lebensbedürfnisse ausgegeben hat". Aber hieße es nicht, das Vertrauen in die Steuer-Ehrlichkeit der Bürger überschätzen, wenn man solche Erklärungen zur Grundlage der Besteuerung machen würde? Nun gut, sagt Schmalenbach, das ließe sich ja kontrollieren. Man brauchte sich nur die Einkommen- und die Vermögensteuer-Erklärungen dieses Mannes anzusehen: Was von dem Einkommen nicht zum Aufwand verwendet worden ist, muß doch wohl sein Vermögen vermehrt haben. Gemach, lieber Herr Professor, hätte man ihm entgegnen können: Sie selbst haben uns gelehrt, daß es Vermögens-Veränderungen gibt, die nicht auf Zu- oder Abgängen beruhen, sondern auf Wertänderungen. Außerdem wären bei alledem die Lebensumstände zu berücksichtigen: Ein Mann mit 9000 RM Einkommen, der ohne Familie lebt, kann durchaus ein großer „Genießer des Lebens" sein, während ein anderer mit 11 000 RM Einkommen, aber fünf oder sechs unversorgten Kindern, keine großen Sprünge machen kann. Das alles zu berücksichtigen, würde komplizierte Gesetze voraussetzen, es zu kontrollieren einen erheblichen Verwaltungsapparat erfordern. „Billig" wäre diese Aufwandsteuer für den Fiskus gewiß nicht.

Einfacher ist der indirekte Weg über eine anders strukturierte Umsatzsteuer. Auch hier gäbe es allerdings eine Schwierigkeit insofern, als der Grad der „Entbehrlichkeit" für jede Ware festgestellt werden müßte. Dafür einen wirklich objektiven Maßstab zu finden, dürfte nicht leicht sein. In einer Nomenklatur wären alle auf dem Markt gehandelten Produkte aufzuführen, aber auch deren Art, Größe, Beschaffenheit, Qualität usw., ferner die Absatzmenge im Einzelfall und anderes mehr. Übrigens hat Schmalenbach in diesem Zusammenhang auch zu erkennen gegeben, daß ihm die Höhe der Handelsspannen ein Dorn im Auge ist. Das hat er öffentlich nur selten bekannt, um so häufiger in seinen Vorlesungen und Seminaren. Ebenso lehnte er Werbung leidenschaftlich ab. Nicht nur, daß „Reklame" die Bedürfnisbefriedigung in falsche Bahnen lenke, sie verteuere auch unnötig die Produkte, vermindere damit Kapitalbildung und beeinträchtige auf diese Weise die so dringend erforderliche Rationalisierung. Diese Argumentations-Kette war in Schmalenbachs gemeinwirtschaftlichem Denken, in dem die Wirtschaftlichkeit der Güterproduktion absolute Priorität genoß, eine konsequente, sozusagen „system-immanente" Schlußfolgerung.

In der Rede hat Schmalenbach einige Waren aufgezählt, die er für entbehrlich, und andere, die er für unentbehrlich hielt. Entbehrlich schienen ihm reichliches Essen, kostspielige Kleidung, der Massenverbrauch an Damenstrümpfen und Handtaschen, weiße Kragen („unter allen Umständen" sollten die steuerpflichtig sein), ein Maßanzug „selbstverständlich auch". Dagegen sollte „ein einfacher Konfektionsanzug aus dauerhaftem, besonders bezeichnetem Stoff" umsatzsteuerfrei sein. Diesem Objekt widmete er in seinem Vortrag ganz besondere Aufmerksamkeit:

> *„Man begünstige drei, vier oder fünf höchst haltbare Stoffe ohne Musterung mit der Umsatzsteuerfreiheit; sie werden die Kleidung der Arbeiter für den Alltag, wie ich bestimmt hoffe auch die Kleidung vieler Studenten und Professoren, die Kleidung überhaupt aller Leute werden, die sich nicht scheuen, die vaterländische Pflicht der Sparsamkeit zur Schau zu tragen . . . Ein solcher dauerhafter Anzug (wird) . . . für 40 RM zu kaufen sein. . . .*

Wohlverstanden, kein Mensch soll gezwungen werden, diesen billigen und haltbaren Konfektionsanzug zu tragen. Wer das Geld dazu hat, mag bei seinem Maßanzug bleiben, mag Stoffe und Zutaten nehmen, die ihm gefallen. Nur zahlt er dann eben die wesentlich erhöhte Umsatzsteuer.“

Mit entwaffnender Offenheit fügte er hinzu, er habe derlei Vorschläge schon vor etwa acht Jahren im Reichswirtschaftsrat gemacht. „Von der ganzen Kommission war nur ein einziger, der zustimmte, und das war Rathenau. Die anderen betrachteten den Vorschlag als humoristische Episode.“ Genauso erging es Schmalenbach jetzt wieder: Seine Vorstellungen von dem Einheits-Anzug erregten allgemeine Heiterkeit.

Besonders köstlich sind zwei Gedichte, beide im Kölner Stadtanzeiger erschienen, das eine von Franz vom Duffesbach (möglicherweise einem Pseudonym), acht Strophen lang, am 6. September 1931, das andere, neun Strophen, einen Tag später, gezeichnet mit dem Signum –nn. Hier einige Verse aus dem zweiten Gedicht als Kostprobe:

Gußeiserne Zukunft

. . . O nein, mein Freund, bescheidentlich und praktisch
(wie heutzutage jeder denken muß)
Empfehl' ich Herrn Professor prophylaktisch
Den Konfektionsanzug aus Eisenguß.

Der hält was aus, der ist was für Genießer.
Die Bügelfalte hält sich jahrelang,
Und schließlich freut's die wackern Eisengießer
Als ein willkomm'nes Konjunkturmomang.

Das wird ein Bild! Vom Säugling bis zur Oma
Ein Volk in Eisen, wie man keins geseh'n.
Und drückt der Rock, das tut er nämlich, Komma,
So bleiben wir trotz diesem aufrecht steh'n.

Wir steh'n in unserm einz'gen Anzugleben.
Doch komm' dann kein Professor mit dem Schmus,
Daß jeder, um die Konjunktur zu heben,
Ein Dutzend Eisenfräcke haben muß.

Doch abgesehen von dem Spaß mit dem Anzug-Vorschlag: Ernsthaft haben Schmalenbachs Steuervorschläge kaum Beachtung gefunden. Die Welt hatte 1931 andere, dringendere Sorgen. Dagegen erhält Schmalenbach Post von einer Seite, von der er dies sicher nicht erwartet hat, und zwar wegen seiner Ausführungen über Exportkartelle. Friedrich Saemisch, den er jetzt regelmäßig im Aufsichtsrat der Treuarbeit trifft, teilt ihm mit, daß ein Herr aus der Reichskanzlei den Herrn Reichskanzler über seinen Vortrag unterrichtet habe; Saemisch fragt, ob er nicht daran interessiert sei, diesen Fragen an zuständiger Stelle „erwünschten Antrieb“ zu geben. Schmalenbach antwortet mit einem langen und ausgesprochen galligen Brief. Er schreibt:

„Der gegenwärtige Reichskanzler ist . . . nicht der Mann, die deutsche Wirtschaft aus ihrer Bedrängnis zu befreien. . . . Ihm sind wirtschaftliche Grundtatsachen fremd. . . . (Ich halte es) für ganz aussichtslos . . ., auf Brüning mittelbar oder unmittelbar wirken zu wollen. . . . Nur durch häufige Vorträge und fortgesetzte emsige Kritik in der Presse . . . würde

vielleicht . . . meinen Gedanken Wirkung verliehen. Aber dazu langt bei mir vieles nicht; nicht zuletzt hindert mich, daß mein Ideal, auf die Nachwelt zu wirken, nun einmal durch das Wort Betriebswirtschaftslehre umschlossen ist.“

Die Resignation, die aus diesem Brief spricht, ist verständlich. Auf dem Felde der Wirtschaftspolitik sind alle Vorschläge und Empfehlungen Schmalenbachs unbeachtet geblieben. Auch ein Gespräch mit einem Reichskanzler hat er schon hinter sich gebracht, damals im Juni 1928, nach der Wiener Rede. Es hat keinerlei Wirkung gezeitigt. Schmalenbachs Hoffnung, daß seine Ideen die deutsche Wirtschaftspolitik befruchten könnten, ist geschwunden. Von nun an hält er keinen Vortrag mehr vor dem Forum der Öffentlichkeit. Der Professor zieht sich still in jene Gefilde zurück, die von jeher seine berufliche Heimat waren: das Forschen, das Lehren, das Schreiben, vor allem aber das Wirken als hilfreicher Berater von Unternehmen.

43. Die Treuhand international?: Ein Schweizer Finanzier will sich beteiligen

„Ich lasse den Wagen so fahren, daß er gerade noch rollt“, schreibt Eugen Schmalenbach am 10. Februar 1930 über seine Tätigkeit. „Die eigentliche Arbeit, die wissenschaftliche, leidet . . .“ Wenn Schmalenbach an seine wissenschaftliche Arbeit dachte, besonders an das Bücher-Schreiben, plagte ihn fast immer die Sorge, er tue zu wenig. Andere Professoren, so meinte er, seien viel produktiver. Dabei hätte er Anfang 1930, als er dies sagte, eigentlich keinen Anlaß zur Unzufriedenheit mit sich selbst gehabt. Er war endlich dazu gekommen, sein Buch über die Kostenrechnung, dessen letzte (die vierte) Auflage 1927 noch immer als unveränderter Nachdruck der Erstauflage von 1919 erschienen war, gründlich durchzuarbeiten und auf den neuesten Wissensstand zu bringen. Das schmale Bändchen von 58 Seiten hatte sich dadurch zu einem Werk ausgewachsen, das mit seinen 174 Seiten dreimal so dick war wie vorher.

1930 war auch das Jahr, in dem er Material für ein neues Buch zu sammeln begann. Sein Interesse wandte sich in dieser Zeit den Finanzplänen der Unternehmen zu. Das hatte seinen Grund. Die Firma Zanders, bei der in diesen Jahren nichts Wesentliches ohne die Mitwirkung des hochgeschätzten Beraters Eugen Schmalenbach geschah, sah sich vor die Notwendigkeit gestellt, ihre Versorgung mit elektrischem Strom und mit Wasser auf eine feste und breitere Basis zu stellen. Zu diesem Zweck wollte sie ein neues Kraftwerk bauen (siehe Seite 128). Natürlich war Schmalenbach der Mann, der die finanzielle Seite der Angelegenheit zu betreuen und die Finanzierungsfragen zu klären hatte. Daß er dazu einen Finanzplan für die nächsten Jahre aufstellen mußte – gewiß nicht ohne Mithilfe der Finanz-Abteilung –, ist selbstverständlich.

Aber damit war zugleich sein wissenschaftliches Interesse an dieser Frage geweckt. In den nächsten Monaten hielt er Augen und Ohren offen, um zu erkunden, wie in anderen großen Unternehmen die Frage der Finanzpläne behandelt wird. Außerdem beauftragte er einen befähigten Studenten, in verschiedenen Firmen Unterlagen zu diesem Thema zu beschaffen. Das Ergebnis war der mit praxisnahem Material prall angefüllte Aufsatz Schmalenbachs im Aprilheft 1931 seiner Zeitschrift, betitelt „Die Veranschlagung des Kapitalbedarfs und die Finanzpläne“. Wenig später erschien das Buch „Die Aufstellung von Finanzplänen“, dessen Inhalt eine Erweiterung des Aufsatzes darstellte (siehe Seiten 335 und 342 f.). Das Buch erlebte drei Auflagen.

Von den Vorgängen bei Zanders konnte Schmalenbach seinem Bruder brieflich natürlich nichts mitteilen. Und noch eine andere Angelegenheit, die ihn damals stark beschäftigte, wurde von ihm mit aller Vertraulichkeit behandelt. Es ging um Veränderungen bei der Treuhand-AG. Von dieser Gesellschaft hatte sich Schmalenbach, wie erinnerlich, 1923 als Aktionär vollends gelöst (siehe Seite 92). Er war auch aus dem Aufsichtsrat ausgeschieden. Dort hatte Wilhelm Jutzi den Vorsitz übernommen, ein Handels-Redakteur der Kölnischen Zeitung (später Pressechef der I. G. Farben), den Schmalenbach sehr schätzte. Im übrigen hatte er seine Professoren-Kollegen Walb, Prion und Geldmacher gebeten, Mandate bei der Treuhand-AG zu übernehmen. Außerdem saßen, wie berichtet, der Regierungsrat Dr. Herberg aus Arolsen, später auch der Fabrikant Walter Schnick aus Elberfeld in diesem Gremium.

Dies die Situation bis 1926. In jenem Jahr trat jedoch eine erste wesentliche Veränderung ein: Max Herberg schied aus dem Vorstand aus, Regierungsrat Herberg aus dem Aufsichtsrat; gleichzeitig trat Eugen Schmalenbach wieder in den Aufsichtsrat ein und übernahm den Vorsitz. Der Wechsel zeigt an, daß Schmalenbach wohl die Aktien des Herrn Herberg übernommen hat, aus welchem Grunde, wissen wir nicht. Dasselbe ereignete sich fünf Jahre später, 1931, mit der Aktien-Beteiligung Schnicks: Else Schnick verließ den Vorstand, Walter Schnick den Aufsichtsrat. Und wieder geht es darum, daß Schmalenbach die Treuhand-Aktien zurückgekauft hat: In einem Brief vom 20. Mai 1931 spricht er davon, daß seine finanzielle Lage gegenwärtig „infolge Übernahme der Restaktien der Treuhandgesellschaft sehr angespannt“ sei. Schmalenbach ist also zu diesem Zeitpunkt – und wahrscheinlich schon mindestens seit Mitte April – wieder alleiniger Eigentümer aller Treuhand-Aktien.

Und dann passiert etwas, das einem Außenstehenden zunächst absolut rätselhaft erscheinen muß: Das Grundkapital der Treuhand-AG wird ungewöhnlich stark erhöht, um das Vierfache. Nach der Inflation hatte eine Generalversammlung das Aktienkapital, das seit der Gründung 100 000 Mark betragen hatte und 1923 auf 1 Million Mark gebracht worden war, auf 20 000 RM umgestellt. Bei diesem Betrag blieb es bis 1931. Aber dann beschloß die Generalversammlung, die jetzt allein durch Eugen Schmalenbach repräsentiert wurde, am 25. April 1931 überraschend eine Erhöhung um 80 000 RM auf 100 000 RM. Warum? Sollte Schmalenbach etwa die jungen Aktien gezeichnet haben? Die Treuhand-AG brauchte kein Geld. Außerdem ist sehr zu bezweifeln, ob Schmalenbach, der sich gerade bei Zanders stark engagiert hat, eine solche Summe überhaupt hätte flüssig machen können. So bleibt nur die Erklärung, daß ein anderer die jungen Aktien gezeichnet hat. Danach hätte Schmalenbach also einen Partner mit 80prozentiger Majorität in die Treuhand-AG aufgenommen? Der Gedanke scheint absurd, das Ganze kaum faßbar. Aber es gibt tatsächlich Indizien aus späterer Zeit, die dies bezeugen.

Aus einem beweiskräftigen Schriftstück, nämlich dem Prüfbericht des Abschlußprüfers für die Jahre 1943 und 1944, geht hervor, daß Schmalenbach am 1. Januar 1944 nur 20 000 RM Treuhand-Aktien besessen hat. Nach der gleichen Quelle ist ein Aktienpaket von 80 000 RM zu diesem Zeitpunkt von einem Schweizer Bürger (namens Dr. von Schenk) auf einen anderen Schweizer Bürger (Dr. Paul Haas) übergegangen. Das Paket lag also in der Schweiz.

Eugens Bruder Hermann, der im Herbst 1931 als Professor der Philosophie nach Basel berufen worden war, ist 1935 in den Aufsichtsrat der Treuhand-AG eingetreten; Dr. von Schenk war zeitweise sein Assistent in Basel. Sollte Bruder Hermann die Aktien gezeichnet haben? Das ist völlig ausgeschlossen: Hermann saß im Frühjahr 1931, als die Kapitalerhöhung vorgenommen wurde, noch immer in Göttingen, hätte zudem Geld in dieser Höhe schwerlich aufbringen können.

Im Frühjahr 1938 erkundigt sich Hermann, nun aus Basel, bei seinem Bruder, warum er, Hermann, als einziges Aufsichtsratsmitglied für 1937 Tantieme erhalten habe, die anderen nicht. Eugens Antwort ist interessant. Er schreibt am 7. März 1938: „Daß ich keine Tantieme erhalte, so lange keine Dividende bezahlt wird, entspricht dem früheren Abkommen mit Oppenheim & van Till, das unverändert auf Dich übergegangen ist." Irgendwann muß also Oppenheim & van Till, damals ein kleines, aber feines Privatbankhaus in Den Haag, im Besitz der 80 000 RM Treuhand-Aktien gewesen sein, die Hermann bzw. sein Assistent dann übernommen hat. Damit wird die Sache freilich nur noch rätselhafter.

Der Schlüssel zum Verständnis des Geschehens liegt offenbar bei einem Mann, der 1931 in Schmalenbachs Briefen mehrfach erwähnt, jedoch stets recht geheimnisvoll als ein „entfernter Bekannter" umschrieben wird. Manchmal gibt Schmalenbach sogar an, er habe vergessen, wie der Mann heiße. Ein einziges Mal nennt er seinen Namen (im Brief vom 1. Juni 1931): „Es ist ein Herr Dr. Thalmann aus Basel." Und mit diesem Namen eröffnen sich Zusammenhänge, die eine Hypothese zur Deutung der Vorgänge jenes Jahres nahelegen, eine Hypothese mit hohem Wahrscheinlichkeitsgrad, wie uns scheint.

Ernst Thalmann, 1931 gerade 50 Jahre alt, war in Basel ein hochangesehener Bürger, der dem dortigen Stadtparlament, dem „Großen Rat", als Freisinniger angehörte. Seit 1927 war er zugleich Mitglied der „Kuratel" der Baseler Universität, von 1929 bis zu seinem Tode (1938) deren Präsident. Die aus fünf Mitgliedern bestehende Kuratel ist die höchste Aufsichtsbehörde des Kantons Basel-Stadt für die Universität. Zu ihren Aufgaben gehört es, die Ernennung, Berufung und Habilitierung von Lehrkräften zu genehmigen und zu bestätigen, wobei sie in der Regel den Vorschlägen der betreffenden Fakultät folgt. Für Hermann Schmalenbach, den Edgar Salin, der väterliche Freund aus alten Stefan-George-Zeiten, zur Berufung auf den freigewordenen Lehrstuhl in Basel vorgeschlagen hatte, war der Präsident der Kuratel also eine wichtige, sogar eine „entscheidende" Persönlichkeit.

Aber das ist nur die eine Seite dieser Angelegenheit. Ernst Thalmann, ein bekannter und gesuchter Wirtschaftsjurist, Mitglied einer bedeutenden Basler Anwalts-Societät, hat auch in der Wirtschaft höchst erfolgreich gewirkt. Große Unternehmen bedienten sich dieses versierten Anwalts als ständigen Berater, wobei es namentlich um deren internationale Beziehungen ging. Er saß in Dutzenden von Verwaltungsräten (boards) und hat für die von ihm vertretenen Unternehmen den Erwerb oder Verkauf bedeutender Beteiligungen vermittelt und verwirklicht.

Allem Anschein nach ist Thalmann derjenige gewesen, der die 80 000 RM Treuhand-Aktien aus der Kapitalerhöhung vom April 1931 übernommen hat. Er erhielt dadurch einen unmittelbaren Kontakt zu dem auch in der Schweiz bekannten und angesehenen Betriebswirtschaftler, Professor Eugen Schmalenbach, und er schuf sich so die Verbindung mit einer nicht-schweizerischen Prüfungs-Gesellschaft, die ihm bei der Abwicklung von Firmenkäufen, bei Fusionen, Sanierungen und anderen Aktivitäten im schweizerischen „Ausland" hilfreich sein konnte. Schmalenbach wiederum konnte in der Ausdehnung des Tätigkeitsbereiches der Treuhand-AG auf das Ausland und auf grenzüberschreitende Transaktionen eine Chance sehen, die der Gesellschaft einen Vorsprung vor anderen deutschen Prüfungsgesellschaften hätte sichern können. Beiden Seiten war also gedient. Die holländische Privatbank, die den Partnern sicher als zuverlässig bekannt war, war bei diesem Geschäft offenbar als Treuhänderin eingeschaltet.

Wir können nicht nachweisen, daß es wirklich so gewesen ist. Wir wissen auch nicht, auf welche Weise die Aktien später in die Hände des Assistenten von Hermann Schmalenbach in Basel gelangt sind (und wer die Mittel für deren Erwerb aufgebracht hat). Die deutsche Bankenkrise vom Juli 1931 und die danach eingeleitete Devisenbewirtschaftung, die Deutschland mehr und mehr von der ausländischen Finanzwelt abschnitt, hat ohnehin alle Pläne zunichte gemacht. Der schweizerische Partner konnte an einer Prüfungsfirma, die devisenrechtlich hinter einer Mauer lag, nicht mehr interessiert sein. Und Schmalenbach mußte erkennen, daß der Weg, der seine Treuhand-AG aus der Enge des heimischen Marktes hätte herausführen können, über Nacht unpassierbar geworden war. Der schöne Traum – wenn es denn einer gewesen ist – war nach wenigen Monaten in nichts zerronnen.

44. Ein Leben nach sittlichen Normen: Doch Geselligkeit kommt nicht zu kurz

Es kam nicht von ungefähr, daß Schmalenbach in seiner Gießerei-Rede den deutschen Männern empfahl, jeder solle sich mit einem einzigen Anzug begnügen. Er selbst handelte nach dieser Maxime. Die Studenten haben ihn in einem immer gleichen Anzug erlebt, grau, leicht gesprenkelt, Muster „Pfeffer und Salz", wie man dies damals nannte. Irgendwann in den zwanziger Jahren hatte er sich einen großen Ballen Stoff gekauft, an dem von Zeit zu Zeit jeweils ein paar Meter für einen neuen Anzug abgeschnitten wurden. Der große, der berühmte Schmalenbach war im heimischen Kreis ein Muster an Bescheidenheit und Anspruchslosigkeit. Das viele Geld, das ihm als erfolgreicher Buchautor, als Gutachter, vor allem aber als Berater von Firmen und als Vertrauter ihrer Chefs zufloß, hat ihn niemals angefochten. Die Wohlhabenheit oder – man braucht das Wort heute wohl nicht zu scheuen: – der Reichtum, der ihm plötzlich zuteil geworden war, hat ihm zwar einige Annehmlichkeiten eingetragen, die er auch gern und ohne Gewissensbisse genoß, längere Urlaubsreisen etwa oder das Auto. Aber auch hierin hielt er Maß. Weiter als nach Gastein ist er nicht gekommen.

Er ist auch niemals in Luxushotels abgestiegen, sondern hat höchst bescheiden in Privat-Pensionen gewohnt. Alles, was darüber hinausging, galt ihm als „Protzerei", und er hat es als „fehlgeleitetes Prestigegefühl" gebrandmarkt. Es müsse nicht immer Italien oder Spitzbergen sein, rief er den Gießerei-Unternehmern zu: „Wer einmal im Jahr einem Bauern tüchtig beim Heuen hilft, hat mehr davon als von einer Badereise, und außerdem hat er's billiger". (Ob ihm die Industriellen für diesen Ratschlag Beifall gespendet haben, ist nicht vermerkt.)

Auch die private Lebensführung des Bürgers Schmalenbach war simpler kaum denkbar: ein braves Weib am Kochherd, zwei liebe Kinder, doch nirgends Extravaganzen, die zu ernsten Zwistigkeiten oder Verwicklungen Anlaß gegeben hätten – keine Seitensprünge, keine Frauengeschichten. Die Schrift „Der Alte" enthält eine Karikatur, die den Professor vor dem Eingang eines Vergnügungs-Etablissements zeigt, die Stummelpfeife im Mund, den Schlapphut auf dem Kopf, das Plakat „Paccioli's Dancing Show" betrachtend. Aber der Zerberus vor der Tür hebt abwehrend die Hand: „Nee, Mennecken, in dem Aufzug laß ick Ihnen nich rinn". Daß Schmalenbach jemals einen Nachtklub besucht haben könnte, schien den Studenten unvorstellbar. Einmal hat eine Sekretärin der Treuhand-AG ihre Stellung gekündigt, weil ihr Schmalenbach angeblich zu nahe getreten sei. Aber da war er schon fast 70 Jahre alt, weit jenseits von gut und böse. Wer weiß, welch freundlich gemeinter Klaps in jener von Prüderei geprägten Zeit nicht schon als „Zudringlichkeit" aufgefaßt worden ist.

Das Charakterbild Schmalenbachs ist der Nachwelt überwiegend durch Aufsätze seiner Schüler und Assistenten vermittelt worden, die ihn in Vorlesungen und Seminaren vornehmlich als einen herben und kantigen Professor, in seinen Prüfungen zudem als unerbittlich strengen und allseits gefürchteten Examinator kennen gelernt haben. Daß er auch humorvoll sein und herzhaft lachen konnte, haben sie seltener erlebt. Wilhelm Hasenack, der oft im Hause Schmalenbach zu Gast war, leitete den biographischen Teil seiner Würdigung nicht ohne Grund mit einer Vorbemerkung ein, in der er ausdrücklich betonte, „wie jungenhaft fröhlich und unbeschwert er sich abends in kleinerem Kreise geben kann". In der Tat, die Freude an heiterer Geselligkeit in vertrautem Freundeskreise gehörte ebenso zum Menschen Schmalenbach wie das ausgeprägte Sendungsbewußtsein seiner reifen Jahre zum Professor.

Der Kreis seiner Freunde und Bekannten war groß. Genau genommen waren es mehrere Kreise, je nach der Dichte der gegenseitigen Beziehungen. Zum engeren Kreis gehörten Olga Zanders und ihr Sohn Johann Wilhelm, die verehrte Else Schnick, ebenso ihr Nachfolger im Vorstand der Treuhand AG, Siegfried Rentrop mit seiner Ehefrau; dann Werner Schulz (designierter Nachfolger des Finanzchefs Max Grünbaum bei der Leonhard Tietz AG) mit seiner Frau Aga, Carl Friedrich Hermann mit seiner ersten Frau; ebenso ein Dr. Schmidt, Redakteur der Kölnischen Zeitung, der in der NS-Zeit Verbindungen zur Gauleitung hatte und in jener Zeit alles tat, um das Ehepaar Schmalenbach vor Unbill zu bewahren.

Häufig zu Gast waren die Skat- und Bridge-Partner von Eugen und Marianne, so vor allem die Schauspielerin Friedl Münzer vom Kölner Stadttheater, eine Halbjüdin, die nach 1933 nicht mehr auftreten durfte; sie wird als eine besonders liebenswerte Frau geschildert, die es verstanden hat, Ehefrau Marianne in der bedrückenden Zeit nach 1933 immer wieder aufzuheitern. Weiter ist zu nennen Rechtsanwalt Bing, den Schmalenbach sehr schätzte; er wohnte – wie auch Friedl Münzer – unweit der Schmalenbachs in Köln-Marienburg.(Seine Tochter und Schmalenbachs Sohn haben später geheiratet.) Auch Freundinnen der Tochter Marianne waren oft im Haus, besonders Gertrud Rosenthal, die regelmäßig die Heiligabende hier verbracht hat. Schließlich gehörten noch zwei junge Frauen zum engeren Kreis um Schmalenbach: Emmy Kuhl, die bei Schmalenbach studiert hat, 1937 Prokuristin der Treuhand-AG wurde, das Vertrauen des Professors genoß und besonders in der schweren Zeit sehr um dessen Wohl besorgt war; zum anderen – gewiß nicht „zuletzt" – seine Groß-Nichte Ruth Schönnenbeck, von der wir in diesem Buch noch mehrfach hören werden.

Emmy Kuhl, die sich im Hause der Schmalenbachs recht heimisch fühlte und dort ungezwungen ein- und ausging, hat das gesellige Leben ausgiebig geschildert:

> *„Viele Feste wurden . . . gefeiert, zu jedem Anlaß in kleinem, in größerem und im großen Rahmen, in der Familie, mit einigen Gästen, . . . im Kreis der Dozentenschaft der Universität, auch bei den betriebswirtschaftlichen Tagungen. Und Schmalenbach konnte Feste feiern. Im kleinen Kreis, oft improvisiert, sorgte ein Böwlchen für die Stimmunmg, das Grammophon hat an warmen Sommerabenden zum Tanz auf der Terrasse aufgespielt und gab einer Unterhaltung eine besondere Verbundenheit."*

> *„Zu den größeren Festen im Hause Schmalenbach gehörte gewöhnlich auch ein Theaterabend, an dem die Familie mit ihren Gästen zusammen ins Theater ging. . . . Er hat immer Freude an Schauspielen gehabt, die er mit unentwegter Aufnahmefähigkeit aufgesucht hat, nicht nur in Berlin und Wien, auch in Köln zu den zahlreichen Schauspielen großer Künst-*

ler, eines Pallenberg, der Agnes Straub, der Elisabeth Bergner und vieler anderer. . . . An der Oper hatte Schmalenbach keine Freude, auch Konzerte hat er wohl nur selten einmal aufgesucht. Sein Interesse galt dem Schauspiel, und zwar sowohl dem klassischen Stück als auch modernen Tragödien und Lustspielen in ungetrübter und anhaltender Freude an der Darstellung der unendlichen Vielfalt des Lebens."

Auch wenn keine Gäste im Hause waren, hat sich die Familie abends meist gemeinsam beschäftigt. Oft standen Bücher im Mittelpunkt. Schmalenbach interessierte sich vor allem für Lebensbeschreibungen und geschichtliche Monographien, die er zuweilen auf seinen Reisen oder in Antiquariaten aufgestöbert hatte. Es wurde auch viel vorgelesen. Besonders köstlich waren die Abende, an denen Schmalenbach aus den plattdeutsch geschriebenen Werken von Fritz Reuter vorlas, natürlich in einem sauerländisch gefärbten Platt.

Was sich in solchen Schilderungen darbietet, ist eine bürgerliche Idylle, das friedliche Bild einer harmonisch zusammenlebenden Familie. Dem heutigen Betrachter mag das alles recht brav und bieder, hübsch artig, ja spießig vorkommen, wie eine Reminiszenz an längst vergangene Zeiten. Aber in den Kreisen, denen Schmalenbach sich zugehörig fühlte, waren die Lebensformen der bürgerlichen Welt des vorigen Jahrhunderts noch durchaus lebendig. Auch das überkommene moralische Fundament war hier intakt. Das Ethos, nach dem diese Menschen in dem neuen Jahrhundert – nach 1918 – lebten und ihr Leben gestalteten, hatte sich gegenüber den Moralgrundsätzen, die für das Bürgertum um die Jahrhundertwende galten, kaum verändert. Fontanes gesellschaftliche Ordnung, wie sie sich in seinen Romanen spiegelt, war noch weitgehend erhalten. Das Neue, das in der Regel aus Amerika kam und sich oft – nicht immer – als gesellschaftlicher Fortschritt ankündigte (wie etwa die beginnende Emanzipation der Frauen), wurde von bürgerlichen Kreisen empört zurückgewiesen. Frauen, die keinen Haushalt versorgten, keine Kinder betreuten, sondern womöglich Zigaretten rauchten und seidene Strümpfe trugen, wurden von Schmalenbach noch um die Mitte des Jahrhunderts unbarmherzig als „Drohnen" gebrandmarkt.

Schmalenbach selbst fühlte sich den traditionellen Forderungen bürgerlicher Sittlichkeit rückhaltlos verpflichtet. Nur Menschen, die in diesen Grundfragen gleichen Sinnes waren wie er, konnten seine Achtung gewinnen. Wieviel ihm die Pflicht galt, als Wissenschaftler bedingungslos der Wahrheit zu dienen, wurde hier bereits ausgeführt (Seite 132–133). Nicht minder heilig war ihm das biblische Gebot, im Schweiße seines Angesichts sein Brot zu verdienen. Schmalenbach hat unermüdlich gearbeitet (von einigen Jahren in der Ausnahmesituation der Nazizeit abgesehen). Ohne Arbeit konnte er nicht glücklich sein, Arbeit galt ihm als Erfüllung menschlichen Daseins. Auch in seinen Ferien – nicht nur im Landhaus zu Schmalenbach – gehörte Arbeit zu den Dingen, die er nicht missen mochte. Allerdings wußte er auch, daß der Mensch Erholungspausen braucht. Im täglichen Getriebe hat er sich nach Möglichkeit die Abende freigehalten – siehe oben. Aber seine eigentlichen Jungbrunnen waren im Sommer der Garten, im Winter die Werkstatt, in der er nach Herzenslust werkeln konnte. Körperliche Betätigung hat ihm die Kraft gegeben, die Mühen des geistigen Schaffens zu bewältigen.

Zu den Forderungen des Sittengesetzes, deren Erfüllung Schmalenbach als selbstverständlich galt, gehörte auch das Gebot, dem Nächsten in der Not zu helfen. Er war hilfsbereit nicht nur gegenüber seinem Bruder Hermann, dem es mit seiner hochgeachteten, aber brotlosen Kunst des Philosophierens unvergleichlich viel schwerer fiel, sich und seine Familie durchzubringen, als dem mit irdischen Gütern so reich gesegneten Wirtschaftsexperten

Eugen. In ihren Briefen stand oft das leidige Geld im Vordergrund des Gedankenaustauschs. Auch Freunden hat Schmalenbach mehrfach uneigennützig geholfen. Noch im hohen Alter erzählte uns C. F. Hermann, wie dankbar er war, als Schmalenbach ihm 1930 einen Betrag von 20 000 RM anbot, um sein Effekten-Konto glattzustellen: Nach dem „Schwarzen Freitag“, dem Börsenkrach in New York vom 25. Oktober 1929, war der damals für die Finanzen bei Felten & Guilleaume zuständige C. F. Hermann wegen offener Wertpapier-Positionen in Bedrängnis geraten. Er brauchte Schmalenbachs großzügiges Hilfsangebot allerdings nicht in Anspruch zu nehmen.

Wilhelm Hasenack hat von Schmalenbach, ohne ihn darum gebeten zu haben, im Herbst 1945 eine Summe von 1000 RM erhalten, nachdem ihm die Behörden in seinem Wohnort Leipzig die Konten gesperrt hatten. Auf Rückzahlung legte Schmalenbach keinen Wert. „Nun lassen Sie mal alle Empfindlichkeit beiseite und benutzen Sie die 1000 RM so, als wäre es Ihr Geld“, schrieb ihm Schmalenbach. Doch später konnte Hasenack die Schuld in voller Höhe begleichen. Ein anderes Beispiel ist Ruth Schönnenbeck, die damals gleichfalls in der sowjetischen Besatzungszone lebte und kaum über eigene Mittel zum Unterhalt verfügte. Sie ist nur dadurch über die Runden gekommen, daß Schmalenbach Honorare, die ihm sein Leipziger Verleger schuldete, an sie auszahlen ließ.

Eine letzte sittliche Forderung, der er unbeirrt und unbeirrbar folgte: Die Treue zu der ihm angetrauten Frau. Wir wissen, wohin der Weg die beiden Menschen unter dem Druck einer unmenschlichen Diktatur geführt hat. Um so höher achtete Eugen Schmalenbach das Gebot der Treue, das für ihn in jener Zeit die höchste aller moralischen Verpflichtungen war.

45. Bürger Schmalenbach und die Aristokratie: Die Tochter heiratet einen Grafen

In den Vorlesungen über Betriebswirtschaftslehre und in der Kaufmannsluft eines Großhandelsgeschäfts hat es Tochter Marianne nicht lange ausgehalten. Ihr Traumziel ist nach wie vor die Philosophie, und sie folgt ihrer inneren Neigung, mag der Vater denken, was immer er will. In den philosophischen Vorlesungen und Seminaren sitzt ein junger Mann, dessen liebenswürdig-charmante Art ihr gut gefällt. Er gehört dem berühmten Grafengeschlecht derer von Spee an. Daß die Liaison der beiden die Spannungen zwischen Vater und Tochter zusätzlich verschärft, ist unausweichlich. Das Ergebnis zahlloser Gespräche im Elternhaus ist, daß Marianne nicht länger in Köln bleibt, sondern nach Freiburg geht (womit sie ihrem Freund Antonius folgt). Andererseits beharrt sie nicht mehr auf Philosophie als Studienfach, sondern beginnt, Jura zu studieren, dies wohl im Einvernehmen mit ihrem Vater wie auch aus eigener vernunftvoller Einsicht.

Denn die beiden jungen Leute sind entschlossen, fürs Leben zusammenzubleiben, und die lebenskluge Marianne weiß natürlich, daß ihr künftiger Mann als studierter Philosoph kaum jemals eine Familie ausreichend wird ernähren können. Diese Erkenntnis wird sie auch veranlaßt haben, ihr Studium jetzt kräftiger als bisher voranzutreiben. Sie wechselt für ein Semester nach München (Sommer 1927), dann nach Heidelberg (Winter 1927/28); den Sommer 1928 verbringt sie in Berlin, wo ihr Bruder sein erstes Semester in Kunstgeschichte absolviert. Aber dann geht sie zurück nach Köln und unter Zuhilfenahme eines Repetitors mit Macht an die Arbeit. Am 20. Dezember 1929 besteht sie hier ihr Referendar-Examen. Die Festtage – ihren 27. Geburtstag am 23. Dezember sowie Weihnachten und Neujahr – feiert sie mit den Eltern. Doch nun ist kein Halten: Sie eilt nach Freiburg, wo ihr „Tonio“ wartet. Er hat an dieser Universität seinen Dr. phil. gebaut.

Die Spees sind ein stolzes Geschlecht, eng dem katholischen Glauben verbunden. Die heute lebenden über hundert Angehörigen dieses Adelshauses, Nachkommen von drei Söhnen des Stammvaters, der zu Napoleons Zeiten lebte (eine vierte Linie ist ausgestorben), fühlen sich nach wie vor als ein einzige große Familie und halten die Standestradition aufrecht. Ein Blick auf die Stammtafel zeigt, daß sie bis in die jüngste Zeit hinein zumeist unter ihresgleichen geheiratet oder – weniger häufig – Angehörige des niederen Adels als Ehepartner gewählt haben.

Daß Anton ein bürgerliches Mädchen ehelichen wollte, noch dazu ein protestantisch getauftes, hat in der Familie Entrüstung ausgelöst. Maximilian Graf von Spee, der auf Schloß Heltorf bei Angermund (nördlich Düsseldorf) heute residierende „Chef" der Familie, drückte es sehr zurückhaltend aus, als er uns im Verlauf eines Gesprächs sagte: „Die Familie hat sich nicht gefreut über seinen Entschluß, Marianne zu heiraten." Deutlicher sprach den Tatbestand eine ältere Schwester des Anton aus, Anna Gräfin von Walderdorff, die, 85 Jahre alt, 1983 auf Schloß Hauzenstein bei Regensburg lebte: „Die Eltern waren mit der Heirat nicht einverstanden. Aber die beiden waren ja nicht mehr auseinanderzubringen."

Was Schmalenbachs Tochter derart an dem Grafensproß gefesselt hat, weiß niemand zu sagen. Er strahlte – nach Fotos zu urteilen – nichts von jener Art „Männlichkeit" aus, die auf Mädchen und junge Frauen oft so anziehend wirkt. Im Gegenteil, viele sahen in ihm einen „Sonderling" (so Maximilian von Spee), einen still in sich gekehrten, introvertierten Menschen (so Anna von Walderdorff), der freilich sehr gescheit war und abstrakt zu denken verstand. Am lebendigsten – und sicher am treffendsten – hat seine Tochter Barbara das Wesen ihres Vaters geschildert (Brief vom 8. Januar 1982): „Er war ein eigenartiger Mann, ein Ästhet, der viel wußte, viel gelesen hatte und sich über vieles Gedanken machte. Er war ein sanfter Mensch, unentschlossen, nicht sehr energisch, etwas dekadent, aber sehr charmant, mit ausgezeichnetem Geschmack und großer Liebenswürdigkeit, wenn er wollte." Kurz, ein feinsinniger, ein durchgeistigter Aristokrat, aber alles andere als ein Tatmensch, der ins Leben paßte.

Unabdingbare Voraussetzung der Heirat war – auch für Anton – ihr Übertritt zum Katholizismus. Diesen Schritt hat sie leichten Herzens getan. Seit frühester Jugend tendierte sie zur katholischen Kirche, deren mit Mystizismus durchwebte Riten ihr Wesen stärker berührten als die nüchterne Liturgie der evangelischen Kirche. So konvertierte die Tochter eines evangelisch-jüdischen Ehepaars zum katholischen Glauben: Drei Konfessionen in einer Person vereint.

Eugen Schmalenbach sah dies alles mit größtem Unbehagen. Seine Tochter, die ihm lieb und teuer war und die er wahrhaft in sein Herz geschlossen hatte, dieses Mädchen will ihm ausgerechnet einen Angehörigen des Hochadels ins Haus bringen – damit ist er innerlich bestimmt nicht so rasch fertig geworden. Er war nach Herkunft und Habitus, nach seinem Denken und Fühlen geradezu ein Antipode dieser Menschen. Und nun gar jener „Tonio", ein Träumer, der ganz seinen Neigungen folgte und gar nicht daran dachte, einen festen Beruf anzustreben. So sehr sich Schmalenbach später auch darum bemühte, dem künftigen Schwiegersohn eine feste berufliche Basis zu schaffen – im Grunde sah er in ihm wohl einen für das praktische Leben nicht tauglichen Menschen.

Ein paar Wochen, nachdem Tochter Marianne als frischgebackener Referendar Anfang 1930 zu Tonio nach Freiburg gefahren war, holte Mutter Marianne sie dort ab, um einen gemeinsamen Urlaub mit ihr an der genuesischen Riviera zu verleben (Brief vom

10. Februar 1930). Möglicherweise war dieser „Erholungsurlaub" als ein letzter Versuch gedacht, die Tochter von dem verhängnisvollen Schritt zurückzuhalten. Aber vergebens. Im Juli 1930 wird offiziell die Verlobung bekanntgegeben. Auf den Anzeigen steht unter den Namen der Brauteltern der trockene Vermerk „Kein Empfang", unter den Namen des verlobten Paares eine Adresse in Paris. So entfliehen sie allen persönlichen Begegnungen mit Verwandten und Bekannten beider Seiten.

Geheiratet wird gut ein Jahr später, am 25. August 1931. Jetzt läßt sich ein Empfang nicht vermeiden. Die Verwandtschaft des Bräutigams schneidet zwar den „Abtrünnigen", der ohne Rücksicht auf die Familie gegen ein ungeschriebenes Gesetz verstoßen hat. Doch wird bei alledem die Form gewahrt: Das damalige Oberhaupt der Spee-Familie – es ist der älteste Bruder des Anton, der ihm um 14 Jahre voraus ist – nimmt an der kirchlichen Trauung und an dem Festmahl teil. Außerdem kommt seine Mutter nach Köln (nicht sein Vater), ebenso die erwähnte Schwester Anna, die ihren Bruder Anton wohl sehr in ihr Herz geschlossen hatte (und auch später am Schicksal seiner beiden Kinder Barbara und Michael regen Anteil nahm).

Aber Eugen Schmalenbach wäre sich selbst untreu geworden, wenn er diese Begegnung zwischen Aristokratie und Kleinbürgertum nicht dazu genutzt hätte, den hochherrschaftlichen Gästen zu demonstrieren, wie ein „einfacher Professor" lebt. Schmalenbach, der seine Feste sonst gern in einem der führenden Kölner Hotels oder gar hoch über dem Rhein auf dem Petersberg feiert, ladet die Hochzeitsgäste ganz bescheiden in sein Haus in Köln-Marienburg ein. Es ist dort „etwas eng" gewesen, wie Gräfin von Walderdorff gut fünfzig Jahre später noch zu berichten wußte: „Mehr Gäste hätten es nicht sein dürfen."

Und in seiner Tischrede kommt Schmalenbach, wie es seiner geraden Art und seiner Wahrheitsliebe entspricht, natürlich auch auf den gesellschaftlichen Abstand zu sprechen. Er wisse durchaus, so etwa muß er sich wohl ausgedrückt haben, daß seine Tochter nicht mit vollem Herzen in die gräfliche Familie aufgenommen werde. Aber niemand solle glauben, daß er sein Kind nicht ebenso schweren Herzens aus seiner Familie in die neue Umgebung entlasse. Der Bürgerstolz, der hinter diesen Worten stand, ist sicher von allen am Tisch verstanden worden.

Schmalenbach hat sich freilich getäuscht: Seine Tochter ist zu ihren Lebzeiten niemals in die gräfliche Familie aufgenommen worden. Sie blieb, was sie war, ein Bürgerkind. Die Tore der Adels-Schlösser haben sich ihr nicht geöffnet, und auch für ihren Mann haben sich die Bande zur Familien-Gemeinschaft nach dieser Heirat mehr und mehr gelockert. Erst lange nach ihrem Tode ist ihr die Ehre zuteil geworden, in der Familiengruft der Spees nahe Schloß Heltorf beigesetzt zu werden. Die späte Ehrenrettung ist dem jetzigen Oberhaupt, Maximilian Graf von Spee, zu verdanken. Vater Schmalenbach hat es nicht mehr erlebt.

46. Der Schülerkreis formiert sich: Vom Seminar zur Schmalenbach-Vereinigung

Das Jahr 1928 – Höhepunkt für Schmalenbachs öffentliches Wirken, zugleich ein Jubiläumsjahr, in dem Schmalenbach auf 25 Jahre Lehrtätigkeit zurückblicken konnte und dieses Ereignis in großem Kreise, mit seiner Familie und allen seinen Freunden und Schülern, Ende Juni in heiterster Stimmung auf einem Rheinschiff feierte – dieses einzigartige Jahr seines Berufslebens bescherte ihm auch eine Freude ganz besonderer Art. Er war in jener Zeit sehr besorgt darüber, daß manche Forschungsergebnisse, die von seinen Studenten erarbeitet worden waren, unverwertet bleiben mußten, weil die Arbeiten mangels Geldes nicht gedruckt werden konnten. Auch die Frage, wie die Mittel für die Drucklegung von Dissertationen aufgebracht werden sollten, bereitete ihm zunehmend Sorge.

Es ist nicht ausgeschlossen, daß die Idee, hierfür einen speziellen Fonds einzurichten, auf der Schiffsfahrt geboren wurde, mit der Schmalenbach sein Dozenten-Jubiläum beging. Denn auf dem Rhein-Dampfer wurde nicht nur „allerhand Allotria“ getrieben, wie wir wissen (Seite 130). Es wurden auch manche ernsten Gespräche geführt. Und fast wäre es verwunderlich, wenn Gastgeber Schmalenbach in den Unterhaltungen mit seinen Gästen aus der Wirtschaft nicht auch auf seine Sorge zu sprechen gekommen wäre. Es mag der Anlaß gewesen sein, die Frage nunmehr zielbewußt anzugehen.

Im Schmalenbach-Archiv zu Köln liegt ein Spenden-Verzeichnis, in dem 79 Personen mit den von ihnen gespendeten Beträgen aufgeführt sind. Das Verzeichnis trägt kein Datum, aber ganz offensichtlich handelt es sich um eine Zusammenstellung der „Erst-Spender“, die den Grundstock dieses Schmalenbach-Fonds aufgebracht haben. Zwei Spenden, beide gleich hoch, haben allein fast die Hälfte zum Fonds beigetragen; sie kamen von Friedrich Flick und von Max Grünbaum, dem Finanzchef der Leonhard Tietz AG. Alle Gelder wurden Schmalenbach zur freien Verfügung überlassen. Einzige „Sicherheit“ war das Vertrauen in die Integrität des allseits bekannten Professors Eugen Schmalenbach.

Aus der Spendenliste ist auch zu ersehen, daß Schmalenbach außer einem persönlichen Beitrag eine weitere Summe in den Fonds eingebracht hat, die 1923 bei der inflationsgesicherten Studentenbank sozusagen „übriggeblieben“ war. Wie erinnerlich, hatte diese Bank, die unter der unverfänglichen Bezeichnung „Anlagegemeinschaft der Kölner Universität“ arbeitete, gegen Einzahlung von Mark-Beträgen Dollar-Zertifikate ausgegeben, die jederzeit zu dem jeweils geltenden Tageskurs in Mark zurückgetauscht werden konnten (Seite 93–94). Nach der Stabilisierung der Mark stellte sich bei der Endabrechnung heraus, daß ein nicht unerheblicher Teil der Zertifikate nicht zur Einlösung vorgelegt worden war (Inhaber verzogen oder gestorben, Zertifikate später nicht in Rentenmark oder Reichsmark für einlösbar gehalten, in Liebhaber-Sammlungen aufgenommen u. dgl. mehr).

Schmalenbach hatte deren RM-Gegenwert zunächst in die Schmalenbach GmbH eingebracht, die nach dem Verkauf der von ihr betriebenen Fabrik sonst keine Funktion mehr ausübte (Seite 62). Er war sich nicht ganz sicher, ob er berechtigt sei, diese Mittel jetzt in den Fonds zu übernehmen. Eine spätere Jahresabrechnung zeigt denn auch, daß die Übertragung erst zum 1. November 1935 rechtsgültig vollzogen wurde, das heißt zu einer Zeit, als der Fonds in die Rechtsform einer Stiftung überführt worden war, deren innere Ordnung durch eine von den Stiftern beschlossene Satzung geregelt war. Eine solche klare Regelung der Rechtsverhältnisse war 1934 von den Steuerbehörden als Voraussetzung für die Anerkennung des Fonds als „gemeinnützig“ gefordert worden.

Das Kapital wurde überwiegend für das „Wasserdarlehen“ verwandt, das Schmalenbach im Jahre 1930 der Firma J. W. Zanders in Bergisch-Gladbach gewährte (Seite 128). Für die Finanzierung der Druckkosten von Dissertationen und anderen Arbeiten wurde das Stiftungs-Kapital selbst nicht gebraucht; hierzu wie auch zur Deckung der Unkosten reichten die Zinserträge sowie Kursgewinne aus festverzinslichen Anlagen vollkommen aus. Jedenfalls hat Otto Löffler, der seit der Umwandlung in eine Stiftung mit der Buchführung und der Jahresabrechnung betraut war, niemals über Geldmangel zu klagen brauchen. Unmittelbar vor der Währungsreform von 1948 war das Stiftungskapital, wie Löffler uns berichtete, reichlich doppelt so groß wie zu Beginn. Und nach diesem Währungsschnitt, so darf man ergänzen, hat vor allem der dankbare Friedrich Flick für die Auffüllung des Fonds gesorgt: Sein Geschenk zu Schmalenbachs 80. Geburtstag im Jahre 1953 bestand in einer neuen erheblichen Zuwendung zu dessen Stiftung.

Ungleich größere Bedeutung für Schmalenbachs spätere wissenschaftliche Arbeit erlangte eine andere Gründung. Sie ging nicht in erster Linie von ihm aus, sondern von einem Kreis ehemaliger Schüler, die den Wunsch hatten, nach dem Examen und nach ihrem Übertritt in die Praxis miteinander – und mit nachfolgenden, jüngeren Seminar-Teilnehmern – in Verbindung zu bleiben. Allerdings hat auch Schmalenbach 1931 bekundet, daß er sich nach den Enttäuschungen, die er mit Gemeinschaftsarbeiten in größerem Kreise erlebt hatte, für die Zukunft eine Gemeinschaftsarbeit nur noch „im Kreise von Freunden" vorstellen könne, „die im wesentlichen eines Sinnes sind und die nicht nur nehmen, sondern auch zu geben bereit sind". Die Gründung der Schmalenbach-Vereinigung – um diese handelt es sich – ist also gewiß nicht ohne Anteilnahme und Zustimmung des Professors zustandegekommen.

Schon 1928, bei dem Entschluß, mittels Spenden einen Schmalenbach-Fonds zu bilden, war auch die Frage aufgetaucht, ob sich Freunde und ehemalige Schüler des Meisters nicht in einer Vereinigung zusammenschließen könnten. Vermutlich gehörte schon damals Willy Minz zu denen, die diese Idee eifrig befürworteten. Er war es jedenfalls, der drei Jahre später die Initiative ergriff und gemeinsam mit sechs anderen Ehemaligen begann, die Gründung eines Vereins der Schmalenbach-Anhänger in die Wege zu leiten. Sie schrieben an Freunde und frühere Schüler, soweit ihnen deren Anschriften bekannt waren, berichteten ihnen über das Vorhaben, umrissen die Ziele der geplanten Vereinigung und luden sie zur Teilnahme an der Gründungsversammlung ein.

Die Versammlung fand im Anschluß an das Winterfest des Treuhand-Seminars am 24. Januar 1932 statt. Erschienen waren 57 Teilnehmer, den Vorsitz übernahm Erwin Geldmacher. (Er wurde für ein Jahr auch zum Vorsitzenden der Vereinigung gewählt.) Hauptgegenstand der Diskussion war die Satzung, die von den sieben Initiatoren, dem „vorbereitenden Ausschuß", entworfen worden war. Sie sollte zwar im einzelnen erst später formuliert werden, doch mußten sich die Gründer in wichtigen Fragen vorher über die Zielsetzung klarwerden, beispielsweise über die Bedingungen für die Aufnahme von Mitgliedern (strenge Bestimmungen, d. h. kleiner Mitgliederkreis – oder offene Arme für jeden), ebenso über die innere Ordnung des Vereins (Schwergewicht beim Vorstand oder beim Beirat) u. a. m.

Die Satzung, so wie sie ein Jahr später schließlich beschlossen wurde, sah einen aus fünf Personen bestehenden „geschäftsführenden Vorstand" vor: mit einem Vorsitzenden, zwei Stellvertretern, einem Schriftführer und einem Schatzmeister. Daneben wurde ein Beirat aus 15 Mitgliedern gebildet, der aber nicht als Kontrollorgan, sondern als mitwirkendes Gremium ausgestaltet war: Zusammen mit dem „geschäftsführenden Vorstand" bildete er den „erweiterten Vorstand". In dem ersten Beirat, der noch auf der Gründungsversammlung gewählt wurde, saßen unter anderem die Professoren Walb, Mahlberg und Beste, ferner Walter Susat, C. F. Hermann, Max Grünbaum sowie einige Getreue, die Schmalenbach später, in den Jahren des Krieges und der Verfolgung, unbeirrbar zur Seite blieben, unter anderem Willi Hillers (Fabrikant von Pfefferminz- und anderen Drops), Leo S. Rothe (Generaldirektor der Junkers-Werke), Peter van Aubel, Albert Meier.

Die erste Mitgliederversammlung fand fast genau ein Jahr nach dem Treffen der Gründer statt, am 21. Januar 1933; auch sie war mit einem gemeinsamen Essen und einem Gesellschaftsabend verbunden, zu dem das Treuhand-Seminar eingeladen hatte. Es ist die Veranstaltung, auf der Schmalenbach den Vortrag „Die wirtschaftliche Lage" hielt (siehe Seite 123). Auf dieser Versammlung wurde, wie gesagt, die Satzung verabschiedet. Vor allem aber wählten die Mitglieder auch den ersten Vorsitzenden der Vereinigung: Es war Schmalenbachs alter Freund aus Vorkriegszeiten, Walter Susat.

Aus der ersten Einladung Schmalenbachs zu einem Fest mit Damen im Herbst auf den Petersberg, die als Dank für die Ovationen zu seinem 60. Geburtstag am 20. August gedacht war, geht der Brauch der Vereinigung hervor, regelmäßig im Herbst „das" Jahresfest zu feiern. „Frohsinn und Arbeit" war Schmalenbachs Losung für den so entstandenen Klub seiner Freunde und Schüler. Genau dies charakterisiert das Wirken der Schmalenbach-Vereinigung, wobei freilich der Frohsinn, der in den ersten Jahren durchaus im Vordergrund stand, nach Kriegsbeginn bald abgetötet wurde und der Arbeit – sowie Schlimmerem – Platz machte.

Der Mitgliederbestand schwoll rasch an. Am 1. September 1934, als die Vereinigung noch keine zwei Jahre alt war, schrieb Schmalenbach seinem Bruder, ihr gehörten „etwas über 100 Mitglieder an", und ihre Zahl würde „weit größer sein, wenn die Aufnahme nicht abgebremst wäre". Tatsächlich schien er die Sorge zu haben, daß die Schmalenbach-Vereinigung von Mitgliedern geradezu überschwemmt werden könnte. Der Vorstand hat dieser Frage in einem Rundschreiben vom 10. Juli 1934 einen auffallend breiten Raum gewidmet. Der Geist der Mitglieder soll „einhellig" und „einstrebig" sein, heißt es darin; ihre Tätigkeit soll auch „außerhalb der Vereinigung" die Hoffnungen nicht enttäuschen. Im Klartext bedeutete das: Überzeugte Nationalsozialisten passen nicht zu uns.

Was die Mitglieder der Schmalenbach-Vereinigung verband, war die zentrale Figur des Lehrers. Er hatte unter seinen Schülern einen Geist gemeinsamen Denkens und Fühlens geschaffen. Die Hochachtung, die in der Wirtschaft dem Autor der Dynamischen Bilanz, dem Analytiker der Kostenrechnung, dem Schöpfer des Kontenrahmens entgegengebracht wurde, übertrug sich auch auf diejenigen, die durch seine Schule gegangen waren. Jedermann wußte auch, wie hart diese Schule war und wie sehr sie einer Vervollkommnung, modern ausgedrückt: einem „Training" des Denkens diente.

Das Bewußtsein dieser Gemeinsamkeit hielt die „Ehemaligen" zusammen, und die Ehrfucht vor ihrem Meister, die sich bei einigen zu einem wahren „Schmalenbach-Mythos" verdichtet haben mag, gab ihnen den Antrieb, die von ihm erwarteten Leistungen auch während des Hitler-Krieges unter schwersten Bedingungen zu erbringen, mindestens den Erfolg ernsthaft anzustreben. Für Schmalenbach wurde damit die „Alt-Herren"-Vereinigung in diesen bitteren Jahren, als ihm die „Aktivitas", das Treuhand-Seminar, nicht mehr zur Verfügung stand, zum Mittel seines wissenschaftlichen Strebens, ja mehr und mehr auch zur seelischen Stütze. Ohne seine Freunde in der Vereinigung, die ihm treu ergeben waren und von denen manch einer in der Zeit der Verfolgung Kopf und Kragen riskierte, um ihm zu helfen, hätte er die Bedrängnisse der Kriegszeit schwerlich überstehen können.

Vierter Abschnitt

Blick in den Abgrund: Die Nazizeit (1933–1945)

XI. Die Vorkriegsjahre: Trügerische Ruhe für Schmalenbach (1933–1939)

47. Urlaub und Emeritierung: Das Ausland ruft vergebens

Mit Hitlers Machtantritt am 30. Januar 1933 erlebte Eugen Schmalenbach zum zweiten Mal einen radikalen Umbruch der politischen Machtverhältnisse in Deutschland. Dieser Systemwechsel war einschneidender als der Übergang von der konstitutionellen Monarchie zur Weimarer Republik nach dem ersten Weltkrieg. Das militante Auftreten der Gefolgsleute Adolf Hitlers hatte weite Teile des Bürgertums verschreckt, und niemand wußte Anfang 1933, was nun kommen, wie es weitergehen werde. Hitler ließ keinen Zweifel daran, daß jetzt erst einmal mit den politischen Gegnern abgerechnet werde. Der Reichstagsbrand Ende Februar gab ihm willkommene Gelegenheit, „zur Abwehr kommunistischer Gewalttaten" per Notverordnung die wichtigsten in der Verfassung garantierten Grundrechte außer Kraft zu setzen. SA-Trupps sorgten dafür, daß mißliebige Personen binnen weniger Tage aus ihren Wohnungen geholt und ohne Haftbefehl hinter Schloß und Riegel gesetzt wurden. Vielen widerfuhr weit Schlimmeres.

Nachdem der Reichstag das „Ermächtigungsgesetz" beschlossen hatte (24. März), wurde für den 1. April ein „Judenboykott" ausgerufen. Es war das erste Zeichen dafür, daß Hitler, der von einem manischen Judenhaß beherrscht war und in den Juden den „Weltfeind Nummer eins" sah, fest entschlossen war, auch gegen den jüdischen Bevölkerungsteil in Deutschland (etwa 500 000 Personen) vorzugehen. In Berlin und anderen Städten kam es zu Terror-Aktionen gegen Warenhäuser und jüdische Einzelhandelsgeschäfte, auch zu Tumulten in Gerichtssälen gegen jüdische Richter und anderen Gewalttaten der braunen Kolonnen.

Kaum eine Woche danach, am 7. April, wurde das Gesetz „zur Wiederherstellung des Berufsbeamtentums" verkündet, die erste speziell gegen Juden gerichtete gesetzliche Maßnahme. Die Kernvorschrift lautete: „Beamte, die nicht arischer Abstammung sind, sind in den Ruhestand zu versetzen." Eine Durchführungs-Verordnung stellte vier Tage später fest, wer als „nicht arisch" galt: „Es genügt, wenn ein Elternteil oder ein Großelternteil nicht arisch ist." Das war eine extrem weite Fassung des Begriffs, Schmalenbachs Kinder wurden nach dieser Definition zu (Voll-)Juden gestempelt. Erst Ende 1935, mit der ersten Verordnung zum Reichsbürgergesetz, trat eine detaillierte Begriffsbestimmung in Kraft. Danach wurde zwischen Juden (drei Großeltern jüdisch), Mischlingen ersten Grades (zwei Großeltern) und Mischlingen zweiten Grades (ein Großelternteil jüdisch) unterschieden.

Die Ausschreitungen gegen jüdische Geschäfte, das Beamtengesetz, tumultartige Vorgänge in den Hörsälen von Universitäten, vor allem aber die Tatsache, daß jüdische Professoren im Sommer-Semester 1933 nicht mehr lesen durften, auch wenn es sich um international hoch angesehene Wissenschaftler handelte, all dies machte Schmalenbach bald klar, was von den neuen Machthabern zu halten und zu erwarten war. Ende März erlebte er die nun einsetzende Rechtlosigkeit erstmals auch am eigenen Leibe. Er wurde von einem Mann und dessen der NSDAP angehörendem Sohn durch „Androhung schwerster Unannehmlichkeiten", ja sogar von „Schutzhaft" erpreßt, weil er als Treuhänder einer zum Zanders-Konzern gehörigen Kölner Druckerei (Tochter der holländischen HAPACO), die 1931 in Schwierigkeiten geraten war, dem Vater angeblich noch eine Summe Geldes schuldete.

Schmalenbach, längst nicht mehr Treuhänder, war sich weder einer Schuld noch irgendwelcher Schulden bewußt. Aber Dr. Bing, der nach wie vor Rechtsbeistand für Zanders war und als solcher zu vermitteln suchte, riet Schmalenbach doch, „lieber das Geld zu geben", was der schließlich auch tat. Als die Sache erledigt war, meldete Schmalenbach den Vorfall dem Kuratorium der Universität. Erst nach Wochen kam eine Antwort: Der inzwischen an der Universität eingesetzte Staatskommissar habe erklärt, so heißt es in dem Schreiben, die NSDAP würde es „dankbar begrüßen, wenn sie die Möglichkeit gewinnt, solche Elemente zu fassen". Schöne Worte, wird Schmalenbach gedacht haben, aber die Welt – die ist nicht so.

Mitte April stand sein Entschluß fest: Für einen Staat, der die Verfassung mißachtet, Übergriffe stillschweigend duldet und Gewalt vor Recht ergehen läßt, für einen solchen Staat wollte Schmalenbach freiwillig keinen Finger mehr krumm machen. Er besaß ein Instrument, mit dessen Hilfe er seine Tätigkeit relativ rasch einstellen konnte (wenngleich dieses Instrument für andere Zwecke geschaffen worden war). Vor 13 Jahren, 1920, hatte man ihm das Recht eingeräumt, auf Antrag jedes vierte Semester von Vorlesungen und Übungen befreit zu werden. Von dieser Vergünstigung hatte er bis dahin nur ein einziges Mal, 1922, Gebrauch gemacht. Jetzt bat er den Kultusminister unter Berufung auf diese Vereinbarung, ihn ab 1. Mai von seinen Verpflichtungen an der Universität zu entbinden. Die Antwort kam prompt und rechtzeitig vor Semesterbeginn in Form eines Telegramms: Genehmigt.

Am 13. Mai bedankt sich Schmalenbach höflich für die Gewährung dieses Urlaubs, verbindet damit aber ein Gesuch, das wesentlich weiter geht: Er bittet um seine Emeritierung. Am 1. Oktober 1933, unmittelbar anschließend an das Freisemester, möchte er von seinen Verpflichtungen entbunden werden. Den wahren Grund kann er natürlich nicht angeben. Vielmehr beruft er sich auf sein Alter und die „Wirkungen des Alterns", die sich angeblich bemerkbar machen. Die jetzt anstehenden Aufgaben gingen über seine Kraft und müßten jüngeren Kräften überlassen bleiben, schreibt er.

Diesmal läßt sich Berlin viel Zeit mit der Entscheidung, und die Ungewißheit setzt Schmalenbachs Nerven deutlich zu. (Ende August tröstet ihn Eckert: „Die Unsicherheit der Lage drückt auf alle".) Erst nach dem Beginn des Winter-Semesters erreicht ihn die am 30. Oktober ausgefertigte Urkunde, die ihn ab Ende September von seinen Verpflichtungen entbindet. Der Minister spricht ihm darin sogar „Anerkennung" und den „besonderen Dank" für seine „verdienstvolle akademische Wirksamkeit" aus, eine Geste, die Schmalenbach mit Überraschung, aber wohl auch mit einer gewissen Genugtuung zur Kenntnis nimmt.

Die Bedrängnis, in die Schmalenbach geraten ist, war natürlich auch im Ausland nicht unbemerkt geblieben. Noch im April, als er sein Urlaubsgesuch schreibt, erreicht ihn ein Ruf der Universität Dorpat. Diese altehrwürdige Universität, 1632 von Gustav Adolf errichtet, 1802 neu gegründet und im 19. Jahrhundert geistiger Mittelpunkt des baltischen Deutschtums, hatte vor mehr als fünfzig Jahren schon Karl Bücher geholfen, der als Redakteur der Frankfurter Zeitung politisch Anstoß erregt hatte und daher nicht recht vorangekommen war. Dorpat berief damals den Privatdozenten Bücher schnurstracks zu sich und verlieh ihm sogleich eine Professur. Jetzt bot die Universität dem berühmtesten Schüler von Karl Bücher, Eugen Schmalenbach, gleichfalls ihre helfende Hand, um ihm aus innenpolitischen Schwierigkeiten herauszuhelfen.

Aber Schmalenbach lehnte ab. Hätte er den Ruf angenommen, so wäre er – was er 1933 freilich nicht wissen konnte – nur vom Regen in die Traufe geraten. Denn zu Beginn des zweiten Weltkrieges wurden die deutschen Einwohner der Stadt Dorpat nach Deutschland umgesiedelt, 1940 wurde Estland eine Sowjetrepublik, 1941 begannen umfangreiche Deportationen, die besonders die Intelligenz trafen, und schließlich wurde das Land zum hart umkämpften Kriegsgebiet. Hier wäre Schmalenbach von dem Unheil, dem er zu entfliehen suchte, rasch wieder eingeholt worden.

In seinem Emeritierungsgesuch vom 13. Mai 1933 weist Schmalenbach auf das Berufungsangebot aus Dorpat hin und erklärt, er habe sich „nach Rücksprache mit Herrn Dekan Geldmacher" für eine Ablehnung entschieden – eine interessante Bemerkung. Erwin Geldmacher gehörte zwar, wie schon dargelegt (Seite 42), zu den engeren Mitarbeitern Schmalenbachs, er war jedoch Mitglied der NSDAP und machte daraus an der Universität im Gegensatz zu manchen anderen Professoren kein Geheimnis. Er brach auch alle offiziellen Verbindungen zu Schmalenbach ab, trat zum Beispiel aus der Schmalenbach-Vereinigung aus. Aber zehn Jahre später, im August 1943, als Eugen Schmalenbach und seiner Frau die Deportation nach Theresienstadt drohte, äußert sich Schmalenbach in einem Brief „sehr erfreut" über die Haltung Geldmachers. Daß er sich in seinen Erwartungen über Geldmacher nicht enttäuscht sehe, bezeichnet er als „eine wirkliche Herzensfreude".

In demselben Brief wird ein Herr W. erwähnt, der Schmalenbach „seine damalige Zusage bedingungslos gegeben" habe; erst daraufhin habe Schmalenbach seinerzeit „die Berufung ins Ausland abgelehnt". Hinter dem Buchstaben W. verbirgt sich, wie aus dem weiteren Text des Briefs hervorgeht, der Mann, der 1933 zum Staatskommissar und Kurator der Universität Köln bestellt worden ist, Dr. Peter Winkelnkemper. Damit werden die Zusammenhänge in ihren Konturen erkennbar: Als Schmalenbach im Frühjahr 1933 den Ruf aus Dorpat erhielt, hat er vermutlich Geldmacher, den damaligen Dekan, gebeten, bei seinem Parteifreund Winkelnkemper in Erfahrung zu bringen, ob er wegen seiner jüdischen Frau mit Benachteiligungen oder Schlimmerem rechnen müsse. Winkelnkemper hat daraufhin zugesichert, daß weder Schmalenbach noch seine Frau nachteilige Maßnahmen zu befürchten brauchten; ihnen werde nichts geschehen.

Offenbar hat Geldmacher auch 1943, als Schmalenbach das Wasser schon bis zum Halse stand, irgend etwas Entlastendes für ihn getan oder zu tun versucht. Er fühlte sich noch immer seinem „verehrten Meister" verbunden. In einer Zeit, da es für NSDAP-Mitglieder höchst gefährlich war, Kontakte zu „jüdisch versippten" Personen zu pflegen, hat er Schmalenbach zu seinem 70. Geburtstag im August 1943 per Hand (das bedeutet: ohne Mitwisser) einen langen, sehr freundlich gehaltenen Brief geschrieben und ihm darin seine „aufrichtigen (!) Wünsche" für das „persönliche Wohlergehen" ausgesprochen. Von einer Antwort Schmalenbachs ist nichts bekannt, sie wurde vermutlich gleichfalls von Hand und ohne Durchschrift zu Papier gebracht.

Die Zusage des Staatskommissars hat Schmalenbach fürs erste die Sorge vor einem Vorgehen der Partei gegen ihn oder seine Frau genommen. Sie hat ihm auch innere Sicherheit in seinen eigenen beruflichen Entscheidungen verliehen. Schon in der Zeit, als er noch keine Gewißheit über seine Emeritierung hatte, Ende Oktober 1933, trifft eine zweite Anfrage aus dem Ausland ein: Die Universität Ankara klopft jetzt bei ihm an. Aber er läßt es gar nicht erst zu Verhandlungen kommen, sondern lehnt von vornherein weitere Gespräche ab. Freilich glaubt er zu wissen, daß die türkische Regierung „eine Handelshochschule allerersten Ranges" in Konstantinopel, dem heutigen Istanbul, gründen wolle. „Für diesen Fall würde ich mich doch einigermaßen interessieren, denn die Handelshochschule liegt mir immer noch viel näher als die Universität", schreibt er seinem Bruder (am 31. Oktober 1933). Doch dazu ist es nicht gekommen.

Eine letzte Gelegenheit, als Wissenschaftler ins Ausland zu gehen, ergibt sich für ihn im Winter 1938/39, und jetzt – nach dem Pogrom vom November 1938 – würde er das Angebot gern annehmen. Am 10. Januar 1939 richtet er an den Kultusminister ein Gesuch, „für einige Semester" ihm die Übernahme betriebswirtschaftlicher Vorlesungen im Rahmen einer „Gastprofessur" an der juristischen Fakultät der Universität Bern zu genehmigen. Dort hatte Hans Töndury Betriebswirtschaft gelehrt, der kurz zuvor (1938) im Alter von 55 Jahren gestorben war. Schmalenbach verspricht, seine deutsche Wohnung zu behalten und die Ferien in Deutschland zu verbringen; Devisen brauche er nicht. Allerdings war die Gastprofessur so schlecht dotiert, daß er mit seiner Frau davon allein kaum hätte leben können.

Der Dekan – Bruno Kuske – befürwortet den Antrag, aber die Partei-Organisation der Kölner Dozenten empfiehlt, das Gesuch der „Reichsdozentenführung" zur Begutachtung vorzulegen, und die braucht für ihre Stellungnahme nur drei Wörter: „Diesseits bestehen Bedenken." Natürlich lehnt der Minister daraufhin den Antrag Schmalenbachs ohne Begründung ab. Der letzte Versuch, als Professor dem Schicksal in Deutschland zu entfliehen, kommt nun zu spät. Er muß mit seiner Frau das beiden auferlegte Kreuz bis zum Ende tragen.

48. Noch wird gefeiert: Quadrille auf dem Petersberg

Eine „pflichtenlose Beschaulichkeit" – das ist die Stimmung, in der Schmalenbach nach dem politischen Umbruch seine weitere Arbeit zu tun gedenkt. Das Wort, am 27. August 1933 an Eckert gerichtet, zeugt von der inneren Ruhe, die ihm das Versprechen Winkelnkempers gegeben hat. Natürlich kann er in dem Brief – einem Dankschreiben – nicht sagen, daß ihn um diese Zeit noch die Sorge plagt, wie sich seine Einkünfte weiterhin gestalten werden. Aber es ist eine Frage, die in jenen Tagen wahrscheinlich eine echte Beschaulichkeit noch nicht hat aufkommen lassen.

Solange er den Emeritierungs-Bescheid nicht in Händen hatte, drohte die Gefahr, daß er, statt emeritiert zu werden, wegen politischer Unzuverlässigkeit auch aus dem Dienst „entlassen" werden könnte – mit der Folge, daß er dann nur drei Viertel der ihm sonst zustehenden Dienstbezüge erhielte. (So ist es Eckert schon im April 1933 ergangen.) In pessimistischen Momenten sieht Schmalenbach ausgesprochen schwarz und meint, seine Bezüge könnten auf ein Drittel des jetzigen Standes herabgesetzt werden. „Damit komme ich allein nicht aus, da die beiden Kinder nicht versorgt sind": Sohn Fritz studiert noch, Tochter Marianne hat gerade ihr Assessor-Examen abgebrochen, und Schwiegersohn Tonio, ihr Mann, erhält von der Grafen-Familie Spee keinen Pfennig mehr. Zu alledem fürchtet Schmalenbach, daß seine gutachtliche Tätigkeit, die ihm bisher recht angenehme Nebeneinkünfte verschafft hatte, „vermutlich aufhören (wird), wenn man als Professor nicht mehr aktiv und nicht von der richtigen Farbe ist" (Brief vom 2. August 1933). Einziger Trost: „Ich habe noch Reserven, indem ich meinen bisherigen Verbrauch reduziere", wobei er wohl vor allem an sein Auto denkt, den großen Steyr, dessen Verbrauch und Unterhalt gewiß nicht billig war.

Aber das trübe Zukunftsbild erweist sich als hohles Gespenst. Der Staat zeigt sich gnädig. Der berühmte, auch im Ausland angesehene Wissenschaftler Eugen Schmalenbach wird nicht entlassen, sondern entsprechend seinem Antrag emeritiert, und sein Grundgehalt wird nicht gekürzt, sondern unverändert weitergezahlt. Auch seine Besorgnis, daß Aufträge auf Erstellung von Gutachten künftig ausbleiben könnten, ist unbegründet. Ein Jahr später, am 1. September 1934, berichtet er über eine wissenschaftliche Arbeit, die ihn ein halbes Jahr in Anspruch genommen habe, und fügt hinzu: „Nebenbei ist mal ein Gutachten zu machen oder wenigstens zu beaufsichtigen . . ." Anfang November 1934 spricht er gar von einem „größeren Gutachten", das seine Assistenten vorbereitet haben und mit dem er nun „alle Hände voll zu tun" habe. Leider sagen die Briefe auch in diesen – wie in früheren – Fällen nichts darüber, wer die Auftraggeber waren und um welche Fragen es in solchen umfassenden Gutachten ging.

Nach seinem Übertritt in den Ruhestand kann Eugen Schmalenbach also den Lebensstil beibehalten, den er seit langem gewohnt ist. Er kann weiterhin auch die Feste feiern, wie sie fallen. Am 20. August 1933, als er sechzig Jahre alt wird, weiß er das freilich noch nicht; zu diesem Zeitpunkt ist er noch voller Sorge, daß allzuviel öffentliche Aufmerksamkeit an diesem Tage – namentlich in ausländischen Zeitungen – und allzuviel Festestrubel in Köln sein Schicksal ungünstig beeinflussen könnten. „Der Geburtstag wird still verlaufen", schreibt er am 2. August 1933, er habe „allerseits gebeten, die Angelegenheit recht still zu behandeln, vor allem in der Presse".

Ganz so still ist der Tag dann doch nicht vorübergegangen, auch in den Zeitungen nicht. Die Universität hat sich allerdings jedes offiziellen Akts enthalten. Sie schickt lediglich eine Sekretärin zu Schmalenbach, die ihm außer ein paar Radierungen und einem Blumenstrauß ein Schreiben des Kuratoriums überbringt, das aus einem einzigen Satz besteht: „Zur Vollendung des 60. Lebensjahres sendet Ihnen das Kuratorium herzliche Wünsche." Schmalenbach beschränkt sich daraufhin für die Danksagung gleichfalls auf einen Satz. Trockener und dürftiger hat sich ein Austausch von Wünschen und Dank mit einer hochverdienten Persönlichkeit wohl kaum jemals abgespielt.

Um so mehr haben seine Schüler und Freunde an diesem Tage für ihn getan. Gemeinsam mit dem Verlag G. A. Gloeckner in Leipzig haben sie ihm – auf Anregung und unter wesentlicher redaktioneller Mitarbeit von Willy Minz – eine Festschrift gewidmet, in der zwölf „Ehemalige" wissenschaftliche Fragen abgehandelt haben, allen voran Walb und Mahlberg als die „Senioren" aus Schmalenbachs Kreis, dann Geldmacher (auch er hat also seine Verbundenheit noch bekundet), Beste, van Aubel und andere. Gleichfalls im Verlag Gloeckner erscheint als Doppelheft der Zeitschrift für handelswissenschaftliche Forschung eine „Festnummer", die von deren „Mitherausgebern" gestaltet worden ist und ausschließlich Beiträge aus der Praxis enthält; die Mehrzahl der Autoren stammt allerdings gleichfalls aus dem Kreis der ehemaligen Schüler, so z. B. Paul Reifenrath, Siegfried Rentrop, K. H. Breinlinger, Hermann Hartkopf, L. S. Rothe. Die Schmalenbach-Vereinigung überreicht dem Jubilar ein von dem Künstler Rudolf Gosekuhl gemaltes Ölbild, auf dem der Meister auf einem Lehnstuhl sitzend dargestellt ist. Und das letzte Schmalenbach-Seminar hat mit viel Liebe die hier schon mehrfach zitierte Schrift „Der Alte" verfaßt, in der sich das Wesen Schmalenbachs natürlicher und lebensnäher widerspiegelt, als dies ein Aufsatz über ihn jemals hätte erreichen können.

Aus einem Brief der Mainzer Schwägerin Irene (Witwe des 1923 gestorbenen jüngsten Bruders von Eugen Schmalenbach), die an diesem Tage, einem Sonntag, in Köln war (geschrieben am 28. August 1933), erfahren wir: Er „schien sehr fröhlich und sah ausgezeichnet aus. Jeder Brief und jedes Telegramm erfreute ihn sichtlich, und er erhielt deren eine Unmenge". Man kann es verstehen: Das Erlebnis, nicht allein zu sein, sondern eine große Schar von

Freunden und Anhängern um sich zu wissen, die ihren Lehrer nicht vergessen haben – das muß für ihn in der damaligen Situation die größte Freude gewesen sein.

Ein Jahr später, am 2. September 1934, wird wiederum gefeiert: Die Treuhand-AG wird 25 Jahre alt. Das Fest geht noch stiller vorüber als der Geburtstag, ohne jede öffentliche Aufmerksamkeit. Eugen Schmalenbach, der jetzt keinen unmittelbaren Anlaß für Kummer und Sorgen mehr hat, sieht andererseits aber wohl auch keinen Grund, ein Jubelfest zu veranstalten. Er feiert nicht in Köln, sondern ladet die Mitarbeiter und einige Gäste, vor allem befreundete Professoren, in das ferne Rhöndorf ein, wo man ganz unter sich ist. Die Stimmung ist gelöst, doch gibt es nichts, worin sich diese Betriebsfeier von Hunderten anderer Feiern dieser Art unterschiede.

Wiederum ein Jahr später, 1935, lädt die Schmalenbach-Vereinigung zu ihrem nun schon „traditionellen" Jahresfest ein, und zwar – wie Anfang Oktober 1933, nach Schmalenbachs 60. Geburtstag – in ein ausgesprochenes Nobel-Hotel: auf den Petersberg oberhalb Königswinter. Das Treffen wurde zu einem großartig festlichen Ereignis, man kann sagen, zum größten „Schmalenbach-Festival", das je stattgefunden hat. Es ist in die Annalen der Schmalenbach-Geschichte eingegangen: Wer immer daran teilgenommen hat, weiß es meist als das schönste Fest zu preisen, das er erlebt hat. Höhepunkt war eine Quadrille, die von 20 Damen und 20 Herren der Schmalenbach-Vereinigung einstudiert worden war; die Tänzer bildeten fünf Karrees mit je vier Paaren. Eugen Schmalenbach war begeistert, und er lud seinen Bruder mit Frau wenige Tage danach (am 2. September 1935) herzlichst ein, im nächsten Jahr doch nach Köln zu kommen, um an dieser prachtvollen Jahres-Veranstaltung der Schmalenbach-Vereinigung teilzunehmen.

Doch das Fest von 1935 blieb ein singuläres Ereignis. Die nächste Herbsttagung fand in bescheidenerem Rahmen statt: Am Sonnabend in den Räumen der Universität mit einem Vortrag von Schmalenbach, abends und am Sonntag im Dom-Hotel zu Köln. Zu sorglos übermütigen Feiern stand den Menschen, stand namentlich Schmalenbach im Herbst 1936 nicht mehr der Sinn. Denn kurz nach dem schönen Petersberg-Fest hatte in Nürnberg Hitlers „Parteitag der Freiheit" begonnen, an dessen Ende die „Nürnberger Gesetze" standen. Mit ihnen setzte der Würgegriff gegen die Juden ein, der immer härter wurde und schließlich ihr Schicksal besiegelte.

Wer hätte damals wohl geahnt, daß die harmlos-heitere Quadrille auf dem Petersberg sich wenig später als ein gespenstischer Tanz auf dem Vulkan darstellen würde?

49. Geschriebene und ungeschriebene Werke: Vergebliche Liebesmüh' um die Wertlehre

Als der Nationalsozialismus hereinbrach, war Schmalenbach mit der Niederschrift eines neu konzipierten Buchs beschäftigt. Das Werk entstand aus der Einsicht, daß er die Finanzierung der Betriebe, der sein allererstes Buch gegolten hatte (1915), umfassender als damals darstellen sollte. Insbesondere müßte auch die Finanzierung durch Kreditaufnahme (Darlehnsfinanzierung) einbezogen werden. Die letzte (5.) Auflage des Buchs Finanzierungen, erschienen im Frühjahr 1932, hatte er deshalb schon als „Ersten Teil" mit dem Titel „Beteiligungs-Finanzierungen" gekennzeichnet; für den zweiten Teil, der den Darlehnskredit behandeln sollte, war der Titel „Beleihungs-Finanzierung" vorgesehen.

Aber bei den Vorarbeiten für diesen zweiten Teil hatte Schmalenbach erkannt, daß er sich einleitend mit der Grundfrage auseinandersetzen müsse: Was bedeutet für einen Kaufmann eigentlich „Kapital", was bedeutet und was ist für ihn „Zins". Der als Einleitung gedachte

Abschnitt, der diese Fragen behandeln sollte, wuchs sich jedoch zu einem eigenen Buch aus. An diesem Buch schrieb er Anfang 1933. Erschienen ist es im Spätherbst 1933 mit dem Titel „Kapital, Kredit und Zins in betriebswirtschaftlicher Beleuchtung".

Schmalenbach bewegt sich hier in unmittelbarer Nähe zur Nationalökonomie, die dieser Frage – einem zentralen Problem der Volkswirtschaft – schon seit den Tagen von Smith und Ricardo immer wieder nachgegangen ist. Deshalb ist Schmalenbach besorgt, daß sein Buch falsch verstanden werden könnte. Im Vorwort stellt er ausdrücklich fest:

> *„Es handelt sich hier nicht darum, in den Theorienstreit der Nationalökonomen einzugreifen. . . . Die Fragen des Kapitals, des Kredits und des Zinses (sind) in der nationalökonomischen Literatur mit solcher Gründlichkeit und Tiefe behandelt worden, daß ein wesentlicher Zuwachs an theoretischer Einsicht nicht leicht erwartet werden kann."*

Seine Absicht ist bescheidener. Er will dem Kaufmann dienen, seinem „gedachten Leser", den es drängt, die Dinge auch „theoretisch gründlich" zu erfassen und „nicht nur oberflächlich zu sehen". Allerdings verfolgt er dabei zugleich eine Nebenabsicht: Wo er bei seinem „gedachten Leser schiefe, durch Allerweltsmeinungen genährte Urteile vermutet", möchte er diese Meinungen zurechtrücken. Daß er dabei zu Einsichten kommt, die in dieser Klarheit bisher noch nicht erkannt worden waren (zum Beispiel über die Transformationsfunktion der Banken), hat dem Buch eine besondere Bedeutung verliehen.

Schmalenbach, so wird gesagt, habe an diesem Buch sehr gehangen. Das Werk erlebt nach dem Kriege, von seiner Hand redigiert und erweitert, noch zwei weitere Auflagen (1949 und 1951), dann nach seinem Tode eine vierte Auflage (1961), die von Richard Bauer bearbeitet worden ist. Im Januar 1934 schickt er seinem Bruder ein Exemplar (was er sonst, soweit wir wissen, niemals getan hat), dies in der Hoffnung, daß der Band dessen Interessen „wenigstens etwas näher liegt als meine sonstigen Publikationen" (Brief vom 11. Januar 1934). Unausgesprochen bleibt seine Erwartung, der Bruder werde ja wohl wenigstens das Vorwort lesen, das mit der Widmung und einer Laudatio für seine Frau schließt. (Wir haben diese Worte auf Seite 65 zitiert). Die Zivilcourage, die im Herbst 1933 dazu gehörte, die Tugenden eines „nichtarischen" Menschen öffentlich derart herauszustreichen, darf nicht unterschätzt werden.

Das Manuskript war Ende August oder Anfang September fertig, im November 1933 schreibt Schmalenbach das Vorwort, und noch im gleichen Monat scheint Gloeckner das Buch ausgeliefert zu haben. Danach mußte der Autor „schleunigst zur Bearbeitung (seiner) übrigen Schriften zurückkehren, der Verleger drängt schon seit langer Zeit mit großer Wucht" (Brief vom 2. August 1933). Der Meister macht sich zunächst an eine gründliche Überarbeitung seiner „Selbstkostenrechnung". Nach einer kurzen Badekur in Nauheim fühlt er sich frisch und in guter Verfassung, doch vergißt er bei alledem den Vorsatz nicht, seine Arbeit in „pflichtenloser Beschaulichkeit" zu tun. Am 19. Juni 1934 versichert er seinem Bruder, er überarbeite sich nicht, und er fügt ein Wort hinzu, das aus dem Munde des sonst so arbeitsbesessenen Mannes fast unglaubwürdig, ja lästerlich erscheint: „Wenn der Verleger nicht drängte, würde ich noch fauler sein." Ein Vierteljahr später sagt er es noch deutlicher: „Davon, daß ich von früh bis abends am Schreibtisch sitze, kann keine Rede sein. . . . Dazwischen kommt auch mal stundenlange Werkstattarbeit usw." (Brief vom 1. September 1934). Es sind die ersten Anzeichen schwindender Lust an wissenschaftlicher Arbeit und beginnender Freude an einem Nichtstun, das bei Schmalenbach freilich stets identisch ist mit intensiver Beschäftigung in seiner Werkstatt oder im Garten.

Ende August 1934 ist das Werk getan. Er hat sich mit der Bearbeitung dieses Buchs erkenntlich viel Mühe gegeben; in der Neuauflage (der 6.) hat er der „Selbstkostenrechnung" ihre endgültige, ihre „gültige" Form verliehen. Der Verleger möchte dazu noch ein anderes Vorwort haben, „weil ihm das (1930) geschriebene zu angriffslustig war". Schmalenbach, dem die Tagesarbeit „allmählich . . . wieder Spaß macht", kann dem Willen des Verlegers „mit gutem Gewissen willfahren" (Brief vom 6. November 1934). Er schreibt eine sehr persönlich gehaltene Einführung von fünf Druckseiten, wohl das längste Vorwort unter allen, die in seinen Büchern stehen. In aller Ruhe kann er nun, im Dezember, an die Fertigstellung des großen Gutachtens gehen, von dem hier schon die Rede war.

Aber was dann? In seinem Kopf trägt er die Idee mit sich herum, ein Buch über den „Wert" zu schreiben. Werte sind der fundamentale Tatbestand sowohl in seiner Kosten- wie auch in der Bilanztheorie, und die Lehre von der „Bewertung der Kosten" hat er stets als das Herzstück seiner Kostenlehre betrachtet. Bereits im Juni 1934, als bei Schmalenbach erstmals das Wort von der „Faulheit" auftaucht, hatte der Verleger den Wunsch geäußert, er möge bald mit dem „schon seit längerer Zeit in Aussicht gestellten Buche über den Wert beginnen". Jetzt, da die Neubearbeitung der „Selbstkostenrechnung" abgeschlossen ist, gibt es keinen Grund für einen Aufschub mehr. Er ist entschlossen, der Bitte des Verlegers nun nachzukommen, wenngleich ihn „das Thema (nicht) besonders interessiert". Er habe das Gefühl, schreibt er am 19. Juni 1934, dabei „völlig in den Wind zu reden".

Aber dann schiebt er das Projekt doch noch ein bißchen vor sich her: „Das Anfangen (wird mir) etwas schwer, weil vermutlich 1½ Jahre Arbeitszeit dazu vergehen werden" (Brief vom 1. September 1934). Außerdem muß erst das große Gutachten erstellt werden. Als er auch dies vom Halse hat, beginnt er „mit der Bearbeitung von Wertfragen, die mich sehr anziehen und von denen ich mir allerlei gute Resultate erhoffe". Doch wieder kommt etwas dazwischen: „Nun verlangt der Verleger, daß ich erst ein Buch neu bearbeite" (Brief vom 5. Dezember 1934). Diesmal handelt es sich um den „Kontenrahmen", und Schmalenbach empfindet die Beschäftigung damit als „eine rein technische und teilweise ziemlich subalterne Arbeit, . . . die im übrigen besonders peinliche Aufmerksamkeit in den Kleinigkeiten" verlangt (Brief vom 2. Februar 1935). Wiederum bleiben die Entwürfe zur Wertlehre in der Schublade liegen, und sie werden bis zum Kriegsende nicht daraus hervorgeholt. Erst nach 1945 gehen sie in die beiden Schriften über pretiale Wirtschaftslenkung ein, die 1947 und 1948 bei einem Verleger in Bremen-Horn erscheinen.

Noch ein anderes Buch, das Schmalenbach allerdings erst in seinen Altersjahren geplant hatte, ist ungeschrieben geblieben: Er wollte – wie Karl Bücher – eine Selbstbiographie schreiben und darin die Anfänge seines Weges schildern. Diese Absicht ist einem Brief an Willy Minz vom 10. Dezember 1943 zu entnehmen, in dem er von „einer für meine Kinder gedachten Lebensbeschreibung" spricht. Zehn Jahre später, am 31. Juli 1953, kurz vor Vollendung seines achtzigsten Lebensjahres, teilt er Wilhelm Hasenack mit, „daß er in einiger Zeit über seine Jugendjahre und die Anfänge seiner Dozentenzeit eine Publikation herausbringen werde, die von seiner Familie und seinen Freunden erwartet würde".

Warum es nicht dazu gekommen ist, wissen wir nicht. Wahrscheinlich standen einer solchen Selbst-Darstellung, die für einen wahrheitsliebenden Menschen stets auch eine gewisse Entblößung seiner selbst und der Menschen seiner Umgebung bedeutet, Hemmnisse entgegen, die in persönlichen und psychologischen Bereichen wurzelten. Die Nachwelt hat das zu respektieren, so sehr das Fehlen einer Autobiographie von Eugen Schmalenbach zu bedauern ist.

Mitte der dreißiger Jahre erlahmt Schmalenbachs Arbeitseifer, was seine wissenschaftliche Tätigkeit betrifft, mehr und mehr. Der unablässige psychologische Druck, hervorgerufen durch Aktionen gegen Juden und durch die von den Nazis geschürte antijüdische Stimmung in der Bevölkerung, macht sich bei Schmalenbach – und seiner Frau – in zunehmender Anfälligkeit gegen Erkrankungen bemerkbar. Schon im Sommer 1935 hatte Eugen beklagt, daß er selten in einem halben Jahr so wenig fertiggebracht habe wie in der ersten Hälfte 1935: „Gefehlt hat mir nichts, nur war die Arbeitslust zu gering" (Brief vom 30. Juni 1935).

Die Lust, wissenschaftlich zu arbeiten, hat sich bei Schmalenbach bis zum Kriege nicht wieder eingestellt. Das Buch „Kapital, Kredit und Zins" ist seine letzte originäre, schöpferische Leistung als Wissenschaftler in der Vorkriegszeit gewesen und geblieben.

50. Gute Freunde im Ausland: Verehrer im Norden, Helfer im Süden

Im Oktober 1934 besucht Eugen Schmalenbach mit seiner Frau den Bruder in Basel, der sich etwas außerhalb der Stadt Basel, in Riehen (dicht an der Grenze nach Deutschland, südlich von Lörrach), ein Häuschen gebaut hat. Die beiden genießen die Reise sehr. Eugen, sonst eher zurückhaltend mit Gefühlsäußerungen, spricht in seinem Dankschreiben (vom 6. November 1934) von dem „wunderschönen Heim" und der „fröhlichen Stimmung, die in ihm herrscht", und Marianne setzt handschriftlich hinzu, die Reise sei „wie ein schöner Traum" gewesen.

Aber so schön die Reise war, für Eugen war sie keine reine Vergnügungsfahrt. Sie diente einem sehr wichtigen Zweck (über den in den Briefen nicht gesprochen wird): Eugen wollte bei seinem Bruder Hermann vorfühlen, ob sich für ihn nicht die Möglichkeit einer Betätigung an der Baseler Universität könnte finden lassen. Etwa fünf Wochen nach der Fahrt teilt er Hermann mit, daß er „von Basel noch weiter nichts gehört" habe, und fügt hinzu: „Sollte aus der Sache etwas werden, so würde ich doch wohl nicht sechs, sondern nur vier Stunden lesen" (Brief vom 5. Dezember 1934). Mit anderen Worten: Es ging um den Versuch, die Universität Basel für die Idee einer vierstündigen Gastvorlesung Schmalenbachs zu gewinnen.

Und dann weiht Schmalenbach seinen Kollegen Mahlberg (Freiburg) in den Plan ein und erbittet dessen Meinung hierzu. Mahlberg – nominell Mitglied der NSDAP – warnt „aufs dringendste, auch nur den Antrag zu stellen. Die Übernahme der Vorlesungen würde in Deutschland unliebsames Aufsehen erregen". Er macht darauf aufmerksam, daß die Emigrantenpresse die Sache aufgreifen würde, und das könnte auch Hermann sowie Schmalenbachs Sohn Fritz schaden (der inzwischen in Münster promoviert hat und nun hofft, mit Onkel Hermanns Hilfe eine Zuzugsgenehmigung für die Schweiz zu erhalten). Eugen Schmalenbach hält es unter diesen Umständen für besser, daß er auf die Vorlesungen verzichtet, vor allem auch um der Universität keine Ungelegenheiten zu bereiten, falls Störer auftreten sollten. Man einigt sich darauf, von einer „Verschiebung" zu sprechen und dafür den gesundheitlichen Zustand Schmalenbachs als Grund anzugeben (Briefe vom 28. Januar und 2. Februar 1935).

Es war in der Tat eine Verschiebung. Ende August 1935 spricht Schmalenbach über den Fall mit Erwin von Beckerath, zu jener Zeit Dekan der WiSo-Fakultät in Köln, und der ist ganz anderer Meinung als Mahlberg. Das Kultusministerium, so glaubt er zu wissen, wünsche durchaus, daß deutsche Professoren im Ausland Gastvorlesungen übernehmen (Brief vom 2. September 1935). Und siehe da, der Antrag, den Eugen Schmalenbach daraufhin einreicht, wird ohne weiteres genehmigt.

Dabei scheint allerdings ein gravierendes Mißverständnis über die Art von Schmalenbachs Auftreten in Basel entstanden zu sein. Schmalenbach dachte an zwei über das ganze Semester laufende Vorlesungen, eine über die Geschichte der Mobilisierung des Kredits, die andere über den Kontenrahmen (mit Übungen). Der Minister genehmigte jedoch nur „die im Schreiben vom 25. August 1935 in Aussicht genommene Gastvorlesung", also „eine" Vorlesung. Außerdem hatte Schmalenbach die Genehmigung lediglich für den Fall erbeten, daß Basel ihm solche Gastvorlesungen anbietet. Als er sein Gesuch schrieb, war das noch nicht der Fall; ob es später geschehen ist, wissen wir nicht. Aber wahrscheinlich ist die ganze Angelegenheit daran gescheitert, daß von Basel niemals die erhoffte Einladung ausgesprochen wurde. Für Schmalenbach war dies gewiß eine bittere Enttäuschung, die nicht gerade zur Hebung seiner Arbeitslust beigetragen hat.

Dagegen ist sein Wunsch, im Frühjahr 1937 die nordischen Handelshochschulen zu besuchen, ohne große Schwierigkeiten in Erfüllung gegangen. Die Reise ist offenbar von der Handelshochschule in Stockholm vorbereitet worden, die Vortragstermine waren gut aufeinander abgestimmt. Schmalenbach spricht nacheinander in drei Städten, in Kopenhagen, dann in Stockholm, zuletzt in Göteborg, wobei sein Themenkreis von den Entwicklungstendenzen im Einzelbetrieb über die betriebswirtschaftliche Gestaltung der Kartelle und Konzerne bis zum Kontenrahmen reicht. Sein Name ist dort jedem Betriebswirtschaftler ein Begriff. Sicher wird er überall mit großen Ehren empfangen worden sein, ohne Zweifel stand er auch im Mittelpunkt festlicher Empfänge und glanzvoller Abendveranstaltungen. Es ist vor dem Kriege das letzte Mal, daß er sich als gefeierter Wissenschaftler fühlen und in seinem Ruhme sonnen kann.

Daß etwa zwei Jahre später, 1939, sein Versuch scheiterte, den von der Universität Bern angebotenen Lehrstuhl anzunehmen, wurde hier bereits ausgeführt (Seite 153). Es war sicher die bitterste Pille, die er damals hat schlucken müssen. Aber gleichzeitig hatte er noch ein anderes Projekt in Bern laufen, durch dessen Verwirklichung er hoffte, der nach der Kristallnacht immer judenfeindlicher und stickiger werdenden Atmosphäre zu entkommen: Er versucht eine Firmengründung in Bern. Ein Schweizer Bekannter, so schreibt er am 27. Januar 1939, untersuche gegenwärtig die geschäftlichen Möglichkeiten einer solchen Gründung. Die geplante Gesellschaft steht im Zusammenhang mit den von Schmalenbach betreuten Firmen Fischer & Co. (einem Posamentenwarengeschäft, über das sogleich mehr zu sagen sein wird) und der Firma Arthur Richter, Herstellerin von Steppdecken, die wir bereits kennen (Seite 126–127). Offenbar war daran gedacht, durch die Berner Gründung diesen beiden Unternehmen, deren Exportgeschäft fühlbar zurückgegangen war, zusätzliche Absatzmöglichkeiten im Ausland zu erschließen.

Aber natürlich ist es, von Deutschland aus gesehen, viel zu spät, solche Projekte zu verwirklichen. Am 22. August 1939 teilt Eugen seinem Bruder mit: „Die Idee einer Gesellschaftsgründung in der Schweiz mußte als aussichtslos aufgegeben werden. Mein schweizerischer Geschäftsfreund . . . hat die Sache noch nicht fallengelassen, aber viel Hoffnung hat er auch nicht mehr." Der Name dieses Geschäftsfreundes ist uns in diesem Buch schon begegnet, freilich war er nur kurz erwähnt (auf Seite 139). Er heißt Paul Haas, ist Privatdozent, unterhält in Bern ein „Bureau für Betriebswirtschaft", betätigt sich als Berater für „Spezialfragen aus dem gesamten Wirtschaftsgebiet" und ist derjenige, der Anfang 1944 ein Paket von 80 000 RM Treuhand-Aktien übernommen hat.

Woher Schmalenbach diesen Mann kannte und von welcher Art ihre gegenseitigen Beziehungen waren, ist nicht bekannt. Haas hat nicht der Schmalenbach-Vereinigung angehört, scheint also kein Schüler von Schmalenbach gewesen zu sein. Aber er muß den großen Betriebswirtschaftler sehr verehrt haben und war zu jeder Gefälligkeit für ihn und seine Verwandten in der Schweiz bereit. Am 11. Oktober 1939 bedankt er sich bei Hermann für den „liebenswürdigen Empfang, den Sie mir gestern in Ihrem schönen Heim bereiteten", und gibt seiner Freude darüber Ausdruck, daß er nun nicht nur den Bruder des Kölner Professors, sondern auch dessen Sohn persönlich kenne, „was für die Zukunft unsere gegenseitige Fühlungnahme erleichtern wird".

Haas ist, wo immer er kann, Eugen Schmalenbach behilflich gewesen, nicht nur bei der Übernahme der 80 000 RM Treuhand-Aktien. Eugen rechnet auch sonst auf seine Hilfe, so zum Beispiel im August 1943, als er eine leise Hoffnung hat, die Gauleitung werde einen längeren Besuch seiner Frau in Basel genehmigen: „Ich glaube, daß Herr Dr. Haas in Bern (für den dazu erforderlichen Nachweis von Unterhaltsmitteln) die nötigen Mittel sicherstellen würde" (Brief vom 28. August 1943).

Verehrer und Freunde in Nord und in Süd. Aber als es um die nackte Existenz ging, waren der verehrte Professor und seine Frau in Deutschland faktisch eingemauert. Helfen konnte von draußen keiner mehr.

51. Erfinder- und Unternehmer-Ehrgeiz: Tonisator und Posamentenware

In dem Maße, in dem Schmalenbachs Interesse an Forschung und Wissenschaft nachließ, nahm seine Freude an handwerklich-technischen Aufgaben und an unternehmerischer Betätigung zu. Das Schwergewicht seiner Interessen verlagerte sich dadurch: Der wissenschaftliche Autor wurde mehr und mehr auch ein bastelnder Ingenieur, der Professor zunehmend auch ein geschäftiger Unternehmer. Die Entwicklung, die etwa Mitte 1935 einsetzte, erinnert an die Zeit vor dem ersten Weltkrieg, als der junge Wissenschaftler die Schmalenbach GmbH gründete, um eine eigene Erfindung fabrikatorisch auszuwerten. Auch jetzt ging es zunächst um ein Gerät, auf das ihm ein Patent erteilt worden war, und ebenso wie damals blieb auch in den dreißiger Jahren seine Betätigung in die Warenproduktion Episode.

Begonnen hatte der Ausflug in die Welt der Technik damit, daß ein junger Mann, an dem Schmalenbach wegen seiner aufgeweckten Art Gefallen gefunden hatte, ihm im Sommer 1935 von einer englischen Erfindung vorschwärmte, mit der auf einfache Weise eine Kesselsteinbildung in Wasserbehältern verhütet werden konnte. Es handelte sich um einen einfachen Kolben aus dielektrischem Stoff, im Aussehen einer großen Glühbirne ähnlich, in der etwas Quecksilber schwamm. Voraussetzung für die Wirksamkeit war allerdings, daß das zu behandelnde Wasser möglichst lange und möglichst sprudelnd mit dem Kolben in Berührung kam. Aber genau diese Bedingung weckte Schmalenbachs Erfinder-Ehrgeiz. Das Ding interessierte ihn.

So gründete er zusammen mit dem jungen Mann die Otto Wülfrath KG in Köln-Braunsfeld. Otto Wülfrath – so hieß der Partner – wurde persönlich haftender Gesellschafter und Geschäftsführer, Schmalenbach blieb als Kommanditist (und Geldgeber) im Hintergrund. Man erwarb von der englischen Firma Scalebuoys Ltd. die Lizenz auf die Quecksilber-Behälter, „Bojen" genannt, und Schmalenbach konstruierte in seiner – im Garten neben der Garage gelegenen – Werkstatt unter Mithilfe eines Meisters einen zylindrischen Behälter, in dem der erforderliche Zusammenprall des Wassers mit den „Bojen" auf einfachste Weise herbeigeführt wurde. Auf diesen Apparat wurde ihm am 18. April 1936 das Patent DRP Nr. 666 700 erteilt. Schmalenbach gab dem Gerät den Namen „Tonisator".

Das Geschäft lief freilich nicht so gut an, wie Schmalenbach sich das vorgestellt hatte. Die Anfangsschwierigkeiten und Anfangsverluste sind „recht unangenehm", bekennt er am 28. Juli 1936. Werbung oder die Zusammenarbeit mit Vertretern oder Handelsfirmen lehnt er grundsätzlich ab, sie laufen, wie wir wissen, seinen Prinzipien zuwider. Noch im August 1936 erklärt er auch, daß die „Kinderkrankheiten" des Geräts noch nicht überwunden seien, insbesondere schlage sich der aufgelöste Kesselstein auf dem Boden der Kessel oder Rohre als Schlamm nieder, der „schwer wegzubringen ist und, wenn er liegenbleibt, gefährlicher ist als der Kesselstein" (Brief vom 1. August 1936).

Trotzdem glaubt Schmalenbach, daß „in der Sache . . . Chancen" stecken, und er veranlaßt daher Bruder und Sohn in der Schweiz, die englische Lizenz auch für Luxemburg und Belgien zu erwerben: Der Sohn gibt seinen Namen, der Bruder das Geld. Partner in Luxemburg, der den Vertrieb für beide Länder, später auch einen Teil der Fabrikation übernimmt, wird im August 1936 der in Luxemburg geborene und wohnende Diplom-Ingenieur Robert Loesch, Jahrgang 1891, seit 1918 Diplom-Kaufmann aus Schmalenbachs Schule.

Die Zusammenarbeit entwickelt sich gut. Schmalenbach besucht den neuen Geschäftsfreund in Luxemburg erstmals Anfang Januar 1937, dann noch einmal mit seiner Frau im Oktober desselben Jahres, und beide zusammen planen sodann eine Reise nach Grenoble, wo der Lizenznehmer für Frankreich sitzt. Die Fahrt kommt jedoch nicht zustande.

Schmalenbachs Interesse an der Sache beginnt ohnehin bald zu erlahmen, hauptsächlich wohl wegen wachsender Schwierigkeiten mit den deutschen Behörden, auf deren Material-Zuteilungen im Rahmen des Göring'schen Vierjahresplans er angewiesen ist. Am 24. Juli 1937 überträgt sein Sohn Fritz Schmalenbach als nomineller Lizenzinhaber des englischen Bojen-Patents „die Berechtigung zur alleinigen Verwertung in Luxemburg, Belgien und den belgischen Kolonien" auf Robert Loesch. Die Otto Wülfrath KG wird ihrerseits Zulieferer für die Produktion, die Loesch in Luxemburg aufgezogen hat.

Im September 1937 berichtet Schmalenbach überraschend, das Tonisatorgeschäft in Deutschland sei „mächtig aufgeblüht, . . . seit der Ausstellung in Frankfurt ist die Nachfrage lebhaft". Er unternimmt auch Versuche, die Bojen – nicht nur die Behälter – in eigener Regie herzustellen, was nicht so recht gelingen will. Doch gleichzeitig wachsen die Zweifel, ob seine kleine Werkstatt auf die Dauer ausreichen wird, um die Nachfrage zu befriedigen. Er denkt daran, für diesen Zweck seine Schmalenbach GmbH wieder zu aktivieren. Aber auch diese Bemühungen haben keinen Erfolg.

Im Juli 1938 kündigt die englische Firma dem Lizenznehmer Fritz Schmalenbach überraschend den Lizenzvertrag. Angeblich seien ihre Patente bei der jetzigen Regelung in Luxemburg und in Belgisch-Kongo „nicht mehr gesichert". Fritz will gegen die Kündigung protestieren, aber Vater Eugen fürchtet, Scalebuoys Ltd. werde „nach Beendigung der Kündigungsfrist versuchen, durch einstweilige Verfügung das Verkaufsgeschäft (mindestens) in Belgien . . . zu behindern". Er bittet Loesch vorsorglich, ihm einen Rechtsanwalt in Belgien zu benennen (Brief vom 23. Juli 1938). Mit diesem Schreiben bricht die Korrespondenz in der Angelegenheit „Tonisator" jedoch abrupt ab. Der Grund liegt nahe: Vermutlich hatte auch Loesch die Lust an der ganzen Sache verloren und seinem Lehrer und Freund geraten, die Kündigung als rechtswirksam anzuerkennen und die Produktion einzustellen. Schmalenbachs Tonisator war damit eines sanften Todes gestorben.

Unseren Professor scheint das nicht sonderlich berührt zu haben. Er hatte im Sommer 1938 schon ein anderes Projekt im Kopf, das freilich nichts, gar nichts mit technischem Sachverstand und Werkstatt-Bastelei zu tun hatte. Er verhandelte mit den Inhabern der gut eingeführten, seit 1888 bestehenden Großhandelsfirma Bernstein & Mayer, die mit Posamentenwaren aller Art handelte. Diese Firma beschäftigte 60 kaufmännische Angestellte und war das größte Unternehmen ihrer Art in Deutschland. Die Inhaber waren Juden, sie hatten nach einer Verordnung vom 26. April 1938 ihr Vermögen anzumelden, und der Beauftragte für den Vierjahresplan (Hermann Göring) war nach derselben Verordnung ermächtigt, „Maßnahmen zu treffen, die notwendig sind, um den Einsatz des anmeldepflichtigen Vermögens im Einklang mit den Belangen der deutschen Wirtschaft sicherzustellen". Das war deutlich: Juden sollten endgültig aus dem deutschen Wirtschaftsleben verdrängt werden. Die sogenannte „Arisierung" begann.

Am 8. August 1938 meldet Tochter Marianne ihrem Baseler Onkel freudig: „Wir haben das Posamentengeschäft gekauft." Die Freude rührt daher, daß ihr Vater dieses Geschäft nicht für sich, sondern als Existenzbasis für die Tochter und ihren Mann erworben hat. Marianne arbeitet zwar seit 1933 als Justitiar in der Treuhand-AG, will aber Ende August aufhören, da sie ein Kind erwartet. (Am 14. März 1939 wird eine Tochter geboren, Barbara.) Auch Tonio hat sich in der Treuhand-AG nützlich gemacht. Doch Eugen Schmalenbach, der den beiden 1935 schon ein kleines, aber wunderschönes Haus in dem südlich an Köln grenzenden (heute eingemeindeten) Ort Rodenkirchen gebaut und geschenkt hat (Seite 168), möchte erreichen, daß Schwiegersohn und Tochter nicht auf ewige Zeiten an ihm hängen, sondern selbst festen Boden unter den Füßen bekommen. Außerdem kann er es auf die Dauer nur schwer mit seiner Lebensauffassung vereinen, daß der gräfliche Ehemann als Nichtsnutz durch die Welt geht und sich auf Kosten anderer einen schönen Tag macht. Er will ihn zu geregelter Arbeit anhalten und überträgt ihm deshalb die Verantwortung für ein Unternehmen.

Zur Fortführung des Geschäfts von Bernstein & Mayer wird am 1. Juli 1938 eine Offene Handelsgesellschaft (OHG) errichtet, die am 14. August ihre Tätigkeit aufnimmt. Sie hat zwei Gesellschafter: Anton Graf Spee und den bisher schon in dem Unternehmen tätigen Kaufmann Friedrich (genannt Fritz) Fischer, nach dem die Firma benannt wird; sie heißt H. F. Fischer & Co. vorm. Bernstein & Mayer. Fischer scheidet im Frühjahr 1940 aus, Graf Spee wird damit Alleininhaber, der die volle Verantwortung trägt und rechtlich allein für die Verbindlichkeiten haftet. Nach außen erscheint er – zunächst neben Fritz Fischer – als „Chef", auf dessen Schultern alles ruht. Die tatsächlichen Verhältnisse liegen indessen anders: Natürlich ist der eigentliche Chef der Firma Eugen Schmalenbach, und Tonio tut in allen wesentlichen Fragen nur das, was sein Schwiegervater für richtig hält.

Schmalenbach geht gleich mächtig ans Werk. Das Unternehmen muß zunächst nach seinen Organisationsprinzipien umgestaltet werden, eine schöne Aufgabe für den jungen Erich Potthoff, seinen ehemaligen Assistenten, der gerade bei der Treuhand-AG angefangen hat. Die Sache macht in der Firma einigen Wirbel, und Tonio stöhnt seiner Frau im Sommer 1939 anscheinend viel über die Anstrengungen und die „Umstellungen" vor, die zu bewältigen sind (Briefe vom 9. 5. und 22. 7. 1939). Wenn die Organisation erst einmal steht, will Schmalenbach sie in einer Broschüre beschreiben, wobei er hofft, daß eine solche Publikation sowohl der Treuhand als auch der Firma Fischer zugutekommen wird. Aber dazu kommt es nie.

Über das Geschäft gibt es keine Klagen, es läuft gut. Der Gewinn, der Tonio zusteht, ist so hoch, daß sich seine Frau mit dem Gedanken trägt, „in den herrschenden guten Zeiten einen Flügel zu erwerben", zumal sie aus der Jugendzeit „von Vaters Spiel gute Kindheitserinnerungen“ hat (Brief vom 25. 7. 1939). Aber Eugen ist sich natürlich dessen bewußt, daß Posamentenwaren der Mode unterworfen sind, und da muß man auf der Hut sein und darf den Anschluß nicht verpassen. Er befürchtet vor allem, daß die Kunden bei ihrer Zimmer- und Fensterdekoration die damals bevorzugten Khaki-Farben plötzlich satt haben könnten, und fährt für zwei Tage nach Lüdenscheid, um sich dort darüber zu informieren, „was die Kunstharzindustrie an neuen dekorativen Möglichkeiten erschlossen hat“ (Brief vom 22. 8. 1939).

Außerdem versucht er alles, um die Ausfuhr zu fördern. Bald nach der Übernahme des Geschäfts, im Oktober 1938, fragt er bei Robert Loesch an, ob man nicht in Luxemburg eine Gesellschaft gründen kann, die den Export in die Bedarfsländer organisieren könnte. Das gelingt nicht. Er versucht dasselbe in der Schweiz, wo Paul Haas in Bern ihm behilflich ist. Auch das geht schief, wie schon berichtet (Seite 159). Als der Krieg ausbricht, schrumpft das Geschäft in Deutschland stark zusammen, Posamente für Möbel- oder Dekorationsstoffe sind nicht kriegswichtig. Doch Schmalenbach gibt nicht auf. Noch im Sommer 1941 fährt er nach Den Haag, um bei der dortigen Wirtschaftsprüfstelle „Erkundigungen wegen Posamenteriewarengeschäften in Holland“ einzuziehen (Brief an Willy Minz vom 12. 3. 1942; in dessen Nachlaß). Aber nun tritt eine gravierende Änderung in der familiären Situation ein – durch den überraschenden Tod von Schmalenbachs Tochter im Mai 1941.

Jetzt wird das Verhältnis zwischen Eugen Schmalenbach und Tonio, das niemals sehr herzlich gewesen ist, rasch kühler, ja ausgesprochen frostig. Ende Januar 1942 notiert Erich Potthoff in seinem Tagebuch, daß er bei Schmalenbach eine „längere Besprechung über H. F. Fischer & Co. und ihren Inhaber“ gehabt habe. Es läßt sich unschwer erraten, worum es ging. Gegen Mitte des Jahres 1942 führt die Spannung zwischen den beiden Männern zum völligen Bruch (Näheres Seite 170). Um Fischer kümmert sich keiner mehr, die Firma stellt stillschweigend ihre geschäftliche Tätigkeit ein, sie wird zur reinen „Mantel-Firma“. Es ist das Ende von Schmalenbachs Engagement für diese Firma, das Ende seiner unternehmerischen Aktivitäten überhaupt. Denn auch die Treuhand-AG, ein ganzes Leben lang sein Lieblingskind, kann nicht mehr das bleiben, was sie über dreißig Jahre lang gewesen ist. Der Krieg wirft alles um.

52. Die Treuhand-AG wird Forschungsgesellschaft: Das Revisionsgeschäft ausgegliedert

Bei der Treuhand-AG, deren Schicksal Eugen Schmalenbach stets besonders am Herzen lag, hatte sich vor 1933 alles zum Besten gefügt. Das „Interregnum“ der zwanziger Jahre, als die Gesellschaft nicht ihm, sondern den Herren Herberg und Schnick gehört hatte, war längst vorbei, und der „Ausbruchsversuch“ 1930/31, der dem Unternehmen das Tor zum internationalen Geschäft öffnen sollte, hatte im Ergebnis dazu geführt, daß 80 Prozent der Aktien bei seinem Bruder in Basel gelandet waren (siehe Seite 138–141). Was aber konnte einer deutschen Firma, deren qualifizierte Mehrheit in Auslandsbesitz war, von den Nazis jemals angetan werden? Die Treuhand-AG war weit davon entfernt, etwa zu den „jüdischen Gewerbebetrieben“ zu gehören, deren Registrierung und Kennzeichnung 1938 gesetzlich gefordert wurde.

Im Frühjahr 1937 betrachtet Eugen Schmalenbach die Treuhand-AG voll und ganz als „seine“ Gesellschaft. Mit Genugtuung vermerkt er, daß die nicht zur Familie gehörigen Aufsichtsräte nun sämtlich ausgeschieden sind und daß der neue Aufsichtsrat, dem außer ihm und seinem Bruder Hermann nur noch der treue Freund Theodor Beste (der jetzt in Dresden lehrt) angehört, „besser als der alte geeignet sein (wird), die Interessen unserer Familie im Streitfall zu vertreten". Und er fügt hinzu: „Namentlich im Falle meines Todes ist das von Bedeutung" (Brief vom 28. Mai 1937). Die Treuhand-AG als vererbbarer Vermögensteil der Familie Schmalenbach, als ihre „Domäne" – solche Töne hat man vor 1933 aus seinem Munde niemals vernommen.

Ein halbes Jahr später erwägt Schmalenbach noch, die Steuerabteilung aus der Treuhand-AG herauszulösen und sie in eine neu zu gründende Kommanditgesellschaft einzubringen. Die neue Gesellschaft soll in Zukunft alle größeren selbständigen Steuersachen übernehmen, dagegen keine Revisionsaufträge mehr ausführen. Nur Steuersachen, „die im täglichen Geschäftsbetrieb anfallen", sollen wie bisher von der Treuhand-AG erledigt werden. Die Geschäfte der Kommanditgesellschaft soll der bisherige Leiter der Steuerabteilung führen, der persönlich haftender Gesellschafter werden soll; als Kommanditisten sieht Schmalenbach sich selbst sowie einen der beiden Treuhand-Vorstände vor (Hermann Hartkopf). Aber das Ganze war ein unausgegorenes Projekt, das dann auch nicht weiter verfolgt worden ist.

Es dauert allerdings nicht lange, und die Treuhand-AG bekommt den politischen Druck gefährlich hart zu spüren. Vermutlich haben von Nazis beherrschte oder nazistisch infiltrierte Geschäftsleitungen den Herren der Treuhand-AG immer deutlicher zu verstehen gegeben, daß man gern weiterhin mit ihnen zusammenarbeiten würde, wenn – ja wenn infolge der faktischen Stellung Schmalenbachs innerhalb dieses Unternehmens nicht indirekt jüdischer Einfluß zu vermuten wäre. Die Vorstände Hartkopf und Rentrop haben natürlich Eugen Schmalenbach von solchen Erscheinungen politischen Drucks unterrichten müssen, und es ist nicht ausgeschlossen, daß dies intern Verstimmungen ausgelöst hat.

Nach längeren Überlegungen und manchen Gesprächen, die nicht immer angenehm gewesen sein mögen, ringt sich Schmalenbach zu der Erkenntnis durch, daß es für die Treuhand-AG (und damit letztlich auch für ihn selbst und seine Familie) das Beste wäre, sich von dem Revisionsgeschäft zu trennen, wenn auch nur formal. Er findet eine Lösung, bei der ihm die Zukunft für alle Beteiligten gesichert erscheint. Der modus vivendi sieht folgendermaßen aus:

1. Die Treuhand-AG überträgt das Revisionsgeschäft auf ihre beiden Vorstandsmitglieder Hermann Hartkopf und Siegfried Rentrop, die dieses Prüfungsgeschäft in Form einer Kommanditgesellschaft, der Hartkopf & Rentrop KG, weiterführen.
2. Die Treuhand-AG bleibt für die ihr verbleibenden Aufgaben (Treuhand-Tätigkeit), aber auch als Wirtschaftsprüfungsgesellschaft bestehen. Ihr in der Satzung festgelegter Gesellschaftszweck ändert sich nicht.
3. Die persönlich haftenden Gesellschafter der Kommanditgesellschaft, Hermann Hartkopf und Siegfried Rentrop, bilden weiterhin den Vorstand der Treuhand-AG. Eugen Schmalenbach bleibt Aufsichtsratsvorsitzender, er wird jedoch nicht Kommanditist der Hartkopf & Rentrop KG.
4. Die Treuhand-AG übernimmt von der Hartkopf & Rentrop KG auf Grund jeweiliger Vereinbarung kommissionsweise Revisions-Aufträge, die sie im eigenen Namen, jedoch für Rechnung der Hartkopf & Rentrop KG ausführt.
5. Die Treuhand-AG erhält für die kommissionsweise Ausführung solcher Aufträge eine Vergütung, deren Höhe sich nach einem im Vertrag festgelegten Prozentsatz des Nettohonorars bemißt.

6. Die Treuhand-AG wird von sich aus ihre Eigenschaft als Wirtschaftsprüfungs-Gesellschaft bis zum 31. Dezember 1945 nicht aufgeben, solange in jedem Jahr bis dahin ein (im Vertrag festgesetztes) Nettohonorar für kommissionsweise übernommene Geschäfte erreicht wird.

Am 9. August 1938 findet die Hauptversammlung statt, die den Weg für die Neuordnung freimacht, einen Tag später schickt Tochter Marianne ihrem Onkel den Entwurf des mit Hartkopf und Rentrop zu schließenden Vertrages (ein Zeichen dafür, daß der Majoritätsbesitzer an der Hauptversammlung nicht teilgenommen hat, sondern sich hat vertreten lassen). Aber das sind alles nur noch Formalitäten. Einen Tag vor der Hauptversammlung, am 8. August, hatte Marianne ihrem Onkel bereits geschrieben: „Morgen halten wir also Generalversammlung, mehr Formsache. Über alles Wesentliche sind wir ja einig."

Zehn Tage darauf, am 20. August, wird Eugen Schmalenbach 65 Jahre alt. Von Feiern ist nirgendwo die Rede, wahrscheinlich wurde dieser Tag in aller Stille im engsten Familienkreise begangen. Aber Schmalenbach fühlte sich an diesem Tage sicher von einer Last befreit. Nicht nur, daß er für den Fortbestand der Treuhand-AG eine Regelung gefunden hatte, die ihr, wie er meinte, ein Weiterarbeiten wie bisher, wenn auch in kleinerem Rahmen ermöglichte. Auch die Verhandlungen über den Erwerb der Posamentenfirma H. F. Fischer & Co. waren Anfang August zu einem befriedigenden Abschluß gekommen, womit er die wirtschaftliche Selbständigkeit seiner Tochter und seines Schwiegersohns für alle Zukunft gesichert glaubte. Alles schien in bester Ordnung.

Doch der Krieg und der immer schärfer werdende Nazi-Terror, nicht zuletzt auch der harte Schicksalsschlag, den Eugen und die Familie durch den Tod der Tochter erleiden mußten, schlugen das feingefügte Werk des Professors bald in Stücke. Nach dem Ausbruch der Feindseligkeiten schrumpfte das Revisionsgeschäft bei Hartkopf & Rentrop zusammen; die jungen Revisoren mußten Heeresdienst leisten, qualifiziertes Personal wurde immer knapper. Auch die beiden Gesellschafter wurden zeitweilig zum Militär-Einsatz herangezogen. Wahrscheinlich wurde das von Schmalenbach als Mindestmaß vorgesehene Volumen kommissionsweise zu übernehmender Revisionsgeschäfte bei der Treuhand-AG nach 1939 nicht im entferntesten erreicht. Dies und manches andere veranlaßten Schmalenbach im Winter 1940/41 zu einem Schritt von grundlegender Bedeutung: Er gab seiner Treuhand-AG ein völlig neues Gewand.

Die Gesellschaft verzichtete fortan auf die Tätigkeit als Wirtschaftsprüfungs-Gesellschaft: Die „Ausübung von Revisionen" wurde als Gesellschaftszweck gestrichen. Vielmehr beschränkte sich die Treuhand-AG (gemäß dem Beschluß ihrer Hauptversammlung vom 28. Februar 1941) in Zukunft auf die Übernahme von Treuhandgeschäften; dabei stand die Beratung in Fragen der Betriebsorganisation künftig im Vordergrund. Aber nicht nur das. Gleichzeitig wurde das Erwerbsprinzip, das bei der Treuhand ohnehin niemals oberste Richtschnur des Handelns gewesen war, vollends aufgegeben. „Die Gesellschaft", so formuliert Schmalenbach jetzt ihre Zielsetzung, „betreibt ihre Geschäfte im Sinne einer Studiengesellschaft, die ihre Erfahrung in den Dienst des Wirtschaftslebens stellt."

Der Wandel, dem die Treuhand-AG damit unterlag, entsprach genau dem Weg, den auch Schmalenbach nach 1939 gegangen ist. Vom aktiven Tätigsein als Unternehmer zurück zum forschenden Wissenschaftler, vom Revisionswesen weg zu Organisationsfragen, die von nun an zunehmend sein Interesse als Betriebswirtschaftler beanspruchen.

XII. Der Weg zur Hölle: Vor den Toren des Vernichtungslagers (1939–1945)

53. Die Nazis regen sich: Hausdurchsuchungen in Köln und in Schmalenbach

Von dem schlimmsten Juden-Pogrom vor dem Kriege, der „Reichskristallnacht" vom 9. zum 10. November 1938, ist Schmalenbach und sein Haus in Köln-Marienburg verschont geblieben. Der Aufruhr, dem in Deutschland zahllose Synagogen, Wohnhäuser und Geschäfte zum Opfer fielen – zu schweigen von jenen jüdischen Menschen, die ermordet oder in Konzentrationslager getrieben wurden –, hat sich vor allem in den Zentren der Großstädte ausgetobt, weniger an der Peripherie.

Allerdings waren die Wirkungen der Judenhetze und des blindwütigen, in den Köpfen der Nazi-Fanatiker stark aufgeheizten Judenhasses auch auf dem Lande zu spüren. So wollten in Halver „einige Burschen" die Fenster von Schmalenbachs Landhaus einwerfen, wie er am 22. August 1939 seinem Bruder berichtet. Wer sie davon zurückgehalten hat, sagt er nicht. Aber er stellt fest, die Gegend sei „doch sehr pro eingestellt", und man bekomme „den Antisemitismus gelegentlich zu spüren". Nur die Luft sei immer noch so gut wie früher: „Man wundert sich zuweilen darüber, aber es ist tatsächlich so." Es war sein letzter Besuch in Halver auf Jahre hinaus: Trotz der guten Luft ist er während des ganzen Krieges nicht ein einziges Mal wieder dorthin gefahren.

Gut drei Wochen später – inzwischen ist Hitler in Polen eingefallen und hat den Krieg entfesselt – stehen plötzlich drei Männer in brauner Uniform vor der Tür des Hauses Wolfgang-Müller-Straße 16 in Köln. Sie verlangen in barschem Ton Einlaß, durchsuchen alle Räume und finden, was sie finden wollen: Lebensmittelvorräte, die über den Tagesbedarf hinausgehen. Wer Schmalenbach denunziert hat, ist nicht bekannt. Aber es muß sich um eine bewußt gegen ihn gerichtete Aktion gehandelt haben. Denn auch in seinem Landhaus findet eine Hausdurchsuchung statt, auch dort entdecken die Partei-Funktionäre Bestände, die ihnen unwahrscheinlich groß erscheinen.

Voller Stolz ruft der Ortsgruppenleiter, der die Suchgruppe in Köln angeführt hat, am Abend bei der Staatspolizeistelle Köln der Geheimen Staatspolizei (Gestapo) an und meldet, was er entdeckt hat. Aber statt Dank erntet er nur unbändigen Zorn. Der Leiter dieser Dienststelle zitiert den Anrufer für den nächsten Tag zu sich und verpaßt ihm „eine faustdicke Zigarre" (wie eine Zurechtweisung durch einen Höhergestellten in dem damals üblichen Jargon genannt wurde). Er macht dem Ortsgruppenleiter klar, daß dessen eigenmächtiges Handeln eine „Amtsanmaßung" darstelle, für die er bestraft werden könne. Der Gestapo-Gewaltige wolle zwar nichts gegen ihn unternehmen, könne es jedoch nicht verhindern, „wenn der Universitätsprofessor Dr. Schmalenbach von sich aus Strafanzeige . . . bei der Staatsanwaltschaft erstattet". Im übrigen nimmt er den Fall zum Anlaß, den Gauleiter des Gaues Köln-Aachen, Staatsrat Grohé, zu bitten, die Parteidienststellen nochmals darauf hinzuweisen, „daß ein eigenmächtiges Vorgehen unter keinen Umständen geduldet werden kann" (Schreiben vom 15. September 1939; im Universitäts-Archiv).

Was den Gestapo-Mann derart in Rage versetzt hat, war allerdings nicht der Tort, den man dem armseligen Herrn Professor mit der Hausdurchsuchung angetan hatte. Dies ganz und gar nicht. Sein Zorn richtete sich vielmehr dagegen, daß eine untergeordnete Dienststelle der Partei-Organisation es gewagt hatte, sich Befugnisse anzumaßen, die zu dieser Zeit allein die Gestapo für sich in Anspruch nahm.

Der Leiter der Kölner Gestapo-Dienststelle ordnet als erstes eine genaue schriftliche Aufstellung über die bei Schmalenbach vorgefundenen Warenvorräte an. Am 25. September unterrichtet er alle beteiligten Dienststellen über das Ergebnis, darunter auch den Kurator der Universität, der daraufhin sofort eine Sperrung der Versorgungsbezüge des Professors veranlaßt. Gleichzeitig bereitet der Gestapo-Mann eine Veröffentlichung dieser „Schandtat" in Wort und Bild vor: Der Fund wird sauber auf einem Regal aufgeschichtet und fotografiert, der Tatbestand ohne Nennung des Namens Schmalenbach als „Mitteilung der Staatspolizeistelle Köln" der Presse bekanntgegeben, und offenbar wird auch gleich ein Kommentar mitgeliefert. Zwei Kölner Zeitungen drucken Bild und Text in wörtlicher Übereinstimmung ab, wobei der kommentierende Teil durch ein Sternchen von der Meldung abgesetzt und damit (fälschlich) als „eigener" Kommentar gekennzeichnet wird. Jeder Kundige weiß natürlich, um wen es sich bei dem „ehemaligen Universitätsprofessor, dessen Frau Jüdin ist und in dessen Haushalt vier Personen leben", in Wirklichkeit handelt.

Aber nun greift der Kultusminister in Berlin ein. Er hat die Berichte in den Zeitungen gelesen (auch der „Völkische Beobachter", das Zentralblatt der NSDAP, hat eine kurze Meldung gebracht). Was in den ersten Tagen des Oktober 1939 über diesen Fall zwischen den Berliner Spitzen-Behörden verhandelt wurde, hat sich hinter verschlossenen Türen abgespielt. Man kann es nur vermuten. Das Ergebnis ist jedenfalls eine Regelung, die einer Rehabilitierung Schmalenbachs sehr nahekommt.

Schon am 12. Oktober 1939 hebt der Kurator die Sperrung der Versorgungsbezüge für Schmalenbach „mit sofortiger Wirkung" auf. Am 13. Oktober übermittelt er dem Minister einen vom Prorektor verfaßten Bericht (den wir nicht kennen) und nimmt selbst zu dem Fall in begütigender Weise Stellung. Die bei Schmalenbach gefundenen Waren, so schreibt er, seien „zum größten Teil schon vor längerer Zeit gekauft" worden, außerdem müsse man die Größe des Schmalenbach'schen Haushalts berücksichtigen, und was die Seife angehe, so sei weniger Schmalenbach als dessen Ehefrau dafür haftbar zu machen. Die Gestapo, schreibt er weiter, werde „ein Verfahren gegen Schmalenbach nicht durchführen", und dieser habe seinerseits eine freiwillige Zahlung von 2000 RM an die Wohlfahrts-Organisation der NSDAP, die NSV, angeboten. Im übrigen sei der Staatskommissar der Universität, Gauleiter Staatsrat Grohé, von alledem unterrichtet. Auch er sei – wie der Schreiber jener Zeilen – der Meinung, daß damit die Grundlage für die Eröffnung eines Disziplinarverfahrens nicht mehr vorliege.

Nachdem die zuständige Partei-Dienststelle den Eingang des Geldes von Schmalenbach bestätigt hat, geht alles seinen ordentlichen – wahrscheinlich vorher so vereinbarten – Gang: Am 22. November 1939 erklärt die Kölner Dienststelle der Gestapo, sie habe die bei Schmalenbach gefundenen Lebensmittel „staatspolizeilich sichergestellt" und sehe „mit Rücksicht auf das Alter der Beschuldigten" von der Einleitung eines Strafverfahrens ab. Drei Wochen später, am 12. Dezember 1939, folgt der Kultusminister unter Berufung auf dieses Schreiben mit der Erklärung, daß er keine „dienststrafrechtlichen Maßnahmen gegen Professor a. D. Schmalenbach" treffen werde. Die Akten können zugeklappt werden, die Angelegenheit ist erledigt.

Die drei Monate von der ersten Hausdurchsuchung bis zum glücklichen Ende der Affäre müssen für Eugen Schmalenbach und seine Frau eine Nervenbelastung gewesen sein, deren Druck kaum vorstellbar ist. Welche Gedanken und Gefühle sie in dieser Zeit bewegt haben, welcher Art die Gespräche zwischen ihnen waren, das alles läßt sich nur ahnen. Und doch kann das Vorkommnis für die Folgezeit auch sein Gutes gehabt haben: Die Gestapo-Leute in Köln wußten nun, mit wem sie es zu tun haben.

Es scheint, daß sie sich in den ersten Kriegsjahren in der Tat keine eigenmächtigen Übergriffe gegen die Schmalenbachs mehr erlaubt haben, sondern nur das taten, was ihnen befohlen war oder wofür sie sich der Rückendeckung bei ihren vorgesetzten Dienststellen gewiß sein konnten. Auch solche Nadelstiche waren freilich schmerzhaft genug. So wurde den Schmalenbachs im Haushalt erst die Köchin, 1942 auch die Haushaltshilfe entzogen (was Schmalenbach mit Galgenhumor quittiert: Jetzt müsse er selbst Kartoffeln schälen, die Betten machen, staubsaugen, spülen: „Hausgehilfin in Hosen und mit kurzer Pfeife!"). Weiterhin wurde ihnen der Radio-Apparat weggeholt, dann das Telefon abgeschaltet, beides angeblich zur Verhinderung von „Spionagetätigkeit". Und was Eugen am meisten wehtat: Er erhielt für den Druck seiner Schriften keine Papier-Zuteilungen bewilligt. Die frühere „Rücksicht auf das Alter" kannte die SS nun nicht mehr, im Gegenteil, ab 1943 wehte ein immer schärferer Wind.

Als jüdischer Partner einer „privilegierten Mischehe" blieben Marianne Schmalenbach allerdings die härtesten Maßnahmen gegen Juden erspart. Sie brauchte beispielsweise keinen „Judenstern" an ihre Bluse zu heften, jedenfalls solange nicht, wie ihr Sohn nicht eine Jüdin heiratete; sie wurde nicht zwangsweise Mitglied der „Reichsvereinigung der Juden" und damit nicht zur „Auswanderung" vorgesehen; u. a. m. Aber es gab auch Gesetze, die für Juden in Mischehen keine Ausnahmen kannten, so zum Beispiel die Verordnung, wonach weibliche Juden, die keinen typisch jüdischen Vornamen hatten, als weiteren Vornamen den Namen „Sara" anhängen mußten.

Solche Vorschriften hat das Ehepaar Schmalenbach peinlichst genau befolgt. Nach der schlimmen Erfahrung in den letzten Monaten des Jahres 1939 waren die beiden „gebrannte Kinder" und sehr darauf bedacht, nicht noch einmal einen Würgegriff der SS herauszufordern, dem sie – dessen waren sie sich bewußt – nicht wieder so glatt wie zu Kriegsbeginn würden entkommen können.

54. Der erste große Schmerz: Die Tochter stirbt im Wochenbett

Über die geistige und berufliche Entwicklung seiner Tochter war Eugen Schmalenbach in den dreißiger Jahren des Lobes voll. „Marianne macht ihre Sache in der Treuhand-AG vortrefflich", findet er im Sommer 1936. „Sie entwickelt sich immer mehr zu einem Specialjuristen für Gesellschaftssachen, die in der Treuhand fast alle Tage vorkommen" (Brief vom 16. Juli 1936). Die alten Querelen sind vergessen, die Wunden geheilt. Vater Schmalenbach hat seinen Frieden mit der Tochter gemacht, ja mehr als das: Er hat sie ob ihrer Klugheit in sein Herz geschlossen, schätzt ihren geistigen Habitus sehr, den sie von ihm geerbt hat. Er ist stolz auf sie.

Natürlich bleibt ihm nicht verborgen, wie gut sie sich mit ihrem Mann versteht, wenngleich sich im Innersten seines Gemüts vielleicht gewisse Zweifel geregt haben mögen, ob das alles von Dauer sein werde. Als er sicher sein kann, daß sich durch den Umsturz von 1933 an seiner finanziellen Situation nichts Wesentliches ändert, versorgt er das junge Paar, das gleich nach der Heirat (August 1931) eine möblierte Wohnung gemietet hatte, mit einem eigenen Heim. Das Haus am Ortsrand von Rodenkirchen, das Marianne mit viel Geschmack einrichtet, wird Ende 1935 im Kreise der Familie und mit einigen Freunden festlich eingeweiht (Brief vom 30. Dezember 1935; siehe auch Seite 162). Das Ehepaar fühlt sich wohl darin, und Marianne hat hier wahrscheinlich Stunden verbracht, die zu den glücklichsten ihres Lebens gehören.

Im Juli 1939 fällt Tonio von seiner Familie eine Geldsumme zu, die seine Frau gern zum Kauf eines Wochenendhäuschens verwenden möchte (Brief vom 25. Juli 1939). Sie erwerben das Anwesen „Grundermühle" bei Kürten, auf halbem Wege zwischen Bergisch-Gladbach und Wipperfürth, recht einsam im Bergischen Land gelegen, innen wunderschön, mit einem Hof, der fast an einen Klosterhof erinnert. Aber es ist kein „Wochenendhäuschen", sondern wird nach Kriegsausbruch im Sommer 1940 zu ihrem ständigen Aufenthalt, wo Marianne Obst und Gemüse erntet (und einmacht) und wo beim Nachbarn die Lämmer, Gänse und Küken umherlaufen (Briefe vom 20. September 1939, 20. Oktober 1939 und 3. Juli 1940). Tonio fährt jetzt mit dem Autobus ins Geschäft; er hat eine Stunde Fahrzeit und ist erst nachmittags um 5 Uhr wieder daheim. Im Garten wird er bei diesem Leben nicht viel geholfen haben.

Marianne ist ohne Zweifel die geistig Stärkere in dieser Ehe, und Tonio nimmt das klaglos hin, zumal seine Frau sich gegenüber anderen davon nichts anmerken läßt. Sie genießen Malerei und Musik, besuchen Theater und Oper, berichten voller Begeisterung über ein Konzert mit Wilhelm Furtwängler, das sie in Köln erlebt haben. Sie schwärmen für Paris, das sie in den dreißiger Jahren mehrfach besuchen (einmal wegen einer El-Greco-Ausstellung) und haben zu Hause gemeinsam ihre Freude an Werken der Dichtkunst, wobei Marianne besonders von der französischen Literatur angetan ist, die sie im Original liest (Briefe der Marianne vom 21. September, 5. November und 22. Dezember 1937, ferner vom 23. Januar 1938, vom 5. Mai und 25. Juli 1939 sowie vom 3. Juli 1940).

Und dann fährt auf diese friedliche Idylle jäh der Blitz hernieder, der alles zerstört. Am 14. März 1939 hatte Marianne, damals 36 Jahre alt, in Rodenkirchen ihr erstes Kind zur Welt gebracht, die Tochter Barbara. Von Komplikationen bei der Geburt ist nichts bekannt, und das Baby gedeiht prächtig, was die Lebensfreude der Eltern, besonders der Mutter, fühlbar steigert. Am 22. Dezember 1940 kündigt die Mainzer Schwägerin Irene dem Onkel in Basel an: Für Barbara ist „das Geschwisterchen unterwegs, das freut mich unendlich". Fünf Monate später, am 12. Mai 1941, wird in Grundermühle das zweite Kind geboren, ein Knabe (Michael). Doch im Wochenbett erkrankt die Mutter, 38 Jahre alt. Ihr Zustand verschlimmert sich von Tag zu Tag, das Fieber läßt sich nicht bannen. Elf Tage nach der Niederkunft erlischt ihr Leben. Das Kindbettfieber hat sie dahingerafft.

Das Geschehen ist für alle unfaßbar. Eugen will am nächsten Tage seine Mitarbeiter in der Treuhand über den Tod seiner Tochter unterrichten, ganz sachlich und beherrscht, wie das seiner Überzeugung entspricht: „Persönliche Regungen gehören nicht ins Büro." Aber die Rührung übermannt ihn, sie erstickt seine Stimme, er wendet sich ab, geht eilends in sein Zimmer zurück. Was alle Verwandten und Freunde in diesen Tagen empfinden, bringt am innigsten die gute Irene zum Ausdruck, der es gegeben war, Gefühle in Worte umzusetzen, ohne dabei sentimental zu werden. „Ich fühle allzu gut", schreibt sie vierzehn Tage nach dem Tod, „was Tonio, was den mutterlosen Kindern, was Fritz und den alten Eltern geschehen ist – es ist ein großes Unglück. Tonio und Eugen tragen es mit Würde, obwohl ihnen der Inhalt ihres Lebens genommen wurde. Marianne (ist) untröstlich, und das ist wohl verständlich . . . Die Muz hatte in der Geburt ihres kleinen Sohnes einen Gipfelpunkt erreicht; Abstieg und Kampf sind ihr erspart geblieben. Nur wir sind verarmt und geschwächt, die wir sie verloren haben. Und dazu der Wahnwitz dieses Lebens, das uns von den Menschen trennt, das uns die Kehle zuschnürt, wo wir sprechen möchten; es ist entsetzlich" (Brief vom 6. Juni 1941; der letzte Satz spielt auf die Zeitumstände an: Krieg und Judenverfolgung).

Es konnte nicht ausbleiben, daß sich nach dem Tode der Marianne die Animositäten zwischen Eugen Schmalenbach und seinem Schwiegersohn verschärften. Sie waren latent stets vorhanden. „Tonio ist ein Pfahl in seinem Fleisch, das kann gar nicht anders sein", bemerkt Irene schon 1933 (Brief vom 16. März 1933). Dennoch überwindet Schmalenbach nach Kriegsbeginn seine reservatio mentalis und versucht, den Schwiegersohn in die Familie zu integrieren. Im November 1939 bietet er ihm eine Beteiligung an der Treuhand-AG an. Herr von Schenk (Assistent von Hermann Schmalenbach in Basel), bei dem die nominell 80 000 RM Aktien aus der Transaktion mit Thalmann gelandet waren (Seite 139), will seinen Anteil gern verkleinern und 20 000 RM an Eugen abgeben. Eugen möchte, daß sein Schwiegersohn das Paket übernimmt, weil der „an seinem Geschäft in diesem Jahr recht gut verdient hat" (Brief vom 29. November 1939).

Aber nicht nur das. Eugen ist zur gleichen Zeit sogar bereit, ihm sein Landhaus in Halver zu verkaufen, an dem er wegen der judenfeindlichen Haltung der dortigen Bevölkerung keine rechte Freude mehr hat (Seite 166). Er läßt eine Vormerkung in das Grundbuch eintragen, wonach er Anton Graf Spee einen Kaufvertrag über dieses Grundstück „angeboten" hat und erklärt, daß er sich unbeschränkt an dieses Angebot gebunden fühle. Tonio brauchte dieses Angebot nur offiziell „anzunehmen" und wäre dadurch Eigentümer geworden.

Aus beiden Angeboten wird nichts. 1939 haben Tonio und Marianne es vorgezogen, das Anwesen in Grundermühle zu kaufen, und 1940 erlahmt das Geschäft mit Posamentenwaren. Es kommt nichts mehr ein, für den Erwerb der Treuhand-Aktien ist kein Geld mehr in der Kasse. Nach Mariannes Tod widerruft Eugen (im September 1941) das Kaufangebot über das Grundstück in Schmalenbach. Er beantragt die Löschung der Vormerkung mit dem Zusatz: „Alles soll so angesehen werden, als ob der Vertrag nicht geschlossen worden wäre."

In der Folgezeit ist es zwischen den beiden ungleichen Männern immer wieder zu Auseinandersetzungen über Vermögens- und Geldfragen gekommen. Schmalenbach hatte in der Krisenzeit des Jahres 1931 das Kölner Grundstück Sachsenring 74 bei einer Zwangsversteigerung erworben, um das Geld für eine darauf gegebene Hypothek zu retten, nachdem der Eigentümer insolvent geworden war. Um dieses Grundstück vor allem ging der Streit. Tonio erinnerte daran, daß Eugen das Haus im Sachsenring seiner Tochter als Patengeschenk hatte übereignen wollen. Also stehe es jetzt ihm, Tonio, zu – ein Ansinnen, das Schmalenbach, wie sich denken läßt, nach einigem Hin und Her kategorisch zurückweist.

Doch Tonio verfügte zu dieser Zeit über keine regelmäßigen Einkünfte mehr, er mußte von der Substanz leben. Und so verkaufte er eines Tages das schöne Haus in Rodenkirchen, das Schmalenbach einst dem jungen Paar geschenkt hatte. Das empfand Eugen als einen Affront sondergleichen. Dieses Haus, in dem seine Tochter ihre glücklichsten Tage verlebt hatte, herzlos preiszugeben – zu einer solchen Tat war nach Schmalenbachs Empfinden nur ein Mann fähig, dem die Vergangenheit, dem vor allem die Erinnerung an die verstorbene Marianne nicht viel bedeutete. Die Konsequenz war, daß er den Verkehr mit Tonio abbrach. Kommentar von Schwägerin Irene: „Es war ja zu befürchten, daß das Verhältnis nach dem Tode der Muz schwierig würde. Aber ich hatte doch beiden Teilen mehr guten Willen zugetraut." Ja, der gute Wille, der konnte nicht ausreichen, um solche Dissonanzen in Harmonien zu verwandeln.

Im April 1942, nach einem schweren Fliegerangriff auf Köln, bringt Tonio die beiden Kinder zu seiner älteren Schwester Gräfin von Walderdorff, derselben, die an der Hochzeit in Schmalenbachs Haus teilgenommen hat (Seite 146). Es ist das Vernünftigste, was der Vater in seiner Situation jetzt tun kann. Seine Schwester hat sechs eigene Kinder zu betreuen, das jüngste, 1937 geboren, ist nur zwei Jahre älter als die kleine Barbara. Sie nimmt die Kinder ihres Bruders gern unter ihre Fittiche, erzieht sie wie ihre eigenen und läßt ihnen später auch eine gediegene Schulbildung in katholischen Institutionen angedeihen.

Für Eugen Schmalenbach und seine Frau ist dies freilich ein bitterer Augenblick. Bisher lebten ihre beiden Enkel in Grundermühle unter der Obhut einer Pflegerin, die Marianne selbst noch für ihr Erstgeborenes ausgewählt hatte. Die Großeltern sind mehrfach dorthin gefahren, sie konnten die Kinder sehen, sich über sie freuen, ihre Entwicklung miterleben. Damit ist es nun vorbei. Tonios Schwester lebt auf Schloß Hauzenstein in Ostbayern, zu weit, als daß ein häufigeres Wiedersehen möglich wäre. Von nun an werden sich die alten Schmalenbachs, wird sich besonders die Frau oft sehr einsam und verlassen vorgekommen sein.

55. Unheimlicher Tätigkeitsdrang: Kommissionen sollen Forschungsarbeit betreiben

Ein halbes Jahr nach der Ausgliederung des Revisionsgeschäfts aus der Treuhand-AG im August 1938 erkundigt sich Aufsichtsratsmitglied Hermann Schmalenbach aus Basel bei dem Vorsitzenden des Aufsichtsrats Eugen Schmalenbach, wie denn nun die Geschäfte bei diesem Unternehmen laufen. Eugen antwortet, der frisch angestellte Potthoff reorganisiere die Posamentenfirma Fischer, und er selbst bereite auf der Grundlage von vierzig Gesellschaftsverträgen eine größere Arbeit über die Organisation der Personalgesellschaft vor (Brief vom 16. März 1939).

Wieder ein halbes Jahr später kommt erneut eine Anfrage aus Basel. Und wieder kann Schmalenbach nichts anderes sagen, als in seinem Brief vom März 1939. Aber er fügt entschuldigend hinzu: „Die politischen Unruhen verbieten es, eine so langwierige Sache aufzunehmen“ (Brief vom 22. August 1939). Gewiß, die politische Entwicklung legt sich wie Meltau auf die Menschen und lähmt jede Initiative. Der Krieg steht vor der Tür.

Im Jahre 1940 scheint jedoch seine Freude an schriftstellerischer Tätigkeit wieder erwacht zu sein. Er verfaßt eine Schrift mit dem nüchternen und umständlichen Titel „Entwurf einer Dienstanweisung für Finanzleiter nebst Begründung und einer Einleitung über Allgemeine Organisationsgrundsätze“. Es handelt sich faktisch um eine Dienstanweisung an die Finanzvorstände großer und mittlerer Unternehmen; sie ist in 13 Paragraphen gefaßt, die jeweils ausführlich kommentiert werden. Die Einleitung beschränkt sich ausschließlich auf Fragen, die für das Verständnis seiner weiteren Ausführungen notwendig sind. Wie immer, will Schmalenbach induktiv vorgehen: Erst sollen genug Einzelarbeiten vorliegen, ehe allgemeine Grundsätze des Organisationswesens entwickelt werden können, schreibt er. „Bis dahin ist es noch eine gute Weile.“

Offenbar ist ihm dann aber doch bald die Erkenntnis gekommen, daß es nottut, allgemeine Richtlinien aufzustellen, damit empirische Untersuchungen über Organisationsfragen einen vorgezeichneten Weg gehen können. Jedenfalls widmet er seine Arbeitskraft im Jahre 1941 ganz überwiegend der Aufgabe, generelle Grundsätze über die Organisation von Großbetrieben aufzustellen, dies freilich unter betonter Hervorhebung der Forderung, die Grundsätze im konkreten Einzelfall stets elastisch den speziellen Gegebenheiten anzupassen. Das Büchlein „Über Dienststellengliederung im Großbetriebe“, das heimlich in der Druckerei der Bergwerks-Gesellschaft Hibernia gedruckt wurde (75 Seiten mit je 50 Zeilen) und dann unter Schmalenbach-Freunden von Hand zu Hand ging, muß größtenteils im Spätsommer und Herbst 1941 entstanden sein, also kurz nach dem tragischen Tod seiner geliebten Tochter.

Das Entstehen dieser Schrift ist ein erstes Beispiel dafür, daß Schmalenbach sich damals, um Trauer und Not zu entfliehen, wie besessen in die Arbeit stürzte. Ihm war es gegeben, über der Schriftstellerei den Kummer und das Leid zu vergessen, das der Alltag ihm auferlegte. Diese Flucht in die wissenschaftliche Arbeit steigerte sich in den nächsten Jahren zu einer Intensität (und führte zum Teil zu Taten), die heute den Eindruck erwecken, Schmalenbach habe die Realitäten des Krieges und seiner Folgen für Deutschland nicht gesehen und in einer Traumwelt gelebt, die ihm seine geliebte Betriebswirtschaftslehre vorgaukelte. In Wahrheit war die Arbeitswut eine Arznei für ihn, die er in immer größerer Dosierung brauchte, um die tödliche Bedrohung seiner wissenschaftlichen wie zuletzt auch seiner physischen Existenz zu ertragen. Geistige Arbeit hat ihn seelisch über Verfolgung und Krieg gerettet.

Am 21. März 1942 schickt Schmalenbach den Korrekturabzug der „Dienststellengliederung“ seinem alten Schüler und Freund Walter Krähe, der seit 1935 im Rheinisch-Westfälischen Kohlen-Syndikat tätig ist und dort während des Krieges eine leitende Position innehat. Für die Schmalenbach-Vereinigung ist das ein wichtiges Datum. Mit diesem Tage beginnt eine Entwicklung, die das Gesicht der Vereinigung wesentlich verändert hat: Der 21. März 1942 bezeichnet die Geburt einer fachlichen Zusammenarbeit von Wissenschaftlern und Praktikern im Rahmen von Kommissionen, in denen Grundsatzfragen behandelt oder aktuelle Tagesprobleme geklärt werden sollen. Diese institutionell gebundene Zusammenarbeit, von Schmalenbach angeregt und nach dem Kriege laufend weitergeführt, ist mehr und mehr in den Mittelpunkt des Wirkens der Schmalenbach-Vereinigung gerückt.

In dem Brief an Krähe wird dieser Gedanke von Schmalenbach erstmals artikuliert: „Ich könnte mir denken, daß (meine) Schrift eine gute Grundlage für eine Kommission sein würde, die vielleicht jeden Monat einmal zusammenkäme und sich die verschiedenen Punkte überlegte und die noch offenen Fragen klärte.“ Sein Wunsch ist es, daß Krähe aus dem Kreis ehemaliger Schmalenbach-Schüler geeignete Männer für eine solche Kommission aussucht und die Leitung des Arbeitskreises übernimmt. Krähe sagt sofort zu, und nach entsprechenden Vorbereitungen nimmt seine damals aus acht Mitgliedern bestehende Kommission im Mai 1942 ihre Arbeit auf.

Es ist die erste, es ist auch die erfolgreichste Kommission, und das in mehrfacher Hinsicht. Der Arbeitskreis Krähe hat bis in die sechziger Jahre bestanden und vier grundlegende Werke erarbeitet, die zum Teil in mehreren Auflagen erschienen sind, über Unternehmens-, Leitungs-, Konzern- und Finanzorganisation. Es ist zudem die einzige Kommission, deren Arbeiten während des Krieges bei staatlichen Instanzen Aufmerksamkeit fanden. Der Reichsminister für Bewaffnung und Munition, konkret gesagt: der in diesem Ministerium tätige Staatsrat Schmeer interessierte sich im Frühjahr 1943 für die Ergebnisse der Kommissionsarbeit und wollte sie, in knappe „Richtlinien“ gefaßt, allen kriegswichtigen Betrieben aufoktroyieren. Aber das Hin und Her über die Formulierung dieser Richlinien, die Frage, wer die Einleitung schreiben solle, und manche anderen Probleme nahmen soviel Zeit in Anspruch, daß der Plan schließlich in die Strudel des Zusammenbruchs geriet und nie verwirklicht wurde. Krähe war nicht böse drum, im Gegenteil. Er hatte dem Interesse des Staatsrats Schmeer von Anfang an mißtrauisch gegenübergestanden, weil er darin die Gefahr witterte, daß die Schmalenbach-Vereinigung unter politischen Zwang geraten könnte und vielleicht gar aufgelöst werden müßte.

Der Arbeitskreis Krähe war während des Krieges nicht die einzige Kommission der Schmalenbach-Vereinigung. Die meisten befaßten sich mit Spezialfragen, z. B. mit der großbetrieblichen Lohnabrechnung (Vor- und Nachteile einer monatlichen Abrechnung mit einmaliger Auszahlung, die Potthoff vorgeschlagen hatte), mit der betrieblichen Arbeitsvorbereitung (Beste), mit der Abrechnung von Neubauten, mit dem allgemeinen Rechnungswesen (Minz) und anderen Komplexen. Zwei Kommissionen lagen Schmalenbach allerdings ganz besonders am Herzen. Die eine sollte die Frage der Organisation von Konzernen untersuchen. Schmalenbach hatte hierfür, dem Vorschlag Krähes folgend, drei Arbeitskreise (für Bilanzfragen, für gesellschaftsrechtliche und für Steuerfragen) vorgesehen, deren Ergebnisse Peter van Aubel zusammenfassen sollte (Brief Krähe an Schmalenbach vom 17. 7. 1944). Diese Arbeiten sind während des Krieges jedoch nicht mehr vorangekommen, sie wurden später von der Krähe-Kommission aufgenommen, die darüber ein Buch veröffentlicht hat.

Schon ein Jahr früher, im Mai 1943, hatte Schmalenbach seinen ehemaligen Schüler Albert Meier gebeten, sich im Rahmen einer Kommission der Frage der Wirtschaftslenkung anzunehmen, an der Schmalenbach brennend interessiert war. Meier war in Berlin tätig (bei der Treuhand-Vereinigung, einer Wirtschaftsprüfungs-Gesellschaft) und viel unterwegs. Es kam zu einem langen, zäh sich dahinziehenden Briefwechsel, bei dem es vor allem um die Frage ging, ob man das Thema Wirtschaftslenkung allgemein oder zweckmäßigerweise an dem konkreten Beispiel einer Branche angehen solle, und wenn anhand einer Branche, welcher Industriezweig dann am besten geeignet sei. Aber es fiel Meier auch schwer, angesichts der wachsenden Arbeitsbelastung jedes einzelnen und der sich verschlechternden Verkehrsverhältnisse Mitarbeiter für diesen Arbeitskreis zu gewinnen. Erst am 10. Juni 1944 konnte die Kommission zusammentreten (in Weimar), außer Meier und Potthoff waren nur zwei Herren anwesend, Bruno Rogowsky und Werner Genzmer. Es blieb das einzige Treffen.

Eugen Schmalenbach hat an der Tätigkeit der Kommissionen regen Anteil genommen. Die Briefe, die er allein mit Krähe, Minz und zuletzt mit Meier gewechselt hat, ergeben einen prall gefüllten Leitz-Ordner, und es sind Schreiben von vier oder fünf eng vollgetippten Seiten darunter, oft von Schmalenbach eigenhändig mit Maschine zu Papier gebracht. „Da er sich nicht mehr auf die Studierenden stützen konnte", sagt Karl Hax in einer Monographie über Schmalenbach, regte er jetzt mit dem Instrument der Arbeitskreise „seine früheren Schüler, die nunmehr in der Praxis tätig waren" (sozusagen Alte Herren des Schmalenbach-Kreises – M. K.), für eine systematische Untersuchung wichtiger Probleme der Unternehmenswirtschaft an. Aber nicht nur das. Schmalenbach befaßte sich auch selbst mit solchen Fragen, ohne die Hilfe von Kommissionen in Anspruch zu nehmen. Mehrere größere Arbeiten sind in den Jahren 1943 und 1944 entstanden, in denen er zu den verschiedensten Problemkreisen teilweise höchst originelle Gedanken entwickelt hat. Keine dieser Schriften ist gedruckt worden, einige wurden als Manuskript vervielfältigt, und manche Feststellungen und Gedanken aus diesen Schriften finden wir – modifiziert – in seinen nach dem Krieg erschienen Alterswerken wieder.

Neben dem Thema „Organisation" ist es namentlich die Frage des Lagerwesens oder, umfassender formuliert, der Materialwirtschaft im Betrieb, die ihn unablässig beschäftigt. Es ist kein Zufall. Schmalenbach ist davon überzeugt, daß die Organisation und das Lagerwesen Aufgaben sind, mit denen sich die Treuhand-AG im Rahmen ihrer Beratungstätigkeit am meisten wird beschäftigen müssen. Aber er fürchtet offenbar, daß seine eigenen Erfahrungen in Fragen der Materialwirtschaft für eine wissenschaftliche Untersuchung nicht ausreichen. Seine Hoffnung ist, daß Erich Potthoff ihm die nötigen Zuträgerdienste wird leisten können, was sich aber weitgehend als illusorisch erweist.

Und so kommt es, daß die Beschäftigung mit dieser Frage zu einer Art Dauerthema wird. Begonnen hat er die Arbeit im Herbst 1941. Am 16. Juli 1942 berichtet Minz, sie sei „recht weit vorangeschritten". Im Januar 1943 hält Schmalenbach darüber einen längeren Vortrag vor der Krähe-Kommission. Aber am 20. Dezember 1944 erklärt er immer noch, seine „ziemlich umfängliche Arbeit über Lagerwesen (müsse) jetzt durch Erhebungen in der Praxis vervollständigt werden". Erhalten geblieben ist von alledem, soweit ersichtlich, nur das Manuskript des erwähnten Referats, das mit dem 6. Januar 1943 datiert ist (im Schmalenbach-Archiv).

Daneben befaßt er sich mit Fragen der Wirtschaftslenkung, die er für die Zeit nach dem Kriege für unerläßlich hält. Allein Wirtschaftslenkung, davon ist er überzeugt, könne die übergeordnete Aufgabe, die höchstmögliche Produktivität der Gesamtwirtschaft zu sichern, mit den Vorzügen einer (möglichst) freien Unternehmerwirtschaft in Einklang bringen. Anfang 1943 ist sein Manuskript „Über die exakte Wirtschaftslenkung" fertiggestellt. Er schickt es Albert Meier in Berlin, der es ins Reine schreiben und vervielfältigen läßt. Dahinter steht die Bitte an Meier, doch eine Kommission ins Leben zu rufen, die sich auf Grund der Schmalenbach-Schrift intensiver mit dieser Frage beschäftigen soll. (Siehe Seite 173)

Kaum hat er diese Arbeit abgeschlossen, drängt es ihn, die verschiedenen Arten von Bilanzen einander gegenüberzustellen: die Handelsbilanz, die Bilanz nach dem Aktiengesetz und die darauf bezogene Pflichtprüfung, dann die Kreditbilanz, die Gewinnverteilungsbilanz, die Steuerbilanz und zum Schluß – wie könnte es anders sein – Bilanzen zum Zwecke der Wirtschaftslenkung, die eine Vereinheitlichung des Bilanzwesens voraussetzt. Krähe, dem er sein Manuskript am 15. April 1943 zuschickt, hat beim Lesen an keiner Stelle „irgendein Störungsgefühl", ist also voll einverstanden, schlägt nur – nach Rücksprache mit van Aubel – gewisse Nuancierungen vor.

Im weiteren Verlauf des Jahres 1943 läßt ihn angesichts der verheerenden Zerstörungen in Köln die Frage nicht ruhen, wie sich denn der Wiederaufbau dieser Stadt vollziehen solle. Und wieder setzt er sich hin und bringt seine Vorstellungen zu Papier, wobei ihm auch manche Erkenntnisse (und Glaubenssätze) über die Wirtschaftlichkeit und Unwirtschaftlichkeit der „Distribution" und des Verkehrs in die Feder fließen. Zu Weihnachten ist die Arbeit fertig, und natürlich wird das Exposé, betitelt „Gedanken eines Betriebswirtschaftlers über den Wiederaufbau einer Großstadt", sogleich Walter Krähe übersandt. Der ist diesmal nicht mit allem einverstanden und bringt seine Meinung zwar höflich und zurückhaltend, aber in der Sache doch ungeschminkt zum Ausdruck (Brief vom 12. Januar 1944). Und siehe da, Schmalenbach ist durchaus nicht verstimmt, bedankt sich im Gegenteil „für Ihre eigene Meinung" und setzt sich sehr verständnisvoll mit einigen der Einwände auseinander (Brief vom 14. Januar 1944).

„Mein persönliches Arbeitsprogramm ist vorläufig noch zu groß, um an . . . weit ausgreifende Probleme denken zu können", stellt Schmalenbach am Schluß seines Briefs vom 12. Januar 1944 fest. Was er nicht wissen konnte (aber doch mit einigem Bangen ahnte): Wenige

Wochen später veränderen sich seine Lebensumstände unter dem harten Zugriff der SS derart gravierend, daß an ein vernünftiges Arbeiten nicht mehr zu denken ist. Nur noch eine wegweisende Arbeit, über deren gedanklichen Inhalt er sich vermutlich seit längerem klar ist, stellt er endgültig fertig und übergibt das Manuskript Anfang Mai 1944 zur vertraulichen Kenntnisnahme Minz und Krähe: „Über die zukünftige Gestaltung der Betriebswirtschaftslehre". Die beiden Vertrauten werden über seine Ideen zu dieser Frage nicht überrascht gewesen sein. Nicht-Eingeweihten wären diese Gedanken jedoch zweifellos fremdartig, ja absurd erschienen. Schmalenbach will die bisherige Einteilung der Lehrfächer in Allgemeine Betriebswirtschaftslehre und spezielle Betriebswirtschaftslehre für Industrie, Handel, Banken usw. aufgeben und das Fach dafür funktionell gliedern. Die Hauptfächer sollen in Zukunft sein: Wirtschaftslenkung – Organisation – Rechnungswesen – Beschaffungs- und Absatzwesen – Sachverwaltung (Anlagen, Läger) – Personalwesen.

Als im Herbst 1945 der Lehrbetrieb an der Kölner Universität wieder aufgenommen wird, folgt Schmalenbach diesem Plan in einem Punkt: Statt seines früheren Treuhand-Seminars richtet er jetzt ein „Seminar für Betriebsorganisation" ein. Er bleibt dabei, solange er sein Lehramt ausübt.

56. Schmalenbach bestellt sein Haus: Vermögensumschichtung und Testament

„Wenn man 70 Jahre alt geworden ist, soll man sein Haus bestellen." Mit diesen Worten, die fast feierlich klingen, leitet Schmalenbach einen wichtigen Brief an Walter Krähe ein. Er habe sein Testament verfaßt, schreibt er dem Freund, und er bitte ihn „um die Freundlichkeit, im Falle meines Todes Testamentsvollstrecker zu sein". Beruhigend setzt er hinzu: „Ich glaube nicht, daß Sie damit viel Mühe haben werden" (Brief vom 24. Januar 1944).

Nein, große Mühe hätte Testamentsvollstrecker Krähe mit dem Nachlaß nicht gehabt. Denn Schmalenbach hatte nicht erst nach seinem 70. Geburtstag (20. August 1943) damit begonnen, sein Haus zu bestellen. Seine Vermögensverhältnisse waren längst geordnet, und das Testament war gleichsam der Schlußpunkt unter eine ganze Reihe verschiedener Regelungen. Begonnen hatte die Neuordnung schon gut zwei Jahre vorher, wenige Monate nachdem Eugen seinem Schwiegersohn in Halver den Stuhl vor die Tür gesetzt hatte.

Am 10. Dezember 1941 teilt Eugen dem Bruder und stellvertretenden Aufsichtsratsvorsitzenden der Treuhand-AG mit, es erscheine ihm nach Beratung mit seinem Notar zweckmäßig, das Landhaus in Schmalenbach auf die Treuhand-AG zu übertragen, ebenso das Haus Wolfgang-Müller-Str. 16 einschließlich der unmittelbar anschließenden kleineren Grundstücke Auf dem Römerberg 7, wo Garage und Werkstatt stehen. Zur Begründung dieses Schritts schreibt er seinem Bruder nur, die Verwaltung des Hauses müsse „in vernünftiger Weise geführt" werden. Aber es kann kein Zweifel bestehen, daß die Erbfrage im Vordergrund gestanden hat. Schmalenbachs einziger Sohn lebte in der Schweiz und hätte nach einem Gesetz vom 14. Juli 1933 das Vermögen seines Vaters nicht erben können, falls der Sohn trotz „Rückkehraufforderung" nicht gewillt gewesen wäre, seinen Wohnsitz nach Deutschland zu verlegen. Und für Schmalenbachs Frau gilt seit dem September 1941 eine Verfügung des Reichsjustizministers, wonach „Verfügungen von Todes wegen . . ., durch die ein Jude von einem Deutschblütigen bedacht wird", nichtig sind. Diese Verfügung war, wie zu vermuten ist, der Hauptanlaß für Eugens Gang zum Notar.

Am 19. Januar 1942 erwirbt die Treuhand-AG die genannten Grundstücke – sämtlich zum steuerlichen Einheitswert –, wobei das Landhaus künftig als Ferienheim der Gesellschaft dienen soll. Acht Monate später, am 18. September 1942, bringt Schmalenbach auch die Liegenschaft Sachsenring 74 in die Treuhand ein, ebenfalls zum Einheitswert. Das Gebäude, das er nicht aus eigenem Antrieb und nicht für seinen eigenen Bedarf erworben hat (Seite 170), ist bei dem ersten großen Flächen-Angriff britisch-amerikanischer Bomber auf Köln in der Nacht vom 31. Mai auf den 1. Juni 1942 bis auf die Grundmauern niedergebrannt. Aber das hat ihn anscheinend nicht sonderlich berührt, es wird in keinem Brief erwähnt. Dennoch möchte Schmalenbach nichts versäumen, um seinen Nachkommen ein solches Objekt als Eigentum zu erhalten.

Am 30. November 1943 fragt Schmalenbach – erstaunlich vorsichtig, fast schüchtern – bei Krähe an, ob er bereit wäre, das Amt eines Vorstandsmitglieds bei der Treuhand-AG zu übernehmen. Krähe ist bereit, muß aber erst bei seiner Dienststelle klären, ob sich eine solche Vorstands-Tätigkeit mit seinen Pflichten beim Rheinisch-Westfälischen Kohlen-Syndikat vereinbaren läßt. Als dies von offizieller Seite bejaht wird, tritt er am 10. März 1944 das Vorstandsamt an. Damit sind alle Schlüsselpositionen dieser Gesellschaft, auch der Aufsichtsrat, mit Männern besetzt, die zu den engsten Freunden und Vertrauten Schmalenbachs gehören. Die Treuhand-AG, der er sein gesamtes Grundvermögen anvertraut hat, ist voll in seiner Hand.

Von den Aktien liegen 80 Prozent seit dem 1. Januar 1944 bei Dr. Paul Haas in Bern, dem schweizerischen Verehrer Schmalenbachs, der dem Professor schon mehrfach behilflich gewesen ist (siehe S. 159, 160, 163). Seine eigenen 20 Prozent hat Schmalenbach treuhänderisch Theodor Beste übereignet, den er auch in den Aufsichtsrat aufgenommen hat (ebenso Arnold Weber, den unermüdlichen Weggenossen aus alten Kontenrahmen-Zeiten). Haas wollte die Treuhand-Aktien allerdings nicht auf Dauer behalten. Es gibt Erwägungen, 60 Prozent nach Deutschland zu verlagern, sie vielleicht in die Schmalenbach-Stiftung einzubringen, was Schmalenbach für richtig hielte. Aber schließlich überlegt es sich Haas doch anders und behält das ganze Paket. Es bleibt also alles beim alten. Das Hin und Her in dieser Frage offenbart jedoch deutlich, daß Schmalenbach für die Nachkriegszeit nicht im entferntesten an die Möglichkeit unterschiedlicher politischer Konsequenzen für das Unternehmen und für sich gedacht hat, je nachdem, ob die Treuhand in Schweizer oder in deutschem Mehrheitsbesitz ist.

Sein Denken bewegte sich in ganz anderen Kategorien. Mitten im Trubel der Kriegsgeschehnisse blieb er der Forscher, der seine Aufgabe einzig darin sah, sich auf die Aufgaben der Zukunft vorzubereiten. Obwohl dieser Krieg in jeder Hinsicht völlig andere Dimensionen angenommen hatte als Weltkrieg Nummer 1, glaubte Schmalenbach offensichtlich, nach Kriegsschluß werde die Politik doch – wie nach 1918 – früher oder später wieder in ihre alten Geleise zurückfinden. Der Gedanke, daß dieser Krieg, anders als der vorige, Deutschland und die Welt in ihren Grundlagen tiefgreifend verändern würde, ist ihm fremd gewesen – oder sein Bewußtsein hat diesen Gedanken verdrängt, um das Schreckliche nicht immer vor Augen haben zu müssen.

Nur aus solcher Einstellung ist sein Planen und Handeln in Sachen Treuhand-AG überhaupt begreifbar. Mit dieser Gesellschaft, die zu einem reinen Forschungsunternehmen geworden war, hat Schmalenbach Großes vor; im Vergleich zu den bisherigen Möglichkeiten erreichen seine Pläne geradezu überdimensionale Ausmaße. Die Treuhand-AG soll zu einem „Institut für Betriebswirtschaftslehre“ ausgebaut werden, dessen Aufgaben über das „rein“ Betriebswirtschaftliche weit hinausgehen. Ein Sachbearbeiter soll in diesem Institut nur Länderberichte erstellen, mit dem Ziel, diese Länder „für den Export zu erobern“; ein anderer soll die Branchen studieren, und zwar so intensiv, daß er „genau weiß, was die Betriebe zwickt und wo“ (gleichzeitig soll er für Fragen der Wirtschaftslenkung zuständig sein); und ein dritter soll sogar Berichterstatter für Modeströmungen sein, der jeweils „den Zug der Zeit zu erkennen vermag“ (hier schimmern Schmalenbachs Erfahrungen aus der Posamenten-Branche durch).

Die Arbeiten der Berichterstatter sollen dann zusammen mit Aufsätzen über wissenschaftliche Forschungsergebnisse in einer „Vierteljahresschrift des Instituts für Betriebswirtschaftslehre der Treuhand-AG Köln“ veröffentlicht werden. Die Zeitschrift soll „etwas Besonderes“ sein, jeweils etwa 160 Seiten umfassen und zu einem relativ hohen Preis verkauft werden. Mit dieser anspruchsvollen Zeitschrift wie auch mit dem Charakter seines Instituts will sich Schmalenbach bewußt von allen schon bestehenden Instituten des Fachs abheben. Er gerät geradezu ins Schwärmen, wenn er diesen Punkt berührt: „Unser Institut ist erfüllt von dem Geiste, der in einem gut geleiteten Geschäft lebt, und nicht von dem Geiste, der in Universitäts-Instituten zu Hause ist. Wir haben den Beweis zu erbringen, daß wir . . . aus eigener Kraft viel mehr vollbringen, als alle Institute zusammen mit fremder Kraft. Das ist das Programm.“ (Brief an Krähe vom 20. Dezember 1943)

Nebenher läuft ein anderes ehrgeiziges Projekt: Die Treuhand-AG soll außerdem ein internationales Institut gründen. Schmalenbach ist freilich der Meinung, daß dies besser in der Schweiz geschehen sollte, und unter diesem Gesichtspunkt hat er es begrüßt, daß Dr. Haas sich entschlossen hat, mit 80 Prozent an der Treuhand beteiligt zu bleiben. Für Deutschland, so meint er, sei nach dem Kriege auf eine baldige Wiederkehr der für geistige Zusammenarbeit nötigen Atmosphäre nicht zu rechnen. Die Hauptaufgabe dieses Instituts soll darin bestehen, amerikanische Bücher aus dem Fach Betriebswirtschaftslehre ins Deutsche zu übersetzen und deutsche Bücher ins Englische. „Wir müssen . . . wissen, was im Ausland in unserem Fach gespielt wird“, schreibt er am 17. Februar 1944 an Krähe. Daß er dies nicht – oder nur unvollkommen – weiß, hat er offenbar zunehmend als ein Manko empfunden.

Das für Deutschland geplante große Institut der Treuhand-AG will Schmalenbach gegenüber seinem Wohnhaus errichten, auf dem Gelände, das offiziell „Auf dem Römerberg 7“ heißt. Und wie zur Selbstbestätigung, daß es ihm mit seinen Absichten auch ernst ist, nimmt er an einem schönen Tag im Herbst 1943 sogleich den ersten Spatenstich vor, umgeben von seinen Getreuen Geile, Minz und Potthoff. Doch die Zeit ist zum Feiern nicht gerade angetan. Der Krieg hat im letzten Winter mit dem Drama von Stalingrad seine Peripetie überschritten, die deutschen Truppen in Rußland sind inzwischen in heftige Rückzugskämpfe verwickelt, die Alliierten landen in Italien, Mussolini wird vertrieben, sein Nachfolger schließt sich den Alliierten an und erklärt Deutschland den Krieg – politisch wie militärisch kündigt sich die Katastrophe schon an, die anderthalb Jahre später hereinbricht. Vor diesem düsteren Hintergrund der in eine friedliche Zukunft weisende symbolische Akt eines Spatenstichs – es muß eine gespenstische Szene gewesen sein.

Aber Schmalenbach, persönlich selbst in wachsender Bedrängnis, hat an alles gedacht und alles wohl geordnet. Er kann abtreten in der Gewißheit, daß nach menschlichem Ermessen die Früchte seiner Lebensarbeit den Nachkommen erhalten bleiben werden.

57. Erst Ausquartierung, dann tollkühne Flucht: Ernste Gedanken um Leben und Tod

Keinen seiner „runden“ Geburtstage hat Schmalenbach in einer so gedrückten Stimmung begangen wie den siebzigsten am 20. August 1943. Der Tag verlief „in aller Stille“, wenngleich „in einer wunderschönen Harmonie“, wie der Jubilar schreibt. Bei ihm waren „einige alte Schüler", darunter sicher seine engsten Vertrauten Krähe, Minz und Potthoff, vielleicht auch einige andere aus der Zeit, als er noch an der Universität lehrte. Überwältigend war die Zahl der Glückwünsche, die ihn schriftlich oder telegraphisch erreichten. Aus ihnen sprach vielfach eine Herzlichkeit, die nichts formelhaft Gekünsteltes hatte, sondern sehr persönlich war und von enger Verbundenheit zeugte. Wir haben einige Sätze aus solchen Briefen an früheren Stellen dieses Buches zitiert.

Doch die Freude über all dies war bei Schmalenbach und seiner Frau überschattet von der Sorge, welches Schicksal die Nazis jetzt für sie wohl noch bereithielten. Daß der Wind den Juden immer schärfer ins Gesicht blies, war unverkennbar. Eugen hatte es in seiner nächsten Verwandtschaft erlebt. Schon ein Jahr zuvor, im September 1942, war in Mainz Irenes Mutter nach Theresienstadt geholt worden, eine Frau, mit der Eugen in früheren unbeschwerten Zeiten viel geschäkert und gescherzt hatte. Und wie die SS-Kommandos mit den Juden in Polen umsprangen, wo die Verwandten von Hermann Schmalenbachs Frau lebten (teils in Warschau, teils in Lodz), wird Eugen Schmalenbach, soweit Einzelheiten überhaupt bekannt wurden, von seinem Bruder unmittelbar erfahren haben. Zu alledem war ihm zu Ohren gekommen, daß beabsichtigt sei, die Vergünstigungen für privilegierte Mischehen aufzuheben. Es ist die größte Sorge für Eugen und seine Frau. In den Briefen, mit denen er sich für die Glückwünsche bedankt, kommt er immer wieder auf diese Frage zu sprechen, und besonders gegenüber alten Freunden schildert er seine Befürchtungen in aller Ausführlichkeit. So schreibt er am 27. August 1943 an Walter Susat:

> *„Der Geburtstag . . . war überschattet von der Gefahr, daß gegen die Mischehen nun etwas Ernstes vorgenommen wird, vermutlich mit dem Ziele der Deportation nach Theresienstadt, nicht bloß der Frau, sondern auch des dazugehörigen anderen Teils. Es ist zwar hier einiges geschehen, um das Unheil nach Möglichkeit abzuwenden, und die Gauleitung und ihre Organe haben auch ein gewisses Entgegenkommen gezeigt. Es scheint aber, daß den Möglichkeiten der Gauleitung Grenzen gesetzt sind."*

Und bei Leonid S. Rothe, der aus Schmalenbachs Schule hervorgegangen ist und jetzt an der Spitze eines der wichtigsten Rüstungsbetriebe steht, der Junkers-Flugzeugwerke, erhofft sich Schmalenbach Hilfe an höchster Stelle in Berlin (Brief vom 27. August 1943):

> *„Es scheint, daß eine mögliche Abwehr der Maßnahmen nur noch zu erreichen ist, wenn sich in Berlin jemand fände, der beim Ministerium Himmler eine Ausnahmebewilligung erwirkt. Aber ich zweifle doch, daß sich eine Gelegenheit findet, in diesem Sinne zu wirken."*

Rothe hat seinem früheren Lehrer denn auch tatsächlich am 29. September 1943 über Minz die Nachricht zukommen lassen, daß er „in einer delikaten Angelegenheit einen kleinen Vorstoß unternommen habe". Dabei habe er sogar festgestellt, „daß die gleiche Stelle von anderer Seite angegangen worden ist". Bewirkt hat der Vorstoß nichts. Das Ehepaar Schmalenbach muß weiter in der Furcht leben, eines Tages von der Gestapo in ein Konzentrationslager geschickt zu werden.

Eine einzige Hoffnung hat Schmalenbach noch, und an die scheint er sich innerlich geklammert zu haben. Sie wird durch den Namen „Marx" verkörpert. Das ist ein Mann, der im Falle Schmalenbach eine geheimnisvolle und undurchsichtige, vermutlich sogar recht zwielichtige Rolle gespiel hat. Er verfügte über Verbindungen zur Gauleitung ebenso wie zum Rassenpolitischen Amt der SS und hat an beiden Stellen versucht, für Schmalenbach Ausnahmen von generellen Anordnungen oder zumindest ein Hinauszögern zu erreichen. Für

Schmalenbach scheint er gegen Bezahlung tätig geworden zu sein. Jedenfalls hat der Professor ihm, obwohl alle seine Bemühungen letztlich vergebens waren, über Minz eine nicht unerhebliche Summe Geldes zukommen lassen (Brief Schmalenbach an Minz vom 13. März 1944).

Wer diesen Mann aufgetan hat (und was er eigentlich war), wissen wir nicht. Die Verbindung zu ihm hielt, wie gesagt, Willy Minz, der sich schon bei früheren Schikanen gegen Schmalenbach wie kein anderer für seinen Lehrer eingesetzt hatte, um Erleichterungen zu erwirken. Minz gehörte einem Freundeskreis von Männern an, die sich durch ihre ablehnende Haltung gegenüber Hitler und seinen Mannen einander verbunden fühlten, ohne daß darüber viel Worte verloren wurden. Es war eine Art „Gesprächskreis der inneren Emigration" (so Potthoffs Charakterisierung), ein lockerer Bund, wie er wahrscheinlich nur aus der gemütvoll-gelassenen Lebensart des typischen Rheinländers (wie auch seiner selbstverständlichen Hilfsbereitschaft) zu verstehen ist. Diese Männer waren nicht etwa aggressiv, nicht dem „inneren Widerstand" zuzurechnen. Sie waren einfach „anti" und wußten, daß ihr Freund gleichfalls „dagegen" war. Aus der engeren Umgebung Schmalenbachs gehörte außer Minz vor allem auch Eugen Fervers zu diesem Kreis, Generaldirektor der Goetze-Werke in Burscheid. Auch er hat viel für seinen früheren Lehrer getan, ohne daß dies nach außen besonders in Erscheinung getreten ist.

Für Schmalenbachs Bedrängnis wegen seiner Frau ist hinter den Kulissen vor allem ein Mann namens Dr. Schmidt tätig geworden, seines Zeichens Redakteur der Kölnischen Zeitung, mit vielen zum Teil auch persönlich-freundschaftlichen Verbindungen in die verschiedensten Parteidienststellen hinein. Es heißt, Schmidt habe auch Gauleiter Grohé persönlich gekannt, der übrigens gleichfalls ein Rheinländer war und den Schmalenbach bis zuletzt als einen ehrenwerten Mann geachtet hat. Schmidt ist es wohl auch gewesen, der jenen geheimnisvollen Mister Marx mobil gemacht hat, auf den Schmalenbach zum Schluß alle seine Hoffnungen setzte. Obwohl Schmidt anscheinend kein Schüler Schmalenbachs war, hatte er schon in den dreißiger Jahren zu dessen engerem Freundeskreis gehört; bei der Beisetzung von Schmalenbachs Tochter Marianne 1941 hat er gemeinsam mit Eugen die Mutter auf dem Wege zum Grabe gestützt. Gleichzeitig war Dr. Schmidt – übrigens ein Junggeselle, der stets nur „Jonathan" gerufen wurde und dessen richtigen Vornamen daher heute niemand weiß – auch mit den Feists befreundet, in deren Haus die Schmalenbachs schließlich ihr Versteck fanden. Schmidt ist es letztlich zu verdanken, daß im entscheidenden Moment die Verbindung zwischen beiden Ehepaaren zustandekam.

Das Drama für Eugen Schmalenbach und seine Frau begann am 29. November 1943. Es ist der Tag, an dem ihnen vom Rassenpolitischen Amt eröffnet wird, daß sie damit rechnen müßten, ihre Wohnung aufzugeben, um mit anderen Mischehen „kaserniert" zu werden. Schmalenbachs knapper Kommentar zu dieser Mitteilung spiegelt Galgenhumor: „Liebliche Aussicht." (Brief an Krähe vom 30. November 1943). In Wahrheit ist er zutiefst aufgewühlt. Zehn Tage später, am 10. Dezember 1943, läßt er seinen treuesten Knappen, Willy Minz, einen Blick in sein Innerstes tun. Seine Worte sind erschreckend:

> *„Mir ist es heute bedauerlich, daß ich überhaupt jemanden bemüht habe. Es entspricht meiner ganzen Lebensauffassung besser und nimmt sich in einer für meine Kinder gedachten Lebensbeschreibung besser aus, daß ich ohne Bettelei den Dank der Nation, wie sie ihn für richtig und angemessen hält, über mich ergehen lasse. . . . Nun mag kommen, was soll. Glücklicherweise kann ein aufrechter Mensch die Grenze des Erträglichen selbst bestimmen."*

„Die Grenze des Erträglichen selbst bestimmen" – das ist der Gedanke an den Tod von eigener Hand. Nie zuvor und niemals danach war Eugen Schmalenbach in einer derart depressiven Stimmung. Erst jetzt ist er wohl auch dessen inne geworden, in welche Grenzsituation das Schicksal ihn und seine Frau geführt hat. Der Leser seines Briefes meint zu spüren, daß die Worte das Ergebnis erregender, manchmal sicher quälender Erörterungen zwischen ihm und seiner Frau über Fragen von Leben und Tod gewesen sind. Erst nach langem Ringen, so ist zu vermuten, sind sich die beiden über diese existentiellen Fragen einig geworden.

Meine Frau „möchte den Opfertod sterben für mich und für die Vollendung meiner Philosophie. Aber dann wäre das nicht mehr meine Philosophie, sondern nur noch ausgedachtes Zeug . . . Treue ist irgendwo absolut, oder sie ist gar nicht". Das hat Karl Jaspers in sein Tagebuch geschrieben, der Philosoph, der wie Schmalenbach mit einer jüdischen Frau verheiratet war. Dasselbe hätte dem Sinn nach Eugen Schmalenbach niederschreiben können, als er mit seiner Frau in die gleichen Seelennöte geraten war. Und auch die Frage, ob der Mensch das Recht habe, sich selbst das Leben zu nehmen, hätte Schmalenbach gewiß nicht anders beantwortet als Jaspers: „Der Selbstmord ist nicht mehr Selbstmord, wenn er die würdige Vorwegnahme einer wie immer gearteten Hinrichtung ist. . . . Eine Deportation ist so gut wie eine Hinrichtung."

Von Ludwig Feist wissen wir, daß Eugen Schmalenbach und seine Frau seit 1944 stets Giftkapseln bei sich trugen. Sie haben sie erst weggeworfen, als die Amerikaner den Rhein überschritten hatten.

Für ein Vierteljahr wird Schmalenbach noch in Ruhe gelassen. Es ist die Zeit, in der er die Führungsfrage bei der Treuhand-AG ordnet, die Nachfolge bei der Schmalenbach-Stiftung für den Fall seines Todes oder längerer Abwesenheit regelt und gemeinsam mit seiner Frau das Testament errichtet. Aber dann, gegen Ende Februar 1944, kommen die Uniformierten, die ihn aus seinem eigenen Haus hinauswerfen. Sie weisen ihm ein kleines Einfamilien-Häuschen zu, gar nicht weit entfernt, in das er jetzt einzuziehen habe. Schmalenbach tut es, richtet sich so wohnlich wie möglich ein und findet die Lösung erträglich, weil er mit wenigen Schritten die Büros der Treuhand-AG erreichen kann (die nicht aus seinem Haus Wolfgang-Müller-Straße 16 gewiesen wird).

Doch Anfang März erhält er eine Vorladung zur Gestapo, wo ihm eröffnet wird, die Sache mit dem Einfamilienhaus sei nur eine Zwischenlösung gewesen; sein endgültiger Aufenthalt werde ein Zimmer in der geräumten 4½-Zimmer-Wohnung der nicht mehr anwesenden Familie Sarnetzky in Köln-Lindenthal, Bachemer Str. 266 sein. Dort müßten sie binnen fünf Tagen mit eigenem Mobiliar eingezogen sein. Auf dem Flur des Gestapo-Gebäudes wartet bereits Werner Aprath, ein Schüler von Ernst Walb, gleichfalls jüdisch verheiratet und Schmalenbach seit langem bekannt (siehe S. 103). Er wird mit seiner Frau und vier Kindern in ein anderes Zimmer derselben Wohnung eingewiesen. Die beiden Familien werden auf Monate zu engsten Hausgenossen.

Mit Hilfe von Freunden kann Schmalenbach sich einen Möbelwagen besorgen und das Zimmer relativ gut einrichten. „Der alte Herr hat wieder einmal gezeigt, daß er zu rechnen verstand, diesmal mit jedem Raumquadratzentimeter", schreibt Aprath später in einem Erinnerungsbericht. Natürlich hat Schmalenbach dort seine Schreib- und Arbeitsecke, und bald ist er auch wieder in voller Aktion. Schon am 12. März 1944 tippt er einen fünf Seiten langen Brief an Albert Meier über dessen Kommission, die sich mit der Frage der Wirtschaftslenkung befassen soll, aber nicht recht vorankommt. Es ist sein erster Brief aus dem neuen

Domizil. Einen Tag später schreibt er an Krähe, wobei er sich pessimistisch über die Weiterarbeit (und den Weiterbestand) der Treuhand-AG äußert, da er selbst sich wegen der großen Entfernung – eine Stunde Fahrzeit – nicht mehr täglich um sie kümmern könne. Ebenso nimmt er an diesem Tage (13. März 1944) auch die erste Verbindung zu Minz wieder auf und teilt ihm mit, daß ihm von der Gestapo vorgehalten worden sei, Herr M. (= Marx) habe die beteiligten Stellen gegeneinander auszuspielen versucht (wobei ein Zusammenhang mit der „Zwischenlösung" in dem Einfamilienhaus bestehen könnte – M. K.).

Die neuen Bewohner des Hauses Bachemer Str. 266, insgesamt 13 Personen in 4½ Zimmern, unterliegen keinen Einschränkungen ihrer persönlichen Freiheit. Sie verfügen über Strom und Gas (wenn nicht gerade Stromsperre ist), haben ein gemeinsames Telefon, können sich vor allem auch frei bewegen. Ohne von einem Ortsgruppenleiter oder Luftschutzwart getrieben zu werden, gehen sie bei Fliegeralarm in den gemeinsamen Luftschutzkeller, den auch die anderen Hausbewohner benutzen und wo sich eine gute Hausgemeinschaft entwickelt. In Schmalenbachs Briefen wie auch in seinem Verhalten deutet nichts darauf hin, daß er sich hier in einem Ausnahmezustand befände. Er setzt sogar seine Arbeiten fort, bringt seine Schrift über die Neugestaltung der Betriebswirtschaftslehre zu Ende, freut sich über einen Besuch van Aubels, dessen Ideen er immer als überaus anregend und fruchtbar empfindet, bespricht mit Krähe und Minz im Büro der Treuhand-AG das neue Studienprogramm, verhandelt sogar über die Frage von Darlehen, die seine Treuhand-AG zwecks rentabler Anlage freier Mittel verschiedenen Firmen geben will, und ist bei alledem so rege und so munter, als sei seine Welt vollkommen in Ordnung, sein Dasein völlig sorgenfrei.

Natürlich ist es das nicht. Aus dem Bericht von Werner Aprath erfahren wir, mit welcher Spannung man in der Bachemer Straße die Nachrichten über die Invasion der Alliierten in der Normandie am 6. Juni 1944 verfolgt und wieviel Erörterungen das Attentat auf Hitler am 20. Juli 1944 unter den Bewohnern ausgelöst hat. „Wenige Wochen später erfuhren wir vertraulich, daß uns von den wildgewordenen Fanatikern des Hitler-Regimes unmittelbare Gefahr drohe." Höchste Zeit zu handeln, wenn man nicht sehenden Auges in den sicheren Tod gehen wollte. Aprath hatte seine Kinder schon untergebracht und für sich selbst und seine Frau einen Ort vorbereitet, wo sie untertauchen können – nur war der jetzt schon von den Amerikanern besetzt und damit für sie unerreichbar geworden. Eugen hatte dagegen nichts vorbereitet, gar nichts. Er wußte wahrhaftig nicht, wohin er gehen sollte. Dennoch wagte er mit seiner Frau die tollkühne Flucht. „Schmalenbachs kamen eines Tages kurz vor Mitte September 1944 von einem Ausgang nicht mehr zurück" (Aprath). In ihrer Todesangst hatten Eugen und Marianne, beide sicher mit klopfendem Herzen und in banger Furcht vor den Gefahren, den Weg ins Ungewisse angetreten.

58. Fünf Monate im Versteck: Der gute Mensch von Godesberg

Wie zwei Häretiker, die mit Acht und Bann belegt sind, müssen sich Eugen Schmalenbach und seine Frau vorgekommen sein, als sie die Bachemer Straße verlassen hatten und durch Köln zum Hauptbahnhof strebten. Der geringste Vorfall, ein Schwächeanfall des einen oder anderen, der ärztliche Hilfe notwendig gemacht hätte, eine Routinekontrolle am Bahnhof oder im Zug oder irgendein anderes zufälliges Ereignis hätte ihre Identität aufgedeckt und ihnen zum Verhängnis werden können. Aber nichts dergleichen passierte. Unbehelligt konnten sie die Fahrkarten lösen und den Zug besteigen, der sie aus Köln hinausbrachte. Ihr Ziel war der Ort Waldbröl, etwa 100 Kilometer östlich von Köln im oberbergischen Land gelegen.

Hier wohnte eine Frau, die mehrere Jahre als Sekretärin in der Treuhand-AG gearbeitet hatte und deren Adresse Schmalenbach kannte. Er wußte auch, daß sie allein in einem eigenen Häuschen lebte, und er hatte sie überdies als eine „überaus hilfsbereite Person" in Erinnerung, „die sich außerdem durch unbefangenen Mut auszeichnete" (so Potthoff). Von den Menschen, die in seiner verzweifelten Lage als mögliche Helfer in Betracht kamen, stand ihm jene Sekretärin – Gertrud Stiasny – am nächsten. Er mußte es bei ihr versuchen.

Als er mit seiner Frau vor dem Haus eintraf, muß den Beiden ein tödlicher Schreck in die Glieder gefahren sein: Drinnen waren nur SS-Männer zu sehen. Frau Stiasny war nicht zu Hause. Eine andere Frau bat sie herein und wies sie in die „gute Stube", die leer war und wo sie auf dem Sofa Platz nahmen. Die SS-Leute erwiesen sich als harmlos, es waren lauter junge Leute, „Muß-SS", wie sie selber sagten. Trotzdem konnte das enge Zusammensein mit soviel Totenkopf-Uniformierten bei den Schmalenbachs sicher kein Gefühl des „Erlöst-Seins" nach ihrer gefahrvollen Flucht aufkommen lassen. Ihnen war zweifellos höchst unbehaglich zumute. Als Frau Stiasny nach Hause kam und die alten Herrschaften sichtlich verängstigt auf dem Sofa sitzen sah, taten sie ihr nach eigenem Bekunden „in der Seele leid, . . . so abgehetzt und hilflos".

Wie es weiterging, hat Gertrud Stiasny in einem Bericht vom 2. August 1948 sehr anschaulich geschildert:

„Etwa acht Tage ging die Sache auch anscheinend gut. Aber dann? Wer ahnt, woher ein Gerücht kommt? Die Gerüchte beunruhigten uns. Deshalb sondierte er (Eugen Schmalenbach) das Terrain und fuhr nach Bad Godesberg zu . . . Bekannten, die auch gleich die Aufnahme zusagten, wenn es hier zu brenzlich werden sollte. Der Fall trat denn auch bald ein. Denn neben unseren lieben Jungen, die längst alles wußten, trieben sich auch richtiggehende SS (Sadisten) hier herum und schnüffelten. So platzte eines Tages die Bombe: Alle wußten alles und keiner wußte etwas.

Morgens, als wir aufwachten, mußten wir uns beeilen, daß wir noch das Bähnchen nach Beuel-Bad Godesberg bekamen, . . . Noch am Tage der Abreise, gegen Abend, kam die Bestie und drohte. Aber zu spät, die Flüchtlinge waren weg.

Erst viel später hörte ich, daß eine Frau aus Rodenkirchen, die ihren möblierten Herrn besuchte, Frau Schmalenbach erkannt hat auf einem kurzen Spaziergang und – vielleicht harmlos – ihr Wissen anbrachte."

Die Schmalenbachs mußten also weiterziehen, und sie hatten bei alledem das Glück, daß sie nirgends und von niemandem behelligt wurden. Ludwig Feist, in dessen Haus sie nunmehr ihren Unterschlupf bis Kriegsende – und darüber hinaus – fanden, gehörte nicht zu dem engeren Kreis von Schülern um Schmalenbach, denen er sich besonders verbunden fühlte; jedenfalls konnte er in Feist keinesfalls einen seiner „Vertrauten" sehen. Deshalb fiel es Schmalenbach sicher nicht leicht, als hilflos Bittender einfach an seine Tür zu klopfen.

Feist, in der Schweiz geboren und aufgewachsen, aber mit deutscher Staatsangehörigkeit, hat in den frühen zwanziger Jahren bei Schmalenbach studiert. 1925 erwählte der Professor ihn als Nachfolger von Theodor Beste zu einem seiner Assistenten, doch hat sich Feist bald von ihm gelöst und 1926 aus eigener Kraft eine Steuerberater-Praxis aufgebaut. 1927 hat er geheiratet und seitdem nur noch selten Kontakt mit Schmalenbach gehabt. Erst nach dem zweiten Weltkrieg ist er in die Schmalenbach-Vereinigung eingetreten.

Freund Dr. Schmidt von der Kölnischen Zeitung – der „Jonathan" – war es, der den Feists eines Tages erzählte, daß Eugen Schmalenbach und seine Frau von der Gestapo aus ihrem schönen Haus auf der Marienburg herausgeschmissen worden waren und jetzt zusammen mit anderen „Mischehen" recht und schlecht in einem Zimmer in der Bachemer Straße hausen mußten. Das muß im August oder Anfang September 1944 gewesen sein, einige Wochen nach dem Attentat auf Hitler. Denn Feist hatte gerade seinen Einberufungsbefehl bekommen, und in Köln kursierte bereits das Gerücht, daß die Gestapo jetzt ernsthaft gegen die Partner von Mischehen vorgehen wolle.

Für Ludwig Feist, einen glühenden Hasser der Nazis, stand der Entschluß sofort fest: Ein oder zwei Tage später packte er mit seiner Frau etwas Gemüse und Obst in einen großen Korb und fuhr nach Köln, um die Nahrungsmittel den Schmalenbachs in ihre Enklave zu bringen. Als der Professor davon sprach, daß die Mischehen wahrscheinlich in Kürze verschickt werden sollen, zögerte Feist keinen Augenblick, ihm Hilfe anzubieten: „Wenn es hart auf hart geht, habe ich ein Loch für euch, in das ihr kriechen könnt."

An einem sonnigen Tage der letzten Septemberwoche war es dann soweit. Als Frau Feist von einem Gang in die Stadt zurückkam, sah sie schon von weitem einen Mann auf den Stufen vor ihrem Hause sitzen – und wußte sofort Bescheid: Schmalenbach. Er war allein gekommen, weil er Frau Feist, die er kaum kannte, wohl nicht mit der Tür ins Haus fallen wollte. Aber ein paar Tage später, am Montag, den 2. Oktober 1944, nachmittags, saßen beide im Zimmer, als Frau Feist nach Hause kam (ihr Mann, 59 Jahre alt, war inzwischen zum Militär geholt worden). Eugen war durch ein zersplittertes Fenster gekrochen und hatte seiner Frau die Haustür von innen aufgemacht. Es war der Beginn einer Wohngemeinschaft, die sich über mehr als zwölf Monate erstrecken sollte. Die ersten fünf Monate davon herrschten noch die Nazis, und ihr Terror gegen Juden erreichte anarchische Zustände. In den letzten Kriegswochen gab es für Verfolgte keine Gnade, wenn sie entdeckt wurden: Sie wurden zum Freiwild fanatisierter Häscher.

Eugen Schmalenbach und seine Frau bewegten sich auf dem Gelände des Feist-Hauses mit seinem großen Garten (Vennerstraße 7) in den ersten Wochen allerdings frei und ohne Heimlichkeit: Jedermann konnte sehen, daß Frau Feist Logiergäste hatte. Neugierigen Fragern wurde gesagt, dies sei das Ehepar Bach aus Stolberg bei Aachen, der Mann habe in der dortigen Schule Ludwig Feist als Knaben unterrichtet. Daß niemand Verdacht schöpfte, wäre gewiß eine leichtfertige Behauptung. Aber die rheinische Seele lächelte – und schwieg.

Nur ein Nachbar, ein „150-Prozentiger", erwies sich als Denunziant und erstattete bei der Kriminalpolizei Anzeige. Doch weder Frau Feist noch ihr Mann wurden zur Vernehmung geladen. Kein Polizist erschien, um Herrn und Frau Schmalenbach in „Schutzhaft" zu nehmen. Es passierte nichts, rein gar nichts. Das hatte natürlich seinen Grund. Erstens war dem Godesberger Leiter der Kriminalpolizei das ganze System sowieso zuwider. Und zum anderen war Frau Feist eine „Alt-"- fast möchte man sagen, eine „Uralt-Godesbergerin", deren Vater bereits vor 25 Jahren bei der Kriminalpolizei Dienst getan hatte. Er gehörte sogar zu den Dienstältesten, als der jetzige Leiter dieser Dienststelle, ein Mann namens Otto Kessel, hier als junger Bursche anfing. Sollte Kessel jetzt seine Finger damit schmutzig machen, daß er die Tochter seines einstigen Kollegen (oder Chefs?) der Gefahr aussetzte, wegen Beherbergung von Juden der Gestapo ans Messer geliefert zu werden? Nein, in rheinischen Gefilden ist es möglich, eine dienstliche Akte in der untersten Schublade verschwinden zu lassen und sie dort zu vergessen. Otto Kessel hat es getan. Er ist einer jener Menschen, die in jener schrecklichen Zeit Zivilcourage bewiesen, ohne später viel Worte darüber zu verlieren.

Das Zusammenleben der Schmalenbachs mit Frau Feist und deren 13jähriger Tochter Marion vollzog sich „im Großen und Ganzen harmonisch", wie Gertrud Feist in ihrem Brief vom 22. Juni 1948 sagt. Manchmal sei es sogar „heiter und amüsant" gewesen, besonders abends, wenn Eugen (der sie stets wie ein „vollendeter Kavalier" behandelt habe) Anekdoten aus seinem Leben erzählte und auch die sonst recht stille Marianne etwas auftaute. Zwischen den drei Erwachsenen war gleich zu Beginn eine klare Arbeitsteilung vereinbart worden: Frau Feist hatte das Beschaffen von Lebensmitteln übernommen, Frau Schmalenbach die Bereitung des Essens, und Eugen half bei der Gartenarbeit, beim Einbringen der Ernte, beim Einlagern der Wintervorräte, bei der Versorgung der Schafe und Hühner. Für den Winter war er außerdem zum Heizer erkoren, und er sorgte vorbildlich dafür, daß der Ofen niemals ausging.

Die Ernte war in jenem Jahr überreichlich, Kartoffeln reichten bis zum Februar für alle vier Personen. Beim Bäcker halfen die Raucherkarten sowie die Zigaretten, die Ludwig Feist nach Hause schickte, um Zusatzmengen zu „organisieren". Acht Hühner sorgten für Eier, zwei Milch-Schafe für Milch (jeden Tag 3 Liter), die beiden Lammböckchen wurden geschlachtet, und von einem Förster bekam man einmal gegen ein altes Motorrad ein halbes Schwein eingetauscht.

Zu alledem fand sich ein Feldwebel, der in einer Frontleitstelle Lebensmittel zu verwalten hatte, aber Kochtöpfe, Batterien und ähnliches brauchte. Da paßte es gut, daß Marions beste Freundin aus einer Eisenwarenhandlung kam, die ihrer Mutter gehörte. Das gab Gelegenheit zu tüchtigen Tauschgeschäften. Der Feldwebel kam immer wieder, und später gab er seine Schätze, hauptsächlich Fett, auch gegen Geld her. In diesem Punkt wiederum konnte Eugen seinen Teil beisteuern. Die Treuhand-AG überwies die Gelder für Schmalenbach auf ein Konto der Kaufhof AG, über das nur der dortige Finanzchef Werner Schulz – der später beim Kaufhof zum führenden Mann aufstieg – verfügen konnte. Frau Feist fuhr jeden Monat einmal nach Köln, um die jeweils benötigten Summen bei Herrn Schulz abzuholen. So trug die seit vierzig Jahren bestehende Freundschaft Schmalenbachs zum Hause Tietz in dieser Zeit äußerster Not noch ihre Früchte.

Auch von außen wurde geholfen. Van Aubel, der oft zu Besuch kam, brachte einmal 2 Lebensmittelkarten für einen ganzen Monat mit, die er in Berlin auf dem „schwarzen Markt" erstanden hatte. Willy Hillers, Inhaber der Pfefferminzfabrik gleichen Namens in Solingen, ließ seinem verehrten Lehrer mehrfach Pakete mit Süßigkeiten aller Art zukommen, die im Hause sehr begehrt waren (aber auch zu Verstimmungen führten, so, wenn Tochter Marion etwa meinte, ihr stehe aus der letzten Sendung eigentlich etwas mehr als nur eine halbe Pfefferminzrolle zu). Der wichtigste Verbindungsmann zur Außenwelt war Erich Potthoff, der als Prokurist der Treuhand-AG einen großen Organisationsauftrag für die Hibernia auszuführen hatte und in dieser Angelegenheit ohnehin viel unterwegs war (er lebte mit seiner Familie damals in dem „Ferienhaus" der Treuhand-AG, Schmalenbachs Landhaus bei Halver). Potthoff hielt auch den Kontakt zu Krähe. Willy Minz saß dagegen mit seinen relativ kleinen Kindern in einem so weit entfernten Evakuierungsort, daß er faktisch nicht erreichbar war.

In dem vornehmen Godesberger Ambiente, spöttisch „Pensionopolis" genannt, lebte außer anderen Professoren der Bonner Universität auch Erwin von Beckerath, ein guter Freund der Feists, von dem sich Frau Feist beispielsweise eine Couch für das Ehepaar Schmalenbach entliehen hatte. Ein anderer Godesberger Einwohner, der Kölner Professor Leopold von Wiese, ist häufig zu Schmalenbach gekommen, um mit ihm zu plaudern. Sonst hat sich von den Kölner Professoren-Kollegen keiner nach Schmalenbachs Schicksal erkundigt, auch

Walb nicht, über dessen Zurückhaltung in NS-Angelegenheiten Schmalenbach damals ohnehin enttäuscht war.

Als der Krieg vorüber war und die Menschen endlich wieder frei atmen konnten, erschien bei einer Geburtstagsfeier plötzlich und unerwartet – Anton Graf Spee im Hause Feist. Frau Schmalenbach war es, die als erste ihre Fassung wiedergewann. Sie drehte sich abrupt zu dem hinter ihr stehenden Tonio um und warf ihm, auf Frau Feist weisend, voller Empörung die Worte ins Gesicht: „Sieh dir *die* Frau an, die hat uns das Leben gerettet, aber du hast dich nicht ein einziges Mal um uns gekümmert."

Es ist wahr: Wer immer den Einfall hatte, Tonio hierher zu bitten, er paßte an diesem Tage nicht in diese Runde. Hauptperson war Gertrud Feist, die Eugen Schmalenbach und seiner Frau unsagbare Leiden erspart hat. Daß sie damit eine stille Heldentat vollbrachte, will sie später nicht hören. Als „praktizierende Katholikin", so sagt sie, sei sie nur ihrem Gewissen gefolgt. Erörterungen über ihr gefahrenreiches und aufopferndes Handeln weist sie fast kategorisch zurück mit Worten, die jede weitere Diskussion ausschließen: „Ich verwahre in mir – tief innen drin – eine große Verehrung für den Professor und seine jüdisch-gläubige Frau".

59. Nach dem bösen Spuk: Besprechungen über den Neubeginn

Auch der ruhige Villenort Godesberg, in dem es sich so angenehm wohnen läßt, blieb vom Krieg nicht verschont. Der Spuk dauerte rund drei Wochen. Erst kamen die Deutschen, die den Rhein verteidigen sollten: Ein kommandierender General, der sich in der Jugendherberge einquartierte, dann Offiziere oder abgerissene Landser mit der „Panzerfaust" in der Hand, der letzen Hoffnung der Infanteristen gegen die andrängenden Panzer-Verbände der Amerikaner. An den Sieg wagte keiner mehr zu glauben. Nach wenigen Tagen zogen sie sich über den Rhein zurück, und in der Nacht zum 8. März 1945 war es soweit: Die ersten Amerikaner schlugen gegen Türen und Fenster und durchsuchten mit schußbereiter Maschinenpistole die Häuser nach Soldaten und nach Nazis. Eugen Schmalenbach und seine Frau konnten aufatmen: Die Zeit der Bedrohung war überstanden. Sie konnten sich wieder als freie Menschen fühlen.

Freilich waren die nächsten zwei Wochen noch voller Gefahren. Die amerikanischen Panzerwagen mit ihren schweren Geschützen – fahrbaren Lafetten – bauten sich zwischen den Häusern auf, zum Teil mitten in den Gärten. Bei dem Geschützfeuer, dessen Echo vom Siebengebirge zurückdröhnte, kamen die in den Kellern ihrer Häuser hockenden Menschen nicht zur Ruhe. Natürlich schossen auch die Deutschen von der anderen Rheinseite herüber und richteten in den letzten Kriegstagen noch manches Unheil an. Godesberg war zum Schlachtfeld geworden. Tagelang gab es weder Wasser noch Strom; Kerzen wurden zum begehrten Handelsobjekt. Nach einem halben Brot mußte man frühmorgens anstehen, oft vergeblich, weil ein anderer weiter vorn in der Schlange das letzte Stück ergattert hatte. An Fleisch oder Wurst war nicht zu denken. Man vegetierte mit leerem Magen dahin.

Gegen Mitte des Monats März wurde deutlich, daß die Amerikaner den Rhein-Übergang vorbereiteten. Die Truppen stauten sich in und um Godesberg, kein Haus, das nicht Einquartierung hatte. Die Nächte waren „voll rasendem Getöse", wie Leopold von Wiese in seinem Tagebuch vermerkt – und dies über Tage hinweg. Erst eine Woche später kehrte Ruhe ein. Am 23. März verabschiedete sich der amerikanische Soldat, der an Wieses Tochter Gefallen gefunden hatte, mit zwei Apfelsinen von dem Mädchen. Am 25. März, Palmsonntag, können die Frauen die Terrasse in Ruhe mit einem Strauß Forsythien schmücken: „Die Panzerwagen mit den Geschützen sind größtenteils über den Rhein gezogen. In der letzten Nacht Ruhe, während in der Nacht zum Samstag viel ferner Kanonendonner und Fliegerlärm zu hören war.“ Zu Ostern war für die Godesberger der Krieg vorbei.

Wie es in diesen gefahrvollen März-Tagen den Menschen im Hause Feist ergangen ist, wissen wir nicht. Aber es wird nicht viel anders gewesen sein, als Leopold von Wiese es in seinem Tagebuch von sich und seiner Familie aufgezeichnet hat. Natürlich wanderten die Gedanken in schlaflosen Nächten auch zu den Freunden anderswo in Deutschland, über die der Krieg hinweggerollt war oder noch hinwegrollen würde. Wie mag es Krähe ergangen sein, wie Potthoff, wie Minz?

Erst nach zwei Monaten, Ende Mai 1945, konnte Potthoff seinen Meister zum ersten Mal aufsuchen. Er hat das Kriegsende Anfang April in Halver erlebt, einige Wochen später als Schmalenbach in Godesberg. Dort war nicht das Kriegsgeschehen das Schlimmste, sondern es waren die Ereignisse danach, namentlich Plündereien durch freigelassene und marodierende Kriegsgefangene, hauptsächlich durch Russen. Besonders das Gut Schmalenbach, gleich neben dem Landhaus Schmalenbachs gelegen, hat darunter sehr gelitten.

Aber es dauerte nicht lange, und auch hier kehrte wieder Ruhe und Ordnung ein. Einen wesentlichen Anteil an der Wiederherstellung normaler Zustände hatte der in Halver ansäßige Dr. Haurand, ein guter alter Bekannter von Schmalenbach, der als aktiver Katholik ein erbitterter Gegner der Nazis gewesen war und sich sogleich nach dem Schweigen der Waffen dem dortigen Bürgermeister als Helfer zur Verfügung stellte. Seine Tochter, die fließend Englisch sprach, konnte ein britisches Fahrzeug besorgen, das am 17. April zwei Russen-Trupps aus Halver abholte; die anderen folgten zu Fuß nach, so daß am Abend die Scheune auf dem Gut Schmalenbach von Fremden geräumt war.

Das alles wird Eugen Schmalenbach sehr interessiert haben. Aber noch brennender war sein Interesse daran, wie es denn in Köln aussah. An eine Rückkehr in sein Haus in der Wolfgang-Müller-Straße war vorerst nicht zu denken. Potthoff brachte allerdings eine gute Nachricht mit: Hans-Jürgen Schlochauer, der seit dem Herbst 1943 bei der Treuhand-AG tätig gewesen war und dort hauptsächlich Fragen des Gesellschaftsrechts bearbeitet hatte, ist in Köln zum Leiter des städtischen Wohnungsamts bestellt worden. Durch ihn erhält Potthoff dort bald eine Bleibe, kann sich daher intensiver um die Wiederherstellung der Wohnräume in Schmalenbachs Haus kümmern. Der Professor ist allerdings recht ungeduldig. Ihm geht alles viel zu langsam voran, und zwischen Schmalenbach und Potthoff, der den Alten zum Schluß in jeder Woche einmal per Fahrrad aufsucht, gibt es in jener Zeit manchen Verdruß. Aber nachdem Potthoff ein Ehepaar gefunden hat, das als Hausmeister ständig für die Villa sorgen will (und selbst mit Hand anlegt), klappt's besser.

Langeweile hat Schmalenbach auch in den Sommermonaten 1945, die er noch in Godesberg zubringen mußte, nicht gekannt. Als der Pulverdampf verzogen, der Kanonendonner verhallt war, hatte er als erstes den Garten zu bestellen – das gehörte zu seinen Lieblingsbeschäftigungen. Aber gleichzeitig nahm er auch seine Arbeiten am Schreibtisch wieder auf. Was damals seinen Geist vornehmlich beschäftigt hat, ist in dem schon erwähnten Brief von Ludwig Feist an Erich Potthoff vom 29. Mai 1948 festgehalten. Im Vordergrund standen seine Ideen über die pretiale Wirtschaftslenkung; wesentliche Teile der beiden Schriften, die nach dem Kriege unter diesem gemeinsamen Titel herauskamen, sind im Hause Feist entstanden. Außerdem hatte er den Vorsitz einer Kommission übernommen, die im Auftrage der Düsseldorfer Handelskammer der Frage nachging, wie nach den Grundsätzen ordnungsgemäßer Buchhaltung und Bilanzierung unter den Nachkriegs-Verhältnissen eine Bilanz aussehen müsse.

Im übrigen interessierten ihn neben den Grundsatzfragen seines Fachs natürlich die aktuellen wirtschaftspolitischen Themen seiner Zeit. Dazu gehörte die Frage eines Lastenausgleichs zwischen denen, die durch den Krieg wesentliche Vermögenseinbußen erlitten hatten (wie Schmalenbach mit seinem Haus Sachsenring 74) und jenen anderen, die ungeschoren davongekommen waren. Ebenso entwickelte er Vorstellungen über eine Sanierung der Währung. Nach seiner Auffassung sollte die Währungsreform gekoppelt sein mit einer Steuerreform nach dem von ihm entwickelten Modell, dessen Grundsätze er schon 1931 in seiner Rede vor der Gießerei-Industrie öffentlich vorgetragen hatte (siehe Seiten 135–137). Nur eine solche Reform, davon war er überzeugt, würde das bewirken, was für den Wiederaufbau der deutschen Wirtschaft nach diesem fürchterlichen Kriege wichtiger sei als alles andere: Sie würde die Initiative der Firmen zur Bildung von Produktivkapital anregen und das wirtschaftliche Denken der Unternehmer fördern.

Das Haus von Ludwig Feist ist auch der Ort, an dem der Keim zur Wiedergeburt der Kölner Universität gelegt wurde. In Godesberg wohnten damals sieben Professoren dieser Universität, von denen zwei – Schmalenbach und von Wiese – der WiSo-Fakultät angehörten; die anderen vertreten Recht, Medizin oder sonstige Disziplinen. Diese Sieben trafen sich, wie Leopold von Wiese in seinen „Erinnerungen" mitteilt, „Anfang Mai 1945 . . . im Hause von Dr. F. zur ersten Besprechung über die erforderlichen Maßnahmen". Man beschloß, dem Professor Dr. phil. Josef Kroll die ersten Schritte anzuvertrauen, wobei er vor allem die Zustimmung des britischen „Education Officer" zu erwirken hatte. Die entscheidenden Schwierigkeiten ergaben sich daraus, daß frühere Nationalsozialisten auf keinen Fall als Hochschullehrer zugelassen werden sollten und daß die Immatrikulation der Studenten schon aus Raumgründen auf eine bestimmte Höchstzahl beschränkt werden mußte. Was die Zulassung der Lehrkräfte anging, so erhielt Kroll von den Briten für den Anfang alle Vollmachten, so daß keine quälende Fragebogen-Aktion nötig war. Kroll wurde auch der erste Rektor der Universität.

Im Oktober 1945 ist es endlich auch so weit, daß Eugen Schmalenbach und seine Frau ihren Zwangsaufenthalt in Godesberg beenden können. Seit dem Tage, da sie zum ersten Mal das Haus der Feists betreten hatten (2. Oktober 1944), ist mehr als ein Jahr vergangen. Mit welchen Gefühlen Eugen Schmalenbach von dieser Stätte Abschied nimmt, läßt sich kaum ermessen. Das Haus und der gute Geist, der darin waltet, haben ihm und seiner Frau Höllenqualen erspart und ihnen das Leben erhalten. Die Beiden haben sich dort niemals als „Gefangene" oder gar als „Eingekerkerte" zu empfinden brauchen (wie zahllose Juden, die sich in der NS-Zeit versteckt halten mußten). Von dem Keller-Dasein der letzten Kriegstage abgesehen, konnten sie sich in Haus und Garten frei bewegen. Und überdies verfügte Eugen über ein Arbeitszimmer, in dem er nicht gestört wurde. Dies alles und manches andere – vor allem die unermüdliche Fürsorge der Frau Feist bei der Beschaffung von Nahrung zum Sattwerden für alle – hat Schmalenbach ohne Zweifel mit tiefer Dankbarkeit erfüllt, wenngleich es ihm nicht immer gegeben war, solchem inneren Gefühlsüberschwang den immanenten Ausdruck zu verleihen.

Die erste Immatrikulationsfeier fand am 10. Dezember 1945 statt. Wieder ist es Leopold von Wiese, dem wir eine Schilderung dieser Veranstaltung verdanken. In seinen „Erinnerungen" schreibt er (auf Seite 91):

„Sie (die Feier) war im ganzen eindrucksvoll. Die große Aula war fast überfüllt. Auf der Bühne saß das Orchester. Anwesend waren auch der englische Brigadier mit Gefolge, der Weihbischof, der Regierungspräsident Busch, der Oberbürgermeister Pünder. Kroll als Rektor sah sehr repräsentativ aus und sprach mit Nachdruck. Die Feier schloß mit „Gaudeamus“ (nicht mehr mit dem Horst-Wessel-Lied!).“

Und über den Vorlesungsbetrieb fügte er hinzu:

„In der Universität waren die Räume noch lange ungeheizt; die Türen schlossen nicht und das Seminar war scheußlich verschmutzt; es hatte den dort vorher kampierenden Flüchtlingen als W. C. gedient. . . . Die Studenten konnten vor Klammheit der Hände nicht schreiben. An einem Vormittage heizte ich im Hörsaal I den aufgestellten eisernen Ofen selbst mit Kistenholz.“

Eugen Schmalenbach war vom ersten Tage an dabei und hat ohne Zweifel auch an der Immatrikulationsfeier teilgenommen. Über seine Rückkehr an die Universität und den Empfang, der ihm dort bereitet wurde, soll er nicht sehr glücklich gewesen sein; er hatte sich sein Wiedererscheinen in Köln wohl etwas freundlicher, die Begrüßung etwas herzlicher und die ihm zuteil werdenden Ämter und Aufgaben etwas ehrenvoller vorgestellt. Aber es war nicht seine Art, über solche Gefühlsregungen viele Worte zu verlieren.

Er begann seine Tätigkeit mit einer Vorlesung „Bilanzen und Finanzen“, die in dem größten Hörsaal der Universität stattfand (wo es wahrscheinlich noch kälter war als in kleineren Räumen). In einem Exposé von Studentenhand, undatiert und nicht unterschrieben, heißt es darüber:

„Die Nachkriegs-Akademiker hörten Schmalenbach zum ersten Mal im Winter 1945/46. . . . (Hier) kämpften nicht nur Wirtschaftsstudenten um die Plätze, sondern auch Juristen, ja selbst Philologen und Mediziner. Wird doch innerhalb der klassischen Vorlesungen „Bilanzen“ das ach so aktuelle deutsche Währungsproblem behandelt. Aber nicht das Thema allein, das Besondere des Vortrags zieht die Scharen in den Hörsaal. Die Art, die wirtschaftliche Welt zu sehen, sie zu erklären und zu vergleichen mit Vorgängen des täglichen Lebens, ist dieses Besondere. (Der Stoff wird) in sprachlich faszinierender Form (vorgetragen), aufgelockert durch die Erzählung mancher pikanten Begebenheit aus seinem Leben.“

Noch fünf Jahre hat Schmalenbach als Hochschullehrer gewirkt. Vorlesungen hat er allerdings nicht mehr gehalten, er beschränkte sich auf die Leitung von Seminaren, die er in seinem Wohnhaus abhielt. Vom Frühjahr 1947 bis zum Herbst 1948 sah er die Studenten an jedem Montagvormittag (Diplom-Kandidaten) und am Dienstagvormittag (Doktoranden) jeweils für 2 Stunden in seinem Hause beim „Seminar für Betriebsorganisation“. Aber dann mußte Eugen Schmalenbach seine Lehrtätigkeit einschränken. Vom Herbst 1948 fand pro Woche nur noch ein zweistündiges Seminar statt, im Frühjahr 1949 verlegte er dieses Seminar aus der Wohnung in die Universität, und im Sommer 1950 hielt er es zum letzten Mal ab.

Er war 77 Jahre alt, als er sein geliebtes Seminar aufgab, das ein ganzes Berufsleben lang Mittelpunkt seines Wirkens als Hochschullehrer gewesen war. Das Alter machte sich unerbittlich bemerkbar.

Fünfter Abschnitt

Die Weisheit des Alters (1945–1955)

XIII. Zu neuen Taten: Schmalenbach voller Aktivität (1945–1950)

60. Vielbegehrte Persönlichkeit: Einen Ministerposten in Düsseldorf abgelehnt

Mit dem Jahr 1945 brach eine neue Zeit an – wieder einmal. Für Eugen Schmalenbach war es der dritte politische Umbruch, den er erlebte. Er hatte ihn kommen sehen, und viele seiner Arbeiten, denen er sich während des Krieges in der inneren Emigration gewidmet hatte, dienten der Vorbereitung auf die kommende Zeit. Seine Sorge war, daß die Wirtschaft, daß namentlich die Großindustrie und die Kreditwirtschaft verstaatlicht werden würden und daß dann der bürokratische Leitungsapparat jede unternehmerische Initiative ersticken würde. Die Parolen, die gleich nach 1945 aus der Sozialdemokratie ertönten, schienen seiner Sorge recht zu geben. Schmalenbachs Programm einer Wirtschaftslenkung, von ihm erstmals in der Schrift „Über die exakte Wirtschaftslenkung" 1942/43 in den Grundzügen entworfen, strebte ein Wirtschaftssystem an, in dem durch staatliche Zielvorgaben ein Höchstmaß an Wirtschaftlichkeit der Produktion sichergestellt wird, ohne auf den Preis und den freien Markt als Regulator – besonders der Konsumtion – zu verzichten (siehe Seiten 173 und 174).

Aber an solche Grundsatzfragen einer künftigen Wirtschaftsverfassung war in Deutschland nach 1945 fürs erste nicht zu denken. Es gab kein Deutsches Reich mehr, keine Reichsregierung. Die Gebiete östlich von Oder und Neisse waren von den Russen okkupiert, das übrige Reichsgebiet in vier Besatzungszonen aufgeteilt. Die Staatsgewalt lag – anders als nach 1918 – nicht in deutscher Hand, sondern bei den vier Besatzungsmächten, zwischen denen jedoch bald in wesentlichen Fragen keine Einigkeit mehr zu erzielen war. Erst nachdem an der Elbe der „Eiserne Vorhang" endgültig vor der sowjetischen Besatzungszone niedergegangen war, konnten die drei Westmächte die Lösung genereller Fragen in Angriff nehmen (oder solche Maßnahmen der im September 1949 gebildeten Bundesregierung überlassen). Das Kartellgesetz, das die von Ludwig Erhard mit einem kühnen Schritt schon 1948 eingeführte soziale Marktwirtschaft endgültig konstituierte, wurde erst 1957 Wirklichkeit. Schmalenbach hat diese Wirtschaftsverfassung einer vom Staat geschützten und abgesicherten freien Wirtschaft nicht mehr erlebt.

Daß der weithin bekannte und geachtete Gelehrte sich während der Nazizeit mit seiner Frau versteckt halten mußte, sprach sich in Wirtschaftskreisen an Rhein und Ruhr bald herum. Schmalenbach selbst hat darüber nie ein Wort verloren, Groll ob des erlittenen Ungemachs und der Todesangst hat er auch später nicht erkennen lassen. Es war nicht seine Art, im Zorn zurückzublicken. Sein Blick war schon während der dunklen Zeit nach vorn gerichtet, in eine Zukunft, über deren Gestaltung er feste Vorstellungen entwickelt hatte, auch in Einzelfragen. So war es kein Wunder, daß der hochgeschätzte Wirtschaftsexperte, kaum nach Köln zurückgekehrt, von den verschiedensten Seiten als Redner und als Ratgeber gesucht war.

Am 15. November 1945 hielt er bereits seine erste große Rede. Die Industrie- und Handelskammer in Essen hatte ihn eingeladen, vor ihren Mitgliedern über aktuelle Währungs- und Bewertungsfragen zu referieren. Schmalenbach umriß dabei die Grundzüge einer Währungsreform, wie er sie für richtig hielt (durch Einziehung von Geld und Abstempelung der im Umlauf bleibenden Banknoten); die Transaktionen wollte er mit einer Vermögensabgabe gekoppelt wissen.

Anfang Januar 1946 sprach er im Norddeutschen Rundfunk über „Wirtschaftliche Notwendigkeiten der Gegenwart". Als dringendste Aufgaben nannte er hier, ohne auf Einzelheiten einzugehen, gleichfalls die Währungsreform, ferner das Ingangsetzen der Betriebe, eine Neugestaltung des Steuerwesens und eine durchgreifende Rationalisierung der Handelsbetriebe und des gesamten Handelsbereichs („Distribution").

Genau zwei Wochen später, am 23. Januar 1946, stand er erneut an einem Rednerpult, diesmal in Hagen. Die Veranstaltung war nach seiner eigenen Einschätzung von etwa 1000 Menschen besucht. Hier behandelte er nicht nur die Währungsreform (wobei er im Hinblick auf die Erfahrungen von 1923 auf eine rasche Verwirklichung drängte), sondern ging auch auf Lähmungserscheinungen beim Wiederaufbau ein, besonders auf den Kohlenmangel, den Preisstop und die übermäßige Besteuerung der Einkommen. Anschließend wies er auf die Bedeutung späterer hoher Exporte hin und warnte davor, daß deutsche Firmen sich im Ausland gegenseitig Konkurrenz machten; er meinte, nur „gemeinwirtschaftliche Veranstaltungen" könnten eine höchstmögliche Exportsteigerung gewährleisten. Das Wort „Exportkartelle", das er vor 1933 in diesem Zusammenhang stets gebraucht hatte, nahm er hier nicht in den Mund.

Schon um die Jahreswende 1945/46 sehen wir Schmalenbach also in voller Aktivität, und da es noch keine Zeitschriften gibt, in denen er seine Gedanken vor dem Publikum ausbreiten kann, tut er es in Reden. Im Jahre 1946 wird der geistige Vater der Wirtschaftsprüfer und langjährige Leiter einer Treuhandgesellschaft selbst zum Wirtschaftsprüfer bestellt. Bisher besaß er nur die uralte Bestellung als vereidigter Bücherrevisor (aus dem Jahre 1904). An eine Bestellung als Wirtschaftsprüfer, die es erst seit 1931 gab, hatte 1932 wohl niemand gedacht. Jetzt ist sie notwendig, denn Schmalenbach soll den Vorsitz im Prüfungsausschuß für Wirtschaftsprüfer und vereidigte Buchprüfer für das Land Nordrhein-Westfalen übernehmen. Von den damals in der britischen Besatzungszone gebildeten drei Zulassungs- und Prüfungsausschüssen ist dies weitaus der größte. 1947 finden die ersten Prüfungen unter Schmalenbachs Leitung statt.

In dieser Zeit muß er aber auch gefragt worden sein, ob er bereit wäre, das Amt des Wirtschaftsministers in der Regierung des Landes Nordrhein-Westfalen zu übernehmen. Wann diese Frage an ihn herangetragen wurde und wie sich der Vorgang abgespielt hat, ist ebensowenig bekannt wie im Falle des Angebots von 1923, Reichsbank-Präsident zu werden. Wahrscheinlich war es im August 1946 (oder kurz vorher), als der Zentrumspolitiker Rudolf Amelunxen von der britischen Militärregierung zum Ministerpräsidenten ernannt worden war. Der Vermittler könnte der Kölner Oberbürgermeister gewesen sein, vielleicht auch ein Mitglied des Kuratoriums der Universität. Aber wir besitzen keinen Brief, kein Dokument, das diese Fragen beantworten würde.

Natürlich hat Schmalenbach nein gesagt. Seit den Tagen des Reichswirtschaftsrats gab es für ihn keinen Zweifel, daß Politik nicht seines Amtes sein könne, und er hatte dies kurz zuvor in der Essener Rede gerade erst bekräftigt: „Ich als Betriebswirtschaftler fühle mich in keiner Weise fähig und lustig, Wirtschaftspolitik zu treiben. Die Wirtschaftspolitiker machen es ja doch ganz anders". Zu Heinrich Bork, dem Abschlußprüfer der Treuhand-AG und früheren Assistenten, hat er sich über diese Angelegenheit mit leicht sarkastischem Humor geäußert. Bork schildert dies so:

> *„Als man bei ihm sondiert habe, ob er den Posten des Wirtschaftsministers von Nordrhein-Westfalen übernehmen wolle, habe (er) überlegt, was dafür und was dagegen spräche. Dafür spräche zunächst einmal, daß er nicht viel Arbeit haben würde . . ., zwei Tage die*

Woche (würden genügen). Sodann würde er einen Kraftwagen gestellt bekommen, und das bedeute . . . einen wesentlichen Vorteil. Und schließlich gäbe es immer . . . Leute, auf die der Titel „Minister" einigen Eindruck mache. Dagegen spräche allerdings, daß man ihn voraussichtlich nach einem Vierteljahr wegen Unfähigkeit entlassen würde, und so würde wohl zum Schluß das einzige Aktivum bleiben, daß seine Garage wieder aufgebaut worden wäre."

Attraktiver als der Vorschlag, Minister in Düsseldorf zu werden, wird Schmalenbach ein Angebot aus der Schweiz erschienen sein, das ihn Anfang April 1947 erreicht. Es enthält nicht mehr und nicht weniger als das Anerbieten, dort als Gast-Professor Vorlesungen zu halten. Nicht die Baseler Universität, mit der er Ende 1934 geliebäugelt hatte, auch nicht die Berner, die ihn 1939 gern als Ordinarius zu sich gerufen hätten, machen ihm diesen Vorschlag; nein, das Angebot kommt von der Handelshochschule St. Gallen. In dem kleineren Rahmen einer Handelshochschule zu wirken, das ist für Schmalenbach seit der Gründung der Kölner Universität stets ein unerfüllter Wunsch geblieben. Sollte dieser Traum jetzt, da er bald 75 Jahre alt sein wird, für ihn noch in Erfüllung gehen?

Nun, es gibt eine Hürde: Ausreisen aus Deutschland sind 1947 nur mit Genehmigung der Besatzungsbehörden möglich. Schmalenbach reicht sofort ein Gesuch ein, der Rektor der Kölner Universität gibt es befürwortend weiter, ebenso der Kölner Universitäts-Offizier – aber dann bleibt das Schriftstück bei der Düsseldorfer Paßstelle hängen. Irgendein Sachbearbeiter dieser Dienststelle, der vermutlich den Namen Schmalenbach nie gehört hat, lehnt das Gesuch ohne Begründung ab.

Professor Gsell aus St. Gallen empfiehlt einen nochmaligen Antrag an die Besatzungsbehörde, daneben vielleicht die Vermittlung des Eidgenössischen Politischen Departements. Aber Schmalenbach winkt ab. Er will nicht bei den Engländern statt eines Antrags eine „Bitte" vortragen, und er will auch das Schweizer Departement nicht in die Verlegenheit bringen, eine Ablehnung aussprechen zu müssen. Außerdem möchte er seine beiden Seminare nicht ein halbes Semester lang unbetreut lassen.

Aus persönlichen Gründen hätte es ihn eigentlich reizen müssen, die Reise in die Schweiz anzutreten. Sie hätte ihm ein Wiedersehen mit Hermann in Basel gebracht, vielleicht auch mit Wilma Schönnenbeck, auf jeden Fall aber eine Begegnung mit Sohn Fritz, den er seit über acht Jahren nicht gesehen hat. Daß er auf all dies allein wegen bürokratischer Schwierigkeiten und aus Rücksicht auf seine Studenten verzichtet haben soll, erscheint wenig plausibel. Wahrscheinlich gab es gewichtigere Gründe, die ihn veranlaßten, die Angelegenheit nicht weiterzuverfolgen, sondern schön brav in Köln zu bleiben.

61. Dringend ein Verleger gesucht: Wer druckt die vielen Abhandlungen?

Solange Schmalenbach lebte und schreibend tätig war, erfüllte ihn die Sorge, daß seine eigenen Geistesprodukte und die seiner Freunde und Schüler nicht gedruckt werden könnten, sei es aus Geldmangel (1928), sei es aus Papierknappheit (ab 1942) oder aus anderen (z. B. politischen) Gründen. Daß er keine Möglichkeit zur Veröffentlichung seiner Manuskripte hat, ist eine Art „Ur-Angst", die ihn besonders seit 1933 zunehmend bedrückte.

Gleich nach dem Ende der Kampfhandlungen beginnt er in Godesberg deshalb mit der Suche nach einem Verleger und Drucker, der trotz der Kriegszerstörungen und der Nachkriegs-Schwierigkeiten noch über ein gewisses Maß an Leistungsfähigkeit verfügt. Als Erich

Potthoff auf seinem Fahrrad zum ersten Mal nach Godesberg geradelt kommt, Ende Mai 1945, muß er feststellen, daß der alte Herr bereits eifrig mit einem Verleger in Duisburg verhandelt, dessen Anschrift er van Aubel verdankt. Aber die beiden können sich nicht einigen, zu einem Abschluß kommt es nicht.

Daraufhin empfiehlt ihm ein anderer aus seinem Schülerkreis, Ernst Knorr, der sich nach dem Zusammenbruch mehrfach um Schmalenbach verdient gemacht hat, einen Verleger in Bonn. Auch dieser Versuch gelingt nicht. Im September 1945 wird zwar ein Vertrag geschlossen, aber das Abkommen kann nur dann wirksam werden, wenn die Militärregierung eine Vertragslizenz erteilt. Anfang Januar 1946 muß der gute Mann bekennen, daß versucht worden sei, „aus seiner politischen Vergangenheit . . . Kapital zu schlagen". Damit ist alles klar. Schmalenbach schreibt ihm am 17. Januar 1946 endgültig ab.

Doch warum nicht selbst einen Verlag gründen? Es ist eine verwegene Idee, noch dazu in einem viergeteilten Land mit einem Besatzungsregime, mit zerbombten Fabriken und einer zerrütteten Währung. Aber Schmalenbach geht dieser Gedanke offenbar schon seit einiger Zeit durch den Kopf. In einem Brief an den Leipziger Verleger Felix Meiner, mit dem die Schmalenbach-Vereinigung während des Krieges ein Vertragsverhältnis eingegangen war, erklärt Schmalenbach am 10. Dezember 1945, er sei der Meinung, daß man für die weiteren Veröffentlichungen einen westdeutschen Verlag gewinnen „oder selbst aufmachen" müsse. Feste Absichten bestünden allerdings nicht, fügt er hinzu, und man habe auch noch keine Publikationsgenehmigung. Aber nachdem sich auch die Hoffnung auf den Bonner Mann als Seifenblase erwiesen hat, zögert Schmalenbach nicht lange: Am 31. Januar 1946 stellt er den Antrag auf eine Lizenz. Dazu Potthoff in seinem Tagebuch: „Wir (wollen) es . . . mit der Zeitschrift versuchen. Es besteht der Eindruck, daß es mit der Lizenz für Zeitschriften einfacher bestellt sei als für Bücher".

Der Eindruck trügt, auch die Lizenz für Schmalenbachs Zeitschrift läßt auf sich warten. In einem langen Schreiben an Walter Krähe teilt Potthoff am 19. März 1946 mit, daß die neue Zeitschrift, deren Lizenzierung weiterhin betrieben werde, von Schmalenbach herausgegeben werden soll; aber ein anderer, möglicherweise Karl Hax, solle sie redigieren. Doch im Herbst ist die Angelegenheit noch immer nicht weitergediehen. Aus einer Niederschrift vom 30. November 1946 ist ersichtlich, daß Schmalenbach inzwischen nicht nur in der britischen, sondern auch in der amerikanischen Zone wegen einer Lizenz sondiert hat. Dabei wurde an eine Gemeinschafts-Zeitschrift gedacht, die zusammen mit dem Institut der Wirtschaftsprüfer sowie mit Nicklisch und Schmaltz als Herausgebern in Stuttgart erscheinen sollte. Aber ein solches Zusammengehen erwies sich bei näherer Betrachtung aus den verschiedensten Gründen als eine totgeborene Idee – ohne jede Aussicht auf Verwirklichung.

Die Hinwendung zur amerikanischen Zone bringt Schmalenbach freilich nach langen vergeblichen Mühen endlich ein Erfolgserlebnis: Er findet einen Verleger, der bereit und in der Lage ist, unter Schmalenbachs Federführung und mit Hax als Chefredakteur eine betriebswirtschaftliche Zeitschrift herauszubringen. Der Verleger heißt Walter Dorn, seine Firma trägt den etwas großspurigen Namen „Industrie- und Handelsverlag Walter Dorn GmbH", ihr Sitz ist Bremen-Horn (Bremen und Bremerhaven gehörten damals als Enklave zum Bereich der amerikanischen Besatzungsmacht, womit die Amerikaner über einen eigenen Hafen in Westdeutschland verfügten). Anscheinend konnte Dorn in puncto Papier großzügiger als andere Unternehmen seines Fachs disponieren und dem Professor auch den Druck seiner beiden – im Manuskript bereits weitgehend fertigen – Bücher in Aussicht stellen, woran Schmalenbach sehr gelegen war.

Das Wichtigste war Schmalenbach jedoch die Zeitschrift. Die Möglichkeit, interessierten Menschen Erkenntnisse und Ideen der Betriebswirtschaftslehre unmittelbar nahezubringen, hatte er in der schrecklichen, der papierlosen Zeit am meisten entbehrt. Die neue Zeitschrift erhielt den unverfänglichen Namen „Betriebswirtschaftliche Beiträge“; es war ein Titel, auf den mit Sicherheit niemand urheberrechtliche Ansprüche geltend machen konnte. Sie kam in unregelmäßigen Abständen heraus, je nach den redaktionellen, verlegerischen oder drucktechnischen Möglichkeiten. Insgesamt sind drei Hefte erschienen, das erste im Juli 1947, ein zweites im April 1948 und das letzte im Juli 1948. Jedes Heft war etwa 48 Seiten stark, auf relativ großformatigem Papier gedruckt (etwas größer als Din A 4), ohne Inserate. Die Auflage wird in allen drei Heften mit 5000 Exemplaren angegeben, was in damaliger Zeit für ein reines Fachblatt erstaunlich viel war.

Redaktionell ist die Zeitschrift deutlich von Schmalenbachs Hand geprägt. Das erste Heft beginnt mit seinem programmatischen Aufsatz „Neue Aufgaben der Betriebswirtschaftslehre“, der großen Widerhall, aber auch Widerspruch findet, teilweise in den eigenen Reihen (siehe S. 205 und die Anm. hierzu). Ein weiterer Beitrag von Schmalenbach, betitelt „Exakte Kapitallenkung“ knüpft an die im Krieg entstandene Schrift „Exakte Wirtschaftslenkung“ an. Im übrigen sind wesentliche Teile einer nicht veröffentlichten Diplomarbeit abgedruckt, ferner die Ergebnisse des Arbeitskreises über Rechnungswesen (Hax), aber auch praktische Hinweise auf das geltende Preisprüfungsrecht, ein Überblick der neuesten Steuerliteratur, ein betriebswirtschaftliches Repetitorium – alles ganz nach Schmalenbachs Rezeptur angerichtet.

In den weiteren Heften trägt er seine alten Ideen über eine Steuerreform vor, mit der die Einkommen entlastet und der Verbrauch belastet werden soll (siehe S. 135–137). Er plädiert ferner für eine „kräftige Pflege der industriellen Kleinbetriebe“ sowie für „Einführung der pretialen Betriebslenkung in mittleren und großen Betrieben“. Als die ZfhF – Neue Folge – endlich erscheinen kann, wird dem Inhaltsverzeichnis des ersten Heftes auch gleich ein Verzeichnis der Aufsätze beigegeben, die inzwischen in den „Betriebwirtschaftlichen Beiträgen“ veröffentlicht wurden: Die „Beiträge“ gelten ihm als ein Vorläufer der neuen ZfhF.

Noch eine andere Zeitschriften-Gründung in der amerikanischen Zone berührt Schmalenbach unmittelbar, allerdings nur vorübergehend. Bei Poeschel in Stuttgart erscheint seit dem April 1948 wieder ein zentrales Organ für Wirtschaftsprüfer, benannt „Die Wirtschaftsprüfung“. Schmalenbach wird gebeten, als Herausgeber zu fungieren (was er nur ungern tut) und den einleitenden Aufsatz zu schreiben (was ihm schon lieber ist). Die Herausgeber-Frage wird dann, vielleicht mit Absicht, etwas im Unklaren gelassen. Auf dem Titelblatt des ersten Heftes vom April 1948 wird als Herausgeber in Fettdruck das Institut der Wirtschaftsprüfer genannt (als „Verantwortlicher“ dessen Vorstandsvorsitzender Fritz Möhle); aber außerdem enthält der Kopf der Zeitschrift auf Seite 1 in Dünndruck den Vermerk: „Herausgeber: Prof. Dr. Dr. Schmalenbach für das Institut der Wirtschaftsprüfer“. Was im Ernstfall gegolten hätte, ist fraglich. Vom Heft 5 an (Heft 2 und 3 war im Juni 1948 als Doppelheft erschienen, Heft 4 im August) ist die Unklarheit beseitigt: Der Name Schmalenbach ist aus dem Kopf der Zeitschrift verschwunden, verantwortlich zeichnet allein Fritz Möhle.

Im Frühjahr 1948 war Schmalenbach endlich auch mit einem Verleger einig geworden, der seinen Vorstellungen entspricht und dessen Unternehmen in der Lage ist, in vollem Umfang die Nachfolge von Gloeckner anzutreten. Es ist Friedrich Middelhauve, Inhaber und Geschäftsführer der Firma „Westdeutscher Verlag GmbH“ in Köln und Opladen sowie weiterer Unternehmen, darunter der „Druckerei Dr. Friedrich Middelhauve GmbH“ in Opladen, die wohl das Kernstück seiner Unternehmensgruppe war. Am 29. Mai 1948 kommt es zum Abschluß eines Verlagsvertrages, Unterzeichner ist der Vorstand der Schmalenbach-Vereinigung, dem damals Minz, Potthoff, Löffler und Hax angehörten. Dieser Vertrag bezieht sich freilich nur auf die Rechte an Schmalenbachs Büchern, und zwar sowohl auf neue, die er noch schreiben wird, wie auch auf deutschsprachige Neuauflagen seiner früheren Werke.

Was die Veröffentlichungen der Schmalenbach-Vereinigung sowie vor allem die Zeitschrift für handelswissenschaftliche Forschung angeht, so konnten bis zum Mai 1948 anscheinend nicht alle Fragen geklärt werden. Vermutlich haben Autor und Verleger über diesen Komplex erst auf der Feier zum 75. Geburtstag Schmalenbachs am 20. August 1948 – sozusagen in Sektlaune – volle Übereinstimmung erzielt. Jedenfalls kommt es kurz danach, am 29. August 1948, zu einem zweiten Vertragsabschluß zwischen den Partnern. Erst jetzt ist die Bahn zum Wiedererscheinen von Schmalenbachs Zeitschrift für handelswissenschaftliche Forschung frei, an der sein Herz seit mehr als vierzig Jahren hängt.

Das erste Heft kommt im Januar 1949 unter dem altvertrauten Titel, aber mit neuer Jahrgangs-Zählung heraus: „Neue Folge, 1. Jahrgang 1949". Auf dem Deckblatt wird als Gründer der Zeitschrift Eugen Schmalenbach, als Herausgeber Karl Hax genannt, und es wird hinzugefügt, daß der Herausgeber „im Auftrage der Schmalenbach-Vereinigung" handele (die auch den Verlagsvertrag geschlossen hat). „Mitwirkende", wie Schmalenbach sie früher kannte („herausgegeben von . . . unter Mitwirkung von . . ."), gibt es nicht mehr. 1970 überträgt die Schmalenbach-Gesellschaft die Herausgeber-Funktion auf eine Mehrzahl von Personen, gegenwärtig (Ende 1983) umfaßt dieses Gremium neun Köpfe. Von 1978–1983 erschien die Zeitschrift im Betriebswirtschaftlichen Verlag Dr. Th. Gabler. Am 1. Januar 1984 hat sie die Verlagsgruppe Handelsblatt übernommen.

Daß der Name dieser Zeitschrift 1949 noch an dem Begriff der „Handelswissenschaften" festhielt, obwohl sich für das Fach längst die Bezeichnung „Betriebswirtschaftslehre" durchgesetzt hatte, wurde schon damals als Anachronismus empfunden. Das Geleitwort zum ersten Heft der neuen Folge, das diese Frage kurz anschneidet, meint entschuldigend, man (d. h. der Leser) werde trotzdem wissen, „daß die Zeitschrift eine betriebswirtschaftliche Zeitschrift war und sein wird". Aber es muß innerhalb der Vereinigung wohl weiterhin Diskussionen darüber gegeben haben, denn am 22. April 1950 beschließt eine Mitglieder-Versammlung ausdrücklich, den alten Titel beizubehalten. Drei Jahre später gibt es einen neuen Vorstoß, das Blatt in „Zeitschrift für betriebswirtschaftliche Forschung" umzutaufen. Der Vorstand will deshalb mit dem Professor sprechen – aber dabei ist es dann auch geblieben.

Eugen Schmalenbach ist in dem ersten Jahrgang der neuen Folge seiner Zeitschrift (1949) mit drei Beiträgen vertreten. Dann vergehen fast anderthalb Jahre, bevor er sich wieder zu Wort meldet: Im August 1950 äußert er sich zu Fragen der betrieblichen Personalwirtschaft. Es ist das letzte Mal, daß Eugen Schmalenbach öffentlich das Wort nimmt. Seit seinem ersten großen Aufsatz, der anonym erschienenen Artikelserie „Buchführung und Kalkulation im Fabrikgeschäft", die am Anfang seines wissenschaftlichen Wirkens stand, bis zu dem letzten veröffentlichten Aufsatz aus seiner Feder sind mehr als fünfzig Jahre vergangen.

Nach seinem Tod im Februar 1955 wird in der Schmalenbach-Vereinigung erneut die Frage nach dem Namen der Zeitschrift aufgegriffen. Doch „auf Wunsch von Professor Schmalenbach" beschließt man wiederum, den traditionellen Titel nicht zu ändern (Beschluß vom 30. April 1955). Erst zur Wiederkehr von Schmalenbachs 90. Geburtstag im August 1963 entschließt sich die Schmalenbach-Gesellschaft zur Modernisierung des Namens, die bisher aus Pietät gegenüber ihrem Gründer unterblieben ist. Seitdem heißt die Zeitschrift „Schmalenbachs Zeitschrift für betriebswirtschaftliche Forschung". Aus der ZfhF ist die ZfbF geworden.

62. Die Altersschriften: Liebeserklärung an die freie Wirtschaft

Mit einer Trilogie hat es begonnen, eine Trilogie steht auch am Ende seines wissenschaftlichen Werks, und beide Dreigespanne wurden zu großen Teilen in Kriegszeiten geschrieben. Im ersten Weltkrieg und kurz danach sind jene Werke entstanden, die den Ruhm des Betriebswirtschaftlers Schmalenbach begründeten: Die Finanzierungen, die Dynamische Bilanz und die Kostenrechnung. Bei den drei nach 1945 erschienenen – zum Teil gleichfalls im Krieg entstandenen – Schriften steht der Preis im Mittelpunkt, dies freilich in höchst unterschiedlicher Weise.

Schrift Nummer 1, betitelt „Die optimale Geltungszahl" handelt von dem Fundament der betrieblichen Preisbildung, dem „Wert" eines Gutes. Diese Schrift vermittelt, wie Schmalenbach im Vorwort sagt, den theoretischen Unterbau für die dezentrale Lenkung eines Betriebes. Das zweite behandelt diese „Pretiale Lenkung des Betriebes". Es befaßt sich mit der Funktion „richtiger" (d. h. der optimalen Geltungszahl entsprechender) innerbetrieblicher Preise, die vor allem darin besteht, eine möglichst vollkommene Organisation des Betriebs und eine Optimierung des Betriebsprozesses als Ganzes zu bewirken. Sein letztes Werk schließlich, mit dem sein literarisches Schaffen ausklingt, ist, wie der einprägsame Titel verkündet, „der freien Wirtschaft zum Gedächtnis" gewidmet: Ein Lobgesang auf den Preismechanismus jener Wirtschaftsverfassung, die bei voller Freiheit der Erzeuger und der Verbraucher durch eine allein von Angebot und Nachfrage bestimmte Preisbildung „Erfolge von ganz ungewöhnlichem Ausmaß gezeitigt hat".

Die drei Werke zeigen Schmalenbach auf der Höhe seines wissenschaftlichen und schriftstellerischen Könnens. Sie sind von einem überlegenen Kopf geschrieben, den der Parteien Gunst und Haß nicht mehr erreicht. Die Sprache ist von einer Klarheit, einer Lebendigkeit und Frische, der niemand anmerkt, daß der Verfasser jenseits der 70 steht. Nur in seiner Wiener Rede hatte er eine derartige Vollkommenheit des Ausdrucks, in einigen Formulierungen vielleicht auch eine noch schärfere Prägnanz und Plastizität erreicht als jetzt. An die Stelle des damaligen werbenden Eifers bei der Darlegung seiner Ideen ist nunmehr, zwanzig Jahre später, die überlegene Betrachtungsweise und das abgewogene Urteil einer in sich ruhenden Persönlichkeit getreten. Den Schriften ist anzumerken, daß sie nicht unter Zeitdruck niedergeschrieben wurden, sondern in völliger Zurückgezogenheit. Ein Teil ist in der Isolierung, die Schmalenbach während der Kriegsjahre aufgezwungen wurde, langsam gereift – wobei es ein rational nicht erklärbares Wunder bleibt, daß sich Schmalenbach in der Nazizeit unter tödlicher Bedrohung derart auf seine Arbeit hat konzentrieren können.

Die „Optimale Geltungszahl" sowie die Schrift über die „Pretiale Lenkung des Betriebes", sind unter dem gemeinsamen Titel „Pretiale Wirtschaftslenkung" erschienen und dementsprechend als „Band I" und „Band II" gekennzeichnet. Aus einer Textstelle des zweiten Bandes geht hervor, daß Schmalenbach zum Thema Wirtschaftslenkung weitere Bücher schreiben wollte, und der Verleger hat sie in einem Eigen-Inserat auch angekündigt: Band 3 sollte die „Pretiale Lenkung in der freien Volkswirtschaft" behandeln, Band 4 die „Pretiale Lenkung in der Planwirtschaft".

In der sozialdemokratischen Zeitung „Vorwärts" erschien eine Karikatur zum Steinkohle-Gutachten, über die sich Schmalenbach herzlich freute, zumal ihr Text eine köstliche Anspielung auf seinen Namen enthielt.

Der fröhliche Professor: *Studenten haben ihren strengen und gefürchteten Seminarleiter auch in so gelöst-heiterer Stimmung erlebt.*

Ein frühes Familienbild: *Es zeigt das Elternpaar Schmalenbach mit Tochter Marianne, geboren 1902, und Sohn Fritz, geboren 1909. Das Foto ist gegen Ende des ersten Weltkriegs entstanden.*

Ein späterer Schnappschuß: *Vater Schmalenbach mit seiner Tochter Marianne (rechts) und Schwiegersohn Anton Graf Spee (links hinten) auf dem Fest der Treuhand-AG in Rhöndorf.*

***Die Mutter wird 75:** Ihr Geburtstag wurde in Bacharach festlich gefeiert. Das Bild zeigt sie wenige Tage später auf der Terrasse der Kölner Villa Schmalenbachs, einträchtig zwischen Sohn und Schwiegertochter sitzend.*

***Kartenspielen zur Entspannung:** Die Abende hat sich Schmalenbach, wann immer möglich, zur Erholung von des Tages Arbeit freigehalten.*

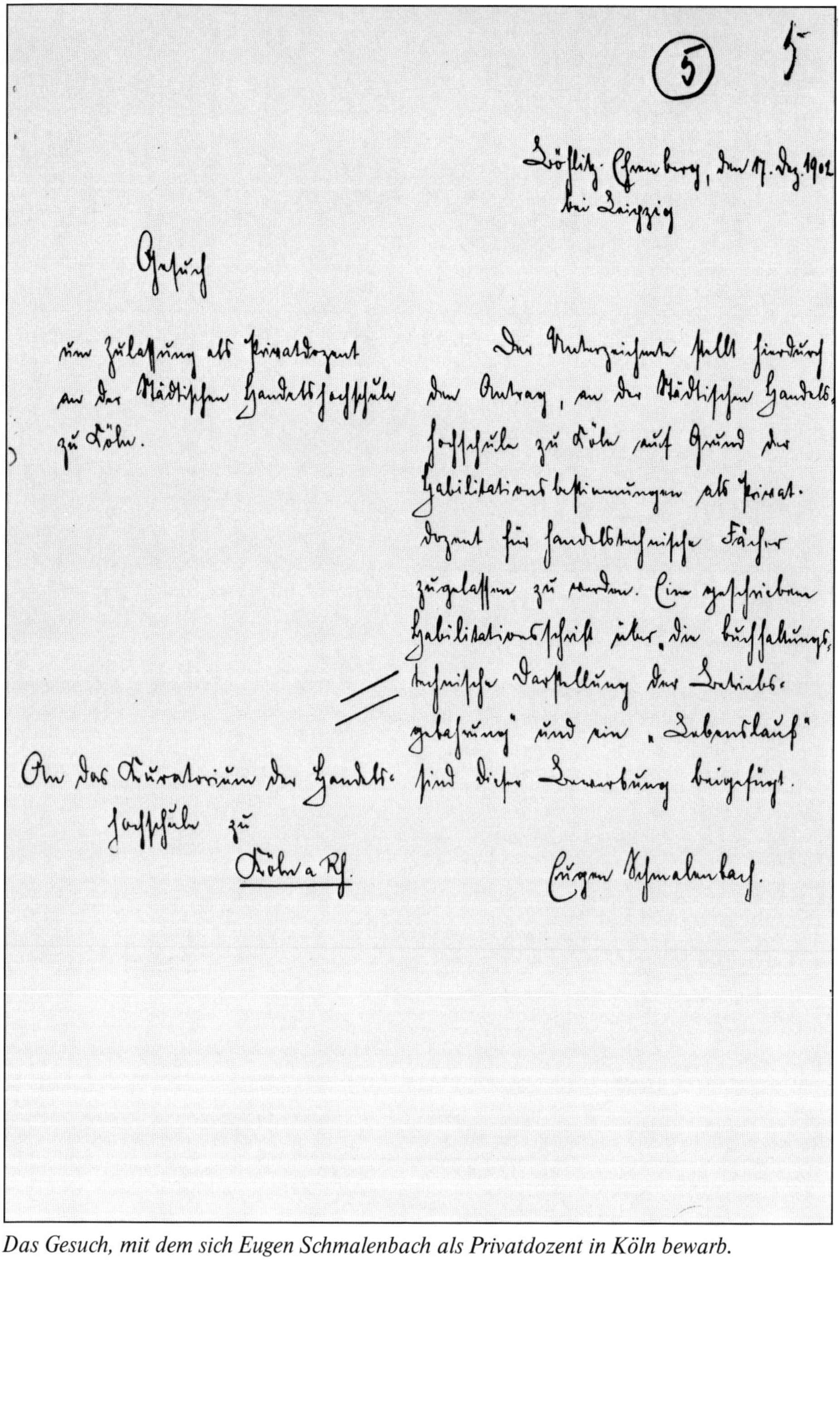

5 5

Böhlitz-Ehrenberg, den 17. Dez. 1902
bei Leipzig

Gesuch

um Zulassung als Privatdozent
an der städtischen Handelshochschule
zu Köln.

Der Unterzeichnete stellt hierdurch den Antrag, an der städtischen Handelshochschule zu Köln auf Grund der Habilitationsbestimmungen als Privatdozent für handelstechnische Fächer zugelassen zu werden. Eine geschriebene Habilitationsschrift über „die buchhaltungstechnische Darstellung der Betriebsgebarung" und ein „Lebenslauf" sind dieser Bewerbung beigefügt.

Eugen Schmalenbach.

An das Kuratorium der Handelshochschule zu
Köln a Rh.

Das Gesuch, mit dem sich Eugen Schmalenbach als Privatdozent in Köln bewarb.

An dem Programm fällt auf, daß der Titel zum dritten Band von der „freien Volkswirtschaft" spricht, nicht von der „gebundenen Wirtschaft", die Schmalenbach während des Krieges als die mit absoluter Gewißheit bevorstehende Wirtschaftsverfassung für Deutschland angesehen hatte. Offenbar haben ihm die Kriegsfolgen, namentlich die sich abzeichnende Aufteilung des Landes in zwei Zonen mit unterschiedlichen Wirtschafts- und Gesellschaftssystemen, damals zu denken gegeben. Er hat jedenfalls seine Vorhaben in Sachen Wirtschaftslenkung aufgegeben, obwohl er dafür in der Kriegs-Schrift über die „exakte Wirtschaftslenkung" schon viel Vorarbeit geleistet hatte.

Dafür hat er jenes andere Buch geschrieben, das ihm nach Inhalt und Stil zu einem Kleinod unter seinen Werken geraten ist. Der Titel „Der freien Wirtschaft zum Gedächtnis" deutet an, daß es ihm darin wiederum um die These geht, die er schon in seiner Wiener Rede vertreten hatte: Die freie Wirtschaft ist mit einer geradezu naturgesetzlichen Notwendigkeit zum Untergang verurteilt. Aber er trägt diese These nicht mehr so lautstark vor wie 1928. Sein Ton ist moderater geworden, sein Wunschbild von der Zukunft weicher modelliert; das Reizwort „Zwangskartelle" kommt zum Beispiel nicht mehr vor. Doch es sind die alten Erscheinungen, die er der freien Wirtschaft als Schwachstellen anlastet: Die unzulängliche Rationalisierung im Bereich des Handels (den er als „unproduktiv" ansieht, da hier keine Güter erzeugt werden), das Übermaß an Sorten, besonders im Konsumbereich, die damit zusammenhängende „Reklame", das Fehlen amtlicher Gütebezeichnungen, Mängel der Marktbildung und vor allem die von dem Anwachsen der fixen Kosten ausgehende Tendenz zu Überkapazitäten, die eine Kartellbildung notwendig machen und damit die freie Wirtschaft zerstören.

Das alles ist nicht neu und in früheren Schriften und Reden schon mehrfach gesagt. Neu ist jedoch die Schilderung der Vorzüge einer freien Wirtschaftsverfassung. In Wien hatte Schmalenbach diesen Punkt mit wenigen Sätzen markiert, jetzt nimmt das Thema mehr als die Hälfte seiner Ausführungen ein (55 von 97 Seiten). Es ist eine begeisterte Liebeserklärung an die freie Wirtschaft, eine Lobpreisung, wie sie schöner nicht gedacht werden kann.

Schmalenbach erinnert an große Pionier-Unternehmer wie Krupp, Siemens, Emil Rathenau, Benz, Bosch und andere, die außer ihren Geldgebern keinen zu fragen brauchten: „Sie waren frei". Die Freiheit ist jedoch für Unternehmer wie auch für Erfinder ein wichtiges Lebenselement. Was Freiheit für sie bedeutet, fällt besonders dann immer auf, wenn einer etwas beginnt, an dessen Erfolg niemand glauben will: „Ganz gewiß (hätte man ihn, nämlich einen der Genannten) an seinem Beginnen gehindert, wenn das Prinzip der Unternehmerfreiheit nicht gewesen wäre". In einer bürokratisch geleiteten Wirtschaft hätte er sich um den Posten eines Betriebsleiters bewerben müssen, aber da wäre er an die entscheidende Stelle, an den Minister oder Ministerialdirektor, gar nicht erst herangekommen.

Und dann der Preismechanismus, der in der freien Wirtschaft reibungslos dafür sorgt, daß sich stets der „gemeinwirtschaftlich optimale Preis" bildet. Die freie Wirtschaft, so Schmalenbach, ist deshalb auch keineswegs „anarchisch", wie ihre Gegner sagen. Im Gegenteil, sie besitzt in ihrem Preismechanismus ein einzigartiges Lenkungsorgan. Ebensowenig ist sie „kapitalistisch"; 90 Prozent der Betriebe gehören Kleinunternehmern, die sich sehr wundern würden, wenn man sie als Kapitalisten bezeichnen würde: Es sind „Leute, die Betriebe aus dem Nichts oder aus kleinen Anfängen in die Höhe gebracht haben". Ihre Namen kommen in kein Konversations-Lexikon, dennoch sind sie „für die Gestaltung unseres Landes von großer Bedeutung".

Schmalenbachs emphatisches Eintreten für die freie Wirtschaft gipfelt in dem fast leidenschaftlichen Ausruf: „Zwangswirtschaft als Dauereinrichtung? Lieber nicht!" Und er fügt hinzu: „Was die Anhänger einer wirklich freien Wirtschaft erstreben, ist eine Wirtschaft, in der frische Luft weht und wo nicht nur der Tüchtige emporkommt, sondern auch der Untüchtige untergeht; jene Wirtschaft, auf deren Blatt im Geschichtsbuch so viele berühmte Namen stehen."

Sein Bedauern darüber, daß diese Wirtschaftsordnung im Untergang begriffen sei, klingt in diesem seinem letzten Werk, wie gesagt, gedämpfter als in früheren Jahren. Er sieht die Ursache für den betrüblichen Vorgang jetzt u. a. darin, daß man keine erfahrenen und geschickten „Mechaniker" zur Hand hatte, um bei einem Versagen des „Preis-Automaten" diesen wieder in Ordnung zu bringen. Die Mechaniker, so sagt er, hätten die Konstruktion des Apparates nicht genug verstanden, weil ihnen die dazu nötigen theoretischen Einsichten gefehlt haben. „Es zeigte sich wieder einmal, daß eine gute Theorie eine sehr notwendige und praktische Sache ist."

Als er dies schrieb, wurde in Deutschland von anderen Wissenschaftlern bereits seit langem an einer Theorie gebaut, die der nachfolgenden Generation von „Mechanikern" die nötigen Einsichten darüber vermittelte, unter welchen Bedingungen das Getriebe der freien Wirtschaft ohne Störungen funktioniert. Das geschah vor allem durch Walter Eucken in Freiburg, der in seinem 1940 erstmals erschienenen Werk „Grundlagen der Nationalökonomie" das theoretische Fundament für eine Wirtschaftsordnung legte, die durch das Verbot von Kartellen und Marktabsprachen und dessen staatliche Überwachung die höchstmögliche Freiheit der Märkte gewährleistet. Welches Wirtschaftswunder Ludwig Erhard mit der Verwirklichung dieser „guten Theorie" zustandebrachte, hat Schmalenbach wohl nicht mehr voll wahrnehmen können. (Siehe Seite 189.)

63. Der Bund der Schmalenbach-Freunde: Arbeit im Geiste des Professors

In dem zerbombten Köln, in das Schmalenbach Anfang Oktober 1945 aus Godesberg zurückgekehrt war, hatte sich für ihn fast alles verändert. Er konnte zwar wieder in sein Haus Wolfgang-Müller-Straße 16 auf dem „Professoren-Büchel" einziehen, das dank Potthoff notdürftig wieder hergerichtet war. Aber kaum hatte er sich dort einigermaßen wohnlich eingerichtet, traf ihn wie ein Keulenschlag der Befehl der Militär-Regierung, das Haus zum 15. April 1946 zu räumen – es sei beschlagnahmt. Seitdem wohnte Schmalenbach in einem nicht ganz so geräumigen Haus (mit einem nicht ganz so großen Garten), das gleichfalls in Köln-Marienburg lag, nicht weit entfernt (Goethestraße 56). Aber so bitter der Abschied von der Stätte, in der er die besten Jahre seines Lebens verbracht hatte, er lebte sich mit seiner Frau auch an dem neuen Ort bald ein.

Als Universitätslehrer hatte Schmalenbach wieder ein Seminar übernommen (siehe Seite 188). Aber auch hier war nichts so wie früher. Dies war nicht mehr sein geliebtes Treuhand-Seminar. Hier saßen jetzt Studenten, von denen viele aus dem Kriege zurückgekommen waren, fünf oder sieben Jahre Soldaten-Dasein oder längere Gefangenschaft hinter sich hatten und nicht so unbekümmert in die Welt blickten wie die Generation vor ihnen.

Im August 1947 fragt Schmalenbach bei Minz an, ob er nicht jemanden wisse, der ein Repetitorium der Betriebswirtschaftslehre schreiben könne. Auf diese Idee wäre der Meister gewiß nicht gekommen, wenn er nicht selbst in seinem Seminar ständig Repetitor hätte spielen müssen. Ehe er hier auf höhere Ziele zusteuern konnte, mußte er den jungen Leuten erst einmal die Grund-Tatsachen der Betriebswirtschaftslehre beibringen. Früher hatte es in Köln freiberufliche Repetitoren gegeben, die sich auf Schmalenbachs Lehren spezialisiert hatten, nach dem ersten Weltkrieg Dr. Jacobs, später Dr. Josef Gref. Durch ihre Kurse waren Scharen von Schmalenbach-Schülern gegangen, und Schmalenbach hatte ihr Tun als Vorbereitung auf seine Übungen und Seminare keineswegs gering geschätzt, im Gegenteil. Jetzt gab es das nicht, und es fand sich auch niemand, der sich in jener Zeit darangemacht hätte, ein komplettes „Schmalenbach-Repetitorium" zu schreiben.

Verändert hat sich schließlich auch der Charakter der Schmalenbach-Vereinigung, dies jedoch in positivem Sinne. Aus dem lockeren Zusammenschluß von einst, in dessen Rahmen ehemalige Schmalenbach-Schüler geselligen Umgang pflegten und Feste feierten, war unter dem Einfluß des Krieges ein Bund ernster Männer geworden, geeint durch die allseitige Entschlossenheit, Schmalenbach in seinem harten Schicksal nicht allein zu lassen und die Forschungsarbeit nach seinen Direktiven ohne politische Konzessionen weiterzuführen. Willy Minz, seit Anbeginn der spiritus rector dieser Vereinigung, kann nach Kriegsschluß mit Genugtuung feststellen:

> *„Trotz aller Anfeindungen und persönlichen Drohungen, die mir selbst, namentlich seitens des Kultusministeriums, gemacht worden sind, (haben wir es) verstanden, diese Vereinigung über die schweren Jahre hinwegzuretten, und sie dürfte heute wohl die einzige Vereinigung dieser Art überhaupt in Deutschland sein, die weder ihre Vermögenswerte noch ihr geistiges Eigentum für politische Zwecke hat hergeben müssen." (Schreiben an Max Kinzius vom 15. 11. 1945).*

Worum es sich zum Beispiel im Falle der Schrift über die „Dienststellengliederung" konkret gehandelt hat, ist umrißhaft einem Brief von Krähe an Potthoff zu entnehmen (vom 23. 10. 1945):

> *„Die Schmalenbach-Vereinigung (gehörte) bei der Nazi-Regierung zu den schwarzen Schafen. . . . Staatsrat Schmeer (hat) unsere Arbeit nicht veröffentlicht, . . . eine Änderung im Sinne der Wünsche der Deutschen Arbeitsfront (haben wir) strikt abgelehnt."*

Nach dem Kriege fanden die ersten Zusammenkünfte der in Köln und Umgebung wohnenden Mitglieder „in einer halbverfallenen Kölner Wirtschaft" statt; an Festveranstaltungen war nicht im entferntesten zu denken. Als im Herbst 1947 die Anregung an Schmalenbach herangetragen wurde, die jährlichen Feiern wieder aufzunehmen, reagierte er nach einigem Überlegen ablehnend, zumal sich gegen dieses Vorhaben auch unter den Mitgliedern Widerspruch geltend gemacht hatte (Brief an Minz vom 4. August 1947).

Erst die Ereignisse um seinen 75. Geburtstag im August 1948 schmelzen das Eis. Im September werden die Damen und Herren der Schmalenbach-Vereinigung vom Seminar für Betriebsorganisation zur Teilnahme an einer Studienfahrt eingeladen, die in einer „Nachfeier" in der Hochschule für Musik enden soll: „Es wird auch getanzt werden." Später wird umgekehrt das Seminar von der Vereinigung zu einer „St. Nikolausfeier" eingeladen (Dezember 1949), die – schon recht vornehm – im „Fürstenhof" stattfindet. Im Februar 1950 feiert man den Karneval. Und dann kommt auch die Zeit, in der das Hotel auf dem Petersberg wieder Mitglieder der Schmalenbach-Vereinigung bei sich sieht (erstmals 1955). Einmal trifft man sich sogar im Kurhaus Baden-Baden nach einer Tagung zum Essen und gemütlichen Beisammensein mit Damen (Oktober 1956). Der Friedens-Standard ist erreicht.

Für den 75. Geburtstag haben Fervers, Hax, Minz, Potthoff und andere in gemeinsamer Planung, aber jeder auf seine Art, Großes vorbereitet. An einen Festakt oder eine öffentliche Veranstaltung ist zwar nicht zu denken. Schmalenbach möchte dies nicht, außerdem findet in Köln zu dieser Zeit gerade das Dombaufest statt, alle Hotels sind überfüllt. Auch eine Festschrift hat sich Schmalenbach ausdrücklich verbeten (Brief an Minz vom 28. 9. 1947):

„Selbst Festschriften von hohem Niveau haben zumeist nur eine mäßige fachwissenschaftliche Wirkung. . . . Außerdem sind ihrer bereits zu viele da. . . . Sagen Sie den Leuten, daß mir 10 Pakete Tabak mehr Spaß machen würden."

Aber Hax hat den Ehrgeiz, in einer solchen Schrift die Betriebswirtschaftslehre so darzustellen, wie es Schmalenbachs Ideen entspricht, nämlich als „Wirtschaftlichkeitslehre" und als ein sinnvolles Gefüge von „Funktionskreisen". Er findet auch einen Dreh, wie man eine Festschrift herausbringen kann, ohne Schmalenbachs Aversion gegen eine solche zu verletzen: Die Zeitschrift „Wirtschaftsprüfung", bei der Schmalenbach gerade erst ausgeschieden ist, bringt das September-Heft 1948 als „Festnummer" heraus, die ausschließlich ihm und seiner Lehre in der von Hax entwickelten Gestaltung gewidmet ist.

Mehr Freude haben dem alten Herrn wahrscheinlich die von der Bildhauerin Maria Fuss gestaltete Büste seines Kopfes sowie das Büchlein „Ernste und heitere Geburtstagsgespräche" gemacht, das Friedrich Middelhauve in aller Eile noch hat drucken können und das dem Jubilar in einem prachtvollen Einband aus Ziegenleder überreicht wird. Der Inhalt dieser Schrift beruht auf der Schilderung persönlicher Erlebnisse und Eindrücke früherer Schüler, deren Wiedergabe (in Briefform) Erich Potthoff erbeten hatte und die er in einer geschickten und schriftstellerisch ansprechenden Form in diesem Buch verwertet hat. Es ist ein kleines, leicht lesbares Werk, das auch dokumentarischen Wert hat, da hier bisher unbekannte Episoden aus Schmalenbachs Leben festgehalten sind.

Der Schlager unter allen Geburtstagsgeschenken war jedoch ein Volkswagen, den Eugen Fervers dank persönlicher Beziehungen zu Professor Nordhoff (und guter geschäftlicher Beziehungen seines Unternehmens, der Goetze-Werke, zum Volkswagenwerk) gerade noch rechtzeitig hatte besorgen können. Es war eine Riesenfreude für Schmalenbach. Willy Minz gibt darüber dem Vermittler bei den Goetze-Werken, der sich unmittelbar um das Gelingen dieser Überraschung bemüht hatte, am 25. August 1948 folgende Darstellung:

„Sie (haben es) durch Ihren persönlichen Einsatz ermöglicht, das fahrbare Spielzeug rechtzeitig überreichen zu können. Es war köstlich zu sehen, wie der alte Herr, kaum daß er gehört hatte, der Wagen stehe draußen, kein Ohr mehr für Glückwünsche hatte, sondern, bewaffnet mit den ihm überreichten Schlüsseln, hinausstürzte. Ohne jede Hemmung kletterte er in den Wagen, ließ sich von einem Chauffeur nur kurz sagen, daß der Wagen eine normale Vier-Gang-Schaltung habe, und schon brauste der Professor zur großen Überraschung aller Umstehenden auf und davon und kam nach einiger Zeit, ohne einen Baum oder sonstwen angefahren zu haben, schneidig wieder vorgefahren."

Das war im August 1948, zwei Monate nach der Währungsreform. Damals begann die Welt für die Deutschen wieder schöner zu werden. Doch im Jahre 1946, als alles noch trübe und traurig aussah und die Schmalenbach-Vereinigung erst einen neuen Anfang zu suchen begann, stand nicht das Vergnügen im Vordergrund, sondern die Arbeit. Schmalenbach selbst sorgte mit seiner ganzen Autorität dafür, daß seine Zöglinge sogleich für die Vereinigung beschäftigt wurden. Er benutzte hierzu das im Kriege von ihm erfundene Instrument der Kommissionen. Deren Zahl wurde immer größer, dem Professor mangelte es niemals an Themen.

Im Juni 1946 wird Theodor Beste zum Vorsitzenden des Vorstands gewählt. Er löst damit Willy Minz ab, der dieses Amt seit 1935 (als Nachfolger von Walter Susat) wahrgenommen hat. Bald kommt es jedoch wegen eines Arbeitskreises zu einer ernsten Verstimmung zwischen Schmalenbach und Beste. Es handelt sich um eine Kommission über die Reform des betriebswirtschaftlichen Studiums, deren Errichtung auf Schmalenbachs ausdrücklichen Wunsch von der Mitgliederversammlung beschlossen worden war. Bestimmte Vorgänge in diesem Zusammenhang hatten Beste so verbittert, daß er im August 1947 sein Amt als Vorstandsvorsitzender wieder niederlegte, worauf nach einem „Interregnum" von sechs Monaten, in denen Potthoff als stellvertretender Vorsitzender die Geschäfte führte, Minz wieder in die Spitzenposition gewählt wurde (März 1948). Aber der unerquickliche Vorgang blieb Episode. Beste gehörte in den folgenden Jahren neben Fervers, Krähe, Minz, Potthoff und anderen zu den „Treuesten der Treuen" im Schmalenbach-Kreis, und er blieb es bis zuletzt.

Die Arbeitskreise sind nicht das einzige Mittel Schmalenbachs, um die Mitglieder der Vereinigung für ihre Tätigkeit zu motivieren und deren Arbeit zu aktivieren. Schon im Oktober 1945 – er war gerade erst nach Köln zurückgekehrt – rief er die hier Ansässigen für den 3. November zu einem Treffen zusammen, das von nun alle Monate jeweils am ersten Samstag stattfand und der gegenseitigen Unterrichtung über aktuelle Wirtschaftsfragen diente. Bei jeder Zusammenkunft hielt ein vorher bestimmter Teilnehmer ein Kurzreferat von 20 Minuten über ein – gleichfalls vorher festgelegtes – Thema aus seinem beruflichen Arbeitsgebiet, anschließend Diskussion. Die Leitung lag stets in den Händen von Schmalenbach.

1948 kommt man überein, künftig nur noch alle zwei Monate zu tagen, 1949 beschränkt man sich gar auf vier Vortragsveranstaltungen im Jahr. Und dann beginnt etwas ganz Neues. Die Vereinigung organisiert „Arbeitstagungen", zu denen sie auch auswärtige Fachleute als Referenten gewinnt und Nicht-Mitglieder, zum Beispiel Vertreter der Presse, als Hörer einlädt. Die improvisierten Zusammenkünfte der ersten Nachkriegsjahre sind auf diese Weise zur Keimzelle jener öffentlichen Tagungen geworden, die von nun an, erstmals 1952, regelmäßig zweimal im Jahr (im Frühjahr und im Herbst) an verschiedenen Orten und zu den verschiedensten Themen veranstaltet werden. Sie vor allem sind es, die den Veranstalter, die Schmalenbach-Gesellschaft, weithin bekanntgemacht haben. Sie haben auch wesentlich dazu beigetragen, den Namen Schmalenbach in dessen letzten Lebensjahren und nach seinem Tod im Bewußtsein der Öffentlichkeit lebendig zu erhalten.

Doch bevor die Schmalenbach-Vereinigung sich entschließt, mit ihren Tagungen an die Öffentlichkeit zu treten, hat sie ihre eigene organisatorische Gestalt verändert. Bisher konnten nach der Satzung von 1934 lediglich ehemalige Schüler und persönliche Freunde des Meisters der Vereinigung angehören. Andere Personen hatten nur in Ausnahmefällen Zutritt. Das ändert sich 1952. Von nun an ist es auch für nicht dem Schmalenbach'schen Schülerkreis zugehörige Personen möglich, die Mitgliedschaft zu erwerben, vorausgesetzt, daß sie ein Diplom besitzen und „die Ziele und Zwecke der Schmalenbach-Gesellschaft fördern" oder – bei Anwärtern ohne abgeschlossenes Studium – daß auf Grund ihres Berufs oder ihrer Stellung eine solche Förderung „erwartet werden kann". Außerdem können Firmen und juristische Personen des In- und Auslandes als „fördernde Mitglieder" ohne Stimmrecht Aufnahme finden. Durch eine Namensänderung gibt die neue Satzung diesem Wandel sinnfälligen Ausdruck: Aus der Schmalenbach-Vereinigung wird 1952 die Schmalenbach-Gesellschaft.

Es ist ein Schritt von grundsätzlicher Bedeutung. Der Schüler- und Freundeskreis um Schmalenbach verwandelt sich damit in eine umfassende Organisation für alle, die als

Betriebswirtschaftler auf dem Boden des Schmalenbach'schen Gedankenguts stehen und seine Lehren in der Praxis anwenden, auch wenn diese Menschen nicht in Köln studiert oder nicht in seinem Seminar gesessen haben. Das gibt dem Verein, ohne daß sich dessen geistiger Habitus verändert, eine wesentlich breitere Basis und ein ungleich größeres Gewicht. Die Mitgliederzahl steigt in den ersten zehn Jahren nach diesem Wechsel um 45 Prozent (von 445 auf 645), in dem letzten Jahr ihres selbständigen Auftretens, 1977, umfaßt sie 884 Mitglieder. Unter ihnen befinden sich 153 fördernde Mitglieder, zum Teil bedeutende Unternehmen, die dem Verein einen festen wirtschaftlichen Rückhalt geben. Auch die innere Organisation erfährt Veränderungen. Der Vorsitzende des aus fünf Mitgliedern bestehenden Vorstands, der in Zukunft den Titel „Präsident" führt, wird von der Mitglieder-Versammlung jeweils für zwei Jahre gewählt; er „soll" dann für weitere zwei Jahre das Amt des Vize-Präsidenten verwalten. Anders als in der Ära Minz findet jetzt also ein turnusmäßiger Wechsel der Leitungsorgane statt.

Um den Wandel von der geschlossenen „Vereinigung" zur offenen „Gesellschaft" besonders verdient gemacht hat sich Eugen Fervers, dem in jener Zeit wohl auch der Beitritt verschiedener fördernder Mitglieder zuzuschreiben ist. Eugen Schmalenbach hatte dem „lieben Freund" für seine vielen stillen Leistungen – auch während der Nazi- und Kriegszeit – schon 1949 gedankt, indem er ihm das Buch „Der freien Wirtschaft zum Gedächtnis" widmete. 1950 hatte ihn die Schmalenbach-Vereinigung dadurch ausgezeichnet, daß sie ihn zum Ehrenmitglied erwählte. Jetzt wird der Mann, der wesentlich dazu beigetragen hat, dem Verein eine neue, höhere Qualität zu verleihen, der erste Präsident der Schmalenbach-Gesellschaft.

XIV. Die Kräfte lassen nach: Zunehmendes Bedürfnis nach Ruhe (1951–1955)

64. Die Treuhand-AG wird eine GmbH: Weniger Forschung als Vermögensverwaltung

Die Treuhand-AG, einst Schmalenbachs Lieblingskind und noch im Herbst 1943 für große Taten auf internationalem Felde vorgesehen, war mehr und mehr in den Schatten der Schmalenbach-Vereinigung geraten. Während des Krieges hatte sie auf ihrem statuarisch wichtigsten Arbeitsgebiet, der „Ausübung von Organisationen“, nur einen wirklich großen Auftrag erhalten: Die Bergwerksgesellschaft Hibernia (bei der ein Schmalenbach-Schüler, Georg Strobel, kaufmännischer Direktor war) ließ sich von der Treuhand-AG die Organisation der Unternehmens-Leitung gründlich durchleuchten. Diese Aufgabe haben Erich Potthoff, seit 1943 Prokurist der Treuhand-AG, und Ulrich Worringer wahrgenommen; namentlich Potthoff war durch diese Tätigkeit bis zum Kriegsende stark in Anspruch genommen. Sonst hat die Treuhand-AG jedoch im wesentlichen nur Hilfsdienste für die Schmalenbach-Vereinigung geleistet, vor allem dadurch, daß sie Personal und die Büroeinrichtungen für deren Kommissionsarbeiten zur Verfügung stellte.

Auch nach dem Kriege hat sich daran zunächst nichts geändert. Die Tätigkeit besteht weiterhin „vorzugsweise in der Unterstützung von Arbeitskommissionen (und von anderen Arbeiten) der Schmalenbach-Vereinigung“, heißt es im Geschäftsbericht für 1946. Wenig später meint Schmalenbach in einem Brief an Krähe (17. März 1947): „Bei dem geringen Geschäftsumfang der Treuhand-AG (ist) es das einfachste, wenn ich . . . die Vorstandschaft übernehme.“ Walter Krähe, erst 1944 in den Vorstand berufen, ist natürlich einverstanden. Zum ersten Mal in der bald vierzigjährigen Geschichte dieses Unternehmens tritt also der unbestritten führende Kopf, Eugen Schmalenbach, jetzt höchstpersönlich in den Vorstand ein.

Sein Ausscheiden aus dem Aufsichtsrat, in dem er bisher den Vorsitz führte, ebenso das Ausscheiden seines Bruders Hermann (vermutlich wegen Krankheit) machen in diesem Gremium ebenfalls Neuberufungen erforderlich. Theodor Beste und Arnold Weber verbleiben im Aufsichtsrat, hinzu kommen Krähe, Minz sowie Heinrich Zintzen, der im Kriege Abschlußprüfer der Gesellschaft war. Vorsitzender wird Minz, nicht Beste, obwohl dieser nach einer während des Krieges intern abgesprochenen Regelung als Vorsitzender vorgesehen war, falls Eugen Schmalenbach ausfallen sollte.

Über die Währungs-Umstellung im Juni 1948 kommt die Gesellschaft hinweg, ohne ihr Aktienkapital von 100 000 RM zusammenlegen zu müssen. Ein zum Ausgleich der Verluste gebildetes Kapitalentwertungskonto von knapp 30 000 DM kann bis Ende 1950 aus den Jahresüberschüssen getilgt werden. An der Verteilung der Aktien hat sich nichts geändert: Schmalenbach besitzt, wie bisher, nur 20 Prozent der Aktien, 80 Prozent befinden sich nach wie vor in der Hand von Paul Haas in Bern, sind also Schweizer Eigentum. Diese Tatsache haben Krähe und Potthoff 1945 unmittelbar nach Übernahme der Regierungsgewalt durch britisches Militär zu nutzen gesucht: Vorstandsmitglied Krähe begründet im Juni 1945 sein Gesuch um Ausstellung eines Dauer-Passierscheins zwischen Essen (seinem Wohnort), Köln und Godesberg unter anderem damit, daß sich die Treuhand-AG „unter dem Schutz des Schweizer Konsulats befindet“. Und Potthoff heftet an die Eingangstür von Schmalenbachs Haus in der Wolfgang-Müller-Straße ein großes Papp-Schild mit der Aufschrift „This is Swiss Property“ (dies ist Schweizer Eigentum). Genützt hat es nicht viel: Die Villa wurde trotzdem im Frühjahr 1946 von den Besatzungsbehörden beschlagnahmt.

Bei der Treuhand-AG ist somit alles in bester Ordnung: Sie hat einen ausländischen Mehrheits-Aktionär, der dem Minderheits-Aktionär und Vorstand Schmalenbach jegliche Freiheit in der Geschäftsführung läßt, sie hat eine gesunde Bilanz, sie erwirtschaftet sogar gute Gewinne, ist inzwischen auch als gemeinnützig anerkannt – nur eines hat sie nicht: Aufträge für die von ihr zu betreibende Forschungstätigkeit auf betriebswirtschaftlichem Gebiet, die laut Satzung ihre Hauptaufgabe ist. „Die gemeinnützige Tätigkeit . . . beschränkte sich (1950) wie bisher im wesentlichen auf die Bereitstellung von Arbeitsräumen und der Bibliothek für fachwissenschaftliche Arbeiten“, liest man im Geschäftsbericht. Das sind jedoch passive Leistungen, keine aktive Forschungsarbeit.

Wenn man an die weit ausgreifenden Vorhaben von 1942/43 denkt, die Schmalenbach gemeinsam mit Haas verwirklichen wollte, muß die Entwicklung für Schmalenbach recht deprimierend gewesen sein. Aber Pläne für eine Neu-Organisation von Großbetrieben sind um 1950 eben noch nicht gefragt. Außerdem hat der 77jährige Schmalenbach möglicherweise – was verständlich wäre – nicht mehr den Schwung, um neue Forschungsaufträge anzuregen und an sich heranzuziehen. Es ist die Zeit, da seine Kräfte zu erlahmen beginnen.

Auf einem anderen Gebiet finden wir ihn allerdings ein Jahr später, 1951, wieder in voller Aktion. Er geht mit Feuereifer daran, sein Landhaus in Schmalenbach um einen Anbau zu vergrößern, und konzentriert sich derart auf diese Aufgabe, daß er manche anderen Dinge darüber vernachlässigt. Freilich gehört das Haus nicht mehr ihm, sondern der Treuhand-AG, an die er 1941 seinen gesamten Grundbesitz verkauft hatte. Deshalb muß er im Geschäftsbericht für 1951 auf die Bautätigkeit eingehen und dabei dem möglichen Eindruck entgegenzuwirken versuchen, daß die bauliche Veränderung etwa nicht im Interesse der (gemeinnützigen) Treuhand-AG gelegen habe.

Er tut das auch in aller Ausführlichkeit. Der Leser erfährt daraus, daß die Räume der Treuhand-AG in Köln (Goethestr. 56) für die Bücherei nicht mehr ausreichten, weshalb für weniger benutzte Bücherbestände in Schmalenbach Raum geschaffen werden müsse. Außerdem wolle sich „der Vorstand“ (das ist allein Schmalenbach), da ihm die klimatischen Verhältnisse in Köln nicht zuträglich seien, „einen gelegentlichen Aufenthalt in Schmalenbach ermöglichen“, wofür er aus eigenen Mitteln einen Baukostenzuschuß von . . . geleistet habe. Er handelt also absolut korrekt. Der Anbau wird im übrigen, von der Straße aus gesehen, an der hinteren Seite links angefügt, in Richtung auf den Bach. Es ist also eine Erweiterung, die das Gebäude – anders als die Anbauten aus der Zeit vor dem ersten Weltkrieg – architektonisch nicht verunziert.

Irene Nickel, die das Anwesen nach Schmalenbachs Tod erworben hat, war Zeuge, wie die Bücher aus Köln hierhergebracht worden sind. Auch das vordere Zimmer rechts wurde von den dort bis zur Decke reichenden Büchern freigemacht. Dies ist vermutlich ein Raum (oder einer der Räume), die Schmalenbach für sich reklamierte. Frau Nickel: „Der Professor hat an jedem Stück gehangen, hat einige Möbel sogar selbst ausgebessert. Er liebte im Alter den Flecken Schmalenbach, wo er geboren war, über alles.“

Die ausführliche Berichterstattung über diesen Vorgang im Geschäftsbericht offenbart, daß die Treuhand-AG nicht allein Forschungsgesellschaft war. Sie widmete sich auch der Vermögensverwaltung. Und da die Forschungsarbeit um 1950 darniederlag, war die Vermögensverwaltung zu ihrer Hauptaufgabe geworden, ja man darf wohl sagen: zu ihrer einzigen

Aufgabe. Außer dem Grundbesitz, der ausschließlich aus früheren Schmalenbach-Liegenschaften bestand, verwaltete sie Darlehnsforderungen, die ganz überwiegend die Arthur Richter KG in Köln betrafen und nach ihrem wirtschaftlichen Charakter ebenfalls Eugen Schmalenbach zustanden. Auch die Verbindlichkeiten auf der Passivseite betrafen, wie der Abschlußprüfer im Prüfbericht für 1950 feststellt, ausschließlich das „Privatkonto Schmalenbach".

Bei dieser Sachlage war es nur konsequent, daß der Professor – nachdem er sich im Geschäftsbericht für 1951 über so private Dinge wie den Erweiterungsbau öffentlich hatte verbreiten müssen – ernsthaft der Frage nachging, ob man das Unternehmen nicht in eine GmbH umwandeln sollte. Nachdem ihm von zuständiger Stelle bestätigt worden war, daß die Gemeinnützigkeit auch einer Nachfolge-GmbH zuerkannt werde, und nachdem er die Zustimmung des Mitaktionärs Paul Haas und der Aufsichtsrats-Mitglieder eingeholt hatte, wurde die Umwandlung am 24. November 1952 beschlossen und am 23. Dezember 1952 in das Handelsregister eingetragen.

Die Gesellschaft hieß fortan Betriebswirtschaftliche Forschungs-GmbH, einziger Geschäftsführer war Eugen Schmalenbach, einen Aufsichtsrat gab es nicht mehr. Schmalenbach brauchte sich um aktienrechtliche Publizitäts-Vorschriften nicht zu kümmern, und er wurde, da die GmbH wegen der Gemeinnützigkeit keiner Besteuerung ihres Einkommens und Ertrags unterlag, von der Doppelbesteuerung der Gewinne von Kapitalgesellschaften nicht getroffen – für ihn eine ideale Lösung. Der Gesellschaftsvertrag der GmbH enthielt im übrigen keine Neuerungen gegenüber der bisher bestehenden Regelung, abgesehen von notwendigen formalen Änderungen (Schreiben an Krähe vom 10. November 1952).

Nach Schmalenbachs Tod im Februar 1955 wurde Geschäftsführer sein Sohn Fritz Schmalenbach, der damals noch in Bern lebte. Wer sich in jener Zeit „vor Ort" um die Firma gekümmert hat, wissen wir nicht. Wahrscheinlich war es der Steuerbevollmächtigte Max Popper, ein Schmalenbach-Schüler aus der Zeit nach 1945. Bei dem Verkauf des Landhauses an Irene Nickel im Jahre 1963 hat er jedenfalls als Vertreter der Betriebswirtschaftlichen Forschungs-GmbH gehandelt. Später wurde er neben Fritz Schmalenbach zum Liquidator bestellt. Am 28. September 1970 wurde die Gesellschaft aufgelöst, am 14. Januar 1975 war ihre Liquidation beendet.

65. Ehrungen sonder Zahl: Festakt mit 13 Rednern zum 80. Geburtstag

Ohne Doktor zu sein, wurde der junge Schmalenbach 1906 zum Professor berufen. Aber am Ende seiner Lebensbahn besaß er nicht weniger als sechs Doktor-Titel. Zwei davon haben ihm besondere Freude gemacht. Es war der Doktorgrad, den ihm die neu erstandene Kölner Universität 1919 als echte akademische Würde schenkte – ohne Promotion und doch nicht „ehrenhalber". Und vielleicht noch herzlicher freute er sich über den Dr. jur. h. c., mit dem ihn die Rechtswissenschaftliche Fakultät der Universität Freiburg zu seinem 50. Geburtstag (1923) überraschte. Angesichts mancher Fehden mit Juristen, die ihn und seine Wissenschaft damals nicht für voll nahmen, bedeutete ihm der Dr. jur. h. c. aus Freiburg Trost und Triumph zugleich (siehe Seiten 77 und 96).

Außerdem erreichten ihn in diesen frühen Jahren auch Ehrungen aus Leipzig, wo sein Weg als Wissenschaftler begonnen hatte. Die dortige Handelshochschule, die auf ihren großen Sohn stolz war, berief ihn 1923 zu ihrem „Ehrenbürger", 1930 gar zum „Ehrensenator". Es waren Auszeichnungen, mit denen er freilich seinen Namen nur selten zierte, die jedoch in Leipzig die Erinnerung an den Lehrer und Forscher Schmalenbach wachhielten. Und noch eine Ehrung wird ihm vor der Hitler-Zeit zuteil. Im Mai 1932 verleiht ihm die Hochschule für Wirtschafts- und Sozialwissenschaften in Nürnberg, wo ein Schmalenbach-Verehrer, Erich Schäfer, als Privatdozent (später Professor) lehrt, die Würde eines Dr. oec. h. c.

Dann wird es jedoch dunkel in Deutschland. Am 60. Geburtstag Schmalenbachs im August 1933 feiert er noch ausgiebig im Kreise der Freunde und früheren Schüler; aber keine Hochschule, keine Universität, kein Verband spricht mehr eine öffentliche Ehrung aus. Diese Institutionen werden längst von Funktionären der NSDAP beherrscht. Sie haben jüdische Menschen gnadenlos aus ihren Ämtern vertrieben; den „jüdisch versippten" Schmalenbach dulden sie zwar, aber sie boykottieren ihn. Bei seinem 65. Geburtstag im August 1938 oder gar beim 70. mitten im Kriege (1943) ist an eine Auszeichnung schon gar nicht mehr zu denken. Im Gegenteil, Schmalenbach ist in den Wochen vor seinem 70. Geburtstag in großer Sorge, daß vielleicht eine ausländische Hochschule oder Universität auf den Gedanken kommen könnte, ihm eine Ehrung zuteil werden zu lassen. In seiner Lage hätte ihm das 1943 womöglich auf furchtbare Weise zum Verhängnis werden können.

Die Verfemung, die ihn während der NS-Zeit gleichsam zur „Un-Person" gemacht hat, bewirkte andererseits, daß die Auszeichnungen in den Jahren danach in gedrängter Fülle auf ihn niederregneten. Im Jahr seines 75. Geburtstages – wenn auch verspätet als Weihnachtsgeschenk – erinnern sich gleich zwei Technische Hochschulen, an denen die Betriebswirtschaftslehre gepflegt wird, daß Eugen Schmalenbach durch seine Arbeiten auch die Ingenieurwissenschaft und -praxis befruchtet hat. Willy Minz, der von Fervers gehört hat, daß die TH Karlsruhe dem Meister den Dr. Ing. ehrenhalber verleihen will, bestärkt die Hochschule in ihrer Absicht und schreibt einem dortigen (ihm offenbar bekannten) Professor am 4. Dezember 1948:

> *„Der Gelehrte (Eugen Schmalenbach) stammt aus einer alten Fabrikantenfamilie des Sauerlandes. . . . In seinen fachlichen Arbeiten ist er insbesondere durch seine Forschungen auf dem Gebiete des Rechnungswesens . . . (auch) für die Technik wegweisend gewesen. . . . Durch seine Kostenrechnung (ist es) möglich gewesen, die heute aus der Fabrikwirtschaft nicht wegzudenkende Berechnung der Arbeitskosten sowie die Organisation der Arbeitsvorbereitung durchzuführen. Hinzu kommt die Förderung des Betriebsvergleichs und . . . die Ermittlung von Kennzahlen, für die die Arbeiten Schmalenbachs überall bahnbrechend gewesen sind. . . . Er war es auch, der innerhalb der Wirtschaftsfakultät technologische Vorlesungen einführte. . . ."*

So kommt es, daß ihm im Dezember 1948 fast gleichzeitig zwei technische Doktorhüte ehrenhalber aufgesetzt werden: Einer kommt, wie gesagt, aus Karlsruhe, der andere von der Technischen Hochschule in Berlin-Charlottenburg. Damit sind insgesamt schon fünf Urkunden in seiner Hand, mit denen Eugen Schmalenbach, der außer bei der Diplomprüfung niemals die Qualen eines Examens-Kandidaten durchzustehen hatte, die akademischen Würden eines Doktors zuerkannt wurden. Zu dem Tage, an dem er sein 75. Lebensjahr vollendet (20. August 1948), ernennt außerdem das Institut der Wirtschaftsprüfer den Mann, der zwar unzählige Wirtschaftsprüfer ausgebildet, selbst aber erst vor zwei Jahren die Bestallung als Wirtschaftsprüfer erhalten hat, zu seinem Ehrenmitglied. Die Schmalenbach-Vereinigung, deren Ehrenmitglied er von Anfang an war (also seit 1933), hatte ihn schon an seinem 73. Geburtstag zu ihrem Ehrenpräsidenten bestellt.

Als sich die Zahl seiner Lebensjahre zur 80 rundet, am 20. August 1953, wird ihm ein offizieller Festakt bereitet, der erste und einzige in seinem Leben. Eugen Schmalenbach ist jetzt sichtlich zum Greis gealtert. Aber er steht die Veranstaltung ohne erkennbare Ermüdung durch, scheint sie auch genossen zu haben. Die Feier, zu der die Schmalenbach-Gesellschaft eingeladen hat, findet im Kölner Excelsior Hotel Ernst am Domplatz statt. Von musikalischen Darbietungen umrahmt, richten insgesamt 12 Redner Grußbotschaften an den Jubilar, darunter Gäste mit illustren Namen. Dann hält (als 13.) Karl Hax seinen Festvortrag, in dem er Schmalenbachs Verdienste um die Betriebswirtschaftslehre in Deutschland und anderswo preist, namentlich auch für die Jahre von 1933–1945.

Als höchster Repräsentant des Staates eröffnet Christine Teusch, Kultusministerin des Landes Nordrhein-Westfalen, die Reihe der Ansprachen. Sie verbindet mit ihren eigenen Glückwünschen diejenigen des Bundespräsidenten sowie der Bundes-und Landesregierung. Professor Wessels, Rektor der Universität Köln, der als zweiter spricht, hebt hervor, daß Schmalenbach Ansehen und Geltung der Universität in einem Maße gefördert habe, wie es nur wenigen Wissenschaftlern möglich sei. Der Oberbürgermeister rühmt die Treue, die Schmalenbach der Stadt Köln bezeugt habe; der Dekan der WiSo-Fakultät gelobt, daß die Fakultät die von Schmalenbach begründete Tradition bewahren werde.

Von den weiteren Sprechern sind zu erwähnen: Eugen Fervers als Präsident der Schmalenbach-Gesellschaft sowie Werner Aprath, einst Stuben-Nachbar in der Bachemer Straße, jetzt Oberfinanzpräsident, der den VDDK repräsentiert, weiter Professor O. Sillén von der Handelshochschule Stockholm, die Schmalenbach stets eine ganz besondere Wertschätzung entgegengebracht hat, schließlich Botschaftsrat Taraoka von der japanischen Botschaft als Vertreter des fernen Landes, das sich Schmalenbachs Lehren wie kaum ein anderes zu eigen gemacht hat.

Die Dankesworte des also Gefeierten schließen voller Ehrerbietung und in echt Schmalenbachscher Bescheidenheit mit einer Reminiszenz an die Vorgänger, die ihm und der deutschen Betriebswirtschaftslehre durch ihre Gelehrsamkeit und ihren Fleiß den Weg geebnet haben, ohne daß ihres Wirkens heute noch viel gedacht wird. Er hat dabei wohl vor allem auch seinen verehrten Lehrer Richard Lambert sowie Johann Friedrich Schär im Sinn.

Die Frau Kultusministerin Teusch hat dem Jubilar eine hohe Auszeichnung mitgebracht, das Große Verdienstkreuz, dessen Band sie „dem Meister, Lehrer, Forscher und Gründer der Betriebswirtschaftslehre" um den Hals legt. Und auch der Rektor hält eine hohe Ehrung für den berühmten Professor bereit: Schmalenbach wird Ehrensenator der Kölner Universität. Daß ihn der Verband der Hochschullehrer der Betriebswirtschaftslehre zum Ehrenvorsitzenden bestellt (vier Jahre vorher war er Ehrenmitglied geworden), daß ferner das RKW ihn zum Ehrenmitglied macht und auch andere Ehrungen dieser Art sich auf seinem Haupte häufen, geht in der gedrängten Fülle dieses Tages fast unter. Natürlich darf auch ein neuer Ehrendoktor nicht fehlen. Es ist sein sechster Doktortitel, und er kommt aus dem Ausland: Die Universität Kobe hat Schmalenbach als Dank für seine langjährigen Beiträge auf seinem Fachgebiet ihr erstes Ehrendoktorat für Betriebswirtschaftslehre verliehen.

Schmalenbach nimmt diese Ehrungen freudig, aber unterschwellig wohl doch mit einem gewissen Gleichmut entgegen. Wie alle großen Geister ist er mit zunehmendem Alter für elitäre Auszeichnungen dieser Art immer weniger empfänglich geworden. Dagegen empfindet er echte Freude über die Vielzahl der brieflichen und telegraphischen Glückwünsche aus dem Kreis der Freunde und der altvertrauten Schüler von einst. Ihn interessiert dabei nicht in erster Linie, was sie im einzelnen schreiben; nur wer ihm geschrieben hat, möchte er sogleich wissen. Am Nachmittag läßt er sich zu Hause von seiner Nichte Ruth Schönnenbeck die Namen all derer, die ihm einen Glückwunsch geschickt haben, Brief für Brief vorlesen. Theodor Beste hatte schon recht, als er sehr viel später in einer Würdigung des Lebenswerks von Eugen Schmalenbach sagte: „Die schönste Ehrung hat (für ihn) darin bestanden, daß er bis zuletzt viele seiner Schüler zu Freunden gehabt hat.“

Für den gradiosen Festakt mit der Fülle seiner Lobpreisungen und Auszeichnungen hatte Schmalenbach hinterher nur einen knappen und trocken-hintergründigen Kommentar. Mit verschmitztem Lächeln pflegte er zu sagen: „Es hat mir nichts geschadet.“

66. Die letzten Jahre: Von schwerer Krankheit verschont

Eugen Schmalenbach gehörte zu den Menschen, die in ihrem Leben viel kränkelten, aber nie ernsthaft krank waren. Als Vierzigjähriger, Anfang 1914, klagte er über anhaltende Mattheit. Der Arzt führt sie auf Überanstrengung zurück und verordnet unter anderem ein Jodpräparat, woraus Eugen schließt, daß er wohl an Arterienverkalkung leide – „ein bißchen früh“, wie er meint (Kaliumjodid hilft unter anderem auch gegen diese Krankheit). Während des Krieges „futtert“ er das Jod, „wenn es nicht so recht gehen will“ – und fühlt sich dann „leidlich“ wohl (Briefe vom 12. Januar 1914 und 4. Juli 1915).

Aber dann, in den Jahren heftigster Beanspruchung, die vor allem von seinem Engagement für die Goldmarkbilanz im Reichswirtschaftsrat herrühren, stellen sich erstmals Magenstörungen ein, die ihn bis an den Rand des Alters begleiten. Manchmal überfallen ihn so heftige Schmerzen, daß sich die Familie ernste Sorgen um seine Gesundheit macht (so im April 1936, dann wieder im September 1937). Daß sie eine Folge des vielen Wirtshausessens auf seinen dienstlichen Reisen sind, wie er in den zwanziger Jahren meinte, erscheint jetzt kaum noch glaubhaft. Möglicherweise war das Magenleiden damals auch eine Folge übermäßigen „Jod-Futterns“ im Kriege. Die größte Wahrscheinlichkeit spricht jedoch dafür, daß es nervlich bedingt war, und Schmalenbach wird sich dies wohl auch eingestanden haben. Er macht Badekuren, erstmals 1927 und 1928 in Gastein, dann in Kissingen, Oberschlema, Nauheim, Marienbad und anderswo, meist „leider nicht zur Zufriedenheit“, wie er am 12. Juni 1936 aus Pilsen schreibt. Doch die chronische Magenschwäche fesselt ihn niemals für längere Zeit ans Bett. Wenn er sich hinlegen muß, dann meist nur für zwei, drei Tage.

In seiner Werkstatt holt er sich Anfang 1934 „eine außerordentlich heftige Hautentzündung, die den ganzen Körper bedeckt“. Sie ist nach seiner Meinung durch Lack- und Terpentindämpfe verursacht und heilt bald aus (Brief vom 11. Januar 1934). Die Entzündung wiederholt sich im Dezember 1934, als er an einer „kleinen Handarbeit für den Weihnachtstisch“ bastelt, scheint sich aber auch diesmal als harmlos erwiesen zu haben, man hört nichts mehr davon. Nur daß sich Eugen im Mai 1939 einer Bruch-Operation unterziehen muß, sorgt noch für einige Aufregung in der Familie. Es ist sicher das erste und vermutlich auch das einzige Mal, daß Schmalenbach als Patient ein Krankenhaus von innen gesehen hat (Brief der Tochter Marianne vom 9. Mai 1939).

Daß die Eheleute Schmalenbach – daß besonders Frau Marianne – die seelischen Belastungen in der Nazi-Zeit durchgestanden haben, ohne an Leib und Seele krank zu werden, grenzt an ein Wunder. Die Frau hatte vorher wesentlich mehr zu leiden als ihr Mann. Bereits im Dezember 1913, noch keine 40 Jahre alt, war sie asthmaleidend, und diese Krankheit, deren

Anfälle immer schwerer werden, führt um 1930 zu einer Herzschwäche, die ihr bis an ihr Lebensende zusetzt.

Im Oktober 1933 muß sie sich einer „kleinen Operation" unterziehen, über deren Natur Eugen nichts sagt, die also wahrscheinlich gynäkologischer Art ist. Die Folgen stellen sich im Sommer 1934 ein: Rheumatische Beschwerden mit derart heftigen Schmerzen in den Gelenken, daß Marianne zeitweise keine hundert Schritte gehen, keine langen Fahrten im Auto vertragen, keine Briefe schreiben kann. Sie war damals ein hart geplagtes Wesen.

Doch während des Krieges, in der Zeit äußerster Anspannung der Nerven und ständiger Furcht vor dem Ende, war dies alles vergessen. Die alte Wahrheit machte sich geltend, daß dem Menschen mit einer Herausforderung oft auch die Kraft zuwächst, sie zu bestehen. Unter dem drohenden Menetekel von Theresienstadt waren frühere Leiden und Schmerzen zu einem Nichts zusammengeschrumpft, das die Schmalenbachs nicht sonderlich beunruhigt.

In den Jahren gleich nach dem Kriege agiert Eugen trotz Hunger und aller Entbehrungen mit voller Leistungskraft. Sein Forscherdrang ist ungebrochen, sein Geist munter wie eh' und je, und seine Persönlichkeit hat nichts von ihrer früheren Ausstrahlung verloren. Aber dann, ab 1950, fordert das Alter unerbittlich sein Recht. Es ist das Jahr, in dem er sein Seminar aufgibt und zum letzten Mal einen Aufsatz veröffentlicht. Im Jahr 1951 lehnt er es ab, eine Schrift zu lesen, die Hundhausen ihm übersandt hat. Und 1953 überläßt er die Bearbeitung des Buchs „Die Beteiligungsfinanzierung", das 1954 in achter Auflage erscheinen soll, erstmals seinem Schüler Richard Bauer, der nach Schmalenbachs Tod fast alle Werke in Neubearbeitungen herausgebracht hat.

Nicht eine Krankheit ist es, die Schmalenbach daran hindert, einen Aufsatz zu schreiben oder ein Buch zu lesen. Es ist vielmehr ein Vorgang, den er im Vorwort zur achten Auflage der „Beteiligungsfinanzierung" mit „Abnutzung (der) körperlichen und geistigen Werkzeuge" umschreibt. In concreto: Seine Sehkraft läßt empfindlich nach. Das Schwinden der Sehfähigkeit war an seinem 80. Geburtstag offenbar schon so weit fortgeschritten, daß er die Glückwunsch-Schreiben und -Telegramme nicht selbst lesen konnte. Er ließ sich von Nichte Ruth nur die Absender vorlesen. Keine fünf Monate später, am 4. Januar 1954, besucht ihn der Geschäftsführer der Schmalenbach-Gesellschaft, Leo Kluitmann, um verschiedene Fragen zu besprechen. Schmalenbach äußert den Wunsch, an einer der nächsten Arbeitsbesprechungen teilzunehmen. Dazu Kluitmann in der Aktennotiz über dieses Gespräch: „Wir müssen dabei besonders Sorge dafür tragen, daß Prof. Schmalenbach gut von und zum Wagen geleitet wird".

Aber das Interesse an den Vorgängen in der Schmalenbach-Gesellschaft war, wie man sieht, nach wie vor rege. Sein Geist befaßte sich auch weiterhin mit Forschungsaufgaben. Seine Arbeit über Kartell- und Monopolfragen, so heißt es in Kluitmanns Aktenvermerk, interessiere den Professor sehr, aber er habe sie nicht weitergeführt, da er unter dem Eindruck gestanden habe, daß ihm hierfür die Betriebsnähe fehle. Trotz Aufgabe des Seminars hat Schmalenbach übrigens weiterhin Doktoranden betreut, und Theodor Beste weiß zu berichten, daß er noch zehn Tage vor seinem Tod einen Kandidaten geprüft habe.

Eugen Schmalenbach ist am Sonntag, den 20. Februar 1955 im Beisein seines Sohnes gestorben. Es war gegen 12.30 Uhr, als er den letzten Atemzug tat. Im Hause weilte seine Frau sowie die fünfzehnjährige Enkelin Barbara, die vorher an seinem Krankenbett gesessen hatte, gleichsam ihre Mutter vertretend, Schmalenbachs über alles geliebte, früh verstorbene Tochter Marianne. Er war nicht einer Krankheit erlegen. „Fast bis zuletzt (hatte er sich) seine geistige Frische bewahrt, und (er) war auch körperlich in keinem sehr schlechten Zustand, so daß die Herzkrise, die in der letzten Woche plötzlich auftrat, doch sehr unerwartet kam. Der Tod ist dann schmerzlos gekommen“ (Fritz Schmalenbach). Er war eben ein alter, fast völlig erblindeter Mann, den die Lebensfreude verlassen hatte. Er starb, weil seine Zeit erfüllet ward.

An der Beisetzung am 25. Februar 1955 nahmen unzählige Menschen teil, außer den Angehörigen des Verstorbenen Mitglieder des Kuratoriums, des Senats, des Lehrkörpers der Kölner Universität, dazu eine große Zahl von Freunden, Studenten und anderen Personen. Nach der Rede des Pfarrers, der sich das Wort aus der Bergpredigt „An ihren Früchten sollt Ihr sie erkennen“ als Leitspruch erwählt hatte, sprach Theodor Beste, Dekan der WiSo-Fakultät, und rühmte das „urwüchsige Genie“, dem es gelungen sei, „seinem Fache Bahn zu brechen (und) ihm Anerkennung zu verschaffen“, wie auch den „Skeptiker und Weisen“, der den Wert aller Äußerlichkeiten mit dem rechten Maß abzuschätzen wußte. Willy Minz, der dem Verstorbenen als Specher für alle Freunde und Schüler Schmalenbachs sowie im Namen der deutschen Wirtschaftsprüfer den letzten Gruß entbot, betonte, wie sehr die Studenten „den schlichten, einfachen Mann, den gestrengen Seminarleiter und gefürchteten Examinator“ geliebt haben und wie ergriffen sie alle waren, als er im hohen Alter wieder junge Studenten um sich versammelte und mit ihnen „gaudeamus“ sang – worauf ihm das „vivant professores“ entgegenschallte.

Es muß eine ergreifende Trauerstunde gewesen sein. Zu Beginn des nächsten Semesters, am 10. Mai 1955, fand dann auf Einladung der Wirtschafts- und Sozialwissenschaftlichen Fakultät die offizielle Akademische Trauerfeier für Eugen Schmalenbach statt. Im Mittelpunkt stand eine umfassende Würdigung seines Wirkens als Wissenschaftler und als Lehrer, verfaßt und vorgetragen wiederum von dem Dekan und Schmalenbach-Schüler Theodor Beste. Ihm war es wie kaum einem anderen gegeben, das Wesen und die Bedeutung seines großen Meisters in Worte zu fassen. Die Gedenkrede, die bei aller Klarheit und scheinbaren Nüchternheit der Formulierung auch die ehrfürchtige Zuneigung des Schülers und seine Ergriffenheit zum Ausdruck brachte, war ein Nachruf, der in einzigartiger Weise die Größe Schmalenbachs zum Ausdruck brachte. Es war ein Nekrolog, wie er würdiger kaum denkbar war.

Frau Marianne, die gemeinsam mit ihrem Mann über fünfzig Jahre lang alle Freuden erlebt, alle Leiden getragen hat, wird sich in ihrem Hause nun sehr einsam gefühlt haben. Natürlich bekommt sie immer wieder Besuch: Von ihrem Sohn, von Enkelin Barbara, die bei den Ursulinerinnen unweit Bonn im Internat lebt und mit der sie viel über Fragen des Lebens und des Todes spricht, und natürlich auch von Freunden und Bekannten. Die Schmalenbach-Gesellschaft läßt keinen Geburtstag, keinen Gedenktag vergehen, an dem sie ihr nicht durch einen Blumengruß oder auf andere Weise eine Freude zu bereiten sucht. Aber das Dasein fällt ihr immer schwerer, Herzanfälle bereiten ihr Sorgen, ja Todesangst.

Im November 1956 geht es ihr so schlecht, daß sie auf ihren Wunsch aus dem Schlafzimmer im oberen Stockwerk nach unten gebettet wird. Sie steht nicht wieder auf. Fritz und Barbara sind bei ihr, als ihr Leben am 13. November 1956, abends kurz nach 21 Uhr, zu Ende geht. Sie ist ebenso sanft entschlafen wie kaum zwei Jahre vorher ihr Mann, der große Schmalenbach, dem sie alles in ihrem Leben verdankt, der treu zu ihr gehalten, alle Bitternis mit ihr geteilt hat und der ohne Zögern mit ihr gemeinsam in den Tod gegangen wäre, wenn es keinen anderen Weg aus der Drangsal gegeben hätte.

67. Eugen Schmalenbachs Vermächtnis: Theorie und Praxis stets Hand in Hand

Es gibt nicht mehr viele Menschen, die Schmalenbach noch in seiner Glanzzeit erlebt haben. Seit 1933, als er seine Lehrtätigkeit aufgab, sind mehr als fünfzig Jahre vergangen, und auch das Jahrfünft, das ihn nach dem Kriege als Hochschullehrer sah, liegt über dreißig Jahre zurück. Doch sein Name ist bis heute unvergessen, sein wissenschaftliches Werk lebendig wie eh' und je. Noch immer ist die Kraft seiner Persönlichkeit zu spüren, ungleich stärker jedenfalls, als bei anderen Betriebswirtschaftlern der Pionierzeit. Er ist der einzige, dessen Name in der Wirtschaft zum Begriff geworden ist.

Gewiß haben die Umstände seinen einzigartigen Aufstieg begünstigt. Für die Betriebswirtschaftslehre waren die Jahre, in denen Schmalenbachs Berufsweg begann, „Gründerjahre", und das sind Zeiten, in denen die Welt dem Tüchtigen gehört. Als er an die kurz zuvor gegründete Handelshochschule in Köln kam, hatte er keine altgedienten Professoren vor sich, auf deren Abtreten er hätte warten müssen, um selbst Professor zu werden. Wie im Fluge hat er den Professoren-Stuhl erreicht. In seinem wissenschaftlichen Streben glich er einem Kolonisator, der jungfräulichen Boden vorfindet und ihn nach Herzenslust beackern kann. Die Stelle, wo er das Graben begann, konnte er sich frei aussuchen, und er wählte einen Punkt, auf dem er sich dank praktischer Erfahrungen schon gut auskannte, die Kostenrechnung im Industriebetrieb. Das alles war ihm zugutegekommen. Aber die Gunst der ersten Stunde winkte auch anderen. Und doch ist keinem von ihnen ein solcher Nachruhm zuteil geworden wie Eugen Schmalenbach.

Woran liegt das? Das Leben von Menschen vergleichend werten zu wollen und ihr Lebenswerk mit kritischem Blick gegeneinander abzuwägen, ist ein schwieriges Unterfangen. Aber bei aller Zurückhaltung vor vorschnellen Urteilen kann es doch als eine gesicherte Erkenntnis gelten, daß Schmalenbach eine ungewöhnlich kraftvolle Persönlichkeit gewesen ist, die starken Einfluß auf andere Menschen auszuüben vermochte. Und auch daran kann wohl kein Zweifel bestehen, daß sein wissenschaftliches Werk in einem Maße wie das keines anderen Betriebswirtschaftlers in die Praxis der Betriebe eingegangen ist, ihre Arbeit befruchtet hat und dort weiterwirkt. Diese Besonderheiten, die Schmalenbach und sein Werk auszeichnen, sind – so scheint uns – das entscheidende Agens, dem es zuzuschreiben ist, daß der Name Schmalenbach bei den für die Wirtschaft Verantwortlichen nicht – wie der so vieler anderer Betriebswirtschaftler – in Vergessenheit geraten ist und vermutlich nicht in Vergessenheit geraten wird.

Daß es Eugen Schmalenbach gegeben war, auf andere Menschen zu wirken, hatte er schon als kaufmännischer Lehrling im Velbertschen Freundeskreis erfahren, sicher mit innerer Genugtuung (Seite 11–12). Aber das war nur ein fast noch spielerischer Anfang. Mit der fachlichen Überlegenheit, die ihm als erfolgreicher Student und später als Dozent und Professor zuwuchs, vervielfältigte sich die Kraft seiner Ausstrahlung auf Jüngere. Vom ersten Tage seines Daseins als Hochschullehrer wirkte er auf die Studenten wie ein Magnet, dessen anziehender und sie selbst magnetisierender Wirkung sie sich nicht entziehen konnten. Immer mehr junge Leute kamen in seine Vorlesungen, immer stärker fühlten sie sich von ihm gefangengenommen. Und daran hat sich auch in seinen Altersjahren nichts geändert.

Das Geheimnis dieser Anziehungskraft zu ergründen, ist nicht einfach. Nur eines ist offensichtlich: Sie beruhte nicht auf einer überlegenen Redegabe. Schmalenbach war kein Rhetoriker, kein eloquenter Redner, der die Zuhörer mit wohlgesetzten Worten und treffsicheren Argumenten von der Wahrheit seiner Ideen zu überzeugen verstand. Dennoch nahm sein Auftreten die Zuhörer gefangen. Seine Art, mit den Studenten umzugehen, beeindruckte sie sogar nachhaltiger, als es die Kunst der geschliffenen Rede vermocht hätte. Wie das geschah, ist im letzten Urgrund nicht zu enträtseln. Am besten hat die Frage, worauf Schmalenbachs Wirkung und die geheimnisvolle Strahlkraft seines Wesens beruhten, soweit wir sehen, sein Schüler und guter Freund Theodor Beste beantwortet, indem er die hier wirkenden Einzelkräfte herauszufiltern suchte:

> *„Das war, weil da ein Mensch sprach, der, wie jeder bald merkte, von seinem Stoff leidenschaftlich ergriffen war, der mühelos aus einem unerschöpflich scheinenden Quell des Wissens hergab, der ahnen ließ, daß er die Strapazen des Denkens und der Erfahrung nicht gescheut hatte; das kam, weil dieser Mann anzuregen wußte, indem er seinen Hörern den Mitvollzug seiner geistigen Arbeit auferlegte. . . . Immer war das, was er vor seinen Hörern ausbreitete, mit Substanz und Leben erfüllt. Dafür nahm er auch zu Hilfe, was er als ursprüngliche Gaben besaß: Seinen Humor, seinen scharfen Witz, seinen bisweilen beißenden Spott, die auch vor Thronen nicht zurückhielten."*

Die überragende Gestalt des Eugen Schmalenbach schlug die Schüler nicht nur während des Studiums in Bann. Sie prägte viele dieser Männer – und das war seine erzieherische Absicht – für ihr ganzes Leben. Auch im Beruf fühlten sie sich ihrem Lehrer verbunden und dem Kreise der „Auserwählten" zugehörig, denen das Glück zuteil geworden war, die Ausbildung in Schmalenbachs „Kölner Schule" genossen zu haben. Und so bildete sich als Folge der prägenden Kraft des Professors ganz von selbst eine – zunächst nur lockere – Gemeinschaft der „Ehemaligen". 1932/33 erhielt diese Gemeinde dann eine organisatorische Heimat in Gestalt der ad hoc gegründeten Schmalenbach-Vereinigung.

Für das Fortwirken der Ideen Schmalenbachs und das Andenken an den Gelehrten erwies sich diese Gründung als ein unerhört wichtiger Vorgang. Es ist seltsam: Der Meister selbst, der in seinem Leben zweimal zu Taten angesetzt hatte, die seinem wissenschaftlichen Streben breite Wirkung auf Dauer verleihen sollten, hat bei diesem Beginnen niemals Erfolg gehabt. Beide Male wollte er seine Treuhand-AG zu einem Unternehmen internationalen Formats ausbauen, erst 1931, dann 1943. Doch beide Male mußte er erleben, daß ihm sein Vorhaben unter dem Druck von Krise und Krieg in den Händen zerbröckelte und wie Sand zerrann. Dagegen hat die Schmalenbach-Vereinigung, die ihrerseits aus dem Nichts entstanden war und keine feste materielle Basis besaß, sondern allein auf der Verehrung und Anhänglichkeit früherer Schüler fußte, die Zeiten überdauert und Schmalenbachs Namen wie auch den Imperativ, der seinem Werk innewohnt, den Nachfahren überliefert.

Dieser Imperativ hatte für Schmalenbach den Rang eines Glaubenssatzes. Nach seiner Überzeugung war die Wissenschaft, die Statur und Leben der Betriebe erforschte, ohne enge Verbundenheit mit dem Betrieb ebensowenig möglich wie die Wissenschaft von den Krankheiten (und deren Heilung) ohne die Kranken. Schmalenbach handelte bei der Erschaffung aller seiner Werke und Schriften, die sich mit betrieblichen Fragen befassen, stets nach dieser Maxime. Seine Wissenschaft stand, wie Walter Cordes es ausdrückte, „unmittelbar im Dienst der Praxis und schöpfte auch ihre Anregungen aus der Praxis". Schmalenbachs Ehrgeiz war es, „immer und immer wieder der betrieblichen Praxis zu dienen".

Das war für den Meister in der Regel nicht allzu schwer, weil frühere Schüler, die jetzt in der Praxis tätig waren und bei schwierigen Fragen seinen Rat suchten, laufend solche Probleme an ihn herantrugen. Hier war der Kontakt zwischen Wissenschaft und Praxis durch seine Person gewährleistet. Wenn diese Verbindung jedoch institutionell gesichert werden sollte, bedurfte es eines Forums, auf dem beide Seiten sich regelmäßig begegneten. Es ist ein Verdienst der Schmalenbach-Vereinigung, ein solches Forum entwickelt zu haben.

Bis zu einem gewissen Grade fand ein Kontakt zwischen Wissenschaftlern und Praktikern schon in jenen Anfangsjahren der Vereinigung statt, als der Mitgliederkreis sich im wesentlichen auf Schmalenbach-Schüler beschränkte. Das ergab sich aus der beruflichen Mischung der Ehemaligen, von denen einige die akademische Laufbahn eingeschlagen hatten, andere Wirtschaftsprüfer geworden waren, wieder andere in Unternehmen, Behörden, Verbänden oder an sonstiger Stelle tätig waren. Aber führende Mitglieder der Vereinigung erkannten bald, daß eine ihrer wichtigsten Aufgaben darin liege, eine Stätte der Begegnung auf wesentlich breiterer Basis zu schaffen. So kam es Anfang 1952 zu der Öffnung der Mitgliedschaft auch für jene, die nicht in Schmalenbachs Seminar gesessen hatten oder kein Diplom vorweisen konnten. Dieser Schritt lag ganz in Schmalenbachs Sinne. Dabei war es sein Wille, „dem Fortschritt der Betriebswirtschaftslehre zu dienen, nicht aber seine Lehre zu konservieren", wie Cordes mitgeteilt hat.

Die Umbildung der Schmalenbach-Vereinigung in die Schmalenbach-Gesellschaft war ein erster Schritt. Ihm folgte im Oktober 1978 ein zweiter in die gleiche Richtung: Der Zusammenschluß der Schmalenbach-Gesellschaft mit der Deutschen Gesellschaft für Betriebswirtschaft. Ein solcher Zusammenschluß lag nahe. Beide Vereinigungen hatten die gleiche Zielsetzung, beide wollten durch Zusammenarbeit von Wissenschaft und Praxis die Betriebswirtschaftslehre fördern und den Unternehmen in aktuellen Fragen Hilfe leisten. Die beiden Gesellschaften ergänzten sich auch auf glückliche Weise: Die eine war in Westdeutschland, vor allem im rheinisch-westfälischen Raum tätig, die andere hatte ihre Schwerpunkte in Berlin und in Süddeutschland. Die eine befaßte sich vornehmlich mit Fragen der Grundstoffindustrie, die andere hatte sich stärker der Verarbeitung und dem Handel zugewandt. Außerdem hat sich die eine durch ihre Schmalenbach-Tagungen hauptsächlich in Düsseldorf oder Köln präsentiert, während der Deutsche Betriebswirtschafts-Tag regelmäßig in Berlin stattfand. An alledem hat sich durch den Zusammenschluß zur „Schmalenbach-Gesellschaft – Deutsche Gesellschaft für Betriebswirtschaft e. V. (SG – DGfB)" nichts geändert.

Wenn Eugen Schmalenbach heute eine Tagung dieser Gesellschaft miterleben könnte, er hätte daran seine helle Freude. Hier kommen namhafte Professoren der Betriebswirtschaftslehre hautnah mit führenden Vertretern der Wirtschaft zusammen, die meist Vorständen und Geschäftsführungen bedeutender Unternehmen angehören, der „Oberleitung", wie er gesagt hätte. Mehrere Tage lang hören diese Frauen und Männer gemeinsam Vorträge, billigen die Stellungnahmen einzelner Experten in den Podumsdiskussionen (oder mißbilligen sie), ergreifen vielleicht in den Plenumsdiskussionen selbst das Wort. Des Abends im Hotel oder bei einer der Veranstaltungen, die das Rahmenprogramm (auch mit Betriebsbesichtigungen) bietet, ergeben sich außerdem zahllose Gelegenheiten für Gespräche mit anderen Teilnehmern.

Wenn Schmalenbach obendrein erführe, daß die Hauptarbeit der SG-DGfB in Arbeitskreisen geleistet wird, also in kleinen Gremien, deren Einrichtung auf ihn, den Professor, zurückgeht, dann wäre er wahrscheinlich hoch beglückt. Eine derart enge Zusammenarbeit zwischen Wissenschaft und Praxis – das ist die ideale Erfüllung des Vermächtnisses, das er, Schmalenbach, der Nachwelt hinterlassen hat.

Das Maß seiner Freude würde für den Erdenwanderer übervoll, wenn er bei einer Betriebsbesichtigung gar auf die Idee käme, einen Finanzbuchhalter zu fragen, ob er denn den Namen Schmalenbach schon einmal gehört habe. Denn dieser Mann würde wahrscheinlich ohne Zögern antworten: „Oh ja, das ist doch der, der die Dynamische Bilanz geschrieben hat.“ Schmalenbach und die Dynamische Bilanz, die Dynamische Bilanz und Schmalenbach – diese Begriffe sind für Menschen, die mit dem betrieblichen Rechnungswesen zu tun haben, siamesischen Zwillingen gleich, die nicht voneinander zu trennen sind (Ähnlich ist es mit dem Kontenrahmen und Schmalenbach).

Natürlich ist heute dem Finanzbuchhalter und allen mit Bilanzen befaßten Menschen geläufig, daß die Bilanz eines Kaufmanns nicht allein der Darstellung des Vermögens, sondern in erster Linie auch der Ermittlung des Gewinns zu dienen habe. Diese Erkenntnis (und manche andere, namentlich aus der Kostenlehre), die Schmalenbach gegen erheblichen Widerstand in die Betriebswirtschaftslehre eingeführt hat, gehört längst zu den nicht mehr anzuzweifelnden Grundwahrheiten des Wirtschaftslebens. Sie gilt heute ebenso als selbstverständlich wie etwa die Tatsache, daß Arbeitsteilung die Produktivität steigert oder daß der freie Wettbewerb den Wohlstand der Nationen mehrt. Die eine Wahrheit, die zum Allgemeingut geworden ist, stammt von Eugen Schmalenbach, die anderen hat als erster Adam Smith erkannt und formuliert, ein Klassiker der Nationalökonomie.

Ist die schöpferische Idee ein Maßstab für die Größe eines Menschen? Ist es die Wirkung einer Lehre? Oder die Bestätigung eines neuen Gedankens durch das praktische Leben? Wer nur eine dieser Fragen bejaht, kann Eugen Schmalenbach den Rang nicht versagen, ein Klassiker zu sein: ein Klassiker der Betriebswirtschaftslehre.

Anmerkungen zum Ersten Teil

Vorbemerkung:

Die in dem Buch zitierten Briefe von Eugen Schmalenbach und seinen Angehörigen entstammen, soweit nicht ausdrücklich eine andere Quelle genannt ist, dem Nachlaß seines 1950 verstorbenen Bruders Hermann Schmalenbach, der als Professor der Philosophie in Basel gelehrt hat. Der Nachlaß wurde von dessen ältester Tochter vor einiger Zeit der Handschriften-Abteilung der Öffentlichen Bibliothek der Universität Basel übergeben, die uns freundlicherweise dessen Auswertung für diese Biographie über Eugen Schmalenbach gestattet hat. Als wir den Nachlaß durchsahen, war das Material noch nicht archivarisch erfaßt und registriert, so daß wir nicht in der Lage sind, in diesem Buch Fundstellen aus dem Nachlaß (Faszikel-Nummern) anzugeben. Soweit auf den Schriftstücken der Tag der Niederschrift angegeben ist, haben wir dieses Datum jeweils im Text des Buches vermerkt.

I. Der Vater: Ein Bauernsohn wird Fabrikant

Seite 2: Schmalenbachs launige Worte über den Vorfahren, der ein „Steuersünder" gewesen sein soll, haben seine Seminar-Teilnehmer in ihrer Schrift zum 60. Geburtstag Schmalenbachs, betitelt „Der Alte" (Köln 1933, unveröffentlicht), übermittelt (auf Seite 26). Daß der erste Schmalenbach schon 1410 nachweisbar ist, wird erstmals in dem Aufsatz von Carl Ferdinand Hermann, Der praktische Betriebswirt 1933, Seite 632, mitgeteilt. Dieser Aufsatz, der auf einem Gespräch beim Spaziergang mit Eugen Schmalenbach beruht, ist bisher die einzige literarische Quelle für Schmalenbachs Jugendjahre gewesen. Alle anderen Biographien, soweit sie nicht eigenes Erleben wiedergeben, fußen für die Frühzeit auf dieser Darstellung. C. F. Hermann, 1891 geboren, hat schon vor dem ersten Weltkrieg bei Schmalenbach studiert, 1919 die Diplom-Prüfung abgelegt und 1936 das Wirtschaftsprüfer-Examen bestanden. Er hat dem Autor bei der Vorbereitung dieses Buches im Jahre 1981, neunzig Jahre alt, wertvolle Hinweise gegeben.

– Kopien der Urkunde über die Berufung des Girlacus de Smalenbecke im Jahre 1410 in das Schulzenamt von Eyckhoven sowie eine Übertragung des Textes in heutiges Hochdeutsch und wesentliche Erläuterungen zum Text verdanken wir Herrn Werner Constantin in Lüdenscheid. Das Wappen der Gutsbesitzer-Familie Schmalenbach und der Wappenring befanden sich 1982 im Besitz von Frau Maria Böckmann in Bad Godesberg-Liessem, einer Enkelin des letzten Schmalenbach, der noch auf dem Gut seiner Väter und Vorväter residierte.

Seite 3: Die Geschichte der märkisch-bergischen Kleineisenindustrie hat Eugen Schmalenbach in mehreren Aufsätzen und Aufsatzreihen dargestellt, die in der Deutschen Metall-Industrie-Zeitung (DMIZ), Remscheid veröffentlicht wurden. Zu erwähnen sind vor allem: „Schloß und Schlosser im Mittelalter" (6 Folgen), DMIZ, 16. Jahrgang, 1900, Ausgaben Nr. 41–46, sowie „Beiträge zur geschichtlichen Entwicklung der sauerländischen Kleineisenindustrie" (9 Folgen), DMIZ, 17. Jahrgang, 1901, Ausgaben Nr. 38, 44, 47, 48 und 18. Jahrgang, 1902, Ausgaben Nr. 3, 5, 10, 11, 13. Außerdem hat Schmalenbach das Bild der Kleineisenindustrie – nicht nur ihrer Geschichte – in einem Beitrag dargestellt, den er für das Handbuch der Wirtschaftskunde Deutschlands geschrieben hat (Band 3, S. 365–387, Leipzig 1904). Von anderen Autoren, die sich der Geschichte diese Landesteils und seiner Wirtschaft gewidmet haben, sind zu nennen: Ernst Voye, „Geschichte der Industrie des märkischen Sauerlandes", Band II: Kreis Altena, Hagen 1910; Woldemar Wernekinck, „Die Kleineisenindustrie an der Ennepestraße vom Beginn bis zur Gegenwart". Band 12 der Deutschen Forschungen, Abt. Betriebswirtschaftslehre, Hsg. Wilhelm Hasenack, Berlin 1937; Manfred Sönnecken „Die mittelalterliche Rennfeuerverhüttung im märkischen Sauerland", Münster 1971.

– Wichtigste Quelle für die Geschichte der Eisenindustrie der Gemeinde Halver sind die verdienstvollen Werke des 1980 verstorbenen Historikers dieses Ortes, Alfred Jung, der in minutiöser Kleinarbeit alle verfügbaren Quellen gesammelt und ausgewertet hat. Siehe vor allem: Alfred Jung, Die Geschichte der gewerblichen Tätigkeit und der Industrie in den Gemeinden Halver und Schalksmühle, Lüdenscheid 1980.

– Das Schmalenbach-Wort, wonach die Fabrikation von Kleineisenwaren „sehr lohnend" war, steht in dem Artikel „Die Kleineisenindustrie" im Handbuch der Wirtschaftkunde Deutschlands, Band 3, Leipzig 1904, auf Seite 373. – Über den „Wohlstand" in Halver berichtet ausführlich auch Pfarrer Ewald Dresbach in seinem Buch „Chronik und Urkundenbuch der Kirchgemeinde Halver", Elberfeld 1898 (Seite 258). In diesem Buch sind auf den Seiten 258 bis 264 die Namen aller 189 selbständigen Eisenwaren-Fabrikanten sowie die von ihnen jeweils hergestellten Produkte und die Zahl ihrer Arbeiter verzeichnet, die im Jahre 1897 in Halver tätig waren. Schmalenbach kommt nur als Ortsname vor. Wir erfahren, daß dort A. Eicher und F. W. Bürger mit je zwei Arbeitern Wagebalken gefertigt haben. Bei letzterem handelt es sich möglicherweise um den erwähnten Bauern, in dessen Haus Eugen Schmalenbach geboren wurde.

Seite 5: Über das Fabrikgebäude von Friedrich Schmalenbach in Breckerfeld siehe Anton Meier, Geschichte und Urkundenbuch des Amtes Breckerfeld, Breckerfeld 1900, Seite 408/9. Dort heißt es: „In der Fabrikanlage der Firma Ferd. Ronsdorf u. Co., später Friedrich Schmalenbach, wo besonders Schraubstöcke verfertigt wurden, nahmen seit dem 1. Juli 1894 die in der folgenden Tabelle erwähnten Gebr. Voormann ihren Betrieb auf". Aus der Tabelle ist zu ersehen, daß Gebr. Voormann mit 28 Arbeitern „Schlösser und Gehänge" (Vorhängeschlösser) herstellten und daß sie in der Fabrik über Dampfkraft verfügten.

– Die Daten über den Bau des Wohnhauses in Schmalenbach hat uns der Leiter des Archivs der Stadt Halver, Hans Mathies, zur Verfügung gestellt, dem wir auch andere wertvolle Angaben verdanken.

– Im Strafvollzug hatte sich damals die Erkenntnis durchgesetzt, daß Arbeit das beste Mittel sei, um straffällig gewordene Menschen zu „bessern". Daher wurden in mehreren Strafanstalten Werkstätten eingerichtet, deren Leitung meist Kaufleuten überlassen wurde. Das Gefängnis stellte lediglich die Arbeitskräfte gegen ein bestimmtes Entgelt zur Verfügung. Siehe Wolfgang Mittermaier, Gefängniskunde, Berlin und Frankfurt am Main 1954, Seiten 87–95. – Die Darstellung über die Tätigkeit von Friedrich Schmalenbach als Strafanstalts-Unternehmer basiert auf den Akten der seinerzeit für Strafanstalten zuständigen Regierungs-Behörden. Das Material über die Königliche Arrestanstalt Elberfeld wird im Nordrhein-Westfälischen Hauptstaatsarchiv, Zweigarchiv Schloß Kalkum, aufbewahrt (Faszikel-Nr. der von uns benutzten Akten: 11228 und 11231). Das Butzbacher Material lagert im Hessischen Staatsarchiv, Darmstadt (Schloß).

Seite 6: Die Mittel für die Einrichtung der Werkstatt in der Butzbacher Strafanstalt sowie des Betriebes in der Stadt Butzbach im Jahre 1894 hat sich Friedrich Schmalenbach wahrscheinlich durch den Verkauf seiner Fabrik in Breckerfeld beschafft. Darauf deutet der oben zitierte Hinweis in dem Buch von Anton Meier, daß in der Breckerfelder Fabrik „seit dem 1. Juli 1894" die Firma Gebr. Voormann den Betrieb aufgenommen habe.

– Die Angaben über Wilhelm Joutz und den Hessischen Bauernbund entstammen dem von Hans Georg Ruppel und Birgit Gross bearbeiteten Buch „Hessische Abgeordnete 1820–1933", Darmstädter Archivschriften 5, Darmstadt 1980, Seite 22 und 145.

II. Der Sohn auf Vaters Spuren: Kein Geld für höhere Ziele

Seite 9: Die Entwendung der Holzbretter vom Fabrikhof des Vaters wird in der Schrift „Der Alte" auf Seite 17 geschildert.

– Die Angaben über die Rektoratsschule in Breckerfeld entstammen dem Buch von Anton Meier über die Geschichte der Stadt Breckerfeld, Seiten 378/379.

Seite 9/10: Eugen Schmalenbach hat die Bemerkungen über seine Gymnasialzeit während des erwähnten Spaziergangs mit C. F. Hermann in Schmalenbach gemacht (Der praktische Betriebswirt 1933, Seite 632). Siehe die Anmerkung zu Seite 2.

Seite 11: Über die Königliche Fachschule für Kleineisenindustrie unterrichtet ein Beitrag in DMIZ, 20. Jahrgang Nr. 16 vom 16. 4. 1904, Seite 485. – Die einzige Nachricht über das Consilium abeundi stammt von C. F. Hermann. Sie steht in dem schon zitierten Aufsatz zum 60. Geburtstag von Eugen Schmalenbach, Der praktische Betriebswirt 1933, Seite 633.

– Benjamin Evringhaus hat, wie aus Inseraten in der DMIZ ersichtlich, Werkzeugmaschinen hergestellt, Transmissionen eingerichtet, Reparaturen an Maschinen aller Art ausgeführt. Eine frühere Betätigung auf dem Gebiet der Eisenkonstruktionen (Bau von eisernen Treppen, kleinen Brücken u. dgl.) wurde später offenbar aufgegeben. Vermutlich hatte er die Werkstatt im Elberfelder Gefängnis für Friedrich Schmalenbach eingerichtet.

– Das Wort über den Wohlstand der Kommissionäre steht in dem Aufsatz von Walter Franz, „Hauptsitz der Schloß- und Beschlagindustrie". In: Velbert – Die Industriestadt Niederbergs zwischen Rhein, Ruhr und Wupper. Velbert 1956. Über Nocken & Cie. unterrichtet diverses Werbematerial der Firma aus jener Zeit, das uns von dem Stadtarchivar in Velbert-Neviges (Schloß Hardenberg), Herrn Riemer, zur Verfügung gestellt wurde.

Seite 12: Die Glückwunsch-Schreiben zum 75. Geburtstag von Eugen Schmalenbach hat sein damaliger Assistent Erich Potthoff gesammelt und aufbewahrt. Der zitierte Brief befindet sich in dieser Sammlung.

– Den handgeschriebenen Lebenslauf hat Eugen Schmalenbach seiner Bewerbung als Privatdozent in Köln beigefügt (17. 12. 1902). Er befindet sich bei seinen Personalakten im Universitäts-Archiv Köln.

Seite 12/13: In der Darstellung der Fragen, die den jungen Schmalenbach in der väterlichen Firma bewegten, sind wir im wesentlichen dem Aufsatz „Was sind Generalunkosten?" gefolgt, der in der DMIZ vom 21. 10. 1899, Seite 393, erschienen ist. Der Autor ist dort nicht genannt, es war ohne Zweifel Eugen Schmalenbach.

Seite 14: Über die Anfänge der Handels-Hochschulen unterrichtet zusammenfassend der Aufsatz „Handels-Hochschulwesen in Deutschland" im Handwörterbuch der Betriebswirtschaft, Dritte Auflage, Stuttgart 1926, Zweiter Band, Spalten 1570 ff. – Ausführlicher ist Herrmann Schumacher auf das Entstehen der Handels-Hochschulen, namentlich auch auf ausländische Vorbilder, in der Einleitung zu der Schrift „Die städtische Handels-Hochschule in Köln, die erste selbständige Handels-Hochschule in Deutschland" eingegangen, vor allem in der vierten Auflage, Berlin 1903, Seiten VII–XVI. Die soziologischen Hintergründe der Handels-Hochschul-Bewegung jener Jahre beleuchtet Akira Hayashima von der Kwansei Gakuin University in der Abhandlung „Zur Geschichte der Kölner Handelshochschule", Nishinomiya (Japan), Dezember 1981, Seiten 181–183.

Seite 15: Schmalenbachs Aufsatz „D.H.H." erschien in der Zeitschrift „Plutus", Jahrgang 1906, Seiten 769–770.

– Die Charakterisierung des Leipziger Dozenten (und späteren Professors in Frankfurt am Main) Richard Lambert durch Bruno Rogowsky ist dessen Beitrag über Lambert zum Handwörterbuch der Betriebswirtschaft, Dritte Auflage, Band III, Spalten 3680–3682 entnommen. – Schmalenbachs Lob über Lambert steht in seiner Besprechung eines Buches von Johann Friedrich Schär, Zeitschrift für handelswissenschaftliche Forschung (ZfhF) 13. Jahrgang 1919, Seite 254. – Das Wort Schmalenbachs über die geistige Beweglichkeit Lamberts ist in der Einleitung zur 6. Auflage des Buches „Selbstkostenrechnung und Preispolitik", Leipzig 1934, Seite 1, zu finden. – Außerdem ist von Fritz Schmidt eine Würdigung in der Zeitschrift für Betriebswirtschaft, 4. Jahrgang 1927, Seiten 85–86 erschienen. Die Zeitschrift hat diesen Beitrag erneut zur hundertsten Wiederkehr von Lamberts Geburtstag (1946) abgedruckt, Jahrgang 1950, Seiten 313–314.

– Der Aufsatz „Buchführung und Kalkulation im Fabrikgeschäft" ist in der Deutschen Metall-Industrie-Zeitung, 15. Jahrgang 1899, erschienen, und zwar in den Nummern 13–22.

Anmerkungen zu II und III, Seiten 16–23

Seite 16: Schmalenbachs Bericht über die Besprechung seines Aufsatzes im Lambert-Seminar entstammt der Einleitung zur 6. Auflage des Buches „Selbstkostenrechnung und Preispolitik", Leipzig 1934, Seite 1. In seinem Alterswerk „Pretiale Lenkung des Betriebes", Bremen-Horn 1948, sagt Schmalenbach über diese Begebenheit selbstkritisch (auf Seite 53): „Ich . . . war ein wenig enttäuscht, daß die Professoren wider Erwarten kein Wort über diesen Gegenstand, der sich in meiner voraufgegangenen Praxis als wichtig aufgedrängt hatte, sagten, und versuchte mich als Autor. Die anonym erschienene Aufsatzreihe wurde dann im folgenden Semester im Seminar von Prof. Lambert behandelt, und hier zeigte sich sogleich, daß vieles von dem, was ich so klar gesagt zu haben glaubte, offenbar noch recht unklar war". Daß Lambert in dem Seminar nicht ausführlich auf die in dem Aufsatz aufgeworfenen Fragen einging, ist für die geistige Entwicklung des jungen Studenten zu einem Schlüssel-Erlebnis geworden. Näheres Seite 132.

III. Der Weg zum Professor: Steinig und steil

Seite 18: Das Wort „Wenn wir jetzt durchkommen, werde ich wieder gläubig", hat Marianne Schmalenbach während ihres Aufenthalts 1944/45 im Hause von Frau Gertrud Feist in Bad Godesberg gesagt (siehe Seite 181 ff.). – Die Angaben über die Eltern von Marianne Schmalenbach geb. Sachs stammen zum Teil von ihr selbst (vermittelt durch Gertrud Feist, die wir am 24. 11. 1981 gesprochen haben), zum Teil von Mariannes Neffen (Sohn ihrer Schwester Melanie) Ernst Haeusserman. Wie seine Eltern Melanie Haeusserman geb. Sachs und Reinhold Haeusserman wurde auch der 1916 geborene Sohn Schauspieler. Er ging 1939 nach Amerika, arbeitete dort mit Max Reinhardt zusammen, war von 1959 bis 1968 Intendant („Direktor") des Wiener Burgtheaters und zuletzt (1982) Intendant des Theaters in der Josephstadt in Wien. Wir haben ihn am 16. 1. 1982 gesprochen.

Seite 19: Die Jahrgänge 1887 bis 1919 sowie der Jahrgang 1931 der Deutschen Metall-Industrie-Zeitung (DMIZ) sind komplett vorhanden in der Bibliothek des Vereins deutscher Eisenhüttenleute, Düsseldorf.

Seite 20: Von Schmalenbachs historischen Abhandlungen aus seinen Leipziger Jahren sind erwähnenswert: Aus der Geschichte der Pressen und Stanzen, DMIZ vom 30. 9. 1899; Der Amboß im 18. Jahrhundert, DMIZ vom 6. 10. 1900; Schloß und Schlosser im Mittelalter, 6 Folgen, beginnend am 20. 10. 1900; Die Eisenindustrie unter den preußischen Königen, 2 Folgen, 19. und 26. 1. 1901; Die Abrechnungen der Eisenhämmer aus der Zeit der Kameralisten, 2 Folgen, 2. und 9. 2. 1901; Beiträge zur geschichtlichen Entwicklung der sauerländischen Kleineisenindustrie, 9 Folgen, beginnend am 21. 9. 1901; alles in der DMIZ.

Seite 21: Das Zitat von C. F. Hermann stammt aus dem schon erwähnten Aufsatz „Schmalenbach 60 Jahre" in der Zeitschrift „Der praktische Betriebswirt" Jahrgang 1933, Seite 633. – Wilhelm Hasenacks Aufsatz, der in zwei Teilen veröffentlicht wurde, hat den Titel „Wesen und Werden Schmalenbachs im Lichte von Herkunft und Heimat. Ein Beitrag zu seinem 80. Geburtstag". Erschienen ist er in der Zeitschrift „Betriebswirtschaftliche Forschung und Praxis", 5. Jahrgang 1953, Seiten 545–567 und Seiten 614–630. Der zitierte Satz steht auf Seite 561 unten.

Seite 22: Die Schmalenbach-Zitate stammen aus dem Buch „ Grundlagen dynamischer Bilanzlehre", 3. Auflage, Leipzig 1925, Seite III; und „Selbstkostenrechnung und Preispolitik", 6. Auflage, Leipzig 1934, Seite 2.

– Das Wort von der „Scherenarbeit" steht in Schmalenbachs Aufsatz „Die deutsche Finanzpresse", Zeitschrift für handelswissenschaftliche Forschung (ZfhF), 1. Jahrgang Heft 10 vom Juli 1907, Seite 284.

Seite 23: Unsere Ausführungen über Lebensweg und Charakterbild von Karl Bücher folgen einem Aufsatz von August Skalweit. Dieser Aufsatz bildet die Einleitung zu einer Broschüre, in der Büchers Antrittsrede in Leipzig „Arbeitsteilung und soziale Klassenbildung" abgedruckt ist (Frankfurt am Main, o. J.).

Seite 24: Über die Vereinigten Staatswissenschaftlichen Seminare und das Volkswirtschaftliche Seminar an der Universität Leipzig unterrichten die entsprechenden Abschnitte der „Festschrift zum 500jährigen Bestehen der Universität Leipzig", herausgegeben von Rektor und Senat, Leipzig 1909, 1. Teil, 4. Band, Seiten 180–204.

Seite 24/25: Der Aufsatz „Die volkswirtschaftliche Bedeutung des Großhandels" ist in der DMIZ vom 14. 1. 1899, Seite 9, erschienen, der Aufsatz „Der Eisenwarenhandel en detail. Volkswirtschaftliche Skizze" in der gleichen Zeitschrift, Ausgabe vom 2. 9. 1899, Seite 309.

Seite 25: Die Unterlagen über Bewerbung, Berufung und Beförderung Schmalenbachs entstammen der Personalakte im Archiv der Universität Köln.

Seite 26: Kurz vor seiner Festrede (siehe die nächste Anmerkung) hat Schmalenbach den Aufsatz „Theorie der Produktionskosten-Ermittlung" in der Zeitschift für handelswissenschaftliche Forschung (ZfhF), 3. Jahrgang 1908/09, Seite 41 ff. veröffentlicht. In diesem Aufsatz werden Gedanken weitergeführt, die Schmalenbach erstmals 1899 in der Deutschen Metall-Industrie-Zeitung entwickelt hatte.

– Die Rede zu dem Festakt am Geburtstag des Kaisers (27. Januar 1909) hat Schmalenbach in der ZfhF, 3. Jahrgang 1908/09, Seite 165 ff. veröffentlicht und dabei in der erwähnten Fußnote auch den Zusammenhang mit seiner Habilitationsschrift erläutert. Die Rede enthielt theoretische Ausführungen, die gewiß nicht von allen in der Aula versammelten Dozenten und Studenten sogleich verstanden werden konnten. – Die Original-Habilitationsschrift wurde Schmalenbach nach Erledigung aller Formalitäten am 26. April 1903 zurückgereicht. Sie wurde bisher nicht aufgefunden. Ob Schmalenbach die in die Rede eingegangenen Teile seiner Habilitationsschrift unverändert übernommen hat oder ob er Änderungen vornahm und neuere Erkenntnisse einarbeitete, ist daher nicht feststellbar.

Seite 27: Lamberts Glückwunsch-Schreiben vom 2. 1. 1903, mit dem er Schmalenbach zur Geburt seiner Tochter gratulierte und ihm von dem Besuch Schumachers berichtete, befindet sich im Schmalenbach-Archiv.

IV. Zum Hochschullehrer geboren: Der junge Professor

Seite 29: Die Vorgeschichte, die Gründung und die Einweihung sind in der Schrift „Die städtische Handels-Hochschule in Cöln, die erste selbständige Handels-Hochschule in Deutschland" dargestellt, am ausführlichsten in der 4. Auflage, Berlin 1903.

– Den rheinischen Politiker und Unternehmer Gustav von Mevissen hat Erich Achterberg in dem gemeinsam mit Maximilian Müller-Jabusch herausgegebenen Buch „Lebensbilder deutscher Bankiers aus fünf Jahrhunderten" (Frankfurt am Main, 1963) auf den Seiten 181 bis 192 porträtiert. Ebenso enthält das Buch von Ingrid Bauert-Keetmann, Deutsche Industriepioniere, Tübingen 1966, auf den Seiten 53–64 eine Darstellung des Lebens und Wirkens von Gustav Mevissen.

Seite 30: Ein Schreiben Mevissens an den Oberbürgermeister der Stadt Köln vom 10. Juni 1879, das einer Stiftungs-Urkunde gleichkommt, sowie seine mit dem 11. Juni 1879 datierte Denkschrift über die Gründung einer Handelshochschule in Köln sind abgedruckt in dem Buch von Akira Hayashima, Zur Geschichte der Kölner Handelshochschule, Nishinomiya (Japan), Dezember 1981, Seiten 184–191.

– Über Christian Eckert (16. 3. 1874 – 27. 6. 1952) unterrichtet ausführlich eine Festschrift, die zu seinem 75. Geburtstag im Auftrag des Oberbürgermeisters der Stadt Mainz sowie der Rechts- und Wirtschaftswissenschaftlichen Fakultät der Johannes-Gutenberg-Universität Mainz von Anton Felix Napp-Zinn und Michel Oppenheim 1949 in Mainz herausgegeben worden ist. Sie trägt den Titel „Kultur und Wirtschaft im rheinischen Raum". Eine zusammenfassende Darstellung seines Lebens und Wirkens hat W. Herrmann in der Zeitschrift füt Betriebswirtschaft, Jahrgang 1952, Seiten 467/468, veröffentlicht.

Anmerkungen zu IV, Seiten 31–39

Seite 31: David A. R. Forrester hat nach zwölfwöchiger Recherchiertätigkeit (im Sommer 1975) das Buch „Schmalenbach and after. A study of the evolution of German Business Economics", Glasgow 1977, geschrieben. Das Buch enthält als erstes Kapitel eine Darstellung des Lebens von Eugen Schmalenbach. Der Autor hat während seines Aufenthalts in Deutschland für diesen Beitrag mit Schmalenbachs Sohn, Professor Dr. Fritz Schmalenbach, Kunsthistoriker und Direktor der Kunstsammlungen in Lübeck, gesprochen. Seine Arbeit wurde ferner von den Professoren Hasenack, Hax, Leffson, Münstermann und anderen unterstützt, hauptsächlich durch Informationen über persönliche Erinnerungen an Schmalenbach. Außerdem hat Forrester die überwiegend in Zeitschriften erschienenen biographischen Darstellungen über Eugen Schmalenbach ausgewertet, ebenso Archiv-Material der Schmalenbach-Gesellschaft in Köln. Seine Ausführungen über Schmalenbachs Lebensweg geben die Wirklichkeit nicht in allen Punkten korrekt wieder, wie das jetzt vorliegende neuere Quellen-Material erweist.

Seite 32: Die Angaben über die Zahl der Hörer in Schmalenbachs Vorlesung über das Effektenwesen sind den Schreiben des Studiendirektors an den Kuratoriums-Vorsitzenden vom 5. 3. 1904, 30. 1. 1905 und 22. 5. 1906 entnommen (Archiv der Universität Köln).

– Das Stehpult Schmalenbachs aus den Anfangszeiten in Köln hat seine letzte Sekretärin Josefine Pickhardt nach Schmalenbachs Tod der Eigentümerin des Gutes Schmalenbach, Frau Irmgard Schulte, übergeben, die es als Erinnerungsstück an den Professor aufbewahrt und stets mit Pflanzen oder Blumen schmückt.

– Das Wort von der „Belastungsgrenze" steht im Vorwort zur 2. Auflage des Buchs „Finanzierungen", Leipzig 1921.

– Ausführliches Zahlenmaterial über die Zusammensetzung der Studentenschaft bis zum Ende des ersten Weltkrieges findet sich bei Akira Hayashima, Zur Geschichte der Kölner Handelshochschule, Nishinomiya (Japan) 1981, Seite 208 ff. Interessant ist, daß von den Studenten 1903 mehr als die Hälfte (54 Prozent) einen selbständigen Unternehmer zum Vater hatten, 1908 war es genau die Hälfte, 1914 vor Ausbruch des Weltkriegs stammten nur noch zwei von fünf Studenten (41 Prozent) aus Unternehmer-Familien.

Seite 37: Über Einrichtung und Zweck der „Handelstechnischen Besprechungen" hat Schmalenbach in der DMIZ vom 15. 7. 1903, auf Seite 1046, berichtet.

– Die Verse über das Seminar Schmalenbachs sind einem Scherz-Gedicht in der unveröffentlichten Schrift „Der Alte" (Köln 1933, Seite 49) entnommen.

– Die Erinnerungen von C. F. Hermann an seine Studienzeit, niedergeschrieben in den fünfziger Jahren und ergänzt im Mai 1981, sind nicht veröffentlicht. Hermann hat uns jedoch das Manuskript freundlicherweise zur Verwendung für diese Biographie überlassen. Vergleiche die Anmerkung zu Seite 2.

Seite 38: Die Worte über Schmalenbachs Art, Vorlesungen zu halten, hat Theodor Beste am 30. 11. 1963 in einer Veranstaltung der Schmalenbach-Gesellschaft gesprochen, mit der des 90. Geburtstags von Eugen Schmalenbach (20. 8. 1873) gedacht wurde. Die Rede ist abgedruckt in der Zeitschrift für betriebswirtschaftliche Forschung, Jahrgang 1964, Seiten 1–5.

– Das Zitat aus Goethes „Faust" und die Worte über das „lebendige Leben der Wirtschaft" stehen in dem Aufsatz von Carl Hundhausen, Stil und Diktion in der Betriebswirtschaftslehre – Ein Beitrag zum 75. Geburtstag von Eugen Schmalenbach, Ztschr. Die Wirtschaftsprüfung, Jahrgang 1 Nr. 6 vom September 1948, Seite 93.

Seite 39: Die Ausführungen über die Besichtigungen und Studienreisen beruhen auf den von Christian Eckert erstatteten Jahresberichten über die Städtische Handelshochschule in Köln.

– Die Zahlen über das Durchschnittsalter der Studenten und die durchschnittlich belegten Wochenstunden an der Handelshochschule Köln haben wir dem in zwei Folgen erschienenen Aufsatz von Eugen Schmalenbach, „Von den Handels-Hochschulen" entnommen; DMIZ vom 8. 7. 1905, Seite 833, und vom 15. 7. 1905, Seite 866.

– Die Angaben über das Korporationswesen an der Handelshochschule Köln und über den Akademischen Club Copierpresse verdanken wir Herrn C. F. Hermann, Bayreuth. (Über seine Person siehe die Anmerkung zu Seite 2).

– Die Copierpresse, nach der sich der 1903 gegründete Club benannte, galt damals als ein Symbol kaufmännischer Tätigkeit. Es handelt sich um ein Gerät, mit dem Briefe, die nach einem bestimmten Verfahren geschrieben waren, vervielfältigt werden konnten. Diese Arbeit stand in der Regel am Beginn einer kaufmännischen Lehre.

Seite 40: Die Namen der aktiven Mitglieder des Clubs Copierpresse haben wir dem „Mitgliederverzeichnis 1978" entnommen, herausgegeben vom CP Akademischen Club Copierpresse, Köln 41, nach dem Stand vom 1. Mai 1978.

– Die Episode des Korps-Studenten Walter Krähe mit Schmalenbach hat Krähe in dem Aufsatz „Erinnerungen an Eugen Schmalenbach" geschildert, Der praktische Betriebswirt 1973, Seiten 603–605.

Seite 40/41: Schmalenbachs Stellungnahme zur Frage des Korporationswesens steht in dem schon zitierten Aufsatz „Von den Handels-Hochschulen", DMIZ vom 15. 7. 1905, auf Seite 867.

Seite 41: Das Gesuch Schmalenbachs um Bewilligung eines Assistenten trägt das Datum des 19. Januar 1911 (Kölner Universitäts-Archiv).

– Über Walter Mahlberg siehe die Beiträge im Handwörterbuch der Sozialwissenschaften, 7. Band, Tübingen und Göttingen 1961, Seite 93/94; ebenso im Handwörterbuch der Betriebswirtschaft III. Auflage, 3. Band; Stuttgart 1927, Spalte 1302.

– Das Museum für Handel und Industrie wurde von Christian Eckert in seinem Bericht über die Handelshochschule Köln für 1905/06, Köln 1906, auf Seite 158/59 vorgestellt.

Seite 42: Zu Erwin Geldmacher siehe den Aufsatz von Adolf Heese, Erwin Geldmacher zum Gedenken, Zeitschrift für betriebswirtschaftliche Forschung (ZfbF), Jahrgang 1966, Seiten 67–71. Dort weitere Quellenangaben.

Seite 42/43: Unsere Ausführungen über Ernst Walb folgen im wesentlichen der Würdigung von Willy Walter Dürrhammer, In Memoriam Ernst Walb, ZfbF 1980, Seiten 947–953. Herangezogen wurde ferner das (unveröffentlichte) Manuskript der Rede, die Eugen Schmalenbach auf der Trauerfeier für Walb am 28. November 1946 gehalten hat, sodann der mit –ham– gezeichnete Beitrag in „Der Betrieb", Heft 39 vom 26. 9. 1980, schließlich die Darstellung von Kalveram in der „Zeitschrift für Betriebswirtschaft", Jahrgang 1950, Seiten 595–596.

Seite 43/44: Über Lebensweg und Charakterzüge von Walter Susat sind wir vor allem durch die Ansprache unterrichtet, die E. H. Vits auf der Trauerfeier für Susat am 17. 5. 1960 in Berlin gehalten hat, ferner durch eine zu Susats 70. Geburtstag veröffentlichte Darstellung von Walter Mundorf über sein Leben und Wirken, erschienen in der Zeitschrift „Die Wirtschaftsprüfung", Jahrgang 6, Seite 311. Beide Manuskripte verdanken wir Wirtschaftsprüfer Dr. Werner Susat in Hamburg, einem Neffen von Walter Susat, ebenso den Hinweis auf die Lebenserinnerungen von Hans Staudinger, Wirtschaftspolitik im Weimarer Staat, Beiheft 10 des Archivs für Sozialgeschichte, Bonn 1982; die zitierte Passage über Walter Susat steht auf Seite 55. Weitere Aufschlüsse über seinen Onkel hat uns Werner Susat in einem ausführlichen Gespräch am 8. 5. 1982 gegeben. Das Universitäts-Archiv in Köln verwahrt ferner das Prüfungsblatt für Walter Susat mit den Noten seines Diplom-Examens.

Seite 44: Über den Ruf aus Stockholm unterrichtet ein Schreiben von Christian Eckert an den Kölner Oberbürgermeister vom 28. 11. 1908. Im Archiv der Universität Köln.

Seite 45: Nach einem Bericht der Kölnischen Volkszeitung vom 20. 8. 1933 (damals wurde Schmalenbach 60 Jahre alt) wollten ihm die Studenten, als sie hörten, daß er die Berufung nach Stockholm abgelehnt habe, einen Fackelzug darbringen. Das galt in Köln als die höchste studentische Ehrung für einen Professor. Aber Schmalenbach winkte ab. Mit einem freimütigen Wort machte er den Studenten klar, daß er auf solche Veranstaltungen keinen Wert lege.

Anmerkungen zu IV und V, Seiten 45–50

– Das Zitat über Nicklischs Auffassung der Betriebswirtschaftslehre entstammt dem Geleitwort zu seinem Buch „Allgemeine kaufmännische Betriebslehre“, Leipzig 1912. Schmalenbachs Besprechung dieses Buchs steht in der ZfhF, Jahrgang 1912/13, Seiten 138–144, die Antwort von Prion in ZfhF Jahrgang 1912/13, Seiten 231–238, eine Replik von Schmalenbach in der gleichen Ausgabe Seiten 238-242.

– Die Äußerung über „Nicklischs Pose“ ist in Schmalenbachs Besprechung eines Buchs von Alfred Isaac enthalten, ZfhF, Jahrgang 1923/24, Seite 136. – In einer früheren Besprechung eines Buchs von Nicklisch (Kartellbetrieb, Leipzig 1909) hatte sich Schmalenbach übrigens lobend über Nicklisch geäußert: „Die Arbeit des Verfassers (verdient) um deswillen die größte Anerkennung, weil sie die bewußte Absicht wissenschaftlicher Forschung zum Ausdruck bringt. Dieser Absicht steht ein mehr als gewöhnliches Können zur Seite “. (ZfhF, Jahrgang 1910/11, Seiten 62–63).

– Über Heinrich Nicklisch, sein Leben und Wirken, siehe die Würdigung von Hans Seischab in der Zeitschrift für Betriebswirtschaft, Jahrgang 1951, Seiten 424–426, und „Die Wirtschaftsprüfung“, Jahrgang 1956, Seiten 341–342, ferner die Darstellung von Curt Sandig in dem (von Nicklisch begründeten) Handwörterbuch der Betriebswirtschaft, Band III, 3. Auflage, Stuttgart 1960, Spalten 4102–4104.

Seite 46: Die Äußerung von Ernst Walb über Schmalenbach findet sich in einem Brief, den Christian Eckert am 1. 5. 1923 an den zuständigen Referenten im Berliner Kultusministerium, Ministerialrat Geheimrat Wende, gerichtet hat (Kölner Universitäts-Archiv).

V. Schmalenbachs Credo: Kontakt zur Praxis

Seite 47: Die Beschreibung der Arbeiten im Bilanzarchiv ist Bestandteil einer längeren Darstellung über die Tätigkeit Schmalenbachs an der Handelshochschule Köln, die dem Gesuch um Verleihung des Professor-Titels vom 5. 6. 1906 beigefügt war. (Archiv der Universität Köln).

– Bei dem Aufsatz Schmalenbachs, in dem auch das Bilanzarchiv erwähnt wird, handelt es sich um den schon mehrfach zitierten Beitrag in der DMIZ vom 8. 7. 1905, Seite 834.

– Über die Bewilligung eines laufenden Zuschusses für das Bilanzarchiv wird in dem Jahresbericht der Handelshochschule Köln für die Jahre 1905/06 (Köln 1906) auf Seite 155 berichtet.

Seite 48: Die Mitteilung über die Veränderungen im Bilanzarchiv steht in dem Bericht der Kölner Handelshochschule für die Jahre 1911–1913 (Köln 1913). Der zitierte Passus findet sich auf Seite 171.

– Über den Grund für die „Ausbootung“ Schmalenbachs als Leiter des Bilanzarchivs lassen sich nur Vermutungen anstellen. Wenn es richtig wäre, daß Schmalenbach seinen ehemaligen Schüler Walter Susat als Assistenten beim Bilanzarchiv angestellt und dessen Gehalt – vielleicht ohne einen formal einwandfreien, zustimmenden Beschluß der Kommission – aus Archiv-Mitteln gezahlt hätte, könnte darin der Stein des Anstoßes gesehen werden. Zeitlich könnte eine solche Version zutreffen: Susat ist nach nur etwa einjähriger Tätigkeit als Schmalenbachs Assistent im Herbst 1907 zur Treuhand-Vereinigung gegangen. Aber es gibt für eine solche Deutung des Vorgangs keine Belege.

– Die Buchführung hat Schmalenbach als eine wichtige Grundlage für den Kaufmannsberuf auch in späteren Jahren nicht aus den Augen verloren. Seine Materialien-Sammlung für das Buchhaltungs-Lesen, in einer Lehrer- und einer Schülerausgabe erstmals herausgekommen 1913 (in Leipzig), ist im Jahre 1930, neu bearbeitet von Hermann Halberstaedter, in vierter Auflage erschienen.

– Die Gesellschaft für wirtschaftliche Ausbildung ist 1903 von Vertretern der kaufmännischen und industriellen Praxis sowie der wissenschaftlichen Forschung und Lehre gegründet worden, um zur Verbreitung wissenschaftlicher Erkenntnisse in allen Schichten der Bevölkerung beizutragen und die handelswissenschaftlichen Fächer zu fördern. Sie hat Schmalenbach 1921 erneut geholfen, indem sie eine Tagung veranstaltete, die ihm die Möglichkeit bot, die damals hochaktuelle Frage der Scheingewinne erstmals öffentlich zu behandeln und zu diskutieren. Siehe Seite 84.

Seite 50: In seinem ausführlichen Schreiben vom 12. 1. 1912 an Studiendirektor Eckert (im Universitäts-Archiv) meint Schmalenbach, lieber als der Eintritt als Aktionär in die Treuhand-AG wäre ihm gewesen, die Stadt Köln hätte ein solches Unternehmen ins Leben gerufen, um den Professoren „privatwirtschaftliches Material und Gelegenheit zur Durchführung von Versuchen (buchhaltungstechnische Einrichtungen u. dgl.)" zu geben. Vermutlich hatte er bei der Stadtverwaltung wegen dieser Frage vorgefühlt, jedoch keine Gegenliebe für seine Idee gefunden.

– Eugen Schmalenbach wurde am 7. Juni 1904 von der Plenarsitzung der Handelskammer Köln als „Sachverständiger für Bücherrevisionen beeidigt und öffentlich angestellt". Die hierüber am 11. Juni 1904 ausgestellte Urkunde befindet sich im Schmalenbach-Archiv Köln.

– Über die Gründung der Treuhand-AG unterrichten folgende Materialien: Handbuch der deutschen Aktiengesellschaften, Jahrgang 1913/14, Band I, Seite 160; Kölner Adreßbücher ab Jahrgang 1913; Auszüge aus dem Handelsregister beim Amtsgericht Köln, HR 1346 für die Jahre 1909 bis 1938, HR 8104 für die Jahre ab 1938; Briefe Schmalenbachs an den Studiendirektor vom 5. 8. 1909, 13. 10. 1909 und 12. 1. 1912 sowie ein Rundschreiben der Treuhand-AG an ihre Mandanten vom 10. 8. 1911 (im Universitäts-Archiv); Aufsatz von Siegfried Rentrop, Schmalenbach und seine Treuhandgesellschaft, ZfhF 1955, Seiten 344–348.

Seite 52: Die drei Grundstücke, die 1928 von den Peters- und Gandebien-Erben (bei Peters unter Mitwirkung des Vormunds Schmalenbach) an den Kaufhaus-Inhaber Carl Peters veräußert wurden, lagen in der Hämergasse, einem Nebengäßchen der Breite Straße, in der das Kaufhaus Peters stand. Über dieses Unternehmen und seine Entwicklung wurde anläßlich der 60. Wiederkehr des Gründungstages (26. 9. 1891) in der KCP-Zeitung, 21. Jahrgang, Heft 2 vom September 1951 ausführlich berichtet; ebenso in Pressematerial, das die Karstadt AG im April 1981 zum Jubiläum ihres 100jährigen Bestehens herausgab (beides im Karstadt-Archiv).

– Die Geschäftslage der Treuhand-AG hat Schmalenbach in seinen Briefen vielfach recht pessimistisch beurteilt. Am 6. 4. 1912, wenige Monate nach seinem Eintritt in den Aufsichtsrat, schreibt er seinem Bruder Hermann: „Ich habe in den letzten Wochen viel mit meiner Treuhand-AG zu tun gehabt. Die Geschichte kostet noch immer allerlei Zuschuß, und ich bin nahezu halb beteiligt. . . . . Wenn wir nicht für 55 000 Mark Aufträge im Jahr ausführen, kommen wir nicht auf die Kosten, und nun sind wir anstatt bei monatlich 4500 noch bei 3500 Mark. Im Augenblick ist mal wieder ausreichend Arbeit da, aber das ebbt, wenn man nicht tüchtig hinterher ist, gleich wieder ab". Der Jahresabschluß für 1912 endete mit einem Jahresgewinn von ganzen 5 Mark, freilich nach Abschreibungen auf das Inventar (das mit 3000 Mark zu Buche stand) in Höhe von 1316 Mark. Über Immobilien verfügte die Gesellschaft nicht, Büroräume hatte sie zunächst im Stollwerck-Haus, Am Hof 2 a, gemietet; 1912 zog sie in das Haus Gereonskloster 22 um, das sie 1931 käuflich erwarb.

Seite 53: In dem Schreiben vom 12. 1. 1912 (Universitäts-Archiv), das schon im vorigen Kapitel zitiert wurde, begründet Schmalenbach seinen Entschluß, die Tätigkeit als vereidigter Bücherrevisor aufzugeben, wie folgt: „Der Beruf der vereidigten Bücherrevisoren ist in den letzten Jahren hauptsächlich durch den Zuzug von in der Praxis gescheiterten Persönlichkeiten heruntergekommen. . . . Im Prozeß Boeing (stieß ich) auf fünf vereidigte Bücherrevisoren . . . , die einem Betrüger die Richtigkeit seiner Bücher unter Eid bestätigten, obwohl sie die Bücher nie gesehen hatten".

– Unsere Darstellung über die Geschichte der Leonhard Tietz AG und deren leitende Persönlichkeiten beruht auf umfangreichem Quellenmaterial, das uns freundlicherweise von der Archivarin der Kaufhof AG, Frau Dr. Ingrid Bauert-Keetmann, zur Verfügung gestellt wurde.

– Das Thema der Diplomarbeit von Alfred Tietz und die Noten haben wir dem Prüfungsblatt für Alfred Tietz entnommen. Es enthält die Vermerke der prüfenden Professoren über die Ergebnisse ihrer Prüfung. (Im Archiv der Kölner Universität)

Seite 54: In einem 1965 in den USA geführten Gespräch mit Margarete Tietz (Ehefrau von Alfred Tietz) und Julian Castle Stanford (Sohn eines früheren engen Mitarbeiters von Leonhard Tietz namens Schlo) sagte Stanford: „Durch die Tätigkeit von Tietz an der Universität (Studium, Lehrauftrag, Ehrendoktorrat) hatte sich eine Freundschaft mit Herrn Professor Schmalenbach entwickelt.

Anmerkungen zu V, Seiten 54–57

Professor Schmalenbach war eigentlich der erste in Deutschland mit der Idee der Goldmark. Durch diese Beziehung zu Professor Schmalenbach haben wir im Jahre 1921 versucht, nach Goldmark zu verkaufen. . . . Dadurch haben wir versucht, unsere Substanz einigermaßen zu erhalten, . . . was uns in etwa geglückt ist. Denn Beweis ist: Als die Mark-Umstellung kam, wurde das Aktienkapital 10 : 1 zusammengelegt, während es bei Karstadt 25 : 1 zusammengelegt wurde". Frau Tietz: „Aber Du entsinnst Dich noch der sehr großen Anfeindungen damals bei dieser Feststellung der täglichen Zahlen". Stanford: „Unsere eigenen Geschäftsführer (in den Einkaufshäusern) haben das gar nicht begriffen. Die haben gesagt: Wir haben diese Seide für 220 000 Mark gekauft, jetzt sollen wir sie einfach mit 3,50 Mark berechnen. Das war eine vollkommene Umstellung innerhalb des Konzerns". Frau Tietz: „Auch von außen. Ich entsinne mich dessen, daß mein Mann eines Tages . . . sagte: „Du mußt Dich nicht wundern, wenn ich nicht mehr nach Hause komme. Ich glaube, sie werden mich wegen Vaterlandsverrat . . . noch einsperren, weil er in diesen Dingen sehr führend war". (Im Archiv der Kaufhof AG, Köln)

– Über Max Grünbaum siehe die Würdigung in der Zeitschrift für Waren- und Kaufhäuser, 28. Jahrgang Nr. 3 vom 19. 1. 1930.

– Frau Margarethe Krupp hat mehrmals damit begonnen, ihre Lebenserinnerungen aufzuzeichnen. Ihre handschriftlichen Manuskripte werden im Historischen Archiv der Fried. Krupp GmbH (Essen, Villa Hügel) aufbewahrt. Die Leiterin des Archivs, Frau Dr. Renate Köhne-Lindenlaub, hat uns für die Zwecke dieser Biographie dankenswerterweise Auszüge herstellen lassen. (Archiv-Zeichen: FAH III M 165).

Seite 55: Das Besucherbuch der Villa Hügel für die Jahre 1904 bis 1906 ist im Historischen Archiv der Fried. Krupp GmbH unter dem Zeichen FAH III M 283 archiviert.

– Über den Bildungsweg der beiden Töchter von Margarethe Krupp, Bertha (geboren 1886) und Barbara (geboren 1887), siehe die Darstellung über Bertha Krupp von Bohlen und Halbach in: Lebensbilder aus dem rheinisch-westfälischen Industriegebiet, bearbeitet von Fritz Pudor, Düsseldorf 1960, Seiten 119–120. Weiteres biographisches Material bietet die Monographie von Gert von Klass, Die drei Ringe, Lebensgeschichte eines Industrieunternehmens, Tübingen und Stuttgart 1953, Seiten 185 sowie 298–301; ebenso (kürzer) das Buch von Ernst Schröter, Krupp – Geschichte einer Unternehmerfamilie, Göttingen 1968, Seiten 93–94.

– Der entfernte Verwandte, dem Schmalenbach „nebenbei" etwas von seinen Diensten für die Krupp-Witwe sagte, ist Leopold Ehrenstein, der Bruder eines Mädchens, das Edmund Schmalenbach 1918 nach kurzer Bekanntschaft heiratete (Edmund war der jüngste Bruder von Eugen Schmalenbach). Leopold Ehrenstein, Jahrgang 1890, ist 1934 ausgewandert und lebte 1981, als wir dieses Buch vorbereiteten, in einem Kibbuz in Israel. In zwei langen Briefen vom 6. 10. 1981 und vom 3. 2. 1982, der eine 7 Seiten, der andere 22 Seiten lang (engzeilig mit Schreibmaschine auf großformatigem Dünnpapier), hat er uns sehr ausführlich über Leben und Schicksal seines Schwagers Edmund, dessen Bruder Eugen und anderer Familienmitglieder berichtet, namentlich für die Zeit von 1918 bis 1934.

Seite 56: Das Manuskript der Rede von Friedrich Flick über seinen Werdegang, versehen mit handschriftlichen Änderungen und Ergänzungen des Vortragenden, hat uns Dr. Manfred Kiesewetter, Leiter der Presse- und PR-Abteilung der Friedrich Flick Industrieverwaltung KGaA in Düsseldorf, für diese Schmalenbach-Biographie zur Verfügung gestellt.

– Note des Diploms: gemäß Prüfblatt für Friedrich Flick (im Universitäts-Archiv).

Seite 57: Das Abs-Zitat aus seiner Ansprache auf der Trauerfeier für Flick steht in dem Aufsatz von Hans Münstermann, Schmalenbachs Beitrag zur Bilanzlehre, ZfhF 1973, Seite 500.

– Das Buch von Weyermann-Schönitz, das unter den Lehrern der Handelswissenschaften seinerzeit begreifliches Aufsehen erregte, lautet mit vollem Titel: Grundlegung und Systematik einer wissenschaftlichen Privatwirtschaftslehre und ihre Pflege an Universitäten und Fachhochschulen, Karlsruhe 1912.

– Der Aufsatz „Die Privatwirtschaftslehre als Kunstlehre" ist erschienen in der ZfhF, 6. Jahrgang 1911/12, Heft 5 vom Februar 1912, Seiten 304–316.

Seite 58: Die Abhandlung ist in dem Jahresbericht der Städtischen Handels-Hochschule in Köln für 1911 und 1912, Köln 1913, auf den Seiten 75–77 zu finden.

– Das Zitat aus dem Jahre 1931 ist seinem Rückblick auf 25 Jahre Zeitschrift für handelswissenschaftliche Forschung entnommen, ZfhF, 25. Jahrgang 1931, Seiten 1–4.

– Das Wort von der „Wissenschaft des Kopierpressenschwengels" und Schmalenbachs Reaktion darauf finden sich in der Einleitung zu seinem Aufsatz „Die Fehlerkontrolle in der Buchführung", ZfhF, 11. Jahrgang 1916/17, Heft IV, Seite 198.

– Die Auseinandersetzungen über Wissenschaft oder Kunstlehre zogen auch in den Vorlesungen der Professoren ihre Kreise. In der Ulk-Zeitung der Seminar-Teilnehmer, betitelt „Der Alte" (1933), wird auf Seite 10 berichtet, ein Dozent der Volkswirtschaftslehre habe vor längerer Zeit in seiner Vorlesung über „gewisse Leute" gesprochen, die sich in einem bestimmten Fall aus der Praxis „bei ihren Betrachtungen . . . . aus der Wurmperspektive" mit kleinlichen Verwaltungsmaßnahmen hätten begnügen wollen. Daraufhin habe Schmalenbach in der nächsten Stunde gesagt, für ihn, der die Dinge ja aus der „Wurmperspektive" betrachte, sei klar, daß eine kleine Verwaltungsmaßnahme eine grundlegende Änderung hätte schaffen können. Man könne statt dessen aber auch nach der historischen Methode ganze Bände füllen und anstelle der technischen Veränderung versuchen, der Sache mit einem großen Gesetzeswerk zu Leibe zu gehen. Den Schlußpunkt dieser Debatte habe dann ein Dritter, der Nationalökonom Adolf Weber, gesetzt mit der Bemerkung, er fühle sich in der glücklichen Lage, seinen Schülern die theoretischen Begriffe einzuhämmern, auf die weder die eine noch die andere Methode verzichten könne.

– Über den Prozeß der Eingliederung der Betriebswirtschaftslehre in Universitäten siehe Ulrich Fleiß, Wirtschaftshochschulen, Wirtschaftswissenschaftliche Fakultäten und Fachbereiche. In: Handwörterbuch der Betriebswirtschaft, IV. Auflage, Band 3, Stuttgart 1976, Spalten 4564–4573.

– Auf die Wissenschaftsbegriffe und die Stellung der Betriebswirtschaftslehre in deren Rahmen wird im zweiten Teil dieses Werks, der die wissenschaftlichen Leistungen Schmalenbachs würdigt, im einzelnen eingegangen.

VI. Baumeister seines eigenen Reichs: Hausherr und Geschäftsmann

Seite 59: Eugen Schmalenbach wohnte von 1903 bis 1911 in Köln-Nippes, Wilhelm-Straße 53, im II. Stock. Das Haus, an der Ecke zur Christinastraße gelegen, gehörte einem Weinhändler, der in dem Eck-Geschäft dieses Gebäudes seine Weinhandlung betrieb. Das Geschäft besteht noch heute, die Erben des damaligen Inhabers sollen jetzt jedoch in Freiburg wohnen (Auskunft einer Verkäuferin im November 1981). Für Schmalenbach verzeichnete das Adreßbuch des Jahres 1907 erstmals einen Telefonanschluß. Das Adreßbuch für 1910 enthält zusätzlich den Vermerk: „Sommerwohnung: Schmalenbach bei Halver".

– Die Grabstätte des Vaters, auf der 1928 auch Schmalenbachs Mutter beigesetzt wurde, wird noch heute vom Friedhofswärter mit Blumenschmuck versehen. Sie umfaßt vier Grabstellen, von denen zwei nicht belegt sind (Stand: Sommer 1982).

– Nachdem das Begräbnis und die damit verbundenen Aufregungen überstanden waren, mußte sich Schmalenbachs Mutter Ende April 1906 ins Krankenhaus begeben: Sie hatte ein Schilddrüsenleiden, das sich u. a. in einem Kropf äußerte. Neun Jahre danach, im Februar 1915, überfiel sie eines Morgens eine derartige Atemnot, daß ihr Kropf sofort operiert werden mußte.

– Angaben über den Veranda-Anbau gemäß Bau-Zeichnung vom 12. 7. 1907 (Archiv der Stadt Halver).

Seite 60: Hermann Schmalenbach hat sein Studium 1906 in Berlin aufgenommen. Im Frühjahr 1908 wechselte er an die Universität Jena, wo er im Juli 1909 sein Doktorexamen ablegte. Nach einem Jahr in München kehrte er 1910 nach Berlin zurück und gründete hier nach seiner Heirat Ende 1913 einen Hausstand. Habilitiert hat er sich 1920 in Göttingen, wo er auch bis 1931 als Dozent wirkte. (Seit 1928 hatte er daneben einen Lehrauftrag für Soziologie in Hannover). Mit dem Dichter Stefan George, dem Schmalenbach erstmals 1908 im Hause Lepsius begegnete, kam es in München zu einem Gespräch, wenig später erlebte Schmalenbach eine Lesung, in deren Verlauf auch George einige Gedichte vortrug. In Berlin nahm Schmalenbach von 1910 bis 1912 an den regelmäßigen Treffen des George-Kreises teil. In einem Vortrag, den Schmalenbach am 1. Oktober 1945 im schweizerischen Rundfunk hielt, betonte er, daß es zwischen ihm und George niemals zu einem wirklichen Vertrauensverhältnis gekommen sei. Der Vortrag schloß jedoch mit den Worten: „Ich bin mir zeitlebens bewußt, . . . in Stefan George einem Beispiel menschlicher Größe begegnet zu sein, das sowohl seiner Art wie seinem Rang nach unvergleichlich war".

– Auf den Hilferuf der Mutter, die für ihren jüngsten Sohn Edmund das Schlimmste befürchtete, schickte Eugen im April 1909 ein Telegramm an Hermann (der sich in Jena auf sein Doktorexamen vorbereitete): „bitte edmund mit allen mitteln bewegen hier her zu kommen sichere zu daß er ohne vorwürfe empfangen wird". Edmund fährt nach Köln und bleibt einige Zeit dort. Aber Mitte August kommt es wieder zum Bruch, und zwar mit der ganzen Familie: Edmund will nun auch von Hermann nichts wissen, und selbst Mutter soll ihm nicht mehr schreiben. „Sie schreibt dann doch nur von Sorgen, die sie gar nicht hat. Sie fürchtet . . . um ihr Geld. Davor soll sie aber bewahrt bleiben".

Seite 61: In der Familie Schmalenbach hatte es sich natürlich bald herumgesprochen, daß Eugen in seiner GmbH hauptsächlich eigene Erfindungen industriell verwerten wollte. Auch seine Brüder boten ihm daraufhin Erfindungen an. So hat Edmund 1913 eine Schreibmaschine mit nur 10 Tasten erdacht, für jeden Finger eine; die verschiedenen Buchstaben, Zahlen und Zeichen sollten durch gleichzeitiges Niederdrücken von je zwei Tasten elektrisch ausgelöst werden (Briefe vom 2. 11. 1913 und 18. 12. 1913). Und der andere Bruder, Hermann, fragt im Januar an, ob die Erfindung eines Schwagers vielleicht beim Militär auf Interesse stoßen könnte; nach der Beschreibung der Schwierigkeiten durch Eugen zu urteilen, scheint es sich um ein kleines Gefährt gehandelt zu haben, das Infanteristen, vor die Brust geschnallt, das Kriechen im Gelände erleichtern soll. Eugen lehnt ab mit der Bemerkung, daß er „die Erfindung selbst schon eine Weile vorher gemacht und als nicht brauchbar beiseite gelegt" habe (Briefe vom 16. und 26. 1. 1916).

Seite 62: Wilhelm Hasenack hat in einer unveröffentlichten Schrift über Eugen Schmalenbach, die er uns freundlicherweise überlassen hat, über dessen kaufmännische Tätigkeit geschrieben: „Mein Vater war Reisender einer Eisengroßhandlung in Schwelm . . . und hatte ziemlich weite Geschäftsreisen ins Westfälische . . . zu machen. . . . In diesem Zusammenhang erfuhr ich früh mehrfach von dem „Eisenhändler Eugen Schmalenbach", vor allem wenn dieser gelegentlich auch mal geschäftliche Dinge unternahm (oder auch nur plante), die nicht ganz in den Rahmen des für „üblich" gehaltenen kaufmännischen Verhaltens . . . paßten oder zu passen schienen". Hasenack wurde 1901 geboren, seine Schilderung dürfte sich also auf Schmalenbachs Tätigkeit als Leiter der Schmalenbach GmbH beziehen.

– Eine Baubeschreibung für die Erweiterung der Fabrik vom 12. 10. 1919 besitzt das Archiv der Stadt Halver, dessen Leiter uns eine Fotokopie zur Verfügung stellte.

Seite 63: Rechtsanwalt und Notar Dr. Ernst Schmalenbach gehörte einer anderen Linie des Schmalenbach-Geschlechts an. Er trieb Ahnenforschung und hatte Stammtafeln aufgestellt, die er Hermann Schmalenbach geliehen hatte und mit Schreiben vom 9. 7. 1930 zurückerbat.

– Die Angaben über den späteren Eigentümer des Guts Schmalenbach und Erwerber der von Eugen Schmalenbach erbauten Fabrik, Adolf Spindler, verdanken wir seinem Neffen Gert P. Spindler, dem Inhaber und Geschäftsführer der Paul-Spindler-Werke KG in Hilden, die 1970 ihre Produktion eingestellt hat. Gert P. Spindler hatte 1951 durch Beteiligung der Arbeiter und Angestellten an dem Unternehmen eine betriebliche Partnerschaft verwirklicht und über seine Erfahrungen ein viel beachtetes Buch geschrieben. Weitere Hinweise über die hier geschilderten Vorgänge in Schmalenbach hat uns die heutige Eigentümerin von Gut Schmalenbach, Frau Irmgard Schulte, gegeben, deren verstorbener Ehemann das Gut 1949 gepachtet und später von den Erben Adolf Spindlers erworben hat.

– Das Handelsregister des Amtsgerichts Köln hat die Schmalenbach GmbH bis 1936 unter der Nummer 7854 geführt, danach unter der Nummer 2842.

Seite 64: Die Mutter Emma Schmalenbach, im evangelischen Glauben erzogen, hat es zunächst sicher als schmerzlich empfunden, daß ihre Söhne Mädchen aus jüdischen Familien heirateten. Aber sie scheint sich bald damit abgefunden zu haben. Als ihr der jüngste 1918 seine bevorstehende Verlobung ankündigte und hinzufügte, die Sache habe allerdings einen Haken, meinte sie erschrocken: „Es wird doch keine Katholische sein?". Die Antwort: „Nein, aber eine Jüdin" hat sie nicht aus der Fassung gebracht, das war sie gewohnt. (Brief des Leopold Ehrenstein vom 6. 10. 1981)

– Daß Eugen Schmalenbach eine Kandidatur als Reichsbankpräsident mit Rücksicht auf seine Frau von vornherein abgelehnt habe, hat uns der Neffe seiner Frau, Ernst Haeusserman, erzählt, der diese Episode in Bad Dürrenberg miterlebt hat. Näheres Seite 94–96.

– Wie Leopold Ehrenstein berichtet (Brief vom 8. 1. 1982, Seite 2), gehörte bei Eugen und Marianne Schmalenbach stets eine Hilfe zum Haushalt, „das Mädchen" genannt und mit Vornamen gerufen. Dieses Mädchen wohnte in einem eigenen Zimmer, allerdings nicht in der Wohnung, sondern ganz oben unter dem Dach. Wenn ein solches Mädchen heiratete oder einmal den Dienst quittierte, waren die Briefe an die Angehörigen voll der Klagen, woher man ein neues bekomme. Einmal hat sogar Mariannes Mutter aus Leipzig ihrer Tochter mit einem Mädchen ausgeholfen.

– In einem Brief vom 26. 12. 1908 ermahnt Eugen seinen Bruder Hermann (der vermutlich an seiner Dissertation arbeitet): „Nach dem Abendessen darfst Du nicht arbeiten; . . . ich (kann das auch) nicht vertragen, viel weniger als Du. Daß Dir in der Nacht die besten Gedanken kommen, glaube ich wohl. Aber Du wirst sehen,daß bei fortgesetzer Überanstrengung die guten Gedanken bald ausbleiben. . . . Und das Schlimmste ist, daß man zu Grunde gerichtete Nerven oft überhaupt nicht . . . wieder aufrichtet".

Seite 65: Die Schilderung der häuslichen Atmosphäre bei Hermann und Sala Schmalenbach beruht auf einer Darstellung des Sohnes Werner Schmalenbach, mit dem wir am 4. 11. 1980 und am 17. 12. 1981 ausführlich über seine Eltern, seinen Onkel Eugen, deren Angehörige sowie andere Personen und damit zusammenhängende Fragen gesprochen haben.

– In einem Brief vom 4. 6. 1915 redet Eugen seine Schwägerin Sala mit „Sie" an, obwohl sie seit anderthalb Jahren mit Hermann verheiratet ist und somit seit langem zur Familie gehört. Bei der anderen Schwägerin, Irene, die drei Jahre später ihren Edmund heiratet, geht es ihm umgekehrt: Diese Frau spricht Eugen, als er im April 1918 zur Verlobung nach Mainz kommt, gleich bei der ersten Begegnung ohne Scheu mit „Du" an, als sei dies das Selbstverständlichste von der Welt. Eugen ist über dieses Maß an Zutraulichkeit einigermaßen verdutzt. Er bekennt in seinem Brief vom 8. 4. 1918: „Die süddeutsche Art des freimütigen Verkehrs, die einen stocksteifen Westfalen schon zum Duzbruder macht, ehe er sich seine Willkommensfloskel zurechtgelegt hat, machte mir Beschwerlichkeiten". Die beiden Briefstellen zeigen deutlicher als alles andere die Verschiedenheit im Wesen der beiden Schwägerinnen wie auch in Eugens Verhältnis zu ihnen.

Seite 66: Wie Edmund Schmalenbach ums Leben kam, wissen wir von seiner Tochter Eva, die heute (1982) in München lebt, und vor allem aus der Schilderung seines Schwagers Leopold Ehrenstein in dem Brief vom 6. 10. 1981.

VII. Vom Schrecken verschont: Der Weltkrieg zieht vorüber

Seite 67/68: In seinem Brief vom 4. 6. 1915, geschrieben auf der Schmalenbach, beklagt sich Eugen über die viele Arbeit: „Ich habe viel zu tun. Ich habe wieder mal mehr revidiert (d. h. als Revisor gearbeitet). Da im Augenblick nichts zu revidieren ist, (schreibe ich) sogar ein Buch des Verdienens wegen. Hol es der Teufel, aber es scheint zu geraten". Die Epistel schließt mit dem launigen Stoßseufzer: „Was war das doch für ein Leben, als ich in Leipzig Privatdozent war!"

Seite 68: Über seine Ernennung zum Proviantamt-Inspektor-Stellvertreter schreibt Schmalenbach am 16. 11. 1916: „Das Schönste an der Stelle ist die Uniform. Der Dienst besteht darin, eine an und für sich nicht stimmende Victualien-Rechnung so lange zu bearbeiten, daß sie wenigstens als stimmend erscheint". Und am 26. 1. 1916 zu Hermann: „Da überschätzt Du mich gewaltig. Ich bin am Proviantamt im Grunde genommen nichts als Schreiber".

– Von seiner Soldatenzeit hat Schmalenbach den Studenten nach dem Kriege offenbar viel erzählt. In der Schrift „Der Alte" (Köln 1933, unveröffentlicht) haben die Seminar-Teilnehmer mehrere Anekdoten unter der Überschrift „O welche Lust, Soldat zu sein" zusammengestellt (Seiten 20–22).

Seite 69: Die Umwandlung des Hochschul-Gebäudes in ein Lazarett ist in dem Bericht der Kölner Handels-Hochschule für die Studienjahre 1913, 1914 und 1915, Köln 1916, auf den Seiten 7 und 8 dargestellt.

– Anlaß seiner Reise nach Oberndorf am Neckar war die Taufe eines Kindes seines Schülers Friedrich Eichhorn, der bis zuletzt Mitglied der Schmalenbach-Vereinigung gewesen ist. Nach seinem Tode, 1956, hat die Witwe, Frau Anka Eichhorn, das Gedicht der Schmalenbach-Gesellschaft übereignet, die es in ihrem Archiv aufbewahrt.

Seite 70: Eugen Schmalenbach hat auch bei anderen Gelegenheiten, wenn er in gelöster Stimmung war, Verse zu Papier gebracht. So berichtet Carl Friedrich Hermann, daß Schmalenbach ihm aus seinem Urlaub in Marienbad eine Karte mit Grüßen in Gedichtform übersandt habe; leider sei sie im Kriege verloren gegangen. Auch die Silberhochzeit von Hermann und Sala am 6. Dezember 1938 hat Eugen, wie er in dem Glückwunsch-Brief (vom 4. 12. 1938) sagt, „zu einigen Versen (befeuert), deren betriebswirtschaftlicher Gedankengang Euch ein huldsames Lächeln entlocken mag".

– Aus Kreisen der Praxis stammten vermutlich Klagen darüber, daß das Buch „Finanzierungen" schwer geschrieben sei. Im Vorwort zur zweiten Auflage erkennt er solche Beschwerden als berechtigt an. Zur Entschuldigung weist er u. a. darauf hin, „daß die Gewohnheit des akademischen Lehrers, den Hörer immer bis nahe an die Belastungsgrenze zu beanspruchen, der Ausbildung leichter Vortrags- und Schreibweise nicht förderlich ist".

Seite 71: Mit den Angaben über die Zahl der Auflagen der einzelnen Schmalenbach-Werke sowie deren Übersetzung in fremde Sprachen folgen wir dem von Otto von Kori zusammengestellten Verzeichnis der Arbeiten von Eugen Schmalenbach, abgedruckt in der Zeitschrift für betriebswirtschaftliche Forschung (ZfbF), Jahrgang 1968, Seiten 473–488.

– Am 3. 7. 1919 schreibt Eugen Schmalenbach seinem Bruder Hermann: „Im vorigen Herbst habe ich in Schmalenbach eine ganz nette theoretische Arbeit zustande gebracht, die in Köln niemals hätte gedeihen können". Gemeint ist der große Aufsatz über die „Dynamische Bilanz" (1. Auflage). An anderer Stelle des Briefes heißt es: „Ich werde voraussichtlich ziemlich lange (in Schmalenbach) bleiben, wahrscheinlich den ganzen August und September. Ich gedenke, meine Vorstudien über Kalkulation . . . . zu einer großen Publikation zusammenzufassen. Das ist hier in Köln ganz unmöglich". Wenn Eugen Schmalenbach mit einer solchen größeren Arbeit beschäftigt war, blieb er auf der Schmalenbach wohnen, auch wenn seine Frau mit den Kindern nach Köln zurück mußte. Er aß dann „bei den Bürgers", das heißt in dem Nachbarhaus, in dem seine Großmutter und vorübergehend seine Eltern gewohnt hatten und wo er 1873 das Licht der Welt erblickt hatte.

– Daß die Betriebswertrechnung das „Herzstück" der Lehre Schmalenbachs sei, hat Theodor Beste in seiner Ansprache aus Anlaß des 90. Geburtstages von Schmalenbach gesagt, abgedruckt in ZfbF, Jahrgang 1964, Seite 3.

Seite 72: Der Brief vom 17. 7. 1917 wurde von Eugen in seinem Landhaus in Schmalenbach von Hand geschrieben. Die Schrift ist nicht an allen Stellen deutlich zu lesen, so daß Fehler in der Wiedergabe der Firmennamen durch uns nicht ausgeschlossen sind.

Seite 73: Die Idee, Hermann Schmalenbach als Handlungsgehilfen bei der Schmalenbach GmbH anzustellen, hätte dessen Umzug von Berlin nach Westfalen erfordert. Dazu hat sich Hermann anscheinend nicht entschließen können, zumal seine Frau in einigen Monaten ihr erstes Kind erwartete. (Es wurde etwa ein halbes Jahr später geboren, am 10. 1. 1918) Aber Eugen gibt den Plan noch nicht auf. Als ihm Anfang August von offizieller Seite gesagt wird, Reklamationen für kleine Industriebetriebe würden künftig nicht mehr genehmigt, bietet er Hermann sogar an, ihn als Vorstandsmitglied der Schmalenbach GmbH eintragen zu lassen. Doch auch daraus wird nichts. Im Oktober erhält Hermann seinen Gestellungsbefehl, und etwa zur gleichen Zeit erscheint in Schmalenbach ein Offizier des Kriegsamts, der jeden einzelnen Reklamationsfall genau unter die Lupe nimmt. Er tut das in ganz Halver und macht bei vielen die Reklamation rückgängig (Briefe vom 10. 8. und 31. 12. 1917).

– Das Gespräch mit dem Kriegsminister am 9. August 1914 sowie die Bildung der Kriegs-Rohstoff-Abteilung (KRA) mit ihrem gewaltigen Unterbau von Kriegsgesellschaften und anderen Stellen hat Walther Rathenau sehr anschaulich am 20. 12. 1915 in einem Vortrag geschildert, der wenig später als Broschüre veröffentlicht wurde: „Deutschlands Rohstoffversorgung", Berlin 1916. Siehe besonders die Seiten 9, 10, 27–29.

Seite 74: Rathenaus Auffassung vom Wesen der Aktiengesellschaft (und von Großunternehmen anderer Rechtsformen) hat er in der Schrift „Vom Aktienwesen", Berlin 1917, dargelegt. Er sah solche Gesellschaften als „Unternehmen an sich", eine Formulierung, auf die im gesellschaftsrechtlichen Schrifttum und in Diskussionen oft Bezug genommen wurde (und wird).

– Die Zahl der Kriegs-Rohstoff-Gesellschaften haben wir dem Verzeichnis der Kriegsorganisationen, herausgegeben vom Reichswirtschaftsamt in 4. Auflage nach dem Stande vom 1. Februar 1918, entnommen. Daran dürfte sich bis Kriegsende nicht mehr viel geändert haben. Über die Entwicklung der Kriegs-Rohstoff-Gesellschaften bis 1918 unterrichtet u. a. das Buch von Otto Goebel, Deutsche Rohstoffwirtschaft im Weltkrieg, Stuttgart 1930, Seiten 110–119.

– Auf den „Beamtensinn" hat Schmalenbach in dem Buch „Pretiale Lenkung des Betriebes", Bremen-Horn 1948, Vorwort, Seite 4, hingewiesen.

– Schmalenbachs Darstellung über die Neuerrichtung der Kölner Universität ist dem Fünfjahresbericht der Wirtschafts- und Sozialwissenschaftlichen Fakultät der Universität Köln 1919–1924, Seite 38, entnommen. Das Eröffnungsdatum ist dort mit dem 12. Juli 1919 angegeben, tatsächlich war es der 12. Juni 1919. Wir haben in unser Zitat das richtige Datum eingesetzt.

Seite 75: Christian Eckert hat die Vorgeschichte und den Gründungsvorgang in seiner Schrift „Die neue Universität", Köln 1921, geschildert. Unser Zitat steht auf Seite 10. Seine Ausführungen beruhen auf einem Referat, das er am 17. 1. 1919 im Hansasaal des Kölner Rathauses vor Dozenten der Kölner Hochschulen und der Akademie für praktische Medizin gehalten hat.

– Daß Schmalenbach Sprecher einer gegen die Universitätsgründung opponierenden Minderheitsgruppe war, steht in dem Aufsatz von W. P. Eckert „Die Alte Universität zu Köln", Heft 4 der „Mitteilungen der Universität zu Köln" vom Dezember 1982, Seiten 4–6.

– Hermann Schmalenbach, der im Juni 1920 seine Habilitationsschrift beendet hat, liebäugelt natürlich mit dem Gedanken, sich an der im Aufbau befindlichen philosophischen Fakultät in Köln habilitieren zu können. Aber Eugen winkt sofort ab. „Ich glaube nicht, daß die Kölner philosophische Fakultät etwas Berühmtes wird. Und außerdem hätte meine Zugehörigkeit zu der Fakultät, in der einstweilen die philosophischen Angelegenheiten erledigt werden, Dir eher geschadet als genützt. . . . Man fürchtet . . . ohnehin . . . und schon seit Jahren, daß mein Einfluß an der Hochschule zu groß werde". (Brief vom 3. 7. 1919)

– Eugen Schmalenbach, sonst gar kein Freund der Philosophen, ist von der Persönlichkeit Max Schelers doch sichtlich beeindruckt. Am 12. 3. 1920 schreibt er seinem Bruder: „Wenn ich unsere hiesigen Philosophen betrachte, (muß ich) zuweilen an unsere Streiterei denken". (Die Streitereien der Brüder drehen sich ohne Zweifel vor allem um Sinn und Zweck der Philosophie). „Namentlich ist mir Scheler, der geistig bedeutendste, ein interessantes Problem. So etwas von einem Gedankenjongleur habe ich lange nicht erlebt. Der reine Gedankenschieber. Übrigens ist er nebenher noch ein ausgesprochener Jesuit. Aber er macht mir einen Heidenspaß, denn er ist ein kluger Bursche". (Siehe auch Seiten 87–88.)

– Der Fortgang von Driesch aus Köln weckt in Hermann Schmalenbach offenbar neue Hoffnungen. Am 11. April 1921 schreibt ihm Eugen: „Driesch hat Leipzig angenommen. Schade drum. In Köln werden vermutlich Deine Aussichten nicht gut sein; meine Anwesenheit ist eher hinderlich als förderlich. Ich . . . habe mit der philosophischen (Fakultät) kleine Häkeleien. Außerdem hält man mich für jemanden, mit dem nicht gut Kirschen essen ist, und von der Sorte will man gewiß nicht noch einen Bruder haben. Außerdem müßtest Du dann noch vermutlich erst katholisch werden, Scheler . . . wird das schon durchsetzen“ – eine Bemerkung, die natürlich ironisch-spaßhaft gemeint ist.

Seite 76: Die Angaben über die Baugenossenschaft „Kölner Universität“ und den Bau der Wohnhäuser für hinzuziehende Professoren beruhen auf Aktenmaterial, das im Universitäts-Archiv aufbewahrt wird.

– Schmalenbachs erste Wohnung nahe der Handels-Hochschule, wo er von 1911 bis 1916 gelebt hat, lag in der Trajanstraße 3; 1916 zog er in die Roonstraße 59, dann Ende 1921 (oder Anfang 1922) in die Wolfgang-Müller-Straße 16.

– Interessant ist Schmalenbachs Reaktion auf das Angebot des jüngsten Bruders, Edmund, ihm Geld zur Verfügung zu stellen (Brief vom 10. 10. 1921): „Für die Einrichtung des Hauses brauche ich es nicht; ich habe dafür eine Schuld aufgenommen, die ich mit dem Erlös von Eisen und Vorräten in Schmalenbach ganz gut bezahlen kann“. Der vorsorgliche Einkauf von Rohmaterialien für die Fabrik in Schmalenbach, die dann angesichts der Nachfrage-Entwicklung nicht benötigt wurden, erwies sich in einer Zeit inflationär steigender Preise natürlich als eine gute, wertstabile Geldanlage.

Seite 77: Nur selten hat Schmalenbach seiner großen Freude oder anderen Gemütsbewegungen in Wort und Schrift konformen Ausdruck gegeben. So teilt er die Verleihung der Doktorwürde seinem Bruder (am 18. 6. 1919) mit zwei dürren Sätzen mit: „Die Eröffnung der Universität hat natürlich auch verschiedene Promotionen gebracht, darunter auch die meinige. Briefkopf und Visitenkarten werden dadurch demnächst . . . ein etwas völligeres Aussehen bekommen“.

VIII. Die Inflation (1919–1923)

Seite 78: Während des Ruhrkampfes soll Schmalenbach als einziger Kölner Professor „Tag für Tag vor Beginn jeder Vorlesung seine Studenten laut und feierlich (ermahnt haben), niemals zu vergessen, daß das Ruhrgebiet widerrechtlich von fremden Truppen besetzt“ worden sei. Dies steht in dem handschriftlichen, nicht datierten und nicht unterzeichneten Entwurf einer Eingabe, mit der die NS-Behörden während des letzten Krieges ersucht werden sollten, von Maßnahmen gegen Schmalenbach abzusehen. (Nachlaß Minz; im Archiv der Schmalenbach-Gesellschaft in Köln)

Seite 79: Über die schroff gegensätzlichen Auffassungen deutscher Professoren in der Kriegsziel-Frage unterrichtet der Aufsatz von Klaus Schwabe, Zur politischen Haltung der deutschen Professoren im ersten Weltkrieg, Historische Zeitschrift Band 193, München 1961, Seiten 607–634. Dem Aufsatz vorausgegangen ist die nur in Maschinenschrift vorliegende Dissertation des Autors, betitelt: Die deutschen Professoren und die politischen Grundfragen des ersten Weltkrieges, Freiburg i. Br. 1958.

– Über die Gründung und die ersten Jahre der Deutschen Demokratischen Partei siehe vor allem den Aufsatz von Otto Nuschke, Wie die Deutsche Demokratische Partei wurde, was sie leistete und was sie ist, im Handbuch „Zehn Jahre Deutsche Republik“, Hsg. Anton Erkelenz, Berlin 1928. Siehe ferner: Sigmund Neumann, Die Parteien der Weimarer Republik, Stuttgart o. J., Seiten 48–54; Gordon A. Craig, Deutsche Geschichte 1866–1945, München 1980, Seiten 378–379. Protokolle der Ausschuß- und Vorstandssitzungen aus den Anfangsjahren der Partei sind im Bundes-Archiv Koblenz unter der Faszikel-Nr. R 45 III/10 ff. archiviert.

Seite 80: Die Bemerkungen Schmalenbachs über seine Einstellung zur Politik hat Erich Potthoff in seinen Tagebuch-Aufzeichnungen festgehalten, die er uns für diese Biographie zur Verfügung gestellt hat.

– Schmalenbachs Referat, in dem er von „Gevatter Schneider und Handschuhmacher" sprach, handelte über Maßnahmen zur Förderung der Kapitalbildung. Es ist abgedruckt in der Zeitschrift „Die Gießerei", 18. Jahrgang, Heft 39 vom 25. 9. 1931, Seiten 757–769. Das Zitat steht auf Seite 758.

– Der Pohlschroeder-Glückwunsch vom 10. 8. 1943 befindet sich im Potthoff-Archiv.

Seite 81: Die Einladung, das Teilnehmer-Verzeichnis und das Protokoll der Sitzung vom 24. 10. 1919 sowie der Entwurf einer Verordnung über den vorläufigen Reichswirtschaftsrat nebst Begründung werden im Bundesarchiv Koblenz unter Faszikel-Nr. R 43 I/1192 aufbewahrt. Für die Ausführungen in diesem Kapitel haben wir ferner Schriftstücke aus den Akten R 43 I/1193–1194–1197 benutzt. Die Protokolle der Plenarsitzungen des vorläufigen Reichswirtschaftsrats sind in Koblenz unter R D 3/1 archiviert.

Seite 81/82: Die Lebensdaten und die Angaben über den Berufsweg von Julius Hirsch haben wir dem Beitrag von Bruno Rogowsky, Professor Dr. Julius Hirsch – 70 Jahre, Zeitschrift für Betriebswirtschaft, Jahrgang 1952, Seiten 595–597, entnommen.

Seite 82: Über die Bedeutung der Reichspreisstelle für die Ausbreitung Schmalenbachscher Kostenrechnungs-Grundsätze in der Wirtschaft hat Bruno Rogowsky in dem zitierten Beitrag zum 70. Geburtstag von Julius Hirsch berichtet. Siehe hierzu auch vom gleichen Verfasser die Würdigung Eugen Schmalenbachs in der Zeitschrift „Der Wirtschaftsprüfer", Jahrgang 1948, Seiten 225–229.

– Außer Susat waren andere Schmalenbach-Schüler, die vor dem Kriege schon in der Treuhand-AG gearbeitet hatten, u. k. gestellt und in die Preisbehörden berufen wurden. In den Geschäftsverteilungsplänen des Reichswirtschaftsministeriums findet man für jene Zeit außerdem die Namen von Betriebswirtschaftlern, die später bekannte Vertreter ihres Fachs wurden, so vor allem Walter le Coutre und Bruno Rogowsky.

– Daß Eugen Schmalenbach es gewesen ist, der dem Reichswirtschaftsminister 1919 Julius Hirsch als Staatssekretär empfohlen hat, haben wir der Schrift von Hans Staudinger, Wirtschaftspolitik im Weimarer Staat, Beiheft 10 des Archivs für Sozialgeschichte, Bonn 1982, Seite 28 entnommen. Über Julius Hirsch schreibt Staudinger (der persönlicher Referent des Reichswirtschaftsministers Robert Schmidt gewesen ist): „Julius Hirsch war persönlich ein lieber Mensch, ich hatte ihn gern. Er war dazu hochbegabt, wußte viel und verfügte über eine Überdosis von Einfällen. Einige Wochen bevor ich diese Erinnerungen niederschrieb, wurde ich von seiner schönen wie lieben und begabten Frau gefragt, warum er während seiner ministerialen Zeit auf derartige Widerstände gestoßen sei. . . . Ich dachte darüber nach. . . . Er hatte durch seine Isoliertheit im Ministerium ein gesteigertes Geltungsbedürfnis für seine Person, was wohl letztlich auf seiner Unsicherheit als Jude beruhte. . . . Dies verleitete ihn oft, im Hause wie im Kabinett, wo er manchmal . . . unangenehm aufgefallen war, sogar gegen Robert Schmidt offen Stellung zu nehmen. Es war das tragische Verhängnis eines wirklichen Gelehrten, der kein Politiker und bestimmt kein Bürokrat war."

Seite 83: Über die Errichtung des vorläufigen Reichswirtschaftsrats, seine Arbeitsweise und seine Tätigkeit unterrichtet die Denkschrift von H. Hauschild, Der vorläufige Reichswirtschaftsrat 1920–1926, Berlin 1926; ferner die Fortsetzung dieses Buchs durch die Schrift (ohne Verfasserangabe) Der vorläufige Reichswirtschaftsrat 1927–1932, Berlin 1933. – Eine besonders lebensnahe Schilderung der Verhältnisse und der Vorgänge im Reichswirtschaftsrat sowie der wichtigsten dort handelnden Personen gibt Max Hachenburg in seinem Buch Lebenserinnerungen eines Rechtsanwalts, Neuauflage, Stuttgart 1978, im 13. Kapitel, Seiten 184–206.

Seite 84: Über die Vorarbeiten für eine Goldmarkbilanz-Verordnung im Reichswirtschaftsrat und in der Gesellschaft für wirtschaftliche Ausbildung hat Schmalenbach in der Einleitung zu seinem Buch „Goldmarkbilanz", Berlin 1922, Seiten 1–5 ausführlich berichtet, ebenso in der Einleitung seines Aufsatzes „Die Goldmarkbilanz", ZfhF Jahrgang 1924, Seite 1–3.

– Die Gesellschaft für wirtschaftliche Ausbildung hat das Referat, das Schmalenbach auf ihrer Scheingewinn-Tagung im November 1921 gehalten hat, sowie die Gutachten, die neben anderen Autoren

Walter Mahlberg und Fritz Schmidt erstattet haben, in einer Schriftenreihe veröffentlicht. Schmalenbach hat außerdem sein Referat später – wesentlich erweitert – zu einer Broschüre verarbeitet, die von der Gesellschaft im Verlag Gustav Fischer, Jena 1922, unter dem Titel „Die steuerliche Behandlung der Scheingewinne" herausgebracht wurde.

Seite 85: Über die letzten Sitzungen des Arbeitsausschusses, in denen die Durchführungsbestimmungen zur Verordnung über Goldbilanzen beraten wurden, berichtet Max Hachenburg in seinem Buch „Lebenserinnerungen eines Rechtsanwalts" (Seite 191): „In die Debatte (griffen) hauptsächlich Schmalenbach . . . und ich ein. Die dem Sonderausschuß angehörenden Arbeitnehmer verhielten sich meist passiv. Schließlich sagte einer derselben: ‚Ich wollte, Ihr zwei Wissenschaftler hörtet jetzt auf'. . . . Die Bezeichnung als ‚Wissenschaftler' blieb mir im Ohr. . . . Sie zeigte unwillkürlich die Distanz, welche der Arbeiter zwischen sich und uns (im Jahre 1923/24) immer noch zog".

– Schmalenbach hat seine Stellungnahme zu der Verordnung über Goldbilanzen vom 28. 12. 1923 (RGBl I, Seite 1253), die vermutlich auf seinen Ausführungen bei den Beratungen im Reichswirtschaftsrat beruhte, in dem Aufsatz „Die Goldmarkbilanz" wiedergegeben, erschienen in der ZfhF Jahrgang 1924, Seiten 1–17. Der Aufsatz ist kurz darauf unter dem gleichen Titel als Sonderdruck herausgekommen (Leipzig 1924). Schmalenbachs Haupteinwand lautete: „Hätte nicht ein Jurist, sondern ein Wirtschaftler den Entwurf aufgebaut, (dann hätte er) . . . die Richtigkeit der Erfolgsrechnung wesentlich stärker betont und im Interesse der Gesundung des Kapitalmarktes eine schnellere Wirksamkeit erstrebt".

– Zusätzlich in Anspruch genommen wurde Schmalenbach im Jahre 1922 durch Referate und Vorträge, die er auf Tagungen oder in Veranstaltungen von Kammern und Verbänden an verschiedenen Orten hielt. Außerdem warb er im Ausland um Verständnis für die Besonderheiten einer Bilanzierung bei rasch sinkendem Geldwert, so in einer Sonderausgabe des Manchester Guardian Commercial (vom 7. 12. 1922) mit einem Beitrag, betitelt „Papiermark und Goldmark in der Bilanz". Besorgt konstatiert seine Frau auf einer Postkarte vom 8. 10. 1922: „Eugen (ist) leider übervoll (beschäftigt), er sieht auch nicht besonders aus".

– Der Kommentar zur Verordnung über Goldbilanzen und deren Durchführungsbestimmungen, dessen juristische Ausführungen von dem an der Ausarbeitung des Entwurfs beteiligten Ministerialrat im Reichsjustizministerium L. Quassowski stammten und der daher als offiziös galt, erwähnte in der Einleitung Eugen Schmalenbach und dessen Arbeiten mit keinem Wort. Mitverfasser war Walter Susat für die Darlegungen wirtschaftlichen Inhalts (erschienen in Mannheim, Berlin, Leipzig 1924). – Dagegen wird in dem gleichfalls 1924 in Berlin erschienenen Kommentar, der im Auftrage der Berliner Industrie- und Handelskammer von Richard Rosendorff verfaßt wurde, ausführlich auf die Vorarbeit von Schmalenbach im Rahmen des vorläufigen Reichswirtschaftsrats eingegangen.

– Schmalenbachs Rede auf der Trauerfeier für Ernst Walb, gehalten am 26. 11. 1946, liegt als Manuskript (ungedruckt und unveröffentlicht) im Archiv der Schmalenbach-Stiftung in Köln vor. Siehe unsere Anmerkung zu Seite 42/43.

– Es verdient bemerkt zu werden, daß Julius Hirsch, der sich als Geburtshelfer um den vorläufigen Reichswirtschaftsrat Verdienste erworben hat, diesem Gremium niemals angehört hat. Hirsch ist im Februar 1923 aus dem Reichswirtschaftsministerium ausgeschieden. Er nahm in Berlin seine Lehrtätigkeit als Professor wieder auf, richtete hier die Forschungsstelle für den Handel ein, die vor allem Betriebsvergleiche für den Einzelhandel organisierte, ging 1934 nach Kopenhagen, 1940 nach New York und war dort vor allem als Universitäts-Lehrer tätig. Bei einer Vakanz im Reichswirtschaftsrat durch Tod eines Mitglieds hatte man ihn im Juni 1932 als Nachfolger vorgeschlagen. Aber das Kabinett ernannte einen anderen Herrn, der erst kurz vorher aus dem Amt eines Staatssekretärs ausgeschieden war, zum Mitglied.

Seite 86: Die in diesem Kapitel zitierten Schriftstücke entstammen, soweit es sich nicht um Verwandtenbriefe Schmalenbachs oder seiner Familie handelt, sämtlich dem Kölner Universitäts-Archiv.

– Über Albert Calmes siehe die Würdigungen zu seinem 80. Geburtstag von Karl Hax (ZfhF 1961, Seiten 200–201) und von Wilhelm Hasenack (Betriebswirtschaftliche Forschung und Praxis 1961,

Seiten 307–310). Calmes hat Bücher in deutsch, französisch, englisch und holländisch geschrieben, darunter Werke über die Geschichte Luxemburgs und der Niederlande. Für den Völkerbund war er unter anderem in Danzig und in Albanien tätig. Des weiteren hat er an der Organisation der Belgisch-Luxemburgischen Wirtschaftsgemeinschaft mitgewirkt und nach dem letzten Krieg die luxemburgische Delegation bei der Benelux geleitet.

– Wegen der politischen Verhältnisse nach der November-Revolution siehe Gordon A. Craig, Deutsche Geschichte 1866 bis 1945, München 1981, Seiten 346–379.

Seite 87: Der Brief vom 12. März 1920, in dem sich Schmalenbach über Max Scheler äußert, enthält auch die Mitteilung an den Bruder, daß er seine Entlassung aus dem Staatsdienst beantragt hat. Aber es fehlt hier jeder Hinweis auf seine Absicht, in die Praxis zurückzukehren. Im Gegenteil, Schmalenbach meint, ob es wirklich zum Weggehen von der Universität komme, sei immerhin noch fraglich. Herr Haenisch (SPD-Mitglied, seit November 1918 preußischer Kultusminister. – M. K.) werde zwar seinetwegen „nicht seine blödsinnigen Prinzipien opfern", womit Schmalenbach auf die in der Gehaltsreform zutage tretende Nivellierungstendenz des „herrschenden Systems" anspielt. „Aber die Stadt wird vielleicht doch einen Ausweg finden. Ganz gern scheint man mich ja nicht gehen zu lassen".

Seite 88: Möglicherweise hat auch Margarethe Krupp, damals 66 Jahre alt, Eugen Schmalenbach gesagt, ein Wink genüge und es werde sich im Hause Krupp selbstverständlich ein Eckchen für ihn finden lassen, wo er sich unbehelligt von materiellen Sorgen allein seiner wissenschaftlichen Arbeit widmen könne. Siehe Seiten 55–56.

– Zu den Bedingungen, deren Erfüllung Schmalenbach für die Rücknahme seines Entlassungsgesuchs stellte, gehörte als dritter von vier Punkten: „Schriftliche Zusage, daß in dem schmalen Gang, der zu meinem Dienstzimmer führt, Schränke oder sonstige Gegenstände erst nach vorherigem Einvernehmen aufgestellt werden dürfen". Seine Verärgerung wegen dieses Schrankes haben die Studenten noch 1933 in ihrer heiteren Schrift „Der Alte" karikiert (auf Seite 26, Anm. 4).

Seite 89: Über den Ruf aus Berlin war in diesem Buch schon auf Seite 45 die Rede. Dort ist auch die Jenaer Episode erwähnt.

– Die Fahrten zu den Sitzungen des Reichswirtschaftsrats nach Berlin und zurück machte Schmalenbach vorwiegend nachts. „Als Mitglied des Reichswirtschaftsrats habe ich ja freie Fahrt I. Klasse auf allen Bahnen und kann infolgedessen relativ billig Schlafwagen fahren. So macht dann, da ich im Schlafwagen recht gut schlafe, eine Fahrt nach Berlin kein großes Opfer aus". (Brief vom 24. 9. 1920)

– In dem verärgerten Brief an Wende vom 1. 5. 1923 schildet Eckert auch, wie Rufe an Schmalenbach, z. B. der aus Jena, zustandekommen. „Professor Schmalenbach . . . (wird) von einer anderen Hochschule gefragt, wen er für eine Berufung empfehlen könne. Er antwortet dann . . ., daß er selbst geneigt sei, einen Ruf unter günstigen Bedingungen anzunehmen. So hat er auch jetzt nach Jena eine diesbezügliche Anfrage . . . beantwortet".

Seite 90: Der Ruf nach Jena ist schließlich an Ernst Pape ergangen, der gleichfalls – wie Schmalenbach, Nicklisch und andere – zu den ersten Studenten der Leipziger Handelshochschule gehört hatte. Näheres über Pape siehe Handwörterbuch der Betriebswirtschaft, 3. Auflage, Stuttgart 1928, Vierter Band, Spalte 268–269.

– Die Angabe, daß die Mark bis 1918 etwa zwei Drittel ihres Friedenswerts eingebüßt hatte, beruht auf einer Schätzung Schmalenbachs in seinem Buch „Goldmarkbilanz", Berlin 1923, Seite 9.

Seite 91: Über die Belebung des Foto-Geschäfts durch die französische Besatzung nach dem Krieg schreibt uns Leopold Ehrenstein am 6. 10. 1981: „Optik und Photo hatten eine besondere Anziehungskraft für die Franzosen. . . . Es war schwerer, die guten Erzeugnisse der Weltfirmen Zeiss, Leitz usw. in genügender Menge zu bekommen, als sie zu verkaufen. Da bewährte sich Edmund ebenfalls. Er ging persönlich zu den Lieferfirmen und verstand, uns eine gewisse Protektion bei der Lieferung der nicht nur von uns begehrten Waren zu verschaffen".

Anmerkungen zu VIII, Seiten 91–96

– Der Hausverkauf der Mutter führt unter den Brüdern erstmals zur Erörterung von Erbschaftsfragen. Dabei nimmt Eugen einen konsequent ablehnenden Standpunkt ein. In jenem bitter-bösen Brief vom 15. 7. 1923, aus dem in diesem Buch schon mehrere Passagen zitiert worden sind, schreibt er sich seinen aufgestauten Zorn über die schlechte Behandlung durch die Eltern von der Seele. Sein Entschluß ist unverrückbar: „Es ist mein Stolz, mein Leben ohne materielle Hilfe eingerichtet zu haben. Und darum kommt von dem Nachlaß der Mutter für mich nichts in Betracht, weder ihr Kapitalvermögen noch ihr Hausrat, selbst die Sachen nicht, die mir bereits gehörten, weil sie mir geschenkt waren oder weil ich sie von meinem Taschengeld gekauft hatte." – Ein halbes Jahr später war dieses stolze Nein ohnehin gegenstandslos geworden: Das Vermögen der Mutter war im Schmelztiegel der Inflation zu nichts zerronnen.

Seite 92: In dem Aufsatz von Siegfried Rentrop, Schmalenbach und seine Treuhandgesellschaft, ZfhF Jahrgang 1955, Seiten 344–348, in dem auch die Geschichte des Unternehmens kurz geschildert wird, wird auf die Vorgänge nach dem ersten Weltkrieg nur andeutungsweise mit dem (mißverständlichen) Satz eingegangen: „Nach dem ersten Weltkrieg veräußerte Schmalenbach die Aktien der Gesellschaft an Max Herberg, der 1923 Fräulein Dr. Schnick in den Vorstand berief".

– Im Adreßbuch der Stadt Elberfeld für das Jahr 1923 ist ein Mann namens Walter Schnick verzeichnet. Er war Teilhaber der Firma Recknagel & Co. (Kolonialwarengroßhandlung) sowie Geschäftsführer der Firma W. Idel GmbH (Kaffe-Rösterei-Großbetrieb).

– Im Handelsregister Köln wurde die Treuhand-AG von ihrer Gründung im September 1909 bis zum Januar 1938 unter der Nummer HRB 1346 geführt, alsdann bis zum März 1950 unter HRB 8104, schließlich bis zur Beendigung der Liquidation unter HRB 10 158 und HRB 1538.

Seite 93: Über das „Devisenloch im Westen" sind wir vor allem durch die ausführliche Beschreibung der damaligen Währungsverhältnisse in dem Buch von Friedrich Hesse, Die deutsche Wirtschaftslage von 1914 bis 1923 – Krieg, Geldblähe und Wechsellagen, Jena 1938, unterrichtet. Danach haben sich in den besetzten Gebieten schon 1919 Notenbörsen entwickelt, die – nach ihrem Verbot – als „schwarze Börsen" oder als „Kontorverkehr" weiterbestanden (Seite 142). „Gegen zehnprozentige Provision werden große Schiebungen gewerbsmäßig vermittelt. . . . Das Loch im Westen (macht) alles unwirksam" (Seite 143). Die von Schmalenbach erwähnte „Devisenverordnung" – es handelt sich um eine Notverordnung vom 12. 10. 1922 – verbietet jede Inlandszahlung in Devisen, beim Kleinhandel auch die Rechnungsstellung in Devisenkursen, dies aber mit wichtigen Ausnahmen: Das Verbot gilt nicht für Kleinhandelsgeschäfte mit Ausländern, es gilt auch nicht im Grenz- und besetzten Gebiet (Seite 267).

– Die Einrichtung und die Arbeitsweise der „wertbeständigen Bank" hat der damit befaßte Assistent Schmalenbachs, Dr. Alfons Marichal, in einem Brief (ohne Datum) ausführlich beschrieben. Erich Potthoff hatte wie auch andere ehemalige Schüler Schmalenbachs im Frühjahr 1948 gebeten, ihre Erinnerungen an den Professor zu schildern. Potthoff benutzte diese Briefe als Unterlage für die Schrift „Ernste und heitere Geburtstagsgespräche zum 20. August 1948" (unveröffentlicht), die Schmalenbach zu seinem 75. Geburtstag von der Schmalenbach-Vereinigung überreicht wurde. Sie wurde später auch den Mitgliedern der Vereinigung ausgehändigt. Die Ausführungen sind durch besondere Lebensnähe gekennzeichnet. (Siehe Seite 204)

Seite 94: Im Schrifttum findet sich das Angebot an Schmalenbach, Reichsbankpräsident zu werden, soweit wir sehen, nur an einer Stelle: Die Studenten haben diesen Vorgang in ihrer Schrift „Der Alte" auf Seite 26 als Anmerkung 5 geschildert.

Seite 95: Das Protokoll über die Sitzung des Reichskabinetts vom 20. 8. 1923 ist, soweit die Frage eines Rücktritts des Reichsbankpräsidenten behandelt wurde, im Bundesarchiv Koblenz unter R 43 I/961 archiviert.

Seite 96: Über die Schwierigkeit der Aufgaben, vor denen ein Reichsbankpräsident 1923 und danach stand, schreibt Schmalenbach zwei Jahre später: „In der Periode einer neu aufgerichteten Währung . . . Reichsbankpräsident zu sein, ist kein Vergnügen. Mit Naturnotwendigkeit muß in solcher Zeit ein Reichsbankpräsident höchst unbeliebt werden, und merkwürdigerweise umso unbeliebter, je besser er als Präsident ist". Wirtschaft und Währung – Eine Verteidigung Dr. Schachts. Kölnische Zeitung Nr. 940 vom 19. 12. 1925, Titelseite.

– Mit der Betrachtung über die Zahlen 49 und 50 entschuldigt sich Eugen am 5. 12. 1934 bei seinem Bruder dafür, daß er ihm zu seinem 50. Geburtstag versehentlich schon ein Jahr zu früh gratuliert hat.

– Außer Schmalenbach wurden von der Handelshochschule Leipzig zu ihrem fünfundzwanzigjährigen Bestehen im Mai 1923 Karl Bücher und einige andere Persönlichkeiten zu Ehrenbürgern ernannt. – Sieben Jahre später, am 17. 6. 1930, ehrt die Handelshochschule Leipzig ihren ehemaligen Schüler Schmalenbach ein zweites Mal, diesmal durch Ernennung zum Ehrensenator (Seite 209).

Seite 97: Den Dank für die „hohe Freude", den die Verleihung des Dr. jur. h. c. durch die Rechts- und Staatswissenschaftliche Fakultät der Universität Freiburg ihm gemacht hat, stattete er ihr „auf angemessene Weise" dadurch ab, daß er ihr die Dritte Auflage seines Buchs „Grundlagen dynamischer Bilanzlehre" widmete. (An dieser Auflage hatte er während seines „Geburtstags-Urlaubs" in Bad Dürrenberg gearbeitet.) Siehe das Vorwort zu dem 1925 bei Gloeckner in Leipzig erschienenen Buch, Seite III.

– Gertrud Rosenthal, Mariannes beste Freundin in ihrer Jugendzeit, die während der NS-Zeit in die Vereinigten Staaten emigrierte, schrieb uns am 24. 6. 1981 aus Baltimore über Schmalenbachs Tochter: „Sie war nicht besonders hübsch, aber so charmant und intelligent, daß jeder sie sehr gerne mochte. . . . Eugens Beziehung zu Marianne . . . war sehr eng und verständnisvoll. Sie waren stolz aufeinander". – Ähnlich beschreibt sie Leopold Ehrenstein in seinem langen Brief vom 8. 1. 1982: „Äußerlich war sie unscheinbar, aber man brauchte nur ein paar Worte mit ihr zu sprechen, um zu empfinden, was für ein schlagfertiges, kluges, reizendes . . . Mädchen sie war. . . . Muz und ich hatten uns sehr angefreundet. . . . Ich weiß nicht, wie ich es nennen soll. Eine „Liebe" war es nicht, eine „Freundschaft" wäre zu wenig gesagt. . . . Die Großmutter Emma (Eugen Schmalenbachs Mutter) . . . (meinte), daß dieser Mann aus Mainz anscheinend die Muz heiraten wolle, und sie (rate) dringend zur Vorsicht. . . . Weder die Muz noch ich dachten jemals an (Heirat). . . . Ich war in ihren Augen ein alter Mann und kein Heiratskandidat". Leopold, geboren 1890, war zwölf Jahre älter als Marianne, die 1902 geboren wurde.

IX. Die Zeit der Hochkonjunktur (1924–1928)

Seite 99: Ein Hinweis darauf, daß auch das Bild, das sich Schmalenbach zuvor von den Professoren anderer Fakultäten gemacht hatte, nach dem zwangsläufig engeren Kontakt mit ihnen einen Wandel erfahren haben könnte, findet sich in dem Bericht freilich nicht.

Seite 100: Wie schwer es vor dem ersten Weltkrieg war, von Schmalenbach in das Seminar aufgenommen zu werden (und wie leicht, wieder hinauszufliegen), wurde bereits dargelegt. Siehe Seiten 37–38.

– Die Verse über die Atmosphäre in Schmalenbachs Seminar-Sitzungen sind dem Gedicht „Ausklang" entnommen, das den Schluß der Jubilar-Schrift „Der Alte" bildet (Seite 51). – Diese Schrift enthält auch ein eigenes „Lied von der lustigen Bimserei" (Seiten 49/50).

– Wilhelm Hasenacks Darstellung der Persönlichkeit Schmalenbachs trägt den Titel: Wesen und Werden Schmalenbachs im Lichte von Herkunft und Heimat. Ein Beitrag zu seinem 80. Geburtstag. Der Aufsatz ist in zwei Folgen in der Zeitschrift „Betriebswirtschaftliche Forschung und Praxis", Jahrgang 1953, erschienen. Teil I: Seiten 545–567; Teil II: Seiten 614–630. (Siehe die Anm. zu Seite 21.)

– Über die Eigenheiten der Westfalen unterrichtet auf höchst kurzweilige Art das mit feinem Humor geschriebene Buch von Josef Müller-Marein, Deutschland deine Westfalen, Hamburg 1972. (Seit 1976 auch als Taschenbuch im Rowohlt-Verlag). Schmalenbach hat sich selbst mehrfach über die Westfalen geäußert. Nach der Wiedergabe seiner Worte durch die Studenten in der Schrift „Der Alte" (auf Seiten 26–28) hat er sie „steif", „zugeknöpft", „grob" genannt. „Wenn einem Westfalen mal was nicht paßt, dann macht er aus seiner Meinung kein Hehl. . . . Wenn er aber mal mit jemandem Freundschaft geschlossen hat, da kann er sich auf ihn verlassen. Seine Freundestreue hält er . . . zuverlässig." – Bemerkenswert ist auch Schmalenbachs Feststellung, daß der Westfale „kein Verständnis für Kunst und Schöngeist" habe und „höchstens ein guter Betriebswirtschaftler" werden könne. In dieser Bemerkung klingen zweifellos Gespräche mit seinem Bruder Hermann nach, der ganz von „Kunst und Schönheit" erfüllt war und dies bei Eugen offenbar vermißte.

Seite 101: Die beiden hier zitierten Glückwunsch-Schreiben zu Schmalenbachs 70. Geburtstag werden im Potthoff-Archiv aufbewahrt. Die Schreiber sind Professor Fritz Terhalle, München (erster Brief) und Fritz Dietzel, Düsseldorf.

– Das Wort von dem „Bad mit der Wurzelbürste" hat Wilhelm Hasenack überliefert. Es steht in dem oben zitierten Aufsatz auf Seite 559 in Anmerkung 18. Der Urheber ist nicht genannt. – Die Formulierung „irrationale Kräfte" findet sich im letzten Absatz des Hasenack-Aufsatzes auf Seite 630.

– Die Fähigkeit zu überraschenden Ideen-Verbindungen erklärt Schmalenbachs Schlagfertigkeit, für die es mehrere Beispiele gibt. Am bekanntesten ist seine Reaktion auf eine Ansprache von Ernst Walb zu seinem fünfzigsemestrigen Dozenten-Jubiläum. Walb verglich beide zum Schluß seiner Rede mit dem Weimarer Dichterpaar, worauf Schmalenbach nur sein Glas hob und trocken sagte: „Prost Schiller!" („Der Alte", Seite 40). – Auch die Schlagfertigkeit von Studenten machte auf ihn Eindruck, besonders in Prüfungen (Schmalenbach war als Examinator sehr gefürchtet). Dafür folgendes Beispiel: Als ein Kandidat auf eine leichte Frage des Professors Unsinn redete, wandte sich dieser an die im Hintergrund sitzenden Zuhörer, alles junge Semester, von denen einer die Frage prompt beantwortete. Darauf Schmalenbach zu dem Kandidaten (sinngemäß): „Was sagen Sie nun?" Der zögerte nicht: „Ja, Herr Professor, das Wissen verhält sich eben nicht umgekehrt proportional, sondern proportional zur Entfernung vom Professor". Womit er bei Schmalenbach sicher ein paar Punkte zu seinen Gunsten gesammelt hat. („Der Alte", Seite 15).

– Daß Schmalenbachs grobes Auftreten manchmal durch schlagfertiges Reagieren auch aus den Angeln gehoben werden konnte, offenbart ein Vorgang, der in der Schrift „Der Alte" von einem Assistenten erzählt wird (auf Seite 40). Danach erschien Schmalenbach eines Tages in übelster Laune im Büro, in dessen Vorzimmer seine drei Assistenten saßen. „Über dem Flügelmann an der Tür entlud sich das stärkste Donnerwetter. . . . Auch der Zweite empfing dicke Zigarren. Der Dritte . . . lachte seinen Chef strahlend an und fragte: ‚Was bleibt für mich übrig?', worauf sich das Gewitter prompt, wie es gekommen war, verzog".

Seite 102: Über die Hilfsdienste beim Abstauben von Büchern oder beim Pflücken von Strauchbohnen berichten ungenannte Assistenten in der Schrift „Der Alte" auf Seiten 38–39. Über seine Teilnahme an Werkstattarbeiten hat uns Heinrich Bork am 14. 1. 1981 erzählt.

– Nicklischs Zitat vom „Schülerüberschwang" wurde seiner Glosse zum 60. Geburtstag Schmalenbachs entnommen; siehe „Die Betriebswirtschaft", Jahrgang 1933, Seite 243.

– Das Wort von Fritz Möhle über die „Jüngerschar" steht in der Widmung, mit der die Sonderausgabe der Zeitschrift „Die Wirtschaftsprüfung" vom September 1948 zu Schmalenbachs 75. Geburtstag eingeleitet wird.

– Der Aufsatz von Heinrich Bork über die von Schmalenbach geplante „Neue Diplom-Treuhänder-Prüfung in Köln" ist in der Zeitschrift des Verbandes deutscher Diplom-Kaufleute e. V., 4. Jahrgang 1924, auf Seiten 116–118 erschienen. Einwendungen gegen Schmalenbachs Ideen haben in der gleichen Zeitschrift, 5. Jahrgang Nr. 1, Januar 1925, J. Kähler, „Zur neuen Diplom-Treuhänder-Prüfung in Köln, Seiten 12–13, und Dipl.-Kfm. Salaw in einer Zuschrift auf Seite 25 geäußert. Letzterer schreibt: „Dies trägt nur dazu bei, . . . den einen Titel auf Kosten des anderen herab- resp. heraufzusetzen. . . . Eine Titel-Spezialisierung steht dem Streben direkt entgegen, den ‚Diplom-Kaufmann' den maßgebenden Kreisen so einzuhämmern, wie es mit dem ‚Diplom-Ingenieur' gelungen ist".

Seite 103: Gründung und Entwicklung des Verbandes deutscher Diplom-Kaufleute e. V. (VDDK) sind in dem Beitrag von Hans-Eduard Littmann im Handwörterbuch der Betriebswirtschaft, Dritte Auflage, Band IV, Stuttgart 1957, Spalten 5617/18 dargestellt.

– Schmalenbach wurde am 11. 5. 1924 von einer Mitgliederversammlung in Berlin, an der er nicht teilnahm, als Gründer des VDDK einstimmig zum Ehrenmitglied gewählt (Zeitschrift des VDDK, Heft 4 vom Juli 1924, Seite 72). Über die Sitzungen des Gesamtvorstandes hat uns Carl Ferdinand Hermann berichtet, daß Schmalenbach in diesem Kreise schon durch seine humorvolle und schlagfertige Redeweise wie zuweilen auch durch schneidende Dialektik stets eine dominierende Rolle gespielt habe.

– Zu den Meinungsverschiedenheiten über die Berufsbezeichnung siehe das Buch (o. V.) „Der Wirtschaftstreuhänder“, Band IV der Veröffentlichungen des Verbandes deutscher Diplom-Kaufleute e. V., Berlin 1933, Seiten 13 ff. und 38 ff. Die Verdrängung des Begriffs „Wirtschaftstreuhänder“ durch den einfacheren Begriff „Wirtschaftsprüfer“ ist auf den Seiten 47–48 und 61–62 des Buchs dargestellt.

Seite 104: In der Schrift „Der Alte“ berichten die Studenten auf Seite 34–35, wie Schmalenbach ihnen sein Auftreten auf dem Deutschen Juristentag dargestellt hat: „Wenn so ein ordentlicher Professor der Betriebswirtschaftslehre bei der Aktienrechtsreform mit zur Beratung hinzugezogen wird, dann gucken sie einen immer so mit einem sanften nachsichtigen Augenaufschlag an und denken, was will denn so einer in unserem erlauchten Kreise. Und wenn dann noch einer kommt, der nun körperlich nicht groß ist, dann meinen sie, sie könnten so recht mit einem machen, was sie wollen. Da sind ihnen aber über den kleinen Schmalenbach die Augen aufgegangen, der hat ihnen gezeigt, was eine Harke ist“. Seine Darstellung endete mit dem im Text als Zitat wiedergegebenen Hinweis auf seine Auszeichnung als Dr. jur. h. c.

– Über die Teilnahme Schmalenbachs an der Aktienrechtskommission des 34. Deutschen Juristentages, der 1926 in Köln tagte, siehe die Dissertation von Adolf Zybon, Die wechselseitigen Einflüsse zwischen der Betriebswirtschaftslehre und dem Handelsrecht in Bilanzfragen, Köln 1958, Seite 109–119. (Vorsitzender dieser Kommission war Max Hachenburg, mit dem Schmalenbach im Reichswirtschaftsrat in Fragen Goldmarkbilanz zusammengearbeitet hatte.) Eine Frucht der Mitarbeit Schmalenbachs in der Aktienrechtskommission war sein Aufsatz „Zur Reform der Aktienbilanz“, ZfhF 1927, Seiten 49–58, der auch leicht polemisch gefärbte Äußerungen gegen Auffassungen von Juristen enthält.

– Unsere Ausführungen über den Verband der deutschen Hochschullehrer für Betriebswirtschaft e. V. (ursprünglich hieß er Verband der Dozenten der Betriebswirtschaft e. V.) beruhen auf dem gleichnamigen Beitrag von Gert v. Kortzfleisch im Handwörterbuch der Betriebswirtschaft, Vierte Auflage, Stuttgart 1974, Spalten 4111–4115.

– Andeutungen über die Frage, welches die politischen Gründe waren, deretwegen die Arbeit des Hochschullehrer-Verbandes von 1933–1948 „ruhte“, enthält das Glückwunsch-Schreiben von Fritz Schmidt zu Schmalenbachs 70. Geburtstag im August 1943 (im Potthoff-Archiv). Dort heißt es: „Unsere schönen Tagungen sind seit 1933 wie abgeschnitten, weil man vor lauter Angst gegenüber etwa interessierten Organisationen sich nicht recht an die Arbeit wagte“. Im Klartext bedeutet dies wahrscheinlich, daß zu den Mitgliedern dieses Verbandes politisch nicht genehme Hochschullehrer gehörten, denen der Verband die Mitgliedschaft nicht entziehen wollte. Er hatte jedoch die Sorge, daß deren Anwesenheit auf Verbandstagungen die Partei-Instanzen hätte aufmerksam machen können.

– Die historischen Beziehungen zwischen der Deutschen Gesellschaft für Betriebswirtschaft (DGfB) und der Betriebswirtschaftslehre hat Bernhard Bellinger in einem als Manuskript vorliegenden Aufsatz ausführlich behandelt. Der Aufsatz ist mit dem 16. 3. 1982 datiert.

Seite 105: Schmalenbachs Vorkriegsaufsatz „Monatliche Gewinnberechnung“ ist in der ZfhF, 7. Jahrgang 1912/13, Seiten 181–195 erschienen.

– Unsere Darstellung des Zusammenhangs zwischen den diversen Einheitsbuchführungen und Schmalenbachs Kontenrahmen folgt dem Vorwort der Schrift über Ziegeleien, Heft 9 der AWS-Schriftenreihe „Einheitsbuchführungen“, Dortmund 1930.

– Schmalenbachs Aufsatz „Der Kontenrahmen“ ist veröffentlicht in der ZfhF, 21. Jahrgang 1927, Seiten 385–402 und Seiten 433–475.

Anmerkungen zu IX, Seiten 105–108

– Das lobende Wort über die Schrift „Kontenrahmen" haben wir einem Inserat des Verlages Gloeckner entnommen. Als Quelle ist dort „Wirtschaftlichkeit" angegeben, offenbar eine damals bestehende Zeitschrift.

Seite 106: Das überraschende Ende seiner Bemühungen, den Kontenrahmen in der Praxis einzuführen, hat Schmalenbach am 4. 9. 1931 in einem Vortrag vor dem Verein Deutscher Eisengießereien geschildert, der in der Zeitschrift „Die Gießerei", 18. Jahrgang, Heft 39 vom 25. 9. 1931, Seiten 757–769, veröffentlicht wurde. Die betreffende Stelle des Referats sowie das bedauernde Wort Schmalenbachs sind auf Seite 761 zu finden.

– Das Zitat Schmalenbachs über die gedankenlosen Buchhaltungs-Chefs entstammt seinem Buch Pretiale Wirtschaftslenkung, Band 1: Die optimale Geltungszahl, Bremen-Horn 1947, Seite 33.

– Die faktischen Angaben über die Reichsbahn beruhen – soweit keine anderen Quellen genannt sind – auf dem Buch von Ursula-Maria Ruser, Die Reichsbahn als Reparationsobjekt, erschienen im Eisenbahn-Kurier Verlag GmbH, Freiburg 1978, 410 Seiten. Es handelt sich um eine umfangreiche, aus gründlichem Akten-Studium hervorgegangene Untersuchung.

Seite 107: Professor Moritz Julius Bonn war 1919 Sachverständiger in Versailles und hatte von 1920–1922 den Reichskanzler in Reparationsfragen beraten.

– Die Vorzugs-Aktien waren mit einer 7prozentigen kumulativen Vorzugs-Dividende ausgestattet.

– Die 26 Milliarden RM, mit denen das Eisenbahn-Vermögen bewertet wurde, beruhten auf einer Schätzung des Engländers Acworth und des Franzosen Leverve, deren gemeinsames Gutachten als Anlage 3 Bestandteil des Dawes-Gutachten wurde. Sie bewerteten jeden Strecken-Kilometer Eisenbahn mit 500 000 Goldmark; bei knapp 53 000 Kilometer ergibt das insgesamt rund 26 Milliarden Goldmark.

Seite 108: Die überkommene kameralistische Buchführung der Reichsbahn konnte bei der Gründung der Deutschen Reichsbahn-Gesellschaft nicht durch eine kaufmännische Buchführung abgelöst werden, weil die Umstellung mit beträchtlichen Risiken verbunden gewesen wäre; vor allem fehlte es an geschultem Personal, namentlich in den mittleren und unteren Dienststellen.

– In einem Brief vom 20. 5. 1948 (im Potthoff-Archiv) schreibt Walter Susat: „Schmalenbach (hat) bei der erstmaligen Bilanz-Aufstellung der Deutschen Reichsbahn-Gesellschaft entscheidend mitgewirkt, wobei es infolge der eigenartigen Rechtslage durch den Versailler Vertrag (gemeint ist der Dawes-Plan. – M. K.) eine Reihe von Problemen gab". Daß Susat gleichfalls mitgewirkt hat, sagt er nicht, vermutlich weil er nur nach seinen Erinnerungen an Schmalenbach gefragt worden war.

– Es ist anzunehmen, daß bei der Bestellung von Schmalenbach und Susat zu Sachverständigen der Präsident des Reichsrechnungshofs Friedrich Saemisch seine Hand im Spiel hatte. Saemisch war während des Krieges im Reichsschatzamt tätig, übernahm 1921 das Preußische Finanzministerium und wurde am 1. 10. 1922 Präsident des Reichsrechnungshofes, Chefpräsident der Preußischen Oberrechnungskammer sowie „Sparkommissar" für das Reich. Selbstverständlich kannte er Susat aus dessen Tätigkeit im Reichswirtschaftsministerium, sicher auch Schmalenbach, der ohnehin als überragende Autorität in Bilanzfragen weithin bekannt war.

– Die Protokolle über die Sitzungen des Verwaltungsrats und seiner Ausschüsse sind im Koblenzer Bundesarchiv unter der Nummer R 2/31 647 archiviert. Die Frage der Abschreibungen in der Bilanz für das Jahr 1928 wurde in den Sitzungen vom 17. 4., 27. 5. und 28./29. 5. 1929 behandelt.

– Im August 1928 hatte das Reichsbahngericht, das über Streitigkeiten zwischen Reich und Reichsbahn zu entscheiden hatte, eine von der Bahn beantragte, von der Regierung abgelehnte Tariferhöhung zu Gunsten der Bahn entschieden. In der Urteilsbegründung wurde u. a. gesagt, der Fehler bestehe darin, daß die Reichsbahn-Gesellschaft keine klare kaufmännische Bilanzstruktur habe und noch zu viele Überbleibsel aus der Zeit der etatistischen Buchführung vorhanden seien. Sonst hätte sie bereits bemerkt, „wie knapp ihre Rechnung bei einer richtigen Abschreibungspolitik aufgeht". Dieses Urteil konnten Schmalenbach und Susat bei der Begutachtung der nächsten Bilanz nicht unbeachtet lassen. – Allerdings muß man wissen, daß einer der drei Richter am Reichsbahngericht der

Industrielle Paul Silverberg war. Er wurde wenige Monate später, am 1. Januar 1929, Mitglied des Verwaltungsrats und war im Finanzausschuß der wärmste Befürworter des Antrages von Schmalenbach/Susat. Möglicherweise hat er die beiden Sachverständigen unter der Hand sogar zu ihrer Haltung ermutigt.

Seite 109: Einige Verwunderung hat es erregt, daß als Vertreter aus dem Rhein-Ruhr-Gebiet Peter Klöckner in den Verwaltungsrat entsandt worden war, nicht Paul Silverberg vom Rheinisch-Westfälischen Elektrizitätswerk (und von der Rheinischen Braunkohle), der als der erste Sachkenner auf dem gesamten Gebiet des Verkehrswesens galt. Reichsverkehrsminister Oeser schrieb Silverberg einen persönlichen Brief mit entschuldigendem Inhalt, Peter Klöckner versicherte ihm, daß er sich weder direkt noch indirekt um diesen Posten bemüht habe, und Carl Duisberg (I. G. Farben) bat den Reichskanzler (auch im Namen von Abraham Frowein), „seine Aufmerksamkeit auf Silverberg zu lenken". Silverberg betonte in seinem Antwort-Schreiben, persönlich hätte es solcher Briefe nicht bedurft, aber aus sachlichen Gründen habe es ihn doch „außerordentlich empfindlich" berührt, daß ihm „die Möglichkeit einer Mitarbeit versagt worden ist". Sämtliche Briefe werden im Nachlaß Silverberg aufbewahrt, Bundesarchiv Koblenz, Nachl. 480, Band 1.

– Über die Saemisch-Kommission sowie über die Kommission zur Untersuchung der Unregelmäßigkeiten im Beschaffungswesen siehe die Protokolle der Verwaltungsrats- und Arbeitsausschuß-Sitzungen (Bundesarchiv Koblenz R 2/31 647, fol. 1) vom 26.–28. 3., 15./16. 5., 18. 9. und 27. 11. 1928.

Seite 110: Daß Erfahrungen und Erlebnisse aus Schmalenbachs Tätigkeit bei der Reichsbahn-Gesellschaft auch in seine Seminare und Examina eingeflossen sind, zeigen mehrere Beispiele in der Schrift „Der Alte", so seine karikierende Beschreibung der Aufgaben eines Präsidenten einer Bezirks-Direktion (Seite 37), seine Bemerkung an gleicher Stelle, daß bei der Reichsbahn „heute alles wieder zentralisiert" sei, seine Prüfungsfrage, wie alt eine Lokomotive werden könne (deren Erörterung wohl zu dem Problem „Erhaltungs- oder Erneuerungs-Aufwand" führte; siehe Seiten 15/16) u. a. m.

– Auf drei gutachtliche Äußerungen zur Bewertung von Warenvorräten hat Schmalenbach schon vor dem ersten Weltkrieg hingewiesen (ZfhF Jahrgang 1909/10, Seite 158), ebenso auf die Tatsache, „daß die praktische Rechtsprechung, wenn sie über Verfehlungen eines Aufsichtsrats urteilen will, sich regelmäßig des Gutachtens kaufmännischer Sachverständiger bedient" (ZfhF, Jahrgang 1910/11, Seite 271).

– Der einleitende Teil des unveröffentlichen Gutachtens, der Abschreibungsfragen behandelt, ist in der ZfhF Jahrgang 1929, Seiten 193–212 abgedruckt. Das Gutachten ist vermutlich im Zusammenhang mit dem vom Reichswirtschaftsminister bestellten „offiziellen" Gutachten entstanden. – Der Teilabdruck von Schmalenbachs Gutachten über die Bewertung eines Metallbergwerks findet sich in der ZfhF, Jahrgang 1929, Seiten 385–396.

Seite 111: In der Stellungnahme der Braunkohlenindustrie zum Schmalenbach-Gutachten (zusammen mit dem Gutachten abgedruckt auf Seite 35 ff.) heißt es: „In dem sogenannten Susat-Gutachten wurde bereits zugegeben, daß (ein Abschreibungssatz von 1,53 RM je Tonne Briketts) unter keinen Umständen mehr ausreicht, um . . .". – Zu dem Gutachten über die eisenschaffende Industrie, erstattet von Max von der Porten und Walter Susat, finden sich nähere Angaben bei Weisbrod, Schwerindustrie in der Weimarer Republik, Wuppertal 1978, Seite 82 und Seiten 334–340.

– Im Rahmen des „Ausschusses zur Untersuchung der Erzeugungs- und Absatzbedingungen der deutschen Wirtschaft" (Wirtschafts-Enquête) wurde Mitte 1926 von dem III. Unterausschuß (Industrie, Handel, Handwerk) eine Arbeitsgruppe zur Untersuchung der Kohlenwirtschaft gebildet, die ihre Ergebnisse sowie die Sachverständigen-Aussagen und andere Materialien in dem Buch „Die deutsche Kohlenwirtschaft", Berlin 1929, vorlegte. Die beiden Zitate stehen auf den Seiten 4 und 88 des Buchs.

– Die elf Mitglieder der Sozialisierungs-Kommission von 1919/1920 sind in dem Buch von Agnes M. Prym, Staatswirtschaft und Privatunternehmung in der Geschichte des Ruhrkohlenbergbaus, Essen 1950, auf Seite 94, Anmerkung 104 namentlich aufgeführt.

– Die gemeinwirtschaftliche Ordnung der Kohlenwirtschaft nach dem ersten Weltkrieg beruht auf dem Sozialisierungsgesetz sowie dem Gesetz über die Regelung der Kohlenwirtschaft, beide vom 23. 3. 1919 (RGBl 1919, Nr. 68, S. 341–344), ferner auf den dazu ergangenen Ausführungsbestimmungen vom 21. 8. 1919 (RGBl 1919, Nr. 159, Seiten 1449–1471).

Seite 112: Über die Situation der Unternehmen nach einer Lohnerhöhung – ohne Preisausgleich – im Frühjahr 1927 schreibt das Rheinisch-Westfälische Kohlensyndikat in seinem Geschäftsbericht für 1926/27: „Der Ruhrbergbau sieht einen mit vernünftigem Wirtschaften nicht zu vereinigenden Widerspruch darin, daß ihm einerseits Lohnerhöhungen und Arbeitszeitverkürzungen aufgezwungen, andererseits entsprechende Preiserhöhungen verweigert werden. In dieser Umklammerung muß der Unternehmergeist erlahmen. . . . Der Bergbau ist als einzige deutsche Industrie einer so weitgehenden Zwangswirtschaft unterworfen". Zitiert nach dem erwähnten Buch von Agnes M. Prym, Seite 62.

– In der Zeitschrift „Der deutsche Volkswirt", hat Carl Landauer am 30. 3. 1928 das Braunkohlen-Gutachten der Schmalenbach-Kommission sehr ausführlich (und zum Teil sehr kritisch) behandelt. Er sieht die Werkshandelsgesellschaften dieses Wirtschaftszweigs – anders als sonst in kartellierten Branchen – als „Waffen der Großkonzerne, die eine Festigung des Syndikats verhindern, weil eine straffe Bindung vorwiegend im Interesse der Kleinen läge" (d. h. der potentiellen Konkurrenten der Konzerne). Diese Interpretation entspricht durchaus der Meinung Schmalenbachs.

– Im Schmalenbach-Gutachten findet sich am Schluß die Bemerkung, „von beachtlicher Stelle des Braunkohlenbergbaus" (Petschek?) sei unter Hinweis auf die Arbeiten des Ausschusses von „unfruchtbaren Experimenten" gesprochen worden. Anscheinend sind also bei der Anhörung von Sachverständigen von einer bestimmten Seite Äußerungen gefallen, in denen Schmalenbach den Versuch einer Einflußnahme, wenn nicht einer Pression auf die Gutachter gesehen hat.

– Die Meinungsunterschiede zwischen der Mehrheit und dem Ausschuß-Mitglied Dr. Fritz Baade betrafen vor allem die Höhe der Abschreibungen. Die Mehrheit war der Ansicht, bei der Erneuerung der Anlagen sei eine Anpassung an den jeweiligen Stand der Technik notwendig. Demgegenüber betonte Baade in seinem Minderheits-Gutachten, daß man die Abschreibungssätze nicht aus dem Wert der technisch vollkommensten Anlagen errechnen dürfe, die man als Ersatz für die jetzigen Anlagen beschaffen möchte oder auch zu beschaffen pflege. Siehe hierzu die Glossen im „Deutschen Volkswirt", Jahrgang 1928, Seiten 996/7, und Jahrgang 1929, Seite 654.

– Das Résumée der Arbeitsgruppe, die im Rahmen der Wirtschafts-Enquête den Kohlenbergbau untersuchte, steht in dem schon zitierten Buch „Die deutsche Kohlenwirtschaft" auf den Seiten 166–171. Siehe besonders Seite 169.

Seite 113: Schmalenbachs Aussagen vor der Arbeitsgruppe Kartellpolitik sind in dem Bericht der Arbeitsgruppe, Berlin 1930, auf den Seiten 349–357 veröffentlicht. Sein Wort über die Sachverständigenausschüsse ist auf Seite 353 zu finden.

Seite 114: Das Referat von Karl Bücher über „Die wirtschaftlichen Kartelle" und die Diskussionsbeiträge hierzu sind veröffentlicht in den Schriften des Vereins für Socialpolitik, Band LXI, Verhandlungen von 1894, Leipzig 1895, Seiten 138–238.

– Über Kartelle in Deutschland und in einigen anderen europäischen Ländern sowie über Trusts und industrielle Unternehmensverbände in den Vereinigten Staaten von Amerika stand dem jungen Schmalenbach reiches Material in Band LX der Schriften des Vereins für Socialpolitik, Leipzig 1894, zur Verfügung. Der Band, der als Grundlage für die Kartelldebatte auf der Generalversammlung diente, ist wahrscheinlich die wichtigste Quelle für seine Beiträge zu diesen Themen in der Deutschen Metall-Industrie-Zeitung gewesen. Auf fast 600 Seiten werden hier die amerikanischen Verhältnisse ausführlich dargestellt und 15 europäische Kartelle beschrieben. Der Band enthält auch die Schilderung von Karl Wittgenstein über das Zustandekommen des ersten Schienenkartells in Österreich, die Schmalenbach wegen ihrer Kürze und Anschaulichkeit mehrfach zitiert hat, zuletzt noch in seiner Schrift „Der freien Wirtschaft zum Gedächtnis", Köln und Opladen 1949, auf Seite 90.

– Selbst Jakob Goldschmidt, einer der härtesten Kritiker der Wiener Rede, bezeichnet den Vortrag als „äußerst anregend, fast faszinierend". Siehe Verhandlungen des VII. Allgemeinen Deutschen Bankiertages, Berlin und Leipzig 1928, Seite 142.

– Der Wortlaut der Wiener Rede ist in ZfhF, Jahrgang 1928, Seiten 241–251 abgedruckt. Die Zitate in unseren sieben „Thesen“ sind dieser Veröffentlichung entnommen.

Seite 119: Über die Erregung, die seine Wiener Rede in der Öffentlichkeit ausgelöst hat, äußert sich Schmalenbach höchst verwundert. An seinen Bruder schreibt er am 18. 6. 1928: „Du kannst Dir denken, daß es mir einigermaßen zum Lachen gewesen ist, daß eine simple Professoren-Rede diese Konsequenzen haben konnte. Aber ich will nun meine Ruhe haben, nachdem ich diesen Spaß gekostet habe“. Und in der Neuauflage seines Buchs über Kostenrechnung (Leipzig 1930) heißt es: „Der Vortrag hat im In- und Auslande großes Aufsehen erregt und starken Widerspruch hervorgerufen. . . . Die mündlichen und brieflichen Äußerungen waren weit überwiegend zustimmend und die öffentlichen Äußerungen weit überwiegend ablehnend.“

– Die Schrift von Alfred Weber „Das Ende des Kapitalismus?“ erschien in München 1929. Das Zitat steht auf Seite 19.

Seite 120: Die Äußerungen Jakob Goldschmidts zu Schmalenbachs Rede sind in dem soeben erwähnten Tagungsprotokoll des Bankiertages 1928 auf den Seiten 131 und 136 zu finden. Nach dem Zusammenbruch der Danatbank in der Bankenkrise vom Juli 1931 hat Schmalenbach in einem Vortrag über die Kapitalbildung (am 4. 9. 1931) gesagt: „Selbst Jakob Goldschmidt, einer der Prediger des Privatkapitalismus, wird gewiß nichts dagegen gehabt haben, daß der Staat die Garantie übernahm, als er mit seinem persönlichen Privatkapitalismus am Ende war“. (Die Gießerei, Zeitschrift für das gesamte Gießereiwesen, Jahrgang 1931, Seite 764).

– Der Vortrag im Saargebiet wurde am 30. 11. 1928 in der Hauptversammlung des Vereins zur Wahrung der gemeinsamen wirtschaftlichen Interessen im Saargebiet und anderer saarländischer Arbeitgeber-Organisationen gehalten. Sein Wortlaut ist in den Mitteilungen der dortigen Handelskammer auf den Seiten 883–887 abgedruckt.

– Der Abschnitt über die Zerstörung der freien Wirtschaft durch die fixen Kosten steht in Schmalenbachs Buch „Grundlagen der Selbstkostenrechnung und Preispolitik“, 5. neubearbeitete Auflage, Leipzig 1930, auf den Seiten 92–98. Dort heißt es (Seite 92): „Ich (habe) bisher, abgesehen von der Abwehr eines Kläffers, der mir zu nahe ans Hosenbein geriet, mich auf die zahlreichen Angriffe nicht geäußert“.

– Die Kölnische Zeitung hat die Kritik von Robert Liefmann an der Wiener Rede Schmalenbachs am 30. 6. 1928 (Abend-Ausgabe) unter der Überschrift „Auf dem Wege zur ‚neuen Wirtschaft'?“ auf der ersten Seite veröffentlicht. Schmalenbachs Erwiderung und das Nachwort der Redaktion stehen in der Abend-Ausgabe vom 14. 7. 1928 auf Seite 2. Dabei ist Schmalenbach eine Unkorrektheit insofern unterlaufen, als nicht Liefmann den Begriff „fixes Kapitel“ verwandte, sondern Lujo Brentano, dessen Ausspruch Liefmann nur zitiert hatte. Brentano hatte wörtlich gesagt: „Die Notwendigkeit der Kartellbildung wurzelt heutzutage in dem fortschreitenden Zunehmen des fixen, unübertragbaren Kapitals im Gegensatz zu dem früheren Vorherrschen des flüssigen Kapitals“. Diese Feststellung fiel 1894 in der Diskussion über das Referat von Karl Bücher auf der Generalversammlung des Vereins für Socialpolitik. Siehe Schriften des Vereins, Band LXI, Leipzig 1895, Seite 176.

– Der Zusammenhang zwischen fixen Kosten und fixem Kapital wird, soweit es um Industriebetriebe geht, auch in der Wiener Rede aus den folgenden Feststellungen deutlich: „Und so kommt es, daß die fixen Kostenteile . . . immer mehr anwachsen. Unzertrennlich von dieser Entwicklung ist die fortgesetzt wachsende Steigerung der Kapitalintensität“. – „Diese wachsende Kapitalintensität wirkt sich dahin aus, daß die fixen Kosten immer mehr an Bedeutung gewinnen“. – Schmalenbach schildert sodann sehr plastisch seine Eindrücke in einem großen Kesselhaus mit Staubfeuerung, wo nur noch ein einziger Mann zur Bedienung nötig ist, und in dem anschließenden Maschinenraum mit seinen zehn Turbinen und Generatoren, die sich „drehen, drehen, drehen“ und nur wenig „des helfenden Menschen bedürfen“. (Vermutlich hatte er das Kraftwerk Klingenberg in Berlin-Stralau besichtigt, das damals mit seiner Staubfeuerung zu den modernsten in Deutschland gehörte).

Seite 121: Das Protokoll der Züricher Tagung des Vereins für Socialpolitik wurde von Dr. Franz Boese als 175. Band der Schriften des Vereins herausgegeben (München und Leipzig 1929). Die zitierten Äußerungen von Werner Sombart stehen auf den Seiten 33 und 134. In der Diskussion, an der sich 16 Personen beteiligten, sprach auch Christian Eckert aus Köln. Er stimmte Sombarts Diagnose, wonach die gebundene Wirtschaft als eine Erscheinung des „Spätkapitalismus“ zu sehen sei, im Prinzip zu, meinte jedoch, die Frage der Bindungen könne nicht entscheidend für das Endurteil über die Auswirkung der heutigen Formen kapitalistischer Unternehmen sein. „Entscheidend bleibt die große, die wachsende Ergiebigkeit kapitalistischer Produktionsweise“ (Seite 50).

– Die Verordnung gegen Mißbrauch wirtschaftlicher Macht vom 2. November 1923 (RGBl I, Seiten 1067–1070), kurz „Kartell-Verordnung“ genannt, bildete in Deutschland die erste gesetzliche Regelung des Kartellwesens. Wie der Name sagt, beruhte sie auf dem Mißbrauchsprinzip; zur Entscheidung über strittige Fälle wurde ein Kartellgericht eingerichtet. Im Frühjahr 1922 war Schmalenbach als einer von vier Vertretern des vorläufigen Reichswirtschaftsrats in einen beim Reichswirtschaftsminister gebildeten Kartellbeirat berufen worden. (Protokoll der Vollversammlung des vorläufigen Reichswirtschaftsrats vom 5. 4. 1922; Bundesarchiv Koblenz RD 3/1, Spalte 1762). Es ist anzunehmen, daß er in diesem Gremium gutachtlich auch an der Vorbereitung der Kartell-Verordnung beteiligt gewesen ist.

Seite 122: Schmalenbachs Äußerung über ein Zwangskartell-Gesetz steht in der 5. Auflage der „Grundlagen der Selbstkostenrechnung und Preispolitik“ auf Seite 100.

Seite 123: Schmalenbachs Überzeugung, daß zur Lenkung der Wirtschaft ein Amt mit diktatorischen Vollmachten nötig ist, entspricht seiner politischen Einstellung, wonach die „urteilslose Masse“ ohne die Führung durch einen überragenden Kopf den richtigen Weg nicht zu finden vermag (siehe Seiten 80–81). Diese Auffassung scheint auch durch den folgenden Passus seiner Wiener Rede hindurch: „Die Direktoren und Generaldirektoren haben (in Kartellfragen) . . . die Mentalität, die den deutschen Fürsten eignete, als es darum ging, das Deutsche Reich zu gründen. Der Bismarck, der ihnen den nötigen Patriotismus gewaltsam beibringt, ist noch nicht erstanden“.

– Der Generalbericht des Unterausschusses für Kartellpolitik sowie die stenographische Niederschrift der Vernehmungen sind 1930 (in Berlin) als Buch erschienen. Schmalenbachs Aussagen stehen auf den Seiten 349–357. Vermutlich ist dieses Buch vor dem Erscheinen der Neuauflage von Schmalenbachs „Selbstkostenrechnung“ (gleichfalls 1930) herausgekommen, so daß Schmalenbach darauf verweisen konnte; er hat dies freilich nur mit dem knappen Hinweis getan, er habe „an anderer Stelle“ ausgeführt, daß . . . (ohne exakte Quellenangabe).

– Über das Ergebnis der Anhörungen zur Frage eines Kartellamts siehe den Generalbericht des Kartell-Ausschusses, Seiten 27–32; ebenso zur Frage der Zwangskartelle Seiten 49–52.

– Die Rede über „Maßnahmen zur Förderung der Kapitalbildung“ ist in der Zeitschrift „Die Gießerei“, 18. Jahrgang Heft 39 vom 25. September 1931, Seiten 757–769 erschienen. Die Lektüre erweckt den Eindruck, daß dieses Referat in weiten Passagen frei gehalten wurde.

– Der Seminar-Vortrag über die wirtschaftliche Lage ist in den Mitteilungen der Treuhand-AG, 2. Jahrgang Heft 1 vom Januar 1933, Seiten 1–8 abgedruckt. Schmalenbach bezeichnet hier „Praktiker und Theoretiker, die sich an den neuen Zustand der Dinge nicht gewöhnen können“ als Menschen, die „für die freie Konkurrenz schwärmen, . . . sie als etwas Gottgewolltes rühmen . . . und noch eine Zeitlang die optimale Produktionsweise zu verhindern wissen (werden)“. – Der Aufsatz „Die Idee des Zwangskartells“ steht im April-Heft der Mitteilungen, 2. Jahrgang Nr. 4, Seiten 25–28.

Seite 124: Das Gesetz über Errichtung von Zwangskartellen vom 15. 7. 1933 ist in RGBl I, Seiten 488–489 veröffentlicht worden, die Begründung im Deutschen Reichsanzeiger und Preußischen Staatsanzeiger, Jahrgang 1933, Nr. 168 vom 21. 7. 1933, Seite 2.

– Das Material über die Vorgänge bei der Gründung der Rheinisch-Westfälischen „Revision“ Treuhand AG entstammt teils dem Universitätsarchiv, teils dem Handbuch der deutschen Aktiengesellschaften, Jahrgang 1923/24, Seiten 281–282.

Seite 125: Die Angaben über Gründung und Anfangszeit der Treuarbeit AG sowie über die Rolle, die Saemisch, Schmalenbach und Susat damals gespielt haben, beruhen auf umfassenden Auskünften des jetzigen Vorstandsmitglieds der Gesellschaft, Karl-Heinz Forster, daneben zum Teil auf Schriftstücken aus dem Universitäts-Archiv und – in Bezug auf Susat – auf einem Gespräch mit dessen Neffen, dem Hamburger Wirtschaftsprüfer Werner Susat.

Seite 126: Heinrich Bork und Ludwig Feist haben wir im Januar 1981 gesprochen. Beide sind vor Erscheinen dieses Buchs gestorben, Bork am 12. 12. 1981 kurz vor Vollendung seines 89. Lebensjahres, Feist am 19. 4. 1982 im Alter von 85 Jahren.

– Daß der große Betriebswirtschaftler Schmalenbach bei einer Firmen-Pleite sein Geld eingebüßt habe, gehört zu den Anekdoten, die einem noch heute immer wieder begegnen, wenn irgendwo die Sprache auf Schmalenbach kommt. Die Seminaristen von 1933 haben diese Episode nicht in ihre Schrift „Der Alte" aufgenommen; vermutlich hatten sie Grund zu der Annahme, daß Schmalenbach nicht gern daran erinnert sein wollte. Dagegen ist ein für jene Zeit recht heikles Wort des Professors, das noch immer gern zitiert wird, auch in der Schrift „Der Alte" zu finden (Seite 34). Es ist der 5. Auflage der „Selbstkostenrechnung", Seite 2, entnommen und lautet: „Die Lust am Geldverdienen ist für die wirtschaftliche Entwicklung der Welt ebenso notwendig wie die Lust am Beischlaf für die Volksvermehrung".

– Zur Geschichte der deutschen Fahrradindustrie siehe Otto Suhr, Das Fahrrad, in der Zeitschrift „Die Wirtschaftskurve". Jahrgang 1935/36, Seiten 312–323. – Die Angaben über die Deutsche Fahrzeugfabrik AG entstammen dem Handbuch der deutschen Aktiengesellschaften, Jahrgang 1924/25, Seite 1362; Jahrgang 1927, Seite 2536; Jahrgang 1928, Seite 5864 und Jahrgang 1929, Seite 4107.

– Der Brief der Treuhand-AG über die Verwendung der Erlöse für Schmalenbachs auf das Grundstück Sternengasse 83–85 gegebene Hypothek war an Dr. Walter Krähe gerichtet; er befindet sich im Krähe-Archiv.

Seite 127: Über die Geschichte der Zanders Feinpapierwerke und über Schmalenbachs Tätigkeit bei dieser Firma hat uns die Leiterin des Familien-Archivs Zanders, Frau Hanna Rüstig, durch ausführliche Beantwortung unserer Fragen sowie durch Überlassung umfangreichen Materials – zum Teil auch persönlicher Schriftstücke zur vertraulichen Kenntnisnahme – in überaus umfassender Weise unterrichtet.

– Daß sich der Hinweis in Schmalenbachs Entlassungsgesuch vom März 1920, ihm sei eine gut dotierte Position in der Wirtschaft angeboten worden, auf die Feinpapierwerke Zanders bezog, wird von der Archivarin des Familien-Achivs Zanders, der auch Privatbriefe aus jener Zeit zur Verfügung stehen, eindeutig verneint. Wörtlich: „Zanders war es mit Sicherheit nicht!" (Schreiben vom 21. 9. 1981, Seite 4).

Seite 129: Eugen Schmalenbach hatte vor der lebensbedrohenden Krankheit seiner Mutter schon mit der Schwiegermutter aus Leipzig Kummer. Gleich nach der Inflation, im Winter 1923/24, mußte er sie nach Köln holen lassen und in sein Haus aufnehmen. „Deren Vermögensverhältnisse (sind) noch mißlicher als die der Mutter", schreibt er am 15. 7. 1923. „Die alte Frau ist abgeplackt. Sie hat nur meine Unterstützung . . . und hilft sich . . . damit, an fremde Leute zu vermieten und ihnen Essen zu kochen". Man fand schließlich einen Platz für sie in einem Kölner Altersheim, mußte sie jedoch im November 1925 nach einem Schlaganfall wieder im Haus aufnehmen, wo sie von ihren beiden Töchtern – Melanie war aus Wien gekommen – gepflegt wurde. Sie ist wenig später gestorben. (Brief der Ehefrau Marianne vom 15. 11. 1925).

– Der letzte Brief, von Schmalenbachs Mutter mit fahriger Hand am 29. August geschrieben, endet mit der Mahnung: „Denk an die Pulsader". Die Angst, scheintot in den Sarg gelegt zu werden, war damals nach einigen Fällen dieser Art in der Bevölkerung sehr verbreitet.

Seite 131: Von dem regelmäßigen Kaffeekränzchen bei Frau Schmalenbach, Jour fixe genannt, hat uns Frau Elsa Rentrop, Ehefrau des früheren Vorstandsmitglieds der Treuhand-AG Siegfried Rentrop, am 14. 1. 1981 bei unserem Besuch in ihrem Haus in Bad Godesberg erzählt.

– Eugen Schmalenbachs Mutter – deren Geburtsname Emma Halverscheid war – und Adolf Schönnenbecks Mutter – Geburtsname Lina Halverscheid – waren Schwestern. Lina, die 1866 den Eigentümer des Gutes Stenkenberg (im Ennepetal bei Halver), Karl August Schönnenbeck, geheiratet hatte, ist 1893 im Alter von 49 Jahren gestorben. Sie hinterließ zwei Söhne, von denen der ältere, Adolf, seinen künstlerischen Neigungen folgend, bereits 1886 im Alter von 17 Jahren Stenkenberg verlassen hatte und nach Düsseldorf gegangen war, um dort die Kunstakademie zu besuchen. Der Vater verkaufte 1898, fünf Jahre nach dem Tod seiner Frau, das Gut Stenkenberg.

Anmerkungen zu IX und X, Seiten 131–136

– Die Tochter von Adolf Schönnenbeck, Ruth Kirschner-Schönnenbeck, beherbergt in ihrer Düsseldorfer Wohnung eine Anzahl sehr ausdruckstarker Ölgemälde ihres Vaters. – Im Mai 1979 hat die Stadt Halver zum Gedenken an ihren großen Sohn, den „Leibl des märkischen Sauerlandes", in einer Retrospektive etwa 40 Bilder von ihm ausgestellt. Adolf Schönnenbeck wurde 110 Jahre vorher, im Mai 1869, geboren. Er ist, fast 96 Jahre alt, im Januar 1965 gestorben.

– Das Ölbild von Schmalenbachs Tochter Marianne hing 1981 im Arbeitszimmer ihres Bruders Fritz in dessen Lübecker Wohnhaus.

X. Die große Wirtschaftskrise (1929–1932)

Seite 132: Über die Besprechung seiner Jugendarbeit im Lambert-Seminar berichtet Schmalenbach in der Einleitung zur 6. Auflage der „Selbstkostenrechnung und Preispolitik", Leipzig 1934, Seite 1; dann erneut in der Schrift „Pretiale Lenkung des Betriebes", Bremen-Horn 1948, Seite 53. In dieser Schrift zeigt er insofern Verständnis für Lamberts Haltung, als er feststellt, „vieles von dem, was ich so klar gesagt zu haben glaubte, (war) offenbar noch recht unklar". Siehe hierzu auch die Anmerkung zu Seite 16.

Seite 133: Das Wort von Schmalenbach, er gehe seinen Weg, ohne nach anderen zu fragen, steht in einer Buchbesprechung, ZfhF 1924, Seite 134.

– Das Zitat von Peter Wapnewski über Richard Wagner ist seinem Buch „Die Scene und ihr Meister", München 1978, Seite 16 entnommen.

– Nicklisch erwähnt einmal, daß Schmalenbach „ein hartnäckiger Gegner des sechssemestrigen Studiums für den Diplom-Kaufmann" gewesen sei und das Promotionsrecht für Handels-Hochschulen abgelehnt habe. Dies seien wissenschaftliche Kämpfe gewesen, „die notwendigerweise mit Schmalenbach ausgefochten werden mußten". Es sind Beispiele für die zuweilen recht harten Kontroversen in den Verbandsgremien. Siehe „Die Betriebswirtschaft", Jahrgang 1933, Seite 243.

– Die Mitglieder des Schmalenbachschen Treuhand-Seminars haben einmal seine Handschrift von einem Graphologen deuten lassen. In dem Gutachten, das in der Broschüre zu seinem 75. Geburtstag „Ernste und heitere Geburtstagsgespräche" abgedruckt ist (Seite 16–18), heißt es: „Hier lebt ein Mensch aus dem Gesetz heraus, das er sich selbst gegeben hat und das herrisch auf die Umwelt ausstrahlt. . . . Innerhalb seines eigenen Bereichs . . . herrscht er ungebrochen, fern jeder Resignation: Semper paratus, – immer hellwach, sparsam im Ausdruck und Gestus, sparsam, aber wirkungsvoll in seinen Mitteln, stets bereit, sich kritisch und kämpferisch einzuschalten . . ." Erich Potthoff, der ungenannte Autor jener Broschüre, hat uns mitgeteilt, daß dieses Gutachten von Ludwig Kroeber-Keneth stammt, der auch gewußt habe, daß die ihm vorgelegte Schriftprobe die Handschrift von Eugen Schmalenbach wiedergebe.

Seite 134: Die Rede über Maßnahmen zur Förderung der Kapitalbildung hat Schmalenbach am 4. September 1931 in Berlin vor der 61. Jahreshauptversammlung des Vereins Deutscher Eisengießereien gehalten. Sie ist abgedruckt in der Zeitschrift „Die Gießerei", Jahrgang 1931, Seiten 757–769. (Siehe die Anmerkung zu Seite 123)

Seite 135: Ludwig Feist erinnert sich, daß Schmalenbach den Gedanken einer Verlagerung der Besteuerung vom Einkommen zum Verbrauch schon 1925 in seinem Seminar entwickelt hatte. (Schreiben Feist an Potthoff vom 29. Mai 1948; im Potthoff-Archiv).

Seite 136: Daß Schmalenbach in seinen Vorlesungen und Seminaren des öfteren Kritik an der Höhe der Spannen im Groß- und Einzelhandel äußerte und jegliche Reklame ablehnte, hat u. a. Walter Krähe in seinen „Erinnerungen" berichtet, Zeitschrift für Betriebswirtschaft, Jahrgang 1973, Seiten 603–605. Siehe hierzu auch Wilhelm Hasenack in der Zeitschrift „Der Wirtschaftsprüfer", April 1953, Seiten 85–91 (besonders Seite 88).

– In dem soeben zitierten Brief schreibt Ludwig Feist (in dessen Haus sich Schmalenbach und seine Frau 1944/45 verborgen gehalten haben), dort habe sich Schmalenbach „mit dem Katalog der Güter (befaßt), die steuerfrei oder minder besteuert sein sollten": Feist, von Beruf Steuerberater, habe damals in Gesprächen mit Schmalenbach die Richtigkeit dieses Grundsatzes anerkannt, aber „anstatt des dicken Katalogs eine einfachere Lösung (vorgeschlagen), nämlich den Gewinn nicht oder nur gering zu versteuern, dagegen die Entnahmen einer hohen und progessiv wachsenden Besteuerung zu unterwerfen". Schmalenbach habe ihm recht gegeben, sei dann aber in seinen Veröffentlichungen nach dem Kriege zu Feists Erstaunen „doch wieder zu seinem umständlichen Katalog zurückgekehrt". Bei dem Hinweis auf Nachkriegs-Veröffentlichungen dachte Feist vermutlich an Schmalenbachs Aufsatz „Wirtschaft und Steuer" in der Zeitschrift „Betriebswirtschaftliche Beiträge", 2. Lieferung vom Februar 1948, Seiten 1–3, wo Schmalenbach die in seinem Vortrag vor der Gießerei-Industrie im September 1931 geäußerten Vorschläge für eine Steuerreform wiederholte.

Seite 137: Schmalenbachs Hinweis, er habe seinen Vorschlag schon „vor etwa acht Jahren" im Reichswirtschaftsrat vorgetragen und nur Rathenau habe zugestimmt, kann zeitlich nicht richtig sein: Rathenau wurde am 23. 7. 1920 in den Reichswirtschaftsrat berufen, am 24. 6. 1922 ist er einem Attentat zum Opfer gefallen. „Vor etwa acht Jahren" würde aber bedeuten, daß sich der Vorgang im Herbst 1923 abgespielt hätte.

– Die beiden Gedichte aus dem Kölner Stadtanzeiger sind in der Schrift „Der Alte" auf den Seiten 23 und 24 zu finden, Bemerkungen der Seminar-Mitglieder zu diesem Thema auf Seite 17.

– Der hier zitierte Schriftwechsel Saemisch–Schmalenbach liegt im Bundesarchiv Koblenz, Nachlaß Saemisch Nr. 68, Blatt 170–172.

Seite 138: Schmalenbach hatte schon seine Rede mit einigen kritischen Feststellungen über Reichskanzler Brüning eingeleitet. Der Regierung Brüning, so hatte er sarkastisch gesagt, könne man das Lob nicht versagen, daß sie als „Regierung der taktischen Mittel" Tatkraft beweise: „Als Feuerwehrhauptmann ist der Reichskanzler unübertrefflich". Aber dieser Regierung fehle es an Gestaltungskraft und an Voraussicht. – Schmalenbach bemängelt vor allem, daß sich die Regierung von der Bankenkrise im Juli 1931 habe überraschen lassen und damals völlig unvorbereitet war.

– Schmalenbachs Aufsatz über die Finanzpläne steht in der ZfhF, Jahrgang 1931, auf den Seiten 169–198, das Buch ist 1931 bei Gloeckner, Leipzig, erschienen.

Seite 139: Über Wilhelm Jutzi hat sich Schmalenbach schon 1907 in seinem Aufsatz „Die deutsche Finanzpresse", ZfhF, 1. Jahrgang 1906/07, Seite 368 lobend geäußert. Bei dem Übertritt Jutzis in den Ruhestand als Pressechef der I. G. Farben im Februar 1932 wird in den „Mitteilungen" der Treuhand-AG seine „unbeirrbare Unparteilichkeit" hervorgehoben und gesagt, er sei der Treuhand-AG „ein wertvoller Berater". – Gleich nach dem ersten Weltkrieg hat Jutzi an der Kölner Universität Vorlesungen über „Privatwirtschaft und Volkswirtschaft" gehalten und ein „Handelsjournalistisches Seminar" geleitet.

– Über die Veränderungen im Vorstand der Treuhand-AG unterrichtet das Handelsregister beim Amtsgericht Köln. Die Veränderungen im Aufsichtsrat sowie weitere Angaben über die Treuhand-AG (Entwicklung des Grundkapitals, Zeitpunkt der Generalversammlungen u. a. m.) sind dem Handbuch der deutschen Aktiengesellschaften für die fraglichen Jahrgänge entnommen.

– Else Schnick hat ihr Diplom-Examen im Dezember 1919 bei Schmalenbach abgelegt (zusammen mit C. F. Hermann). Sie hat dem Vorstand bis zum Mai 1931 angehört. Schmalenbach hat sie ob ihrer Klugheit sehr geschätzt, wie umgekehrt auch sie den Professor als unangefochtene Autorität geachtet, ja verehrt hat. Sie ist mehrfach als Autorin von Zeitschriften-Aufsätzen hervorgetreten und hat sich im VDDK besonders auch für berufsständische Fragen engagiert. Nach ihrer Heirat und nach der Niederlegung ihres Mandats im Treuhand-Aufsichtsrat 1937 sind ihre Beziehungen zu Schmalenbach und seinem Kreis allmählich lockerer geworden.

– Die Geschäftsunterlagen der Treuhand-AG sind am 31. 5. 1941 zum großen Teil einem Luftangriff zum Opfer gefallen, spätere Dokumente bei mehreren Umzügen und bei der Auslagerung nach Homberg, Bez. Kassel, verloren gegangen. Einzig der Prüfbericht für 1943 und 1944 ist aus den Kriegsjahren erhalten geblieben.

– Die Berufung des Hermann Schmalenbach als Professor der Philosophie an die Universität Basel schien zunächst fast aussichtslos. Die Fakultät gab einem Schweizer Anwärter den Vorzug, und Schmalenbach wurde inoffiziell bedeutet, er brauche sich keine Hoffnung mehr zu machen. Aber der

Schweizer Anwärter hatte auch einen Ruf aus Bern erhalten, den er schließlich bevorzugte. Erst daraufhin erging der Ruf an Schmalenbach.

Seite 140: Das Bankhaus Oppenheim & van Till in Den Haag, abgekürzt „Optill" genannt, ist in „Bankers' Almanac and Year Book for 1934–1935", erschienen bei Thomas Skinner & Co., London, auf Seite 1142 aufgeführt. Nach einer Auskunft der Amsterdam-Rotterdam Bank N. V. (Amro Bank), übermittelt von der Deutschen Bank AG, Frankfurt, am 12. 5. 1982, wurde die 1890 gegründete „Optill" Bank 1941 mit P. J. Landry's Bankierskantoor vereinigt. Die daraus hervorgegangene Bank Landry & van Till wurde 1971 von der Amro Bank übernommen.

– Über Dr. Ernst Thalmann haben wir von der Universitäts-Bibliothek, vom Staatsarchiv des Kantons Basel-Stadt und vom Schweizerischen Wirtschaftsarchiv, sämtlich in Basel, reiches biographisches Material erhalten, auf dem unsere Darstellung beruht. – Schmalenbach charakterisiert seinen neuen Bekannten in dem Brief vom 1. 6. 1931, in dem er ausnahmsweise auch dessen Namen preisgibt, mit folgenden Worten: „Wenn ich nicht irre, ist er Vorsitzender des dortigen Universitäts-Kuratoriums oder so etwas ähnliches. Thalmann ist offenbar Finanzmann, vielfacher Aufsichtsrat und dgl.; ein kleiner jovialer Herr nach schweizerischer Art".

Seite 141: Über den Ballen Stoff, aus dem Schmalenbach seine Anzüge schneidern ließ, hat uns Erich Potthoff unterrichtet (Schreiben vom 30. 10. 1980). Er soll allerdings stets vier oder fünf dieser Anzüge gleichzeitig im Schrank gehabt haben, die er von Tag zu Tag wechselte, wie uns Ruth Kirschner-Schönnenbeck erzählte (Gespräch vom 30. 6. 1982). Die Geschichte von Schmalenbachs Anzügen wurde uns auch von seinem Schüler Carl Ferdinand Hermann bestätigt (Gespräch vom 24. 5. 1981).

– In Bad Gastein wohnte das Ehepaar Schmalenbach in der Villa Dr. Wassing, in Bad Schwalbach lautete die Anschrift: Pension Quisisana, und wenn Eugen Schmalenbach bei seinen zahlreichen Aufenthalten in Berlin über Nacht bleiben mußte, stieg er in einem Hospiz in der Albrechtstraße ab, nahe Bahnhof Friedrichstraße (heute sowjetischer Sektor).

– Der aus der Gießerei-Rede zitierte Ratschlag, den Urlaub auf einem Bauernhof zu verbringen, ist in der Zeitschrift „Die Gießerei" vom 25. 9. 1931 auf Seite 762, rechte Spalte zu finden. Schmalenbach kennzeichnet an dieser Stelle einen Urlaub in Bad Gastein, wo er selbst zweimal die Ferien verbracht hat, als „teuer".

– Die erwähnte Karikatur nimmt in der Schrift „Der Alte" die ganze Seite 29 ein.

– Der Schriftwechsel über die Kündigung einer Sekretärin liegt im Potthoff-Archiv. – Übrigens soll auch Ehefrau Marianne eine Zeitlang in einen Assistenten ihres Mannes „verschossen" gewesen sein. Sie habe ihn „sehr verwöhnt", verrät Ruth Kirschner-Schönnenbeck (Gespräch vom 30. 6. 1982).

Seite 142: Der Aufsatz von Wilhelm Hasenack, wohl der längste, der über das Leben und Wirken Schmalenbachs geschrieben worden ist, wurde hier schon mehrfach zitiert (siehe Anmerkung zu Seite 21). Die erwähnte „Vorbemerkung" steht auf Seite 555.

– Werner Schulz, gestorben im Oktober 1971, war in den sechziger Jahren der führende Kopf der Kaufhof AG (früher Leonhard Tietz AG).

– Gertrud Rosenthal ist 1941 in die Vereinigten Staaten emigriert (Baltimore), wahrscheinlich als einer der letzten Menschen jüdischer Abstammung, die Deutschland noch legal hatten verlassen dürfen. Sie war eine Schulfreundin der Marianne, beide besuchten die Kaiserin-Augusta-Schule in Köln.

– Der Brief von Emmy Kuhl, der die Lebensgewohnheiten Schmalenbachs und seiner Familie schildert, trägt kein Datum. Er wurde für die Schrift zu Schmalenbach 75. Geburtstag (20. 8. 1948) verfaßt, also im Sommer 1948. Im Potthoff-Archiv.

Seite 143: Schmalenbachs Wort von den „Drohnen" steht in seinem Buch „Der freien Wirtschaft zum Gedächtnis", Köln und Opladen 1949, auf Seite 80.

– Die Werkstatt hatte sich Schmalenbach zunächst im Keller des Hauses Wolfgang-Müller-Straße 16 eingerichtet. Später lag sie an der jenseitigen Straßenfront neben einer Garage, die er an der Straße „Auf dem Römerberg“ errichtet hatte. (Diese Straße kann von Autos befahren werden, während der Zugang zu dem Haus Wolfgang-Müller-Straße 16 nur zu Fuß auf einem schmalen Stichweg möglich ist.)

Seite 144: Die Überlassung von 1000 RM im Herbst 1945 erwähnt Wilhelm Hasenack in seinem (unveröffentlichten und undatierten) Exposé „Erinnerungen an . . . Eugen Schmalenbach“, das er uns für die vorliegende Biographie freundlicherweise überlassen hat.

– Die Daten über den Studiengang der Tochter Marianne verdanken wir Dr. Weisert vom Universitätsarchiv der Ruprecht-Karls-Universität Heidelberg (Schreiben vom 19. 4. 1982).

– Wie ernst es Marianne damit war, eine „echte“, eine „vollwertige“ Juristin zu werden, ist daraus zu ersehen, daß sie nach ihrer Heirat noch den Ausbildungsweg zum „Assessor“ eingeschlagen hat und sogar in das Assessor-Examen gestiegen ist. Inzwischen war jedoch das Dritte Reich hereingebrochen, und in der Woche vor Eugens 60. Geburtstag (20. 8. 1933), als Marianne schon über den schriftlichen Arbeiten saß, gab sie das Vorhaben auf. „Die Bedingungen waren für sie zu ungünstig, außerdem konnte sie nachher doch nicht Assessor werden“, begründet Eugen Schmalenbach am 31. 10. 1933 ihren Entschluß, kurz vor dem Ziel zu resignieren. Dabei hat sicher auch seine Absicht mitgesprochen, sie als Syndikus bei der Treuhand-AG anzustellen.

Seite 145: Die Genealogie des Grafengeschlechts Spee ist im Genealogischen Handbuch des Adels (dem sogenannten „Gotha“), C. A. Starke-Verlag 1976, Band VIII, Seiten 403–415, zu finden. Dort auch Angaben über Antonius und Marianne sowie deren Kinder Barbara und Michael.

– Der Vater von Antonius Graf von Spee hatte drei Brüder, die katholische Priester waren, zwei Schwestern waren Dominikanerinnen. Dies erwähnte das heutige Familien-Oberhaupt Maximilian Graf von Spee in unserem Gespräch auf Schloß Heltorf am 16. 12. 1981. Ebenso war Antonius’ jüngster Bruder Mariano katholischer Priester; er geriet im zweiten Weltkrieg als Divisionspfarrer in russische Kriegsgefangenschaft, war jedoch ab 1953 wieder als Priester in der Bundesrepublik tätig. Die Beispiele bekunden die enge Verwurzelung des Geschlechts der Grafen von Spee im katholischen Glauben.

– Unsere Angaben über die heutigen Angehörigen der Grafen-Familie Spee beruhen auf der (unveröffentlichten) Rede von Maximilian Graf von Spee während der Familienfeier zu seinem 50. Geburtstag am 2. 9. 1978 auf Schloß Heltorf.

– Daß der Name Spee heute weiten Bevölkerungskreisen geläufig ist, geht vor allem auf die Tat des Vizeadmirals Maximilian Reichsgraf von Spee zurück. Er hatte 1912 die Führung des ostasiatischen Geschwaders der deutschen Kriegsmarine übernommen, das er bei Coronel (Santa Maria) am 1. 11. 1914 zum Seesieg über die seit Trafalgar (1805) unbesiegte britische Flotte hatte führen können. Auf dem Weg nach Deutschland wurde sein Geschwader in der Seeschlacht bei den Falkland-Inseln am 8. 12. 1914 vernichtend geschlagen. Er ging auf dem Panzerschiff „Scharnhorst“ mit der gesamten Besatzung unter, von seinen beiden Söhnen fand der eine schwer verwundet auf der „Nürnberg“, der andere freiwillig auf der „Gneisenau“ den Seemanns-Tod. Sie gehörten der jetzt ausgestorbenen Linie der Spee-Familie an.

– Das Gespräch mit der auf Schloß Hauzenstein lebenden älteren Schwester des Antonius, Anna Gräfin von Walderdorff (geborene Gräfin von Spee), haben wir am 14. 4. 1983 geführt.

Seite 146: Das junge Ehepaar Spee ist in den dreißiger Jahren noch mehrmals in Paris gewesen, und die Beiden kehrten von diesen Reisen stets voller Begeisterung zurück. Möglicherweise wohnten dort Verwandte von Tonio oder Freunde der Marianne. – Ihre Hochzeitsreise hat sie allerdings nach Italien geführt.

– An dem Hochzeitsmahl nahmen unseres Wissens mindestens elf Personen teil: das Brautpaar, die Brauteltern, die drei Verwandten des Bräutigams (das sind 7), ferner Eugens Sohn Fritz, Eugens Bruder Hermann aus Göttingen, seine Schwägerin Irene aus Mainz sowie Wilma Schönnenbeck aus Düsseldorf.

Anmerkungen zu X und XI, Seiten 146–151

– Über Eugens Tischrede hat uns Leopold Ehrenstein in seinem Schreiben vom 6. 10. 1981 unterrichtet. Seine Schwester Irene hat ihm dies unmittelbar nach ihrer Rückkehr von der Hochzeitsfeier aus frischer Erinnerung so erzählt.

Seite 147: Erst durch Schmalenbachs Jubiläumsfeier auf dem Rheinschiff scheint Christian Eckert darauf aufmerksam geworden zu sein, daß Eugen Schmalenbach in diesem Jahr sein 25jähriges Dozenten-Jubiläum in Köln begehen kann. Am 29. Juni 1928, einen Tag nach der Rheinfahrt Schmalenbachs und seiner Freunde, schickt ihm Eckert ein sehr herzlich gehaltenes Glückwunsch-Schreiben.

– Das Schmalenbach-Archiv bewahrt außer dem Verzeichnis der (Erst-)Spender, die dort fälschlich „Stifter" genannt werden, auch die Satzung der Stiftung sowie das Protokoll einer Stifter-Versammlung vom 23. 9. 1934 auf, in deren Verlauf Schmalenbach die Satzung erläuterte. Sie war ganz auf seine Person zugeschnitten. Außerdem enthält das Archiv neben anderen Dokumenten die Jahresabrechnung der Stiftung für 1935.

Seite 148: Über die Spende von Friedrich Flick zum 80. Geburtstag Schmalenbachs unterrichtet ein Schreiben des Spenders an Willy Minz vom 15. 8. 1953 (im Schmalenbach-Archiv). Mit dem Brief erklärt Flick gleichzeitig seinen Beitritt zur Schmalenbach-Gesellschaft und nennt eine bestimmte Summe als allmonatlich zu zahlenden Mitgliedsbeitrag. Seine Begründung verdient in ihrer Schlichtheit festgehalten zu werden; sie lautet: „Ich betrachte dies als die Erledigung einer alten Schuld".

– Schmalenbachs Worte über die von ihm angestrebte Art der Gemeinschaftsarbeit stehen in seinem Aufsatz zum 25jährigen Bestehen der Zeitschrift für handelswissenschaftliche Forschung, betitelt „25 Jahre", ZfhF 1931, Seiten 1–4 (auf Seite 3).

Seite 149: Gemäß Einladung zu der ersten Mitgliederversammlung der Schmalenbach-Vereinigung sollte das Schmalenbach-Referat ursprünglich „Selbständigkeit und Verantwortlichkeit der Wirtschaft" heißen.

– Daß Eugen Schmalenbach das Wirken der Vereinigung seiner Freunde und Schüler unter das Motto „Frohsinn und Arbeit" gestellt wissen wollte, hat Willy Minz in seinen Gedenkworten bei der Beisetzung Schmalenbachs am 25. 2. 1955 mitgeteilt (unveröffentlichtes Manuskript).

– Die Materialien über Gründung und Entwicklung der Schmalenbach-Vereinigung, die sich 1951 den Namen „Schmalenbach-Gesellschaft" gab, befinden sich im Schmalenbach-Archiv zu Köln.

XI. Die Vorkriegsjahre: Trügerische Ruhe (1933–1939)

Seite 150: Über Hitlers Judenhaß und seine darauf sich gründende Weltanschauung, die das Leben der Völker als einen schicksalhaften Daseinskampf zwischen „Ariern" (den Schöpfern und Erhaltern menschlicher Kultur) und den „Juden" begriff (die in seinen Augen minderwertige und gefährliche Menschheitsverderber waren), siehe Uwe Dietrich Adam, Judenpolitik im Dritten Reich, Königstein/Ts. und Düsseldorf 1972, Seiten 22–28. Schon in seinem 1924 erschienenen Buch „Mein Kampf" hatte Hitler sein ideologisches Glaubensbekenntnis in aller Offenheit verkündet: „Der unerbittliche Jude kämpft für seine Herrschaft über die Völker. Kein Volk entfernt diese Faust anders von seiner Gurgel als durch das Schwert". „Mein Kampf", Seite 733, zitiert nach Adam, a.a.O., Seite 23. – Material über die Judenpolitik im Dritten Reich hat Bruno Blau in seiner Schrift „Das Ausnahmerecht für die Juden in Deutschland 1933–1945", 2. Auflage Düsseldorf 1954, zusammengestellt. Das Beamtengesetz vom 7. 4. 1933 ist auf den Seiten 13–18 abgedruckt, die erste Durchführungs-Verordnung auf Seite 19.

Seite 150/151: Die Korrespondenz über die Erpressung Schmalenbachs im März/April 1933 befindet sich im Universitätsarchiv Köln.

Seite 151: Daß Schmalenbach den ihm alle vier Semester zustehenden Urlaub nach 1922 nicht mehr beantragt hat, begründete er in einem Schreiben vom 4. 7. 1928 damit, daß „die Unterbrechung der Seminar-Übungen zu Mißhelligkeiten zu führen drohte". Er habe jedoch jedes vierte Semester die Vorlesungen ausfallen lassen und sich auf das Seminar beschränkt (Universitätsarchiv Köln).

– Auch Christian Eckert galt den Nazis nach 1933 als „politisch unzuverlässig" und wurde seiner Ämter als Kurator und Professor in Köln ledig. Ihm wurden – ungerechterweise – angebliche Vorkommnisse und Handlungen aus der Zeit der November-Revolution 1918 zum Vorwurf gemacht, als Eckert auf Veranlassung des Kölner Arbeiter- und Soldatenrats die Geschäfte des Gouverneurs der Stadt Köln übernommen hatte. Siehe hierzu den Beitrag von Leopold von Wiese, Köln im November und Dezember 1918, in der Festschrift der Stadt Mainz zum 75. Geburtstag Eckerts, Mainz 1949.

– Die Berufung von Karl Bücher auf einen Lehrstuhl der Universität Dorpat ist in dem bereits zitierten Vorwort von August Skalweit zu der Antrittsvorlesung Büchers, Frankfurt am Main, o. J., Seiten 4–5, dargestellt. Siehe die Anmerkung zu Seite 23.

Seite 152: Der Brief Schmalenbachs, in dem er sich „sehr erfreut" über die Haltung Geldmachers äußert, ist mit dem 2. 8. 1943 datiert und beginnt mit der Anrede „Lieber Herr Doktor". Er liegt im Nachlaß von Dr. Willy Minz (heute bei der Schmalenbach-Gesellschaft archiviert). Die Anrede läßt es jedoch fraglich erscheinen, ob der Brief tatsächlich an Minz gerichtet war. Um jene Zeit hat Schmalenbach Briefe an Minz stets mit den Worten „Sehr geehrter Herr . . ." eingeleitet.

– Ein Hinweis darauf, daß Geldmacher zu denen gehört, die Schmalenbach 1933 geholfen haben, findet sich im Schrifttum, soweit wir sehen, allein bei David A. R. Forrester. In dessen Buch „Schmalenbach and after" (Glasgow 1977) heißt es auf Seite 13 (frei übersetzt): „Mit Hilfe des Kollegen Geldmacher, der ein Nazi aus Idealismus war, erhielt er (Schmalenbach) die Versicherung . . ., daß er trotz seiner Mischehe mit einer Jüdin seine Arbeit werde fortführen können".

– Das handschriftliche Glückwunsch-Schreiben von Erwin Geldmacher zu Schmalenbachs 70. Geburtstag, datiert mit dem 18. 8. 1943, befindet sich im Potthoff-Archiv.

– Die türkische Regierung hat in Istanbul, statt eine Handelshochschule zu gründen, 1937 an der Universität einen Lehrstuhl für Betriebswirtschaftlehre eingerichtet. In seinem Gesuch an den Kultusminister vom 10. Januar 1939 (wegen Übernahme eine Gastprofessur in Bern) erwähnt Schmalenbach „Anerbietungen von Dorpat und Konstantinopel", die er ausgeschlagen habe. Offenbar ist ihm 1937 also auch der Lehrstuhl in Istanbul angeboten worden. Der Ruf erging dann an den Betriebswirtschaftler Alfred Isaac, der in Deutschland auf Grund des Beamtengesetzes 1933 in den Ruhestand versetzt worden war.

Seite 153: Schmalenbachs Gesuch und die Korrespondenz wegen der Übernahme einer Gastprofessur in Bern befinden sich im Universitätsarchiv Köln.

– Der Erbe des ungeteilten Spee-Vermögens (Fideikommiß) war verpflichtet, anderen Familienmitgliedern in ihrer Jugend eine angemessene Ausbildung zukommen zu lassen; diese Verpflichtung war unabdingbar. Nach dem Abschluß des Studiums entfiel die Verpflichtung jedoch. Dies war der Grund, weshalb die Unterhalts-Zahlungen der Familie Spee an Anton (Tonio) eingestellt wurden (Mitteilung von Maximilian Graf von Spee in dem Gespräch am 18. 12. 1981).

Seite 154: Christian Eckert richtete ein persönliches Glückwunsch-Schreiben an Schmalenbach, für das sich dieser am 27. 8. 1933 „besonders" bedankte; Schmalenbach gibt in dem Dank-Schreiben seiner Freude darüber Ausdruck, daß Eckert „befriedigt auf unsere 30jährige Zusammenarbeit" zurückblickt. Bemerkenswert ist, daß die Beiden sich dabei gegenseitig mit „Lieber Kollege" anreden. Noch am 2. 5. 1933 hatte Eckert ein Schreiben an Schmalenbach mit den Worten „Sehr geehrter Herr Professor" eingeleitet, umgekehrt hatte Schmalenbach über einen Brief an Eckert am 10. 5. 1933 „Sehr geehrter Herr Geheimrat" geschrieben. Das zeigt, wie sehr die Formen gewahrt wurden, solange Eckert noch dem Kuratorium der Universität angehört hatte.

Seite 155: Über den Verlauf der Feier zum 25jährigen Bestehen der Treuhand-AG sowie über das Fest auf dem Petersberg hat uns Frau Elsa Rentrop unterrichtet, die an beiden Veranstaltungen teilgenommen und auch die Quadrille mitgetanzt hat.

– Wie Willy Minz berichtet, hatte Schmalenbach geplant, die Finanzierungsfragen unter dem Titel „Die Finanzierung der Betriebe" in sechs Bänden darzustellen: 1. Kapitel, Kredit und Zins, 2. Beteiligungsfinanzierung, 3. Aktiengesellschaft, 4. GmbH, 5. Kommanditgesellschaft, 6. Darlehnsfinanzierung. Davon sind die drei erstgenannten Bücher erschienen (Die Aktiengesellschaft als selbständiges Werk allerdings erst 1950), wobei sowohl die Beteiligungsfinanzierung als auch die Aktiengesellschaft als verbesserte Neuauflagen des Buches „Finanzierungen“ bezeichnet wurden. Siehe Willy Minz, Professor Dr. Eugen Schmalenbach zum 20. August 1953. In: „Die Wirtschaftsprüfung“, 15. August 1953, Seite 364, Anm. 2.

Seite 156: Zwischendurch war – im April 1933 – eine im wesentlichen unveränderte (6.) Auflage der Dynamischen Bilanz erschienen, der insofern Bedeutung zukommt, als sich Schmalenbach im Vorwort mit den „Bilanztheorien“ anderer Wissenschaftler auseinandersetzte, insbesondere der sogenannten „statischen“ und der „organischen“ Bilanzauffassung.

Seite 157: Über Schmalenbachs Wertlehre siehe den soeben zitierten Aufsatz von Willy Minz in der „Wirtschaftsprüfung“ vom 15. August 1953, Seiten 362/63; ferner Theodor Beste. Eugen Schmalenbach, ZfhF 1955, Seite 206; derselbe, Eugen Schmalenbachs Lebenswerk, ZfbF 1964, Seite 3.

– Der Brief vom 10. Dezember 1943 an Willy Minz befindet sich in dessen Nachlaß (Schmalenbach-Archiv), der Brief vom 31. Juli 1953 an Wilhelm Hasenack ist in dem Aufsatz „Wesen und Werden Schmalenbachs . . .“, Betriebswirtschaftliche Forschung und Praxis, Jahrgang 1953, Seite 555 erwähnt.

Seite 158: Der durch die politischen Verhältnisse ausgelöste psychologische Druck, der neben anderen Faktoren (insbesondere auch seiner Hinwendung zu unternehmerischer Betätigung) für das Nachlassen der Freude Schmalenbachs an wissenschaftlicher Arbeit maßgebend war, ist sicher auch ein wesentlicher, wenn nicht der entscheidende Grund dafür, daß Schmalenbach auf die scharfe Kritik von Wilhelm Rieger an der Dynamischen Bilanz nicht eingegangen ist. (Wilhelm Rieger, Schmalenbachs Dynamische Bilanz. Eine kritische Untersuchung. Stuttgart 1936.)

– Daß ein Großteil der Juden auswandern würde, wenn nur die Gesetze und Aktionen gegen sie scharf genug seien, war in der ersten Zeit nach der Machtergreifung die Hoffnung der Nazis. Später wurde die Auswanderung von hohen Staats- und Parteistellen offiziell betrieben, doch mit geringem Erfolg. „Das Dilemma lag darin, daß die deutschen Juden nichts sein sollten, nichts werden sollten, man sich gern ihrer Vermögen bemächtigte, sie aus Deutschland raushaben wollte, dies alles aber möglichst ohne finanzielle Einbußen des Reichs. Eine praktische Lösung dieser Widersprüche schien schwer, ja unmöglich“. Uwe Dietrich Adam, Judenpolitik im Dritten Reich, Königstein i. Ts./Düsseldorf 1979, Seite 204.

Seite 159: Eugen Schmalenbach hatte schon im Jahre 1923 die Absicht, Schweden zu besuchen. Nach dem mißglückten Urlaub in Bad Dürrenberg, aus dem sowohl seine Frau als auch er krank heimkehrten, hat er die „schon verabredete vierwöchentliche Vortragstour nach Schweden“ jedoch abgesagt (Brief vom 29. 8. 1923). Siehe Seite 95.

Seiten 160–161: Unsere Ausführungen über die Otto Wülfrath KG und den Tonisator beruhen vornehmlich auf Briefen Schmalenbachs an seinen einstigen Schüler und späteren Geschäftsfreund Robert Loesch in Luxemburg. Loesch hat diese Schriftstücke 1963 der Schmalenbach-Gesellschaft zur Verfügung gestellt. Die Text-Hinweise auf Briefstellen beziehen sich in dem Teil des Kapitels 51, in dem über den Tonisator berichtet wird, ausnahmsweise nicht auf Schriftstücke aus dem Baseler Nachlaß von Hermann Schmalenbach, sondern auf Briefe von Eugen Schmalenbach an Robert Loesch. – Zum Teil haben wir in diesem Kapitel auch Mitteilungen von Ruth Kirschner-Schönnenbeck verwertet, die 1935/36 als Sekretärin bei der Otto Wülfrath KG gearbeitet hat. Vermittelt hatte ihr diese Stelle ihr „Onkel“ Eugen Schmalenbach (er und ihr Vater waren Vettern). Der „Onkel“, der sich während dieser Zeit sehr um ihre Ausbildung zu einem bilanzsicheren Buchhalter gekümmert hat, habe etwa vier bis fünf Monate lang jeden Nachmittag in seiner Werkstatt herumgebastelt, bis er ein gut funktionierendes Gehäuse für den Tonisator entwickelt hatte. Über einzelne Fortschritte habe er sich jedes Mal „unbändig gefreut“.

Seite 160: Wie Ruth Kirschner-Schönnenbeck berichtet, habe Schmalenbach den Begriff „Tonisator“ wegen des sprachlichen Gleichklangs mit „Ionisator“ gewählt. Die von ihm befragten Fachleute wußten die physikalischen Vorgänge nicht zu erklären, meinten aber, wahrscheinlich seien Ionen daran beteiligt (Ionenaustausch?). In der Patentschrift erklärte Schmalenbach, die Wirkung beruhe „vermutlich auf Strahlung“.

– Am 29. 11. 1939 schreibt Eugen Schmalenbach seinem Bruder, er arbeite fast den ganzen Tag in der Werkstatt, „um die Erfindung von Fritz betr. die Gardinenaufhänge fabrikationsmäßig zu betreiben". Alle von uns befragten Gewährungspersonen stimmen jedoch darin überein, daß dies eine Erfindung nicht von Fritz, sondern von Eugen Schmalenbach selbst war, die unter der Bezeichnung „Kölner Brett" Verbreitung fand. Ebenso hat Eugen Schmalenbach, der abends gern im Bett las, eine Vorrichtung konstruiert, die, an der Wand befestigt, nicht nur das Lesen eines Buchs im Liegen ermöglichte, sondern auch (wie Wilhelm Hasenack in seinen unveröffentlichten „Erinnerungen" zu berichten weiß) durch einen einfachen und bequemen Druck mit der Hand das Umblättern bewirkte.

Seite 162: Göring bezeichnete die Anmeldungs-Verordnung in einer Ministerbesprechung am 29. 4. 1938 als eine „einleitende Maßnahme." Das Ziel sei „die endgültige Ausschaltung der Juden aus dem deutschen Wirtschaftsleben" (Adam, Judenpolitik, Seite 177). Nach der „Kristallnacht" im November 1938 wurde den Juden durch eine Verordnung vom 12. 11. 1938 die Betätigung in Einzelhandel und Handwerk ab 1. 1. 1939 vollends untersagt (Blau, Ausnahmerecht für Juden, Seite 53).

– Die Offene Handelsgesellschaft Bernstein & Mayer wurde im Kölner Handelsregister unter der Nummer HRA 365, ab 1937 unter 13 576 geführt. Sie wurde am 19 . 8. 1938 aufgelöst. Am gleichen Tage veräußerte sie ihr Geschäft mit dem Recht auf Fortführung der Firma auf die am 1. 7. 1938 gegründete Offene Handelsgesellschaft H. F. Fischer & Co. vormals Bernstein & Mayer in Köln, die am 20. 6. 1941, veranlaßt durch ein NS-Gesetz, ihren Namen in H. F. Fischer & Co. ändern mußte. Sie wurde im Handelsregister unter HRA 17 036 geführt.

– Tochter Marianne berichtet in ihrem Brief vom 8. 8. 1938, daß die Inhaber einer anderen Kölner Großhandlung der gleichen Branche ebenfalls wegen einer Übernahme des Geschäfts an Schmalenbach herangetreten seien. „Erwürbe man das Geschäft dazu, so würde es in Deutschland das beherrschende (Unternehmen) und fast konkurrenzlos (sein)". Sie meint, dies sei eine Frage des Preises. Daran ist die Angelegenheit dann wohl auch gescheitert.

– Tonios Tätigkeit in dem Posamentengeschäft trug ihm innerhalb der Familie einen Spitznamen ein. Seine Frau schreibt in dem Brief vom 8. 8. 1938: „. . . (Man) hat Tonio den Marquis Posa-mente getauft, das finde ich schön".

– Der Gedanke an die Neu-Organisation bei Fischer (und an die Broschüre) bringt den nüchternen Schmalenbach geradezu zum Schwärmen. „Ich weiß nicht", schreibt er am 16. 3. 1939 dem Bruder, „ob Du Dir vorstellen kannst, daß man bei einer solchen Arbeit, wenn sie eine vollständige logische Geschlossenheit besitzt und außerdem noch elegante Formen hat, ein förmlich ästhetisches Gefühl bekommt. Du wirst zwar lachen, aber es ist so".

Seite 163: Rechtlich hat sich während des Krieges weder am Bestand der Firma H. F. Fischer & Co. noch an der Position des Anton Graf Spee als ihr „Alleininhaber" etwas geändert. Wie das Handelsregister ausweist, ist die Firma 1953 in einer Metallhandelsgesellschaft aufgegangen, die sie zunächst als ihre Kölner Niederlassung unter Beibehaltung des früheren Firmennamens weitergeführt hat. 1967 wurde die Kölner Niederlassung aufgehoben, womit der alte Firmenname endgültig verschwand.

– Der Begriff „jüdischer Gewerbebetrieb" wurde durch die Dritte Verordnung zum Reichsbürgergesetz vom 16. 6. 1938 geschaffen. Die Verordnung verpflichtete diese Betriebe, sich registrieren zu lassen, und ermächtigte den Innenminister und den Stellvertreter des Führers, deren Kennzeichnung einzuführen. Zu einer Kennzeichnung ist es jedoch trotz aller Ankündigungen niemals gekommen. Blau, Ausnahmerecht, Seite 45; Adam, Judenpolitik, Seite 180.

Seiten 164–165: Die Angaben über die Bestimmungen des zwischen der Treuhand-AG und der Hartkopf & Rentrop KG geschlossenen Vertrages – nicht der Wortlaut der von uns formulierten sechs Hauptpunkte – sind einem undatierten Vertragsentwurf entnommen, der sich im Baseler Nachlaß von Hermann Schmalenbach befindet. Er wurde ihm von Eugens Tochter Marianne, die als Justitiar bei der Treuhand-AG tätig war, am 10. August 1938 mit einem Handschreiben zugeschickt. Einige Angaben finden sich auch in dem Aufsatz von Friedrich Rentrop, Schmalenbach und seine Treuhandgesellschaft, ZfhF 1955, Seiten 344–348.

XII. Vor den Toren des Vernichtungslagers (1939–1945)

Seite 166: Die vom „Chef der Sicherheitspolizei" damals publizierten Zahlen über die in der Reichskristallnacht angerichteten Zerstörungen, wiedergegeben bei Adam, Judenpolitik, Seite 207, Anm. 18 a, sind nach neueren Forschungen, viel zu niedrig. Siehe Monika Richarz, Jüdisches Leben in Deutschland, Dritter Band, Stuttgart 1982, Seite 71, Anm. 90.

– Alle im Text zitierten Schreiben wegen der Hausdurchsuchungen bei Schmalenbach und der dabei gefundenen Warenvorräte, ebenso Zeitungs-Ausschnitte mit dem Foto sowie den Berichten und „Kommentaren" über diese Angelegenheiten werden im Archiv der Universität Köln aufbewahrt.

Seite 168: Das Wort über die „Hausgehilfin mit kurzer Pfeife" steht in Schmalenbachs Brief an Minz am 13. 7. 1942 (Nachlaß Minz, im Schmalenbach-Archiv). Über die einzelnen Maßnahmen gegen das Ehepaar Schmalenbach sind wir durch eine Niederschrift von Erich Potthoff unterrichtet (im Potthoff-Archiv).

– Der Begriff „privilegierte Mischehe" wurde erstmals in § 7 des Gesetzes über Mietverhältnisse mit Juden vom 30. 4. 1939 gesetzlich definiert. Siehe Bruno Blau, Ziffer 234, Seite 69.

– Der „Judenstern" wurde mit einer Polizeiverordnung vom 1. 9. 1941 eingeführt. Die Verordnung enthält in § 3, Absatz 1 a die für Eugen Schmalenbachs Frau geltende Ausnahmevorschrift. Siehe Bruno Blau, Ziffer 329, Seite 89. – Über die Mitgliedschaft in der Reichsvereinigung der Juden siehe ebenda, Ziffer 242, Seite 76.

– Die Ausnahmestellung der Juden in privilegierten Mischehen war dem Reichssicherheitshauptamt seit langem ein Dorn im Auge. Im Frühjahr 1943 wurde ein Verordnungs-Entwurf ausgearbeitet, wonach Mischehen auf Antrag des „deutschblütigen" Partners und, falls kein solcher Antrag gestellt wurde, nach einer gewissen Frist auf Antrag der Staatsanwaltschaft gelöst werden sollten. Nach erfolgter Scheidung war die Deportierung des jüdischen Ehepartners geplant. Dem Chef der Reichskanzlei, Hans Heinrich Lammers, gelang es jedoch, durch einen geschickten Schachzug diesen Entwurf zu Fall zu bringen. Er koppelte ihn mit einem Bericht über die an Juden in Polen begangenen Grausamkeiten und ersuchte den „Sekretär des Führers", Martin Bormann, beides als einheitliche Vorlage bei Hitler zur Sprache zu bringen. Bormann antwortete am 2. 10. 1943, „daß der Führer . . . nicht bereit sein werde, den Bericht entgegenzunehmen". Diesen Bescheid nahm Lammers zum Anlaß, auch den Verordnungsentwurf über die Scheidung deutsch-jüdischer Mischehen zu den Akten zu legen. Siehe Adam, Judenpolitik, Seite 329.

– Das Haus in Rodenkirchen steht heute auf dem Grundstück Brückenstr. 30 (damals Schlageterstr. 7). Der Eigentümer Oscar Birgel erklärte uns im Jahre 1982, sein Vater habe das Haus samt Mobiliar seinerzeit von Anton Graf Spee erworben, die Schränke seien noch voller Wäsche und anderer Sachen gewesen. Auf Befragen gab er an, sein Großvater sei ein Vetter des bekannten, 1973 verstorbenen Schauspielers Willy Birgel gewesen. (Telefonische Auskunft vom 9. 3. 1982.)

Seite 169: Nach dem frühen Tod der Marianne Schmalenbach erinnerte man sich verschiedener Aussprüche der Verstorbenen, die darauf hindeuten könnten, daß sie ihr Ende vorausgeahnt habe. So berichtet Emmy Kuhl in ihrem undatierten Brief, den sie für die Schrift zum 75. Geburtstag Schmalenbachs „Ernste und heitere Geburtstagsgespräche" 1948 verfaßt hat: „Als (Schmalenbachs) Mutter gestorben war (am 9. September 1928 – M. K.) und wir zu ihrer Bestattung zu seinem sauerländischen Besitz fuhren, brachte seine Tochter, erschüttert von der Unabwendbarkeit des Schicksals, ihre Gewissheit zum Ausdruck, daß nun der Aufstieg und das Glück zu Ende sei und das Leid hiermit beginne. Dies Wissen (!) nahmen einige Jahre vorweg". (Im Potthoff-Archiv.) Und Mariannes Tochter Barbara meint, ihre Mutter habe gewußt, daß sie die zweite Geburt nicht überleben werde, was Eugen Schmalenbach sehr aufgeregt habe. Marianne soll Ostern 1941, als man in der Familie auf das Pfingstfest zu sprechen gekommen sei, geäußert haben: „Den Tag müßt Ihr ohne mich feiern, da bin ich nicht mehr hier" (Pfingstsonntag im Jahre 1941 war der 1. Juni, Mariannes Todestag der 23. Mai). Dieses Wort, das Barbara nur von ihren Großeltern gehört haben kann, hat auch ihr bei der Geburt ihres zweiten Kindes seelisch sehr zugesetzt (Sie hat zwei Söhne: Dominic, geboren 1967, und Nicholaus, geboren 1969. – Gespräch mit Barbara Spee-Perrins am 14. 6. 1981).

– Eugen Schmalenbach war in persönlichen Fragen ungewöhnlich beherrscht, ja hart gegen sich selbst wie auch gegen andere. Daß er seine Rührung nicht verbergen konnte, als er die Mitarbeiter im Büro vom Tod seiner Tochter unterrichten wollte, lief seinen eigenen Grundsätzen zuwider. Erich Potthoff, der diese Szene miterlebt hat, hat uns davon berichtet.

Seite 170: Die Notwendigkeit, das Haus Sachsenring 74 zu ersteigern (der Zuschlagsbeschluß datiert vom 12. 11. 1931), kam für Schmalenbach so überraschend, daß er sich die Mittel hierfür zum Teil leihen mußte, u. a. bei seinem Kollegen Walb, der ihm auch bereitwillig aushalf (Brief vom 4. 1. 1932). Es war übrigens nicht das erste Mal, daß dieses Grundstück unter den Hammer kam, der Voreigentümer hatte es selbst erst im April 1930 durch „Zuschlag" erworben. Anfang Juni 1942 erhielt das Haus einen Bomben-Volltreffer und brannte vollständig aus. – Daß Eugen Schmalenbach die Absicht hatte, dieses Grundstück seiner Tochter Marianne als Patengeschenk für ihr zweites Kind zu übereignen, hat er während seines Aufenthalts im Hause Feist in Godesberg (Seite 182 ff.) zu Frau Feist geäußert. (Gespräch mit Gertrud Feist vom 24. 11. 1981.)

Seite 171: Das Weihnachtsfest 1941 war für die alten Schmalenbachs natürlich besonders traurig. (Einen Tag vorher, am 23. Dezember 1941, wäre die verstorbene Marianne 39 Jahre alt geworden.) Sie verlebten es „ganz still und ohne Baum", veranstalteten auch keine Bescherung, „weil uns zu viel an Marianne erinnern würde" (Brief vom 17. 12. 1941). Am ersten Feiertag waren jedoch Barbara, die bald drei Jahre alt wurde, und ihr Vater zu Besuch in Köln.

– Wie Fotos vermuten lassen, dürften Barbara und Michael als Kleinkinder einmal auch von Mauzenstein aus in Köln gewesen sein. Möglicherweise war es Eugen Schmalenbachs 70. Geburtstag im August 1943, der den Anlaß dafür abgab. Zu dieser Zeit waren Barbara etwa viereinhalb, Michael zweieinviertel Jahre alt.

– Antonius Graf von Spee hat zwölf Jahre nach dem Tod der Marianne Schmalenbach erneut geheiratet. Die Trauung hat sein jüngerer Bruder, der Priester war, am 18. 8. 1953 vollzogen, die Feier fand auf dem Petersberg statt. Seine zweite Frau hieß Desirée von Baehr und war eine Tochter des Horst von Baehr auf Wittigwalde (Ostpreußen) und der Olga von Bonin. Sie wird von Barbara als vermögend und ausnehmend schön geschildert („ein Greta-Garbo-Typ mit langem blondem Haar"). Ihren Mann, der nach dieser Heirat keine Existenzsorgen mehr kannte, soll sie geradezu vergöttert – und entsprechend abgeschirmt – haben. Das Ehepaar lebte in Baden-Baden, wo Tonio am 23. 9. 1972 an einem Herzinfarkt gestorben ist; Desirée hat sich gut ein Jahr später, am 18. 12. 1973, das Leben genommen. Nach ihrem Tod wurden auch die sterblichen Überreste der Marianne (die 1941 auf dem Rodenkirchner Friedhof unweit ihres Hauses beigesetzt worden war) in die Familiengruft der Grafen Spee in Angermund (bei Schloß Heltorf) überführt – eine späte Wiedergutmachung (siehe Seite 146). Tonio ruht jetzt dort zwischen den beiden Frauen, mit denen er im Leben verbunden war.

– Die Schrift „Dienstanweisung für Finanzleiter" wurde nicht gedruckt und nicht veröffentlicht, aber als Manuskript für Mitglieder der Schmalenbach-Vereinigung vervielfältigt. Sie umfaßt 56 Seiten, in Maschinenschrift einzeilig beschrieben (das dürfte schätzungsweise etwa 80 Druckseiten entsprechen) und enthält keine Datumsangabe. Daß sie im Jahre 1940 verfaßt wurde, wird von Erich Potthoff bezeugt.

Seite 172: Aus Papiermangel hat die Druckerei nur 10 Exemplare der Schrift „Über Dienststellengliederung im Großbetriebe" ausdrucken können. Schmalenbach wird eine Druckgenehmigung in Aussicht gestellt, und zwar, wie er hofft, für 200 Stück. Aber das Schreiben, mit dem er dies dem Drucker mitteilt, trifft dort erst ein, nachdem dieser den Satz bereits vernichtet hat. Seine Hoffnung auf Papierzuteilung geht auch, wie sich bald zeigt, nicht in Erfüllung. Die Schrift ist jedoch 1959 als Veröffentlichung der Schmalenbach-Gesellschaft im Westdeutschen Verlag, Köln und Opladen erschienen. (Quellen: Brief Schmalenbach an Krähe vom 22. 4. 1942, im Schmalenbach-Archiv; WIBERA-Betriebsnachrichten, Folge 27 vom 27. 9. 1973, im Potthoff-Archiv; „Geburtstagsgespräche", Seite 29).

– Über Entstehung und Arbeit der Krähe-Kommission hat Walter Krähe ausführlich in seinem Aufsatz „25 Jahre Arbeitskreis Dr. Krähe der Schmalenbach-Gesellschaft – Rückblick und Erfahrungen" berichtet, ZfbF Juli/August 1967, Seiten 515–524. – Die Korrespondenz mit Schmalenbach und anderen Adressaten, darunter auch den Schriftwechsel über die von ihm geleitete Kommission, hat Krähe dem Schmalenbach-Archiv übergeben.

– Als Verbindungsmann zu Staatsrat Schmeer fungierte Franz Petzold, ein Mitglied der Krähe-Kommission, der in leitender Funktion bei den Reichswerken Hermann Göring in Salzgitter tätig war.

– Der von der Krähe-Kommission ausgearbeitete Organisationsplan war als ein Anhalt gedacht, der den Unternehmen Anregungen bei der Aufstellung eigener Organisationspläne geben sollte. Ein derartiger Plan ist, wie Schmalenbach schon 1940 im Hinblick auf seine Dienstanweisung für Finanzleiter sinngemäß gesagt hatte, „etwa wie ein Gesellschaftsvertrag in einer Formularsammlung"; er solle als Hilfe dienen, wenn es darum gehe, für ein Unternehmen einen „Anzug nach Maß" zu schneidern. Daß dieser Plan jetzt allen Unternehmen zur Pflicht gemacht werden sollte, hielt Krähe für falsch.

– Staatsrat Schmeer hat in einer Besprechung bei Göring am 14. 10. 1938 erklärt: „Man sollte jüdische Arbeiterkolonnen aufstellen, dann würden die Leute schon von allein auswandern" (Adam, Judenpolitik, Seite 202). Der Leiter des Planungsamtes, Hans Kehrl, der viele Menschen vor dem Zugriff der Wehrmacht bewahrt hat (in den letzten Kriegsmonaten auch einige Männer aus dem Schmalenbach-Kreis), gibt in seinem Buch „Krisenmanager im Dritten Reich", Düsseldorf 1973, auf den Seiten 112/13 und 140 ein geradezu vernichtendes Urteil über die menschlichen und fachlichen Qualitäten von Schmeer ab („ein besonders unangenehmer Zeitgenosse . . . brutal . . . von rüden Sitten . . . dem Alkohol sehr zugetan" u. a. m.).

Seite 173: Das Zitat von Karl Hax ist seinem Beitrag „Schmalenbach, Eugen" im Handwörterbuch der Sozialwissenschaften, Band 12, 1965, Seiten 633–636 entnommen.

Seite 174: Das Papier für die Vervielfältigung von Schmalenbachs Schrift „Über die exakte Wirtschaftslenkung" durch Albert Meier (3000 Blatt) hat der frühere, von Schmalenbach sehr geschätzte Schüler und Assistent Arnold Weber zur Verfügung gestellt, der im Kriege eine Papierfabrik in Sachsen leitete. Trotz einer totalen Rohstoff-Bewirtschaftung waren 1943 also noch solche „Abzweigungen" möglich. (Brief Schmalenbach an Meier vom 16. 6. 1943.)

– In seiner Kritik an Schmalenbachs Wiederaufbauplänen für eine Großstadt erinnert Krähe daran, daß man auf die kulturell-historischen Bedingtheiten sowie das unter der Erde liegende Röhrensystem Rücksicht nehmen müsse. Außerdem rechnet er – anders als Schmalenbach – „mit einer immensen Vergrößerung des Autoverkehrs" in den Städten, wobei er als Beispiel auf Paris verweist. Einen Widerspruch sieht Krähe darin, daß Schmalenbach einerseits eine radikale Verminderung der Sortimente fordert, andererseits jedoch den Bau von „Ladenhäusern" mit zahlreichen Detailgeschäften in der City vorschlägt. Krähe wörtlich: „Gibt es in Deutschland nur 3 Sorten Hüte zu kaufen, so ist das Bedürfnis, in die City zu fahren, um sich einen Hut auszusuchen, kaum noch vorhanden". (Brief an Schmalenbach vom 12. 1. 1944.)

Seite 175: In dem Aufsatz „Neue Aufgaben der Betriebswirtschaftslehre", mit dem Schmalenbach das erste Heft der nach dem Kriege neu gegründeten, von ihm beim Industrie- und Handelsverlag Walter Dorn in Bremen-Horn herausgegebenen Zeitschrift „Betriebswirtschaftliche Beiträge" eröffnet (Ausgabe Januar 1948, Seiten 3–8), geht er auf die 1944 vorgeschlagene Einteilung der Lehre nicht mehr ein. Vielmehr will er diese Wissenschaft jetzt nach „Funktionskreisen" gliedern: Der „externe Funktionskreis" soll Beschaffung und Absatz umfassen, der „interne Funktionskreis" Personal, Anlagen, Lagerwesen, Innentransport und Fertigung; zu den „allgemeinen Funktionskreisen" rechnet er die Finanzen, das Rechnungswesen und die Betriebsorganisation (die Wirtschaftslenkung wird hier nicht mehr erwähnt). Auch diese Aufteilung ist – wie schon die Gliederung von 1944 – vornehmlich auf Industriebetriebe abgestellt; auf Banken, Versicherungen, Handels-, Verkehrs- und Dienstleistungsbetriebe wäre sie nur mit Einschränkungen anwendbar.

– Die Gesetzes-Zitate stammen aus dem Gesetz über den Widerruf von Einbürgerungen und die Aberkennung der deutschen Staatsangehörigkeit vom 14. 7. 1933 (Blau, Ausnahmerecht, Seiten 22/23, Ziffer 26) und aus der Allgemeinen Verfügung des Reichsministers der Justiz über die Nichtigkeit letztwilliger Verfügungen vom 24. 9. 1941 (Blau, Seite 90, Ziffer 335).

Seite 176: Am 18. November 1938 wurden auf alle Grundstücke Schmalenbachs (auch Sachsenring 74) Sicherungs-Hypotheken im Grundbuch eingetragen. Sie dienten der „Sicherstellung aller Ansprüche und Forderungen, welche aus Reichsfluchtsteuer gegen mich oder meine Ehefrau entstehen können". Die Reichsfluchtsteuer beruhte auf einer Notverordnung des Reichspräsidenten vom 8. 12.

1931, also nicht auf einem Nazi-Gesetz. Sie traf alle Personen, die ihren inländischen Wohnsitz aufgaben, in Höhe eines Viertels ihres gesamten – auch des im Inland verbleibenden – Vermögens, wobei allerdings Freibeträge vorgesehen waren. Diese Steuer war für Schmalenbachs Entscheidungen nach 1932, Berufungen aus dem Ausland nicht anzunehmen, sicher ein Faktor von nicht zu unterschätzender Bedeutung.

Seite 177: Über den Spatenstich für das Institut in Schmalenbachs Garten hat uns Erich Potthoff unterrichtet, der an dem Akt teilgenommen hat. – Dr. Wilhelm Geile, Mitglied der Schmalenbach-Vereinigung, war Geschäftsführer der Binnenschiffahrts-Gesellschaft „Braunkohle" GmbH in Wesseling. Er wohnte in Köln-Lindenthal, unweit von Köln-Marienburg.

Seite 178: Die „Verschickung" von Irenes Mutter im Herbst 1942 vollzog sich noch in ganz ziviler Form. Die alte Dame, 76 Jahre alt, hatte sich selbst auf den Weg zu machen, ihre Tochter Irene hat sie bis Darmstadt begleitet, und die Mainzer erhielten auch Post von ihr, zum letzten Mal einen kurzen Gruß zu Weihnachten 1942. (Auch eine Todesnachricht kam, danach endete ihr Leben am 2. 2. 1943.) Aber die Verzweiflung war groß, und Irene war sich gewiß von vornherein darüber klar, was diese „Verschickung" bedeutete. Sie trug sich mit dem Gedanken, selbst ein Ende zu machen. Nur die Verantwortung für ihre Kinder hat sie vor diesem Schritt zurückgehalten.

– In Lodz, dem Geburtsort der Ehefrau von Hermann Schmalenbach, Sala, sowie in Warschau lebten Salas Vater und zwei Brüder mit ihren Frauen. Die dortigen Juden waren in Ghettos zusammengetrieben worden. Sie teilten dies der Schwester in Basel verschlüsselt mit den Worten mit: „Wir lesen gerade den Werther von Goethe"; die folgende Postkarte enthielt dann die Feststellung: „Wir haben neulich den Dichternamen falsch geschrieben, Ihr müßt die Vokale austauschen". Der Vater wurde auf offener Straße erschlagen, beide Brüder und deren Frauen sind ebenfalls umgekommen. Überlebt hat nur eine Schwester, die von katholischer Seite als Nonne verkleidet worden war. – Nach Salas Tod im Mai 1942 (sie ist an einer Thrombose gestorben) hätte Hermann seine Schwägerin Irene gern nach Basel geholt, damit sie dort Haushalt und Garten betreue. Das ließen die schweizerischen Behörden indes nicht zu. Im Herbst 1943 war er nach einem Besuch in Mainz entschlossen, Irene zu heiraten, um sie aus Deutschland herauszuholen. In einer Kurzschluß-Reaktion versuchte diese daraufhin, mit der bei ihr lebenden Tochter ohne Paß über die Grenze zu kommen. Das mißlang. Irene wurde in das Konzentrationslager Maidanek (bei Lublin in Polen) eingeliefert, ein „Vernichtungslager" der SS. Tochter Eva hat in mehreren Gefängnissen und Lagern in Deutschland gesessen, konnte aus einem sogar entfliehen (in einem Lieferwagen versteckt), wurde aber bald wieder gefaßt. Doch sie hat den Krieg überstanden und lebt jetzt (1982) in München. – Alle Angaben nach Mitteilung von Werner Schmalenbach in einem Gespräch am 17. 12. 1981 in Düsseldorf, sowie nach Briefen des Leopold Ehrenstein vom 6. 10. 1981 und vom 8. 1. 1982.

– Über den Verordnungsentwurf des Reichssicherheitshauptamts, der vorsah, die Vergünstigungen der Juden in privilegierten Mischehen aufzuheben und den jüdischen Partner zu deportieren, siehe die Anmerkung zu Seite 168.

– Die zitierten Dankbriefe Schmalenbachs auf Glückwunsch-Schreiben befinden sich sämtlich im Potthoff-Archiv.

Seite 179: Im Sommer 1942, als Schmalenbach die letzte Haushaltshilfe genommen wurde, hat Minz alle ehemaligen Schmalenbach-Schüler und alle Schmalenbach-Freunde in einflußreichen Positionen (darunter Hettlage im Speer-Ministerium) brieflich von dieser Maßnahme unterrichtet und ein seitenlanges Exposé über die Bedeutung Schmalenbachs und seiner Arbeiten für die deutsche Wissenschaft verfaßt, das allerdings – nach Potthoffs Erinnerung – nicht abgeschickt wurde. Das Arbeitsamt zeigte sich schließlich einsichtig und bewilligte der Treuhand-AG, deren Büros in Schmalenbachs Wohnhaus untergebracht waren, eine Haushaltshilfe. Das ging nun wiederum Schmalenbach gegen den Strich, der „keineswegs auch nur den geringsten Verdacht einer Schiebung aufkommen lassen" wollte (Brief Minz an Hettlage vom 29. 10. 1942.).

– Auch an der Kölner Universität gab es, so Potthoff in einem Gespräch vom 5. 11. 1980, während des Krieges eine Art „Sub-Kultur", die sich vor allem darin äußerte, daß die Anti-Nazis unter den Studenten genau wußten, zu welchem Professor und zu welchem Repetitor man ging und wen man besser mied.

– Schmalenbachs anerkennende Worte über Gauleiter Grohé stehen in einem Brief an Minz (vom 2. 8. 1943), in dem er sich mit der enttäuschenden Haltung des Peter Winkelnkemper auseinandersetzt. Dieser hatte Schmalenbach im Frühjahr 1933 bekanntlich versichert, ihm werde wegen seiner jüdischen Frau nichts passieren. Jetzt erklärte Winkelnkemper, Schmalenbach habe es ja selbst in der Hand, „die unangenehmen Folgen von sich persönlich abzuwenden" – eine Bemerkung, die infamer kaum denkbar ist. In diesem Zusammenhang schreibt Schmalenbach: „Ich könnte mir denken, daß der Gauleiter . . . in seiner aufrechten Art sagen würde: Was unbedingt versprochen ist, kann heute nicht als nur bedingt versprochen behandelt werden: Wenn der Kurator der Universität nicht zu seinem Wort steht, so stehe ich dafür; ich lasse meiner Partei nicht nachsagen, daß sie ihre Zusagen nicht halte." – Daß die Judenpolitik inzwischen längst den Händen der Parteidienststellen entglitten war und seit 1939 offiziell in den Zuständigkeitsbereich des Reichssicherheitshauptamtes der SS fiel, hat Schmalenbach vermutlich nicht gewußt, wenngleich ihm aus der Beobachtung der Geschehnisse die Machtverhältnisse natürlich vor Augen standen.

– Über die Person des Dr. Schmidt („Jonathan") sind wir vornehmlich durch Frau Feist unterrichtet (Gespräch vom 24. 11. 1981), zum Teil auch durch Angaben von Erich Potthoff. In den Briefen Schmalenbachs und seiner Angehörigen kommt der Name nicht vor. Er war Sohn reicher Eltern in Baden-Baden, praktizierender Katholik, nach kurzer Ehe sein Leben lang unverheiratet, wohnte mit einer Hausdame und deren zwei Kindern in einem hübschen Haus in Köln-Hohenlind, das im Kriege durch einen Volltreffer vernichtet wurde (wobei die Hausdame und ihre Kinder zu Tode kamen; Schmidt war zufällig nicht im Hause) und lebte nach dem Kriege viel bei Frau Feist. Durch Hitlers antijüdische Maßnahmen ist Dr. Schmidt zu einem ausgesprochenen Philosemiten geworden. Er half Juden, wo immer er konnte.

Seite 180: Die Jaspers-Zitate sind dem Aufsatz von Dolf Sternberger, Karl Jaspers zum hundertsten Geburtstag, entnommen, der am 19. 2. 1983 in der Samstags-Beilage der Frankfurter Allgemeinen Zeitung „Bilder und Zeiten" erschienen ist.

– Es ist denkbar, daß die Einweisung Schmalenbachs in das Einfamilien-Haus eine Maßnahme war, die auf den geheimnisumwitterten Herrn Marx zurückging und als ein Entgegenkommen für Schmalenbach gedacht war. Die Gestapo, so wäre nach dieser Version anzunehmen, habe davon erst später erfahren und dann sofort eingegriffen. Aber es gibt keine Unterlagen, die eine solche Vermutung stützen.

Seite 181: Der drei Seiten lange, mit Maschine geschriebene Bericht über den Aufenthalt in der Bachemer Straße (im Potthoff-Archiv) ist weder datiert noch unterschrieben. Aus mehreren Passagen des Schriftstücks ergibt sich jedoch zweifelsfrei, daß Werner Aprath der Verfasser gewesen ist. Der Bericht wurde 1948 als Beitrag zu Schmalenbachs 75. Geburtstag geschrieben.

Seite 182: Der Bericht der Frau Gertrud Stiasny vom 2. 8. 1948 über den Aufenthalt Schmalenbachs in ihrem Hause ist von Erich Potthoff als Beitrag für seine Schrift „Ernste und heitere Geburtstagsgespräche" erbeten worden. Im Potthoff-Archiv.

– Mit Ludwig Feist haben wir bei einem Abendessen am 14. 1. 1981 im Hause von Frau Elsa Rentrop ausführlich gesprochen, danach außerdem mehrfach telefonisch, so besonders am 27. 8. 1981 über sein eigenes Leben. Sein Brief an Potthoff vom 29. 5. 1948, aus dem gleichen Anlaß geschrieben wie der Brief von Frau Gertrud Stiasny (siehe oben), behandelt lediglich die Zeit, die das Ehepaar nach dem Abzug der deutschen Truppen noch in seinem Haus in Bad Godesberg zugebracht hat. (Im Potthoff-Archiv.) Davor war er bei der Wehrmacht. Ludwig Feist ist am 19. 4. 1982 nach einer Grippe-Infektion einem Herzversagen erlegen. (Vgl. Anmerkung zu Seite 126.)

Seite 183: Ebenfalls für die Schrift zum 75. Geburtstag von Schmalenbach hat Frau Gertrud Feist in ihrem Brief vom 22. 6. 1948 an Erich Potthoff kurz über den Aufenthalt des Ehepaars Schmalenbach in ihrem Hause berichtet (Im Potthoff-Archiv.). Wir haben darüber außerdem ein sehr ausführliches Gespräch mit ihr am 24. 11. 1981 in ihrer Kölner Wohnung geführt, in dem sie uns umfassend über das Zusammenleben mit Schmalenbach und Frau in den letzten Kriegsmonaten unterrichtet hat.

– Von der Anzeige gegen das Ehepaar Schmalenbach und deren Unterdrückung durch Kriminalkommissar Kessel hat der zur Wehrmacht eingezogene Ludwig Feist erst nach Kriegsende erfahren. Er hat daraufhin gemeinsam mit seiner Frau und einem in Godesberg ansässigen gebürtigen Engländer (einem Mr. Robens, der übrigens gleichfalls bereit gewesen wäre, 1944 die Schmalenbachs aufzunehmen) dafür gesorgt, daß Otto Kessel von den Alliierten aus der über alle Kriminalbeamten verhängten – automatischen – Haft befreit wurde. Der 1981 in Godesberg bei seinen Kindern lebende Otto Kessel (geboren 1893) hat uns am 18. 8. 1981 fernmündlich versichert, er habe insgesamt 24 Menschen durch Liegenlassen der Akten das Leben gerettet.

– Einzig Tochter Marion war gelegentlich der Anlaß für kleine Mißhelligkeiten, vor allem, weil ihre Mutter sie „an langer Leine laufen" ließ, während die Schmalenbachs für eine strengere, heute würde man sagen: für eine stärker „autoritär" ausgerichtete Erziehung eintraten. Das machte sich besonders bemerkbar, als Eugen Schmalenbach der Tochter und deren Freundin Unterricht gab. (Heute weiß sie es zu schätzen, daß sie bei Schmalenbach viel gelernt hat, besonders auf dem Gebiet der Wirtschaftsgeographie; Gespräch vom 24. 11. 1983). Marion hat damals nie vergessen, daß sie das Inkognito des Lehrers Bach nach außen strengstens zu wahren hatte. Selbst die Freundin, die in dem Feist'schen Haus aus- und einging, hatte keine Ahnung, daß der Herr Bach eigentlich Schmalenbach hieß und seine Frau Jüdin war.

Seite 185: In dem Brief an Albert Meier vom 12. 3. 1944 erwähnt Schmalenbach Professoren, die sich „tüchtig (für ihn) eingesetzt haben". Dagegen habe sich „Dekan Walb . . . als ganz inaktiv erwiesen".

– Leopold von Wiese, der das Einrücken der alliierten Truppen in Godesberg miterlebt hat, hielt die Ereignisse mit Kurz-Aufzeichnungen in einem Tagebuch fest, das er in seinem Buch „Erinnerungen", Köln und Opladen 1957, auf den Seiten 83–87 abgedruckt hat. Unsere Darstellung beruht auf diesem Buch.

Seite 186: Da unmittelbar nach den Kämpfen noch keine Verkehrsverbindungen funktionierten, hat sich Erich Potthoff von einem Russen im Tausch gegen zwei Hosen ein Fahrrad beschafft, auf dem er sich – nach Reparatur und gründlicher Überholung – am 13. 5. 1945 (zwei Wochen vor Pfingsten) auf den Weg nach Köln begab. Dort suchte er Hans-Jürgen Schlochauer auf, der bereits seit einigen Wochen als Leiter des Wohnungsamtes der Kölner Stadtverwaltung tätig war. Von Köln fuhr er über Bonn nach Godesberg zu Schmalenbach.

– Über Schlochauers Tätigkeit in der Treuhand-AG unterrichtet kurz ein Brief Schmalenbachs an Walter Krähe vom 1. 12. 1943. Schlochauer lehrte nach dem Krieg als Privatdozent an der Kölner Universität Öffentliches Recht, insbesondere Völkerrecht; er erhielt später eine Professur in Frankfurt am Main.

Seite 187: Die Währungsreform von 1948 entsprach ganz und gar nicht Schmalenbachs Vorstellungen. In dem Buch „Der freien Wirtschaft zum Gedächtnis", Köln/Opladen 1949, Seite 92, sagt er über die Amerikaner voll galliger Bitterkeit, früher habe er vor ihrer geistigen Überlegenheit einige Achtung gehabt. „Aber nachdem ich die Währungsreform der Alliierten erlebte, habe ich sie auf den Erinnerungswert abgeschrieben."

– Wie Ludwig Feist in seinem Brief vom 29. 5. 1948 an Potthoff berichtet, hat sich Schmalenbach im Sommer 1945 u. a. „mit dem Katalog der Güter (befaßt), die steuerfrei oder minder besteuert sein sollten". Dieser Katalog war ein wesentlicher Bestandteil der von ihm vorgeschlagenen Steuerreform. Siehe Seite 136 und die Anmerkung hierzu über die Gespräche zwischen Schmalenbach und Feist zu dieser Frage.

– In dem Feist-Brief (s. o.) ist weiterhin erwähnt, daß Schmalenbach damals den Plan einer staatlichen Ein- und Verkaufsgesellschaft entworfen habe, dies „zu seinem Lieblingszweck, der Verringerung der Spanne zwischen Produzenten- und Einzelhandels-Verkaufspreis". Alle seine Erwägungen habe wie ein roter Faden der Gedanke durchgezogen, „Freiheit zur Initiative bei den Betriebsleitern, für alles andere aber Organisation, Befehl, Zwang . . .".

– Ludwig Feist nennt in seinem Brief vom 29. 5. 1948 auch Ernst Walb und Theodor Beste als Teilnehmer an den Gesprächen zur Wiedereröffnung der Universität, die in seinem Hause stattfanden. Vermutlich haben die beiden Genannten nicht an dem ersten Treffen, wohl aber an späteren Besprechungen teilgenommen.

Anmerkungen zu XII und XIII, Seiten 188–191

Seite 188: Über den Neubeginn der Kölner Universität 1945 und dessen Vorbereitungen berichtet Leopold von Wiese in seinen „Erinnerungen" (s. o.) auf den Seiten 90–92.

– Die Kölner Universität hat als eine der ersten in Deutschland schon vor der Immatrikulationsfeier (10. 12. 1945) ihren Lehrberieb aufgenommen, nämlich am 26. 11. 1945. Zum Studium zugelassen wurden 1350 Studenten; ein Jahr später, für das Winter-Semester 1946/47 wurde ihre Zahl auf 3330 erhöht. Siehe die Ausführungen von Hermann Kellenbenz über die Wirtschafts- und Sozialwissenschaftliche Fakultät in der Schrift „Die Universität zu Köln", Berlin-West und Basel 1969, Seite 15.

– Daß Eugen Schmalenbach über die Art, wie man ihm an der Universität bei seiner Rückkehr 1945 begegnete, nicht ganz glücklich war, hat uns Erich Potthoff mitgeteilt.

– Der undatierte und ungezeichnete Brief über Schmalenbachs erste Nachkriegs-Vorlesung befindet sich im Potthoff-Archiv.

XIII. Zu neuen Taten (1945–1950)

Seite 189: In der Diskussion zu dem Essener Vortrag meldete sich Widerspruch gegen Schmalenbachs Vorstellungen über eine Währungsreform. Die Besitzer von Banknoten – und damit auch die Horter solcher Banknoten – teilweise zu befriedigen, die Inhaber von Konten bei Kreditinstituten sowie sämtliche Gläubiger des Reichs dagegen entschädigungslos zu enteignen, wurde als eine wenig befriedigende Lösung bezeichnet. Dagegen wurde vorgeschlagen, neue Noten zu drucken, das alte Geld an einem Wochenende für wertlos zu erklären und das neue Geld über Banken und Unternehmen am Montag an die Arbeitnehmer auszugeben. Bekanntlich ist die Währungsreform im Juni 1948 dann auch so abgelaufen.

Seite 190: Nach einem Schreiben von Erich Potthoff vom 16. 10. 1980 (an den Autor) ist Schmalenbach 1946 zum „Ehrenwirtschaftsprüfer" bestellt worden. Das müsse eine Maßnahme der Regierung für Nordrhein-Westfalen gewesen sein. „Das Institut der Wirtschaftsprüfer, das damals . . . praktisch nicht bestand, hat daran nicht mitgewirkt". – Seine Bestellung zum Wirtschaftsprüfer im Jahre 1946 wird von Fritz Möhle in der Laudatio zu Schmalenbachs 75. Geburtstag erwähnt, Festnummer der Zeitschrift „Die Wirtschaftsprüfung", Jahrgang 1, Nr. 6 vom September 1948, Seiten 1–2.

– Die Angaben über seine Berufung zum Vorsitzenden des Prüfungsausschusses für Wirtschaftsprüfer entstammen Schmalenbachs Schreiben vom 3. 2. 1948 an Konrad Engelmann in New York. Im Minz-Nachlaß (Schmalenbach-Archiv).

– Die Bemerkungen Schmalenbachs über Vor- und Nachteile einer Berufung zum Minister stehen in einem undatierten und nicht unterschriebenen Exposé von 2 Seiten, dessen sonstiger Inhalt eindeutig Heinrich Bork als Verfasser erkennen läßt. Die Blätter gehören zu jenen Schriftstücken, die Erich Potthoff als Material für seine Schrift „Ernste und heitere Geburtstagsgespräche" zum 75. Geburtstag Schmalenbachs (20. 8. 1948) verwandt hat. Sie sind also im Sommer 1948 entstanden, daß heißt höchstens zwei Jahre nach dem hier beschriebenen Vorgang, als Schmalenbach die Angelegenheit noch in frischer Erinnerung hatte.

– Robert Loesch, Schmalenbachs Luxemburger Partner bei der Herstellung und dem Vertrieb von Tonisatoren (siehe Seiten 160–161), berichtet in einer Niederschrift „Erinnerungen an Schmalenbach" vom Oktober 1963, Schmalenbach habe ihm 1947 in einem der ersten Telefongespräche, die damals zwischen Deutschland und Luxemburg möglich waren, wörtlich gesagt: „Man hat mir das Bundeskanzleramt angetragen, aber ich habe die Nase voll von der Politik. Freund Konrad soll dieses Amt annehmen". Bei diesem Hinweis müssen Loesch jedoch die Erinnerungen durcheinandergeraten sein. Konrad Adenauer wurde erst 1948 Präsident des Parlamentarischen Rats, 1949 Mitglied des Bundestages und am 15. 9. 1949 zum ersten Bundeskanzler gewählt. Im Jahre 1947 kann Schmalenbach also nicht vom Amt des Bundeskanzlers gesprochen haben. Vermutlich ging es in dem Telefongespräch um das Angebot, ein Ministeramt in der Düsseldorfer Landesregierung zu übernehmen.

Seite 191: Über das Angebot an Schmalenbach, an der Handelshochschule St. Gallen eine Gastprofessur zu übernehmen, sind wir durch Schmalenbachs sehr ausführliches Absage-Schreiben vom 25. 4. 1947 an Professor Gsell in St. Gallen unterrichtet. Danach war das Angebot Gegenstand von drei

Briefen, die Gsell am 11., 12. und 14. 4. 1947 an Schmalenbach gerichtet hatte. (Abgelegt im Nachlaß Hundhausen; Schmalenbach-Archiv.)

– Wilma Schönnenbeck, die von ihrem Mann Adolf Schönnenbeck in Düsseldorf (Eugen Schmalenbachs Vetter) getrennt lebte, hat nach dem Kriege in Basel Hermann Schmalenbach betreut, dessen Frau Sala im Mai 1942 gestorben war; sie hat seinen Haushalt sowie die Gartenpflege besorgt. Nach ihrer Scheidung von Adolf Schönnenbeck sind Hermann Schmalenbach und Wilma am 11. 9. 1948 die Ehe eingegangen.

– Über das erste Wiedersehen mit seinem Sohn schrieb Schmalenbach am 19. 1. 1948 an Carl Hundhausen: „Dann kam am dritten Weihnachtstage eine frohe Überraschung: Unser Sohn Fritz kam für eine gute Woche aus der Schweiz hierher, und wir sahen ihn nach 9 Jahren gesund und kräftig wieder“. (Im Hundhausen-Nachlaß; Schmalenbach-Archiv.)

– Die Zeitschrift für handelswissenschaftliche Forschung erschien von ihrem 3. Jahrgang an (1908/09) bei der Verlagsbuchhandlung G. A. Gloeckner in Leipzig. Dieser Verlag, nach dem ersten Weltkrieg geleitet von seinen Inhabern Klinkhardt sen. und jun., brachte mit einer Ausnahme (Goldmarkbilanz) auch alle Bücher Schmalenbachs bis zum Jahre 1939 heraus. In der Kriegs-Zeit scheint sich jedoch das bis dahin ungetrübte, ja herzliche Verhältnis zwischen Verleger und Autor verschlechtert zu haben. Am 30. 8. 1941 wurde ein Verlagsvertrag mit dem Leipziger Verleger Felix Meiner über eine neue Veröffentlichungsreihe der Schmalenbach-Vereinigung geschlossen; die dafür eingesandten Manuskripte und die bereits gedruckten Exemplare fielen jedoch am 4. 12. 1943 einem Bombentreffer zum Opfer. Nach dem Kriege meinte Schmalenbach in einem Schreiben an Felix Meiner (vom 10. 12. 1945; im Minz-Nachlaß), die Zonentrennung würde eine fruchtbare Zusammenarbeit zu sehr erschweren, außerdem sei der Schwerpunkt des Absatzes West- und Süddeutschland. Für die weiteren Veröffentlichungen werde man wohl einen westdeutschen Verlag gewinnen müssen. (Angaben nach Mitteilungen der Schmalenbach-Gesellschaft; siehe ferner Schmalenbachs Beitrag zum 25jährigen Bestehen der ZfhF, in ZfhF 1931, Seite 4.)

Seite 192: Über die Verhandlungen mit dem Bonner Verleger unterrichtet Potthoffs sehr ausführliche Tagebuch-Eintragung vom 31. 1. 1946 (im Potthoff-Archiv).

– Bei dem Leipziger Verleger Felix Meiner erschien 1948 die 9. Auflage der Dynamischen Bilanz. Es blieb die einzige Publikation Schmalenbachs in diesem Verlag.

– In dem Schreiben vom 19. 3. 1946 eröffnet Erich Potthoff als Prokurist der Treuhand-AG dem geschäftsführenden Vorstand Walter Krähe, daß er im vollen Einverständnis mit Schmalenbach noch in diesem Monat aus der Treuhand-AG auszuscheiden beabsichtige.

– Die Niederschrift vom 30. 11. 1946 „über den Stand der Zeitschrift“ stammt mit hoher Wahrscheinlichkeit von Karl Hax (im Potthoff-Archiv).

Seite 193: Außer der Zeitschrift sind im Verlag Walter Dorn auch Schmalenbachs Bücher über „Pretiale Wirtschaftslenkung“ erschienen, nämlich „Die optimale Geltungszahl“ im Jahre 1947 und die „Pretiale Lenkung des Betriebes“ 1948. Außerdem hat der Verlag zwei Neuauflagen der „Dynamischen Bilanz“ herausgebracht, die achte Auflage 1947, die zehnte 1948.

– Wie aus Unterlagen der Schmalenbach-Gesellschaft ersichtlich ist, wurde das erste Heft der „Betriebswirtschaftlichen Beiträge“ den Teilnehmern einer Mitglieder-Versammlung am 12. 7. 1947 ausgehändigt. Dagegen enthält das uns vorliegende Exemplar dieses Hefts den Vermerk: „Gedruckt bei . . . im Januar 1948“. Das deutet darauf hin, daß die Auflage möglicherweise nicht sogleich in voller Höhe, sondern je nach Bedarf und Papierversorgung sukzessive ausgedruckt worden ist.

Seite 194: Das Recht, Schmalenbachs Werke in fremden Sprachen zu verlegen, hat Eugen Schmalenbach seinem in der Schweiz lebenden Sohn Fritz Schmalenbach übertragen. Außer der „Dynamischen Bilanz“, die ins Japanische, ins Spanische, ins Englische und ins Französische übersetzt worden ist (siehe Seite 71), sowie dem „Kontenrahmen“, der in russischer Sprache (Seite 106) und 1953 auch in Japan erschienen ist, wurde Schmalenbachs letztes Werk „Der freien Wirtschaft zum Gedächtnis“ ins Japanische übersetzt, gleichfalls 1953. Siehe das Verzeichnis der Arbeiten von Eugen Schmalenbach, zusammengestellt von Dipl.-Bibliothekar Magister Otto v. Kori, in ZfbF 1968, Seiten 473–488.

Anmerkungen zu XIII, Seiten 194–204

– Über die Diskussionen um eine Änderung des Titels der Zeitschrift für handelswissenschaftliche Forschung wurden wir durch Mitteilungen der Schmalenbach-Gesellschaft unterrichtet.

– Im zweiten Heft der neuen Folge der ZfhF hat Schmalenbach ferner in der Rubrik „Mitteilungen" unter der Überschrift „Goethe zur Frage der pretialen Betriebslenkung" eine Stelle aus Eckermanns „Gespräche mit Goethe" wiedergegeben, in der Goethe dafür eintritt, daß beim Theater ein Überschuß in der Kasse dem Direktor, den Regisseuren und den vorzüglichen Bühnenmitgliedern zuteil werde.

Seite 195: Der Hinweis auf weitere Bände zur Wirtschaftslenkung steht auf Seite 49 der „Pretialen Lenkung des Betriebes". Dort schreibt Schmalenbach: „Die Wirkung der einzelnen Betriebe (hängt) in hohem Grade davon ab, in welchem Umfang in der Volkswirtschaft die pretiale Geltungszahl zur Anwendung kommt. Ob und wie das je nach dem Zustande der einzelnen Wirtschaftsverfassungen geschieht, wird erst in späteren Bänden zu erörtern sein".

– Die Ankündigungen der Industrie- und Handelsverlag Walter Dorn GmbH über weitere Bände der Schriftenreihe „Pretiale Wirtschaftslenkung" befinden sich auf den Innenseiten der vorderen Deckblätter zu Heft 2 und 3 der Zeitschrift „Betriebswirtschaftliche Beiträge".

Seiten 201/202: Die hier wiedergegebenen Zitate aus der Schrift „Der freien Wirtschaft zum Gedächtnis", im Text ausnahmsweise nicht als Zitate gekennzeichnet, stehen auf den Seiten 14, 15, 16, 22, 33, 35, 54 und 55.

Seite 202: Schmalenbach äußert auf Seite 52 der Schrift seine Verwunderung darüber, daß es den Kommunisten in sogenannten kapitalistischen Ländern gelingt, für ein System Anhänger zu gewinnen, das nur den Managern selbst Vorteile verspricht. Sein Kommentar dazu ist noch heute von unverminderter Aktualität: „Wenn Marx die Theorie aufstellte, daß in der freien Wirtschaft die Unternehmer einen Mehrwert erzielen, dann wird die Welt nicht besser dadurch, daß ein Mehrwert statt den Unternehmern einem anderen Kreise von Bevorzugten zufällt."

Seite 203: Josef Gref hatte bei Schmalenbach studiert, gehörte eine Zeitlang zu dessen Assistenten, wollte sich ursprünglich habilitieren, übernahm dann aber die Nachfolge von Jacobs als Repetitor, möglicherweise sogar auf Anraten von Schmalenbach, mit dem ihn zeit seines Lebens ein freundschaftliches Verhältnis verband. Zu dessen 70. Geburtstag gratuliert ihm Gref mit einem langen Brief (vom 24. 8. 1943), in dem er u. a. schreibt: „Die Teilnehmer meiner Kurse betrachten sich gewissermaßen als Ihre mittelbaren Schüler, da ich . . . versuche, sie in die Zielrichtung, die Probleme und die Methode der Betriebswirtschaftslehre so einzuführen, wie Sie uns diese Dinge zu schauen und zu erfassen gelehrt haben".

– Zu den drei Heften der Zeitschrift „Betriebswirtschaftliche Beiträge" hat Karl Hax jeweils ein Repetitorium über Einzelfragen verfaßt. Als Autor eines umfassenden Repetitoriums kam Hax jedoch nach Meinung Schmalenbachs „wegen Überlastung" nicht in Frage (Brief an Minz vom 4. 8. 1947).

– Das Wort von der „halbverfallenen Kölner Wirtschaft", in der die ersten Zusammenkünfte stattfanden, stammt von Theodor Beste. Er hat es in seiner Ansprache zur Erinnerung an Schmalenbachs 90. Geburtstag gebraucht, die in der ZfbF 1964, Seiten 1–5, unter der Überschrift „Eugen Schmalenbachs Lebenswerk" abgedruckt ist.

Seite 204: Über die Neugestaltung der Betriebswirtschaftslehre und damit auch des betriebswirtschaftlichen Studiums hat sich Schmalenbach in den letzten Kriegsjahren – auch während seines Exils in der Bachemer Straße und in Godesberg – viele Gedanken gemacht. Sein Ziel war offenbar, das Betriebsleben durch Darstellung aller wesentlichen Funktionen in seiner Gesamtheit zu erfassen (wobei er in erster Linie Fertigungsbetriebe im Auge hatte). Das Ergebnis seiner Überlegungen ist die Lehre von den „Funktionskreisen", die er in seinem Aufsatz „Neue Aufgaben der Betriebswirtschaft" erstmals veröffentlicht hat (Betriebswirtschaftliche Beiträge, Heft 1 vom Juli 1947, Seiten 3–8) und die in sein Buch „Pretiale Lenkung des Betriebes" eingegangen ist (Bremen-Horn, April 1948, Seiten 18–19). Siehe Seiten 175, 181, 194. Karl Hax hatte die ehrgeizige Absicht, in der Festnummer der Zeitschrift „Die Wirtschaftsprüfung" zu Schmalenbachs 75. Geburtstag über jeden „Funktionskreis" einen speziellen Aufsatz zu veröffentlichen (was ihm jedoch nicht voll gelungen ist, vermutlich aus Mangel an Autoren) und so das Ganze der Betriebswirtschaft aus Schmalenbachs Sicht darzustellen.

Seite 205: Die Kommission zur Reform des betriebswirtschaftlichen Studiums wurde, wie ausgeführt, auf Schmalenbachs Initiative errichtet. Aber nicht nur das. Er hat auch die Auswahl der Kommissionsmitglieder beeinflußt, die Besprechungsthemen festgelegt, die Protokolle ausgearbeitet und selbst bestimmt, an wen sie versandt werden sollten. Das zeigt, wie sehr Schmalenbach die hier behandelte Frage am Herzen lag. Beste hat den Inhalt der Protokolle beanstandet und darin einen Versuch Schmalenbachs gesehen, die Gestaltung des Lehrfachs Betriebswirtschaftslehre an der Kölner Universität zu beeinflussen. Er glaubte, von den anderen Vorstandsmitgliedern der Schmalenbach-Vereinigung die Zusage erhalten zu haben, sie würden für eine „Abänderung und Richtigstellung der Protokolle" sorgen. Das wurde von Minz (Schreiben vom 16. 3. 1948) bestritten, weil dies auf eine Bloßstellung Schmalenbachs und damit voraussichtlich auf eine Sprengung der Vereinigung hinausgelaufen wäre.

– Neben früheren Schmalenbach-Schülern sah die Satzung von 1934 auch die Aufnahme „solcher Personen des Wirtschaftslebens (vor), die an den Bestrebungen der Vereinigung mitwirken wollen" – eine sehr dehnbare Vorschrift. Allerdings mußten die Anwärter in jedem Fall zwei „Paten" stellen.

Seite 206: 1978 schließt sich die Schmalenbach-Gesellschaft mit der Deutschen Gesellschaft für Betriebswirtschaft zusammen. Siehe Seite 217.

– Präsidenten der Schmalenbach-Gesellschaft waren Eugen Fervers (1952–1954), Walter Krähe (1954–1956), Leo S. Rothe (1956–1958), Fritz Wilhelm Hardach (1958–1960), Peter van Aubel (1960–1962), Albert Meier (1962–1964), Fritz Wilhelm Hardach (1965–1968), Erich Potthoff (1968–1971), Walter Cordes (1971–1978).

XIV. Die Kräfte lassen nach (1951–1955)

Seite 207: Willy Minz spricht in seinem Schreiben an Theodor Beste vom 29. Dezember 1947 die Vermutung aus, bei Beste könnte „die Frage der Neubesetzung des Postens des Aufsichtsratsvorsitzers der Treuhand-AG . . . eine persönliche Mißstimmung gegen Schmalenbach hervorgerufen" haben. Demgegenüber betont Minz, er habe „das denkbar Mögliche" getan, um Schmalenbach von dieser Wahl abzuhalten. Aber der Professor habe „unter allen Umständen einen in Köln ansässigen Herrn haben" wollen, und er habe die Bitte von Minz, es bei der Bestellung von Beste zu belassen, ihm – Minz – sogar übelgenommen. – In dem Schreiben von Walter Krähe an Schmalenbach vom 21. März 1947 heißt es: „Ich selbst würde vorschlagen, Herrn Dr. Minz den Vorsitz im Aufsichtsrat zu übertragen". Schmalenbach hat sich in dieser Frage also der Rückendeckung Krähes versichert.

– Die Erwartung, daß sich das Kapitalentwertungskonto, wie gesetzlich vorgeschrieben, binnen drei Jahren tilgen lasse, wird im Geschäftsbericht vor allem damit begründet, daß die Treuhand-AG bis zum Januar 1950 „bereits mehrere Zahlungen von einer anderen Treuhand-Gesellschaft als Entschädigung für das an diese Firma übertragene Revisionsgeschäft erhalten hat und auch in Zukunft noch erwartet". Es handelt sich um Zahlungen der Firma Hartkopf & Rentrop KG aus dem 1938 geschlossenen Vertrag (Seite 164). Diese Zahlungen waren offenbar schon während des Krieges und sind auch nach der Währungsreform ein fester finanzieller Rückhalt für die Treuhand-AG gewesen, zumal da Hartkopf & Rentrop sie, wie es scheint, bei derWährungsreform 1948 nicht abgewertet hat, sondern weiter in der alten nominellen Höhe leistete (RM = DM).

Seite 208: Frau Irene Nickel, die wir am 6. und 7. Mai 1981 in Schmalenbachs Landhaus ausführlich gesprochen haben, hatte 1951 einen Erholungsurlaub in dieser Gegend verbracht. Sie war von der Landschaft so angetan, daß es geradezu ihr Herzenswunsch wurde, hier einmal eine neue Heimat zu finden. (Sie stammt aus Hohensalza, heute Inowraclaw, südwestlich von Thorn im jetzigen Polen.)

– Schmalenbach hat aus bibliophilem Interesse auch Werke über Buchhaltung und Bilanz sowie andere kaufmännische Literatur aus früheren Zeiten gesammelt: Die wertvollsten Stücke hat er anscheinend seinem Sohn mitgegeben, als dieser in die Schweiz ging. Das Schmalenbach-Archiv besitzt ein 22 Seiten umfassendes Verzeichnis von 214 Büchern und Zeitschriften (wobei jede Zeitschrift, auch wenn sie mehrere Jahrgänge umfaßt, nur als ein Posten gezählt ist), die in einem „Depositum in der Schweizerischen Landesbibliothek in Bern" für ihn aufbewahrt wurden. Am Rande des Verzeichnisses ist mit Rotstift vermerkt: „Nicht mehr in Bern vorhanden". Die ältesten Bücher stammen aus dem 15. Jahrhundert, darunter das berühmte Werk von Luca Pacioli, Summa de Arithmetica, das 1494 in Venedig erschienen ist. Zu dem Depositum gehörte auch die Zeitschrift für handelswissenschaftliche Forschung, und zwar alle Jahrgänge bis einschließlich 1935. Daraus ist zu schließen, daß die Bücher vermutlich im Jahre 1936 in Bern deponiert worden sind. – Der Bücherbestand Schmalenbachs wurde nach seinem Tod unseres Wissens der Bibliothek der Kölner Universität übergeben.

Seite 209: Schmalenbach war noch 1943/44 lebhaft daran interessiert, freie Mittel der Treuhand-AG als Darlehen an kleine und mittlere Industriefirmen auszuleihen. Er stand zu diesem Zweck mit mehreren Maklern in Verbindung, die ihm solche Möglichkeiten einer Kapitalanlage zu vermitteln suchten. (An Wertpapieren besaß die Treuhand-AG bei der Währungs-Umstellung 1948 nur zwei kleine Posten Industrie-Obligationen, dagegen keine Schuldverschreibungen des Reichs oder anderer öffentlicher Emittenten.) Die alten Darlehen an Zanders sowie an Pape & Olbertz waren vor 1948 zurückgezahlt. Außer dem Darlehen an Arthur Richter hatte die Treuhand-AG 1945 nur noch eine kleinere Darlehensforderung an die Velvetfabrik Loospfad GmbH in Krefeld, die das Färben, Schneiden und Ausrüsten von Velvets und Cords speziell für Arbeitsbekleidung ausführte. An dieser Firma war ein französischer Textilkonzern interessiert. (Mehrere Schreiben aus dem Herbst 1945 im Krähe-Archiv der Schmalenbach-Gesellschaft)

– Zu Beginn des Hitler-Krieges wurde die Leipziger Handelshochschule angewiesen, im Vorlesungsverzeichnis Eugen Schmalenbach nicht mehr als Ehrensenator zu nennen. Wilhelm Hasenack, damals Rektor der Hochschule, hat sich geweigert, Schmalenbach zu streichen, und die Frage schließlich dadurch gelöst, daß er die Senatsmitglieder überhaupt nicht mehr im Vorlesungsverzeichnis aufführte. (Gespräch mit Wilhelm Hasenack am 28. 1. 1982 in dessen Haus in Göttingen)

Seite 210: Daß während der Nazi-Jahre keine Institution eine Auszeichnung an Schmalenbach verlieh, trifft auf den VDDK nicht zu, dessen Ehrenmitglied er seit 1924 war. Der VDDK hat ihm am 23. 7. 1935 die „Goldene Ehrennadel“ überreicht, ein Vorgang, der jedoch keine öffentliche Resonanz fand.

– In dem Brief von Minz wegen der Verleihung des Dr. Ing. e. h. durch die TH Karlsruhe wird erklärt, Schmalenbach stamme „aus einer alten Fabrikantenfamilie“. Damit wird auf den mütterlichen Stamm abgestellt, was in früheren Würdigungen Schmalenbachs, soweit wir sehen, niemals geschehen ist.

Seite 211: Christine Teusch gehörte von 1920 bis 1933 als Zentrumsmitglied dem Reichstag an. Es ist daher nicht ausgeschlossen, daß sie und Schmalenbach sich aus der Zeit seiner aktiven Betätigung im Reichswirtschaftsrat kannten. Für diese Annahme spricht auch, daß Frau Teusch, wie Ruth Schönnenbeck berichtet, am Tage seines 80. Geburtstags nachmittags als Gast in seinem Hause war. (Siehe die Anmerkung zu Seite 212.)

– Botschaftsrat Taraoka hielt seine Rede zu Schmalenbachs 80. Geburtstag in japanischer Sprache. Darauf flüsterte Schmalenbach seiner Nachbarin erleichtert zu: „Na, dem brauche ich ja wohl nicht zu antworten“. (Ruth Kirschner-Schönnenbeck bei dem Gespräch am 30. 6. 1982 in Düsseldorf)

– Unsere Darstellung über den Festakt zu Schmalenbachs 80. Geburtstag beruht vornehmlich auf dem ausführlichen Bericht, der im Kölner Stadt-Anzeiger Nr. 194 vom 21. 8. 1953 erschienen ist, ferner auf dem Bericht in der ZfhF, Jahrgang 1953, Seiten 501–502, beide ohne Verfasserangabe.

Seite 212: Wie Ruth Kirschner-Schönnenbeck berichtet, hat sie bei dem Zusammensein am Nachmittag des 20. 8. 1953 in Schmalenbachs Haus längere Zeit neben der Düsseldorfer Kultusministerin Christine Teusch gesessen und sich angeregt mit ihr unterhalten. Als Frau Teusch gegangen war, meinte Schmalenbach zu seiner Nichte, sie solle der Ministerin doch mal vorschlagen, eine Ehrenpension für ihren Vater, den Maler Adolf Schönnenbeck, auszusetzen. Die Pension wurde ihrem Vater tatsächlich bewilligt und hat ihm das Leben noch sehr erleichtert. (Adolf Schönnenbeck, 1869 geboren, ist erst 1965 gestorben.)

Seite 213: Über das allmähliche Nachlassen der Sehkraft Schmalenbachs hat uns Ruth Kirschner-Schönnenbeck unterrichtet, die in jener Zeit viel in seinem Hause war. Fritz Schmalenbach hat in unserem Gespräch am 2. Februar 1981 in Lübeck gesagt, zum Schluß sei er „fast blind“ gewesen.

– Der Geschäftsführer der Schmalenbach-Gesellschaft Leo Kluitmann hat auf die Bemerkung Schmalenbachs, in Fragen Kartelle und Monopole fehle ihm die Betriebsnähe, dem Professor vorgeschlagen, „ihn mit dem einen oder anderen Herren aufzusuchen, dem diese Fragen von der Praxis her geläufig sind“. (Aktenvermerk vom 4. 1. 1954, im Nachlaß Kluitmann, Schmalenbach-Archiv.) Ob es dazu gekommen ist, wissen wir nicht.

– Daß Schmalenbach zehn Tage vor seinem Tode noch einen Doktoranden geprüft hat, wurde von Theodor Beste in seiner Gedenkrede auf der Akademischen Trauerfeier am 10. Mai 1955 erwähnt. Die Rede ist in der ZfhF, Jahrgang 1955, auf Seiten 203–217 veröffentlicht, die zitierte Bemerkung steht auf Seite 204 unten.

Seite 214: Was Fritz Schmalenbach über die letzten Tage und den Tod seines Vaters gesagt hat, wurde von Wilhelm Hasenbeck in seiner kurzen Würdigung Schmalenbachs wörtlich wiedergegeben. Siehe „Eugen Schmalenbach“, Betriebswirtschaftliche Forschung und Praxis, Jahrgang 1955, Heft 3, Seiten 129–130.

– Die Ansprachen, die der Pfarrer sowie Theodor Beste und Willy Minz bei der Beisetzung Schmalenbachs gehalten haben, werden im Schmalenbach-Archiv aufbewahrt. Es handelt sich um die Durchschrift eines fortlaufend mit Maschine geschriebenen Textes auf 8 Seiten Dünnpapier, offenbar das Ergebnis einer stenographischen Mitschrift. Der Pfarrer begann den persönlichen Teil seiner Rede mit dem Hinweis, daß er den Verstorbenen „in den 21 Jahren, die ich sein Pastor gewesen bin, . . . nie bei einer kirchlichen Veranstaltung gesehen“ habe.

– Ob der Enkel Schmalenbachs, Michael Spee, seinen Großvater in späteren Jahren jemals besucht hat, ist nicht bekannt. Bei dessen Tod war er erst 13 Jahre alt und lebte in St. Blasien im südlichen Schwarzwald, also weit von Köln entfernt.

– Über den Tod der Ehefrau, Marianne Schmalenbach, hat Frau Barbara Spee-Perrins in unserem Gespräch am 14. 6. 1981 berichtet.

Seite 216: Das Zitat von Theodor Beste über Schmalenbachs Vortragsweise ist der Gedenkrede auf der Akademischen Trauerfeier am 10. 5. 1955 entnommen; ZfhF, Jahrgang 1955, Seiten 203–217. Das Zitat steht auf Seite 216.

– Walter Cordes hat Schmalenbachs Verhältnis zur betrieblichen Praxis in der Ansprache gekennzeichnet, die er auf der Jubiläumstagung der Schmalenbach-Gesellschaft anläßlich des hundertsten Geburtstags von Eugen Schmalenbach gehalten hat. Siehe ZfbF, Jahrgang 1974, Seiten 148–152. Die Zitate stehen auf Seiten 149.

– Schmalenbach hat zuweilen Ausarbeitungen begonnen, bei denen ihm im späteren Verlauf deutlich wurde, daß seine Kenntnis der Praxis für eine vollkommene Darstellung und für die theoretische Analyse der Probleme nicht ausreichte. Dazu gehört seine Untersuchung über das Lagerwesen, die ihn während des letzten Krieges jahrelang beschäftigt hat (Seite 173/4), dann auch – ein Jahr vor seinem Tode – die Arbeit über Kartell- und Monopolfragen, von der Kluitmann berichtet hat (siehe oben die Anmerkung zu Seite 213).

Seite 217: Schmalenbachs Erklärung über die Zielsetzung der neuen Schmalenbach-Gesellschaft ist in der Wiedergabe der soeben zitierten Ansprache von Walter Cordes zitiert, ZfbF, Jahrgang 1974, Seite 150.

– Unsere Darstellung über die Gründe, die einen Zusammenschluß der Schmalenbach-Gesellschaft und der Deutschen Gesellschaft für Betriebswirtschaft nahelegten, beruht auf einem Schreiben von Walter Cordes an den Autor vom 16. 5. 1983.

Seite 218: Die drei Fragen, die hier als ein Kriterium für Größe und Bedeutung eines Menschen angeführt sind, haben wir sinngemäß dem Vorwort des von Horst Claus Recktenwald herausgegebenen Buchs „Lebensbilder großer Nationalökonomen“, Köln und Berlin 1965, Seiten 17–27, entlehnt. Nach diesen Kriterien hat Recktenwald die in sein Buch aufgenommenen Männer ausgewählt.

Leben und Wirken Schmalenbachs

Chronologische Übersicht

1873 (Johann Wilhelm) Eugen Schmalenbach wird in Halver/Westfalen, Ortsteil Schmalenbach, geboren (20. 8.). Sein Vater betreibt eine Fabrik für Kleineisenwaren in Breckerfeld, unweit Halver.

1882 Eugen Schmalenbachs Vater übernimmt eine Werkstatt in der Strafanstalt Elberfeld und stellt dort vornehmlich Schlösser einfacher Bauart her. Seine Frau zieht mit Sohn Eugen nach Breckerfeld (April).

1884 Eugen, der in Halver und Breckerfeld bisher Elementarschulen besucht hat, kommt auf die Rektoratsschule, die begabte Schüler auf die Obertertia eines Gymnasiums vorbereitet (April).

1888 Eugens Mutter zieht mit den Kindern zum Vater nach Elberfeld. Eugen wird in die Obertertia des Dörpfeld-Gymnasiums aufgenommen (April).

1890 Wegen finanzieller Schwierigkeiten des Vaters verläßt Eugen das Gymnasium mit der Obersekunda-Reife (April).

Eugen besucht für einige Wochen die Königliche Fachschule für Kleineisenindustrie in Remscheid (April/Mai).

Beginn einer Schlosser-Ausbildung als Volontär bei einer Maschinenbau-Firma in Barmen (Sommer).

1891 Beginn einer dreijährigen kaufmännischen Lehre in Velbert (Herbst).

Eugens Vater zahlungsunfähig. Er schließt mit seinen Gläubigern einen aufschiebenden Vergleich (Dezember), dessen Raten-Verpflichtungen er pünktlich erfüllt.

1894 Auf Betreiben von Konkurrenten, deren durch eine Konvention gebundene Exportpreise er unterboten hat, wird der Vertrag zwischen Eugens Vater und der Elberfelder Gefängnis-Verwaltung nicht verlängert (30. 9.). Der Vater verlegt seine Tätigkeit in die neu errichtete Strafanstalt in Butzbach/Hessen (Oktober).

Eugen tritt in das väterliche Geschäft ein (Herbst).

1895 Er wird Leiter der Abteilung Packerei und Versand (1. 10.).

1896 Militärdienst als „Einjähriger“ in einem Infanterie-Regiment in Gießen (ab 1. 4.).

1897 Eugen wird Leiter des väterlichen Hauptbetriebes und u. a. für Fabrikbuchhaltung und Betriebskalkulation verantwortlich (1. 4.).

1898 Zum Verdruß seiner Eltern verläßt er überraschend das Geschäft, um an der neu gegründeten Handels-Hochschule Leipzig seine Fähigkeiten als Fabrikleiter zu vervollkommnen (1. 5.). Er beginnt das Studium der Handelstechnik bei Richard Lambert.

1899 Schmalenbachs erster großer Aufsatz „Buchführung und Kalkulation im Fabrikgeschäft“ erscheint in zehn Folgen in der Deutschen Metall-Industrie-Zeitung (März/Mai).

Laufende journalistische Mitarbeit in der Deutschen Metall-Industrie-Zeitung (bis 1906), insgesamt etwa 130 Aufsätze, Berichte und Glossen.

1900 Diplom-Examen mit der Note I (Frühjahr). Schmalenbach bleibt an der Handels-Hochschule Leipzig immatrikuliert.

Verlobung mit der am 28. 3. 1874 geborenen Marianne Sachs. Mit seinen Eltern kommt es wegen deren jüdischer Herkunft zum Bruch. Der Vater leistet Eugen ab sofort keine finanzielle Unterstützung mehr (Frühjahr).

Schmalenbach bewirbt sich um eine Assistenten-Stelle an der in Gründung befindlichen Handels-Hochschule in Köln. Ohne Erfolg (1. 10.).

Professor Karl Bücher veranlaßt Schmalenbach, das Studium der Nationalökonomie an der Leipziger Universität aufzunehmen (1. 11.).

1901 Bücher bestellt Schmalenbach zu seinem Assistenten und zum Bibliothekar (1. 1.).

Heirat mit Marianne Sachs (9. 2.).

1902 Bewerbung als Privat-Dozent an der Handels-Hochschule Köln (17. 12.).

Geburt des ersten Kindes, einer Tochter (23. 12.). Sie wird auf den Namen der Mutter, Marianne, getauft.

1903 Die Habilitation Schmalenbachs als Privat-Dozent in Köln wird genehmigt (9. 3.). Umzug nach Köln. Aufnahme der Vorlesungen zum Sommer-Semester 1903.

1905 Richard Lambert, der seit 1901 in Frankfurt am Main lehrt, versucht seinen ehemaligen Schüler für Frankfurt zu gewinnen (29. 1.). Schmalenbach folgt dem Ruf nicht.

Lambert wiederholt den Ruf (Oktober). Köln erhöht die Bezüge Schmalenbachs, dieser verpflichtet sich gleichzeitig, in den nächsten drei Jahren keinen Ruf anzunehmen.

Schmalenbach berät Leonhard Tietz bei der Umwandlung des Unternehmens in eine Aktiengesellschaft. Er wird Prüfer der späteren Jahresabschlüsse und bleibt Berater des Vorstands, besonders für Fragen der Betriebsorganisation.

Friedrich Flick beginnt sein Studium bei Schmalenbach (1. 11.). Er bleibt dem Lehrer sein Leben lang verbunden und unterstützt dessen Vorhaben später mehrfach durch beträchtliche Spenden.

1906 Die Töchter der Krupp-Witwe Margarethe Krupp, Bertha und Barbara, werden von Schmalenbach auf Villa Hügel in Buchhaltung und Bilanz unterrichtet (Januar).

Tod des Vaters, 59 Jahre alt (7. 4.).

Schmalenbachs Berufung zum Professor (1. 10.).

Das erste Heft der Zeitschrift für handelswissenschaftliche Forschung (ZfhF) erscheint (Oktober).

1907 Eugen kauft seiner Mutter das Landhaus in Halver ab (3. 6.).

1908 Schmalenbach erhält im November 1908 einen Ruf aus Stockholm, wo am 1. Oktober 1909 eine Handels-Hochschule den Lehrbetrieb aufnehmen soll. Gegen Zusicherung einer entsprechenden Aufbesserung seiner Bezüge ab 1. Oktober 1909 in Köln lehnt er den Ruf ab.

1909 Geburt des zweiten Kindes, eines Sohnes, der auf den Namen Fritz getauft wird (13. 7.).

Gründung der Treuhand-AG (25. 8.). Schmalenbach ist weder als Gründer noch auf andere Weise beteiligt.

1911 Schmalenbach macht von dem Angebot des Haupt-Gründers Gebrauch, annähernd die Hälfte des Aktienkapitals zu übernehmen (1. 9.). Er erhält den Vorsitz im Aufsichtsrat und entwirft Grundsätze, nach denen die Treuhand-AG künftig geführt wird.

Walter Susat, der bei Schmalenbach studiert und 1906 das Diplom-Examen abgelegt hat, wird zum Vorstand der Treuhand-AG bestellt (29. 12.).

1912 Dritter Ruf aus Frankfurt, veranlaßt durch die Emeritierung von Richard Lambert (März). Schmalenbach lehnt ab.

1913 Gründung der Schmalenbach GmbH in Halver (8. 1.). Sie errichtet eine Fabrik für Kleineisenwaren zur Auswertung eines Patents, das Schmalenbach auf den von ihm erfundenen Spaten zum Umpflanzen junger Triebe erteilt worden ist. Geschäftsführer wird Walter Susat.

1914 Schmalenbach, inzwischen zum Unteroffizier befördert, tritt seinen Militärdienst bei der Weiterleitungsstelle in Bendorf nahe Koblenz an (24. 11.).

1915 Er wird zu einer militärischen Einheit nach Köln versetzt und bis Ende September beurlaubt (15. 4.).

Niederschrift des ersten Buchs „Finanzierungen" (Mai bis September). Schmalenbachs Verleger G. A. Gloeckner in Leipzig bringt das Buch noch 1915 heraus.

1916 Schmalenbach wird als „unabkömmlich" von seiner militärischen Dienstpflicht freigestellt (1. 3.).

1917 Er bringt seine Gedanken über Sinn und Zweck einer kaufmännischen Bilanz in einem längeren Aufsatz zu Papier, den er jedoch vorerst nicht veröffentlicht (Herbst).

1918 Niederschrift des Aufsatzes „Selbstkostenrechnung" (Herbst).

1919 Eröffnung der Kölner Universität. Die Handels-Hochschule wird zur Fakultät für Wirtschafts- und Sozialwissenschaften (WiSo-Fakultät) (12. 6.).

Bei der Einweihung der Universität wird Eugen Schmalenbach die Würde eines Dr. rer. pol. verliehen (12. 6.).

Er nimmt an dem ersten Parteitag der im November 1918 gegründeten Deutschen Demokratischen Partei (DDP) teil (15. 7.).

Schmalenbach veröffentlicht seine Schrift von 1917 über die kaufmännische Bilanz in der ZfhF (Oktober/November).

1920 Das Buch „Grundlagen dynamischer Bilanzlehre" erscheint bei Gloeckner. Es findet in jener Zeit nur wenig Beachtung.

Noch 1920 Schmalenbach bittet um Entlassung aus dem akademischen Dienst (1. 3.). Er will in die kaufmännische Praxis zurückkehren.

Nach harten Verhandlungen zieht er sein Entlassungsgesuch zurück (Mai). Neben anderen Vergünstigungen erhält er das Recht, alle vier Semester von Vorlesungen und Übungen befreit zu werden.

Veröffentlichung der Arbeit über Selbstkostenrechnung als Aufsatz in der ZfhF (Juni/Juli).

Schmalenbach wird in den vorläufigen Reichswirtschaftsrat berufen (19. 6.), der am 30. 6. zum ersten Mal tagt. Er wird zum Schriftführer gewählt und gehört als solcher dem Vorstand an.

Er wird für zwei Semester Dekan der WiSo-Fakultät (1. 11.).

1921 Schmalenbach schließt einen mehrjährigen Beratervertrag mit Olga Zanders, Inhaberin der Feinpapierwerke Zanders in Bergisch-Gladbach (Mai).

Gemäß Vereinbarung vom Mai 1920 wird Schmalenbach für das Sommer-Semester 1922 beurlaubt (14. 12.).

1922 Die Schmalenbach GmbH verkauft ihr Grundstück mit Fabrik (Februar).

Im Reichswirtschaftsrat legt Schmalenbach den Entwurf eines Goldmarkbilanz-Gesetzes vor (Mitte Februar). Der Entwurf bildet die Grundlage für sein Buch „Goldmarkbilanz", das 1922 erscheint.

Schmalenbach schlägt Frau Olga Zanders die Errichtung einer Tochtergesellschaft der Zanders-Werke in den Niederlanden vor. Er wird Vorsitzender des Verwaltungsrats dieser Gesellschaft.

Er erhält einen Ruf der Handels-Hochschule Berlin und äußert die Absicht, diesem Ruf Folge zu leisten (20. 2.).

Dem Rektor gelingt es, ihn in Köln zu halten (13. 3.).

Schmalenbach richtet in seinem Bilanzarchiv eine Wechselstube ein, bei der deutsche Banknoten in Dollar oder in holländische Gulden umgewechselt werden können und umgekehrt die Devisen wieder in Mark, beides zum jeweiligen Tageskurs. Der Umtausch in wertbeständige Währungen ist Schmalenbach durch seine Tätigkeit für die Firmen Tietz und Zanders möglich.

1923 Schmalenbach liebäugelt mit der Möglichkeit, einem eventuellen Ruf der Universität Jena Folge zu leisten (April). Zu einem offiziellen Ruf kommt es jedoch nicht.

Die Handels-Hochschule Leipzig verleiht ihm aus Anlaß ihres 25jährigen Bestehens das Ehrenbürgerrecht (6. 5.).

Die Universität Freiburg i. Br. verleiht ihm zu seinem 50. Geburtstag den Dr. jur. h. c. (20. 8.).

In Bad Dürrenberg, wo er mit seiner Familie und den Angehörigen seiner Frau einen Urlaub verlebt, erreicht Schmalenbach die Anfrage, ob er bereit wäre, das Amt des Reichsbankpräsidenten zu übernehmen. Er lehnt ab (Ende August).

1924 Für die Erstellung der Eröffnungsbilanz der Deutschen Reichsbahn-Gesellschaft wird Schmalenbach zum Sachverständigen berufen, ebenso Susat (1. 10.).

Noch 1924 Schmalenbach wird zum zweiten Mal Dekan der WiSo-Fakultät (1. 11.). Er bringt einen ausführlichen Bericht über die ersten fünf Jahre dieser Fakultät heraus.

1925 Der Aufsatz über Selbstkostenrechnung erscheint als Buch.

1926 Schmalenbach tritt aus der Deutschen Demokratischen Partei aus.

Berufung in den Vorstand des Ausschusses für wirtschaftliche Verwaltung (AWV) beim Reichskuratorium für Wirtschaftlichkeit (RKW). Er wird zum Obmann des Fachausschusses für Rechnungswesen bestellt.

Für seine Tätigkeit im AWV entwirft Schmalenbach einen Kontenrahmen, den er, mit Erläuterungen versehen, als Aufsatz in der ZfhF veröffentlicht.

1927 Der „Kontenrahmen" erscheint als Buch. Die Auflage ist nach kurzer Zeit vergriffen.

Wahl in den Aufsichtsrat der Deutschen Revisions- und Treuhand-AG (Treuarbeit). Vorsitzender dieses Gremiums ist der Präsident des Reichsrechnungshofs, Ernst Friedrich Saemisch (2. 3.).

Bei der Reichsbahn-Gesellschaft wird Schmalenbach Mitglied einer Kommission, die die Organisation des Beschaffungswesens untersuchen soll (Herbst). Nach ihrem Leiter wird sie die „Saemisch-Kommission" genannt.

1928 Erstellung eines Braunkohle-Gutachtens (November 1927 bis Januar 1928) sowie eines Steinkohle-Gutachtens (Februar bis April), beide im Auftrag des Reichswirtschaftsministers als Leiter je einer Kommission.

Auf der traditionellen Pfingst-Tagung des Vereins der deutschen Hochschullehrer für Betriebswirtschaft hält Schmalenbach das Haupt-Referat, in dem er wegen des wachsenden Anteils der fixen Kosten das Ende der freien Wirtschaft und das Heraufdämmern einer neuen Wirtschaftsverfassung konstatiert (31. 5.). Der Vortrag, „Wiener Rede" genannt, erregt in der Öffentlichkeit viel Aufsehen.

Tod der Mutter, 77 Jahre alt (9. 9.).

1929 Im Rahmen der großen Wirtschafts-Enquête wird Schmalenbach als Sachverständiger über Grundfragen der Kartellpolitik gehört.

1930 Ernennung zum Ehrensenator der Handels-Hochschule Leipzig (17. 6.).

Ein früherer Schüler, Arthur Richter, nimmt in Köln mit finanzieller Unterstützung Schmalenbachs die Produktion von Steppdecken auf. Es kommt zu einer langjährigen freundschaftlichen Zusammenarbeit.

1931 In der ZfhF erscheint ein Aufsatz über Finanzpläne, der wenig später als Buch mit dem Titel „Die Aufstellung von Finanzplänen" herauskommt (April).

Die Treuhand-AG erhöht das Aktienkapital von 20 000 RM auf 100 000 RM. Wer die 80 000 RM junge Aktien übernimmt, ist nicht bekannt (25. 4.).

Hochzeit der Tochter Marianne mit Antonius Graf Spee (25. 8.).

In einem Vortrag auf dem Deutschen Gießereitag in Berlin entwickelt Schmalenbach originelle Vorschläge für eine kapitalfördernde Steuerreform (4. 9.).

Bei einer Zwangsversteigerung erwirbt er das Kölner Grundstück Sachsenring 74 (12. 11).

1932 Auf Initiative vornehmlich von Willy Minz, Schmalenbachs langjährigem Assistenten, kommen 57 ehemalige Schüler zusammen, um über die Gründung eines Vereins der Schmalenbach-Anhänger zu beraten (24. 1.).

Verleihung des Dr. oec. h. c. durch die Hochschule für Wirtschafts- und Sozialwissenschaften in Nürnberg (25. 5.).

1933 Erste Mitglieder-Versammlung der Schmalenbach-Vereinigung. Die Satzung wird verabschiedet, der erste Vorsitzende gewählt (Susat). Schmalenbach wird zum Ehrenmitglied berufen (21. 1.).

Schmalenbach wird wegen angeblich nicht regulierter Schulden aus seiner Treuhänder-Tätigkeit bei Zanders von einem ehemaligen Geschäftsführer und dessen der NSDAP angehörigen Sohn erpreßt (5. 4.).

Ruf der Universität Dorpat (April).

Gesuch Schmalenbachs, ihn ab 1. Mai von Vorlesungen und Übungen zu beurlauben (Freisemester gemäß Vereinbarung vom Mai 1920). Der Kultusminister genehmigt die Beurlaubung (20. 4.).

Durch Vermittlung des Dekans der WiSo-Fakultät, Erwin Geldmacher, erhält Schmalenbach die Zusicherung des inzwischen eingesetzten Staatskommissars der Universität, daß er sowie seine Ehefrau wegen deren jüdischer Abstammung keine nachteiligen Maßnahmen zu befürchten brauchten (Anfang Mai).

Schmalenbach lehnt darauf den Ruf aus Dorpat ab (13. 5.).

Antrag auf Emeritierung ab 1. Oktober 1933. Begründung: Die Wirkungen des Alterns (13. 5.).

Zum 60. Geburtstag Schmalenbachs hat die Schmalenbach-Vereinigung ihren Meister von dem Maler Rudolf Gosekuhl auf einem Ölbild darstellen lassen. Die Mitglieder des letzten Seminars überreichen eine heitere Schrift, betitelt „Der Alte". Schmalenbach bedankt sich mit einer Einladung zu einem Festessen im Hotel auf dem Petersberg (20. 8.).

Die Universität Ankara fragt Schmalenbach unverbindlich, ob er geneigt wäre, einem Ruf dorthin zu folgen. Er lehnt Verhandlungen ab (Ende Oktober).

Der Kultusminister genehmigt die Emeritierung Schmalenbachs und spricht ihm die „Anerkennung" und den „besonderen Dank" für seine „verdienstvolle Wirksamkeit" aus (30. 10.).

Das Buch „Kapital, Kredit und Zins in betriebswirtschaftlicher Beleuchtung" erscheint (November). Das Vorwort enthält eine Laudatio auf Schmalenbachs Frau.

1934 Eugen Schmalenbach besucht seinen Bruder Hermann, der in Basel Philosophie lehrt, um die Möglichkeit von Gastvorlesungen an der dortigen Universität zu eruieren. Seine Bemühungen in dieser Richtung bleiben erfolglos (Oktober).

1935 Hermann Schmalenbach tritt in den Aufsichtsrat der Treuhand-AG ein.

Gründung der Otto Wülfrath KG mit Schmalenbach als Kommanditist (Sommer). Zweck: Erwerb einer englischen Lizenz auf Quecksilber-Bojen sowie Konstruktion eines Apparats, in dem mit Hilfe der Bojen eine Kesselsteinbildung in Wasser verhindert werden kann.

1936 Der Bojen-Apparat, von Schmalenbach konstruiert und „Tonisator" genannt, wird ihm patentiert (18. 4.)

1937 Vortragsreise nach Kopenhagen, Stockholm und Göteborg (10.–25. April).

Ruf aus Istanbul. Schmalenbach lehnt ab (Sommer).

1938 Produktion und Vertrieb des Tonisators werden eingestellt (Juli).

Die Treuhand-AG überträgt ihr laufendes Revisionsgeschäft auf die Vorstandsmitglieder Hermann Hartkopf und Siegfried Rentrop, die dieses Geschäft in die neu gegründete Hartkopf & Rentrop KG einbringen (9. 8.).

Schmalenbach erwirbt die Firma H. F. Fischer & Co. vormals Bernstein und Mayer, die den Großhandel mit Posamentenwaren betreibt (14. 8.). Sie ist als Existenzgrundlage für das Ehepaar Spee gedacht.

Schmalenbachs 65. Geburtstag wird nur in der Familie und unter den engsten Freunden begangen (20. 8.).

In der „Kristallnacht" versuchen einige Personen in Halver, die Fenster seines Landhauses einzuwerfen. Schmalenbachs Villa in Köln-Marienburg bleibt unbehelligt (8./9. November).

1939 Gesuch Schmalenbachs, eine ihm angetragene Gastprofessur an der Universität Bern zu genehmigen. Die Reichsdozentenführung äußert Bedenken, worauf das Gesuch vom Kultusminister abgelehnt wird (10. 1.).

Barbara, die erste Enkeltochter Schmalenbachs, wird geboren (14. 3.).

Funktionäre der NSDAP nehmen bei Schmalenbach eine Hausdurchsuchung vor und finden „erhebliche Warenbestände", die der Professor angeblich „gehamstert" hat (14. 9.).

Kölner Zeitungen berichten in Text und Bild über den Vorfall (28. 9.), ebenso etwas später der „Völkische Beobachter", das Zentralblatt der NSDAP.

Schmalenbachs Versorgungsbezüge werden gesperrt (29. 9.).

Der Kultusminister greift ein (4. 10.).

Die Sperrung der Versorgungsbezüge wird aufgehoben (12. 10.). Schmalenbach zahlt 2000 RM an die NSV (Wohlfahrts-Organisation der NSDAP).

1940 Schmalenbach verfaßt den Entwurf einer „Dienstanweisung für Finanzleiter", der in einer Einleitung auch allgemeine Organisationsgrundsätze enthält.

1941 Die Treuhand-AG erhält eine neue Satzung, durch die sie zu einer reinen Beratungsgesellschaft wird, hauptsächlich für Fragen der Betriebsorganisation (28. 2.).

Schmalenbachs zweites Enkelkind, Michael, wird geboren (12. 5.).

Seine Tochter Marianne stirbt im Wochenbett (23. 5.).

Schmalenbach widerruft ein früheres Angebot an seinen Schwiegersohn, ihm das Grundstück in Halver zu verkaufen (23. 9.).

1942 Das Grundstück Wolfgang-Müller-Straße 16 sowie das Anwesen in Halver-Schmalenbach werden der Treuhand-AG übereignet (19. 1.).

Schmalenbach übersendet seinem früheren Schüler Walter Krähe den Korrekturabzug seiner 1941 entstandenen Schrift „Über Dienststellengliederung im Großbetrieb" und regt die Bildung einer Kommission zur Klärung offener Fragen an. Es ist die Geburtsstunde der Kommissionsarbeit innerhalb der Schmalenbach-Vereinigung (21. 3.).

Noch 1942 Wachsende Spannungen zwischen Schmalenbach und seinem Schwiegersohn, der aus Geldmangel Forderungen stellt, die Eugen als unzumutbar ablehnt. Zwischen den beiden Männern kommt es schließlich zum Bruch (Anfang Juli).

Schmalenbach überträgt auch das Eigentum an dem Grundstück Sachsenring 74 auf die Treuhand-AG (13. 9.).

1943 Referat Schmalenbachs vor der Krähe-Kommission: Die Lagerverwaltung unter dem Gesichtspunkt der Dienststellengliederung (6. 1.).

Fertigstellung der Schrift „Über die exakte Wirtschaftslenkung". Er schickt sie seinem alten Schüler Albert Meier in Berlin mit der Bitte, sich dieser Frage im Rahmen einer von ihm zu bildenden Kommission anzunehmen (8. 4.). Wegen kriegsbedingter Schwierigkeiten kommt die Kommission nur einmal zusammen (am 10. 6. 1944).

Als Material für eine weitere Kommission hat Schmalenbach ein Exposé „Die Handelsbilanz und andere Bilanzen" zu Papier gebracht (15. 4.).

Der 70. Geburtstag verläuft „in wunderschöner Harmonie" mit vielen Glückwunsch-Schreiben (20. 8.). In Dankbriefen äußert Schmalenbach die Sorge, daß die Vergünstigungen für privilegierte Mischehen aufgehoben werden „mit dem Ziele der Deportation nach Theresienstadt".

Schmalenbach vollzieht im Garten seiner Villa den ersten Spatenstich für ein internationales Institut, das nach dem Kriege gemeinsam mit einem Schweizer Partner, Paul Haas in Bern, errichtet werden soll (Herbst).

Das Rassenpolitische Amt eröffnet Schmalenbach, er müsse damit rechnen, die Wohnung aufzugeben und mit anderen Mischehen zusammenzuziehen (29. 11.).

In einem Brief an Minz, in dem er ihn über die Absichten der Gestapo unterrichtet, deutet Schmalenbach den Gedanken an, aus dem Leben zu scheiden: „Glücklicherweise kann ein aufrechter Mensch die Grenze des Erträglichen selbst bestimmen" (10. 12.).

1944 Paul Haas in Bern übernimmt das bisher bei einem Assistenten des Bruders Hermann in Basel liegende Paket von 80 Prozent Treuhand-Aktien (1. 1.).

Eugen Schmalenbach errichtet gemeinsam mit seiner Frau ein Testament. Im Falle seines Todes soll Walter Krähe Testaments-Vollstrecker sein (24. 1.).

Krähe, hauptberuflich beim Rheinisch-Westfälischen Kohlen-Syndikat in Essen beschäftigt, wird zum Vorstand der Treuhand-AG berufen (10. 3.).

Das Ehepaar Schmalenbach wird in ein Ein-Familien-Haus unweit der Wolfgang-Müller-Straße eingewiesen (Ende Februar).

Die Gestapo erklärt Schmalenbach, er habe binnen fünf Tagen mit eigenem Mobiliar ein Zimmer in einer geräumten Wohnung des Hauses Bachemer Straße 266 zu beziehen (Anfang März).

Schmalenbach übergibt Krähe und Minz zur vertraulichen Kenntnisnahme sein Manuskript „Über die zukünftige Gestaltung der Betriebswirtschaftslehre" (Anfang Mai).

Noch 1944 Ludwig Feist, ein früherer Schüler und Assistent, zu dem Schmalenbach nur noch einen losen Kontakt hat, besucht ihn in der Bachemer Straße und bietet ihm dabei sein Godesberger Haus als Versteck an (Anfang September).

Das Ehepaar Schmalenbach kommt von einem Ausgang nicht in das Quartier Bachemer Straße zurück (Mitte September).

Die Schmalenbachs fahren am gleichen Tage nach Waldbröl, wo eine frühere Sekretärin der Treuhand-AG ein Häuschen besitzt. Aber in dem Haus ist Waffen-SS einquartiert (Mitte September).

Eugen fährt allein nach Godesberg. Ludwig Feist ist inzwischen zur Wehrmacht einberufen. Seine Frau, Gertrud Feist, sagt ohne Zögern jede Hilfe zu (Ende September).

Das Ehepaar Schmalenbach zieht in das Haus Feist ein (2. 10.).

Schmalenbach arbeitet hier an seinen Schriften über pretiale Wirtschaftslenkung. Daneben beschäftigen ihn aktuelle wirtschaftspolitische Fragen der Nachkriegszeit.

1945 Die ersten Amerikaner rücken in Godesberg ein (8. 3.). Für Eugen Schmalenbach und seine Frau ist damit die Zeit der Bedrohung überstanden.

Sieben in Godesberg wohnhafte Professoren beraten im Hause Feist die zur Wiedereröffnung der Kölner Universität erforderlichen Maßnahmen (Anfang Mai).

Das Ehepaar Schmalenbach kehrt nach Köln zurück (Oktober).

Immatrikulationsfeier an der Kölner Universität (10. 12.). Schmalenbach liest über „Bilanzen und Finanzen“.

1946 Auf Befehl der Militär-Regierung muß Schmalenbach das Haus Wolfgang-Müller-Straße 16 räumen. Er zieht in ein anderes, etwas kleineres Haus in demselben Stadtteil, Goethestraße 56 (15. 4.).

Angebot an Schmalenbach, das Amt des Wirtschaftsministers in der Regierung des Landes Nordrhein-Westfalen zu übernehmen. Er lehnt ab (August).

Die Schmalenbach-Vereinigung ernennt ihn zu ihrem Ehren-Präsidenten (20. 8.).

1947 Schmalenbach stellt seine Vorlesungs-Tätigkeit ein, leitet jedoch weiterhin sein Seminar für Betriebsorganisation, dessen Sitzungen bis Anfang 1949 in seinem Hause stattfinden. Im Sommer 1950 gibt er auch das Seminar auf.

Die Handels-Hochschule St. Gallen bietet ihm eine Gast-Professur an. Schmalenbach erhält jedoch keine Ausreise-Genehmigung aus Deutschland (April).

Die Schrift „Die optimale Geltungszahl“ erscheint als erster Teil des Werks über Pretiale Wirtschaftslenkung (September).

Schmalenbach wird (Allein-)Vorstand der Treuhand-AG (Oktober).

1948 Die Schrift „Pretiale Lenkung des Betriebes“ kommt als zweiter Teil der Pretialen Wirtschaftslenkung heraus (April).

Zum 75. Geburtstag hat die Schmalenbach-Vereinigung seinen Kopf von der Bildhauerin Maria Fuss modellieren lassen. Außerdem wird ihm die von Potthoff verfaßte Schrift „Ernste und heitere Geburtstagsgespräche“

Noch 1948 überreicht. Die größte Überraschung – und die größte Freude – ist für Schmalenbach jedoch ein nagelneuer Volkswagen (20. 8.).

Die Technische Hochschule zu Karlsruhe verleiht Schmalenbach den Dr.-Ing. e. h. (15. 12.), ebenso die Fakultät Ingenieurwissenschaften der Technischen Hochschule zu Berlin-Charlottenburg (23. 12.).

1949 Der Verband der Hochschullehrer für Betriebswirtschaft ernennt ihn zum Ehrenmitglied (10. 8.).

1950 Eugens Bruder Hermann stirbt in Basel, 64 Jahre alt (5. 1.).

Ein Aufsatz in der ZfhF über Fragen der betrieblichen Personalwirtschaft ist das letzte veröffentlichte Zeugnis der schriftstellerischen Lebensarbeit Schmalenbachs (August).

1951 Schmalenbach läßt das Landhaus in Halver um einen Anbau erweitern.

Goldene Hochzeit des Ehepaars (9. 2.).

1952 Nach einer Satzungsänderung der Schmalenbach-Vereinigung ist der Beitritt künftig nicht nur früheren Schülern und Freunden Schmalenbachs möglich, sondern allen Inhabern eines Diploms, die die Ziele und Zwecke des Vereins fördern: Die Schmalenbach-Vereinigung wird zur Schmalenbach-Gesellschaft (1. 1.). Sie veranstaltet künftig im Frühjahr und im Herbst jeden Jahres öffentliche Arbeitstagungen.

Die Treuhand-AG wird in eine GmbH unter der Firma „Betriebswirtschaftliche Forschungs-Gesellschaft mbH" umgewandelt (24. 11.).

1953 Zum 80. Geburtstag Schmalenbachs findet ein offizieller Festakt statt, an dem zwölf Redner Glückwünsche überbringen. Die Kultusministerin des Landes Nordrhein-Westfalen, Christine Teusch, legt dem Jubilar das Große Verdienstkreuz mit Band um. Die Universität zu Kobe (Japan) verleiht ihm ein Ehrendoktorat, der Verband der Hochschullehrer für Betriebswirtschaft ernennt ihn zum Ehrenvorsitzenden, Rektor und Senat der Universität Köln verleihen ihm die Würde eines Ehrensenators (20. 8.).

1954 Schmalenbach ist mit einer Arbeit über Kartell- und Monopolfragen befaßt (4. 1.). Er beklagt die „Abnutzung (der) körperlichen und geistigen Werkzeuge". In jener Zeit leidet er vor allem unter dem Nachlassen seiner Sehkraft.

1955 Eugen Schmalenbach stirbt an Herzschwäche, 81 Jahre alt (20. 2.).

Zweiter Teil

Das wissenschaftliche Werk Schmalenbachs

Von

Erich Potthoff

Günter Sieben

unter Mitarbeit von

Harald Lutz

Erster Abschnitt

Eugen Schmalenbachs Betriebswirtschaftslehre

Eugen Schmalenbach gehört neben Friedrich Schär, Wilhelm Rieger, Heinrich Nicklisch und Fritz Schmidt zu den Gründern der deutschen Betriebswirtschaftslehre. Sein Name ist zum Markenzeichen für ein fruchtbares Wechselspiel zwischen Theorie und Praxis geworden. Als Berater der Wirtschaft war er allseits geschätzt.

Sein in Schriftform vorliegendes wissenschaftliches Werk umfaßt – die zahlreichen Beiträge in der Deutschen Metall-Industrie-Zeitung um die Jahrhundertwende nicht gezählt – 220 Arbeiten[1]). Hierzu kommen, und dies ist ebenfalls ein nicht unbedeutender Teil seines Schaffens, 298 Buchbesprechungen[2]), in denen zumeist heute mehr oder weniger in Vergessenheit geratene Autoren, daneben aber auch die genannten Mitbegründer der Betriebswirtschaftslehre, mitunter mit hintergründiger Ironie oder beißendem Spott gewürdigt werden.

Doch an der Zahl der Veröffentlichungen allein kann die wissenschaftliche Leistung Schmalenbachs nicht gemessen werden, auch dann nicht, wenn man ihrer Bedeutung und Tiefe Rechnung trägt. Vielmehr muß berücksichtigt werden, was die Fachvertreter der neuen Wissenschaft damals vorfanden, als sie ihre Arbeit aufnahmen: „Das war" – wie es Theodor Beste in seiner Gedenkrede bei der Akademischen Trauerfeier für Eugen Schmalenbach ausgedrückt hat – „nicht eine Wissenschaft mit sicheren Ergebnissen, auf denen man hätte weiterbauen können, wenn auch mit vielleicht völlig anderen Mitteln und Zielen, das war nur ein Rohstoff und das fast verschüttete Andenken an eine Zeit, in der es um das Fach, nun genannt ‚Handelstechnik', nicht schlecht bestellt gewesen war."[3])

Schwerpunkt der Schmalenbachschen Arbeit ist das betriebswirtschaftliche Rechnungswesen mit der Bilanzlehre, der Kostenrechnung und dem Kontenrahmen. Seine Bücher zu diesen Bereichen erfahren zahlreiche Auflagen; die „Dynamische Bilanz" wird ins Englische, Französische, Spanische und Japanische übersetzt, der „Kontenrahmen" ins Russische und Japanische. Ein weiteres Arbeitsgebiet, mit dem er sich von Beginn seiner Hochschulkarriere an auseinandergesetzt und das für ihn einen fast mit dem Rechnungswesen vergleichbaren Stellenwert hat, sind die Finanzierungen und die Kapitalwirtschaft. Eine Vielzahl von Einzelabhandlungen darüber wird 1915 zu einem stattlichen Band vereinigt, der dann zum insbesondere in der Praxis geschätzten betriebswirtschaftlichen Standardwerk wird. Wir finden ferner zahlreiche Veröffentlichungen zu Fragen der Organisation, zur Wirtschaftspolitik, zur Wirtschaftsverfassung. Letztere sind, wenn sie auch nicht wegweisend waren, ein wesentlicher, für Schmalenbach charakteristischer Bestandteil seines Gesamtwerkes.

I. Schmalenbachs Wissenschaftsverständnis

Schmalenbach verstand die Betriebswirtschaftslehre als eine angewandte Wissenschaft. Diese Richtung, schreibt er in späten Jahren, fühlt sich im Dienst der Praxis. Sie „ist sozusagen ihr Kunde" und sie hat „die Aufgabe, den Dienst am Kunden zu pflegen".[4]) Um dieser Aufgabe gerecht zu werden, ist es seiner Auffassung nach erforderlich, die Praxis zu kennen; es ist notwendig, über das hinauszugehen, was in der Praxis bereits vorhanden ist, und zulässig, daß der eine Betriebswirt „weit in Gebiete des Rechts, der andere weit in solche der Volkswirtschaftslehre, ein dritter gar in solche der Technologie hinausgreift, während ein vierter sein Gebiet so eng abgrenzt, wie es die Umstände irgendwie erlauben".[5])

„Die Betriebswirtschaftslehre ist kein beschauliches Fach und nicht ein Objekt philosophischer Betrachtungsweise; sie ist vielmehr eine Scientia militans“[6]). Sie sollte nicht um ihrer selbst willen gepflegt werden. So liegt es Schmalenbach weder daran, ein geschlossenes System zu entwickeln, wie es später Gutenberg getan hat, noch daran, eine allgemeine Theorie zu finden, aus der sich alle Gesetzmäßigkeiten und betriebswirtschaftlichen Einzelfälle ableiten lassen. Eine Gliederung, die das Fach Jahrzehnte beherrschte, ist die Systematik in der Ordnung des Inhalts der von Schmalenbach herausgegebenen Zeitschrift für handelswissenschaftliche Forschung. Die Sachordnung der Zeitschrift kennt drei Hauptgliederungspunkte: „A. Grundlagen und allgemeine Fragen“, „B. Kaufmännische Betriebstechnik“, „C. Kaufmännische Verkehrstechnik“. Außerdem kommt in der Untergliederung eine Trennung zwischen einer Allgemeinen Betriebswirtschaftslehre und Speziellen Betriebswirtschaftslehre zum Ausdruck.

Wenngleich Schmalenbach insoweit durchaus einen Sinn für Systematik beweist, hat er immer nur partielle Theorien entwickelt, denen jeweils langjährige Untersuchungen in enger Verbindung mit der Praxis zugrunde liegen. Nun kommt es aber, wie Karl Hax ausführt, „in einer Wissenschaft nicht so sehr auf den äußerlichen Zusammenhang an, d. h. auf die formale Systematik, sondern auf den inneren Zusammenhang der ganzen Lehre, und der ist gegeben durch das Vorhandensein systembildender Grundgedanken“.[7]) Der systembildende Grundgedanke der Betriebswirtschaftslehre Schmalenbachs, der Ariadnefaden[8]), der aber von anderen auch als gordischer Knoten[9]) angesehen wurde, ist das „Prinzip der Wirtschaftlichkeit“.

Das Fehlen eines Gesamtsystems ist mit dem Nachteil verbunden, daß einzelne Aussagen Schmalenbachs Widersprüche enthalten, aber es hat den großen Vorzug, daß die Lehre aufnahmebereit blieb für neue Probleme, die von außen an sie herangetragen wurden.[10])

1. Schmalenbach-Schule, eine Forschungskonzeption von eigener Art

> *„Es ist wirklich nicht gut, das Ziel seines Schaffens einzustellen danach, was wissenschaftliche Kreise für gut oder schlecht halten.“ (Die Privatwirtschaftslehre als Kunstlehre, in: ZfhF, 6. Jg. 1911/12, S. 306)*

In seinem bekannten, noch heute mit Genuß zu lesenden „Kunstlehre-Aufsatz“[11]) tritt Schmalenbach der Auffassung der Nationalökonomen Weyermann und Schönitz entgegen[12]), daß die Privatwirtschaftslehre eine von der Anwendung unabhängige „reine“ Wissenschaft sein sollte. Er unterscheidet zwischen einer philosophischen Wissenschaft (im Sinne von Weyermann/Schönitz) und einer technologisch ausgerichteten Disziplin, die speziell für die Anwendung konzipiert ist, der Kunstlehre. Letztere soll Regeln aufstellen, nach denen ein Betrieb oder ein Verfahren wirtschaftlich gestaltet werden kann. Im Einzelfall soll gesagt werden, ob das bisherige Tun wirtschaftlich richtig war oder wie man etwas tun muß, um es am wirtschaftlichsten zu gestalten.

Bei der Lösung dieses betriebswirtschaftlichen Grundproblems ist nach Auffassung Schmalenbachs die Kunstlehre einer „reinen“ Wissenschaft in dreierlei Hinsicht überlegen: Einmal hat die Kunstlehre die Möglichkeit, „durch das Experiment die Richtigkeit ihrer Lehrsätze prüfen zu können“. Die reinen Wissenschaften haben zwar grundsätzlich auch die Möglichkeit dieser Überprüfung in der Empirie, aber die Lehrsätze einer angewandten Wissenschaft „werden speziell für den Gebrauch entworfen“; ein Umstand, der für Schmalenbach von einer „ungemein wesentlichen“ Bedeutung ist.

Er empfindet ein außergewöhnliches Mißtrauen gegenüber sogenannten Wissenschaften, die sich auf die Vollkommenheit des Geistes verlassen und das Experiment scheuen. Hauptsächlich aus diesem Grund ist er überzeugt, daß die „privatwirtschaftliche Wissenschaft die privatwirtschaftliche Kunstlehre an wissenschaftlicher Leistung nicht erreicht". Als zweites Argument für die Überlegenheit der Kunstlehre führt Schmalenbach an, daß „in der Kunstlehre emsiger und zielbewußter gearbeitet wird". Ihre Aufgabe besteht in der Auseinandersetzung mit Problemen, die in der Praxis der Lösung harren. Ein Wissenschaftler, der Verfahrensregeln entwickelt, arbeitet für den Markt, er hat das „stimulierende Bewußtsein der wirtschaftlichen Nützlichkeit". Drittens spricht für die Kunstlehre, daß sie eine besondere Art von Forschern erzeugt. Diese Forscher betätigen sich auch in der Praxis. Somit steht ihnen ein Material zur Verfügung, über das ein „Stubengelehrter" nicht verfügen kann.

Nicht eine allgemeine Vorstellung von dem, was eine Wissenschaft ist oder sein sollte, bestimmt die Mittel und die Arbeitsweise des forschenden Betriebswirtes. Die Frage, was eine Forschungsmethode kennzeichnet, ist für sich allein, d. h. ohne Bezug zum Zweck der Forschung, nicht sinnvoll gestellt. Das Ziel der in Angriff genommenen Arbeit bestimmt die jeweils anzuwendende Forschungsmethode und rechtfertigt es auch, sich unbekümmert verschiedener Schulen zu bedienen, bzw. verlangt geradezu, sich das Beste aus ihnen zusammenzusuchen. Die Frage, ob das Ganze im klassischen Sinne noch als Wissenschaft zu bezeichnen ist, erscheint Schmalenbach zweitrangig; auf ein geschlossenes System im Interesse eines lupenreinen Theoriegebäudes legt er keinen Wert. Seine Arbeit ist rein pragmatisch durch Methodenvielfalt gekennzeichnet.

Die Reaktion von Böhm-Bawerk auf den Methodenstreit zwischen historischer Schule (Gustav von Schmoller) und Wiener Schule (Carl Menger), „weniger oder nicht mehr über die Methode schreiben und dafür mit allen Methoden arbeiten",[13]) macht auch Schmalenbach sich zu eigen. Er betreibt Detailforschung wie Schmoller, der bestrebt war, die Theorie des Wirtschaftslebens durch konkrete Tatsachenerforschung zu fundamentieren. Schmalenbach hat aber auch die exakte Theorie im Sinne von Menger, dem Begründer der österreichischen Grenznutzenschule, geschätzt und angewandt. Ganz in der Diktion der Wiener Schule führt er in der Selbstkostenrechnung aus: „Es kann keine Preistheorie geben, die sämtliche Erscheinungen des wirtschaftlichen Lebens restlos erklärt. . . Wer das von einer Theorie erwartet, versteht nicht den Sinn einer wirtschaftlichen Theorie; er begibt sich sogar der Möglichkeit, sich der vortrefflichen Dienste der Theorie zu bedienen. Eine Theorie, die alle Erscheinungen des praktischen Lebens deckte, wäre viel zu kompliziert, um brauchbar zu sein; eine Theorie muß, soll sie gut sein, ein handlicher Apparat sein, den man in der Tasche mitführen kann."[14])

Von einem festumgrenzten Theoriebegriff ist Schmalenbach im Grunde jedoch nie ausgegangen. Die Zweckfrage zu stellen und unter Beachtung der Regeln der Logik durch „Nachdenken" zum Ergebnis zu kommen, bedeutet für ihn letztlich bereits „theoretisch" vorgehen. Mit dem Wissenschaftsverständnis des kritischen Rationalismus (Formulierung von nomologischen Hypothesen) und dessen engen Theoriebegriff hat die Schmalenbachsche Lehre nicht viel gemein. Danach wären die Dynamische Bilanz und die Kostenrechnung in den vorwissenschaftlichen Raum zu verweisen; auch die Entwicklung des Kontenrahmens wäre keine Wissenschaft. Diese Feststellung spricht nicht gegen Schmalenbach, sondern sie wirft die Frage auf, ob der kritische Rationalismus als angemessene Wissenschaftstheorie auch für die Betriebswirtslehre Geltung beanspruchen kann.

„Eine wesentliche Voraussetzung handelstechnischer Fruchtbarkeit wird . . sein, daß nicht mehr wie bisher die große Masse der Detailarbeit allein einer kleinen Gruppe von Dozenten und Lehrern überlassen bleibt. Es wird unsere Sorge sein müssen, überall wo sie sich finden lassen, Mitarbeiter zu gewinnen" schreibt Schmalenbach 1906.[15]) Im Anschluß an diese Aussage in der Deutschen Handelsschul-Lehrer-Zeitung, in der Schmalenbach die große Bedeutung, die er der Detailforschung zumißt, zu erkennen gibt und zeigt, auf welchen Boden er seine Lehre stellen möchte, kündigt er das Vorhaben an, eine eben dieser Aufgabe gewidmete Zeitschrift zu schaffen. Im gleichen Jahr – drei Jahre, nachdem Schmalenbach zum Zwecke der Materialsammlung bereits das Bilanzarchiv gegründet hatte (s. Seite 47) – erscheint dann auch die „Zeitschrift für handelswissenschaftliche Forschung". Hier sollen die Bausteine für die neue Wissenschaft zusammengetragen werden, die man ruhig auch „Kunstlehre" heißen mochte.[16])

Den ersten Beitrag liefert Schmalenbach selbst mit einer Darstellung der Buchhaltung einer Fabrik kunstgewerblicher Metallwaren.[17]) Damit sollte eine längere Reihe von Buchhaltungsbeschreibungen eingeleitet werden. Die ersten Bände der Zeitschrift sind dann auch angefüllt mit beschreibenden Darstellungen nicht nur von Buchführungen, sondern ebenso mit Schilderungen des Geschäftsablaufs und der Organisation bestimmter Handelseinrichtungen, des Lohn- und Materialwesens u. a. m. Schmalenbach erscheint als Autor der von ihm ins Leben gerufenen Zeitschrift so häufig, daß es ihm zweckmäßig erscheint, an die „Sachordnung des 1. bis 13. Jahrganges" die Fußnote anzubringen: „In der Sachordnung ist der Name des Herausgebers als Verfasser zum Zwecke der Platzersparnis weggelassen"; dementsprechend wurde auch verfahren.

Wie sehr Schmalenbach die Detailforschung vor Ort am Herzen liegt, lesen wir dreißig Jahre später. Es sei unklug gewesen, die notwendigen Erhebungen an Ort und Stelle Assistenten zu überlassen, die dabei mehr lernten, als er selbst. „Durch bessere Einsichtnahme in die Betriebe wäre ich in vieler Hinsicht besser gefahren."[18]) In dem hier wiedergegebenen Zitat klingt die Wehmut des Verfassers darüber an, daß es ihm neben seiner Tätigkeit als Hochschullehrer nicht in dem notwendigen Umfange möglich war, selbst in die Betriebe zu gehen und sich dort aus eigener Anschauung das notwendige Wissen von den Fakten zu verschaffen. Eine solche Praxis konnte nach Schmalenbach nicht durch Bilanz- oder Gesellschaftsgutachten ersetzt werden, wie er sie mehrfach erstellt hat. Diese kritische Einstellung gegenüber der eigenen Arbeit ist nur aus der beharrlichen Haltung des Forschers zu erklären, stets von den konkreten betrieblichen Vorgängen auszugehen. Er hat andererseits keinen Zweifel daran gelassen, daß Detailforschung und Empirie nicht ausreichen. Die Lehre muß über das, was in der Praxis vorhanden ist, hinausgehen, wenn sie sich als eigenständige Disziplin legitimieren will. Die Kenntnis des Vorhandenen genügt nicht, da nicht „alles, was praktisch geworden ist, praktisch (ist)".[19])

Die Arbeiten, die Schmalenbachs Ruf in erster Linie begründen und weitesten Bekanntheitsgrad erreicht haben, die „Selbstkostenrechnung und Preispolitik", die „Dynamische Bilanz" und „Der Kontenrahmen", sind denn auch nicht allein das Ergebnis konkret realistischer Tatsachenerforschung. Diese hat zwar in den Werken ihren Niederschlag gefunden und die Resonanz, die etwa die Dynamische Bilanz gerade in der Praxis erfahren hat, beruht nicht zuletzt auf der Akribie, mit der Schmalenbach versuchte, den Bilanzierungsgewohnheiten der Praxis gerecht zu werden. Doch in ihrem Kern handelt es sich hier um „theoretische" Arbeiten.[20]) Das Buch „Selbstkostenrechnung und Preispolitik" war – so Schmalenbach einleitend – „eine Kampfschrift gewesen, die sich gegen herrschende Auffassungen und

Gewohnheiten wandte"[21]) . . ., also ganz das Gegenteil von einer Wiedergabe des konkret-realistischen Vorfindbaren. Die zentrale These des Buches, die Ausgliederung von Fixkosten in Kalkulation und Preispolitik – von Schmalenbach bereits 1899 in der Deutschen Metall-Industrie-Zeitung vertreten – ist eine durch „Nachdenken" gewonnene, keine empirisch begründete Forderung.

„Es handelt sich um eine rein wirtschaftswissenschaftliche Untersuchung" und „was die Praxis tut, geht uns hier nichts an" heißt es ganz und gar jenseits der Empirie in der ersten Auflage der Dynamischen Bilanz;[22]) sie war unter anderem durch einen Aufsatz vorbereitet worden, dessen Titel auf den theoretischen Kern bereits hinweist: „Theorie der Erfolgsbilanz".[23]) Auch in der Dynamischen Bilanz galt es für Schmalenbach, gegen eine herrschende Ansicht anzukämpfen, nämlich die, daß der Zweck der Bilanz in erster Linie die Vermögensermittlung und nicht die Erfolgsermittlung sei. Schließlich hat auch der Kontenrahmen den Weg über „theoretische" Erkenntnis genommen. Die Gestaltung der Buchhaltungsorganisation war für Schmalenbach eine reine Zweckfrage.

Wie zu Schmalenbachs Zeiten bekennen sich auch heute die Vertreter der Betriebswirtschaftslehre zu verschiedenen Auffassungen ihrer Wissenschaft. Die hier vertretene, weitgehend herrschende praktisch-normative Betriebswirtschaftslehre[24] steht in der Tradition des Wissenschaftsverständnisses Eugen Schmalenbachs. Dem gleichen Herren, nämlich der Praxis, verpflichtet, versteht sich die Lehre als praktisch im Sinne einer anwendungsbezogenen Disziplin, der es im Ergebnis nicht um „reine" Erkenntnis, sondern um „verwertbares" Wissen geht, aber auch als normativ, da nicht „alles, was praktisch ist, auch praktisch ist" und da gezeigt werden soll, wie es besser gemacht werden kann. Irrationales Verhalten wird zwar im Rahmen der heute neben der praktisch-normativen Lehre vertretenen verhaltenswissenschaftlichen, empirisch-realistischen Forschung zur Kenntnis genommen, aber auch von ihr nicht zum normgebenden Prinzip erhoben. In Schmalenbachs Bekenntnis zur Gemeinwirtschaftlichkeit (vgl. das folgende Kapitel) folgt die Lehre dem Altmeister jedoch heute nicht mehr.

Schmalenbachs Forschungskonzeption war nicht zuletzt die Grundlage für ein nachhaltiges „funktionales Autoritätsverhältnis"[25]) zwischen Lehrer und Schüler, das auch zu einer Schmalenbach-Schule von eigener Art führte. Bruno Rogowsky, ein Schüler im ersten Weltkrieg, charakterisiert sie als einen „Arbeitskreis, eine Genossenschaft auf Gegenseitigkeit, welche unablässig bemüht ist, in Kontakt mit dem Meister, d. h. Anregungen und Maßstäbe des Meisters weiterdenkend und ausprobierend und andererseits Berichte und neue Entwicklungen und Fragen aus der Wirtschaft an ihn heranzutragen".[26])

2. Gemeinwirtschaftliche Wirtschaftlichkeit als Leitmaxime

„Die Frage lautet tatsächlich nicht: Wie verdiene ich am meisten?, sondern: Wie fabriziere ich diesen Gegenstand mit der größten Ökonomie?" (Die Privatwirtschaftslehre als Kunstlehre, in: ZfhF, 6. Jg., 1911/12, S. 311)

Den Begriff „Gemeinwirtschaftlichkeit" verwendet Schmalenbach erstmals 1919 in dem Beitrag „Selbstkostenrechnung Teil I" in der Zeitschrift für handelswissenschaftliche Forschung.[27]) Er unterscheidet zwischen einer „privatwirtschaftlichen" und einer „gemeinwirtschaftlichen" Wirtschaftlichkeit und bekennt sich zur letzteren.[28]) Die Fachbezeichnung „Privatwirtschaftslehre" lehnt er ab und spricht stattdessen von der „Betriebswirtschaftslehre", wobei er davon ausgeht, daß „der wirtschaftliche Betrieb ein Bestandteil der

Gesamtwirtschaft ist, dazu berufen, zu seinem Teil von den Aufgaben der Gesamtwirtschaft einen Teil zu übernehmen."[29]) Die Bezeichnung Betriebswirtschaftslehre hat sich im Fach durchgesetzt.

Wie es in der Medizin keine operationale Definition von „Gesundheit", in der Rechtswissenschaft keine operationale Definition von „Recht" gibt, so gibt es in der Betriebswirtschaftslehre Eugen Schmalenbachs keine operationale Definition von „Wirtschaftlichkeit". „Die Wirtschaftlichkeit ist", schreibt Rieger, „genau wie das Mädchen aus der Fremde ganz unvermutet aufgetaucht, und man weiß auch nicht, woher sie kommt; aber nachdem sie einmal da ist, macht sie sich auch gleich ordentlich seßhaft. Sie beherrscht fürs erste die Situation vollkommen, und es hat den Anschein, als ob das Werk von Schmalenbach nur ihr zuliebe geschrieben worden wäre".[30])

Wie die Wirtschaftlichkeit so hat Schmalenbach auch die Gemeinwirtschaftlichkeit nicht definiert. Erkennbar ist jedoch, daß die volkswirtschaftliche Bedarfsdeckung im Vordergrund steht. Er geht gemäß dem Harmoniegedanken des klassischen Wirtschaftsliberalismus davon aus, daß eine richtige einzelwirtschaftliche Steuerung auch der Gesamtwirtschaft dient und daß einzelwirtschaftliche Verschwendung gleichzeitig zu einem gesamtwirtschaftlichen Verlust führt: „Und zwar ist dieses rechtzeitige Einstellen der Fahrtrichtung (durch die Dynamische Bilanz) nicht nur eine privatwirtschaftliche Angelegenheit. Denn die ganze Wirtschaft eines Landes ist abhängig davon, daß die einzelnen Betriebe möglichst gut gesteuert werden."[31]) Nach Theo Thiemeyer kann hier von einer „rationalistischen Gemeinwohlkonzeption" gesprochen werden. Der Ansatz beinhaltet eine generelle Annahme, daß der einzelne bester Richter in eigener Sache ist. Es ist für diese Konzeption charakteristisch, daß auf die inhaltliche Bestimmung von „Gemeinwirtschaftlichkeit" verzichtet werden kann. Stattdessen wird ein „Mechanismus aufgewiesen, bei dessen perfektem Funktionieren sich ‚Gemeinwohl' ex definitone realisiert".[32])

Die der Schmalenbachschen Gemeinwirtschaftlichkeit zugrundeliegende Harmoniethese des Liberalismus ist allerdings, woran er selbst keinen Zweifel zuläßt, brüchig. Die Konflikte zwischen richtiger einzelwirtschaftlicher und richtiger gesamtwirtschaftlicher Steuerung sind unübersehbar. „Diese Unterscheidung zu machen wäre nicht notwendig, wenn nicht privatwirtschaftlicher und gemeinwirtschaftlicher Nutzen so oft auseinander fielen."[33]) „Ein Händler, der Heeresbestände billig kauft und daran ein Vermögen verdient, tut der Gemeinwirtschaft nur den Nutzen, daß er einer schwerfälligen und geschäftsunkundigen Verwaltung eine ihr zu schwierige Aufgabe aus der Hand nimmt; sein Gewinn steht oft nicht im Verhältnis zu seiner Leistung" führt Schmalenbach exemplarisch an. Als weiteres Beispiel nennt er Kartelle, die in gemeinwirtschaftlich schädlicher Weise die Preise in die Höhe treiben.

Die Forderung, die Lehre auch im Falle des Auseinanderfallens in Einzel- und Gemeininteresse und beim Marktversagen an der Gemeinwirtschaftlichkeitsmaxime auszurichten, ist die eine, die Umsetzung dieser Forderung die andere und die eigentlich wichtige Aufgabe. Es genügt nicht, „vom Gemeinnutz einfach nur daherzureden",[34]) vielmehr ist es erforderlich, etwa in der Kostenrechnung „exakt festzustellen, durch welche Kalkulationsmethode und durch welche Preispolitik der größte Gemeinnutzen erzielt wird". Doch soweit die Gemeinwirtschaftlichkeit von der einzelwirtschaftlichen Rationalität abweicht, findet sie in den Werken Schmalenbachs, in denen es um die Fundierung betriebswirtschaftlicher Entscheidungen im Rahmen des Rechnungswesens geht, in aller Regel keinen Niederschlag. „Wer die sicherlich löbliche Absicht hat, die Privatwirtschaften dahin zu bringen, den gemeinwirtschaftlichen Nutzen zu pflegen, der kann nicht beim Rechnungswesen anpacken", schreibt der Autor denn auch in den Grundlagen dynamischer Bilanzlehre selbstkritisch.[35]) Bei Nichtübereinstimmung von gemeinwirtschaftlichem und privatwirtschaftlichem Nutzen ist es nach seiner Auffassung die Aufgabe der Erziehung und der Wirtschaftspolitik, die Gemeinwirtschaftlichkeit durchzusetzen. Vor diesem Hintergrund ist sein Ausbildungsziel zu sehen, „daß der Kaufmann nicht nur sich selbst und seinem Betriebe, sondern durch seinen Beruf dem wirtschaftlichen Ganzen zu dienen hat. . .".[36])

Die Aussagen zur Gemeinwirtschaftlichkeit wurden am schärfsten von Wilhelm Rieger angegriffen.[37]) Während Schmalenbach den Zweck der Unternehmung darin sieht, die Volkswirtschaft auf möglichst wirtschaftliche Weise mit Gütern und Dienstleistungen zu versorgen, hat für Rieger die Unternehmung den einzigen Zweck, den Gewinn des Unternehmers zu maximieren. Rieger ist der Überzeugung, daß die Gemeinwirtschaftlichkeit nur in „einer Art Planwirtschaft" durchsetzbar ist. Er sieht ferner einen Mangel darin, daß Schmalenbach weder sagt, was genau unter Gemeinwirtschaftlichkeit zu verstehen ist, noch erwähnt, welche Instanz entscheiden soll, wann eine Leistung gemeinwirtschaftlich als sinnvoll anzusehen ist oder nicht. Aus diesen Überlegungen heraus kommt Rieger – entgegen Schmalenbach und Nicklisch – zu dem Schluß, daß die Privatwirtschaftslehre „unmöglich ethische Normen aufstellen" kann.

Ähnlich wie bei Rieger lauten auch heute die kritischen Fragen und Thesen zu Schmalenbachs Gemeinwirtschaftlichkeits-Anliegen, das für ihn eine Angelegenheit des „inneren Müssens"[38]), also – wie wir heute sagen – ein Basisurteil ist. „Wo hat Schmalenbach die Gemeinwirtschaftlichkeit ‚operational' definiert, so daß mehr als ein Grundsatz formaler Rationalität (wie: Vermeide Verschwendungen!) herausgekommen ist?" fragt Dieter Schneider.[39]) „Es ist nicht exakt feststellbar, was im Einzelfall nützlich für die Allgemeinheit ist. Es gibt deshalb keinen exakten Maßstab für das Allgemeinwohl" heißt es 1973 in einem Beitrag von Karl Hax.[40]) Die Entscheidungstheorie würde heute das Anliegen einer operationalen Definition, die über den Grundsatz formaler Rationalität (Maximiere den Nutzen der Gesamtwirtschaft) bzw. über Allgemeinplätze (Vermeide Verschwendung) hinausgeht, sehr rasch als ein hoffnungsloses Unterfangen entlarven. Vorausgesetzt wäre eine wirtschaftliche Nutzenschätzung durch Einbeziehung der Ziele sämtlicher einer Volkswirtschaft angehörigen Entscheidungsträger. Sie ist aber nicht zu verwirklichen.

In konkreten Konfliktfällen, in denen Gemeinwohl-Erwägungen anstehen, sind spezifische Werturteile erforderlich, so z. B. wenn eine Schachtanlage stillgelegt werden soll oder wenn die Kapazität in der Stahlindustrie drastisch reduziert werden muß, um das Gesamtangebot dem volkswirtschaftlichen Bedarf anzupassen. Im Hinblick auf spezifische Werturteile ist Schmalenbach auch nicht verlegen, wie etwa das genannte Beispiel mit dem Händler, der an Heeresbeständen ein Vermögen verdient, zeigt. Eine andere Frage ist, inwieweit Schmalenbach sich überhaupt systematisch mit „relevanten" Konflikten gemeinwirtschaftlicher Dimension befaßt hat. So mißt er in erster Linie dem Brachliegen des Faktors Kapital, aber nicht dem des „Faktors" Arbeit in seinem 1933 erschienenen Buch „Kapital, Kredit und Zins" einen Stellenwert zu, obgleich die Zahl der Arbeitslosen in jenem Jahr auf rund sechs Millionen anwuchs.

Der Umstand, daß es keinen exakten (= allgemeingültigen) Maßstab dafür gibt, was dem Gemeinwohl am besten dient, reicht nicht aus, die Idee der Gemeinwirtschaftlichkeit aus der Wissenschaft zu verbannen: Gibt es doch auch keinen exakten Maßstab dafür, was dem Einzelnen am besten dient. Man behilft sich in der heute herrschenden praktisch-normativen Betriebswirtschaftslehre damit, daß man die Werturteile der Betroffenen akzeptiert, und diese zum Maßstab „richtiger“ Verhaltensempfehlungen für sie macht. Die Zielbildung wird als ein für den Betrieb kollektiver Prozeß angesehen, der durch die beteiligten Personen und Gruppen bestimmt wird. Die Lehre übernimmt hier keine Wertungsaufgabe; sie leistet unter Umständen lediglich Formulierungshilfe, soweit die Ziele der Erkundung und der Operationalisierung bedürfen. In einer praktisch-normativen gemeinwirtschaftlichen Betriebswirtschaftslehre könnte man entsprechend von im Parlament formulierten oder von zum common sense gewordenen Werturteilen ausgehen, so beispielsweise „Schaffung von Arbeitsplätzen“, „Schaffung ausreichender Wertschöpfung zur Entlohnung von Arbeit und Kapital“, „Erhaltung der Umwelt“ und anderen dem Gemeinwohl dienenden Zielen neben dem Gewinnmaximierungsziel; der Wissenschaftler kann derartige, von ihm als „vernünftig“ angesehene Normen, die im einzelnen transparent zu machen sind, seinen Modellbetrachtungen zugrundelegen und daraus die Konsequenzen bei der Verfolgung dieser Ziele bei gegebenem Entscheidungsfeld ableiten.

3. Einfachheit des Denkens – Anschaulichkeit in der Darstellung

„Als eine schöne und nicht ganz gewöhnliche Zutat empfinde ich die gute wissenschaftliche Kultur, die den Verfasser auszeichnet. Er durchdenkt mit großer Sorgfalt die Stoffgliederung, spricht eine deutliche, weder schlendrige noch verstiegene Sprache, hält sich nicht mit Selbstverständlichkeiten auf und hat die schöne Gewohnheit, die Mitarbeiter am Fach richtig zu zitieren. . .“ (Besprechung des Buches von E. Lysinski, Psychologie des Betriebes, Beiträge zur Betriebsorganisation, in: ZfhF, 18. Jg., 1924, S. 189 f.).

Die vorstehenden Sätze sind nahezu ein Programm für die Kunst, fachwissenschaftliche Lehrbücher zu schreiben. Entspricht eine Veröffentlichung nicht den Anforderungen, muß ihr Autor mit einem unmißverständlichen kritischen Urteil rechnen. Der Verfasser einer Schrift über die Organisation der Reklame muß sich beispielsweise sagen lassen: „Im ganzen habe ich von dem Werk wieder den Eindruck, den ich bisher bei allen Reklameschriften gehabt habe, daß es von einer wissenschaftlichen Leistung höherer Art noch weit entfernt ist. Es ist nicht genug, bei einem derartigen Gegenstand, etwa bei der Besprechung der Definition oder in bezug auf die Gliederung des Stoffes mit wissenschaftlichen Allüren zu arbeiten.[41]) Eine solche Offenheit und Freimütigkeit bei der Kritik an Veröffentlichungen aus dem Fach ist heute nur noch selten anzutreffen. Eine zu große Milde sieht Schmalenbach bei der Lage der Betriebswirtschaftslehre in den ersten Jahrzehnten des Jahrhunderts als „eine Versündigung“ an ihr an.[42]) Den hohen Anforderungen, die Schmalenbach an die Fachvertreter stellt, fühlt auch er sich verpflichtet. Er bekennt offen, wie wichtig es ist, daß nicht alles gedruckt werden muß, was geschrieben wird. Der Papierkorb hat daher manche seiner Studien verschlungen.[43])

Die Analyse seiner zahlreichen Veröffentlichungen zeigt einen Verfasser, der nicht nur über einen Sachverhalt schreibt, er stellt ihn auch dem Leser anschaulich dar. Sein unmittelbares Verhältnis zum Gegenstand der Forschung oder der Lehre erlaubt es ihm, aus der Fülle des Stoffes die für das Verständnis des Hörers und Lesers richtige Auswahl zu treffen. Das gelingt nur dem, dessen Gedankenführung klar und verständlich ist. „In der fast unübersehbaren Vielzahl der Arbeiten zeigt sich bei Schmalenbach immer wieder eine Einfachheit des Denkens, die nicht nur die Studenten im Kolleg verblüfft und ihnen die Augen öffnet, sondern die auch allen in der wirtschaftlichen und industriellen Praxis immer wieder neue Wege zu den Problemen zeigt.“[44])

Im Sinne einer praxisnahen Wissenschaft geht es Schmalenbach darum, den Leser gleichsam durch seine Vorstellungen hindurch zu führen. In seinen Vorworten zu den einzelnen Büchern läßt er ihn daran teilnehmen, wie er sich an die in der vorliegenden Auflage vertretenen Auffassungen herangearbeitet hat. Nicht vergessen wird, wer ihm durch kritische Anmerkungen zur vorangegangenen Auflage behilflich war. Er versteht es meisterhaft, durch praxisnahe Schilderungen von Vorgängen und handelnden Personen, dem Leser die Probleme lebendig werden zu lassen. Mit den konkreten Beispielen aus den Betrieben will Schmalenbach es dem Leser erleichtern, Verständnis für die allgemeinere Problematik zu gewinnen. Damit vermeidet er die Gefahr mancher Verfasser, in Allgemeinheiten stecken zu bleiben. Typisches Beispiel hierfür ist seine Schrift „Selbstkostenrechnung und die Preispolitik". Darin ist kaum ein Abschnitt zu finden, in dem nicht ein praktischer Vorgang anschaulich geschildert wird. Schmalenbach bedient sich auch systematisch der Hilfsmittel fürs Auge. Das gilt insbesondere für die schaubildliche Darstellung der buchhalterischen Prozesse, wie sie vor allem in seiner Arbeit über den Kontenrahmen anzutreffen sind.

Wenn sich Schmalenbach auch immer einer verständlichen Ausdrucksweise bedient und Fachausdrücke nur dort verwendet, wo es unbedingt notwendig ist, hat es auch zu seiner Zeit kritische Bemerkungen über seine Schreibweise gegeben. Im Vorwort zur zweiten Auflage seiner „Finanzierungen" im Jahre 1921 ist zu lesen, daß zahlreiche Klagen, das Buch sei schwer geschrieben, berechtigt sind; „. . . ich kann als Entschuldigung nur anführen, daß die Kostenfrage zu gedrängter Darstellung drängt und daß die Gewohnheit des akademischen Lehrers, den Hörer immer nahe bis an die Belastungsgrenze zu beanspruchen, der Ausbildung leichter Vortrags- und Schreibweise nicht förderlich ist". Der Dank derjenigen Leser, die sich nach unverdrossenem Durchstudieren des Buches wesentlich gefördert fühlten, habe ihn aber mit großer Freude erfüllt.

Dürrhammer hat die Bücher Schmalenbachs über Finanzierungen mit Gutenbergs drittem Band seiner Grundlagen der Betriebswirtschaftslehre „Die Finanzen" verglichen und dabei festgestellt: „Die Bücher verhalten sich zueinander wie Landschaft zur Karte. Hier der ausgereifte, klare und kühle Überblick über die Gesamtproblematik des Gebietes, dort der Gang durch die Natur: In hunderten, gelegentlich humoristisch oder gar sarkastisch hingeworfenen Beispielen und Bemerkungen sieht man die großen Bäume, die kleinen Sträucher, die Höhen und Tiefen, an denen die Wirtschaft so reich ist und die zu klären Aufgabe der Betriebswirtschaftslehre ist. Es ist gut, daß es so verschiedene Möglichkeiten in der Darstellung dieser Erklärungen gibt."[45])

II. Schulung des wirtschaftlichen Störungsgefühls

In den Vorworten seiner Bücher weist Schmalenbach oft ausdrücklich auf seine hochschulpädagogische Zielsetzung hin. „. . . viele Einzelheiten haben nicht aus sachlichen Gründen Platz gefunden, sondern weil sie großen Schulungswert besitzen“ schreibt er etwa in der dritten Auflage der „Dynamischen Bilanz“. Neben seinen Fachkollegen will er in erster Linie die Studenten und darüber hinaus auch die Praktiker und die Führungskräfte ansprechen. Sie sollen geschult werden, in die ihnen jetzt oder später anvertrauten Betriebe „hineinzuhorchen“; die Fähigkeit, in Aufwand und Ertrag, in Kosten und Leistungen zu denken, soll unauslöschbares Gedankengut werden. Sie sollen lernen, zwischen Zweck und Mittel zu unterscheiden und die notwendigen Vergleiche und Wertungen durchzuführen, um so ihrer Aufgabe gerecht zu werden.

4. Vorrang der betriebswirtschaftlichen Denkschulung

> *„Der wichtigste Bestandteil dieser Denkschulung ist ein stark ausgeprägtes Störungsgefühl gegen Unwirtschaftlichkeiten, wie sie in jedem Betrieb vorkommen und immer wieder sich von neuem einnisten“. (Die doppelte Buchführung, 1950, Vorwort)*

Lediglich mit der Vermittlung einer Fülle von Detailwissen ist es nicht getan: „Es gibt keinen Sack, der groß genug wäre, so viele Kenntnisse zu fassen, wie sie die ungeheuer vielgestaltige Welt der Wirtschaft braucht“.[46]) Vorrang vor dem reinen Faktenwissen hat bei Schmalenbach die Denkschulung. Sie erlaubt es, betriebswirtschaftliche Fragestellungen ohne alle Einengung in ihren betriebswirtschaftlich entscheidenden Punkten zu sehen; sie befähigt die Menschen, die unzähligen praktischen Aufgaben der Wirtschaft auch in völlig neuen Fällen zu bewältigen.

So hält Schmalenbach es z. B. für sinnlos, dem Studenten die Kalkulation dadurch nahe zu bringen, daß die Vielfalt der Methoden in der Praxis dargestellt wird; man kann nicht erwarten, daß er sie dann alle beherrscht.[47]) Die Denkschulung setzt freilich bestimmte Grundfähigkeiten voraus, etwa solche mathematischer Art. „Wie man nicht gut General sein kann, ohne reiten zu können, so kann man nicht gut Wirtschaftsleiter eines Unternehmens sein, ohne daß einem beispielsweise die Zahlenbeherrschung leicht wird; wer nicht im Kopfe einfache Multiplikationen, Additionen, Prozentrechnungen überschlagen kann, findet bei jedem zahlenmäßigen Wertevergleich Hemmungen“.[48])

Die Methode der Denkschulung besteht darin, durch Abstraktion Erkenntnisse zu gewinnen. Um das Wesentliche der Sache richtig zu erkennen, muß man die komplexen Erscheinungen vereinfachen und die Fähigkeit entwickeln, Probleme zu beschreiben und zu isolieren. Mittel der Denkschulung sind die „Problemspaltung“, die „Isolierung“ und die „Eliminierung“.[49]) Da in der Wirtschaft alle Vorgänge komplexer Natur sind, müssen die Probleme in Teilprobleme zerlegt werden, die einer gesonderten Behandlung zugänglich sind (Problemspaltung). Nebensächliches ist fortzulassen, die zahlreichen miteinander und gegeneinander wirkenden Kräfte sind gedanklich zu isolieren (Isolierung). Einflußgrößen, deren Wirkung nicht betrachtet werden soll, sind zu eliminieren (Eliminierung). Dieses methodische Konzept bevorzugte Schmalenbach konsequent bei seiner eigenen Arbeit, er legte es auch seinen Schülern ans Herz.

Ein Beispiel für die Methode der isolierenden und eliminierenden Abstraktion ist die Untersuchung Schmalenbachs über die Abhängigkeit der Kosten vom Beschäftigungsgrad. Um den Einfluß der Beschäftigungsänderung feststellen zu können, abstrahiert er von Einflußgrößen wie Betriebsgröße, Auflagengröße u. a. m. Ein anderes Beispiel ist die Erfolgskontrolle im Rahmen eines Betriebsvergleiches. „Wenn ich nun wissen will, wer von den 10 Zechendirektoren der tüchtigste Mann ist, kann ich dies nicht am Gewinn ablesen, denn ich will ja nicht die Intelligenz der Flöze wissen. Die eine Grube hat einen starken Wasserzufluß, die andere einen schwachen, die eine eine Tiefe von 700 m, die andere eine solche von 900 m, ferner müssen wir in einem Bergwerk mehr lüften als in anderen. Und das Wichtigste ist die Lage der Flöze, da Dicke und Neigung der Flöze unterschiedlich sind. Hier muß man den Versuch machen zu eliminieren. Zunächst kann man die Flöztiefe eliminieren; denn es läßt sich durch Vergleich feststellen, was es mehr kostet, wenn das Bergwerk 200 m tiefer hinabgeht. Ebenso lassen sich die Unterschiede bei der Wasserhaltung und der Bewetterung eliminieren. Dann aber hört es auf. Die Unterschiede bei den Flözen können wir bis jetzt noch nicht eliminieren.“[50])

Eine besondere, von Schmalenbach vielfach angewendete Vorgehensweise, die er seinen Studenten nahebringen möchte, ist die „Methode der abnehmenden Abstraktion“. Die Wirkung eines oder weniger Einflußfaktoren wird modellhaft dargestellt. Bei der bloßen Modellbetrachtung bleibt der Betriebswirt dann aber nicht stehen, sondern er muß gegebenenfalls schrittweise unmittelbar wieder versuchen, den Anschluß an die Wirklichkeit durch systematische Aufhebung der Abstraktion zu finden.[51]) In der „Dynamischen Bilanz“ abstrahiert Schmalenbach beispielsweise zunächst von den Preisveränderungen in der Volkswirtschaft. In einem zweiten Schritt gibt er diese Annahme dann wieder auf und fragt nach dem Einfluß der „reinen Sachwertschwankungen“, d. h. nach dem Einfluß der Veränderung der relativen Preise, wobei wiederum der Einfluß der Geldwertschwankungen ausgeklammert wird. Den Preisniveauveränderungen wird dann in einem letzten Schritt Rechnung getragen.

Die vorrangige Zielsetzung der Denkschulung ist die Entwicklung eines betriebswirtschaftlichen „Störungsgefühls gegen Unwirtschaftlichkeiten“. An alle Erscheinungen soll der Betriebswirt den Maßstab der Wirtschaftlichkeit anlegen. Schmalenbach formuliert es in einem Vortrag am 7. Juli 1947 vor ausländischen Studenten folgendermaßen: „Wir müssen sozusagen wirtschaftliche Jagdhunde erziehen. Wir versuchen, den Studenten zu einem wirtschaftlichen Störungssucher zu entwickeln; er muß eine Witterung für Unwirtschaftlichkeiten bekommen. Diese Entwicklung des Störungsgefühls bedeutet eine Änderung des Sichtvermögens; es läuft darauf hinaus, daß man wirtschaftliche Dinge überschätzt und dafür andere vernachlässigt; darum steht es dem humanistischen Erziehungsideal entgegen.“[52])

Jeder Beruf bildet eine ihm eigentümliche Denkweise aus. Der Jurist denkt anders als der Techniker, der Techniker anders als der Wirtschaftler und bei letzterem der Volkswirt wieder anders als der Betriebswirt. Wie dem Techniker eine konstruktive Unebenheit, dem Volkswirt eine Funktionsstörung im Wirtschaftskreislauf und dem Juristen ein Formfehler im Vertrag auffällt, muß der Betriebswirt sehen, wenn wirtschaftliche Mittel verschwendet werden, und zwar nicht nur, wenn dies offensichtlich geschieht, sondern gerade auch dann, wenn es für das ungeschulte Auge nicht erkennbar ist.

Die Sichtweise des Betriebswirts als Sachverständiger für Wirtschaftlichkeitsfragen ist einseitig; die betrieblichen Vorgänge werden in einer „gewissen Verzerrung“ gesehen, doch die Einseitigkeit ist nicht nur als Schwäche, sondern auch als Stärke anzusehen. Die Überschätzung des Wirtschaftlichen durch den Betriebswirt bildet einen notwendigen Gegenpol zu den – abweichenden Zielen verpflichteten – Kollegen aus anderen Fachbereichen, mit denen er zusammenarbeitet und deren „wirtschaftliches Gewissen“ ruhig bleibt, wo es sich erregen sollte.[53]) Ihnen ist auch eine Einseitigkeit des Denkens zuzubilligen, um ihrer Aufgabe gerecht zu werden. Gleiches muß für den Betriebswirt gelten.

5. Mitgift für das Leben

„Die wirksame Hilfe für vorwärts drängende junge Leute ist, daß man ihnen ermöglicht, die ersten Stufen der Entwicklung zu erleichtern.“ (Über die zukünftige Gestaltung der Betriebswirtschaftslehre, Manuskript, 1944, Seite 20)

Schmalenbach hält nichts von der Meinung, daß die Handelshochschulen und die Wirtschaftsfakultäten der Universitäten dazu da seien, Spitzenkräfte für die Unternehmensführung auszubilden. Er warnt sogar davor. Zwischen Studium und Berufung in führende Positionen der Unternehmen liege eine zu lange Zeit, in der solche Vorstellungen von Professoren durch andere Einflüsse völlig überdeckt würden. Die „jungen Herren“ sollten sich in den nachgeordneten Stellen gut bewähren und hier die Eignung für höhere Leitungsposten erkennen lassen. Wenn sie den Sprung schafften – und viele Schmalenbach-Schüler schafften ihn –, war es erfreulich, doch dies hing von ihren Fähigkeiten ab. In der Ausbildung sollten die Studenten jedoch durch die betriebswirtschaftliche Denkschulung die Mitgift für ihr späteres Fortkommen erhalten. „Die Denkschulung haftet fest und begleitet den Menschen durch das ganze Leben hindurch. Sie wird in der praktischen Betätigung nicht leicht verwischt und vergessen, ganz im Gegensatz zur Wissensbildung. Eine spezifische Denkschulung leitet den Studenten an, alle auftretenden Probleme in bestimmter Art durchzudenken und verleiht dadurch eine starke Überlegenheit gegenüber demjenigen, dessen Denkweise unsicher flattert. Die spezifische Denkschulung hat sogar sichtbare Erfolge, wenn der Student sich später vor ganz andere Aufgaben, auch nicht dem Fachgebiet gehörige, gestellt sieht.“[54])

Bereits am Anfang des Jahrhunderts ändert sich und wächst mit der raschen Entwicklung der Betriebswirtschaftslehre der zu vermittelnde Stoff von Jahr zu Jahr. In einem 1902 verfaßten Aufsatz berichtet Schmalenbach, daß die gewerbliche Kalkulation „unter allen den Gegenständen, welche eine Handelsbetriebslehre etwa umfassen könnte“, die beste wissenschaftliche Vertiefung erfahren hat, die Fortschritte aber noch nicht in die Handelshochschule eingegangen seien.[55]) 1906 kann er dann mitteilen, daß die Kalkulationslehre nicht mehr ein Bestandteil des Faches „Kaufmännisches Rechnungswesen“ ist, sondern daß sie sich als eigenständiges Fach in der Handelsbetriebslehre etabliert hat: „Hätten wir uns in der Kalkulationslehre mit dem Inhalt, den die Lehrbücher bieten, begnügen können, dann wäre die Entscheidung vielleicht eine andere gewesen. Aber die moderne Kalkulation, namentlich die industrielle Kalkulation, bot neue Probleme, von denen die schwierigsten nicht mathematischer, sondern ökonomischer Natur waren.“[56])

Trotz aller Bewegung, die in die Entwicklung der Handelshochschullehre kommt, ist ihre Problemwelt aus heutiger Sicht indes damals noch gut überschaubar. Aber die Spezialisierung des Faches in Forschung und Lehre durch Herausbildung spezieller Betriebswirtschaftslehren neben der Allgemeinen Betriebswirtschaftslehre kündigt sich in jener Zeit bereits an. In der Folgezeit, in der sich das Faktenwissen immer schneller umschlägt und Lehrmeinungen und Lehrbücher Legion werden, gewinnt das Ausbildungskonzept Schmalenbachs zunehmend an Bedeutung. „Die allgemeine Betriebswirtschaftslehre soll den Studenten in die Denkrichtung der Betriebswirtschaftslehre einführen, die allen Betriebswirten, gleichviel welche Sparte des Faches sie wählen wollen, gemeinsam sein soll."[57]) Auf die Spezialfächer der Betriebswirtschaftslehre sollen sich die Studenten gemäß ihrer besonderen Veranlagung verteilen. Spezialfächer der Betriebswirtschaftslehre sind ihrerseits nicht nach Belieben einzurichten, sondern sollen eine einheitlich geschlossene Denkrichtung von sich aus besitzen. Die Ausbildung in größeren Funktionsbereichen mit einheitlicher Zielsetzung kann dabei nur dann als gelungen gelten, wenn die akademischen Betriebswirte gegenüber den nur praktisch oder in anderen akademischen Fachgebieten geschulten Führungskräften eine deutlich erkennbare Überlegenheit erwerben.[58]) Als diejenigen speziellen Betriebswirtschaftslehren, die Schmalenbach aus der Sicht des Jahres 1944 für den Ausbildungserfolg am aussichtsreichsten einstuft, nennt er: Personalwirtschaft, Sachverwaltung, Beschaffungs- und Absatzwesen, Rechnungs- und Finanzwesen, Wirtschaftslenkungswesen. Dazu kamen dann noch für eine spätere Zeit: Organisationswesen und betriebswirtschaftliche Fertigung.[59])

Der Schwerpunkt der Schmalenbachschen Ausbildung liegt im Bereich des Rechnungs- und Finanzwesens. Darin sieht er zugleich die beste Grundlage für die Ausbildung der Prüfer und Treuhänder, da für beide nach seiner Auffassung das gleiche Lehrziel besteht. Die nahe Verwandtschaft zwischen den Treuhändern und den Leitern des Rechnungswesens sieht er darin bestätigt, daß zwischen beiden ein lebhafter Stellungsaustausch stattfindet.

Im Bericht über die ersten zehn Jahre der Universität Köln von 1919 bis 1929 wird als Aufgabe des unter der Leitung von Schmalenbach stehenden Seminars für Treuhandwesen bezeichnet, die Studierenden auf den Beruf des Treuhänders und Wirtschaftsberaters vorzubereiten. „Tatsächlich", heißt es, „sind viele der ehemaligen Seminarmitglieder teils selbständige Treuhänder und Revisoren, teils Angestellte und Leiter von Treuhand-Gesellschaften geworden. Der größere Teil der Mitglieder dagegen befindet sich in mittleren und größeren Betrieben als Leiter von Kalkulations- und betriebsstatistischen Abteilungen, Chefs größerer Buchhaltereien, Finanz- und Bilanzabteilungen. Viele sind inzwischen in höhere leitende Stellungen aufgerückt, wie denn überhaupt die Stellung der Betriebstreuhänder (cost-accountant, auditor) das bewährte Sprungbrett für tüchtige Kaufleute ist."[60])

In einer Schrift zum 60. Geburtstag Peter van Aubels, eines Schülers Schmalenbachs, berichtet Krähe über die Beeinflussung der betriebswirtschaftlichen Praxis durch Veröffentlichungen aus dem Schmalenbach-Kreis seit 1925/26.[61]) Die Verfasser der darin aufgeführten Beiträge über das Rechnungs- und Finanzwesen, Prüfungs- und Steuerwesen und über die Betriebsorganisation sind ein weiteres Zeugnis für die Erfolge der Schmalenbach-Schule, sind es doch alles leitende Männer der Wirtschaft oder Hochschullehrer, die die „Mitgift" Schmalenbachs weitergetragen haben.

Vergleichen wir die Schmalenbachschen Ausbildungsziele und besser noch die Ausbildungserfolge mit der gegenwärtigen Praxis in der betriebswirtschaftlichen Ausbildung an den großen Universitäten, so muß auch auf die zu Schmalenbachs Zeiten noch mögliche systematisch betriebene Auslese der Studierenden hingewiesen werden, die er durch hohe Anforderungen an die Aufnahme in seine Seminare und an die laufende Mitarbeit erreichte. Wie im ersten Teil zu lesen ist (vgl. Seite 99 f.), konnte sich Schmalenbach in den zwanziger Jahren an der Universität von Nebenaufgaben entlasten und ganz der Aufgabe widmen, tüchtige Betriebswirte heranzubilden. Gegenüber damals hat sich das Bild der Hochschule in vieler Hinsicht verändert. Die Bedingungen für das Studium der Betriebswirtschaftslehre wie für alle wissenschaftlichen Ausbildungsgänge sind grundlegend anders als früher. Mit Stichworten wie Massenandrang an den Hochschulen, Differenzierung der Eignungs-

Qualifikationen bei den Hochschulzugängen, vor allem aufgrund des Konzepts der differenzierten gymnasialen Oberstufe, nicht zuletzt Demokratisierung der Universitäten kann der anhaltende Situationswandel skizziert werden.[62]) Hinzu kommt infolge dieser Entwicklung die Überbelastung durch Verwaltungsarbeit, die weitgehend von den Lehrstuhlinhabern mitgetragen werden muß.

Für die heutige Lage an den Hochschulen muß ferner auf die in jüngster Zeit mit wachsender Beschleunigung eingetretene Vermehrung des Wissens hingewiesen werden, das zu vermitteln ist. Zudem hat sich das Fach Betriebswirtschaftslehre, auch im Hinblick auf die von Schmalenbach geforderten Teildisziplinen, weiterentwickelt. Ebenso hat das Kernfach Schmalenbachs, das Rechnungswesen, eine beachtliche Ausweitung erfahren. Eine Fachkommission der Schmalenbach-Gesellschaft – Deutsche Gesellschaft für Betriebswirtschaft e. V. hat 1981 ein Anforderungsprofil für dieses Lehrgebiet im Rahmen der Hochschulausbildung veröffentlicht.[63]) Daraus geht hervor, daß es sich insbesondere in Hinblick auf ein entscheidungsorientiertes Rechnungswesen differenziert und ausgedehnt hat. Planungs- und Kontrollrechnung, Investitions- und Finanzierungsrechnungen sind ebenso hinzugekommen wie neue Rechnungslegungs- und Prüfungsvorschriften durch die Harmonisierung des europäischen Wirtschaftsrechts – um nur einige Entwicklungstendenzen zu nennen. Auch die enge Verbindung mit der elektronischen Datenverarbeitung hat neue Anforderungen für Forschung und Lehre geschaffen.

Die Aufgaben des Rechnungswesens sind für Schmalenbach vergleichbar mit den Funktionen des den Stoffhaushalt eines organischen Körpers regulierenden Nervensystems.[64]) Es dient dem Erkennen von Verschwendung und dem Erreichen einer höheren Wirtschaftlichkeit im Betrieb. Der hohe Wert des Rechnungswesens für Schmalenbachs Betriebswirtschaftslehre steht insoweit außer Frage. Es ist neben der Finanzierung auch das Gebiet, dem sich Schmalenbach in der Forschung bzw. in der Ausbildung für den betriebswirtschaftlichen Nachwuchs vornehmlich zuwandte und von dem er am Ende des zweiten Weltkrieges, auf 40 Jahre zurückblickend, sagte: „In den Jahrzehnten des Aufschwungs unseres Faches ist es so gewesen, daß fast alle wesentlichen Fortschritte im Rechnungswesen ihren Anfang nahmen an den Hochschulen. Die Entwicklung der Erfolgsrechnung und des Bilanzwesens, der Selbstkostenrechnung, der Betriebsstatistik, der Goldmarkbilanz in der Zeit der Inflation, der Kontenrahmen, der Betriebsvergleich, die kurzfristige Erfolgsrechnung, alle diese Dinge sind nicht von der Praxis, sondern von den Hochschulen ausgegangen.“[65])

6. Wirtschaftliche Entwicklung verlangt besseres Rechnungswesen

„Als ich im Jahre 1903 meine Lehrtätigkeit begann, mußten zwei besonders wichtige Gegenstände bearbeitet werden: erstens die Lehre vom Geld- und Kapitalverkehr . . . und zweitens das Rechnungswesen der Betriebe, das infolge seiner formalistischen Einengung unter allen Umständen auf einen wesentlich höheren Stand zu bringen war.“ (Neue Aufgaben der Betriebswirtschaftslehre, in: Betriebswirtschaftliche Beiträge, 1. Lieferung 1948, S. 3)

Die Zeit gegen Ende des vorigen Jahrhunderts ist gekennzeichnet durch die wachsende Zahl der Großbetriebe und der Unternehmenszusammenschlüsse, durch die rationale Organisation der betrieblichen Leistungserstellung und die Anwendung neuer Finanzierungsformen, vor allem auch durch das Vordringen der Aktiengesellschaft und ähnlicher Kapitalgesellschaftsformen. Aber nicht nur die Entwicklung zum Großbetrieb sowie die Trennung von Geschäftsführung und Eigentum verstärkt die Bedeutung des betrieblichen Rechnungswesens. Nach einer langen Phase des Aufschwungs von 1843 bis 1873 erlebt das damalige Deutschland 1873 eine schwere Krise; in ihrem Gefolge stockt die wirtschaftliche Entwicklung bis Ende der neunziger Jahre, von kleineren Aufschwungsphasen innerhalb dieser Zeitspanne abgesehen. Rückläufige Preise verringern die Rentabilität des bisher meist hochverzinslichen Kapitals und lenken den Blick der Unternehmer auf etwaige Einsparungsmöglichkeiten. Der Konjunkturumschlag gab den Anlaß dafür, die Kosten genauer zu beobachten.[66])

In einer wirtschaftshistorischen Betrachtung hat sich Schmalenbach, angeregt durch die Wirtschaftsstufenlehre von List und Bücher, mit den Entwicklungsstufen des „Wertungsvermögens“ und des Rechnungswesens befaßt.[67]) In Anlehnung an Werner Sombart unterscheidet er zwischen der „tauschlosen Wirtschaft“ und der „Tauschwirtschaft“. Hierauf folgt die dritte Stufe, in der sich der Wert nicht mehr automatisch bildet, sondern bewußt berechnet wird; es ist der Übergang vom empirischen zum wissenschaftlichen Wertungswesen: „Nachdem Tauschverkehr und Geldverkehr dem wirtschaftlichen Wertungswesen einen einheitlichen Impuls gegeben, traf ihn ein neuer Entwicklungsstoß durch die Entwicklung des Großbetriebs und der kapitalistischen Wirtschaft. Daß Großbetrieb und Unternehmertum die betriebliche Wirtschaft durch Vervollkommnung des Rechnungswesens wesentlich verbessert haben, sieht man deutlich daran, daß die Buchführung in diesen Betrieben neue Formen annahm. Sie blieb nicht, was sie vordem gewesen, ein ausschließlich auf Schuldverhältnisse und Personalkontrolle abgestelltes Niederschreiben und Sichten: Die Kontrolle bekam den dem modernen Fabrikrechnungswesen eigentümlichen kalkulatorischen Zug. Sie erhielt ein in das Innere des Betriebs gerichtetes Gesicht."[68])

7. Führungsinstrument des Kaufmanns

„Die Bedeutung des Rechnungswesens für ein Unternehmen kann nie zu hoch eingeschätzt werden." (Richtlinien für eine kaufmännische Normalbuchführung in Papierfabriken, 1927, S. 7)

Das Rechnungswesen ist für Schmalenbach Kontroll- und Steuerungsinstrument der Unternehmensleitung. Dem Kontrollaspekt, der „Kontrolle des Betriebsgebarens", wie Schmalenbach es ausdrückt, kommt dabei eine besondere Bedeutung zu. „Jeder Mangel, jede Verschwendung, jede Indisposition des Betriebes, die nicht durch gröbere Mittel offenbar wird", soll durch das Rechnungswesen „dem Gehirn des Betriebes, d. h. der Betriebsleitung" kundgetan werden.[69])

Aber auch für unmittelbare Entscheidungen soll das Rechnungswesen herangezogen werden. Schmalenbach fragt in seiner Kostenlehre nach dem Wert, der für ein einzelnes Gut anzusetzen ist, damit richtig entschieden wird.[70]) Er stellt ihn als zentralen Wert für die Betriebswirtschaft heraus, indem er ihn „Betriebswert" nennt. „Entscheidungsorientiert", ein Prädikat, mit dem sich die Betriebswirtschaftslehre heute schmückt, bedeutet bei Schmalenbach allerdings nicht zugleich auch „zukunftsorientiert" im heutigen Sinne. Er ist letztlich doch der in dem frühen Aufsatz „Buchführung und Kalkulation" geäußerten Auffassung treu geblieben, wonach die Buchführung vergangene Daten liefert und nicht selbständig Vermutungen über die Zukunft anstellt.[71]) Seine Forschungen lassen sich insgesamt unter die Zielsetzung subsumieren, das Rechnungswesen zu einem praktikablen Führungsinstrument der Unternehmensleitung auszubauen.

In der „Dynamischen Bilanz" versucht Schmalenbach ein Rechnungssystem zu entwickeln, das mehr als ein bloßer rechnungstechnischer Bücherabschluß ist. Ihm soll eine wichtigere Funktion zukommen als die bloße Abbildung von Vermögensgegenständen und Schulden, nämlich die, über Erfolg und Mißerfolg der unternehmerischen Aktivität zu informieren. Die Bilanz soll der Kompaß sein, der die Fahrtrichtung des Betriebes anzeigt, an dem es sich ablesen läßt, ob es mit dem Unternehmen in eine Zone des Erfolgs oder der Verluste geht. Natürlich muß ein Kompaß auch in Zeiten fehlender Geldwertstabilität funktionstüchtig erhalten werden, und das ist bei geeigneten Techniken durchaus möglich.

Wie die Bilanz, so dient auch die kurzfristige Erfolgsrechnung auf der Basis von Kosten und Leistungen einer Überwachung der Wirtschaftlichkeit des Unternehmens. Die globale Kontrolle wird ergänzt durch eine auf Leistungseinheiten bzw. auf Kostenstellen bezogene Kostenrechnung. Es wird gezeigt, wie in einzelnen Bereichen gewirtschaftet worden ist und auch, welche Entscheidungen im Einzelfall richtig sind, beispielsweise ob und in welcher Menge ein Produkt hergestellt werden soll oder ob eine zweite achtstündige Schicht einzulegen ist.

In der Kostenlehre hat Schmalenbach den aus heutiger Sicht wohl wichtigsten Schritt in der Fortentwicklung dieses Fachgebietes getan, nämlich den Schritt von der Vollkostenrechnung zur Teilkosten- (oder Deckungsbeitrags-)rechnung. Die Umstellung von der Vollkosten- auf die Teilkostenrechnung erweist sich auch heute noch vielfach bei fachgerechter Auslegung der gewonnenen Ergebnisse als ein Patentrezept zur Erreichung von mehr Wirtschaftlichkeit.

Neben die Dynamische Bilanz und die Kostenrechnung tritt als drittes Kontroll- und Steuerungsinstrument der Finanzplan. Er soll vor finanziellen Störungen schützen und primär dem gerade heute viel zitierten Bedarf nach Frühwarnsystemen für die Unternehmung gerecht werden. Zweck der Finanzpläne ist es, die voraussichtliche Finanzgestaltung unter Annahme wahrscheinlicher Verhältnisse abzuschätzen, auch um zu erkennen ob man mit den vorhandenen Finanzmitteln auskommt oder ob man umgekehrt Vorbereitungen zur Anlage der Überschüsse treffen muß.[72])

8. Bevorzugtes Übungsfeld für betriebswirtschaftliches Denken

„. . . (das Rechnungswesen hat) auch die Aufgabe und die Fähigkeit . . , der Denkschulung des akademischen Betriebswirts zu dienen.“ (Die doppelte Buchführung, 1950, Vorwort)

Mit seinen verschiedenen Büchern zum betrieblichen Rechnungswesen hat Schmalenbach unterschiedliche, in ihrem Kern oft eigenständig entwickelte Formen des betriebswirtschaftlichen Denkens zu fördern gesucht. Besonderen Wert legt er auf das „kalkulatorische Denken“, so lesen wir 1919 in seinem für die Kostenrechnung bahnbrechenden Beitrag in seiner Zeitschrift.[73]) Er meint das Denken in den Kategorien der Betriebswertrechnung auf der Basis von Grenzkosten- und Grenznutzen-Überlegungen. Es tritt an die Stelle des allgemein verbreiteten Denkens in Kategorien der „einfachen Ausgabenrechnung“, in der bei den Selbstkosten auch die Fixkosten zur Anrechnung kommen (Vollkostenrechnung).

Wie in der Kostenrechnung, so hat Schmalenbach auch in der Dynamischen Bilanzlehre eine besondere Sichtweise gefördert.[74]) Es ist eine Betrachtungsweise in den Kategorien der Erfolgs- und Finanzrechnung. Sie tritt an die Stelle der herrschenden „juristischen Sichtweise“, für die das „statische“ Denken in Kategorien der Vermögensrechnung typisch ist. An den speziellen Nutzen der durch die doppelte Buchführung geförderten Denkschulung, alle betrieblichen Vorkommnisse in ihrer Doppelnatur, als Soll- und Habenposten, zu erkennen, erinnert Schmalenbach in seinem gleichnamigen Buch.[75]) Besonders in den zahlreichen Fällen von Fehlinvestierungen werde man immer wieder feststellen müssen, daß eine Seite von Soll und Haben vergessen wurde. So zeige die doppelte Buchführung dem Kaufmann, „daß nichts vom Himmel fällt“.[76]) Das Kapitalkonto erinnert beispielsweise daran, daß bei einer Liquidation erst von einem Überschuß die Rede sein kann, wenn zuvor das eingeschossene Kapital zurückgezahlt wird. Ein nicht mit der Buchführung Vertrauter würde nicht auf die Idee kommen, das vom Geschäftsinhaber selbst eingelegte Kapitel dem Geschäftsinhaber unter der Benennung Kapitalkonto gutzuschreiben. Noch weniger hätte er daran gedacht, das Kapital nicht als einen Komplex von realen Gegenständen, sondern als abstraktes Verfügungsrecht über diese Gegenstände zu betrachten. Die doppelte Buchführung nötigt ihn aber zu dieser Betrachtung.

Selbst der Kontenrahmen hat im Unterricht entsprechende pädagogische Funktion. Die Konten sind so geordnet, daß der Produktions- und Wirtschaftsprozeß in seiner sinnvollen Weise zum Ausdruck kommt.

Das Rechnungswesens war für Schmalenbach insbesondere deswegen bevorzugtes Übungsfeld für die „Geistesgymnastik" in der Ausbildung, da es hier um Probleme des „Wertens" bzw. des Bewertens geht und er die „Fähigkeit des Wertens" als den bedeutendsten Bestandteil der Denkschulung ansieht. „Wirtschaften ist wählen", heißt es an zentraler Stelle in der Selbstkostenrechnung,[77]) und Wählen bedarf des Vergleichs, der Wertung der zur Auswahl stehenden Handlungsmöglichkeiten. Die Frage nach der „richtigen" Entscheidung zu stellen, heißt gleichzeitig nach dem richtigen Wert zu fragen. Falsch zu bewerten, bedeutet falsch zu entscheiden; es bedeutet für denjenigen, der sein Handeln an der Wirtschaftlichkeitsmaxime ausrichtet, – und hierzu ist der Betriebswirt Schmalenbachscher Prägung aufgerufen – „Unwirtschaftlichkeit".

9. Zweckorientierung zum Prinzip erhoben

„Im kaufmännischen Rechnungswesen ist es von großer Bedeutung, sich vor Augen zu halten, daß es verschiedene Aufgaben hat." (Zinskosten in der Buchführung, in: ZfhF, 7. Jg., 1912/13, S. 249)

Einfache, ja geradezu banal erscheinende Erkenntnisse werden oft nicht so umgesetzt, wie sie es verdienen; es werden keine Konsequenzen gezogen, vielleicht weil diese Erkenntnisse zu selbstverständlich sind. Zu diesen einfachen, äußerst nützlichen Erkenntnissen gehört in der Geschichte der Betriebswirtschaftslehre, daß jedes Rechenwerk von seinem Zweck, von seiner Funktion abhängen sollte. Nicht zuletzt konnte Schmalenbach dadurch die Betriebswirtschaftslehre entscheidend voranbringen, daß er diese vielfach mißachtete Erkenntnis in die Tat umsetzte.

Er ging zwar gemäß dem Grundsatz, daß „allgemein durch das betriebliche Rechnungswesen so viel Einblick in den Bau und das Leben des Betriebes zu ermitteln ist, wie sich ökonomischerweise gewinnen läßt",[78]) davon aus, daß mehrere Zwecke, die miteinander vereinbar sind, gleichzeitig mit einem Instrument erreicht werden sollten. Werden jedoch nicht kompatible Zwecke verfolgt, so stellt sich jedoch nur die Alternative, entweder zweckspezifische Instrumente zu entwickeln oder von einer „Grundrechnung" auszugehen, die dann aber zur Beantwortung der unterschiedlichen Fragen jeweils zweckspezifisch auszurichten ist (vgl. Seiten 370 f.).

Was für das Rechnungswesen im allgemeinen gilt, gilt für die Bewertung im besonderen: „Jede Regel, die sich nicht ausrichtet am Bewertungszweck, ist von Anfang an verkehrt."[79]) Die Beachtung der Zweckabhängigkeit bei der Bewertung ist mittlerweile in weiten Bereichen der Betriebswirtschaftlehre – jedenfalls in der einschlägigen Literatur – selbstverständlich geworden, etwa im Bereich der Kostenrechnung und in der Bilanzlehre. Heute brauchte Schmalenbach nicht, wie z. B. 1912 in seinem Aufsatz über Zinskosten, darauf hinzuweisen, daß die Kostenrechnung verschiedene Aufgaben hat und die Bewertung entsprechend auszugestalten ist.[80]) In der Praxis wird freilich der Selbstverständlichkeit einer zweckentsprechenden Bewertung heute leider noch immer nicht überall entsprochen.

IV. Mensch und Organisation

Im Gegensatz zu seinem Antipoden Heinrich Nicklisch, der die Idee der Betriebsgemeinschaft in den Mittelpunkt rückt,[81]) hat Eugen Schmalenbach in seiner Betriebswirtschaftslehre nicht den Menschen im Blickfeld, wenngleich personelle Leitbilder und „Eigenheiten" der Betriebsangehörigen bei ihm eine große Rolle spielen. Die Betriebsorganisation ist für ihn ein Mittel zur Durchsetzung von Wirtschaftlichkeit. Wie später bei Gutenberg, so hat sie auch bei Schmalenbach instrumentalen Charakter.

10. Der unternehmerisch denkende Betriebsleiter als Garant der Wirtschaftlichkeit

„Das Problem, das uns hier gestellt ist, lautet so: Wie erziehe ich an Stelle von beamtenmäßig eingestellten Unterführern, die nur an die Ausführung von Befehlen gewohnt sind . . ., Leute mit Unternehmernatur, die auf das Gedeihen ihrer Sache und einen dieses Gedeihen attestierenden Erfolgsausweis sehen?" (Der Kontenrahmen, 4. Aufl., 1935, S. 12 f.)

Der Mensch ist zwar letztlich Nutznießer der wirtschaftlichen Leistungserstellung (die ja auch zu seinen Gunsten gemeinwirtschaftlich ausgerichtet sein soll) und auch der Leidtragende wirtschaftlicher Verschwendung; im Rahmen der betriebswirtschaftlichen Leistungserstellung selbst jedoch ist er „Objekt". Seine betriebliche „Verwendung" schließt allerdings eine Reihe von Vorbedingungen ein wie „sorgsame Pflege des geistigen und körperlichen Wohlbefindens, Glauben an verdienten Aufstieg, Bereitstellung von Möglichkeiten eines solchen, Interesse an den Zielen des Betriebs, möglichst soweit reichend, daß die Gefolgschaftler ein Betriebsproblem auch außerhalb der Dienstzeit, sozusagen denksportmäßig, beschäftigt."[82])

Der Leser der Bücher von Schmalenbach lernt die Leitbilder der Betriebswelt des Autors bald kennen. Da ist beispielsweise der Buchhaltungsleiter[83]), der neben einer gründlichen theoretischen und praktischen Ausbildung über ein „stark entwickeltes wirtschaftliches Störungsgefühl" verfügen muß. Von ihm ist ferner „eine nicht geringe Dosis Zivilcourage" zu fordern, da er den Leitern der Produktionsabteilung, die „zumeist viel Selbstgefühl" besitzen, Unwirtschaftlichkeiten nachdrücklich vorhalten muß. Da ist, um ein weiteres Beispiel zu nennen, der Finanzleiter, der, wenn das Unternehmen in Zahlungsschwierigkeiten gerät, in den „Anklagezustand" gehört, „auch wenn man davon absieht, ihm einen Strafprozeß anzuhängen". Für ihn sind Anordnungen und Weisungen der Oberleitung zwar „höhere Gewalt", aber „das Seinige" muß er getan haben. „Es kann Fälle geben, in denen man die berechtigte Frage stellen muß, warum er nicht rechtzeitig die Kabinettsfrage gestellt hat."[84]) Speziell im Finanzbereich hat Schmalenbach die Probleme im zweiten Weltkrieg in seinem Manuskript über den Finanzleiter personifiziert.

Zentrale und wichtigste Figur ist bei Schmalenbach jedoch der unternehmerisch denkende Betriebsleiter, „der seinen eigenen Verstand hat und zu gebrauchen weiß" und der „die Belange seines kleinen Betriebes besser kennt als der Generaldirektor".[85]) Ihm kommt nicht nur die Schlüsselfunktion als Firmenleiter zu, sondern auch die als Leiter selbständiger Bereiche in einem Großbetrieb, wobei hier allerdings das Problem besteht, den Unternehmersinn auf ihn zu übertragen. Beim Betriebsleiter, dessen Natur der „der früheren in freier Konkurrenz aufgewachsenen Kleinfabrikanten entspricht", sieht Schmalenbach die Wirtschaftlichkeit am besten aufgehoben. Ihn gilt es heranzubilden und zu fördern, um den Gefahren des Bürokratismus und der Verbeamtung zu begegnen. Was hierzu im Großbetrieb nottut, ist eine betriebliche Organisation, in der die Eigenständigkeit zur Entfaltung kommen kann, in der Bedingungen herrschen, „wie sie bei freier Wirtschaft den kleinen Betrieben eigentümlich sind . . ." Es ist sicher keine Spekulation, daß sich in diesen Feststellungen auch ein Teil seiner Erfahrungen aus der Jugendzeit niederschlägt.

11. Pretiale Lenkung als organisatorisches Prinzip

„Ein besonderer Grund für die starke Betonung des Dezentralisationsprinzips in der Verwaltung großer Wirtschaftsbetriebe liegt für mich in der Erkenntnis, daß wir nur auf diese Weise aus den Gefahren des Bürokratismus und der Verwaltung herauskommen." (Der Kontenrahmen, 4. Aufl., 1935, S. 12)

Die Organisation ist ein Instrument zur Gestaltung der Wirtschaftlichkeit. Ihr Ziel ist es, „den Betrieb als einen mit Organen versehenen Organismus so zu ordnen, daß sich aus dem Zusammenspiel der Organe eine möglichst hohe Gesamtleistung ergibt."[86]) Dieses Ziel kann nach Schmalenbachs innerster Überzeugung am besten durch eine dezentrale Betriebslenkung verwirklicht werden, der er die zentrale bürokratische Lenkung gegenüberstellt. Wie kein anderes organisatorisches Wesensmerkmal wirkt sich die Verschiedenheit beider Formen „sowohl im wirtschaftlichen Ergebnis als auch im Geist und Gehabe des Betriebes" aus.[87])

„Das Wesen der pretialen Betriebslenkung besteht darin, daß die Oberleitung den nachgeordneten Dienststellen weitgehende Selbständigkeit läßt und sich nur besonders wesentliche Entscheidungen vorbehält, dafür aber die Leistungen der Dienststellen bewertet, in der Regel aufgrund von Abteilungs-Erfolgsrechnungen."[88]) Die Leistungen der einzelnen Abteilungen werden mit Hilfe von Verrechnungspreisen abgerechnet, die als Lenkpreise fungieren und in der Betriebswertrechnung zu ermitteln sind. Die pretiale Lenkung erzeugt innerhalb des Betriebes eine Art Marktdenken: Ziel mittlerer und großer Unternehmen muß es sein, ihre Abteilungen so zu organisieren, als seien diese Abteilungen selbständige Kleinbetriebe. Im Gegensatz hierzu ist die bürokratische Lenkung dadurch charakterisiert, „daß man den Leitern der Unterabteilungen in allen Einzelheiten sagt, was sie zu tun haben. Zeigt sich irgendwo ein Mißerfolg, so ist dies der Anlaß, mit einer neuen Vorschrift herauszukommen."

Die wichtigsten Vorteile der pretialen gegenüber der bürokratischen Lenkung sieht Schmalenbach in einem unter Umständen wesentlich kleineren Verwaltungsapparat, der Betriebsnähe des Abteilungsleiters, der „Leerlauf und Fehllauf" mit eigenen Augen sieht und ohne Zeitverlust eingreifen kann, der Förderung des Wertungsdenkens im Betrieb und der höheren Handlungsfreiheit der Abteilungsleiter: „Dadurch spannt man nicht nur die Arbeitskraft und das fachliche Können, sondern auch das Sorgen in den Betrieb ein." Es ist ein „großer Unterschied, ob man befohlenerweise wirtschaftlich ist oder das eigene Interesse gebietet, bis ins Letzte hinein wirtschaftlich zu sein."[89]) Die bürokratische Lenkung erzieht „Beamtennaturen", die pretiale Lenkung dagegen „Persönlichkeiten mit Unternehmersinn".[90])

Pfingst-Tagung des Verbandes der Deutschen Hochschullehrer für Betriebswirtschaft in Wien 1928. Auf dieser Tagung hat Schmalenbach die berühmte „Wiener Rede" gehalten, die in der Öffentlichkeit großes Aufsehen erregte. Schmalenbach in der vorderen Bildreihe mit Spazierstock.

KAISERLICHES PATENTAMT.

AUSGEGEBEN DEN 1. OKTOBER 1913.

PATENTSCHRIFT

— № 264974 —

KLASSE 45 *f*. GRUPPE 17.

EUGEN SCHMALENBACH IN HALVER I. WESTF.

Vorrichtung zum Umsetzen von jungen Pflanzen aller Art.

Patentiert im Deutschen Reiche vom 16. August 1912 ab.

Es sind Vorrichtungen zum Umsetzen junger Pflanzen bekannt geworden, deren auseinandernehmbare Einzelteile nach dem Einsetzen der Pflanzen in den Boden aus letzterem herausgezogen werden können. Diese bekannten Vorrichtungen sind hülsenähnlich gestaltet, so daß es leicht vorkommen kann, daß die die jungen Pflanzen umgebende Erde herausfällt, was meist ein Absterben der Pflanzen zur Folge hat. Die vorliegende Erfindung bezweckt, diesen Übelstand zu beseitigen. Erreicht wird dies durch die Form der Seitenteile eines kastenähnlichen Behälters. Diese Seitenteile sind so geformt, daß sie zugleich einen Boden bilden.

In den Fig. 1 bis 3 der beiliegenden Zeichnung ist die neue Vorrichtung in einer Ausführungsform in drei zueinander senkrechten Projektionen dargestellt. Fig. 4 zeigt, in welcher Weise das Umpflanzen geschieht. Die Vorrichtung besteht im wesentlichen aus einem nach unten spitz zulaufenden Kasten mit den beiden Längswänden *a*, *b* und den beiden seitlichen Querwänden *c*, *d*, welch letztere an der einen Längswand *a* sitzen (Fig. 3). Die andere Längswand *b*, welche mit der Wand *a* einen spitzen Winkel bildet, stützt sich oben gegen zwei an den Seitenwänden *c* und *d* sitzende Lappen *e*. An der Unterseite besitzt die Längswand *b* mehrere, im vorliegenden Falle drei Ansatzlappen *f*, welche durch entsprechende Öffnungen *g* der anderen Längswand *a* hindurchgesteckt sind.

In dem auf diese Weise gebildeten spitzwinkligen Kasten werden die Pflanzen etwa in einem Treibhaus gezogen, bis sie das Umpflanzen vertragen können. Zweckmäßig ist der Kasten mit zwei oder mehreren Haken *h* versehen, mittels deren er im Treibhaus an Latten *i* (Fig. 1) aufgehängt werden kann. Beim Umpflanzen wird nun der ganze Kasten mit der darin befindlichen Erde und den jungen Pflanzen in der aus Fig. 4 ersichtlichen Weise an der gewünschten Stelle in den Boden eingesetzt. Hierauf wird zunächst die eine Längswand *b* schräg nach oben herausgezogen, worauf auch die andere Längswand *a* mit den daran befestigten Seitenwänden aus dem Boden herausgezogen wird. Auf diese Weise erfolgt die Umpflanzung sämtlicher im Kasten enthaltener Pflanzen bequem und schnell, ohne daß ein Abbröckeln der Wurzelerde eintreten kann. Nachdem der Kasten wieder zusammengesetzt worden ist, kann er ohne weiteres wieder zum Ziehen neuer Pflanzen benutzt werden.

Diese Vorrichtung kann auch eine andere Form als die gezeichnete besitzen. Beispielsweise könnte die Vorrichtung aus zwei Hohlschalen bestehen, die oben gelenkig miteinander verbunden sind.

PATENT-ANSPRÜCHE:

1. Vorrichtung zum Umsetzen von jungen Pflanzen aller Art, gekennzeichnet durch einen auseinandernehmbaren kastenähnlichen Behälter *(a, b, c, d)*, in dem die Pflanzen etwa in einem Treibhaus gezogen werden und welcher zwecks Umsetzens der Pflanzen, nachdem er zunächst an der gewünschten Stelle in den fremden Boden eingesetzt worden ist, derart in einzelnen

DEUTSCHES REICH

REICHSPATENTAMT

PATENTSCHRIFT

№ 324608

KLASSE 45a GRUPPE 1

Dr. E. Schmalenbach in Halver, Westf.

Befestigung des Blattes von Hacken, Spaten, Schaufeln und Rechen an einer Tülle.

Patentiert im Deutschen Reiche vom 21. September 1919 ab.

Um bei Hacken, Spaten, Schaufeln und Rechen die Tülle (den Stielhalter) nicht anschmieden, anschweißen oder mit Hilfe von Nieten annieten zu müssen, soll durch die vorliegende Erfindung eine neuartige Befestigung geschaffen werden.

Fig. 1 stellt ein Hackenblech dar, in dem sich oben ein Einschnitt befindet. Der Einschnitt ist rechteckig und besitzt unten eine kleine Erweiterung.

Fig. 2 zeigt den dazugehörigen Hals einer Tülle im Grundriß, Fig. 3 dasselbe Stück seitlich gesehen. An diesem Tüllenhals sind seitlich und unten an der Spitze Schlitze eingepreßt, eingefräst, eingeschmiedet oder sonstwie angebracht, und zwar in der Art, daß man den Tüllenhals in den Einschnitt von Fig. 1 hineinschieben kann. Ist der Hals hineingeschoben, so wird er an der unteren Spitze ein wenig gebreitet, so daß das Metall die Erweiterung im Einschnitt von Fig. 1 ganz oder annähernd ausfüllt.

Fig. 4 zeigt ein Hackenblech mit auf diese Weise verbundener Tülle in Seitenansicht.

Fig. 5 bis 8 zeigen eine andere Ausführungsform. Hier wird die Tülle nicht von oben in das Hackenblech hineingeschoben, auch befindet sich im Tüllenhals nicht ein Schlitz, sondern es ist der in Fig. 6 und 7 sichtbare Ansatz am Tüllenhals angebracht. Die Tülle wird von unten in das Blech hineingeschoben und dann von oben gebreitet, so daß sich infolge des entstehenden Nietkopfes ebenfalls ein Schlitz bildet, aus dem das Blech weder nach oben noch nach unten herausgezogen werden kann.

PATENT-ANSPRUCH:

Befestigung des Blattes von Hacken, Spaten, Schaufeln und Rechen an einer Tülle, dadurch gekennzeichnet, daß der Tüllenhals in einen Schlitz am Hackenblech eingeschoben und durch Hämmern so verbreitert wird, daß er sich in eine schwalbenschwanzförmige Erweiterung einlegt und so festgehalten wird.

Hierzu 1 Blatt Zeichnungen.

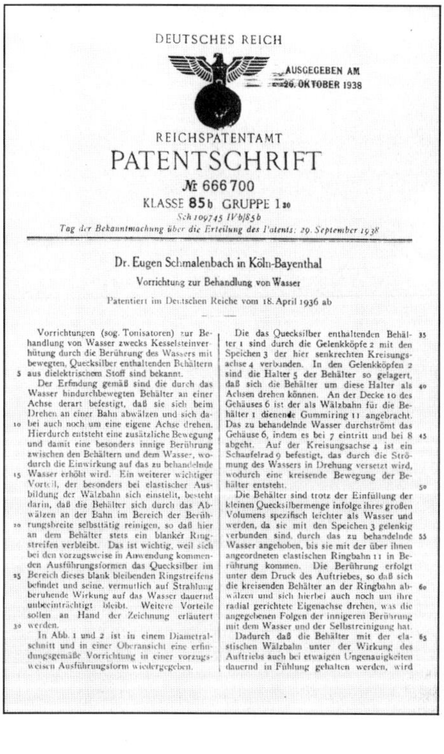

DEUTSCHES REICH

AUSGEGEBEN AM 26. OKTOBER 1938

REICHSPATENTAMT

PATENTSCHRIFT

№ 666700

KLASSE 85b GRUPPE 1 30

Sch 109745 IVb/85b

Tag der Bekanntmachung über die Erteilung des Patents: 29. September 1938

Dr. Eugen Schmalenbach in Köln-Bayenthal

Vorrichtung zur Behandlung von Wasser

Patentiert im Deutschen Reiche vom 18. April 1936 ab

Vorrichtungen (sog. Tonisatoren) zur Behandlung von Wasser zwecks Kesselsteinverhütung durch die Berührung des Wassers mit bewegten, Quecksilber enthaltenden Behältern aus dielektrischem Stoff sind bekannt.

Der Erfindung gemäß sind die durch das Wasser hindurchbewegten Behälter an einer Achse derart befestigt, daß sie sich beim Drehen an einer Bahn abwälzen und sich dabei auch noch um eine eigene Achse drehen. Hierdurch entsteht eine zusätzliche Bewegung und damit eine besonders innige Berührung zwischen den Behältern und dem Wasser, wodurch die Einwirkung auf das zu behandelnde Wasser erhöht wird. Ein weiterer wichtiger Vorteil, der besonders bei elastischer Ausbildung der Wälzbahn sich einstellt, besteht darin, daß die Behälter sich durch das Abwälzen an der Bahn im Bereich der Berührungsbreite selbsttätig reinigen, so daß hier an dem Behälter stets ein blanker Ringstreifen verbleibt. Das ist wichtig, weil sich bei den vorzugsweise in Anwendung kommenden Ausführungsformen das Quecksilber im Bereich dieses blank bleibenden Ringstreifens befindet und seine, vermutlich auf Strahlung beruhende Wirkung auf das Wasser dauernd unbeeinträchtigt bleibt. Weitere Vorteile sollen an Hand der Zeichnung erläutert werden.

In Abb. 1 und 2 ist in einem Diametralschnitt und in einer Oberansicht eine erfindungsgemäße Vorrichtung in einer vorzugsweisen Ausführungsform wiedergegeben.

Die das Quecksilber enthaltenden Behälter 1 sind durch die Gelenkköpfe 2 mit den Speichen 3 der hier senkrechten Kreisungsachse 4 verbunden. In den Gelenkköpfen 2 sind die Halter 5 der Behälter so gelagert, daß sich die Behälter um diese Halter als Achsen drehen können. An der Decke 10 des Gehäuses 6 ist der als Wälzbahn für die Behälter 1 dienende Gummiring 11 angebracht. Das zu behandelnde Wasser durchströmt das Gehäuse 6, indem es bei 7 eintritt und bei 8 abgeht. Auf der Kreisungsachse 4 ist ein Schaufelrad 9 befestigt, das durch die Strömung des Wassers in Drehung versetzt wird, wodurch eine kreisende Bewegung der Behälter entsteht.

Die Behälter sind trotz der Einfüllung der kleinen Quecksilbermenge infolge ihres großen Volumens spezifisch leichter als Wasser und werden, da sie mit den Speichen 3 gelenkig verbunden sind, durch das zu behandelnde Wasser angehoben, bis sie mit der über ihnen angeordneten elastischen Ringbahn 11 in Berührung kommen. Die Berührung erfolgt unter dem Druck des Auftriebes, so daß sich die kreisenden Behälter an der Ringbahn abwälzen und sich hierbei auch noch um ihre radial gerichtete Eigenachse drehen, was die angegebenen Folgen der innigeren Berührung mit dem Wasser und der Selbstreinigung hat.

Dadurch daß die Behälter mit der elastischen Wälzbahn unter der Wirkung des Auftriebs auch bei etwaigen Ungenauigkeiten dauernd in Fühlung gehalten werden, wird

Schmalenbach als Erfinder: *Schmalenbach hat mehrfach neuartige Geräte konstruiert, auf drei wurden ihm Patente erteilt, je eins im alten Deutschen Reich (1912), in der Weimarer Republik (1919) und im Nazi-Reich (1936). Die dritte Erfindung war ein recht komplizierter, technisch gut durchdachter Apparat, „Tonisator" genannt, der die Bildung von Kesselstein verhinderte.*

Fest der Schmalenbach-Vereinigung, der Treuhand-AG und des Treuhand-Seminars im September 1935 auf dem Petersberg.

Ernst Walb (links) und Werner Susat (rechts) haben den beruflichen Lebensweg Schmalenbachs seit der Zeit vor dem ersten Weltkrieg bis zuletzt begleitet, Walb vor allem an der Universität, Susat bei seinen wirtschaftspolitischen Aktivitäten.

Alte Universität Köln, vormals Handels-Hochschule, an der Ekke Hindenburg-Park/Claudiusstraße. Hier begann Schmalenbach seine Lehrtätigkeit.

Diktiergerät, Jahrgang 1926: *Wenn die Sekretärin des Morgens um 8.00 Uhr zum Dienst erschien, hatte der Frühaufsteher Schmalenbach oft schon mehrere Walzen dieses unförmigen Geräts besprochen, die sie sogleich in Maschinenschrift übertrug.*

Zweiter Abschnitt

Dynamische Bilanz

Die dynamische Bilanz ist das Ergebnis jahrelanger Überlegungen. „Wer meine einzelnen Aufsätze verfolgt, wird deutlich erkennen, wie langsam ich mich an die heute von mir vertretene Auffassung herangearbeitet habe; er wird auch erkennen, daß die Fundamente schon verhältnismäßig früh gewonnen wurden, daß aber die Ausführung recht lange auf sich warten ließ“[1]) schreibt Schmalenbach im Vorwort der vierten Auflage 1926. Er muß feststellen, daß der Umfang der Kritik, die diesem Buch widerfährt, „einen Rekord“ darstellt. Zu den namhaftesten Kritikern gehören der Jurist Lion, der Betriebswirt Nicklisch und vor allem der „Privatwirtschaftler“ Wilhelm Rieger. Letzterer schreibt ein ganzes Buch darüber, dessen kritische Haltung in der Betriebswirtschaftslehre bis heute in ihrer Ausführlichkeit und Härte einmalig ist.[2]) Schmalenbach geht auf die Kritik im einzelnen nicht ein. Gelassen nimmt er nur mit den Worten Stellung: „Ein Buch, dem immer wieder die Aufgabe gestellt wird, störenden Strömungen entgegenzutreten, erfährt naturgemäß Kritik.“[3])

An positiver Beurteilung im zeitgenössischen Schrifttum fehlt es dieser wohl bekanntesten Veröffentlichung Schmalenbachs allerdings nicht. Es liegt nahe, daß sie überwiegend von Vertretern der damaligen „Kölner Schule“ kommt. Die Schmalenbachschen Vorstellungen vom Erfolgs-Charakter der Bilanz sind jedoch von großem Einfluß auf die betriebswirtschaftliche Bilanzdiskussion.[4]) Sie werden vor allem von Walb und Kosiol mit eigenen Bilanzauffassungen weiterentwickelt. Hans Münstermann hat sich besonders um die Klärung einzelner kritisch erörterter Fragen verdient gemacht.

Vorwiegend im Rahmen handelsrechtlicher und steuerlicher Kommentierungen hatten sich zunächst vor allem die Juristen mit den theoretischen Grundlagen der Bilanz auseinandergesetzt und einiges von dem vorweggedacht, was heute mitunter der betriebswirtschaftlichen Bilanzlehre zugerechnet wird.[5]) In erster Linie von der buchhaltungstechnischen Seite nehmen sich die Handelshochschul-Lehrer Lambert, Schär, Hügli und Leitner der Bilanz an. Ein Jahr vor dem Erscheinen der Grundlagen dynamischer Bilanzlehre legt Osbahr eine erste „Bilanz“ der Bilanzauffassungen vor.[6]) Im 13. Jahrgang der Zeitschrift für handelswissenschaftliche Forschung erscheint 1919 der Beitrag „Grundlagen dynamischer Bilanzlehre“. Die nahezu 100 Seiten umfassende Publikation wird zur ersten Auflage des wohl bekanntesten Buches von Eugen Schmalenbach. Nach einer 1920 als selbständige Veröffentlichung erschienenen zweiten unveränderten Auflage und nach einer auf über 280 Seiten angewachsenen dritten Auflage im Jahre 1925, nennt er das Buch von der mittlerweile über 370 Seiten umfassenden vierten Auflage 1926 an so, wie es „im Verkehr genannt zu werden pflegt“, nämlich nicht mehr „Grundlagen dynamischer Bilanzlehre“, sondern einfach „Dynamische Bilanz“.

Mit Schmalenbachs Werk beginnt die Blütezeit der betriebswirtschaftlichen Bilanztheorien. Zum bedeutendsten Beitrag neben der dynamischen Bilanzlehre wird die organische Bilanz von Fritz Schmidt.[7]) Die von Schmalenbach in die Diskussion eingeführten Begriffe Statik und Dynamik und die „organische“ Auffassung werden zum klassischen Einteilungskriterium der vorhandenen und der sich entwickelnden Theorien.[8]) Einen eigenen Weg geht Rieger mit seiner als nominale Theorie bezeichneten Auffassung, die er in der Einführung zur Privatwirtschaftslehre 1928 vorlegt.[9]) Le Coutre bekennt sich zur Statik.[10]) Nicklisch bezeichnet seine Bilanz als „betriebsdynamisch“, ohne sich hiermit jedoch der Schmalenbachschen Auffassung anschließen zu wollen.[11])

V. Schmalenbachs Auffassung von der Bilanz

Die Ermittlung des Erfolges, verstanden als Differenz von Leistung[12]) und Aufwand, ist für Schmalenbach die wichtigste und alles beherrschende Aufgabe der Abschlußrechnung. Der Gewinn- und Verlustrechnung gebührt der Vorrang gegenüber der Bilanz. Die Bilanz wird zu einem „Ausgleichspuffer" zwischen Ausgaben und Aufwand, zwischen Einnahmen und Leistungen. Ihren Inhalt deutet Schmalenbach abweichend von der üblichen Interpretation. Keine Vermögensgegenstände und Verpflichtungen werden abgebildet, sondern noch nicht „ausgelöste" Posten. Es ist eine betriebswirtschaftliche Deutung in der sich damals bildenden Fachsprache. Doch nicht die Interpretation des Bilanzinhalts steht für ihn im Vordergrund. Die Zielsetzung ist vielmehr eine materielle. Die Bilanz soll Steuerungsinstrument des Kaufmanns sein, der Erfolg „Maßstab der Wirtschaftlichkeit", der den „Anfang von Siechtum und Wachstum" zu erkennen gibt.[13])

Bereits 1907/08 in „Die Verbuchung von Reparaturen" stellt er fest, daß die Bilanz keine „Vermögensaufstellung", sondern ein „Mittel zur Ermittlung des Betriebsgewinns ist" und daß es ihm nicht darauf ankomme, „den Anlagenwert möglichst genau zu bestimmen, sondern darauf, den Verbrauch der Anlage auf die Reihe der Gebrauchsjahre der Leistung entsprechend zu verteilen". In „Die Abschreibung" sieht er selbst den Anfang seines Werks. Hier heißt es, daß die Jahresbilanz in der ordnungsmäßigen Buchführung nicht den Zweck der Vermögensübersicht hat, sondern der Erfolgsrechnung dient, und er stellt dar, inwieweit derjenige, der in der Bilanz ein Gewinnermittlungsinstrument sieht, bei den Abschreibungen zu anderen Ergebnissen kommt als der Anhänger der Vermögenstheorie.

Auf eine Kritik in Berliners „Buchhaltungs- und Finanzlehre" an der „neuerdings" von verschiedenen Schriftstellern vertretenen Auffassung vom Hauptzweck der Bilanz als einer Erfolgsermittlungsbilanz reagiert Schmalenbach 1911 mit dem Beitrag „Über den Zweck der Bilanz" und stellt seine Vorstellung erneut dar. In „Theorie der Erfolgsbilanz" geht er 1917 einen Schritt weiter. Er entwickelt die Grundlagen und den Aufbau des Bilanzschemas und spricht bei den Aktiva von „Vorleistungen" bzw. von „Vorrat an Aktivkraft", bei den Passiva von „Nachleistungen". Auch heißt es hier nun schon: „Die Bilanz als Werkzeug der Erfolgsrechnung ist mithin eine interimistische Rechnung, welche Ausgaben und Einnahmen einerseits und Aufwand und Ertrag andererseits zum Zwecke der Zeitabschnittsrechnung vorläufig übernimmt."

12. Gewinnermittlungsbilanz oder Vermögensermittlungsbilanz?

„Bei der Konkurrenz statischer und dynamischer Zielsetzung ziehe ich die dynamische Zielsetzung vor." (Grundlagen dynamischer Bilanzlehre, 3. Aufl., 1925, S. 60)

Was ist das „Dynamische" an einer Dynamischen Bilanz? Gehört alles dazu, was Schmalenbach im einzelnen ausführt? Oder konkretisiert es sich auf den der Bilanz zugrundeliegenden Kerngedanken einer periodengerechten Transformation der Einnahmen- und Ausgabenrechnung in eine Ertrags- und Aufwandsrechnung mit den sich hieraus ergebenden Konsequenzen? Die letztere Lesart, bei der sich der Bilanzierende im Unterschied zur statischen, an Bestandsgrößen ausgerichteten Betrachtung an Stromgrößen orientiert, hat sich weitgehend durchgesetzt.[14]) Danach ist allerdings manches, was Schmalenbach in seinen Werken geschrieben hat, nicht „dynamisch", so beispielsweise einige der von ihm vertretenen Bewertungsgrundsätze, wie etwa das Vorsichtsprinzip.[15])

Schmalenbach selbst knüpft bei der Begriffserklärung an die Unterscheidung zwischen Stromgrößen-Betrachtung und Bestandsgrößen-Betrachtung an, wenn er ausführt, daß es Aufgabe der statischen Bilanz sei, etwas „Zuständliches" darzustellen, während es der dynamischen Bilanz um die „Erkenntnis der Bewegung" gehe.[16]) Nun stellt jedoch, wie Schmalenbach anfügt, auch die Dynamische Bilanz „insofern etwas Zuständliches dar, als aus der Bewegung ein flüchtiger Augenblick herausgegriffen wird, um sie in einem Zahlengebilde wiederzugeben". Aber es handelt sich hierbei nicht um eine Erkenntnis des Zustandes, sondern um die Erkenntnis der Bewegung, die zwischen mehreren solcher Augenblicke stattgefunden hat. „Die Bewegung, die wir zu erfassen suchen, ist im vorliegenden Fall eine Wirkung von Kräften, und zwar einer Leistung auf der einen Seite und eines Kräfteverzehrs, d. h. eines Aufwandes auf der anderen Seite. Eine solche, der Erkenntnis dieses Kräftespiels dienenden Bilanz nennen wir eine dynamische."

„Ein der Erkenntnis des Mienenspiels dienendes Photo nennen wir ein dynamisches", schreibt Rieger spöttisch.[17]) Die Schmalenbachsche Begriffsklärung ist in der Tat nicht einfach nachvollziehbar, da er unter „Dynamik" gleichzeitig Unterschiedliches versteht: eine Stromgrößen-Betrachtung („es geht um die Erkenntnis der Bewegung"), die Interpretation der Beständerechnung namens Bilanz als „Kräftespeicher" und schließlich die Zielsetzung der Erfolgsermittlung selber – eine Zielsetzung, die sowohl durch den Vergleich von Beständen in der Bilanz als auch durch die Erfassung von Stromgrößen in der Gewinn- und Verlustrechnung erreicht wird. „Man sehnt sich ordentlich nach einem statischen Pol in der dynamischen Flucht", lautet Riegers überzogene Kritik.[18])

Schmalenbach reagiert darauf nicht, da es ihm nicht um Definitionen eines Begriffs geht. Entscheidend ist für ihn, ob man den Kerngedanken seiner Fragestellung akzeptiert: Wie muß eine Bilanz aussehen, wenn ihr Zweck die Erfolgsrechnung ist? So ist denn auch die folgende Aufforderung an Nicklisch auf einer Hochschullehrerkonferenz zu verstehen: „Statiker oder Dynamiker? Sie müssen bekennen."[19]) Nicklisch ist bereits mit der Fragestellung nicht einverstanden. Für ihn sind die Vermögensbilanz und die Gewinnermittlungsbilanz dieselbe Bilanz. Auch Rieger lehnt die Alternative ab. Er stellt in seiner Streitschrift einen „unlösbaren" Zusammenhang von Gewinnermittlung und Vermögensermittlung fest.[20])

Betrachten wir, um Schmalenbach nicht mit „fremden Maßstäben"[21]) zu messen, worin er selbst den Gegensatz sieht: Das Vermögen eines Unternehmens festzustellen, heißt, den Gesamtwert zu bestimmen. Da mittels der Bilanz der so verstandenen „statischen Zielsetzung" nicht entsprochen werden kann, lehnt er sie ab. Das synthetisch ermittelte Bilanzvermögen unterscheidet sich vom Gesamtwert, unabhängig davon, ob man Kostenwerte oder etwas anderes nimmt.[22]) Der Erfolg ist die Differenz zwischen Leistung und Aufwand; er ist eine Größe, bei deren Feststellung die Bilanz ein taugliches – notfalls aber entbehrliches – Instrument ist. Da Schmalenbach der Erfolgsermittlung herausragende Bedeutung zumißt – „richtig" errechnete Erfolge sind für ihn „Maßstab der Wirtschaftlichkeit" –, und weil die konkurrierende statische Zielsetzung „mit Unbefriedigung enden müßte"[23]), entscheidet er sich für die „Dynamik".

Auch wenn Schmalenbach davon ausgeht, daß das statische Ziel der Gesamtwert-Ermittlung nicht in hinreichender Weise mit der Bilanz erreicht werden kann, hat er doch konkrete Vorstellungen, wie selbständige statische Bilanzen aufzustellen sind, um das Ziel zumindest in bestmöglicher Weise erreichen zu können (vgl. die Übersicht auf Seite 306 f.). Die gleich-

Übersicht zu ausgewählten Sachverhalten in der dynamischen und in der statischen Bilanzauffassung nach Schmalenbach

Dynamische Bilanz	Statische Bilanz
Bilanz bzw. Rechnungswesen	
Die dynamische Bilanz ist primär eine periodische Erfolgsrechnung zum Zwecke der richtigen Betriebssteuerung.	Die Bilanz hat die Aufgabe, das Vermögen eines Kaufmanns oder das in seinem Betriebe befindlichen Kapital zu ermitteln.
Vermögensbegriff	
ohne Relevanz	Die Bilanz ermittelt nicht das Vermögen. „Vermögen" wird repräsentiert durch den Gesamtwert der Unternehmung in Form ihres Ertragswertes.
Erfolgsbegriff	
Erfolg ist der Unterschied zwischen Aufwand und Ertrag, gemessen an Einnahmen und Ausgaben.	Vermögensänderungen entsprechen nicht dem Erfolg.
Erfolgsausweis	
Die Bilanz weist den Erfolg nur summarisch als Resultante, die Gewinn- und Verlustrechnung aber den Erfolg mit seinen Komponenten Aufwand und Ertrag sowie deren Elementen aus.	„Es ist einfach unmöglich, daß jedesmal der Saldo dieser angeblichen Gewinn- und Verlustrechnung mit dem Saldo einer Vermögensbilanz übereinstimmt. Das könnte nur der behaupten, der des Glaubens ist, daß Vermögensänderungen und Gewinn . . . dieselbe Summe ausmachen. Wer das behauptet, für den ist die ganze Frage Vermögensbilanz oder Gewinnermittlungsbilanz nicht vorhanden." (Über den Zweck der Bilanz, in: ZfhF, 5. Jahrgang 1910/11, Seite 383).
Zugänge	
„Der Dynamiker fragt, ob ein Anlagezugang in dem Jahre der Zahlung als Aufwand zu buchen ist, oder es einer Kostenverteilung auf mehrere Gebrauchsjahre bedarf . . . Er behandelt die Jahre wie seine Kinder, von denen er keines benachteiligen will." (Dynamische Bilanz, 10. Aufl., Seite 58)	„Der Statiker fragt, ob ein Anlagezugang den Wert der Anlagen erhöht". (Dynamische Bilanz, 10. Aufl., Seite 58)
Abschreibungen	
Abschreibungen sind Mittel der Aufwandsrechnung. Ziel ist die periodengerechte Verteilung der Anschaffungsausgaben.	Abschreibungen sind Mittel, um die Wertminderung eines Vermögensgegenstandes zu erfassen.

Dynamische Bilanz	Statische Bilanz
Zuschreibungen	
Zuschreibungen sind unzulässig; Verschlechterung des Erfolgsbildes.	Zuschreibungen sind ggf. erforderlich, um den Vermögensgegenstand mit dem „richtigen“ Wert anzusetzen.
Forschungsaufwand	
Aktivierung unter drei Voraussetzungen: 1. Die Ausgaben müssen einen Nutzwert für kommende Jahre erhalten. 2. Es muß ein Bedürfnis für die Verteilung vorliegen. 3. Kosten und Nutzen müssen feststellbar sein.	Die Frage, ob ein Bedürfnis für die Verteilung vorliegt, ist ohne Relevanz.
Innerbetriebliche Aufwandsrückstellungen	
Innerbetriebliche Aufwandsrückstellungen dienen der exakten Periodenrechnung von Aufwendungen nach dem Verursachungsprinzip.	Es bedarf keiner Passivierung.

zeitige Verfolgung der Vermögens- und Erfolgsermittlung, den „Dualismus", lehnt er ab. Weder durch Vergleich des Vermögens im Sinne eines Unternehmens-Gesamtwertes, noch durch den Vergleich des Vermögens statischer Bilanzen kann seiner Auffassung nach der Erfolg errechnet werden; unter „Erfolg" wird allerdings ein ganz bestimmter, nämlich der nach den Regeln „dynamischer Bilanzierung" ermittelte Erfolg verstanden. Den Versuch, mittels der Bilanz die statische und die dynamische Zielsetzung gleichzeitig zu erreichen, bezeichnet er als unwissenschaftlich. Fritz Schmidt ist zwar, wie er meint, diesen Weg „ein gutes Stück gegangen", er sei mit dem Versuch aber nicht zum Ende gelangt, da er seine „Untersuchung nicht ausreifen ließ, so daß vieles dunkel geblieben ist. . . ."[24])

Wenngleich die Vermögensänderung, verstanden als Gesamtwertänderung oder als Änderung des (statischen) Bilanzvermögens, sich naturgemäß von einem nach abweichenden Regeln zu ermittelnden Erfolg unterscheidet, bleibt es – und hier liegt Schmalenbachs Mißverständnis – unbenommen, zwischen verschiedenen Erfolgsbegriffen zu unterscheiden und die Gesamtwertänderung bzw. die Veränderung des statischen Bilanzvermögens (unter Berücksichtigung der Einlagen und Entnahmen) ebenfalls „Erfolg" zu nennen. Unbenommen bleibt es ferner, den Inhalt der Erfolgsbilanz (Dynamische Bilanz) wiederum als „Vermögen", und zwar „Gewinnermittlungs-Vermögen" zu bezeichnen. Mit der sprachlichen Gleichsetzung zwischen Vermögensänderung und Erfolg ergibt sich der nicht widerlegbare zwingende Zusammenhang zwischen Vermögensänderung und Erfolgsermittlung, von dem Nicklisch und Rieger ausgehen, ohne daß hiermit allerdings die Formel Schmalenbachs, der etwas anderes meint, hinfällig wird.

Die These von der Unwissenschaftlichkeit des Dualismus hat Fritz Schmidt im Grunde widerlegt. Im Rahmen einer Buchbesprechung hält er Schmalenbach zu Recht entgegen, daß diese von ihm in der Dynamischen Bilanz formulierte These, da sie nicht bewiesen ist, selbst unwissenschaftlich sei. Er sieht keine Schwierigkeiten, „aus einer Rechnung, wenn sie nur entsprechend aufgebaut ist, mehrere Arten von Gewinn und von Vermögen zu ermitteln, wenn nur vorher . . . die Fragen richtig gestellt sind".[25]) Dies zeigt er in seiner organischen Bilanz, in der zum Zweck der Substanzerhaltungs-Kontrolle des Betriebes – durch Bewertung der Umsätze zu Wiederbeschaffungspreisen am Umsatztage und der Bilanzbestände am Bilanztage sowie durch Trennung von Vermögenswertänderungen vom Erfolg – die Vermögensrechnung mit der Erfolgsrechnung in jeder Jahresbilanz verbunden wird.

Schmalenbach-Kritiker Dieter Schneider hält heute die Trennung von Gewinnermittlungsziel und Vermögensermittlungsziel für „nichtssagend, weil mit jedem Bilanzinhalt und jeder beliebigen Bilanzbewertung vereinbar, solange nicht festgestellt wird, welchem Rechnungszwecke die Vermögensdarstellung bzw. die Gewinnermittlung dienen soll".[26]) Die klassische Einteilung der Betriebswirtschaftslehre in statische, dynamische und organische Bilanzauffassung bezeichnet er vor diesem Hintergrund als „unheilige Dreifaltigkeit". Es kann jedoch von einem nichtssagenden Unterschied keine Rede sein, sofern – wie bei Schmalenbach – deutlich ausgeführt wird, wo die materiellen Unterschiede liegen (vgl. die Übersicht auf Seite 306 f.) bzw. eine Vermögensänderungsrücklage bei Fritz Schmidt diesen Unterschied gar im konkreten Bilanzierungsfall quantitativ festhält. Hingegen stellen in der Tat Begriffe wie Vermögensermittlung und Erfolgsermittlung alleine keine gehaltvollen Zielsetzungen dar. Wie wir es bei Schmalenbach finden, enthalten sie erst dann eine präzise Aussage, wenn zusätzlich angegeben wird, wozu das Vermögen bzw. der Gewinn zu ermitteln ist, wenn also der Bilanzzweck angegeben wird (vgl. Kapitel 13).

13. Wirtschaftlichkeitsmessung als Bilanzzweck

„(Der Gewinn) ist das Mehr an Betriebsleistung gegenüber dem Betriebsaufwande; er ist das Maß der Wirtschaftlichkeit.“ (Grundlagen dynamischer Bilanzlehre, ZfhF, 13. Jg., 1919, S. 3)

„Gewinn . . . hat das zu sein, was wir als Ziel unserer Rechnung haben müssen“[27]) – so der Leitsatz in der zweckorientiert gedachten Bilanzlehre; es ist eine Absage an den mystischen Glauben, an den „Gewinn an sich“, an einen „wahren Gewinn“, den es nicht gibt. Doch was ist das Ziel? Im Vordergrund steht der Gedanke, daß die Bilanz ein Instrument der Betriebssteuerung sein soll. Die bilanzmäßige Erfolgsrechnung hat die „Aufgabe, den Kaufmann die Fahrtrichtung seines Betriebes erkennen zu lassen und ihm so als Kompaß zu dienen“.[28]) Die Fahrtrichtung rechtzeitig einzustellen, ist dabei nicht nur eine privatwirtschaftliche, sondern auch eine wichtige gesamtwirtschaftliche Aufgabe, da es der Wirtschaft des ganzen Landes nützt, wenn der einzelne Betrieb möglichst gut gesteuert wird. „Von mehreren Gewinnrechnungen ist daher diejenige die beste, die die Betriebssteuerung am besten unterstützt. Und der Gewinn, den wir zu ermitteln trachten, ist die Zahl, die den in einer Periode erzielten Erfolg im Sinne einer guten Betriebssteuerung am zuverlässigsten ausdrückt.“[29])

Die hieran unmittelbar anknüpfende Frage, welches Informationsbedürfnis der zu ermittelnde Erfolg erfüllen soll, um der Betriebssteuerung dienen zu können, um das „Auf und Ab“ des Betriebes anzuzeigen, führt zum Wirtschaftlichkeitsbegriff: „Der Gewinn soll Ausdruck der Wirtschaftlichkeit sein“.[30]) Was unter dem Gewinn als Ausdruck der Wirtschaftlichkeit zu verstehen ist, sucht Schmalenbach zu erklären, indem zunächst gesagt wird, was hierunter nicht verstanden werden soll. Ausgeklammert wird der Gewinnbegriff, der sich „im Sprachgebrauch der Juristen . . . eingebürgert hat und der sich herschreibt aus dem Aktienrecht“.[31]) Dem Aktienrecht geht es um den „verteilbaren“ Gewinn. Demgegenüber soll der in einem Jahr „erzielte“ Gewinn ermittelt werden.

In der dritten Auflage stellt Schmalenbach fest, daß die verschiedenen volkswirtschaftlichen bzw. steuerlichen Einkommensbegriffe (Konsumtionsfonds-Theorie, Quellentheorie, Periodizitätstheorie, Ertragskategorietheorie, Reinvermögenszugangs-Theorie) nicht viel beisteuern können.[32]) Er greift nun unter der Überschrift „Der Gewinn als Unterschied der Kapitalbeträge“ auch die später intensiver unter dem Stichwort ökonomische Gewinnkonzeption geführte Diskussion auf. Entsprechend der These von der Unwissenschaftlichkeit des Dualismus steht er der investitionstheoretischen Begründung des Gewinns kritisch gegenüber. Als Argument führt er an, daß durch Subtraktion der Ertragswerte (Kapitaleinlagen und Entnahmen unberücksichtigt) schon deswegen nicht der Gewinn berechnet werden kann, da die Kenntnis dieser Werte voraussetzt, daß der Gewinn bereits ermittelt wurde. Nach Schmalenbach kommt der privatwirtschaftliche Gewinnbegriff, der Gewinnbegriff der Praxis, „dem Begriff, den wir für unsere Zwecke brauchen, am nächsten“. „Färbungen in den Gewinnvorstellungen der Bilanzpraxis“ will er jedoch nicht akzeptieren.

Wie wird der Gewinn als Ausdruck der Wirtschaftlichkeit nun positiv definiert? Aufschlußreich ist hier der Satz: „Es darf vorausgeschickt werden, daß der Versuch, den Gewinnbegriff auf eine einfache und dennoch etwas besagende Formel zu bringen, versagen muß.“[33]) Eine „einfache Definition“ finden wir also nicht. Schmalenbach gibt stattdessen eine sehr ausführliche Erklärung des Begriffs: Der „Gewinn als Ausdruck der Wirtschaftlichkeit“ ist für ihn die Differenz zwischen Ertrag und Aufwand, jeweils ermittelt nach den Grundsätzen und Regeln, die in dem Buch auf breitem Raum dargelegt werden (Grundsatz der Vergleichbarkeit, Grundsatz der Sicherheit der Rechnung, Grundsatz der Vorsicht, Grundsatz der Überlieferung usw.). Nicht eine griffige Formel, sondern im Grunde genommen das ganze Buch liefert die Definition. Damit wird es allerdings unmöglich, die Eignung der Dynamischen Bilanz für die Wirtschaftlichkeitsmessung anhand der von Schmalenbach formulierten Maßstäbe zu überprüfen, da deren Regeln und Grundsätze diesen Zweck selbst festlegen. Überprüfen können wir jedoch, ob der „dynamische Erfolg" dem Zweck der Betriebssteuerung gerecht wird, ob er ein Informationsbedürfnis der Betriebsleitung erfüllt.[34])

Für Schmalenbach besteht kein Zweifel, daß die letztere Frage zu bejahen ist. Darüber hinaus ist er davon überzeugt, daß sich das durch seine Bilanz vermittelte „Wissen um den wirtschaftlichen Effekt" in seinem Nutzen nicht in der Betriebssteuerung erschöpft: „Der Zweck dieser Feststellung soll sein, daß eine Unternehmung, die sich als unwirtschaftlich herausstellt, entweder wirtschaftlich sich gestalte oder eingestellt werde, daß dem wirtschaftlichen Unternehmen hingegen . . . die Entwicklungsmöglichkeit geöffnet, insbesondere ihm . . . das verfügbare Kapital der Volkswirtschaft zugeleitet werde. Die Wirtschaftlichkeitsmessung soll ferner den Zweck haben, daß die wirtschaftlich untüchtigen Personen möglichst zurückgedrängt . . . (werden)."[35])

Die Gewinnziffer erfüllt danach gleichermaßen sowohl eine interne als auch eine externe Informationsfunktion. Sie berichtet über die Wirtschaftlichkeit der Unternehmenstätigkeit und ist somit nicht nur bedeutsam für den Unternehmer. Externe sind jedoch nicht Adressat der Bilanzinformation[36]), da die Bilanzpolitik dazu führt, daß „schiefe" Gewinnvorstellungen Platz greifen:

„Auch über die Aktiengesellschaften hinaus wirken Gewinnverteilung, Rechenschaftspflicht und Publizität auf die Erfolgsrechnung ein, und zwar so, daß dort, wo es darauf ankommt, immer die reine Erfolgsrechnung zurücktreten muß."[37]) Schmalenbach geht es jedoch um die „reine Errechnung der objektiven Wirtschaftlichkeit". Mit dem Satz: Gewinn hat das zu sein, was wir als Ziel unserer Rechnung haben müssen", hatte er zwar der Vorstellung von einem „Gewinn an sich" abgeschworen. Letztlich glaubt er somit aber doch an den „wahren" Gewinn und ist aus heutiger Sicht ein „Traditionalist"; er gehört jedoch zu den ersten, die es zumindest versucht haben, sich von der „Wesenskunde" in der Bilanzlehre zu lösen.

14. Eine neue Interpretation des Bilanzinhalts

„Wenn man die Ausgaben und Aufwendungen und die Einnahmen und Leistungen rechnungsmäßig miteinander verknüpft, so bedarf es mit Rücksicht auf die Verschiedenheit eines verknüpfenden Bandes." (Grundlagen dynamischer Bilanzlehre, in ZfhF, 13. Jg., S. 22)

Die Dynamische Bilanz ist ein Zweckgebilde für die Ermittlung des Erfolges im Sinne der Differenz von Leistung und Aufwand. Ausgehend von der Überlegung, daß sie ein Instrument der Erfolgsrechnung sein soll, wird der Bilanzinhalt auf neue Weise gedeutet. In der Interpretation „mit Hilfe von aus der Erfolgsrechnung und der Finanzrechnung stammenden Kategorien besteht die originelle Leistung Schmalenbachs und damit der erste große Beitrag der Betriebswirtschaftslehre zur Bilanzdiskussion".[38]) Schmalenbach löst sich von der üblichen Deutung der Bilanzposition als eines Abbildes von Vermögensgegenständen und Schulden.[39]) Dies bedeutet, daß nicht mehr (wie bei der statischen Interpretation, soweit von der Fortführungsfiktion ausgegangen wird) Unvereinbares miteinander zu vereinbaren ist, nämlich Vermögensgegenstände einzeln bewerten zu müssen, obgleich diesen nur ein „verbundener" Wert zukommt.

Ausgangspunkt der Betrachtung ist die Fiktion der Total-Erfolgsrechnung für die gesamte Lebensdauer der Unternehmung.[40]) Die für die Praxis notwendige Zerlegung der Totalrechnung in Abschnittsrechnungen führt zur Bilanz, weil die in der Totalrechnung bestehende Identität von erfolgswirksamen Ausgaben und Aufwand sowie von erfolgswirksamen Einnahmen und Leistung teilweise aufgehoben wird. Die Bilanz erhält dabei die Funktion einer Sammelrechnung für diejenigen Einnahmen und Ausgaben, die in der abzurechnenden Teilperiode noch nicht erfolgswirksam, aber später nachzuverrechnen sind; ferner müssen in der Bilanz alle Aufwendungen und Erträge der abzurechnenden Periode, die in dieser noch nicht Ausgaben oder Einnahmen ausgelöst haben, antizipiert werden.

In dem von Schmalenbach entwickelten Bilanzschema lassen sich die einzelnen Positionen als Schwebeposten deuten: die Aktiva als Vorleistungen, die Passiva als Nachleistungen. Die Gesamtheit dieser später aufzulösenden Posten stellt „noch vorhandene aktive Kräfte und passive Verpflichtungen" dar. Die Bilanz ist nach Schmalenbach mithin ein Abbild des „Kräftespeichers der Unternehmung" und gleichsam nichts anderes als eine Sammlung transitorischer und antizipativer Posten (vgl. Abb. 1).

Aktiva:	Passiva:
1. Ausgaben, noch nicht Aufwand,	1. Aufwand, noch nicht Ausgaben,
2. Leistungen, noch nicht Einnahmen,	2. Einnahmen, noch nicht Leistung,
3. Ausgaben, noch nicht Einnahmen,	3. Einnahmen, noch nicht Ausgabe,
4. Leistungen, noch nicht Aufwand,	4. Aufwand, noch nicht Leistungen.
5. Geld.	

Abbildung 1: Schema der dynamischen Bilanz in der Zeitschrift für handelswissenschaftliche Forschung

Während die Bilanz die Einnahmen, Ausgaben, Erträge und Aufwendungen verschiedener Perioden verknüpft, enthält die Gewinn- und Verlustrechnung als Zeitraumgrößen nur die Aufwands- und Ertragsposten der abzurechnenden Periode. Der diesen zugehörige, folgende Zahlungsvorgang läßt Bilanzposten entstehen, der vorausgegangene hingegen verschwinden. Die zeitliche Verknüpfung von Periodenaufwand und -ertrag mit den Ausgabe- und Einnahmekategorien drückt das Schema der Gewinn- und Verlustrechnung aus (vgl. Abb. 2).

Soll	Haben
1. Aufwand jetzt, Ausgabe jetzt,	7. Leistung jetzt, Einnahme jetzt,
2. Aufwand jetzt, Ausgabe früher,	8. Leistung jetzt, Einnahme früher,
3. Aufwand jetzt, Ausgabe später,	9. Leistung jetzt, Einnahme später,
4. Aufwand jetzt, Leistung jetzt,	10. Leistung jetzt, Aufwand jetzt,
5. Aufwand jetzt, Leistung früher,	11. Leistung jetzt, Aufwand früher,
6. Aufwand jetzt, Leistung später.	12. Leistung jetzt, Aufwand später.

Abbildung 2: Schema der Gewinn- und der Verlustrechnung in der Zeitschrift für handelswissenschaftliche Forschung

Es gibt bei Schmalenbach sechzehn verschiedene Verrechnungsfälle, wenn Bilanz und Gewinn- und Verlustkonto miteinander „in Tätigkeit treten". Ein Bilanzposten entsteht, wenn im Verrechnungsfall das Wort „später" steht. Steht im Verrechnungsfall das Wort „früher", so wird die „Vermittlungsrolle der Bilanz" beendet und ein Bilanzposten verschwindet.

Die Formaldeutung der Dynamischen Bilanz stand lange Zeit im Mittelpunkt der Diskussion. Rieger nannte das Bilanzschema „teils unvollständig, teils irreführend, teils unvollziehbar".[41]) Die Kritik richtete sich insbesondere dagegen, daß nicht alle denkbaren Bilanzpositionen erklärt und systematisch eingeordnet, und daß die liquiden Mittel und das Kapital nicht als Verrechnungsposten gedeutet werden können. Die Vollständigkeit der Bilanzpositionen ist für Schmalenbach jedoch nicht wichtig: „. . ., daß ich viele Jahre gebraucht habe, um die 16 Fälle sehen zu lernen, ist noch kein Beweis dafür, daß sie mehr als ein Spiel sind. . . . Wenn ich mir vorstelle, daß auch die Handelspädagogen auf den Geschmack kämen und die 16 Fälle schließlich in die Schule brächten, um sie dort womöglich lernen zu lassen, so tut mir der arme Schelm schon heute in der Seele leid. Ein gütiges Geschick möge ihn davor bewahren."[42])

Geschlossen ist die Lehre vom Formalaufbau bei Schmalenbach noch nicht. Die grundsätzliche Richtigkeit der Formaldeutung wird jedoch durch die Weiterentwicklung bei Walb und Kosiol bestätigt. Während des zweiten Weltkrieges bittet Schmalenbach Hans Münstermann, eine Einführung in die Dynamische Bilanz zu verfassen.[43]) Darin weist dieser insgesamt 27 periodische Beziehungen für die Bilanz- sowie Gewinn- und Verlustrechnungspositionen nach. Auch die Positionen „Liquide Mittel" und „Kapital" werden als schwebende Posten gedeutet. Das nachstehende Schema der Dynamischen Bilanz mit Beispielen in den Klammerzusätzen ist vom gleichen Verfasser (vgl. Abb. 3).

Bilanz	
Aktiva	Passiva
Schwebende Posten	
Vorleistungen	Nachleistungen
1. Liquide Mittel (Getätigte Einnahme noch nicht Ausgabe)	1. Kapital (Einnahme noch zu bestreitende Ausgabe)
2. Ausgabe noch nicht Aufwand (z. B. noch abnutzbare Anlagen; unverbrauchte Vorräte; Vorauszahlungen an Lieferer)	2. Aufwand noch nicht Ausgabe (z. B. Lieferantenverbindlichkeiten für schon verbrauchte Aufwandsgüter)
3. Ausgabe noch nicht Einnahme (z. B. nicht abnutzbare Anlagen; gewährte Darlehen)	3. Einnahme noch nicht Ausgabe (z. B. aufgenommene Kredite)
4. Ertrag noch nicht Aufwand (z. B. selbsterstellte Anlagen) erstellte Anlagen); ist unter 2. subsumierbar	4. Aufwand noch nicht Ertrag (z. B. Rückstellungen für unterlassene eigene Reparaturen); ist unter 2. subsumierbar
5. Ertrag noch nicht Einnahme (z. B. unfertige und fertige Erzeugnisse; Forderungen aus Lieferungen und Leistungen)	5. Einnahme noch nicht Ertrag (z. B. Anzahlungen von Kunden)

Abbildung 3:

Quelle: Münstermann, Hans: Schmalenbachs Beitrag zur Bilanzlehre, in: Zeitschrift für betriebswirtschaftliche Forschung, 25. Jahrgang, Seite 514.

15. Bilanzierungsgrundsätze

„Ich lege mehr als die meisten anderen, auch nicht betriebswirtschaftlichen Autoren Wert auf das Gewordene. Die meisten Theoretiker sind radikaler und schreiben leichter über die praktischen Tatsachen hinweg." (Dynamische Bilanz, 6. Aufl., 1933, Vorwort, S. IV)

Mit der Deutung der Periodenerfolgsrechnung als modifizierte Einnahmen- und Ausgabenrechnung will Schmalenbach lediglich das „Wesen" der Posten erklären, die in der Bilanz und in der Gewinn- und Verlustrechnung stehen.[44]) Bei der Bestimmung des „Inhalts" der Bilanzposten, der konkreten Bilanzierung dem Grunde und der Höhe nach, rückt er dann aber den Gedanken in den Vordergrund, die Bilanz zu einem brauchbaren Instrument der Betriebsführung auszugestalten. Er nimmt dabei wenig Rücksicht auf etwaige sich aus der Formalinterpretation der Bilanz ergebende Schlußfolgerungen. Seine Lehre ist insoweit „materiell", als er von einer gehaltvollen Zielsetzung ausgeht und versucht, das Instrument auf diese Zielsetzung auszurichten.

Wie Schmalenbach es die Studenten lehrt, geht er bei der Ableitung des Bilanzinhalts auch selbst nach der Methode der abnehmenden Abstraktion vor. Es wird dargestellt, wie die Gewinnrechnung auszusehen hat, wenn seitens des Marktes keine Preisschwankungen vorliegen; der Einfluß relativer Preisschwankungen (Sachwertschwankungen) auf die Gewinnrechnung wird untersucht; schließlich (ab der dritten Auflage) werden die Geldwertschwankungen berücksichtigt. Breiten Raum nimmt die Frage ein, wie die Aufwendungen und Erträge im einzelnen zu erfassen sind, z. B. die Erfassung des Aufwands aus Vorleistungen durch Skontration, die Befundrechnung und Lebensdauerschätzung und die Berechnung der Abschreibungen als Mittel der Aufwandsverteilung.

Eine Reihe von Grundsätzen und Ausführungsprinzipien verbinden zwischen der formalen Interpretation und dem materiellen Inhalt der Bilanz.[45]) Bereits in dem Aufsatz „Grundlagen der dynamischen Bilanz" ist der Grundsatz der **Periodenabgrenzung** verankert: Aus dieser Notwendigkeit, die Gewinnbewegung an ihren Kehren zu erkennen, ergibt sich vor allem die Forderung genauer Periodenabgrenzung.[46]) Ausfluß der Periodenabgrenzung sind die Grundsätze der Kongruenz und Kontinuität. Die aus Schmalenbachs Sicht reifste Formulierung der **Kongruenz** finden wir in der vierten Auflage (und später): „Sehen wir den Periodengewinn als Ergebnis einer Abschnittsrechnung, also als ein Teilstück des Totalgewinns, so wird Kongruenz unser Ziel sein, und mit Hilfe dieses Kongruenzgedankens, der sich formelmäßig so ausdrückt: Summe der Periodengewinne = Totalgewinn, gewinnen wir für die Umgrenzung der Periodengewinne einen Ausgangspunkt und eine Kontrolle."[47]) **Kontinuität** bedeutet, „daß alle Leistungen, die der Betrieb an andere gemacht, und alle Leistungen, die er von anderen empfangen hat, entweder von der angeschlossenen Periodenrechnung bereits verrechnet oder zur Verrechnung in spätere Perioden vorgemerkt sind, so daß keine Leistung irgendwie unter den Tisch fällt".[48])

In enger Beziehung zur Kompaßfunktion steht insbesondere das Prinzip der **Vergleichbarkeit.** Der Periodenerfolg ist nur dann in der Lage, entscheidende Aussagen über die Wirtschaftlichkeit des Betriebs zu machen, wenn er mit den Erfolgen der vergangenen und folgenden Rechnungsabschnitte vergleichbar ist. Auch das **Vorsichtsprinzip** erklärt Schmalenbach (unter anderem) mit dem Zweck der Betriebssteuerung. Er führt den nicht nur für die Betriebswirtschaft als vernünftig angesehenen Grundsatz an, daß man „Chancen und Risiken nicht als gleichwertig betrachten darf, wenn lediglich eine rechnerische Gleichwertigkeit vorhanden ist".[49]) „Im Zweifel ist ein zu hoch berechneter Erfolg wesentlich gefährlicher als ein zu niedrig berechneter Erfolg. Der zu hoch berechnete Erfolg hat oft Investierungen zur Folge. Sie werden, wenn der Erfolg irreführend war, sich als Fehlinvestierungen erweisen." Der Vorsichtsgrundsatz beruht auf der alten kaufmännischen Tradition, „sich auf dem Papier nicht reicher zu machen, als man in Wirklichkeit ist". Ihm steht Schmalenbach zwar mit einer gewissen Skepsis gegenüber, und er warnt vor einer Übertreibung. Er kommt jedoch zu dem Ergebnis, „daß der Grundsatz der Vorsicht, mit Zurückhaltung und Überlegung geübt, einer Erfolgsrechnung, die die Wirtschaftlichkeit messen will, unter Umständen auch zuträglich sein kann".[50])

Der Grundsatz der **Sicherheit der Rechnung** besagt, daß einer sicheren, wenn auch nicht exakten Bewertungsmethode gegenüber einer genaueren, aber unübersichtlicheren und unsicheren Methode der Vorzug zu geben ist (Prinzip der Methodensubstitution).[51]) Außerdem soll mit dem Grundsatz der Sicherheit der Rechnung die Willkür bei der Bewertung vermieden werden. Schließlich mißt Schmalenbach der **Überlieferung** eine wichtige Rolle zu: „Wenn wir im kaufmännischen Rechnungswesen auf ein Verfahren stoßen, bei dem wir keine anderen Gründe erkennen als den einen der überlieferten Gewohnheit, so kann dieses Verfahren wegen dieses einen Grundes einen gewissen Respekt beanspruchen. Das Verfahren hat damit bewiesen, daß es sich wenigstens genug bewährte, um es zu behalten. Man hat offenbar mit ihm leben können."[52])

Ausfluß der Grundsätze sind eine Reihe von Ausführungsprinzipien und Bewertungsregeln. Dazu gehören im Dienste einer größeren Vergleichbarkeit:

- die Ausschaltung von Zufallsaufwendungen und Zufallserträgen,
- die „moderierte" Bildung stiller Reserven und
- die Vermeidung von Rechnungswillkür und wechselnden Bewertungsmethoden.

Als Beispiel für Zufallsaufwendungen nennt Schmalenbach den Fall, daß eine sonst gute Periode etwa durch einen einzigen Verlust schlecht wird. Es bedarf einer auf dem Papier zu machenden Sonderrechnung, um dieses Resultat vergleichbar zu machen. „Da es aber Zufallsaufwendungen auch anderer Art gibt, und da man bei der Vergleichung von Gewinnziffern ihre Sonderwirkung nicht immer, namentlich nicht nach längerer Zeit, wegzudenken vermag, ist es notwendig, solche Zufallsaufwendungen rechnerisch zum Ausgleich zu bringen."[53])

„Maßvolle" stille Reserven helfen nach Schmalenbachs Auffassung, „Sprunghaftigkeiten" zu vermeiden. „Es ist oft zu beobachten, daß Unternehmungen mit guten stillen Reserven eine viel ruhigere Erfolgsrechnung haben als andere; sie können namentlich den Grundsatz der Vergleichbarkeit besser durchhalten und werden nicht so leicht aus der gewohnten Bahn geworfen."[54]) Eine Stütze für den Vergleichbarkeitsgrundsatz ist auch die Vermeidung von Rechnungswillkür und wechselnden Bewertungsmethoden. Die Beibehaltung desselben Bewertungsverfahrens (materielle Kontinuität) bewirkt, daß infolge der Unsicherheit unvermeidliche Bewertungsfehler sich von Jahr zu Jahr in derselben Richtung wiederholen und dadurch die Vergleichbarkeit nicht beeinträchtigt wird.[55])

Aufwendungen und Erträge werden in der Dynamischen Bilanz an Ausgaben und Einnahmen gemessen. Die Bewertung mit den diesen Geldbewegungen entsprechenden Zahlungswerten beruht auf einem überprüfbaren Tatbestand und bietet grundsätzlich keine Möglichkeit der Rechnungswillkür. Sie werden allerdings dann durch andere Werte ersetzt, wenn hiermit dem Bilanzzweck besser gedient werden kann, oder wenn der Grundsatz der Vorsicht einen abweichenden Wertansatz gebietet.

Aus Gründen der Vergleichbarkeit hält Schmalenbach entgegen der Überlegung, daß Abschreibungen der Verteilung von Anschaffungsauszahlungen dienen, Zeitwertabschreibungen für theoretisch richtig: „In den sehr zahlreichen Fällen, in denen Anlagen durch Zubauten, Erneuerungen und Veränderungen ihre Zusammensetzung verändern, bilden die verschiedenen Teile der Anlagekonten mit ihren verschiedenen Kosten ein mixtum compositum; ein aufgrund solcher Anschaffungswerte gebildeter Abschreibungswert ist, theoretisch betrachtet, falsch. Die Anwendung des Zeitwertprinzips dagegen schafft einen einheitlichen Wertansatz. Bei Verwendung des Zeitwertprinzips lassen sich die ältesten und die neuesten Anlagen einer Unternehmung, wenn die Abnutzungsquoten richtig geschätzt sind, zuverlässig in ihren Nutzungen vergleichen."[56]) Diesen Vorteilen der Zeitwertabschreibung stehen jedoch gewichtige Nachteile gegenüber: Im Normalfall ist eine Anlage bzw. Anlagegruppe gebundener Bestandteil in einer größeren Wirtschaftseinheit, so daß die Abschreibungen vom Zeitwert der ganzen Wirtschaftseinheit in dem Sinne zu erfolgen hätte, daß der Gesamtzeitwert auf die einzelnen Bilanzgegenstände aufgeteilt würde. Eine solche Aufteilung ist jedoch nur „ein willkürlich lösbares Problem". Zu dieser Schwierigkeit tritt zusätzlich die Unmöglichkeit der sicheren und willkürfreien Schätzung des Zeitwertes hinzu. Aufgrund der unumgänglichen Willkür verzichtet Schmalenbach letztlich dann doch auf die Zeitwertabschreibung.

Gemäß dem Grundsatz der Vorsicht ist das Umlaufvermögen nach dem strengen Niedrigstwertprinzip zu bewerten. Für das Vorratsvermögen wird die Methode des eisernen Bestandes eingeführt.[57]) Die Erscheinung wurde von Thaer, dem Lehrer Thünens, gesehen. Mehr als hundert Jahre später „entdeckt" Schmalenbach den „eisernen Bestand" erneut. Dieser stellt das vom Betrieb benötigte Minimum der Vorräte dar, die trotz ihres Charakters als Umsatzgegenstände Verwandtschaft mit Anlagewerten haben und deshalb entsprechend zu bewerten sind. „Da jedes Jahr dem folgenden einen eisernen Bestand schuldig ist", kann es an ihm „nichts verlieren und nichts gewinnen". Die Jahr für Jahr verändert anzusetzenden Preise für die im eisernen Bestand zusammengefaßten Gegenstände müssen so niedrig sein, daß sie selbst bei extremen Preisschwankungen nicht unterschritten werden.

Die Mengen, um die der Endbestand der Periode den so bewerteten und übernommenen Anfangsbestand über- oder unterschreitet, sind zum Wiederbeschaffungspreis des Bilanzstichtages anzusetzen. Durch diese Bewertungsmethode stehen in den einzelnen Perioden den Erträgen dann keine Aufwendungen gegenüber, die zu den ursprünglichen Anschaffungspreisen früherer Perioden verrechnet werden, sondern Aufwendungen, die zu Anschaffungspreisen der jeweiligen Periode bewertet sind. Ausfluß des Prinzips der Sicherheit und der Methodensubstitution ist die disparitätische Behandlung des Aufwands und des Ertrags. Der Aufwand wird der Periode zugerechnet, in der er verursacht wird. Bei der Ertragserfassung gilt das Realisationsprinzip.[58]) Schmalenbach weist darauf hin, daß bei Leistungen, die sich über mehrere Rechnungsabschnitte erstrecken, das Realisationsprinzip die Vergleichbarkeit der Erfolgsrechnungen mehrerer Jahre stört.[59])

16. Zur Kompaßfunktion der Bilanz

> *„Im kleineren und mittleren Betrieb sieht man noch, wie der Geschäftsinhaber um die Zeit, wenn die letzten Bogen, die den Abschluß vorbereiten, vor der Addition stehen, das Ende der Arbeit mit Spannung erwartet, wie er splendid wird, wenn Überstunden nötig werden und mit welcher Vertiefung er vor den Zahlen sitzt, wenn das Ergebnis endlich vorliegt." (Allgemeine Grundsätze ordnungsmäßiger Bilanzierung, Manuskript 1944, S. 9)*

Mit diesen in seinen späteren Jahren niedergeschriebenen Zeilen stellt Schmalenbach noch einmal das ihm vertraute und von ihm geschätzte Erfahrungsobjekt heraus. Es ist der Betrieb, der lediglich einmal im Jahr eine Erfolgsrechnung aufstellt, in der seine Lage aufgehellt wird. Wie schon mehrfach zitiert, hat eine solche Abschlußrechnung die Aufgabe, den Kaufmann die Fahrtrichtung erkennen zu lassen und ihm so als Kompaß zu dienen.

In der Fachliteratur ist die Eignung der Dynamischen Bilanz als Kompaß in Zweifel gezogen worden. Es wird die Auffassung vertreten, daß der im Jahresabschluß ermittelte Gewinn entgegen dem Standpunkt Schmalenbachs kein ausreichendes Steuerungs- und Kontrollinstrument für die Leitung des Unternehmens sei. Intern habe der Unternehmer bessere Informationsquellen. „In einer Zeit, in der die Entscheidungen in der Unternehmensführung weitgehend intuitiv gefällt wurden und die Bilanzbuchhaltung das einzige quantitative Instrument der Unternehmensleitung war, konnte eine solche Auffassung über die Zwecke der Bilanz vertreten werden.“[60]) Nach Horst Albach kann man die Bilanz jedoch nicht mehr als ein „Hilfsmittel für die kaufmännische Unternehmensführung“ verstehen. Die quantitativen Methoden, die heute eingesetzt werden müßten, um Führungsentscheidungen im Unternehmen vorzubereiten, seien komplizierter und leistungsfähiger als eine einfache doppelseitige Additionsrechnung, wie sie die Bilanz darstelle.[61])

„Man stelle sich ein Automobil vor, dessen Blinkanlage zufallsabhängig arbeitet“ – so der Vergleich Moxters im Zusammenhang mit der Dynamischen Bilanz.[62]) Es sei, heißt es bei anderen, aufgrund der nicht voll realisierbaren Vergleichbarkeit keineswegs gewährleistet, daß aus einem Sinken oder Steigen des dynamischen Erfolges auf einen Niedergang oder einen Aufschwung des Unternehmens geschlossen werden kann. Der Periodenerfolg könne beispielsweise deshalb sinken, weil die Unternehmensleitung in erfolgversprechende Märkte und Produkte investiert hat, die zu hohen Forschungsausgaben und Ausgaben für die Errichtung einer Verkaufsorganisation geführt haben. Trotz der günstigen Zukunftsaussichten sinkt der Erfolg hier zunächst. Oder: Die Unternehmensleitung schließt einen lukrativen Vertrag, die zu erwartenden Gewinne dürfen jedoch als unrealisierte Gewinne nicht ausgewiesen werden. Mit dem Unternehmen geht es „bergauf“, ohne daß der Bilanzgewinn dies anzeigt. Die Beispiele ließen sich fortsetzen.[63])

Die Diskussion leidet darunter, daß die Kritiker zu wenig von der Bilanz ausgehen, wie sie nach Schmalenbach jedes Unternehmen aufstellen sollte: von der konsequent aufgestellten Erfolgsbilanz, die keineswegs identisch ist mit dem im Aktiengesetz vorgeschriebenen und zu veröffentlichenden Jahresabschluß. Soweit die Kritik auf Erfahrungen in großen und sehr großen Unternehmen zurückgeht, ist darauf hinzuweisen, daß sich Schmalenbach schon der unterschiedlichen Bedeutung der Betriebsgröße für die Bilanz bewußt war: „. . . bei großen Unternehmungen, die so vieles im Betriebe zusammenschreiben, braucht man die Bilanz nicht in dem Grade zur Erkenntnis der Geschäftslage wie in kleinen“.[64]) Schmalenbach hat das Bilanzergebnis auch nicht als Magnetnadel angesehen, an der allein der Kurs abgelesen wird. Wenn der Erfolg des Unternehmens zu berechnen ist, bedeutet das für ihn zugleich, auch die Komponenten des Erfolgs, den Ertrag und den Aufwand zu bestimmen. Nur so kann die Bilanz ein Mittel der richtigen Betriebssteuerung sein.

Die Wahrnehmung der Kontrollaufgabe mittels der Bilanz setzt zwar voraus, daß das „Ist“ so abgebildet wird, daß die im Beurteilungsprozeß festzustellende Soll-Ist-Abweichung einen Aussagewert hat; das ist wegen der mitunter fehlenden Vergleichbarkeit bei der Dynamischen Bilanz in der Tat nicht immer der Fall. Zu bedenken ist jedoch, daß die Unternehmensleitung die wesentlichen Einflußfaktoren, die die Aussagefähigkeit der Erfolge relativieren (z. B. hohe zukunftsweisende Forschungsinvestitionen), kennt und bei ihrer Analyse zu berücksichtigen weiß. Ergänzt um Zusatzinformationen, die die Hintergründe der jeweils ermittelten Erfolge oder Verluste beleuchten, werden sie so zu nützlichen Informationen im Kontrollprozeß.

So betrachtet, erhält die Bilanz – analog der Schmalenbachschen Grundrechnung im Bereich der Kostenrechnung – den Charakter einer „Basis-Bilanz"; sie vermag überdies im Sinne der heute von Edmund Heinen vertretenen „ergänzten Mehrzweck-Bilanz"[65]) durch spezifische Ergänzungen und Modifikationen auch anderen Bilanzzwecken zu dienen, die ihrerseits jedoch die Bilanz nicht beeinflussen dürfen. Sie ist dann eine Bilanz ohne Bilanzpolitik, die Schmalenbach stets gefordert hat.

In den letzten Jahren, nicht zuletzt im Zeichen der Insolvenz mancher großer Unternehmungen, findet die Erfolgsbilanz, die als Mittel der Betriebssteuerung zeitweise bereits auf ihren „Erinnerungswert"[66]) abgeschrieben worden war, wieder zunehmend an Beachtung. Jedenfalls heißt es bei Moxter im Jahre 1982: „Unternehmensführung ohne ‚Gewinnanalyse' ist Unternehmensführung ohne wirkliche Information über ‚Erfolg' oder ‚Mißerfolg'; Desorientierung, bestenfalls routinehaftes Verhalten, sind für solche Unternehmen kennzeichnend; sobald sie der Schutzengel ‚Hochkonjunktur' verläßt, droht Zusammenbruch."[67])

VI. Geldentwertung und Bilanz

Anfang 1920 war der Preisindex für die Lebenshaltung mit der Basis 1913 im Deutschen Reich auf den Stand von 8,5 gestiegen. Bis zum Juli 1922 erreichte er 53,9. Von diesem Zeitpunkt an nahm die Inflation dramatische Ausmaße an. Im Jahre 1923 arbeiteten bis zur Währungsreform im November 300 Papierfabriken und 150 große Druckereien mit 2000 Pressen Tag und Nacht, ohne den Bedarf an Geldzeichen voll befriedigen zu können.[68]) Bei dieser Entwicklung wurde das Abbild der Unternehmungen, wie es sich im Rechnungswesen darstellt, zu einem trügerischen Zerrbild. Der Anachronismus des Nominalwertprinzips Mark = Mark wirkte sich verheerend auf die Bilanz aus. Ihre Kompaßfunktion wird durch eine fehlgeleitete Drittkraft außer Kraft gesetzt. Die Auswirkungen der Geldentwertung auf die Bilanz diagnostiziert Schmalenbach 1921 ausführlich in seinem Vortrag „Die steuerliche Behandlung der Scheingewinne".[69]) Seine Therapie stützt sich auf die Methode der realen Geldkapitalerhaltung, die er in seiner Zeitschrift erläutert.[70]) 1925 fügt Schmalenbach in die dritte Auflage seiner Dynamischen Bilanz ein Kapitel ein, worin er erörtert, wie die allgemeine Geldentwertung in der Erfolgsrechnung zu berücksichtigen ist. Die Inflation ist zu diesem Zeitpunkt gebannt. Doch der „Denkmäler dauernd gesunkener Geldwert gibt es viele; nicht nur den Milreis und die Billmark"[71]).

Die Betriebswirtschaftslehre darf für sich in Anspruch nehmen, das Problem Geldentwertung und Bilanz als erste in seiner Bedeutung erkannt und für seine Lösung geeignete Vorschläge unterbreitet zu haben.[72]) Das Verdienst gebührt nicht allein Eugen Schmalenbach. Zu den Betriebswirten, die in dieser Frage bahnbrechend wirken, gehören insbesondere auch Fritz Schmidt und Walter Mahlberg, ebenso Erwin Geldmacher und Willi Prion.[73])

Die mit dem Verfall der Währung wachsende Wertlosigkeit der Bilanzen veranlaßt viele Unternehmungen, Bilanzen auf wertbeständiger Grundlage aufzustellen. Auf der „Ersten betriebswirtschaftlichen Tagung für wirtschaftliche Ausbildung" zur Behandlung von Scheingewinnfragen im November 1921 vertritt Schmalenbach unter Bezug auf Mahlberg die Meinung, daß es am besten wäre, zur Umrechnung die Goldmark zu benutzen. Aber da hierfür die Voraussetzungen fehlen, müsse man sich für Großhandels-Indices bei der Umrechnung entscheiden. Zur endgültigen Klärung des Problems wird auf seinen Vorschlag und unter seinem Vorsitz eine Bilanz-Index-Kommission gebildet. Das Ergebnis ist der „Entwurf eines Gesetzes und einer Verordnung betreffend der Einführung der Goldmarkbilanz", der dem Reichswirtschaftsrat vorgelegt wird. Schmalenbach veröffentlichte ihn mit nur unwesentlichen Änderungen. Durch eine Notverordnung vom 28. 12. 1923 wird dann allen bilanzpflichtigen Kaufleuten auferlegt, vom 1. Januar 1924 oder dem späteren Beginn des neuen Geschäftsjahres ab das Inventar und die Bilanz in Goldmark ohne Rücksicht auf die bisherige Papiermarkbuchführung aufzustellen. Statt einer Indexrechnung wurde eine Neubewertung aller Positionen auf der Aktiv- und Passivseite vorgeschrieben. (Siehe Seiten 81 f.)

17. Das Problem der inflationären Scheingewinne

„Es hat mit unserem deutschen Gelde schon recht schlimm kommen müssen, ehe das Wort ‚Scheingewinn' mit der nötigen Verve in die öffentliche Debatte geworfen wurde." (Die steuerliche Behandlung der Scheingewinne, 1. Aufl., 1922, S. 18)

Schmalenbach weist zunächst auf die Scheingewinne hin, die mit der Geldentwertung nichts zu tun haben, so z. B. solche, die auf fehlende Abschreibungen in früheren Perioden zurückzuführen sind.[74]) Die Entstehung der Scheingewinne aufgrund der Inflation erläutert er dann mit dem folgenden Beispiel:

„Setzen wir den Fall, ein Kaufmann beginne in einem Geschäftsjahr sein Geschäft mit einem Barvermögen von 100 000 M. Etwas anderes als diese 100 000 M habe er nicht; weder Warenvorräte noch Forderungen, noch Schulden. Er mache mit diesen 100 000 M im Laufe des Jahres allerlei Geschäfte; wie er meint, mit Glück. Am Ende des Jahres habe er 240 000 M in bar liegen; und wiederum besitze er außerdem nichts, weder Warenvorräte noch Forderungen, noch Schulden. Er habe im Laufe des Jahres weder Geld für Privatbedarf entnommen, noch Geld eingelegt. Nach der üblichen Rechnung hat dieser Mann 140 000 M verdient. Wenn aber nun in diesem Jahre eine starke Geldentwertung eingetreten ist, sagen wir auf ein Viertel des ursprünglichen Wertes, so hat dieser Mann nichts verdient; im Gegenteil, er hat verloren. Wenn er das Geld, das er im Anfang des Jahres hatte, auf das schlechte Geld am Ende des Jahres umrechnet, so hat dieser Mann am Anfang des Jahres nicht 100 000 M, sondern 400 000 M, in schlechter Währung ausgedrückt, besessen. Jetzt hat er nur noch 240 000 M. Er hat also nicht 140 000 M gewonnen, sondern 160 000 M verloren." „Wenn dieser Mann", heißt es im Anschluß an das Beispiel, „in dem Glauben, 140 000 M verdient zu haben, seiner Frau eine Pelzgarnitur kauft, so ist er ein schlechter Kaufmann. Er hält ein Irrlicht für eine Bogenlampe."

Zwei in mancherlei Hinsicht treffende Beispiele aus seiner persönlichen Erfahrenswelt fügt Schmalenbach hinzu. Da ist zum einen eine Treuhandgesellschaft, deren Forderungen bei gleichem Betriebsumfang auf das Mehrfache angeschwollen sind. Dem Hinweis des Professors, daß der ermittelte Gewinn aufgrund der Geldentwertung überhöht ist, begegnet der Treuhänder allerdings mit der Erwiderung, „das sei doch eine recht eigenartige Betrachtungsweise". Schmalenbachs Resumé: „Er wußte natürlich als gewiegter Treuhänder recht gut, daß die Eigenartigkeit nicht bei mir, sondern bei ihm war. Aber wenn ein Direktor ein so schönes Gewinn- und Verlustkonto aufgemacht hat, dann ist es unmöglich, ihm beizubringen, daß das alles falscher Zauber ist. Man will nicht ein Jahr Direktor gewesen sein, um nachher mit einem mäßigen Erfolge aufzuwarten."

Da ist zum anderen ein großes Handelshaus, dessen Vorräte sich allerdings wiederum nur nominell verzehnfacht haben. Der Finanzdirektor reagiert ebenfalls reserviert und spricht von „grauer Theorie", als er die Geldentwertung in die Vorräte gerechnet bekommt und von Scheingewinnen die Rede ist. Die Schlußfolgerung Schmalenbachs: „Natürlich! Er hatte sich von seinen Tantiemen eine prächtige Villa gekauft, und es war deutlich zu sehen, daß sie nicht von Scheintantiemen gebaut sein konnte. Ich muß bemerken, daß dieser Finanzdirektor einer der gewiegtesten Kaufleute ist, die ich kenne. Aber wenn Intelligenz und Interesse miteinander in Streit geraten, dann ist allemal die Intelligenz bescheiden und tritt zurück."

Im Anschluß an die Beispiele untersucht Schmalenbach die Wirkung von Scheingewinnen bei verschiedenen Positionen der Bilanz. Bei Umlaufwerten wirkt die Geldentwertung rasch und in ihrer vollen Stärke, bei den Anlagen hingegen wirkt sie mäßig, aber dauernd und auch noch weiter in Perioden, in denen die Inflation nicht mehr fortschreitet. Die ungleichmäßige Wirkung von Scheingewinnen in der bilanzmäßigen Erfolgsrechnung hat zur Folge, daß sie in verschiedenen Betrieben ganz unterschiedlich ausfallen. Verzerrte Auswirkungen auf die Steuer, die Börsenkurse und das Tantiemewesen sind unausweichlich. „Die unglückseligen" Folgen sind „so groß und so verderblich, daß man sie nicht leicht hoch genug veranschlagen kann". Schmalenbach spart nicht an deutlichen Worten:

- „Wer Scheingewinne in einer Bilanz ausrechnet, der rechnet gewöhnlich die gleichen Scheingewinne in der Kalkulation:" „Die falsche Kalkulation hat die Verarmung Deutschlands ins Ungeheuerliche gesteigert."
- „. . . die auf falscher Rechnung laufenden hohen Dividenden (haben) den schon bestehenden sozialen Unfrieden gestärkt."
- „In einer Zeit, in der alle Einflüsse auf emsige Arbeit, Sparsamkeit sich hätten richten sollen, ist die scheinbare Prosperität des Wirtschaftslebens anders gewesen, daß die Erziehung einer ohnehin schlecht erzogenen jüngeren Generation eine ganz verkehrte Richtung empfing."

Schmalenbach hält es nicht für möglich, daß die Verzerrung der Bilanz durch die Geldentwertung im Rahmen der Bilanzierung auf Nominalwertbasis zu heilen ist. Der Praxis wirft er vor, daß sie die Natur der Scheingewinne nur unvollkommen erkennt. „Am empfindlichsten fühlte sich die kaufmännische Praxis an der Stelle berührt, die die Unwesentlichste war: in den Anlagewerten; auf sie stellte sie die Ausgleichung des Scheingewinns am nachdrücklichsten ein, wodurch schließlich das berühmte „Werterhaltungskonto" entstand. An zweiter Stelle griff die Bilanzpraxis die Vorratsbewertung an, und auf diese Weise gelangten meine theoretischen Ausführungen über das assortierte Lager und die Natur des eisernen Bestandes rasch zu einer Ehre, die ich mir nicht hätte träumen lassen, und die nicht ohne eine für mich wenig erfreuliche Seite ist; für eine Geldwertkorrektur waren diese meine Vorschläge durchaus nicht bestimmt."

Die Wege der Praxis, im Rahmen der Vorratsbewertung durch Überteuerungsabschreibungen und durch „allerhand allgemeine und spezielle, offene und stille Reserven" des Problems Herr zu werden, hält er für untauglich; er kritisiert, daß die Steuergesetzgebung ihrerseits der von der kaufmännischen Praxis angenommenen falschen Ersatzwertrechnung folgt. „Mangel an Schulung in den theoretischen Grundlagen des kaufmännischen Rechnungswesens", ein „Versagen" kaufmännischer Verbände und Vereine, des Reichswirtschaftsrates und auch der Kommission zur Reform des Bilanzrechts, die „Rücksicht auf Tantiemen" und „Angst vor der Wirklichkeit" sind für ihn Gründe dafür, daß die kaufmännische Praxis sich „ziellos und hilflos" verhält. Schließlich faßt er sich auch an die „eigene Nase", wenn er im Namen der Gerechtigkeit feststellt, daß auch die theoretischen Vertreter sich reichlich Zeit genommen haben, sich der Sache anzunehmen. Zur Bekämpfung des Übels ist eine grundsätzliche Korrektur erforderlich.

18. Die Konzeption der realen Geldkapitalerhaltung

„. . . was wir wollen, ist lediglich die Korrektur der reinen Geldwertänderung. . ." (Die steuerliche Behandlung der Scheingewinne, 1. Aufl. 1922, S. 11)

Die unabdingbare Voraussetzung zur Ermittlung eines vergleichbaren Periodenerfolges ist ein fester Maßstab. Mit der von Schmalenbach und Mahlberg entwickelten Methode soll auf der Grundlage der traditionellen Rechnungsgrundsätze eine stabile Rechnungseinheit geschaffen werden, die eine reale Kapitalerhaltung gewährleistet.[75]) Es kommt im Unterschied zur Konzeption von Fritz Schmidt nicht auf die Erhaltung einer bestimmten Gütermenge an, sondern auf die Erhaltung des eingesetzten Geldkapitals in Einheiten gleicher Kaufkraft. Der reale Gewinn ist danach der Zuwachs des Endkapitals gegenüber dem

Anfangskapital einer Abrechnungsperiode, jeweils ausgedrückt in Geldeinheiten gleicher Kaufkraft. Die Konzeption von Fritz Schmidt zielte dagegen auf die Substanzerhaltung ab, die nach seinem Konzept von der organischen Bilanz gewährleistet wird.

Von zentraler Bedeutung für Schmalenbach ist die Unterscheidung zwischen Sachwert-Schwankungen (Veränderung der relativen Preise) und Preisniveau-Schwankungen: Beispiel: Die Wiederbeschaffungskosten eines Rohstoffes steigen um 50%. Der Preisniveau-Index steigt um 10%. Die Sachwert-Schwankung beträgt dann 40% (Erhöhung der Wiederbeschaffungskosten abzüglich der dem Preisniveau zugerechneten Erhöhung).

Beide Wertänderungen sind in der Bilanzierung jeweils unterschiedlich zu erfassen. Die Geldwertkorrektur setzt erst nach der Erfassung der Sachwert-Schwankungen ein. „Geldwerteinflüsse (kann man nicht) auf die gleiche Art ausheilen . . ., wie man Preisveränderungen, die nicht auf Geldwertveränderungen beruhen, erfolgsrechnerisch ausheilt. Und darum kann nicht daran gedacht werden, diese beiden Preisveränderungen, die Geldwert – und die Warenveränderungen mit dem gleichen Mittel zu berücksichtigen."

Aus diesen Gründen lehnt es Schmalenbach ab, die Geldwertkorrektur mit dem „viel vorgeschlagenen Mittel der Ersatz- oder Zeitwerte" zu versuchen. Mit dieser insbesondere von Fritz Schmidt vertretenen Vorgehensweise kommt man seiner Auffassung nach in eine „unklare und verwaschene Erfolgsrechnung hinein, die überdies voller Willkürlichkeit sein würde, da die Ersatz- oder Zeitwerte nicht genügend feststehen".[76]) Steigen die Preise von Anlagen, so bedeutet dies zwar, daß eine Ersatzbeschaffung nicht möglich ist, wenn von historischen Anschaffungs-Auszahlungen ausgegangen wird. Dies ist jedoch kein Argument, die Abschreibungen auf Wiederbeschaffungswert-Basis zu berücksichtigen. Es ist für Schmalenbach genauso falsch, wie es verkehrt ist, bei sinkenden relativen Preisen die nicht mehr zur Ersatzbeschaffung benötigten Abschreibungen als Ertrag zu buchen.

Die Bilanzierung nach der realen Geldkapitalerhaltungskonzeption setzt die Bestimmung des allgemeinen Geldwertes als des reziproken Wertes des allgemeinen Preisniveaus voraus.

Auf der Suche nach einem „idealen Wertmaß" erörtert Schmalenbach verschiedene Möglichkeiten.[77]) Die menschliche Arbeitskraft, verschiedene Einzelgüter, der Goldstandard und die Devisenkurse können nach seiner Auffassung keinen brauchbaren Maßstab liefern. Den heute von Vertretern seiner Konzeption befürworteten Lebenshaltungsindex lehnt er ab. Kleinhandelsindexziffern kommen infolge des Beobachtungsmaterials nicht in Betracht. Er befürwortet schließlich trotz einiger Mängel und des Zweifels, ob das Preisniveau richtig gemessen wird, die Verwendung des Großhandelspreisindexes, der auf der Grundlage von 40 Produkten seit 1879 vom Statistischen Reichsamt erfaßt und veröffentlicht wird. Es ist für ihn der beste unter den mehr oder weniger schlechten Maßstäben für das Preisniveau.

Schmalenbach unterscheidet zwischen einer nicht systematischen und einer systematischen Geldwertumrechnung.[78]) Als nicht systematisch bezeichnet er eine lediglich partielle Umrechnung, etwa nur der Abschreibungen oder des Verbrauchs von Vorräten. Ferner gibt es ein vereinfachtes und ein aufwendiges Verfahren. Beim vereinfachten Verfahren wird unterstellt, daß alle Geschäftsvorfälle innerhalb einer Periode zu Geldwerten des Periodenanfangs oder des Periodenendes vorgenommen werden. Beim aufwendigeren Verfahren erstreckt sich die Umrechnung nicht nur auf die Werte der zu Beginn der Betrachtungsperiode verfügbaren Vermögensgegenstände und Schulden, sondern auch auf die während der Periode hinzugekommenen und am Periodenende noch vorhandenen Vermögensgegenstände und Schulden sowie sämtliche Aufwendungen und Erträge. Durch Verkürzung der

Betrachtungsperioden können jedoch beim vereinfachten Verfahren die Verfälschungen aufgrund dieser Annahme reduziert werden. Die Entscheidung über die Häufigkeit der Berichtigung bzw. die Länge der Umrechnungsperiode hängt außer vom Anspruch an die Genauigkeit insbesondere ab von dem Ausmaß und der Veränderung der Geldentwertung und der Gleichmäßigkeit der Kontenbewegung. Das Ausmaß der Geldentwertung und die Entwicklung nach dem Ersten Weltkrieg erforderten immer kürzere Umrechnungsperioden. Zuletzt wurden tägliche Umrechnungen notwendig.

Im vereinfachten Verfahren wird der reale Gewinn in drei Schritten errechnet:[79])

- Zunächst werden alle Anfangsbestände mit Ausnahme des Eigenkapitals am Periodenanfang zugunsten bzw. zu Lasten des Geldwertausgleichskontos erfolgsneutral „hochindiziert", d. h., sie werden um Anfangsbestand mal Index-Steigerung erhöht. Der Saldo des Geldwert-Ausgleichskontos entspricht dann notwendigerweise dem mit der Index-Steigerung multiplizierten Eigenkapital. Indirekt wird also auch das Eigenkapital geldwertbereinigt, nur geschieht dies eben auf dem gesonderten Geldwert-Ausgleichskonto.
- Die Wertsteigerungen bei den Sach- und Geldwerten sind erfolgsneutral. Geldwerte machen aber Geldwertschwankungen nicht mit. Die jetzt angesetzten Werte bei Forderungen und Verbindlichkeiten sind folglich zu hoch. Sie müssen erfolgswirksam, also zugunsten bzw. zu Lasten der Erfolgsrechnung, gesenkt werden: Aus Forderungen entsteht so ein Geldwertverlust, aus Verbindlichkeiten ein Geldwertgewinn.

Nicht nur Geldwerte erleben eine von der allgemeinen Geldentwertung abweichende Entwicklung, auch bei Sachwerten kann eine abweichende Entwicklung eintreten. Sachwerte können mehr oder weniger als der allgemeine Index steigen. Steigt ihr Wert stärker als der allgemeine Index oder genau so stark, sieht sich Schmalenbach nicht zu weiteren Wertveränderungen genötigt; die eventuellen „stillen Reserven" nimmt er in Kauf. Steigt ihr Wert aber weniger als der allgemeine Index, so sieht er erfolgswirksame Sonderabschreibungen auf den Wiederbeschaffungswert vor. Auch aus Sachwerten gibt es also Geldwertverluste dann, wenn sie weniger an Wert zunehmen als der allgemeine Index. Die Bewertung des Verbrauchs an Sachwerten (Abschreibungen, Stoffverbräuche) ist auch an den gestiegenen Werten orientiert, so daß auch hier die Geldwertänderung erfolgswirksam wird.

Das Thema „Geldentwertung und Bilanz" hat aus heutiger Sicht weltweit an Brisanz nichts verloren. 1925 hat Schmalenbach vorausgesagt, daß die Frage „in der Buchführungs- und Bilanzliteratur einen dauernden Platz behalten wird".[80]) Er hat recht behalten, und es ist nicht allzu gewagt, die Prognose heute zu wiederholen. Über die Notwendigkeit, Preissteigerungen im Rechnungswesen durch gesonderte Rechnungen zu berücksichtigen, sind sich Wissenschaft und mit ihr, wie die offiziellen Verlautbarungen erkennen lassen, Wirtschaftsprüfer und vergleichbare Berufsstände in verschiedenen Ländern der Welt weitgehend einig.[81])

Wie die Veröffentlichungen im In- und Ausland über die Bilanzierung bei ständiger Geldwertverschlechterung zeigen, werden auch in der Gegenwart höchst unterschiedliche Verfahren zur Vermeidung von Scheingewinnen diskutiert und auch teilweise praktiziert. Als Grundkonzeptionen stehen sich jedoch noch immer die von Schmalenbach und Mahlberg entwickelte und befürwortete reale Geldkapitalerhaltung und die Substanzerhaltung, die auf die Überlegungen von Fritz Schmidt zurückgeht, gegenüber.

Theoretische Überlegungen sprechen dafür, daß die reale Geldkapitalerhaltungs-Konzeption eine relativ gute Grundlage zur Messung von Vermögensänderungen bildet, wenn Vermögen – also auch Unternehmungen – als Spender von konsumbestimmten Einkommen ihrer Eigner angesehen werden.[82]) Gewinne, die auf dieser Basis ermittelt werden, scheinen zudem als einzige den Grundsätzen zu genügen, die für die Besteuerung nach der Leistungsfähigkeit sowie der Gleichmäßigkeit der Besteuerung zu berücksichtigen sind. Für die so ermittelten Gewinne gibt es außerdem nicht mehr Möglichkeiten der Manipulation und nicht wesentlich größeren Rechenaufwand als bei der herkömmlichen Gewinnermittlung.

In der Praxis konnte sich die reale Geldkapitalerhaltung indes bisher nicht auf breiter Basis durchsetzen. Das Verdienst Schmalenbachs bemißt sich in diesem Zusammenhang jedoch nicht nach der Durchsetzung eines bestimmten Verfahrens der Scheingewinneliminierung, es ist vielmehr in der Vermittlung eines allgemeinen Problembewußtseins für die Störungseinflüsse zu sehen, die auf den Kompaß Bilanz in Zeiten der Geldentwertung einwirken.

VII. Bilanzrecht

Während sich Schmalenbach in seinen frühen Beiträgen „Die Abschreibung" und „Über den Zweck der Bilanz" noch ausdrücklich auf die kaufmännische Bilanz bezieht, kennzeichnet er seine „Grundlagen dynamischer Bilanzlehre" in der ersten bzw. der unveränderten zweiten Auflage als „rein wirtschaftswissenschaftliche Untersuchung". „Wenn wir die Bilanz als Mittel der Berechnung dieses Gewinnes betrachten, so fragen wir nicht, ob die kaufmännische Bilanz allgemein im praktischen Geschäftleben diesem Zwecke dient; wir lassen diese Frage völlig auf sich beruhen. Wir fragen auch nicht, ob es gesetzlich erlaubt oder geboten ist, diese Bilanz diesem Zwecke dienen zu lassen; was das Gesetz will, geht uns hier nichts an" heißt es in diesem Zusammenhang.[83])

Der Hinweis auf den insoweit „theoretischen" Charakter ist in den späteren Auflagen nicht mehr zu finden. Für Schmalenbach war die Dynamische Bilanz im Grunde doch mehr als eine „rein wirtschaftswissenschaftliche Untersuchung"; sie wurde denn auch aufgrund der Rücksichten, die er auf die Bilanzpraxis nahm – anders als die Werke namhafter Fachkollegen – in der Diskussion und in der Rechtsprechung als solche „gehandelt". Auch das Bilanzrecht hat Schmalenbach aus dem Blickwinkel der dynamischen Bilanzauffassung interpretiert und zu beeinflussen gesucht.

19. Die allgemeine Handelsbilanz – die Bilanz des Kaufmanns

„Ein Kaufmann, der nicht Bilanzen machte, war mit dem Odium der Nachlässigkeit behaftet wie etwa die Hausfrau, die nicht regelmäßig ihren Hausputz vornimmt. Zu dieser ordentlichen Gewohnheit sollte der Unordentliche gesetzlich angehalten werden." (Über das allgemeine Bilanzrecht, ZfhF, 11. Jg., 1916/17, S. 15)

Die Handelsgesetzgebung hat seit dem französischen Ordonnance de commerce vom Jahre 1673 als Zweck der Jahresbilanz die Feststellung des Vermögens bestimmt. Die Rechtsauffassung gelangt in das Handelsgesetzbuch 1861 und in das Handelsgesetzbuch 1897. Die Kodifizierung interpretiert Schmalenbach 1908 auf seine Weise: „Die Bilanz ist nur eine Vermögensübersicht, wie man sie haben muß, um den Jahresgewinn zu ermitteln."[84]) In dem Beitrag „Über das allgemeine Bilanzrecht" nimmt er später die Unsicherheit über das geltende Recht zum Anlaß, anhand der Protokolle der 1857 einberufenen Kommission der Entstehungsgeschichte des Bilanzrechts nachzugehen.[85]) Er findet, daß die Unbestimmtheit der knapp gehaltenen gesetzlichen Formulierung aus der Absicht zu erklären ist, dem Kaufmann bei der Aufstellung seiner Bilanz, insbesondere bei der Bestimmung des Bilanzzwecks, möglichst viel Freiheit zu lassen. Um nicht die Übersicht über die Lage seines Vermögens zu verlieren – so Schmalenbach –, bilanziert der Kaufmann aus eigenem Interesse. Auf diese Weise nützt er nicht nur sich selbst, sondern der Allgemeinheit, da er nicht so leicht in Konkurs gerät und neben dem „eigenen verschuldeten Unglück" ein „unverschuldeter Schade anderer und Einbuße an Nationalwohlstand" vermieden wird. Wer dem „privaten Interesse folgt und dies in möglichst einseitiger Weise tut, der ist dem Gesetzgeber gerade recht".

Allerdings bedeutet die vom liberalistischen Gesetzgeber gelassene Freiheit nicht, daß der Kaufmann „subjektiv frei (ist); er kann nicht willkürlich bestimmen, dieses und jenes seien seine Bilanzzwecke. Vielmehr wächst in jedem Betrieb der Bilanzzweck aus den Umständen, wie sie in diesem Betrieb beschaffen sind, heraus". Wenn der Gesetzgeber vor diesem Hintergrund von einem „Wert" spricht, ist kein bestimmter, aber auch kein willkürlich zu wählender Ansatz gemeint: „Wert ist hier derjenige Wert, den man anzuwenden hat, um zu einer fachgerechten Bilanz zu gelangen. Je nach Unternehmensart, Bilanzobjekt und überwiegenden Bilanzzwecken ist dieser Wert verschieden."

Für Schmalenbach ist niemals zweifelhaft, welcher Zweck sich im Regelfall aus „der Natur der Sache" ergibt – nämlich die Ermittlung des Erfolges als Maßstab der Wirtschaftlichkeit – und wie eine fachgerechte Bilanz in der Regel auszugestalten ist – nach den Grundsätzen dynamischer Bilanzierung. So heißt es in der 8. Auflage: „Die Zwecke, die die Bilanz erfüllen muß, um den Kaufmann zu einem richtigen Verhalten anzuhalten, sind je nach den Umständen verschieden. Aber in einem Punkte kommen sie alle auf das Gleiche hinaus: Der Kaufmann soll sehen, ob und was das Geschäft abwirft; denn davon hängt es ab, ob er sich entschließt, den Betrieb in bisheriger Weise fortzuführen oder das Steuer herumzuwerfen."[86]) In der Bewertungsfrage will er nach dem Zweiten Weltkrieg einer „falschen Auslegung" vorbeugen und empfiehlt daher, bei einer Neuregelung des allgemeinen Bilanzrechts den Ausdruck „Wert" zu ergänzen in: „ein Wert, der eine richtige Erfolgsrechnung ermöglicht". Seine Auffassung von der allgemeinen Handelsbilanz als Steuerungsbilanz (Dynamischer Bilanz) begründet Schmalenbach u. a. mit den Grundsätzen ordnungsmäßiger Buchführung, die sich auch „auf die Zwecke der Bilanz" erstrecken und die ihrerseits durch eine an der dynamischen Zielsetzung orientierten, ordentlichen und ehrenwerten Kaufmannschaft bestimmt werden.

20. Grundsätze ordnungsmäßiger Buchführung und Bilanzierung

„Es kommt weniger darauf an, was man in der Praxis tut, als was man in der Praxis, und zwar in der Praxis ordentlicher und ehrenwerter Kaufleute für richtig hält." (Grundsätze ordnungsmäßiger Bilanzierung, in: ZfhF, 27. Jg., 1933, S. 232)

Schon vor dem ersten Weltkrieg stellt sich Schmalenbach in einem Aufsatz die Frage: „Gilt die Vorschrift ordnungsmäßiger Buchführung auch für die Bilanz?"[87]) Er beantwortet sie positiv. Für das Allgemeine Handelsgesetzbuch 1857 hatte das Reichsgericht in einer Entscheidung von 1885 klargestellt, daß die Bilanz Bestandteil der Buchführung ist. Da das 1900 in Kraft getretene Handelsgesetzbuch jedoch zwischen Buchführung und Bilanz unterschied, wurden Zweifel laut. Schmalenbach gehört zu denen, die an der Begründung und Festigung der Auffassung beteiligt waren, daß man bei den Grundsätzen ordnungsmäßiger Buchführung auch von den Grundsätzen ordnungsmäßiger Bilanzierung sprechen kann.[88])

Wie kann festgestellt werden, ob ein Grundsatz vorliegt? Zum Ausgangspunkt der Diskussion über die Gewinnung der Grundsätze, die sich auf die Frage induktive oder deduktive Methode zuspitzt, wird Schmalenbachs Aufsatz „Grundsätze ordnungsmäßiger Bilanzierung" von 1933. Er stellt hier fest, daß der Einfluß der Fachwissenschaft nur einen indirekten, auf diese Weise aber außerordentlichen Einfluß haben kann.[89]) Es ist Sache der Fachwissenschaft, dafür zu sorgen, daß ihre Postulate von der Praxis als Übung, zumindest aber als ideale Bilanzansicht aufgenommen werden. „Es kommt" – so die vielzitierten Worte – „weniger darauf an, was man in der Praxis tut, als was man in der Praxis, und zwar in der Praxis ordentlicher und ehrenwerter Kaufleute, für richtig hält."[90])

Exemplarisch weist er darauf hin, daß die meisten Unternehmungen zu wenig abschreiben, ohne daß in der Praxis angenommen wird, daß die zu geringen Abschreibungen den Grundsätzen entsprächen. „Im Grunde seines Herzens weiß der Kaufmann genau, wenn er die

Grundsätze verletzt.“ Der nicht ordnungsgemäß buchende Kaufmann als Interessenvertreter bleibt zwar noch ein „ehrenwerter“ Kaufmann. Bei der Bestimmung von Grundsätzen ordnungsmäßiger Bilanzierung ist er in dieser Rolle jedoch nicht gefragt; es kommt hier auf seine Rolle als Sachverständiger in Bilanzfragen sui generis an, der den Zwecken folgt, so „wie sie sich aus der Natur seines Geschäftes ergeben“.

Mit der Verdrängung der tatsächlichen Praxis durch eine an einem Leitbild orientierten idealen Praxis ist in der Lehre von den Quellen der Gundsätze ein entscheidender Schritt zur deduktiven Methode getan.[91]) Ein weiterer Schritt in diese Richtung erfolgt mit der Festlegung des „ordentlichen und ehrenwerten Kaufmanns“ auf einen bestimmten primären Zweck der Bilanz: „die Erfolgsermittlung“. Einzelne Grundsätze ordnungsmäßiger Bilanzierung leitet Schmalenbach selbst vom Zwecke der Erfolgsbilanz ab. So sagt er zum Beispiel: „Auch wenn ein höherer als der bisherige Bilanzwert von Anlagen vertretbar ist, verstößt eine Zuschreibung in den gewöhnlichen Jahresbilanzen gegen die Grundsätze ordnungsmäßiger Bilanzierung, weil sie das Erfolgsbild verschleiert.“[92]) In dem frühen Beitrag „Die Abschreibung“ heißt es sogar: Die Grundsätze einer ordnungsmäßigen Buchführung würden im Interesse einer ordnungsmäßigen Gewinnermittlung verlangen, daß selbst dann die Jahresabschreibung vorzunehmen ist, wenn die Anlagen auf die Passivseite kämen.[93])

Der von Schmalenbach nicht ausdrücklich erklärten, aber bei Einzelfragen doch stets vollzogenen Gleichsetzung der „Grundsätze dynamischer Bilanzierung“ mit den „Grundsätzen ordnungsmäßiger Buchführung“ ist die höchstrichterliche Rechtsprechung nicht zuletzt aufgrund des Einflusses der Lehre selbst später in zahlreichen Urteilen gefolgt. Mindestens hat sie sich zur Argumentationsstütze außer auf die allgemeinen Bilanzierungsgrundsätze auch auf die Dynamische Bilanz berufen. 1954 erklärte der damalige Vizepräsident des Bundesfinanzhofs, Fritz Hoffmann, auf dem 7. Fachkongreß der Steuerberater unumwunden: „Da die dynamische Bilanzauffassung heute das wirtschaftliche Denken stark beherrscht und als Ausdruck ordnungsmäßiger Buchführung angesehen wird, ist sie auf diese Weise auch gesetzlich (durch § 5 EStG) verankert.“[94])

Die bis in die sechziger Jahre reichende Tendenz der Finanzbehörden und Finanzgerichte, die Konzeption der dynamischen Bilanzlehre generell als Grundsatz ordnungsmäßiger Bilanzierung zu werten, ist vielfach kritisiert worden.[95]) Die Frage, ob ihre Prinzipien vollständig zu Grundsätzen ordnungsmäßiger Bilanzierung geworden sind, ist zweifellos zu verneinen. Eine andere Frage ist, inwieweit Schmalenbachs Vorstellungen sich durchgesetzt haben und im einzelnen zu Grundsätzen geworden sind. Nachweise im Sinne des strengen Verursachungsprinzips sind hier allerdings kaum zu führen, zumal er seinerseits bereits zu Grundsätzen entwickelte Bilanzierungsprizipien bereitwillig, wenn auch teilweise mit eigener Begründung, in sein eigenes Lehrgebäude aufgenommen hat (Vorsichtsprinzip, Realisationsprinzip). Nicht zuletzt mißt gerade er der die Grundsätze mitprägenden praktischen Handhabung ein großes Gewicht bei (Grundsatz der Überlieferung).

Hervorzuheben ist jedoch „das große Verdienst Schmalenbachs, den Grundsatz der Vergleichbarkeit als Abschlußgrundsatz aufgestellt zu haben“[96]), wenngleich aus der „Forderung der Vergleichbarkeit erst (noch) konkrete Grundsätze abgeleitet werden (müssen), die dem Kaufmann angeben, wie er vorgehen muß, damit die Abschlüsse vergleichbar sind. Vergleichbarkeit ist ein Ziel, das verfolgt werden muß, nicht bereits ein Grundsatz ordnungsmäßiger Buchführung“.[97])

In dem Aufsatz von 1933 schreibt Schmalenbach: „In diesen Erörterungen wollte ich dartun nicht nur, welche große Bedeutung die Grundsätze ordnungsmäßiger Buchführung haben können, sondern auch, wie außerordentlich schwer es ist, diese Grundsätze zu handhaben. Es gehört eine umfassende Kenntnis der tatsächlichen Verhältnisse dazu, mit einiger Sicherheit und ohne Willkür festzustellen, was ein Grundsatz ordnungsmäßiger Bilanzierung ist. Da eine solche umfassende Kenntnis auch der erfahrenste Treuhänder nicht haben kann, scheint es dringend erforderlich, daß die literarische Bearbeitung dieses Gegenstandes eine viel breitere Basis erhält. Hier gibt es für betriebswirtschaftliche Untersuchungen noch ein tüchtiges Stück Arbeit."[98])

Das Institut der Wirtschaftsprüfer hatte die Arbeit bereits aufgenommen und veröffentlichte 1933 seine ersten Fachgutachten. Die Schmalenbach-Vereinigung gab 1934 eine Schriftenreihe zu den Grundsätzen ordnungsmäßiger Bilanzierung heraus.[99]) Die Reihe wurde wegen der Zeitverhältnisse später nicht weitergeführt. Einen erneuten Anstoß gab 1964 die Untersuchung von Ulrich Leffson über „Die Grundsätze ordnungsmäßiger Buchführung". Leffsons Ziel war es, „ein System der Grundsätze ordnungsmäßiger Buchführung zu finden und den Inhalt der einzelnen oberen Grundsätze zu bestimmen". Aus vielen Anregungen der Praxis heraus übernahm es die Schmalenbach-Vereinigung in den siebziger Jahren bei mehreren fachlich zuständigen Universitäts-Seminaren die Neubearbeitung der längst vergriffenen Veröffentlichungen über die Grundsätze ordnungsmäßiger Bilanzierung anzuregen und herauszugeben.[100])

21. Aktienrecht und Aktienrechtsreform

„Gut gerechnete Bilanzen haben gute, schlecht gerechnete Bilanzen haben dagegen schlechte Kapitalversorgung zur Folge." (Zur Reform der Aktienbilanz, in ZfhF, 21. Jg., 1927, S. 51)

Die Bilanz ist die „Beschreibung der Gesellschaft"[101]); sie soll dem Aktienerwerber bei seiner „Auswahl behilflich" sein und erlangt, indem sie diese Funktion erfüllt, Bedeutung für die gesamtwirtschaftliche Kapitalversorgung. Um ihrer Aufgabe gerecht zu werden, muß sie über die wirtschaftliche Ergiebigkeit der Gesellschaft informieren. Sie muß in erster Linie einen „zuverlässigen Ausweis des erzielten Gewinnes abgeben". „In dem Lande mit den richtigen Bilanzen würde das Kapital den rentablen Unternehmungen schnell und reichlich zuströmen; es würde sich den unrentabel werdenden Betrieben energisch verweigern. Dieses bevorzugte Land würde infolgedessen in seiner gesamten Wirtschaft eine wesentlich bessere Auslese von ergiebigen Wirtschaften besitzen."

Das bevorzugte Land Schmalenbachs ist ein Land seiner Phantasie. Die tatsächlichen Verhältnisse sind anders. Mängel des Rechts und der Bilanzierungspraxis führen zu einem „schiefen" Gewinnausweis und damit zu einer suboptimalen volkswirtschaftlichen Kapitalversorgung. Auch ist der Gewinnbegriff des Rechts (vor der Aktienrechtsreform 1937) ein juristischer und kein wirtschaftlicher Begriff. Ausgewiesen wird nicht der erzielte Gewinn, sondern ein am Schluß des Geschäftsjahres verteilbares Vermögen. Wenngleich nicht durch das Gesetz, so aber doch durch Gewohnheit und Auslegung legitimiert, gilt es als erlaubt, Gewinne zu verstecken, um sie bei nachlassender Rentabilität wiederum ganz nach Belieben als Gewinn auszukehren. In dem Aufsatz „Zur Reform der Aktienbilanz" erteilt Schmalenbach 1927 daher dem Bilanzrecht das „Prädikat ‚ungenügend'".

Er hält es in dem heute noch lesenswerten Beitrag für möglich, ein Bilanzrecht zu schaffen, das dieser Aufgabe weitgehend gerecht wird. Er plädiert hier, was wenig „dynamisch" erscheint, sogar dafür, einen etwaigen Zweifel durch eine einheitlich vorgeschriebene Norm zu ersetzen und nennt als Beispiel einen einheitlichen Abschreibungsprozentsatz für bestimmte Anlagen und Geschäftszweige. Das Gesetz muß darauf hinwirken, „daß, wenn mehrere Bilanzsachverständige eine Bilanz machen, sie zu nahezu gleichen Resultaten gelangen". Wichtiger als die Bilanz ist, da dem Primat des Rentabilitätsnachweises der Vorrang gebührt, die Gewinn- und Verlustrechnung. Außer Bilanz und Gewinnrechnung „bedarf der Kapitalmarkt weiterer Ausweise: Der Prospektinhalt gibt bereits eine Vorstellung davon, was im einzelnen zu verlangen wäre. Im Interesse einer gutgeleiteten Kapitalzuführung kann es in manchen Fällen sinnvoll sein, daß nicht nur einmal jährlich Bilanz gezogen wird, und es kann notwendig sein, die Abschlußtermine von saisonabhängigen Betrieben auf bestimmte Tage zu verlegen. Die Publikationsfrist darf die wirklich notwendige Zeit nicht überschreiten.

Von dem Argument der Verwaltungen, „daß man den Aktionären den Kuchen nicht erst zeigen dürfe, wenn man ihnen ihn nicht geben wolle", hält Schmalenbach wenig. Ein „offener Dividendenausgleichsfonds" als Mittel des Dividendenausgleichs ist hinreichend. Obwohl es bilanztechnisch möglich ist, ein geeignetes Bilanzrecht zu schaffen, rät er jedoch – vermutlich auch aufgrund seiner negativen Erfahrungen in der Aktienrechtskommission auf den 34. Deutschen Juristentag[102]) – hiervon mit der folgenden Begründung ab: „Man stelle sich den Hergang vor: Einige Sachverständige arbeiten den Entwurf aus; im Reichsjustizministerium wird diese Arbeit durch Beratung begleitet, bis die Arbeit zum Referentenentwurf gediehen ist. Bevor der Entwurf das Parlament erreicht, wird man ihn den großen Interessenverbänden vorlegen müssen; vermutlich werden sie schon von Anfang an an den Beratungen beteiligt sein. In den Parlamenten selbst werden die Interessengruppen sich erneut und mit großer Macht geltend machen. Das stadium nascendi wird begleitet sein von nicht immer gleichmütigen Verhandlungen, gelehrten und ungelehrten; die Presse wird sich lebhaft beteiligen. Und dieser Lärm wird voraussichtlich sachlich nichts Nennenswertes zutage fördern, aber er wird denen, die die Sache allein im Auge haben, auf die Nerven gehen. Und schließlich wird die Reform entweder ganz unterbleiben, womöglich endigend mit dem unerquicklichen Gefühl für diejenigen, die die Sache angerührt haben, daß sie blamiert seien; oder es wird ein Kompromiß herauskommen, der nichts taugt, weil auf diesem Gebiete das dreiviertel Vollkommene ebensogut wie nichts ist."

Ungefähr 15 Jahre später befaßt sich Schmalenbach mit der „noch nicht aufgeworfene(n), aber doch naheliegende(n) und wichtige(n) Frage"[103]), inwieweit die unveröffentlichte Aktienbilanz nach den Aktienrechtsreformen 1931 und 1937 als Handelsbilanz im Sinne des allgemeinen Bilanzrechts anzusprechen ist.

1941 stellt er lapidar fest, daß die Reformen, was die Zweckbestimmung der Aktienbilanz sowie das Verhältnis von Aktienbilanz und allgemeiner Handelsbilanz angeht, zu keiner wesentlichen Änderung geführt haben.[104]) Die Aktienbilanz soll gemäß der Aufgabenstellung des Gesetzgebers den Lesern kein zu günstiges Bild über die Vermögenslage der Gesellschaft vermitteln, und soweit sie den Gewinn darstellt, nicht den erzielten, sondern den verteilbaren Gewinn wiedergeben. Die Handelsbilanz muß demgegenüber „alles vollständig und richtig enthalten, was nötig ist, um die Leiter einer kaufmännischen Unternehmung in ihren Funktionen der Betriebssteuerung zu unterstützen". Eine im Interesse einer möglichst wirtschaftlichen Kapitallenkung richtige Darstellung der Wirtschaftlichkeit hat der Gesetzgeber jedoch nicht verlangt. Auch hat er nicht vorgeschrieben, daß die Aktiengesellschaft zunächst die Handelsbilanz und anschließend die Abweichungen zu veröffentlichen hat, die speziell bei der Aktienbilanz zu berücksichtigen sind.

Später formuliert Schmalenbach tolerant, daß „die wesentlichste Neuerung, die das neue Gesetz gebracht hat, der Versuch ist, den aktienrechtlichen und den kaufmännischen Gewinnbegriff nebeneinander zu ihrem Recht kommen zu lassen".[105]) Das Aktiengesetz lasse die Interpretation der Aktienbilanz im Sinne einer zuverlässigen Erfolgsrechnung zu, da für den Abschluß ebenfalls die Grundsätze ordnungsmäßiger Bilanzierung gelten.[106]) Als Endsaldo behält die Gewinn- und Verlustrechnung den Gewinninhalt des früheren Aktienrechts bei (verteilbarer Gewinn), verlangt aber einen Vermerk des vorjährigen Gewinn- und Verlustvortrages und auf der Ertragsseite einen gesonderten Ausweis außerordentlicher Erträge einschließlich der Erträge aus der Auflösung von Wertberichtigungen, Rücklagen und freien Rücklagen. Es wird „Schluß gemacht mit der Auskehrung stiller Reserven", „dieses allerdings in einer nicht vollkommen klaren Form".

Die Bestimmungen des Aktiengesetzes – und hierin sieht Schmalenbach deren Hauptmangel – sind für ihn jedoch nicht so eindeutig, daß der Ausweis eines „wahren" Erfolges als verpflichtend anzusehen ist: „Das Gesetz läßt einerseits keinen Zweifel darüber, daß auch für die Aktiengesellschaft die allgemeinen Grundsätze ordnungsmäßiger Buchführung gelten, gibt auch zu erkennen, daß es ihm um eine zuverlässige Erfolgsrechnung zu tun ist, drückt das aber so unbestimmt aus, daß erhebliche Zweifel unvermeidbar wurden. Noch schlimmer ist, daß dem Gesetzgeber die Existenz dieser Zweifel bei der Abfassung des abschließenden Gesetzes, des Aktiengesetzes von 1937, bekannt waren, er aber trotzdem eine klare Stellung vermied." Ein zentraler Punkt der Kritik an der Aktiengesetzgebung ist darin zu sehen, daß auf die Frage der Unterbewertungen kein ersichtlicher Wert gelegt wurde. Die problematische Kehrseite der Unterbewertungen besteht u. a. darin, daß es der Unternehmensleitung möglich ist, in späteren Zeitpunkten durch Auflösung stiller Reserven eine Krise des Unternehmens zu verdecken. Schmalenbach spricht sich für das Verbot erfolgsverzerrender Unterbewertungen aus. Die Auskehrung stiller Reserven soll zwar statthaft sein, aber in der Gewinn- und Verlustrechnung zum Ausdruck kommen. Scheingewinne aus der Vorratsbewertung sind auszuweisen.

Die Kritik Schmalenbachs an der aktienrechtlichen Bilanz wird auf einer Fachtagung der Wirtschaftsprüfer im Jahre 1950 mit aller Deutlichkeit bestätigt. Weil sowohl stille Reserven und in begrenztem Umfange auch Saldierungen in der Gewinn- und Verlustrechnung erlaubt sind, sind die veröffentlichten Jahresabschlüsse der Aktiengesellschaften „nicht Gewinnermittlungsbilanzen, sondern Gewinnverteilungsbilanzen, in denen praktisch nur noch der Gewinn zum Ausweis kommt, der den Aktionären durch Vorstand und Aufsichtsrat zugewiesen wird".[107])

Das Aktiengesetz von 1965 hat wichtige Änderungen gebracht, die in der Tendenz der Auffassung Schmalenbachs entsprechen. Im Gegensatz zum früheren Recht werden nicht mehr nur Höchstwerte, sondern auch untere Wertgrenzen vorgeschrieben. Die Wahl der Bewertungsmethode bleibt im einzelnen weitgehend der Gesellschaft überlassen. Im Geschäftsbericht ist jedoch über die Bewertungs- und Abschreibungsmethode, insbesondere über deren Änderungen, zu berichten. Ferner müssen die Auswirkungen solcher Änderungen beziffert werden, wenn sie erheblich sind. Daran erkennt der Bilanzleser, daß die Werte mit früheren Werten nicht unmittelbar vergleichbar sind.

VIII. Bilanzprüfung

Das Bedürfnis, Buchführung und Bilanz zu prüfen, entwickelte sich im letzten Drittel des vorigen Jahrhunderts, als die führenden Aktiengesellschaften in immer größere Dimensionen hineinwuchsen. Am 11. Juni 1870 überträgt eine Novelle zum Aktienrecht erstmals dem Aufsichtsrat eine Revisions- und Überwachungspflicht. Außerdem kann die Generalversammlung zur Prüfung der Bilanz externe Revisoren bestellen. Sie werden vielfach als Sachverständige vor Gericht gehört, wenn es bei Auseinandersetzungen und Liquidationen zu Streitigkeiten kommt. Die erste Voraussetzung für eine allgemeine Anerkennung des Bücherrevisors wird durch Ergänzung im § 36 der Gewerbeordnung vom 30. Juni 1900 geschaffen. Auch Schmalenbach, im Jahre 1904 zum vereidigten Bücherrevisor bestellt, prüft von 1905 bis 1919 den Abschluß der Leonhard Tietz AG in Köln (siehe Seiten 54 und 227). Weiterhin sieht das Gesetz vor, daß eine Sonderprüfung von Vorgängen bei der Gründung oder bei der Geschäftsführung auf Antrag einer Minderheit von Aktionären durch das Gericht angeordnet werden kann. Schon damals, schreibt Gessler, scheint der Gesetzgeber das Gefühl gehabt zu haben, daß die Prüfung durch den Aufsichtsrat nicht ausreichen könnte.[108])

Um die Jahrhundertwende beteiligen sich auch die ersten Treuhandgesellschaften an der Bilanzprüfung. Einen besonderen Anstoß dazu gibt der Zusammenbruch großer Banken. Es handelte sich dabei um die Preußische Hypotheken-Aktienbank und die Deutsche Grundschuld-Bank, die man nach ihrem langjährigen Direktor als „Spielhagen-Banken" bezeichnete.[109])

Im September 1931, als sich die deutsche Wirtschaft bereits seit zwei Jahren in einer schweren wirtschaftlichen Depression befindet, wird für die Jahresabschlüsse der Aktiengesellschaften die gesetzliche Pflichtprüfung eingeführt.[110]) Eines der auslösenden Momente ist wieder der Zusammenbruch großer Unternehmungen, insbesondere des Nordwolle-Konzerns in Bremen im Juli 1931, verursacht u. a. durch verlustreiche Spekulationen mit eigenen Aktien, die in den Büchern verschleiert worden sind. Auch andere Kapitalgesellschaften haben durch fragwürdige Manipulationen versucht, ihre Schwierigkeiten aufzufangen, was durch das Fehlen einer wirksamen Kontrollinstanz begünstigt wurde. Die Aktiengesetznovelle, die am 19. September 1931 als Notverordnung verkündet wird, verpflichtet die Aktiengesellschaften und Kommanditgesellschaften auf Aktien nunmehr, ihre Jahresabschlüsse durch einen oder mehrere sachverständige Prüfer prüfen zu lassen. Es ist der Beginn der aktienrechtlichen Pflichtprüfung, die mit gewissen Modifikationen in die Aktiengesetze von 1937 und von 1965 eingegangen ist. Schmalenbach begrüßte diese Entwicklung. Wenn man die großen Krisen der Vergangenheit daraufhin verfolgt, schreibt er 1943, „was alles durch Bilanzverschleierungen und Bilanzfälschungen vorgekommen ist, wird man die Möglichkeiten einer guten Pflichtprüfung zu schätzen wissen".[111])

22. Plädoyer für die Prüfung der Erfolgsbilanz

„Es bedarf keiner langen Ausführungen, daß die Pflichten der Bilanzprüfer gegenüber dem bestehenden Zustand auf ein weit höheres Niveau gehoben würden, wenn ihnen die Verantwortung dafür anvertraut würde, daß die Aktiengesellschaften verpflichtet sind, wahrhafte und klare Erfolgsrechnungen zu veröffentlichen." (Allgemeine Grundsätze ordnungsmäßiger Bilanzierung, Manuskript, 1944, S. 53)

Prüfen bedeutet für Schmalenbach niemals ein bloßes Abhaken. Die Frage der formalen Ordnungsmäßigkeit ist für ihn aufs engste mit einer materiellen Beurteilung der geschäftlichen Vorgänge verbunden. Die Prüfung ist keine technische Prüfung, sondern eine wirtschaftliche Prüfung, die an die kaufmännische Buchführung anknüpft, also an Aufzeichnungen über wirtschaftliche Tatbestände. Schmalenbachs großes Interesse an Fragen der Bilanzprüfung zeigen die unveröffentlichten Manuskripte, in denen er sich mit der Bilanzierung und der Bilanzprüfung auch in den Jahren auseinandersetzte, in denen er nicht mehr lehren und uneingeschränkt veröffentlichen konnte (Handelsbilanzen und andere Bilanzen 1941; Allgemeine Grundsätze ordnungsmäßiger Bilanzierung 1944).

Die Entwicklung im Prüfungswesen ist seit 1939 kriegsbedingten Einschränkungen unterworfen. So konnte z. B. im Einvernehmen mit den beteiligten Reichsbehörden die Pflichtprüfung durch sogenannte kräftesparende „Kriegsprüfungen" ersetzt werden.[112]) Bei einer solchen Praxis konnte es nicht ausbleiben, daß, wie Schmalenbach kritisiert, die Pflichtprüfung zu sehr veräußerlicht wurde. 1941 schreibt er, daß zwar die Prüfung der neben der Aktienbilanz zu erstellenden allgemeinen Handelsbilanz nicht erforderlich ist. Aber wenn man die Pflicht der Wirtschaftsprüfer in einem „höheren Sinne" auffaßt, kann man zu der Meinung kommen, daß sie bei der Prüfung der Veröffentlichungsbilanz von der allgemeinen Handelsbilanz ausgehen und diese zunächst daraufhin prüfen müssen, ob sie alles enthält, was zur Steuerung des Betriebes nötig ist. Ihm ist verständlich, daß aus Gründen der notwendigen Geheimhaltung und des möglichen Mißbrauchs auf dem Kapitalmarkt die geprüfte Handels-(Erfolgs-)bilanz nicht veröffentlicht werden kann. Es lasse sich daher vertreten, daß die veröffentlichte Bilanz von der Handelsbilanz abweicht. Vom Wirtschaftsprüfer sei aber festzustellen, was von der Handelsbilanz im Interesse der Gesellschaft und des Gemeinwohls unveröffentlicht bleiben müsse, wobei die Interessen des Kapitalmarktes auch unter dem Gesichtspunkt des Gemeinwohls zu berücksichtigen wären.

Später wird von Schmalenbach das Aktiengesetz so verstanden, daß es einer klaren und wahrhaftigen Erfolgsrechnung nicht widerstrebt; es liege also in der Hand der Wirtschaftsprüfer, auch nur „wahrhaftige Erfolgsausweise" mit ihrem Testat zu versehen. Wenn „alle zugelassenen Bilanzprüfer in dieser Frage einig und entschlossen wären", würde dies nicht ohne mächtige Wirkungen auf die Aktiengesellschaften sein und auch die Gerichte mitziehen. Schmalenbach ist sich der geringen Realisationschancen seiner Forderung bewußt: Die Einigkeit aller Prüfer zu erreichen, sei ein schwierig zu denkender Fall.[113])

Die während des Zweiten Weltkrieges verfaßten Manuskripte mit dem Plädoyer für die Prüfung der handelsrechtlichen Bilanz bzw. für die Prüfung der „klaren und wahrhaftigen Erfolgsrechnung" im Rahmen der Aktienbilanz sind nur einem engen Kreise bekanntgeworden. Nach 1945 werden einige Gedanken daraus in die Neuauflagen seiner Bücher übernommen, bleiben aber ohne Resonanz. Die Bilanzdiskussion der ersten Nachkriegsjahre ist von zeitbedingten aktuellen Vorgängen beherrscht. Das zentrale Ereignis ist die mit der Neuordnung des Geldwesens in den drei Westzonen durch die Währungsreform am 21. Juni 1948 notwendig gewordene DM-Eröffnungsbilanz und Kapitalneufestsetzung mit ihren späteren Durchführungsverordnungen.

Das Aktiengesetz von 1965 hat dem Prüfer eine größere Verantwortung bei der Durchführung seiner Arbeiten übertragen. Stellen die Abschlußprüfer Tatsachen fest, die den Bestand des Unternehmens gefährden oder seine Entwicklung wesentlich beeinträchtigen können, oder die schwerwiegende Verstöße des Vorstandes gegen Gesetz oder Satzung erkennen lassen, so haben sie darüber zu berichten (§ 166 Abs. 2 Aktiengesetz). Im Fachgutachten 2/1977 des Instituts der Wirtschaftsprüfer über die Grundsätze ordnungsmäßiger Berichterstattung bei Abschlußprüfungen heißt es, daß eine über die Erläuterung der Posten des Jahresabschlusses hinausgehende Darstellung der Vermögens- und Ertragslage guter Berufsübung entspricht.[114])

Mit diesen gesetzlichen Bestimmungen und den Empfehlungen der Wirtschaftsprüfer wird natürlich nicht die Forderung Schmalenbachs erfüllt, der Abschlußprüfer solle von der allgemeinen Handelsbilanz ausgehen, die er daraufhin zu prüfen habe, ob sie alles das enthalte, was zur Steuerung des Betriebes nötig ist. Ohne Zweifel hat das Aktiengesetz 1965 aber gegenüber dem alten Recht entscheidende Verbesserungen in Richtung auf eine größere Transparenz der Vermögens- und Ertragslage gebracht.

23. Prüfungstechnik – keine untergeordnete Angelegenheit

> *„. . ., wenn es nach überlieferten Regeln wissenschaftlicher Kreise subaltern sein soll, sich statt mit großen Problemen der Menschheit mit den kleinen Sorgen der Buchhalter zu beschäftigen, so wollen wir in Gottes Namen subaltern heißen.“ (Die Fehlerkontrollen in der Buchführung, in: ZfhF, 11. Jg. 1917, S. 198)*

Es zeugt vom fachlichen Selbstbewußtsein Schmalenbachs, daß er sich zu Anfang des Jahrhunderts nicht scheut, gegen hämische Bemerkungen mancher Kollegen aus der sich entwikkelnden jungen betriebswirtschaftlichen Wissenschaft mit so geringfügigen Gegenständen, wie dem Fehlersuchen, dem Kollationieren und dem Rubrizieren von Geschäftsbüchern zu beschäftigen. „Ich sollte mich eigentlich mit Scham daran erinnern, wie in einer Sitzung des volkswirtschaftlichen Verbandes, in dem die wirtschaftlichen Anwälte der Interessenvertretungsverbände das Wort führen und ein kompetentes Urteil besitzen darüber, was wissenschaftlich ist und was nicht, gespottet wurde, als ich über die auswechselbaren Kontenbücher gesprochen hatte. Und auch daran sollte ich denken, daß Weyermann und Schönitz einmal von einer Wissenschaft des Kopierpressenschwengels oder von ähnlichem gesprochen haben.“[115]) (Siehe auch die Seiten 57 f.).

In seinen Beiträgen geht es Schmalenbach weniger darum, dem Prüfer spezielle Methoden und Verfahren zur Vereinfachung seiner Tätigkeit zu vermitteln. Wichtiger ist ihm, die Buchhaltung so zu verbessern, daß vorhandene Prüfungstechniken sinnvoller und wirkungsvoller eingesetzt werden können, und vor allem will er sachkundige Prüfer heranbilden, die ihre Aufgabe verstehen.

Um die Jahrhundertwende ist es in den Betrieben, die ihre Bücher nach dem System der doppelten Buchführung führen, noch üblich, daß sie mit Grundbuch, Hauptbuch und mit dem Sammeln von Belegen auskommen; erst am Ende eines Monats oder eines ganzen Jahres werden die Eintragungen aufgrund der aufgestellten Summenbilanz abgestimmt. Differenzen zwischen Grundbucheintragungen und den Eintragungen auf den einzelnen Konten des Hauptbuchs aufzuklären, kostet dann viel Zeit. Schmalenbach schlägt eine Fehlerfeldteilung vor, damit bei auftretenden Unstimmigkeiten die Fehler einfacher und zeitsparender aufgefunden werden können.

Als einen ersten Schritt dazu sieht er die in der damaligen Praxis schon üblichen Trennung der Debitoren und Kreditoren aus dem Kontensystem des Hauptbuches, das hierfür nur noch ein Sammelkonto ausweist. Je nach dem Umfang des Kontokorrentverkehrs sollen die Fehlerfelder weiter geteilt werden, so daß man z. B. statt eines Kontokorrentbuches zwei

Bücher führt, nach Kreditoren und Debitoren getrennt, oder jeweils noch nach weiteren Gruppen unterteilt. Nach diesen Gruppierungen sind dann auch die Grundbücher zu teilen, so daß die notwendigen Abstimmungen wesentlich einfacher werden.

In ähnlichem Sinne soll auch das Hauptbuchkonto „Anlagen" aufgeteilt werden. Bei dieser Aufgliederung der Konten kann der Prüfer tiefer in die verbuchten Geschäftsvorfälle eindringen, als es früher möglich war.[116]) Die Möglichkeiten einer solchen Fehlerfeldteilung sind jedoch begrenzt: „Kompensationsfehler und Überträge auf falsche Konten weist weder eine Rohbilanz noch die Vergleichung des Kontokorrent-Kontos mit der Gesamtheit der lebenden Konten auf."[117])

Für den Prüfer nützlich ist eine weitere Teilung der Fehlerfelder durch zeitliche Abgrenzung. Die Summenbilanz soll wöchentlich oder monatlich in zweifacher Form aufgestellt werden: 1. als eine spezielle Summenbilanz, in der nur die Eintragungen der letzten Teilperiode (der Woche oder des Monats) geprüft werden, und 2. als kumulierte Summenbilanz, aus der sich die Übereinstimmung der Endsummen einschließlich der Vorträge aus den vergangenen Perioden ergibt. Dadurch soll die eventuell notwendige Fehlersuche auf die letzte Teilperiode beschränkt werden.

Für die Revision ist dieser Umstand in mehrfacher Hinsicht von Wichtigkeit. Die Arbeit wird dadurch gleichmäßig auf das ganze Jahr verteilt. Zeiten, in denen außer den laufenden noch außergewöhnliche Arbeiten in großer Fülle zu verrichten sind, gibt es nicht oder nicht mehr in dem Umfange wie früher.[118])

In einem anderen Beitrag befaßt sich Schmalenbach eingehend mit den Übertrags-Sicherungen in der Buchführung, die der formellen Prüfung zugute kommen.[119]) Dazu gehört, Übertragungen zu sparen, indem das Grundbuch durch eine geordnete Ablage von Belegen ersetzt wird. Diese Praxis gehört in der Gegenwart zu den Grundsätzen über die Offene-Posten-Buchführung und ist als Grundbuch-Ersatz im Handels- wie im Steuerrecht anerkannt (§ 43 Abs. 4 HGB; § 146 Abs. 5 AO). Neben weiteren technischen Verbesserungen im Durchschreibeverfahren wird einer der drei Grundsätze des heute so wichtigen internen Kontrollsystems entwickelt: die Funktionstrennung. Schmalenbachs Beispiel des für die Kasse Verantwortlichen, der niemals selbst auch die Zahlungsanordnung geben sollte, ist bis heute eine gängige Erläuterung dieses Grundsatzes geblieben.

24. Wirtschaftsprüfer als Anwälte der wirtschaftlichen Sache

„Erst recht würde der Beruf des Bilanzprüfers Bedeutung gewinnen, wenn er sich verantwortlich fühlen müßte, daß er ein wesentliches Organ der Kapitallenkung der Nation ist." (Allgemeine Grundsätze ordnungsmäßiger Bilanzierung, Manuskript, 1944, S. 53)

Mit der Prüfung der Erfolgsrechnung soll auch erreicht werden, daß das Kapital an die richtige Stelle gelenkt wird. Der Wirtschaftsprüfer muß sich dabei als Anwalt des volkswirtschaftlichen Kapitals fühlen.[120]) Auch aus dieser Sicht warnt Schmalenbach vor der Gefahr einer Formalisierung der beruflichen Tätigkeit. Die Pflichtprüfer und ihre Organisationen würden sehr kurzsichtig handeln, wenn nicht jede Möglichkeit, ihre Funktionen auf ein höheres Niveau zu bringen, wahrgenommen würde. Dazu gehört die Mahnung, daß die „Wirtschaftsprüfung kein Geschäft sein darf, an dem man verdienen will, sondern ein Amt im besten Sinne des Wortes".[121])

Die Aufgabe des Wirtschaftsprüfers erschöpft sich nicht in der Funktion des Abschlußprüfers. Schmalenbach sieht in ihm vor allem den Sendboten und Treuhänder betriebswirtschaftlicher Erkenntnisse gegenüber den Betrieben. So verspricht er sich eine wesentliche Förderung seiner Vorstellungen von einer pretialen Lenkung der Betriebe, wenn einige betriebsorganisatorisch tätige Berufsangehörige sich auf die Einführung pretialer Betriebsorganisationen spezialisieren. Die beste Überwachung des Einkaufs besteht darin, daß man die Einkaufstätigkeit jährlich ein- oder zweimal durch einen dafür besonders befähigten und unterrichteten Wirtschaftsprüfer revidieren läßt.[122]) Generell soll er diese Mängel in einzelnen Funktionsbereichen, auf die er bei seinen Abschlußprüfungen stößt, im Prüfungsbericht erwähnen. Trifft der Treuhänder auf nicht gesunde Betriebe, oder sieht er konjunkturelle Gefahren, muß er besonders eindringlich mahnen. Hier hat er die Aufgabe des Krisenwarners und des Krisenberaters.[123])

Schmalenbach vergleicht den Wirtschaftsprüfer mit einem Arzt. Was dieser für den Menschen ist, ist der Wirtschaftsprüfer für den Betrieb. Ein wesentlicher Unterschied besteht insofern, als Betriebe den Wirtschaftsprüfer nicht erst rufen, wenn sie sich krank fühlen. Aber irgendwie soll der Gerufene ihnen immer aus einer Schwierigkeit helfen. Auch die Tätigkeit als Abschlußprüfer ist mit der des Arztes verwandt. „Es handelt sich um die Ausstellung eines Attestes, nur mit dem Unterschiede, daß der Arzt gewöhnlich eine Krankheit, der Wirtschaftsprüfer dagegen die Gesundheit zu bescheinigen hat; es ist in beiden Fällen ein die Gesundheit betreffender Befund.“[124])

Schon vor dem Ersten Weltkrieg beginnt Schmalenbach an der Kölner Handelshochschule mit der Ausbildung junger Menschen im Revisions- und Treuhandwesen. Das bald darauf gegründete Treuhandseminar wird zur Kaderschmiede für den Prüferberuf. Die Treuhandgesellschaft Schmalenbachs bezeichnet Hasenack als eine Baumschule für junge akademisch ausgebildete Treuhänder.[125]) Innerhalb des Verbandes Deutscher Diplomkaufleute ist Schmalenbach entscheidend an der Entwicklung eines Berufsbildes und eines Bildungsganges für den Prüferberuf beteiligt. Wie die Betriebswirtschaftslehre ist auch das Wirtschaftsprüfungs- und Treuhandwesen aufs engste mit dem Wirken Schmalenbachs verbunden.[126]) (Siehe auch Seiten 38, 52 und 103 f.).

Dritter Abschnitt

Finanzierungen und Kapitalwirtschaft

Als Schmalenbach im Jahre 1903 seine Lehrtätigkeit in Köln begann, empfand er es als vordringliche Aufgabe, neben dem Rechnungswesen die Lehre vom Geld- und Kapitalverkehr zu bearbeiten, „die, in das Fach ‚kaufmännisches Rechnen' eingekapselt, nicht zur Entfaltung kommen konnte. . .".[1]) Dem damaligen Stand der Finanzierungslehre entsprechend, befaßte er sich zunächst mit der Darstellung einzelner Finanzierungsvorgänge. Seine Erfahrungen aus der Prüfungs- und Beratungspraxis gaben ihm hierfür manches Anschauungsmaterial. Daraus entstand 1915 das Buch „Finanzierungen". In die zweite Auflage, die 1921 erscheint, wird eine größere Untersuchung über die Bewertung von Unternehmungen eingefügt. Damit wird der Boden für die moderne Unternehmensbewertungslehre bereitet, wie sie noch heute gelehrt wird. Von einer bloßen systematischen Darstellung des Wissensstandes der betriebswirtschaftlichen Disziplin kann zu diesem Zeitpunkt keine Rede mehr sein.

Die Weltwirtschaftskrise Ende der zwanziger Jahre führt zu zahlreichen Unternehmenszusammenbrüchen. Zu den auslösenden Momenten zählen nicht zuletzt finanzwirtschaftliche Mängel. Sie sind einer der Anlässe für die Schrift „Die Aufstellung von Finanzplänen", die ursprünglich in die „Finanzierungen" als ein Hauptabschnitt eingefügt werden sollte. Das ist dann allerdings nicht geschehen, weil „hier auch außerhalb der Finanzierung liegende Fragen zur Erörterung gelangen mußten".[2])

Die Fülle des Stoffes veranlaßte Schmalenbach später zu einer Aufteilung der Finanzierungen in mehrere Bücher. Die Einführung zu einem geplanten, aber nicht realisierten Werk „Beleihungs-Finanzierungen" wächst sich zu Schmalenbachs „liebstem Kind" aus: „Kapital, Kredit und Zins in betriebswirtschaftlicher Beleuchtung". Über seinen Inhalt sagt er im Vorwort, das Buch behandle „die große Wirkung des unproduktiven Kapitalverzehrs, im Gegensatz dazu die großen Rückwirkungen der Kapitalumwandlung zu produktiven Zwekken, die Bedeutung des Zinses als Wert im Gegensatz zum Zins als Preis, die Gefahren des ‚schiefen Preises' (für den Zins), die Warnung vor mystischen Vorstellungen über die Möglichkeit der Kapitalausweitung, die große Bedeutung der Mobilisation und die wichtige Funktion der Kreditinstitute als Transformatoren".

Nach dem Zweiten Weltkrieg wird das Werk als Band 1 neben der „Beteiligungsfinanzierung" und „Die Aktiengesellschaft" in die Reihe „Die Finanzierung der Betriebe" aufgenommen. Schmalenbach weist ihm die Aufgabe der theoretischen Einführung in das Sammelwerk zu. Der Plan, die Finanzierungs-Schriften zu vervollständigen, ließ sich allerdings nicht verwirklichen (siehe hierzu die Seiten 70, 155 f. und 253 f.).

IX. Auf der Suche nach den betriebswirtschaftlichen Begriffen

In der Volkswirtschaftslehre hatte der Streit um den Kapitalbegriff bereits seit langem Tradition. Dagegen sind, wie Le Coutre 1927 in der Zeitschrift für Betriebswirtschaft feststellt, „Begriff, Wesen, Arten und Aufgaben des Kapitals in betriebswirtschaftlicher Beziehung erst wenig behandelt und noch weniger klargestellt".[3]) Im Bereich der Finanzierungsfragen – der Kapitalbegriff begegnet uns auch im Bereich der Bilanz – nimmt sich Schmalenbach des Themas in seinem Buch „Kapital, Kredit und Zins" ausführlich an. „Es handelt sich", schreibt er im Vorwort dieses Buchs, „nicht darum, in den Theorienstreit der Nationalökonomen einzugreifen, sondern darum, Anhalte zu gewinnen und darzustellen, die wir als Betriebswirtschafter zur Beurteilung von Finanzierungsvorgängen brauchen." Das Werk ist reich an Beispielen aus allen Bereichen der Wirtschaft, es lohnt sich noch heute hineinzuschauen. Die Begriffswelt des Werkes hat sich freilich in der Betriebswirtschaftslehre nicht durchzusetzen vermocht.

25. Kapital als materieller Gütervorrat

„Auch der Wein, die Kohlen, die Kartoffeln, das Eingemachte und das selbst Eingemachte im Keller gehören zum Kapital in dem Sinne, wie wir den Begriff hier brauchen wollen." (Kapital, Kredit und Zins, 2. Aufl., 1949, S. 12)

Kapital ist für Schmalenbach „Gütervorrat". Welcher Art die Güter sind, ob produzierte oder nicht produzierte, ob Produktions- oder Konsumtionsgüter, ist nicht entscheidend. In den Begriff sind in erster Linie substantielle Güter eingeschlossen, aber auch nicht substantielle Güter wie Beteiligungen und Außenstände, die zwar nicht bei einer gesamtwirtschaftlichen, doch bei einer betriebswirtschaftlichen Betrachtung Kapitalcharakter haben. Notwendig ist, daß die Güter „vorrätig" sind und einen Wert haben, der nicht durch das „Hineingesteckte", sondern durch den Nutzen bestimmt wird. Geld ist als vorrätiges Gut, das nützlich ist, ebenfalls Kapital. Die auf der Gütereigenschaft und der Vorrätigkeit beruhende „Doppelnatur" des Kapitals veranlaßt Schmalenbach zu einer Unterscheidung zwischen „Gutswert" und „Vorrätigkeitswert". Ersterer ist der Verkehrswert, letzterer der Wert der Kapitalnutzung, der von dem Nutzen abhängt, auf den wegen der Vorrätigkeit des Gutes verzichtet werden muß. Schmalenbach erläutert die Begriffe am Beispiel eines Fabrikanten, der aus eigenen Mitteln eine neue Kraftmaschine anschafft, die 100 000 RM kostet und eine Lebensdauer von 20 Jahren hat. Der Kaufpreis ist der Gutswert. Für seine Investitionsrechnung überlegt er, welchen Nutzen er aus den 100 000 RM erzielen kann. Er setzt hierfür eine Verzinsung vor 7% an. Dieser (kalkulatorische) Bestandteil der Kapitalnutzung ist dann der Vorrätigkeitswert.

Kapital kann produktiv und nicht produktiv, gebunden und nicht gebunden sein. Gebunden sind dem Unternehmenszweck dienende und dazu notwendige Kapitalien, aber auch spekulative Vorräte. Frei ist Kapital ohne Nutzung, das im Gegensatz zum brachliegenden Kapital kurz vor der Umwandlung in gebundenes Kapital steht. „Das freie Kapital ist im Gegensatz zu dem arbeitenden Kapital arbeitslos. Da es eine Arbeitslosenunterstützung für arbeitsloses Kapital nicht gibt, ist es gezwungen, sich aus eigener Kraft Arbeit zu suchen und, wenn dies nicht gelingt, seinen Preis, seinen Zins, so lange herabzuschrauben, bis es gelingt."[4])

Produktives Kapitel hat einen Nutzen. Unproduktives Kapital sind Güter, bei denen eine produktive Verwendung möglich wäre, aber nicht stattfindet. Hierfür kann es zwingende

Gründe geben, z. B. beim Vorratsvermögen einer Zeche. Andere Beispiele sind etwa Unternehmen, in denen brachliegende Kapitalien durch Stillegung und Quotenveräußerung noch zu retten gewesen wären, oder Immobilienbesitz, dessen Verkaufswert weit unter dem Einstandspreis liegt, was man aber nicht wahrhaben will. „Die Trauer um Vergangenes verschuldet falsche Maßnahmen in großer Zahl."[5]) Die Beispiele von damals sind 50 Jahre später nicht weniger aktuell, ob es die zu lange als vollwertig angesehenen Forderungen von Banken oder zu hohe Lagervorräte bei Unternehmen sind.

In der Schrift über „Kapital, Kredit und Zins" ist ein großer Abschnitt den Fragen der Bildung, Umwandlung und Aufzehrung von Kapital gewidmet. Bei der Kapitalbildung wird unterschieden zwischen der Kapitalbildung durch Gütererzeugung auf Vorrat, durch Wertzuwachs und durch Umwandlung von gebundenem in freies Kapital. Ein Schwerpunkt ist der Sparvorgang in der Wirtschaft eines Volkes. Hierunter wird eine Kapitalbildung verstanden, die mit freiwilligen Opfern verbunden ist.

26. Sparen und exakte Kapitallenkung

„Der falsche Gedanke, daß Geldausgeben gut sei, weil dadurch Arbeit und Verdienst geschaffen und Arbeitslosigkeit beseitigt werde, und daß Sparsamkeit die Arbeitslosigkeit begünstige, ist so einleuchtend, wie daß die Sonne auf- und untergeht. Dieser Gedanke wird niemals ganz aus der Vorstellung der Gevatter Schneider und Handschuhmacher verschwinden." (Kapital, Kredit und Zins, 2. Aufl., 1949, S. 54)

Schmalenbach weist mit wahrer Hingabe auf die mannigfachen Beweggründe hin, die das Sparen bei primitiven und entwickelten Völkern, bei Vorratshaltungen, die vom Klima abhängen und beim männlichen und weiblichen Geschlecht beeinflussen. Unternehmerfiguren werden beschrieben, deren Temperament zu einer wesensverschiedenen Kapitalbildung führt. „Die unübertreffliche Darstellung dieser Typen, hinter denen man die Männer, die Schmalenbach im Auge gehabt haben muß, wie August Thyssen, Otto Wolff, Hugo Stinnes, Emil Rathenau und andere fast bildhaft gezeichnet findet, ist zu einem Kabinettstück exemplarischer Ausdeutung in der betriebswirtschaftlichen Literatur geworden."[6])

Aber die Spartätigkeit einzelner markanter Persönlichkeiten hat, wie Schmalenbach meint, doch nur eine begrenzte Wirkung für die Volkswirtschaft. Das Kapital, das durch sie gebildet werde, könne zwar im einzelnen sehr hoch sein und wiege auch den Spareffekt von vielen tausend kleiner Sparer auf, jedoch wird es in seiner Gesamtheit innerhalb der nationalen Wirtschaft überschätzt. „Für die nationale Kapitalbildung im Ganzen ist die Masse der Kleinsparer wesentlich wichtiger als die Zahl der Kapitalschaffer en gros. Denn die Zahl der Kleinsparer zählt nicht nach Tausenden, sondern nach Hunderttausenden."[7])

Durch Sparen, also durch Konsumverzicht, entstehen nach Schmalenbach vorrätige Güter, d. h. Kapital. In einem Land, in dem nicht gespart wird, läßt sich kein Kapital bilden, und es kann sich nicht entfalten. Durch Kreditmittel Kapital zu schaffen, hält er nicht für möglich. Bei denen, die daran glauben, spricht er von „mystischen Vorstellungen vom Wesen des Kredits" und einer Art „Heinzelmännchen-Theorie".[8]) Er selbst glaubt an die Wirksamkeit des Zinsmechanismus, nach dem die Gleichung Sparen = Investieren stets aufgeht. Für ihn kann es nach menschlichem Ermessen niemals an Investitionsgelegenheiten fehlen. Immer werden unerfüllte Investitionsgelegenheiten übrigbleiben. Die Aufgabe ist, daß neben der ausreichenden Kapitalbildung das Kapital mit größter Sorgfalt denjenigen Stellen zugeführt wird, an denen seine produktive Kraft am größten ist, damit das Kapital nicht vergeudet wird. Dazu bedarf es der pretialen Lenkung mit Hilfe des Zinses. Das heißt, „daß der Zinsfuß eine Höhe erhält, die wir in der Lehre von der Betriebsorganisation als ‚optimale Geltungszahl‘ bezeichnen“.[9])

Völlig anderer Meinung war Schmalenbachs Zeitgenosse John Maynard Keynes. In seinem Hauptwerk aus dem Jahre 1936 „The General Theory of Employment, Interest and Money“, worin der Akzent besonders auf dem Beschäftigungsproblem liegt, wird der Zins nicht mehr als Ausgleichsfaktor für Angebot und Nachfrage von neuen Ersparnissen angesehen, sondern als Ergebnis der Erwartungen und Dispositionen der Kapitalisten insgesamt, unter deren Liquiditätserwägungen die Höhe der neuen Ersparnisse bei dem herrschenden Zinsfuß nur einen von vielen Gesichtspunkten bildet. Mit seiner Forderung, daß in Depressionszeiten der Staat vor allem in reifen Volkswirtschaften andere als zinspolitische Mittel zur Steigerung der Investitionsrate einsetzen müsse, hat er bis in die Gegenwart die Wirtschaftspolitik in der westlichen Welt stark beeinflußt.[10]) In der langdauernden Stagnation der Wirtschaft, nahezu der Weltwirtschaft, seit Mitte der siebziger Jahre mit Inflation und großer Arbeitslosigkeit haben wir allerdings erlebt, daß die Vorstellungen Keynes in der Wirtschaftspolitik nicht mehr ohne weiteres akzeptiert werden. Bei einzelnen Vorschlägen für einen neuen Aufschwung gab es jedoch Verwandtschaft mit den Ansichten Schmalenbachs. So wurde insbesondere auf den verschwenderischen Umgang mit Kapital in den Jahrzehnten davor hingewiesen, der nicht zuletzt auf verzerrte Preise in den Entwicklungsländern ebenso wie in den hochentwickelten Industrieländern zurückzuführen war.

27. Investition und Finanzierung

> *„Der Begriff der Investierung ist, daß Güter, die bisher Güter des freien Kapitals waren oder aus ihrem bisherigen Verbande herausgerissen wurden, zu einer neuen Wirtschaftseinheit, in der Regel zu einem neuen Gebrauchsgegenstand vereinigt werden.“ (Kapital, Kredit und Zins, 2. Aufl., 1949, S. 101)*

Das Zitat ist nur zu verstehen, wenn man sich mit der in den vorigen Kapiteln skizzierten Begriffswelt vertraut gemacht hat. Die Investierung bedeutet für Schmalenbach die Umwandlung von freiem Kapital in ein dem Unternehmenszweck dienendes, gebundenes Kapital. In dem erwähnten Beispiel beim Kauf einer Kraftmaschine für 100 000 RM (vgl. Seite 336) zeigt er, daß der Fabrikant diese Investition vornimmt, wenn dabei mindestens die jährliche Abschreibung und der kalkulatorische Zins des Kapitals (Bestandteil des Vorrätigkeitswertes) erwirtschaftet werden. Die Bestimmung des Wertes der Kapitalnutzung wird durch Vergleich der alternativen Möglichkeiten der Kapitalnutzungen im Betrieb bestimmt. Wie im Bereich der Kostenrechnung (vgl. Seiten 365 ff.) stellt Schmalenbach auch hier den Opportunitätskosten-Gedanken heraus.

Der Finanzierungsbegriff, unter dem damals weitgehend nur die Beschaffung langfristigen Kapitals für besondere Kapitaltransaktionen (z. B. Gründung, Kapitalerhöhung) verstanden wurde, wird durch Schmalenbach erweitert. Der kurzfristige Kredit wird dem Komplex der Finanzierung zugerechnet, auch die Rückerstattung des Kapitals, der Verlust des Kapitals „sowie überhaupt die gesamten Beziehungen zwischen der kapitalverwendenden Unternehmung und dem kapitalgebenden Kapitalisten“[11]) werden einbezogen. Schmalenbach geht allerdings nicht so weit, in den Finanzierungsbegriff sämtliche Dispositionen der Nominalgüterströme, die mit dem Betriebsprozeß zusammenhängen, mit einzuschließen. Er bezeichnet nur denjenigen Teil der Kapitalwirtschaft als Finanzierung, der „aus dem Rahmen des gewöhnlichen Geschäftsverkehrs" herausfällt.

Je nachdem, ob ein Finanzierungsvorhaben mit eigenen Mitteln oder mit Mitteln von außen bewirkt wird, handelt es sich um eine Selbstfinanzierung (Finanzierung durch Zurückbehaltung von Gewinnen) oder um eine Fremdfinanzierung. Bei letzterem unterscheidet Schmalenbach die Darlehens- und die Beteiligungsfinanzierung. Bei der Beteiligungsfinanzierung wird der Unternehmung Beteiligungskapital zugeführt, wobei insbesondere die wirtschaftlichen Kriterien der Beteiligung wie Risikoübernahme, Gewinnbeteiligung, Beteiligung am Liquidationserlös, Einfluß auf das Betriebsgeschehen maßgeblich sind. Bei der Darlehensfinanzierung handelt es sich um eine „losere Form" des Kredits mit grundsätzlich fester Verzinsung. Jedoch sind die Grenzen zur Beteiligungsfinanzierung fließend.

Wenn man, wie Schmalenbach, die Investition als einen Vorgang des Kapitalbereichs sieht, tritt die Finanzierung als geldwirtschaftlicher Vorgang zurück. Dies heißt keineswegs, daß die einzelnen hier wichtigen Fakten nicht gesehen werden. So bezeichnet er den Kapitalfreisetzungseffekt der Abschreibungen als „planmäßige Rückkehr gebundenen Kapitals in flüssigen Zustand". [12]) Durch Abschreibungen werde bisher gebundenes Kapital aber „nur frei und zugleich flüssig, wenn erstens die Abschreibungen wirklich verdient sind und zweitens nicht die abgeschriebenen Anlagen des Ersatzes bedürfen". Auch das Zinsproblem bei der Investitionsrechnung wird erkannt. Auf das Risikomoment wird besonders hingewiesen: „Die Wirkung des Zinses ist selbstverständlich vorhanden und wirkt sich deutlich aus. Aber man darf sie sich nun doch nicht als eine exakte Rechnung vorstellen, bei der ½% Zins mehr oder weniger den Ausschlag gibt. Das kann in einzelnen Fällen so sein, aber es ist nicht die Regel. Dieser Mangel liegt am Risikomoment. Es ist höchst unsicher, niemals exakt abzuschätzen." [13])

Schmalenbach hat die Entscheidungsprobleme der Unternehmung als Investitions- und Finanzierungsobjekt, wie u. a. das oben aufgeführte Beispiel zeigt, keineswegs übersehen. Investitionstheoretische Ansätze sind ihm nicht unbekannt. Insgesamt ist allerdings doch festzuhalten, daß dem Fragenkreis in seiner Betriebswirtschaftslehre ein relativ geringer Stellenwert zukommt. Die Lehre ist später gerade in diesem Bereich unter vielfältigen Aspekten fortentwickelt worden. Die Interdependenzen zwischen Investition und Finanzierung werden heute betont und zu erfassen gesucht. In zahlreichen Varianten sind Optimierungsmodelle zur simultanen Planung entwickelt worden. Die Berücksichtigung der Ungewißheit auf entscheidungstheoretischer Grundlage und die Einbeziehung einer Theorie des Kapitalmarktes in die Investitions- und Finanzlehre sind zwei weitere Gesichtspunkte, die in der Entwicklung der Lehre augenfällig sind. [14])

X. Finanzierungen

In den ersten Jahrgängen der Zeitschrift für handelswissenschaftliche Forschung sind zahlreiche Beiträge von Schmalenbach zu finden, die sich mit Einzelfragen des „Geld- und Kapitalverkehrs“ und der „Kapitalistischen Ordnung des Betriebes“ sowie dem „Kapitalbedarf“ befassen, wie die einschlägigen Abschnitte in der Sachordnung der Zeitschrift lauten. Die einzelnen Probleme werden im Detail analysiert und diagnostiziert. Er wäre nicht Schmalenbach, wenn nicht auch in allen Bereichen der Finanzierung immer wieder die engagiert vorgetragene, manchmal etwas eigenwillige Meinung des Autors zum Ausdruck käme.

28. Finanzierung der Unternehmung

„Bei der Ausarbeitung der in diesem Buch behandelten Gegenstände ist mir eine eigene, ziemlich ausgedehnte Praxis als Sachverständiger in Bilanz- und Finanzfragen von Nutzen gewesen; aber es zeigte sich doch immer wieder, daß die Erfahrungen des Einzelnen begrenzt und sehr zufälliger Natur sind.“ (Finanzierungen, 1. Aufl., Leipzig 1915, Vorwort)

Bereits in Besprechungen der ersten Auflage der „Finanzierungen“ ist zu lesen, daß der Praktiker sich von der individuellen Note dieses Buches gefesselt fühlt. Aus Vorworten der späteren Auflagen ist zu entnehmen, wie die Anregungen der Leser verarbeitet und die einzelnen Stoffgebiete jeweils auf den neuesten Stand gebracht wurden.[15])

Nach Schönpflug ist diese Arbeit typisch für die Periode Schmalenbachs, in der das noch ungesiebte empirische Einzelwissen systematisch bearbeitet wird. „Besonders der Zwang zur Bereitstellung der Ergebnisse der Einzelforschung für die akademische Lehre erwies sich als ein treibender Faktor, dem nachzugeben in diesem Stadium um so leichter war, als die notwendige Basis durch die vorangegangenen Arbeiten bereits geschaffen war.“ Es kennzeichne den Geist dieser Entwicklungsstufe, daß sie sich um den Zusammenhang der einzelnen Probleme untereinander wenig kümmere, und Schmalenbach selbst vertrete am lebhaftesten die Auffassung, daß sich das „geistige Band“ schon von selbst einstellen werde.[16]) Wie umfangreich der verarbeitete Stoff ist, zeigt die Übersicht über die wichtigsten Abschnitte des Buches in der sechsten Auflage. Sie umfaßt die Unternehmensbewertung ebenso wie Beteiligungsformen, Arten der Anteilsrechte, die Gründung der Aktiengesellschaft oder der GmbH, ferner Kapitalerhöhungen und Emissionen, Verschmelzungen, Umwandlungen, Kapitalrückzahlungen, Sanierungen, nicht zuletzt die Auflösung und Abwicklung einer Gesellschaft.

Die wichtigste Klammer, die den vielseitigen Stoff zusammenhält, ist vor allem Schmalenbachs Schreibweise. Der Leser wird nicht nur exakt über die einzelnen Vorgänge informiert. Er wird gleichzeitig mit notwendigen betriebswirtschaftlichen Überlegungen vertraut gemacht, wie sie von der Unternehmensleitung anzustellen sind, aber vielfach nicht angestellt werden (dies wird am Beispiel namentlich genannter Firmen erläutert). Mit den Ausführungen über die Sanierung wird dem heutigen Leser ein Einblick in die Wirtschaftsgeschichte der zwanziger Jahre gegeben. Wir lesen, daß es wohl selten eine Zeit gegeben hat, „in der . . . in überraschend zahlreichen Sanierungs-, Zwangs-, Vergleichs- und Konkursfällen festzustellen ist, daß die Inhaber der Firmen ein Grandseigneur-Leben geführt haben, obwohl sie in hohen und steigenden Beträgen mit fremdem Geld gearbeitet haben. Da die gute alte Anschauung, daß ein solches Verfahren kaufmännisch unmoralisch ist, offenbar nicht mehr genug Macht hat, sollte hier auf gesetzlichem Wege eine Abhilfe geschaffen werden.“[17])

Die hohen Gehälter, Provisionen und Tantiemen werden ebenso kritisch erwähnt wie fehlerhafte Unternehmensentscheidungen. . . „Die Fabriken haben zum weitaus größten Teil die ihnen günstige Inflationsperiode falsch benutzt; viele hofften, Konzernführer zu werden und griffen in die Weite, anstatt daß sie ihren Produktionsapparat frühzeitig und billig verbesserten."[18]). . . „Ein charakteristischer Zug moderner Rationalisierungsmaßnahmen ist die vielfach zutage tretende Unkenntnis der Erscheinungsformen und Gefahren der fixen Kosten . . . Nun ist aber dauernd volle Beschäftigung ein Zustand, mit dem kein vernünftiger Betriebswirt praktisch rechnen sollte . . ."[19]) Diese, nicht ohne den Blick auf die Gegenwart herausgegriffenen Sätze werden durch ein Zitat wirkungsvoll ergänzt, dessen Aussage in seiner Tendenz zeitlos sein dürfte. „Sehr viele Betriebserweiterungen sind lediglich aus Prestigegründen erfolgt. Die Verwaltungen konnten der Sucht nach Expansion nicht widerstehen, obwohl ihr Betrieb bisher recht gut im Markte lag und einen Konkurrenzkampf nicht ernstlich zu fürchten brauchte. Aber das ersehnte Monopol war noch nicht erreicht. Das genügte dann als Anlaß zu unrentablen Angliederungen und Erweiterungen. Es ist für diese Unternehmungen ein recht schwacher Trost, darauf hinweisen zu können, daß sich auch die ausländische Wirtschaft in den letzten Jahren große Fehlexpansionen hat zuschulden kommen lassen."[20])

29. Mobilisation und Transformation in der Kreditorganisation

> *„Wäre es nicht gelungen, für gewerbliche Zwecke auch das kurzfristig angelegte Kapital für langfristige Zwecke verfügbar zu machen, hätte die Entwicklung der Wirtschaft im neunzehnten Jahrhundert nicht entfernt das Tempo erreichen können, das man so oft bewundert." (Die Aktiengesellschaft, 1950, S. 13)*

Zu den wichtigsten Gegenständen, die Schmalenbach veranlaßten, sein Buch über „Kapital, Kredit und Zins" zu schreiben, gehören die Mobilisation des Darlehens- und Beteiligungskredits und die ebenso wichtige Transformationsfunktion der kreditgebenden Institutionen.[21]) Die Verhältnisse auf der Angebots- und der Nachfrageseite des Kapitalmarkts sind unterschiedlich. So stehen z. B. auf der einen Seite viele kleine Sparer, auf der anderen Seite sind die Kapitalnehmer zu finden, die an großen Beträgen und an einer langfristigen Kreditaufnahme interessiert sind. Der Kreditverkehr hat daneben noch weitere, so etwa regionale Unterschiede oder Unterschiede in den Zinsansprüchen zu überbrücken.

Die Mobilisation wird unter anderem bewirkt durch die Stückelung des Kredits in Obligationen und Aktien. Im Rahmen des Darlehenskredits besteht sie darin, daß man das gesamte Darlehen in eine Anzahl einzelner Schuldbriefe aufteilt, die auf kleinere Beträge lauten, und für die so entstandenen Teilschuldverschreibungen einen öffentlichen Markt schafft, dessen Preisgestaltung mit Hilfe der Kurszettel leicht beobachtet werden kann. Vorrangiges Instrument der Mobilisation im Rahmen des Beteiligungskredits ist die Aktiengesellschaft als Kapitalsammelbecken. Sie ist die „Gesellschaft mit mobilen Anteilen", das „Pumpwerk, das die Kapitalien aus aller Welt zu sammeln weiß".[22]) Ihr gilt Schmalenbachs Interesse von Beginn seiner Forschungs- und Lehrtätigkeit an. Im ersten Aufsatz der 1949 in neuer Folge erscheinenden Zeitschrift für handelswissenschaftliche Forschung muß er allerdings zu seinem großen Bedauern feststellen, daß daraus eine „Aktiengesellschaft außer Dienst" geworden ist.[23])

Die Bezeichnung Transformation wird für die Umformung kurzfristiger Massen-Einlagen in langfristige Kredite verwendet. „Die Transformation stellt das Gesetz der großen Zahl ebenso in den Dienst ihrer Technik wie die Mobilisation."[24]) Aber bei den jeweils entstehenden Kosten gibt es Unterschiede. Bei der Mobilisation werden die Kosten durch die Anlage von Geld in Wertpapieren und durch die Umwandlung von Wertpapieren in Geld verursacht. Bei der Transformation ist die Differenz von Haben- und Soll-Zinsen bei den jeweiligen Schaltstellen, meist Kreditinstituten, einschließlich aller Provisionen entscheidend.

Schmalenbach weist auch auf die Gefahren hin, die das Transformationsgeschäft z. B. für die Banken mit sich bringt und nennt hierfür wieder Beispiele. Er hat es nicht mehr erlebt, welches Schicksal den Finanzmakler und später auch Bankier Rudolf Münemann in den Jahren eines ständigen, wirtschaftlichen Aufschwungs und der folgenden Abkühlung mit seinem speziellen Revolving-Kreditsystem ereilte. Es besteht darin, daß viele unterschiedliche kurzfristige Kredite (von z. B. Versicherungsunternehmen) insgesamt einen langfristig verfügbaren Bodensatz abgaben, der als Grundlage für langfristige Kredite in Form von Schuldschein-Darlehen diente. Von den hierbei bestehenden verschiedenen Risiken hat insbesondere das Zinsrisiko nach der Zinsfreigabe 1967 eine große Rolle gespielt.[25])

30. Finanzpläne gegen finanzielle Überraschungen

„Die gegenwärtige Betriebswirtschaft ist im besonderen Grade empfindlich gegen finanzielle Überraschungen geworden." (Die Aufstellung von Finanzplänen, 1931, Vorwort)

Kursstürze an der New Yorker Börse sind Ende 1929 der Beginn einer tiefen Weltwirtschaftskrise. Den vorangegangenen Jahren des Aufschwungs, in denen Deutschland allerdings zum größten Schuldnerland der Welt mit „strukturellem" Kapitalmangel wird, folgt eine längere Depression mit zahlreichen Firmenzusammenbrüchen und hoher Erwerbslosigkeit. Viele Unternehmen hatten sich in den zwanziger Jahren andere Unternehmen angegliedert oder wesentliche Betriebserweiterungen vorgenommen, wobei die finanziellen Auswirkungen nicht immer klar erkannt worden waren. In seinen Schriften zur Finanzierung nennt Schmalenbach mehrere Beispiele, in denen es insbesondere an einer vorsorglichen Finanzplanung gefehlt hat.

Besonders häufig wurde der Kapitalbedarf bei Neubauten und technischen Umstellungen unterschätzt. „Der Mangel liegt hier oft daran, daß man mit der Nachprüfung solcher technischer Projekte Techniker betrauen muß, die dann oft unter den gleichen Krankheiten der kalkulatorischen Sinne leiden, von denen Techniker im allgemeinen befallen sind: Daß sie Baukosten leicht unterschätzen, Ersparnismöglichkeiten leicht überschätzen, daß sie letztere leicht unter dem Gesichtspunkte dauernden Vollbetriebs sehen, daß sie bei Rationalisierungen, die zur Erhöhung der Kapazität führen, die Möglichkeiten des Absatzes nicht prüfen, und schließlich, daß sie die damit zusammenhängenden Finanzmittel für entsprechende Erhöhung der Vorräte und Debitoren vergessen."[26])

Aber auch die Kaufleute handeln zuweilen unüberlegt. Es gebe ruhig denkende, sachverständige und in allen Geschäftsmaßnahmen überlegen handelnde Kaufleute, sagt Schmalenbach, die plötzlich mit großen Finanzierungsplänen herauskommen und sich trotz aller Warnungen nicht davon überzeugen lassen, daß sie das Objekt einer genauen Prüfung unterziehen müßten. „Es ist, als ob in diesen Leuten schon seit längerer Zeit ein Investitionsteufel schlummere, der plötzlich zum Leben erwacht und alle guten Geister betäubt."[27]) Wo in der praktischen Betriebswirtschaft die Grundsätze der Wirtschaftlichkeit außer acht gelassen werden, sind es in der Mehrzahl der Fälle hauptsächlich zwei Ursachen; entweder ist es die technische Übertreibung oder es ist Prestigebedürfnis.[28])

Nach Schmalenbach kann es als „ausgemacht gelten, daß die Mehrzahl der bekanntgewordenen Finanzstörungen durch gute Finanzpläne wirksam gemildert worden wären".[29]) Die Vorschauaufgabe des Finanzplans wird hier erkennbar; er ist bereits ein Stück Planungsrechnung.

Finanzpläne gehören dem größeren Gebiete der Etatisierung und Budgetierungen an[30]), das insbesondere in den Vereinigten Staaten an Bedeutung gewann. Schmalenbach mokiert sich damals über die schnelle Aufnahmebereitschaft seiner Landsleute gegenüber ausländischen Entwickungen und sieht im „Budgetierungs-Enthusiasmus" der USA teilweise auch eine der Modewellen, „zu denen die Amerikaner neigen und die oft beeinflußt werden von der Geschäftspraxis berufsmäßiger Organisatoren".[31]) Es ist seiner Auffassung nach jedoch unrichtig, „das ganze Budgetwesen als für deutsche Verhältnisse unwesentlich abzutun".[32])

XI. Unternehmensbewertung

Der Schweizer Betriebswirtschaftler Karl Käfer nennt in seinem Besprechungsaufsatz zum Buch von Hans Münstermann „Wert und Bewertung der Unternehmung“[33]), das der „subjektiven“ Unternehmensbewertungslehre Mitte der sechziger Jahre zum Durchbruch verhalf, das Gebiet der Unternehmensbewertung einen „ebenso gewichtigen wie dornigen Komplex von Problemen, die den Theoretiker immer wieder faszinieren und im praktischen Fall das ganze Können des Betriebswirtschaftlers herausfordern“.[34]) Schmalenbach dürfte ebenso gedacht haben. Mit der Thematik beschäftigte er sich – abgesehen von seiner Tätigkeit als Gutachter – literarisch immer wieder, insbesondere in seinen Büchern zur Finanzierung, aber auch an anderen Stellen, so z. B. in seiner Dynamischen Bilanz und in dem Buch „Die optimale Geltungszahl“.[35]) Hervorzuheben ist vor allem der 1917 in der Zeitschrift für handelswissenschaftliche Forschung veröffentlichte Aufsatz „Die Werte von Anlagen und Unternehmungen in der Schätzungstechnik“[36]), in dem sehr früh schon die Bedeutung des Ertragswertes für die Unternehmensbewertung unterstrichen wird. Die zentralen Bewertungsprinzipien – so insbesondere die Zukunftsbezogenheit und die Bewertungseinheit, die heute in der Wissenschaft und auch von seiten der Wirtschaftsprüfer als Grundsätze der Unternehmensbewertung hervorgehoben werden – vertritt schon Schmalenbach mit Vehemenz.

31. Wirtschaftseinheit und Zukunftsbezogenheit

„Der Wert einer jeden Sache wird nur bestimmt durch den Nutzen, den sie zu bringen vermag; was nicht irgendwie nützlich ist, hat keinen Wert.“ (Finanzierungen, 6. Aufl., 1937, S. 29)

Aus der Überlegung, daß der Wert einer Sache von ihrem Nutzen abhängt, ergibt sich im Grunde beides: einmal die Überlegung, daß der Unternehmenswert etwas anderes ist als die Summe seiner Teile (Wirtschaftseinheit), zum zweiten die Überlegung, daß es nicht auf Vergangenes ankommt (Zukunftsbezogenheit). Die Nutzen-Vorstellungen von Wirtschaftssubjekten knüpfen in der Regel an Unternehmensergebnisse an, die aus dem Zusammenwirken der Betriebsteile resultieren; „für das Gewesene gibt der Kaufmann nichts“.

Schmalenbach gebührt das Verdienst, schon frühzeitig in der Betriebswirtschaftslehre gegen eine Unternehmensbewertung durch Addition von Einzelwerten ihrer Vermögensteile angekämpft zu haben.[37]) In der zweiten Auflage der Finanzierungen erläutert er das Prinzip der Wirtschaftseinheit wie folgt: „Wenn man z. B. ein Bergwerk baut, zu diesem Zweck zunächst Bohrversuche macht, Grundstücke erwirbt, die Kosten der Bergwerksverleihung bestreitet, einen Schacht baut, Anschließungsarbeiten unter Tage ausführt und die nötigen Betriebsanlagen über Tage herstellt, so ist der Gesamtwert des Bergwerks keineswegs gleich der Summe der Werte aller einzelnen Teile. . . . Erweist sich, daß die Erwartungen nicht erfüllt werden, so ist der Wert des Bergwerks gewöhnlich geringer als die aufgewendeten Bau- und Aufschließungskosten. Sind die Abbauverhältnisse besonders günstig, so stellt sich der Wert des Bergwerks höher als die Summe aller Einzelwerte. Überhaupt kann man sagen, daß die Beziehungen zwischen Kosten und Wert nur eine Rolle spielen, solange das Bergwerk erst geplant oder in Ausführung ist, daß aber, sobald das Bergwerk fertig ist und nunmehr den Charakter einer Unternehmung besitzt, sein Wert unabhängig von den Baukosten sich bewegt.“[38]) Gegen den Grundsatz der Wirtschaftseinheit sei „sehr häufig gesündigt worden“, beklagt Schmalenbach. Er spricht in diesem Zusammenhang von einem Denkfehler, der von allen gemacht wird, die sich mit Bewertungsfragen oberflächlich beschäftigen.[39])

„Schiefe Vorstellungen“ in Theorie und Praxis bestehen nach Auffassung Schmalenbachs auch im Hinblick auf den „selbstverständlichen“ Grundsatz, daß der Wert von der Zukunft abhängt: „Nur deshalb, weil wir nicht in die Zukunft sehen können und weil wir das für die Zukunftsschätzungen nötige Material aus der Vergangenheit gewinnen müssen, hat das Vergangene für unsere Schätzungen Interesse.“[40]) Der Praktiker ist zwar geneigt, darauf hinzuweisen, daß es für die Errechnung des Wertes gleichgültig ist, ob die Vergangenheit primär oder sekundär in Betracht kommt. Das ist für Schmalenbach jedoch ein falscher Gedanke: „Ein Schätzungstechniker, der die Vergangenheit lediglich als Maßstab benutzt, ist innerlich immer bereit, die Frage aufzuwerfen, inwieweit sich Vergangenheit und Zukunft voraussichtlich unterscheiden.“[41])

Aus der Überlegung, daß der Wert des Unternehmens von seinem Nutzen abhängt, ergibt sich neben dem Prinzip der Wirtschaftseinheit bzw. der Bewertungseinheit und dem Prinzip der Zukunftsbezogenheit schließlich noch ein dritter Grundsatz, nämlich der der Subjektabhängigkeit des Unternehmenswertes. Es kann nur von einem Nutzen gesprochen werden, wenn es ein Subjekt gibt, das Empfänger des Nutzens ist. Jede Unternehmensbewertung beruht insoweit auf einer Subjekt-Objekt-Relation. Einen Wert, der im Objekt selbst begründet ist, gibt es nicht. Die Frage, ob der Subjektabhängigkeit des Unternehmenswertes und hierbei insbesondere die Frage, von welchem Subjekt bei der Wertbestimmung auszugehen ist, von einer Personenvielfalt („objektive“ Lehre) oder von einem bestimmten Subjekt, für das der Wert zu ermitteln ist („subjektive“ Lehre), hat nach Schmalenbachs Tod jahrzehntelang die Diskussion in der betriebswirtschaftlichen Fachliteratur beschäftigt. Im Gegensatz zu den Vertretern der „objektiven“ Unternehmensbewertung, die von der Vorstellung eines für jedermann gültigen Wertes ausgehen, der losgelöst von den Besonderheiten eines spezifischen Bewertungssubjektes zu ermitteln ist (z. B. Annahme „normaler“ unternehmerischer Disposition, keine Erfassung von Verbund-Wirkungen), sehen die „Anhänger der ‚subjektiven‘ Wertauffassung im Gesamtwert lediglich das Ergebnis eines subjektiven, auf einen ganz speziellen Fall gerichteten Investitionskalküls, . . . dessen Ziel es ist, eine Unterlage für Preisverhandlungen zu gewinnen.“[42])

Schmalenbach kann nach seinen Ausführungen über die Unternehmensbewertung an verschiedenen Stellen seiner Bücher nicht ohne weiteres einer dieser Positionen zugeordnet werden. Die Einseitigkeit beider Richtungen ist ihm fremd. Dafür ist das Beispiel einer Unternehmensbewertung typisch, das er in seiner Schrift über Finanzpläne gibt.[43]) Schmalenbach geht davon aus, daß der unparteiische, in Schätzungen erfahrene Treuhänder, der von zwei Parteien gemeinsam bestellt wird, um „einen der einen Partei gehörenden, von der anderen Partei vielleicht zu erwerbenden Betrieb objektiv zu bewerten“, zunächst den Wert für den Veräußerer bestimmt. Im Anschluß wird dann der Wert für den Käufer ermittelt. „Ist der Wert für den Verkäufer höher als für den Käufer, so sollte wirtschaftlicherweise der Übergang des Betriebes unterbleiben. Ist er niedriger, so nimmt der neutrale Treuhänder die Mitte zwischen beiden, so daß von dem Unterschied, der den wirtschaftlichen Übergangsgewinn darstellt, jede Partei die Hälfte gewinnt. Das Ergebnis ist dann die Verhandlungsgrundlage!“ Auf der Basis dieses „Mittelwertes“ erfolgt nun die Preisfestlegung zwischen den Parteien.

32. Der Ertragswert

„Die Werte, die bei der Bewertung von Anlagen eine Rolle spielen können, sind verschiedener Art. Aber nicht alle diese Werte haben gleiche Bedeutung. Weitaus der wichtigste von

ihnen ist der Ertragswert.“ (Die Werte von Anlagen und Unternehmungen in der Schätzungstechnik, in: ZfhF, 12. Jg., 1917/18, S. 1)

Warum der Ertragswert so wichtig ist, „liegt“ für Schmalenbach „auf der Hand“. Sowohl Käufer als auch Verkäufer fragen: „Was kann diese Anlage in Zukunft an Gewinn bringen?“[44]) Die Frage äußert sich in ihren subjektiven Kalkulationen[45]) und drückt sich auch im vereinbarten Preis aus. Wird die Anlage nicht veräußert, sondern beliehen, so interessieren zwar denjenigen, der sie beleiht, nicht in erster Linie die Erträge, doch ein „hoher Ertragswert ist ein annehmbares Unterpfand für Zinszahlungen und Kapitalamortisation; hoher Ertragswert sichert im Notfall einen hohen Verkaufspreis, und hoher Ertragswert ist schließlich eine wichtige Sache, wenn ein Gläubiger ein beliehenes Unternehmen selbst übernehmen muß“.[46])

Bei gleichzuschätzenden Erträgen, auch bei stark schwankenden, aber in ihren Schwankungen unbekannten Erträgen erhält man den Ertragswert, indem man die Erträge wie eine ewige Rente kapitalisiert. Bei zeitlich begrenzten Erträgen ist der Ertragswert die Summe der auf den Bewertungsstichtag diskontierten Erträge. Die Berechnung des Zukunftsertrages basiert auf einer vergangenheitsbezogenen Durchschnittsrechnung, in der in Abhängigkeit vom Einzelfall die letzten drei abgeschlossenen Geschäftsjahre der Berechnung zugrunde gelegt werden oder eine andere Durchschnittsrechnung vorgenommen wird. „Ist nach geschehener Durchschnittsrechnung der durchschnittliche Ertrag der Vergangenheit gefunden, so ist nach diesem der Zukunftsertrag zu berechnen. Hierbei sind alle voraussichtlichen Mindererträge ab- und alle voraussichtlichen Mehrerträge zuzusetzen.“[47]) Schmalenbach warnt jedoch vor einem unkritischen Schematismus.

In dem Aufsatz „Die Werte von Anlagen und Unternehmungen in der Schätzungstechnik“ weist Schmalenbach darauf hin, daß bei der Berechnung „auf der Seite der Käufer die mit dem Besitzwechsel zu erwartenden Ertragsveränderungen zu berücksichtigen (sind)“.[48]) Die Bewertung ist insoweit also auch bei Schmalenbach „subjektiv“. Entsprechendes gilt – so zumindest in dem frühen Aufsatz in der Zeitschrift für handelswissenschaftliche Forschung – für die Ermittlung des Kapitalzinsfußes. Hier heißt es: „Der für die Kapitalisierung der Erträge zugrunde zu legende Kapitalisierungszinsfuß ist der vom Käufer bzw. vom Verkäufer verlangte; nach ihm richten sie das aufgrund der Erträge berechnete Preisverlangen oder Preisgebot.“[49]) Weiter heißt es dort: „Für neutrale Ertragswertberechnungen ist theoretisch der voraussichtliche marktgängige Zinsfuß für Anlagen gleicher oder ähnlicher Art zu benutzen.“[50]) So hängt auch die Wahl des Kalkulationszinsfußes vom jeweiligen Zweck der Bewertung ab.

Bei der Ermittlung des Käufer- bzw. Verkäuferwertes wird auf subjektive Rendite-Erwägungen zurückgegriffen, bei der vermittlungsorientierten Unternehmensbewertung – Schmalenbach spricht von neutralen Ertragswert-Berechnungen – auf den marktgängigen Zinsfuß. Schmalenbach stellt in dem Aufsatz von 1917 fest, daß „die Wahl des Zinsfußes . . . in so unruhigen Zeiten, wie wir sie jetzt haben, mehr Gefühls- als Rechnungssache (ist)“.[51]) Sonst genaue Ertragsrechnungen werden auf diese Weise auf eine „unsichere Grundlage“ gebracht. Um diesen Mangel zu beheben, hält er es für nützlich, daß die Schätzer ihre Materialsammlungen in dieser Hinsicht vervollständigen. „Auf diesem Gebiet würde eine Zeitschrift oder ein Archiv, das sich die Sammlung und Bearbeitung alles Erreichbaren angelegen sein ließe, gute Wirkung tun.“[52]) Wer mit praktischen Problemen der Unternehmensbewertung befaßt ist, wird sicher bedauern, daß die Idee nicht realisiert wurde.

In der Wissenschaft tragen heute nicht mehr die Befürworter, sondern die Gegner des Ertragswert-Verfahrens die primäre Beweislast für die Richtigkeit ihrer Auffassungen. Auch das Institut der Wirtschaftsprüfer (IdW) und die Union Européenne des Experts Comptables Économiques et Financiers (UEC) sehen im zukunftsbezogenen, auf Einnahmen und Überschüssen basierenden Ertragswert-Verfahren die theoretisch richtige Bewertungsmethode.[53])

In der 1981 erschienenen Schrift des Arbeitskreises „Unternehmensbewertung im Rahmen der unternehmerischen Zielsetzung" der Schmalenbach-Gesellschaft – Deutsche Gesellschaft für Betriebswirtschaft e. V.[54]), hat der Ertragswert eine herausragende Bedeutung. Das grundlegende Verfahren ist hier jedoch die Bewertung des Zukunftserfolges, bei der, in weiter Auslegung des Begriffs, unter Erfolg ganz allgemein der Grad der Realisation der jeweiligen unternehmerischen Ziele zu verstehen ist. Die Zukunftserfolgs-Bewertung führt unter ausschließlicher Zugrundelegung des Gewinnziels und unter bestimmten weiteren Annahmen, besonders was die Präferenzen des Bewertungssubjektes angeht, zum gleichen Ergebnis wie das Ertragswert-Verfahren. Außer der Ertragswert-Bestimmung mittels Kapitalisierung kann die Wertbestimmung auch mit Hilfe der tabellarischen Methode erfolgen, die sich an die Verfahren zur Optimierung von Investitionsprogrammen anlehnt.

33. Theorie und Praxis der Bewertung

> *„Im vorigen Abschnitt haben wir nachdrücklich betont, daß die Addition von Einzelwerten nicht den Gesamtwert einer Wirtschaftseinheit ergibt, haben aber gleichzeitig eingeräumt, daß Beziehungen vorhanden sind. Diese gilt es genau zu bestimmen." (Finanzierungen, X. Aufl., 1921, S. 7)*

Wenn Schmalenbach in seinen Ausführungen über die Unternehmensbewertung mit trefflichen Argumenten die Ertragsbewertung fordert, ist er aber auch derjenige, der den sogenannten Praktikermethoden Verständnis entgegenbringt. Hierzu dürfte nicht allein seine große Achtung vor dem in der Praxis Gewordenen beigetragen haben; eine Rolle spielten sicher auch seine praktischen Erfahrungen mit den vielfältigen Bewertungsverfahren in der Praxis und mit den einschlägigen Vorschriften in den Verträgen der offenen Handelsgesellschaften und Kommanditgesellschaften. Seine Einstellung hat er bereits bei der ersten Veröffentlichung über die Bewertung einer Unternehmung im Jahre 1921 dargelegt. Nachdem er die Gründe für die Ertragswert-Berechnung erörtert, will er nicht sagen, „daß die Summe des Wertes der einzelnen Teile für den Gesamtwert einer Unternehmung völlig gleichgültig sei; wie man denn überhaupt findet, daß allen verbreiteten Wertvorstellungen und allen üblichen Bewertungsregeln, auch wenn sie in wesentlichen Punkten falsch sind, dennoch eine mehr oder weniger richtige Beobachtung zugrundeliegt. Aufgabe der Bewertungslehre ist es dann, dieses Richtige herauszuschälen und zu benutzen."[55]) Hierbei geht er von der allgemeinen Erkenntnis aus, daß der Preis der volkswirtschaftlichen Güter von zwei Eigenschaften bestimmt wird, von der Nützlichkeit und der Seltenheit. Da sich die Produktion gewöhnlich nicht kostenlos vollzieht, besitze sie einen gewissen Seltenheitsgrad, und damit sei eine gewisse Preishöhe notwendig, um sie anzuregen. So könne man sagen, daß die Seltenheit an der Produktionskostengrenze ihr Ende findet, daß also die Produktionskosten die Seltenheitsschwelle eines Produkts darstellen. Auf die Unternehmensbewertung übertragen bedeutet dies, daß in der Regel zwei Werte zu bestimmen sind: der Zukunftsertragswert, der die Nützlichkeit des Unternehmens ausdrückt, und der Reproduktionswert, der die Seltenheitsschwelle markiert. Ist der Zukunftsertragswert niedriger als der Reproduktionswert, müsse der Ertragswert gelten. Ist dagegen der Reproduktionswert niedriger als der Ertragswert, so könne weder der eine noch der andere Wert ohne weiteres angesetzt werden. Man müsse untersuchen, welche Ursachen hier wirksam sind.

Bei den Überlegungen zur Ermittlung des Reproduktionswertes weist er auf die nur zu schätzenden Einflüsse hin, wie z. B. die Unternehmensorganisation oder insbesondere die Konkurrenzverhältnisse. Wie die Praxis dann verfährt, wird an folgendem Beispiel geschildert: Ein Fabrikunternehmen habe einen durchschnittlichen jährlichen Ertrag von 40 000 Mark. Bei einem Kalkulationszinsfuß von 10 % ergib dies einen Ertragswert von 400 000 Mark. Der Reproduktionswert ohne Schätzung der Organisation und der Konkurrenz betrage 320 000 Mark. Wir lesen dann, welche Erwägungen zur Ermittlung des Unternehmenswertes angestellt werden. „Wenn die Unternehmung in Zukunft mit gleichen Konkurrenzverhältnissen zu rechnen hätte wie heute, so könnte man für sie 400 000 Mark Wert ansetzen. Ob tatsächlich mit gleichen Konkurrenzverhältnissen zu rechnen ist, hängt davon ab, ob sich die innere und äußere Organisation dieses Unternehmens für 80 000 Mark herstellen läßt. Vielleicht entscheidet der Schätzer, daß 80 000 Mark für die Organisation zu reichlich bemessen seien, und halbiert diese Summe, so daß für die Unternehmung ein Wert von 360 000 Mark anzusetzen ist.“[56]) Nach dieser Rechnung würde der angesetzte Wert genau in der Mitte zwischen dem Reproduktionswert und dem Ertragswert liegen. Dieser Mittelwert entspräche der Schätzungspraxis bei den städtischen Wohnhäusern bis zur Einführung der Wohnungszwangswirtschaft.

Die Praktikerverfahren der kombinierten Substanz- und Ertragsbewertung sind in der wissenschaftlichen Literatur eingehend erörtert und kritisiert worden. Bei konsequenter Anwendung wird für die Wirkungen der Konkurrenzgefahr eine kausale Reihe unterstellt, die den tatsächlichen Gegebenheiten nicht entsprechen dürfte.[57]) Im Gegensatz zu früheren Verlautbarungen erteilen heute nicht nur Fachvertreter aus den Hochschulen, sondern auch das IdW und die UEC den „Praktikerverfahren“ der Unternehmensbewertung eine Absage.

Unter der Überschrift „Die Unzulänglichkeit der Kombinationsmethoden“ heißt es in der Stellungnahme des Hauptfachausschusses des IdW zu den Grundsätzen zur Durchführung von Unternehmensbewertungen: „Die Kombinationsmethoden bieten weder eine genauere Erfassung der Unsicherheitselemente noch eine präzise Spezifikation des Bewertungsproblems. Die These, daß der Substanzwert bei einem darüber liegenden Ertragswert als untere Risikogrenze fungiere und deshalb der Unternehmenswert aus der Mittelung oder sonstigen Gewichtung beider Werte gewonnen werden solle, ist theoretisch nicht vertretbar. Die Kombinationsmethoden stellen somit nur eine scheinbare Lösung des Problems der Unsicherheit dar.“[58])

XII. Beteiligungsformen und Unternehmensverfassung

„Die Frage ‚Obligationen oder Aktien', ‚Hypothek oder Teilhaber' ist nicht nur und meist nicht zuerst Kalkulationsfrage; sie ist auch Sache von Temperament und Glauben." (Die Beteiligungsfinanzierung, 7. Aufl., 1949, S. 19)

In seinem Buch über die Beteiligungsfinanzierung schildert Schmalenbach zunächst anschaulich mit vielen Beispielen, wie unterschiedlich die Absichten bei Kapitalnehmer und Kapitalgeber sein können. Wenn sich der Kaufmann an einem anderen Unternehmen beteiligt, dann denkt er nicht nur an den Gewinn, sondern auch daran, „daß er erstens in höherem Grade als beim Darlehen unterrichtet werde, und zweitens, was noch wichtiger ist, irgendwie Einfluß nehmen kann; besonders für den Fall ungünstiger Entwicklung oder bei außergewöhnlichen Maßnahmen".[59]) Wenn letztlich mit dem Einfluß auch erreicht werden soll, den Gewinn oder den Gewinnanteil günstig zu beeinflussen, sind vielfach doch auch andere Motive bestimmend. Das Interesse kann z. B. bei der Offenen Handelsgesellschaft darin bestehen, mit der Beteiligung eine persönliche Betätigung zu verbinden. Unternehmen beteiligen sich, um den Rohstoffbezug zu sichern oder leichter in neue Absatzmärkte zu kommen. Nicht zuletzt können erwartete steuerliche Vorteile eine Rolle spielen, um einige Beispiele aus der Vielfalt der Beteiligungsinteressen zu nennen. Aus einer solchen Sicht war es nach Schmalenbach notwendig, daß man sich im Rahmen der „Finanzierungen" auch mit den Unternehmensformen vertraut macht. Hierbei kam es ihm darauf an, die für den Betriebswirt wichtigen wirtschaftlichen Besonderheiten der einzelnen Unternehmensformen darzustellen. Schwerpunkt waren dabei die jeweilige Kapitalorganisation mit den Rechten und Pflichten der Gesellschafter und die personelle Organisation der Führungsorgane, die der Gesetzgeber meist mit Vorschriften dispositiven Rechts geregelt hatte.

Die Praxis macht von der gegebenen Gestaltungsfreiheit seit eh und je regen Gebrauch, so daß ein und dieselbe Rechtsform durchaus verschiedene wirtschaftliche Inhalte aufweisen kann. Daher kann ein Unternehmen mit der Rechtsform der Personalgesellschaft die wirtschaftlichen Merkmale einer Kapitalgesellschaft aufweisen und umgekehrt („personenbezogene Kapitalgesellschaft" und „kapitalbezogene Personengesellschaft").[60]) Für Kapitalgeber und Kapitalnehmer ist es daher wichtig, zu wissen, wie ihre Beziehungen zueinander praktisch geregelt werden können.

Mit der Personalorganisation der Aktiengesellschaft befaßt sich Schmalenbach schon sehr früh. Besonders interessiert ihn das Zusammenwirken von Aufsichtsrat und Vorstand.[61]) Für das Aktienrecht 1937 stellt er als Forderung die klarere und durchsichtigere Trennung der Funktionen heraus. Auch wenn dem Vorstand eine größere und der Hauptversammlung eine geringere Macht zuerkannt werde, wird seiner Meinung nach zwischen den Organen weiterhin ein gesundes Verhältnis der Kräfte gewährleistet. Im Interesse der Kapitaleigner, aber auch in dem der Arbeiter und Angestellten rät er von einer Verwässerung der Funktionen dringend ab. Es ist von Schaden, wenn man die Funktionen der Organe verwischt, und es verstößt gegen die obersten Grundsätze der Betriebsorganisation.[62]) So wird die „Zielsicherheit" des Aufsichtsrats zerstört, wenn man ihn nebenher zu einem Organ macht, das auch andere als Kapitalaufgaben zu erfüllen hat. Schmalenbach fordert, daß die Interessen der Arbeiter und Angestellten in einem selbständigen Organ vertreten werden sollten, das neben dem Aufsichtsrat zu bilden wäre.

Die Entwicklungen veranlassen zu Kritik. Die Bestellung des Vorstandes ist – unbeschadet der Möglichkeit einer Wiederberufung – auf fünf Jahre beschränkt. Bei einer strengen Auslegung dieser Bestimmung, so lesen wir, müsse der Aufsichtsrat bei der Wiederbestellung des Vorstandes nicht nur formell, sondern auch tatsächlich frei sein. „Wenn nun aber der Vorstand sich für den Fall seiner Verabschiedung bedeutende Pensions- und sonstige Abfindungsrechte vertragsmäßig vorbehalten hat, kann man von einer tatsächlichen Freiheit des Aufsichtsrats nicht sprechen. Namentlich wenn Vergünstigungen für ausscheidende Vorstandsmitglieder über das Maß der für die sonstigen Angestellten bewilligten Vergünstigungen hinausgehen, erscheinen diese Verträge als gefährdet."[63]) Solche Einzelheiten aus Verträgen dürften sicher aus der umfassenden Beratungstätigkeit Schmalenbachs stammen. Das gilt auch für manche internen Vorgänge, die er bei den Personengesellschaften erörtert.

Hier stört ihn wieder der organisatorische Mangel, daß z. B. die Gesellschafter der Kommanditgesellschaft in einem wesentlichen Punkt nicht gleichgerichtet sind, weil sie aus persönlich unbeschränkt haftenden und geschäftsführenden Gesellschaftern einerseits und den nur in Höhe der Einlage beschränkt haftenden Kommanditisten andererseits bestehen, deren Einlage Darlehens-Charakter hat. Diese Divergenz der Interessen mache sich bei den Kommanditgesellschaften oft in ungemein störender Weise bemerkbar. „Der persönlich haftende Gesellschafter will auf lange Sicht arbeiten. Der Kommanditist ist auf kürzere Sicht eingestellt. Der haftende Gesellschafter will Anlageverbesserung, möglichst zu Lasten des Unkostenkontos, der Kommanditist ist mehr für Abmelkwirtschaft."[64]) Da die gesetzlichen Bestimmungen über das Innenverhältnis der Gesellschafter zum großen Teil nachgiebigen Rechts sind, läßt sich die innere Ordnung durch Vereinbarungen im Gesellschaftsvertrag nach den jeweiligen Kapital- und Personalverhältnissen ordnen. Schmalenbachs Schriften bringen einen kenntnisreichen und praxisnahen Überblick über die Vielfalt der möglichen Regelungen.

Vierter Abschnitt

Kostenrechnung und Kontenrahmen

„Seitdem der Mönch Lucas Paccioli die doppelte Buchführung erfunden haben soll, hat sich manches geändert“, konstatiert Schmalenbach als Student im zweiten Semester an der Leipziger Handelshochschule.[1]) Er befaßt sich mit der Technik der Produktionskostenermittlung und erkennt, daß es der theoretischen Durchdringung des Kostenkomplexes bedarf. In seinen weiteren Veröffentlichungen steht dann die Frage der Kostenbewertung, und zwar der Wertung als Mittel zum Zweck der wirtschaftlichen Betätigung der Betriebe im Vordergrund seiner Erörterungen.[2]) Bei allen notwendigen theoretischen Überlegungen zur Frage der Kostenrechnung sieht sie Schmalenbach stets im Zusammenhang mit der Anwendung in der Praxis des Rechnungswesens. Erfolgsrechnung und Selbstkostenrechnung sind seine Grundpfeiler neben der Dokumentationsrechnung in der Buchhaltung.

Durch ein dem Prozeß der Leistungserstellung und dem betrieblichen Güterablauf angepaßtes Gliederungsprinzip im Kontenrahmen, wird die Kostenrechnung in das organisatorische Gefüge des betrieblichen Rechnungswesens eingeordnet. Die Begriffe Aufwand und Kosten werden voneinander abgegrenzt: „Derjenige Güterverzehr, der in der Selbstkostenrechnung durch die Erstellung einer wirtschaftlichen Leistung entsteht, heißt Kosten. Denjenigen Güterverzehr, der in der Erfolgsrechnung erscheint, nennen wir Aufwand. Kosten und Aufwand fallen größtenteils zusammen, aber sie decken sich nicht ganz . . .“[3]) Die Beziehungen werden in einem klassisch gewordenen Schaubild dargestellt.[4])

Aufwand der nicht Kostencharakter trägt, wird als neutraler Aufwand bezeichnet. Zusatzkosten liegen vor, wenn die Kostengröße nicht in der Erfolgsrechnung erscheint.

XIII. Durchbruch zur wissenschaftlich fundierten Selbstkostenrechnung und Preiskalkulation

In seinem Aufsatz von 1899 setzt sich Schmalenbach mit der Verteilung der „Unkosten" auseinander. Er empfiehlt die Einrichtung einer kalkulatorischen Buchhaltung, weil die „Gewinnberechnung" keinen Aufschluß über die Entwicklung der Unkosten bei „Erhöhung und Erniedrigung" der Produktionsmenge erlaubt. In seinen Ausführungen spricht der Autor noch sehr vage von den „besonderen Unkosten", die mit der Übernahme eines zusätzlichen Kundenauftrages entstehen. Er geht aber bereits hier von einer globalen Betrachtung der Kosten ab und ordnet sie teilweise einzelnen Kostenträgern zu. Schmalenbach schreibt: „Es ist die wichtigste Aufgabe des Buchhalters, die Konten so einzurichten, daß die Unkosten den Waren, Kunden oder Einrichtungen zur Last fallen, durch die sie entstehen . . ."[5]) Die verbleibenden fixen Kosten, in seinem ersten Aufsatz werden sie noch als „sekundäre Unkosten" bezeichnet, sollen unter Umgehung der Kostenträger auf dem Erfolgskonto gesammelt werden und so nicht mehr in der laufenden Kalkulation Berücksichtigung finden. Mit der Ablehnung der zu seiner Zeit verbreiteten Umrechnung von fixen Kostenbestandteilen auf die Kostenträger anhand von Bezugsgrößen, kann man erstmalig von einer Teilkostenrechnung sprechen. Schon früh ist es also Schmalenbach gelungen, „durch das Netz des betrieblichen Rechnungswesens in jenes Gewebe von Abhängigkeit vorzustoßen, das die Kosten der Unternehmung darstellt."[6])

Neben der ersten Veröffentlichung über die Buchführung und Kalkulation im Fabrikgeschäft ist es 1903 seine Habilitationsschrift, in der er seine theoretischen Vorstellungen weiter herausarbeitet. „Besonders die Lehre vom proportionalen Satz und die Lehre vom Verrechnungspreis, die beiden Hauptstützen seiner Theorie, waren zwar noch nicht zu einer Einheit verschmolzen, aber nahezu vollständig ausgebaut, teilweise sogar unter scharfer Herausarbeitung jener Konsequenzen, deren Erörterung in dem bekannten Wiener Vortrag so viel Staub aufgewirbelt hat."[7]) 1919 erscheint dann der Beitrag über die Selbstkostenrechnung, dessen Ziel Schmalenbach darin sieht, die „Lehre von der Selbstkostenrechnung als Teilgegenstand der Betriebswirtschaftslehre . . . theoretisch auszugestalten."[8]) Im Mittelpunkt stehen das Verhalten der betrieblichen Kosten bei schwankendem Beschäftigungsgrad und ihre Bewertung.

Die Beiträge über die Selbstkostenrechnung erscheinen als Teil I. Wenn auch der zweite Teil, der eine Systematisierung der herrschenden Kalkulationslehre darstellt, im wesentlichen vorliege, forderten jedoch „die Ergebnisse zu einer dringenden Veröffentlichung nicht heraus".[9]) Es erweist sich, daß der erste Teil für sich stehen kann. Er regt zu zahlreichen Publikationen über die Kostenrechnung an.

Nach Max Rudolf Lehmann lassen sich demnach drei Richtungen unterscheiden.[10]) Neben den von Schmalenbach beeinflußten – mit Vorbehalten als deduktiv bezeichneten – Veröffentlichungen seien – zweitens – die Schriften zu nennen, die durch umfangreiche Materialsammlung die in der Praxis vorkommenden Methoden der Kalkulation systematisch bearbeiten und der Praxis zugänglich machen. Bei ihnen spiele die Theorie vor allem die Rolle des ordnenden Prinzips; im großen und ganzen trete sie zurück. Zu den Hauptvertretern dieser Richtung gehöre Leitner. Sein Buch über die Selbstkostenberechnung industrieller Betriebe erscheint 1923 in achter Auflage. Die dritte Richtung könne als die technische Richtung bezeichnet werden, wobei das Wort „technisch" im Sinne von „rechnungs-technisch" oder „organisations-technisch" gebraucht wird. „Sie geht meist von den Bedürfnissen einzelner Industriezweige oder gar nur einzelner Betriebe aus und entwickelt die Regeln, nach denen im gegebenen Falle die Selbstkostenberechnung einzurichten und durchzuführen ist."

Schmalenbachs Schrift über die Selbstkostenrechnung erscheint 1934 in sechster Auflage. Es ist die letzte Ausgabe, die er noch selbst bearbeitet hat. Zentrale Gedanken daraus werden später in das Buch „Pretiale Wirtschaftslenkung" übernommen, das zwei Bände umfaßt: Band 1: Die optimale Geltungszahl, Band 2: Die pretiale Lenkung des Betriebes.

Mehr als zwanzig Jahre nach dem Erscheinen der sechsten Auflage der „Selbstkostenrechnung und Preispolitik" folgen dann die von Richard Bauer bearbeiteten neuen Auflagen.

34. Fixkosten im Brennpunkt

„Schon seit jeher ist aufmerksamen Autoren aufgefallen, daß die Kosten vom jeweiligen Beschäftigungsgrade in sehr verschiedener Weise abhängig sind . . . Aber . . . für betriebswirtschaftliche Zwecke . . . müssen (wir) uns der Mühe unterziehen, diese Zusammenhänge deutlich zu sehen und ihre Konsequenzen für die Selbstkostenrechnung im einzelnen aufzudecken." (Selbstkostenrechnung und Preispolitik, 6. Aufl., S. 29)

Schmalenbach hat das Phänomen der fixen Kosten zwar nicht entdeckt, aber sein Verdienst ist es, als erster auf die damit verbundenen weitreichenden betriebswirtschaftlichen Konsequenzen hingewiesen zu haben.[11]) Wenn es auch mehrere Jahrzehnte gedauert hat, bis seine Ideen aufgegriffen wurden, so hat er doch unbeirrt das Fixkostenproblem zum zentralen Problem seiner Kostenlehre gemacht, und er hat daraus seine Vorschläge zur Gestaltung der Kostenrechnung folgerichtig abgeleitet.[12]) Mit 26 Jahren wendet sich Schmalenbach in dem bereits mehrfach erwähnten Aufsatz in der Deutschen Metall-Industrie-Zeitung gegen die allgemein verbreitete Ansicht vom proportionalen Verlauf aller Kosten, stellt die Bedeutung der Fixkosten als Kosten der Betriebsbereitschaft heraus und fordert ihre Eliminierung aus der Kalkulation sowie der Preispolitik.

Neben den betriebswirtschaftlichen Aspekten interessiert Schmalenbach besonders auch die volkswirtschaftliche Seite. Als 45jähriger Hochschullehrer zieht er in seiner berühmt gewordenen Wiener Rede aus dem Phänomen der fixen Kosten die gesamtwirtschaftliche Konsequenz des „Untergangs der freien Wirtschaft", eine These, die er in seinem Spätwerk mit dem bezeichnenden Titel „Der freien Wirtschaft zum Gedächtnis" wiederholt. (Vgl. die Seiten 15 f., 114, 115, 201 und 410 ff.) Mit den betriebswirtschaftlichen Folgerungen setzt sich Schmalenbach insbesondere in seinen Auflagen zur Selbstkostenrechnung und Preispolitik ausführlich auseinander. Hier baut er unter Heranziehung der Erkenntnisse der Preistheorie der Wiener Schule die betriebswirtschaftliche Grenzkostenrechnung aus.

Die fixen Kosten werden 1919 folgendermaßen definiert: „Wenn die Beschäftigung eines Betriebes auf seine Gesamtkosten ohne Einfluß ist, dann haben wir einen Betrieb mit fixen Unkosten."[13]) Kennzeichnend ist dabei, „daß sie selbst bei schwächstem Beschäftigungsgrad in der gleichen Höhe entstehen, wie bei starkem Beschäftigungsgrad". Die Definition deckt sich mit der Auffassung vom Jahre 1899. Später modifiziert Schmalenbach den Begriff, indem er nicht mehr auf die absolut fixen Kosten abstellt, sondern auf diejenigen Kosten, die sich bei „gegebener Betriebs- oder Produktionsbereitschaft" nicht ändern, sofern nicht zugleich die Beschäftigungsbereitschaft verändert wird. „Ihre Eigentümlichkeit besteht darin, daß sie innerhalb gewisser Grenzen vom Beschäftigungsgrade unabhängig sind, dann aber bei Überschreitung dieser Grenzen plötzlich in die Höhe springen, um dann wieder eine Zeitlang fix zu bleiben." Sehr anschaulich spricht Schmalenbach von „Sprungkosten".[14])

Auch bei sprungfixen Kosten ist nicht davon auszugehen, daß sie unveränderlich wären, da „außerhalb des Beschäftigungsgrades Einflüsse vorhanden (sind), die eine Sonderwirkung ausüben".[15]) Ein Beispiel ist der Einfluß der Rentabilität des Betriebes. „Es ist eine allgemein Erscheinung, daß die gebesserte Rentabilität die Betriebe weniger sparsam werden läßt. Auch ohne daß die bessere Beschäftigung dazu Anlaß gäbe, werden bisher zurückgedrängte Wünsche der Betriebe leichter erfüllt . . . Erfahrungsgemäß wirkt dieser Einfluß der verbesserten Rentabilität sowohl auf proportionale als auch auf fixe Kosten ein, jedoch bei den fixen Kosten gewöhnlich stärker."

„Fixe" Kosten sind also nicht „unveränderliche" Kosten; sie sind nur fix in bezug auf die Schwankungen des Beschäftigungsgrades. Andere Einflüsse sind wegzudenken. Wichtig ist ferner, und hierauf weist Schmalenbach ebenfalls immer wieder hin, daß die fixen Kosten nicht mit den Kapitalkosten einer Unternehmung identisch sind, sondern auch Personalkosten und andere Kostenarten enthalten.[16]) Abschreibungen bestehen sowohl aus fixen als auch aus proportionalen Bestandteilen, wenngleich der größte Teil zu den fixen Kosten zu zählen ist. Bei den Zinsen wird unterschieden zwischen fixen Zinsen für das Anlagevermögen und proportionalen Zinsen für das Umlaufvermögen.

Im Anwachsen der fixen Kosten sieht Schmalenbach eine allgemeine Zeittendenz. „Ich konnte für die Schloßfabrikation feststellen", berichtet er aus dem ihm vertrauten Bereich, „daß zur Zeit der Hausindustrie, die ich in diesem Gewerbezweig noch miterlebte, als sie in den letzten Zügen war, die fixen Kosten nur in einigen Kontorkosten bestanden. Selbst die Absatzkosten waren, da der Betrieb auch im Inland nur Provisionsvertreter hatte, proportional. Als dieser Betrieb die Presserei und bald darauf auch die Schleiferei in eine zentrale Fabrik mit Dampfkraft zog, änderte sich das Bild relativ bedeutend insofern, als die fixen Kosten, die vorher fast null waren, nunmehr sichtlich zunahmen."[17])

Ein Grund für das Anwachsen der Fixkosten ist für Schmalenbach die steigende Betriebsgröße, mit der „notwendigerweise ein Wachstum, sogar ein relatives Wachstum desjenigen Betriebsorgans, das man als den Kopf dieses Wirtschaftskörpers bezeichnen kann"[18]), verbunden ist. „Die Arbeit dieses Kopfes, dieses Direktoriums, dieser Zentrale ist unabhängig von der Masse der Leistung, die der unterstellte Wirtschaftskörper ausführt." Weitere Gründe sind die Fließarbeit und die wachsende Kapitalintensität. In der Wiener Rede heißt es zu den letzten beiden Punkten:

– „Nichts ist charakteristischer für die Betriebsgestaltung unserer Zeit als der Umstand, daß man den Transportmitteln, die innerhalb des Betriebes verkehren, einen festen, zwangsläufigen Fahrplan gegeben hat. Mit diesem Prinzip der Zwangsläufigkeit sind so große einschneidende Verbesserungen verbunden, daß man nicht darauf verzichten mag. Aber der Anteil der fixen Kosten schnellt dadurch wiederum mächtig hoch."

– „Da steht eine große Räderfräsmaschine, ein Automat. Dieser Automat hat alles, was man füglicherweise von einem Automaten verlangen kann . . . Was dieser große Automat an Arbeitslöhnen erfordert, das ist nichts. Aber was er an Zinsen und Abschreibungen frißt, das ist eine ganze Menge. Und diese Zinsen und Abschreibungen sind fixer Natur."

35. Schmalenbach und Bücher's Gesetz der Massenproduktion

„Im Jahre 1899 war offenbar die Nationalökonomie für die Erscheinung der fixen Kosten wenig aufnahmefähig. Als ich im Jahre 1900 bis 1902 Assistent von Karl Bücher war, war leicht zu erkennen, daß ihm meine Gedankengänge fremd waren. Er hat dann einige Jahre später trotzdem das Gesetz der Massenproduktion entdeckt." (Pretiale Wirtschaftslenkung, Bd. 1: Die optimale Geltungszahl, 1947, S. 41)

Diese Feststellungen dürften mit der in der Literatur zuweilen anzutreffenden Meinung zusammenhängen, daß Schmalenbach durch Bücher zu seinen ersten kostentheoretischen Überlegungen angeregt worden ist. Auch nach seinem Tod finden sich solche Hinweise.[19]) Aus den biographischen Daten läßt sich ein solcher Schluß nicht ziehen. (Siehe Seiten 15 f. und 23 f.) Außerdem stammt die Veröffentlichung von Bücher über das Gesetz der Massenproduktion aus dem Jahre 1910.[20]) Eine Verbindung zu den Schmalenbachschen Arbeiten ergibt sich nur dadurch, daß auch Bücher von den funktionalen Zusammenhängen zwischen Kosten und Beschäftigung ausgegangen ist. Andererseits kann aus den Erscheinungsterminen – erst Schmalenbach, dann Jahre später Bücher – nicht etwa umgekehrt geschlossen werden, daß Büchers Werk von den Arbeiten Schmalenbachs beeinflußt worden sei.

Wie schon erwähnt, war um die Jahrhundertwende das grundsätzliche Problem der „fixen Kosten" keineswegs unbekannt. Die verbreitete Meinung, schreibt Schmalenbach 1947, „daß die Kostendegression und die mit ihr eng verbundenen fixen Kosten eine Erscheinung neueren Datums sei und dies die auffällige Verspätung der Erkenntnis erkläre, ist nur insoweit richtig, als die Frage erst in unserer Zeit die große Bedeutung erhalten hat, die wir heute feststellen. Aber die Erscheinung als solche ist schon alt, und die getroffenen Maßnahmen zeigen, daß man an ihr keineswegs blind vorübergegangen ist."[21]) In der Wirtschaftstheorie habe er die ersten Hinweise in der Eisenbahnliteratur gefunden. In einer ausführlichen Studie von Kürpick ist nachzulesen, daß sich Anfänge betriebswirtschaftlicher kostentheoretischer Überlegungen bereits im 18. Jahrhundert nachweisen lassen.[22])

Es bedarf keiner besonderen Beweise, daß der vielseitige Gelehrte Bücher durch seine eigenen Arbeiten auf die Kostenprobleme stieß. So hat er sich nicht nur mit der Wirtschaftsstufenlehre befaßt, sondern auch mit der Problematik von Arbeit und Rhythmus. Gegenüber den Antipoden Lujo Brentano und Gustav Schmoller, schreibt Brinkmann, „ist im Unterschied zu diesen beiden Großbürgern der kleinbürgerliche Rheinhesse durch ganz eigenartige Vorzüge des wirtschaftswissenschaftlichen und wirtschaftspolitischen Interesses gekennzeichnet."[23]) Aus seiner Publikation ist zu entnehmen, daß er das „Gesetz" der Massenproduktion nicht zuletzt aufgrund seiner druckereigewerblichen Erfahrungen formuliert hat, „wonach vollkommenere Herstellungsmethoden zwar teurer sind als unvollkommenere, sich aber doch jenseits einer gewissen Nutzenschwelle wegen der gesunkenen Erzeugungskosten pro Stück rentieren."[24]) Da sich bei der Massenproduktion die konstanten Kosten auf eine größere Zahl von Einheiten verteilen, ist der fixkostenorientierte Großbetrieb – bei genügendem Absatz – lohnender als der Kleinbetrieb.

Schmalenbach hat sich zu dieser Arbeit seines ehemaligen Lehrers in den späteren Jahren recht kritisch geäußert. „Es war eine Entdeckung von zweifelhaftem Wert, denn diese Theorie hatte den Mangel, daß sie teilweise richtig und teilweise falsch ist. Es ist richtig, daß ein wesentlicher Teil der fixen Kosten hervorgerufen wird durch die Betriebsvorbereitung, also durch das, was man als ‚Umwegproduktion' bezeichnet hat. Es ist auch richtig, daß diese

Betriebsvorbereitung, die sich kundtut in kostspieligen Bauten, Anschaffung von Spezialmaschinen usw. mit der Massenproduktion wächst; . . . aber nun soweit zu gehen, die Massenproduktion als die Erregerin der fixen Kosten hinzustellen, ist abwegig; denn bei der Entstehung der fixen Kosten treten andere und wirksamere Erscheinungen auf."[25])

Die Kritik Schmalenbachs macht deutlich, daß hier zwei Gelehrte auf zwei verschiedenen Ebenen arbeiten und denken. Schmalenbach will vor allem die Abhängigkeit der einzelnen Kostenarten von der Ausbringungsmenge untersuchen, wobei er auf die Bedeutung der fixen Kosten hinweist, die bei der Kalkulation und Preispolitik auszugliedern sind. Es ist verständlich, daß er sich besonders mit der Natur dieser Fixkostenart und ihrer Auswirkungen befaßt. In Büchers Denken in Wirtschaftsstufen interessierte besonders die gewerbliche Entwicklung zur Fabrik und hier der Massenproduktion. Mit seinem Gesetz darüber will er erklären, warum beispielsweise die (von Schmalenbach als für den Anstieg der fixen Kosten ursächlich angesehene) Fließarbeit und die höhere Kapitalintensität lohnend wird.

Als sich Schmalenbach in seinen Ausführungen über die Selbstkostenrechnung und Preispolitik mit der dem Bücherschen Gesetz vergleichbaren Größendegression auseinandersetzt, spricht er die in der Wissenschaft permanent vorhandene Problematik an, welchem Forscher die Priorität für eine „Entdeckung" gebührt.[26]) Er bemerkt ausdrücklich, daß er die Erscheinung der Größendegression und Größenprogression nicht entdeckt hat und auch nicht den Anspruch darauf erhebt. Eine so auffällige Erscheinung wie die Größendegression sei in unserem Zeitalter nicht zum ersten Mal beobachtet worden. Zum Beweis wird ein Beispiel aus der altrömischen Wirtschaft angeführt. So hat man sich schon 37 v. Chr. damit auseinandergesetzt, warum die kleinen Güter von 100 bis 300 Morgen unökonomisch sind und erst bei größeren Einheiten eine Wirtschaftlichkeit möglich wird.

Auch in neueren Untersuchungen ist zuweilen zu lesen, daß einzelne betriebswirtschaftliche Aussagen schon vor Hunderten, wenn nicht Tausenden von Jahren anzutreffen sind. Schmalenbach hatte sich seinerzeit dazu recht kritisch geäußert. „Es ist eine Eigentümlichkeit von Wirtschaftswissenschaftlern, denen selbst nichts Rechtes einfällt, nachdrücklich zu forschen, ob das von den Zeitgenossen Gesagte nicht schon früher gesagt wurde."[27])

36. Kostenverläufe bei schwankender Beschäftigung

> *„Eine Art Voraussage der zukünftigen Verhältnisse, welche dem Geschäftsführer eine Maßnahme diktiert, wird selbst durch die vortrefflichste Kosteneinrichtung und die beste Verteilung der Unkosten noch nicht erreicht; sie ist erst zu erreichen durch eine genauere Untersuchung der Kosten in ihrer Beziehung auf die Vermehrung oder Verminderung der Produktion." (Buchführung und Kalkulation im Fabrikgeschäft, Deutsche Metall-Industrie-Zeitung, 1899, S. 107)*

Bei der Abhängigkeit der Kosten von der Beschäftigung unterscheidet Schmalenbach 1899 proportionale, konstante (fixe), degressive und progressive „Unkosten". Er fügt später noch eine fünfte Kategorie an, die regressiven Kosten.

Proportionale Kosten verändern sich im gleichen Maße, wie sich die Produktion ändert. Betriebe mit einem vergleichbaren Kostenverlauf gibt es in der Regel nicht, wohl aber einzelne Kostenarten mit proportionalem Charakter.

Konstante (fixe) Kosten sind dagegen unabhängig von der Beschäftigung. Unternehmen mit ausschließlich fixen Kosten lassen sich in der Praxis auch kaum finden. Als exemplarische

Ausnahme nennt Schmalenbach den Betrieb einer Brücke. „Die Leistung eines Brückenbesitzers besteht in dem Darbieten eines Übergangs. Ob die Brücke von zehn oder tausend Fußgängern am Tag überschritten wird, ob zwei oder hundert Fuhrwerke darüber fahren, macht für die Kosten zwar ein wenig, aber nicht viel aus.“[28])

Degressive Kosten wachsen mit steigendem Beschäftigungsgrad; ihre Steigerung ist jedoch geringer als die Produktion. Für Betriebe mit degressivem Gesamtkostenverlauf, die in der Praxis häufig vorkommen, gilt, daß „die Degression nach Sättigung (schreit).“[29]) Je stärker die Produktion eines Betriebes ausgelastet wird, desto geringer sind die anteiligen fixen Kosten und damit auch die Stückkosten.

Progressive Kosten steigen stärker als die Beschäftigung. Sie sind denkbar bei übermäßiger Beschäftigung. Dies ist etwa bei der „Überanstrengung“ von Maschinen der Fall.

Regressive Kosten fallen mit wachsender Beschäftigung. Ihnen mißt Schmalenbach keine große Bedeutung zu, bezieht sie aber der Vollständigkeit halber in seine Betrachtung ein.

Schmalenbachs kostentheoretische Überlegungen können als grundlegend für die weitere Entwicklung der „betriebswirtschaftlichen Kostentheorie“ angesehen werden. Dieses Gebiet steht bei ihm noch in engem Zusammenhang mit der „Kostenrechnung“; es etabliert sich später als eigenständiger Bereich und rückt vor allem bei Gutenberg in den Mittelpunkt der Betrachtung. In gleicher Weise wie bei Schmalenbach werden die Bezeichnungen proportional und fix auch heute noch verwendet. Dagegen haben die vorgeschlagenen Begriffe der degressiven und der progressiven Kosten zu Mißverständnissen geführt und sind später korrigiert worden.[30]) Schmalenbach orientierte sich bei der Unterscheidung in degressive und progressive Kosten am Verlauf der gesamten Durchschnittskosten. Er spricht von Degression, solange diese fallen. Nach Kilger hätte es „seiner Konzeption von der Ausgliederung der beschäftigungsunabhängigen fixen Kosten in der Kalkulation besser entsprochen, wenn er bei der Degressions-Definition nur von den variablen Kosten ausgegangen wäre“.[31])

In einer umfangreichen Literatur wurden die Kostenkategorien Schmalenbachs diskutiert. Mißverständnisse entstanden namentlich dadurch, daß die fixen Kosten von Schmalenbach als unabhängige Periodenkosten verstanden wurden, von anderen Autoren aber als konstant bleibende Stückkosten und damit proportional steigende Periodenkosten. „Lange Zeit“, so Kosiol, „stand . . . die formale Seite der Kostenabhängigkeit im Mittelpunkt der Diskussion, während das eigentliche Anliegen Schmalenbachs, die Kostenabhängigkeit inhaltlich zu klären, vielfach zu kurz kam.“[32])

37. Die Idee der Betriebswertrechnung

„Der Wert, den ein Gegenstand für den Betrieb hat, ist der Betriebswert.“ (Selbstkostenrechnung und Preispolitik, 6. Auflage, 1934, S. 10)

Der „richtige“ Wert innerhalb der Selbstkostenrechnung ist derjenige Betrag, mit dem Güter und ihre Bestandteile anzusetzen sind, „um von den wirtschaftlichen Wahlmöglichkeiten die jeweilige wirtschaftlichste bestimmen zu können“.[33]) Schmalenbach nennt ihn Kalkulationswert, Betriebswert und später optimale Geltungszahl. Die Begriffe können synonym verwendet werden.

Die Rechnung, in der der Betriebswert ermittelt wird, steht der allgemein verbreiteten „einfachen Ausgabenrechnung“ gegenüber. Letztere nennt Schmalenbach „die Rechnung der großen Masse“[34]), die sich „als die natürliche und, wie es bei oberflächlichem Zusehen scheint, als die selbstverständliche Selbstkostenrechnung präsentiert". Die einfache Ausgabenrechnung setzt für die beim Umwandlungsprozeß verbrauchten Güter die tatsächlichen Ausgaben oder die Anschaffungskosten ein. Bei selbsterzeugten und weiterverarbeiteten Gegenständen treten mittelbare Ausgaben hinzu, d. h. die ebenfalls aufgrund der tatsächlichen Ausgaben errechneten Selbstkosten.

Im Gegensatz hierzu werden bei der Betriebswertrechnung nicht reine Ausgaben, sondern eben „Betriebswerte" eingesetzt. Diese sind abhängig vom Kostengefüge, von der Verwendungsmöglichkeit und von dem Betrieb, in dem sie zum Ansatz kommen sollen. Es wird, soweit die Kosten für die Bewertung maßgeblich sind, nur der Gutsverzehr berücksichtigt, der durch die zu bewertenden Objekte verursacht wird, was im wesentlichen bedeutet, daß die fixen Kosten nicht erfaßt werden. Die der Betriebswertrechnung zugrundeliegenden Grenznutzentheorie besagt, daß der Preis nicht unmittelbar von den Kosten abhängig ist, sondern daß der Preis durch den Gebrauchswert (Nutzen) und durch die Seltenheit des Gutes bestimmt wird. Durch den Einbezug des spezifischen Nutzens der einzelnen Güter im Betrieb zeichnet sich der so definierte Wertbegriff durch individuelle, subjektive Einflüsse aus. Heute wird er allgemein als „wertmäßiger" Kostenbegriff bezeichnet.

Natürliche Grundlage der Bewertung im marktverbundenen Betrieb bleiben die Preise für die vom Markt hereinkommenden Gegenstände und die wieder dorthin abgegebenen Leistungen. „Wir werden sehen, daß diese Preise nicht immer gleich den anzusetzenden Werten sind, aber sie sind es doch in einer großen Zahl der Fälle; und auch in den übrigen Fällen sind sie meist Ausgangspunkt der Bewertung."[35]) Betriebswerte existieren allerdings auch im „geschlossenen Betrieb", einem Betrieb, der keine Verbindung mit dem Markte hat, wenngleich dessen Bestimmung „sehr schwer" ist. Mit den Schwierigkeiten haben nach Schmalenbach insbesondere auch geschlossene Volkswirtschaften zu kämpfen: „Ich habe mir von Augenzeugen erzählen lassen, daß die russische staatliche Wirtschaft, die in erheblichem Umfange einen geschlossenen Betrieb darstellt, mit der Errechnung von Betriebswerten und daraus zu entwickelnden Verrechnungspreisen große Schwierigkeiten hat; Schwierigkeiten sowohl theoretischer als auch praktischer Art. Es scheint, daß die Russen dieser Frage, abgesehen von den objektiven Schwierigkeiten, zu wenig Aufmerksamkeit schenken. Ich fürchte, daß ihnen ohne gute Betriebswertrechnung auch mein ‚Kontenplan', den sie – ohne lange zu fragen – abgedruckt haben, nicht viel helfen wird."[36])

In seinem Manuskript „Über die exakte Wirtschaftslenkung" nimmt sich Schmalenbach später der Thematik dann selbst an (vgl. hierzu Seiten 414 ff.). Gemeinwirtschaftlich gesehen hat die Nichtanwendung der Betriebswertrechnung innerhalb der Betriebe als Teile der Volkswirtschaft laut Schmalenbach auch in der freien Wirtschaft schwerwiegende Folgen, nämlich falsche Kalkulationen und falsche Preise: „. . . diese wiederum bedeuten fehlgeleiteten Verbrauch und falsches Preisniveau. Diese Wirkungen sind so groß, daß, wenn alle anderen Hemmungen fallen sollten, viele europäische Länder sich in Folge eines zu hohen inländischen Preisniveaus als nicht mehr exportfähig erweisen müßten. Die Gefahr ist größer, als man glaubt."[37])

Seine Überlegungen zur Betriebswertrechnung stellt Schmalenbach unter den Satz des Galilei: „Was man messen kann, soll man messen. Was man nicht messen kann, soll man meßbar machen."[38]) Ihm geht es darum, die Wirtschaftslehre in das Gebiet der exakten Wissenschaft zu überführen. Unter dieser anspruchsvollen Zielsetzung versucht Schmalenbach, ausgehend von der These „Wirtschaften ist wählen" eine allgemeine Wertlehre zu konzipieren, wobei er zwischen drei Wahlmöglichkeiten unterscheidet: zwischen Kosten gegen Kosten, zwischen Nutzen gegen Nutzen und zwischen Kosten gegen Nutzen.

Zwischen Kosten und Kosten ist zu wählen, wenn der Wirtschaftende entscheiden muß, welcher der konkurrierenden Stoffe am wirtschaftlichsten zu verwenden ist. Zwischen Nutzen und Nutzen ist zu entscheiden, wenn es darum geht, vorhandene Stoffe alternativen Verwendungen zuzuführen. In Fällen, in denen es darum geht, darüber zu befinden, ob eine Produktion aufgenommen werden soll, geht es um den Vergleich Kosten gegen Nutzen.

Der Wert ist für Schmalenbach „keine absolute, sondern nur eine relative Größe, die durch die Wertungsrichtung bestimmt wird". Es ist erkennbar, daß er die Relativität in zweifacher Hinsicht sieht[39]); zum einen in der Abhängigkeit des Wertes vom Verwendungszweck: „Derjenige Wert (ist) der richtige, der dem jeweiligen Rechnungsziel am besten dient." Zum anderen sieht er sie in der Abhängigkeit vom Enscheidungsfeld: „Daher kommt es, daß ein und dasselbe Gut in verschiedenen Betrieben in verschiedener Höhe bewertet werden muß."

38. Aufgaben und Gliederung der Selbstkostenrechnung

„Die Selbstkostenrechnung gestaltet sich verschieden, je nach dem Zwecke, von dem sie beherrscht wird." (Selbstkostenrechnung I, in: ZfhF, 13. Jg., 1919, S. 349)

Wie kein Zweiter hat Schmalenbach darauf hingewiesen, daß die Kostenrechnung kein Selbstzweck ist. Vielmehr werden mit ihr unterschiedliche Rechnungsziele verfolgt. Die Ziele „Kontrolle der Betriebsgebarung" und „Preiskalkulation" stehen für ihn im Vordergrund. Die Betriebskontrolle „ist der wichtigste Zweck nicht nur der Selbstkostenrechnung, sondern des fabrikatorischen Rechnungswesens überhaupt".[40]) Die Preiskalkulation dient der Errechnung des „erzielbaren Preises", dem Ziel der Bestimmung der „günstigsten Beschäftigungsart" und der Berechnung der „Preisuntergrenze". Im Rahmen der letzten beiden Aufgabenstellungen erfüllt sie Planungsaufgaben. Die Bestimmung von Verrechnungspreisen und die Unterstützung, die sie der Erfolgsrechnung gewähren muß, zählt Schmalenbach zu den Nebenzwecken der Selbstkostenrechnung.

In späteren Auflagen der „Selbstkostenrechnung und Preispolitik" nennt er als Hauptzweck der Kostenrechnung zusätzlich noch die „Kontrolle der Strukturwandlungen". Er denkt hierbei an sporadische Ermittlungen, in denen innerbetriebliche, sich auf lange Perioden beziehende Zeitvergleiche durchgeführt werden. In den von Bauer bearbeiteten Auflagen wird der Funktionenkatalog ergänzt um die „Betriebslenkung"; eine Zwecksetzung, die bei Schmalenbach bereits unter der Rubrik „Preiskalkulation" und „Verrechnungspreis-Ermittlung" erfaßt war, die nun jedoch zu Recht besonders herausgestellt wird, da es zu den vorrangigen Zielsetzungen der Kostenrechnung nach Auffassung Schmalenbachs gehört, dabei zu helfen, wirtschaftlich richtige Entscheidungen zu treffen. „Dieses Ziel" so Kilger, der sich wohl am gründlichsten aus der Sicht der heutigen Betriebswirtschaftslehre mit seiner Kostenlehre auseinandergesetzt hat, „steht so eindeutig im Mittelpunkt der wissenschaftlichen Arbeiten Schmalenbachs auf dem Gebiet des innerbetrieblichen Rechnungswesens, daß es sicherlich gerechtfertigt ist, die Kostenlehre Schmalenbachs als den Beginn einer entscheidungsorientierten Betriebswirtschaftslehre anzusehen."[41])

Den Begriff der Selbstkostenrechnung faßt Schmalenbach einerseits eng, d. h. im Sinne der Stückrechnung.[42]) Er rechnet zur Selbstkostenrechnung aber auch die Ermittlung des Gewinns, den ein Stück, eine Leistungseinheit, bringt. Der Unterschied zur kurzfristigen Erfolgsrechnung wird so formuliert, daß diese eine zeitbezogene Rechnung ist im Gegensatz zur stückbezogenen Selbstkostenrechnung. Unter Leistung versteht er das bewertete Ergebnis der betrieblichen Tätigkeit, womit er sich dem damals üblich gewordenen Sprachgebrauch anpaßt, wenngleich es dem Wortsinne seiner Meinung nach besser entsprochen hätte, dem Wort „Aufwand" das Wort „Leistung" und dem Wort „Kosten" das Wort „Ertrag" gegenüberzustellen.[43]) Heute ist es üblich, von Kosten- und Leistungsrechnung zu sprechen, für die in der Regel auch der Kurzausdruck „Kostenrechnung" benutzt wird.

Die Selbstkostenrechnung findet nach Schmalenbach ihre Grenzen in rechnungstechnischen Schwierigkeiten, teilweise aber auch in der besonderen Eigentümlichkeit des Erzeugungsganges, der als Produktenkuppelung bezeichnet wird.[44]) Bei der Rechnungstechnik ist zwischen Genauigkeitsgrad und den Kosten abzuwägen, die durch die Erhebungs- und Rechen-Manipulationen verursacht werden. „Eine vollkommene Selbstkostenrechnung ist nicht eine solche mit höchster Genauigkeit, sondern eine solche mit ökonomischer Begrenzung der Genauigkeit."[45]) Die Schwierigkeiten werden nicht zuletzt dadurch verursacht, daß die Daten für die Kostenrechnung in den verschiedenen Abteilungen des Rechnungswesens, speziell der Betriebsbuchhaltung anfallen. Im Zusammenhang mit der Kuppelproduktion wird auf die Problematik der Kostenzurechnung zu den einzelnen Produkten hingewiesen.

Wie bei den Begriffen, so lehnt sich Schmalenbach auch bei der Gliederung der Kostenrechnung an zu seiner Zeit übliche Handhabungen an. Er setzt sich in seiner Schrift gar nicht mehr mit den möglichen Formen der Systematisierung auseinander, läßt sich vielmehr auch hier von der in der Literatur anzutreffenden Übung leiten, die Kostenrechnung nach den in der Praxis anzutreffenden Grundsätzen zu gliedern. Es ist die Gliederung nach Kostenarten, Kostenstellen und Kostenträgern, wobei der Schwerpunkt der Ausführungen bei Schmalenbach auf die Kostenarten und Kostenstellen gelegt wird. Für die kostentheoretische Erörterung wichtiger aber ist die Gliederung nach den Methoden der Selbstkostenrechnung. Hier unterscheidet Schmalenbach wie folgt:[46])

a) Einfache Ausgabenrechnung und Betriebswertrechnung,
b) Vorkalkulation und Nachkalkulation,
c) Systematische- und Behelfskalkulation,
d) Divisions- und Zuschlagskalkulation.

Er bezeichnet diese Gliederung als ungenau, da sich zum Beispiel Vorkalkulation und Nachkalkulation eigentlich nicht durch verschiedene Methoden unterscheiden. Es werden häufig die gleichen Mittel angewendet. Die Verschiedenheit liegt in den Voraussetzungen. „Allerdings wirken die Voraussetzungen oft auf die Mittel ein."[47]) Die Unterscheidung in einfache Ausgabenrechnung und Betriebswertrechnung, von der im vorigen Kapitel die Rede war, ist die bedeutendste, weil sie weitaus am stärksten in die Ergebnisse der Selbstkostenrechnung eingreift. Die Unterscheidung Vor- und Nachkalkulation erklärt sich von selbst. Der wesentliche methodische Unterschied, wie die Nachkalkulation durchgeführt wird (systematische bzw. Behelfskalkulation), besteht in der mehr oder weniger großen Systematik der Aufschreibungen.[48]) Auch eine systematische Kalkulation soll sich die Einfachheit zum Ziele setzen und beweglich bleiben.

Die Divisions- und die Zuschlagskalkulation sind sowohl mit der einfachen Ausgabenrechnung als auch mit der Betriebswertrechnung durchführbar. Der grundlegende Unterschied zwischen Divisions- und Zuschlagskalkulation besteht darin, daß die mittels der Zuschlagskalkulation zu verteilenden Kosten in Einzel- und Gemeinkosten aufgespalten und nur die Gemeinkosten indirekt mittels Bezugsgrößen den Kostenträgern zugerechnet werden, während die Divisionskalkulation auf diese Trennung verzichtet.

Heute gehen wir mit Schmalenbach davon aus, daß Kosten- und Leistungsrechnungen – nach welchen Systemen auch immer konzipiert – kein Selbstzweck sind, sondern bestimmte Funktionen haben, an denen sie sich ausrichten müssen. Wir unterscheiden dabei zwischen Kontroll- und Planungsaufgaben sowie extern orientierten Informations- und Dokumentationsaufgaben.[49]) Als leistungsfähiges Unterscheidungskriterium für unterschiedliche Systeme der Kostenrechnung hat sich in diesem Zusammenhang die Differenzierung in Ist-, Normal- und Plankostenrechnung und in Vollkostenrechnung und Teilkostenrechnung erwiesen. Insbesondere das Stichwort „Plankostenrechnung" markiert die Fortentwicklung, die die Kostenlehre nach Schmalenbach erfahren hat.

XIV. Die Bestimmung der optimalen Geltungszahl

Die Einführung des Begriffs „optimale Geltungszahl“ nach dem Zweiten Weltkrieg – anstelle von „Kalkulationswert“ bzw. „Betriebswert“ – hält Schmalenbach für sinnvoll, da erkennbar ist, „um was es sich handelt“ und da mit dem Terminus „keine störenden Nebengedanken“ verbunden sind.[50]) Daß auch die Volkswirtschaft auf die Bestimmung der optimalen Geltungszahl angewiesen ist und der Begriff „Betriebswert“ dies nicht zum Ausdruck bringt, wird ihn ebenfalls zum Namenswechsel veranlaßt haben. Neben diesen sachlichen Gründen dürfte aber auch, wie schon bei der Prägung des Begriffs „dynamisch“ im Rahmen der Bilanz dreißig Jahre zuvor, die suggestive Kraft des Begriffs „optimal“ ausschlaggebend gewesen sein.

Unter Berufung auf die volkswirtschaftliche Grenznutzenlehre überträgt Schmalenbach die Grenzwertidee auf die Ermittlung der optimalen Kostenwerte. Nach dieser Idee kommt den zusätzlichen Kosten der letzten Produktionsschicht eine ähnliche Bedeutung zu wie den Kosten des teuersten noch zur Bedürfnisbefriedigung heranzuziehenden Erzeugers für die Bewertung der Gesamterzeugung (von Hermann) oder dem Grenznutzen der letzten Konsumtionsschicht für die gesamte Konsumtionsmenge (Wiener Schule) oder den kostenschlechtesten Grundstücken für die Rente der Besseren (Ricardo) oder die Rente, kapitalisiert gedacht, für den Wert der Gesamtheit der Grundstücke.[51]) So kann dann auch der Betriebswert oder die optimale Geltungszahl ein Grenzkosten- und ein Grenznutzensatz sein. Ein Grenzkostensatz ist er solange, wie es möglich ist, die Beanspruchung der verbrauchenden Betriebe durch Produktion zu befriedigen. Der Grenznutzensatz ist anzuwenden, wenn die Produktion irgendwie gehemmt ist und der Bedarf der verbrauchenden Betriebe trotzdem weiter steigt.[52])

39. Bedeutung des proportionalen Satzes

„Denken wir uns die progressiven und die degressiven Gesamtkosten aufgelöst in einen fixen und einen proportionalen Bestandteil, so ist der fixe Bestandteil innerhalb gewisser Beschäftigungsgrade eine absolute, der proportionale Bestandteil eine relative Größe. Rechnen wir die relative Größe, der Relation entsprechend, auf die Leistungseinheit auf, so entsteht das, was ich früher als den ‚proportionalen Satz‘ bezeichnet habe.“ (Selbstkostenrechnung und Preispolitik, 4. Aufl., 1927, S. 52)

Die Bezeichnung läßt Schmalenbach in der fünften Auflage seiner „Selbstkostenrechnung“ fallen und ersetzt ihn durch den Begriff der Grenzkosten. Die alte Benennung ist jedoch in Verbindung mit dem Namen Schmalenbach in die Literatur eingegangen. Der proportionale Satz ergibt sich als Differenz aus den Kosten zweier Beschäftigungsgrade; er übersteigt die durchschnittlichen Stückkosten bei progressivem Gesamtkostenverlauf und unterschreitet die durchschnittlichen Stückkosten bei Kostendegression. Die Bedeutung des proportionalen Satzes liegt darin, daß der Verkäufer ihn sowohl aus einzelwirtschaftlichem als auch aus gesamtwirtschaftlichem Interesse für seine Leistungen fordern soll.[53]) Wenn ein Lieferant z. B. in progressive Kosten hineingeraten ist, müssen alle Abnehmer – nicht nur einige wenige – die höheren Kosten der letzten Beschäftigungsschicht tragen, d. h. mehr als die durchschnittlichen Stückkosten. „Alle müssen entweder durch Nichtanspruch dazu beitragen, daß der Lieferant aus der Überbeanspruchung herauskommt, oder aber sie müssen alle, jeder für sich, die Überbeanspruchungskosten zahlen.“[54]) Seine Überlegungen verdeutlicht Schmalenbach wieder anhand von Beispielen. So wird ein Fall mit progressiven Kosten betrachtet, und zwar fördert ein Steinbruch Steine zu 4,– Mark für den Kubikmeter. Bei 200 Tonnen Tagesförderung, 800,– Mark, ist der Steinbruch an der Grenze seiner normalen Leistungsfähigkeit angelangt. Die Tagesproduktion kann zwar auf 250 Tonnen erhöht werden, das kann aber nur zu progressiven Kosten geschehen. Die weiteren 50 Tonnen lassen sich nur um 5,50 Mark für die Tonne fördern. Es entstehen dann zusätzliche Kosten in Höhe von 275,– Mark. Die Progression setzt sprunghaft mit der 201. Tonne ein. Es ergeben sich die folgenden Zahlen:

Förderung	Gesamtkosten	Stückkosten
200 Tonnen	800	4,— (durchschnittlich)
250 Tonnen	1075	4,30 (durchschnittlich)
50 Tonnen	275	5,50 (Grenzkosten)

Obgleich die durchschnittlichen Kosten nur 4,30 Mark betragen, ist es nach Auffassung von Schmalenbach falsch, bei der Überschreitung von 200 Tonnen Tagesproduktion weniger als 5,50 Mark zu fordern. Dies gilt nicht nur für die letzten 50 Tonnen, sondern für die gesamte Tagesproduktion. Sofern die Steine für weniger als 5,50 Mark veräußert werden, tritt eine „Güterverschleuderung“ ein, da Verbraucher zum Zuge kommen, deren Nutzen nicht diesen Betrag erreicht. Der Ansatz des proportionalen Satzes wird von Schmalenbach nicht auf die Kostenprogression beschränkt. Wie der proportionale Satz bei progressiven Kosten die Nachfrage dämpft, so steigert er diese bei Kostendegression. Bei freien Kapazitäten trägt er zur Auslastung bei und verhilft so auch hier dem Betrieb zu einem Beschäftigungsgrad mit günstigen Stückkosten.

Schmalenbach hat das Cournot-Verfahren einer Teilkostenrechnung offensichtlich nicht gekannt, wonach, von Grenzkosten ausgehend, bei bekannter Preisabsatzfunktion der gewinnmaximale Preis bestimmt wird.[55]) Wenn spätere Untersuchungen auch zeigten, schreibt Kilger, daß die Lehren Schmalenbachs nur in Sonderfällen gültig sind, so bleibt doch sein „großes Verdienst, den Grenzkostenbegriff in die betriebswirtschaftliche Literatur und in die Praxis eingeführt zu haben. Hierdurch wurde eine wesentliche Grundlage für die später einsetzende Entwicklung der Grenzplankostenrechnung geschaffen.“[56])

40. Deckungsbeitragsrechnung

„Und nun predigt dieser Theoretiker, dem zu allem Unglück bei der Worterteilung attestiert wurde, daß er eine Kapazität auf diesem Gebiet sei, man dürfe nicht nur, man müsse sogar wichtige Selbstkosten, z. B. die Abschreibungen in der Selbstkostenrechnung unberücksichtigt lassen.“ (Selbstkostenrechnung und Preispolitik, 6. Aufl., 1934, S. 174)

In seinen Arbeiten zur Kostenrechnung hat Schmalenbach immer wieder darauf hingewiesen, daß die Ermittlung der optimalen Geltungszahl vor allem den Zweck hat – in der Sprache von heute –, ein Hilfsmittel für die Unternehmensführung zu sein. Dies war jedoch nach dem zweiten Weltkrieg in Vergessenheit geraten, insbesondere in den fünfziger Jahren, als von den USA her das direct-costing in Deutschland schnell Fuß faßte. Der Begriff ist irreführend, da nicht nur die direkten Kosten, sondern auch die indirekten variablen Gemeinkosten zugerechnet werden. In Deutschland hat neben Schmalenbach mit seiner Betriebswertrechnung Kurt Rummel, Leiter des Ausschusses für Betriebswirtschaft im Verein Deutscher Eisenhüttenleute, mit seiner Blockkostenrechnung[57]) schon vor dem zweiten Weltkrieg das

Prinzip des direct-costing erkannt. In einen Entdeckungswettbewerb mit den USA zu treten, wäre allerdings müßig. Ohne Zweifel haben wir es mit parallelen Entwicklungen zu tun, die nicht unwesentlich durch äußere wirtschaftliche Umstände ausgelöst waren. Nach 1933 war in Deutschland bis Anfang der fünfziger Jahre die Kosten- und Preisbildung (erst Aufrüstung, dann Kriegsproduktion, schließlich Besatzungswirtschaft) weitgehend durch staatliche Regelungen eingeengt. In den Vereinigten Staaten hat es eine solche Phase so gut wie nie gegeben. Die Gewinnerzielung im freien Markt hatte bei ihnen ununterbrochene Priorität.

Die Ausgliederung der fixen Kosten aus der Kalkulation und die ausschließliche Zurechnung der variablen Kosten zu den Kostenträgern führt zum Deckungsbeitragsprinzip, d. h. zur Orientierung an der Differenz zwischen Erlösen und fixen Kosten bei Produktionsentscheidungen. Es kommt nicht zwingend darauf an, daß Gewinne (ermittelt auf Vollkostenbasis) erzielt werden, man begnügt sich gegebenenfalls damit, daß die variablen Kosten über den Preis abgegolten werden und daß „ein wenig" zur „Deckung" der fixen Kosten übrigbleibt. „Theoretisch richtig wäre es daher, allen Kunden nur die primären Unkosten anzurechnen, die sekundären Unkosten aber durch Rohgewinne zu decken", heißt es bereits in Schmalenbachs Aufsatz in der Deutschen Metall-Industrie-Zeitung.[58]) Dadurch, daß auf die volle Deckung der fixen Kosten verzichtet wird, wird somit erreicht, daß sie zumindest teilweise gedeckt werden. Den Fixkosten, „die nach Sättigung schreien", wird man so am besten gerecht.

In der Praxis stößt diese Art der Kalkulation auf Widerstand, da sie geeignet ist, den Preiskampf zu verschärfen. Schmalenbach hält dem entgegen, daß die Praxis „gut daran täte, den Dingen, die nun einmal nicht zu ändern sind, ihren natürlichen Verlauf zu lassen und sich darauf einzustellen".[59]) Auch weist er auf das Mißverständnis hin, daran zu glauben, daß sich durch diese Methode der Betriebswertrechnung ein niedrigerer Verkaufspreis ergeben muß als bei der Vollkostenrechnung. Es kann zwar durchaus geboten erscheinen, daß die Preissetzung unterhalb der Gesamtausgaben erfolgt, weil es besser sein kann, nicht die vollen Fixkosten zu decken, als auf die Deckung vollkommen zu verzichten; grundsätzlich besteht jedoch kein Unterschied in der festgesetzten Preishöhe, da zum einen (bei der einfachen Ausgabenrechnung) ein Nettogewinnzuschlag und zum anderen (bei der Betriebswertrechnung) ein Bruttogewinnzuschlag auf die Selbstkosten aufgeschlagen wird. Die Höhe des Zuschlages richtet sich in beiden Fällen nach dem Markt. Ein direkter Zusammenhang zwischen den Selbstkosten (Voll- oder Grenzkosten) und dem am Markt erzielbaren Preis besteht also nicht.

Den wesentlichen Vorteil einer Teilkostenrechnung gegenüber einer Vollkostenrechnung sieht Schmalenbach vor allem darin, daß erstere dem Betrieb eine besser angepaßte Auftragszusammensetzung verschafft. Er erläutert dies am Beispiel zweier Fabrikanten A und B, die zwei gleiche Artikelarten unter gleichen Produktionsbedingungen herstellen.[60]) A kalkuliert mit Vollkosten und einem Reingewinnzuschlag, während B mit variablen Kosten (Proportionalkosten) und einem Bruttogewinnzuschlag operiert. A ist aufgrund seiner Kalkulation bei Artikel II billiger, in welchem zwar hohe variable Kosten, aber geringe fixe Kosten enthalten sind, während B bei Artikel I billiger ist, da er die hohen fixen Kosten dieses Artikels nicht einkalkuliert, wie es A bei seiner Vollkostenrechnung macht. A gewinnt den Markt mit Artikel II, B den Markt mit Artikel I. B wird wohlhabend, A jedoch nicht: „. . wenn A tüchtig Artikel II verkauft, vermehrt er die diesem Artikel eigentümlichen hohen Proportionalkosten sehr stark. B dagegen, der den Schwerpunkt auf I legt, vermehrt die diesem Artikel niedrigen Proportionalkosten wenig. Der Fabrikant B arbeitet sich durch seine Preispolitik schnell an die für seinen Betrieb optimale Zusammensetzung der Beschäftigung heran. A bleibt dauernd von diesem optimalen Zustand entfernt."[61])

In der Deckungsbeitragsrechnung Schmalenbachs werden Güterverbräuche, deren Entstehung unabhängig von der Beschäftigung ist (d. h. fixe Kosten), mit dem Betriebswert Null angesetzt. Dies steht in Einklang mit dem Gedanken, daß nur die Kosten zu berücksichtigen sind, die durch die jeweilige Produktionsentscheidung verursacht werden. Es entspricht aber auch den Konsequenzen aus dem Grundsatz Schmalenbachs, daß im Fall von „Hemmnissen" die Kostenbetrachtung in eine Nutzenbetrachtung umschlägt, soweit es sich um „Verwendungshemmnisse", d. h. unausgelastete Kapazitäten handelt. In diesem Fall ist, da das Merkmal der Seltenheit als wertbestimmender Faktor entfällt, ein Wert nicht vorhanden. Es können alle Bedürfnisse mit dem „im Überfluß" vorhandenen Faktor erfüllt werden, ohne daß dies zu einer anderweitigen Nutzeneinbuße führt (Grenznutzen gleich Null).

Handelt es sich jedoch nicht um „Verwendungshemmnisse", sondern um Produktionsrestriktionen anderer Art, muß zum Beispiel aufgrund ausgelasteter Kapazitäten eine Auswahl zwischen verschiedenen Aufträgen getroffen werden, so ist der Betriebswert des nunmehr „knappen" Faktors größer als Null. Absolute Deckungsbeiträge reichen für die Entscheidungsfindung dann nicht mehr aus. Der Wertansatz, etwa für Anlageleistungen, hat sich jetzt nach dem Gewinnentgang zu richten, der dadurch entsteht, daß Aufträge unerledigt bleiben; d. h. an den Opportunitätskosten zu orientieren.

41. Grenznutzenbetrachtungen in der Kostenrechnung

„Der Nutzen, den wir in den folgenden Betrachtungen brauchen, ist die Summe, die man im Höchstfall für einen Gegenstand anlegen kann." (Pretiale Wirtschaftslenkung, Bd. 1: Die optimale Geltungszahl, 1947, S. 55)

Neben den Kosten ist der Nutzen eines Gutes für die Ermittlung der optimalen Geltungszahl von Bedeutung. Wir lesen, daß letzterer sogar der primäre Bestimmungsgrund für die Geltungszahl der Stoffe und Kräfte ist. Schmalenbach erörtert aber bewußt zunächst die Bedeutung der Kosten, weil allgemein die Vorstellung besteht, daß sich der Wert von den Kosten ableite. „Derjenige, dem es darum geht, einen möglichst großen Kreis von Menschen, namentlich wirtschaftender Menschen zu überzeugen, tut gut daran, von den Anschauungen auszugehen, die er vorfindet."[62])

Kosten lassen sich in der großen Mehrzahl der Fälle verhältnismäßig leicht berechnen. Schwieriger ist es dagegen beim Nutzen. Hier ist zwischen dem berechenbaren und dem nicht berechenbaren Nutzen zu unterscheiden. An seinem Zink-Beispiel[63]), in dem er unterstellt, es gebe für das Erzeugnis mehrere Verwendungszwecke und die Nutzenhöhen seien sehr verschieden, erläutert Schmalenbach die Grenznutzenberechnung für den Fall des „berechenbaren" Nutzens. Zugrunde liegt dem Beispiel der in einer gelenkten Wirtschaft (Kriegswirtschaft) nicht seltene Fall, daß ein Unternehmer das von ihm benötigte Material zwar zu einem mäßigen Preise zugewiesen bekommt, nicht aber in der gewünschten Menge. Das Material wird üblicherweise zu Preisen geliefert, die von staatlichen Behörden vorgeschrieben sind. Trotzdem kann es vorkommen, daß man dieses beschränkt zugewiesene Material den eigenen Abteilungen zu Preisen gemäß optimalen Geltungszahlen berechnen muß, wenn man in allen Abteilungen eine wirtschaftliche Verwendung herbeiführen will. In diesem Falle darf der Betrieb, wenn er exakt rechnen will, nicht mit dem Kaufpreis kalkulieren, sondern muß einen erhöhten Wert annehmen.

Das Zinkbeispiel

Eine Fabrik, die drei Zinkprodukte herstellt (Ganzzink-Gefäße, feuerverzinkte Gefäße und galvanisch verzinkte Gefäße), kann bei einem Einkaufspreis von 0,20 RM pro kg in einer Periode nur 2800 kg Zink beziehen. Die Gewinne und der Zinkverbrauch sind:

	Gewinn	Zinkbedarf je Gefäß
a) Ganzzink-Gefäße	0,40 RM	2,0 kg
b) feuerverzinkte Gefäße	0,30 RM	0,4 kg
c) galvanisch verzinkte Gefäße	0,20 RM	0,2 kg

Wenn Zink frei verfügbar wäre, dann wäre, da hier der Gewinn am höchsten ist, die Produktion von Ganzzink-Gefäßen sinnvoll. Aber hier ist der Zinkverbrauch am größten. Steht Zink nicht in der benötigten Menge zur Verfügung, dann muß der Unternehmer anders rechnen. Um zu einer richtigen Entscheidung zu kommen, bezieht Schmalenbach den Gewinn der Produkte auf die Einheit des knappen Faktors, er „projiziert" den Gewinn gleichsam auf eine Gewichtseinheit Zink. Es ergibt sich dann folgendes Bild:

	Verdienst pro kg
a) Ganzzink-Gefäße	0,20 RM (aus 1 kg Zink 1/2 Gefäß)
b) feuerverzinkte Gefäße	0,75 RM (aus 1 kg Zink 2,5 Gefäße)
c) galvanisch verzinkte Gefäße	1,00 RM (aus 1 kg Zink 5 Gefäße)

Hiernach sollte also die Produktion von galvanisch verzinkten Gefäßen vorgezogen werden.

Nun gibt es aber auch Absatzrestriktionen. In Schmalenbachs Beispiel wird angenommen, es ließen sich höchstens absetzen:

a) Ganzzink-Gefäße mit einem Verbrauch an Zink von 2000 kg,

b) feuerverzinkte Gefäße mit einem Verbrauch an Zink von 1000 kg,

c) galvanisch verzinkte Gefäße mit einem Verbrauch an Zink von 2000 kg.

Ergebnis: Von den insgesamt verfügbaren 2800 kg Zink müssen 2000 kg für die Produktion von galvanisch verzinkten Gefäßen und die verbleibenden 800 kg für feuerverzinkte Gefäße verwendet werden, wenn ein optimales Ergebnis erzielt werden soll. Ganzzink-Gefäße werden nicht hergestellt.

Als optimale Geltungszahl für Zink setzt Schmalenbach den Gewinn an, auf den verzichtet werden müßte, wenn statt 800 kg Zink für die feuerverzinkten Gefäße nur 799 kg Zink zur Verfügung ständen zuzüglich dem Einkaufspreis. Im Beispiel beträgt der Gewinnentgang 0,75 RM und der Preis des Zink 0,20 RM; die optimale Geltungszahl lautet also 0,95 RM.

Der Ansatz der optimalen Geltungszahl hat zur Folge, daß die Produkte, die einen geringeren Gewinn als 0,75 RM erbringen (also die Ganzzink-Gefäße), nicht produziert werden; die relative Deckung wird hier negativ.

In der neuzeitlichen entscheidungsorientierten Kostenbewertung hat Schmalenbachs Konzeption durch die „Modellanalysen des Operations Research, insbesondere durch die lineare Programmierung, eine glänzende Bestätigung gefunden".[64]) Die lineare Programmierung geht auf Georg Dantzig zurück.[65]) Er hatte in den vierziger Jahren die Simplex-Methode entwickelt, die noch heute die bei weitem wichtigste Methode zur Lösung von linearen Optimierungsproblemen ist. Dabei wird von einer Zielfunktion ausgegangen, die bei Restriktionen und Nebenbedingungen maximiert oder minimiert wird. Mit der Lösung dieser Aufgabe steht in der Kostenrechnung nicht nur das optimale Produktionsprogramm fest, sondern es ergeben sich gleichzeitig die Werte für den Grenznutzen der knappen Faktoren (im Beispiel Zink), da jedem linearen Programm ein zweites Programm zugeordnet ist, dessen Variablen sich hier als Opportunitätskosten interpretieren lassen.[66]) Einem nicht knappen Gut würde ein Wert von Null zugerechnet werden. Bei Faktoren, die voll in Anspruch genommen werden, ist der Wert gleich dem Gewinnzuwachs, der durch die letzte Einheit dieses Faktors erzielt wird.

Gibt es mehrere Engpässe, so kann Schmalenbach in seiner Betriebswertrechnung die Bewertungsfrage nur mit „geschätzten Verrechnungspreisen“ lösen. Dagegen ist es mit dem Simplex-Verfahren möglich, auch bei mehreren bzw. gar bei einer Vielzahl von Produktrestriktionen zu eindeutigen Ergebnissen zu gelangen. Die von Schmalenbach erkannten rechnungstechnischen Schwierigkeiten sind damit gelöst.[67])

XV. Fortdauernde Problemschwerpunkte

Aus der Fülle der von Schmalenbach in seinen Büchern zur Kostenrechnung behandelten Gegenstände schälen sich mehrere Themen heraus, die für ihn eine große Rolle spielen und an Aktualität nichts verloren haben. Hierzu zählen einige Teilprobleme im Rahmen der Bestimmung der optimalen Geltungszahl; eines von diesen ist die Auflösung der Kosten in ihren variablen und fixen Teil. Aus dem Bereich der kontrollorientierten Kostenrechnung sind der Zeit- und der Betriebsvergleich zu nennen. Nicht zuletzt ist auch, ohne daß hiermit ein Anspruch auf Vollständigkeit erhoben werden kann, die Idee der zweckneutralen Grundrechnung besonders hervorzuheben.

42. Trennung der variablen und fixen Kosten

„Man wird eine einfache Reflexion darüber anstellen, ob man mit Produktionserhöhung mehr Kosten haben wird und nach einem Erfahrungssatz die Kosten verteilen. Die obigen Ausführungen haben ein mehr theoretisches Interesse. In großen Geschäften ist es mit einer Reflexion allerdings nicht getan." (Buchführung und Kalkulation im Fabrikgeschäft, in: Deutsche Metall-Industrie-Zeitung 1899, S. 164, Nachdruck S. 27)

In den im Zitat angesprochenen Ausführungen von „mehr theoretischem Interesse" werden die Kosten des Fabrikgeschäfts in solche „Unkosten" mit proportionalem und solche mit fixem Charakter aufgeteilt. Auf der Grundlage von Erfahrung und bestimmten Erwartungen wird eine sehr differenzierte Aufteilung vorgenommen. Später verwendet Schmalenbach dann die auf ihn zurückgehende sogenannte „mathematische Methode" der Kostenrechnung.[68]) Bei dieser Methode werden die proportionalen Kosten durch Multiplikationen des proportionalen Satzes mit der Gesamtmenge ermittelt. Die Differenz zu den Gesamtkosten ergibt dann die Fixkosten. Nachstehende Rechnung zeigt die Vorgehensweise unter Zugrundelegung der von Schmalenbach verwendeten Zahlen:

1. Ermittlung des proportionalen Satzes

Produktionsmenge M	Gesamtkosten K	Stückkosten k	Produktionsmengenzuwachs $\triangle M$	Gesamtkostenzuwachs $\triangle K$	proportionaler Satz $p = \frac{\triangle K}{\triangle M}$
1 000	100 000	100	–	–	–
1 200	108 000	90	200	8 000	40
1 600	128 000	80	400	20 000	50
2 000	150 000	75	400	22 000	55

Nach diesem Beispiel erhöhen sich die Gesamtkosten bei einer von 1 000 auf 1 200 gestiegenen Produktionsmenge um 8 000 K. Die proportionalen Kosten betragen demnach innerhalb dieser Beschäftigungsspanne

bei 1 000 M	40	×	1 000	=	40 000
bei 1 200 M	40	×	1 200	=	48 000

Die Differenz zu den Gesamtkosten ergibt dann die fixen Kosten (F)

bei 1 000 M	100 000	–	40 000	=	60 000
bei 1 200 M	108 000	–	48 000	=	60 000

Die folgende Tabelle zeigt die Kostenauflösung in den verschiedenen Beschäftigungsspannen.

2. Kostenauflösung in proportionale und fixe Kosten

	Produktionsmenge M	Gesamtkosten K	proportionaler Satz p	Variable Gesamtkosten V = p × K	Fixe Kosten F = K – V
1. Spanne	1 000	100 000	40	40 000	60 000
	1 200	108 000	40	48 000	60 000
2. Spanne	1 200	108 000	50	60 000	48 000
	1 600	128 000	50	80 000	48 000
3. Spanne	1 600	128 000	55	88 000	40 000
	2 000	150 000	55	110 000	40 000

„In dieser Zusammenstellung befremdet der Umstand“ schreibt der Autor, „daß die fixen und proportionalen Bestandteile der Kosten für den gleichen Beschäftigungsgrad verschieden sind, je nachdem sie nach oben oder unten in Vergleich gezogen werden“.[69]) Bei steigender Beschäftigung werden die fixen Bestandteile der Gesamtkosten absolut kleiner. Die abnehmenden Fixkosten können bei starker Progression sogar negativ werden. Schmalenbach spricht dann von einer „Betriebsrente“.

Die schwer interpretierbaren „veränderlichen Fixkosten“ und die negativen Betriebsrenten mußten Theoretiker und Praktiker gleichermaßen verwirren.[70]) Streng genommen führt die mathematische Kostenauflösung nur zu richtigen Ergebnissen, wenn der Gesamtkostenverlauf linear ist. Vor diesem Hintergrund schlägt Schmalenbach von der 4. Auflage der „Selbstkostenrechnung“ an die „Auflösung der Kosten durch Zuteilung“ vor; sie ist eine Methode, die auch „buchtechnische Kostenauflösung“ genannt wird. Bei ihr werden die Kostenarten einer Periode „aufgrund realer Beurteilung anhand aufgeschriebener Zahlenbewegung (buchtechnisch) festgelegt“.[71]) Schwierigkeiten bereiten die degressiven und progressiven Kostenarten, weil sie sich nicht eindeutig zuordnen lassen. Diese Kostenarten werden aufgrund des überwiegenden Charakters den fixen oder den Proportionalkosten zugerechnet. Stark degressive Kosten werden den Fixkosten und schwach degressive werden den Proportionalkosten zugeteilt. Auf die Möglichkeit der Kombination der mathematischen und der buchtechnischen Kostenauflösung weist Schmalenbach hin. Dabei werden die eindeutigen Kostenarten zunächst buchtechnisch zerlegt, und dann wird mit Hilfe des mathematischen Verfahrens eine Aufteilung der ursprünglich degressiven oder progressiven Kosten vorgenommen.

In der Literatur werden heute neben diesen, auf Schmalenbach zurückgehenden Verfahren, weitere Methoden der Kostenauflösung genannt. Dazu gehört die Methode der kleinsten Quadrate, die wie das mathematische Verfahren nur bei linear verlaufenden Gesamtkosten anwendbar ist. Für Plankostenrechnungs-Systeme werden analytische Verfahren bevorzugt, die losgelöst von den Vergangenheitsdaten die technischen und organisatorischen Gegebenheiten der Betriebe untersuchen und die Zerlegung der Kosten nach verschiedenen Kriterien vornehmen.

43. Grundrechnung und Zweckrechnung

> *„Dabei entsteht die Frage, ob man verschiedene Kostenrechnungen mit verschiedenen Wertansätzen nebeneinander aufstellen oder ob man stattdessen eine Grundrechnung aufstellen soll, die man dann für die verschiedenen Zwecke durch außerbuchliche Zweckrechnungen verändert." (Pretiale Wirtschaftslenkung, Bd. 2: Pretiale Lenkung des Betriebes, 1948, S. 66)*

Das Prinzip der „Wirtschaftlichkeit" gilt auch für das Rechnungswesen, und die Forderung der jeweils spezifischen Ausrichtung ihrer Instrumente kann mit diesem Prinzip und mit der Notwendigkeit, die Information möglichst schnell zur Verfügung zu stellen, in Konflikt geraten. Die Lösung des Problems sieht Schmalenbach in seinem Spätwerk „Pretiale Wirtschaftslenkung" in einer Grundrechnung im Sinne einer „Kostenrechnung der laufenden Buchhaltung", die dann für die jeweiligen Zwecke durch „außerbuchliche Zweckrechnungen" verändert wird.[72])

Die Grundrechnung braucht für keinen Zweck unmittelbar anwendbar zu sein. Aber sie muß dafür in besonderem Grade geeignet sein, für alle möglichen Zwecke verwendbar zu sein. Sie soll z. B. auch im System der pretialen Lenkung eingesetzt werden, in dem die Abteilungserfolgsrechnungen als „Sonderrechnungen" aus der Grundrechnung entwickelt werden (vgl. Seiten 390 f.). Schmalenbach glaubt, „daß sich mit einiger Sicherheit" Prinzipien entwickeln lassen, die für die Grundrechnung maßgebend sind. Möglichst stabile und zugleich möglichst bekannte Werte werden seiner Auffassung nach der Grundrechnung am ehesten gerecht.

Beispielhaft verdeutlicht er dies anhand einzelner Kostenarten im Rahmen der Zuschlagskalkulation. So sind Materialien in der Grundrechnung mit festen Verrechnungspreisen abzurechnen; sie sind allerdings bei geringen Mengen und selten zu beschaffenden Materialien „untunlich". Bei den Löhnen hingegen, die „vermutlich zu einer die Konjunkturen überdauernden Stabilität gelangen", sind die tatsächlichen Kosten anzusetzen. In der von Bauer bearbeiteten achten Auflage der „Selbstkostenrechnung" wird auf die Notwendigkeit einer großen Detaillierung in der Grundrechnung hingewiesen: „. . . wenn in einer Metallwarenfabrik die Autogenschweißer so rar geworden sind, daß man autogen geschweißte Artikel mit höheren Zuschlägen belasten will, dann muß der Sonderrechner, der aus der Grundrechnung die Preiskalkulation aufbauen will, wissen, was der Artikel an Schweißerlohn erfordert."[73])

Unabhängig von Schmalenbach veröffentlichte der Amerikaner Goetz 1949 ähnliche Überlegungen zur Grundrechnung.[74]) Riebel hat Schmalenbachs Idee der Grundrechnung später in seine Konzeption der relativen Einzelkosten- und Deckungsbeitragsrechnung eingebaut.[75]) Er beschränkt die Konzeption nicht – wie Schmalenbach – auf die Kostenrechnung, sondern wendet sie auch auf andere Bereiche des Rechnungswesens an, so daß ein nach dem

Baukastenprinzip konzipiertes System entsteht. Es umfaßt Auszahlungen und Einzahlungen, Ausgaben und Einnahmen, Kosten und Erlöse, Einsatz- und Ausbringungsmengen, die Bestände und Kapazitäten an personellen Kräften und sachliche und finanzielle Mittel.[76]) Neben der Ansammlung elementarer Informationsbausteine sollen nach Riebel auch „informatorische Zwischenprodukte" oder „Halbfabrikate" in Form zusammengesetzter Informationsbausteine und Baugruppen bereitgestellt werden, die die Erstellung der Auswertungsrechnungen vereinfachen, beschleunigen und verbilligen".[77])

In Zeiten der automatisierten Datenverarbeitung hat die Idee der Grundrechnung an Aktualität gewonnen. In karteiorientierten (konventionellen) Datenverarbeitungssystemen werden die einzelnen Daten bereits beim logischen Entwurf im Hinblick auf bestimmte Anwendungen konzipiert, entsprechen also noch nicht der Idee der Grundrechnung. Um die Nachteile konventioneller Datenverarbeitung (Datenredundanz, Datenabhängigkeit, Inflexibilität und Unübersichtlichkeit) auszuschalten, sind aber Datenbanksysteme entwikkelt worden, die anwendungsneutral aufgebaut sind. Sie enthalten nur globale Dateien, die für alle potentiellen Anwendungen nutzbar gemacht werden können. Dies macht deutlich, daß die Datenbank letztlich die gleiche Funktion hat wie die Grundrechnung.[78])

Die Idee Schmalenbachs – eine Grundrechnung und mehrere Sonderrechnungen – ist damit in der Konstruktion von Informationssystemen Wirklichkeit geworden.[79]) Es zeugt nach Wedekind/Ortner „von Weitsichtigkeit, daß Schmalenbach schon sehr früh, in einer Zeit ohne die heutigen technischen Möglichkeiten, eine Datenbank für die Kostenrechnung forderte.[80])

44. Zeit- und Betriebsvergleich

„Wenn z. B. in einer Abteilung sich schon seit jeher, vielleicht infolge von Überalterung, ein gewisser Schlendrian breitmacht, so vergleicht der Zeitvergleich Schlendrian mit Schlendrian; er wird auf diese Weise dessen nicht gewahr." (Selbstkostenrechnung und Preispolitik, 6. Aufl., 1934, S. 263)

Neben der Kontrolle des Geschäftsganges mittels der langfristigen und kurzfristigen Erfolgsrechnung, beruht die Überwachung des Betriebsgebarens bei Schmalenbach insbesondere auf Kostenvergleichen. Für sie bedarf es einer „starken Detaillierung" der Kosten. Diejenigen Kosten, die einer Vergeudung preisgegeben sind, müssen besonders herausgehoben werden. Auf der anderen Seite „verschlägt (es) nichts, wenn man einen Aufwand, dessen Erfassung kontrolltechnisch sich nicht lohnt, unberücksichtigt läßt".[81]) Die Rechnung ist auf kurze Perioden angewiesen, damit Schwachstellen nicht erst nach einem Jahr, sondern so bald wie möglich erkannt und beseitigt werden können. Die Bezugsobjekte des Vergleichs sind das ganze Unternehmen, Kostenarten, Kostenträger und Kostenstellen. Von den grundsätzlich zur Verfügung stehenden drei Möglichkeiten des Kostenvergleichs, nämlich des Soll-Ist-Vergleichs, des Zeitvergleichs und des Betriebsvergleichs, werden von Schmalenbach nur die beiden letztgenannten Formen behandelt.

Beim Zeitvergleich werden innerhalb eines Betriebes Zahlen verschiedener Perioden miteinander verglichen. Das Ergebnis gibt Aufschlüsse über die Kostenentwicklung und dient so der Kostenüberwachung. Das Ziel, Unwirtschaftlichkeiten zu erkennen, kann allerdings nur in begrenztem Maße erreicht werden. Die in den Zahlen abgebildeten Sachverhalte in den einzelnen Perioden können voneinander abweichen; hinter den Zahlen der Vergangenheit können sich bereits Unwirtschaftlichkeiten verbergen, so daß, wie es Schmalenbach plastisch ausdrückt, „Schlendrian mit Schlendrian“ verglichen wird. Der fehlenden Vergleichbarkeit der Perioden steht man allerdings nicht ganz hilflos gegenüber. Sie kann in gewissen Grenzen hergestellt werden.[82]) Insoweit ist auch der Zeitvergleich kein reiner Ist-Ist-Vergleich mehr.

Beim Betriebsvergleich werden Zahlen verschiedener Betriebe bzw. Teilbetriebe einander gegenübergestellt.[83]) Er gibt als Kostenvergleich Auskunft, inwieweit der jeweilige Betrieb insgesamt bzw. im Hinblick auf einzelne Kostenarten oder Kostenstellen mit geringeren oder höheren Beträgen arbeitet als der Vergleichsbetrieb oder der Branchendurchschnitt. Auch beim Betriebsvergleich ist die „Vergleichbarkeit“ der Betriebe die zentrale Voraussetzung, und letztlich hat auch hier das Problem des Vergleichs von „Schlendrian mit Schlendrian“ Bedeutung, obgleich Schmalenbach diesen Ausdruck im Zusammenhang mit dem Betriebsvergleich nicht verwendet. Die Schwierigkeiten beim Vergleichen von Kosten mehrerer Betriebe beruhen auf unterschiedlichen Einflußgrößen; sie führen zu „Mischergebnissen“, die sich schwer zerlegen lassen. Zu nennen sind die unterschiedliche Struktur einzelner Betriebe, Unterschiede im Beschäftigungsgrad, Unterschiede im Sortenwechsel und anderes mehr. Die Vergleichbarkeit der Zahlen ist nicht nur durch unterschiedliche, reale Verhältnisse beeinträchtigt, sondern auch aufgrund der unterschiedlichen Darstellung der Kostenverhältnisse durch die verschiedenen Kostenrechnungs-Systeme der einzelnen Betriebe. Die Vereinheitlichung des Rechnungswesens erweist sich insoweit als eine unumgängliche Voraussetzung zur Durchführung von Kostenvergleichen.

Betriebsvergleiche sind gewiß keine Entdeckung zu Beginn dieses Jahrhunderts. Daß beispielsweise „die Fugger die Ergebnisse ihrer verschiedenen Faktoreien irgendwie in Vergleich gestellt haben, liegt viel zu nahe, als daß man es nicht als selbstverständlich annehmen könnte“.[84]) Der Betriebsvergleich hat auch wohl seit jeher nicht an den Grenzen der einzelnen Unternehmung haltgemacht. In Deutschland setzt sich die Idee in größerem Ausmaß erst zur Zeit des Ersten Weltkrieges und in der Inflationszeit durch. Damals wurden im Rahmen des Rechnungswesens Zahlengrößen bewußt zusammengestellt, um durch den Vergleich zu rationellerem Wirtschaften zu gelangen. Zu nennen sind hier die Arbeiten des Vereins Deutscher Maschinenbauanstalten, die im Jahre 1913 mit sogenannten „statischen Betriebsvergleichen“ begannen. Nach dem Ersten Weltkrieg werden auch die von den Betrieben intern durchgeführten zwischenbetrieblichen Vergleiche der Konzerne, Interessengemeinschaften, Kartelle zahlreicher. Für den Handel wird in der 1928 von Julius Hirsch begründeten Forschungsstelle der Betriebsvergleich auf der Grundlage von Kennzahlen entwickelt.

Als betriebswirtschaftlicher Fachvertreter ist Schmalenbach wohl der erste, der auf den Nutzen des Betriebsvergleichs hinweist.[85])

XVI. Der Kontenrahmen

Neben den Veröffentlichungen über die Dynamische Bilanz, über die Selbstkostenrechnung und Preispolitik ist es die Schrift „Der Kontenrahmen", die die betriebswirtschaftliche Theorie und vor allem die Praxis bis in die Gegenwart beeinflußt hat. Von einer bestimmten Größe an gab es in der Buchhaltung wohl seit eh und je eine Zusammenstellung der benötigten Konten. Die Kontenzahl hing von der Art des Geschäftsbetriebs ab, vor allem davon, in welchem Grade die Einzelheiten des Betriebs und des betrieblichen Ablaufs durch die Buchführung dargestellt werden sollten. In der Buchhaltung größerer Unternehmen gab es um die Jahrhundertwende z. B. ein „Büchlein im Taschenformat", worin die Kontierungstabellen festgelegt waren.[86]) Ein alphabetisches Register half, das Konto schnell zu finden.

Meist in Verbindung mit der Neuorganisation natürlich gewachsener Buchhaltungen wird schon frühzeitig eine systematische Gliederung der Konten versucht. Johann Friedrich Schär veröffentlicht 1911 ein Kontensystem, das dem heutigen Kontenrahmen in sachlicher und formeller Hinsicht verwandt ist.[87]) Es kann als Vorläufer des Kontenrahmens von Schmalenbach bezeichnet werden.[88]) In den Jahren danach erscheinen viele Publikationen von Einzelautoren und von verschiedenen Gremien, die sich an der Entwicklung einer Kontensystematik beteiligen.[89])

Dazu gehören nicht zuletzt Beiträge in Fachzeitschriften, vor allem in technischen Zeitschriften, sowie Gliederungsvorschläge von Fachverbänden. Aber auch die Tatsache, daß die pädagogischen Bedürfnisse der Hochschulen wachsen, hat Gliederungsversuche nahegelegt.

45. Wirkungsvoller Alleingang

> *„Ich bin mangels Zeit nicht in der Lage, nun über diesen Entwurf ein parlamentarisches Verfahren zu verhängen und ihn erst in Kraft treten zu lassen, nachdem alle Bedenken und Anregungen gehört wurden." (Der Kontenrahmen, 1. Aufl., 1927, S. 10).*

Den Durchbruch erzielt Schmalenbach mit seinen Veröffentlichungen über den Kontenrahmen zunächst 1927 in seiner Zeitschrift, dann als gesonderte Schrift.[90]) Seine Bemerkung, daß er den Kontenrahmen ohne parlamentarisches Verfahren herausbringen will, muß vor dem Hintergrund der damals zahlreichen Bestrebungen von Fachkreisen gesehen werden, zu gemeinsamen Vereinheitlichungs-Vorschlägen für das Rechnungswesen zu kommen. Dazu muß man sich dessen erinnern, daß in den zwanziger Jahren in Deutschland eine große Rationalisierungsbewegung beginnt. Es gilt nach den schweren Erschütterungen durch den verlorenen Krieg, die Wirtschaft wieder in die Friedensproduktion überzuleiten und sie so rationell zu gestalten, daß sie im Wettbewerb zu bestehen vermag. Schon um die Jahrhundertwende hatte es technisch-wissenschaftliche Vereine gegeben, die sich mit Fragen und Verbesserungen der Wirtschaftlichkeit befaßten. Diese Bestrebungen bekamen einen wesentlichen Auftrieb durch die Anforderungen, Erfahrungen und Erkenntnisse, die die Umstellung von der Kriegswirtschaft auf die Friedenswirtschaft mit sich brachte. Sie führten zur Gründung des „Deutschen Normenausschusses" (DNA) und des „Ausschusses für wirtschaftliche Fertigung" (AWF).

Um die Arbeiten der verschiedenen Vereine und Fachorganisationen zu koordinieren, wird 1921 das „Reichskuratorium für Wirtschaftlichkeit in Industrie und Handwerk" gegründet. Vier Jahre später erhält diese Institution den Namen „Reichskuratorium für Wirtschaftlichkeit"; seit 1950 ist sie als „Rationalisierungs-Kuratorium der Deutschen Wirtschaft" (RKW) tätig. 1926 entsteht der „Arbeitsausschuß für wirtschaftliche Verwaltung" (AWV), der juristisch mit dem RKW verbunden ist. In einem seiner Unterausschüsse, dem Fachausschuß für Rechnungswesen, wird Schmalenbach zum Obmann bestellt, sein Stellvertreter ist Herbert Peiser, Vorstandsmitglied eines Industrieunternehmens. Bei den technischen Vereinen spielen der Verein Deutscher Maschinenbauanstalten (VDMA) und der Verein Deutscher Ingenieure (VDI) in der Entwicklung des industriellen Rechnungswesens eine wichtige Rolle. Sie ist auf Jahrzehnte geprägt durch Schulz-Mehrin, der – von Hause aus Ingenieur – über zwanzig Jahre lang die betriebswirtschaftlichen Arbeiten des VDMA besonders im Rechnungswesen, und hier vornehmlich in der Kostenrechnung und Buchhaltung, leitet.

So sind die kritischen Stimmen zu verstehen, die die vorzeitige Veröffentlichung der Arbeit von Schmalenbach als unerwünschten Alleingang empfinden. Man hätte lieber gesehen, daß der Kontenrahmen in einem größeren Kreise diskutiert worden wäre, bevor er der Öffentlichkeit übergeben wurde.[91]) Doch Schmalenbach hält seine Veröffentlichung für dringlich und will sie nicht mehr durch weitere Erörterungen in größerem Kreise hinauszögern.[92]) Die vielen Unternehmungen, die „verhältnismäßig spät erkannt haben, daß eins der wesentlichen Hilfsmittel der Rationalisierung ein gut aufgebautes Rechnungswesen ist"[93]), sollen ein Organisationsinstrument an die Hand bekommen. Nach der Erstveröffentlichung in der Zeitschrift für handelswissenschaftliche Forschung erscheint die Schrift mit gleichem Text als Buch im Gloeckner-Verlag.

Das Verhalten Schmalenbachs dürfte auch von der Skepsis bestimmt gewesen sein, daß Vereinheitlichungs-Bestrebungen um so weniger erfolgreich sind, je größer der Kreis der Beteiligten wird. Schmalenbach hat sich in diesen Jahren gleichzeitig beim RKW intensiv an Gemeinschaftsarbeiten beteiligt. Hierzu schreibt er erklärend: „Es ist gar kein Zweifel, daß man sich zur Frage der Vereinheitlichung fachwissenschaftlich sehr verschieden einstellen kann. Zwischen hellstem Optimismus und schwärzestem Pessimismus ist Platz für fachwissenschaftliche Meinungen ungezählter Schattierungen. Ich selbst gehöre zu denen, die heute glauben, daß noch Jahre vergehen werden, ehe große und unzweifelhafte Resultate zu verzeichnen sind. Aber durchaus unzweifelhaft ist es, erstens, daß diese Versuche gemacht werden müssen und zweitens, daß die Fachwissenschaft auf jeden Fall aus diesen Versuchen große Vorteile zieht."[94]) Den größten dieser Vorteile sieht er darin, daß die Versuche in einem bisher unbekannten Grade Praktiker und Theoretiker des Rechnungswesens am selben Tisch versammelt haben.

Eine Möglichkeit, die Vorstellungen von einem verbesserten Rechnungswesen in der Praxis durchzusetzen, bietet sich mit der Entwicklung von sogenannten Einheitsbuchführungen für einzelne Branchen. Sie werden in Arbeitskreisen des AWV-Fachausschusses Rechnungswesen beraten und auch von diesem herausgegeben. Den jeweiligen Vorworten ist ihre Zusammensetzung aus meist wissenschaftlich geschulten Mitarbeitern zu entnehmen. In der Regel ist ein Mitarbeiter Schmalenbachs dabei. Ausgangsüberlegung der Einheitsbuchführung ist, daß eine für alle Unternehmungen in der Wirtschaft gültige Normierung nicht sinnvoll erscheint; deshalb die Beschränkung auf einzelne Branchen. Ziel ist die Feststellung einer theoretisch gut fundierten, nach ökonomischen Gesichtspunkten aufgebauten monatlichen Gewinnrechnung, einer Zeiterfolgsrechnung und einer klaren Selbstkostenrechnung, die die Stückerfolgsrechnung erleichtern soll.[95]) Wesentliche Grundlage dieser Arbeit ist der Schmalenbachsche Kontenrahmen.

Außerdem gilt für alle die nachstehende inhaltliche Gliederung:

- theoretische Kurzdarstellung der Probleme der Perioden- und Stückerfolgsrechnung der betreffenden Branche,
- Beschreibung des empfohlenen Kalkulationsverfahrens mit Kontenplan und Darstellung des Zusammenhangs der Konten, ein
- Konten-Schaubild und eine
- Zusammenstellung der für die Abrechnung erforderlichen Formulare,
- systematisches Kontenverzeichnis.

Einheitsbuchführungen werden herausgebracht für: mittlere Maschinenfabriken mit Einzelfertigung (W. Krähe), Braunkohlebergbau (Fischer), mittlere Eisengießereien (A. Buschkühler), Webereien mit besonderer Berücksichtigung der Buntwebereien (K. Butzenheinen), Binnenschiffahrt mit besonderer Berücksichtigung der Schleppschiffahrt (W. Geile), Brauereien (P. Loenertz), mittlere Gesenkschmieden (F. Becker und F. Rosen), Ziegeleien (P. Brinkmann). Mit den in Klammern gesetzten Namen sind die jeweiligen Bearbeiter genannt.[96])

Die zweite Auflage „Der Kontenrahmen" von Schmalenbach erscheint 1929 ebenfalls in der Schriftenreihe für Einheitsbuchführungen. Im Vorwort heißt es, man habe den theoretischen Ausführungen etwas mehr Spielraum gegeben als in der ersten Auflage, um auf diese Weise in den einzelnen Schriften der Reihe die allgemeinen Erläuterungen abzukürzen. Die dritte Auflage erscheint dann 1930 als RKW-Veröffentlichung Nr. 43. Sie zeigt, welchen Einfluß Schmalenbach zu dieser Zeit innerhalb des RKW in Fragen des Rechnungswesens hat.[97])

46. Theoretische und didaktische Grundlegung

„Kontenpläne sind für die schaubildliche Darstellung besonders deshalb ein höchst dankbares Objekt, weil die für eine vollkommene Rechnung charakteristische Lückenlosigkeit der Gegensätze von Soll und Haben, Soll und Ist, Eingang und Ausgang, Aufwand und Leistung sich im Schaubild besonders sinnfällig zum Ausdruck bringen läßt." (Der Kontenrahmen, 2. Aufl., 1929, S. 7)

Die zeitgenössische Kritik gegenüber dem Kontenrahmen Schmalenbachs richtete sich zum Teil dagegen, daß seine theoretischen Ausführungen für den Praktiker etwas überladen und kompliziert seien. Aber der Erfolg des Werks beruhte wesentlich gerade darauf, daß Schmalenbach bei allem Bemühen um Praxisnähe mit seinem Kontenrahmen die theoretische Grundstruktur eines Unternehmensmodells geschaffen hat. Auch für die weitere Entwicklung wurde der theoretisch fundierte Kontenrahmen Schmalenbachs richtungweisend.[98]) Die Anordnung der Konten ist bei den heute praktizierten Buchhaltungssystemen von den Grundsätzen beherrscht, die Schmalenbach viele Jahre hindurch in seinen Abhandlungen über Erfolgsrechnung und Selbstkostenrechnung verfolgt hat. In der vierten Auflage hat er sie in sieben Punkten zusammengestellt:

1. Organischer Aufbau des Rechnungswesens im Betriebe,
2. genaue Selbstkostenrechnung,
3. zuverlässige, schnell fertige Monatsabschlüsse,
4. Feststellbarkeit der Erfolgsursachen,
5. Trennung von fixen und proportionalen Kosten,

6. Kontrolle der einzelnen Abteilungen und Kostenstellen,
7. Betriebsvergleich.

Die Erläuterungen dazu lesen sich wie ein Abriß aus seinen einschlägigen Buchveröffentlichungen. Der Kontenplan und die zu seiner Veranschaulichung dargestellten zahlreichen Beispiele gehen davon aus, daß das Rechnungswesen eines Betriebes in allen seinen Teilen ein Ganzes bilden muß.

Schmalenbach läßt sich hierbei sehr stark von didaktischen Vorstellungen leiten, die sich nicht nur auf den Studenten, sondern auch auf den Praktiker beziehen, der das Rechnungswesen seines Betriebes nach seinem Kontenrahmen ausrichtet. Er ist so aufgebaut, daß z. B. die von der Kalkulation benötigten Zahlen „bei allen irgendwie vorkommenden Kalkulationsweisen ihren organischen Platz erhalten, und zwar ist Bedacht darauf genommen, daß diejenigen, die ihr Rechnungswesen aufgrund des Kontenrahmens einrichten, nach Möglichkeit zu einer ordentlichen Aufschreibung der erwähnten Zahlen geradezu gedrängt werden. Das ist einer der Gründe, weshalb für die neutralen Aufwendungen und Erträge eine besondere Kontenklasse gegründet wurde. Die Trennung der Kontenklassen „Hilfsbetriebe" und „Hauptbetriebe" verfolgt zum Teil den gleichen Zweck. Auch die Sammlung der Konten für Halb- und Fertigfabrikate in einer besonderen Kontenklasse soll die Bedürfnisse der Kalkulation dadurch unterstützen, daß die Bewertung der Fabrikate sozusagen lokalisiert durchdacht werden muß, während die übrigen Kontenklassen mit dieser Frage nichts zu tun haben"[99]).

Theoretische und didaktische Ziele kennzeichnen auch eine andere Besonderheit des Kontenrahmens: die schaubildliche Darstellung der buchhalterischen Prozesse. Mittels normalisierter Symbole für Konten und für die sie verbindenden Buchungsabläufe läßt sich das Gefüge jeder Kontenorganisation klar aufzeigen. In der Notwendigkeit, die Konten-Schaubilder zu vereinheitlichen, sieht Schmalenbach einen weiteren Anlaß für den Entwurf des Kontenrahmens. „Ganz besonders aber tut das Konten-Schaubild seine Wirkung, wenn ein Kontenplan anderen Personen veranschaulicht werden soll. Damit hängt es zusammen, daß das Konten-Schaubild in akademischen Vorlesungen über das Rechnungswesen sich einen so breiten Raum erobert hat."[100])

Die wegweisende Entwicklung sieht Kosiol darin, daß Schmalenbach den Gesichtspunkten der Kontengruppierung an sich sowie der systematischen Verbindung von Finanz- und Betriebsbuchhaltung – unter gleichzeitiger Herausarbeitung der zwischen beiden Erfolgsrechnungen bestehenden theoretischen Unterschiede – den Gesichtspunkt der organisatorischen schaubildlichen Darstellung des Buchungsablaufes hinzufügte. „Diese Eigenart hat dem Kontenrahmen Schmalenbachs sein besonderes Gepräge gegeben und wesentlich zu seiner literarischen und praktischen Fruchtbarkeit beigetragen."[101])

47. Zweckorientierte Kontengliederung nach der Abrechnungsfolge

„Formale Gliederungsgesichtspunkte erleichtern es dem Buchhalter, die Konten leicht aufzufinden und nach kurzer Zeit ihre Gruppen und Klassen auswendig zu wissen." (Der Kontenrahmen, 2. Aufl., 1929, S. 18)

Bei der Gliederung des Kontenrahmens kann zwischen formalen und materiellen Prinzipien unterschieden werden. Unter formalen Aspekten können die Konten nach dem Alphabet (Literalsystem), nach einem Nummernsystem (Numeralsystem) oder nach einem gemischten System gekennzeichnet werden. Das einfachste Numeralsystem ist die laufende Durchnumerierung der Konten. Schmalenbachs Kontenrahmen ist nach dem dekadischen System von Melville-Dewey aufgebaut, das sich auch bei der Kritik, die zeitweise geübt wurde, in der Praxis durchgesetzt hat.

Bei den materiellen oder funktionalen Gliederungskriterien kann zwischen dem Abschluß- und Ablauf- oder Prozeßgliederungsprinzip unterschieden werden. In der Literatur heißt es meist, daß Schmalenbach vom Prozeßgliederungsprinzip oder verkürzt vom Prozeßprinzip ausgegangen ist. Nach Kosiol darf man diese Aussage jedoch nicht so interpretieren, daß eine Kontenanordnung nach dem innerbetrieblichen Güterkreislauf voll und ganz mit derjenigen übereinstimmt, die dem Ablauf der Kostenrechnung folgt. Eine derartige Übereinstimmung sei angesichts des komplexen Charakters des Unternehmungsprozesses gar nicht zu erwarten.[102]) Deshalb dürfe die Feststellung genügen, daß in der Anordnung der Kontenklassen die Hauptrichtung der Abrechnungsfolge zum Ausdruck komme. Das Prinzip der Abrechnungsfolge bestimme nicht nur die Klassengliederung der Betriebsbuchhaltung, sondern weitgehend die ganze Klassengliederung derjenigen Kontenrahmen, welche die Betriebsbuchhaltung einbeziehen.

Schmalenbach weist ausdrücklich darauf hin, daß die Kontensystematik nicht für Betriebe jeder Art geeignet sei. Sie sei geschaffen in erster Linie für Fabriken; brauchbar ist sie auch für Groß- und Kleinhandelsunternehmungen sowie für einige Verkehrsbetriebe. Nicht zu verwenden ist sie für Leistungsbetriebe ohne erheblichen materiellen Aufwand, Bankbetriebe, Versicherungsbetriebe und dergleichen.

Im Widerstreit zwischen der Priorität des Rechenzwecks und der wünschenswerten Einheitlichkeit und Stetigkeit in der Klassifizierung der Konten darf nach Schmalenbach „der Kontenrahmen doch nie zu einem starren Schema werden, in das das Rechnungswesen eines Betriebes ohne Rücksicht auf dessen individuelle Verhältnisse hineingezwängt wird".[103]) So stört es ihn nicht, daß z. B. in den Klassen 0, 1 und 2 die Kontengliederung gegen den Grundsatz der Homogenität verstößt, wonach in einer Klasse nur Aktiva, nur Passiva, nur Aufwendungen oder nur Erträge enthalten sein sollen. Er nimmt die damit verbundenen Schwierigkeiten in Kauf. Dazu einige Beispiele (Gliederung des Kontenrahmens auf Seite 378). Bei der Klasse 0 ist für Schmalenbach bestimmend, daß nur gelegentlich des Jahresabschlusses gebucht wird. Auch ist die Zusammenfassung der hier gebuchten Konten in einem besonderen Hauptbuch ein Kriterium. Die Klasse 1 „Finanzkonten" enthält die bewegten Konten der Schuldverhältnisse. Schmalenbach setzt sich im einzelnen damit auseinander, warum die Schuldverhältnisse nicht in einer Klasse vereinigt werden, sondern warum ihnen je nach dem Grad der Ruhe zwei Klassen zugewiesen sind. Die Erörterung hat ergeben, schreibt er, daß die Zweiteilung zu bevorzugen ist. Gleichzeitig gebe es aber Fälle, in denen seines Erachtens die Umstände auf Vereinigung aller Konten der Schuldverhältnisse in einer Klasse drängten. Dann solle man ruhig so verfahren. Eine derartige Abweichung von der normalen Systematik tue ihren Vorzügen keinen nennenswerten Abbruch.[104])

Die meisten Kontenklassen sind der internen Betriebsrechnung gewidmet. Die Klasse 2 ist für die Abgrenzungskonten vorgesehen, damit der neutrale Ertrag vom Betriebsergebnis getrennt werden kann.

Die Ausgleichskonten in dieser Klasse sind der Eliminierung von Außeneinflüssen durch Preisschwankungen vorbehalten, z. B. den Materialeingängen, die dem Betrieb nicht zum Marktpreis, sondern zu Festpreisen belastet werden sollen. In Klasse 2 sind auch die Konten, auf denen in der Jahresrechnung zu aktivierende oder zu passivierende Beträge gesammelt werden. Die Klassen 3 bis 8 enthalten die Kontengruppen für die innerbetriebliche

Gliederung des Schmalenbachschen Kontenrahmens

<table>
<tr><td colspan="10">Der Kontenrahmen
Klasse 0 – 9</td></tr>
<tr><td rowspan="4">Ruhende Konten</td><td colspan="9">Bewegte Konten</td></tr>
<tr><td rowspan="3">Finanz-Konten</td><td colspan="8">Konten der Aufwands-, Leistungs- und Erlösrechnung</td></tr>
<tr><td rowspan="2">Neutraler Aufwand, neutraler Ertrag
nur der Jahres-rechnung angehörend, falls Monats-erfolgsrech-nung nicht den Gesamt-erfolg der Unternehmung aufweist</td><td colspan="7">Konten der Betriebsgebarung, Kalkulation und Monatserfolgsrechnung</td></tr>
<tr><td colspan="2">Aufwandarten- bzw. Kostenartenverrechnung</td><td>Frei</td><td colspan="2">Kostenstellen</td><td>Kostenträger</td><td>Verkaufs-kosten, Erlöse, Gesamt-abrechnung</td></tr>
<tr><td></td><td></td><td></td><td>Aufwand nicht in Nebenbuch-haltungen auf-gezeichnet</td><td>Aufwand in Nebenbuch-haltungen auf-gezeichnet</td><td>wahlweise Kostenarten-verrechnung retrograd oder: Kostenstellen (Verwaltungs-betriebe)</td><td>Hilfsbetriebe</td><td>Hauptbetriebe</td><td>Halb- und Fertigfabrikate</td><td></td></tr>
<tr><td>0</td><td>1</td><td>2</td><td>3</td><td>4</td><td>5</td><td>6</td><td>7</td><td>8</td><td>9</td></tr>
<tr><td colspan="3">Geschäftsbuchhaltung</td><td colspan="6">Betriebsbuchhaltung</td><td>wahlweise: Gesch.- oder Betr.-Buchh.</td></tr>
</table>

Abrechnungsfolge mit den Konten für die Erfassung des Aufwands und seine Verrechnung auf Kostenstellen und Kostenträger. Schmalenbach geht hierbei vom Industriebetrieb mit Zuschlagskalkulation aus, weist aber ebenso auf die Abrechnung bei Divisionskalkulation oder auf die Abrechnung der Kostenstellen mit Soll-Beträgen hin. Zur Klasse 9 gehören schließlich neben den Konten für die Verkaufskosten, die Konten für die Erlöse und die Gesamtabrechnung.

48. Konsequent in der Sache, anpassungsfähig in der Form

„. . . Ganz besonders ist darauf hinzuweisen, daß nicht überall da, wo von einem Konto die Rede ist, ein wirkliches Konto der doppelten Buchhaltung gemeint sei. Es ist durchaus in der Ordnung und muß in vielen Fällen empfohlen werden, nicht die äußeren Formen der doppelten Buchhaltung anzuwenden, sondern sich anderer Formen der Statistik zu bedienen." (Der Kontenrahmen, 1935, 4. Aufl., S. 5)

Formale Strukturen wirken sich mehr oder weniger auf die inhaltliche Gestaltung aus, so auch die Gliederung der Kontenklassen auf die Organisation des Rechnungswesens. Die Klassen 0 bis 2 gehören danach in die Geschäftsbuchhaltung, während die Klassen 3 bis 8 die Konten der Betriebsbuchhaltung enthalten. Die Konten der Klasse 9 können teilweise in der Geschäftsbuchhaltung oder in der Betriebsbuchhaltung geführt werden. Diese von Schmalenbach vor allem aus pädagogischen Gründen bevorzugte Integration von Geschäftsbuchhaltung und Betriebsbuchhaltung ist in der praktischen Durchführung vielfach auf Schwierigkeiten gestoßen. In der Praxis der Maschinenindustrie zeigte sich bald, daß „die Betriebsabrechnung in der Regel nicht in buchhalterischer Form durchgeführt werden konnte, und auch die von Schmalenbach vorgeschlagene Auflösung der Kostenarten in fixe und proportionale Kosten auf buchhalterischem Wege an unüberwindbaren Schwierigkeiten scheiterte. Insbesondere in Betrieben mit umfangreichem Erzeugnisprogramm und weitgehender Einzelfertigung, wie in zahlreichen Unternehmen des Maschinenbaus, war dies nicht möglich".[105])

Der Zeitgenosse Schmalenbachs, Otto Schulz-Mehrin, der das Rechnungswesen in den Maschinenfabriken entscheidend geprägt hat, bringt denn auch 1930 einen „Normal-Kontenplan für Fabrikbetriebe" heraus, der sich vom Kontenrahmen Schmalenbachs unter anderem dadurch unterscheidet, daß er die Kostenstellenrechnung in tabellarischer Form vorsieht. Die Betriebsabrechnung soll nicht in die buchhalterische Systematik einbezogen sein, sondern den Bedürfnissen des einzelnen Unternehmens entsprechend angepaßt werden können.[106]) Darin wird ein entscheidender Fortschritt gesehen. Der tabellarischen Kostenrechnung wird, auch im noch zu erörternden Erlaß-Kontenrahmen von 1937, der Vorzug gegeben. Ihr liegt das von Schulz-Mehrin entwickelte Schema für die schrittweise Verteilung der Gemeinkosten zugrunde, das im Erlaß-Kontenrahmen als „Betriebsabrechnungsbogen" herausgestellt wird.

Wenn Schmalenbach auch in seinen Veröffentlichungen, insbesondere in den späteren Auflagen, als Regelfall unterstellt, daß die Betriebsabrechnung in die Kontensystematik der Buchhaltung einzubeziehen ist, ist für ihn schon mit der ersten Veröffentlichung im Jahre 1927 klar, daß sein Entwurf nicht ohne Änderungen bleiben wird und er selbst ihn auch hier und da ändern wird.[107]) Bei den Beziehungen zwischen der Geschäfts- und Betriebsbuchhaltung ist er daher auch nicht auf ein einheitliches Kontensystem festgelegt. So wie in der Literatur die Gliederung seines Kontenrahmens in der Regel dem Prozeßprinzip gleichgesetzt wird, wird auch für die Beziehungen zwischen der Geschäfts- und Betriebsbuchhaltung vielfach die ungeteilte Gesamtbuchhaltung unterstellt. Die ersten Veröffentlichungen im Jahre 1927 mögen zu dieser Interpretation beigetragen haben, obwohl Schmalenbach auch hier schon darauf hinweist, daß das Wort „Konto" nicht in zu engem Sinne verstanden werden soll.

In der zweiten Auflage aus dem Jahre 1929 ist aber dem Zusammenhang von Geschäfts- und Betriebsbuchhaltung bereits ein eigener Abschnitt gewidmet. Hier macht Schmalenbach deutlich, daß die Benutzung eines einheitlichen Kontensystems keineswegs identisch ist mit einer nur summarischen und unvollkommenen Darstellung der innerbetrieblichen Vorgänge. An einzelnen Schaubildern zeigt er, daß auch in seinem System eine weitgehende Kontengliederung möglich ist. Bei der organisatorischen Teilung in Geschäfts- und Betriebsbuchhaltung werden dann grundsätzlich zwei Formen unterschieden:

- Die Betriebsbuchhaltung dient der Untergliederung der summarischen Konten der Geschäftsbuchhaltung oder
- Geschäfts- und Betriebsbuchhaltung sind je ein selbständiges Kontensystem.

Hierfür gibt es auch die Bezeichnungen Einkreis- oder Zweikreissystem. Das Einkreissystem besteht nach Schmalenbach darin, „daß man für die Buchhaltung zwar ein Kontensystem einrichtet, aber die Betriebsvorgänge nur auf summarischen Konten zur Darstellung bringt. Neben dieses Kontensystem tritt eine besondere Betriebsbuchhaltung in der Form, daß sie nach Art einer Nebenbuchhaltung die summarischen Konten der Geschäftsbuchhaltung, soweit sie Betriebsvorgänge betreffen, nach verschiedenen Gesichtspunkten gliedert. Ob diese Zergliederung rein kontenmäßig geführt wird, spielt dabei keine Rolle. Wesentlich ist, daß sie so vorgenommen wird, daß die Ergebnisse eine Kontrolle der, in der Geschäftsbuchhaltung summarisch geführten, Konten gestattet"[108]).

Mit seinen Veröffentlichungen über den Kontenrahmen hat Schmalenbach direkt oder indirekt alle weiteren deutschen und teilweise auch ausländischen Kontenrahmen-Entwicklungen beeinflußt. Im Deutschland der dreißiger Jahre, dessen Wirtschaftsordnung im Zeichen der nationalsozialistischen Regierung als eine vom „Staat gelenkte Unternehmerwirtschaft" zu kennzeichnen war, spielt der Kontenrahmen eine besonders große Rolle. Je mehr der Staat in die Wirtschaft gestaltend eingreift, desto wichtiger wird für ihn das Rechenwerk der Betriebe. Unter der nationalsozialistischen Herrschaft liest sich das z. B. wie folgt: „Die neuen Ziele der deutschen Wirtschaft fordern vom Unternehmer gesteigerte Leistungen und erhöhte Wirtschaftlichkeit. Voraussetzung für die Erfüllung dieser großen Aufgabe ist die gründliche Erkenntnis und vollständige Erfassung sämtlicher betrieblicher Vorgänge. Damit ist ein gut ausgebautes Rechnungswesen Grundelement der Neugestaltung der betrieblichen Organisation. Die Gesamtwirtschaft, insbesondere die Ziele des Vier-Jahresplans, verlangen, daß das Rechnungswesen aller Unternehmen nach einheitlichen Grundsätzen gestaltet wird."[109])

Hintergrund dieser Maßnahmen ist, daß die freie Preisbildung und die damit ermöglichte Lenkung der Wirtschaft über den Markt immer mehr zurücktreten. Ein nach genauen Vorschriften zu ermittelnder Kostenpreis gewinnt zunehmend an Bedeutung, das gilt auch für die Kontrolle durch eine ausgebaute Kostenrechnung. In den mit dem zitierten Erlaß herausgegebenen Richtlinien zur Organisation der Buchführung ist auch ein Kontenrahmen („Erlaß-Kontenrahmen") enthalten, dem gleichzeitig das Beispiel eines Kontenplans für Fertigungsbetriebe beiliegt. Unter Berücksichtigung der branchenmäßig bedingten Eigenheiten und der Größe der Mitgliederbetriebe werden bald danach rd. 200 zweigwirtschaftliche Kontenrahmen der Wirtschaftsgruppen und zum Teil ihrer Fachgruppen, Fachuntergruppen und Fachabteilungen der Industrie und des Handels sowie der Reichsinnungsverbände des Handwerks entworfen und genehmigt.[110]) Der Erlaß-Kontenrahmen baut weitgehend auf den Vorstellungen Schmalenbachs auf.

49. Die Entwicklung des Kontenrahmens nach dem zweiten Weltkrieg

„Die Fachwissenschaft kann sich selbstverständlich nicht auf eine einzige Kontengliederung einlassen; jede neue Betrachtungsweise erfordert neue Gliederungsgesichtspunkte, und wir wollen hoffen, daß immer neue Betrachtungsweisen aufkommen.“ (Der Kontenrahmen, 2. Aufl., 1929, S. 7)

Eine ausschließlich auf Eigeninitiative basierende, rein literarische Veröffentlichung eines detaillierten Kontenrahmens, der nicht nur theoretisch, sondern auch praktisch unmittelbar fruchtbare Wirkungen auslöste, hat in Deutschland nur Schmalenbach erleben können.[111]) Seitdem sind die in der Praxis verwendeten Kontenrahmen zwar von einzelnen Autoren, aber im Auftrage von Verbänden und in Zusammenarbeit mit ihnen ausgearbeitet worden; meist handelt es sich jedenfalls um das Resultat einer Kommissionsarbeit.

Nach dem Zweiten Weltkrieg kommt zunächst unter den schwierigen Bedingungen des Wiederaufbaus 1949 als freiwilliges Gemeinschaftswerk der Industrieverbände der sogenannte Gemeinschaftskontenrahmen heraus. Er bleibt in der überkommenen Tradition des Erlaß-Kontenrahmens, allerdings mit dem Unterschied, daß er lediglich eine Empfehlung darstellt und in keiner Weise eine staatlicherseits unterstützte Verbindlichkeit hat. Ebenso erscheinen entsprechende Kontenrahmen für den Groß- und Einzelhandel und weitere Bereiche der Dienstleistung, für einzelne Industriezweige, z. B. für die Eisen- und Stahlindustrie, für die Versorgungsunternehmen und andere Branchen. Bei der inzwischen eingetretenen Vielfalt von „Einheits“-Kontenrahmen liegt es nahe, daß sich die Vertreter der Betriebswirtschaftslehre in den fünfziger Jahren kritisch mit ihnen auseinandersetzen und fragen, ob und in welchem Umfang die vorliegenden Kontenrahmen und Kontenpläne ihre Aufgabe erfüllen können. Die bei der Bestandsaufnahme festgestellten Unterschiede sind weniger durch die Branchen bedingt, denen die Kontenrahmen und -pläne dienen sollen, als vielmehr dadurch, daß in den unterschiedlichen Kontensystemen verschiedene Gliederungsprinzipien angewendet werden und im übrigen viele der Lösungen recht eigenwillig sind. Die Ursache wird darin gesehen, daß beide, sowohl der Erlaß-Kontenrahmen als auch der Gemeinschafts-Kontenrahmen, eine gewisse Starrheit und Einseitigkeit besitzen, die ihre gleichwertige Brauchbarkeit für alle Kontensysteme, Rechentechniken und Branchen schmälert.[112])

Den Grundfehler beim Gemeinschafts-Kontenrahmen sieht Grochla darin, daß er die Veränderung der Wirtschaftsordnung in der Bundesrepublik nicht berücksichtigt. Die Vernachlässigung der Finanzbuchhaltung beim Reichskontenrahmen wird mit der innerbetrieblichen Ausrichtung des Rechnungswesens in der zentral gelenkten Wirtschaft begründet. In der freien Verkehrswirtschaft müsse aber das Rechnungswesen ebenso marktorientiert sein, da auf dem Markt die wichtigsten Entscheidungen über die Existenz des Betriebes gefällt werden. Im Gemeinschafts-Kontenrahmen komme jedoch die Finanzbuchhaltung zu kurz; außerdem werde der Gegensatz von auf Ausgaben und Einnahmen beruhender Periodenrechnung und kalkulatorischer Rechnung nicht genügend deutlich.[113]) Grochla stellt einen

Kontenrahmen zur Diskussion, in dem das Bilanzgliederungsprinzip für den Jahresabschluß und die Abrechnungsfolge für die innerbetriebliche Abrechnung miteinander verbunden sind.

Der Bundesverband der Deutschen Industrie führt später in Verbindung mit dem Rationalisierungskuratorium der Deutschen Wirtschaft eine Reihe empirischer Untersuchungen durch, um sich ein Bild vom Stand des Rechnungswesens in der Bundesrepublik zu machen. Daraus ergibt sich, daß, entgegen der Konzeption des Gemeinschafts-Kontenrahmens, die Kosten- und Leistungsrechnung (Betriebsbuchhaltung) in der Praxis in immer stärkerem Maße von der Geschäftsbuchhaltung getrennt und diese mehr im Hinblick auf die Jahresabschlußrechnung ausgestaltet wird. Ebenso zeigt sich, daß zwar die meisten Industrieunternehmungen über eine Vollkostenrechnung entweder auf Ist-Kosten-Basis oder auf Basis von Norm- oder Standardwerten nach der Konzeption des Gemeinschafts-Kontenrahmens verfügen, daß andererseits jedoch eine nicht unerhebliche Zahl von Unternehmungen verschiedene Kostenrechnungssysteme anwenden, die von der Plankostenrechnung bis zur Dekkungsbeitragsrechnung reichen. Dafür ist aber der bisherige Kontenrahmen nach dem Modell des Erlaß- oder Gemeinschafts-Kontenrahmen nicht geeignet. Bemerkenswert ist in diesem Zusammenhang die Feststellung, daß entgegen den mit dem Gemeinschafts-Kontenrahmen gehegten Erwartungen bei kleineren und mittleren Betrieben nur zu einem geringen Teil neben der Geschäftsbuchhaltung auch eine Kosten- und Leistungsrechnung existiert.[114])

Es wäre konsequent, im Zeichen der Unternehmensautonomie in einer Marktwirtschaft das individuell ausgestaltete Rechnungswesen nicht zu beeinflussen, doch zeigt sich, daß Nachteile damit verbunden sind. Vor allem Betriebsvergleiche sind erschwert. Der betriebswirtschaftliche Ausschuß des Bundesverbandes der Deutschen Industrie hält es daher für geboten, die Gemeinschafts-Richtlinien aus dem Jahre 1951/52 neu zu bearbeiten. Wie umfassend diese Aufgabe gesehen wird, zeigt sich daran, daß neben einem 1965 berufenen Arbeitskreis im Laufe der Zeit etwa 200 Fachleute, zumeist erfahrene Praktiker aus dem industriellen Rechnungswesen, herangezogen wurden. Endres hat hierfür eine Vorstudie erstellt mit dem Ziel, theoretische Grundlagen zu erarbeiten.[115]) Das Ergebnis ist ein neuer Kontenrahmen für die Deutsche Industrie, der unter dem Namen „Industrie-Kontenrahmen" (IKR) zu Beginn des Jahres 1971 veröffentlicht worden ist.

Für den Industrie-Kontenrahmen ist charakteristisch, daß bei der Konzeption vom Prinzip der Dualgliederung ausgegangen wird.[116]) Darin werden das Bilanz- oder Abschluß-Gliederungsprinzip und das Prozeßprinzip oder Prinzip der Abrechnungsfolge nebeneinander verwendet. Freilich müssen hierfür die beiden Hauptbereiche des industriellen Rechnungswesens, die Geschäftsbuchhaltung und die Kosten- und Leistungsrechnung (Betriebsbuchhaltung) unter Einschluß der Abgrenzungsrechnung dort, wo der IKR angewendet werden soll, zwei in sich geschlossene Rechnungskreise bilden. Dementsprechend wird von einem Rechnungskreis I und Rechnungskreis II gesprochen. Für diese Konzeption des Kontenrahmens sind auch die Bestrebungen maßgebend, in der Europäischen Gemeinschaft zu einer Vereinheitlichung des Rechnungswesens zu kommen.[117])

Mit der starken Betonung der Jahrsabschlußrechnung im Industrie-Kontenrahmen und der De-facto-Ausgliederung der Kosten- und Leistungsrechnung stellt sich die Frage, ob die ursprüngliche Vorstellung Schmalenbachs vom Kontenrahmen als einem Gesamtmodell des Unternehmens noch erhalten geblieben ist. Die Begründer des Industrie-Kontenrahmens bejahen dies und betonen auch, daß es nach wie vor richtig sei, von einer Gesamtheit des betrieblichen Rechnungswesens auszugehen. „Mit der bewußten Beschränkung auf die Finanzbuchhaltung stellt der BDI-Entwurf eines neuen Gemeinschafts-Kontenrahmens lediglich ein Teilmodell dar. Im Entwurf wird aber anhand von Beispielen gezeigt, wie dieses Teilmodell zu einem umfassenderen Modell, das auch die Kosten- und Leistungsrechnung umschließt, zusammengesetzt werden kann. Hierbei greifen wir sogar wiederum auf die von Schmalenbach entwickelte Darstellung in Form von Konten-Schaubildern zurück, die beim derzeitigen Gemeinschafts-Kontenrahmen fehlen, was nicht zu Unrecht aus Kreisen der Wissenschaft bemängelt wurde. Das Teilmodell, das der neue Gemeinschafts-Kontenrahmen darstellt, ist zu verstehen als ein Element eines umfassenden Modells, das die einzelnen Industriezweige bzw. die einzelnen Unternehmen durch eine ihren Bedürfnissen entsprechende Ausgestaltung der Klasse 9 ergänzen müssen."[118])

Schmalenbach mit Teilnehmern des letzten von ihm geleiteten Treuhand-Seminars 1933.

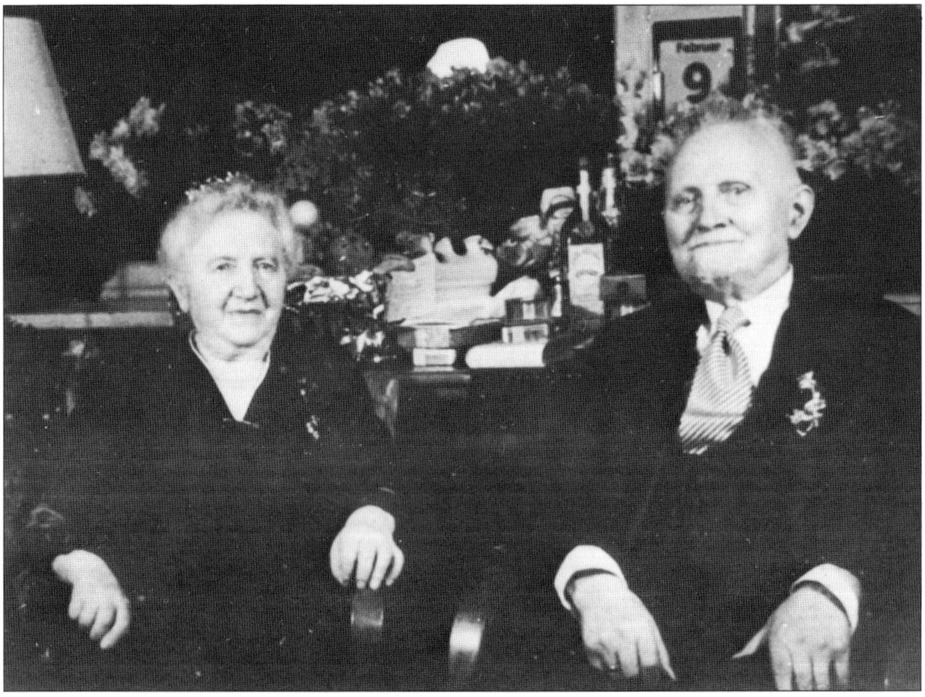

1951 konnte das Ehepaar das Fest der Goldenen Hochzeit begehen. Das Kalenderblatt hinter dem Jubilar zeigt das Datum. Es war der 9. Februar.

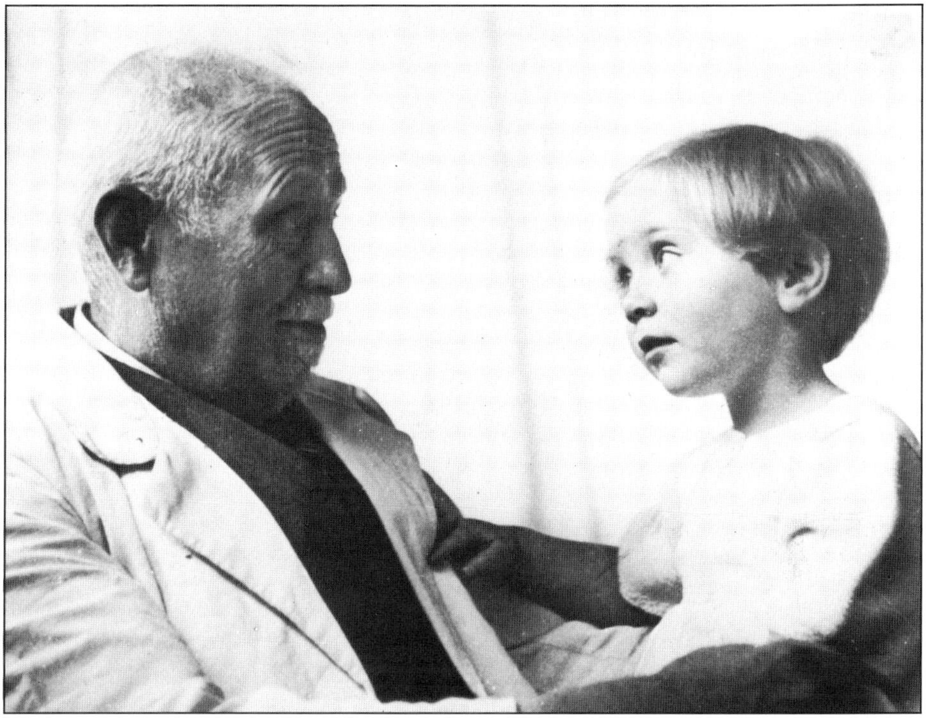

Eugen Schmalenbach und Enkeltochter Barbara.

Der Volkswagen, einer der ersten der Nachkriegsproduktion, war für ihn das schönste Geschenk zum 75. Geburtstag im August 1948. Freunde in der Schmalenbach-Vereinigung hatten es möglich gemacht.

Christine Teusch überreichte als Kultusministerin des Landes Nordrhein-Westfalen auf einem Festakt 1953 Schmalenbach zum 80. Geburtstag das Große Verdienstkreuz.

Walter Krähe gratuliert Schmalenbach; er war sein langjähriger Assistent und in den Jahren der Verfolgung ein stets hilfsbereiter Freund.

Oben links: Theodor Beste, der zu den engsten Vertrauten von Schmalenbach gehörte. Keiner hat so treffend wie er das Wesen und Charakterbild Schmalenbachs gezeichnet.

Oben rechts: Karl Hax, Herausgeber der Schmalenbach'schen Zeitschrift seit 1949 und Mentor von Arbeitskreisen und Arbeitstagungen der Schmalenbach-Gesellschaft.

Willy Minz, enger wissenschaftlicher Mitarbeiter und treuer Freund Schmalenbachs in den Jahren der Bedrängnis der NS-Zeit.

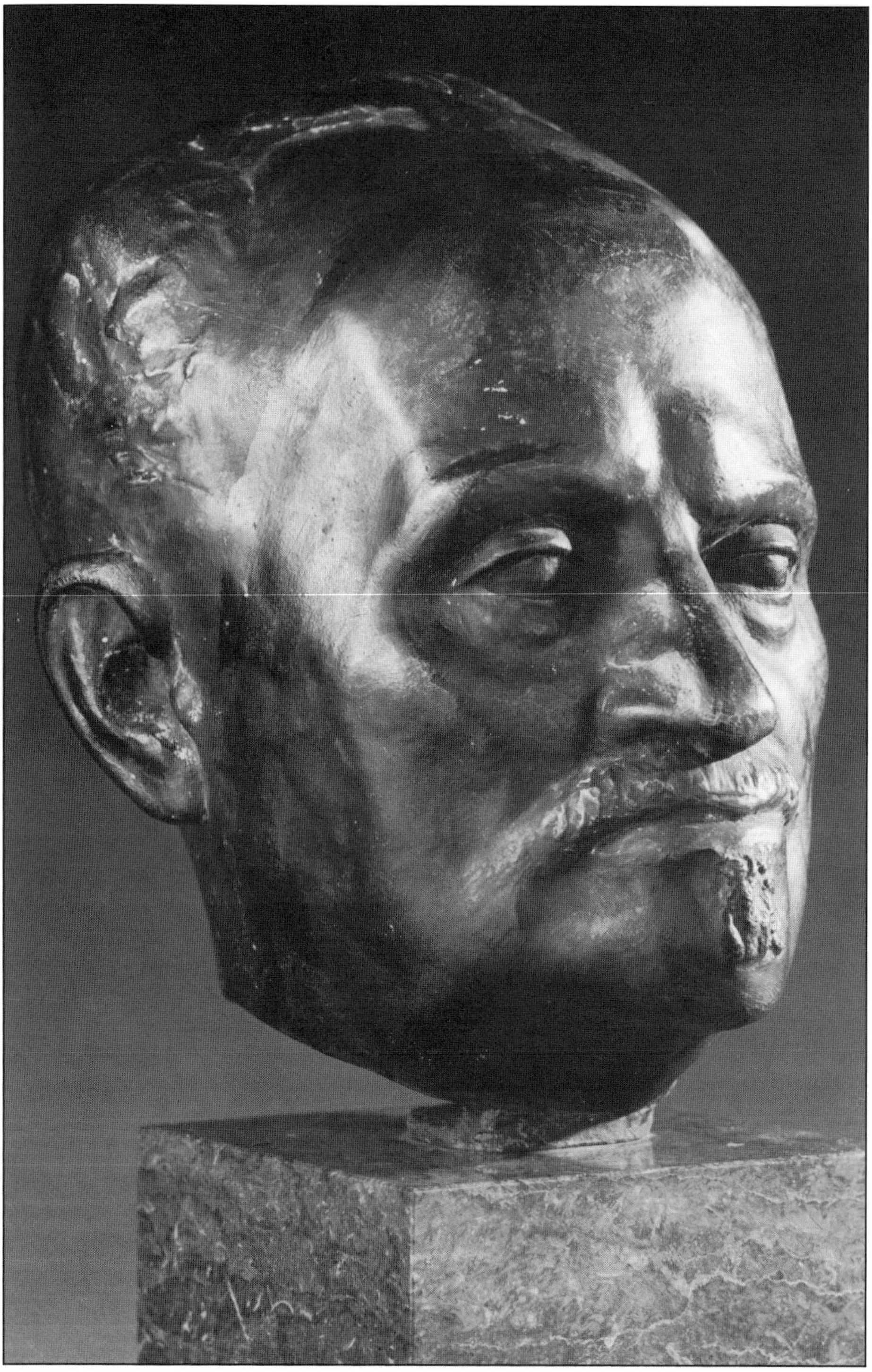

Schmalenbach-Büste, aus Anlaß seines 75. Geburtstages modelliert von der Düsseldorfer Bildhauerin Maria Fuss.

Fünfter Abschnitt

Betriebsleitung und Betriebsorganisation

Die Veröffentlichungen sind kaum zu zählen, die nach dem zweiten Weltkrieg über Methoden und Techniken der Unternehmensführung aus wissenschaftlicher und praktischer Sicht erscheinen. Zum Teil handelt es sich um Übersetzungen amerikanischer Schriften, deren Umfeld die angelsächsische Management-Lehre ist. Die Anfänge gehen unter anderem auf die Arbeiten F. W. Taylors zurück.[1]) Die Lehre entwickelt sich vor allem mit der Umschichtung der Unternehmenspolitik von der Produktions- zur Marketing-Orientierung seit den dreißiger Jahren. Damit geht einher „die Entwicklung einer neuen Management-Mentalität, einer Umschichtung der organisatorischen Werte und Formen, neuer Problemlösungsfähigkeiten und neuer organisatorischer Strukturen.“[2])

Schmalenbach befaßt sich während seines gesamten Wirkens mit Organisationsproblemen. So stellt er die Vorteile einer dezentralen, nach Kunden orientierten Großbanken-Organisation bereits vor dem ersten Weltkrieg dar. In den Mittelpunkt seines Schaffens rückt die Thematik während des zweiten Weltkrieges und in den letzten Jahren seiner Tätigkeit als Hochschullehrer, in denen er Seminare über die Betriebsorganisation abhält. 1941 verfaßt er die Schrift „Über Dienststellengliederung im Großbetrieb“. Das nach seinem Tode von der Schmalenbach-Gesellschaft als Buch veröffentlichte Manuskript wird zur Vorlage für den von ihm initiierten Krähe-Arbeitskreis der Schmalenbach-Vereinigung.[3]) Fragen der Organisation stehen ferner im Mittelpunkt der Manuskripte „Entwurf einer Dienstanweisung für Finanzleiter nebst Begründung und einer Einleitung über allgemeine Organisationsgrundsätze“ und „Die Lagerverwaltung unter dem Gesichtspunkt der Dienststellengliederung“ sowie in den Büchern zur Pretialen Wirtschaftslenkung.

XVII. Leitung des Betriebs

Für den Erfolg des Betriebs ist für Schmalenbach in erster Linie die „Marschrichtung" entscheidend, die man ihm gibt, erst an zweiter Stelle die Art, wie der Marsch ausgeführt wird.[4]) Mit der Frage, auf welche Weise die richtige Marschrichtung gefunden werden kann, nach den „strategischen" Aufgaben des Unternehmers, wie sie in der neuzeitlichen Betriebswirtschaftslehre behandelt werden, hat er sich im einzelnen nicht befaßt. Schwerpunkt seiner Arbeit ist vielmehr das betriebliche Rechnungswesen als Kontroll- und Führungsinstrument der Leitung. Dieses liefert die Information für betriebspolitische Entscheidungen. So lesen wir z. B. in seiner Schrift „Der Kontenrahmen", daß die genaue Kenntnis der fixen und proportionalen Kosten ebenso eine Voraussetzung guter Preispolitik wie einer richtigen Anlagenpolitik ist.[5])

Um die durch die Betriebsleitung gesteckten Ziele zu erreichen, „müssen die Organe des Betriebs eingerichtet und gelenkt werden, ihre Teilfunktionen gut zu verrichten, so daß so schnell und störungsfrei marschiert wird, wie irgend möglich ist."[6]) Wie die Zielfindung liegt auch die Organisation in erster Linie in der Hand des Lenkungsorgans. „Mag es sich des Rates eigener, im Betriebe tätiger Organisatoren oder ganzer Organisationsbüros oder außerhalb des Betriebs stehender Organisationsberater bedienen, immer liegt die Entscheidung bei ihm."[7])

50. Pretiale Lenkung des Betriebs

„Es entbehrt nicht des Reizes feststellen zu können, daß unter denen, die zu dem Grundsätzlichen der Frage sich geäußert haben, sich Goethe befindet." (Schmalenbach über Goethe zur Frage der pretialen Betriebslenkung, in: ZfhF, N.F. 1. Jg., 1949, S. 96)

Schmalenbach zitiert aus den Gesprächen Goethes mit Eckermann: „Nichts ist für das Wohl eines Theaters gefährlicher, als wenn die Direktion so gestellt ist, daß eine größere oder geringere Einnahme der Kasse sie persönlich nicht weiter berührt und sie in der sorglosen Gewißheit hinleben kann, daß dasjenige, was im Laufe des Jahres an der Einnahme der Theaterkasse gefehlt hat, am Ende derselben aus irgendeiner anderen Quelle ersetzt wird." Das Gespräch bezieht sich auf die Verteilung des jährlichen Zuschusses aus der fürstlichen Kasse in Weimar für den dortigen Theaterbetrieb. Goethe will zwar die jährlichen Zuschüsse der fürstlichen Kasse nicht sperren, doch soll die Direktion mit diesen Mitteln sinnvoll haushalten. Wenn die Kasse am Ende des Jahres einen Überschuß aufweist, soll der Direktion und den Regisseuren „und den vorzüglichen Mitgliedern der Bühne" eine „Renumeration" zuteil werden: „Da solltet ihr einmal sehen, wie es sich regen und wie die Anstalt aus dem Halbschlafe, in welchen sie nach und nach geraten sein muß, erwachen würde."

Soweit feststellbar, ist der Begriff der pretialen Lenkung von Schmalenbach geprägt worden. Durch die pretiale Lenkung eines Betriebs sollen die Abteilungsleiter zu Unternehmern werden; sie sollen weitgehende Selbständigkeit und große Entscheidungsfreiheit erhalten, die Höhe ihres Einkommens soll vom Erfolg ihrer Abteilung abhängig gemacht werden. Entscheidendes Mittel hierfür ist die Abteilungserfolgsrechnung. Im Gegensatz zur bürokratischen Betriebslenkung werden darin Kosten und Leistungen nunmehr durch entsprechende Bewertung zu „Lenkpreisen". Bei der Lösung des zentralen Problems, die gemeinsame Nutzung knapper Faktoren zu optimieren, kann auf die optimale Geltungszahl zurückgegriffen werden. Hierzu sei auf die Ausführungen auf den Seiten 362 ff. verwiesen. Die Überlegungen gelten nicht nur für die Materialien, sondern auch für Gehälter und Löhne und für die Nutzung von Geldkapital. Wenn Facharbeiter knapp sind, dann müssen beispielsweise bei pretialer Betriebslenkung die Abteilungen, in denen diese tätig sind, stärker belastet werden, als tatsächlich bezahlt wird. Bei rückläufiger Beschäftigung kann es hingegen angebracht sein, weniger zu verrechnen, als tatsächlich gezahlt wird. Die vom Abteilungsleiter nicht beeinflußbaren fixen Kosten werden insgesamt nicht den Kostenstellen angelastet, sondern auf einem besonderen Konto „Allgemeine Unkosten" gesammelt.

Schmalenbach hat jedoch auch einen wachen Sinn für die Aufnahme theoretischer Erkenntnisse über die optimale Geltungszahl in der Praxis. So macht er bei seinen Überlegungen zur Vollkosten- oder Grenzkostenrechnung von vornherein darauf aufmerksam, daß viele Leser mit seinen Ausführungen nicht einverstanden sein werden. „Ich will mir Mühe geben, sie zu überzeugen, aber ich weiß, daß man bei derartigen Wirtschaftsfragen sehr schwer aus seinem Interessen- und Überzeugungskreise herauskommt."[8]) Er ist sich bewußt, daß er mit seinen Ideen in der Praxis nicht leicht Fuß fassen kann. Er schlägt daher vor, nicht sogleich auf der ganzen Linie mit der pretialen Lenkung zu beginnen, sondern auf einem – allerdings wesentlichen – Teilgebiet. Auf diese Weise sehe der Organisator, wie sich sein Reformvorschlag bewähre. Es gilt als selbstverständlich, daß es sich sowohl beim Prinzip der pretialen als auch der bürokratischen Lenkung nicht darum handeln kann, Totalitätsansprüche zu stellen.

Mit der pretialen Lenkung hat Schmalenbach nicht nur einen neuen Begriff geschaffen, sondern erstmals auch die Lenkungsfunktion von Verrechnungspreisen als Mittel für die organisatorische Gestaltung eines Betriebes verwendet. Der Verrechnungspreis als Lenkpreis wird zum Kernpunkt seiner Theorie über die Pretiale Wirtschaftslenkung, die er 1948 ausführlicher in der gleichnamigen Schrift begründet. Ihre Wurzeln sind bereits in seinen Arbeiten am Anfang des Jahrhunderts nachzuweisen. Die umfassende praktische Anwendung der Theorie einer dezentralen Unternehmensorganisation auf der Grundlage von Verrechnungspreisen scheitert zunächst daran, daß es an theoretisch fundierten und zugleich praktikablen Methoden fehlt, Verrechnungspreise zu ermitteln.[9]) Die Theorie greift seit den sechziger Jahren das Verrechnungsproblem erneut auf, da man mit der Linearen Programmierung die Möglichkeit hat, optimale Produktionsprogramme bei Vorhandensein mehrerer Engpässe zu planen. Mit der Divisionalisierung zahlreicher Großunternehmen erwachte ein erneutes Interesse an Verrechnungspreisen. Es geht darum, die einzelnen Divisionen für ihre Leistungen verantwortlich zu machen. Man spricht nun vom „Profit-Center"-Konzept.

51. Betriebslenkung – ein ständiger Wertungsvorgang

> *„Ein besonders großer Schaden, den die großen Kriege verursachen, ist, daß der Bevölkerung im ganzen und insonderheit den Betrieben das Wertungsvermögen verloren geht." (Pretiale Wirtschaftslenkung, Bd. 2: Die pretiale Lenkung des Betriebes, 1948, S. 22)*

Werten fängt nicht erst da an, wo gebucht wird und Zahlen geschrieben werden, wo nach Kostenarten und Kostenstellen geordnet wird; die Wertungsvorgänge erfüllen vielmehr die gesamte betriebliche Arbeit. Es sind auch die Wertungsvorgänge außerhalb des Rechnungswesens daraufhin zu prüfen, wie sie funktionieren, und man hat sich Gedanken darüber zu machen, wie sich auch dieser Teil der Wertungsvorgänge vervollkommnen läßt.

Die Ausführungen Schmalenbachs über die Wertungen innerhalb der einzelnen Funktionskreise des Betriebs[10]) – er unterscheidet zwischen internen Funktionskreisen (Personalwirtschaft, Anlagenwirtschaft, Materialwirtschaft, Fertigung) und externen Funktionskreisen (Beschaffung, Absatz) sowie zwischen allgemeinen Funktionen (Finanzierung, Rechnungswesen) und der Lenkungsfunktion – sind keine theoretischen Abhandlungen. Bei der Lektüre hat der Leser vielmehr den Eindruck, daß Schmalenbach mit den Abteilungsleitern die verschiedenen Möglichkeiten diskutiert, zu optimalen Geltungszahlen zu kommen. Da seine Schriften über die pretiale Lenkung nach dem zweiten Weltkriege noch vor der Währungsreform erschienen sind, muß er mehrfach darauf hinweisen, daß seine Vorschläge für normale Zeiten gelten, wie sie von früher in Erinnerung waren.

Die Bemerkungen zum Beschaffungswesen[11]) sind zugleich ein Stück Zeitgeschichte, wenn er auf die damalige Kompensationswirtschaft hinweist. Schmalenbachs praktischer Sinn für den Einfluß des Menschlichen läßt ihn das so formulieren, daß die ganze Beschaffungsdiplomatie nicht immer auf der höchsten Stufe kaufmännischer Ehrbarkeit stände. Deshalb seien aber die in diesem Bereich vorhandenen Wertungsbedürfnisse um so mehr zu beachten, sei es die richtige Entscheidung über die Einkaufsmenge, über Abflüsse und Abrufe oder über das Abwägen der Beschaffung bei fremden Betrieben gegenüber der eigenen Fertigung von benötigten Gütern.

Bei der Absatzfunktion[12]) setzt sich Schmalenbach unter anderem mit den privatwirtschaftlichen und gemeinwirtschaftlichen Wirkungen der Werbung auseinander. Hier heißt es kritisch: „Man fragt sich, welchen Wert es für die Wirtschaft im ganzen habe, wenn ein Konkurrent den anderen überschreie und die Käuferschaft vor lauter Geschrei nicht zu einem wirklichen Urteil kommen könne, sondern nur der Suggestion unterliege.“[13]) Einen „gewissen Trost“ sieht er dann aber doch darin, daß nach bisherigen Erfahrungen Werbung auf die Dauer sich nur dann lohnt, wenn die Ware berechtigten Qualitätsansprüchen genügt.

Für die Personalwirtschaft[14]) fordert Schmalenbach, daß ihr Leiter seine Aufgabe darin sieht, in keiner Dienststelle mehr Leute zu beschäftigen, als es der Umfang der darin zu leistenden Arbeit erfordert. In der Praxis hat der Personalleiter diese Überwachungsaufgabe nicht oder nur bedingt. Hiermit nimmt man ihm dann aber das Interesse, das er eigentlich haben sollte. Mit einer Regelung, nach der ein Personalleiter den Leutebedarf der Abteilungen zu überprüfen hat, würde das besonders schätzenswerte Ergebnis erzielt, daß er schnell zur Einsicht käme, das beste Personal sei das billigste. Bei Neueinstellungen wird er mit größter Vorsicht auswählen und bei den im Betrieb tätigen Arbeitnehmern bemüht sein, die Leistungen durch Ausbildungsmaßnahmen zu verbessern. Besonders wichtig ist es, auf die in den Betrieben tätigen jungen Menschen zu achten, daß sie mit den ihnen übertragenen Arbeiten auch geistig ausgefüllt sind.

In den Ausführungen über die Anlagenwirtschaft, die Fertigungswirtschaft, die Vorratswirtschaft und die Wertungen in Hilfsbetrieben bringt Schmalenbach viele Beispiele für kostenbewußte Arbeit, die wir heute zum Teil zur Wertanalyse zählen. Hingewiesen wird u. a. auf die Baukosten-Überschreitungen und die Erfordernisse ihrer Kontrolle. Auch bei Umstellungen auf Fließarbeit vermißt Schmalenbach manchmal den kalkulatorischen Sinn. „Erstens wurde nicht bedacht, daß mit der Fließarbeit der Ausstoß wächst, oft viel mehr als der Markt aufnehmen kann . . . Zweitens wird oft nicht genügend bedacht, daß die Fließarbeit besonders anfällig ist gegen Unregelmäßigkeiten in der Materialversorgung oder gegen Störungen anderer Art, darunter auch Absatzstörungen.[15])

Bei der allgemeinen Funktion der Finanzierung[16]) trennt Schmalenbach zwischen den Finanzaufgaben größeren Ausmaßes und dem sogenannten kleinen Finanzdienst, der für die tägliche Liquidität verantwortlich ist. In beiden Bereichen müsse der Finanzleiter ein richtiges Gefühl für die Grenzkosten haben. Eine wichtige Stütze für ihn sei die Aufstellung der Finanzpläne, da in diesem Zusammenhang alle wesentlichen Fragen erörtert würden. Bei der Bedeutung, die das Rechnungswesen als weiterer allgemeiner Funktionsbereich für die Wertungen in den Betrieben hat, ist sehr wichtig, wer diese Abteilung leitet. Von ihm wird verlangt, daß er auch gegenüber seiner eigenen Abteilung ein kritisches Wertungsgefühl besitzt. Wie in anderen Abteilungen ist auf dem Gebiet des Rechnungswesens zu beobachten, daß hier häufig recht unwirtschaftlich gearbeitet werde. Oft zeigt sich ein grotesker Gegensatz zwischen äußerer und innerer Gestaltung. Auf der einen Seite sieht man alles, was die Büromaschinentechnik an Rationalisierung bietet, auf der anderen Seite wimmelt es von Aufstellungen, Statistiken und dergleichen, die keinen richtigen Wert besitzen. „Nicht einmal der alte und beachtliche Grundsatz des Rechnungswesens, daß alles, was nicht gelesen wird, auch nicht geschrieben werden sollte, wird beachtet."[17])

Diese Ausführungen, die vor mehr als 30 Jahren zu Papier gebracht wurden, sind heute beherzigenswerter denn je. Mit Hilfe der modernen Techniken, insbesondere der automatischen Datenverarbeitung, ist die Zahl der Daten in Gestalt von Tabellen und Statistiken enorm gestiegen. Dazu muß man die sonstigen Informationen aus Zeitungen und Zeitschriften, Rundschreiben von Kammern und Verbänden zählen, um zu verstehen, daß heute teilweise von einer wahren „Informations-Explosion" die Rede ist, in deren Gefolge die Management-Informationskrise steht.

52. Entlastung und Kontaktbedürfnis der Oberleitung

„Es gibt Berufe, die Besinnlichkeit oder Denkmuße erfordern, Ruhepausen von nicht zu kurzer Dauer, die den Gedanken Zeit zu Spaziergängen lassen und die das erfordern, was man einen ausgeruhten Kopf nennt." (Über Dienststellengliederung im Großbetrieb, 1959, S. 60)

In der Organisationslehre und -praxis gehört es zu den zentralen Fragen, durch welche organisatorischen Maßnahmen die Tätigkeit der Unternehmensleitung (Schmalenbach nennt sie „Oberleitung") zweckmäßig geregelt werden kann. Analysiert man die Beispiele, anhand derer er veranschaulicht, wie sich eine Oberleitung und die Leitung der oberen Dienststellen entlasten können, stößt man unschwer auf den Kern neuzeitlicher Management-Prinzipien und Führungsmodelle. Kennzeichnend für sie ist der Grundsatz der Delegation von Aufgaben und Kompetenzen mit der dazugehörigen Entlastung von Routine und Ausführungsaufgaben. Schmalenbach systematisiert allerdings nicht weiter. Um so anschaulicher schildert er, wie er sich eine vernünftige Leitung vorstellt und was die handelnden Personen zu tun haben. Er setzt sich dabei gleichzeitig mit dem Verhalten der beteiligten Menschen auseinander.

Die Oberleitung kann aus einer Person oder mehreren Mitgliedern eines Vorstandes oder einer Geschäftsführung bestehen. Sie ist eine im Betriebe regelmäßig tätige Instanz. Der Aufsichtsrat gehört nicht zu ihr, weil er die Vorausetzungen der regelmäßigen Tätigkeit, die als hauptamtlich zu verstehen ist, nicht erfüllt. Es sind einfache Erwägungen, die den Organisator nötigen, die Oberleitung möglichst wenig mit Arbeit zu belasten. Die Arbeit der Oberleitung ist die teuerste Arbeit im Betriebe. Die Kosten der Arbeitsleistung werden um so billiger, je mehr Arbeit man von der Oberleitung in die oberen Dienststellen und von dort in die unteren Dienststellen delegiert.[18])

Es kommt entscheidend darauf an, ob die Oberleitung die oberen Dienststellen in die Hand selbständiger und verantwortlicher Abteilungsleiter legt, oder ob sie lieber weniger selbständige dafür aber dienstwillige Menschen um sich sieht. Gerade „stärkere Naturen" sind mehr geneigt, den ersteren Weg zu gehen und tüchtigen Menschen Freiheit zu lassen. Schwache Naturen hingegen werden „geiziger mit ihren Machtbefugnissen sein".[19])

Im Rahmen der die Delegation unterstützenden Maßnahmen hat das Rechnungswesen die besonders wichtige Aufgabe der genauen und raschen Berichterstattung, damit „die Oberleitung erst gar nicht das Bedürfnis verspürt, sich durch Augenschein und Befragung zu unterrichten".[20])

Mit der Entlastung der Oberleitung eng verbunden ist die Frage der Leitungs- oder Kontrollspanne. Der Organisator muß im Auge behalten, „daß, je mehr Abteilungen oder sonstige Dienststellen man der Oberleitung unmittelbar unterstellt, desto schwieriger die Aufgabe der Beherrschung durch die Oberleitung selbst wird. Diese Schwierigkeit wächst mit wachsender Betriebsgröße."[21]) Das Bestreben des Organisators, die Oberleitung dadurch zu entlasten, daß möglichst wenige Dienststellen unmittelbar unterstellt werden, gerät allerdings mit dem Kontaktbedürfnis der Oberleitung in Konflikt, die für die einzelnen Funktionsbereiche verantwortlich ist. Bei einem Unternehmen mit außergewöhnlich großen Werbungsausgaben ist sie z. B. an diesen ebenso unmittelbar interessiert, wie etwa in einem chemischen Betriebe an den Versuchen im Laboratorium. Ständige Kontakte mit den Abteilungsleitern dienen nicht zuletzt der Motivation.

XVIII. Aufbauorganisation

Auch in einer bewußt praxisorientierten Arbeit, wie der Schrift über die Dienststellengliederung im Großbetrieb, gibt es bei Schmalenbach theoretische Erkenntnisse. Die theoretische Einsicht ist ihm aber niemals Selbstzweck, „sondern nur Mittel zur besseren Bewältigung des praktisch-organisatorischen Problems."[22]) So sind auch die verwendeten Begriffe primär Handwerkszeug. Über die weniger gebräuchlichen Bezeichnungen wie „Oberleitung" und „Dienststellen" heißt es beinahe entschuldigend in einer Fußnote, daß es leider nicht möglich sei, diese Begriffe zu vermeiden; es empfehle sich, solche unüblichen Bezeichnungen zu benutzen, da sich bei den in der Praxis üblichen immer wieder Vorstellungen einschieben, an die man gewöhnt sei.

Für die Betriebe sei es vorteilhaft, die eingeführten Ausdrücke zu behalten und nicht ohne dringenden Anlaß zu wechseln. Der Fachwissenschaftler könne sich dagegen leichter umgewöhnen. Er strebe aber nicht danach, die ad hoc gewählten Ausdrücke zu allgemeiner Einführung zu bringen.[23])

Schmalenbach bezieht sich auf die Dienststellengliederung im Großbetrieb, ohne im einzelnen darzulegen, was er darunter versteht. Aus einigen Beispielen geht aber hervor, an welche Größenordnung er gedacht haben muß. So spricht er einmal von „einem Großbetrieb, nicht zu den ganz großen gehörend, aber etwa 10 000 Arbeiter und Angestellte umfassend", . . .; ein anderes Mal ist von einem Großbetrieb der Fertigungsindustrie die Rede, „der bisher mit 20 Reisenden die Kundschaft bearbeiten ließ".[24])

53. Abhängigkeiten der Betriebsorganisation

„Gutes Organisieren ist eine Verständigung zwischen Hergebrachtem und neuen Zielen."
(Über Dienststellengliederung im Großbetrieb, 1959, S. 14)

Die Betriebsorganisation eines Betriebes hängt in besonderer Weise von seiner Geschichte ab.[25]) Schmalenbach weist ferner auf den Einfluß der Technik in Industriebetrieben hin. Technische Anlagen können nicht ohne weiteres verändert werden und bestimmen daher auf lange Zeit den Arbeitsablauf. Aber auch Verwaltungsgrundsätze, nach denen der Betrieb bisher geführt wurde, dürfen vom Organisator nicht übersehen werden. Nicht minder wichtig sind die Abhängigkeiten von den Verhältnissen der Oberleitung und den verfügbaren Mitarbeitern. Im Vordergrund steht wieder die zentrale Frage, ob und inwieweit den nachgeordneten Abteilungen eine ausreichende Selbständigkeit eingeräumt wird.

Zu den Abhängigkeiten gehören auch die Vorstellungen der Oberleitung. „Für die Abteilungsgliederung der Betriebe sollte der Organisator eigentlich ziemlich genau wissen, welche Entwicklungsziele die Oberleitung im Auge hat oder besser gesagt im Herzen trägt. Davon hängt die Organisation in hohem Grade ab. Aber es ist ein schwieriger Punkt. Ein Generaldirektor pflegt sich über seine Luftschlösser nur sehr widerstrebend zu äußern. Täte er es, würde man an seiner Generaldirektoren-Eignung berechtigte Zweifel haben. Der Organisator muß in solchen Fällen ein guter Rater sein. Ich kann ihm dazu keine Rezepte geben; vermutlich weil ich kein guter Generaldirektor geworden wäre."[26])

Bestehende Vorurteile bei der Oberleitung, wie sie sich z. B. aus der beruflichen Herkunft als Techniker oder Kaufmann erhalten haben, werden ebenso zu den Abhängigkeiten gezählt, wie die Qualität der Mitarbeiter und nicht zuletzt die Abhängigkeit von den Zeitververhältnissen. Hierunter versteht Schmalenbach z. B. kriegsbedingten Personalmangel ebenso wie die Wandlungen, denen die Moral und das Verantwortungsbewußtsein der Menschen im Laufe der Jahrzehnte unterworfen sind.

Diese Vorstellungen gehören aus der Sicht von heute in den Bereich der vergleichenden Organisationsforschung, die von dem sogenannten situativen Ansatz ausgeht. Ziel ist es, die Zusammenhänge zwischen Situation, Organisationsstruktur und Verhalten der Organisationsmitglieder auf der Basis empirischer Forschung zu interpretieren.[27]) Die Vertreter dieser Richtung sehen darunter nicht einen neuen Ansatz; er tritt vielmehr neben die bisherigen Ansätze in der Organisationsforschung. „Die Aufmerksamkeit für die Einflußgrößen basiert somit auf der Vorstellung, daß man aus einer Analyse der bestehenden Korrespondenz zwischen Situationsbedingungen und Organisationseigenschaften Aufschlüsse darüber gewinnen kann, warum bestimmte Organisationsformen bestehen (Erklärungsziel), die man dann bei den Entscheidungen über die Gestaltung der organisatorischen Verhältnisse verwenden kann (Gestaltungsziel).“[28])

54. Prinzipien der Abteilungsgliederung

„Wir nehmen die Erscheinungen so, wie sie in der Praxis auftreten, daß sie sich dabei nicht nach theoretischen Gesichtspunkten, nicht einmal unter Beachtung eines einheitlichen Gliederungsgesichtspunktes formieren, muß man als eigenwillige Erscheinung des Wirtschaftslebens in Kauf nehmen.“ (Über Dienststellengliederung im Großbetrieb, 1959, S. 33)

Es wurde schon erwähnt, daß Schmalenbach die oberste im Betriebe regelmäßig tätige Instanz als Oberleitung bezeichnet. Bei den ihr unterstellten Stellen differenziert Schmalenbach zwischen oberen und unteren Dienststellen, um die Zahl der Unterscheidungen auf das kleinste mögliche Maß zu beschränken. Die obere Dienststelle versteht er als Sammelbegriff für diejenigen Dienststellen, die der Oberleitung unmittelbar untergeordnet sind, bei denen also eine Zwischeninstanz fehlt. Die Oberleitung wird gleichsam als der oberste Gesetzgeber gesehen, der sich von laufenden (exekutiven) Arbeiten freihalten soll.

An zahlreichen praktischen Beispielen wird das Prinzip der Längs- und Querschnitt-Gliederung der Dienststellen erläutert. „Eine Fabrik für Holzwaren kann betriebstechnisch so eingerichtet sein, daß eine Stuhlfabrik, eine Küchenmöbelfabrik und eine Büromöbelfabrik bestehen, die alle für sich dastehen, jede mit eigenen Holzlager, eigenen Maschinen, eigenem Fertiglager und vielleicht sogar eigener Verkaufsabteilung. Das wäre eine Längsschnitt-Gliederung. Eine gleiche Fabrik mit gleichem Fabrikationsprogramm kann ganz anders organisiert sein. Sie besitzt, wie wir annehmen wollen, fünf Abteilungen: erstens Holzeinkauf, Holzlager und Trocknungsanlage, zweitens Fabrik I mit Sägerei, Hobelmaschinen, Fräsmaschinen und Scheifmaschinen, drittens Fabrik II mit Zusammenbau, Poliererei, Lackiererei, viertens Fertiglager und Verkauf, fünftens kaufmännische Abteilung. Das wäre eine Querschnitt-Gliederung.“[29])

Unter Bezugnahme auf die Arbeiten von Nordsieck[30]) und Schramm[31]) verweist Schmalenbach auf die verwandten Gliederungs-Gesichtspunkte nach der Funktion oder Verrichtung und nach dem Objekt. Die Verwandtschaft besteht darin, daß die Längsschnitt-Gliederung nach dem Objekt orientiert ist und die Querschnitt-Gliederung mit Vorliebe der Funktion folgt. Da der Objektbegriff nicht so umfassend interpretiert wird wie bei Nordsieck, bleibt Schmalenbach jedoch bei seinen Bezeichnungen.

Eingehend erläutert er die Teilung der Funktionen zwischen dem technischen und dem kaufmännischen Teil des Betriebs, die aber nicht konsequent durchgehalten wird. Dem Organisator rät Schmalenbach zur kritischen Distanz bei der Abteilungsgliederung. „Ich habe den Eindruck, daß die meisten Organisatoren eine Vorliebe für den Querschnitt haben, weil sie die Möglichkeiten überschätzen. Es ist richtig, daß in sehr vielen Fällen die Überlegenheit beim Querschnitt liegt, aber ich möchte davor warnen, darin zu weit zu gehen.“[32]) Zu den wichtigsten Vorteilen und Nachteilen beider Gliederprinzipien heißt es, daß letztlich nicht die allgemeinen Grundsätze, sondern die besonderen Umstände für die Wahl entscheidend sind. Zu den Vorzügen der Längsschnittgliederung, also der Zuordnung von Aufgaben nach dem Prinzip der Objektzentralisation, gehört u. a., daß die Mitarbeiter am Erfolg beteiligt werden können.

55. Einflußfaktoren der Abteilungsgliederung

„Man muß immer berücksichtigen, daß die Änderung einer bestehenden Organisation nicht nur ein Verbinden, sondern zugleich ein Trennen ist. Und es liegt nahe, daß ein Betrieb nicht dadurch gewinnt, wenn man geistige Bänder durchschneidet, um mechanische Bänder zu knüpfen.“ (Über Dienststellengliederung im Großbetrieb, 1959, S. 40)

Mit dem Prinzip der Längs- und Querschnittgliederung soll nur die Lage der Abteilungen zueinander gekennzeichnet werden. Über die Motive der Gliederung ist hiermit nichts gesagt. Zu den wirksamen Einflüssen gehören: Funktion, Objekt, Kundschaft, örtliche Lage und Beherrschbarkeit. Für die funktionsorientierte Gliederung der Abteilungen nennt Schmalenbach die damit verbundenen Vorteile der Spezialisierung, der Nutzung hochwertiger Kräfte und wertvoller Apparaturen, ferner die Nutzung von Einkaufsvorteilen. Es heißt aber kritisch: „Die unter dem Gesichtspunkt der Funktionen erfolgende Arbeitsteilung kann leicht zu Mechanisierung, Vernichtung der inneren Beteiligung der Gefolgschaft am Gesamterfolg und zu bürokratischer Betriebsgestaltung führen. Da sie häufig mit Querschnittsteilungen Hand in Hand geht, müssen die Nachteile der Querschnittsteilung dem Organisator gegenwärtig sein.“[33])

Der Einfluß des Objekts auf die Abteilungsbildung ist besonders dort gegeben, wo es sich um schwierige und große Objekte handelt, z. B. bei der Großanlagenfertigung, bei großen Transporteinrichtungen, aber auch Großmontagen, bei denen neben der technischen Arbeit ein Teil der Verwaltungsarbeit objektgebunden ist. Objektabhängigkeit besteht oft bei modeabhängigen Betrieben, wo z. B. der Verkaufsapparat, die Werbung und die Auftragsabwicklung nach bestimmten Warengruppen zusammengefaßt sind. Wie in der Praxis solche Strukturen entstehen, wird anschaulich an der sogenannten Bowel-Abteilung in modeabhängigen Betrieben geschildert. Hier fließen die Erfahrungen ein, die Schmalenbach privat direkt oder indirekt über die Beteiligungen an Textilbetrieben sowie schon Anfang dieses Jahrhunderts bei der Leonhard-Tietz AG gewonnen hatte. (Vgl. hierzu die Seiten 53 f.). Die Ausführungen über den Einflußfaktor Kundschaft lesen sich wie eine Schilderung der bergischen und sauerländischen Metallwarenindustrie. Streckenweise fühlt man sich zurückversetzt in ein Kontor der Betriebe, in dem Gespräche über Wünsche und Beschwerden der Kunden geführt werden. Aus fachwissenschaftlicher Sicht von heute ist man versucht, darin die Anfänge der Rollenübernahme als sozialtechnologischen Lernprozeß zu sehen.[34])

Die Bedeutung des Faktors Kundschaft wird am Beispiel einer Großbank-Organisation erläutert, worüber Schmalenbach bereits zu Anfang des Jahrhunderts geschrieben hatte. Mit der Streitlust, die er damals noch hatte – so ist zu lesen –, hatte er darauf hingewiesen, daß die Großbank-Organisation zu mechanisch sei, weil die Abteilungsbildung den Funktionen folge und die Kundschaftsgliederung zu sehr außer acht gelassen war. Die Abteilungen sollten in erster Linie nach spezifischen Bankbedürfnissen einzelner Kundengruppen gebildet werden. Dadurch könnte sich eine Großbank in eine Vielzahl von Spezialbanken auflösen und gewänne so die Beweglichkeit und Anpassungsfähigkeit der kleinen Bank zurück. „Jede Abteilung hat eine beschränkte Anzahl Kunden, sie kann diese ordentlich bedienen, wie es sich gehört, ohne im Formularbetrieb zu ersticken.“[35])

Als Schmalenbach dann Ende der zwanziger Jahre sich erneut den Betrieb einer Großbank ansieht, ist er überrascht über die „große Kartenlocherei“, die das Bild der Fabrik bietet. „Da aber die Kundschaft nicht allgemein für den Fabrikbetrieb in der Großbank schwärmte, hatten die Großbanken eine Art Gegenorganisation erfunden, die Depositenkassen, an einigen Punkten der Großstadt gleich drei oder vier“ . . .[36]) Heute – in den achtziger Jahren – haben die Großbanken grundsätzlich eine kundenorientierte Organisationsstruktur. Die Niederlassungen der Großbanken werden nach einem einheitlichen organisatorischen Konzept aufgebaut; ihren Leitern ist eine Ergebnisverantwortung übertragen mit entsprechenden Kompetenzen für ihre Führungstätigkeit. Anstelle der Kartenlocherei gibt es ein großes Rechenzentrum. Im Schalterbereich stehen Terminals, mit deren Hilfe die Kunden informiert und beraten werden können. Wo die Dezentralisation zu weit ging, wurden in jüngster Zeit Depositenkassen und Niederlassungen aus Kostengründen geschlossen.

Während der Einfluß der Kundschaft auf die Betriebsorganisation mehr oder weniger im Ermessensbereich der Oberleitung liegt, steht sie bei der Standortfrage des Betriebes im ganzen oder einzelner seiner Betriebsteile in höherem Grade vor zwingenden Einflüssen. „Wenn in einem großen Braunkohlewerk zu einer der Zechen mit Rücksicht auf ein unter der Braunkohle liegendes Tonlager eine Tonröhrenfabrik gehört, die einen eigenen technischen Direktor nicht braucht, so liegt es nahe, diese Fabrik der örtlichen Zechendirektion zu unterstellen und sie als Nebenbetrieb der Zeche dienststellenmäßig einzugliedern. Funktion, Objekt und Kundenbeziehung erweisen sich als unwirksam gegenüber dem Einfluß der örtlichen Zugehörigkeit.“[37]) Neben den Einflußfaktoren Funktion, Objekt, Kundschaft und örtliche Lage zählt Schmalenbach noch die Beherrschbarkeit auf. Die Beherrschbarkeit einer Abteilung ist abhängig von der Zahl der darin tätigen Mitarbeiter, die wiederum bestimmt wird von der Zahl und der Qualität der Aufgaben und den daraus abzuleitenden Arbeiten. Wir stehen hier vor den Fragen der Kontrollspanne (span of control), was bereits früher erörter wurde (vgl. Seite 394).

56. Kongruenz von Aufgaben, Kompetenz und Verantwortung

„Jedermann muß auch wissen, nicht nur, daß es so ist, sondern, warum es so ist.“ (Über Dienststellengliederung im Großbetriebe, 1959, S. 45)

Die hier angesprochenen Probleme erläutert Schmalenbach mit einer anschaulichen Schilderung des betrieblichen Alltags. „In einem großen Betriebe gibt es viele Dienststellen, jede einzelne mit einem bestimmten Aufgabenkreis. Die Oberleitung muß sich darauf verlassen, daß der Dienststellenleiter die Aufgaben an das Personal gut verteilt und den einzelnen Angestellten nicht Arbeiten gibt, die sie nicht leisten können. Wo sie Zweifel haben, müssen sie kontrollieren; wo sie wissen, daß ein Bearbeiter seiner Aufgabe gewachsen ist, können sie in der Kontrolle nachlassen. Wenn sie merken, daß in einem Büro durch viel Schwatzen unaufmerksam gearbeitet wird, können sie eingreifen. Wenn das Arbeitspensum eines Angestellten gering ist, können sie den Ursachen nachforschen. Unter diesen Umständen ist es nicht nur eine Billigkeitsfrage, sondern eine Notwendigkeit, daß die Oberleitung sich bei eintretenden Schadensfällen infolge von Versehen usw. nur an den Dienststellenleiter wendet und ihm den Schaden zur Last legt. Ein größerer Betrieb läßt sich in anderer Weise nicht führen."[38]) Als Pragmatiker stellt Schmalenbach dann aber fest, daß man hier Regelungen finden muß, auf die im folgenden eingegangen wird.

Der Grundsatz der Kongruenz von Aufgaben, Kompetenz und Verantwortung wird als Gleichschaltung von Anordnungsrecht und Verantwortung gesehen und an die Spitze gestellt, weil beides miteinander verbunden ist. Unter Bezugnahme auf Schramm geht Schmalenbach auch auf den Autoritätsbegriff ein, der wie in der modernen Organisations-Soziologie nach der mit der Position verbundenen (aufgrund erteilter Befugnisse) und der mit der Persönlichkeit verbundenen Autorität differenziert wird. Er kann jedoch nicht allzu viel damit anfangen. Es ist für ihn nur ein gradueller Unterschied. Betont wird die sogenannte Fremdverantwortung, die in der modernen Organisationslehre von der Eigenverantwortung unterschieden wird. Auch dazu wieder ein von Schmalenbach geschildertes Rollenspiel: „Wenn in einer Betriebsorganisation die Frage der Verantwortlichkeit geregelt wird, so sagt man dem Verantwortlichen: ‚Du bist es, der im Falle eines Schadens die Schuld zu vertreten hat; d. h. du wirst als der Schuldige angesehen, auch wenn eine deiner Hilfskräfte den Fehler gemacht haben sollte.'"[39]) Dem steht die Auffassung gegenüber, daß für größere Unternehmen die Fremdverantwortung unproduktiv und leistungshemmend wirkt, denn sie behindere die Arbeitsteilung. Daher müsse es dem Vorgesetzten möglich sein, sich für Handlungen seiner Untergebenen unter bestimmten Bedingungen zu exkulpieren.[40])

Schmalenbach akzeptiert diesen Standpunkt, verlangt aber, daß mit großer Deutlichkeit die Ausnahmen von der Regel festgehalten werden, „damit die Regel gegen Einreden geschützt bleibt". Solche Ausnahmen schildert er im Zusammenhang mit den Erörterungen zum Anordnungsrecht, wobei zwischen einem unmittelbaren und einem mittelbaren Anordnungsrecht unterschieden wird. Der Leiter einer oberen Dienststelle, der mehrere Dienststellen unter sich hat, trägt ihnen gegenüber nur eine beschränkte Verantwortung insofern, als sie sich auf Anordnungen reduziert, die dem Leiter der mittelbaren Dienststelle gegeben werden und auf die Entscheidungen von vorgelegten Fragen; außerdem gehört dazu die allgemeine Kontrolle, die als Überwachung der Arbeitsleistung im ganzen verstanden wird. Schmalenbach spricht hier von der Aufsichtsverantwortung. Wenn eine Minderung der Leistung im ganzen oder eine Erhöhung der Kosten oder überhaupt ein Mißverhältnis von Leistung und Kosten entstanden ist, muß der Leiter der oberen Dienststelle um Erklärung nachsuchen und gegebenenfalls dafür sorgen, daß z. B. die Kosten- und Leistungsrelation wieder verbessert wird.[41])

Als Anhänger von Dezentralisation und Delegation sieht Schmalenbach es als Regel an, daß das unmittelbare Eingreifen durch den Vorgesetzten der oberen Dienststelle vermieden wird. Man kann einem Untergebenen selbstverständlich nicht die Verantwortung zuschieben und zugleich seine Befugnisse wegnehmen oder kürzen. Außerdem wird ein häufiges Dreinreden dem Leiter einer Dienststelle die Freude an der Arbeit nehmen. „Wenn man den Leitern unterer Dienststellen in ihrem Bereich nicht ein gutes Stück Anordnungsrecht und eine entsprechende Verantwortung gibt, dann fühlen sie sich als Handlanger. Entweder fügen sie sich in ihre Handlanger-Funktion oder sie streben fort. Brauche der Betrieb Ersatz für einen gehobenen Posten und finde er ihn nicht unter den eigenen Führungskräften, so sei er genötigt, eine geeignete Persönlichkeit von außen hereinzuholen. Es verbreitet sich im Betriebe das Gefühl, daß keine Aufstiegsmöglichkeiten gegeben sind, und es entwickelt sich eine Atmosphäre der Gleichgültigkeit. Ein solcher Betrieb vernichtet dadurch die wertvollste Leistung der Gefolgschaft."[42] Der Grundsatz der Kongruenz müsse ebenso dann konsequent durchgehalten werden, wenn der Leiter der oberen Dienststelle in nachgeordnete Dienststellen hineinregiert, weil dann seine Verantwortung wächst. Diese Folgerung ist so wichtig, daß sie überall da, wo Dienstanweisungen bestehen, vermerkt werden sollte.

Das Schmalenbachsche Anordnungsrecht deckt sich mit dem in der modernen Organisationstheorie üblichen Begriff der Kompetenz. Dazu gehören die Rechte, Entscheidungen zu treffen, Belehrungen zu erteilen, Arbeiten nachzuprüfen usw. . . . Darauf hat der Organisator besonders zu achten, wenn sie von einer Abteilung in die andere greifen, wenn wir es also mit funktionalem Anordnungsrecht zu tun haben.

XIX. Organisation oberer Dienststellen

„Über die Eingliederung einer Dienststelle in die gesamte Dienststellengliederung eines Betriebes läßt sich mit Erfolg nur sprechen, wenn man von den Aufgaben ausgeht.“[43]) Es kommt nicht darauf an, einen möglichst lückenlosen Katalog aufzustellen, sondern es soll in erster Linie der Aufgabenkreis ins Auge gefaßt werden, den die jeweilige Dienststelle normalerweise zu verantworten hat. Zunächst ist die Hauptaufgabe zu ermitteln, nach der die Teilaufgaben eingeordnet werden können. Erstere besteht generell darin, daß die Leiter einen sicheren Blick für die voraussichtliche Entwicklung ihres Funktionsbereiches behalten und auf rechtzeitige Anpassung bedacht sind. Mit den heutigen Begriffen können diese Tätigkeiten als Planungs- und Steuerungsaufgaben bezeichnet werden.

Von den oberen Dienststellen werden die zentralen Dienststellen und die Stabsdienststellen unterschieden. Die zentralen Stellen spielen eine Rolle bei mehrgliedrigen Betrieben, z. B. in Konzernen. Solche Stellen werden gebildet, um bestimmte Funktionen zusammenzufassen. Typisches Beispiel hierfür ist der zentralisierte Einkauf von Maschinen oder Materialien. Mit dem vergrößerten Einkaufsvolumen kann der Betrieb den Lieferanten mit größerem Gewicht gegenübertreten. Schmalenbach verweist dabei auf seine Erfahrungen in der Saemisch-Kommission, die das Reichsbahnzentralamt Ende der zwanziger Jahre reformieren sollte. Damals wie auch heute gibt es in der Organisation der Bahn zentrale Ämter für die Beschaffung oder für soziale Aufgaben, die neben den Bahndirektionen stehen und mit diesen der Hauptverwaltung unterstellt sind (Vgl. die Seiten 109 f.).

Bei den Stabsstellen schildert Schmalenbach vor allem die Tätigkeit der persönlichen Stäbe, für die man junge und wendige Menschen braucht. Solche Stabsstellen können nicht nur persönliche Hilfen der Oberleitung, sondern auch der oberen und selbst der unteren Dienststellen sein. Er empfiehlt aber, bei der Bildung von Stabsstellen zurückhaltend zu sein.[44])

57. Richtpunkte in Dienstanweisungen

„Das, was für den Versuch spricht, durch ein System von Dienstanweisungen in den Betrieb eine gewisse Ordnung zu bringen, ist der höchst wichtige Umstand, daß solche Dienstanweisungen nicht aufdringlich sind.“ (Entwurf einer Dienstanweisung für Finanzleiter, Manuskript, 1940, S. 14)

Obwohl es Betriebe gibt, auch große, die ohne jede Dienstanweisung gut geführt werden, weil die Unternehmung gut eingespielte Führungskräfte und Mitarbeiter hat und die Oberleitung klug zu führen weiß, sind nach Schmalenbach im modernen Großbetrieb dennoch Dienstanweisungen von großem Vorteil. Sie sind eine nützliche Hilfe bei der Einarbeitung neuer Abteilungsleiter. Spannungen über die Abgrenzung zwischen einzelnen Bereichen können gemildert werden, wenn auf gut durchdachte frühere Regelungen hingewiesen werden kann. Die Abfassung von Dienstanweisungen zwingt dazu, alle für die Veranwortung eines Abteilungsleiters notwendigen Punkte systematisch durchzudenken und festzulegen. Nicht zuletzt geben sie dem Abteilungsleiter auch Auskunft darüber, was er nicht zu tun braucht. Da es entscheidend auf die Qualität der Person ankommt, die eine obere Dienststelle leitet, legt Schmalenbach auch großen Wert darauf, daß die Richtpunkte für die gesamte Arbeit des Bereiches in einem besonderen Paragraphen formuliert werden.

Unter Richtpunkten sind die Zielsetzungen zu verstehen, die die Dienststellenleiter bei ihren Funktionen im Auge behalten sollen.[45]) Für die Produktion im Fertigungsbereich kann es z. B. heißen, daß das bestehende Niveau der Qualität verbessert werden soll. Die Geschäftsleitung wird sich dazu entschließen, wenn die mit der Qualitätsverbesserung verbundenen Mehrkosten durch Absatzsteigerung ausgeglichen werden können. Der Richtpunkt für das Personalwesen, leistungsfähige und leistungswillige Mitarbeiter zu erhalten, bedarf zwar im Tagesgeschäft der Konkretisierung. „Aber diese Dinge sind gleichwohl wichtig und dürfen nicht vergessen werden. Denn gelegentlich ergeben sich Wirkungsmöglichkeiten, und sie dürfen nicht verpaßt werden.“[46]) Das gilt auch für den Verkauf, wenn es z. B. heißt, die Verkaufsmethoden der Firma zeitgemäß bleiben sollen. Auf die Richtpunkte für den Leiter des Rechnungswesens und des Finanzwesens gehen wir noch besonders ein.

Solche Richtpunkte, die in Dienstanweisungen niedergelegt werden, können ebenso vergessen werden wie die Dienstanweisung insgesamt. „Es ist wie mit dem Knoten im Taschentuch. Wer vergeßlich ist, läßt das Taschentuch mitsamt dem Knoten liegen. Man muß hinsichtlich der Dienstanweisungen noch hinzufügen, daß es kein schlechtes Zeichen für den Betrieb ist, wenn sie nur in seltenen Fällen hervorgeholt werden.“[47]) Nach Schmalenbach gibt es aber zwei Mittel, Richtpunkte und Dienstanweisungen im Gedächtnis zu behalten. Es empfiehlt sich jährlich eine Konferenz, um darüber zu beraten, ob die Dienstanweisungen verändert werden müssen. Es ergibt sich von selber, daß dann auch über die Richtpunkte gesprochen wird. Als weiteres Mittel werden Jahresberichte vorgeschlagen. Jeder Abteilungsleiter soll einmal im Jahr schriftlich oder mündlich Gelegenheit haben, sich vor der Geschäftsführung und den Abteilungsleitern über das Grundsätzliche seiner Leitungsfunktion auszusprechen. Es müßte merkwürdig zugehen, wenn bei einer solchen Diskussion nicht doch etwas herauskäme, das zu beherzigen wäre. Man solle sich z. B. in einer solchen Konferenz einmal vorstellen, daß der Leiter des Rechnungswesens darüber berichtet, was sein Bereich für Oberleitung und Abteilungen leistet, und was geschehen kann, um die Leistung zu verbessern.

Für die ständige Erinnerung an Richtpunkte spielt eine nicht geringe Rolle, welche Teilfunktionen noch zum Bereich hinzugefügt werden. „Es gibt Funktionen, die die für eine Abteilung geltenden Primär-Richtpunkte fordern, und solche, welche stören.“[48]) Mit den folgenden Beispielen aus dem Rechnungs- und Finanzwesen, dem Lagerwesen und dem Innentransport werden diese Überlegungen weiter konkretisiert. Ihnen liegen zum Teil Ausführungen aus nicht veröffentlichten Manuskripten zugrunde, die während der NS-Zeit entstanden sind.

58. Objektive Berichterstattung durch das Rechnungswesen

> *„Erstens soll er (der Abteilungsleiter) für das Rechnungswesen ein möglichst wahrhaftes und exaktes Wirkungsbild des Betriebes geben. Zweitens soll er seinen Betrieb wirtschaftlich führen. Von diesen beiden Punkten ist der erste wichtiger als der zweite, denn die Leistung ist das Primäre.“ (Über Dienststellengliederung im Großbetrieb, 1959, S. 79)*

Schmalenbach empfiehlt, sich einmal das Rechnungswesen großer Betriebe daraufhin anzusehen, wie es die Geschäftsführung und die übrigen Abteilungen informiert. Manchmal habe sich ein bestimmtes System eingespielt, das stehenbleibt, wo es steht, obwohl die Unterrichtungsbedürfnisse, das anfallende Zahlenmaterial und die technischen Möglichkeiten andere geworden sind. Das Rechnungswesen kann dabei durchaus ordnungsgemäß sein; sein Leiter kümmere sich nur zu wenig um seine Informationsaufgabe. „Dazu gehört auch die Überlegung, ob nicht bestehende Unterrichtungen, oft lange und arbeitsreiche Zusammenstellungen enthaltend, eingespart werden können, weil sie nicht mehr verwertet werden."[49]) Bei der Bedeutung des Rechnungswesens, die Geschäftsführung und Führungskräfte laufend über die wirtschaftliche Betriebsgebarung zu unterrichten, ist es besonders wichtig, welche zusätzlichen Funktionen hier helfen oder stören können. Wie die Erfahrungen aus der Praxis zeigen, besteht bei Großunternehmen im Zeichen der elektronischen Datenverarbeitung gerade heutzutage mehr denn je die Gefahr, daß das Berichtswesen im ganzen gesehen überorganisiert und zu umfangreich ist. Es wird nicht ohne weiteres offensichtlich, weil einzelne Teile des Berichtswesens für sich betrachtet logisch und vernünftig sein können. Dann ist es nicht immer einfach, zu einer einheitlichen integrierten Konzeption zu kommen.

Nach Schmalenbach soll eine obere Dienststelle für das Rechnungswesen nicht gleichzeitig auch mit der Planung und Budgetierung beauftragt sein. Ihr Leiter muß in höchstem Grade objektiv sein, ein im Rechnungswesen bewanderter Wahrheitssucher; „dann wird er alles, was Phantasie und mehr oder weniger vage Schätzung ist, schon von sich aus ablehnen. Erst recht nicht darf man es von ihm fordern. Außerdem sollen den geschätzten Zahlen später die wirklichen Zahlen gegenübergestellt werden. Sind die Schätzungen falsch und von ihm selbst gemacht, wird er Richter in eigener Sache. Das soll man organisatorisch vermeiden".[50])

Eine die Aufgabe der Abteilung Rechnungswesen fördernde Funktion sieht Schmalenbach jedoch darin, ihr das Revisionsbüro zuzuordnen, das man vielfach als Stabsbüro der Oberleitung vorfindet. Er hält den Einwand nicht für stichhaltig, daß bei einer solchen Lösung die Revisionsabteilung dann auch über die Abteilung des Rechnungswesens zu berichten hat. Er geht davon aus, daß sein Leiter über von der Revisionsabteilung festgestellte Mängel ebenso klar urteilen würde, wie man es von der Oberleitung erwartet. „Wenn man sich von dem Leiter des Revisionsbüros eine höhere Zuverlässigkeit verspricht als vom Rechnungschef, soll man den Revisionsmann zum Rechnungschef machen. Ich sollte meinen, daß die Zuverlässigkeit eines Rechnungschefs so groß sein muß, daß sie nicht mehr überboten werden kann."[51])

Die Argumentation Schmalenbachs ist aufs engste mit seinen Vorstellungen von der Tätigkeit der Abteilung Rechnungswesen verbunden. Sie ist für ihn selbst eine nur der Oberleitung unterstellte Kontrollabteilung. Traut man ihr nicht, so ist das ein schwerer Mangel, der praktisch den Wert ihrer gesamten Arbeit in Frage stellt und dann beschleunigter Abhilfe bedarf. Das ist sogar noch schlimmer, als wenn man der Revisionsabteilung nicht traut. Mit der Zuordnung der Revisionsstelle zur Abteilung Rechnungswesen soll deren Funktion ein unparteiischer Berichterstatter des betrieblichen Geschehens und der betrieblichen Zustände zu sein, kräftig zum Bewußtsein gebracht werden. Es würde Zweifel an ihrer unbedingten Zuverlässigkeit hervorrufen, wenn man ihr die Revisonsabteilung nicht gäbe.

Aus dem Vergleich der Eigenschaften, die der Leiter des Rechnungswesens und der Leiter der Organisationsabteilung haben müssen, geht hervor, welche persönlichen Anforderungen Schmalenbach an den Leiter des Rechnungswesens stellt. „Ein Organisator muß irgendwie eine Erfindernatur sein, und ich habe nicht gern Erfindernaturen im leitenden Verwaltungsdienst; sie machen zu leicht Unruhe und Verwirrung. Ein guter Buchhaltungschef muß dagegen Verwaltungseigenschaften haben, d. h. Sachkenntnis, Menschenkenntnis, Gerechtigkeit, Würde und Stetigkeit; das hilft ihm zum Organisieren auch, aber nicht so viel wie die Findigkeit. Übrigens muß ein Buchhaltungschef auch einige Buchungen immer noch selbst machen, Buchungen, die man nicht hinpatzen darf; ich habe gefunden, daß oft die besten Organisatoren unzuverlässige Bucher sind. Das alles sind Dinge, die ihrer Natur entspringen und über die kein Leser böse werden sollte."[52])

59. Der Finanzleiter als Krisenwarner

„Die Aufgaben des Finanzleiters werden in erster Linie durch den Gesichtspunkt beherrscht, daß der Betrieb vor finanziellen Störungen bewahrt bleiben muß." (Entwurf einer Dienstanweisung für Finanzleiter, Manuskript 1940, S. 22)

Mit diesen Worten beginnt Schmalenbach die Ausführungen über die Richtpunkte für den Leiter des Finanzwesens. Er solle sich stets vor Augen halten, daß die finanzielle Gefährdung des Betriebes nicht nur zu möglichen Kapitalverlusten führt, sondern daß das Wohl der Mitarbeiter und ihrer Angehörigen in Frage steht und daß die Gefährdung eines großen Betriebes schon häufig eine Finanzkatastrophe für das ganze Land eingeleitet hat. Schmalenbach stellt deshalb hohe Anforderungen an die Verantwortung des Finanzleiters. „Wenn eine Katastrophe dadurch eintritt, daß ein Großabnehmer zahlungsunfähig wird, hat der Finanzleiter sich zu verantworten dafür, daß der Absatz sich in so starkem Maße auf den Großabnehmer stützte. Mag die Prüfung der Bonität sonst Sache des Verkaufsleiters sein; bei einem Großabnehmer hat sich der Finanzleiter um die große finanzielle Auswirkung eines Verlustes Sorge zu machen. Wenn der Untergang durch ein Konzernwerk verschuldet wird, hat er es zu vertreten, daß die Verflechtung so eng werden konnte oder daß der Konzern durch den Verlust eines Gliedes so stark betroffen wurde. Wenn die Katastrophe einer Bank alle Kredite abschneidet, hat der Finanzleiter sich dafür zu exkulpieren, daß die Kreditbasis zu schmal war."[53])

Der Finanzleiter soll sich so als finanzielles Gewissen betrachten. Dazu gehört auch, heißt es 1940 in einer gedachten Ansprache der Geschäftsführung an den Finanzleiter, „daß wir, wenn wieder Ruhe in der Welt ist, vermutlich vor großen Aufgaben stehen werden und dafür finanziell gerüstet sein müssen. Es wäre sehr schade, wenn in dem Augenblick, in dem große neue Aufgaben winken, die dazu nötige Finanzrüstung fehlen würde. Beachten Sie den Kapitalmarkt und seine Möglichkeiten, beachten Sie auch, was die anderen tun, besonders die gut und weitblickend geführten Werke, und halten Sie uns von Zeit zu Zeit einen Vortrag darüber".[54]) In seinen Schriften weist Schmalenbach wiederholt auf die Bedeutung von Krisen im Laufe der wirtschaftlichen Entwicklung hin. Dabei gilt auch für Krisen die Lehre aus der Geschichte, daß sich nichts einfach wiederholt. Desto wichtiger ist das Krisenbewußtsein. „In den Jahren 1930/31 hat man von Leuten, die die Finanzwirtschaft einer Unternehmung zu betreuen hatten, oft die Entschuldigung gehört, eine allgemeine Krisis von solchem Ausmaß habe sich nicht voraussehen lassen. Immerhin hat es einige Leute gegeben, die sie vorausgesehen haben. Außerdem muß ein Finanzleiter etwas mehr voraussehen als irgendwer. Wer den Verlauf der großen Krisen der letzten hundert Jahre kennt, der hat eben eine wesentlich verbesserte Befähigung der Voraussicht und dadurch mindestens ein Gefühl für Krisenanzeichen gewonnen. Deshalb muß man von einem Finanzleiter verlangen, daß er sich in der Krisengeschichte gut umsieht."[55])

Gerade weil die oberste Geschäftsführung darauf bedacht sein muß, das Unternehmen weiterzuentwickeln, besteht die Gefahr, daß sie die Finanzgefahren vernachlässigt. Im Entwurf einer Dienstanweisung für Finanzleiter hebt Schmalenbach besonders dessen Berichtstätigkeit hervor. Er hat regelmäßig auf betriebswichtige Vorgänge im Geld- und Kapitalmarkt hinzuweisen und gegebenenfalls zu begründen, daß sie für den Betrieb wichtig sind. Finanzberichte anderer Unternehmen sind kritisch zu analysieren. Die regelmäßige Berichterstattung soll monatlich sein, in unruhigen Zeitläufen sind die Fristen kürzer. Die zeitnahe Berichterstattung hat auf diese Weise hohe Priorität.

Neben dem Monatsbericht hat der Finanzleiter einen Jahresbericht zu erstatten. Letztere sind erforderlich bei größeren Finanztransaktionen, wie bei Aufnahme großer Kredite, Tilgung von großen Krediten, Kapitalveränderungen, Begebung von Schuldtiteln sowie bei Großgeschäften. Zu den Aufgaben des Finanzleiters zählt auch die Prüfung der Investitionen. Sie erstreckt sich einmal darauf, ob die internen Richtlinien eingehalten wurden. Zum anderen hat er eine Rangordnung der Finanzerfordernisse aufzustellen, wenn mehrere Investitionsanträge vorliegen. Die Prüfung ist im wesentlichen eine Prüfung der mit den Anträgen vorgelegten Kostenanschläge und Rentabilitäts-Berechnungen. Materiell zu prüfen ist jedoch, ob der von der antragstellenden Abteilung angenommene Ausnutzungsgrad vertretbar ist.

60. Optimales Lager- und Transportwesen

> *„Wenn man die gesamte Lagerverwaltung eines Betriebes einem Manne unterstellt, der das Lagerwesen nicht nur praktisch gelernt, sondern auch unter höheren Gesichtspunkten durchdacht hat, wird man sich darüber wundern, was aus einem Lager alles zu machen ist.“ (Eugen Schmalenbach, Die Lagerverwaltung unter dem Gesichtspunkt der Dienststellengliederung, Manuskript 1943, S. 23)*

Schmalenbach hat einen Teil seiner seit 1933 erzwungenen Muße dazu benutzt, sich das Lagerwesen, seine Literatur und die Handhabung in der Praxis genauer anzusehen. Er ist dabei zu der Überzeugung gekommen, „daß in diesem Gegenstande viel mehr betriebswirtschaftliches Gedankengut steckt, als man im allgemeinen annimmt“ und er selbst bis dahin vermutet hat.[56])

Wenn er heute noch lebte, würde er sich darin bestätigt sehen, welche große Bedeutung das Lagerwesen oder die Vorratswirtschaft, wie er diese Funktion auch nannte, erhalten hat. Im Automobil- und Maschinenbau sind der Abbau teurer Lagerbestände und der schnelle Materialfluß zum Wettbewerbsfaktor zwischen den großen Industriestaaten der westlichen Welt geworden. Schmalenbachs Vorstellungen, Lager- und Transportfunktion miteinander zu verbinden, entsprechen dem heute üblichen, erweiterten Begriff der Materialwirtschaft.[57]) Sie wird immer mehr zu einer Schlüsselfunktion in unseren Unternehmen, ist in einer Veröffentlichung des Bundesverbandes für Materialwirtschaft und Einkauf zu lesen.[58])

Hauptaufgabe der Lager ist nach Schmalenbach, die Mängel der Lieferbereitschaft der Vorstufen gegenüber den Ansprüchen der Nachstufen auszugleichen. Bei ihrer Gliederung geht er von der üblichen Unterscheidung nach Produktionsstufen aus, wonach zwischen Materiallager mit fremdbezogenen Stoffen, Zwischenlager und Fertiglager unterschieden wird.

Die Ausgleichsfunktion des Lagers verlangt eine optimale Lagerergänzung ebenso wie eine optimale Lieferbereitschaft. Die Schilderung der hier zu beachtenden Aufgaben gibt ein Bild vom Lagerwesen der zwanziger und dreißiger Jahre, das weitgehend personalintensiv war, im Gegensatz zu der heute meist mittels EDV-System gesteuerten Materialwirtschaft. Charakteristisch ist die Erörterung der dem Lager eigentümlichen Funktion bei den Zwischenlagern, weil sie sowohl auf der Eingangs- als auch auf der Ausgangsseite mit eigenen Dienststellen des Unternehmens zu tun haben. Beispiel ist eine Automobil-Fabrik mit eigener Karosseriewerkstatt, die Karosserieteile selbst herstellt, einschließlich der Kotbleche. In einem Rollenspiel zwischen dem „Karosseriemann", „Kotflügelmann" und „Lagermann" werden die Überlegungen dargelegt, die diese „Subunternehmer" in einem Fertigungsabschnitt anstellen. Die eigene Dispositionsaufgabe des Zwischenlagers wird allerdings um so mehr eingeschränkt, je umfassender eine Abteilung Arbeitsvorbereitung in den Industriebetrieben die Fertigungsstufen aufeinander abstimmt.

Mit der Lieferbereitschaft eines Lagers ist die Transportaufgabe verbunden. Beide Aufgaben sollten einem Leiter unterstellt werden. Das gilt insbesondere bei Zweifeln, ob man Nebenlager einrichten soll oder nicht. „Es handelt sich um einen Vergleich von Lager- und Transportkosten. Solche Wirtschaftlichkeits-Rechnungen gedeihen am besten, wenn sie im gleichen Dienstbereich zum Austrag kommen."[59]) Bei einer solchen organisatorischen Ordnung lasse sich auch die Frage leichter regeln, ob z. B. der Innentransport besser mit oder ohne Fahrplan arbeiten soll. Im Zusammenhang damit befaßt sich Schmalenbach auch mit der Aufgabe, rechtzeitig zu den Fertigungsterminen zu liefern, wenn das Material oder die Zwischenfabrikate vom Lager nicht nur den Bedarfsstellen zugeführt, sondern unmittelbar an die Maschine gebracht werden. „Zur Höchstleistung gebracht, bekommt eine Lagerverwaltung durch diese Hilfsdienste einen neuen Inhalt. Ihre Aufgabe wird unversehens neben der Verwahrung und dem Innentransport bereichert und durch die Aufgabe, die fertigenden Werkstätten frei von allem überflüssigen Material zu halten. Dann bleibt es nicht bei der mit Zubringung verbundenen Zuführung, sondern es wird auch das Wegschaffen der fertigen Teile verlangt, und wenn irgendwo in der Fabrik etwas lange zwecklos herumliegt, ist die Lagerverwaltung verantwortlich."[60]) Die Forderungen Schmalenbachs für eine Lagerverwaltung als oberer Dienststelle müssen vor dem Hintergrund der zu seiner Zeit vorhandenen organisatorischen Regelungen gesehen werden. Vielfach war das Materiallager dem Einkauf und das Fertiglager dem Verkauf unterstellt; das Zwischenlager war meist der Fertigung zugeordnet. Typisch für ihn ist, sogleich an die personelle Seite der Lagerleitung und die Möglichkeiten der akademischen Ausbildung zu denken.

„Wenn ich in diesem Zusammenhang die akademische Ausbildung nenne", schreibt er, „so darf ein erfahrener Praktiker, dem die akademische Ausbildung fehlt, sich nicht daran stoßen. Niemand kann höhere Achtung als ich vor dem Können von Persönlichkeiten haben, die ganz aus eigenem zu höchst leistungsfähigen Leitern oberer Dienststellen und zu Mitgliedern von Oberleitungen geworden sind, und dabei sogar der Mithilfe von Gönnern nicht bedürftig waren. Aber es hat sich doch im Rechnungswesen gezeigt, daß die Klasse oberer Dienststellenleiter durch den Zuschuß akademischer Schulung ganz wesentlich zugenommen hat und in diesem Zweige nicht annähernd ein Personalmangel besteht wie hinsichtlich der Lagerleitung."[61]) Schmalenbach vergißt aber auch nicht, dazu die erste Voraussetzung zu nennen, nämlich Dozenten zu gewinnen, die imstande sind, das Fach erst einmal hochschulreif zu machen.

Sechster Abschnitt

Wirtschaftsordnung aus betriebswirtschaftlicher Sicht

In einer Stellungnahme zum gegenseitigen Verhältnis von Nationalökonomie und Betriebswirtschaftslehre hält der Nationalökonom Alexander Rüstow 1943 eine engere wechselseitige Fühlungnahme für notwendig.[1]) Rüstow lehrte von 1933–1950 an der ökonomischen Fakultät in Istanbul. Betriebswirtschaftslehre und Volkswirtschaftslehre brauchen sich gegenseitig, schreibt er in seinem Beitrag „wenn auch vielleicht nicht jeder unserer namhaften Betriebswirtschaftler die wirkliche Nationalökonomie wirklich beherrscht, doch fast jeder das Bedürfnis empfunden hat, sich eine eigene Privatnationalökonomie oder private Wirtschaftsphilosophie zurechtzuschustern, wobei denn freilich manchmal groteske Gebilde herausgekommen sind“. Und dann heißt es weiter über Schmalenbach, mit dem er korrespondiert und dem er den Beitrag auch dediziert: „Denn nicht immer war sich der gute Mensch in seinem dunklen Drange des rechten Weges so bewußt wie Meister Eugen Schmalenbach in seiner naiven Genialität.“

In einer Anmerkung weist Rüstow aber auch darauf hin, daß die Betriebswirtschaftler damals unter der Herrschaft der Historischen Schule in der Volkswirtschaftslehre eine allgemein anerkannte und für ihre Zwecke brauchbare volkswirtschaftliche Theorie nicht vorfanden. Schmalenbach, der sich nach bestandenem Diplomexamen auf Anregung von Karl Bücher fünf Semester lang dem Studium der Nationalökonomie widmet, wird das sicher bald empfunden haben. Als er 1901 an der Leipziger Universität Assistent von Bücher und Bibliothekar in den Vereinigten Staatswissenschaftlichen Seminaren wird, hat er Gelegenheit, sich mit dem damaligen Zustand der Nationalökonomie vertraut zu machen. Entscheidende Anregungen verdankt er den Schriften des Vereins für Socialpolitik, dessen Mitglied Bücher ist. Welche Probleme die Wirklichkeit darbietet, erlebt er sehr früh mit der Geschäftspolitik der Kartelle und Syndikate an der Ruhr.

„Wie der Volkswirt nicht umhin kann, sich mit Dingen des Betriebs, wie Löhnen, Unternehmergewinn usw., zu beschäftigen, so kann der Betriebswirt nicht an der Frage vorbeigehen, wie die volkswirtschaftliche Organisation, in die der Betrieb eingebettet und deren Teilorgan er ist, aussieht“, konstatiert Schmalenbach 1949 in seinem Spätwerk „Der freien Wirtschaft zum Gedächtnis“.[2]) Die Gesamtwirtschaft stellt er sich als einen einzigen großen Betrieb mit vielen Teilbetrieben vor. Wird sie nicht zentral, sondern durch den Preismechanismus gelenkt, dann sieht er darin das Modell einer freien Wirtschaft verwirklicht. Die „gebundene und zentral gelenkte Wirtschaft (braucht) nicht erst als ein Betrieb gedacht zu werden, sondern (sie ist ihrer) Natur nach ein Betrieb“.[3]) Aus dieser Sicht hat Schmalenbach in seinen Büchern und Reden immer wieder zu volkswirtschaftlichen Fragen Stellung genommen.

XX. Freie Wirtschaft auf dem Prüfstand

Ebenso wie Schmalenbach Unwirtschaftlichkeiten der Betriebe in Wort und Schrift erörtert, geschieht dies auch gegenüber Vorgängen in der Volkswirtschaft, wenn diese seinen Vorstellungen von einer optimalen Wirtschaftsverfassung und Wirtschaftspolitik widersprechen. Eine ideale, für alle Zeiten gültige Wirtschaftsordnung gibt es für ihn nicht. „Jede Wirtschaftsverfassung hat Mängel und leidet unter Erkrankungen, und was noch bedeutungsvoller ist, jede Wirtschaftsverfassung hat ihre Zeit, und keine ist für die Ewigkeit geeignet.“[4]) Auch an die „unzerstörbare“ Harmonie der staatsfreien Wirtschaft hat Schmalenbach nie geglaubt: „Es hat sich gezeigt, daß auch die freie Wirtschaft ärztlicher Behandlung nicht entbehren konnte.“[5])

61. Merkmale der freien Wirtschaft

> *„Der Verfasser hält für das wesentlichste der Merkmale den Preismechanismus, weil der Kopf wichtiger ist als die Glieder.“ (Der freien Wirtschaft zum Gedächtnis, 1. Auflage, 1949, S. 13)*

Den Leser des Buches „Der freien Wirtschaft zum Gedächtnis“, der sich fragt, wie „dieser Autor (dazu kommt), die freie Wirtshaft für tot zu erklären, wo wir doch gerade im Begriffe sind, zur freien Wirtschaft zurückzukehren“, weist Schmalenbach darauf hin, daß es an einer verschiedenen Auffassung über das Wesen der freien Wirtschaft liegen kann, wenn er diese für tot hält, während andere sie noch für lebendig halten. „Wenn der ärgerlich gewordene Leser dieses Buches diese Tatsachen nicht zur Kenntnis nimmt und darüber nicht gründlich nachdenkt, werden wir uns nicht verständigen.“[6]) Als Merkmale der freien Wirtschaft zählt Schmalenbach neben dem freien Preismechanismus die „Freiheit der Betriebe“ und die mit ihr verbundene „Verantwortlichkeit“ auf.

Grundlage für die Freiheit der Betriebe ist die Gewerbefreiheit oder die Produktionsfreiheit, mit der die volle Anwartschaft auf alle Chancen, aber auch die volle Übernahme aller Risiken verbunden ist. Der Freiheit der erzeugenden Betriebe steht die Freiheit der Verbraucher gegenüber; letztere sind innerhalb der ihnen durch Einkommen oder Vermögen gegebenen Möglichkeiten frei, zu kaufen, was sie wollen. Für den erfolgreichen Unternehmer ist die Freiheit ein „wichtiges Lebenselement“ und eine Bedingung seiner Wirksamkeit.

Man muß sich vorstellen, Männer wie Krupp, Siemens, Bosch, Rathenau, Loewe, Bayer und Thyssen, „deren Namen in der Wirtschaftsgeschichte niemals vergessen werden, hätten zufällig nicht einen Zweig der freien Wirtschaft, sondern einen Zweig der zentral gelenkten, der sogenannten öffentlichen Verwaltung reformieren wollen, sagen wir das Postwesen. Zu diesem Berufe wären sie in den Postdienst eingetreten, um dereinst Generalpostmeister zu werden. Bei vielen von den Männern . . . hätte die Vorbildung gerade hingereicht, um Briefträger zu werden. Schon zur mittleren Laufbahn hätte es nicht gelangt, von der höheren nicht zu reden . . .“[7]) Korrelat zur Freiheit der Betriebe ist die Verantwortlichkeit der Betriebe. Dies bedeutet, daß der Unternehmer für jeden Schaden, der seinen Betrieb trifft, auch für den unverschuldeten Schaden, einzustehen hat. Hierzu gehört, daß er in Konkurs gehen kann.

Das ordnende Prinzip in der freien Wirtschaft ist der Preismechanismus. Der Preis reguliert den Kreislauf von Erzeugung und Verbrauch. Bei eintretendem Mangel eines Gutes führt die Konkurrenz der Nachfrager zu Preiserhöhungen, die einerseits die Erzeugung anregen, andererseits den Verbrauch, den minder wichtigen zuerst, drosseln. Umgekehrt hemmt der

Überfluß eines Gutes durch den daraus resultierenden Preisrückgang die Erzeugung; gleichzeitig wird die Nachfrage angeregt, da bisher schlummernder Bedarf geweckt wird. Als Regulator von Erzeugung und Verbrauch wird der Preis zum unerbittlichen, aber in seiner Art gerechten Herrscher.[8]) „Unerbittlich, weil er mit verfehlter Unternehmertätigkeit kein Erbarmen (kennt); gerecht, weil er eine anonyme, der Beeinflussung wenig zugängliche Kraft darstellt."[9])

Neben der positiven Kennzeichnung der freien Volkswirtschaft als einer Wirtschaftsverfassung mit größter Freiheit und Verantwortlichkeit der Betriebe, mit einem automatischen Lenkungsorgan, dem Preismechanismus, sagt Schmalenbach auch, was die freie Wirtschaft nicht ist.[10]) Sie ist keine „kapitalistische" Wirtschaft. Auch eine zentral gelenkte Wirtschaft kann zugleich eine privatkapitalistische sein. „Eine zentral gelenkte Wirtschaft kann das freie Unternehmertum in vollem Umfange erhalten bis auf diejenigen Funktionen, die in der freien Wirtschaft durch den Preismechanismus erfüllt werden."

Auch ist die freie Volkswirtschaft nicht „anarchisch", weil sie mit dem Preismechanismus ein Lenkungsorgan besitzt. „Nur sind viele Menschen der Meinung, daß ein Lenkungsorgan unbedingt ein mit Bürokraten besetzter bürokratischer Apparat sein müsse. Sie sollten sich ein wenig mehr in der Natur umsehen und sie würden bemerken, daß in der Welt vieles ohne Büro gelenkt wird."

62. Mängel der freien Wirtschaft

„Wenn sogar die Geschöpfe Gottes nicht ewig gesund bleiben, kann man dann von den Geschöpfen des Menschen erwarten, daß sie frei von Fehlern und Krankheiten sind? Man kann auch eine Wirtschaftsverfassung wegen einiger Störungen nicht durch eine andere ersetzen, denn die andere ist auch nicht fehlerlos." (Der freien Wirtschaft zum Gedächtnis, 1. Aufl., 1949, S. 55)

Die größten Unwirtschaftlichkeiten im Betriebsgefüge der Wirtschaft werden nach Schmalenbach durch „schiefe Preise" verursacht, d. h. durch Preise, die die Knappheit der Güter nicht richtig widerspiegeln; das Kapital wird dann in der Volkswirtschaft falsch gelenkt, die Folge ist eine unter dem Optimum bleibende Versorgung.[11]) Einer der Hauptgründe für die Entstehung schiefer Preise ist die fehlende Geldwertstabilität. Sie ist eine Art Nervenkrankheit des wirtschaftlichen Körpers.[12]) Symptome dieser Erkrankung des Wertungswesens zeigen sich z. B. in der Zerrüttung der Kreditverhältnisse. Der Gläubiger erhält nur das nominelle, nicht aber das reale Kapital zurück. Hierdurch wird das Kapital in nicht gerechtfertigter Weise auf Sachanlagen gelenkt, der Spartrieb läßt nach. Auch die einzelwirtschaftlichen Kalkulationen der Betriebe werden falsch, sofern keine Geldwertberichtigungen vorgenommen werden. Durch die Unvollkommenheit der Märkte und die Unwirtschaftlichkeiten innerhalb der Unternehmungen kann sich die Konkurrenz der Anbieter und der Nachfrager nur mangelhaft ausbilden, was ebenfalls schiefe Preise verursacht. Nach Schmalenbach gehört es zu einem „guten Markt", „daß die Angebote möglichst vollständig zur Kenntnis der Nachfragenden, die Nachfragenden möglichst vollständig zur Kenntnis der Anbieter kommen und daß die erzielten Preise beiden Teilen bekannt sind, so daß auch die Preisbewegungen den Beteiligten erkennbar sind".[13]) Dies ist jedoch häufig nicht der Fall. „Wenn die Hausfrau einen Eimer braucht, geht sie in ein am Weg liegendes Eisenwarengeschäft, sieht sich die vorrätigen Sorten an, erfragt den Preis und wählt den Eimer aus. In einer Nebenstraße ist noch ein Eisenwarengeschäft, das dieselben Eimer führt, aber mit niedrigeren Aufschlägen arbeitet und den Eimer um 30 Pfennig billiger liefern würde. Aber die

Hausfrau wußte es nicht, und sie kann nicht alle Eisenwarengeschäfte der Stadt aufsuchen und feststellen, wo sie den gesuchten Eimer am billigsten bekommt."

Insbesondere führt auch die Kartellbildung zu einer Verzerrung der richtigen Wertrelationen. „Setzen wir . . . den Fall, für Zement sei in der freien Wirtschaft ein Kartell gebildet worden, das den Zementpreis sehr hoch halte. Die Folge ist, daß man an vielen Stellen Zement einspart und andere Materialien bevorzugt. Das ist dann eine privatwirtschaftlich richtige, volkswirtschaftlich aber bedauerliche Maßnahme. Einstweilen wird z. B. mehr Holz verbraucht, als bei billigerem Zement nötig wäre, andererseits wird die noch vorhandene Kapazität der Zementwerke nicht ausgenutzt, obwohl die Zementwerke selbst infolge des hohen Preises wahrscheinlich mehr verdienen, als sie bei einem niedrigen Preis durch Mehrbeschäftigung verdienen würden."[14])

Zu den „Krankheiten der freien Wirtschaft" zählt Schmalenbach vor allem die Mißerfolge in der Distribution.[15]) Die Verteilung der Ware vom Produzenten zum Konsumenten vollzieht sich seiner Auffassung nach unwirtschaftlich. Einen der Gründe für die kostspielige Distrubition sieht er in dem „Übermaß der Sorten", die weder mit einem Geschmackswechsel, noch mit dem technischen Fortschritt etwas zu tun haben. „Diese Sortenhypertrophie ist nicht nur ein gemeinwirtschaftliches Übel, sie belästigt auch alle Beteiligten unmittelbar."[16]) Um konkurrenzfähig zu bleiben, stellt der Unternehmer mehr Sorten her, als nötig sind und als das wirtschaftliche Optimum dies verlangt. Zwangsläufig erhöhen sich dadurch sowohl die Kosten des Sortenwechsels als auch die Kosten, die durch eine größere Lagerhaltung entstehen. Gleichzeitig beeinträchtigt das übergroße Angebot die Preisbildung, da dem einzelnen Anbieter die Marktübersicht fehlt. Die Versuche, durch Normung, Typisierung und Spezialisierung das Übermaß der Sorten zu reduzieren, hält Schmalenbach in der Marktwirtschaft für wenig erfolgversprechend.

Die mit einer ständigen Vergrößerung der Kapazitäten steigenden fixen Kosten sind aber in seinen Augen die eigentliche Ursache dafür, daß die freie Wirtschaft nicht funktioniert. Ihr Anteil am Produktionsprozeß nimmt ständig zu, bis sie schließlich für die Produktionsgestaltung bestimmend werden. Eine moderne technisierte Wirtschaft besitzt jedoch eine geringere Elastizität als eine Wirtschaft, in der vorwiegend mit variablen Kosten gearbeitet wird. Die Tendenz, die Kapazitäten zu erweitern, ist nach Schmalenbach Bestandteil der unternehmerischen Einstellung, die bei uns noch durch Perioden aufgestauten Bedarfs in Kriegs- und Nachkriegszeiten gefördert wurde. In Einzelfällen spielen auch das übersteigerte Geltungsbedürfnis eines Unternehmers sowie die Verbesserungslust der Ingenieure eine Rolle. Bleibt dann jedoch die erwartete Mehrbeschäftigung aus und wird die Betriebsbereitschaft ungenügend genutzt, versuchen die Betriebe, sich gegenseitig durch Sonderpreise unter den Vollkosten aus dem Markt zu drängen. Das führt insgesamt zu einer verlustbringenden Konkurrenz; es kommt zunächst zu losen Preisabsprachen und schließlich zur Bildung von Kartellen, wodurch die freie Konkurrenz ganz ausgeschaltet wird. Den Unternehmern bleibt nach Schmalenbachs Überzeugung keine andere Wahl, als sich entweder dem ruinösen Wettbewerb durch Interessengemeinschaften und Kartelle zu entziehen oder unrentabel weiterzuarbeiten.[17])

63. Ist die freie Wirtschaft noch zu retten?

„Diejenigen, die in der Wirtschaft stehen oder von der Wirtschaft etwas verstehen, sind sich heute in der großen Mehrzahl darüber einig, daß wir zu einer freien Wirtschaft, wie sie einmal in ihrer besten Zeit war, nicht zurückkommen." (Eugen Schmalenbach, Der freien Wirtschaft zum Gedächtnis, 1. Aufl., 1949, S. 92)

Bereits in seiner mehrfach zitierten Wiener Rede im Jahre 1928 fühlt Schmalenbach sich dazu aufgerufen, die weitreichenden Folgen der wachsenden fixen Kosten für die freiheitliche Wirtschaftsordnung zu unterstreichen. Die Betriebswirtschaftslehre steht für ihn an der Schwelle einer neuen Wirtschaftsverfassung, die durch Kartelle, Trusts und andere Monopolgebilde, durch Staatseisenbahn, Staatsposten, Staatsbanken, staatliche Versicherungseinrichtungen, staatlich beherrschte Landeszentralen für Licht- und Kraftlieferung, gemischte Unternehmungen vielerlei Art, staatliche Preisregelung für Kohle, Kali, Wohnungsmieten und staatliche Festsetzung von Lohntarifen gekennzeichnet ist. Die moderne Wirtschaft mit ihren hohen fixen Kosten, so sagt er, „ist des Heilmittels beraubt, das selbsttätig Erzeugung und Verbrauch in Einklang bringt und so das wirtschaftliche Gleichgewicht herstellt. Es ist die merkwürdige Entwicklung festzustellen, daß zwar die Maschinen selbst immer mehr mit automatischen Steuerungen versehen werden und so der menschlichen Hilfe entraten können, daß aber die Wirtschaftsmaschinerie im ganzen, die große Volkswirtschaft ihr selbständiges Steuer verloren hat“.[18])

Wie im ersten Teil dieses Werks geschildert (siehe Seiten 119 ff.), ist die Öffentlichkeit nach der Wiener Rede alarmiert. Denn Schmalenbach erwähnte auch, daß sich die Voraussagen von Karl Marx bestätigt haben, wonach die wirtschaftliche Entwicklung zu einer weitgehenden horizontalen und vertikalen Konzentration führe, an deren Ende dann die vollständige Vergesellschaftung der Produktion stehen werde. Sönke Hundt hat sich in seiner 1977 verfaßten Theoriegeschichte der Betriebswirtschaftslehre besonders eingehend auch mit Schmalenbach auseinandergesetzt und dabei bemerkt, daß dieser mit seiner Fixkostentheorie einer Methode das Wort rede, der eine gewisse Materialismus-Ähnlichkeit nicht abgesprochen werden könne. Diese Ähnlichkeit sichere seinem Werk angeblich das Interesse von marxistischen Theoretikern.[19]) Aber eingeschworene Marxisten würden es weit von sich weisen, mit Schmalenbach in Verbindung gebracht zu werden. Es ist, soweit wir sehen, auch niemals geschehen.

Die zeitgenössische Kritik gegenüber Schmalenbachs Meinung, daß die freie Wirtschaft, so wie er sie versteht, zum Sterben verurteilt ist, kommt – von wenigen Hochschullehrern der Betriebswirtschaftslehre abgesehen – vor allem aus dem Kreise der Nationalökonomen und hier, besonders nach 1945, aus dem Kreis der Mitbegründer und Herausgeber des ORDO-Jahrbuches für die Ordnung von Wirtschaft und Gesellschaft. Ihre Kritik läßt sich in drei Punkte zusammenfassen. Schmalenbach stelle einmal eine Tendenz zu Überinvestitionen fest, „ohne in ausreichender Weise anzugeben, unter welchen Bedingungen eine solche Tendenz allein möglich ist. Zum anderen begründet er diese Tendenz mit Maßnahmen, die ganz oder doch zum großen Teil das Ergebnis einer bestimmten Wirtschaftspolitik sind und bei denen deshalb eine wirtschaftstheoretische Untersuchung nicht stehenbleiben darf. Schließlich unterscheidet er bei seinen Herleitungen nicht zwischen den verschiedenen Marktformen.“[20])

Zu dem zentralen Argument von der Zwangsläufigkeit der Auswirkungen der fixen Kosten meint Rüstow, der letzte Grund für die Meinungsverschiedenheiten liege darin, „welche Erfahrungsdaten man als unabänderlich hinnimmt und demgemäß als Konstanten in seine Rechnung einsetzt oder welche man ablehnt und als abänderungsfähig und -bedürftig betrachtet“.[21]) Es hänge eben von der Wirtschaftspolitik des Staates ab, so wird weiter argumentiert, ob die Flucht ins Monopol gestattet wird oder nicht. Die Weimarer Republik habe zur Zeit des Schmalenbachschen Vortrags auf verschiedenste Weise die Flucht ins Monopol begünstigt und erleichtert, teils aus mangelnder Einsicht, teils aus pluralistischer Schwäche.

Walter Eucken wendet sich mit großem Engagement dagegen, daß die Konkurrenz untergeht und eine neue Ordnungsform entsteht, in der es keine Konkurrenz mehr gibt. Es sei möglich, diejenigen Kräfte – gerade solche der modernen Technik –, die auf Konkurrenz hindrängen, durch die Wirtschaftspolitik zur Ordnung der Wirtschaft nutzbar zu machen.[22]) Nach Müller-Armack war es „das Verhängnis des im 19. Jahrhundert erwachsenen Interventionismus, hier der Einsicht in die wirtschaftlichen Erfordernisse zu ermangeln und eine Wirtschaftspolitik zu schaffen, die geradezu definiert werden konnte als der Versuch, die variable Preis- und Wertrechnung aufzuheben."[23]) Der instrumentale Charakter der Marktwirtschaft weise bereits klar auf ihre Ergänzungsbedürftigkeit durch ein Rahmengefüge einer marktgerechten Wirtschaftspolitik hin. Es sei eine dringende Aufgabe unserer konstruktiven wirtschaftspolitischen Forschung, ein umfassendes System wirtschaftspolitischer Mittel zu entwickeln, deren Anwendung mit den Spielregeln des Marktes verträglich ist.

Rüstow hat 1945 mitgeteilt, daß er mit Schmalenbach im Briefwechsel stand. Dieser arbeitete gerade an einem dritten Band seiner „Pretialen Wirtschaftslenkung", worin er die pretiale Lenkung in einer freien Volkswirtschaft behandeln und nochmals auf die fixen Kosten eingehen wollte. Dieses Vorhaben hat er leider nicht mehr ausführen können. Aber es ist nicht ausgeschlossen, daß er sich dann auch mit den Forderungen des ORDO-Kreises an die Wirtschaftspolitik befaßt hätte, die Ordnungformen der Wirtschaft zu beeinflussen und zu gestalten (siehe Seite 202). Sicher hätte er sich mit dem Satz von Eucken auseinandergesetzt. „Veraltet ist nicht die Konkurrenz, sondern der Glaube, sie wäre veraltet."[24])

XXI. In staatswirtschaftlicher Verantwortung

Einander entgegengesetzte Gefühle bestimmen Schmalenbachs Verhältnis zur freien Wirtschaft. Er hat sie geliebt und bewundert, und er empfindet Trauer, weil sie nach seinem Verständnis nicht überleben kann. Diese Ambivalenz hindert ihn aber nicht, daß er bei aller Kritik am Wirtschaftszustand der Gegenwart zugleich leidenschaftlich mit Stellungnahmen und Vorschlägen an die Öffentlichkeit geht, um entscheidenden Störungen oder Mängeln zu begegnen. Sicher spielt eine seine Haltung prägende staatsbürgerliche Gesinnung mit hinein, wie er sie auch vom Kaufmann, insbesondere vom akademisch ausgebildeten Kaufmann erwartet. „Ich sehe im Kaufmann das mit Wirtschaften betraute Organ der Gesamtwirtschaft. Eben darum gehört die Betriebswirtschaftslehre den Staatswissenschaften an und der betriebswirtschaftliche Dr. rer. pol. ist es nicht nur dem Namen nach."[25])

64. Wirtschaftspolitische Vorschläge

„Wir Betriebswirtschaftler haben bei der Beobachtung und Beratung von Betrieben besonders viele Gelegenheiten, zu erkennen, was an Entwicklungsmöglichkeiten in der Freiheit der Wirtschaft steckt." (Der freien Wirtschaft zum Gedächtnis, 1. Auflage, 1949, S. 53)

Ein wirtschaftspolitisches Dauerthema ist in allen Staaten die Frage, bei der es ums Geld geht, die Steuerpolitik. Schmalenbach sieht die Steuer in erster Linie im Zusammenhang mit Kapitalbildung und Verbrauch. Freies Unternehmertum ist für ihn nur denkbar, wenn man dem Unternehmer zugleich mit dem Risiko die Gewinnchance gibt. Eine Steuer, die den Gewinn größtenteils wegnimmt und dem Unternehmer nur das Risiko läßt, muß das freie Unternehmertum letztlich beseitigen. Auch die Kapitalbildung wird durch die Einkommensteuer in destruktiver Weise beeinfußt, da der „Kapitalbildner" und nicht der „Kapitalverzehrer" erfaßt wird. Was laut Schmalenbach nottut, ist, statt einer Einkommenssteuer, die Besteuerung des Verbrauchs. Dabei ist es erforderlich, auf den „einsparbaren" Verbrauch abzustellen. Sofern der „nicht einsparbare" lebensnotwendige Verbrauch besteuert wird, hat dies nämlich zur Folge, daß die Löhne zu erhöhen sind oder daß die Menschen mit niedrigem Einkommen nicht ausreichend ernährt werden, sich nicht anständig bekleiden und unzulänglich wohnen müssen. Die Aufwandsteuern sollen danach nur den einsparbaren Bedarf treffen und zwar um so mehr, „je einsparbarer er ist".[26]) Schmalenbach plädiert in diesem Zusammenhang für eine direkte Aufwandsteuer, die den Steuerpflichtigen aufgrund einer Aufwand-Deklaration erfaßt, die allerdings von der Konzeption her im einzelnen noch zu entwickeln ist. Da Schmalenbachs Überlegungen zur Besteuerung von einem speziellen Aspekt aus angestellt werden, befaßt er sich nur mit einer Seite des finanzwissenschaftlichen Problems, nämlich der Steueraufbringung. Die Frage des Steuerbedarfs und der Steuerverwendung wird nicht behandelt. Er kommt jedoch zu dem Schluß, daß die beste Steuerreform immer noch darin besteht, den Finanzbedarf herabzusetzen und stellt die Frage, „ob man die Demokratie, so schätzenswert sie ist, nicht ein wenig billiger haben könnte".[27])

Ein anderes zentrales Thema ist die mangelhafte „Kapazitätspolitik". Da, wo bereits Überkapazitäten vorhanden sind, läßt sich nach Schmalenbachs Auffassung das Übel höchstens dadurch mildern, daß man diejenigen Anlagen, deren Modernisierung am meisten Geld kostet, eingehen läßt und nicht wieder aufbaut. Da, wo Überkapazitäten sich neu bilden, sollte man den Unternehmern jedoch die Freiheit nehmen und ihnen ihre Bauvorhaben unmöglich machen.[28])

Aufgabe des Staates ist es auch, vorübergehende Bedarfsschwankungen im Sinne einer optimalen Gesamtwirtschaft zu meistern. Nur in Ausnahmefällen dürfen öffentliche Hilfen gewährt werden. Überkapazitäten rechtfertigen keinesfalls eine Unterstützung durch den Staat. In Depressionszeiten sollen durch die Vergabe von öffentlichen Aufträgen diejenigen Unternehmen unterstützt werden, die die verlangten Leistungen mit den geringsten Grenzkosten verrichten. Die von den Unternehmen in der Hochkonjunktur erwirtschafteten Gewinne dürfen den Betrieben nicht zur freien Verfügung überlassen werden. Vielmehr sind sie so in Verwahr zu nehmen, daß sie bei der nächsten Depression zur Verfügung stehen. Diesen recht drastischen Maßnahmen steht Schmalenbachs Forderung gegenüber, das Maß der Gebundenheit auf ein Minimum zu beschränken.

Auch zu Währungsfragen nimmt Schmalenbach Stellung. Er erlebt zweimal einen Währungszusammenbruch in bisher nicht gekanntem Ausmaß. In beiden Fällen gehört er zu denen, die sich entschieden für eine Bereinigung der Währung einsetzen.[29]) So hält er nach dem Zweiten Weltkrieg die Wiederherstellung einer wertbeständigen Reichsmark für „die dringlichste Aufgabe der Gegenwart auf wirtschaftspolitischem Gebiet“.[30])

Bei der Aufzählung der wirtschaftspolitischen Vorschläge Schmalenbachs darf sein Engagement für die Einführung einer gesamtwirtschaftlichen Bilanz nicht unerwähnt bleiben.[31]) Es ist für ihn schwer zu begreifen, daß man in der Wirtschaftspolitik ohne eine Bilanz für die Volkswirtschaft auszukommen vermag, da die Wirtschaft eines gesamten Volkes komplizierter und undurchsichtiger ist als die einer einzelnen Unternehmung. Die Gedanken sind später in der Volkswirtschaftlichen Gesamtrechnung verwirklicht worden.

65. Exakte Wirtschaftslenkung

„Denn daran kann kein Zweifel sein, daß, wenn die Wirtschaftslenkung sachlich und wirtschaftlich betrieben werden sollte, dem Betriebswirt die Hauptaufgabe zufallen müßte.“ (Über die zukünftige Gestaltung der Betriebswirtschaftslehre, Manuskript, 1944, S. 138)

In seinem Vortrag über die wirtschaftliche Lage, gehalten vor einem engeren Kreis am 21. Januar 1933, stellt Schmalenbach fest, seine Auffassung von den Strukturwandlungen in der Wirtschaft habe sich infolge der Ereignisse in den zurückliegenden Jahren gefestigt. Im Jahre 1943 veröffentlichte der damalige Leiter des wirtschaftspolitischen Ressorts der „Frankfurter Zeitung“, Erich Welter, ein Buch über den Weg der deutschen Industrie. Seine Hauptquellen waren enquête – ähnliche Befragungen der Wirtschaft. Zu den Grundlinien, die auch für spätere Zeiten in der Wirtschaft bestimmend sein würden, gehöre es, „daß der Staat, mag er seine Industriepolitik im übrigen noch so freiheitlich zu gestalten suchen, ganz gewiß die Wirtschaftslenkung im großen nicht mehr aus den Händen geben (wird).“[32])

So kann es nicht verwundern, daß ähnliche Vorstellungen im Kreis der Schmalenbach-Vereinigung zur Einrichtung einer Kommission über Wirtschaftslenkung führen (Vgl. Seiten 173 f.). Schmalenbach wird gebeten, eine Diskussionsgrundlage zu erarbeiten. Aus dem Vorwort im nicht veröffentlichten Manuskript spüren wir etwas von seinen gemischten Gefühlen bei dieser Arbeit, wenn wir lesen, daß er dazu keine Lust hat, sie aber übernimmt, weil er seine Pflicht tun will. Seine Legitimation begründet er damit, daß es noch keine wirklichen Sachverständigen für die Wirtschaftslenkung gibt und da kein anderer Berufskreis die zu einer exakten Gestaltung notwendige Vorbildung und Praxis mitbringt, „Betriebswirtschaftler genötigt sind, sich fürderhin nicht nur als Betriebsleute, sondern als verantwortliche Gestalter der Wirtschaftslenkung selbst zu fühlen".[33]) Wie in der Betriebswirtschaft bedarf es seiner Auffassung nach auch in der Volkswirtschaft eines „exakten Verfahrens". Gelingt es den wirtschaftslenkenden Dienststellen nicht, die „anfänglich rohen Methoden durch exakte Methoden" zu ersetzen, so muß sie in ihren Leistungen gegenüber der freien Wirtschaft zurückbleiben. Hierzu überträgt Schmalenbach die Ideen seiner Betriebswertrechnung auf die Volkswirtschaft und spricht anstelle von der „optimalen Geltungszahl" von „Äquivalenzziffern".

Mit dem 1936 verkündeten „Vierjahresplan", der zum Ziel hat, Deutschland in der Versorgung mit Nahrungsmitteln und industriellen Rohstoffen „autark" zu machen, geht einher die politische und militärische Mobilisierung. Damit wurde eine „Ära der Wirtschaftspolitik unter der Herrschaft des Nationalsozialismus" eingeleitet. Die Preis- und Lohnstoppgesetzgebung des Jahres 1936 verstärkt den Bruch mit der marktwirtschaftlichen Ordnung. Grundsätzliche Bedeutung erlangen die Richtlinien für die Preisbildung bei öffentlichen Aufträgen (RPÖ) und die Leitsätze über die Preisermittlung auf der Grundlage der Selbstkosten für Leistungen für öffentliche Auftraggeber (LSÖ) vom 15. November 1938. Ein umfangreicher Apparat für Preisbildung und Preisüberwachung wird aufgebaut. Bewirtschaftung und Rationalisierung erstrecken sich auf immer weitere Bereiche.

Es bedarf keiner Begründung, daß bei der Lösung der sich neu stellenden mannigfaltigen Steuerungs- und Überwachungsaufgaben auf das in der Betriebswirtschaftslehre entwickelte Instrumentarium zurückgegriffen wird.[34]) Viele Betriebswirte stellen dann auch ihre Lehre in den Dienst der neuen Ordnung. Mit Blick auf die nach und nach einsetzende Gesetzgebung für eine Vereinheitlichung von Kostenrechnung und Preispolitik kann Walb feststellen: „Zu dieser Frage ist zunächst am Rande zu vermerken, daß das gesamte vorliegende Gesetzgebungswerk nicht möglich gewesen wäre ohne die Arbeit, die insbesondere die Theorieforschung in der Betriebswirtschaftslehre seit etwa 40 Jahren geleistet hat."[35])

Ihre Ergebnisse erstreckten sich aber auf Teilbereiche, insbesondere auf das Rechnungswesen. Schmalenbach interessiert dagegen die Kernfrage nach der Lenkungsfunktion des Preises, ob und in welchem Umfang auch eine gesteuerte Wirtschaft, die formal den Preismechanismus aufrecht erhält, zu optimalen Wertungen kommt. Deshalb muß er „sich in einer gewissen Entfernung von Einzelheiten halten, weil sonst die große Übersicht verloren geht. Ich habe darum absichtlich jedes Eingehen in die besonderen Formen, die die Wirtschaftslenkung bisher erfahren hat, vermieden, habe insbesondere die Frage, ob die Lenkungsbürokratie zweckmäßig unter rein amtliche Stellen oder unter die Selbstverwaltung der einzelnen Wirtschaftsbereiche gestellt wird, nicht berührt. Erst muß festgestellt werden, was zu tun ist, ehe man untersuchen soll, wie es zu tun ist".[36])

Schmalenbach unterscheidet zwischen der Lenkung der Erzeugung und der Lenkung des Verbrauchs. Die Möglichkeiten einer exakten Lenkung der Erzeugung schätzt er dabei höher ein als die Verbrauchslenkung. Ziel der Erzeugungslenkung ist u. a. die optimale Struktur einer Wirtschaftsgruppe. Ein Instrument hierfür ist der Betriebsvergleich, den der Lenker einer Wirtschaftsgruppe vollkommen beherrschen soll. Ein weiteres zentrales Problem einer gelenkten Wirtschaft im Rahmen der Erzeugung ist die Planung der optimalen Kapazität in einer Wirtschaftsgruppe. Die Herabsetzung und die Erhöhung der Kapazität, die vorübergehende Leistungsminderung und die vorübergehende Leistungssteigerung sind in diesem Zusammenhang Maßnahmen, die im einzelnen beschrieben werden.

Die dauernde Beeinflussung des Bedarfs gehört nach Auffassung Schmalenbachs gewöhnlich nicht zu den Aufgaben einer Wirtschaftslenkung. Es muß dabei zwischen konsumtivem und produktivem Bedarf unterschieden werden. Der produktive Bedarf kann alternativ über den Preis gelenkt bzw. bürokratisch kontingentiert werden. Im ersten Fall ist die Meßarbeit eine Aufgabe der Selbstkostenrechnung im Betriebe; im zweiten Fall ist der Bedarf zentral zu messen. Der konsumtive Bedarf ist über das verfügbare Einkommen der Haushalte zu lenken. Auch die Nachfrage der öffentlichen Körperschaften rechnet Schmalenbach zum konsumtiven Bedarf.

Da es für die Wichtigkeit der konsumtiven Bedarfswünsche keine Maßstäbe gibt, sieht er die Voraussetzung für eine bürokratische Wirtschaftslenkung als nicht gegeben an. Diese kann nicht feststellen, was wichtig und unwichtig ist. Insgesamt hält Schmalenbach die Bedarfslenkung lediglich in Kriegs- und Notzeiten für sinnvoll.

XXII. Am Gemeinwohl orientierte freie Wirtschaft als Zielvorstellung

Die Gemein- oder Gesamtwirtschaftlichkeit sowie das Gemeinwohl gehören zu den viel diskutierten Forderungen Schmalenbachs. In einer Auseinandersetzung mit der Arbeit von Hundt, in der das Postulat von der gemein- oder gesamtwirtschaftlichen Wirtschaftlichkeit eine zentrale Rolle spielt, versucht Dieter Schneider den Nachweis, daß Schmalenbach mit diesen in den ersten Auflagen seiner Schriften erhobenen Forderungen theoretisch gescheitert sei. Er sei auch nicht bereit gewesen, den gemeinwirtschaftlichen Bezug gegen die Interessen der Praxis durchzuhalten.[37])

Hundt kommt in seinem Buche zu den gleichen kritischen Schlußfolgerungen, ebenfalls mit dem Hinweis auf das fehlende Bekenntnis zur Gemeinwirtschaftlichkeit in den Veröffentlichungen nach 1945. Nach seiner Auffassung ist der Grund hierfür in der gesellschaftlichen Entwicklung zu suchen, „die den Wirtschaftlichkeits-Normativismus nachhaltig diskreditiert hat".[38]) Hundt geht von der Interpretation der Wissenschaftsentwicklung von Thomas Kuhn aus, wonach Wissenschaft nicht durch eine fortlaufende Akkumulation von Wissen fortschreitet, sondern durch revolutionären Paradigma-Wechsel. Im Geleitwort der Schrift heißt es, die Widersprüche des Schmalenbachschen Gedankengebäudes würden nicht besserwisserisch als Irrtümer oder intellektuelle Unzulänglichkeit dargestellt; vielmehr ergäben sich die Widersprüche des theoretischen Gebäudes als Produkt einer widersprüchlichen Realität, in der das Verhältnis von einzelwirtschaftlicher und gesamtwirtschaftlicher Rationalität grundlegend gestört ist.[39])

Wir können auf diese sehr umfassende Arbeit nicht ausführlich eingehen. Es sei nur soviel dazu gesagt, daß Kuhns Paradigma-Ansatz für die Interpretation der Wissenschaftsentwicklung umstritten ist. Auch gegen die von Hundt vorgenommene materialistische Uminterpretation bestehen Bedenken. Unser Geschichtsverständnis ist von der Erkenntnis bestimmt, daß geschichtliche Vorgänge nicht monokausal zu erklären, sondern immer auf ein großes Bündel von Ursachen zurückzuführen sind. In der Literatur ist im übrigen dargelegt, daß Schmalenbach seine gemeinwirtschaftlichen Vorstellungen nicht nur bis zu den 30er Jahren, sondern auch später in verschiedenen Schriften veröffentlicht hat.[40])

Wie oben auf Seite 284 ausgeführt, basiert Schmalenbachs Verständnis von Gemeinwirtschaftlichkeit auf einem rationalistischen Konzept. In bewußter Einseitigkeit sieht er die Gesamtwirtschaft als einen großen Betrieb. Der Austausch von Gütern und Leistungen verlangt ständig Wahlvorgänge. Der Maßstab für „richtiges" Wählen bzw. Bewerten ist die optimale Geltungszahl (optimale Äquivalenzziffer). Sie ist die Zahl, deren Anwendung das höchste Maß an Wirtschaftlichkeit bei der Erzeugung oder dem Verbrauch der Güter gewährleistet. Bei einer störungsfreien Preisautomatik entsprechen die Preisrelationen automatisch der optimalen Geltungszahl. In der gebundenen Wirtschaft ist es die Aufgabe der zentralen Behörde, die Preise in Höhe der optimalen Geltungszahl festzulegen. Schmalenbach ist sich der Grenzen seines Modells bewußt. Im Vorwort seiner Schrift „Der freien Wirtschaft zum Gedächtnis" schreibt er das deutlich: „Nicht auf das Konto der Einseitigkeit bitte ich zu buchen, daß der Verfasser in diesem Buche nur die wirtschaftlichen und nicht die sozialen Belange erörtert. Der Verfasser weiß natürlich auch, daß es soziale Belange gibt, die bei der Beurteilung einer Wirtschaftsverfassung zu berücksichtigen sind. Aber er will sich auf die wirtschaftlichen Dinge beschränken."

Auch in der freien Wirtschaft entwickelt sich nicht alles automatisch zur höchsten Wirtschaftlichkeit. Deshalb verlangt Schmalenbach wirtschaftspolitische Maßnahmen. Seine

Vorstellungen hierzu sind nicht zusammenhängend dargestellt, sondern an verschiedenen Stellen zu finden. Die bereits erwähnten wirtschaftspolitischen Vorschläge enthalten entsprechende Hinweise auf die Gemeinwirtschaftlichkeit. Im einzelnen gibt es bei konkret erörterten Maßnahmen manche Empfehlungen, die in der Öffentlichkeit wenig Beifall finden. Dazu gehören seine Vorstellungen über einen Abbau der kostspieligen Distribution.[41]) Aufgabe einer neu zu ordnenden Güterversorgung müsse es sein, die lebensnotwendigen Güter durch gezielte Maßnahmen des Staates kostengünstiger zu gestalten, meint er. So sollen z. B. die Haushaltsgeräte standardisiert und typisiert werden. Die Unternehmer dürfen nur noch nach bestimmten Vorschriften produzieren mit der Folge, daß eine Werbung für die einzelnen Güter überflüssig wird: denn auf den Märkten würden weitgehend homogene Produkte angeboten. Das einzige Mittel, das dem Unternehmen bleibt, um sich von seinen Konkurrenten abzuheben, sei dann eine attraktive Preisgestaltung. Eine differenzierte Konzessionierung und Zentralisierung des Handels und hier speziell des Einzelhandels, soll eine weitere Kostenersparnis bringen.

Die Ausführungen über die Distribution und ihre Hauptträger im Handel sind aus den Erfahrungen der Zeit zu sehen. Schmalenbach mußte feststellen, daß die Verteilung der Waren von der Produktion bis zum Endverbraucher nicht das gleiche Maß von Wirtschaftlichkeit aufweist, wie dank einer weitgehenden Rationalisierung des Produktionsapparates der Herstellungsprozeß. Das Produktivitätsgefälle zwischen Industrie und Handel war damals recht groß. Bei jeder Senkung der Erzeugungskosten stieg die Handelsspanne tendenziell. In Deutschland wirkt sich seit 1933 nicht nur das politisch motivierte Ressentiment gegen die „Großen" im Handel aus, sondern später auch die rüstungs- und kriegsbedingte Rückbildung der Handelsfunktion. Nach dem Zusammenbruch 1945 wird dann jedoch eine Entwicklung nachgeholt, wie sie sich in der übrigen westlichen Welt bereits vollzogen hat. Neben einer Funktionsverlagerung zwischen Industrie und Handel, z. B. durch Übernahme der Verpackung, Werbung und Garantie für Markenartikel, gibt es im Handel eine verstärkte Rationalisierung, die mit der Produktivitäts-Entwicklung in der Industrie Schritt hält. Der Preiswettbewerb wird durch die Dynamik der Betriebsformen (Selbstbedienungsläden, Verbrauchermärkte) gefördert. Schmalenbach hat auf diese mögliche Entwicklung hingewiesen, die durch Unternehmerpersönlichkeiten wie den Schweizer Duttweiler charakterisiert wird.[42]) Dabei sieht er freilich nicht mehr die hiermit verbundenen Möglichkeiten, die Mängel der Distribution auch auf nichtbürokratische Weise in der freien Wirtschaft abzustellen.

Die Auseinandersetzung Schmalenbachs mit der freien Wirtschaft oder, wie Rüstow sagt, der ihm eigene „dunkle Drang des rechten Weges" gilt vor allem für die Analyse und die Diagnose. Aber die „naive Genialität" des Meisters Schmalenbachs bewährt sich auch in Fragen anderer Art. Das zeigen beispielhaft seine Ausführungen über den Raubbau in der freien Wirtschaft. Schon vor 35 Jahren weist er auf ein Problem hin, das heute als eine Herausforderung des Jahrhunderts verstanden wird: „Möglicherweise haben diejenigen recht, die der Meinung sind, daß wir die Kohlevorkommen der Erde ohne alle Bedenken und ohne alle Rücksicht auf unsere Nachkommen verbrauchen dürfen, da sich später, z. B. durch die Atomzertrümmerung, vermutlich für Kraft, Wärme und chemische Zwecke gleichwertige Wirkungsmittel finden werden. Aber es ist nur eine Erwartung und keine Sicherheit. Und wenn die Erwartung nicht eintrifft, wird unsere Generation vor unseren Nachkommen als leichtfertig, verantwortungs- und gedankenlos dastehen."[43])

Inzwischen ist das Umweltbewußtsein der Menschen weltweit durch spektakuläre Zukunftsstudien wachgerüttelt worden. Langdauernde Stockungsphasen in der Wirtschaft haben das

Bewußtsein dafür geweckt, daß die in den ersten Jahrzehnten nach 1945 für selbstverständlich gehaltene exponentielle Steigerung des Verbrauchs in den hochentwickelten Industriestaaten auf Grenzen stößt. Unbeschadet aller Kritik an den Methoden der langfristigen, auf Weltmodellen basierenden Projektionen und der von Zeit zu Zeit erforderlichen Korrekturen bei den Schätzungen der Rohstoffreserven ist die Sorge Schmalenbachs aktueller denn je. Nach den heutigen Erkenntnissen geht es allerdings nicht mehr um Energie allein, sondern um die Ressourcen auf unserer Erde schlechthin, wobei die Bevölkerungs- und Einkommensentwicklung zusätzliche nicht minder schwierige Fragen aufwirft. Die Umweltprobleme machen an Ländergrenzen nicht halt; das gilt auch für die Verantwortung für das Gemeinwohl.

Schlußbemerkung

Schmalenbach sah in der Betriebswirtschaftslehre eine Wissenschaft, die der Praxis zu dienen hat. Für ihn galt aber auch, was Goethe einmal im Zusammenhang mit Betrachtungen über die verschiedenen Künste schrieb, „daß eine vollständige Erfahrung die Theorie in sich enthalten muß". In der Pionierphase des Faches lebend, sah Schmalenbach seine Aufgabe darin, die betriebswirtschaftlichen Probleme aufzugreifen, die in der Praxis dringend zu lösen waren.

Sein Werk ist von ungewöhnlicher Weite und hat nicht nur die Wirtschaftspraxis ungemein befruchtet, sondern auch entscheidende wissenschaftliche Erkenntnisse gebracht. Es lag ihm fern, ein geschlossenes System der Betriebswirtschaftslehre zu entwickeln, da er die Zeit noch nicht reif dafür hielt. Mit Theodor Beste ist das eigentliche Verdienst des großen Forschers und Lehrers um die Betriebswirtschaftslehre darin zu sehen, daß er das betriebswirtschaftliche Werten in den Mittelpunkt des Faches gerückt hat: „Den Betriebswirtschaftler für die Probleme des Wertes aufnahmebereit zu machen, in ihm die Fähigkeit richtigen Wertens zu entwickeln, das war sein Streben, solange er geforscht und gelehrt hat."[1]) Mit praxisnahen Schilderungen konkreter Beispiele und der darin handelnden Personen gelang es ihm meisterhaft, dem Leser und Hörer die Probleme lebendig werden zu lassen. Der Forscher Schmalenbach ging dabei stets von den konkreten betrieblichen Vorgängen aus, von der Detailforschung vor Ort. Er bevorzugte Monographien, in denen einzelne Gegenstände und ihre Problematik betriebsbezogen analysiert, systematisiert und zu grundsätzlichen theoretischen Erkenntnissen verarbeitet werden.

Der Erfolgsrechnung für Betriebe wird das Ziel gesetzt, die Wirtschaftlichkeit zu messen. In der Kostenrechnung stellt Schmalenbach die Rolle der fixen Kosten als zentrales Problem heraus. Mit der Umstellung der Vollkosten- auf die Teilkostenrechnung und auf die Deckungsbeitragsrechnung zeigt er den Weg für die richtige Kalkulation in der Wettbewerbswirtschaft. Im Kontenrahmen werden Erfolgsrechnung und Kostenrechnung in die Organisation des Rechnungswesens eingeordnet. Entscheidendes Prinzip der Betriebsorganisation ist die pretiale Lenkung. Sie ist Grundlage der dezentralen Organisation und zugleich ein Schutzwall vor den Gefahren des Bürokratismus und der Verbeamtung im Unternehmen. Da für Schmalenbach der Betrieb nie ein isoliertes Gebilde war, sondern stets ein Teil der Gesamtwirtschaft, galt sein Interesse in gleicher Weise den gesamtwirtschaftlichen Zusammenhängen. Hier ging es ihm ebenfalls um das wirtschaftliche Optimum, das nur erreicht werden kann, wenn die Preise der optimalen Geltungszahl entsprechen. Ihm schwebte wohl die Harmonie einer vom Staate freien, durch den Preismechanismus gelenkten Wirtschaft vor, die Widersprüche im praktischen Wirtschaftszustand waren ihm jedoch gegenwärtig. Gegen die Unwirtschaftlichkeiten im „Betriebsgefüge" der Volkswirtschaft galt es ebenfalls anzugehen. Inzwischen haben sich die wirtschaftlichen und sozialen Rahmenbedingungen bei uns wie in der übrigen hochindustrialisierten westlichen Welt zwar verändert, die Forderungen Schmalenbachs sind jedoch so aktuell wie eh und je.

Im Gegensatz zu den Vorstellungen Schmalenbachs vom Wissenschaftsziel der Betriebswirtschaftslehre hat sich die spätere betriebswirtschaftliche Theorie und Forschung in verstärktem Maße bemüht, zu einem geschlossenen System zu kommen. Schmalenbach stand dem immer mit Skepsis gegenüber, da er fürchtete, daß dabei für die betriebswirtschaftliche Praxis weite Strecken Ödland blieben. Den entscheidenden Anstoß um in der Betriebswirtschaftslehre zu einer geschlossenen Darstellung zu gelangen, brachten die Arbeiten Erich

Gutenbergs in seinem dreibändigen Werk „Grundlagen der Betriebswirtschaftslehre", dessen erster Band „Die Produktion" im Jahre 1951 erschien. Zentraler Punkt seines theoretischen Systems der Betriebswirtschaftslehre ist die funktionale Produktivitätsbeziehung zwischen Faktoreinsatz und Faktorertrag. Wie Schmalenbach in diesen Jahren die Probleme des Faches sieht, zeigt sein Beitrag „Neue Aufgaben der Betriebswirtschaftslehre".[2]) Grundlage hierfür war ein unveröffentlichtes Manuskript aus den letzten Kriegsjahren über die zukünftige Gestaltung der Disziplin.[3]) Das Ziel ist es, die „produktive" Forschung wiederherzustellen. Ferner soll die betriebswirtschaftliche Ausbildung auf bisher vernachlässigte Teilgebiete erweitert werden; der in diesen Teilgebieten geschulte Betriebswirt soll dabei gegenüber demjenigen, der nur eine praktische Ausbildung erfahren hat, einen Vorteil erhalten. Für die Reform eines Studiums schlägt Schmalenbach vor, die spezielle Betriebswirtschaftslehre nach den an dem betrieblichen Produktionsablauf orientierten Funktionen aufzugliedern. Dazu gehören u. a. Personalwirtschaft, Betriebsorganisation und Vorratswirtschaft (Lagerwesen).

Der in den 50er Jahren intensiv einsetzende Erfahrungsaustausch mit der Theorie und der Praxis der angelsächsischen, insbesondere der amerikanischen Wirtschaftswissenschaften brachte weitere Anregungen durch die vor allem in den USA entwickelte Lehre vom Management, in der die verhaltensorientierten Komponente stärker betont wird. Eine Synthese wird in der sogenannten entscheidungsorientierten Betriebswirtschaftslehre versucht, die ebenfalls interdisziplinären Charakter hat. Neue Impulse empfing die Diskussion durch Anwendung der wissenschaftlichen Systemtheorie. Die Betriebswirtschaftslehre der entscheidungsorientierten wie auch die der systemtheoretischen Prägung will letztlich „Kunstlehre" sein, die der Praxis Anleitungen in Form von Modellanalysen bietet. Dieser neue Pragmatismus in der Betriebswirtschaftslehre unterscheidet sich allerdings von den früheren Jahrzehnten in der Qualität seiner Rezepte; sie werden auf der Basis des theoretischen Wissens einer ganzen Anzahl von Disziplinen entwickelt.[4])

Damit knüpft die Diskussion über das Selbstverständnis einer inzwischen weiter entwickelten Betriebswirtschaftslehre wieder da an, wo sie vor 75 Jahren begonnen hat. Wir lehnen mit Schmalenbach den Alleinvertretungsanspruch einer einzigen Wissenschaftsauffassung ab. Dieser Pluralismus kann aber nur für die Forschung gelten. Schwerpunkt der betriebswirtschaftlichen Lehre ist die Vorbereitung auf berufliche Fähigkeiten, die die Anwendung wissenschaftlicher Erkenntnisse erfordern. Gemeinsame Grundlage hierfür sollte eine Forschung sein, deren Ergebnisse auf die Praxis übertragbar sind. Dazu gehört auch das Bemühen, durch Schulung des betriebswirtschaftlichen Denkvermögens den Studenten ein Störungsgefühl beim Auftreten von Unwirtschaftlichkeiten zu vermitteln. Diese Anliegen waren es, die Schmalenbachs Wirken und Werk in der Betriebswirtschaftslehre prägten.

Anmerkungen zum Zweiten Teil

1) Vgl. das Verzeichnis der Arbeiten von Eugen Schmalenbach auf S. 443 ff.

2) Vgl. Verzeichnis der von Eugen Schmalenbach besprochenen Bücher und Zeitschriften, erstellt von Otto v. Kori mit einem Vorwort von Theodor Beste, in: Zeitschrift für betriebswirtschaftliche Forschung, Neue Folge, 21. Jahrgang, 1969, S. 525 ff.

3) Beste, Theodor: Eugen Schmalenbach, Gedenkrede, gehalten bei der Akademischen Trauerfeier der Universität zu Köln am 10. 5. 1955, in: Zeitschrift für handelswissenschaftliche Forschung, Neue Folge, 7. Jahrgang, 1955, S. 207 f.

I. Schmalenbachs Wissenschaftsverständnis

4) Schmalenbach, Eugen: Über die zukünftige Gestaltung der Betriebswirtschaftslehre, Manuskript 1944, S. 8.

5) Derselbe: Die Privatwirtschaftslehre als Kunstlehre, in: Zeitschrift für handelswissenschaftliche Forschung, 6. Jahrgang, 1911/12, S. 305.

6) Derselbe: Neue Aufgaben der Betriebswirtschaftslehre, in: Betriebswirtschaftliche Beiträge, Bremen-Hamburg-Hannover, 1. Lieferung 1947, S. 4.

7) Hax, Karl: Schmalenbach aus der Sicht der neuzeitlichen Betriebswirtschaftslehre, in: Zeitschrift für betriebswirtschaftliche Forschung, 25. Jahrgang, 1973, S. 496. Vgl. auch Hundt, Sönke: Zur Theoriegeschichte der Betriebswirtschaftslehre, Köln 1977, S. 49.

8) Vgl. Münstermann, Hans: Ein Säkulum seit der Geburt von Eugen Schmalenbach, in: Betriebswirtschaftliche Forschung und Praxis, 25. Jahrgang, 1973, S. 519.

9) Rieger, Wilhelm: Schmalenbachs dynamische Bilanz, Stuttgart 1936, S. 61 (2. Auflage, 1954).

10) Hundt, Sönke: Zur Theoriegeschichte . . . a.a.O., S. 48 f.

11) Schmalenbach, Eugen: Die Privatwirtschaftslehre als Kunstlehre, a.a.O., S. 306 ff.

12) Weyermann, Moritz/Schönitz, Hans: Grundlegung und Systematik einer wissenschaftlichen Privatwirtschaftslehre und ihre Pflege an Universitäten und Fach-Hochschulen, Karlsruhe 1912.

13) Böhm-Bawerk, Eugen: Historische und theoretische Nationalökonomie, 1896, S. 187.

14) Schmalenbach, Eugen: Selbstkostenrechnung und Preispolitik, 6. Auflage, Leipzig 1934, S. 89.

15) Derselbe: Die Gliederung der Handelstechnik an der Handelshochschule Cölln, in: Deutsche Handelsschul-Lehrer-Zeitung, 3. Jahrgang, 1906, Nr. 30, S. 3.

16) „25 Jahre", in: Zeitschrift für handelswissenschaftliche Forschung, 25. Jahrgang, 1931, S. 1.

17) Schmalenbach, Eugen: Buchhaltung einer Fabrik kunstgewerblicher Metallwaren, in: Zeitschrift für handelswissenschaftliche Forschung, 1. Jahrgang, 1906/7, S. 1 ff.

18) Derselbe: Über die zukünftige Gestaltung der Betriebswirtschaftslehre, Manuskript 1944, S. 27.

19) Derselbe: Grundlagen dynamischer Bilanzlehre, in: Zeitschrift für handelswissenschaftliche Forschung, 13. Jahrgang, 1919, S. 12.

20) Vgl. Prion, Willi: Schmalenbach – und die Betriebswirtschaftslehre. Eine Betrachtung aus Anlaß Schmalenbachs Geburtstags am 20. August des Jahres, in: Der praktische Betriebswirt, 13. Jahrgang, 1933, S. 507; Schneider, Dieter: Schmalenbach und der gesellschaftspolitische Bezug in der Betriebswirtschaftslehre, in: Zeitschrift für handelswissenschaftliche Forschung, 31. Jahrgang, 1979, S. 814.

21) Schmalenbach, Eugen: Selbstkostenrechnung und Preispolitik, 6. Auflage, a.a.O., S. 1.

22) Derselbe: Grundlagen dynamischer Bilanzlehre, a.a.O., S. 41.

23) Derselbe: Theorie der Erfolgsbilanz, in: Zeitschrift für handelswissenschaftliche Forschung, 1915/16, 10. Jahrgang, S. 379 ff.

24) Vgl. Sieben, Günter/Schildbach, Thomas: Betriebswirtschaftliche Entscheidungstheorie, 2. Auflage, Tübingen 1980, S. 111.

25) Hartmann, Heinz: Funktionale Autorität, Stuttgart 1964, S. 63.

26) Rogowsky,. Bruno: Eugen Schmalenbach. Eine Würdigung des Altmeisters der Betriebswirtschaftslehre anläßlich seines 75jährigen Geburtstages am 20. August 1948, in: Der Wirtschaftsprüfer, 1. Jahrgang 1948, S. 225.

27) Schmalenbach, Eugen: Selbstkostenrechnung Teil I, in: Zeitschrift für handelswissenschaftliche Forschung, 13. Jahrgang, 1919, S. 258.

28) Ebenda, S. 18 f.

29) Derselbe: Dynamische Bilanz, Teil I, 8. Auflage, Bremen-Horn, 1947, S. 18 f.

30) Rieger, Wilhelm: Schmalenbachs Dynamische Bilanz, a.a.O., S. 36. Diese Aussage trifft letztlich nur auf die Dynamische Bilanz zu, auf die Rieger hier abstellt, sondern auf das gesamte wissenschaftliche Werk Schmalenbachs.

31) Schmalenbach, Eugen: Dynamische Bilanz, Teil 1, 8. Auflage, a.a.O., S. 15.

32) Thiemeyer, Theo: Gemeinwirtschaft, in: Handwörterbuch der Wirtschaftswissenschaft, hrsg. von Willi Albers u. a., Tübingen 1981, Bd. 3 S. 525 ff.

33) Schmalenbach, Eugen: Selbstkostenrechnung, Teil I, a.a.O., S. 258.

34) Derselbe: Selbstkostenrechnung und Preispolitik, 6. Auflage, a.a.O., S. 3.

35) Derselbe: Grundlagen dynamischer Bilanzlehre, 3. Auflage, Leipzig, 1925, S. 70.

36) Fünfjahresbericht der Wirtschafts- und Sozialwissenschaftlichen Fakultät der Universität Köln, 1919–1924, erstattet vom Dekan Eugen Schmalenbach, 1925.

37) Rieger, Wilhelm: Einführung in die Privatwirtschaftslehre, 2. unveränderte Auflage, Erlangen 1959, S. 44 ff. (1. Auflage, Nürnberg 1928).

38) Schmalenbach, Eugen: Dynamische Bilanz, 4. Auflage, Leipzig 1926, S. 94.

39) Schneider, Dieter: Gemeinwirtschaftlichkeit als Wunschdenken, Erwiderung auf die Stellungnahme von Erich Potthoff, Zur Alibi-Funktion der Schmalenbach'schen Gemeinwirtschaftlichkeit, in: Zeitschrift für betriebswirtschaftliche Forschung, 32. Jahrgang, 1980, S. 768.

40) Hax, Karl: Schmalenbach aus der Sicht der neuzeitlichen Betriebswirtschaftslehre, a.a.O., S. 497.

41) Schmalenbach, Eugen: Besprechung von E. Lysinski, Die Organisation der Reklame, Bücherei für Industrie und Handel, 5. Band, Berlin 1924, in: Zeitschrift für handelswissenschaftliche Forschung, 19. Jahrgang, 1925, S. 190.

42) Derselbe: Besprechung von Nicklisch, Heinrich: Allgemeine kaufmännische Betriebslehre, Band I, Leipzig 1912, in: Zeitschrift für handelswissenschaftliche Forschung, 7. Jahrgang, 1912/13, S. 144.

43) Derselbe: Besprechung von Findeisen, Franz: Die Unternehmungsform als Rentabilitätsfaktor, Berlin 1925.

44) Hundhausen, Carl: Über Stil und Diktion in der Betriebswirtschaftslehre. Ein Beitrag zum 75. Geburtstag von Eugen Schmalenbach, in: Die Wirtschaftsprüfung, 1. Jahrgang, Nr. 6, 1948, S. 91.

45) Dürrhammer, Willy: Schmalenbachs Beitrag zur Lehre von Finanzierung und Kapitalwirtschaft, in: Zeitschrift für betriebswirtschaftliche Forschung, 25. Jahrgang, 1973, S. 554.

II. Schulung des wirtschaftlichen Störungsgefühls

46) Schmalenbach, Eugen: Selbstkostenrechnung und Preispolitik, 6. Auflage, a.a.O., S. 4.

47) Fünfjahresbericht der Wirtschafts- und Sozialwissenschaftlichen Fakultät der Universität Köln 1919–1924, a.a.O., S. 9 f.

48) Schmalenbach, Eugen: Betriebswirtschaftler als höhere Verwaltungsbeamte, in: Zeitschrift für handelswissenschaftliche Forschung, 14. Jahrgang, 1920, S. 135.

49) Derselbe: Die betriebswirtschaftliche Denkschulung, gekürzte Wiedergabe eines unveröffentlichten Vortrags vor ausländischen Studenten 1947 in der Kölner Universität.

50) Derselbe: Die betriebswirtschaftliche Denkschulung . . . a.a.O.

51) Hax, Karl: Gegenstand, Entwicklung und gegenwärtiger Stand der Betriebswirtschaftslehre, in: Die Wirtschaftsprüfung, 1. Jahrgang, 1948, Nr. 6, S. 6.

52) Schmalenbach, Eugen: Die betriebswirtschaftliche Denkschulung . . ., a.a.O.

53) Derselbe: Betriebswirtschaftler als höhere Verwaltungsbeamte, a.a.O., S. 134.

54) Derselbe: Über die zukünftige Gestaltung der Betriebswirtschaftslehre, a.a.O., S. 39.

55) Derselbe: Gewerbliche Kalkulation, in: Zeitschrift für das gesamte kaufmännische Unterrichtswesen, 1902/03, S. 150. Wiedergedruckt in: Zeitschrift für handelswissenschaftliche Forschung, Neue Folge, 15. Jahrgang, 1963, S. 375.

56) Derselbe: Die Gliederung der Handelstechnik an der Handelshochschule Cölln, in: Deutsche Hochschullehrer-Zeitung, 3. Jahrgang, 1966, Nr. 30, S. 2.

57) Hax, Karl: Gegenstand, Entwicklung und gegenwärtiger Stand der Betriebswirtschaftslehre, a.a.O., S. 6.

58) Universität Köln, 1919 bis 1929, ohne Verlag, 1929, S. 103.

59) Schmalenbach, Eugen: Über die zukünftige Gestaltung der Betriebswirtschaftslehre, a.a.O.

60) Universität Köln, 1919 bis 1929, a.a.O., S. 103.

61) Krähe, Walter: Die Beeinflussung der betriebswirtschaftlichen Praxis durch Veröffentlichung aus dem Schmalenbach-Kreis seit 1925/26, in: Ordnung und Ziel, Festgabe zum 60. Geburtstag von Dr. Peter von Aubel, Stuttgart 1954.

62) Mertens, Peter: Der gegenwärtige Stand von Forschung und Lehre in der Betriebswirtschaft, in: Bildung und Wettbewerbsfähigkeit, Sonderheft 12 der Zeitschrift für betriebswirtschaftliche Forschung, 1981, S. 42 und Kern, Werner: Die zukünftige Entwicklung der Betriebswirtschaftslehre, ebenda, S. 62 ff.

63) Fachkommission Ausbildungsfragen im Bereich des Rechnungswesens der Schmalenbach-Gesellschaft – Deutsche Gesellschaft für Betriebswirtschaft e. V.: Anforderungsprofil für die Hochschulausbildung im Bereich des Rechnungswesens, 1981.

III. Spitzenstellung für das Rechnungswesen

64) Schmalenbach, Eugen: Selbstkostenrechnung und Preispolitik, 6. Auflage, a.a.O., S. 119.

65) Derselbe: Über die zukünftige Gestaltung der Betriebswirtschaftslehre, a.a.O., S. 2 f.

66) Vgl. Beckerath, Herbert von: Industriepolitik, in: Handwörterbuch der Sozialwissenschaften, V. Band 1956, S. 277 und Hahn, G.: Ursachen von Unternehmensmißerfolgen, Ergebnisse von Untersuchungen, besonders im rheinischen Industriebezirk, Diss., Köln 1956, S. 89 ff.

67) Schmalenbach, Eugen: Grundlagen dynamischer Bilanzlehre, 3. Auflage, a.a.O., S. 7 ff.

68) Ebenda, S. 8.

69) Derselbe: Selbstkostenrechnung I, a.a.O., S. 348.

70) Derselbe: Selbstkostenrechnung und Preispolitik, 6. Auflage, a.a.O., S. 9 und Pretiale Wirtschaftslenkung, Band 1, Die optimale Geltungszahl, Bremen 1947, S. 14.

71) Derselbe: Buchführung und Kalkulation im Fabrikgeschäft, in: Deutsche Metall-Industrie-Zeitung, 15. Jahrgang, 1899, S. 116 (unveränderter Nachdruck, Leipzig 1928, S. 9).

72 Derselbe: Die Aufstellung von Finanzplänen, 3. Auflage, Leipzig, 1938, Vorwort.

73) Derselbe: Selbstkostenrechnung I, a.a.O., S. 259.

74) Vgl. Gutenberg, Erich: Bilanztheorie und Bilanzrecht, in: Zeitschrift für Betriebswirtschaft, 35. Jahrgang, 1965, S. 19.

75) Derselbe: Die doppelte Buchführung, Köln und Opladen, 1950, Vorwort.

76) Ebenda, S. 49.

77) Schmalenbach, Eugen: Selbstkostenrechnung I, a.a.O., S. 274.

78) Derselbe: Grundlagen dynamischer Bilanzlehre, 3. Auflage, a.a.O., S. 255.

79) Derselbe: Grundlagen dynamischer Bilanzlehre, in: Zeitschrift für handelswissenschaftliche Forschung, a.a.O., S. 95.

80) Derselbe: Zinskosten in der Buchführung, in: Zeitschrift für handelswissenschaftliche Forschung, 7. Jahrgang, 1912/13, S. 249.

IV. Mensch und Organisation

81) Sandig, Curt: Heinrich Nicklisch – 100 Jahre. Sein Werk und dessen heutige Bedeutung, in: Zeitschrift für Betriebswirtschaft, 46. Jahrgang, 1976, S. 472 f.

82) Schmalenbach, Eugen: Über die zukünftige Gestaltung der Betriebswirtschaftslehre, a.a.O., S. 88 f.

83) Derselbe: Pretiale Wirtschaftslenkung, Band 2: Pretiale Lenkung des Betriebes, Bremen-Horn 1948, S. 47 und Die doppelte Buchführung, a.a.O., S. 136 f.

84) Derselbe: Entwurf einer Dienstanweisung für Finanzleiter nebst Begründung und einer Einleitung über allgemeine Organisationsgrundsätze, Manuskript 1940.

85) Schmalenbach, Eugen: Der Kontenrahmen, 4. Auflage, Leipzig 1935, S. 11 f.

86) Derselbe: Pretiale Wirtschaftslenkung, Band 2: Pretiale Lenkung des Betriebes, a.a.O., S. 5.

87) Derselbe: Industrielle Kleinbetriebe und pretiale Betriebslenkung, in: Betriebswirtschaftliche Beiträge, 2. Lieferung 1948, S. 16.

88) Derselbe: Pretiale Wirtschaftslenkung, Band 2: Pretiale Lenkung des Betriebes, a.a.O., S. 16.

89) Derselbe: Industrielle Kleinbetriebe und pretiale Betriebslenkung, a.a.O., S. 16.

90) Derselbe: Pretiale Wirtschaftslenkung, Band 2: Pretiale Lenkung des Betriebes, a.a.O., S. 48.

Zweiter Abschnitt: Dynamische Bilanz

1) Schmalenbach, Eugen: Dynamische Bilanz, 8. Auflage, I. Teil, Bremen-Horn 1947, S. 4.

2) Rieger, Wilhelm: Schmalenbachs dynamische Bilanz, 1. Auflage, Stuttgart 1936 (2. Auflage 1954). Zur literarischen Resonanz auf die Dynamische Bilanz vgl. das Verzeichnis von Otto von Kori, in: Zeitschrift für betriebswirtschaftliche Forschung, Neue Folge, 23. Jahrgang, 1971, S. 485 ff.

3) Schmalenbach, Eugen: Dynamische Bilanz, 8. Auflage, I. Teil, a.a.O., S. 4.

4) Vgl. u. a. Walb, Erich: Die Erfolgsrechnung privater und öffentlicher Betriebe, Berlin-Wien 1926; Kosiol, Erich: Bilanzreform und Einheitsbilanz – Grundlegende Studien zu den Möglichkeiten einer Rationalisierung der periodischen Erfolgsermittlung, Heft 5 der Schriften des Betriebswirtschaftlichen Ausschusses Sudetenland e. V., Reichenberg-Leipzig-Wien 1944; Münstermann, Hans: Einführung in die Dynamische Bilanz, Band 16 der Veröffentlichungen der Schmalenbach-Vereinigung, Leipzig 1941.

5) Vgl. Simon, Veit Hermann: Die Bilanzen der Aktiengesellschaften und der Kommanditgesellschaften auf Aktien, 1. Auflage, Berlin 1886 (4. Auflage, 1910); Rehm, Hermann: Die Bilanzen der Aktiengesellschaften, 1. Auflage, München 1903 (2. Auflage, 1914); Staub, Hermann: Kommentar zum Handelsgesetzbuch, 9. Auflage, Berlin 1912; Wilmowski, Bruno von: Das preußische Einkommenssteuergesetz vom 24. Juni 1891, 1. Auflage, Breslau 1896 (3. Auflage, 1915); vgl. hierzu Schneider, Dieter: Die vernachlässigten Begründer der klassischen Bilanzdiskussion, in: Wirtschaftswissenschaftliches Studium, 3. Jahrgang, 1974, S. 288 ff. und S. 584 ff. sowie im 4. Jahrgang, 1975, S. 40 ff. und S. 541 ff.

6) Osbahr, Wilhelm: Die Bilanz vom Standpunkt der Unternehmung. Die bisherige und zukünftige Gestaltung der Grundfragen des Bilanzproblems, 1. Auflage, Berlin 1918.

7) Schmidt, Fritz: Die organische Bilanz im Rahmen der Wirtschaft, Leipzig 1921: später erweitert als: Die organische Tageswertbilanz, Leipzig 1929 (Nachdruck Wiesbaden 1951).

8) Im Handwörterbuch der Betriebswirtschaft, herausgegeben von Heinrich Nicklisch 1926, Band 1, unterscheidet Walter le Coutre, in seinem Beitrag „Bilanztheorien" bereits zwischen „dynamischer Bilanzlehre", „statischer Bilanzlehre" und „organischer Bilanzlehre".

9) Rieger, Wilhelm: Einführung in die Privatwirtschaftslehre, Nürnberg 1928.

10) Le Coutre, Walter: Die statische Bilanzauffassung der Praxis, in: Zeitschrift für Betriebswirtschaft, 4. Jahrgang, 1927, S. 72 ff.

11) Nicklisch, Heinrich: Die Betriebswirtschaft, 7. Auflage, 1932.

V. Schmalenbachs Auffassung von der Bilanz

12) Ab der achten Auflage der Dynamischen Bilanz verwendet Schmalenbach den Ausdruck „Ertrag" statt „Leistung"; vgl. Dynamische Bilanz, 8. Auflage, a.a.O., S. 36 und auch die 11. Auflage, Köln und Opladen, 1953, S. 61.

13) Schmalenbach, Eugen: Grundlagen dynamischer Bilanzlehre, in: Zeitschrift für handelswissenschaftliche Forschung, 13. Jahrgang, 1919, S. 14.

14) Vgl. Engels, Wolfram: Betriebswirtschaftliche Bewertungslehre im Licht der Entscheidungstheorie, Köln und Opladen 1962, S. 195 ff.

15) Vgl. Kosiol, Erich: Bilanztheorie, pagatorische, in: Handwörterbuch des Rechnungswesens, herausgegeben von Erich Kosiol, 1970, Spalte 195.

16) Schmalenbach, Eugen: Grundlagen dynamischer Bilanzlehre, 3. Auflage, Leipzig 1925, S. 54 f.

17) Rieger, Wilhelm: Schmalenbachs dynamischer Bilanz, Stuttgart 1936, S. 21.

18) Ebenda, S. 13.

19) Vgl. Nicklisch, Heinrich: Dynamik, in: Zeitschrift für Handelswissenschaft und Handelspraxis, 13. Jahrgang, 1920/21, S. 246.

20) Rieger, Wilhelm: Schmalenbachs dynamische Bilanz, a.a.O., S. 129.

21) Vgl. Schmalenbach, Eugen: Dynamische Bilanz, 8. Auflage, a.a.O., S. 4.

22) Derselbe: Grundlagen dynamischer Bilanzlehre, 3. Auflage, a.a.O., S. 58.

23) Ebenda, S. 55 f.

24) Ebenda, S. 56.

25) Schmidt, Fritz: Besprechung von Der Gewinnbegriff in der Betriebswirtschaftslehre von Karl Hax, in: Zeitschrift für Betriebswirtschaft, 27. Jahrgang, 1927, S. 317.

26) Schneider, Dieter: Geschichte betriebswirtschaftlicher Theorie, München-Wien-Oldenburg 1981, S. 427.

27) Schmalenbach, Eugen: Grundlagen dynamischer Bilanzlehre, 3. Auflage, a.a.O., S. 61.

28) Derselbe: Dynamische Bilanz, 8. Auflage, a.a.O., S. 4.

29) Ebenda, S. 16.

30) Derselbe: Grundlagen dynamischer Bilanzlehre, in: Zeitschrift für handelswissenschaftliche Forschung, a.a.O., S. 7.

31) Ebenda, S. 6.

32) Derselbe: Grundlagen dynamischer Bilanzlehre, 3. Auflage, a.a.O., S. 61 ff.

33) Ebenda, S. 61.

34) Vgl. Kapitel 16.

35) Schmalenbach, Eugen: Grundlagen dynamischer Bilanzlehre, 3. Auflage, a.a.O., S. 68.

36) Vgl. jedoch unter 2. Abschnitt VII.

37) Schmalenbach, Eugen: Grundlagen dynamischer Bilanzlehre, 3. Auflage, a.a.O., S. 67 f.

38) Gutenberg, Erich: Bilanztheorie und Bilanzrecht, in: Zeitschrift für Betriebswirtschaft, 35. Jahrgang, 1965, S. 19.

39) Fischer, Rudolf: Die Bilanzwerte, was sie sind und was sie nicht sind, Band 2, 1905 und 1908, gibt als erster die Ansicht auf, daß der Inhalt der Bilanz aus bewerteten Gegenständen oder Rechten besteht; vgl. Gutenberg, Erich: Einführung in die Betriebswirtschaftslehre, Wiesbaden 1958, S. 168 f. mit weiteren Nachweisen.

40) Vgl. im folgenden Schmalenbach, Eugen: Grundlagen dynamischer Bilanzlehre, in: Zeitschrift für handelswissenschaftliche Forschung, a.a.O., S. 11 f. und S. 17 ff. sowie Münstermann, Hans: Bilanztheorien, dynamische, in: Handwörterbuch des Rechnungswesens, herausgegeben von Erich Kosiol, 1970, Spalte 249 ff.

41) Zitiert nach Münstermann, Hans: Bilanztheorien . . ., a.a.O., Spalte 254.

42) Schmalenbach, Eugen: Grundlagen dynamischer Bilanzlehre, in: Zeitschrift für handelswissenschaftliche Forschung, a.a.O., S. 28 f.

43) Münstermann, Hans: Einführung in die dynamische Bilanz, a.a.O.

44) Lehmann, Wolfgang: Die dynamische Bilanz Schmalenbachs, Wiesbaden 1963, S. 113.

45 Vgl. ebenda. S. 42.

46) Schmalenbach, Eugen: Grundlagen dynamischer Bilanzlehre, in: Zeitschrift für handelswissenschaftliche Forschung, a.a.O., S. 9.

47) Derselbe: Dynamische Bilanz, 4. Auflage, Leipzig 1925, S. 96.

48) Derselbe: Grundlagen dynamischer Bilanzlehre, 3. Auflage, a.a.O., S. 73.

49) Ebenda, S. 85.

50) Ebenda.

51) Ebenda, S. 86.

52) Ebenda.

53) Derselbe: Grundlagen dynamischer Bilanzlehre, in: Zeitschrift für handelswissenschaftliche Forschung, a.a.O., S. 32 f.

54) Derselbe: Grundlagen dynamischer Bilanzlehre, 3. Auflage, a.a.O., S. 85.

55) Zur Kritik vgl. Münstermann, Hans: Unternehmungsrechnung, Wiesbaden, 1969, erster Teil: Zur dynamischen Bilanz, S. 35 ff.

56) Schmalenbach, Eugen: Dynamische Bilanz, 6. Auflage, Leipzig 1933, S. 187.

57) Derselbe: Grundlagen dynamischer Bilanzlehre, in: Zeitschrift für handelswissenschaftliche Forschung, a.a.O., S. 90 ff.

58) Ebenda, S. 99 ff.

59) Derselbe: Dynamische Bilanz, 8. Auflage, a.a.O., S. 110.

60) Albach, Horst: Grundgedanken einer synthetischen Bilanztheorie, in: Zeitschrift für Betriebswirtschaft, 35. Jahrgang, 1965, S. 22.

61) Ebenda.

62) Moxter, Adolf: Statische oder dynamische Bilanzinterpretation?, in: Das Wirtschaftsstudium, 8. Jahrgang, 1979, S. 434.

63) Vgl. Schildbach, Thomas: Ist der traditionelle Jahresabschluß überholt?, in: Die Wirtschaftsprüfung, Jahrgang, 1974, S. 607.

64) Schmalenbach, Eugen: Allgemeine Grundsätze ordnungsmäßiger Bilanzierung, Manuskript 1944, S. 7.

65) Heinen, Edmund: Handelsbilanzen, 9. Auflage, Wiesbaden, 1980, S. 113 f.

66) Vgl. Leffson, Ulrich: Entwicklung der Lehre vom Jahresabschluß – eine Bilanz, in: Unternehmungsführung aus finanz- und bankwirtschaftlicher Sicht, Bericht von der Tagung des Verbandes der Hochschullehrer für Betriebswirtschaft e. V. 1980, hrsg. von E. Rühli und J.-P. Thommen, Stuttgart 1981, S. 333.

67) Moxter, Adolf: Betriebswirtschaftliche Gewinnermittlung, Tübingen 1982, S. 33 f.

VI. Geldentwertung und Bilanz

68) Lütge, Friedrich: Deutsche Sozial- und Wirtschaftsgeschichte, Berlin-Heidelberg-New York 1979, Nachdruck der 3. Auflage, S. 542.

69) Schmalenbach, Eugen: Die steuerliche Behandlung der Scheingewinne, Vortrag gehalten anläßlich der ersten betriebswirtschaftlichen Tagung, veranstaltet von der Gesellschaft für wirtschaftliche Ausbildung in Frankfurt am Main am 25. und 26. November 1921, 1. Auflage, Jena 1922.

70) Derselbe: Geldwertausgleich in der bilanzmäßigen Erfolgsrechnung, in: Zeitschrift für handelswissenschaftliche Forschung, 15. Jahrgang, 1921, S. 401 ff.

71) Derselbe: Grundlagen dynamischer Bilanzlehre, 3. Auflage, a.a.O., S. 193.

72) Buhl, H.: Goldbilanz in Deutschland, Handwörterbuch der Betriebswirtschaft, herausgegeben von H. Nicklisch, 2. Band, Stuttgart 1926, S. 1339 f. Vgl. auch Gutenberg, Erich: Betriebswirtschaftslehre als Wissenschaft, Kölner Universitätsreden, Krefeld 1957, S. 15: „Ich stehe nicht an, zu erklären, daß nach meinem Dafürhalten die Betriebswirtschaftslehre an dem Problem der Eliminierung von Geldwertschwankungen aus Bilanz, Kostenrechnung, Preispolitik und, wie ich hinzufügen möchte, an dem Versuch, die betriebliche Führungs- und Kontrollinstrumente technisch zu verfeinern und auszugestalten, zu sich selbst als Wissenschaft gefunden hat."

73) Schmidt, Fritz: Die organische Bilanz im Rahmen der Wirtschaft, 2. Auflage, Leipzig 1932; derselbe: Bilanzwert, Bilanzgewinn und Bilanzumwertung, Berlin 1924; derselbe: Die neuen Goldmarkbilanzen und die Goldmarkbuchführung, in: Zeitschrift für Betriebswirtschaft 1924, 1. Jahrgang; Mahlberg, Walter: Wirtschaftsrelativität, in: Zeitschrift für Handelswissenschaft und Handelspraxis, 1920, Heft 6, 8, 9; derselbe: Bilanztechnik und Bewertung bei schwankender Währung, 1. Auflage, (Januar) 1921, 2. veränderte Auflage 1922, 3. Auflage Leipzig 1928; derselbe: Die Notwendigkeit der Goldmarkverrechnung im Verkehr, Leipzig 1922. Geldmacher, Erwin: Wirtschaftsunruhe und Bilanz. T 1 Berlin, 1923; Prion, Willi: Die Finanzierung und Bilanz wirtschaftlicher Betriebe unter dem Einfluß der Geldentwertung, Berlin 1921.

74) Schmalenbach, Eugen: Die steuerliche Behandlung der Scheingewinne, a.a.O., S. 1 f. Zu den folgenden Zitaten in diesem Kapitel vgl. ebenda, S. 1 ff.

75) Vgl. Hax, Karl: Bilanzgewinn und Geldwertschwankungen, in: ZfhF, 3. Jahrgang, 1951, S. 433 ff.

76) Schmalenbach, Eugen: Die steuerliche Behandlung der Scheingewinne, a.a.O., S. 11.

77) Derselbe: Grundlagen dynamischer Bilanzlehre, 3. Auflage, a.a.O., S. 193 ff.

78) Ebenda, S. 209 f.

79) Vgl. Sieben, Günter/Schildbach, Thomas: Bewertungsmethoden zum Zwecke der Substanzerhaltung, RKW-Schrift, 3. überarbeitete Auflage 1979, S. 9 f.

80) Schmalenbach, Eugen: Grundlagen dynamischer Bilanzlehre, 3. Auflage, a.a.O., S. 193.

81) Vgl. im Überblick Schildbach, Thomas: Geldentwertung und Bilanz, Düsseldorf 1979, S. 21 ff.

82) Derselbe: Reale Gewinne als Besteuerungsgrundlage, in: Zeitschrift für betriebswirtschaftliche Forschung, 33. Jahrgang, 1981, S. 965 ff.

VII. Bilanzrecht

83) Schmalenbach, Eugen: Grundlagen dynamischer Bilanzlehre, in: Zeitschrift für handelswissenschaftliche Forschung, a.a.O., S. 4 f.

84) Derselbe: Die Abschreibung, in: Zeitschrift für handelswissenschaftliche Forschung, 3. Jahrgang, 1908/09, S. 82.

85) Derselbe: Über das allgemeine Bilanzrecht, in: Zeitschrift für handelswissenschaftliche Forschung, 11. Jahrgang, 1916/17. Vgl. zu den folgenden Zitaten ebenda.

86) Derselbe: Dynamische Bilanz, 8. Auflage, II. Teil, Bremen-Horn 1947, S. 206.

87) Derselbe: Gilt die Vorschrift ordnungsmäßiger Buchführung auch für die Bilanz, in: Zeitschrift für handelswissenschaftliche Forschung, 7. Jahrgang, 1911/12.

88) Vgl. Zybon, Adolf: Das Verhältnis der höchstrichterlichen Rechtsprechung zur dynamischen Bilanztheorie, in: Zeitschrift für betriebswirtschaftliche Forschung, 21. Jahrgang, 1969, S. 620 f.

89) Schmalenbach, Eugen: Grundsätze ordnungsmäßiger Bilanzierung, in: Zeitschrift für handelswissenschaftliche Forschung, 7. Jahrgang, 1933, S. 232.

90) Ebenda, S. 225.

91) Vgl. Leffson, Ulrich: Die Grundsätze ordnungsmäßiger Buchführung, 5. Auflage, Düsseldorf 1980, S. 102.

92) Schmalenbach, Eugen: Dynamische Bilanz, 8. Auflage, I. Teil, a.a.O., S. 65.

93) Derselbe: Die Abschreibung, a.a.O., S. 88.

94) Hoffmann, Fritz: Die Dynamische Bilanz im Steuerrecht, in: Steuerberater Jahrbuch 1954/55, herausgegeben von A. Spitaler, Köln 1955, S. 22.

95) Vgl. u. a. Minz, Willi: Grundsätze ordnungsmäßiger Bilanzierung und dynamische Bilanzlehre, in: Die Wirtschaftsprüfung, 18. Jahrgang, 1965, S. 148 ff.

96) Leffson, Ulrich: Grundsätze ordnungsmäßiger Buchführung, a.a.O., S. 385.

97) Vgl. ebenda, S. 388.

98) Schmalenbach, Eugen: Grundsätze ordnungsmäßiger Bilanzierung, a.a.O., S. 231.

99) Vgl. u. a. Hast, Karl: Grundsätze ordnungsmäßiger Bilanzierung für Anlagegegenstände, Leipzig 1934; Streit, Erich: Grundsätze für Rückstellungen, Leipzig 1936.

100) Vgl. u. a. Schäfer, Wolf: Grundsätze ordnungsmäßiger Bilanzierung für Forderungen, Düsseldorf 1971.

101) Schmalenbach, Eugen: Zur Reform der Aktienbilanz, in: Zeitschrift für handelswissenschaftliche Forschung, 21. Jahrgang, 1927, S. 51. Zu den folgenden Zitaten vgl. ebenda, S. 49 ff.

102) Vgl. hierzu im einzelnen Zybon, Adolf: Die wechselseitigen Einflüsse zwischen der Betriebswirtschaftslehre und dem Handelsrecht in Bilanzfragen, Diss. 1958, Köln, S. 108 ff.

103) Schmalenbach, Eugen: Die Handelsbilanz und andere Bilanzen, Manuskript, 1941, S. 19.

104) Zu den folgenden Zitaten vgl. ebenda, S. 9 ff.

105) Derselbe: Dynamische Bilanz, 10. Auflage, Bremen-Horn, 1948, S. 194.

106) Vgl. derselbe: Allgemeine Grundsätze ordnungsmäßiger Bilanzierung, a.a.O., S. 39. Zu den folgenden Zitaten vgl. ebenda, S. 39 ff.

107) Elmendorff, Wilhelm: Erkenntniswert des Jahresabschlusses und Aussagewert des Bestätigungsvermerkes, in: Wirtschaftsprüfung, Rechnungslegung und Besteuerung, Düsseldorf 1950, S. 62.

VIII. Bilanzprüfung

108) Gessler, Ernst: Der Berufswandel der Rechnungslegung im Aktienrecht, in: 75 Jahre Deutsche Treuhand-Gesellschaft, Frankfurt am Main, 1965, S. 136.

109) Schulz, Heinrich: Geschichte der Deutschen Treuhand-Gesellschaft, in: 75 Jahre Treuhand-Gesellschaft, a.a.O., S. 136.

110) Born, Karl Ulrich: Die Weltwirtschaftskrise als zeitgeschichtlicher Hintergrund der Einführung der gesetzlichen Pflichtprüfung, in: 75 Jahre Treuhand-Gesellschaft, a.a.O., S. 90.

111) Schmalenbach, Eugen: Die Handelsbilanz und andere Bilanzen, Manuskript 1943, S. 18.

112) Greifenhagen, H.: Gehemmte Wirtschaftsprüfung, in: Die Wirtschaftsprüfung, 2. Jahrgang, 1949, S. 290.

113) Schmalenbach, Eugen: Die Handelsbilanz und andere Bilanzen, a.a.O., S. 18 f.

114) Institut der Wirtschaftsprüfer: Fachgutachten 2/1977: Grundsätze ordnungsmäßiger Berichterstattung bei Abschlußprüfungen, in: Die Wirtschaftsprüfung, 30. Jahrgang, 1977, S. 214 ff.

115) Schmalenbach, Eugen: Die Fehlerkontrollen in der Buchführung, in: Zeitschrift für handelswissenschaftliche Forschung, 11. Jahrgang, 1917, S. 197.

116) Beste, Theodor: Die neuen Formen der Buchhaltung und ihr Einfluß auf die Revisionstechnik, in: Zeitschrift für handelswissenschaftliche Forschung, 22. Jahrgang, 1927, S. 581.

117) Schmalenbach, Eugen: Über Teilung der Fehlerfelder in der Buchführung, in: Zeitschrift für handelswissenschaftliche Forschung, 1. Jahrgang, 1906/07, S. 442.

118) Beste, Theodor: Die neuen Formen . . ., a.a.O., S. 578.

119) Schmalenbach, Eugen: Über Einrichtungen gegen Unterschlagungen und Unterschlagungsrevision, in: Zeitschrift für handelswissenschaftliche Forschung, 6. Jahrgang, 1911/12, S. 323.

120) Derselbe: Dynamische Bilanz, 10. Auflage, a.a.O., S. 195.

121) Derselbe: Die Aktiengesellschaft, Köln und Opladen, 1950, S. 32.

122) Derselbe: Pretiale Wirtschaftslenkung: Band 2, Pretiale Lenkung des Betriebes, Bremen-Horn, 1948, S. 17 und 26.

123) Schmalenbach, Eugen: Über die literarische Betätigung für Wirtschaftsprüfer, in: Die Wirtschaftsprüfung, 1. Jahrgang, 1948, S. 3.

124) Hasenack, Wilhelm: Goldenes Dozentenjubiläum von Eugen Schmalenbach, in: Der Wirtschaftsprüfer, April 1953, S. 91.

125) Eich, Wilhelm: Schmalenbach, Wegbereiter des Wirtschaftsprüfungs- und Treuhandwesens, in: Praktische Betriebswirtschaft, Heft 7, 1945, S. 43.

Dritter Abschnitt: Finanzierungen und Kapitalwirtschaft

1) Vgl. Schmalenbach, Eugen: Neue Aufgaben der Betriebswirtschaftslehre, in: Betriebswirtschaftliche Beiträge, 1. Lieferung, 1948, S. 3.

2) Vgl. Münstermann, Hans: Die Finanzierung der Betriebe. Eine literaturhistorische Studie in Eugen Schmalenbachs ältestem Werk „Die Beteiligungs-Finanzierung“, in: Münstermann, Hans: Geschichte und Kapitalwirtschaft, Wiesbaden 1963, S. 104.

IX. Auf der Suche nach den betriebswirtschaftlichen Begriffen

3) Le Coutre, Walter: Beiträge zur betriebswirtschaftlichen Lehre vom Kapital, in: Zeitschrift für Betriebswirtschaft, 4. Jahrgang, 1927, S. 341.

4) Schmalenbach, Eugen: Kapital, Kredit und Zins in betriebswirtschaftlicher Beleuchtung, 2. Auflage, 1949, S. 94.

5) Vgl. ebenda.

6) Dürrhammer, Willy: Schmalenbachs Beitrag zur Lehre von Finanzierung und Kapitalwirtschaft, in: Zeitschrift für betriebswirtschaftliche Forschung, 25. Jahrgang, 1973, S. 550 f.

7) Schmalenbach, Eugen: Kapital, Kredit und Zins in betriebswirtschaftlicher Beleuchtung, 2. Auflage, a.a.O., S. 65.

8) Ebenda, S. 37 und 40.

9) Derselbe: Exakte Kapitallenkung, in: Betriebswirtschaftliche Beiträge, 1. Lieferung, 1948, S. 23 und 24.

10) Harrod, Roy F.: Keynes, John Maynard, in: Handwörterbuch der Sozialwissenschaften, 5. Band, Tübingen und Göttingen, S. 611.

11) Vgl. Schmalenbach, Eugen: Die Beteiligungsfinanzierung, Köln und Opladen, 7. Auflage, 1949, S. 9.

12) Schmalenbach, Eugen: Kapital, Kredit und Zins in betriebswirtschaftlicher Beleuchtung, a.a.O., S. 76.

13) Ebenda, S. 101.

14) Hax, Herbert: Finanzierungs- und Investitionstheorie, in: Neuere Entwicklungen in der Unternehmenstheorie, herausgegeben von Helmut Koch, Wiesbaden 1982, S. 49 ff.

X. Finanzierungen

15) Vgl. z. B. Schmalenbach, Eugen: Finanzierungen, 6. Auflage, Leipzig 1937, Vorwort.

16) Schönpflug, Fritz: Das Methodenproblem in der Einzelwirtschaftslehre, Stuttgart 1933, S. 258.

17) Schmalenbach, Eugen: Finanzierungen, 6. Auflage, a.a.O., S. 304.

18) Ebenda, S. 306 f.

19) Ebenda, S. 309.

20) Ebenda.

21) Derselbe: Kapital, Kredit und Zins in betriebswirtschaftlicher Beleuchtung, a.a.O., S. 108 ff.

22) Derselbe: Die Aktiengesellschaft, 7. Auflage, Köln und Opladen, 1950, S. 11 f.

23) Derselbe: Aktiengesellschaft außer Dienst, in: Zeitschrift für handelswissenschaftliche Forschung, Neue Folge, 1949, 1. Jahrgang, S. 2 ff.

24) Derselbe: Kapital, Kredit und Zins in betriebswirtschaftlicher Beleuchtung, a.a.O., S. 138.

25) Vgl. Besters, Hans: Revolving-System, in: Handwörterbuch der Finanzwirtschaft, hrsg. von Hans E. Büschgen, Stuttgart 1976, Sp. 1500 ff.

26) Derselbe: Finanzierungen, 6. Auflage, a.a.O., S. 19.

27) Ebenda, S. 22.

28) Derselbe: Die Aufstellung von Finanzplänen, 2. Auflage, Leipzig 1937, S. 6.

29) Derselbe: Die Aufstellung von Finanzplänen, 1. Auflage, Leipzig 1931, Vorwort.

30) Ebenda.

31) Derselbe: Entwurf einer Dienstanweisung für Finanzleiter nebst Begründung, Manuskript 1940, S. 44.

32) Ebenda.

XI. Unternehmensbewertung

33) Münstermann, Hans: Wert und Bewertung der Unternehmung, Wiesbaden 1966, 3. Auflage, 1970.

34) Käfer, Karl: Probleme der Unternehmensbewertung. Bemerkungen zu einem Werke von Hans Münstermann, in: Die Unternehmung, 21. Jahrgang, 1967.

35) Vgl. Schmalenbach, Eugen: Grundlagen dynamischer Bilanzlehre, 3. Auflage, 1925, S. 57 ff.; Pretiale Wirtschaftslenkung, Band 1: Die optimale Geltungszahl, S. 91 f. Vgl. auch derselbe: Vergütung für den Wert des Geschäftes bei dessen Übergang in andere Hände, in: Zeitschrift für handelswissenschaftliche Forschung, 7. Jahrgang, 1912/13, S. 36 f. und zur Bewertung von Bergwerken, 23. Jahrgang, 1929, S. 385 ff.

36) Derselbe: Die Werte von Anlagen und Unternehmungen in der Schätzungstechnik, in: Zeitschrift für handelswissenschaftliche Forschung, 12. Jahrgang, 1917/18, S. 1 ff.

37) Münstermann, Hans: Wert und Bewertung der Unternehmung, a.a.O., S. 18 f.

38) Schmalenbach, Eugen: Finanzierungen, 2. Auflage, Leipzig 1921, S. 6.

39) Derselbe: Finanzierungen, 4. Auflage, a.a.O., S. 81 f.

40) Ebenda, S. 1 f.

41) Ebenda, S. 3.

42) Vgl. Münstermann, Hans: Wert und Bewertung . . ., a.a.O., S. 25 f.

43) Schmalenbach, Eugen: Die Aufstellung von Finanzplänen, 1. Auflage, a.a.O., S. 70.

44) Derselbe: Die Werte von Anlagen in der Schätzungstechnik, a.a.O.

45) Ebenda.

46) Ebenda, S. 2.

47) Derselbe: Finanzierungen, 4. Auflage, a.a.O., S. 25.

48) Derselbe: Die Werte von Anlagen in der Schätzungstechnik, a.a.O., S. 4.

49) Ebenda.

50) Ebenda.

51) Ebenda.

52) Ebenda.

53) Vgl. Institut der Wirtschaftsprüfer: Stellungnahme HFA 2/1983: Grundsätze zur Durchführung von Unternehmensbewertungen, in: Die Wirtschaftsprüfung, 36. Jahrgang, 1983, S. 468 ff; UEC-Kommission: Empfehlungen zur Vorgehensweise von Wirtschaftsprüfern bei der Bewertung ganzer Unternehmen, TRC 1, in: UEC-Empfehlungen, Dezember 1980.

54) Unternehmensbewertung als Grundlage unternehmerischer Entscheidungen, Bericht des Arbeitskreises „Unternehmensbewertung im Rahmen unternehmerischer Zielsetzung" der Schmalenbach-Gesellschaft-Deutsche Gesellschaft für Betriebswirtschaft e. V., herausgegeben von Günter Sieben und Bernhard Zapf, Stuttgart 1981.

55) Schmalenbach, Eugen: Finanzierungen, 2. Auflage, Leipzig 1921, S. 7.

56) Derselbe: Finanzierungen, 4. Auflage, a.a.O., S. 14.

57) Derselbe: Die Beteiligungsfinanzierungen, 7. Auflage, a.a.O., S. 67.

58) Institut der Wirtschaftsprüfer: Stellungnahme HFA 2/1983: Grundsätze zur Durchführung von Unternehmensbewertungen, a.a.O.

XII. Beteiligungsformen und Unternehmensverfassung

59) Schmalenbach, Eugen: Die Beteiligungsfinanzierungen, 7. Auflage, a.a.O., S. 15.

60) Vgl. Lehmann, Fritz: Rechtsformen und Wirtschaftstypen der privaten Unternehmung, Mannheim-Berlin-Leipzig 1925.

61) Schmalenbach, Eugen: Die Überwachungspflicht des Aufsichtsrats, in: Zeitschrift für handelswissenschaftliche Forschung, 5. Jahrgang, 1910/11, S. 271 ff.

62) Schmalenbach, Eugen: Die Beteiligungsfinanzierung, 7. Auflage, a.a.O., S. 145.

63) Ebenda.

64) Ebenda, S. 119.

Vierter Abschnitt: Kostenrechnung und Kontenrahmen

1) Schmalenbach, Eugen: Buchführung und Kalkulation im Fabrikgeschäft, Deutsche Metall-Industrie-Zeitung, 15. Jahrgang, 1899, S. 98.

2) Schönpflug, Fritz: Das Methodenproblem in der Einzelwirtschaftslehre, Stuttgart 1933, S. 262.

3) Schmalenbach, Eugen: Der Kontenrahmen, 1. Auflage, Leipzig 1927, S. 17.

4) Ebenda, S. 15.

XIII. Durchbruch zur wissenschaftlich fundierten Selbstkostenrechnung und Preiskalkulation

5) Derselbe: Buchführung und Kalkulation im Fabrikgeschäft, in: Deutsche Metall-Industrie-Zeitung, a.a.O., S. 107.

6) Gutenberg, Erich: Die Betriebswirtschaftslehre als Wissenschaft, Kölner Universitätsreden, Nr. 18, Krefeld 1957, S. 16.

7) Schönpflug, Fritz: Das Methodenproblem in der Einzelwirtschaftslehre, a.a.O., S. 262.

8) Schmalenbach, Eugen: Selbstkostenrechnung I, in: Zeitschrift für handelswissenschaftliche Forschung, 13. Jahrgang, 1919, S. 258.

9) Derselbe: Selbstkostenrechnung, 2. Auflage, Leipzig 1925, Vorwort.

10) Lehmann, Max Rudolf: Die Industriekalkulation, Berlin-Wien 1925, S. 9 f.

11) Vgl. Kürpick, Heinrich: Die fixen Kosten in der Literatur bis zum Jahre 1900, in: Zeitschrift für handelswissenschaftliche Forschung, 15. Jahrgang, 1963.

12) Vgl. Kilger, Wolfgang: Schmalenbachs Beitrag zur Kostenlehre, in: Zeitschrift für betriebswirtschaftliche Forschung, 27. Jahrgang, 1975, S. 525.

13) Schmalenbach, Eugen: Selbstkostenrechnung I, a.a.O., S. 285.

14) Derselbe: Selbstkostenrechnung und Preispolitik, 6. Auflage, Leipzig, S. 35 f.

15) Ebenda, S. 66.

16) Ebenda, S. 33.

17) Ebenda, S. 57.

18) Derselbe: Die Betriebswirtschaftslehre an der Schwelle der neuen Wirtschaftsverfassung (Vortrag anläßlich der Tagung des Verbandes der Betriebswirtschaftler an deutschen Hochschulen am 31. 5. 1928 in Wien), in: Zeitschrift für handelswissenschaftliche Forschung, 22. Jahrgang, 1928.

19) Gutenberg, Erich: Betriebswirtschaftslehre als Wissenschaft, a.a.O., S. 18.

20) Bücher, Karl: Das Gesetz der Massenproduktion, in: Zeitschrift für die gesamte Staatswissenschaft, 3. Jahrgang, 1910, S. 440.

21) Schmalenbach, Eugen: Pretiale Wirtschaftslenkung, Band 1: Die optimale Geltungszahl, Bremen-Horn 1947, S. 39.

22) Kürpick, Heinrich: Die „fixen" Kosten in der Literatur bis zum Jahre 1900, a.a.O., S. 121 f.

23) Brinkmann, Carl/Bücher, Karl: In Handwörterbuch der Sozialwissenschaften, 2. Band, Stuttgart 1959, S. 451.

24) Breuer, Walter: Handbuch zur Geschichte der Volkswirtschaftslehre, Frankfurt 1952, S. 205.

25) Schmalenbach, Eugen: Pretiale Wirtschaftslenkung, Band 1: Die optimale Geltungszahl, a.a.O., S. 41 f.

26) Derselbe: Selbstkostenrechnung und Preispolitik, 6. Auflage, a.a.O., S. 75.

27) Ebenda.

28) Derselbe: Selbstkostenrechnung I, a.a.O., S. 286.

29) Derselbe: Selbstkostenrechnung und Preispolitik, 6. Auflage, a.a.O., S. 39.

30) Vgl. Kilger, Wolfgang: Schmalenbachs Beitrag zur Kostenlehre, a.a.O., S. 528 ff.

31) Ebenda, S. 529.

32) Kosiol, Erich: Kostenrechnung, Wiesbaden 1964, S. 49 f.

33) Schmalenbach, Eugen: Selbstkostenrechnung und Preispolitik, 6. Auflage, a.a.O., S. 9.

34) Ebenda, S. 171 f.

35) Ebenda, S. 12.

36) Ebenda, S. 11.

37) Ebenda, S. 3.

38) Derselbe: Pretiale Wirtschaftslenkung, Band 1: Die optimale Geltungszahl, a.a.O., S. 22.

39) Vgl. Engels, Wolfram: Betriebswirtschaftliche Bewertungslehre im Licht der Entscheidungstheorie, Köln und Opladen 1962, S. 43.

40) Schmalenbach, Eugen: Selbstkostenrechnung und Preispolitik, 6. Auflage, a.a.O., S. 120.

41) Kilger, Wolfgang: Schmalenbachs Beitrag zur Kostenlehre, a.a.O., S. 535.

42) Schmalenbach, Eugen: Selbstkostenrechnung und Preispolitik, 6. Auflage, a.a.O., S. 111.

43) Ebenda, S. 116.

44) Ebenda, S. 124.

45) Ebenda.

46) Ebenda, S. 171 ff.

47) Ebenda, S. 179.

48) Ebenda, S. 181.

49) Vgl. Kloock, Josef/Sieben, Günter/Schildbach, Thomas: Kosten- und Leistungsrechnung, 2. Auflage, Düsseldorf 1981, S. 11 ff.

XIV. Die Bestimmung der optimalen Geltungszahl

50) Schmalenbach, Eugen: Pretiale Wirtschaftslenkung, Band 1: Die optimale Geltungszahl, a.a.O., S. 14.

51) Ebenda, S. 31 f.

52) Vgl. ebenda, S. 52 f.

53) Schmalenbach, Eugen: Selbstkostenrechnung I, a.a.O., S. 322. Zur Beurteilung der Lehre vom proportionalen Satz vgl. Gümbel, Rudolf: Schmalenbachs Lehre vom „Proportionalen Satz" – Fehlkonstruktion oder gesamtwirtschaftlich orientierte Heuristik einer Preiskalkulation mit verhaltenswissenschaftlichen Elementen?, in: Zeitschrift für betriebswirtschaftliche Forschung, 35. Jahrgang 1983, S. 1004 ff.

54) Derselbe: Selbstkostenrechnung und Preispolitik, 4. Auflage, 1927, S. 53.

55) Gümbel, Rudolf: Kalkulationsverfahren und Beschäftigung, in: Handwörterbuch des Rechnungswesens, 1981, Sp. 871.

56) Kilger, Wolfgang: Flexible Plankostenrechnung, 5. Auflage, Opladen, 1972, S. 113.

57) Rummel, Kurt: Einheitliche Kostenrechnung, 3. Auflage, Düsseldorf 1949, S. 283 (1. Auflage 1934).

58) Schmalenbach, Eugen: Buchführung und Kalkulation im Fabrikgeschäft, in: Deutsche Metall-Industrie-Zeitung, a.a.O., S. 116.

59) Derselbe: Selbstkostenrechnung und Preispolitik, 6. Auflage, a.a.O., S. 174.

60) Ebenda, S. 174 ff.

61) Ebenda, S. 176.

62) Derselbe: Pretiale Wirtschaftslenkung, Band 1: Die optimale Geltungszahl, a.a.O., S. 53.

63) Ebenda, S. 65 ff.

64) Vgl. Kilger, Wolfgang: Schmalenbachs Beitrag zur Kostenlehre, a.a.O., S. 535.

65) Dantzig, Georg: The Programming of Interdependent Activities: Mathematical Model, in: Activity Analysis of Production and Allocation, hrsg. von Tjalling C. Koopmans, New York-London 1951.

66) Vgl. Kilger, Wolfgang: Schmalenbachs Beitrag zur Kostenlehre, a.a.O., S. 535 ff.

67) Vgl. ebenda, S. 537.

68) Schmalenbach, Eugen: Selbstkostenrechnung und Preispolitik, 6. Auflage, a.a.O., S. 44 ff.

69) Ebenda, S. 45 f.

70) Vgl. Kilger, Wolfgang: Schmalenbachs Beitrag zur Kostenlehre, a.a.O., S. 531.

71) Vgl. Kosiol, Erich: Kostenauflösung und proportionaler Satz, in: Zeitschrift für handelswissenschaftliche Forschung, 21. Jahrgang, 1927, S. 356.

72) Schmalenbach, Eugen: Pretiale Wirtschaftslenkung, Band 2: Pretiale Lenkung des Betriebes, a.a.O., S. 66 f.; vgl. weitere Zitate ebenda.

73) Derselbe: Kostenrechnung und Preispolitik, 8. Auflage, Köln und Opladen 1963, S. 270.

74) Goetz, B. E.: Management Planing and Control. A Managerial Approach to Industrial Accounting, New York-Toronto-London 1949.

75) Riebel, Paul: Durchführung und Auswertung der Grundrechnung im System des Rechnens mit relativen Einzelkosten und Deckungsbeiträgen, in: ZdB, 10. Jahrgang, 1964, S. 117 ff. und S. 142 ff.

76) Vgl. Riebel, Paul/Sinzig, Werner: Zur Realisierung der Einzelkosten- und Deckungsbeitragsrechnung mit einer relationalen Datenbank, in: Zeitschrift für betriebswirtschaftliche Forschung, 33. Jahrgang, 1981, S. 462.

77) Riebel, Paul: Zum Konzept einer zweckneutralen Grundrechnung, in: Zeitschrift für betriebswirtschaftliche Forschung, 31. Jahrgang, 1979, S. 795.

78) Riebel, Paul: Neuere Entwicklungen in der Kostenrechnung, in: Oneline-Systeme im Finanz- und Rechnungswesen, herausgegeben von P. Stahlknecht, Band 28, Berlin-Heidelberg-New York 1980, S. 28.

79) Ortner, Erich: Was ist eine Grundrechnung und was sind Sonderrechnungen?, in: Zeitschrift für betriebswirtschaftliche Forschung, 33. Jahrgang, 1981, S. 140.

80) Wedekindt, Hartmut/Ortner, Erich: Der Aufbau einer Datenbank für die Kostenrechnung, in: Die Betriebswirtschaft, 37. Jahrgang, 1977, S. 533 f.

81) Schmalenbach, Eugen: Selbstkostenrechnung I, a.a.O., S. 349.

82) Vgl. derselbe: Selbstkostenrechnung und Preispolitik, 6. Auflage, a.a.O., S. 259.

83) Vgl. ebenda, S. 257 ff.

84) Ebenda, S. 264. Zur Geschichte des Betriebsvergleichs vgl. ferner: Schnettler, Albert: Der Betriebsvergleich, Grundlagen, Technik und Anwendung zwischenbetrieblicher Vergleiche, Stuttgart 1933, S. 12 ff.

85) Schmalenbach, Eugen: Selbstkostenrechnung I, a.a.O., S. 350.

XVI. Der Kontenrahmen

86) Lilienthal, J.: Fabrikorganisation, Fabrikbuchführung und Selbstkostenrechnung der Firma Ludwig Loewe & Co. AG, 2. Auflage, Berlin 1913, S. 29 (1. Auflage 1907).

87) Schär, Johann Friedrich: Einführung in das Wesen der doppelten Buchführung auf wirtschaftlicher und mathematischer Grundlage für Ingenieure und andere gebildete Techniker, Berlin 1911. Sonderdruck aus der Elektrotechnischen Zeitschrift, 1910, Heft 15, 46 und 47.

88) Kosiol, Erich: Kontenrahmen und Kontenpläne der Unternehmungen, Essen 1962, S. 27.

89) Ebenda, S. 31 und die dort zitierte Literatur.

90) Schmalenbach, Eugen: Der Kontenrahmen, in: Zeitschrift für handelswissenschaftliche Forschung, 21. Jahrgang, 1927, S. 385 ff. und S. 433 ff.; derselbe: Der Kontenrahmen, 1. Auflage, Leipzig 1927.

91) Dorn, Gerhard: Die Entwicklung der industriellen Kostenrechnung in Deutschland, Berlin 1961, S. 119.

92) Dürrhammer, Willi: Fünfzig Jahre Kontenrahmen, in: Der Betrieb, 30. Jahrgang, 1977, S. 1101.

93) Schmalenbach, Eugen: Der Kontenrahmen, 2. erweiterte Auflage, in: Schriftenreihe Einheitsbuchführungen, herausgegeben vom Fachausschuß für Rechnungswesen beim AWV, Leipzig 1929, S. 10.

94) Ebenda, S. 10.

95) Nach Weber, Arnold E.: Normalisierung von Buchführungen mittlerer Betriebe und Steuer, in: Zusammenhänge zwischen Steuern und Betriebswirtschaft, Vorträge, herausgegeben vom Reichsfinanzministerium, Berlin 1928, S. 105.

96) Vgl. Dorn, Gerhard: Die Entwicklung . . ., a.a.O., S. 124.

97) Vgl. Eicke, Karl: Pflichtkontenrahmen und Pflichtkostenrechnung, Berlin-Wien 1939, S. 12.

98) Kosiol, Erich, Kontenrahmen und Kontenpläne der Unternehmungen, a.a.O., S. 50.

99) Schmalenbach, Eugen: Der Kontenrahmen, 4. Auflage, Leipzig 1935, S. 6.

100) Derselbe: Der Kontenrahmen, 2. Auflage, a.a.O., S. 7.

101) Kosiol, Erich: Kontenrahmen und Kontenpläne der Unternehmungen, a.a.O., S. 36.

102) Ebenda.

103) Schmalenbach, Eugen: Der Kontenrahmen, 4. Auflage, a.a.O., S. 17.

104) Ebenda, S. 19.

105) Rechnungswesen im Dienste der Maschinenindustrie, Otto Schulz-Mehrin zum 80. Geburtstag, Frankfurt/Main 1959, S. 34.

106) Schulz-Mehrin, Otto: Normal-Kontenplan für Fabrikbetriebe, Drucksache des VDMA, Berlin 1930.

107) Schmalenbach, Eugen: Der Kontenrahmen, 1. Auflage, a.a.O., S. 11.

108) Derselbe: Der Kontenrahmen, 2. Auflage, a.a.O., S. 75.

109) Erlaß des Reichs- und preußischen Wirtschaftsministers und des Reichskommissars für die Preisbildung vom 11. 11. 1937; betr. Richtlinien zur Organisation der Buchführung, in: Fischer-Heß-Sebauer, Buchführung und Kostenrechnung, Leipzig 1940, S. 383.

110) Vgl. Münstermann, Hans: Kontenrahmen, in: Handwörterbuch der Sozialwissenschaften, 5. Auflage, 1959, S. 162.

111) Vgl. Kosiol, Erich: Kontenrahmen und Kontenpläne der Unternehmungen, a.a.O., S. 237.

112) Marx, August: Verbandseigene Buchführungs- und Kostenrechnungsrichtlinien, 1. Teil: Kontenrahmen und Buchführungsrichtlinien, Wiesbaden 1965, S. 169.

113) Grochla, Erwin: Kritik und Weiterentwicklung des deutschen Kontenrahmens, in: Zeitschrift für Betriebswirtschaft 1957, 27. Jahrgang, S. 1101.

114) Angermann, Adolf: Industrie-Kontenrahmen (IKR) und Gemeinschafts-Kontenrahmen (GKR) in der Praxis, Berlin 1973, S. 42.

115) Vgl. ebenda, S. 47.

116) Vgl. ebenda.

117) Kormann, Berthold/Henssler, Paul: Betrachtungen zur Vereinheitlichung der europäischen Kontenrahmen, in: Die Wirtschaftsprüfung, 18. Jahrgang, 1965, S. 249 und Wacker, Wilhelm H.: Vereinheitlichung der europäischen Kontenrahmen, in: Die Wirtschaftsprüfung, 18. Jahrgang, 1965, S. 652.

118) Grochla, Erwin: Modelle als Instrumente der Unternehmensführung, in: Zeitschrift für betriebswirtschaftliche Forschung, 21. Jahrgang, 1969, S. 386.

Fünfter Abschnitt: Betriebsleitung und Betriebsorganisation

1) Vgl. Staehle, Wolfgang H.: Management. Eine verhaltenswissenschaftliche Einführung, München 1980, S. 15.

2) Vgl. Ansoff, H. Igor: Methoden zur Verwirklichung strategischer Änderungen, in: Schriften zur Unternehmensführung, hrsg. von Hans Jacob, Strategisches Management, Heft 29, Wiesbaden 1982, S. 74.

3) Vgl. Krähe, Walter: Erinnerungen an Eugen Schmalenbach, in: Zeitschrift für Betriebswirtschaft, 43. Jahrgang, 1973, S. 603 ff.

XVII. Leitung des Betriebs

4) Schmalenbach, Eugen: Pretiale Wirtschaftslenkung, Band 2: Pretiale Lenkung des Betriebes, Bremen-Horn, 1948, S. 6.

5) Derselbe: Der Kontenrahmen, 2. Auflage, Leipzig 1929, S. 17.

6) Derselbe: Pretiale Wirtschaftslenkung, Band 2: Pretiale Lenkung des Betriebes, a.a.O., S. 6.

7) Ebenda.

9) Vgl. Danert, Günter/Drumm, Hans Jürgen/Hax, Karl: Verrechnungspreise, Zwecke und Bedeutung für die Spartenorganisation in der Unternehmung, hrsg. von Günter Danert, Hans Jürgen Drumm und Karl Hax, Opladen 1973, Vorwort.

10) Schmalenbach, Eugen: Pretiale Wirtschaftslenkung, Band 2: Pretiale Lenkung des Betriebes, a.a.O., S. 22 ff.

11) Ebenda, S. 23 ff.

12) Ebenda, S. 27 ff.

13) Ebenda, S. 28 f.

14) Ebenda, S. 30 ff.

15) Ebenda, S. 35.

16) Ebenda, S. 44 ff.

17) Ebenda, S. 46.

18) Vgl. Schmalenbach, Eugen: Über Dienststellengliederung im Großbetrieb, a.a.O., S. 59.

19) Ebenda, S. 60.

20) Ebenda, S. 64.

21) Ebenda, S. 65.

XVIII. Aufbauorganisation

22) Schönpflug, Fritz: Das Methodenproblem in der Einzelwirtschaftslehre, Stuttgart 1933, S. 260.

23) Schmalenbach, Eugen: Entwurf einer Dienstanweisung für Finanzleiter nebst Begründung, Manuskript 1940, S. 4.

24) Schmalenbach, Eugen: Über Dienststellengliederung im Großbetrieb, a.a.O., S. 11.

25) Ebenda, S. 10 ff.

26) Ebenda, S. 17.

27) Kieser, Alfred/Kubicek, Herbert: Organisation, Berlin-New York 1977, S. 36.

28) Wollnik, Michael: Einflußgrößen der Organisation, in: Handwörterbuch der Organisation, 2. Auflage, 1980, Sp. 593.

29) Schmalenbach, Eugen: Über Dienststellengliederung im Großbetrieb, a.a.O., S. 27.

30) Schramm, Walter: Die betrieblichen Funktionen und ihre Organisation, Heft 1 der betriebs- und verkehrswirtschaftlichen Forschungen, hrsg. von Konrad Mellerowicz, Berlin 1936.

31) Nordsieck, Fritz: Grundlagen der Organisationslehre, Stuttgart 1934.

32) Schmalenbach, Eugen: Über Dienststellengliederung im Großbetrieb, a.a.O., S. 31.

33) Ebenda, S. 35.

34) Wiswede, Günther: Rolle und Rollenverhalten, in: Handwörterbuch der Betriebspsychologie und Betriebssoziologie, Stuttgart 1981, Sp. 334.

35) Schmalenbach, Eugen: Großbankorganisation, in: ZfhF, 5. Jahrgang, 1910/11, S. 372 ff.

36) Schmalenbach, Eugen: Über Dienststellengliederung im Großbetrieb, a.a.O., S. 39.

37) Ebenda, S. 40.

38) Schmalenbach, Eugen: Über Dienststellengliederung im Großbetrieb, a.a.O., S. 45 f.

39) Ebenda, S. 46.

40) Hauschildt, Jürgen: Verantwortung, in: Handwörterbuch der Organisation, 1. Auflage, 1969, Sp. 1696.

41) Schmalenbach, Eugen: Über Dienststellengliederung im Großbetrieb, a.a.O., S. 49.

42) Ebenda, S. 50.

XIX. Organisation oberer Dienststellen

43) Schmalenbach, Eugen: Die Lagerverwaltung unter dem Gesichtspunkt der Dienststellengliederung, Manuskript, Köln 1943, S. 1.

44) Derselbe: Über Dienststellengliederung im Großbetrieb, a.a.O., S. 22.

45) Schmalenbach, Eugen: Über Dienststellengliederung im Großbetrieb, a.a.O., S. 78.

46) Ebenda, S. 81.

47) Ebenda, S. 83.

48) Ebenda, S. 84.

49) Ebenda, S. 80.

50) Ebenda, S. 85.

51) Ebenda, S. 86.

52) Derselbe: Der Kontenrahmen, 1. Auflage, Leipzig 1927, S. 10.

53) Derselbe: Entwurf einer Dienstanweisung für Finanzleiter nebst Begründung und einer Einleitung über allgemeine Organisationsgrundsätze, Manuskript 1940, S. 22.

54) Derselbe: Über Dienststellengliederung im Großbetrieb, a.a.O., S. 82.

55) Derselbe: Entwurf einer Dienstanweisung für Finanzleiter . . ., a.a.O., S. 23.

56) Derselbe: Neue Aufgaben der Betriebswirtschaftslehre, in: Betriebswirtschaftliche Beiträge, 1947, S. 5.

57) Grochla, Erwin: Betriebliche Materialwirtschaft, in: Handwörterbuch der Wirtschaftswissenschaften 1980, S. 198 f.

58) Lexikon Materialwirtschaft und Einkauf, herausgegeben vom Bundesverband Materialwirtschaft und Einkauf, Wiesbaden 1983, Vorwort.

59) Schmalenbach, Eugen: Die Lagerverwaltung unter dem Gesichtspunkt der Dienststellengliederung, a.a.O., S. 7.

60) Ebenda, S. 81.

61) Ebenda, S. 25.

Sechster Abschnitt: Wirtschaftsordnung in betriebswirtschaftlicher Sicht

1) Rüstow, Alexander: Betriebswirtschaftslehre und Volkswirtschaft. Extrait de la Revue de la Facülté des Sciences Economiques d. Istanbul (in deutscher Sprache), IV. Jahrgang, Heft No. 2, Istanbul 1943, S. 5.

2) Schmalenbach, Eugen: Der freien Wirtschaft zum Gedächtnis, 1. Auflage, Köln und Opladen 1949, S. 11.

3) Ebenda.

XX. Freie Wirtschaft auf dem Prüfstand

4) Schmalenbach, Eugen: Der freien Wirtschaft zum Gedächtnis, a.a.O., S. 41.

5) Ebenda, S. 42.

6) Ebenda, S. 7.

7) Ebenda, S. 16.

8) Derselbe: Über die exakte Wirtschaftslenkung, Manuskript 1943, S. 2.

9) Ebenda.

10) Derselbe: Der freien Wirtschaft . . ., a.a.O., S. 31 ff.

11) Derselbe: Über die exakte Wirtschaftslenkung, a.a.O., S. 4.

12) Derselbe: Pretiale Wirtschaftslenkung, Band 1: Die optimale Geltungszahl, Opladen 1947, S. 10 ff.

13) Derselbe: Über die exakte Wirtschaftslenkung, a.a.O., S. 5.

14) Ebenda, S. 3.

15) Derselbe: Der freien Wirtschaft . . ., a.a.O., S. 57 ff.

16) Ebenda, S. 26.

17) Ebenda, S. 83 ff.

18) Derselbe: Die Betriebswirtschaftslehre an der Schwelle der neuen Wirtschaftsverfassung (Vortrag anläßlich der Tagung des Verbandes der Betriebswirtschaftler an deutschen Hochschulen am 31. 5. 1928 in Wien), in: Zeitschrift für handelswissenschaftliche Forschung, 12. Jahrgang, 1928, S. 245.

19) Hundt, Sönke: Zur Theoriegeschichte der Betriebswirtschaftslehre, Köln 1977, S. 81.

20) Lenel, Hans Otto: Die Tendenz zu Überinvestitionen und die fixen Kosten (zu Eugen Schmalenbachs „Der freien Wirtschaft zum Gedächtnis"), in: ORDO, Jahrbuch für die Ordnung von Wirtschaft und Gesellschaft, 2. Band, 1950, S. 305. Zur Kritik an der These Schmalenbachs vgl. insbesondere auch Schneider, Erich: Die Problematik der Lehre von den fixen Kosten, in: Weltwirtschaftliches Archiv, 1944, S. 300 ff.

21) Rüstow, Alexander: Zwischen Kapitalismus und Kommunismus, in: ORDO, Jahrbuch für die Ordnung von Wirtschaft und Gesellschaft, 2. Band, 1949, S. 157.

22) Eucken, Walter: Technik, Konzentration und Ordnung der Wirtschaft, in: ORDO, Jahrbuch für die Ordnung von Wirtschaft und Gesellschaft, 3. Band, 1950, S. 17.

23) Müller-Armack, Alfred: Wirtschaftslenkung und Marktwirtschaft, Hamburg 1947, S. 93.

24) Eucken, Walter: Technik, Konzentration und Ordnung der Wirtschaft, a.a.O., S. 16.

XXI. In staatswirtschaftlicher Verantwortung

25) Schmalenbach, Eugen: Grundlagen dynamischer Bilanzlehre, 3. Auflage, Leipzig 1925, Vorwort.

26) Derselbe: Wirtschaft und Steuer, in: Betriebswirtschaftliche Beiträge, 2. Lieferung 1948, S. 2.

27) Ebenda, S. 3.

28) Derselbe: Der freien Wirtschaft . . ., a.a.O., S. 92.

29) Vgl. derselbe: Warum eine Bodenmark? In: Kölnische Zeitung vom 23. 9. 1923, Nr. 657; Aktuelle Währungs- und Bewertungsfragen, Vortrag am 15. November 1945 bei der Industrie- und Handelskammer, Essen, Manuskript 1945.

30) Derselbe: Aktuelle Währungs- und Bewertungsfragen . . ., a.a.O.

31) Derselbe: Kapital, Kredit und Zins in betriebswirtschaftlicher Beleuchtung, 2. Auflage, Köln und Opladen 1948, S. 102 ff.

32) Welter, Erich: Der Weg der deutschen Industrie, Frankfurt am Main 1943, S. VII.

33) Schmalenbach, Eugen: Über die exakte Wirtschaftslenkung, a.a.O., S. 2.

34) Vgl. Hundt, Sönke: Zur Theoriegeschichte der Betriebswirtschaftslehre, a.a.O., S. 98 ff.

35) Vgl. Walb, Ernst: Die Kommentare zu den Erlassen über das betriebliche Rechnungswesen, in: Zeitschrift für handelswissenschaftliche Forschung, 34. Jahrgang, 1940, S. 35.

36) Schmalenbach, Eugen: Über die exakte Wirtschaftslenkung, a.a.O., Vorwort.

XXII. Am Gemeinwohl orientierte freie Wirtschaft als Zielvorstellung

37) Vgl. Schneider, Dieter: Schmalenbach und der gesellschaftspolitische Bezug in der Betriebswirtschaftslehre, in: Zeitschrift für betriebswirtschaftliche Forschung, 31. Jahrgang, 1979, S. 799 ff.

38) Hundt, Sönke: Zur Theoriengeschichte der Betriebswirtschaftslehre, a.a.O., S. 67.

39) Ebenda, S. 12.

40) Potthoff, Erich: Zur Alibifunktion der Schmalenbach'schen Gemeinwirtschaftlichkeit, in: Zeitschrift für betriebswirtschaftliche Forschung, 32. Jahrgang, 1980, S. 763 ff.

41) Schmalenbach, Eugen: Der freien Wirtschaft . . ., a.a.O., S. 48 f.

42) Ebenda, S. 63.

43) Ebenda, S. 48.

Schlußbemerkung

1) Beste, Theodor: Eugen Schmalenbach; Grabrede, gehalten bei der akademischen Trauerfeier der Universität zu Köln am 10. Mai 1955, in: Zeitschrift für handelswissenschaftliche Forschung, Neue Folge, 7. Jahrgang, 1955, S. 213.

2) Schmalenbach, Eugen: Neue Aufgaben der Betriebswirtschaftslehre, in: Betriebswirtschaftliche Beiträge, 1. Lieferung, 1948, S. 3.

3) Derselbe: Über die zukünftige Gestaltung der Betriebswirtschaftslehre, Manuskript 1943, S. 29.

4) Wöhe, Günter: Betriebswirtschaftslehre, Entwicklungstendenzen der Gegenwart, in: Handwörterbuch der Betriebswirtschaft, 1. Band 1974, Sp. 727.

Verzeichnis der Arbeiten von Eugen Schmalenbach (chronologische Anordnung) *

I. Buchveröffentlichungen, selbständige Publikationen, Manuskripte **

1. Habilitationsschrift über die buchhaltungstechnische Darstellung der Betriebsgebarung 1903, unveröffentlicht (nicht auffindbar).
2. Münzverhältnisse in Hinterindien und Ostasien, Dresden 1904.
3. Materialien für das Buchhaltungs-Lesen, 1. Auflage, Leipzig 1913; 2. Auflage 1913; 3. Auflage 1921; 4. Auflage 1930 (bearbeitet von Hermann Halberstaedter).
4. Finanzierungen, 1. Auflage, Leipzig 1915; 2. Auflage 1921; 3. Auflage 1922; 4. Auflage 1928; 5. Auflage Teil 1 Beteiligungsfinanzierungen, 1932; 6. Auflage 1937 (unter Mitwirkung von Rudolf Bethmann); 7. bis 9. Auflage unter dem Titel: Die Beteiligungsfinanzierung (vgl. Nr. 28).
5. Grundlagen dynamischer Bilanzlehre, 2. Auflage, Leipzig 1920; 3. Auflage, Leipzig 1925. Weitere Auflagen unter dem Titel: Dynamische Bilanz (vgl. Nr. 10). Zur 1. Auflage vgl. II b Nr. 87.
6. Goldmarkbilanz, Berlin 1922; 2. Auflage 1923.
7. Die Goldmarkbilanz, Leipzig 1924.
8. Fünfjahresbericht der Wirtschafts- und Sozialwissenschaftlichen Fakultät der Universität Köln 1919–1924, Köln 1925.
9. Grundlagen der Selbstkostenrechnung und Preispolitik, 2. Auflage, Leipzig 1925; 3. Auflage 1926; 4. Auflage 1927; 5. Auflage 1930; 6. Auflage unter dem Titel: Selbstkostenrechnung und Preispolitik, 1934; spätere Auflagen unter dem Titel: Kostenrechnung und Preispolitik (vgl. Nr. 32). Zur ersten Auflage vgl. II b Nr. 89.
10. Dynamische Bilanz (vgl. Nr. 5 und II b Nr. 87); 4. Auflage, Leipzig 1926; 5. Auflage 1936; 6. Auflage 1933; 7. Auflage 1939; 8. Auflage, Bremen-Horn 1947; 9. Auflage, Leipzig 1948; 10. Auflage, Bremen-Horn 1948; 11. Auflage, Köln und Opladen 1953 (unter Mitwirkung von Richard Bauer); 12. Auflage, Köln und Opladen 1956 (unter Mitwirkung von Richard Bauer); 13. Auflage, Köln und Opladen 1962 (bearbeitet von Richard Bauer). Englische Übersetzung: Dynamic accounting, London 1959; französische Übersetzung: Le Bilanz Dynamique, Paris 1961; japanische Übersetzung: Dôteki taishaku Taishônyôron, Tokyo 1950, zwei weitere Übersetzungen 1959; spanische Übersetzung, Madrid 1953.
11. Der Kontenrahmen, 1. Auflage, Leipzig 1929; 2. Auflage 1929; 3. Auflage 1930; 4. Auflage 1935; 5. Auflage 1937; 6. Auflage 1939. Japanische Übersetzung: Kontenrâmen, Tokyo 1953; russische Übersetzung: Sčetnyeplany, Leningrad 1928.
12. Gutachten über Ersparnismöglichkeiten in der Produktion und im Absatz ostelbischer und mitteldeutscher Braunkohlenbriketts. Dem Reichswirtschaftsministerium erstattet. Mit Arnold Brecht, Fritz Baade, Berlin 1928.
13. Gutachten über die gegenwärtige Lage des Rheinisch-Westfälischen Steinkohlenbergbaus. Dem Reichswirtschaftsministerium erstattet. Mit Fritz Baade u. a., Berlin 1928.
14. Buchführung und Kalkulation im Fabrikgeschäft, Leipzig 1928 (unveränderter Abdruck aus der Deutschen Metall-Industrie-Zeitung, vgl. II a).

---

* Ohne Buchbesprechungen. Ein Verzeichnis der Buchbesprechungen hat Otto von Kori erstellt. Es wurde in der Zeitschrift für betriebswirtschaftliche Forschung, 21. Jahrgang 1969, S. 525 ff. veröffentlicht.

** Das Verzeichnis wurde erstellt auf der Grundlage der Bibliographie von Otto von Kori, in: Zeitschrift für betriebswirtschaftliche Forschung, 20. Jahrgang 1968, S. 473 ff. Die unveröffentlichten Manuskripte liegen in der Geschäftsstelle der Schmalenbach-Gesellschaft – Deutsche Gesellschaft für Betriebswirtschaft vor.

15. Die Aufstellung von Finanzplänen, 1. Auflage, Leipzig 1931; 2. Auflage 1937; 3. Auflage 1939.

16. Kapital, Kredit und Zins in betriebswirtschaftlicher Beleuchtung, 1. Auflage, Leipzig 1933; 2. Auflage, Köln und Opladen 1949; 3. Auflage 1951; 4. Auflage 1961 (bearbeitet von Richard Bauer).

17. Entwurf einer Dienstanweisung für Finanzleiter nebst Begründung und einer Einleitung über allgemeine Organisationsgrundsätze, Manuskript 1940.

18. Über die Dienststellengliederung im Großbetriebe, Manuskript 1941, später als Veröffentlichung der Schmalenbach-Gesellschaft, Köln und Opladen 1959.

19. Die Lagerverwaltung unter dem Gesichtspunkt der Dienststellengliederung, Manuskript 1943.

20. Über die exakte Wirtschaftslenkung, Manuskript, undatiert (fertiggestellt Anfang 1943).

21. Handelsbilanzen und andere Bilanzen, Manuskript 1943.

22. Gedanken eines Betriebswirtschaftlers zum Wiederaufbau zerstörter Großstädte, Manuskript 1943.

23. Allgemeine Grundsätze ordnungsmäßiger Bilanzierung, Manuskript 1944.

24. Über die zukünftige Gestaltung der Betriebswirtschaftslehre, Manuskript 1944.

25. Aktuelle Währungs- und Bewertungsfragen, Manuskript 1945.

26. Wirtschaftsfragen der Gegenwart, Manuskript 1946.

27. Pretiale Wirtschaftslenkung, Bremen-Horn, Band 1: Die optimale Geltungszahl, 1947; Band 2: Pretiale Lenkung des Betriebes, 1948.

28. Die Beteiligungsfinanzierung (1. bis 6. Auflage unter dem Titel: Finanzierungen, vgl. Nr. 4); 7. Auflage, Köln und Opladen 1949; 8. Auflage 1966 (bearbeitet von Richard Bauer); 9. Auflage 1966 (bearbeitet von Richard Bauer).

29. Der freien Wirtschaft zum Gedächtnis, 1. Auflage, Köln und Opladen 1949; 2. Auflage 1950; 3. Auflage 1958 (bearbeitet von Richard Bauer). Japanische Übersetzung: Kaiso no jiyjkeizai, 1960.

30. Die Aktiengesellschaft (1. bis 6. Auflage unter dem Titel: Finanzierungen, vgl. Nr. 4); 7. Auflage, Köln und Opladen 1950.

31. Die doppelte Buchführung, Köln und Opladen 1950.

32. Kostenrechnung und Preispolitik (2. bis 5. Auflage unter dem Titel: Grundlagen der Selbstkostenrechnung und Preispolitik); 6. Auflage unter dem Titel: Selbstkostenrechnung und Preispolitik, vgl. Nr. 9); 7. Auflage, Köln und Opladen 1956 (bearbeitet von Richard Bauer); 8. Auflage 1963 (bearbeitet von Richard Bauer).

II. Veröffentlichungen in Zeitungen, Zeitschriften und Sammelwerken

a. Veröffentlichungen in der Deutschen Metall-Industrie-Zeitung *

Titel	Datum	Nr.	Seite
14. Jahrgang: 1898			
Amerikanischer Wettbewerb	12. 11.	45	1– 2
Der Industrie drohende Gefahren	3. 12.	48	1
15. Jahrgang: 1899			
Die volkswirtschaftliche Bedeutung des Großhandels	14. 1.	2	9– 10
Technische Arbeitsteilung	4. 2.	5	33– 34
Forts.: Technische Arbeitsteilung	11. 2.	6	41– 42
Kleineisenindustrie	11. 2.	6	42– 43
Forts.: Technische Arbeitsteilung	18. 2.	7	49– 51
Die Fallimente in Rumänien	25. 2.	8	60
Buchführung und Kalkulation im Fabrikgeschäft	1. 4.	13	98– 99
Neues Konkursgesetz in Rumänien	1. 4.	13	102
Forts.: Buchführung und Kalkulation	8. 4.	14	106– 107
Forts.: Buchführung und Kalkulation	15. 4.	15	115– 117
Forts.: Buchführung und Kalkulation	22. 4.	16	124– 125
Forts.: Buchführung und Kalkulation	29. 4.	17	130– 131
Forts.: Buchführung und Kalkulation	6. 5.	18	138– 139
Forts.: Buchführung und Kalkulation	13. 5.	19	147– 148
Forts.: Buchführung und Kalkulation	20. 5.	20	156– 157
Forts.: Buchführung und Kalkulation	27. 5.	21	163– 165
Forts.: Buchführung und Kalkulation	3. 6.	22	171– 172
Kartelle in der Kleineisenindustrie	12. 8.	32	273– 274
Der Kampf der kleinen gegen die große Fabrik	19. 8.	33	285– 286
Der Eisenwarenhandel an detail. Volkswirtsch. Skizze	2. 9.	35	309– 310
Aus der Geschichte der Pressen und Stanzen	30. 9.	39	357– 359
Die Eisenkartelle	14. 10.	41	381
Was sind Generalunkosten?	21. 10.	42	393– 394
Das Warenlager und der Absatz	4. 11.	44	420– 421
16. Jahrgang: 1900			
Aus der Technik der Presserei	20. 1.	3	73– 75
Fehler bei Syndikats-Bildungen	9. 6.	23	793– 794
Die Dt. Metall-Ind.-Zeitung und die Syndikate	23. 6.	25	865– 866
Kann ein Syndikat eine Krisis vermeiden?	11. 8.	32	1185–1186
Der Amboß im 18. Jahrhundert	6. 10.	40	1466–1467
Schloß und Schlosser im Mittelalter. Geschichtl. Studie	13. 10.	41	1507–1509
Forts.: Schloß und Schlosser	20. 10.	42	1547–1551

* Der geringste Teil der Veröffentlichungen Eugen Schmalenbachs in der DMIZ ist mit vollem Namen versehen, zumeist sind sie entweder mit seinem Zeichen (E.S.) oder nicht signiert. Die aufgeführten Titel sind teilweise schlagwortartig abgekürzt.

Titel	Datum	Nr.	Seite
Arbeitsteilung in der Maschinen-Fabrikation	27. 10.	43	1585–1586
Forts.: Schloß und Schlosser	27. 10.	43	1589–1591
Forts.: Schloß und Schlosser	3. 11.	44	1629–1631
Forts.: Schloß und Schlosser	10. 11.	45	1670–1675
Forts.: Schloß und Schlosser	17. 11.	46	1708–1709
Der Spezifikationskauf	24. 11.	47	1748–1749
17. Jahrgang: 1901			
Die Eisenindustrie unter den preußischen Königen	19. 1.	3	81– 82
Forts.: Eisenind. unter preuß. Königen	26. 1.	4	121– 123
Die Abrechnungen der Eisenhämmer zur Zeit der Kameralisten	2. 2.	5	161– 162
Die Produktionsstandorte der dt. Eisenindustrie	9. 2.	6	201– 202
Forts.: Abrechnungen der Eisenhämmer	9. 2.	6	202– 204
Forts.: Produktionsstandorte	16. 2.	7	242– 244
Die Organisation der Arbeitskraft bei Fabrik u. Handw.	11. 5.	19	721– 723
Der Verband dt. Eisenwarenhändler in Leipzig	25. 5.	21	801– 803
Interessenverbände in der Eisenindustrie	1. 6.	22	841– 843
Forts.: Verband dt. Eisenwarenhändler	1. 6.	22	843– 845
Forts.: Verband dt. Eisenwarenhändler	8. 6.	23	882– 884
Entwicklungstendenzen in der Schloßindustrie	13. 7.	28	1081–1083
Warum hat England so wenig Kartelle?	20. 7.	29	1201–1202
Beiträge zur geschichtl. Entwicklung der sauerländ. Kleinindustrie	21. 9.	38	1485–1489
Die Zukunft der deutschen Eisenwarenindustrie	5. 10.	40	1561–1563
Zum Streit der Hütten und reinen Walzwerke	12. 10.	41	1601–1603
Zur Geschäftslage	19. 10.	42	1641–1643
Über den Fehler der Rohstoff-Syndikate	26. 10.	43	1683–1684
Forts.: Sauerländ. Kleineisenindustrie	2. 11.	44	1735–1741
Zur Geschäftslage	9. 11.	45	1762–1764
Zur Geschäftslage	16. 11.	46	1802–1803
Forts.: Sauerländ. Kleinindustrie	23. 11.	47	1845–1847
Die Geschichte des Roheisenzolls	30. 11.	48	1881–1883
Forts.: Sauerländ. Kleineisenindustrie	30. 11.	48	1887–1890
Forts.: Geschichte des Roheisenzolls	7. 12.	49	1922–1923
Ein notwendiges Spielzeug. Eine Weihnachts-Plauderei	7. 12.	49	1927–1929
Die Schädigung des freien Hdws. durch die Gefängnisarbeit	14. 12.	50	1961–1963
Forts.: Notwendiges Spielzeug	14. 12.	50	1970–1971
Die Entwicklung der Löffelindustrie	21. 12.	51	2006–2008
18. Jahrgang: 1902			
Von der Reise	4. 1.	1	5
Zur Geschäftslage	18. 1.	3	82– 85
Forts.: Sauerländ. Kleineisenindustrie	18. 1.	3	85– 90
Forts.: Sauerländ. Kleineisenindustrie	1. 2.	5	167– 170
Der Absatz von Drahtstiften nach Rumänien	8. 2.	6	203– 204
Glossen zur Organisation des Feinblechsyndikats	1. 3.	9	323– 327
Forts.: Sauerländ. Kleineisenindustrie	8. 3.	10	375– 379

Titel	Datum	Nr.	Seite
Die Lebensfähigkeit des Stabeisenkartells. Von einem unbeteiligten Zuschauer	15. 3.	11	402– 405
Forts.: Sauerländ. Kleineisenindustrie	15. 3.	11	417– 423
Die Geschichte des Walzwerksverbandes	29. 3.	13	481– 483
Forts.: Sauerländ. Kleineisenindustrie	29. 3.	13	495– 499
Forts.: Geschichte des Walzwerksverbandes	5. 4.	14	523– 526
Noch einmal: Das Stabeisenkartell. Von einem unbet. Zusch.	19. 4.	16	603– 604
Forts.: Von der Reise	19. 4.	16	613– 621
Die pol. Stellung der Eisenwarenind. in der Kartellfrage	10. 5.	19	721– 722
Die amerikanische Gefahr	24. 5.	21	801– 802
Der Großhandel in der Kleineisenindustrie	31. 5.	22	841– 843
Die augenblickliche Lage in Rumänien	14. 6.	24	943
Die Einfuhr von Kleineisenwaren in Bulgarien	5. 7.	27	1042
Die Kartelle der Eisenwarenindustrie	12. 7.	28	1081–1082
Grübeleien eines Gartenbesitzers. Plauderei	26. 7.	30	1167–1173
Zur Geschäftslage in Rhld.-Westfalen	23. 8.	34	1309–1311
Vom großen Krach	13. 9.	37	1429–1431
Forts.: Vom großen Krach	11. 10.	41	1589–1591
Zur Geschäftslage	18. 10.	42	1629–1631
Zur Geschäftslage	25. 10.	43	1670–1672
Zur Geschichte der Konjunkturen	1. 11.	44	1709–1711
Zur Geschäftslage	1. 11.	44	1711–1723
Forts.: Geschichte der Konjunkturen	8. 11.	45	1750–1752
Das Produktionsbuch in der Eisenwarenindustrie	15. 11.	46	1789–1791
Luthers volkswirtschaftliche Bedeutung	22. 11.	47	1819–1820
Moderne Lagersysteme	6. 12.	49	1905–1906
Handelshochschulen	6. 12.	49	1906
Die Zusammenlegung von Aktien	13. 12.	50	1941–1942
19. Jahrgang: 1903			
Zur Geschäftslage	3. 1.	1	3– 4
Hemmungen des wirtschaftlichen Fortschritts	17. 1.	3	73– 74
Die belgische Hüttenindustrie	7. 2.	6	181– 183
Der Außenhandel im Jahre 1902	14. 2.	7	219– 221
Zur Geschäftslage	30. 5.	22	757– 759
Die Agitation gegen das Drahtstiftsyndikat	30. 5.	22	759– 760
Zur Geschäftslage	6. 6.	23	794– 797
Betrachtungen zur Geschichte des Werkzeugstahls	11. 7.	28	973– 975
Forts.: Geschichte des Werkzeugstahls	18. 7.	29	1010–1012
Die Handelshochschule in Cöln	25. 7.	30	1045–1046
Die amerikanische Krisis	15. 8.	33	1153–1155
Die Hundertmillionenbanken	22. 8.	34	1189–1191
Forts.: Die Hundertmillionenbanken	29. 8.	35	1226–1228

Titel	Datum	Nr.	Seite
Die Schwierigkeiten der Syndikatsgründung in der Kleineisenindustrie	5. 9.	36	1261–1262
Zur Geschäftslage	12. 9.	37	1300–1301
Vom deutschen Stahlwerksverband	10. 10.	41	1441–1443
Die Umwandlung in eine Aktiengesellschaft	7. 11.	45	1585–1586
Vom Feinblechsyndikat	14. 11.	46	1621–1622
20. Jahrgang: 1904			
Die Vorgänge im Bankwesen	16. 1.	3	65– 67
Aktiengesellschaft und Eisenwarenindustrie	30. 1.	5	129– 131
Statistisches aus der Eisenindustrie	13. 2.	7	193– 194
Forts.: Statistisches . . .	20. 2.	8	227– 229
Fortschritte im Kartellwesen	20. 2.	8	230– 231
Einführung des Warrantsystems nach engl. Muster in der Eisenindustrie Amerikas	27. 2.	9	257– 258
Forts.: Statistisches . . .	27. 2.	9	258– 260
Forts.: Warrantsystem	5. 3.	10	289– 291
Ein „Kartellverein" in der Eisenwarenindustrie	16. 7.	29	897– 898
Der Kampf um die Vormacht	27. 8.	35	1089–1092
Kapitalanlage in Wertpapieren	10. 9.	37	1153–1156
Die Kartellanwälte an der Arbeit	17. 9.	38	1185–1187
Fusionen	24. 9.	39	1217–1218
Velberts Schloßindustrie und ein Schloß-Syndikat	8. 10.	41	1281–1283
Vom deutschen Stahlwerksverband	15. 10.	42	1313–1315
Forts.: Stahlwerksverband	22. 10.	43	1347–1349
Die Blechsyndikate	29. 10.	44	1377–1379
Aktiengesellschaft und Aktie	26. 11.	48	1505–1508
Forts.: AG und Aktie	3. 12.	49	1539–1540
Forts.: AG und Aktie	10. 12.	50	1571–1572
21. Jahrgang: 1905			
Reine Walzdrahtwerke	14. 1.	2	35– 37
Forts.: Walzdrahtwerke	21. 1.	3	67– 68
Die amerikanische Gefahr	22. 4.	16	481– 482
Eisenindustrie und Bankentum	13. 5.	19	577– 578
Das Kleineisengewerbe	3. 6.	22	673– 674
Was der Kleineisenindustrie nottut!	1. 7.	26	801– 802
Von den Handels-Hochschulen	8. 7.	27	833– 834
Forts.: Handels-Hochschulen	15. 7.	28	866– 868
Gemischte und reine Walzwerke	29. 7.	30	929- 930
Die Öffentlichkeit des Stahlverbands	30. 9.	39	1217–1218
Die Krankheiten der kleinen Fabrikationsgeschäfte	7. 10.	40	1249
Fiskus und Kohlensyndikat	21. 10.	42	1313–1314
Presse und Industrie	25. 11.	47	1473–1474

Titel	Datum	Nr.	Seite
22. Jahrgang: 1906			
Er kommt nicht!	13. 1	2	33– 34
Besteuerung der GmbH	27. 1.	4	97– 98
Personenwechsel i. d. Ltg. d. Stahlwerksverb.	3. 2.	5	130– 131
Beschäftigung im Kleineisengewerbe	10. 2.	6	163– 164
Erneuerung des Stahlwerksverbandes	3. 3.	9	257– 258
Kartelle und Preispolitik	7. 4.	14	417– 418
Werke u. Händler i. d. Eisenindustrie	14. 4.	15	449– 450
Mächte in der Eisenindustrie	21. 4.	16	481– 482
Mögl. d. Kartellierung	28. 4.	17	514– 515
Reine Walzwerke und Großbetriebe	12. 5.	19	577– 578
Die großen Verbände und das Gesamtinteresse	19. 5.	20	609– 610
Die Preisbewegung i. d. Eisenindustrie	26. 5.	21	641– 642
Vernünftiges Maß halten!	9. 6.	23	705– 706
Fest verzinsliche Verbindlichkeiten	16. 6.	24	739– 740
Einigkeit macht stark	21. 7.	29	897– 898
Über das Verbandswesen	4. 8.	31	961– 962
Schattenseiten!	18. 8.	33	1025–1026
Zur Kalkulation in der Fabrikation	1. 9.	35	1090
Das dt. Großstahlgewerbe auf dem Wege zum „Trust"	15. 9.	37	1153–1154
Zur Erhöhung des Bankdiskonts	17. 11.	46	1443–1444
Zur Erneuerung des Stahlwerksverbandes	1. 12.	48	1509–1506
Die Folgen der Handelsverträge f. d. Kleineisengewerbe	15. 12.	50	1569–1570
Allerlei zur heutigen Geschäftslage	22. 12.	51	1601–1602
23. Jahrgang: 1907			
Zur Erhöhung der Beteiligungsziffer für Stabeisen	12. 1.	2	33– 34
Beginnt die Ebbe? (Zur Erneuerung des Stahlwerksverbandes)	30. 3.	13	385– 386
Der neue Stahlwerksverband	11. 5.	19	577– 578
Die reinen Walzwerke unter dem neuen Stahlwerksverband	1. 6.	22	673– 674
Selbstkosten-Berechnung (mit einem sehr detaillierten Beispiel einer Kostenrechnung über den meistbekannten Massenartikel der Kleineisenzeugbranche, die „schwarze Mutterschraube mit sechskantigem Kopf und sechskantiger Mutter" in den Dimensionen bis zu 26 mm Schaftstärke).	13. 7.	28	865– 867
Reine Walzwerke und gemischte Werke	7. 9.	36	1121–1123
Stabeisenverband	19. 10.	42	1314

b) **Veröffentlichungen in der Zeitschrift für handelswissenschaftliche Forschung (ZfhF) und in sonstigen Zeitungen, Zeitschriften und Sammelwerken** *

1 Gewerbliche Kalkulation, in: Zeitschrift für das gesamte kaufmännische Unterrichtswesen, 15. Jahrgang, 1902/03, S. 150–155, 178–180, 210–214. Wiederabgedruckt in ZfhF, Neue Folge, 15. Jahrgang, 1963, S. 375–384.

2 Abtrennung der Dividendenscheine bei Kassapapieren, in: Monatsschrift für Handels- und Sozialwissenschaft, 1. Jahrgang, 1903, S. 170–173.

3 Firmenkunde, in: Zeitschrift für das gesamte kaufmännische Unterrichtswesen, 6. Jahrgang, 1903, S. 128–132.

4 Das Rheinisch-Westfälische Kohlensyndikat auf neuer Grundlage, in: Kartell-Rundschau, 1. Jahrgang, 1903, S. 961–965.

5 Die Stückzinsenberechnung, in: Monatsschrift für Handels- und Sozialwissenschaft, 1. Jahrgang, 1903, S. 203–204.

6 Über kaufmännische Arithmetik an Handelshochschulen, in: Zeitschrift für das gesamte kaufmännische Unterrichtswesen, 6. Jahrgang, 1903, S. 203–206, 231–235.

7 Die Kleineisenindustrie, in: Handbuch der Wirtschaftskunde Deutschlands, 3. Band, 1904, S. 365–387.

8 Münzverhältnisse in Hinterindien und Ostasien, in: Deutsche Handelsschul-Lehrer-Zeitung, 1. Jahrgang, 1904, Nr. 19, S. 2–3, Nr. 20, S. 3, Nr. 21, S. 2–4 (als selbständige Veröffentlichung vgl. I 2).

9 Über die Anlage des Reservefond, in: Bankarchiv, 3. Jahrgang, 1903/04, S. 72–75.

10 Bedarf die Aktiengesellschaft der doppelten Buchführung?, in: ZfhF, 1. Jahrgang, 1906/07, S. 41–45.

11 Das Bilanzarchiv der Kölner Handelshochschule, in: Deutsche Wirtschaftszeitung, 2. Jahrgang, 1906, Sp. 359–364.

12 Die Buchhaltung einer Fabrik kunstgewerblicher Metallwaren, in: ZfhF, 1. Jahrgang, 1906/07, S. 1–16.

13 D.H.H. (Diplom der Handelshochschule), in: Plutus, 1906, S. 769–770.

14 Die deutsche Finanzpresse, in: ZfhF, 1. Jahrgang, 1906/07, S. 277–285, 361–370.

15 Die Gliederung der Handelstechnik an der Handelshochschule Cöln, in: Deutsche Handelsschul-Lehrer-Zeitung, 3. Jahrgang, 1906, Nr. 30, S. 1–3.

16 Die Gründung der Aktiengesellschaft, in: ZfhF, 1. Jahrgang, 1906/07, S. 203–218.

17 Kontokorrentbücher mit auswechselbaren Blättern, in: ZfhF, 1. Jahrgang, 1906/07, S. 153–163.

18 Der Kurs des Pfund-Sterling-Wechsels, in: ZfhF, 1. Jahrgang, 1906/07, S. 241–256.

19 Registrierung und Verbuchung eingehender Rechnungen im Fabrikbureau, in: ZfhF, 1. Jahrgang, 1906/07, S. 121–129.

20 Der Reichsbank-Ausweis, in: ZfhF, 1. Jahrgang, 1906/07, S. 77–92.

21 Scheck und Giro, in: ZfhF, 1. Jahrgang, 1906/07, S. 401–423.

22 Über Teilung der Fehlerfelder in der Buchhaltung, in: ZfhF, 1. Jahrgang, 1906/07, S. 441–452.

23 Die Behandlung des Delkredere-Kontos, in: ZfhF, 2. Jahrgang, 1907/08, S. 393–394.

24 (Die Behandlung des) Delkredere-Fonds-Kontos, in: ZfhF, 2. Jahrgang, 1907/08, S. 395–396.

25 Die Generalunkosten als Produktionskosten in der Bilanz der Aktiengesellschaft, in: ZfhF, 2. Jahrgang, 1907/08, S. 161–172.

26 Genußscheine und Gewinnanteilscheine, in: ZfhF, 2. Jahrgang, 1907/08, S. 441–457.

---

* Das Verzeichnis wurde erstellt auf der Grundlage der Bibliographie von Otto von Kori, in: Zeitschrift für betriebswirtschaftliche Forschung, 20. Jahrgang, 1968, S. 473 ff.

27 Der Kreditbrief, in: ZfhF, 2. Jahrgang, 1907/08, S. 321–338.
28 Der Kurs des Dollar-Wechsels, in: ZfhF, 2. Jahrgang, 1907/08, S. 121–146.
29 Die Methoden der Emissionstechnik, in: ZfhF, 2. Jahrgang, 1907/08, S. 81–102.
30 Die Sanierung der Aktiengesellschaft, in: ZfhF, 2. Jahrgang, 1907/08, S. 1–14, 41–65.
31 Die Technik der Produktionskostenermittlung, in: ZfhF, 2. Jahrgang, 1907/08, S. 201–212.
32 Über Mängel des Buchführungsrechts, in: ZfhF, 2. Jahrgang, 1907/08, S. 281–301.
33 Die Verbuchung von Neu-Anlagen in der doppelten Buchführung, in: ZfhF, 1907/08, S. 356–367.
34 Die Verbuchung von Reparaturen, in: ZfhF, 2. Jahrgang, 1907/08, S. 472–474.
35 Die Verbuchung von Teilschuldverschreibungen, in ZfhF, 2. Jahrgang, 1907/08, S. 361–371.
36 Die Vorzugs-Aktie, in: ZfhF, 2. Jahrgang, 1907/08, S. 241–262, 318–319.
37 Die Abschreibung, in: ZfhF, 3. Jahrgang, 1908/09, S. 81–88.
38 Bestellungswesen und Einzelverrechnung in Maschinenfabriken, in: ZfhF, 3. Jahrgang, 1908/09, S. 1–15.
39 Gründungsbuchungen, in: ZfhF, 3. Jahrgang, 1908/09, S. 193–195.
40 Literatur: Buchführung der Maschinenfabriken, in: ZfhF, 3. Jahrgang, 1908/09, S. 37–40.
41 Neuerung im Kontokorrent, in: ZfhF, 3. Jahrgang, 1908/09, S. 442–444.
42 Stadt-Obligationen, in: ZfhF, 3. Jahrgang, 1908/09, S. 541–548.
43 Theorie der Produktionskostenermittlung, in: ZfhF, 3. Jahrgang, 1908/09, S. 41–65.
44 Über Verrechnungspreise (Rede in der Handelshochschule zu Köln am 27. 1. 1909), in: ZfhF, 3. Jahrgang, 1908/09, S. 165–185.
45 Kaufmännisches und kameralistisches Rechnungswesen, in: Zeitschrift für Handelswissenschaft und Handelspraxis, 3. Jahrgang, 1909/10, S. 346–351, 385–390.
46 Monatsbilanzen ohne Inventur, in: ZfhF, 4. Jahrgang, 1909/10, S. 500–504.
47 Die Technik der Fusionen, in: ZfhF, 4. Jahrgang, 1909/10, S. 49–69, 113–133.
48 Großbankorganisation, in: ZfhF, 5. Jahrgang, 1910/11, S. 372–379.
49 Über den Zweck der Bilanz, in: ZfhF, 5. Jahrgang, 1910/11, S. 379–388.
50 Die Überwachungspflicht des Aufsichtsrats, in: ZfhF, 5. Jahrgang, 1910/11, S. 271–283.
51 Die Berechnung des Betriebskapitals, in: ZfhF, 6. Jahrgang, 1911/12, S. 52–56.
52 Debitorenbehandlung in Detailhäusern, in: ZfhF, 6. Jahrgang, 1911/12, S. 458–460.
53 Die Gründung der Aktiengesellschaft, in: ZfhF, 6. Jahrgang, 1911/12, S. 473–511.
54 Die Privatwirtschaftslehre als Kunstlehre, in: ZfhF, 6. Jahrgang, 1911/12, S. 304–316.
55 Die Sachgründung mit Agio, in: ZfhF, 6. Jahrgang, 1911/12, S. 253–258.
56 Die stempelpflichtige Summe bei der Ausgabe von Aktien und das Reichsgericht, in: ZfhF, 6. Jahrgang, 1911/12, S. 196–201; 7. Jahrgang, 1912/13, S. 288–294.
57 Über Einrichtungen gegen Unterschlagung und über Unterschlagungsrevision, in: ZfhF, 6. Jahrgang, 1911/12, S. 321–341.
58 Über Kartothekpropaganda, in: ZfhF, 6. Jahrgang, 1911/12, S. 445–457.
59 Unkostenbücher, in: ZfhF, 6. Jahrgang, 1911/12, S. 156–164.
60 Antwort (an Dr. W. Prion auf seine Zuschrift über Schmalenbachs Bücherbesprechungen in der ZfhF), in: ZfhF, 7. Jahrgang, 1912/13, S. 238–242.
61 Die Bezeichnung „Gewinn- und Verlustkonto", in: ZfhF, 7. Jahrgang, 1912/13, S. 128–129, 195–197.
62 Die Bilanzierung von Konsignationsware, in: ZfhF, 7. Jahrgang, 1912/13, S. 130–132.
63 (Disposition für Beiträge über) das Registraturwesen, in: ZfhF, 7. Jahrgang, 1912/13, S. 125–127.

64 Kapitalisierung des Geschäftsertrags (mit Fritz und Tghart), in: ZfhF, 7. Jahrgang, 1912/13, S. 39–41, 132–138, 369–376.

65 Die Kapitalrückzahlung bei Aktiengesellschaften, in: ZfhF, 7. Jahrgang, 1912/13, S. 97–116.

66 Die kaufmännische Propaganda als Lehrgegenstand der Handelshochschule, in: ZfhF, 7. Jahrgang, 1912/13, S. 297–303.

67 Monatliche Gewinnberechnung, in: ZfhF, 7. Jahrgang, 1912/13, S. 181–195.

68 Das Schätzungsverfahren zum Wehrbeitrag, in: ZfhF, 7. Jahrgang, 1912/13, S. 521–525.

69 Selbstkosten + 10%, in: ZfhF, 7. Jahrgang, 1912/13, S. 376–379.

70 Die Technik der Emission, in: ZfhF, 7. Jahrgang, 1912/13, S. 1–22, 49–78.

71 Vergütung für den Wert des Geschäftes bei dessen Übergang in andere Hände, in: ZfhF, 7. Jahrgang, 1912/13, S. 36–37.

72 Zinskosten in der Buchführung, in: ZfhF, 7. Jahrgang, 1912/13, S. 249–256.

73 Additionsschulung, in: ZfhF, 8. Jahrgang, 1913/14, S. 264–268.

74 Die Bilanzierung von Kapitalprovisionen, Damno und Disagio, in: ZfhF, 8. Jahrgang, 1913/14, S. 329–337.

75 Der Quartalsausgleich der Reichsbank, in: ZfhF, 8. Jahrgang, 1913/14, S. 84–89.

76 Über den Weiterbau der Wirtschaftslehre der Fabriken, in: ZfhF, 8. Jahrgang, 1913/14, S. 317–323.

77 Das Warenkonto als nicht gemischtes Konto, in: ZfhF, 8. Jahrgang, 1913/14, S. 540–544.

78 Die Bilanz im Lichte der Veranlagungsbehörden. Schuldentilgung und Einkommen, in: ZfhF, 10. Jahrgang, 1915/16, S. 193–219.

79 Steuereinkommen und Bilanzeinkommen, in: ZfhF, 10. Jahrgang, 1915/16, S. 331–349.

80 Theorie der Erfolgsbilanz, in: ZfhF, 10. Jahrgang, 1915/16, S. 379–382.

81 Die Verbuchung von nachträglichen Rückvergütungen auf in Gesellschaften eingebrachten Anlagegegenstände, in: ZfhF, 10. Jahrgang, 1915/16, S. 170–171.

82 Die Fehlerkontrollen in der Buchführung, in: ZfhF, 11. Jahrgang, 1916/17, S. 197–245, 261–311.

83 Über das allgemeine Bilanzrecht, in: ZfhF, 11. Jahrgang, 1916/17, S. 1–52.

84 Die große Vermögensabgabe, in: ZfhF, 12. Jahrgang, 1917/18, S. 362–368.

85 Theoretische Studie über den gemeinsamen Wert, in: ZfhF, 12. Jahrgang, 1917/18, S. 129–151.

86 Die Werte von Anlagen und Unternehmungen in der Schätzungstechnik, in: ZfhF, 12. Jahrgang, 1917/18, S. 1–20.

87 Grundlagen dynamischer Bilanzlehre, in: ZfhF, 13. Jahrgang, 1919, S. 1–60, 65–101.

88 Literaturnachweis über Betriebswirtschaftslehre einzelner Gewerbe, in: ZfhF, 13. Jahrgang, 1919, S. 299–320.

89 Selbstkostenrechnung I, in: ZfhF, 13. Jahrgang, 1919, S. 257–299, 321–356.

90 Betriebswirtschaftler als höhere Verwaltungsbeamte, in: ZfhF, 14. Jahrgang, 1920, S. 129–138.

91 Die Bewertung gewerblicher Anlagen nach den neuen Steuergesetzen, in: Kölnische Zeitung, Nr. 193 v. 26. 2. 1920.

92 Industriebetriebe und Einkommensteuergesetz, in: Kölnische Zeitung, Nr. 626 v. 20. 7. 1920, Nr. 629 v. 21. 7. 1920.

93 Geldwertausgleich in der bilanzmäßigen Erfolgsrechnung, in: ZfhF, 15. Jahrgang, 1921, S. 401–417.

94 Der Spekulationserfolg im Reichseinkommensteuergesetz, in: ZfhF, 15. Jahrgang, 1921, S. 259–268.

95 Papiermark und Goldmark in der Bilanz, in: Der Wiederaufbau in Europa, 1922, S. 735–737 (The Manchester Guardian Commercial. Sondernummer 11 v. 7. 12. 1922).

96 Stabile Rechnungseinheit, in: Münchener Neueste Nachrichten, Nr. 400 v. 22. 9. 1922, S. 5.

97 Die steuerliche Behandlung der Scheingewinne, in: Zwei Vorträge über Scheingewinne. Gehalten anläßlich der 1. Betriebswirtschaftl. Tagung, veranst. von d. Gesellschaft f. wirtschaftliche Ausbildung in Frankfurt a. M. am 25. u. 26. 11. 1921. Jena: Fischer 1922, S. V–VIII, 1–80 (Mitteilungen d. Ges. f. wirtschaftl. Ausbildung, Frankfurt a. M., Sonderband 1, Heft 1), 2. Aufl. 1922.

98 Die Goldbilanz als Steuerbilanz, in: Kölnische Zeitung, Nr. 566 u. Nr. 568 v. 16. 8. 1923.

99 Die Goldmark mit der langen Leitung, in: Kölnische Zeitung, Nr. 660 v. 25. 9. 1923.

100 Warum eine Bodenmark?, in: Kölnische Zeitung, Nr. 657 v. 23. 9. 1923.

101 Die wertstabile Geldeinheit, in: Kölnische Zeitung, Nr. 654 v. 22. 9. 1923.

102 Angriffe gegen die Goldmarkbilanzverordnung, in: Kölnische Zeitung, Nr. 103 a v. 10. 2. 1924.

103 Eine Anomalie in der dritten Steuernotverordnung, in: Kölnische Zeitung, Nr. 142 v. 26. 2. 1924.

104 Die Bilanzierung der Pfandbriefe (mit Hans Weinreis), in: ZfhF, 18. Jahrgang, 1924, S. 337–359.

105 Die Goldmarkbilanz, in: ZfhF, 18. Jahrgang, 1924, S. 1–20.

106 Die Wirkungen der Goldmarkbilanz, in: Kölnische Zeitung, Nr. 54 v. 22. 1. 1924.

107 Die Bewertung einer Unternehmung, in: Quellenbuch der Betriebswirtschaftslehre, 1925, S. 120–125. Aus: Finanzierungen, 3. Aufl. 1922, S. 1–7.

108 Die monatliche Gewinnrechnung und die Notwendigkeit ihrer Förderung (Vortrag auf dem Verbandstage des Verbandes Deutscher Diplom-Kaufleute e. V. am 6. 6. 1925 zu Nürnberg), in: Zeitschrift des Verbandes Deutscher Diplom-Kaufleute, 5. Jahrgang, 1925, S. 158–166.

109 Wirtschaft und Währung. Eine Verteidigung Dr. Schachts, in: Kölnische Zeitung, Nr. 940 v. 19. 12. 1925.

110 Konjunkturstatistik und Betriebsstatistik, in: Wirtschaftliche Nachrichten für Rhein und Ruhr, 7. Jahrgang, 1926, S. 1128–1130.

111 Moderne Betriebsrechnung und ihr Einfluß auf die Rentabilität, in: Zeitschrift des Verbandes Deutscher Diplom-Kaufleute, 6. Jahrgang, 1926, S. 146–151.

112 Die Notwendigkeit der Konjunkturstatistik und der Betriebsstatistik für die Großhandelsbetriebe, in: Zentralverband des Deutschen Großhandels, Bezirksgruppe Berlin, H. 1, 1926, S. 2–13.

113 Selbsthilfe zum Wohnungsbau, in: Kölnische Zeitung, Nr. 119 v. 14. 2. 1926.

114 Die Veränderungen der Wirtschaftsverfassung der Welt und wie sich der Handelsteil anpaßt, in: Der Zeitungsverlag, 27. Jahrgang, 1926, Sp. 835–837.

115 Die Weiterbildung der monatlichen Erfolgsrechnung, in: ZfhF, 20. Jahrgang, 1926, S. 149–158. Teilw. Abdr. unter d. Titel: Moderne Betriebsrechnung und ihr Einfluß auf die Rentabilität (siehe Nr. 111).

116 Wirtschaftliche Betriebsführung im Dienste des Exports. Vortrag, in: Sächsische Industrie, 22. Jahrgang, 1926, S. 1043–1048.

117 Die geschäftliche und finanzielle Seite der Rationalisierung für den einzelnen Betrieb. Vortrag, in: 1. Der deutsche Maschinenbau nach der Gesundungskrise, 1927, S. 30–38. 2. Maschinenbau, 6. Jahrgang, 1927, S. 503–509. 3. Der Arbeitgeber, 17. Jahrgang, 1927, S. 253–258. 4. Mitteilungen des Deutschen Hauptverbandes der Industrie, 9. Jahrgang, 1928, S. 335–339, 355–358.

118 Der Kontenrahmen, in: ZfhF, 21. Jahrgang, 1927, S. 385–402, 433–475.

119 Monatliche Feststellung der Vorräte im Papierhandel, in: Papierzeitung, 52. Jahrgang, 1927, S. 754, 1432–1434.

120 Zur Reform der Aktienbilanz, in: ZfhF, 21. Jahrgang, 1927, S. 49–58.

121 Auf dem Wege zur neuen Wirtschaft, in: Kölnische Zeitung, Nr. 383 v. 14. 7. 1928.

122 Die Betriebswirtschaftslehre an der Schwelle der neuen Wirtschaftsverfassung, Vortrag, in: ZfhF, 22. Jahrgang, 1928, S. 241–251. In gekürzter und leicht geänderter Form unter d. Titel: Der gefesselte Kapitalismus, in: Die Wirtschaftswende. Wochenschrift für deutsche Wirtschaftserneuerung, H. 12, 30. 12. 1931, S. 377–388.

123 Die fixen Kosten und ihre Wirkungen. Vortrag, in: Saar-Wirtschaftszeitung, 33. Jahrgang, 1928, S. 883–887.

124 Freie und gebundene Wirtschaft. Steigende Kosten drängen zur gebundenen Wirtschaft, in: Kölnische Zeitung, Nr. 297 b v. 1. 6. 1928.

125 Die monatliche Gewinnrechnung, in: Beiträge zur Theorie und Praxis der monatlichen Erfolgsrechnung in Wirtschaftsbetrieben, 1928, S. 1–37. Aus: Dynamische Bilanz, 4. Aufl. 1926.

126 Schaubilder und Kontenpläne. Vortrags-Auszüge, in: Zusammenhänge zwischen Steuern und Betriebswirtschaft. Vorträge, 1928, S. 24–32.

127 Zum Urteil des Reichsfinanzhofs vom 13. 6. 1928 betreffend die Gegenüberstellung der einzelnen Anschaffungen und Veräußerungen bei Spekulationsgewinnen, in: Bankarchiv, 28. Jahrgang, 1928/29, S. 39–44.

128 Zwei Fragen aus dem Steuerrecht des Bankiers, in: Bankarchiv, 27. Jahrgang, 1927/28, S. 465–469.

129 Ein englisches Kohlensyndikat vor 100 Jahren, in: ZfhF, 23. Jahrgang, 1929, S. 421–423.

130 Nochmals zur steuerlichen Behandlung der einzelnen Spekulationsgeschäfte, in: Bankarchiv, 28. Jahrgang, 1928/29, S. 129–130.

131 Über Abschreibungen, in: ZfhF, 23. Jahrgang, 1929, S. 193–212.

132 Zur Bewertung von Bergwerken, in: ZfhF, 23. Jahrgang, 1929, S. 385–396.

133 Auch Unterbewertungen müssen bei Gründungsrevisionen beachtet werden, in: ZfhF, 24. Jahrgang, 1930, S. 191–192.

134 Die Notwendigkeit einer umfassenden Untersuchung der Degressionserscheinungen, in: ZfhF, 24. Jahrgang, 1930, S. 146–148.

135 Weiterentwicklung akademischer Prüfungen, in: Zeitschrift des Verbandes Deutscher Diplom-Kaufleute, 10. Jahrgang, 1930, S. 41–44.

136 Zur Studienreform, in: Zeitschrift des Verbandes Deutscher Diplom-Kaufleute, 10. Jahrgang, 1930, S. 123–124.

137 (Fünfundzwanzig) 25 Jahre (Zeitschrift für handelswissenschaftliche Forschung), in: ZfhF, 25. Jahrgang, 1931, S. 1–4.

138 Der gefesselte Kapitalismus (siehe Nr. 122).

139 Die Personalgesellschaften (Off. Handelsges. u. Komm.-Ges.) in der deutschen Wirtschaft, in: ZfhF, 25. Jahrgang, 1931, S. 208–211.

140 Über Maßnahmen zur Förderung der Kapitalbildung. Vortrag, in: Die Gießerei, 18. Jahrgang, 1931, S. 757–769.

141 Die Veranschlagung des Kapitalbedarfs und die Finanzpläne, in: ZfhF, 25. Jahrgang, 1931, S. 168–198.

142 Kennzahlen aus der Mühlenindustrie, in: ZfhF, 26. Jahrgang, 1932, S. 543–545.

143 Kennzahlen über Produktionsvolumen, Ausfuhr, Ausfuhrabhängigkeit und Verlauf der Rationalisierung einzelner Industriegruppen, in: ZfhF, 26. Jahrgang, 1932, S. 545–548.

144 Die Steuerscheine der Notverordnung vom 4. September 1932. Vortrag, in: ZfhF, 26. Jahrgang, 1932, S. 561–580.

145 Business economics and changes in German business conditions, in: Harvard Business Review, 11. Jahrgang, 1932/33, S. 490–497.

146 Die deutsche Auslandsverschuldung, in: Mitteilungen der Treuhand AG Köln, 2. Jahrgang, 1933.

147 Die Grundsätze ordnungsmäßiger Bilanzierung, in: ZfhF, 27. Jahrgang, 1933, S. 225–233.

148 Hypotheken und Kommunaldarlehen, in: Mitteilungen der Treuhand AG Köln, 2. Jahrgang, 1933.

149 Die Idee des Zwangskartells, in: Mitteilungen der Treuhand AG Köln, 2. Jahrgang, 1933.

150 Ist die freie Konkurrenz am Ende? (siehe Nr. 154).

151 Leistungssteigerung, in: Der Wirtschaftsprüfer, 2. Jahrgang, 1933, S. 2.

152 Organisation des Kredits, in: ZfhF, 27. Jahrgang, 1933, S. 561–596. Vorabdruck aus: Kapital, Kredit und Zins in betriebswirtschaftlicher Beleuchtung, S. 111–146 (siehe I Nr. 16).

153 Über Wertsicherungsklauseln bei Anleihen (Zur Stahlwerksanleihe), in: ZfhF, 27. Jahrgang, 1933, S. 543–546.

154 Die wirtschaftliche Lage. Vortrag, in: 1. Mitteilungen der Treuhand AG Köln, 2. Jahrgang, 1933. 2. Der praktische Betriebswirt, 13. Jahrgang, 1933, S. 93–103. Teilw. Wiedergabe unter dem Titel: Ist die freie Konkurrenz am Ende?, in: Kölnische Zeitung, Nr. 42 v. 22. 1. 1933.

155 Zum Begriff der Finanzierung, in: Schweizerische handelswissenschaftliche Zeitschrift, 27. Jahrgang, 1933, S. 101–102. Abdruck aus: Finanzierungen, T. 1. 5. Aufl. 1932, S. 1–2.

156 Die Kalkulationskartelle, in: Mitteilungen der Treuhand AG Köln, 3. Jahrgang, 1934.

157 Die Veränderung der Anlagekosten, in: Mitteilungen der Treuhand AG Köln, 3. Jahrgang, 1934.

158 Der Kontenrahmen im organischen Aufbau des Rechnungswesens, in: Neues betriebswirtschaftliches Quellenbuch, 1938, S. 162–168. Teilw. Abdruck aus: Der Kontenrahmen, 5. Aufl., 1937, S. 4–6, 10–13.

159 Exakte Kapitallenkung, in: Betriebswirtschaftliche Beiträge, 1. Jahrgang, 1947, S. 21–27.

160 Grundsätzliches zur Sozialisierungsfrage, in: Handelsblatt. Westdeutsche Wirtschaftszeitung, 2. Jahrgang, Nr. 30 v. 31. 7. 1947, S. 2 und Nr. 31 v. 7. 8. 1947, S. 2.

161 Marshallplan - Deutschland, in: Wirtschaftszeitung, Nr. 29, vom 18. 7. 1947, S. 1–2.

162 Neue Aufgaben der Betriebswirtschaftslehre, in: Betriebswirtschaftliche Beiträge, 1. Jahrgang, 1947, S. 3–9.

163 Pretiale und bürokratische Betriebslenkung, in: Der Wirtschaftsspiegel, 2. Jahrgang, 1947, S. 484–487.

164 Bilanzberatungen ohne Erfolgsaussicht, in: Betriebswirtschaftliche Beiträge, 3. Jahrgang, 1948, S. 3–4.

165 Einschränkungen des Pfennigrechnens, in: Betriebswirtschaftliche Beiträge, 3. Jahrgang, 1948, S. 12–13.

166 Industrielle Kleinbetriebe und pretiale Betriebslenkung, in: Betriebswirtschaftliche Beiträge, 2. Jahrgang, 1948, S. 14–17.

167 Über die literarische Betätigung der Wirtschaftsprüfer, in: Die Wirtschaftsprüfung, 1. Jahrgang, 1948, Nr. 1, S. 3–4.

168 Wirtschaft und Steuer, in: Betriebswirtschaftliche Beiträge, 2. Jahrgang, 1948, S. 1–3.

169 Der Wirtschaftsprüfer als Krisenwarner, in: Die Wirtschaftsprüfung, 1. Jahrgang, 1948, Nr. 2/3, S. 1–3.

170 Abschreibungen bei Preisveränderungen von Anlagegegenständen, in: ZfhF, Neue Folge, 1. Jahrgang, 1949, S. 49–58.

171 Aktiengesellschaft außer Dienst, in: ZfhF, Neue Folge, 1. Jahrgang, 1949, S. 2–5.

172 Goethe zur Frage der pretialen Betriebslenkung, in: ZfhF, Neue Folge, 1. Jahrgang, 1949, S. 96.

173 Treuhandkommanditist, in: ZfhF, Neue Folge, 1. Jahrgang, 1949, S. 97–100.

174 Gedanken zur betrieblichen Personalwirtschaft, in: ZfhF, Neue Folge, 2. Jahrgang, 1950, S. 386–390.

175 Erfolgsbeteiligung leitender Angestellter, in: AGP- Mitteilungen der Arbeitsgemeinschaft zur Förderung der Partnerschaft in der Wirtschaft, 8. Jahrgang, 1960, Nr. 8, S. 1–2. Abdruck aus: Über die Dienststellengliederung im Großbetriebe, S. 92–97.

Personenregister

Die Zahlen bedeuten die Seiten

Personenregister

Sachregister

Die Zahlen bedeuten die Seiten

Sachregister